Stefan Feddern
Der antike Fiktionalitätsdiskurs

Göttinger Forum für Altertumswissenschaft

Beihefte
Neue Folge

Herausgegeben von Bruno Bleckmann,
Thorsten Burkard, Gerrit Kloss, Jan Radicke
und Markus Schauer

Band 8

Stefan Feddern

Der antike Fiktionalitätsdiskurs

DE GRUYTER

ISBN 978-3-11-068526-8
e-ISBN (PDF) 978-3-11-055055-9
e-ISBN (EPUB) 978-3-11-054972-0
ISSN 1866-7651

Library of Congress Control Number: 2018935456

Bibliografische Information der Deutschen Nationalbibliothek
Die Deutsche Nationalbibliothek verzeichnet diese Publikation in der Deutschen Nationalbibliografie; detaillierte bibliografische Daten sind im Internet über http://dnb.dnb.de abrufbar.

© 2019 Walter de Gruyter GmbH, Berlin/Boston
Dieser Band ist text- und seitenidentisch mit der 2018 erschienenen gebundenen Ausgabe.
Druck und buchbinderische Verarbeitung: Hubert & Co. GmbH & Co. KG, Göttingen

www.degruyter.com

Vorwort

Die hier publizierte Arbeit zum antiken Fiktionalitätsdiskurs ist die überarbeitete Version meiner im Wintersemester 2015/2016 an der Philosophischen Fakultät der Christian-Albrechts-Universität zu Kiel eingereichten Habilitationsschrift, die im April 2016 vom zuständigen Habilitationsausschuss als Habilitationsleistung angenommen worden ist. Für die Publikation wurde das Manuskript überarbeitet, wobei insbesondere längere Forschungsreferate herausgenommen und ein Register ergänzt wurde.

Die Sekundärliteratur wurde nach bestem Wissen und Gewissen möglichst vollständig bis zur Einreichung des Manuskripts eingearbeitet, wobei angesichts der zahlreichen Autoren und Gattungen und des langen behandelten Zeitraumes (von Homer und Hesiod bis zu Isidor von Sevilla) nicht ausgeschlossen werden kann, dass einzelne Publikationen unberücksichtigt geblieben sind, die man hätte erwähnen können. Sollte trotz intensiver Literaturrecherche die Einarbeitung einer Veröffentlichung versäumt worden sein (von einer Monographie habe ich leider erst zu spät Kenntnis genommen: Anders Cullhed, *The Shadow of Creusa*), hoffe ich, dass der Leser dieses Versäumnis mit Nachsicht aufnimmt. Auch möchte ich diejenigen Leser um Nachsicht bitten, die die (literarische) Fiktion nicht als eine durch eine soziale Praxis legitimierte Form, die Unwahrheit zu sagen, definieren und mit einem anderen Verständnis von Fiktion an diese Arbeit herantreten, was angesichts der ungeheuren Vielfalt an Bedeutungen, in denen der Begriff der Fiktion in der Wissenschaft, aber auch in der öffentlichen Debatte verwendet wird, nicht verwundern kann.

Ich danke den Gutachtern meiner Habilitationsschrift, insbesondere den schriftlichen Gutachtern (Thorsten Burkard, Lutz Käppel, Jan Radicke, Sabine Vogt) und Béatrice Jakobs, für wertvolle Anregungen und Hinweise zur Überarbeitung. Dem Verlag *De Gruyter* danke ich für die Gelegenheit zur Publikation und für die kompetente Drucklegung. Den Herausgebern der Reihe (Bruno Bleckmann, Thorsten Burkard, Gerrit Kloss, Jan Radicke, Markus Schauer) sei für die Aufnahme in die Reihe gedankt. Bei Thorsten Burkard möchte ich mich zusätzlich für manchen Rat und dafür bedanken, dass er mir Einblick in eine noch unveröffentlichte Studie zum lyrischen Ich in der lateinischen Dichtung gewährt hat.

Kiel, im März 2018   Stefan Feddern

Inhalt

1	**Einleitung** —— 1	
1.1	Zur Einführung. Gegenstand der Analyse —— 1	
1.2	Forschungsstand —— 7	
1.2.1	Überblicke —— 8	
1.2.2	Problematisierung —— 28	
2	**Fiktion, Fiktivität, Fiktionalität: Die modernen Theorien** —— 36	
2.1	Literatur- und sprachtheoretische Grundlagen —— 38	
2.1.1	Das Problem der Referenz —— 38	
2.1.2	Die Ebenen des Erzähltextes: Geschichte und Darstellung —— 45	
2.2	Fiktion auf der Ebene der Geschichte —— 48	
2.2.1	Faktoren der Fiktivität: Ereignisträger, Ort und Zeit —— 52	
2.2.2	Reale Objekte in fiktiven Geschichten —— 53	
2.2.3	Skalierungen der Fiktivität —— 56	
2.2.4	Fiktive Welten —— 59	
2.3	Fiktion auf der Ebene der Darstellung —— 62	
2.3.1	Die doppelte Sprachhandlungssituation —— 62	
2.3.2	Das Verhältnis zwischen Fiktivität und fiktionaler Darstellung —— 66	
2.3.3	Narration als Fiktion? —— 68	
2.4	Fiktion auf der Ebene der Textproduktion. Searles *pretence*-Theorie —— 74	
2.5	Fiktion auf der Ebene der Textrezeption —— 79	
2.5.1	Fiktionssignale —— 79	
2.5.1.1	Textuelle Fiktionssignale —— 80	
2.5.1.1.1	Signale auf der Ebene der Geschichte —— 80	
2.5.1.1.2	Signale auf der Ebene der Darstellung —— 81	
2.5.1.2	Paratextuelle Fiktionssignale —— 84	
2.5.2	Beurteilung von Fiktionssignalen —— 86	
2.5.3	Rezeption fiktionaler Texte als *make-believe* —— 88	
2.5.4	Rezeption und Funktion fiktionaler Texte —— 90	
2.6	Fiktion im Zusammenhang der Sprachhandlungssituation —— 94	
2.7	Fiktion und Drama —— 95	
3	**Falschheit oder Fiktion? Zu einigen in der Forschung umstrittenen Stellen im frühen Fiktionalitäts- bzw. Falschheitsdiskurs** —— 98	
3.1	Homer —— 98	

3.2	Xenophanes —— 101	
3.3	Pindar, Nemee 7 —— 105	
3.4	Xenophon, Kyrupädie 2,2 —— 107	

4 Fiktion auf der Ebene der Geschichte —— 119
4.1 Hesiod über die plausible Fiktion (Theog. 26–28) —— 119
4.1.1 Weitere Reflexionen über die Plausibilität von fiktiven Geschichten —— 137
4.1.1.1 Cicero über Homers Darstellung der Sirenen (fin. 5,49–52) —— 137
4.1.1.2 Die Plausibilität der Fabel —— 140
4.2 Zur Geschichtsschreibung —— 143
4.2.1 Thukydides' Methodenkapitel: Über die Redenfiktion —— 143
4.2.2 Der Wahrheitsstatus der Geschichtsschreibung in Ciceros Geschichtstheorie —— 163
4.2.3 Die Mirabilien —— 171
4.3 Platon —— 189
4.3.1 Ausgewählte Stellen aus dem *Corpus Platonicum* —— 190
4.3.2 Die Dichterkritik —— 192
4.3.2.1 Forschungsstand —— 193
4.3.2.2 Methodische Vorbemerkungen. Platons Unterscheidung zwischen Geschichte und Darstellung —— 197
4.3.2.3 Die Ebene der Geschichte (rep. 376e–392c6) —— 199
4.4 Aristoteles über das Mögliche als Gegenstandsbereich des Dichters und die Motivierung: Poetik, Kapitel 9 —— 212
4.5 Polybios' Dreiteilung zwischen Geschichte (ἱστορία), Darstellung (διάθεσις) und Fiktion (μῦθος) —— 259
4.6 Strabos Unterscheidung zwischen dem historischen Kern einer Geschichte (ἱστορία) und ihrer fiktionalen Ausgestaltung (διασκευή) —— 280
4.7 Skalierungen der dargestellten Geschichte —— 297
4.7.1 Die Unterteilung der Erzählung bei Cicero und dem *Auctor ad Herennium* —— 298
4.7.1.1 Zur Dreiteilung der *narratio in negotiis posita* in *fabula* (μῦθος), *historia* (ἱστορία) und *argumentum* (πλάσμα) —— 302
4.7.1.2 Zur historischen Genese der Dreiteilung der *narratio in negotiis posita* in *fabula* (μῦθος), *historia* (ἱστορία) und *argumentum* (πλάσμα) —— 314
4.7.1.2.1 Die Unterteilung der Erzählung bei Sextus Empiricus —— 316
4.7.1.2.2 Polybios' Unterscheidung von historischen Gattungen —— 324
4.7.1.2.3 Isokrates' Unterscheidung von Literaturgattungen —— 327

4.7.2	Die Dreiteilung zwischen *fabula* (μῦθος), *historia* (ἱστορία) und *argumentum* (πλάσμα) bei anderen Autoren —— 332	
4.7.2.1	Die Unterteilung der Erzählung bei Quintilian —— 332	
4.7.2.2	Die Unterteilung der Erzählung bei (Pseudo-)Hermogenes —— 334	
4.7.2.2.1	Die Erzählgattung πλάσμα bei Hermogenes, Aphthonios, Priscian und Nikolaos —— 336	
4.7.2.2.2	Cicero über die Fiktionalität der Tragödie —— 342	
4.7.2.3	Die Unterteilung der Erzählung beim Anonymus Seguerianus —— 345	
4.7.2.4	Die Unterteilung der Erzählung in den Scholien zu Dionysios Thrax —— 348	
4.7.2.5	Die Unterteilung der Erzählung bei Nikolaos —— 352	
4.7.2.6	Die Unterteilung der Erzählung bei Priscian —— 354	
4.7.2.7	Die Unterteilung der Erzählung bei Martianus Capella —— 355	
4.7.2.8	Die Unterteilung der Erzählung bei Isidor aus Sevilla —— 356	
4.7.2.9	Die Unterteilung der Erzählung in den Terenzscholien —— 357	
4.7.3	Abweichungen von der Dreiteilung zwischen *fabula* (μῦθος), *historia* (ἱστορία) und *argumentum* (πλάσμα) —— 359	
4.7.3.1	Die Unterteilung der Erzählung bei Theon —— 360	
4.7.3.2	Die Unterteilung der Erzählung bei Aphthonios —— 367	
4.7.3.3	Die Unterteilung der Erzählung bei Servius —— 369	
4.8	Die Legitimierung von (allegorischen) fiktiven Geschichten durch Macrobius —— 379	

5	**Fiktion auf der Ebene der Darstellung? —— 384**	
5.1	Die Unterteilung der Erzählung nach dem Redekriterium —— 384	
5.1.1	Platons Dichterkritik. Die Ebene der Darstellung (rep. 392c7–398b) —— 384	
5.1.2	Aristoteles, Poetik, Kapitel 3 —— 389	
5.1.3	Die Unterteilung der Erzählung κατὰ πρόσωπα bei Dositheus, Diomedes, Nikolaos, Servius und Isidor aus Sevilla —— 398	
5.2	Zur *narratio in personis posita* bei Cicero und dem *Auctor ad Herennium* —— 402	
5.3	Catull, *carmen* 16 —— 403	

6	**Fiktion auf der Ebene der Textproduktion —— 406**	
6.1	Die allgemeine Definition der Erzählung bei Cicero und in der rhetorischen Tradition —— 406	
6.2	Hermogenes' Theorem des „als ob" —— 410	

6.3	Fiktion als Eingeständnis des Autors. Die Unterscheidung zwischen der Fabel und der mythischen Erzählung bei Theon und Nikolaos —— 412	
6.4	Die Abgrenzung der Fiktion von anderen Formen der Unwahrheit —— 426	

7 Fiktion im Zusammenhang der gesamten Sprachhandlungssituation —— 429
7.1 Fiktion als Lizenz und Übereinkunft —— 429
7.1.1 Das Gorgias-Fragment 23 —— 429
7.1.2 Isokrates —— 445
7.1.3 Ciceros Prolog zu *De legibus* —— 447
7.1.4 Horaz, *Ars poetica* —— 465
7.1.5 Ovid, *Amores* 3,12 —— 482
7.1.6 Plutarch, *De audiendis poetis* —— 494
7.1.6.1 De audiendis poetis I —— 494
7.1.6.2 Solons Diktum πολλὰ ψεύδονται ἀοιδοί —— 495
7.1.6.3 De audiendis poetis II —— 498
7.1.7 Lukian über die Gesetze der Dichtung und der Geschichtsschreibung —— 515
7.1.8 Die ποιητικὴ ἐξουσία —— 518
7.1.8.1 Die ποιητικὴ ἐξουσία in Agatharchides' Περὶ τῆς Ἐρυθρᾶς θαλάσσης —— 519
7.1.8.2 Die ποιητικὴ ἐξουσία in den Scholien —— 525
7.2 Fiktion als Aufgabe des Dichters —— 528
7.2.1 Der Platonische Sokrates über die Aufgabe des Dichters —— 528
7.2.2 Servius, Laktanz und Isidor über die Aufgabe des Dichters —— 529
7.3 Fiktion als spielerischer Scherz —— 535
7.3.1 Thespis über die Tragödie —— 536
7.3.2 Phaedrus über seine Fabeln —— 538

8 Zusammenfassung —— 549
8.1 Literatur- und sprachtheoretische Grundlagen —— 549
8.1.1 Die Ebenen des Erzähltextes: Geschichte und Darstellung —— 549
8.2 Fiktion auf der Ebene der Geschichte —— 550
8.2.1 Skalierungen der dargestellten Geschichte —— 551
8.3 Fiktion auf der Ebene der Darstellung —— 552
8.4 Fiktion auf der Ebene der Textproduktion —— 553
8.4.1 Die *pretence*-Theorie —— 554

8.5	Fiktion auf der Ebene der Textrezeption —— **555**	
8.5.1	Fiktionssignale —— **555**	
8.5.2	Rezeption und Funktion fiktionaler Texte —— **556**	
8.6	Fiktion im Zusammenhang der Sprachhandlungssituation —— **557**	

Bibliographie —— **561**
        Fragment-, Textausgaben, Kommentare und Übersetzungen —— **561**
        Literarische und philosophische Texte —— **564**
        Sekundärliteratur —— **565**

Register —— **588**

1 Einleitung

1.1 Zur Einführung. Gegenstand der Analyse

Zur literarischen Fiktion wurden nicht erst in der Moderne, sondern schon in der Antike verschiedene Konzepte entwickelt. So hat Aristoteles im neunten Kapitel der Poetik die literarische Fiktion als Gegenstandsbereich des Dichters insofern legitimiert, als der Dichter das Mögliche darstellen soll, wohingegen sich der Historiker mit dem Geschehenen beschäftigt.[1] Der Geograph Eratosthenes hingegen hat die Ansicht vertreten, dass man erst dann herausfinden könne, wo Odysseus herumgeirrt sei, wenn man den Riemer gefunden habe, der den Sack der Winde genäht habe, der Odysseus die Heimfahrt ermöglichen sollte.[2] Diese Aussage ist natürlich ironisch zu verstehen: Da es Eratosthenes zufolge jeder Dichter auf das Hervorrufen von Emotionen, nicht auf Belehrung abgesehen habe,[3] sei die gesamte Darstellung der Irrfahrt als Fiktion anzusehen und der Versuch, der *Odyssee* richtige geographische Informationen zu entnehmen, von vornherein zum Scheitern verurteilt.

Eratosthenes' Ansicht ist jedoch nicht unwidersprochen geblieben. Insbesondere der Polyhistor Polybios und die Geographen Agatharchides und Strabo haben sich dezidiert gegen Eratosthenes' Verständnis der Homerischen Epen und der Dichtung im Allgemeinen gestellt. Sie vertreten die Position, dass sich in den dichterischen Werken wirkliche und nicht-wirkliche Elemente vermischen, und warnen somit vor einer undifferenzierten und unangemessenen Betrachtung der entsprechenden literarischen Produkte.[4]

Über die literarische Fiktion wurde auch in den Instruktionen zur Erzählung reflektiert. Dort finden sich Skalierungen der dargestellten Geschichte, die die fiktionalen Diskursformen von der faktualen Diskursform unterscheiden und die – meist zwei – fiktionalen Diskursformen voneinander abgrenzen.[5]

Was bildet also den Gegenstand der Analyse, wenn diese und derartige Aussagen in dieser Arbeit untersucht werden? Die Praxis der literarischen Fiktion ist (für sich betrachtet) von der Untersuchung ausgeschlossen. Vielmehr stehen

---

[1] S. das Kapitel 4.4 dieser Arbeit.
[2] Zum Diktum des Eratosthenes vgl. Eratosthenes, fr. I A 16 Berger (1880) 36 = fr. 5 Roller (2010) 43.
[3] Vgl. Eratosthenes, fr. I A 20 Berger (1880) 37 = fr. 2 Roller (2010) 41.
[4] Zu Eratosthenes, Polybios und Strabo s. die Kapitel 4.5 und 4.6 dieser Arbeit. Zu Agatharchides s. das Kapitel 7.1.8.1 dieser Arbeit.
[5] S. das Kapitel 4.7 dieser Arbeit.

die wichtigsten expliziten Äußerungen zur literarischen Fiktion im Mittelpunkt der Untersuchung.

Der Versuch, den Status dieser expliziten Reflexionen über die literarische Fiktion anzugeben, würde eine eigene Abhandlung erfordern. Insbesondere die Frage, ob die in dieser Arbeit untersuchten Reflexionen über die literarische Fiktion Theorien im strengen Sinn darstellen, kann in diesem Zusammenhang nicht behandelt werden.[6] Wenn daher in dieser Arbeit von „Fiktionstheorien" die Rede ist, dann wird der Begriff „Theorie" in dem ganz allgemeinen Sinn verwendet, dass ein Autor über das Wesen und die Bedingungen von Literatur (in diesem Fall: von literarischer Fiktion) reflektiert; denn auch in diesem Sinn wird der Theoriebegriff in der Literaturwissenschaft verwendet.[7]

Am besten lassen sich die expliziten Reflexionen über die literarische Fiktion, die in dieser Arbeit analysiert werden, als Diskurs beschreiben.[8] Zwar kann man kaum davon sprechen, dass ein antiker Fiktionalitätsdiskurs im strengen Sinn des Diskurses vorliegt. Denn unter der Diskursanalyse, die auf Michel Foucault zurückgeführt wird, versteht man eine historische Transzendentalwissenschaft, die nach den Realitätsbedingungen für Aussagen fragt.[9] In vielerlei Hinsicht stellt die Diskursanalyse den Gegenpol zu traditionellen hermeneutischen Interpretationen dar:[10] sie teilt nicht mehr das hermeneutische Ziel, durch bestimmte interpretative Operationen zu einem adäquaten Sinnverstehen des Textes zu gelangen. Schon das triadische Kommunikationsmodell, das den meisten literaturwissenschaftlichen Theorien und Interpretationsverfahren zugrunde liegt und auf Aristoteles zurückgeht,[11] widerspricht ihren theoretischen Prämissen: der Autor als Urheber eines Textes; der Text, der als Einheit verstanden wird und auf seinen Produzenten und seine Entstehungssituation verweist; der Leser, der im Verlauf des Verstehens in einen Dialog mit dem Text tritt und sich dessen Sinn aneignet. Im Gegensatz hierzu folgt die Diskursanalyse der Prämisse, dass der Diskurs die Ordnung der Texte bestimmt, wodurch ihre Urheber im Diskurs verschwinden.[12]

---

[6] Zum Theoriebegriff in der Literaturwissenschaft vgl. Köppe/Winko (2013) 6–18.
[7] Vgl. Köppe/Winko (2013) 6.
[8] S. S. 30–34. Grundlegende Literatur zur Diskursanalyse, speziell zur Historischen Diskursanalyse sowie zur Diskursanalyse in der Literaturwissenschaft: Preisinger/Delormas/Standke (2014); Bogdal (2007); Winko (2005); Baasner (1996) 129–138; Rieger (1995); Kammler (1992); Titzmann (1989).
[9] Vgl. Rieger (1995) 164.
[10] Vgl. Winko (2005) 471f.
[11] Vgl. Arist. rhet. 1358a36–b8 (s. das Kapitel 2.3.1 dieser Arbeit).
[12] Vgl. Baasner (1996) 136.

Trotzdem bietet es sich an, das Korpus der in dieser Arbeit untersuchten Texte unter dem Diskursbegriff („Der antike Fiktionalitätsdiskurs") zusammenzufassen, und zwar in einem weiteren Sinn.[13] Ein Diskurs in dem hier verwendeten Sinn sei mit Titzmann auf die folgende Weise definiert:[14] Ein Diskurs stellt ein System des Denkens und Argumentierens dar, das (1) durch einen gemeinsamen Redegegenstand definiert ist. Dabei muss man zwischen abhängigen und unabhängigen Diskursen unterscheiden. Einen abhängigen Diskurs bilden verwandte Sachverhalte, die sich fragmentarisch in verschiedenen Texten finden und in verschiedene Diskurse eingebettet sind. Einen unabhängigen Diskurs bildet ein autonomer und kohärenter Gegenstand, der sich in Texten zum entsprechenden Thema manifestiert.[15] Ferner ist der Diskurs (2) durch die Regularitäten der Rede über den entsprechenden Gegenstand definiert, womit Prämissen gemeint sind, die festlegen, welche Aussagen im Diskurs zulässig sind. Schließlich wird der Diskurs (3) durch seine Relationen zu anderen Diskursen gekennzeichnet, wobei der eine Diskurs den anderen beispielsweise dominieren oder begrenzen oder mit ihm konkurrieren kann.

Mit Blick auf das Korpus, das in dieser Arbeit analysiert wird, kann man daher von einem „antiken Fiktionalitätsdiskurs" sprechen, insofern

(1) derselbe Gegenstand reflektiert wird, nämlich die literarische Fiktion, und zwar nicht derart, dass die antiken Autoren Aussagen über dasjenige machen, was wir als literarische Fiktion betrachten, sondern dass sie selbst die literarische Fiktion als solche beschreiben (der Gegenstand der Untersuchung wird im Folgenden noch näher eingegrenzt);

(2) dieselben Prämissen geteilt werden, z. B. dass die literarische Fiktion eine anerkannte Form darstellt, die Unwahrheit zu sagen, die von anderen Formen der Unwahrheit unterschieden ist;

(3) der antike Fiktionalitätsdiskurs in Verbindung zu anderen Diskursen steht; hier wäre u. a. der weitere Diskurs der Falschheit sowie der Diskurs der Geschichtstheorie zu nennen.

---

13 Vgl. Baasner (1996) 136, wenngleich seine Feststellung einen negativen Unterton hat: „Umgangen werden diese Probleme [sc. dass es keinen eigenen Diskurs Literatur gibt] gelegentlich pragmatisch: in der literaturwissenschaftlichen Forschungspraxis werden beliebig kleine Kontexte im Lichte des eigenen Forschungsinteresses ohne theoretische Begründung zum Diskurs erklärt."
14 Vgl. Titzmann (1989) 51–53.
15 Titzmann (1989) 51 wählt zur Veranschaulichung des abhängigen und des unabhängigen Diskurses das Beispiel der Sexualität: Die Sexualität bilde in der Goethezeit einen nicht-autonomen Gegenstand, über den in verschiedenen Texttypen und Diskursen gesprochen werde. Erst im frühen 19. Jahrhundert konstituiere sich ein nicht-eingebetteter Diskurs Sexualität.

Für den antiken Fiktionalitätsdiskurs ist es charakteristisch, dass er zumindest in seiner frühen Phase einen abhängigen Diskurs darstellt: es finden sich nur einzelne, fragmentarische Äußerungen, die in andere Kontexte eingebettet sind. So äußert sich Hesiod in seinem Theogonie-Proömium wahrscheinlich zur Fiktionalität der eigenen Darstellung, wobei die Inspiration durch die Musen das dominante Thema darstellt.[16] Thukydides äußert sich zu seinen fiktionalen Figurenreden im Zusammenhang mit seinen programmatischen Äußerungen zu den von ihm herangezogenen und ausgewerteten Quellen.[17] Aristoteles äußert sich im neunten Kapitel der Poetik zur Fiktionalität der Dichtung, ohne den Schwerpunkt seiner Aussage auf die Fiktionalität zu legen; den dominanten Gegenstand bildet vielmehr der Allgemeinheitscharakter der Dichtung.[18]

Erst in späterer Zeit gewinnt der antike Fiktionalitätsdiskurs an Autonomie, ohne jedoch einen unabhängigen Diskurs darzustellen. Einen unabhängigen Fiktionalitätsdiskurs hat es in der gesamten Antike nicht gegeben, da keine ganzen Texte verfasst wurden, die sich ausschließlich oder vornehmlich mit dem Thema der literarischen Fiktion beschäftigen. Aber dieses Thema nimmt einen breiteren Raum in den entsprechenden Werken ein, so dass sich beispielsweise einzelne Kapitel der literarischen Fiktion widmen. Dieser Umstand lässt sich verstärkt seit Polybios beobachten. Denn auch wenn der entsprechende Teil des Werkes in der Hauptüberlieferung nicht auf uns gekommen ist, berichtet Strabo davon, dass Polybios [sc. in Buch 34] der Irrfahrt des Odysseus eine Erörterung gewidmet hat.[19] In ähnlicher Weise lässt sich z. B. bei Cicero im Prolog zu *De legibus* erkennen, dass die literarische Fiktion das dominante Thema des Prologs ist.[20]

In dieser Arbeit wird also der antike Fiktionalitätsdiskurs analysiert, allerdings nicht der gesamte antike Fiktionalitätsdiskurs, sondern Aussagen mit möglichst großem Allgemeinheitscharakter, also vornehmlich die Fiktionstheorien bzw. – da die meisten (wenn nicht alle) in dieser Arbeit untersuchten Reflexionen über die literarische Fiktion wahrscheinlich nicht den Anforderungen

---

16 S. das Kapitel 4.1 dieser Arbeit.
17 S. das Kapitel 4.2.1 dieser Arbeit.
18 S. das Kapitel 4.4 dieser Arbeit.
19 Vgl. Strabo 1,2,9 = Polybios 34,2,1–3: [...] ὅπερ καὶ Πολύβιός φησι περὶ τῆς Ὀδυσσέως πλάνης ἐπιχειρῶν [...]. „[...] was auch Polybios in seiner Erörterung der Irrfahrt des Odysseus sagt [...].“; s. das Kapitel 4.5 dieser Arbeit.
20 S. das Kapitel 7.1.3 dieser Arbeit.

entsprechen, um als Theorien im strengen Sinn gelten zu können – die wichtigsten Konzepte und Positionen.[21]

Wenn die wichtigsten Konzepte und Positionen im antiken Fiktionalitätsdiskurs analysiert werden, bedeutet dies zugleich, dass nicht jede Einzelaussage zur literarischen Fiktion untersucht werden soll. Es würde den Rahmen dieser Untersuchung sprengen, wenn Einzelaussagen zur fiktiven Welt von der folgenden Art gesucht und interpretiert werden würden: die Sache/Figur/Kreatur bzw. das Ereignis X ist erfunden (z. B. mit Blick auf die Unterweltsbüßer ließen sich zahlreiche Aussagen von diesem Typus finden). Auf der anderen Seite werden derartige Aussagen nicht vollständig ignoriert. Sie bilden vielmehr ein sekundäres Erkenntnisinteresse, das in dieser Arbeit verfolgt werden soll. Das primäre Erkenntnisinteresse richtet sich auf die Konzepte, die Aufschluss darüber geben, warum der jeweilige Autor eine Sache/Figur/Kreatur oder ein Ereignis als Fiktion betrachtet. Letzteres wird nur in den Blick genommen, insofern es das zugrundeliegende Konzept exemplifiziert oder anderweitig verständlich macht.

Auch die antike Terminologie, die die Fiktion betrifft, stellt ein sekundäres Erkenntnisinteresse dar. In erster Linie ist die vorliegende Arbeit keine onomasiologische, sondern eine semasiologische Untersuchung, die ihren Fokus auf die Konzepte der literarischen Fiktion legt.

Die häufig anzutreffende sowohl sachliche als auch terminologische Unsicherheit, ob an einer bestimmten Stelle Aussagen zur literarischen Fiktion getroffen werden, führt unweigerlich dazu, dass in dieser Arbeit auch Textstellen (und verbunden hiermit: Forschungsmeinungen) behandelt werden, bei denen sich im Zuge der Interpretation herausstellen wird, dass nicht über die literarische Fiktion reflektiert wird. Grundsätzlich gilt aber, dass nur Stellen, an denen die literarische Fiktion als solche beschrieben wird, und Zweifelsfälle behandelt werden. Diejenigen Stellen, bei denen auf den ersten Blick klar ist, dass eine Kritik an einer falschen Darstellung formuliert wird (z. B. Heraklits Kritik an Homer und anderen Dichtern), bleiben unberücksichtigt.

Das primäre Erkenntnisinteresse richtet sich also auf die Konzepte der literarischen Fiktion. Diese werden systematisch nach den verschiedenen Theorieorten des literarischen Textes analysiert, wobei dieselbe Systematik zugrunde gelegt wird, die im Überblick über die modernen Fiktionstheorien verfolgt wird.[22]

---

[21] Nach Köppe/Winko (2013) 7 f. ist die Rede von Positionen eine Reaktion auf Seiten der Literaturtheoriebildung auf die Tatsache, dass Literaturtheorien nicht in einem strengen Sinn als Theorien im Sinn der Wissenschaftstheorie gelten.
[22] Zu den Theorieorten s. das Kapitel 2 dieser Arbeit, v. a. die einleitenden Bemerkungen. Wenn ein Text die literarische Fiktion an mehreren Theorieorten beschreibt, wird er an seinem primären Theorieort ausgewertet. So beschreibt z. B. Plutarch in *De audiendis poetis* die literarische Fiktion

Bei der systematischen Analyse der antiken Fiktionstheorien stehen hauptsächlich die folgenden Fragestellungen bzw. Erkenntnisinteressen im Vordergrund: Zum einen geht es darum, die entsprechenden Textstellen in einem elementaren Sinn verständlich zu machen, da sie in ihrer Deutung häufig (teilweise sogar in einem extremen Ausmaß) umstritten sind. Unterstützend hierzu soll – sofern möglich – untersucht werden, inwiefern sich die verschiedenen Aussagen des jeweiligen Autors zur literarischen Fiktion in ein kohärentes Konzept einfügen. Darüber hinaus soll auch ein literarhistorisches bzw. theoriegeschichtliches Interesse bedient werden, indem herausgearbeitet werden soll, ob und inwiefern ein Autor an die Konzepte seiner Vorgänger anknüpft. Schließlich soll gezeigt werden, inwiefern die moderne Fiktionstheorie (eher unbewusst als bewusst) vieles von demjenigen entwickelt und weiterentwickelt hat, was bereits in der Antike zur literarischen Fiktion erkannt worden war,[23] wodurch ein Beitrag auch zur modernen Fiktionsforschung geleistet wird, in der der Wunsch ausgesprochen wird, dass das Phänomen der Fiktion stärker diachron untersucht wird.[24]

Für den Aufbau der vorliegenden Untersuchung hat die häufig anzutreffende Unsicherheit, ob an einer bestimmten Stelle Aussagen zur literarischen Fiktion getroffen werden, zur Folge, dass die Zweifelsfälle in einem eigenen, chronologisch ausgerichteten Kapitel (Kap. 3) behandelt werden, bevor der Fiktionalitätsdiskurs systematisch ausgewertet wird. Dieser Aufbau bietet sich insofern an, als in der Forschung höchst umstritten ist, ab wann Aussagen über die literarische Fiktion überliefert sind.[25] Daher werden in einem eigenen Kapitel die umstrittenen Stellen von Homer bis Xenophon in Auseinandersetzung mit ihren diversen Deutungen ausgewertet.

---

im Zusammenhang der gesamten Sprachhandlungssituation, die die Textstruktur, Textproduktion und Textrezeption umfasst. Daher wird dieser Text weder im Kapitel zur Textproduktion (Kapitel 6) noch in einem Kapitel zur Textrezeption analysiert, sondern im Kapitel zur Fiktion im Zusammenhang der gesamten Sprachhandlungssituation (Kapitel 7) ausgewertet. Dieser Umstand führt dazu, dass es kein eigenes Kapitel zur Fiktion auf der Ebene der Textrezeption gibt. In der Zusammenfassung (Kapitel 8) werden die wichtigsten Ergebnisse aber an allen Theorieorten und nicht nur an ihrem primären Theorieort rekapituliert.
23 Vgl. Rösler (2014) 363 (s. S. 549, Fußn. 1).
24 Vgl. Zipfel (2001) 285 Fußn. 18: „In der Forschung gibt es bisher nur einige wenige Ansätze einer historischen Betrachtung von literarischer Fiktion. Zumeist wird von der Frage nach dem Aufkommen eines Fiktionsbewußtseins ausgegangen. Dabei werden recht unterschiedliche Schwellenzeiten in die Diskussion gebracht. So gibt es eine Kontroverse über die Entdeckung der Fiktion in der Antike im Hinblick auf die Frage, ob diese Entdeckung in der griechischen (vor allem Kapitel 9 der *Poetik* des Aristoteles) oder in der römischen (1. Jahrhundert v. Chr.) Literaturtheorie anzusiedeln ist." Zipfel verweist auf Rösler (1980), Puelma (1989) und Hose (1996).
25 In der Forschung wurde diese Frage als Entdeckung der Fiktionalität behandelt; s. das Kapitel 1.2.1 dieser Arbeit.

Da in der modernen Literaturwissenschaft und in benachbarten Disziplinen nicht nur die Termini „Theorie" und „Diskurs", sondern auch und v. a. das Wortfeld der „Fiktion" eine ungeheure Bedeutungsvielfalt aufweist, wird in einem eigenen Kapitel (Kap. 2) ausführlich das Verständnis von derjenigen literarischen Fiktion expliziert, die in dieser Arbeit analysiert wird, und diese (traditionelle) Fiktionstheorie wird von anderen modernen Fiktionstheorien abgegrenzt.

Da sich diese Arbeit nicht nur an Altphilologen, sondern auch an Archäologen, Mediävisten, Neuphilologen und Literaturwissenschaftler, Historiker, Philosophen und andere Forscher wendet, für die die Fiktion und v. a. die Fiktionstheorien ein wichtiges Thema darstellen, werden die analysierten Texte zweisprachig präsentiert.[26]

1.2 Forschungsstand

Der Forschungsstand ist äußerst disparat. Es gibt zwar einige wenige Überblicke über die Theorie und/oder Praxis der literarischen Fiktion in der Antike und vergleichbare Darstellungen. Aber es sind kaum Spezialstudien zu einzelnen Autoren oder Epochen zu verzeichnen, die die Theorie der literarischen Fiktion beleuchten. Ferner gehören einige von den in dieser Arbeit behandelten Stellen zu den umstrittensten Stellen der antiken Literatur und haben – häufig unter anderen Fragestellungen – unzählige Interpretationen erfahren (v. a. Hesiods Musenhymnus [Theog. 26–28]; das Gorgias-Fragment 23; Thukydides' Methodenkapitel; Aristoteles, Poetik, Kapitel 9). Auf der anderen Seite gibt es Textstellen, an denen die literarische Fiktion thematisiert wird und die kaum das Interesse der Forschung auf sich gezogen haben; dies gilt z. B. für die Progymnasmata-Handbücher.

An dieser Stelle sollen die Überblicke über die Theorie (und Praxis) der literarischen Fiktion in der Antike und vergleichbare Darstellungen referiert und anschließend problematisiert werden, um aus den Vor- und Nachteilen Lehren für die Analyse zu ziehen, die sich in dieser Arbeit anschließt.

---

26 Alle im Haupttext präsentierten Texte sind übersetzt. In den Fußnoten sind die Texte nur in besonderen Fällen übersetzt. Die Übersetzungen stammen i. d. R. vom Autor dieser Arbeit; Abweichungen von dieser Regel werden an der entsprechenden Stelle verzeichnet. Der zitierte Text entstammt i. d. R. der aktuellen und maßgeblichen Edition; in Zweifelsfällen und in Einzelfällen (v. a. bei textkritischen Unsicherheiten) wird die benutzte Textausgabe angegeben.

1.2.1 Überblicke

Rösler hat den maßgeblichen Aufsatz zur Fiktionalität in der Antike verfasst.[27] In einem diachronen Überblick über die Entwicklung der literarischen Kommunikation vom 8. bis zum 4. Jahrhundert v. Chr. geht Rösler der Frage nach, wann sich ein Bewusstsein für Fiktionalität in der Form herausgebildet hat, dass Fiktionalität als ein legitimes Mittel der literarischen Kommunikation angesehen wurde, das vom Vorwurf der Unwahrheit bzw. Lüge nicht mehr tangiert wurde.[28] Röslers Untersuchung ist nicht nur literaturtheoretisch, sondern auch kulturtypologisch, da er sein Ergebnis, dass Aristoteles als der Entdecker der Fiktionalität zu gelten hat, mit der These verknüpft, dass ein kausaler Zusammenhang zwischen der Entdeckung der Fiktionalität und der Durchsetzung der Schriftlichkeit der Literatur im untersuchten Zeitraum zwischen Homer und Aristoteles besteht.[29]

Um plausibel zu machen, dass die Entdeckung der Fiktionalität eine Entdeckung des 4. Jahrhunderts v. Chr. ist, wertet Rösler zunächst Textpassagen aus, die zeigen, dass die frühere literarische Diskussion in den Kategorien von „wahr" und „falsch" verlaufen ist. Dies zeige sich z. B. bei Heraklit:[30]

> πολυμαθίη νόον ἔχειν οὐ διδάσκει· Ἡσίοδον γὰρ ἂν ἐδίδαξε καὶ Πυθαγόρην αὖτίς τε Ξενοφάνεα καὶ Ἑκαταῖον.
>
> Vielwisserei lehrt nicht Verstand. Denn sonst hätte sie Hesiod und Pythagoras, ferner Xenophanes und Hekataios darin unterrichtet.

Der Grund für Heraklits Polemik sei die mangelnde Wahrheitsqualität, die Heraklit in den Werken der von ihm kritisierten Autoren sieht. Auffällig sei dabei, dass die verschiedensten Werke bzw. Gattungen unterschiedslos im Fokus von Heraklits Polemik stehen: die Theogonie (Hesiod), philosophische Lehre in se-

---

27 Vgl. Rösler (1980), der seinem Aufsatz den Titel „Die Entdeckung der Fiktionalität in der Antike" gegeben hat. Über die Entdeckung der Fiktionalität wird auch im Hinblick auf das Mittelalter und die frühe Neuzeit geforscht; vgl. Haug (2003), der dem entsprechenden Kapitel seiner Monographie die Überschrift „Die Entdeckung der Fiktionalität" gegeben hat; vgl. ferner Glauch (2014) und Müller (2004) und die jeweils dort angegebene Literatur sowie den bilanzierenden Überblick zur gegenwärtigen Situation mediävistischer Fiktionalitätsforschung von Reuvekamp-Felber (2013).
28 Vgl. Rösler (1980) 283 und 311, der mit Anderegg (1973) 33 nach der Einsicht sucht, dass der Autor eines fiktionalen Textes keine Behauptungen aufstellt, der Text kein außerhalb seiner selbst bestehendes Bezugsfeld voraussetzt und der Rezipient „von vornherein auf eine in seinem Bezugsfeld gründende Überprüfung des Wahrheitsgehalts dessen, was mitgeteilt wird" verzichtet.
29 Vgl. Rösler (1980) 283–285.
30 Heraklit Fr. B 40 Diels/Kranz.

kundärer Überlieferung (Pythagoras), philosophische Theorie und Auseinandersetzung in dichterischer Form (Xenophanes) und geographisch-historiographischer Diskurs in Prosa (Hekataios).³¹ Ebenso wie bei Heraklit lasse sich auch bei Xenophanes beobachten, dass er die Wahrheit zum Maßstab seiner Kritik macht, wenn er sowohl Homer als auch Hesiod wegen ihrer Götterdarstellung kritisiert und die von Hesiod dargestellten Titanen-, Giganten- und Kentaurenkämpfe als „Erfindungen der Früheren" (πλάσματα τῶν προτέρων) bezeichnet.³²

Auch anhand einer Kritik an Homer zeige sich in aller Deutlichkeit, dass sich Heraklits Verständnis von Dichtung ausschließlich am Wahrheitskriterium orientiert. Bei Homer heißt es:³³

ὡς ἔρις ἔκ τε θεῶν ἔκ τ' ἀνθρώπων ἀπόλοιτο.

Möge doch der Streit aus dem Kreis der Götter und Menschen verschwinden!

Hiergegen wendet Heraklit ein, dass Harmonie gerade im Antagonismus der Gegensätze bestehe.³⁴ Wie unangemessen diese Kritik sei, wird Rösler zufolge daran deutlich, dass in der *Ilias* der zitierte Ausruf von Achill stammt, der unter Patroklos' Tod leidet. Heraklit hingegen betrachte den Vers losgelöst von seinem Kontext als eine grundsätzliche, behauptende Äußerung Homers.³⁵

Dieselbe Vorgehensweise lasse sich auch gegenüber Hesiod erkennen. Dieser sagt in der Theogonie:³⁶

ἐκ Χάεος δ' Ἔρεβός τε μέλαινά τε Νὺξ ἐγένοντο·
Νυκτὸς δ' αὖτ' Αἰθήρ τε καὶ Ἡμέρη ἐξεγένοντο.

Aus dem Chaos entstanden Erebos und die dunkle Nacht; aus der Nacht wiederum Aither und der Tag.

Gegen die Vorstellung, dass die Nacht die Mutter des Tages ist, wendet Heraklit unter Verweis auf die Einheit der Gegensätze Folgendes ein:³⁷

διδάσκαλος δὲ πλείστων Ἡσίοδος· τοῦτον ἐπίστανται πλεῖστα εἰδέναι, ὅστις ἡμέρην καὶ εὐφρόνην οὐκ ἐγίνωσκεν·

---

31 Vgl. Rösler (1980) 286f., der von einem „uniformen Literaturbegriff" spricht und u.a. auf Fr. B 42 Diels/Kranz verweist, wo Homer und Archilochos kritisiert werden.
32 Vgl. Xenophanes Fr. B 1; 11 und 12 Diels/Kranz (s. das Kapitel 3.2 dieser Arbeit).
33 Il. 18, 107.
34 Vgl. Heraklit Test. A 22 Diels/Kranz.
35 Vgl. Rösler (1980) 288.
36 Theog. 123f.
37 Heraklit Fr. B 57 Diels/Kranz; vgl. Fr. B 106.

Lehrer aber der meisten ist Hesiod. Nach ihrer Überzeugung weiß er am meisten, er, der Tag und Nacht nicht erkannte.

Die von Heraklit und Xenophanes formulierte Kritik an den Schriftstellern ebenso wie an der kritiklosen Masse[38] decke v. a. einen Grundkonsens auf: Grundsätzlich nehme man die Dichter beim Wort; Polemik oder Affirmation seien sekundäre Einstellungen, die die grundsätzliche Übereinstimmung hinsichtlich der Konzeption von Dichtung nicht in Frage stellen. Fiktionalität habe als ein außerhalb der Alternative wahr – unwahr bzw. richtig – falsch angesiedelter Bereich keinen Platz.[39]

Der Maßstab, den Heraklit und Xenophanes ihrer Kritik zugrunde legen und den das breite Publikum naiv unterstellt, nämlich die Wahrheit, sei grundsätzlich durch ein entsprechendes poetisches Selbstverständnis gedeckt. Dieses Selbstverständnis leitet Rösler einerseits aus theoretischen Überlegungen und allgemeinen Erfahrungen ab, die dafür sprechen, dass die Dichtung in einer schriftlosen Kultur als *memoire collective* eine identitätsstiftende Leistung erbringt, wobei die durch sie vermittelte Tradition vorbehaltlos als Wahrheit angesehen wird.[40] Andererseits belegt Rösler die Gleichsetzung von Dichtung und Wahrheit und die aufkeimende Problematisierung, indem er vier verschiedene Phasen im Umgang mit der dichterischen Wahrheit bzw. Unwahrheit unterscheidet:[41]

(1) Die Möglichkeit der Unwahrheit wird nicht thematisiert; Tradition ist *per se* wahr. Diese Betrachtungsweise der Dichtung liege in den Homerischen Epen vor und habe sicherlich beim breiten Publikum noch lange Bestand gehabt. Sie zeige sich in den Musenanrufen in der *Odyssee* und der *Ilias*:[42]

Ἄνδρα μοι ἔννεπε, Μοῦσα, πολύτροπον [...].
Den Mann nenne mir, Muse, den vielgewandten.

Μῆνιν ἄειδε θεὰ Πηληϊάδεω Ἀχιλῆος [...].
Den Zorn besinge, Göttin, des Peleus-Sohnes Achill.

---

38 Vgl. Xenophanes Fr. B 10 Diels/Kranz; Heraklit Fr. B 104 Diels/Kranz.
39 Vgl. Rösler (1980) 289.
40 Vgl. Rösler (1980) 289–293.
41 Vgl. Rösler (1980) 293–308 und v. a. den Rückblick auf S. 307.
42 Od. 1,1; Il. 1,1.

Besonders deutlich werde die beschriebene Betrachtungsweise der Dichtung aber anhand des Musenanrufes im zweiten Buch der *Ilias:*[43]

Ἔσπετε νῦν μοι Μοῦσαι Ὀλύμπια δώματ' ἔχουσαι·
ὑμεῖς γὰρ θεαί ἐστε πάρεστέ τε ἴστέ τε πάντα,
ἡμεῖς δὲ κλέος οἶον ἀκούομεν οὐδέ τι ἴδμεν·
οἵ τινες ἡγεμόνες Δαναῶν καὶ κοίρανοι ἦσαν·

Sagt mir nun, ihr Musen, die ihr die olympischen Häuser bewohnt,
– denn ihr seid Göttinnen, seid präsent und wisst alles,
wir aber hören nur die Kunde und wissen nichts –
wer die Anführer und Herrscher der Danaer waren.

Die Homerischen Musenanrufe zeigen nach Rösler in aller Deutlichkeit, dass der Dichter das Sprachrohr der Musen, also göttlichen Wissens ist. Sein Thema seien ruhmvolle und somit als wahr angesehene Taten der Vorfahren, mit denen er die Menschen erfreut. Zumindest explizit lasse sich nicht erkennen, dass der Wahrheitsbereich der Musen und damit auch der von ihnen inspirierten Dichter in irgendeiner Form eingegrenzt ist; er sei allumfassend.[44]

(2) Auch bei Hesiod liege grundsätzlich dieselbe Konzeption des dichterischen Selbstverständnisses vor, wenn er davon spricht, dass die Musen Zeus auf dem Olymp erfreuen, „indem sie sagen, was ist, was sein wird und was vorher war", und Hesiod eine göttliche Stimme einhauchen, „damit ich künde, was sein wird und was vorher war".[45] Neben der Vorstellung des Dichters als Medium der Musen finde sich bei ihm auch die Vorstellung, dass von der Dichtung eine erfreuende Wirkung ausgeht, wenn es heißt, dass derjenige, der den Dichter hört, seinen Kummer vergisst und sich Leid in Freude verwandelt.[46] Schließlich sei bei Hesiod ebenso wie bei Homer der Wahrheitsanspruch der Dichtung global.[47]

Andererseits lasse sich bei Hesiod zum ersten Mal eine Problematisierung der Wahrheit in der Form beobachten, dass dichterische Unwahrheit Folge eines Wahrheitsentzuges durch die Musen ist. Bezeichnenderweise betreffe diese Unwahrheit die Werke anderer Dichter, wodurch der eigene allumfassende Wahrheitsanspruch noch stärker hervortritt. Die Aussage der Musen „Wir können viel Falsches (ψεύδεα) sagen, das dem Wahren ähnlich ist, wir können aber auch, wenn wir wollen, Wahres (ἀληθέα) verkünden."[48] sei nicht so zu verstehen, dass

---

43 Il. 2, 484–487.
44 Vgl. Rösler (1980) 294 f.
45 Vgl. Theog. 36–38 und 31 f.
46 Vgl. Theog. 98–103.
47 Vgl. Rösler (1980) 295.
48 Theog. 27 f. (s. das Kapitel 4.1 dieser Arbeit).

ein Nebeneinander von Wahrheit und Unwahrheit als Wesensmerkmal der Dichtung etabliert und zugleich theologisch legitimiert wird, sondern als Ausschluss derjenigen, die eine Offenbarung nicht verdienen.[49] Die Musen seien sehr wählerisch, wie sich daran zeige, dass sie am Helikon „die unter freiem Himmel dahinvegetierenden Hirten" schmähen und nur Hesiod berufen.[50]

(3) Der nächste Schritt in der Auseinandersetzung mit der dichterischen Unwahrheit bestehe darin, dass die bei Hesiod vorliegende Vorstellung einer Desinformation durch die Musen zu Gunsten der Ansicht modifiziert wird, dass die Dichter im Irrtum befangen sind bzw. aus mangelndem Verantwortungsbewusstsein lügen. Mit Blick auf Solons Diktum „Viel Unwahres verkünden die Sänger" (πολλὰ ψεύδονται ἀοιδοί) sei unsicher, ob die fahrlässige Verfehlung oder die intentionale Lüge ausgesprochen wird.[51] Die Vorstellung der Lüge trete spätestens bei Pindar hervor, der Homer dafür kritisiere, dass er Odysseus ehrwürdiger hat erscheinen lassen, als es gerechtfertigt gewesen wäre, und mit Nachdruck die Verpflichtung des Dichters zu unverfälschter Wahrheit beschwört.[52] Die bei Solon und Pindar vorliegende Ansicht, dass die Dichter fahrlässig oder absichtlich die Unwahrheit erzählen, entspreche der von Heraklit formulierten Polemik und werde später in Platons *Ion* auf die Formel gebracht: Alle Dichter handeln von den gleichen Gegenständen – nur in unterschiedlicher Qualität.[53]

(4) Die Historiographie setze zunächst die unter (3) beschriebene Tradition fort, der zufolge sich die Dichter häufig täuschen. Diese Einstellung finde sich etwa bei Hekataios, der die Anzahl der Aigyptos-Söhne von fünfzig auf unter zwanzig reduziert, wobei er sich ausdrücklich von Hesiod distanziert.[54] Analog lässt Herodot in Distanzierung zu Homer Helena den Trojanischen Krieg in

---

49 Vgl. Rösler (1980) 296, der sich gegen Stroh (1976) wendet. Die Frage, gegen wen sich Hesiods Polemik wendet, lässt Rösler bewusst unbeantwortet, da sich diese Frage kaum beantworten lasse. Er macht aber gegen Kannicht (1996 [zuerst 1980]) geltend (S. 296 f. Fußn. 34), dass der hohe Anteil an direkter (und damit wohl unauthentischer) Rede im Homerischen Epos kaum der Grund für die Polemik sein könne, da möglicherweise der je verschiedene Inhalt hierfür verantwortlich sei und die Redenfiktion „noch lange nach Hesiod als so unentbehrliches wie andererseits ausschließlich darstellungstechnisches Verfahren" verstanden wurde, das von der Wahrheitsfrage unberührt blieb, wie Thukydides (1,22) zeige.
50 Vgl. Theog. 22–26; Rösler (1980) 296 f.
51 Vgl. Solon Fr. 29 West (s. das Kapitel 7.1.6.2 dieser Arbeit); Rösler (1980) 297, der darauf hinweist, dass das Verb ψεύδομαι die Frage der Intention offen lässt.
52 Vgl. Nem. 7,20–27 (s. das Kapitel 3.3 dieser Arbeit); Rösler (1980) 297, 299 und 307.
53 Zugleich zeige sich, dass Heraklits Auslegungspraxis, in der Wahrheitsfrage von der Textsorte abzusehen, also dichterische Texte nicht gesondert zu betrachten, grundsätzlich durch ein entsprechendes poetisches Selbstverständnis gedeckt ist; vgl. Rösler (1980) 298.
54 Vgl. Hekataios Fr. 19 Jacoby.

Ägypten statt in Troja überdauern.⁵⁵ Und Thukydides äußert die Ansicht, dass die *Ilias* von der Größe des Krieges eine unangemessene Vorstellung vermittelt.⁵⁶ Auch wenn die neue Historiographie die Geschichtsdarstellung der Dichter an Akribie und kritischer Schärfe überbiete, stelle sie sie als Geschichtsdarstellung nicht fundamental in Frage, wie sich auch daran erkennen lasse, dass Thukydides die relative Größe des griechischen Heeres vor Troja mit Homers Zahlen rekonstruiert.⁵⁷

Andererseits trete in der Historiographie der zweiten Hälfte des 5. Jahrhunderts eine neue Stufe der Bewertung des dichterischen Wahrheitsstatus hervor: Die Dichter ziehen den größeren Effekt der weniger spektakulären Wahrheit vor. Diese Einstellung lasse sich bei Herodot insofern erkennen, als ihm zufolge Homer der offenkundig unglaubwürdigen Überlieferung, der zufolge Helena den Trojanischen Krieg in Troja erlebt hat, deswegen den Vorzug gegeben hat, weil die historisch plausiblere Alternativversion (Aufenthalt in Ägypten) nicht in gleicher Weise den Bedürfnissen epischer Dichtung entsprochen habe.⁵⁸ Analog setze Thukydides seine nüchterne Erkundung des Geschehens prinzipiell von den Darbietungen der Dichter und Geschichtenerzähler ab, da diese es mit der Wahrheit nicht so genau nähmen, sondern nur das Ziel verfolgen würden, Freude bei den Zuhörern zu erregen.⁵⁹

Einen Höhepunkt in der Einforderung des Wahrheitsanspruches der Dichtung sieht Rösler in der apologetisch-allegorischen Homerinterpretation, die bis zu Theagenes von Rhegion (6. Jahrhundert v. Chr.) zurückreicht. Sie stelle das positive Gegenstück zu derjenigen Kritik dar, die u. a. Heraklit und Xenophanes üben, da sie Homer auf derselben Grundlage rehabilitiert, auf der er kritisiert wird. Denn die Homerallegorese versuche nicht aufzuzeigen, dass ein Unterschied zwischen Homerischer und vorsokratischer ‚Wahrheit' bestehe, sondern Homer als Naturphilosoph zu retten, indem der Text, der vordergründig ein derartiges Verständnis nicht zulässt, zu einer Allegorie uminterpretiert wird.⁶⁰

Vor dem Hintergrund der von Rösler entfalteten Entwicklungsgeschichte sei Platons Auseinandersetzung mit der Dichtung so zu bewerten, dass zwar ihre Radikalität spektakulär ist, die Kritik aber von einer etablierten Grundlage aus

---

55 Vgl. Herodot, 2,116–120.
56 Vgl. Thuk. 1,10.
57 Vgl. Rösler (1980) 299 f.
58 Vgl. Herodot, 2,116; Rösler (1980) 307.
59 Vgl. Thuk. 1,21 f. (s. S. 144–147); Rösler (1980) 307 f.
60 Vgl. Rösler (1980) 301, der die Allegorese nicht in sein vierstufiges Schema (S. 307) einordnet.

geschehe: die Dichter werden als Lehrer gesehen, ihre Werke auf ihren Wahrheitsgehalt und die von ihnen ausgehende Verhaltenssteuerung hin überprüft.[61] Die Entdeckung der Fiktionalität meint Rösler im neunten Kapitel der Poetik des Aristoteles zu erkennen.[62]

> Nicht (wie hier) historische, nicht (wie an anderer Stelle) naturphilosophische, sondern eine eigene Wahrheit ist es, die Dichtung – so Aristoteles – zum Ausdruck bringt, und diese eigene Wahrheit wird paradoxerweise aussagbar durch etwas, das man als ‚Die-Unwahrheit-Sagen', ja als Lüge zu bezeichnen gewohnt war: durch Fiktion. Der von Platon disqualifizierend gebrauchte Begriff Mimesis erscheint nun positiv gewendet; er bezeichnet nicht mehr Abstand von der Wahrheit, sondern im Gegenteil einen Akt spezifischer Wahrheitsstiftung, eben die dichterische Fiktion. [...] Ersetzt man wieder Mimesis durch Fiktion, so ist Fiktionalität damit im ganzen auf eine Weise definiert, die an neuere theoretische Ansätze wie etwa jenen von Johannes Anderegg erinnert: als spezifische Kommunikationsstruktur, die anderen Regeln unterliegt, als sie für pragmatische Kommunikationssituationen gelten [...]. Die Rede des Autors ist nicht behauptend, sie setzt – insofern sie zwar tatsächliche Ereignisse oder reale Personen berücksichtigen kann, aber dies eben nicht muß – kein außerhalb ihrer selbst bestehendes Bezugsfeld voraus [...], und entsprechend disponiert ist der Rezipient, der den Fiktionscharakter durchschaut und ihm dadurch Rechnung trägt, daß er „von vornherein auf eine in seinem Bezugsfeld gründende Überprüfung des Wahrheitsgehalts dessen, was mitgeteilt wird" zu verzichten bereit ist.

Allerdings sei Aristoteles' Standpunkt kein völliger Neuansatz. Vielmehr sei im späten fünften Jahrhundert damit begonnen worden, das traditionelle Wahrheitskriterium in Frage zu stellen, indem die aus der Anwendung jenes Maßstabes resultierende Widersprüchlichkeit durch paradoxe Formulierungen aufgezeigt wird.[63] So beweise die Kunst nach Ansicht des Autors der *Dissoi Logoi*, dass Lüge und Täuschung auch als gerecht angesehen werden können, „denn wer in der Tragödiendichtung und der Malerei am perfektesten täuscht, indem er schafft, was dem Wahren ähnlich ist, der ist der Beste".[64] Eine vergleichbare Umakzentuierung etablierter Bewertungsmaßstäbe finde sich bei Gorgias, dem zufolge die Tragödie eine Täuschung des Publikums bewirke und insofern „der Täuschende

---

61 Vgl. Rösler (1980) 308, der auch Folgendes zu bedenken gibt: „Zweifellos waren Platon erste, noch ins späte 5. Jahrhundert fallende Ansätze zu einer Umbewertung dichterischer ‚Unwahrheit' bekannt (auf sie ist noch zurückzukommen); doch leisteten sie offenbar nach seiner Auffassung nicht das, was er fordern zu müssen glaubte: eine substantielle Legitimation von Dichtung und ihrer Wirkung."
62 Rösler (1980) 310 f., der Anderegg (1973) 33 zitiert. Zum Text (Poet. 1451a36–b7) s. das Kapitel 4.4 dieser Arbeit.
63 Vgl. Rösler (1980) 311 f.
64 Dissoi Logoi 3,10 Becker/Scholz (2004) 66 (p. 410,30–411,1 Diels/Kranz); vgl. auch 2,28; 3,17.

mehr im Recht [sc. ist] als der nicht Täuschende und der Getäuschte klüger als der, der sich nicht habe täuschen lassen".[65]

Die Gründe für den Umstand, dass am Ende des fünften Jahrhunderts ein Prozess eingeleitet wird, der sich mit Aristoteles' Anerkennung der Fiktionalität im vierten Jahrhundert vollendet, sieht Rösler zum einen in der Entfaltung des Dramas und zum anderen in der Kulturtechnik des Lesens. Der dramatische Dialog habe es unmöglich gemacht, den Text als wörtlich zu nehmende Behauptung des Autors zu verstehen, und die phantastischen Einfälle der alten Komödie und die immer neuen Aufführungen derselben tragischen Stoffe hätten zu einer Problematisierung des Wahrheitsstatus der Dichtung geführt. Die inzwischen dominierende Kulturtechnik des Lesens sei insofern für die Veränderung der Einstellung gegenüber der Dichtung verantwortlich, als der Vortragende, solange der mündliche Vortrag die genuine Form der Vermittlung von Dichtung war, sich für die Wahrheit dessen, was er sagte, verbürgte. Nachdem das Zeitalter der oralen Kultur endgültig vorüber war, habe die Vorstellungsbildung des Rezipienten eine entscheidende Rolle gewonnen.[66]

Röslers Ergebnisse sind von der Forschung teilweise weiterentwickelt, teilweise aber auch in Frage gestellt worden, wobei die positive Resonanz überwiegt. Kannicht hat sich in demselben Jahr wie Rösler mit dem „alten Streit zwischen Philosophie und Dichtung" beschäftigt.[67] Die (v. a. dichterischen) Texte, die Kannicht untersucht, werden nicht grundsätzlich unter dem Blickwinkel der Fiktionalität analysiert.[68] Aber in Hesiods Theogonie-Proömium entdeckt er in gewisser Weise eine Theorie der Fiktionalität,[69] wenn er sich zwar der Forschungsmeinung anschließt, dass sich Hesiod in V. 27 auf das Epos im Stile Homers bezieht, aber die Frage, in welchem Sinne das Homerische Epos als Dichtung zu verstehen ist, bei der Unwahres dem Wahren gleicht, in einer neuen Weise beantwortet. Das Homerische Epos beinhalte zwar auch für Hesiod im Kern historische Wahrheit, aber diese Wahrheit sei durch den Zug „zum ausführlichen,

---

65 Gorgias Fr. B 23 Diels/Kranz (s. das Kapitel 7.1.1 dieser Arbeit).
66 Vgl. Rösler (1980) 312–318.
67 Vgl. Kannicht (1996). Der 1996 publizierte Aufsatz basiert auf einer Vorlesung, die 1980 erschienen ist. Für die Formulierung „der alte Streit zwischen Philosophie und Dichtung" vgl. Plat. rep. 607b6–7: παλαιὰ [...] διαφορὰ φιλοσοφίᾳ τε καὶ ποιητικῇ [sc. ἐστιν] („es herrscht ein alter Streit zwischen Philosophie und Dichtung"). Kannichts Beitrag (1980) muss kurz vor demjenigen von Rösler (1980) erschienen sein, da Rösler (S. 296 f. Fußn. 34) Kannicht zitiert.
68 Kannicht (1996 [zuerst 1980]) untersucht vier Etappen (s. die Gliederung auf S. 191): (1) Die Entstehung des Streits – Hesiod und das Epos; (2) Die Verschärfung des Streits – Erkenntnis contra Vergnügen; (3) Der Höhepunkt des Streits – Platon und die Dichter; (4) Die Schlichtung des Streits – Aristoteles contra Platon.
69 Vgl. Hes. Theog. 27 f. (s. das Kapitel 4.1 dieser Arbeit).

gründlichen und genauen Erzählen nicht mehr [...] authentisch überliefert, sondern mehr und mehr erfindend [ge]dichtet".[70] Das erfindende Dichten sieht Kannicht v. a. in den Figurenreden.[71] Daher würden Hesiods Musen in V. 27 die spezifisch poetische Qualität des „ionische[n] Epos homerischer Prägung" umschreiben; diese Qualität bezeichnet Kannicht als Fiktionalität, die er als „Gedichtetheit der Wahrheit" versteht.[72]

Puelma hat das Verhältnis zwischen Dichter und Wahrheit in der griechischen Poetik von Homer bis Aristoteles untersucht und dabei eine Entwicklungsgeschichte skizziert, die derjenigen von Rösler in vielen Punkten ähnlich ist.[73] Mit Bezug auf die Homerische Dichtung stellt Puelma fest, dass der Dichtersänger in den Musenanrufen den Anspruch der authentischen Echtheit erhebt, der sich von der belehrenden Muse auf den berichtenden Mythensänger überträgt.[74] Dichtung und Wahrheit würden in der Homerischen Vorstellungswelt eine Einheit bilden.[75]

---

[70] Vgl. Kannicht (1996 [zuerst 1980]) 201.
[71] Vgl. Kannicht (1996 [zuerst 1980]) 201: „[...] noch einmal die statistische Zahl: 67% des Versbestandes der Ilias wörtliche Reden des epischen Personals; die Gegenprobe in der Theogonie Hesiods: rund 3% [...]".
[72] Vgl. Kannicht (1996 [zuerst 1980]) 201: „Darum sagt Hesiod auch nicht pauschal ψεύδεα, sondern einschränkend ψεύδεα πολλά (also nicht ‚Falsches', ‚Unwahres', ‚Trügerisches' schlechthin, sondern nur ‚vieles Falsche, Unwahre, Trügerische'), und darum sagt er auch nicht bloß ψεύδεα πολλά, sondern präzisierend ἐτύμοισιν ὁμοῖα, ‚dem gleichend, was der Fall ist'. Die Musen (und mit ihnen Hesiod) bewähren sich also in dieser Formulierung in der Tat als ἀρτιέπειαι. Denn sie umschreiben mit ihr unter Rücksicht auf den naiven Wahrheitsanspruch des Epos höchst präzise die spezifisch poetische Qualität der epischen ἀοιδή: die Gedichtetheit nämlich ihrer Wahrheit, terminologisch also: ihre Fiktionalität. Und damit ist weiter erkannt, daß und in welchem Sinne der ἀοιδός in Wahrheit das ist, was die Sprache des 5. Jh. dann ποιητής genannt hat: kreativer ‚Macher' und in diesem Sinne eben ‚Dichter'."
[73] Vgl. Puelma (1989) 98 Fußn. 74: „Die von W. J. Verdenius (1972) 235 geäusserte Ansicht, dass ‚a positive appreciation of artistic fiction is not found before the Hellenistic period' [...] bedarf einer Korrektur: Die Poetik des Hellenismus zieht nur die Folgerungen aus einem langen Weg der ‚Entdeckung der Fiktionalität' (W. Rösler, 1980), der mit Hesiod beginnt und – mit dem entscheidenden Einschnitt im Zeitalter der Sophistik – bei Aristoteles endet." Der wesentliche Unterschied zwischen den Beiträgen von Puelma und Rösler besteht darin, dass derjenige von Puelma stärker chronologisch ausgerichtet ist.
[74] Vgl. Puelma (1989) 68. Den Grund für eine derartige Auffassung von Dichtung sieht Puelma wie Rösler in den besonderen Bedingungen der *oral poetry*; vgl. Puelma (1989) 72.
[75] Vgl. Puelma (1989) 73: „Zusammenfassend kann man sagen, dass in der Vorstellungswelt der homerischen Mythenerzählung und ihres Publikums Dichtung und Wahrheit eine Weseneinheit bilden und ihr Sänger als Sprachrohr der Musen im allgemeinen Bewusstsein der unbestrittene Verwalter und Verkünder dieser Wahrheit ist, Wahrheit jedoch nicht im Sinne und mit dem Anspruch einer göttlichen Botschaft, wie wir sie von den Offenbarungsschriften orientalischer

Hinsichtlich Hesiods Theogonie-Proömium hat sich Puelma der Forschungsmeinung angeschlossen, dass in V. 27 f. des Theogonie-Proömiums Hesiods eigene Dichtung von derjenigen Homers unterschieden wird.[76] Zwar lehnt Puelma Strohs Deutung ab, dass ein Nebeneinander von Wahrheit und Unwahrheit als Wesensmerkmal der Dichtung beschrieben wird.[77] Andererseits ist er aber der Meinung, dass man bei Hesiod von einer „Entdeckung der Fiktionalität" sprechen könne, nämlich in dem Sinne, dass Musendichtung eine Fiktion sein kann.[78]

Zwischen dem sechsten und vierten Jahrhundert v. Chr. habe es zwei Gruppen gegeben, die den Wahrheitsstatus der Dichtung kritisch beleuchtet haben: Zum einen hätten die Historiker teils (in Person von Hekataios) eine rationalistische Kritik an einer prinzipiell ernst zu nehmenden Mythentradition vorgenommen,[79] teils (v. a. Herodot und Thukydides) die Dichtkunst von unangemessenen Wahrheitsansprüchen befreit;[80] zum anderen hätten die Vertreter der philosophischen

---

Kulturen her kennen, sondern nach dem Massstab geschichtlicher Glaubwürdigkeit, in der Weise, dass der musische Wahrheitsanspruch der frühgriechischen Heldendichtung als eine archaische Vorstufe zum wissenschaftlichen Wahrheitsstreben der späteren Historiographie erscheinen kann."

76 Vgl. Puelma (1989) 75: „Unter dem ‚Trugbild-Gesang' versteht hier Hesiod offensichtlich die Art der homerischen Mythenerzählung mit ihrer Technik der mimetischen Vergegenwärtigung, die ‚Wahrheitsaussage' ist demgegenüber das, was Hesiod für seine eigene Ependichtung beansprucht." Unter der „mimetischen Vergegenwärtigung" versteht Puelma vermutlich das, worin Kannicht (1996 [zunächst 1980] 201) die „Gedichtetheit der Wahrheit" sieht, nämlich die Figurenreden.

77 Vgl. Puelma (1989) 75 Fußn. 16; s. S. 126, Fußn. 41.

78 Vgl. Puelma (1989) 75 Fußn. 15: „Um so bemerkenswerter ist es, dass Hesiod gerade die in τ 203 enthaltene Formel für ‚wahrheitsähnlichen Trug' auf die Museninspiration selbst als – ganz unhomerische – Möglichkeit überträgt und damit erstmals die Kategorie der Dichtkunst als blosser Fiktion der Wirklichkeit für uns greifbar werden lässt. Man kann so bei Hesiod von einer ‚Entdeckung der Fiktionalität' (vgl. W. Rösler, 1980) oder vom Bewusstwerden der Alternative von ‚Erkenntnis (Nutzen) und Vergnügen' (vgl. R. Kannicht, 1980, 21 ff.) [...] sprechen."

79 Vgl. Puelma (1989) 79–81.

80 Vgl. Puelma (1989) 82: „Nach diesen Urteilen [sc. des Herodot und des Thukydides] erscheinen Poesie und Historie als zwei ihrem Wesen und ihren Zielen nach grundsätzlich verschiedenartige Wertbereiche, an die nicht die gleiche Wahrheitserwartung herangetragen werden darf. Über den positiven Wert der Poesie als einer die Wirklichkeit der Dinge verfremdenden Kunst der hymnischen Aufschmückung [sic], wie sie von Thukydides beurteilt wird, sich näher zu äussern, hatten die Historiker keinen Anlass; indem sie aber die Poesie von der Historie scharf abgrenzten, befreiten sie die Dichtkunst grundsätzlich vom Gewicht unangemessener historischer Wahrheitsansprüche und bahnten so indirekt den Weg zu ihrer Wertung nach einem von der historischen Wahrheit unabhängigen Massstab der poetischen Wirklichkeit [...], wie er sich tatsächlich hundert Jahre später in der wissenschaftlichen Poetik des Aristoteles voll durchsetzen sollte."

Richtung wie Xenophanes, Heraklit und – mit besonderer Konsequenz – Platon die Dichtung nach dem Maßstab philosophischer Wahrheitserkenntnis und der entsprechenden erzieherischen Leistung kritisiert.[81]

Daher sei es nur natürlich, dass als Reaktion auf die philosophische Kritik an der Dichtung die allegorische Deutung entstanden ist, die ihren ältesten Vertreter in Xenophanes' Zeitgenossen Theagenes von Rhegion gehabt habe.[82] Wichtiger aber sei für die Geschichte der antiken Poetik die positive Reaktion auf die philosophische Wahrheitskritik gewesen, die insbesondere bei Pindar vorliegt. Dieser bewerte Homers vorgetäuschte Wunderbilder als etwas, das den Zwecken der Kunstdichtung in legitimer Weise dienlich ist.[83] Im Gegensatz zu Pindars ansonsten ethisch gebundener Ästhetik der poetischen Wahrheit verfolge Gorgias eine rein psychologisch begründete Poetik der Wortmacht, die sowohl in der Verteidigung der Helena als auch in Fragment 23 zum Vorschein komme,[84] in dem Gorgias die Zauberkraft der poetischen Illusionskunst ausdrücke.[85]

Den von der historisch-philosophischen Wahrheitskritik gegen die Dichtung erhobenen Vorwurf, nur verführerische Trugbilder einer Scheinwirklichkeit zu erschaffen, habe Aristoteles gegenstandslos gemacht, indem er der Poesie einen eigenen, spezifischen Wahrheitswert zugesprochen habe, den man als poetische Wahrheit gegenüber der historischen Wahrheit der empirischen Geschichtsforschung bezeichnen könne. Auf diese Weise habe er den neuen Wahrheitsanspruch der Dichtung als künstlerisch autonomer Fiktion begründet.[86]

Bowie hat insbesondere Kritik an Röslers Analyse der Homerischen Epen und der These geübt, dass die voranschreitende Schriftlichkeit zu einer zunehmenden Problematisierung des Wahrheitsgehaltes der Dichtung und somit zur Entwicklung einer Fiktionstheorie geführt hat. Denn auch wenn die *Ilias* und die *Odyssee* von den erhaltenen Werken der griechischen Literatur der *oral poetry* am nächsten stehen, sei die Schriftlichkeit anerkanntermaßen um die Mitte des 8. Jahrhunderts v.Chr. in die griechische Kultur eingedrungen. Zwar sei das Ausmaß der Ver-

---

81 Vgl. Puelma (1989) 82–85.
82 Vgl. Puelma (1989) 85f.
83 Vgl. Pind. Nem. 7,20–24 (s. das Kapitel 3.3 dieser Arbeit); Puelma (1989) 87f.
84 Vgl. Gorg. Fr. 11,8–10; Fr. 23 (s. das Kapitel 7.1.1 dieser Arbeit).
85 Vgl. Puelma (1989) 90f.; 91 Fußn. 56: „Der von Gorgias und anderen Sophisten [...] für die poetische Wirkung namentlich der Tragödie verwendete Ausdruck der ἀπάτη hat gegenüber dem dafür seit Hesiod allein verwendeten, negativ gefärbten ψεῦδος (das den objektiven Aspekt des Falschen anzeigt) den positiven Sinn der künstlerischen ‚Illusion' (ἀπάτη kennzeichnet mehr den subjektiven Aspekt der Täuschung und bringt damit die künstlerische Absicht zum Ausdruck) [...]." Puelma (S. 91) sieht in der Aufwertung der Poesie als Kunst der illusionären Täuschung eine Übereinstimmung mit den *Dissoi logoi* (3,10).
86 Vgl. Puelma (1989) 93f., der auf Arist. Poet. 9 verweist (s. das Kapitel 4.4 dieser Arbeit).

schriftlichung der Homerischen Epen umstritten und werde es immer bleiben; aber diese Werke wären nicht überliefert worden, wenn sie nicht zu irgendeinem Zeitpunkt verschriftlicht worden wären.[87]

Nach Bowie lässt sich Röslers Ansicht nicht halten, dass in den Homerischen Epen die Musen dem Dichtersänger als deren Sprachrohr universelles Wissen garantieren. Der Musenanruf im jeweils ersten Vers der *Ilias* bzw. *Odyssee* sei eine konventionelle Eröffnung, und was diese Konvention zur damaligen Zeit bedeutete, könne aus diesen beiden Belegen nicht geschlossen werden. Dass die Muse dem Dichter die Gesamtheit aus Inhalt und Form des jeweiligen Gedichtes bereitstellt, sei nur ein mögliches Verständnis. Auch sei nicht ersichtlich, dass der Inhalt der Epen *memoire collective* widerspiegele und die Tatsache, dass es sich um traditionelle Geschichten handelt, diese auch wahr sein lasse.[88]

Zwar lasse sich die Zuschreibung von umfassendem Wissen an die Musen in dem Musenanruf vor dem Schiffskatalog erkennen.[89] Aber es sei fraglich, ob der derartig konzipierte Musenanruf für die gesamten Epen gilt und deren Wahrheit garantiert oder ob er sich nur unmittelbar auf den Katalog bezieht, zumal es sich um eine Konvention der oralen Katalogdichtung handeln könnte. Ferner sei die Annahme nicht gerechtfertigt, dass der Wahrheitsanspruch der Musen und des Dichters unbegrenzt ist, auch wenn es im Musenanruf „ihr wisst alles" heißt.[90] Vielmehr sei der Wahrheitsanspruch in seinem Kontext so zu verstehen, dass die Musen über alle Details über den Zug nach Troja verfügen.[91]

Aufschlussreich für die Frage nach dem Wahrheitsstatus der Homerischen Dichtung seien diejenigen Szenen aus der *Odyssee*, in denen die Sänger Demodokos und Phemios präsentiert werden. So heißt es über Demodokos im achten Buch der *Odyssee*:[92]

[...] καλέσασθε δὲ θεῖον ἀοιδόν,
Δημόδοκον· τῷ γάρ ῥα θεὸς περὶ δῶκεν ἀοιδὴν
τέρπειν, ὅππῃ θυμὸς ἐποτρύνῃσιν ἀείδειν.

Ruft den göttlichen Sänger herein,
Demodokos; denn ihm ganz besonders hat ein Gott die Gabe des Gesanges verliehen,
um zu erfreuen, in welcher Weise auch immer sein Herz ihn zu singen veranlasst.

---

87 Vgl. Bowie (1993) 11 f.
88 Vgl. Bowie (1993) 12 f.
89 Vgl. Il. 2,484–492 (s. teilweise S. 11).
90 Vgl. Il. 2,485 (s. S. 11).
91 Vgl. Bowie (1993) 13 f.
92 Od. 8,43–45.

Diese Stelle deute eher auf die Fähigkeit des Dichters zu singen als auf die Wahrheit des Inhalts des Gesanges.[93] Ähnlich sei die folgende Stelle zu verstehen:[94]

> [...] τὸν περὶ Μοῦσ' ἐφίλησε, δίδου δ' ἀγαθόν τε κακόν τε·
> ὀφθαλμῶν μὲν ἄμερσε, δίδου δ' ἡδεῖαν ἀοιδήν.
>
> [...] den die Muse ganz besonders lieb hatte, dem sie Gutes und Schlechtes gab;
> des Augenlichts beraubte sie ihn, sie gab ihm aber den süßen Gesang.

Auch hier werde das Vergnügen, das mit dem Gesang verbunden ist, in den Vordergrund gestellt, nicht das Wissen. Zwar könnten beide Aspekte koexistieren, aber für die vorliegende Untersuchung sei festzuhalten, dass die Aufmerksamkeit nicht auf die Wahrheit gelegt wird.[95]

Anders seien zwei spätere Stellen aus dem achten Buch der *Odyssee* aufzufassen. Zunächst lobt Odysseus Demodokos:[96]

> ἢ σέ γε Μοῦσ' ἐδίδαξε, Διὸς πάϊς, ἢ σέ γ' Ἀπόλλων·
> λίην γὰρ κατὰ κόσμον Ἀχαιῶν οἶτον ἀείδεις,
> ὅσσ' ἔρξαν τ' ἔπαθόν τε καὶ ὅσσ' ἐμόγησαν Ἀχαιοί,
> ὥς τέ που ἢ αὐτὸς παρεὼν ἢ ἄλλου ἀκούσας.
>
> Entweder hat eine Muse dich unterrichtet, ein Kind des Zeus, oder Apollo;
> denn du besingst das Schicksal der Griechen mit größter Schicklichkeit,
> alles, was sie getan und erlitten haben und was die Griechen auf sich genommen haben,
> als ob du selbst da gewesen wärest oder es von einem anderen gehört hättest.

Dann verlangt Odysseus nach der Geschichte des hölzernen Pferdes:[97]

> αἴ κεν δή μοι ταῦτα κατὰ μοῖραν καταλέξῃς,
> αὐτίκα καὶ πᾶσιν μυθήσομαι ἀνθρώποισιν,
> ὥς ἄρα τοι πρόφρων θεὸς ὤπασε θέσπιν ἀοιδήν.
>
> Wenn du mir dies treffend erzählst,
> dann werde ich unverzüglich allen Menschen sagen,
> dass ein Gott dir bereitwillig den göttlichen Gesang verliehen hat.

Aus diesen beiden Stellen werde deutlich, dass ein Gott die Quelle für Demodokos' außerordentlich gutes Wissen ist, wenngleich es auch möglich sei, dass ein

---

93 Vgl. Bowie (1993) 14.
94 Od. 8,63f.
95 Vgl. Bowie (1993) 14f.
96 Od. 8,488–491.
97 Od. 8,496–498.

Sterblicher die Informationsquelle ist. Die Ansicht, dass die Muse dem Sänger das Wissen garantiert, finde an diesen Stellen seinen stärksten Rückhalt. Allerdings lasse sich hieraus nicht ableiten, dass in gleicher Weise für den Dichter der *Odyssee* gilt, dass die Muse, die er im ersten Vers anspricht, ihm alle Details eingibt.[98]

Ein wieder anderes Bild gewinne man anhand einer Passage aus dem ersten Buch der *Odyssee*. Dort wird erzählt, dass Phemios in Odysseus' Palast die leidvolle Rückkehr der Griechen aus Troja besingt. Während Penelope weint, nimmt Telemachos Phemios mit den Argumenten in Schutz, dass sich die Menschen insbesondere an aktuellen Geschichten erfreuen und Odysseus nicht der einzige sei, der „den Tag der Rückkehr in Troja verloren habe".[99] Aus dem zweiten Argument gehe hervor, dass Odysseus in Phemios' Geschichte gestorben ist, was falsch ist. Folglich sei Phemios' Gesang als Lüge, aber nicht nur als Lüge anzusehen, sondern käme einer Fiktion nahe.[100] Insgesamt würden die verschiedenen Typen von Geschichten darauf hindeuten,[101] dass sie alle einen fiktiven Anteil enthalten und dass der Dichter der *Odyssee* daher bewusst darauf verzichtet hat, einen expliziten Wahrheitsanspruch zu erheben.[102]

Hose hat Röslers These, dass Aristoteles der Entdecker der Fiktionalität ist, problematisiert.[103] Gegen Rösler wendet Hose ein, dass sich dessen Schlussfolgerungen über die Entdeckung der Fiktionalität bei Aristoteles zwar implizit, aber nicht explizit aus dem neunten Kapitel der Poetik ergeben. Explizit beziehe Ari-

---

98 Vgl. Bowie (1993) 15 f.
99 Vgl. Od. 1,325–359.
100 Vgl. Bowie (1993) 16 f.: „It is hard not to conclude that the poet wants us to imagine that either Phemius or the singer from whom he got the song ‚made up' the portion that killed off Odysseus. In context, of course, Phemius' fabrication amounts to ‚lying', since his decision to give a version of events that will please the suitors has a function in the real world. But that is not its only function: Phemius is also creating a work which will entertain, and, viewed in terms of literary history, this example seems to take us some distance towards what we see as ‚fiction'."
101 Bowie (1993) 18 f. unterscheidet neben den Gesängen von Demodokos und Phemios zwischen drei Typen von Erzählungen innerhalb der *Odyssee:* (1) Prima facie wahre Geschichten, die andere Figuren als Odysseus erzählen. (2) Die prima facie wahre Geschichte von Odysseus' Abenteuern, die er den Phäaken erzählt. (3) Die falschen Geschichten, die Odysseus im zweiten Teil des Werkes erzählt.
102 Vgl. Bowie (1993) 20 und 37. Bowie untersucht u. a. auch Archilochos' Epoden hinsichtlich ihrer Fiktionalität und stellt fest (S. 31), dass mit zwei Fabeln ein eindeutiger Fall von Fiktionalität vorliegt: „Here, with certainty, we can assign fictionality to stories which were probably told to make points in Archilochus' social and political manoeuvring. [...] we must allow that such stories, involving speaking and rational animals, are unlikely to have been eligible for classification as ‚history' by Archilochus' audience."
103 Vgl. Hoses (1996) 258 programmatische Äußerungen; Rösler (1980).

stoteles dort Stellung gegen die von Gorgias vertretene Definition von Dichtung als metrisch gebundener Rede.[104] Hiergegen stelle er die Konzeption, dass das je verschiedene Verhältnis zur Realität den Unterschied zwischen der Geschichtsschreibung und der Dichtung konstituiert: die Historiographie beschäftige sich mit dem Tatsächlichen bzw. Einzelnen, die Dichtung mit dem Möglichen bzw. Allgemeinen. Eine Legitimierung der Fiktion ergebe sich hieraus nicht, denn durch das Aristotelische Postulat des Möglichen (oder Wahrscheinlichen) als Gegenstand der Dichtung werde dasjenige Feld nicht abgedeckt, das Ausgangspunkt der Kritik an der Dichtung gewesen sei:[105]

> οὔτι μάχας διέπειν Τιτήνων οὐδὲ Γιγάντων
> οὐδέ ⟨τι⟩ Κενταύρων, πλάσματα τῶν προτέρων,
> ἢ στάσιας σφεδανάς, τοῖς οὐδὲν χρηστὸν ἔνεστι.
>
> statt nur vom Kampf mit Titanen zu reden, vom Kampf mit Giganten,
> mit Kentauren (das sind Fabelgespinste von einst),
> lauter wilde Revolten – wem könnte dergleichen wohl nützen?

Da es nicht plausibel erscheine, dass Aristoteles die „Fabelgespinste von einst" in den Bereich des Möglichen (oder Wahrscheinlichen) einbezogen wissen wollte, decke Aristoteles' Dichtungskonzeption nur einen Teilbereich der Dichtung ab und legitimiere die Fiktion nicht generell.[106]

Eine generelle Legitimierung der Fiktion liege erst in den lateinischen Rhetoriken (in der Herennius-Rhetorik, in *De inventione* und bei Quintilian) vor,[107] in denen das gesamte Spektrum der Literatur in die drei Bereiche *res verae* / Historia – *res fictae* / Argumentum – *res fabulosae* / Fabula eingeteilt werde und als Beispiele die Gattungen Historiographie, Komödie und Tragödie genannt würden.[108]

Hose bestreitet die *communis opinio*, die auf Mette fußt und der zufolge die genannte Dreiteilung aus dem Griechischen (in der Terminologie ἱστορία – πλάσμα – μῦθος), und zwar von Krates von Mallos, übernommen wurde, wie das bei Sextus Empiricus überlieferte Fragment zeige.[109] Denn in diesem Fragment und in seinem Kontext werde weder der Name des Krates noch ein Indiz erwähnt,

---

104 Vgl. Gorg. Fr. 11,9 Buchheim (1989) 9 (s. das Kapitel 7.1.1 dieser Arbeit).
105 Xenophanes, Fr. 1,21–23; zu Text und Übersetzung vgl. Hose (1996) 259. Zu Xenophanes s. das Kapitel 3.2 dieser Arbeit.
106 Vgl. Hose (1996) 259 f.
107 Vgl. rhet. Her. 1,13; Cic. inv. 1,27; Quint. inst. 2,4,2 (s. das Kapitel 4.7 dieser Arbeit).
108 Vgl. Hose (1996) 260 f.
109 Vgl. Sext. Emp. adv. math. 1,263 f. (s. das Kapitel 4.7.1.2.1 dieser Arbeit); Mette (1936) 156–158.

das die Dreiteilung der Diskursformen mit ihm in Verbindung bringt.[110] Mette habe das Fragment als Fr. 18 des Krates in seine Sammlung aufgenommen, weil am Beginn des Abschnittes, zu dem das Fragment gehört, über das ἱστορικόν (d. h. über die Erzählweisen) als Teil der Grammatik im Sinne des Krates-Schülers Tauriskos gehandelt wird (§ 248). In einem Referat der Hauptteile der κριτικὴ τέχνη (etwa: der philologischen Methode) seines Lehrers erwähne Tauriskos die διαφοραὶ πλασμάτων καὶ χαρακτήρων. Wie Schmid gezeigt habe, werde πλάσμα an dieser Stelle zum ersten Mal nachweislich i.S.v. „Stil" verwendet.[111]

Hose hält daher fest, dass Tauriskos und damit aller Wahrscheinlichkeit nach Krates als terminologische Neuerung mit πλάσμα den Stil bezeichnet hat und dass das Wort im ursprünglichen und bis in die Kaiserzeit gängigen Sprachgebrauch nicht „Fiktion" i.S.v. *res fictae* bedeutet.[112] Da Krates den Begriff πλάσμα anders verwende, als er an der strittigen Stelle (§ 263) verwendet wird, breche der Hauptpfeiler für die Annahme weg, dass die Dreiteilung des Stoffes in Griechenland konzipiert und in Rom rezipiert worden ist. In der griechischen Literaturkritik lasse sich nur jene Zweiteilung vorfinden, die in Hesiods Theogonie-Proömium vorliegt.[113] Ohne auf die Forschungskontroverse, die mit diesen beiden Versen verbunden ist, näher einzugehen, lasse sich feststellen, dass Hesiod hier die einfache Dichotomie Wahrheit – Lüge benutzt.[114] Von Hesiod an sei der Begriff ψεῦδος (bzw. ψεύδομαι) geradezu ein Schlüsselbegriff für die Tätigkeit des Dichters; entsprechende Belege würden sich bis in das zweite Jahrhundert n. Chr. finden lassen.[115]

Nach Hoses Ansicht handelt es sich bei der Dreiteilung Historia – Argumentum – Fabula um eine Neuerung der römischen Literaturkritik, die möglicherweise auf den uns nicht mehr kenntlichen Lehrer des *Auctor ad Herennium* (um 90 v.Chr.) zurückgeht.[116] Um diesen Ursprung plausibel zu machen, zieht Hose terminologische Erwägungen heran. Da die Bedeutung des Wortfeldes von *mendacium* enger gefasst sei als diejenige des Wortfeldes von ψεῦδος, weil die Täuschungsabsicht untrennbar mit dem lateinischen Wortfeld verbunden sei, sei eine Übertragung der griechischen Terminologie ins Lateinische zumindest pro-

---

110 Vgl. Hose (1996) 262.
111 Vgl. Schmid (1894) 134f.
112 Vgl. Hose (1996) 263, der auf Ernesti (1795) 268–270 s.v. πλάσμα verweist.
113 Vgl. Theog. 27f. (s. das Kapitel 4.1 dieser Arbeit).
114 Vgl. Hose (1996) 264f.
115 Vgl. Hose (1996) 265–267, der u. a. auf Solon (Fr. 29 West [1992] 157; s. das Kapitel 7.1.6.2 dieser Arbeit), Kallimachos' Zeus-Hymnos (V. 65), die von Barwick (1928) ausgewerteten Zeugnisse aus der rhetorischen Tradition sowie Plutarch (mor. 16a) verweist (s. das Kapitel 7.1.6.1 dieser Arbeit).
116 Vgl. Hose (1996) 268–271. Zum Lehrer des *Auctor ad Herennium* vgl. rhet. Her. 1,18.

blematisch gewesen und habe zu einer Modifikation der griechischen Zweiteilung herausgefordert.[117] Zum anderen spreche vieles dafür, dass das griechische πλάττειν bzw. πλάσμα nicht das Vorbild für das lateinische *fingere*, sondern den Versuch darstellt, diesen Begriff ins Griechische zu übersetzen. Denn das griechische Verb bedeute stets „formen", wohingegen das lateinische Verb mehr die geistige Vorstellung bezeichne.[118]

Primavesi hat zum Problem der epischen Fiktion in der vorplatonischen Poetik Stellung genommen. Nach der poetischen Selbstreflexion des Homerischen Epos sei der Inhalt der Dichtung Tatsachenbericht, der auf der unmittelbaren Augenzeugenschaft der Musen beruht.[119] Die für die Geschichte des Problems der Fiktion grundlegende Kritik am Anspruch des Homerischen Epos auf Tatsachentreue liege in Hesiods Theogonie vor. Denn im Musenhymnos unterscheide Hesiod zwischen der eigenen, wahren Dichtung und der falschen Dichtung des traditionellen Homerischen Heldenepos, in der nur dem Zutreffenden Ähnliches erzählt wird.[120] Als Fiktionalität könne der vom Wahrheitsanspruch gelöste Status, den Hesiod der Homerischen Dichtung zubilligt, nicht gewertet werden, da der Geltungs- und Wahrheitsanspruch des Epos durch die von Hesiod vorgenommene Herabstufung tangiert werde.[121]

Wenn Solon behauptet, dass „die epischen Dichter viel Unzutreffendes sagen", übernehme er von Hesiod den Vorbehalt gegen das ionische Adelsepos.[122] Die Funktion der Dichtung sehe er in der Belehrung und Aufklärung der Bürger über eine gerechte Ordnung der Polis.[123] Bei Xenophanes entdeckt Primavesi zwar den poetologischen Begriff der epischen Fiktion, πλάσμα, der als Lehnübersetzung in der Form von *fictio* ins Lateinische und hierüber in die neuzeitliche Literaturtheorie eingedrungen sei.[124] Aber von Fiktionalität im Sinne einer aner-

---

117 Vgl. Hose (1996) 268f., der in Plautus' Verwendung von *mendacium* (Pseud. 401–404) noch eine Spur der griechischen Zweiteilung sieht (S. 271).
118 Vgl. Hose (1996) 272f.
119 Vgl. Primavesi (2009) 105–108, der Hom. Il. 2,484–487 (s. S. 11) zitiert (S. 107).
120 Vgl. Primavesi (2009) 108–112; Hes. Theog. 22–34, v. a. 27f. (s. das Kapitel 4.1 dieser Arbeit).
121 Vgl. Primavesi (2009) 111, der mit Müller (2004) 285 die Minimalbedingung von Fiktionalität formuliert, dass „bei fiktionalen Texten die (jederzeit mögliche) Aufdeckung des Fiktionscharakters den Geltungs- und Wahrheitsanspruch der Aussage nicht nur nicht zerstört, sondern überhaupt nicht tangiert."
122 Vgl. Primavesi (2009) 112; Solon, fr. 29 West (1992) 157 (s. das Kapitel 7.1.6.2 dieser Arbeit).
123 Vgl. Primavesi (2009) 112f., der auf die Musenelegie (Solon, fr. 13 West [1992]) verweist.
124 Vgl. Primavesi (2009) 113f.; Xenophanes Fr. B 1, 19–24 Diels/Kranz (s. das Kapitel 3.2 dieser Arbeit). Ohne Hose (1996) 272f. zu erwähnen, korrigiert Primavesi dessen Ansicht, dass das griechische πλάττειν bzw. πλάσμα nicht das Vorbild für das lateinische *fingere*, sondern den Versuch darstellt, diesen Begriff ins Griechische zu übersetzen.

kannten Freistellung vom Anspruch auf Tatsachentreue könne bei Xenophanes noch weniger die Rede sein als bei Hesiod, da πλάσμα bzw. *fictio* als pejorativer Begriff ins poetologische Vokabular eintrete.¹²⁵

Theagenes von Rhegion habe den Versuch unternommen, das Epos gegen die Xenophanische Kritik am Anthropomorphismus der Homerischen Götterdarstellung zu verteidigen und den schon seit Hesiod desavouierten Anspruch des Epos auf Referentialität zu rehabilitieren, indem er einen tieferen Sinn des Textes aufdeckte. Durch das von Theagenes angewendete Deutungsverfahren der Allegorese werde ein physikalisch korrekter Subtext unterstellt und der πλάσμα-Charakter des epischen Personals nicht bestritten, sondern funktional legitimiert; die πλάσματα seien eben doch referentiell, aber als Zeichen zweiten Grades.¹²⁶

Da Primavesi bei Parmenides und Empedokles die produktive Wendung der Epen-Allegorese in der philosophischen Dichtung in der Form sieht, dass die beiden von Hesiod unterschiedenen poetischen Ebenen *mutatis mutandis* fortgesetzt werden und miteinander interagieren, liege auch hier keine Grundlegung der Fiktionalität vor. Denn der Geltungsanspruch der mythischen Erzählungen bleibe nur solange gegen die Aufdeckung ihres Fiktionscharakters immun, als dessen Bezug zum philosophischen System ausgeklammert wird.¹²⁷

Daher gelangt Primavesi zu der Schlussfolgerung, dass den epischen Fiktionen in der vorplatonischen Poetik eine autonome Fiktionalität nicht zugestanden wurde, weil sie im 6. Jahrhundert v.Chr. abgelehnt wurden und bei den philosophischen Dichtern des 5. Jahrhunderts v.Chr. „als Spiegelerzählungen in einen funktionalen Verweisungszusammenhang mit nicht-fiktiven, nicht-narrativen Textelementen eingebunden wurden".¹²⁸ Zwar lasse sich bei Gorgias so etwas wie ein theatralischer Fiktionalitätsvertrag entdecken.¹²⁹ Dieser beziehe sich aber nicht auf das Epos oder die Lyrik oder gar auf die Dichtung als Dichtung, sondern nur auf das darstellende Spiel der dramatischen Bühne: Der Chorege schließe mit der attischen Bürgerschaft gewissermaßen einen Vertrag über das Erbringen einer Täuschungsleistung, die im Gesamtkunstwerk der dramatischen Aufführung bestehe: im wunderbaren Hör- und Schauspiel, im Agieren, Sprechen und Singen von Chor und Einzelschauspielern.¹³⁰ Den ausdrücklich nicht-referentiellen

---

125 Vgl. Primavesi (2009) 114.
126 Vgl. Primavesi (2009) 114–116.
127 Vgl. Primavesi (2009) 116–118.
128 Vgl. Primavesi (2009) 118 f.
129 Vgl. Gorgias Fr. B 23 Diels/Kranz (s. das Kapitel 7.1.1 dieser Arbeit).
130 Vgl. Primavesi (2009) 119, der folgendermaßen fortfährt: „Allein die Tatsache, daß Gorgias die spezielle Fiktionalität der dramatischen Aufführung beschreibt, rechtfertigt es noch nicht, ihm auch gleich das Konzept der Fiktionalität des Dramentextes zuzuschreiben, geschweige denn

Wahrheitsanspruch von Dichtung begründe erst Aristoteles mit der Bestimmung der Dichtung als Mimesis möglicher Wirklichkeit.[131]

Müller zufolge vollzieht sich die Legitimierung der Fiktionalität in mehreren Schritten.[132] Gorgias legitimiere die Fiktionalität des Dramas.[133] Für Aristoteles sei zwar der Wirklichkeitsbezug der Dichtung irrelevant.[134] Eine generelle Legitimierung der Fiktionalität sei bei ihm aber nicht zu erkennen, da sie der Mimesis untergeordnet ist.[135] Erst in hellenistisch-römischer Zeit sei die Fiktionalität als distinktives Merkmal von Dichtung anerkannt worden.[136]

Rösler hat 2014 eine überarbeitete Version seines 1980 erschienenen Aufsatzes vorgelegt.[137] Auch wenn sein Beitrag nicht mehr den Titel „Die Entdeckung der Fiktionalität in der Antike" trägt, hält Rösler an dem kulturhistorischen Begriff der „Entdeckung" fest.[138]

Den Wahrheitsstatus der Homerischen Epen analysiert Rösler vor dem kulturhistorischen Hintergrund, dass sie den Übergang von der Mündlichkeit zur Schriftlichkeit widerspiegeln (die Anfänge der Schriftlichkeit liegen Rösler zufolge ungefähr 100 Jahre zuvor).[139] Da der Dichter in der von der Oralität geprägten

---

des poetischen Textes im allgemeinen." Zur Unterscheidung zwischen der Geschichte des Dramas und der Inszenierung s. das Kapitel 2.7 dieser Arbeit.
131 Vgl. Primavesi (2009) 119 f.; Arist. Poet. 9, 1451a36–38 (s. das Kapitel 4.4 dieser Arbeit).
132 Vgl. Müller (2012) 95–117. Müller spricht nicht von der „Entdeckung der Fiktionalität", sondern von der „Legitimierung der Fiktionalität in hellenistisch-römischen Theorien der Dichtungsstoffe" (S. 107).
133 Vgl. Müller (2012) 102: „An diesem Punkt schlägt die Kritik, die Dichtung schere sich nicht um Wahrheit und Wirklichkeit, erstmals unbezweifelbar in die Legitimierung der poetischen Erfindung um, doch beschränkt sich diese Legitimierung noch auf den Bereich des Dramas."
134 Vgl. Müller (2012) 105.
135 Vgl. Müller (2012) 107, der von einer verbreiteten Interpretationstendenz spricht, die „in Aristoteles' Erweiterung der Handlungsdarstellung auf das Mögliche bereits eine Legitimierung der Fiktion überhaupt erkennen möchte." Es sei zwar richtig, dass „Aristoteles die Erfindung von Handlungen nicht nur billigt, sondern ausdrücklich gutheißt", doch sei diese Erfindung dem Ziel untergeordnet, dass „mit ihr [...] charakterbestimmtes Handeln gut [...] zur Anschauung gebracht werden kann." Aristoteles habe keinen „Freibrief für beliebiges Erfinden" ausgestellt.
136 Vgl. Müller (2012) 107–111, der Agatharchides, Polybios, Strabo, Eratosthenes und die Skalierung der dargestellten Geschichte durch Asklepiades aus Myrlea und in der römischen Rhetorik erwähnt. Zu Agatharchides s. das Kapitel 7.1.8.1 dieser Arbeit; zu Eratosthenes, Polybios und Strabo s. die Kapitel 4.5 und 4.6 dieser Arbeit; zur Skalierung der dargestellten Geschichte s. das Kapitel 4.7 dieser Arbeit.
137 Vgl. Rösler (2014) 364 Fußn. 2; Rösler (1980).
138 Vgl. Rösler (2014) 364: „Daraus ergibt sich, dass die Hervorbringung einer ins Positive gewendeten Konzeption von Fiktionalität ein längerer Prozess war, den man geradezu als deren „Entdeckung" ansehen und darstellen kann."
139 Vgl. Rösler (2014) 368.

Gesellschaft als *maître de vérité* fungierte, musste – so Rösler – „die Vorstellung eines autonomen Fingierens auf Seiten des Dichters außerhalb des Horizonts bleiben". Um aber die Tatsache zu erklären, dass insbesondere die in der *Odyssee* dargestellten Irrfahrten viele phantastische Elemente enthalten, biete es sich an, eine konsequente Unterscheidung zwischen Fiktion und Imagination vorzunehmen:[140] Die Imagination liege in der Tatsache, dass ein historischer Kern durch nicht-fiktive Elemente ausgefüllt und konkretisiert werde, und scheine in den Musenanrufen und den Darstellungen der Sänger durch.[141] In der Praxis lasse sich bei Homer aber auch Fiktion erkennen, ohne dass sie theoretisch beschrieben wird.[142]

Der Wahrheitsstatus der (epischen) Dichtung sei in der Folge deshalb zur Diskussion gestellt worden, weil Homer und Hesiod als Autoritäten der griechischen Religion galten, wie an Stellen bei Herodot und anhand der von Xenophanes geübten Kritik am anthropomorphen Götterbild deutlich werde.[143] Als Reaktion auf den Vorwurf der dichterischen Lüge entstehe die Allegorese.[144]

Das Gorgias-Fragment 23 versteht Rösler so, dass Gorgias eine Verkehrung der Disposition des Autors und des Zuschauers einer Tragödie ausdrückt, da es normalerweise als ungerecht gilt, andere zu täuschen, und als dumm, sich täuschen zu lassen.[145] Daher sieht Rösler in Gorgias einen Vorläufer von Coleridge, der das

---

140 Vgl. Rösler (2014) 369, der diese Begriffe in ihrer Opposition nicht klar definiert. Einleitend (S. 364) definiert Rösler aber den Begriff der Fiktion wie folgt: „Der Begriff der Fiktion wiederum bezieht sich auf den Vorgang der Abfassung von solchen [sc. fiktionalen] Texten, die unter den Bedingungen eines eingespielten Fiktionalitätsbewusstseins ihre adäquate Rezeption erfahren."
141 Vgl. Rösler (2014) 369: „Hier, auf der frühesten erschließbaren Entwicklungsstufe griechischer Epik, war offenbar eine Kraft und Technik der Imagination wirksam, die sich als Ausfüllung und Konkretisierung eines durch die Tradition vorgegebenen und als ‚wahr' erachteten Geschehensrahmens im Akt der erzählenden Darstellung begriff und die diesen Vorgang als göttliche Eingebung auffasste. Auf einer solchen Grundlage konnte man z. B. die Kämpfe von Achaiern und Troern, wie sie die *Ilias* durchziehen, in vielen Einzelheiten erzählen, ebenso die Rückgewinnung der Macht im Palast von Ithaka durch Odysseus in der *Odyssee*, ohne dass durch den hohen Anteil eigener Imagination des Sängers die ‚Wahrheit' des Erzählten in Frage stand."
142 Vgl. Rösler (2014) 369: „Denn die Phantastik der Abenteuer, die Odysseus im Gedicht erlebt, übersteigt bei weitem das Maß jener kléa andrôn, Ruhmestaten von Männern aus vergangener Zeit, die nach den Kriterien menschlicher Erfahrung imaginiert und als wahr erzählt werden konnten. Über dieses Maß hat sich der Dichter ersichtlich bewusst, geradezu lustvoll hinweggesetzt und unerhörte Begebenheiten in autonomer Fiktion gestaltet."
143 Vgl. Herodot 2,49–58; Xenophanes Fr. 11 u. a. m. (s. das Kapitel 3.2 dieser Arbeit); vgl. Rösler (2014) 370–374.
144 Vgl. Rösler (2014) 374 f.
145 Vgl. Rösler (2014) 376 f. Zum Gorgias-Fragment 23 s. das Kapitel 7.1.1 dieser Arbeit.

Diktum „the willing suspension of disbelief" geprägt hat.[146] Dabei gehe Gorgias sogar über Coleridge hinaus, da Gorgias auch den Autor und nicht nur den Rezipienten der Dichtung bzw. Tragödie im Blick hat. Den Grund dafür, dass Gorgias speziell den Wahrheitsstatus der Tragödie und nicht der Dichtung generell beschreibe, sieht Rösler darin, dass die dramatische Struktur des Dramas dazu geführt habe, dass der Ansatz, die Dichtung als Rede ihres Verfassers zu betrachten und auf ihren Wahrheitsgehalt zu befragen, undurchführbar und damit obsolet wurde.[147]

Aristoteles habe schließlich im neunten Kapitel der Poetik den fiktionstheoretischen Entwurf des Gorgias vollendet,[148] indem er das Mögliche und nicht das Faktische als den Gegenstandsbereich des Dichters bestimmt hat.[149]

1.2.2 Problematisierung

Der Überblick über die Vorarbeiten zur Frage nach einer Theorie der Fiktionalität in der Antike macht unmittelbar evident,[150] dass dieses Thema sehr unterschiedlich behandelt wurde und zu unterschiedlichen Ergebnissen geführt hat. Dies gilt zum einen für die Frage, wer als Entdecker der Fiktionalität gelten darf: Aristoteles (so Rösler, Puelma und Primavesi), Hesiod (so Kannicht), Gorgias (so Grossardt), Xenophon (so Reichel), hellenistisch-römische Autoren (so Müller), die Römer (so Hose) – oder sind Ansätze bereits bei Homer zu erkennen (so Bowie)? Zum anderen ist festzuhalten, dass die Frage nach der Fiktionalität bei beinahe jedem zur Diskussion stehenden Textzeugnis kontrovers beantwortet

---

146 Vgl. Rösler (2014) 377: „Auch hier [sc. bei Coleridge] ist in der Sache von der Klugheit des verständigen Rezipienten von Dichtung die Rede, der weiß, dass er nach den Maßstäben jenes Argwohns, wie er in der Normalität des alltäglichen Lebens einem klugen Menschen abverlangt ist, getäuscht wird – denn nach diesen Maßstäben ist die erzählte Geschichte unwahr – , der aber seinen realistischen Sinn zu dispensieren vermag und gerade dadurch zu einer adäquaten Aufnahme des poetischen Textes befähigt wird." Zu Coleridge (1983 [zuerst 1817]) 6 s. das Kapitel 2.5.3 dieser Arbeit.
147 Vgl. Rösler (2014) 377 f.
148 Zum Verhältnis zwischen Gorgias und Aristoteles vgl. Rösler (2014) 379: „[sc. Aristoteles] bringt eine neue Definition von Dichtung hervor, die [...] die Konzeption des Gorgias weit zu überbieten vermag, die, ohne auf den Status des poetischen Textes näher einzugehen, auf die Bewertung der Akteure im Prozess der poetischen Kommunikation beschränkt und insofern bei allem erreichten Fortschritt letztlich defizitär geblieben war."
149 Vgl. Rösler (2014) 378–383.
150 Zu den in Kapitel 1.2.1 referierten Studien sind v. a. zu ergänzen: Grossardt (2006) 88 f.; Reichel (1997); Schlaffer (1990); Konstan (1998); Kroll (1924) 44–63. Zu Reichels (1997) Xenophon-Interpretation s. das Kapitel 3.4 dieser Arbeit.

wurde (zu den genannten Autoren wäre etwa Pindar hinzuzufügen).[151] Ferner ließen sich die Kandidaten für die Entdeckung der Fiktionalität vermehren, da einzelne Autoren in diesem Zusammenhang kaum oder gar nicht behandelt wurden (v. a. Thukydides, Isokrates, Platon, Eratosthenes).[152]

Darüber hinaus drängen sich einige Konsequenzen auf, die sich aus einer kritischen Reflexion über die verschiedenen Forschungsergebnisse ergeben. Es lässt sich nämlich der Eindruck nicht vermeiden, dass die stark divergierenden Ergebnisse v. a. darauf zurückzuführen sind, dass das in Frage stehende Phänomen der Fiktionalität unterschiedlich (teilweise aber auch kaum oder gar nicht) definiert wurde: es wurde häufig nicht genau angegeben, was untersucht bzw. wonach gesucht wird.[153] Eine präzise Definition der Fiktionalität und eine Abgrenzung gegenüber anderen Formen der Unwahrheit erweist sich daher als unverzichtbare Grundlage einer Analyse des antiken Fiktionalitätsdiskurses.

Mit Blick auf einzelne Untersuchungen ergeben sich weitere Probleme, die von der Forschung teilweise schon genannt wurden. Bowie hat zu Recht gegen Rösler eingewendet, dass sich dessen kulturhistorische These nicht halten lässt, dass die voranschreitende Schriftlichkeit zu einer zunehmenden Problematisierung des Wahrheitsgehaltes der Dichtung und somit zur Entwicklung einer Fiktionstheorie durch Aristoteles geführt hat. Denn auch wenn die *Ilias* und die *Odyssee* von den erhaltenen Werken der griechischen Literatur der *oral poetry* am nächsten stehen, ist die Schriftlichkeit anerkanntermaßen um die Mitte des 8. Jahrhunderts v. Chr. in die griechische Kultur eingedrungen.[154]

Ferner ist die These zweifelhaft, dass die Rezeption von Dramen dazu geführt habe, dass der Text nicht mehr als wörtlich zu nehmende Behauptung des Autors, sondern als fiktionale Literatur verstanden wurde. Denn wenn man von einer Institutionalisierung des Dramas in Athen in der zweiten Hälfte des sechsten Jahrhunderts v. Chr. ausgeht,[155] stellt sich die Frage, warum erst am Ende des

---

151 S. v. a. die in Kapitel 3 behandelten Autoren. Eine Ausnahme bildet Platon: Bei Platon ist sich die Fiktions-Forschung einig, dass keine Anerkennung der Fiktionalität vorliegt, so dass die zentralen Stellen aus seinem Werk kaum oder gar nicht behandelt werden; vgl. z. B. Rösler (1980); (2014) 378 und Puelma (1989).
152 Zu Thukydides s. das Kapitel 4.2.1; zu Isokrates s. das Kapitel 7.1.2; zu Platon s. das Kapitel 4.3; zu Eratosthenes s. die Kapitel 4.5 und v. a. 4.6 dieser Arbeit.
153 Nahezu unverständlich ist Kannichts (1996 [zuerst 1980]) 201 Rede von Fiktionalität (s. S. 16, Fußn. 72).
154 Vgl. Bowie (1993) 11 f.; s. S. 18 f.
155 Vgl. Müller (2012) 101.

fünften Jahrhunderts ein Prozess eingeleitet wurde, der in Aristoteles' Anerkennung der Fiktionalität im vierten Jahrhundert kulminierte.[156]

Hiermit verknüpft ist das Problem der Entwicklungsgeschichte: Man muss zwar Röslers verdienstvolles Bemühen anerkennen, als Erster den griechischen Falschheits- bzw. Fiktionalitätsdiskurs nicht nur zu skizzieren, sondern ihn im Sinne einer kulturhistorischen Entwicklungsgeschichte auch zu erklären. Man kann sich allerdings des Eindruckes nicht erwehren, dass Rösler und andere Forscher teilweise eine Entwicklungsgeschichte postulieren, die zwar innerlich kohärent ist, die sich aber teilweise nicht belegen und teilweise nicht halten lässt.[157]

Dieses Problem sei anhand eines Beispiels illustriert: Die Homerallegorese, die bis zu Theagenes von Rhegion (6. Jahrhundert v. Chr.) zurückreicht, wird von Rösler nicht in sein Modell der vierstufigen Entwicklung der Auseinandersetzung mit der Dichtung eingeordnet.[158] Aus chronologischen Gründen wäre es allenfalls möglich (aber keineswegs gesichert), dass Theagenes von Rhegion auf Xenophanes' Kritik an den Dichtern reagiert.[159] Bei Puelma ist das Verhältnis zwischen der im weitesten Sinne philosophischen Kritik an der Dichtung und der Homerallegorese noch problematischer dargestellt, wenn er behauptet, dass es nur natürlich sei, dass als Reaktion auf die philosophische Kritik an der Dichtung die allegorische Deutung entstanden ist, die ihren ältesten Vertreter in Xenophanes' Zeit-

---

156 Röslers (2014) 377f. Mutmaßung (vgl. auch Rösler [1980] 312–318), dass die dramatische Struktur des Dramas dazu geführt habe, dass der Ansatz, die Dichtung als Rede ihres Verfassers zu betrachten und auf ihren Wahrheitsgehalt zu befragen, undurchführbar und damit obsolet wurde, kann angesichts der Figurenreden in den (Homerischen) Epen nicht überzeugen. Außerdem spricht gegen die These, dass Aristoteles als Entdecker der Fiktionalität zu gelten hat, auch die Tatsache, dass Aristoteles sich am Anfang des neunten Kapitels der Poetik nicht explizit gegen das Verständnis derjenigen (und sei es anonym in der Form von „vielen") stellt, die der Dichtung nicht das Recht zu fingieren zugestanden haben, um sein innovatives Verständnis als Innovation kenntlich zu machen. Vielmehr hat man den Eindruck, dass Aristoteles mit Blick auf die Fiktion (nicht aber auf den Allgemeinheitscharakter der Dichtung und anderes mehr) eine Selbstverständlichkeit ausdrückt.
157 Vgl. neben den im Folgenden zitierten Studien Müller (2012) 108: „Die divergierenden Auffassungen zum Verhältnis der Faktizität zur Fiktionalität haben schließlich den Anstoß gegeben, das stoffliche Material der Dichtung auf seine Komponenten hin zu prüfen." Auf diese Weise leitet Müller über von Agatharchides, Polybios, Strabo und Eratosthenes zur Skalierung der dargestellten Geschichte durch Asklepiades aus Myrlea (s. S. 26, Fußn. 136).
158 Vgl. Rösler (1980) 301.
159 Ein weiteres Problem, das Röslers (1980) Aufsatz birgt und das mit dem Problem der Entwicklungsgeschichte verbunden ist, besteht in der nur teilweise vorhandenen Chronologie der Darstellung. Stärker chronologisch ausgerichtet ist Rösler (2014).

genossen Theagenes von Rhegion gehabt habe.¹⁶⁰ Es unterbleibt der Nachweis, dass ein kausaler Zusammenhang zwischen diesen beiden Strömungen in der Form besteht, dass die allegorische Deutung entstanden ist, weil es zuvor die philosophische Kritik an der Dichtung gegeben hat und um die Dichtung gegen die philosophische Kritik in Schutz zu nehmen.¹⁶¹

Ferner fragt man sich, warum nicht etwa Gorgias statt Aristoteles als Entdecker der Fiktionalität zu gelten hat, wenn man davon ausgeht, dass Gorgias über die Fiktionalität der Tragödie reflektiert.¹⁶² Hieran kann man auch erkennen, dass zumindest die Formulierung „Die Entdeckung der Fiktionalität", wenn nicht sogar die kulturhistorische Suche nach dem Entdecker der Fiktionalität ungeeignet ist, da – allen Problemen der Darstellung einer Entwicklungsgeschichte zum Trotz – sicherlich keine plötzliche Entdeckung der Fiktionalität in der Form stattgefunden hat, dass auf einmal eine Fiktionstheorie vorgelegen hat, die das komplexe Phänomen der literarischen Fiktion ganzheitlich erklärt und im Sinne eines

---

160 Vgl. Puelma (1989) 85 f.
161 Puelma (1989) hat zwar Lehren aus der nachteiligen Chronologie von Röslers (1980) Aufsatz gezogen (s. die vorletzte Fußn.), indem er eine strikt chronologische Analyse des Verhältnisses zwischen Dichter und Wahrheit in der griechischen Poetik von Homer bis Aristoteles vorgenommen hat. In seiner Untersuchung treten aber einige Probleme noch deutlicher hervor, als es bei Rösler der Fall war. Denn die Unterschiede in den einzelnen Entwicklungsstufen sind teilweise so gering (wenn überhaupt existent), dass keine überzeugende Entwicklungsgeschichte skizziert wird. An der (nahezu widersprüchlichen) Formulierung vom „langen Weg der Entdeckung der Fiktionalität, der mit Hesiod beginnt und – mit dem entscheidenden Einschnitt im Zeitalter der Sophistik – bei Aristoteles endet" (vgl. Puelma [1989] 98 Fußn. 74), kann man erkennen, dass die Frage nach der Entdeckung der Fiktionalität nicht eindeutig beantwortet wird (und vielleicht eine Sackgasse darstellt).

Insbesondere an drei Stellen müsste Puelma, wenn seine Einzelergebnisse zutreffen, zu dem Schluss gelangen, dass die Fiktionalität vor Aristoteles entdeckt wurde. Zum einen sagt er selbst, dass man bei Hesiod von einer Entdeckung der Fiktionalität sprechen könne, nämlich in dem Sinne, dass Musendichtung eine Fiktion sein kann (vgl. ib. 75 Fußn. 15). Zum anderen ist nicht ersichtlich, welche Erkenntnis Herodot und Thukydides von Aristoteles trennt, wenn Puelma behauptet, dass nach den Urteilen der Historiker die Dichtung und die Geschichtsschreibung „als zwei ihrem Wesen und ihren Zielen nach grundsätzlich verschiedenartige Wertbereiche" erscheinen, „an die nicht die gleiche Wahrheitserwartung herangetragen werden darf" (vgl. ib. 82). Drittens müsste er in Pindar und/oder Gorgias die/den Entdecker der Fiktionalität sehen, wenn Pindar Homers vorgetäuschte Wunderbilder als etwas bewertet, das den Zwecken der Kunstdichtung in legitimer Weise dienlich ist (vgl. Pind. Nem. 7,20–24; Puelma [1989] 87 f.), und wenn Gorgias die Zauberkraft der poetischen Illusionskunst positiv bewertet (vgl. Gorg. Fr. 11,8–10; Fr. 23; Puelma [1989] 90 f.; 91 Fußn. 56).
162 Müller (2012) 102 gibt eine eindeutige Antwort auf diese Frage: Die Legitimierung der Fiktionalität beschränke sich noch auf den Bereich des Dramas.

„Freibriefes für beliebiges Erfinden"[163] ohne jede Einschränkung legitimiert hat.[164] Diejenigen Forscher, die in Auseinandersetzung mit Röslers Thesen die Entdeckung der Fiktionalität in spätere Zeit verlegt haben, müssten aufgrund ihrer (eher unausgesprochenen als ausgesprochenen) Prämissen konsequenterweise Eratosthenes zum Entdecker der Fiktionalität erklären, da Eratosthenes den Standpunkt vertreten hat, dass die dichterischen Fiktionen dem Zweck dienen, Emotionen hervorzurufen, nicht aber zu belehren, weswegen man keinerlei Realien in der Dichtung suchen dürfe.[165]

Dieses Problem lässt sich anhand von Thukydides illustrieren. Rösler macht beiläufig gegen Kannichts Deutung des Musenhymnos in Hesiods Theogonie geltend, dass der hohe Anteil an direkter (und damit wohl „unauthentischer") Rede im Homerischen Epos kaum der Grund für die in den Worten der Musen enthaltene Polemik sein könne, da möglicherweise der je verschiedene Inhalt für das unterschiedliche Ausmaß der direkten Rede verantwortlich sei und die „Redenfiktion [...] noch lange nach Hesiod als so unentbehrliches wie andererseits

---

163 Vgl. Müllers (2012) 107 Formulierung, dass Aristoteles keinen „Freibrief für beliebiges Erfinden" ausgestellt hat.
164 Gerade hierdurch erklärt sich die Vielfalt – man muss fast sagen: Beliebigkeit – der Ergebnisse. Hose (1996) hat Röslers (1980) These, dass Aristoteles der Entdecker der Fiktionalität ist, in Zweifel gezogen, da Aristoteles die Fiktion grundsätzlich auf das Mögliche beschränkt. In ähnlicher Weise vertritt Müller (2012) 107 die Ansicht, dass eine generelle Legitimierung der Fiktionalität bei ihm nicht zu erkennen ist, da sie der Mimesis untergeordnet ist. Zwar ist es richtig, dass die Fiktion in der genannten Weise eingeschränkt wird, so dass man möglicherweise zwischen nicht-autonomer und autonomer Fiktion unterscheiden muss. Andererseits ist es selbstverständlich, dass die literarische Fiktion mit anderen Elementen der literarischen Produktion interagiert (z. B. mit der Kategorie der Angemessenheit bzw. Plausibilität). Die Römer als Entdecker der Fiktionalität zu deklarieren ist eine zweifelhafte Lösung, da in der Skalierung der dargestellten Geschichte (s. das Kapitel 4.7 dieser Arbeit) zwar auch die unwahrscheinliche, wenn nicht sogar unmögliche Fiktion berücksichtigt wird, aber keine weiteren Instruktionen zur Fiktion erteilt werden. Würden sie erteilt werden, würde die Fiktion sicherlich mit anderen Komponenten interagieren, so dass es eine generelle Legitimierung der autonomen Fiktionalität nie oder nur bei Eratosthenes (s. die nächste Fußn.) gegeben hätte. Auch die Tatsache, dass fiktionale Erzählungen Wirkungen auf die Rezipienten ausüben und u. U. normativ-gesellschaftliche Funktionen erfüllen sollen (man denke an Platons Dichterkritik; s. das Kapitel 4.3.2.3 dieser Arbeit), ist kein Grund, diesen Erzählungen (und den entsprechenden Reflexionen) deswegen ihre Fiktionalität abzusprechen; s. die Diskussion in Kapitel 3.4 dieser Arbeit.
165 Vgl. Eratosthenes, fr. I A 20 Berger (1880) 37 = fr. 2 Roller (2010) 41; s. die Kapitel 4.5 und v. a. 4.6 dieser Arbeit. „Fiktion" ist nach diesem Verständnis fast synonym zu „Spinnerei".

ausschließlich darstellungstechnisches Verfahren" verstanden wurde, das von der Wahrheitsfrage unberührt blieb, wie Thukydides (1,22) zeige.[166]

Da Rösler Thukydides' programmatische Aussagen im Methodenkapitel offensichtlich als Aussagen über „Redenfiktion" versteht, fragt man sich, warum das Methodenkapitel nicht (in stärkerem Maße) in die Untersuchung einbezogen wurde und sich im Ergebnis widerspiegelt. Möglicherweise würde die Antwort auf diese Frage lauten, dass Thukydides sich nur über die Fiktionalität der Figurenreden (λόγοι) äußert, nicht aber über eine Fiktionalität der dargestellten Kriegsereignisse (ἔργα).[167] Hierauf deutet Röslers Formulierung, dass es sich bei der Redenfiktion um ein „ausschließlich darstellungstechnisches Verfahren" handelt. Dann tritt allerdings zum zuvor erwähnten Problem, dass der Gegenstand der Untersuchung und insbesondere der Geltungsbereich der gesuchten Fiktionstheorie nur unzureichend angegeben wird, der Zweifel hinzu, ob Rösler die Figurenreden zu Recht als darstellungstechnisches Verfahren einordnet.[168]

Schließlich stellt sich – gerade angesichts neuerer, anthropologischer Fiktionstheorien – der grundsätzliche Zweifel, ob die kulturhistorische Suche nach dem Entdecker der Fiktionalität und der Herausbildung eines Fiktionalitätsbewusstseins eine adäquate Fragestellung bildet. Allgemeine Überlegungen bzw. Theorien, die das Phänomen der literarischen Fiktion in einen größeren Zusammenhang mit anderen Fiktionen wie Kinderspielen stellen, betonen, dass die (literarische) Fiktion – zumindest heutzutage in unserem Kulturraum – ein implizites Wissen darstellt, das Kinder erlernen.[169] Folglich stellt sich die Frage, ob dies in der Antike nicht ebenso war. Ab einem gewissen Zeitpunkt war dies definitiv der Fall. So kann man z. B. Plutarchs Essay *De poetis audiendis* (Kap. 2) als explizite Ausformulierung des impliziten Wissens verstehen, das die literarische Fiktion betrifft.[170]

Für eine sichere Beantwortung der Frage, ab wann die literarische Fiktion in der Antike ein implizites Wissen darstellte, das Kinder erlernten, fehlen uns die Quellen. Man kann sich aber kaum vorstellen, dass Homer die phantastischen

---

166 Vgl. Rösler (1980) 296 f. Fußn. 34; Kannicht (1996 [zuerst 1980]) 201; s. S. 12, Fußn. 49 und S. 15 f. Thukydides' programmatische Aussagen im Methodenkapitel werden von Rösler (2014) nicht erwähnt.
167 Hinzu kommt, dass die Figurenreden bestimmten Parametern folgen, die der Realität entlehnt sind: den Sprechern, der jeweiligen Situation und der Gesamtaussage des jeweils Gesagten; s. das Kapitel 4.2.1 dieser Arbeit.
168 S. S. 150.
169 Vgl. Groeben/Christmann (2014) 340 f. und s. das Kapitel 2.5.3 dieser Arbeit (zum *make-believe*).
170 S. das Kapitel 7.1.6 dieser Arbeit.

Abenteuer des Odysseus nicht als Fiktionen intendiert hat.[171] Ebenso wenig vorstellbar ist die Annahme, dass fiktionale Gattungen wie die Fabel im frühen Griechenland nicht als solche rezipiert wurden. Die Quellenlage verhindert eine verifizierbare Beantwortung der Frage, wann sich ein Fiktionalitätsbewusstsein herausgebildet hat. Allgemeine Überlegungen bzw. Theorien legen aber nahe, dass man dieses in historischer Zeit voraussetzen kann. Daher erscheint es adäquater, die expliziten Aussagen über die literarische Fiktion als Diskurs zu analysieren und von der Frage nach ihrer Entdeckung zu trennen.

Auch eine Betrachtung der Deutungen der einzelnen Textstellen zeigt, dass viele Fragen zum antiken Fiktionalitätsdiskurs offengeblieben sind. Röslers Interpretation des neunten Kapitels der Poetik des Aristoteles in dem Sinne, dass die Fiktionalität in Form der Mimesis anerkannt wird, lässt sich nicht halten,[172] da Mimesis und Fiktion nicht identisch sind.[173] Hiergegen ist schon einzuwenden, dass der Begriff Mimesis (μίμησις) an der von Rösler analysierten Stelle nicht vorkommt.[174] Erst recht nicht wird Mimesis in irgendeiner Form grundsätzlich als Fiktion beschrieben, und zwar weder im neunten Kapitel noch an einer anderen Stelle der Poetik. Vielmehr wird bereits im ersten Kapitel bei der Einführung des Mimesis-Begriffes deutlich, dass kein bestimmter Gegenstand wie die Wirklichkeit oder eben die Nicht-Wirklichkeit der Dichtung zugeordnet wird, wenn die Dichtung als eine Form der Mimesis definiert wird.[175] Daher ist zwar nach Ari-

---

171 Vgl. Rösler (2014) 366 und 369; s. das Kapitel 3.1 dieser Arbeit.
172 Schon Hose (1996) 259 f. hat Röslers (1980) 310 Ergebnis in Zweifel gezogen, indem er gegen ihn eingewendet hat, dass sich dessen Schlussfolgerungen über die Entdeckung der Fiktionalität bei Aristoteles zwar implizit, aber nicht explizit aus dem neunten Kapitel der Poetik ergeben. Zum einen spricht Aristoteles nicht davon, dass die Dichtung „eine eigene Wahrheit" zum Ausdruck bringt; zum anderen ist nirgends die Rede davon, dass diese eigene Wahrheit durch das ausgedrückt wird, was „man als ‚Die-Unwahrheit-Sagen', ja als Lüge zu bezeichnen gewohnt war: durch Fiktion".
173 Diese beiden Phänomene scheint Rösler (1980) 310 zu identifizieren, wenn er behauptet: „Der von Platon disqualifizierend gebrauchte Begriff Mimesis erscheint nun positiv gewendet; er bezeichnet nicht mehr Abstand von der Wahrheit, sondern im Gegenteil einen Akt spezifischer Wahrheitsstiftung, eben die dichterische Fiktion."
174 Vgl. Poet. 1451a36–b7.
175 Vgl. Schmitt (2004) 65: „Diese formale Einführung des Begriffs der Nachahmung durch Aristoteles macht bereits deutlich, dass die bloße Bestimmung ‚Kunst ist Nachahmung' den Künsten weder einen bestimmten Gegenstand, etwa die ‚Wirklichkeit', noch ein bestimmtes Medium noch eine bestimmte Weise des ‚Nachahmens', etwa die direkte Kopie eines gegebenen Vorbilds, zuschreibt."

stoteles die Dichtung als Dichtung Mimesis, aber Mimesis trägt bei Aristoteles nicht die Bedeutung „Fiktion".[176]

Darüber hinaus zeigen die bisherigen Untersuchungen, dass eine Analyse des antiken Fiktionalitätsdiskurses mit einer elementaren semantischen und folglich auch methodischen Schwierigkeit konfrontiert ist, der nicht immer gebührend Rechnung getragen wird: mit der Polysemie von Schlüsselbegriffen wie ψεῦδος (dasselbe gilt für πλάσμα, μῦθος, ἀπάτη, *fabula*, *fictum* etc.).[177] Die Vieldeutigkeit von ψεῦδος wird von der Forschung zwar keineswegs vollständig ignoriert. So verweisen Stroh und Hose auf Schmidts alte Paraphrase des Begriffes, nach der ψεῦδος „die berechnete Unwahrheit, den unbewussten Irrthum und die von der Wirklichkeit sich entfernende poetische Ausschmückung" umfasst, und Stroh stellt treffend fest, dass das Wort „alle Weisen der Diskrepanz von Aussage und Wirklichkeit, also mehr als ‚Lüge'", bezeichnet.[178] Dennoch wird ψεῦδος allzu häufig pauschal mit „Lüge" übersetzt, ohne dass die Bedeutung hinterfragt wird.[179]

Für eine Untersuchung des antiken Fiktionalitätsdiskurses hat das breite Bedeutungsspektrum von ψεῦδος, *fabula* und anderen Schlüsselbegriffen zur Folge, dass ihre Bedeutung in jedem Einzelfall abgewogen und sichergestellt werden muss, dass über die literarische Fiktion gehandelt wird.[180] Insbesondere die folgenden Bedeutungen bzw. Phänomene kommen neben der Fiktion in Betracht: Lüge, Täuschung, Lügengeschichte – Irrtum – Trugrede[181] – Fehlschluss[182].

---

176 Eine größtmögliche Absicherung der Ergebnisse anhand der Textzeugnisse und im Lichte der (häufig sehr zahlreichen) Spezialliteratur ist daher eine der vielen Anforderungen an eine Analyse des antiken Fiktionalitätsdiskurses. Rösler (2014) 378–381 identifiziert nicht mehr Mimesis und Fiktion.
177 Zum lateinischen Wortfeld der Fiktion vgl. Sznajder (2013). Zu den in dieser Arbeit behandelten antiken fiktionstheoretischen Fachbegriffen s. das Register.
178 Vgl. Schmidt (1882) 411; Stroh (1976) 86 Fußn. 5; Hose (1996) 268.
179 Wider besseres Wissen geben Stroh (1976) und Hose (1996) ψεῦδος durchgängig mit „Lüge" wieder; vgl. Stroh (1976) 86 Fußn. 5; Hose (1996) 268.
180 Umgekehrt ist es nicht korrekt, auszuschließen, dass ein Autor über die literarische Fiktion reflektiert, weil er einen mehrdeutigen Begriff und keine *vox propria* verwendet. So vertreten Platon-Forscher die Ansicht, dass Platon nicht zwischen den Phänomenen Falschheit und Fiktion unterschieden habe, da er begrifflich zwischen diesen Phänomenen nicht differenziert habe; s. das Kapitel 4.3.2.1 dieser Arbeit.
181 Vgl. Fuchs (1993).
182 Vgl. Arist. Poet. 1460a18–20.

2 Fiktion, Fiktivität, Fiktionalität: Die modernen Theorien

In der modernen Literaturwissenschaft und in benachbarten Disziplinen wurden verschiedene Theorien entwickelt, um die literarische Fiktion zu beschreiben, wobei mit den verschiedenen Theorien divergierende Terminologien geprägt wurden. Im Folgenden wird ein kritischer Überblick über die modernen Fiktionstheorien gegeben und gleichzeitig eine Fiktionstheorie dargestellt, die als Grundlage für die Analyse des antiken Fiktionalitätsdiskurses dienen wird, nämlich die traditionelle Fiktionstheorie. Da es sich bei der Fiktion um ein Phänomen handelt, das v. a. in Erzähltexten analysiert wurde (wenngleich es weder auf Erzähltexte noch auf Literatur beschränkt ist), basiert die folgende Fiktionstheorie auf einer allgemeineren Erzähltheorie.[1]

Um Missverständnisse zu vermeiden, seien hier zunächst die wichtigsten Begriffe aus dem Wortfeld der Fiktion vorläufig definiert (eine ausführliche Definition stellt das gesamte Kapitel dar): Das Wortfeld der Fiktion drückt den Sachverhalt aus, dass die dargestellten Ereignisse, Personen, Orte etc. nicht stattgefunden haben bzw. nicht existieren, also mehr oder minder frei erfunden (fiktiv) und allenfalls zufällig wahr sind.[2] Die Divergenz von der Realität stellt aber keine hinreichende Bedingung für die literarische Fiktion dar, da es einerseits auch fiktionale Erzählungen (zumindest Grenzfälle) gibt, in denen keine fiktiven Elemente vorkommen,[3] und andererseits auch andere Phänomene der Nicht-

---

[1] Der folgende Überblick orientiert sich größtenteils an Zipfels Studie „Fiktion, Fiktivität, Fiktionalität" (2001), die als hervorragender Überblick über, aber auch als kritische Auseinandersetzung mit den wichtigsten modernen Ansätzen angesehen werden kann; vgl. die Rezensionen und Urteile von Naschert (2003); Bleumer (2004); Gertken/Köppe (2009) 231 f. Im Folgenden soll exemplarisch vor Augen geführt werden, wie die literarische Fiktion beschrieben werden kann (bzw. in der Moderne beschrieben worden ist), ohne sie allzu eng zu definieren. Gleichzeitig werden die für den antiken Fiktionalitätsdiskurs relevantesten Fiktionstheorien vorgestellt. Zur Fiktionalität vgl. auch das von Lut Missinne, Ralf Schneider und Beatrix van Dam herausgegebene Handbuch, das voraussichtlich 2018 bei De Gruyter erscheinen wird.
[2] Zum Kriterium der zufälligen Wahrheit vgl. Currie (1990) 46 und Zipfel (2001) 220: Angenommen, dass der Autor eines historischen Romans ein nicht dokumentiertes Ereignis erfindet, indem er z. B. das Leben einer historischen Person durch eine nicht überlieferte Handlung ergänzt. Wenn man ferner annimmt, dass diese Handlung wirklich stattgefunden hat, wenngleich sie nirgends bezeugt ist. Dann entspricht das erzählte Ereignis einem wirklichen Ereignis, aber diese Wahrheit ist rein zufällig, da sie weder als solche geäußert werden sollte noch überprüft werden kann.
[3] Man denke an Erzählungen wie Truman Capotes *In Cold Blood*, die zwar eine wahre Geschichte erzählen, aber auf der Ebene der Darstellung von fiktionsspezifischen Lizenzen wie z. B. der internen Fokalisierung Gebrauch machen; s. die Kapitel 2.3.2 und 2.5.1.1.2 dieser Arbeit.

Wirklichkeit wie die Lüge oder der Irrtum von der Wahrheit bzw. Wirklichkeit abweichen. Daher ist die literarische Fiktion erst dann vollständig definiert, wenn sie auf allen Ebenen des literarischen Textes beschrieben worden ist.

Aus diesem Grund wird die literarische Fiktion im Folgenden ausgehend von den verschiedenen Erzählebenen bzw. Beschreibungszusammenhängen eines literarischen Textes i.W. in vier Schritten erläutert. Zuerst wird die literarische Fiktion auf den beiden Ebenen der Textstruktur (1) eines Erzähltextes, der Ebene der Geschichte (1a) und der Ebene der Darstellung (1b), beschrieben,[4] wobei sich diese Unterscheidung die allgemeine erzähltheoretische Unterscheidung zwischen diesen beiden Ebenen eines Erzähltextes zu Nutze macht,[5] die auf Platon zurückgeht.[6] Dann wird die literarische Fiktion im Zusammenhang der Textproduktion (2) und im Zusammenhang der Textrezeption (3) expliziert,[7] wobei die Unterscheidung zwischen der Textstruktur, der Textproduktion und der Textrezeption dem allgemeinen Modell der Kommunikations- bzw. Sprachhandlungssituation folgt, das letztlich auf Aristoteles zurückgeht.[8] Anschließend wird die literarische Fiktion im Zusammenhang der gesamten Sprachhandlungssituation (4) beschrieben.[9] Einige Überlegungen zur literarischen Fiktion mit Bezug auf das Drama bilden den Abschluss.[10]

Diese Untergliederung der literarischen Fiktion in verschiedene Theorieorte ist nicht als absolute Grenzziehung zu verstehen. Vielmehr ermöglicht sie eine sowohl differenzierte als auch integrierende Erklärung der literarischen Fiktion, wenn man berücksichtigt, dass sich die meisten modernen Fiktionstheorien relativ problemlos verschiedenen Theorieorten zuordnen lassen und dass die Beschreibung der literarischen Fiktion im Zusammenhang der gesamten Sprachhandlungssituation auf ihre Beschreibung auf den untergeordneten Ebenen zurückgreift.[11]

Eine begriffliche Unterscheidung innerhalb des Wortfeldes der Fiktion (Fiktion, Fiktivität, Fiktionalität, fiktiv, fiktional) bietet sich nur in einer Hinsicht an: Das Adjektiv „fiktiv" und das Substantiv „Fiktivität" sollten auf die Ebene der

---

4 S. die Kapitel 2.2 und 2.3 dieser Arbeit.
5 S. das Kapitel 2.1.2 dieser Arbeit.
6 Vgl. Plat. rep. 392c7–9; s. das Kapitel 4.3.2.2 dieser Arbeit.
7 S. die Kapitel 2.4 und 2.5 dieser Arbeit.
8 Vgl. Aristoteles' triadisches Kommunikationsmodell (rhet. 1358a36–b8); s. das Kapitel 2.3.1 dieser Arbeit.
9 S. das Kapitel 2.6 dieser Arbeit.
10 S. das Kapitel 2.7 dieser Arbeit.
11 Vgl. Zipfel (2001) 61–67. Wie sich zeigen wird, lassen sich auch die antiken Fiktionstheorien schwerpunktmäßig den verschiedenen Theorieorten zuordnen.

Geschichte bezogen werden und den Sachverhalt ausdrücken, dass die dargestellten Ereignisse, Personen, Orte etc. nicht stattgefunden haben bzw. nicht existieren, also erfunden sind. Dagegen sollten das Adjektiv „fiktional" und das Substantiv „Fiktionalität" mit Bezug auf sprachliche Einheiten (Sätze, Äußerungen, Texte etc.) und sonstige Medien (Bilder, Filme, Comics etc.) verwendet werden, die von fiktiven Gegenständen handeln.[12] Der Begriff „Fiktion" dient als Oberbegriff für die genannten und noch näher zu erläuternden Phänomene.[13]

2.1 Literatur- und sprachtheoretische Grundlagen

2.1.1 Das Problem der Referenz

Eine grundlegende Funktion sprachlicher Ausdrücke besteht darin, zu referieren, also auf Dinge in der Welt zu verweisen. Voraussetzung für die Referenz ist, dass die Objekte existieren, auf die mittels der referierenden Ausdrücke Bezug genommen wird. Wenn man dem klassischen Fiktionsbegriff folgt, dem zufolge dasjenige fiktiv ist, was in der Realität nicht existiert (um vorerst von weiteren Bestandteilen der Definition der literarischen Fiktion abzusehen), dann ist die Verwendung von referierenden Ausdrücken wie Gegenstandsbezeichnungen und Eigennamen in fiktionalen Texten eines der Probleme, die die Fiktionstheorie erklären muss.[14]

Das Problem der Referenz würde sich (zumindest in dieser Form) nicht stellen, wenn man, wie es charakteristisch für poststrukturalistische Sprachkonzeptionen ist, bezweifeln würde, dass die Sprache auf Außersprachliches Bezug nimmt. Etwas verkürzt dargestellt, lautet die Grundthese poststrukturalistischer Überlegungen zur Sprache, dass jede Konzeption, die darauf basiert, dass Spra-

---

12 Vgl. Klauk/Köppe (2014) 5–7. Kablitz (2008) 14–18 bezieht diese Begriffe auf den Fiktionsvertrag, der die Produktion und die Rezeption eines literarischen Textes steuert und die soziale Praxis der literarischen Fiktion legitimiert. Zipfel (2001) 19. 115. 165 et passim bezieht sich mit diesen Begriffen dezidiert auf die Ebene der Darstellung (in seiner Terminologie: des Erzählens); ähnlich Rühling (2005) 29. Zweifelhaft erscheint der Ansatz, das Verb „fingieren" bzw. das Adjektiv „fingiert" so zu verstehen, dass hiermit eine Täuschungsabsicht des Erzählers verbunden ist (vgl. Martínez/Scheffel [2016] 16), da es dasjenige Verb ist, das zur Wortfamilie der Fiktion gehört.
13 Auch wenn das Kriterium der Erfindung nicht ausreicht, um einen fiktionalen Text von anderen Formen der Unwahrheit wie dem Irrtum oder der Lüge zu unterscheiden, ist es ratsam, das Wortfeld der Fiktion nur dann zu verwenden, wenn die Erfindung durch die soziale Praxis der Fiktion legitimiert ist (s. das Kapitel 2.6 dieser Arbeit).
14 Vgl. Zipfel (2001) 50–56.

che auf Nichtsprachliches verweist, verfehlt ist.[15] Eine derartige Position hat insofern gravierende Auswirkungen auf die Fiktionstheorie, als sie es nicht erlaubt, die Fiktion als Differenz zur Nicht-Fiktion zu betrachten. Denn wenn für alle Dinge gilt, dass man auf sie nicht verweisen kann, würde man der traditionellen Fiktionstheorie zufolge sagen müssen, dass alles Fiktion ist, da „existieren" so viel wie „referentialisierbar sein" und „nicht existieren" so viel wie „nicht referentialisierbar sein" bedeutet. Die poststrukturalistischen Überlegungen zum Referenzcharakter der Sprache bilden daher einen Hintergrund für die Ansicht, dass man zwischen Fiktionen und Fakten nicht unterscheiden kann.[16]

Da es in diesem Rahmen verfehlt wäre, umfassend die philosophischen und literaturtheoretischen Konzeptionen von Derrida, Kristeva oder Barthes vorzustellen und zu diskutieren, sollen im Folgenden die wichtigsten relevanten Punkte der poststrukturalistischen Sprachkonzeption exemplarisch behandelt werden.

Die sprachtheoretischen Konzeptionen des Poststrukturalismus lassen sich als Interpretationen von Arbeiten der Begründer der Semiotik, Ferdinand de Saussure und Charles Sanders Peirce, beschreiben. Diesen Interpretationen ist gemeinsam, dass in ihnen die Referenz aus den zeichen- und sprachtheoretischen Überlegungen weitgehend ausgeklammert wird. Diese Vernachlässigung der Referenz ist bis zu einem gewissen Grad bei de Saussure und Peirce bereits angelegt. Denn de Saussures dichotomischer Zeichenbegriff (*signifiant – signifié*) sowie das von ihm formulierte Prinzip der Arbitrarität des Zeichens lassen Überlegungen zur Referenz unbedeutend erscheinen. Der Referenzcharakter der Sprache wird von de Saussure aus zwei Gründen ausgespart: Zum einen betrachtet er das Bezeichnete und das Bezeichnende als Vorstellungen.[17] Der andere Grund ist das Prinzip der Beliebigkeit, also die Annahme, dass sich die Bedeutung des Bezeichnenden nicht aus der Beziehung zum Bezeichneten, sondern aus den Differenzrelationen innerhalb des Zeichensystems ergibt:[18]

---

15 Vgl. Zipfel (2001) 50.
16 Die Ansicht, dass man zwischen Fakten und Fiktionen nicht unterscheiden kann, wird auch auf zwei anderen Argumentationswegen gewonnen: auf erkenntnistheoretischem Weg wird gezeigt, dass alles Fiktion ist (s. das Kapitel 2.2 dieser Arbeit); auf der Ebene der Darstellung wird gezeigt, dass Narration Fiktionalität bedeutet (s. das Kapitel 2.3.3 dieser Arbeit).
17 Vgl. Saussure (1979) 98: „Le signe linguistique unit non une chose et un nom, mais un concept et une image acoustique."
18 Saussure (1979) 166. Vgl. auch S. 162: „[...] ceux-ci [sc. les concepts] sont purement différentiels, définis non pas positivement par leur contenu, mais négativement par leurs rapports avec les autres termes du système."

> Qu'on prenne le signifié ou le signifiant, la langue ne comporte ni des idées ni des sons qui
> préexisteraient au système linguistique, mais seulement des différences conceptuelles et des
> différences phoniques issues de ce système.

Auch die von Peirce entwickelte Zeichentheorie scheint auf den ersten Blick die poststrukturalistische Vernachlässigung der Referenz vorzubereiten. Den Ansatzpunkt für eine derartige Peirce-Interpretation bildet die Kategorie des Interpretanten eines Zeichens. Diese stellt bei Peirce eine Komponente eines mindestens dreigliedrigen Zeichenbegriffs (Representamen – Objekt – Interpretant) dar.[19] Einige seiner Formulierungen beschreiben den Interpretanten eines Zeichens als die mit dem Zeichen verbundene Vorstellung oder Bedeutung. Da diese wiederum ein Zeichen ist und einen Interpretanten hat, erklären sich in einem unendlichen Regress Zeichen durch Zeichen (unbegrenzte Semiose),[20] ohne dass die Kategorie der Referenz zum Tragen kommt.[21]

Während die Vernachlässigung der Referenz bis zu einem gewissen Grad bei de Saussure und Peirce vorbereitet wird, wird die außersprachliche Wirklichkeit in den poststrukturalistischen Zeichen- und Sprachtheorien dezidiert aus ihnen entfernt und letztlich die Unterscheidung zwischen Signifikant und Signifikat aufgehoben.[22] So ist Derrida der Ansicht, dass de Saussures Schriften die nicht adäquate Vorstellung eines „signifié transcendantal" zugrunde liegt, also eines irgendwie gearteten Bezugs der sprachlichen Zeichen auf Dinge, die außerhalb des Sprachsystems liegen:[23]

> A partir du moment, au contraire, où l'on met en question la possibilité d'un tel signifié
> transcendantal et où l'on reconnaît que tout signifié est aussi en position de signifiant [...], la
> distinction entre signifié et signifiant – le signe – devient problématique à sa racine.

---

19 Vgl. Peirce (1960) I 171: „A sign stands *for* something *to* the idea which it produces, or modifies. Or, it is a vehicle conveying into the mind something from without. That for which it stands is called its *object*; that which it conveys, its *meaning*; and the idea to which it gives rise, its *interpretant*."
20 Vgl. Peirce (1960) I 171: „Finally, the interpretant is nothing but another representation to which the torch of truth is handed along; and as representation, it has its interpretant again. Lo, another infinite series."
21 Vgl. Eco (1991) 102, der von einem „System, das durch sukzessive Systeme von Konventionen erklärt wird, die sich gegenseitig erklären" spricht.
22 Vgl. Kristeva (1969) 46: „Il apparaît nécessaire, pour certains structuralistes, d'abandonner le *signifié* après le *référent*, et de s'en tenir, pour des raisons de rigueur scientifique, au seul domaine du *signifiant*."
23 Derrida (1972) 30.

In der Ansicht, dass die Vorstellung vom „signifié transcendantal" zu verwerfen ist, sieht sich Derrida durch die von Peirce angestellten Überlegungen zum Zeichenbegriff und insbesondere zum Interpretanten bestätigt.[24] Vor diesem Hintergrund entwickelt Derrida seine Sprachtheorie, in der die Referenz sprachlicher Zeichen negiert wird:[25]

> [...] elle [sc. la lecture] ne peut légitimement transgresser le texte vers autre chose que lui, vers un référent (réalité métaphysique, historique, psycho-biographique, etc.) ou vers un signifié hors texte dont le contenu pourrait avoir lieu, aurait pu avoir lieu hors de la langue [...]. *Il n'y a pas de hors-texte.*

Die sprachtheoretischen Positionen des Poststrukturalismus sind in der Forschung nicht unbestritten geblieben. So konnte Wein zeigen, dass Derridas Polemik gegen den strukturalistischen Zeichenbegriff gegenstandslos und irreführend ist: Statt einer Interpretation, die in den Kategorien der Metaphysik erfolgt, wäre eine linguistisch-pragmatische Lektüre von de Saussures Schriften möglich, die seine Überlegungen in sprachtheoretische Positionen im Anschluss an die Spätphilosophie Wittgensteins integriert.[26] Was die Zeichentheorie von Peirce betrifft, stellt Eco fest, dass ein großer Unterschied zwischen der unbegrenzten Semiose nach Peirce und Derridas Aussage „il n'y a pas de hors-texte" besteht.[27] Bezeichnend ist in diesem Zusammenhang, dass die Äußerungen von Peirce über den „absoluten Gegenstand" und den „finalen Interpretanten", an dem die unendliche Semiose praktisch zu einem Ende kommt und – vereinfacht gesagt – das Zeichen mit einem Gegenstand in der außersprachlichen Wirklichkeit verbunden wird,[28] von Derrida nicht erwähnt werden.[29] Daher kann Eco die Einseitigkeit der Peirce-Interpretation durch Derrida ohne größere Schwierigkeiten offen legen:[30]

> Ich wiederhole nur mit Peirce, daß „an endless series of representations, each representing the one behind it [...], may be conceived to have an absolute object as its limit" [...]. Hier wird etwas sichtbar, das nicht in einen dekonstruktivistischen Rahmen paßt: Außerhalb des unmittelbaren, emotiven, energetischen und logischen Interpretanten – die alle innerhalb

---

24 Vgl. Derrida (1967) 71: „Peirce va très loin dans la direction de ce que nous avons appelé plus haut la dé-construction du signifié transcendantal, lequel, à un moment ou à un autre, mettrait un terme rassurant au renvoi de signe à signe."
25 Derrida (1967) 227.
26 Vgl. Wein (1963) 6–13; Hempfer (1976) 19 und (1993) 321–323; Zipfel (2001) 53.
27 Vgl. Eco (1992) 433f.
28 Vgl. Peirce (1960) IV 422: „Finally there is what I provisionally term the Final Interpretant, which refers to the manner in which the Sign tends to represent itself to be related to its Object."
29 Vgl. Zipfel (2001) 54.
30 Vgl. Eco (1992) 425–441 (Zitat auf S. 438); Peirce (1960) I 171.

des Semioseprozesses stehen – gibt es den endgültigen logischen Interpretanten, die Gewohnheit.

Die Weigerung der poststrukturalistischen Zeichen- und Sprachtheorien, das schwierige Verhältnis zwischen der Sprache und der Realität gebührend zu erklären, wird inzwischen auch von Autoren kritisiert, die den poststrukturalistischen Überlegungen grundsätzlich aufgeschlossen gegenüberstehen. So stellt Prendergast fest, dass die Ausklammerung der Referenz in der Analyse des Zeichensystems Sprache den Poststrukturalismus letztlich – trotz der gegenteiligen Beteuerungen der Autoren – zu einer neuen Metaphysik geführt hat.[31] In diesem Kritikpunkt stimmt Prendergast mit Fundamentalkritikern des Poststrukturalismus überein, die die folgenden Einwände erheben: dem Zeichenbegriff werde eine Ontologie der *présence* untergeschoben, die den linguistischen Konzeptionen widerspreche;[32] es liege ein „Zeichen-Realismus, ja Zeichen-Animismus" vor, „in dem Zeichen (oder Signifikanten, Texte etc.) ein gespenstisches Eigenleben entwickeln";[33] die poststrukturalistische Sprachkonzeption führe zu einer „hypostasis of language that resembles a kind of linguistic idealism".[34]

Zusammenfassend kann man daher festhalten, dass die poststrukturalistischen Sprachkonzeptionen das Phänomen Sprache zu einseitig in den Blick nehmen.[35] Die Betrachtung der Sprache als geschlossenes Zeichensystem führt

---

31 Vgl. Prendergast (1986) 72.
32 Vgl. Hempfer (1976) 18.
33 Vgl. Landwehr (1991) 287.
34 Vgl. Prendergast (1986) 72. Nach Prendergast hätte man diesem Problem begegnen können, „if, in its main formative stages, semiological thought had not so conspicuously failed, or refused, to address itself seriously to certain theoretical alternatives, in which a relationship of language to world is maintained without relapse into those naive versions of reference on which semiological criticism has arguably expended so much wasted energy." Als Alternative zur poststrukturalistischen Sprachkonzeption hat Prendergast (1986) 72–74 eine Theorie entworfen, die sprachphilosophisch-pragmatische Ansätze stärker berücksichtigt (vgl. Zipfel [2001] 55). Hierzu übernimmt er zum einen von Peirce das Konzept des finalen Interpretanten und zum anderen die vom späten Wittgenstein formulierten Konzepte vom „Sprachspiel" und von der „Lebensform"; vgl. Wittgenstein (1984) 250: „Das Wort ,Sprach*spiel*' soll hier hervorheben, daß das Sprechen der Sprache ein Teil ist einer Tätigkeit, oder einer Lebensform." Dadurch dass Prendergast die Verwendung von Sprache als Handlung innerhalb praktischer Lebensvollzüge betrachtet, bleibt ihr Charakter als Medium der Bezugnahme auf Außersprachliches erhalten; vgl. Prendergast (1986) 73: „[...] language is reinstalled as the medium of a community's relation to an object world." Die auf diesen Ansätzen beruhende Sprachkonzeption wurde von Vertretern des Poststrukturalismus kaum oder nur unter gröbsten Missverständnissen zur Kenntnis genommen; vgl. die Kontroverse zwischen Derrida und Searle: Derrida (1977); Searle (1977); Derrida (1977).
35 Vgl. Zipfel (2001) 55f.

dazu, dass andere Funktionen wie insbesondere die Bezugnahme auf Außersprachliches völlig ausgeblendet werden. Zwar ist es durchaus gewinnbringend, die Sprache als differentielles Zeichensystem zu analysieren, aber es wäre weitaus gewinnbringender (um nicht zu sagen: zwingend notwendig), Sprache auch als Mittel sprachlicher Handlungen und somit als Instrument zur Referenz auf Nicht-Sprachliches zu beschreiben. Die poststrukturalistische Position, die Kategorie der Referenz mit Bezug auf sprachliche Phänomene als unhaltbar zu kritisieren, darf man wohl mit Currie als eine der größten kulturwissenschaftlichen Absurditäten des 20. Jahrhunderts bezeichnen.[36]

Folglich wird man auch denjenigen nicht zustimmen, die von der Ununterscheidbarkeit zwischen Fiktion und Nicht-Fiktion sprechen und diese Ansicht damit begründen, dass Texte grundsätzlich keinen Bezug auf Außersprachliches nehmen, und ihnen entgegen halten, dass es eine grundlegende Möglichkeit der Sprache ist, auf Nicht-Sprachliches zu verweisen. Aufgrund dieser prinzipiellen Eigenschaft lässt sich die Fiktion von der Nicht-Fiktion zunächst einmal dahingehend unterscheiden, dass es nicht möglich ist, auf das Fiktive in der außersprachlichen Welt Bezug zu nehmen, wohingegen für das Reale selbstverständlich gilt, dass man auf es verweisen kann.

Während die poststrukturalistische Sprachkonzeption das Problem der Referenz nicht überzeugend gelöst hat, scheint diese Kategorie eine überzeugende Lösung in der Zeichentheorie von Ogden und Richards gefunden zu haben.[37] Ogden und Richards erweitern den zweigliedrigen Zeichenbegriff von de Saussure (*signifiant – signifié*) um eine dritte Komponente zum semiotischen Dreieck, indem sie neben dem sprachlichen Ausdruck (*symbol*) und dem Inhalt (*thought/ reference*) den Bezug auf die außersprachliche Wirklichkeit (*referent*) berücksichtigen:[38]

---

36 Vgl. Currie (1990) 4: „[...] a general skepticism about semantics according to which no text ever succeeds in making extralinguistic reference [...] strikes me as one of the great absurdities of the contemporary cultural scene."
37 Wenn man daher bedenkt, dass schon innerhalb des Strukturalismus eine Alternative zu de Saussures dichotomischem Zeichenbegriff entwickelt wurde, verstärkt sich der Eindruck umso mehr, dass die poststrukturalistische Sprachtheorie zu fragwürdigen Ergebnissen gelangt ist.
38 Vgl. das folgende semiotische Dreieck bei Ogden/Richards (2001 [zuerst 1923]) 30. Häufig wird auch im Deutschen der Begriff „Referent" verwendet, um die außersprachliche Wirklichkeit bzw. einen Gegenstand in der außersprachlichen Wirklichkeit zu bezeichnen, also das, was bei Ogden/ Richards *referent* bedeutet. Die Wahl dieses Begriffes scheint aber eine zumindest irreführende Übersetzung zu sein, da sie zu Verwechslungen mit dem Signifikanten (*signifiant* bei de Saussure; *symbol* bei Ogden/Richards; sprachlicher Ausdruck) führen könnte. Um Missverständnisse zu vermeiden, sollte man eher vom Referierten (oder eben von der außersprachlichen Wirklichkeit) sprechen – gerade angesichts der Tatsache, dass das aktive Partizip Präsens *signifiant* von de

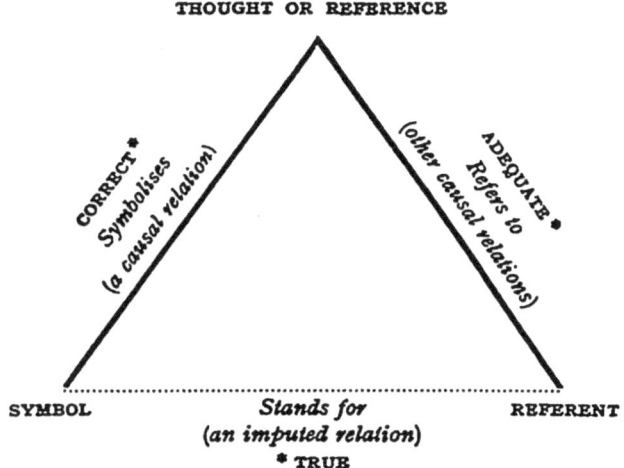

Im Gegensatz zu de Saussures dichotomischem Zeichenbegriff beschreibt das semiotische Dreieck einen Prozess: Sprachliche Ausdrücke haben dadurch eine Bedeutung, dass man mit ihnen auf einen Gegenstand in der außersprachlichen Wirklichkeit verweist. Dieser Verweis erfolgt aber nicht direkt zwischen Ausdruck und Gegenstand, sondern immer indirekt über den Inhalt (de Saussures Erkenntnis, dass der sprachliche Ausdruck und der Inhalt untrennbar wie die beiden Seiten eines Blattes Papier miteinander verbunden sind,[39] bildet auch die Grundlage für das semiotische Dreieck von Ogden und Richards): Zwischen dem sprachlichen Ausdruck und dem Inhalt besteht eine direkte Verbindung, da wir einen bestimmten sprachlichen Ausdruck verwenden müssen, um eine Referenz zu verwirklichen. Zwischen dem Inhalt und der außersprachlichen Wirklichkeit besteht mehr oder weniger eine direkte Verbindung, da zwischen dem Inhalt bzw. der Vorstellung und dem Referierten eine größere Distanz liegen kann, z. B. wenn man sich auf Napoleon bezieht. Der sprachliche Ausdruck und die außersprachliche Wirklichkeit sind hingegen nur indirekt dadurch miteinander ver-

---

Saussure bewusst für den Vorgang des Bezeichnens und das passive Partizip Perfekt *signifié* für das Bezeichnete gewählt wurde.

39 Vgl. Saussure (1979) 157: „La langue est encore comparable à une feuille de papier: la pensée est le recto et le son le verso; on ne peut découper le recto sans découper en même temps le verso; de même dans la langue, on ne saurait isoler ni le son de la pensée, ni la pensée du son; on n'y arriverait que par une abstraction dont le résultat serait de faire de la psychologie pure ou de la phonologie pure."

bunden, dass der sprachliche Ausdruck für eine Sache in der außersprachlichen Wirklichkeit steht.⁴⁰

Das Problem der Referenz lässt sich daher unter Berücksichtigung der strukturalistischen Sprachtheorie insofern lösen, als das Referieren als grundsätzliche Möglichkeit sprachlicher Ausdrücke (genauer gesagt: bedeutungstragender Zeichen) beschrieben werden kann, wie das semiotische Dreieck von Ogden und Richards deutlich vor Augen führt. Das Problem der Referenz muss aber noch mit spezifischem Bezug zu fiktionalen Texten einer Lösung näher gebracht werden, da hier die Voraussetzung für die Referenz nicht gegeben ist, nämlich dass die Objekte existieren, auf die mittels der referierenden Ausdrücke Bezug genommen wird.

Aber auch in diesem Fall scheint die strukturalistische Sprachtheorie die Ausgangsbasis für eine adäquate Beschreibung zu bilden, da bedeutungstragende Zeichen in fiktionalen Texten als defektive Zeichen beschrieben werden können: ihnen fehlt gegenüber den bedeutungstragenden Zeichen in faktualen Texten der Bezugspunkt in der außersprachlichen Wirklichkeit. In der Terminologie von Ogden und Richards lässt sich dieser Sachverhalt versuchsweise folgendermaßen formulieren: bedeutungstragende Zeichen in fiktionalen Texten sind zweigliedrige Zeichen, die aus sprachlichem Ausdruck (*symbol*) und Inhalt (*thought/reference*) bestehen, ohne dass ein Bezug auf die außersprachliche Wirklichkeit (*referent*) gegeben ist. So gibt es z. B. für Pegasus einen sprachlichen Ausdruck (eine Lautkette) und einen Inhalt (eine wie auch immer geartete Vorstellung eines geflügelten Pferdes), aber es ist nicht möglich, auf dieses Lebewesen in der außersprachlichen Wirklichkeit zu verweisen.

2.1.2 Die Ebenen des Erzähltextes: Geschichte und Darstellung

In der modernen Erzähltheorie wird der Untersuchungsbereich Erzähltext in mindestens zwei verschiedene Aspekte untergliedert: Man unterscheidet (unter stark schwankender Terminologie) zwischen der Ebene der Geschichte und der Ebene der Darstellung. Auf der Ebene der Geschichte wird untersucht, *was* dargestellt wird. Auf der Ebene der Darstellung wird untersucht, *wie* die Geschichte präsentiert wird.⁴¹ Diese Unterscheidung ist eine Modifikation der Unterschei-

---

40 Vgl. Ogden/Richards (2001 [zuerst 1923]) 30 f.
41 Diese Zweiteilung liegt z. B. bei Martínez/Scheffel (2016) vor, die zuerst „Das ‹Wie›: Darstellung" (S. 29–112) und anschließend „Das ‹Was›: Handlung und erzählte Welt" (S. 113–163) untersuchen. Analog untersucht Zipfel (2001) zuerst die „Fiktion im Zusammenhang der *Geschichte*

dung zwischen „fabula" und „sjužet", die gemeinhin auf den russischen Formalismus zurückgeführt wird.[42] In seiner 1925 erschienenen „Theorie der Literatur" definierte Boris Tomaševskij die „fabula" als „die Gesamtheit der Motive in ihrer logischen, kausal-temporalen Verknüpfung" und „sjužet" als „die Gesamtheit derselben Motive in derjenigen Reihenfolge und Verknüpfung, in der sie im Werk vorliegen".[43] Der strukturalistische Erzähltheoretiker Tzvetan Todorov hat die Unterscheidung der russischen Formalisten aufgegriffen und anhand der Begriffe „histoire" und „discours" modifiziert:[44]

> HISTOIRE ET DISCOURS. Au niveau le plus général, l'oeuvre littéraire a deux aspects : elle est en même temps une histoire et un discours. Elle est histoire, dans ce sens qu'elle évoque une certaine réalité, des événements qui se seraient passés [...]. Cette même histoire aurait pu nous être rapportée par d'autres moyens ; par un film, par exemple; on aurait pu l'apprendre par le récit oral d'un témoin, sans qu'elle soit incarnée dans un livre. Mais l'oeuvre est en même temps discours : il existe un narrateur qui relate l'histoire; et il y a en face de lui un lecteur qui la perçoit. A ce niveau, ce ne sont pas les événements rapportés qui comptent mais la façon dont le narrateur nous les a fait connaître.[45]

Die Begriffspaare „fabula" vs. „sjužet" und „histoire" vs. „discours" sind keineswegs deckungsgleich: Während das „sjužet" bei Tomaševskij nur die Reihenfolge der Ereignisse bezeichnet, die im literarischen Werk dargestellt werden, bezieht sich Todorovs Begriff „discours" auf die gesamte Art der literarischen Vermittlung, also auch auf Perspektive, Stil etc. Außerdem verweist Todorovs Begriff „histoire" nicht nur auf das Geschehen, sondern auf das umfassende Kontinuum, innerhalb dessen sich das Geschehen abspielt. Bei Tomaševskij ist „fabula" auf die handlungsrelevanten Teile der erzählten Welt beschränkt.[46]

(Fiktivität)" (S. 68–114) und anschließend die „Fiktion im Zusammenhang des *Erzählens* (Fiktionalität)" (S. 115–181).
42 Wie in dieser Arbeit dargelegt wird, muss die Unterscheidung zwischen der Geschichte und der Darstellung auf Platon zurückgeführt werden; s. das Kapitel 4.3.2.2 dieser Arbeit.
43 Vgl. Tomaševskij (1985) 218; Martínez/Scheffel (2016) 25.
44 Todorov (1966) 126.
45 „*Geschichte und Diskurs*. Auf der allgemeinsten Ebene hat das literarische Werk zwei Seiten: es ist zugleich Geschichte und Diskurs. Es ist Geschichte, weil es eine bestimmte Realität evoziert, Geschehnisse, die geschehen sein könnten [...]. Dieselbe Geschichte hätte uns mit anderen Mitteln berichtet werden können z. B. in einem Film; sie hätte uns im mündlichen Bericht eines Zeugen, ohne daß sie zu einem Buch gemacht worden wäre, übermittelt werden können. Aber das Werk ist zugleich Diskurs; es gibt einen Erzähler, der die Geschichte berichtet, auf der anderen Seite gibt es einen Leser, der sie aufnimmt. Auf dieser Ebene zählen nicht die berichteten Geschehnisse, sondern die Weise, in der der Erzähler sie uns vermittelt." Übersetzung von Rehbein (1972) 264 f.
46 Vgl. Martínez/Scheffel (2016) 25 f.

Die Unterteilung des Erzähltextes in Geschichte und Darstellung kann als kleinster gemeinsamer Nenner der modernen Erzähltheorie angesehen werden. In anderen Unterscheidungen wird der Erzähltext in drei, vier oder fünf verschiedene Aspekte eingeteilt.[47] Genette z. B. unterscheidet zwischen der Geschichte („histoire" als „l'ensemble des événements racontés"), der Erzählung („récit" als „le discours, orale ou écrit, qui les [sc. événements] raconte") und der Narration („narration" als „l'acte réel ou fictif qui produit ce discours, c'est-à-dire le fait même de raconter").[48] Analog differenziert Bal zwischen „fabula", „story" und „text".[49]

Sowohl für die folgende Darstellung der modernen Fiktionstheorien als auch für die Analyse des antiken Fiktionalitätsdiskurses scheint Todorovs Zweiteilung zwischen der Geschichte („histoire") und der Darstellung (in seiner Terminologie: „discours") zu genügen. Todorov untersucht auf der Ebene der Geschichte die „Logik der Handlungen" und „Die Personen und ihre Beziehungen".[50] Auf der Ebene der Darstellung unterscheidet er zwischen drei Unterkategorien:[51] „Die Zeit der Erzählung", „Die Aspekte der Erzählung" und „Die Modi der Erzählung".[52] Während innerhalb der Aspekte der Erzählung untersucht wird, welches Wissen und welche Wahrnehmung der Erzähler in Bezug auf die Figuren besitzt,[53] werden

---

47 Vgl. die Übersicht bei Martínez/Scheffel (2016) 28.
48 Vgl. Genette (1983) 10; Genette (1972) 71–76; Genette (2010) 11–15, v. a. 12: „Ich schlage vor, [...] das Signifikat oder den narrativen Inhalt *Geschichte* zu nennen [...], den Signifikanten, die Aussage, den narrativen Text oder Diskurs *Erzählung* im eigentlichen Sinne, während *Narration* dem produzierenden narrativen Akt sowie im weiteren Sinne der realen oder fiktiven Situation vorbehalten sein soll, in der er erfolgt."; ib. 181.
49 Vgl. Bal (2009) 5: „A *narrative text* is a text in which an agent or subject conveys to an addressee ('tells' the reader) a story in a particular medium, such as language, imagery, sound, buildings, or a combination thereof. A *story* is the content of that text, and produces a particular manifestation, inflection, and 'colouring' of a fabula; the fabula is presented in a certain manner. A *fabula* is a series of logically and chronologically related events that are caused or experienced by actors."
50 Vgl. Todorov (1966): „Logique des actions" (S. 128–132); „Les personnages et leurs rapports" (S. 132–138); in der Übersetzung von Rehbein (1972): S. 266–271 und S. 271–278.
51 Vgl. Todorov (1966) 138 f.: „Nous séparerons les procédés du discours en trois groupes : le temps du récit, où s'exprime le rapport entre le temps de l'histoire et celui du discours ; les aspects du récit, ou la manière dont l'histoire est perçue par le narrateur, et les modes du récit, qui dépendent du type de discours utilisé par le narrateur pour nous faire connaître l'histoire."
52 Vgl. Todorov (1966): „Le temps du récit" (S. 139–141); „Les aspects du récit" (S. 141–143); „Les modes du récit" (S. 143–147); in der Übersetzung von Rehbein (1972): S. 279–281; S. 282–284 und S. 284–289.
53 Todorov (1966) 141 f. unterscheidet drei Möglichkeiten: (1) Der Erzähler weiß mehr als die Figuren; (2) Der Erzähler weiß genauso viel wie die Figuren; (3) Der Erzähler weiß weniger als die Figuren.

die Modi der Erzählung dahingehend unterschieden, ob das Geschehen dargestellt oder berichtet wird.[54] Als Prototyp des Berichts gilt für Todorov die Chronik, in der der Autor Tatsachen vermittelt, ohne dass Personen sprechen. Das Drama hingegen sei die typische Form der Darstellung („représentation"), da das Geschehen nicht vermittelt wird, sondern sich vor unseren Augen in den Gesprächen der Figuren abspielt. Als linguistische Grundlage für die Unterscheidung zwischen Darstellung und Bericht erwägt Todorov den Gegensatz zwischen der Rede der Figuren und der Rede des Erzählers. Allerdings hält Todorov fest, dass die Identifizierung der Darstellung mit der Rede der Figuren und des Berichts mit der Rede des Erzählers eine unzulässige Vereinfachung ist, da auch das Drama den Bericht kenne.[55]

2.2 Fiktion auf der Ebene der Geschichte

Nach der traditionellen Fiktionstheorie, der diese Arbeit folgt, ist eine Geschichte dann als fiktiv anzusehen, wenn die (oder wesentliche) Elemente der Geschichte in der Wirklichkeit nicht stattgefunden haben bzw. nicht existieren. Für die Definition der Fiktivität ist also eine Korrelation mit der Realität wesentlich, und diese Korrelation ist weitgehend negativ (fiktiv ist das, was nicht existiert).[56] Diese Bestimmung der Fiktivität ist allerdings erklärungsbedürftig, da sie ein Wirklichkeitskonzept voraussetzt, das in der Postmoderne in Zweifel gezogen wurde. Es wurde nämlich behauptet, dass man zwischen Realität und Fiktion nicht unterscheiden kann bzw. dass kein Gegensatz besteht: „nicht die Differenz, sondern die Indifferenz zwischen Fiktion und Realität ist das Datum, von dem heute ausgegangen werden muß".[57] Den Hintergrund derartiger Aussagen bilden teilweise erkenntnistheoretische Überlegungen der Philosophie des 20. Jahrhunderts. Dieser philosophische Diskurs kann an dieser Stelle nicht ausführlich wiedergegeben werden. In aller Kürze soll aber versucht werden, anhand der erkenntnistheoretischen Überlegungen von Nelson Goodman diejenige Position

---

54 Todorov (1966) 144 unterscheidet also zwischen Darstellung („représentation") und Bericht („narration"). „Darstellung" („représentation") ist hierbei nicht mit der Erzählebene „Darstellung" als Opposition zu „Geschichte" zu verwechseln.
55 Vgl. Todorov (1966) 144.
56 Zum Grad der Nicht-Wirklichkeit s. die Kapitel 2.2.1 bis 2.2.4.
57 Assmann (1989) 239; vgl. auch die folgende Aussage (S. 240): „Fiktion als Differenz, so scheint es, steht für ein verabschiedetes Paradigma."

zu erläutern, die zur Leugnung des Gegensatzes zwischen Realität und Fiktion geführt hat.[58]

Goodman geht von dem pluralistischen Ansatz aus, dass es nicht eine Wirklichkeit, sondern mehrere Welt-Versionen gibt, die gleichberechtigt nebeneinander stehen, ohne dass sie auf eine privilegierte Basis[59] zurückgeführt werden können.[60] Was in diesen Welten existiert, d. h. Tatsachen, Gegenstände etc., kann nur innerhalb einer Welt-Version beschrieben werden. Da die Menschen in ihrer Auseinandersetzung mit den Welten Symbol- und Beschreibungssysteme verwenden, die vom Menschen geschaffen wurden, sind die Welt-Versionen Erfindungen des Menschen. Daher ist auch alles, was in den Welt-Versionen beschrieben wird, von diesen Versionen abhängig: Tatsachen werden vom Menschen nicht gefunden, sondern erfunden.[61]

Auch wenn Goodmans Theorie den Status der Wirklichkeit in einem Maße problematisiert, dass die Grenze zwischen Realität und Fiktion zu verschwimmen scheint, ist sie dennoch nicht so zu verstehen, dass Fiktion und Wirklichkeit indifferent sind. Vielmehr sei der Vorgang des Erfindens nicht das entscheidende Differenzkriterium: „Of course, we must distinguish falsehood and fiction from truth and fact; but we cannot, I am sure, do it on the ground that fiction is fabricated and fact found."[62]

Die literarische Fiktion behandelt Goodman als Beschreibung von fiktiver und figurativer Denotation. Unter fiktiver Denotation versteht Goodman keine eigentliche Denotation,[63] da nichts innerhalb der entsprechenden Welt-Version bezeichnet wird.[64] Fiktion ist ihm zufolge buchstäbliche, literarische Falschheit. Durch buchstäbliche Unrichtigkeit unterscheide sich Fiktion vom wahren Bericht,

---

58 Vgl. Zipfel (2001) 69–76.
59 Vgl. Putnam (1983) 155.
60 Vgl. Goodman (1978) 4: „I think that many different world-versions are of independent interest and importance, without any requirement or presumption of reducibility to a single base." Z. B. gebe es die Welt der Physik und diejenige der Biologie; vgl. S. 3.
61 Vgl. Goodman (1978) 91: „Fabrication of facts".
62 Goodman (1978) 91.
63 Zum Begriff der Denotation vgl. Goodman (1987) 86: „Ich gebrauche den Ausdruck ‚Denotation' etwas weiter als üblich für die Anwendung eines Wortes oder Bildes oder eines anderen Etiketts auf ein oder viele Dinge. Denotation, selbst eine Art der Bezugnahme, hat eine Anzahl von Unterarten [...]." Verbale Denotation definiert Goodman wie folgt (S. 87): „Diese liegt in den Fällen wie Benennung, Prädikation, Beschreibung vor, wo ein Wort oder eine Wortkette auf ein Ding oder ein Ereignis etc. oder auf jedes von vielen zutrifft."
64 Vgl. Goodman (1987) 93: „Die bisher erwähnten Spielarten der Bezugnahme sind nicht-fiktiv. Aber einige Namen und Beschreibungen und Bilder – wie etwa ‚Robinson Crusoe' oder ‚geflügeltes Pferd' oder ein Einhorn-Bild – denotieren nichts [...]."

während sie sich durch ihren literarischen Charakter von anderen Formen der Falschheit wie der Lüge abhebe.[65] Fiktion könne aber metaphorisch wahr sein.[66] Der Unterschied zwischen Fiktion und Nicht-Fiktion liege daher nicht in den Objekten, da in beiden Fällen über tatsächliche Dinge gehandelt wird, sondern in der unterschiedlichen Bezugnahme auf die Objekte.[67]

Abgesehen davon, dass Goodmans Äußerungen zur literarischen Fiktion im engeren Sinn nicht überzeugen, da nicht zwischen einer fiktionalen und einer falschen literarischen Darstellung unterschieden werden kann, wenn die Fiktion als buchstäbliche, literarische Falschheit definiert wird, zeigt die Auseinandersetzung mit Goodmans Überlegungen, dass zwischen zwei verschiedenen Fiktionsbegriffen unterschieden werden muss, und zwar zwischen dem ontologisch-erkenntnistheoretischen Fiktionsbegriff und dem literarischen Fiktionsbegriff:[68]

> Spricht man von Fiktion in bezug auf Wirklichkeit, so spricht man von allgemeinen erkenntnistheoretischen Einsichten, wie z.B. davon, daß die Kategorien unserer Beschreibungssysteme vom Betrachter eher erfunden als vorgefunden werden, daß nur relativ zu einem Beschreibungssystem oder einer Theorie klärbar ist, was als Gegenstand oder Tatsache angesehen wird, und daß es zur Beurteilung von Erkenntnissen letztlich keine von allen Beschreibungssystemen unabhängige Vergleichsbasis gibt. Die Rede von Fiktion in bezug auf literarische Texte hingegen bezieht sich auf die Frage, ob das in diesen Texten Dargestellte in denotativer Art auf eine vorgegebene Welt-Version Bezug nimmt. Beide Verwendungsweisen von *Fiktion* sind offensichtlich verschieden: die Rede davon, daß Tatsachen oder Erkenntnisse gemacht und in gewisser Weise erfunden werden, besagt etwas fundamental anderes als die Rede davon, daß die Figuren oder Ereignisse in einem Roman nicht-wirklich und – in einem anderen und engeren Sinne – erfunden sind.

---

65 Vgl. Goodman (1987) 177: „*Alle Fiktion ist buchstäbliche, literarische Falschheit.* Buchstäbliche Unrichtigkeit unterscheidet Fiktion von wahrem Bericht; aber Unrichtigkeit allein macht noch keine Fiktion aus. ›Glatte Lügen, verdammte Lügen und Statistiken‹ sind keine Fiktion; auch Fehler sind keine, ob von Computern oder Menschen, ob Fehldrucke oder Fehlkalkulationen oder Fehlkonzeptionen. Nur literarische Falschheit ist Fiktion." Andererseits gilt nach Goodman, dass nicht alle buchstäbliche, literarische Falschheit Fiktion ist; vgl. ib. 180: „Obwohl alle Fiktion buchstäbliche, literarische Falschheit ist, trifft das Umgekehrte nicht zu. Literatur umfaßt nicht nur Fiktion, sondern auch einige Biographien und Historien, von denen einige teilweise oder ganz falsch sind."
66 Vgl. Goodman (1987) 178: „Obwohl alle Fiktion buchstäblich falsch ist, ist manche metaphorisch wahr. [...] Das Donnergrollen ist nicht buchstäblich, wohl aber metaphorisch ein Löwengebrüll."
67 Vgl. Goodman (1987) 180: „Fiktion muß und Non-fiction kann buchstäblich falsch sein; beide können metaphorisch wahr oder falsch sein. Non-fiction und Fiktion unterscheiden sich nicht dadurch voneinander, daß die eine, nicht aber die andere über tatsächliche Dinge handelt. Beide handeln, wenn überhaupt über etwas, über tatsächliche Dinge [...]."
68 Zipfel (2001) 73.

Die Frage nach dem Status menschlicher Erkenntnis hat also letztlich nichts mit der Frage nach dem Status von Figuren oder Geschichten in literarischen Texten zu tun.[69] Diejenige Position, der zufolge kein Unterschied zwischen Fiktion und Wirklichkeit besteht (man mag sie „Panfiktionalismus" oder „Panfiktivität" nennen),[70] steht folglich in dem starken Verdacht, nicht zwischen epistemologischer und literarischer Fiktion zu unterscheiden.

Die Auseinandersetzung mit der literarischen Fiktion wird durch Goodmans Problematisierung der Wirklichkeitskonzeption nur insofern tangiert, als die Literaturwissenschaftler gezwungen sind, den Wirklichkeitsbegriff zu präzisieren, auf den sie sich beziehen, wenn sie dasjenige als fiktiv definieren, was in der Wirklichkeit nicht existiert. Diese Präzisierung erfolgt dadurch, dass die Alltagswirklichkeit als Bezugspunkt gewählt wird.[71] Die Alltagswirklichkeit ist nach Goodman eine Kombination von verschiedenen Welt-Versionen:[72]

> For the man-in-the-street, most versions from science, art, and perception depart in some ways from the familiar serviceable world he has jerry-built from fragments of scientific and artistic tradition and from his own struggle for survival. This world, indeed, is the one most often taken as real; for reality in a world, like realism in a picture, is largely a matter of habit.

Wenn also in der Literaturwissenschaft eine Geschichte nach traditionellem Verständnis als fiktiv bezeichnet wird, geschieht dies in dem Sinn, dass die wesentlichen Elemente der Geschichte in der Alltagswirklichkeit nicht existieren. Die Alltagswirklichkeit sollte allerdings in dem weiteren Sinne verstanden werden, dass nicht nur das aus Erfahrung erworbene, individuelle Wissen dazu gehört, sondern auch das Expertenwissen, zu dem wir Zugang haben. Dieses Wissen wird von Eco als „Enzyklopädie" bezeichnet und folgendermaßen definiert:[73]

> Mit „Enzyklopädie" meine ich die Gesamtheit des Wissens, von der ich nur einen Teil besitze, aber zu der ich, wenn nötig, Zugang habe, da sie so etwas wie eine riesige Bibliothek darstellt, mit allen Büchern der Welt und allen gesammelten Zeitungen und handgeschriebenen

---

69 Vgl. Lamarque/Olsen (1994) 191: „Even if we accept that *in some sense* facts, objects, events, abstract entities, the mind, persons, etc. are fictions we can draw no general implications [...] for the validity of the fiction/non-fiction distinction as relevant to literary criticism."
70 Vgl. Konrad (2014); Gabriel (1998) 35, der den Begriff „pan-fictionalism" geprägt hat. Vgl. auch Lamarque/Olsen (1994) 191, die von der „ubiquity of fiction" sprechen; Doležel (1998) X: „If reality is called fiction, a new word for fiction has to be invented." Der Begriff „Panfiktivität" bietet sich an, da die Ansicht, dass alles Fiktion ist, auf der Ebene der Geschichte (Objekte) gewonnen wird (s. S. 37f.).
71 Vgl. Zipfel (2001) 74f.
72 Goodman (1978) 20.
73 Eco (1994) 120.

Dokumenten aller Zeiten bis hin zu den altägyptischen Hieroglyphen und den sumerischen Keilschrifttexten.

Für eine derartige Enzyklopädie ist es charakteristisch, dass ihr Inhalt wächst und sich, ohne frei von Widersprüchen zu sein, im Laufe der Zeit verändert. Insofern ist auch das, was als fiktiv gelten muss, diachron variabel (und synchron mitunter umstritten), da das Fiktive als Differenz zur Alltagswirklichkeit definiert ist.[74]

2.2.1 Faktoren der Fiktivität: Ereignisträger, Ort und Zeit

Eine Geschichte wird hier verstanden als (chronologische oder kausale) Abfolge von Ereignissen,[75] für die drei Konstituenten wesentlich sind: Ereignisträger, Ort und Zeit.[76] Die Ereignisträger (zumeist Menschen) sind unmittelbar mit den Ereignissen verbunden, so dass es häufig schwierig ist, zwischen den Ereignissen und den Ereignisträgern zu unterscheiden.[77] Anhand der drei Elemente Ereignisträger, Ort und Zeit lässt sich die Besonderheit von fiktiven Geschichten vorläufig folgendermaßen formulieren: Fiktive Geschichten bestehen aus fiktiven Ereignissen, die unter Beteiligung von fiktiven Ereignisträgern an fiktiven Orten zu fiktiven Zeiten stattfinden.[78] Dies ist zumindest der offensichtlichste Fall von literarischer Fiktion. Andererseits gilt, dass fiktive Geschichten selten in jederlei Hinsicht fiktiv sind, da sie häufig an realen Orten spielen und von realen Personen

---

[74] Vgl. Zipfel (2001) 76.
[75] Zu den Begriffen „Geschichte", „Ereignis" etc. vgl. Bal (2009) 5f.: „A *fabula* is a series of logically and chronologically related events that are caused or experienced by actors. [...] An *event* is the transition from one state to another state. *Actors* are agents that perform actions. They are not necessarily human. To *act* is defined here as to cause or to experience an event." Mit *fabula* bezeichnet Bal das, was Genette „Geschichte" („histoire") nennt; s. das Kapitel 2.1.2 dieser Arbeit. Im Anschluss an Bal wird hier nicht zwischen Handlung und Ereignis unterschieden. Man könnte also auch „Handlung" statt „Ereignis" und „Handlungsträger" statt „Ereignisträger" sagen. Zur Unterscheidung zwischen Handlung und Ereignis vgl. Zipfel (2001) 78 Fußn. 48 und 49.
[76] Vgl. Zipfel (2001) 76–82, v. a. S. 79.
[77] Vgl. Zipfel (2001) 78 f.; James (1981 [zuerst 1884]) 58: „There is an old-fashioned distinction between the novel of character and the novel of incident [...] What is character but the determination of incident? What is incident but the illustration of character?" Trotzdem sollte prinzipiell an der Unterscheidung zwischen Ereignis und Ereignisträger festgehalten werden. Sie geht zumindest bis auf Aristoteles zurück, der in der *Poetik* innerhalb der sechs qualitativen Teile der Tragödie zwischen der Handlung und den Charakteren unterscheidet (vgl. Poet. 6, 1450a7–10).
[78] Vgl. Zipfel (2001) 79.

handeln.⁷⁹ Daher liegt der Unterschied zwischen einer wahren und einer fiktiven Geschichte nicht in den Extremen „vollständig wahr" – „vollständig erfunden", sondern darin, dass eine erfundene Geschichte durch beliebig viele fiktive Elemente von der Wahrheit abweicht. Vielleicht wird man diesem Phänomen am besten dadurch gerecht, dass man sagt, dass die fiktiven Elemente einer Geschichte saliente Merkmale darstellen.⁸⁰

2.2.2 Reale Objekte in fiktiven Geschichten

Die Feststellung, dass fiktive Geschichten häufig an realen Orten spielen und von realen Personen handeln, erfordert einige Überlegungen über das Verhältnis von Wirklichkeit und Fiktion. In fiktionalen Texten durchdringen sich Realität und Fiktion zum einen dadurch, dass die reale Welt immer den Hintergrund für die fiktive Welt darstellt.⁸¹ Zum anderen sind Wirklichkeit und Fiktion dadurch miteinander verschränkt, dass reale Personen, Gegenstände und Orte in fiktiven Geschichten vorkommen. Die letztere Ansicht ist allerdings von Haller in Frage gestellt worden.⁸² Ihm zufolge könne nicht davon gesprochen werden, dass reale Objekte in fiktiven Geschichten vorkommen:⁸³

> Wenn etwa in einer Kurzform der Beschreibung in einem Roman von Balzac der Name von Paris verwendet wird, so ist doch das Paris des Romans nicht das Paris der realen Welt; weder in jeder Beziehung noch auch nur in den wichtigsten Beziehungen, sowenig eben das London Doyles das London jener Zeit ist, in die uns die Geschichte versetzt. [...] Wären die Aussagen über Realia, wie London, Napoleon oder den Mond, echte Aussagen in einem

---

79 Vgl. Zipfel (2001) 79: „Fiktive Geschichten sind nie ganz und gar fiktiv. In einer differenzierten Beschreibung der Fiktivität von Geschichten müssen beide Gesichtspunkte berücksichtigt werden: zum einen die Tatsache, daß die Fiktivität einer Geschichte mit der Nicht-Wirklichkeit der Ereignisse (und damit der Ereignisträger, Orte und Zeiten) zusammenhängt, zum anderen die Beobachtung, daß fiktive Geschichten nicht nur aus Nicht-Wirklichem bestehen." Zu den realen Objekten in der Geschichte s. auch das Kapitel 2.2.4 dieser Arbeit.
80 Der Begriff „saliente Merkmale" bzw. „Salienz" stammt aus der Linguistik und wird z. B. in der Dialektologie verwendet; vgl. Lenz (2010) 94: „Unter Salienz wird hier die kognitive Auffälligkeit eines sprachlichen Merkmals verstanden, in dem Sinne, dass ein sprachliches Element aus seinem Kontext hervorgehoben wird und dadurch dem Sprachbewusstsein leichter und schneller zugänglich ist als nicht-saliente Varianten." Salienz bezeichnet also wie Fiktion eine auffällige Differenz (zu einem anderen Dialekt o. ä. im Fall der Sprachwissenschaft, zur Wirklichkeit im Fall der Fiktion).
81 S. das Kapitel 2.2.4 dieser Arbeit.
82 Vgl. Haller (1986); vgl. hierzu Zipfel (2001) 92–97.
83 Haller (1986) 71 f.

fiktionalen Rahmen, dann wären viele, wenn nicht sogar die meisten im buchstäblichen Sinne falsch, nähme man ihren Kontext hinzu. Und sie als falsche Sätze aufzufassen, liegt weder in der Intention ihrer Verfasser noch in der Einstellung ihrer Leser.

Um den Gegensatz zwischen Objekten in der realen Welt und Objekten in der literarischen Darstellung angemessen zu beschreiben,[84] bedient sich Haller der Unterscheidung zwischen vollständigen und unvollständigen Gegenständen: „*Ficta* sind immer unvollständige Gegenstände, *Facta* immer vollständige Gegenstände."[85] Ein Gegenstand ist nach Haller vollständig, wenn „hinsichtlich aller Eigenschaften feststeht, ob sie ihm zukommen oder nicht zukommen".[86] Die Tatsache, dass ein Gegenstand hinsichtlich aller Eigenschaften feststeht, bedeute aber nicht, dass man alle Eigenschaften kennt. Unvollständig ist ein Gegenstand nach Haller dann, wenn er nicht hinsichtlich aller Eigenschaften feststeht.[87] Über unvollständige Gegenstände kann man nur das aussagen, was explizit im Text gesagt wird (oder ihm mit ausreichender Sicherheit entnommen werden kann).[88] Den Vorteil der Theorie der vollständigen und unvollständigen Gegenstände sieht Haller darin, dass „die Gegenstände innerhalb eines fiktionalen Rahmens [...] einheitlich als erfundene und im strikten Sinn nicht-existierende begreifbar" werden.[89]

Von einem ontologischen und einem aussagenlogischen Standpunkt aus betrachtet ist Haller zuzustimmen:[90] Natürlich gibt es einen ontologischen Unterschied zwischen dem realen London und dem London der Sherlock Holmes-

---

84 Das Ziel seiner Theorie definiert Haller (1986) 74 f. folgendermaßen: „Aus dem Gesagten ergibt sich das hauptsächliche Problem, das die Theorie der Ficta lösen soll, wie nämlich erstens der fundamentale Gegensatz zwischen den präsentierten Gegenständen und den Tatsachen erklärt wird und zweitens die Einheitlichkeit der Gegenstände im Forum der Präsentation durch Texte, Bilder, Artefakte begreiflich gemacht werden kann."
85 Haller (1986) 75.
86 Haller (1986) 75, der folgendermaßen fortfährt: „Und desgleichen – falls wir Beziehungen nicht unter Eigenschaften subsumieren wollen – heißt ein Gegenstand dann vollständig, wenn für alle Relationen feststeht, ob der Gegenstand ein Relatum ist oder nicht."
87 Vgl. Haller (1986) 75.
88 Vgl. Haller (1986) 76: „Für einen Gegenstand, der uns nur durch die Eigenschaften, die in einer Beschreibung vorkommen, gegeben ist, können wir sein Sosein nur durch diese erfassen: Ob Eduard – in der Geschichte, die Goethe erzählt – an jenem Aprilnachmittag, von dem am Beginn der *Wahlverwandtschaften* die Rede ist, ein grünes Halstuch getragen hat oder nicht, wissen wir nicht und können wir nicht wissen, weil im Text von keinem Halstuch die Rede ist. Wenn aber weder das eine noch das andere *gesagt* wird, dann ist auch der Gegenstand selbst in bezug auf die in Frage kommende Eigenschaft nicht bestimmt und also unvollständig."
89 Haller (1986) 90.
90 Zur Ontologie fiktiver Gegenstände vgl. Reicher (2014).

Geschichten.⁹¹ Denn das reale London ist eine Stadt in England, durch die man gehen kann; das London der Sherlock Holmes-Geschichten hingegen entsteht vor den Augen der Leser, wenn sie Doyles Erzählungen lesen.

Aus literaturwissenschaftlicher Sicht ist der Vorteil von Hallers Theorie allerdings zweifelhaft.⁹² Denn die Annahme, dass Sherlock Holmes' London nicht das London um 1900 darstellt, scheint unserer Intuition zu widersprechen und zu keinem adäquaten Textverständnis zu führen.⁹³ Es erscheint im Gegenteil unproblematisch, Sherlock Holmes' London mit dem realen London zu identifizieren, wenn man zwei Einschränkungen macht: Erstens ist das reale London selbstverständlich ontologisch verschieden von dem London in Doyles Romanen. Und zweitens sollte man die Stadt nicht deswegen als fiktiv ansehen, weil eine fiktive Figur in ihr wohnt, sondern den Ereignisträger als fiktiv einstufen.

Die Theorie von den unvollständigen Dingen erscheint auch dann wenig gewinnbringend, wenn man bedenkt, dass wir Gegenstände immer als Einheiten – also in gewisser Weise vollständig – wahrnehmen und der Napoleon aus Tolstois „Krieg und Frieden" für die meisten Menschen nicht unvollständiger ist als der wirkliche Napoleon. Schließlich muss es zumindest als umstritten gelten, ob die Tatsache, dass man alle Gegenstände in einem fiktionalen Text einheitlich als nicht-existent beschreibt, einen Vor- oder Nachteil darstellt. Denn zum einen werden diejenigen, die sich für eine Skalierung der Fiktivität aussprechen,⁹⁴ diesen Umstand als Nachteil ansehen. Zum anderen wird ein differenziertes Verständnis der literarischen Fiktion eher durch die Einsicht gewonnen, dass sich in einer fiktionalen Erzählung reale und fiktive Personen und Objekte vermischen (können).⁹⁵

---

91 Vgl. auch Haller (1986) 82: „Das London Sherlock Holmes' ist zwar dem realen London gleichartig, aber ist in der von Doyle erfundenen Geschichte, strenggenommen, nur so benannt wie das tatsächliche London. [...] Ein London, in dem Mr. Holmes in der Baker Street wohnt, existiert nicht, sowenig wie das Haus, in dem *er* wohnt, die Straßen, in denen *er* geht, usw."
92 Vgl. Zipfel (2001) 95: „Aus literaturwissenschaftlicher Sicht ist die Einheitlichkeit der Beschreibung fiktionaler Texte mit Hallers Art der Unterscheidung zwischen fiktiven und wirklichen Objekten zu teuer erkauft."
93 Vgl. auch Hallers (1986) 82 Einräumung: „Es scheint vielleicht unbefriedigend, Holmes nicht im realen London leben lassen zu wollen, wenn er doch in Londons Baker Street wohnt."
94 S. das Kapitel 2.2.3 dieser Arbeit.
95 Anders: Schmid (2014) 42.

2.2.3 Skalierungen der Fiktivität

Da die Nicht-Wirklichkeit der Geschichte und der drei Faktoren Ereignisträger, Ort und Zeit viele verschiedene Phänomene umfasst, wird sie häufig durch weitere Untergliederungen präzisiert. Eine Unterscheidung besteht darin, auf die Fiktivität die Opposition möglich vs. unmöglich anzuwenden.[96] Auf diese Weise können fiktive Menschen (Figuren), deren Fähigkeiten nicht diejenigen eines Menschen übersteigen, als mögliche Ereignisträger angesehen werden, wohingegen z. B. die sprechenden Tiere aus der Fabel oder Außerirdische als unmögliche Ereignisträger eingestuft werden müssen.[97] Innerhalb der nicht-wirklichen Orte könnte man mögliche von nicht-möglichen Orten unterscheiden, indem mögliche Orte – abgesehen von der Tatsache, dass sie nicht existieren – kein Merkmal aufweisen, durch das sie sich von der Konzeption der Alltagswirklichkeit unterscheiden, während unmögliche Orte z. B. unerreichbar (entfernte Planeten) oder phantastisch sind (das Schlaraffenland).

Bei der nicht-wirklichen Zeit scheint eine Unterscheidung in mögliche und unmögliche fiktive Zeiten wenig sinnvoll zu sein. Eine fiktive Zeit kann nur die Zukunft sein, da die Gegenwart und die Vergangenheit real sind bzw. waren. Da die Zukunft jedoch ungewiss ist und theoretisch bis ins Unendliche reichen kann, kann prinzipiell jeder Zeitpunkt in der Zukunft als möglich aufgefasst werden.[98] Aus demselben Grund erscheint eine Isolierung des Faktors Zeit grundsätzlich problematisch, sofern die Zukunft betroffen ist. Denn auch für fiktive Ereignisträger und Orte gilt, dass sie von einem gegenwärtigen Standpunkt aus betrachtet zwar unmöglich sein können, aber in der Zukunft vielleicht möglich oder sogar

---

96 Vgl. Zipfel (2001) 80.
97 Wenn man den Begriff Ereignisträger auf Gegenstände ausdehnt, könnte man z. B. auch Zeitmaschinen und Beam-Vorrichtungen als unmögliche Ereignisträger bezeichnen; s. aber die Einschränkungen mit Bezug auf die Zukunft weiter unten.
98 Anders Zipfel (2001) 81 (vgl. auch Zipfel [2014] 108), dem zufolge es nur nicht-mögliche fiktive Zeit gibt: „Explizite Fiktivität in bezug auf das Ereignismerkmal *Zeit* beschränkt sich auf den Bereich des Nicht-Möglichen. [...] Zeiträume in der Zukunft sind erkenntnismäßig nicht-möglich: in unserer Wirklichkeitskonzeption gehen wir im allgemeinen davon aus, daß die Zukunft noch nicht festgelegt ist und sich insofern nichts Bestimmtes darüber aussagen läßt." Die Aussage, dass Zeiträume in der Zukunft erkenntnismäßig nicht-möglich sind, ist nur insofern richtig, als wir nicht wissen, *wie* die Zukunft gestaltet sein wird. Dann isolieren wir aber nicht mehr den Faktor Zeit, sondern lassen ihn mit den Ereignisträgern und/oder den Orten verschwimmen. Die Aussage, *dass* es ein Jahr 2020 oder 2050 geben wird, erscheint weitgehend unproblematisch, und diese fiktive Zeit wird man als mögliche Zeit auffassen. Eine Skalierung beim Faktor fiktive Zeit wäre höchstens dann sinnvoll, wenn man eine entfernte Zukunft von einer nahen Zukunft unterscheiden würde.

real sind. So erscheint es zunehmend sinnlos, Roboter als unmögliche Ereignisträger anzusehen: Diese Einstufung mag zwar für das Jahr 1900 gelten, für die Gegenwart gilt sie aber immer weniger, und in Zukunft könnte sie vollends unsinnig erscheinen. Dasselbe ließe sich über die Einstufung von interstellaren Raumschiffen als unmögliche Orte sagen.

Daher lässt sich die Opposition zwischen möglich und unmöglich nur auf Ereignisträger und Orte anwenden, von denen wir aufgrund unserer Konzeption der Alltagswirklichkeit sagen können, dass sie möglich bzw. unmöglich waren oder sind (nicht aber: sein werden). Anhand dieser Opposition lassen sich auf der Ebene der Geschichte die beiden Grundformen Realistik[99] und Phantastik[100] unterscheiden.[101]

Anhand einer anderen Skalierung, die berücksichtigt, dass in fiktiven Geschichten sowohl fiktive als auch nicht-fiktive Elemente vorkommen, hat Zipfel eine Dreiteilung in reale, pseudo-reale und nicht-reale Objekte vorgeschlagen.[102] Diese Dreiteilung führt Zipfel auf Parsons und Pavel zurück;[103] sie weicht aber an

---

99 Vgl. Zipfel (2001) 107: „Mit dem Begriff *Realistik* soll an dieser Stelle der Fall bezeichnet werden, daß die Geschichte einer Erzählung in bezug auf das jeweils gültige Wirklichkeitskonzept möglich ist." Für die Definition von Realistik verweist Zipfel auf das 9. Kapitel der Aristotelischen *Poetik* (1451a36–1451b5).
100 Vgl. Zipfel (2001) 109: „Unter *Phantastik* sollen hier alle Geschichten verstanden werden, die Elemente enthalten, die von dem im Hinblick auf die gültige Wirklichkeitskonzeption Möglichen abweichen."
101 Nicht als Skalierung der Fiktivität, sondern als Lösung des Problems, dass sich die Opposition zwischen Realem und Fiktivem nicht halten lasse, ist Isers (1983) und (1991) Dreiteilung zwischen dem Realen, dem Fiktiven und dem Imaginären konzipiert. Das Imaginäre entspricht in etwa demjenigen, was traditionell als Fiktion bezeichnet wird, wobei Iser es als diffuse Vorstellung versteht. Der Akt des Fingierens sei die Irrealisierung von Realem, das zu anderen Zwecken als der Wiederholung von Wirklichkeit verwendet wird, und die Realisierung von Imaginärem.
102 Vgl. Zipfel (2001) 97–102, der die Attribute „real", „pseudo-real" und „nicht-real" anstelle der englischen „immigrant", „surrogate" und „native" [sc. objects] wählt; s. die folgende Fußn. Die pseudo-realen und nicht-realen Objekte stellen nach Zipfel (S. 100) „die eigentlichen Fiktivitätsfaktoren von Geschichten" dar.
103 Vgl. Pavel (1986) 29: „In order to confine fictional objects to their texts, Parsons distinguishes between characters or objects native to a story, immigrant objects, and surrogate objects. The natives can be extranuclearly described as invented or created by the author of the text [...]. Immigrants to the text come from elsewhere, either from the real world [...] or from other texts (Quixote in Avellaneda's plagiarized continuation of Cervantes' novel [...]). Surrogate objects are fictional counterparts of real objects in those fictional texts that substantially modify their description: it may thus be argued that Balzac's novels describe a Paris that in a sense is different from the actual city." Pavel lehnt sich zwar explizit an Parsons' (1980) Theorie an, modifiziert diese aber, da die „surrogate objects" bei Parsons (ib.) 57 ein anderer Begriff für die „immigrant objects" sind: „Now there are those who think that real London does not appear in those stories,

entscheidender Stelle von jener Unterscheidung ab.[104] Die Kategorie der pseudo-realen Objekte dient dazu, Dinge oder Personen zu klassifizieren, die aus der Realität entlehnt sind, aber in signifikanter Weise von den realen Objekten abweichen. So könne man die Hauptfigur aus Sten Nadolnys Roman „Die Entdeckung der Langsamkeit" oder diejenige aus Michael Ondaatjes „The English Patient" als pseudo-reale Figur ansehen.[105]

Gleichzeitig wird an diesen Beispielen aber deutlich, dass man konsequenterweise sogar innerhalb der Kategorie der pseudo-realen Objekte eine Skalierung vornehmen könnte oder müsste: Denn während „Die Entdeckung der Langsamkeit" in gewissen Grenzen als mit fiktiven Elementen versehene Biographie des britischen Polarforschers Sir John Franklin angesehen werden kann, teilt der ungarische Graf Almásy mit der Figur aus „The English Patient" kaum mehr als den Namen.[106] Folglich ist im ersten Fall die Grenze zwischen den pseudo-realen und den realen Objekten unscharf, wohingegen im zweiten Fall die Grenze zwischen den pseudo-realen und den nicht-realen Objekten verschwimmt.[107]

Die Dreiteilung zwischen realen, pseudo-realen und nicht-realen Objekten ist aus diesem und aus einem anderen Grund zwar nicht über jeden Zweifel erhaben,[108] aber nicht grundsätzlich in Frage zu stellen.[109] Vielmehr ist der Begriff der

---

but rather that another object does; it's a fictional object, called 'London' in the story, and it is different from the real London. Let me call it a 'surrogate' of London."
104 Die realen Objekte bei Zipfel (2001) 97–102 kongruieren nur teilweise mit den „immigrant objects" bei Parsons (1980) und Pavel (1986), da die „immigrant objects" sowohl aus der Realität als auch aus anderen Texten stammen können; z. B. ist Don Quijote nach Pavel ein „immigrant object" (s. die vorige Fußn.). Zipfel (2001) 98 definiert reale Objekte („immigrant objects") nur als „aus der Realität übernommene Objekte". Mit anderen Worten: Die Unterscheidung zwischen Wirklichkeit und Fiktion spielt bei Parsons und Pavel eher eine untergeordnete Rolle, wohingegen Zipfel sie zum zentralen Kriterium erhebt.
105 Vgl. Zipfel (2001) 99 f.
106 Vgl. Zipfel (2001) 99 f.
107 Das Problem der Grenzziehung konstatiert Zipfel (2001) 100 selbst: „*Surrogate objects* können, wie bereits diese Beispiele zeigen, in verschiedener Art und Weise und in unterschiedlichen Graden mit ihren ‚Vorbildern' übereinstimmen. Und so wie es graduelle Abstufungen der Bindung der *surrogate objects* an ihre realen Entsprechungen gibt, so ist es natürlich nicht möglich, eine trennscharfe Grenze zwischen *immigrant* und *surrogate objects* zu ziehen. Die Frage, wieviel Gemeinsames nötig bzw. wieviel Abweichung zulässig ist, um von einem *immigrant object* zu sprechen, ist sicherlich nicht grundsätzlich beantwortbar."
108 Vgl. die Kritik von Bleumer (2004) 107, Schmid (2014) 42 f. Fußn. 43 und Krumrey (2015) 52.
109 Zipfel (2001) 292–297, v. a. 294 problematisiert an anderer Stelle eine Skalierung der Fiktivität grundsätzlich, indem er zu bedenken gibt, dass die externe Sprachhandlungsstruktur bei fiktionalen Texten (s. das Kapitel 2.3.1 dieser Arbeit) immer gleich bleibt, da sie stets durch die soziale Praxis der literarischen Fiktion geprägt ist, die eine spezifische Autorintention und Rezeptionshaltung beinhaltet (s. das Kapitel 2.6 dieser Arbeit). Deswegen sei die Rede von Graden

pseudo-realen Objekte unglücklich gewählt, da dieser Begriff die Vorstellung suggeriert, dass Objekte, die aus der Realität entlehnt sind, durch die literarische Darstellung an sich zu pseudo-realen Objekten werden.[110] Daher wäre es ratsam, den Begriff der „semi-realen" Objekte zu verwenden, um den Sachverhalt auszudrücken, dass es zwischen einer historischen Person und seiner literarischen Darstellung Übereinstimmungen und Divergenzen gibt. Trotzdem ist Zipfels Unterscheidung zwischen realen, pseudo-realen und nicht-realen Objekten erwägenswert. Dabei sollte man bedenken, dass es sich streng genommen nicht um eine Skalierung der Fiktivität handelt, sondern um eine Skalierung der dargestellten (fiktiven) Geschichte,[111] da auch die realen Objekte Teil der Skalierung sind. Eine ähnliche Skalierung wurde bereits in der Antike konzipiert, indem innerhalb der dargestellten Geschichte zwischen dem wahren Bericht, der realistischen Fiktion und der phantastischen Fiktion unterschieden wurde.[112]

2.2.4 Fiktive Welten

Da fiktive Geschichten immer in der einen oder anderen Weise auf die Wirklichkeit bezogen sind,[113] gilt es das Verhältnis zwischen Wirklichkeit und Fiktion näher zu

---

der Fiktion sinnlos. Die Tatsache, dass Texte fiktional oder nicht-fiktional sind, was im Zusammenhang der gesamten Sprachhandlungssituation entschieden wird, hindert aber nicht daran, auf der Ebene der Geschichte weniger fiktive von stärker fiktiven Geschichten oder Objekten zu unterscheiden, zumal hierin die einleuchtende Unterscheidung zwischen realistischen und phantastischen Erzählungen liegt.
110 Insofern erinnern die pseudo-realen Objekte an das, was Haller als unvollständige Gegenstände bezeichnet; s. das Kapitel 2.2.2 dieser Arbeit.
111 Die Dreiteilung zwischen realen, pseudo-realen und nicht-realen Objekten lässt sich auf ganze Werke bzw. Gattungen beziehen (im faktualen Diskurs kommen nur reale Objekte vor, in fiktionalen Diskursen (auch) pseudo-reale und/oder nicht-reale Objekte). Sie lässt sich aber auch, wie von Zipfel intendiert, auf die Elemente einer fiktionalen Erzählung anwenden, da in einer fiktiven Geschichte alle drei Objekte vorkommen können.
112 S. das Kapitel 4.7, v. a. 4.7.1 und 4.7.1.1 dieser Arbeit.
113 Vgl. Zipfel (2001) 82; Eco (1994) 112: „Also müssen wir zugeben, daß wir selbst bei der unmöglichsten aller Welten, um von ihr beeindruckt, verwirrt, verstört oder berührt zu sein, auf unsere Kenntnis der wirklichen Welt bauen müssen. Mit anderen Worten, auch die unmöglichste Welt muß, um eine solche zu sein, als Hintergrund immer das haben, was in der wirklichen Welt möglich ist." Wenn fiktive Geschichten nicht auf die Wirklichkeit bezogen wären, könnten wir sie nicht einmal verstehen; vgl. Stierle (1975) 378: „Daß die Welt als Horizont der Fiktion diese in einem elementaren Sinn vororientiert, geht schon daraus hervor, daß, wie weit auch die Fiktion sich von der uns erkennbaren Wirklichkeit entfernen mag, sie, indem sie Sprache verwendet, sich im Horizont möglicher Erfahrung bewegt. [...] Wäre alles in der Fiktion prinzipiell anders als in

bestimmen. In diesem Zusammenhang bietet es sich an, von fiktiven Welten zu sprechen, die in fiktionalen Texten entworfen werden.[114] Inhalt der fiktiven Welt ist v. a. dasjenige, was explizit im Erzähltext ausgesagt wird. Darüber hinaus gehören jedoch auch viele Dinge zur fiktiven Welt, die nicht explizit erwähnt werden.[115] Z. B. beschreibt der Erzähler von Nervals „Sylvie" eine nächtliche Fahrt in einer Kutsche, ohne das Pferd (oder die Pferde) zu erwähnen, das (die) diese Kutsche zieht (ziehen).[116] Trotzdem wird man davon ausgehen, dass ein Pferd die Kutsche zieht und damit Bestandteil der fiktiven Welt ist,[117] da es unserem Konzept der Alltagswirklichkeit widersprechen würde, wenn die Kutsche von selbst rollen oder von einem Geist gezogen werden würde, und ein derartiges Verständnis dem Erzähltext nicht gerecht werden würde. In diesem Fall handelt es sich um eine Supplierung, die der Leser vor dem Hintergrund der Alltagswirklichkeit vornimmt.[118]

Um dieses Verhältnis zwischen Wirklichkeit und Fiktion in literarischen Texten zu beschreiben, wurden in der Forschung zwei Theorien diskutiert: das Realitätsprinzip („reality principle") und das Prinzip der allgemeinen Überzeugungen („mutual belief principle").[119] Nach dem Realitätsprinzip orientiert sich die fiktive Welt so nah wie möglich an der realen Welt. Insofern kann mit Ryan von einem „principle of minimal departure" gesprochen werden:[120]

---

unserer Erfahrung von der Wirklichkeit, wäre also die Fiktion einem Wirklichkeitsbegriff gar nicht mehr zuzuordnen, so wäre sie weder sprachlich artikulierbar noch in der Rezeption konstituierbar."
114 Vgl. Köppe (2014b) zu fiktiven Tatsachen und Werner (2014) zur philosophischen Frage nach der Logik der Fiktion.
115 Vgl. Zipfel (2001) 84 f.; Walton (1990) 140: „Fictional truths can be generated either *directly* or *indirectly*. I call directly generated ones *primary* and indirectly generated ones *implied*."
116 Vgl. Eco (1994) 112 f.
117 Vgl. Eco (1994) 113: „Kurzum, das Pferd existiert sehr wohl in Sylvie. Es existiert in dem Sinne, daß es nicht nötig ist, seine Existenz ausdrücklich zu erwähnen, aber man könnte auch nicht sagen, es sei nicht da."
118 Vgl. auch Haller (1986) 78 über die Sinnauffüllung des Textes: „Wir füllen das implizit Gemeinte auf, indem wir aus dem tatsächlich Gesagten oder Geschriebenen folgern. Ist im Text etwa von einer Wiese die Rede, so dürfen wir – wenn der Annahme im Text nichts entgegensteht – folgern, daß sie farbig und je nach Landschaft und Klima vielleicht eher grün als nicht grün ist. Ist von einem Pferd die Rede, so nehmen wir an, daß die anatomischen und biologischen Funktionen dieses Pferdes gleich denen der Art der Pferde sind und sein werden, auch wenn im Text selbst davon nicht die Rede ist."
119 Vgl. Zipfel (2001) 85–88. Die Begriffe „Realitätsprinzip" („reality principle") und „Prinzip der allgemeinen Überzeugungen" („mutual belief principle") gehen auf Walton (1990) 144–161 zurück, der auf diese Weise die von Lewis (1978) vorgestellten Konzepte bezeichnet.
120 Ryan (1980) 406. Vgl. auch Ryan (2014).

> This principle states that we reconstrue the world of a fiction [...] as being the closest possible to the reality we know. This means that we will project upon the world of the statement everything we know about the real world, and that we will make only those adjustments which we cannot avoid.

Zur fiktiven Welt gehören demnach alle Dinge, die in der realen Welt vorkommen, es sei denn, dass sie durch den Erzähltext ausdrücklich aufgehoben werden.[121] Zusätzlich enthält die fiktive Welt Dinge, die in der realen Welt nicht existieren. Z. B. ist es ein Differenzmerkmal der fiktiven Welt des Märchens vom Rotkäppchen, dass Wölfe sprechen können. Andererseits gilt auch in ihr, dass Menschen, die von einem Wolf gefressen werden, tot sind; hiervon ist zumindest zunächst einmal auszugehen. Wenn nun anschließend Rotkäppchen und ihre Großmutter aus dem Bauch des Wolfes lebendig befreit werden, liegt wiederum eine Abweichung von unserem Konzept der Alltagswirklichkeit vor.[122]

Das Realitätsprinzip sieht sich allerdings mit zwei Schwierigkeiten konfrontiert. Zum einen erscheint es wenig sinnvoll, alle Dinge der realen Welt als Hintergrund der fiktiven Welt anzunehmen, sofern sie nicht durch den Erzähltext ausgeschlossen werden. Daher empfiehlt es sich, innerhalb des realen Hintergrunds der fiktiven Welt zwischen Dingen zu unterscheiden, die für die Geschichte relevant sind, und solchen, die wenig oder gar nicht relevant sind.[123] In Hinsicht auf das Bezugsfeld besteht folglich kein Unterschied zwischen einem faktualen und einem fiktionalen Text, da auch beim faktualen Text die wirkliche Welt mit allen darin vorkommenden Sachverhalten den Hintergrund bildet, zugleich aber nur diejenigen Dinge relevant sind, die mit dem Thema des Textes zusammenhängen.[124]

---

121 Vgl. Zipfel (2001) 85; Eco (1994) 112: „Die fiktiven Welten sind Parasiten der wirklichen Welt. [...] Alles, was im Text nicht ausdrücklich als verschieden von der wirklichen Welt erwähnt oder beschrieben wird, muß als übereinstimmend mit den Gesetzen und Bedingungen der wirklichen Welt verstanden werden."
122 Vgl. Zipfel (2001) 86.
123 Vgl. Zipfel (2001) 86; Margolin (1992) 110: „In point of fact, we import selectively according to an informal principle of relevance, bringing in only that which the work-world is based upon, alludes to or requires to facilitate comprehension and prevent misunderstanding."; Walton (1990) 148 f.: „We need to recognize enormous differences in the importance of a work's various fictional truths, in any case. Some are emphasized and highlighted; others remain in the shadows. [...] So we can safely admit Marco Polo, the San Francisco earthquake, Watergate, and all the rest into the world of 'Three Blind Mice', provided that we acknowledge their position in the deep background of the story."
124 Vgl. Zipfel (2001) 87.

Eine zweite Schwierigkeit des Realitätsprinzips besteht darin, es auf Erzähltexte aus einer anderen Epoche oder einem anderen Kulturkreis anzuwenden.[125] Denn es wäre offenkundig verfehlt, einen fiktionalen Text aus der Antike vor dem Hintergrund der realen Welt des 21. Jahrhunderts zu lesen. Dieses Problem wird dadurch gelöst, dass man anstelle des Realitätsprinzips das verwandte Prinzip der allgemeinen Überzeugungen („mutual belief principle") anwendet:[126]

> The mutual belief principle [...] states that we ought to accept as true in the work-world any proposition which was mutually believed by artist and readers in the artist's society (again unless blocked by primary truths).

Das Prinzip der allgemeinen Überzeugungen beruht also auf der Einsicht, dass die Konzeption der Alltagswirklichkeit historisch und kulturell bedingt ist. Die adäquate Rezeptionshaltung des Lesers eines fiktionalen Textes erfolgt daher in der Form, dass er den Versuch unternimmt, die Alltagswirklichkeit des Produktionszusammenhangs als Hintergrund zu nehmen. Da dieser Versuch häufig nicht einfach ist und das Wissen über eine vergangene Alltagswirklichkeit verschieden stark ausgeprägt ist, hängt die Konstitution der fiktiven Welt in der Rezeption in starkem Maße vom individuellen Leser ab. Außerdem spielt das Realitätsprinzip auch bei der Lektüre einer weit zurückliegenden Geschichte eine Rolle, da der Leser bis zu einem gewissen Grad immer der aktuellen Lebenswirklichkeit verhaftet ist.[127]

2.3 Fiktion auf der Ebene der Darstellung

2.3.1 Die doppelte Sprachhandlungssituation

Wie faktuale Erzählungen werden auch fiktionale Erzählungen von einem Autor geschrieben und bestehen überwiegend aus Behauptungen. Anders als bei faktualen gilt jedoch für fiktionale Erzählungen, dass die erzählte Geschichte fiktiv ist, d.h. im Idealfall: dass die Ereignisse nicht stattgefunden haben und die Ereignisträger nicht existieren. Daher stellt sich das Problem der fiktionalen Behauptungssätze: „Wie kann adäquat beschrieben werden, daß ein Textproduzent

---

125 Vgl. Zipfel (2001) 87.
126 Margolin (1992) 110.
127 Vgl. Zipfel (2001) 88.

etwas behauptet, das sich nicht zugetragen hat – im Falle der Realistik – bzw. sich nicht einmal zugetragen haben kann – im Fall der Phantastik?"[128]

Um diesem Paradoxon zu entgehen, bedient sich die Literaturwissenschaft der narratologischen Verdoppelung der Produktions- und der Rezeptionsinstanz,[129] wodurch Aristoteles' triadisches Kommunikationsmodell, anhand dessen dieser die drei Redegattungen unterschieden hat,[130] durch die Dissoziierung zwischen Autor und Erzähler verdoppelt wird: Der Erzähltext wird als Produkt des empirischen Autors beschrieben (Erzähltext$_1$). Sprachhandlungslogisch wird die Erzählung aber nicht vom Autor, sondern vom fiktiven Erzähler geäußert (Erzähltext$_2$). Analog wird auf der Rezeptionsseite zwischen den (potentiellen) empirischen Lesern und dem Adressaten der Erzählung unterschieden: die empirischen Leser rezipieren den vom empirischen Autor produzierten Text (Erzähltext$_1$), wohingegen der textimmanente Adressat vom fiktiven Erzähler angesprochen wird (Erzähltext$_2$):[131]

---

[128] Zipfel (2001) 116.
[129] Vgl. Zipfel (2001) 117–121.
[130] Vgl. Arist. rhet. 1358a36–b8: Ἔστιν δὲ τῆς ῥητορικῆς εἴδη τρία τὸν ἀριθμόν· τοσοῦτοι γὰρ καὶ οἱ ἀκροαταὶ τῶν λόγων ὑπάρχουσιν ὄντες. σύγκειται μὲν γὰρ ἐκ τριῶν ὁ λόγος, ἔκ τε τοῦ λέγοντος καὶ περὶ οὗ λέγει καὶ πρὸς ὅν, καὶ τὸ τέλος πρὸς τοῦτόν ἐστι, λέγω δὲ τὸν ἀκροατήν. ἀνάγκη δὲ τὸν ἀκροατὴν ἢ θεωρὸν εἶναι ἢ κριτήν, κριτὴν δὲ ἢ τῶν γεγενημένων ἢ τῶν μελλόντων. ἔστιν δ' ὁ μὲν περὶ τῶν μελλόντων κρίνων ὁ ἐκκλησιαστής, ὁ δὲ περὶ τῶν γεγενημένων [οἷον] ὁ δικαστής, ὁ δὲ περὶ τῆς δυνάμεως ὁ θεωρός, ὥστ' ἐξ ἀνάγκης ἂν εἴη τρία γένη τῶν λόγων τῶν ῥητορικῶν, συμβουλευτικόν, δικανικόν, ἐπιδεικτικόν. („Gattungen der Rhetorik gibt es drei an der Zahl. Denn so viele sind nun einmal auch die Zuhörer der Reden. Die Rede besteht nämlich aus drei Dingen: aus dem Sprechenden, worüber er spricht und zu wem er spricht, und das Ziel [sc. der Rede] ist auf diesen gerichtet, ich meine den Zuhörer. Der Zuhörer ist aber notwendigerweise entweder ein Zuschauer oder jemand, der eine Entscheidung fällt; jemand, der eine Entscheidung fällt, entweder von Geschehenem oder Zukünftigem. Der über das Zukünftige Entscheidende ist das Mitglied der Volksversammlung, der über das Geschehene der Richter, der über die Fähigkeit [sc. eines Menschen] der Zuschauer. Folglich gibt es wohl notwendigerweise drei Gattungen der rhetorischen Reden: die beratende, die gerichtliche und die vorführende.")
[131] Für das Schema vgl. Zipfel (2001) 119. Erzähltext$_1$ und Erzähltext$_2$ sind im Hinblick auf den Wortlaut (nahezu) identisch. Sie werden getrennt, da sie in unterschiedlichen Sprachhandlungssituationen stehen, also unterschiedliche Funktionen erfüllen. Wenn man sie aufgrund des Wortlautes unterscheiden wollte, könnte man sie höchstens dahingehend voneinander trennen, dass paratextuelle Äußerungen zum Erzähltext$_1$, aber nicht zum Erzähltext$_2$ gehören; vgl. Zipfel (2001) 120 f.

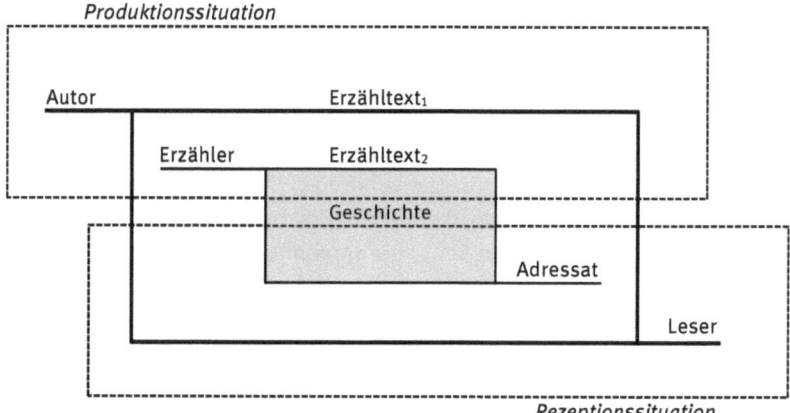

Anhand dieses Modells der doppelten Sprachhandlungssituation lässt sich das Problem der Behauptungsstruktur von fiktionalen Erzähltexten lösen: Die Behauptungen des Erzähltextes werden als Behauptungen des Erzählers angesehen. Dieser ist Teil der fiktiven Welt und trifft Aussagen, die innerhalb der fiktiven Welt als wahr gelten.[132] Der empirische Autor, so könnte man hingegen sagen, erzählt und behauptet nicht, sondern er lässt den Erzähler erzählen.[133]

Die Unterscheidung zwischen Autor und Erzähler ist in der modernen Literaturwissenschaft ein anerkanntes Modell, um das Problem der fiktionalen Behauptungssätze zu lösen. Sie ist aber keinesfalls unumstritten. Insbesondere mit Bezug auf fiktionales heterodiegetisches Erzählen wurde die Verdoppelung der Produktions- und der Rezeptionsinstanz in Frage gestellt.[134] Denn anders als bei fiktionalen homodiegetischen Erzählungen, bei denen der Namensunterschied die Differenz zwischen Autor und Erzähler anzeigt, ist bei fiktionalen heterodiegetischen Erzählungen die Unterscheidung zwischen Autor und Erzähler alles andere als selbstevident.

Nachdem bereits Literaturwissenschaftler wie Weber behauptet hatten, dass sich das Konzept des Erzählers mit Bezug auf heterodiegetische Erzählungen als „Dogma" erweist,[135] hat insbesondere Kablitz die Notwendigkeit, ja Berechtigung der Dissoziation zwischen Autor und Erzähler problematisiert und überzeugend

---

[132] Vgl. Zipfel (2001) 121, der auch darauf aufmerksam macht (Fußn. 19), dass der unzuverlässige Erzähler einen Sonderfall darstellt. Jedoch gilt auch dann, dass die fiktive Welt das Beurteilungskriterium dafür bildet, ob die in der Erzählung geäußerten Sätze wahr oder falsch sind.
[133] Vgl. Zipfel (2001) 182.
[134] Vgl. Zipfel (2001) 147–155.
[135] Vgl. Weber (1989) 13.

dafür plädiert, diese Unterscheidung, die im 20. Jahrhundert etabliert wurde,[136] auf ein Mindestmaß zu reduzieren.[137] Kablitz zufolge handelt es sich um eine künstliche Unterscheidung, wie schon daraus deutlich werde, dass es häufig schwierig ist zu entscheiden, ob der Autor oder der Erzähler spricht.[138] Die Verteilung der Rede auf ein reales und ein erfundenes Aussagesubjekt (im letzten Fall: der fiktive Erzähler) nehme dem Skandalon der Fiktionalität, die Unwahrheit zu sagen, die Spitze. Daher bietet sich Kablitz zufolge das alternative Verständnis an, dass dem Autor eines fiktionalen Textes die Möglichkeit offensteht, von Lizenzen v. a. im Umgang mit der Wahrheit Gebrauch zu machen.[139]

Die Unterscheidung zwischen Autor und Erzähler ist, wenn man Kablitz folgt, sogar irreführend, wenn man das Verständnis von Fiktion bzw. Fiktivität und Fiktionalität zugrunde legt, das zumindest Kablitz vertritt. Kablitz spricht in diesem Zusammenhang von der „Vergleichgültigung" als *differentia specifica* der fiktionalen gegenüber der faktualen Rede: fiktionale Texte sind durch eine Vergleichgültigung gegenüber dem Wahrheitswert ihrer Sätze und der Wahrheit der geschilderten Ereignisse gekennzeichnet.[140] Da das Erfundene bzw. die Unwahrheit nicht auf die literarische Fiktion beschränkt ist, wird die literarische Fiktion erst durch die Relation zwischen dem Fiktiven als Eigenschaft des Dargestellten und dem Fiktionalen als Eigenschaft der Darstellung zur literarischen Fiktion. Unter der Fiktionalität versteht Kablitz den Fiktionsvertrag, der den Text von der anderweitig geltenden Verpflichtung entbindet, die Wahrheit zu sagen.[141] Sie stellt eine Struktur zur Ermächtigung des Fiktiven dar, ohne danach zu verlangen, da auch fiktionale Texte denkbar sind, die keine fiktiven Elemente beinhalten.[142]

Da die Fiktionalität eine Ermöglichungsstruktur darstellt, lässt sich dieser Umstand am besten durch den Autor erklären, der über Möglichkeiten verfügt, von denen er Gebrauch machen kann, aber nicht muss. Aufgrund der Ambiguität der Autorenrolle, die daraus resultiert, dass der Autor den Leser häufig im Unklaren darüber lässt, ob er von seinen Lizenzen Gebrauch macht oder nicht, ist es nicht ratsam, durch eine Unterscheidung zwischen Autor und Erzähler den Ein-

---

136 Vgl. die Einführung der Kategorie des lyrischen Ichs durch Margarete Susman (1910); Kablitz (2008) 34 f.
137 Vgl. Kablitz (2008), v. a. 28–42. Vgl. auch Margolins (2014) 660–663 Diskussion von Alternativen zum Konzept des Erzählers.
138 Vgl. Kablitz (2008) 30–32.
139 Vgl. Kablitz (2008) 32.
140 Vgl. Kablitz (2008) 16.
141 Vgl. Kablitz (2008) 15 f. Kablitz versteht unter der Darstellung nicht nur die Erzählebene der Darstellung in Opposition zur Geschichte, sondern die gesamte Sprachhandlungssituation.
142 Vgl. Kablitz (2008) 16 f. Als Beispiel für einen derartigen fiktionalen Text nennt Kablitz eine Erzählung, in der Fokalisierung verwendet wird.

druck einer klaren Distinktion zu erwecken und die genannte Ambiguität zu überspielen.[143] Nur in denjenigen Fällen, in denen offensichtlich ist, dass ein Erzähler spricht, der nicht mit dem Autor identisch ist, was sich u. a. im Namen manifestiert, erweist es sich als notwendig,[144] zwischen dem Autor und dem Erzähler zu differenzieren.[145]

2.3.2 Das Verhältnis zwischen Fiktivität und fiktionaler Darstellung

In der Literaturwissenschaft ist die Frage umstritten, ob die Fiktivität der Geschichte und die Fiktion auf der Ebene der Darstellung (zumindest in einigen Fällen) unabhängig voneinander betrachtet werden können.[146] So vertritt z. B. Rühling die Position, dass es sich um zwei logisch voneinander unabhängige Phänomene handelt und dass es fiktionale Texte gibt, in denen keinerlei fiktive Gegenstände vorkommen.[147] Andere Literaturwissenschaftler wie Stierle und Zipfel sind hingegen der Meinung, dass sich die Fiktivität der Geschichte und die Fiktion auf der Ebene der Darstellung erzähllogisch nicht voneinander trennen lassen.[148]

Die Frage, welche Position man in dieser Frage einnimmt, ist mit der Frage verknüpft, welche Stellung man zu dem Zweifelsfall bezieht, in dem eine reale Geschichte mit den Lizenzen der fiktionalen Darstellung erzählt wird (die anderen Kombinationen von realer bzw. fiktiver Geschichte und faktualer bzw. fiktionaler Darstellung sind unproblematisch).[149] Ein bekanntes Beispiel für diesen Zweifelsfall stellt die Erzählung *In Cold Blood* von Truman Capote dar. Denn in dieser

---

143 Vgl. Kablitz (2008) 36.
144 Vgl. Kablitz (2008) 37.
145 Daher ist das Modell der doppelten Sprachhandlungssituation weder falsch noch nutzlos, sondern – mit Blick auf die Produktionsinstanz – nur in einigen Fällen notwendig (man sollte auch bedenken, dass die literarische Fiktion von der Antike bis zum Anfang des 20. Jahrhunderts ohne die Kategorie des fiktiven Erzählers adäquat beschrieben worden ist). Der Vorteil des Modelles besteht v. a. darin, dass es die doppelte Rezeptionshaltung des Lesers vor Augen führt; s. das Kapitel 2.5.3 dieser Arbeit zum *make-believe*.
146 Vgl. Zipfel (2001) 165–171. Zu den Elementen der fiktionalen Darstellung s. das Kapitel 2.5.1.1.2 dieser Arbeit.
147 Vgl. Rühling (2005) 29 f.
148 Vgl. Stierle (1983) 180: „Jede narrative Fiktion ist zugleich eine Fiktion der histoire wie eine Fiktion des discours."; Zipfel (2001) 167: „In einer umfassenden Bestimmung von Fiktion lassen sich Fiktivität der Geschichte und Fiktionalität des Erzählens *erzähllogisch* nicht voneinander trennen und nicht gegeneinander ausspielen."
149 Zu den unterschiedlichen Kombinationen vgl. Zipfel (2001) 168.

als *nonfiction novel* bezeichneten Erzählung schildert Capote die reale Geschichte eines Mordes an einer Familie in der amerikanischen Provinz unter Zuhilfenahme der internen Fokalisierung.

Auch wenn man eine derartige Erzählstruktur als paradox bezeichnen mag und ihre Ungewöhnlichkeit auch daraus hervorgeht, dass die Autoren von derartigen Erzählungen häufig im Paratext mehr oder weniger ausführlich ihre Erzählpraxis rechtfertigen,[150] zeigen solche Grenzfälle, dass die Fiktivität der Geschichte und die fiktionale Darstellung zwar häufig, aber nicht immer und notwendig miteinander verknüpft sind. Folglich können die Fiktivität und die Fiktion auf der Ebene der Darstellung unabhängig voneinander betrachtet werden. Man wird derartige Fälle eher als fiktionale Erzählungen einstufen, da ihre Autoren von Lizenzen Gebrauch machen, die Verfassern von faktualen Texten nicht zur Verfügung stehen.[151]

Die Unsicherheit bei der Frage nach dem Status einiger fiktionaler Erzählungen wird noch deutlicher, wenn man sich die diachrone Dimension vor Augen führt. So stellt z. B. die antike Geschichtsschreibung einen derartigen Zweifelsfall dar, da wirkliche Ereignisse mit den Lizenzen der fiktionalen Darstellung, insbesondere der Fokalisierung, erzählt werden (man denke beispielsweise an Sallust). Nach antikem Maßstab handelt es sich um eine faktuale Erzählung, da die Fiktion auf der Ebene der Darstellung im antiken Fiktionalitätsdiskurs keine Rolle spielt. Nach modernem Standard handelt es sich um einen Zweifelsfall in dem zuvor beschriebenen Sinn bzw. eher um eine fiktionale Erzählung.

Daher bedingen sich die Fiktivität der Geschichte und die Fiktion auf der Ebene der Darstellung nur dann gegenseitig, wenn man das Konzept des fiktiven Erzählers vertritt und dieses mit der fiktionalen Darstellung identifiziert. Das Konzept des fiktiven Erzählers ist aber nur ein Modell, das man dem Theorieort der Darstellung zuweist, aber auch den literatur- und sprachtheoretischen Grundlagen zuordnen könnte. Ganz wesentlich zur fiktionalen Darstellung gehören erzähltechnische Lizenzen wie die interne Fokalisierung.[152] So betrachtet ist es nicht selbstverständlich, dass eine erfundene Geschichte mit den Lizenzen der fiktionalen Darstellung erzählt wird, und die Fiktivität der Geschichte und die

---

[150] Vgl. Zipfel (2001) 169 f.
[151] Etwas anders: Zipfel (2001) 245, dem zufolge die (zurückhaltende) Verwendung von erzähllogisch nur in fiktionalen Texten möglichen Erzähltechniken den Status eines Textes, der aufgrund von mehreren Merkmalen als faktualer Text ausgewiesen wird, nicht verändert und die entsprechenden Erzähltechniken in diesem Fall nicht als Fiktionssignal, sondern als (mehr oder weniger ungewöhnliche) Stilmerkmale des Textes interpretiert werden; zu den Fiktionssignalen s. die Kapitel 2.5.1 und 2.5.2 dieser Arbeit.
[152] S. das Kapitel 2.5.1.1.2 dieser Arbeit.

Fiktion auf der Ebene der Darstellung können unabhängig voneinander betrachtet werden.

2.3.3 Narration als Fiktion?

Ebenso wie auf der Ebene der Geschichte wurde und wird auch auf der Ebene der Darstellung die These vertreten, dass zwischen faktualen und fiktionalen Erzähltexten nicht unterschieden werden kann, und zwar in diesem Fall aus dem Grund, dass jede Narration eine Form der Fiktion darstelle.[153] Derartige Ansichten haben ihren Ursprung in der Geschichtsphilosophie. Es würde den Rahmen dieser Arbeit sprengen, geschichtsphilosophische Kontroversen über den Status der narrativen Geschichtsschreibung ausführlich zu erörtern. Aber insofern die literarische Fiktion berührt wird, erscheint eine kurze Auseinandersetzung mit der genannten These notwendig.[154]

Der geschichtsphilosophische Fiktionsbegriff geht von der Voraussetzung aus, dass jede historiographische Darstellung eines Sachverhaltes eben diesen sprachlich und zumeist auch narrativ konfiguriert. Sobald Ereignisse vergangen sind, liegen nur noch Zeugnisse vor, aus denen die Ereignisse rekonstruiert werden müssen. Diese akustischen, schriftsprachlichen oder visuellen Zeugnisse können miteinander übereinstimmen, sich ergänzen oder einander widersprechen. Ob eine Darstellung adäquat ist, kann durch eine Analyse der inneren Schlüssigkeit einer Einzeldarstellung oder durch Vergleich von verschiedenen Versionen erörtert werden. Die Frage nach der Adäquatheit kann aber nicht an den Ereignissen selbst überprüft werden, da diese unwiederbringlich vergangen sind. Daher ergeben sich für die Darstellung von historischen Geschehnissen zwei grundlegende, miteinander verbundene Probleme: zum einen das Problem der sprachlich-narrativen Umsetzung der Ereignisse und der damit möglicherweise einhergehenden perspektivischen oder tendenziösen Verzerrung; zum anderen das Problem, dass Tatsachen grundsätzlich nicht überprüft werden können und folglich ihre Existenz erkenntnistheoretisch in Zweifel gezogen werden kann.

---

153 Vgl. Barthes (2002 [zuerst 1967]) 1250: „[L]a narration des événements passés, soumise communément, dans notre culture, depuis les Grecs, à la sanction de la 'science' historique, placée sous la caution impérieuse du 'réel', justifiée par des principes d'exposition 'rationnelle', cette narration diffère-t-elle vraiment, par quelque trait spécifique, par une pertinence indubitable, de la narration imaginaire, telle qu'on peut la trouver dans l'épopée, le roman, le drame?"
154 Vgl. Zipfel (2001) 171–179. Zur Fiktionalität in den Geschichtswissenschaften vgl. Haas (2014).

2.3 Fiktion auf der Ebene der Darstellung — 69

Für eine erzähltheoretische Begründung der Position, dass zwischen einem literarisch-fiktionalen und einem historisch-faktualen Text auf der Ebene der Darstellung nicht unterschieden werden kann, können die Überlegungen des Geschichtsphilosophen Hayden White als repräsentativ angesehen werden.[155] White zufolge gilt es, nicht die vermeintlichen Unterschiede, sondern die Gemeinsamkeiten zwischen historiographischem und fiktionalem Erzählen zu erkennen:[156]

> Although historians and writers of fiction may be interested in different kinds of events, both the forms of their respective discourses and their aims in writing are often the same. In addition, in my view, the techniques or strategies that they use in the composition of their discourses can be shown to be substantially the same, however different they may appear on a purely surface, or dictional, level of their texts.

Während die Unterschiede bei den dargestellten Gegenständen vernachlässigbar seien, sind für White die gemeinsamen Erzählstrategien und Ziele sowohl des fiktionalen als auch des historiographischen Erzählens entscheidend. Die konstruktiven Elemente bei der Verarbeitung von historischen Fakten zu historiographischen Erzählungen deutet er als Fiktionalisierungen.

Ein konstruktives Element beim Verfassen von historiographischen Erzählungen ist die Selektion und Ordnung der Fakten. Die Notwendigkeit einer Auswahl ergibt sich aus der Tatsache, dass eine umfassende Darstellung aller Ereignisse einer Zeitspanne nicht möglich ist.[157] Die Auslassung bestimmter Ereignisse betrachtet White nicht als zweckmäßige Reduktion, sondern als Entstellung (*distortion*) des Geschehenen.[158]

Die Fiktionalisierung beim Verfassen von historiographischen Erzählungen zeigt sich White zufolge noch deutlicher bei der Verwandlung von Ereignissen in Geschichten (*emplotment*).[159] Denn bei diesem narrativen Vorgang passe der Geschichtsschreiber die Ereignisse bereits vorhandenen Erzählstrukturen an, um verständliche Geschichten zu erzeugen. Die unterschiedlichen Typen derartiger

---

[155] Zur Einordnung von Whites Theorie in den geschichtsphilosophischen Diskurs der zweiten Hälfte des 20. Jahrhunderts vgl. Scholz Williams (1989).
[156] White (1978) 121. Vgl. die dt. Übersetzung White (1986).
[157] Vgl. White (1978) 84.
[158] Vgl. White (1978) 111: „It is commonplace, of course, that historical discourse does not represent a perfect equivalent of the phenomenal field it purports to describe, in size, scope, or the order of seriality in which the events occurred. But this fact is usually construed as a simple *reduction* by selection, rather than as the *distortion* which it truly is."
[159] Vgl. White (1978) 83, der *emplotment* als „the encodation of the facts contained in the chronicle as components of specific *kinds* of plot structures" definiert.

Erzählstrukturen bilden in Whites Theorie die vier Erzählmodi von Frye,[160] die dieser mit Blick auf die literarische Narration unterscheidet: Komödie, Romanze, Tragödie und Satire.[161]

Schließlich liegt die Fiktionalisierung, wenn man White folgt, bereits in der Art und Weise, wie Ereignisse im Hinblick auf ihr *emplotment* dargestellt werden.[162] Zu den grundlegenden Darstellungsweisen zählt White die vier Tropen Metapher, Metonymie, Synekdoche und Ironie.[163] Durch die sprachliche Darstellung von Ereignissen mit Hilfe dieser Tropen, die in der einen oder anderen Hinsicht den vier Erzählstrukturen entsprechen, werden ihm zufolge die Ereignisse in einer dieser Erzählstrukturen präfiguriert und damit bereits fiktionalisiert.

Dadurch dass White die unterschiedlichen Operationen des Geschichtsschreibers als Auswahl, Zusammenstellung und Versprachlichung der Ereignisse beschreibt, möchte er herausstellen, dass der Inhalt bzw. die Ergebnisse der narrativen Geschichtsschreibung nicht als in der Vergangenheit vorgefundene Tatsachen anzusehen sind, sondern als Konstruktionen und damit als Fiktionen der Geschichtsschreiber.[164] Gleichzeitig würden die genannten Operationen dazu dienen, den Geschehnissen einen Sinn zu verleihen, wodurch ebenfalls eine Entsprechung zu den Verfahren der literarischen Fiktion gegeben sei:[165]

> *How* a given historical situation is to be configured depends on the historian's subtlety in matching up a specific plot structure with the set of historical events that he wishes to endow with a meaning of a particular kind. This is essentially a literary, that is to say fiction-making, operation.

Aufgrund all dieser Parallelen, die White zwischen historiographischem und fiktionalem Erzählen sieht, ist er der Ansicht, dass Geschichtsschreibung und

---

160 Vgl. White (1991 [zuerst 1973]) 22.
161 Vgl. Frye (2006 [zuerst 1957]) 146–223.
162 Vgl. White (1978) 95: „[T]he shape and the *relationships* which will appear to be inherent in the objects inhabiting the field will in reality have been imposed on the field by the investigator in the very *act of identifying and describing* the objects that he finds there. The implication is that historians *constitute* their subjects as possible objects of narrative representation by the very language they use to *describe* them."
163 Vgl. White (1991 [zuerst 1973]) 50–57.
164 Vgl. White (1978) 92, der von „translations of fact into fictions" spricht.
165 White (1978) 85.

fiktionale Literatur oft nicht unterschieden werden können.¹⁶⁶ Insofern narrative Historiographie im Kern als sprachliche Fiktion angesehen wird, sei sie gleichrangig gegenüber literarischen Erzähltexten:¹⁶⁷

> [I]n general there has been a reluctance to consider historical narratives as what they most manifestly are: verbal fictions, the contents of which are as much *invented* as *found* and the forms of which have more in common with their counterparts in literature than they have with those in the sciences.

Whites Überlegungen über die narrative Historiographie sind insofern verdienstvoll, als sie die Grundlagen der Geschichtswissenschaft als teilweise erzählender Wissenschaft erhellen. Sie sind jedoch aus literaturwissenschaftlicher Perspektive anfechtbar.¹⁶⁸ Denn es ist alles andere als zwingend, die für jede narrative Darstellung notwendige Auswahl der Ereignisse als Entstellung und Fiktionalisierung anzusehen. Die Selektion der Ereignisse geschieht immer im Hinblick auf das Ziel der Darstellung. Eine Bewertung der Auswahl kann nach Maßgabe von Kriterien wie Relevanz oder Aussagefähigkeit erfolgen. Nach diesen Prinzipien wäre eine lückenlose Erzählung aller Ereignisse – sofern sie überhaupt möglich wäre – gerade durch die Indifferenz gegenüber der Opposition wichtig/ unwichtig entstellend.¹⁶⁹ Vielmehr ist eine entstellende Auswahl zwar ein mögliches Risiko einer Selektion, aber keineswegs automatisch damit verbunden.¹⁷⁰

Auch Whites allgemeine Behauptung, dass die konstruktiven Elemente der historiographischen und der literarisch-fiktionalen Erzählungen ähnlich sind,

---

166 Vgl. White (1978) 121 f.: „There are many histories that could pass for novels, and many novels that could pass for histories [...]. Viewed simply as verbal artifacts histories and novels are indistinguishable from one another."
167 White (1978) 82.
168 Vgl. Zipfel (2001) 175–179. Vgl. ferner neben den im Folgenden zitierten Studien Nünning (1999).
169 Vgl. Carroll (1990) 150: „Narratives are selective but this is appropriate given the nature of courses of events. Nor is it useful to call the reconstruction of course of events distortive just because it involves selection. Indeed, from the perspective of attempting cognitively to assimilate a representation of the past, the portrayal of a course of events that chronicled all of the events in the temporal neighborhood would distort insofar as it would muddy the links between the pertinent elements in the sequence."
170 Wie Carroll (1990) 150 f. zeigt, basiert Whites Fiktionalisierungsthese auf einer fragwürdigen (um nicht zu sagen: unhaltbaren) radikal empiristischen Sichtweise der Korrespondenz zwischen Darstellung und Dargestelltem: „Many of White's arguments for the fictionality of historical narrative hinge on contrasting said narratives with copies of the past. Any addition (imaginative construction) or substraction of detail (selection) from such a copy, conceived of on the model of a mirror, is evidence of fictionality."

hält einer genaueren Überprüfung nicht stand. Wie Cohn zeigt, ist die Selektion, die White als charakteristische Operation für historiographische Texte betrachtet, mit den Techniken des literarischen Erzählens keineswegs identisch. Denn während Geschichtsschreibung als Auswahl aus dem Quellenmaterial und dessen Komposition beschrieben werden kann, ist es schwierig, vergleichbare Operationen für die Abfassung von fiktionalen Erzählungen anzugeben:[171]

> A novel can be said to be plotted but not *emplotted*: its serial moments do not refer to, and cannot therefore be selected from, an ontologically independent and temporally prior data base of disordered, meaningless happenings that it restructures into order and meaning. In this respect the process that transforms archival sources into narrative history is qualitatively different from (and indeed hardly comparable to) the process that transforms a novelist's sources (whether autobiographical, anecdotal, or even historical) into his fictional creation.

Whites Theorie der Gleichsetzung von Narration und Fiktionalisierung scheint auf einer äußerst fragwürdigen (um nicht zu sagen: erzwungenen) Übertragung von literaturwissenschaftlichen Beschreibungskategorien auf die Geschichtsschreibung zu beruhen.[172] Zudem birgt Whites Theorie die Gefahr, die Unterschiede zwischen faktualer Geschichtsschreibung und fiktionaler Erzählliteratur zu verwischen.[173] Zwar leugnet White nicht die Tatsache, dass die Geschichtsschreibung grundsätzlich tatsächliches Geschehen referiert, aber die Ebene der Geschichte (i.S.v. „das Was des Erzähltextes") gerät hinter seinen Bemerkungen zu den Mechanismen des *emplotment* (dem Wie des Erzähltextes) nahezu aus dem Blickfeld.[174] Daher muss man wohl – wie bei anderen Fiktionstheorien auch – gegen White den Einwand erheben, dass seine Theorie zu einseitig ist.[175]

Aus methodischen Gründen erweist sich die in Whites Aussagen immer wieder zu beobachtende Gleichsetzung von Narration, Literarität und Fiktionalität als bedenklich. Denn die Frage, wann und inwiefern narrative Geschichtsschreibung literarisch ist, sollte prinzipiell von der Frage getrennt werden, wann

---

171 Cohn (1990) 781.
172 Vgl. Stierle (1979) 115: „Ob dieses System [sc. Whites System der historiographischen Darstellungsweisen] indes in allen Momenten stimmig ist und geeignet, das Feld der Historiographie vollständig zu erfassen, darf bezweifelt werden. Eine gewisse Arbitrarität des methodologischen *bricolage* ist unverkennbar."
173 Vgl. Ricoeur (1985) 224: „[...] le recours à la tropologie risque d'effacer la frontière entre la *fiction* et l'*histoire* [...]. En mettant presque exclusivement l'accent sur le *procédé* rhétorique, on risque d'occulter l'intentionnalité qui *traverse* la ‚tropique du discours' en direction des événements passés."
174 Vgl. Zipfel (2001) 176.
175 Entsprechende Einwände betreffen z. B. die Fiktionstheorien, die das Phänomen der Fiktion einseitig produktionsorientiert beschreiben; s. das Kapitel 2.4 dieser Arbeit.

und inwiefern sie fiktional ist.[176] Es mag zwar unbedenklich sein, in der narrativen Form der Geschichtsschreibung ihre Literarität zu sehen.[177] Einen entsprechenden Ansatz hat Stierle entwickelt.[178] In Whites Theorie sind aber die Literarität der narrativen Geschichtsschreibung und die Fiktionalität derart untrennbar miteinander verbunden, dass Stierles Frage „Bedeutet Literarität der Geschichtsschreibung mehr oder anderes, als eine abschüssige Bahn, die von der geschichtlichen Wahrheit wegführt zur Fiktion, als dem eigentlichen Ort der Literarität?" nach White mit einem klaren „Nein" beantwortet werden müsste.[179] Es hat den Anschein, als sei Whites geschichtsphilosophische Theorie eine syllogistische Übertragung der Panfiktivität auf die Ebene der Darstellung: Wenn man von der (auf der Ebene der Geschichte gewonnenen) Prämisse ausgeht, dass alle erzählende Literatur Fiktion ist, und (auf der Ebene der Darstellung) zeigt, dass Historiographie erzählende Literatur ist, ergibt sich zwangsläufig, dass die erzählende Geschichtsschreibung eine fiktionale Gattung ist.

Schließlich kann man Whites Argument, dass sowohl die historiographischen als auch die literarisch-fiktionalen Erzählungen dasselbe Ziel verfolgen, nur dann zustimmen, wenn man das Ziel so allgemein formuliert, wie es White tut, nämlich als Erzeugung von Sinn. Zwar kann Sinnkonstitution als universelle Eigenschaft des Erzählens angesehen werden.[180] Aber es gibt spezifische Unterschiede zwischen fiktionalen Erzähltexten und historiographischen Texten, die hinreichend berücksichtigt werden müssen. Der Hauptunterschied liegt darin, wie schon im antiken Fiktionalitätsdiskurs geltend gemacht wurde, dass der Geschichtsschreiber das Ziel verfolgt, tatsächliches Geschehen darzustellen, also im Inhalt und somit auch in der Referenz.[181]

---

[176] Zumindest müsste die Gleichsetzung von Literarität und Fiktionalität historiographischer Erzählungen begründet werden; vgl. Zipfel (2001) 176 f.
[177] Dies gilt gerade für die antike Geschichtsschreibung. Selbstverständlich kommt es bei einer derartigen Identifizierung auf den zugrunde gelegten Literaturbegriff an; vgl. Zipfel (2001) 177.
[178] Vgl. Stierle (1979) 107, der zwischen einer Literarität der Fiktion, die in der „Organisation und Durchbildung von Erfahrungsdispositionen" besteht, und einer Literarität der Geschichtsschreibung, nämlich dem „Vermögen, den unendlichen Raum des Vergangenen vielfältig erfahrbar zu machen", unterscheidet.
[179] Vgl. Stierle (1979) 107; Zipfel (2001) 177.
[180] Vgl. Zipfel (2001) 177 f.
[181] Vgl. Ricoeur (1983) 123: „Seule l'historiographie peut revendiquer une référence qui s'inscrit dans l'*empirie*, dans la mesure où l'intentionnalité historique vise des événements qui ont *effectivement* eu lieu. Même si le passé n'est plus et si, selon l'expression d'Augustin, il ne peut être atteint que dans le présent du passé, c'est-à-dire à travers les traces du passé, devenues documents pour l'historien, il reste que le passé a eu lieu. L'événement passé, aussi absent qu'il soit à la perception présente, n'en gouverne pas moins l'intentionnalité historique [...]."

Die Probleme, die sich daraus ergeben, dass historische Ereignisse nicht unvermittelt vorliegen, sondern aus Zeugnissen rekonstruiert werden müssen und narrativ dargestellt werden, können und sollten daher erklärt werden, ohne das Konzept der Fiktionalität auf diese Tatsache heranzutragen. Auch wenn historiographische Texte narrativ strukturiert sind, sind sie grundsätzlich auf die Realität bezogen und unterscheiden sich hierin elementar von fiktionalen Erzählungen.[182] Erzählen (Narration) ist daher keineswegs identisch mit fingieren (Fiktionalität), d.h. es besteht die Möglichkeit, wahre Begebenheiten zu erzählen.[183] Um ein Zitat von Doležel von der Ebene der Geschichte auf die Ebene der Darstellung zu übertragen: „If narration is called fictionality, a new word for fictionality has to be invented."[184]

2.4 Fiktion auf der Ebene der Textproduktion. Searles *pretence*-Theorie

Ein viel rezipierter Ansatz, das Phänomen der Fiktion auf der Ebene der Textproduktion zu beschreiben, ist Searles *pretence*-Theorie.[185] Diese Theorie versucht, das Problem der fiktionalen Behauptungssätze zu lösen, indem zunächst die folgenden, allgemeinen Regeln für den illokutionären Sprechakt der Behauptung aufgestellt werden:[186]

> (1) The essential rule: the maker of an assertion commits himself to the truth of the expressed proposition.
> (2) The preparatory rules: the speaker must be in a position to provide evidence or reasons for the truth of the expressed proposition.
> (3) The expressed proposition must not be obviously true to both the speaker and the hearer in the context of utterance.
> (4) The sincerity rule: the speaker commits himself to a belief in the truth of the expressed proposition.

---

182 Vgl. Momigliano (1984) 50f.: „Historians are supposed to be discoverers of truths. [...] what has come to distinguish historical writing from any other type of literature is its being submitted as a whole to the control of evidence. History is no epic, history is no novel, history is not propaganda because in these literary genres control of the evidence is optional, not compulsory."
183 Vgl. Lamarque/Olsen (1994) 224f.; Zipfel (2001) 178.
184 Vgl. Doležel (1998) X, der die auf der Ebene der Geschichte begründete Panfiktivität folgendermaßen kommentiert: „If reality is called fiction, a new word for fiction has to be invented."
185 Vgl. Searle (1975); Zipfel (2001) 185–195. Das Substantiv für „Vorgeben" wird entweder *pretence* (engl.) oder *pretense* (amerik.) geschrieben.
186 Vgl. Searle (1975) 322.

2.4 Fiktion auf der Ebene der Textproduktion. Searles *pretence*-Theorie — 75

Da es eine Eigenart der fiktionalen Texte ist, dass sie (im Idealfall) von fiktiven Ereignissen erzählen, die erfundenen Personen an nicht-wirklichen Orten zu nicht-wirklichen Zeiten widerfahren, stellt sich bei fiktionalen Texten das Problem, dass schon die erste allgemeine Regel für den illokutionären Sprechakt der Behauptung nicht erfüllt wird: der Autor übernimmt keine Verantwortung für den Wahrheitsgehalt der Äußerungen, wenngleich die Äußerungen die Form von Behauptungssätzen haben.[187]

Searle löst das Problem der fiktionalen Behauptungssätze in der Form, dass ihm zufolge der Autor eines fiktionalen Textes keine ernsthaften Behauptungen trifft. Vielmehr gibt er nur vor (*pretends*), Behauptungen zu äußern, d. h. er tut so, als ob (*as if*) das zutreffen würde, was er behauptet. Da man den Vorgang des Vorgebens als Täuschung verstehen könnte, stellt Searle klar, dass seiner Theorie zufolge der Autor keine Täuschungsabsicht verfolgt.[188]

> [...] it is crucial to distinguish two quite different senses of „pretend". In one sense of „pretend", to pretend to be or to do something that one is not doing is to engage in a form of deception, but in the second sense of „pretend", to pretend to do or to be something is to engage in a performance which is *as if* one were doing or being the thing and is without any intent to deceive.

---

187 Zu Fiktionalität und Sprechakten vgl. Onea (2014).
188 Searle (1975) 324. Zur Historizität der Theorie vgl. Zipfel (2001) 186 Fußn. 19: „Man kann Searles Theorie, wenn man so will, als eine moderne Ausformulierung von Sidneys bekannter aristotelischer Position ansehen, die in der vielzitierten Aussage gipfelt: ‚Now, for the poet, he nothing affirms, and therefore never lieth.' [...]." Dieser Aussage liegt wohl die sehr vereinfachende, teilweise nicht haltbare Annahme zugrunde, dass Platon die Dichter der Lüge bezichtigt hat und erst Aristoteles die Fiktionalität entdeckt hat; s. die Kapitel 1.2; 4.3 und 4.4 dieser Arbeit. Searles Theorie erinnert aber v. a. an die antike Definition der Erzählung als Darstellung von wahren oder quasi wahren Ereignissen; s. das Kapitel 6.1 dieser Arbeit. Zum Sidney-Zitat vgl. Sidney (2002 [zuerst 1595] 103). Der Kontext des Zitates macht deutlich, dass Sidneys Aussage, dass der Dichter nichts behauptet, so zu verstehen ist, dass er dasjenige darstellt, was sein sollte, womit er sich auf allegorisches Schreiben bezieht (vgl. ib.: „If then a man can arrive, at that child's age, to know that the poet's persons and doings are but pictures what should be, and not stories what have been, they will never give the lie to things not affirmatively but allegorically and figuratively written."). Als Beispiele nennt er (ib.) Äsops Fabeln sowie die Bühnenillusion. Das Verb *to lie* muss man bei Sidney i.S.v. „die Unwahrheit sagen" verstehen; vgl. ib.: „For, as I take it, to lie is to affirm that to be true which is false; so as the other artists, and especially the historian, affirming many things, can, in the cloudy knowledge of mankind, hardly escape from many lies."

Die Beziehung des Autors zum fiktionalen Text lässt sich mit Searle daher folgendermaßen zusammenfassen: „the author of a work of fiction pretends to perform a series of illocutionary acts, normally of the representative type".[189]

Ausgehend von dieser Prämisse stellt Searle drei weitere Beobachtungen zum Verhältnis zwischen Autor und fiktionalem Text an: (1) Das Vorgeben ist Ausdruck der Intention des Autors.[190] An dieser Stelle wird besonders deutlich, dass die Fiktionalität eines Textes in Searles Theorie durch die Intention des Autors bestimmt wird.[191] (2) Das Problem, dass in fiktionalen Texten Wörter in ihrer normalen Bedeutung verwendet werden (z. B. bedeutet „rot" wirklich „rot"),[192] obwohl die allgemeinen Sprachregeln (für den behauptenden Sprechakt) nicht gelten, löst Searle durch die Erklärung, dass besondere Konventionen, die für fiktionale Texte gelten, die allgemeinen Sprachregeln teilweise außer Kraft setzen:[193]

> Now what makes fiction possible, I suggest, is a set of extralinguistic, nonsemantic conventions that break the connection between words and the world established by the rules mentioned earlier. Think of the conventions for fictional discourse as a set of horizontal conventions that break the connections established by the vertical rules.

(3) Aus den ersten beiden Beobachtungen ergibt sich für den Vorgang des Vorgebens folgende Schlussfolgerung:[194]

> The pretended performances of illocutionary acts which constitute the writing of a work of fiction consist in actually performing utterance acts with the intention of invoking the horizontal conventions that suspend the normal illocutionary commitments of the utterances.

Anhand der Unterscheidung zwischen Äußerungsakten und illokutionären Akten gelangt Searle also zu der Einsicht, dass der Autor eines fiktionalen Textes tatsächliche Äußerungsakte vollzieht, die damit verbundenen illokutionären Akte des Behauptens jedoch nur vorgegeben sind.[195] Auf der Ebene der Textstruktur

---

189 Vgl. Searle (1975) 325. Das Adjektiv „representative" ist bei Searle synonym zu „assertive" („behauptend").
190 Vgl. Searle (1975) 325: „Now *pretend* is an intentional verb: that is, it is one of those verbs which contain the concept of intention built into it."
191 Vgl. Zipfel (2001) 186.
192 Vgl. Searle (1975) 319.
193 Searle (1975) 326.
194 Searle (1975) 327.
195 Vgl. Zipfel (2001) 187. Zur Unterscheidung zwischen Äußerungsakten und illokutionären Akten vgl. Searle (1969) 24. Vgl. auch Searle (1975) 325: „[T]he identifying criterion for whether or not a text is a work of fiction must of necessity lie in the illocutionary intentions of the author."

lässt sich ihm zufolge keine Unterscheidung zwischen einem fiktionalen und einem nicht-fiktionalen Text vornehmen.[196]

Searles *pretence*-Theorie ist aus theoretischen und praktischen Gründen kritisiert worden. Insbesondere wurde geltend gemacht, dass eine Unterscheidung zwischen fiktionalen und nicht-fiktionalen Texten auf der Ebene der Äußerungen, also auf der Textoberfläche, (zumindest teilweise) möglich ist.[197] Mit anderen Worten: Der Umstand, dass eine Unterscheidung zwischen fiktionalen und nicht-fiktionalen Texten auf der Textoberfläche nicht hinreichend ist, da auf diese Weise nicht falsche von fiktionalen Darstellungen unterschieden werden können, bedeutet nicht, dass die Fiktivität der Geschichte und die fiktionale Darstellung keine Merkmale des fiktionalen Erzählens sind. Schon das literarische Beispiel, das Searle wählt, um seine eigene Theorie zu beleuchten, *The Red and the Green* von Iris Murdoch, ist in der Lage, als Gegenbeispiel zu fungieren. Denn diese Erzählung beginnt mit der Gedankenwiedergabe eines Protagonisten:[198] „Ten more glorious days without horses! So thought Second Lieutenant Andrew Chase-Smith [...]". Daher hat Cohn zu Recht gegen Searle eingewendet, dass die Fokalisierung als klares Indiz dafür gewertet werden kann, dass eine fiktionale Erzählung vorliegt.[199]

Wenn Searle daher bestreitet, dass eine Unterscheidung zwischen einem fiktionalen und einem nicht-fiktionalen Text auf der Ebene der Äußerungen vorgenommen werden kann, reduziert er das fiktionale Erzählen auf das fingiert faktuale Erzählen, eine Erzählform, die weder in der Homodiegese noch in der Heterodiegese den häufigsten Fall fiktionalen Erzählens darstellt.[200] Darüber hinaus zeigen insbesondere phantastische Erzählungen, dass die *pretence*-

---

[196] Vgl. Searle (1975) 325: „There is no textual property, syntactical or semantic, that will identify a text as a work of fiction." Vgl. auch S. 327: „The utterance acts in fiction are indistinguishable from the utterance acts of serious discourse, and it is for that reason that there is no textual property that will identify a stretch of discourse as a work of fiction."
[197] Vgl. Mooij (1993) 89: „[T]he utterance acts of fiction can be sufficiently different from nonfictional utterance acts to make them recognizable, even if this differentiation is based on conventions which are neither strict nor quite unambiguous, and certainly not sacrosanct: they are not immune to imitation, irony, parody, or the like. As far as they go, however, they demonstrate that a fictional statement is not only a truncated assertion recognizable as such from the non-linguistic context, but that it can have certain positive characteristics of its own as well."; Lamarque/Olsen (1994) 68 f.
[198] Vgl. Cohn (1990) 784; Zipfel (2001) 188.
[199] Vgl. Cohn (1990) 784 f.: „What ‚serious' discourse ever quoted the thoughts of a person other than the speaker's own? Even if the genre-tagged cover page of this novel were removed, we would know from its first sentence that this scene tells of a *fictional* Second Lieutenant – a character known to his narrator as no real person can be known to a real speaker."
[200] Vgl. Zipfel (2001) 188.

Theorie wenig geeignet ist, um als ganzheitliche Theorie das Phänomen der Fiktion zu beschreiben. Denn die Verfasser derartiger Geschichten werden kaum von sich behaupten, dass sie vorgeben, ein Wissen von den Ereignissen zu haben, die sie schildern, da diese häufig unmöglich sind.[201]

Ferner haben Literaturwissenschaftler Searle vorgeworfen, dass er die erzähltheoretische Unterscheidung zwischen Autor und Erzähler ignoriert und somit eine Theorie entwickelt habe, die im Ansatz falsch sei.[202] Denn das Problem, das mit fiktionalen Texten wie *The Red and the Green* verbunden ist und das Searles *pretence*-Theorie zu lösen versucht, stelle sich nicht, wenn man die externe von der internen Sprachhandlungssituation unterscheidet.[203]

Die Kritik an der *pretence*-Theorie sollte aber etwas zurückhaltender formuliert werden, indem man die Unterscheidung zwischen Autor und Erzähler nicht als unumstößliche Notwendigkeit bei der Analyse von fiktionalen Texten voraussetzt.[204] Vielmehr sollte die *pretence*-Theorie grundsätzlich als Alternative zur Verdoppelung der Sprachhandlungssituation angesehen werden bei dem Versuch, das Problem der fiktionalen Behauptungssätze zu lösen.[205]

---

201 Vgl. Crittenden (1991) 50: „it is quite implausible to take the authors of such tales to be pretending to have knowledge of such situations, for these are states of affairs that these authors might well hold to be impossible and so not knowable."
202 Vgl. Hempfer (1990) 109f.: „Gravierend in dieser Hinsicht [sc. was die Ignorierung von Forschungsergebnissen betrifft] ist etwa der viel zitierte Aufsatz Searles ‚The Logical Status of Fictional Discourse', der [...] den Literaturwissenschaftlern zwar summarisch eine mangelnde begriffliche Differenziertheit vorwirft [...], durch die Nichtscheidung von Autor und auktorialem Erzähler dann jedoch eine ‚Theorie' entwickelt, die durch eben diese Nichtscheidung im Ansatz falsch ist [...]." Vgl. auch Zipfel (2001) 189, der davon spricht, dass Searles Theorie „grundsätzlich verfehlt" ist.
203 Vgl. Hempfer (1990) 121: „[Sc. bei Searles Theorie] ergibt sich die [...] Problematik, daß er den auktorialen Erzähler in Iris Murdochs Romanen mit der Autorin identifiziert und damit einer erst durch den Text erstellten Instanz Intentionen unterstellt, die überhaupt nur als textuelle Realisate vorliegen und damit auch nur als solche zugänglich sein können."
204 S. das Kapitel 2.3.1 dieser Arbeit.
205 Als Modifikation der von Searle formulierten *pretence*-Theorie ist der Ansatz von Lamarque/Olsen (1994) 61f. anzusehen, die Produktion fiktionaler Texte mit Hilfe einer umfassenderen Theorie des Vorgebens zu beschreiben; vgl. Zipfel (2001) 192–195. Eine Theorie, die Searles *pretence*-Theorie in vielen Punkten ähnlich ist, hat Gabriel (1975) ungefähr zur gleichen Zeit, aber unabhängig von ihm entwickelt: Fiktionale Rede als Rede ohne Anspruch auf Referenzialisierbarkeit. Zu Gemeinsamkeiten und Unterschieden zwischen diesen beiden Theorien vgl. Klemm (1984) 150–155; Pavel (1986) 18–25; Zipfel (2001) 195–203. Currie (1990) hat eine produktionsorientierte Fiktionstheorie vorgeschlagen, die das Phänomen der Fiktion als intentionale Sprachhandlung des Autors erklärt, der mit dem Text die spezifische Intention verbindet, dass der Leser ihn in der propositionalen Haltung des *make-believe* rezipiere; vgl. Zipfel (2001) 213–227.

2.5 Fiktion auf der Ebene der Textrezeption

2.5.1 Fiktionssignale

Ein Leser eines fiktionalen Textes erkennt dessen Fiktionalität anhand von bestimmten Fiktionssignalen.[206] Während in der Literaturwissenschaft grundsätzlich Einigkeit darüber herrscht, dass es Fiktionssignale gibt, ist im Einzelnen äußerst umstritten, welche Signale in mehr oder minder deutlicher Weise zu erkennen geben, dass ein fiktionaler Text vorliegt.[207] Eine der ausführlichsten und zugleich fragwürdigsten Auflistungen von Fiktionssignalen hat Riffaterre vorgeschlagen:[208]

> Signs pointing to the fictionality of fiction are many and well known. The list is extensive: (1) authors' intrusions; (2) narrators' intrusions; (3) multiple narrators; (4) humorous narrative that acts as a representation of the author or of a narrator or that suggests an outsider's viewpoint without fully intruding; (5) metalanguage glossing narrative language; (6) generic markers in the titles and subtitles, in prefaces, and in postfaces; (7) emblematic names of characters and places; (8) incompatibilities between narrative voice and viewpoint and characters' voices and viewpoints; (9) incompatibilities between viewpoint and verisimilitude, especially omniscient narrative; (10) signs modifying the narrative's pace and altering the sequence of events (backtracking and anticipation, significant gaps, prolepsis, and analepsis); (11) mimetic excesses, such as unlikely recordings of unimportant speech or thought (unimportant but suggestive of actual happenings, of a live presence, creating atmosphere or characterizing persons); and, finally, (12) diegetic overkill, such as the representation of ostensibly insignificant details, the very insignificance of which is significant in a story as a feature of realism.

Riffaterres Auflistung von Fiktionssignalen erweist sich aus verschiedenen Gründen als problematisch. Hauptsächlich ist zu bemängeln, dass keine Systematik vorliegt. Darüber hinaus wird kaum begründet, warum die einzelnen Signale als Fiktionssignale dienen, und während einige Indikatoren kaum erklärt werden (z. B. 1 und 2), sind andere Signale überpräzise beschrieben oder würden sich unter einer anderen Kategorie subsumieren lassen (z. B. 4). Schließlich handelt es sich bei einigen der angegebenen Phänomene nachweislich nicht um Fiktionssignale (z. B. 10 und 12).[209]

---

206 Fiktionssignale gehören allen Ebenen und Beschreibungszusammenhängen eines Erzähltextes an. Sie wurden der Textrezeption zugeordnet, da der Rezipient sie erkennen und auf die Fiktionalität des Textes schließen soll.
207 Vgl. Hamburger (1968) 56–111; Anderegg (1973) 106 f.; Genette (1991) 65–93.
208 Riffaterre (1990) 29 f. Die Nummerierung findet sich nicht im Original.
209 Vgl. Zipfel (2001) 233.

Im Folgenden soll versucht werden, eine systematische Erörterung der Fiktionssignale vorzulegen, indem zwischen textuellen und paratextuellen Signalen unterschieden wird. Die textuellen Fiktionssignale werden ihrerseits in Signale auf der Ebene der Geschichte und Signale auf der Ebene der Darstellung unterteilt.[210]

2.5.1.1 Textuelle Fiktionssignale

Die textuellen Fiktionssignale auf der Ebene der Geschichte sind der für den Rezipienten beobachtbare Ausdruck der Tatsache, dass eine Geschichte erzählt wird, die sich nicht zugetragen hat bzw. – im Fall von phantastischen Erzählungen – nicht zugetragen haben kann. Analog ergeben sich die Fiktionssignale auf der Ebene der Darstellung aus der Tatsache, dass der Erzähler von Erzähllizenzen Gebrauch macht, die nach menschlichem Ermessen nicht möglich sein dürften.[211]

2.5.1.1.1 Signale auf der Ebene der Geschichte

Fiktionssignale auf der Ebene der Geschichte (Fiktivitätssignale) sind die Faktoren einer fiktiven Geschichte: erfundene Ereignisse, Ereignisträger, Orte und Zeiten. Wenn sich in einer Erzählung Dinge ereignen, die der Leser aufgrund seiner Wirklichkeitskonzeption für nicht-wirklich (oder sogar für unmöglich) hält, wird der Leser die Geschichte als fiktiv ansehen. So können z. B. sprechende Tiere und Bäume als Fiktivitätssignale angesehen werden.[212]

In Riffaterres Aufzählung werden die Fiktivitätssignale nur an einer Stelle erwähnt, nämlich unter Punkt 7: Charakterisierende Namen können als Fiktivitätssignale angesehen werden, und zwar in dem Sinne, dass heutzutage (anders als in der Antike) Menschen nur selten Namen tragen, die sie in ihrer Persönlichkeit charakterisieren, so dass das Auftreten von sprechenden Personennamen in der Realität unwahrscheinlich (aber keinesfalls unmöglich) ist. Wenn daher mehrere charakterisierende Personennamen in einer Geschichte vorkommen, kann dieser Befund als Fiktivitätssignal gewertet werden. Sprechende Ortsnamen

---

210 Vgl. Zipfel (2001) 234–243. Vgl. auch Zipfel (2014).
211 Vgl. Zipfel (2001) 234, der an dieser Stelle die Fiktivität der Geschichte unnötigerweise auf die Phantastik reduziert.
212 Vgl. Anderegg (1973) 106 und Genette (1991) 89, die zumindest auf die Fabel verweisen. Zwar mag es häufig möglich sein, dass der Leser in einer Fabel (oder in einer anderen phantastischen Erzählung) *per allegoriam* einen Bezug auf wirkliche Ereignisse oder Verhältnisse erkennt. Dann liegt die Realität aber auf einer anderen semantischen Ebene als die Fiktivität; vgl. Zipfel (2001) 234 Fußn. 20.

sind hingegen nicht ungewöhnlich, da auf diese Weise viele Ortsnamen entstanden sind. Charakterisierende Namen von Menschen und Orten stellen daher eher auf der Grundlage ihrer Unwahrscheinlichkeit als auf der Grundlage ihrer Unmöglichkeit Fiktivitätssignale dar. Ein überdurchschnittliches Maß an Unwahrscheinlichkeit kann auch generell als Signal für die Fiktivität einer Geschichte angesehen werden.[213]

Ein weiteres Fiktivitätssignal ist die strukturelle Intertextualität: Wenn eine Erzählung auf der Ebene der Geschichte starke intertextuelle Bezüge zu einer anderen Erzählung aufweist, ist davon auszugehen, dass die Geschichte erfunden ist. Denn es ist unwahrscheinlich, dass eine reale Ereignisfolge in großem Maße mit einer literarischen Vorlage übereinstimmt und die literarische Erzählung in gewisser Weise ein wirkliches Geschehen präfiguriert. So ergibt sich z. B. die Fiktivität der Geschichte Leopold Blooms in Joyces *Ulysses* u. a. aus ihrer Parallelität zum Homerischen Odysseus.[214]

2.5.1.1.2 Signale auf der Ebene der Darstellung

Fiktionssignale auf der Ebene der Darstellung können in direkte Fiktionalitätssignale und in indirekte Fiktionalitätssignale (oder -indizien) unterteilt werden. Direkte Fiktionalitätssignale sind Abweichungen vom faktualen Erzählen, die sich aus der Fiktivität der Geschichte ergeben. Indirekte Fiktionalitätssignale hingegen lassen sich nicht hieraus ableiten; sie kommen aber hauptsächlich in fiktionalen Texten vor.[215]

Zu den direkten Fiktionalitätssignalen bei heterodiegetischen Erzählungen gehören die interne Fokalisierung, die erlebte Rede und die Vermengung von Erzähler- und Figurenperspektive. Diese Merkmale stellen die für den Rezipienten beobachtbare Tatsache dar, dass der Erzähler Einblick in das Seelenleben der Figuren hat (in Riffaterres Auflistung Nr. 8 und 9, möglicherweise auch 3). Bei homodiegetischen Erzählungen ist insbesondere der „mimetische Exzess" einer Detailfreudigkeit, die das menschenmögliche Erinnerungsvermögen übersteigt, als direktes Fiktionalitätssignal zu nennen (Punkt 11). Ebenso wie für heterodiegetische Erzählungen gilt auch für homodiegetische Erzählungen, dass der Einblick in das Seelenleben der Figuren ein Fiktionalitätssignal konstituiert.[216]

Ein weiteres direktes Fiktionalitätssignal stellt die Unvollständigkeit oder Unmöglichkeit der Erzählsituation dar, also der Umstand, dass die Erzählsitua-

---

213 Vgl. Zipfel (2001) 234 f.
214 Vgl. Zipfel (2001) 237 f.
215 Vgl. Zipfel (2001) 235.
216 Vgl. Zipfel (2001) 235 f.

tion realistisch nicht begründbar ist. Auch der autonome innere Monolog ist als Fiktionalitätssignal zu bewerten.[217] Schließlich signalisiert eine Tatsache, für die man den Paratext berücksichtigen muss, die Fiktionalität eines homodiegetischen Textes: Wenn der Name des homodiegetischen Erzählers vom Namen des realen Autors abweicht, kann der Leser davon ausgehen, dass ein fiktionaler Text vorliegt.[218]

Die beiden ersten Punkte, die Riffaterre in der Auflistung der Fiktionssignale nennt, die Einmischung des Erzählers bzw. des Autors, sind nur bedingt als Fiktionalitätssignale anzusehen. Denn Reflexionen des Erzählers über das eigene Erzählen sind keine Eigenart von fiktionalen Erzählungen, sondern gründen auf der „potentiellen Autoreflexivität des narrativen Diskurses", d. h. auf der prinzipiellen Möglichkeit des Erzählens, „das Erzählen selbst und nicht nur die ‚Geschichte' zum Gegenstand des Diskurses zu machen".[219]

Eine narratologische Reflexion ist nur dann als Fiktionalitätssignal anzusehen, wenn sie inkonsistent ist: Wenn z. B. Oskar Matzerath, der homodiegetische Erzähler der *Blechtrommel*, über den Anfang der Geschichte reflektiert, und zwar nicht am Anfang des Textes, sondern einige Seiten später, dann ist diese Form der Selbstreflexion inkonsistent,[220] da sie nicht die Konstruktion einer realistisch begründbaren Erzählsituation erlaubt. Diese Form der Selbstreflexion ist auch insofern ein Fiktionalitätssignal, als der Erzähler über die Möglichkeit eines Romans reflektiert, obwohl der Erzähler eigentlich über die Möglichkeiten autobiographischen Erzählens nachdenken müsste.[221] Außerdem ist Selbstreflexion natürlich dann ein direktes Fiktionalitätssignal, wenn die Fiktivität der Geschichte oder die fiktionale Darstellung thematisiert wird. Hierunter zählen auch Formeln, die sich aufgrund von Konvention als fiktionsanzeigende Indikatoren etabliert haben (z. B. „Es war einmal [...]").[222]

---

217 Vgl. Zipfel (2001) 236 und 155–158. Das Erzählen im Präsens (vgl. ib. 236; 159–163; 123–125; Zipfel [2014] 114) ist jedoch kein Signal fiktionalen Erzählens. Denn es ist keine Illusion, dass man gleichzeitig etwas erlebt und erzählt (wie bei der Teichoskopie und bei Live-Reportagen). Die Annahme, dass es nicht möglich ist, etwas gleichzeitig zu erleben und zu erzählen, rührt möglicherweise aus einem extremen Begriff der Gleichzeitigkeit, der de facto die Gleichzeitigkeit negiert, indem er sie im Moment der Versprachlichung als „gerade eben" der Vergangenheit zuordnet. Der Hauptunterschied zwischen Erzählen im Präsens und Erzählen in der Vergangenheit liegt vielmehr darin, dass bei einer retrospektiven Erzählung die relevante Ereigniskette beendet ist (vgl. Zipfel [2001] 124 Fußn. 28).
218 Vgl. Zipfel (2001) 236.
219 Vgl. Hempfer (1982) 136.
220 Vgl. Scheffel (1997) 59.
221 Vgl. Zipfel (2001) 236 f.
222 Vgl. Zipfel (2001) 237.

Die indirekten Fiktionalitätssignale sind fragwürdiger als die direkten Fiktionalitätssignale, da sie sich nicht aus der Fiktivität der Geschichte oder der fiktionalen Darstellung ableiten lassen. Genette hält die externe Fokalisierung analog zur internen Fokalisierung für ein Fiktionalitätssignal.[223] Dieser Ansicht ist aber nur insofern zuzustimmen, als die externe Fokalisierung als indirektes Fiktionalitätsindiz angesehen werden kann. Als direktes Fiktionalitätssignal kann sie nicht betrachtet werden, da ein faktualer Text, ohne die Logik des faktualen Erzählens zu verletzen, rein extern fokalisieren kann. Da aber die (ausschließliche) externe Fokalisierung häufig in fiktionalen Texten vorkommt, wohingegen sie in faktualen Texten unüblich ist, zählt sie aufgrund des statistischen Befundes zu den indirekten Fiktionalitätssignalen.[224]

Noch weniger verlässliche Signale sind diejenigen Anfänge von Erzählungen, die ohne Einleitung mitten in der Geschichte beginnen, also *in medias res* gehen.[225] Zwar verstößt der Erzähler in diesem Fall gegen eine zumeist befolgte Reihenfolge des Erzählens, die eine Einleitung mit Angaben zur Vorgeschichte, zu Personen und Orten sowie zum Warum des Erzählens erwarten lässt. Aber auch in diesem Fall kann höchstens von einem statistischen Befund gesprochen werden. Auch der Sonderfall, dass eine Geschichte nicht nur am Anfang der Erzählung, sondern überhaupt in Bezug auf Ort und Zeit unbestimmt gelassen wird, ist als indirektes Fiktionalitätssignal anzusehen.[226]

Zu den indirekten Fiktionalitätssignalen gehört auch die von Riffaterre in Punkt 10 genannte Abweichung von der Chronologie der erzählten Ereignisse (Vorgriffe, Rückgriffe oder Kombinationen dieser beiden Anachronien). Solange eine lineare Abfolge der Ereignisse rekonstruierbar ist, konstituieren die Anachronien keine zwingenden Fiktionalitätssignale.[227] Daher deutet der ausgeprägte

---

[223] Vgl. Genette (1991) 77: „Mais (contrairement à Käte Hamburger, qui n'en souffle mot) j'en dirais autant de l'attitude narrative inverse, que j'ai jadis baptisée *focalisation externe* et qui consiste à s'abstenir de *toute* incursion dans la subjectivité des personnages, pour ne rapporter que leurs faits et gestes, vus de l'extérieur sans aucun effort d'explication. De Hemingway à Robbe-Grillet, ce genre de récit 'objectif' me semble aussi typiquement fictionnel que le précédent, et ces deux formes symétriques de focalisation caractérisent ensemble le récit de fiction comme opposé à l'attitude ordinaire du récit factuel – qui ne s'interdit *a priori* aucune explication psychologique, mais doit justifier chacune d'elle par une indication de source [...] ou l'atténuer et, précisément, la *modaliser* par une prudente marque d'incertitude et de supposition [...]."
[224] Vgl. Zipfel (2001) 238 f.
[225] Eco (1994) 165 bezeichnet diese Art von Anfang als „sehr explizites Fiktionssignal", ohne dies jedoch zu begründen.
[226] Vgl. Zipfel (2001) 239; Jacquenod (1988) 94; Reiser (1989) 103.
[227] Vgl. Genette (1991) 73: „[...] récit fictionnel et récit factuel ne se distinguent massivement ni par leur usage des anachronies ni par la manière dont ils les signalent [...]."

Gebrauch von Anachronien aufgrund von statistischen Beobachtungen maximal darauf hin, dass ein fiktionaler Erzähltext vorliegt.[228]

Ein Merkmal, das Riffaterre unter dem Schlagwort (12) „diegetic overkill" nennt, die Angabe von offensichtlich für die Geschichte unwichtigen Details, kann nicht als Fiktionssignal gelten. Vielmehr handelt es sich hierbei um ein Merkmal eines nicht-funktionalen Erzähltextes, da auch eine nicht-funktionale faktuale Erzählung die Regel der Detailökonomie nicht berücksichtigt und mit beliebig vielen Details ausgeschmückt werden kann.[229] Kablitz hat zwar versucht, Detailfülle als Fiktionssignal zu erweisen.[230] Aber dieser Versuch muss mit Skepsis betrachtet werden.[231]

2.5.1.2 Paratextuelle Fiktionssignale

Paratextuelle Angaben geben wichtige Informationen zur Funktion eines Textes, insbesondere hinsichtlich ihrer möglichen Fiktionalität.[232] Zum Paratext gehören v. a.: Titel, Untertitel, Gattungsbezeichnung, Vorwort, Nachwort, Klappentext, Erscheinungsweise (Verlag, Reihe etc.) und Erscheinungsort (z. B. die Literatur-

---

228 Vgl. Zipfel (2001) 239.
229 Vgl. Zipfel (2001) 239 f.
230 Vgl. Kablitz (1982) 79 f. Um diesen Nachweis zu leisten, geht er von der Beobachtung aus, dass faktuales Erzählen als Selektion von Daten vor dem Hintergrund eines Wirklichkeitskontinuums beschrieben werden kann. Dieses Verhältnis zwischen narrativer Selektion und Wirklichkeitskontinuum gelte für fiktionale Texte nicht in gleicher Weise, da nur dasjenige Bestandteil der fiktiven Welt ist, was explizit im Text genannt wird oder implizit unmittelbar aus den expliziten Aussagen hervorgeht. Man könne aber an den fiktionalen Beschreibungen, die nicht funktional auf die Geschichte bezogen sind, das Bemühen erkennen, durch Nachahmung von faktualen Erzähltexten eine Wirklichkeitsillusion zu erzeugen. Diese Wirklichkeitsillusion bestünde darin, zu suggerieren, dass die Erzählung des fiktiven Geschehens als Selektion aus einem potentiell unendlichen Wirklichkeitskontinuum erfolgt. Folglich wäre Detailfülle ein Fiktionssignal, das sich „als Sprachstruktur am Text selbst beobachten läßt".
231 Kablitz' Beobachtungen sind insofern zu präzisieren, als gesagt werden kann, dass Detailfülle wirklichkeitsillusionsbildend wirkt, wenn sie in einem fiktionalen Text eingesetzt wird. Die Fiktionalität eines Textes lässt sich aber nicht daran bemessen, ob ein Überfluss an Detailbeschreibungen vorliegt. Die Detailfülle stellt also nur sekundär ein Fiktionssignal dar; prinzipiell ist es möglich, dass die Details eine Entsprechung in der Wirklichkeit haben. Erst wenn andere Signale deutlich machen, dass ein fiktionaler Text vorliegt, können Detailbeschreibungen ihre wirklichkeitsillusionsbildende Kraft entfalten; vgl. Zipfel (2001) 240 f.
232 Vgl. Genette (1991) 89: „[...] le plus souvent, et peut-être de plus en plus souvent, un text de fiction se signale comme tel par des marques *paratextuelles* qui mettent le lecteur à l'abri de toute méprise et dont l'indication générique *roman*, sur la page de titre ou la couverture, est un exemple parmi bien d'autres."

seiten einer Zeitschrift).²³³ Unter diesen paratextuellen Angaben stellen einige Gattungsbezeichnungen relativ verlässliche Fiktionssignale dar. So weist z. B. der Begriff „Roman" oder „Novelle" darauf hin, dass ein fiktionaler Erzähltext vorliegt; die Gattungsbezeichnung „Erzählung" hingegen ist keine eindeutige Hilfe bei der Frage nach der Fiktionalität. Auch der Titel eines Textes kann ein deutliches Fiktionssignal darstellen: „un texte intitulé ‚La céramique française' est sans doute factuel, alors qu'un texte intitulé ‚À l'ombre des jeunes filles en fleurs' est sans doute fictionnel".²³⁴ Allerdings ist das Spektrum an möglichen Titeln so groß (um nicht zu sagen: unendlich), dass sie im Einzelfall mehr oder weniger auf die Fiktionalität des Textes hindeuten.²³⁵

Wie bereits bei der Analyse der Signale der fiktionalen Darstellung erklärt wurde,²³⁶ weist auch die Tatsache, dass der Name des Autors von demjenigen des homodiegetischen Erzählers abweicht, darauf hin, dass ein fiktionaler Text vorliegt. In Fällen wie Thomas Manns *Bekenntnisse des Hochstaplers Felix Krull* wird dieser Umstand sogar aus einem Vergleich des Namens des Autors mit dem Namen der Hauptfigur aus dem Titel deutlich.²³⁷

Vor- und Nachworte dienen dann als Fiktionssignale, wenn in ihnen die Fiktivität der Geschichte thematisiert wird. Besonders deutlich ist dies z. B. in einer Angabe vor Günther Grass' Erzählung *Die Blechtrommel* der Fall, wo der Autor die Geschichte explizit als fiktiv deklariert.²³⁸ Daneben gibt es verschiedenartige Paratexte wie Klappentexte oder andere Informationstexte, die nicht vom Autor, sondern vom Verlag stammen und häufig Angaben enthalten, die die Fiktionalität eines Textes betreffen. Alle genannten paratextuellen Fiktionssignale stehen allerdings unter dem Vorbehalt, dass ihre Ernsthaftigkeit bzw. Glaubwürdigkeit angezweifelt werden kann.²³⁹

---

233 Vgl. Zipfel (2001) 241.
234 Vgl. Jacquenod (1988) 86.
235 Vgl. Zipfel (2001) 242.
236 S. das Kapitel 2.5.1.1.2 dieser Arbeit.
237 Vgl. Zipfel (2001) 242.
238 Vgl. Grass (1997) 4: „Personen und Handlungen des Buches sind frei erfunden. Jede Ähnlichkeit mit einer lebenden oder verstorbenen Person ist nur zufällig."
239 Vgl. Zipfel (2001) 242f.

2.5.2 Beurteilung von Fiktionssignalen

Die Tatsache, dass ein oder mehrere Fiktionssignale vorkommen, führt nicht automatisch zu dem Schluss, dass ein fiktionaler Text vorliegt.[240] Als Rezeptionssignale sind Fiktionssignale immer vom Erkennen und Bewerten des Lesers abhängig. Die häufige Unsicherheit bei der Frage nach der Fiktionalität eines Textes liegt teilweise daran, dass einige Fiktionalitätsmerkmale nur indirekt auf die Fiktionalität eines Textes hindeuten, da sie sich nicht aus der Fiktivität der Geschichte bzw. der fiktionalen Darstellung ergeben, sondern hauptsächlich in fiktionalen Texten vorkommen. In solchen Fällen ermöglicht aber zumeist das Vorhandensein von mehreren Fiktionssignalen die Einstufung eines Textes.

Andererseits muss auch berücksichtigt werden, dass Fiktionssignale in unterschiedliche Richtungen weisen können.[241] Wenn z. B. Truman Capote in der Erzählung *In Cold Blood* die Geschichte eines Mörders unter Zuhilfenahme der internen Fokalisierung erzählt, verwendet er im Grunde genommen ein untrügliches Merkmal eines fiktionalen Textes. Dieses Fiktionalitätssignal wird aber dadurch weitgehend zurückgedrängt, dass Capotes Erzählung im Paratext als *nonfiction novel* bezeichnet wird, dass sie den Untertitel *A True Account of a Multiple Murder and its Consequences* trägt und dass der Autor in den *Acknowledgments* all denjenigen dankt, die ihn bei seinen Recherchen unterstützt haben. Die Erzähltechnik der internen Fokalisierung wird dann „quasi zum von Fiktion unabhängigen Stilmerkmal umfunktioniert".[242]

An der Tatsache, dass Eindeutigkeit bei der Frage nach der Fiktionalität eines Textes häufig nicht erzielt werden kann, lässt sich erkennen, dass Fiktionssignale als Rezeptionssignale von jeweils geltenden literarischen und allgemein sprachlichen (auf Erzähltexte bezogenen) Konventionen abhängen.[243]

---

240 Ein eindeutiger Fall liegt natürlich vor, wenn ein Text durch den Paratext als „Roman" bezeichnet wird und in ihm eine unmögliche Geschichte heterodiegetisch mit interner Fokalisierung erzählt wird. Hier liegen mehrere Fiktionssignale vor, die allesamt in dieselbe Richtung deuten.
241 Vgl. Zipfel (2001) 243; Weinrich (1975) 526; Reiser (1989) 127 f.
242 Vgl. Zipfel (2001) 244.
243 Vgl. Zipfel (2001) 244 f. Hempfer (1990) 121 f. unterscheidet zwischen Fiktionssignalen und Fiktionsmerkmalen: „Fiktionssignale sind kommunikativ relevant und damit notwendig historisch variabel, sie garantieren, daß ein Text von den Rezipienten bei adäquater Kenntnis der zeitgenössisch jeweils gültigen Diskurskonventionen als ein fiktionaler verstanden wird – Fiktionsmerkmale sind demgegenüber Komponenten einer Theorie, die ein solches Verständnis zu rekonstruieren versucht, indem sie explizit die Bedingungen formuliert, die vorliegen müssen, um einen Text als – mehr oder weniger – fiktional einzustufen. Diese Bedingungen gehen selbstverständlich über das explizit Signalisierte hinaus, sonst bräuchte man sie ja einfach nur von den Texten ‚abzulesen', wobei Fiktionssignale als historisch unterschiedliche Realisationsformen von

Rezeptionssignale können auch entgegen ihrer eigentlichen Funktion verwendet werden und den Leser im Unklaren über den wahren Status des Textes lassen.[244] Ein klassisches Beispiel ist die Herausgeber-Fiktion:[245] Seit den Anfängen des modernen Romans kommt es vor, dass im Paratext (häufig im Vorwort) die Behauptung aufgestellt wird, dass der homodiegetische Text nicht als eine vom Autor verfasste fiktionale Erzählung, sondern als Aufzeichnungen einer anderen Person zu verstehen ist. Auf diese Weise wird versucht, die Trennung zwischen der äußeren und der inneren Sprachhandlungssituation umzufunktionieren und somit die Fiktionalität des Textes zu verschleiern: Anstelle des tatsächlichen Verhältnisses empirischer Autor – fiktiver Erzähler wird das für faktuale Texte mögliche Verhältnis empirischer Herausgeber – empirischer Autor postuliert.

Ob sich die Leser durch die fingierte Herausgeberschaft täuschen lassen, ist in jedem Einzelfall fraglich und möglicherweise von diachronen Faktoren abhängig. So wurde die These vertreten, dass die zeitgenössischen Leser der Behauptung von dem fingierten Herausgeber Defoe, die Abenteuer Robinson Crusoes seien „a just History of Fact; neither is there any Appearance of Fiction in it",[246] Glauben geschenkt haben.[247] Aus dem (ironisch) „Natürlich, eine alte Handschrift"[248] betitelten Vorwort zu Ecos *Der Name der Rose* wird heutzutage kaum jemand schließen, dass der Text tatsächlich „die deutsche Übersetzung meiner italienischen Fassung einer obskuren neugotisch-französischen Version einer im 17. Jahrhundert gedruckten Ausgabe eines im 14. Jahrhundert von einem deutschen Mönch auf Lateinisch verfaßten Textes" darstellt.[249] In einem solchen Fall macht die Übertreibung deutlich, dass die Wahrheitsbeteuerung nicht ernst gemeint ist.[250]

Fiktionsmerkmalen zu begreifen sind. Dies heißt zum einen, daß zwar alle Fiktionssignale auf Fiktionsmerkmale zurückführbar sein müssen, nicht aber umgekehrt, und dies heißt zum anderen, daß die Merkmale so zu formulieren sind, daß sie überhaupt unterschiedliche Realisationen zulassen." Zur Konventionalität von Fiktionssignalen vgl. auch die empirische Studie von Wildekamp (et al.) (1980).
244 Vgl. Zipfel (2001) 246.
245 Vgl. Zipfel (2001) 135 f.
246 Defoe (1994) 3. Die Herausgeber-Fiktion wird auch durch die Angabe „Written by Himself" im Originaltitel des Romans gestützt; vgl. Defoe (1994) 2; Zipfel (2001) 135 Fußn. 74.
247 Vgl. Davis (1983) 154–173.
248 Eco (1982) 5.
249 Eco (1982) 10; vgl. Zipfel (2001) 136.
250 Vgl. Assmanns (1989) 254 allgemeine Aussage: „Prekär ist [...], daß bereits die allzu explizite Wahrheitsbeteuerung zum Signal für Fiktionsverdacht werden kann [...]."

Aber auch wenn Rezeptionssignale entgegen ihrer konventionalisierten Funktion verwendet werden können, ist diese Verwendungsweise letztlich eine Ausnahme und stellt die grundsätzlich Fiktion anzeigende Wirkung der Fiktionssignale nicht in Frage. Denn die damit beabsichtigte Täuschung bzw. Verunsicherung des Rezipienten beruht ja gerade auf der konventionellen Bedeutung der verwendeten Signale.[251] Außerdem wird, auch wenn eine Konkurrenz zwischen Fiktions- und Faktualitätssignalen besteht, den Fiktionssignalen in der Regel Priorität eingeräumt.[252]

2.5.3 Rezeption fiktionaler Texte als *make-believe*

Der Rezipient eines fiktionalen Textes nimmt diesen in der Haltung des *make-believe* wahr.[253] Als hilfreicher Ausgangspunkt für eine kurze Zusammenfassung des Konzeptes des *make-believe* erweist sich die Bestimmung im *Oxford English Dictionary*,[254] der zufolge *make-believe* die Bedeutung *to submit oneself voluntarily to the illusion that* trägt.[255]

Das Konzept des *make-believe* erklärt die Fiktion in gewisser Weise als Spiel: So wie Kinder für die Zeit des Spiels daran glauben, dass die einen Cowboys und die anderen Indianer sind, dass ein halbwegs gerader Stock ein Gewehr darstellt, dass derjenige, der „Bäng" ruft, einen Schuss abfeuert und derjenige, der bei diesem Ruf in der Schusslinie steht, getötet wird, so wird der Leser für die Zeit der Lektüre daran glauben, dass das, was er liest, wahr ist. Die Theorie des *make-believe* erinnert daher an den von Coleridge formulierten und vielzitierten Ausspruch des „willing suspension of disbelief".[256]

---

251 Vgl. Jacquenod (1988) 84; Zipfel (2001) 246 f.
252 Vgl. Bauer (1992) 37 f.
253 Vgl. Currie (1990) 70: „The reader of fiction is invited by the author to engage in a game of make-believe [...]."
254 Für die Zusammenfassung vgl. Zipfel (2001) 214–217 und 248–252. Zum *make-believe* vgl. auch Bareis (2008) und (2014). Häufig wird zwischen *make believe* (ohne Bindestrich) und *make-believe* (mit Bindestrich) in der Form unterschieden, dass *make believe* die Handlung bezeichnet, einen anderen etwas glauben zu machen, während *make-believe* die Haltung bezeichnet, sich selbst bzw. der Gruppe, mit der man zusammenspielt, etwas glauben zu machen.
255 Vgl. OED 9,241: „*to make believe:* (a) [after F. faire croire] to cause people to believe (chiefly with a clause); (b) in mod. use, to pretend *to do* something; to stimulate a belief *that*, now often (said e. g., of children in a play) to submit oneself voluntarily to the illusion *that*. (Now often hyphened.)"
256 Vgl. Coleridge (1983 [zuerst 1817]) 6: „[...] it was agreed, that my endeavours should be directed to persons and characters supernatural, or at least romantic; yet so as to transfer from our

Der Umstand, dass der Rezipient die *make-believe*-Haltung einnimmt, bedeutet, dass der Unglaube, der normalerweise gegenüber fiktiven Geschichten geboten ist, suspendiert wird: Der Leser wird sich selbst für die Zeit der Lektüre in einer gewissen Weise glauben machen, dass die erzählte Geschichte wahr ist. Durch die Unterscheidung der internen und der externen Sprachhandlungssituation lässt sich die Reaktion des Rezipienten auf einen fiktionalen Text folgendermaßen beschreiben:[257] Einerseits gilt, dass der Leser die fiktive Geschichte ebenso wenig für wahr hält, wie der Autor sie als wahre Geschichte behauptet. Andererseits ist es so, dass der fiktive Adressat die Geschichte ebenso sehr als wahr rezipiert, wie der fiktive Erzähler sie als eine in der fiktiven Welt tatsächlich passierte Geschichte erzählt. Die Haltung des *make-believe* besteht also darin, dass der Leser die Position des fiktiven Adressaten einnimmt.[258]

Waltons Theorie des *make-believe* deckt sich weitgehend mit der hier verfolgten Beschreibung der *make-believe*-Haltung des Rezipienten eines fiktionalen Textes, wenngleich er auf einem anderen Weg zu demselben Ergebnis kommt. Walton erklärt die Rezeption von fiktionalen Texten als Partizipation des Lesers, wodurch er den Spielcharakter der *make-believe*-Haltung und die damit verbundene aktive Spiel-Beteiligung des Rezipienten unterstreicht. Die Spiel-Beteiligung des Lesers bei der Rezeption eines fiktionalen Textes sieht Walton in Analogie zur Beteiligung von Kindern an ihren Spielen. Wenn Kinder Cowboy-und-Indianer spielen, gehört nicht nur der Umstand zu den Spielregeln, dass einfache Gegenstände zu Requisiten (*props*) des Spiels werden (z. B. stellt ein langes Stück Holz ein Gewehr, ein kurzes Holzstück einen Colt dar), sondern auch, dass die Kinder in der Form an dem Spiel beteiligt sind, dass sie selbst zu Requisiten (*reflexive props*) des Spiels werden:[259] Ein Junge spielt die Rolle eines Cowboys, ein anderer die-

---

inward nature a human interest and a semblance of truth sufficient to procure for these shadows of imagination that willing suspension of disbelief for the moment, which constitutes poetic faith."
257 Vgl. Zipfel (2001) 248.
258 Die hier verfolgte Beschreibung der *make-believe*-Haltung des Rezipienten ist an diejenige von Stierle (1975) 357 anschließbar, der das Verhältnis zwischen Leser und Adressat mit Hilfe der Metapher des Rollenspiels beschreibt: „der Rezipient übernimmt eine Rolle, die unabhängig ist vom konkreten Kontext seiner Lebensgeschichte".
259 Vgl. Walton (1990) 209–213, v. a. 209: „The roles children play in their games usually go far beyond satisfaction of this minimal condition for participation. Typically they are themselves props, reflexive ones: they generate fictional truths about themselves." Zu Waltons Theorie des *make-believe* vgl. schon Walton (1973); (1978a); (1978b).

jenige eines Indianers. Analog beinhalte das *make-believe*-Spiel mit Texten, dass der Rezipient an dem Spiel beteiligt ist:²⁶⁰

> [I]t can hardly be controversial that appreciators normally participate in the minimal sense of considering themselves subject to the „rules" of make-believe [...]. What is not so obvious, but of very considerable importance, is that viewers and readers are reflexive props in these games, that they generate fictional truths about themselves.

Die spezifische Beteiligung des Rezipienten am *make-believe*-Spiel mit Texten erläutert Walton an dem folgenden Beispiel:²⁶¹

> [T]he reader of *Gulliver's Travels*, for example, recognizes or accepts, at least implicitly, a principle whereby her reading of the novel makes it fictional that she reads a ship's physician's journal.

Waltons Formulierung, dass der Leser zum reflexiven Requisit (*reflexive prop*) seines eigenen Spiels wird, darf daher so verstanden werden, dass er die Erzählung nicht nur als vom Autor verfassten Erzähltext₁, sondern im Spiel auch als vom Erzähler produzierten Erzähltext₂ wahrnimmt.²⁶²

2.5.4 Rezeption und Funktion fiktionaler Texte

Die Frage, welchen ästhetischen Wert fiktionale Texte besitzen bzw. welche charakteristischen Funktionen mit ihnen verbunden sind, wurde in den verschiedenen Fiktionstheorien auf unterschiedliche Weise beantwortet.²⁶³ Stierle unterscheidet, ausgehend von einem rezeptionsästhetisch orientierten Literaturverständnis, zwischen der quasipragmatischen und der fiktionserfassenden Fiktionsrezeption.²⁶⁴ Die quasipragmatische Fiktionsrezeption betrachtet

---

260 Walton (1990) 213. Waltons *make-believe*-Theorie ist so konzipiert, dass sie sowohl für textuelle als auch für visuelle Repräsentationen gilt. Hier und im Folgenden wird seine Theorie nur mit Bezug auf Texte diskutiert.
261 Walton (1990) 217. Der Ausdruck „to make it fictional" bedeutet in Waltons Terminologie so viel wie „etwas als wahr innerhalb des *make-believe*-Spiels betrachten"; vgl. Zipfel (2001) 250 Fußn. 79.
262 Vgl. Zipfel (2001) 250. Zu den beiden Erzählebenen (Erzähltext₁ und Erzähltext₂) s. das Kapitel 2.3.1 dieser Arbeit.
263 Vgl. Scholz (2014) über die kognitive Funktion fiktionaler Erzählungen.
264 Vgl. Zipfel (2001) 262–266.

Stierle als elementare Rezeptionsstufe; sie besteht darin, dass der Rezipient eine Illusion bildet, die durch den fiktionalen Text nahegelegt wird.[265]

Die quasipragmatische Rezeption kann mit der pragmatischen Rezeption verglichen werden,[266] da sich der fiktive Adressat in der internen Sprachhandlungssituation so verhält wie ein Rezipient faktualer Texte in einer realen Rezeptionssituation. Sie ist quasipragmatisch, weil sich der Rezipient eines fiktionalen Textes nicht genauso verhält wie der Rezipient eines faktualen Textes, sondern als pragmatischer Rezipient die Position des fiktiven Adressaten ausfüllt. Die von Stierle angesprochene Illusion kann mit der von Walton beschriebenen *make-believe*-Haltung des Lesers verglichen werden.[267]

Die fiktionserfassende Rezeption stellt gegenüber der quasipragmatischen Fiktionsrezeption eine Abstraktionsstufe dar:[268]

> Die fiktionserfassende Rezeption ist im Hinblick auf die vorausliegende Rezeptionsstufe nicht eine Alternative, sondern ein weiterer Schritt, eine Rezeptionsmöglichkeit, die erst unter der Voraussetzung der Fiktion ihre Bedeutung erhält. Die Gewinnung der Fiktion setzt in der Perspektive des Rezipienten die quasipragmatische Auflösung von Fiktion in Illusion voraus, aber nur, um so die notwendige Basis für die Konstitution selbst zu erhalten.

Die fiktionserfassende Rezeption ist kein Automatismus, sondern eine Leistung, die der Rezipient vollbringt, und zwar in der Form, dass eine rein quasipragmatische Rezeption von fiktionalen Texten die ästhetische Natur der Fiktion verfehlt.[269] Stierle beschreibt die fiktionserfassende Rezeption als „generalisierte Reversion des Verhältnisses von Thema und Horizont".[270] Dieses Konzept lässt sich als Verschiebung der Orientierung weg von der Ebene der erzählten Geschichte hin zu einer konzeptuellen, allgemeineren Ebene beschreiben, worunter Stierle mögliche Organisationsschemata der Erfahrung versteht.[271] Wie Stierle selbst angibt, entspricht die Operation der fiktionserfassenden Rezeption derjenigen der Kantischen reflektierenden Urteilskraft,[272] die darin besteht, im Besonderen das Allgemeine zu sehen:[273]

---

265 Vgl. Stierle (1975) 357.
266 Unter „pragmatischer Rezeption" versteht Stierle die Rezeption von faktualen Texten; vgl. Zipfel (2001) 262 Fußn. 112.
267 Vgl. Zipfel (2001) 261–277, der Stierles rezeptionsästhetisch orientierten Ansatz mit Waltons Konzept des *make-believe* vergleicht.
268 Stierle (1975) 364.
269 Vgl. Stierle (1983) 178.
270 Vgl. Stierle (1975) 364f.
271 Vgl. Stierle (1975) 363.
272 Vgl. Kant (1998) 251: „Urteilskraft überhaupt ist das Vermögen, das Besondere als enthalten unter dem Allgemeinen zu denken. Ist das Allgemeine (die Regel, das Prinzip, das Gesetz) ge-

Die Reversion der Perspektive von thematischer Illusion zu horizonthafter Konzeptualität in thematische Konzeptualität und horizonthafte Illusion bedeutet zunächst, in dem bereits beschriebenen Sinne, Erfassung [...] der Fiktion als einer spezifischen Organisation von Schemata der Organisation der Erfahrung. Die Leistung, die diese Lektüre voraussetzt, das Beziehen des Besonderen auf ein Schema, dessen Ausdruck es ist, ist von Kant als Urteilskraft unübertroffen genau beschrieben worden. Im fiktionalen Text wird die Urteilskraft, der es aufgegeben ist, das Besondere als Ausdruck des Allgemeinen zu erfassen (bei Kant die reflektierende Urteilskraft), gleichsam einem kontinuierlichen ‚Training' ausgesetzt, in dem man die pragmatische, über den Horizont der Fiktionalität hinausreichende Relevanz des Umgangs mit fiktionalen Texten erblicken könnte.

Die Verschiebung der Perspektive bedeutet also, dass nicht mehr die fiktive Geschichte vor dem Hintergrund der realen Welt betrachtet wird, sondern die Welt vor dem Hintergrund der Fiktion. Daher gibt die fiktionserfassende Rezeption insofern eine Antwort auf die Frage nach der Relevanz von fiktionalen Texten, als ihr zufolge die fiktionalen Erzählungen Erfahrungsschemata anbieten, die in der realen Welt angewendet werden können.[274]

Eine ästhetische Erfahrung gewähren in Stierles Konzept der quasipragmatischen und der fiktionserfassenden Rezeption nur diejenigen Texte, die eine fiktionserfassende Rezeption erfordern. Hierin unterscheiden sie sich von den quasipragmatischen Texten, zu denen Stierle die sog. Trivial- bzw. Konsumliteratur zählt.[275] Auf der anderen Seite stellen Stierle zufolge fiktionale Texte, die

---

geben, so ist die Urteilskraft, welche das Besondere darunter subsumiert, [...] b e s t i m m e n d. Ist aber nur das Besondere gegeben, wozu sie das Allgemeine finden soll, so ist die Urteilskraft bloß r e f l e k t i e r e n d." Ein Vergleich würde sich auch und insbesondere mit dem neunten Kapitel der Aristotelischen Poetik anbieten, in dem dieser den Allgemeinheitscharakter der Dichtung beschreibt (s. das Kapitel 4.4 dieser Arbeit).
273 Stierle (1975) 366.
274 Ähnlich wie Stierle sieht Eco (1994) 117 die Funktion der literarischen Fiktion in einer Hilfe bei der sinnhaften Einordnung von Erfahrungskomplexen: „Streifzüge durch fiktive Welten haben die gleiche Funktion wie Spiele für Kinder. Kinder spielen, sei's mit Puppen, mit Schaukelpferden oder mit Drachen, um sich mit den physischen Gesetzen der Welt vertraut zu machen und sich in den Handlungen zu üben, die sie eines Tages im Ernst vollführen müssen. In gleicher Weise ist das Lesen fiktiver Geschichten ein Spiel, durch das wir lernen, der Unzahl von Dingen, die in der wirklichen Welt geschehen sind oder gerade geschehen oder noch geschehen werden, einen Sinn zu geben. [...] Dies ist die therapeutische Funktion der erzählenden Literatur und der Grund, warum die Menschen seit Anbeginn der Menschheit einander Geschichten erzählen. Und ebendies ist auch die Funktion der Mythen: dem Wust der Erfahrung eine Form zu geben." Allerdings stellt sich bei Ecos Antwort auf die Frage nach der Relevanz von fiktionalen Texten das Problem, dass er nicht die spezifische Funktion von fiktionalen, sondern von narrativen Texten im Blick hat, wenn er davon spricht, dass die Menschen sich von jeher Geschichten erzählen.
275 Vgl. Stierle (1975) 358: „[Sc. es gibt] Formen der Fiktion, die bereits mit ausschließlich quasipragmatischer Rezeption rechnen und sich darauf einstellen. In solchen Fällen ist schon in

eine fiktionserfassende Rezeption nicht nur ermöglichen, sondern geradezu nahelegen, indem sie ihre Fiktionalität thematisieren, ästhetisch besonders gelungene Leistungen dar.[276] Stierles Konzept der Fiktionsrezeption wirft allerdings das Problem auf, dass es fiktionale Texte gibt – wie die Trivial- bzw. Konsumliteratur –, die nicht adäquat in der Form rezipiert werden können, wie es für fiktionale Texte eigentlich nötig wäre, nämlich in der fiktionserfassenden Rezeption.

Stierles Konzept der quasipragmatischen und der fiktionserfassenden Rezeption gewinnt an Klarheit, wenn man es vor dem Hintergrund von Nelson Goodmans zeichentheoretischer Theorie der Exemplifikation betrachtet, die das Verhältnis zwischen dem Besonderen und dem Allgemeinen expliziert.[277] Vor diesem Hintergrund wird deutlich, dass es sich bei Stierles Konzept der fiktionserfassenden Rezeption um eine exemplifikationserfassende Rezeption handelt. Exemplifikation und Fiktionalität sind jedoch weitgehend unabhängig voneinander: die Fiktionalität ist weder eine notwendige Voraussetzung für die Exemplifikation noch ist letztere auf fiktionale Erzählungen beschränkt.[278] Des Weiteren ist Stierles Konzept der fiktionserfassenden Rezeption insofern angreifbar, als kaum gesagt werden kann, dass diese Form der Rezeption immer mit einem Zuwachs von Organisationsschemata der Erfahrung verbunden ist. Denn

---

der sprachlichen Gestaltung die Ablösbarkeit der Illusion von der Fiktion angelegt, die Fiktion gewinnt gleichsam eine eigene Pragmatik, die auf das Zerschmelzen von Fiktion in Illusion durch quasipragmatische Rezeption gerichtet ist. Dies gilt in erster Linie für jene Formen der Konsumliteratur, die überhaupt nur als Anstoß für die Erzeugung illusionärer Wirklichkeit durch den Rezipienten eine Funktion hat."

276 Vgl. Stierle (1983) 178: „Gerade deshalb sind die großen Werke der fiktionalen Literatur gewöhnlich nicht so angelegt, daß sie unmittelbar zur Vorstellung hinführen, sondern diese durchbrechen, um damit die Rückbezüglichkeit von der Vorstellung auf die Fiktion selbst der Rezeption aufzugeben."

277 Vgl. Zipfel (2001) 267–270. Goodman unterscheidet zwischen zwei Arten der semiotischen Bezugnahme: der Denotation und der Exemplifikation. Die Zeichenrelation der Exemplifikation definiert er als „reference by a sample to a feature of the sample" oder als „reference by an instance, as a sample, to a label denoting it" (vgl. Goodman [1984] 59 und Goodman/Elgin [1988] 124) und illustriert sie anhand des Beispiels eines Stückes Stoff, das als Probe den entsprechenden Stoffballen exemplifiziert (vgl. Goodman [1976] 53). Die Exemplifikation stellt eine im Vergleich zur Denotation umgekehrte Bezugnahme dar; vgl. Goodman (1984) 59: „Exemplification [...] far from being a variety of denotation, runs in the opposite direction, not from label to what the label applies to but from something a label applies to back to the label (or the feature associated with that label)."

278 Die Einsicht, dass wahre ebenso wie erfundene Beispiele Verallgemeinerungspotential haben, lässt sich schon bei Aristoteles antreffen, der in seiner Rhetorik (1393a28-31) eben diese beiden Gruppen des Beispiels nennt.

die implizierte Innovation kann sich, muss sich aber nicht aus der Fiktionalität eines Textes ergeben.[279]

Daher erfüllen fiktionale Erzählungen keine spezifische Funktion, die faktuale Erzählungen nicht erfüllen. Die Rezeption und Funktion fiktionaler Texte lässt sich am besten als anthropologisches Phänomen innerhalb des Konzeptes des *make-believe* erklären, das die literarische Fiktion in gewisser Weise als Spiel betrachtet und in einen Zusammenhang mit anderen Fiktionen stellt.[280]

2.6 Fiktion im Zusammenhang der Sprachhandlungssituation

Fiktionale Texte werden in einer Sprachhandlungssituation produziert und rezipiert, die bestimmten kulturellen Konventionen folgt. Eine Kurzbeschreibung des Zusammenhanges zwischen Textstruktur, Textproduktion und Textrezeption bei fiktionalen Texten könnte wie folgt lauten:[281] Ein Autor produziert einen Erzähltext, in dem eine erfundene Geschichte erzählt wird, mit der Intention, dass der Rezipient diesen Text in der Haltung des *make-believe* wahrnimmt. Der Rezipient reagiert auf diesen Text in der Haltung des *make-believe* in der Weise, dass er die Position des textinternen Adressaten einnimmt und sich gleichzeitig des Spielens des *make-believe*-Spiels bewusst ist. Diese Form der Interaktion zwischen Textproduzent und –rezipient wird in der modernen Literaturwissenschaft als Vertrag beschrieben, den der Autor und der Leser schließen bzw. den der Autor dem Leser anbietet:[282]

> Die Grundregel jeder Auseinandersetzung mit einem erzählenden Werk ist, daß der Leser stillschweigend einen *Fiktionsvertrag* mit dem Autor schließen muß, der das beinhaltet, was Coleridge 'the willing suspension of disbelieve', die willentliche Aussetzung der Ungläubigkeit nannte. Der Leser muß wissen, daß das, was ihm erzählt wird, eine ausgedachte Geschichte ist, ohne darum zu meinen, daß der Autor ihm Lügen erzählt. Wie John Searle es ausgedrückt hat, der Autor tut *einfach so, als ob* er die Wahrheit sagt, und wir akzeptieren den Fiktionsvertrag und tun so, als wäre das, was der Autor erzählt, wirklich geschehen.

Allerdings ist es ratsam, nicht von einem „Vertrag" zu sprechen, da dieser Begriff ein explizites Regelwerk bezeichnet. Stattdessen sollte man von einer stillschweigenden Übereinkunft sprechen, die zum kulturellen Wissen gehört.

---

279 Vgl. Zipfel (2001) 270–277.
280 S. das Kapitel 2.5.3 dieser Arbeit.
281 Vgl. Zipfel (2001) 297.
282 Eco (1994) 103. Zu Coleridge s. das Kapitel 2.5.3 dieser Arbeit. Zu Searle s. das Kapitel 2.4 dieser Arbeit.

Die Produktion und Rezeption von Texten, in denen ein nicht-wirkliches Geschehen erzählt wird, wird erst durch die soziale Praxis Fiktion zur literarischen Fiktion: erst innerhalb einer solchen Praxis unterscheidet sich das fiktionale Erzählen von anderen Formen der Falschheit wie der Lüge oder der Täuschung.[283] Statt von der sozialen Praxis der Fiktion spricht man auch von der Institution der Fiktionalität.[284]

Die konstitutiven Regeln und Konventionen der kulturellen Institution Fiktion sind – anders als z. B. die Gesetze des Strafrechts – nicht in offiziellen Ordnungs- und Gesetzestexten festgehalten. Sie sind aber innerhalb einer Gemeinschaft insofern bekannt, als sie zum festen (bewussten oder unbewussten) Verhaltensrepertoire ihrer Mitglieder gehören. Die konstitutiven Regeln und Konventionen der kulturellen Institution Fiktion gelten zumeist stillschweigend, können aber bei Bedarf ausformuliert werden.[285]

2.7 Fiktion und Drama

Differenzierte Überlegungen zum Drama verlangen die Unterscheidung von zumindest zwei Aspekten.[286] Zum einen kann man das Drama als Text bzw. sprachliches Kunstwerk betrachten. Zum anderen muss hiervon der auf der Theaterbühne realisierte Text, also die Bühnenrealisation, unterschieden werden. Das literarische Kunstwerk stellt einen rein sprachlichen, schriftlichen Text dar; die Bühnenrealisation hingegen ist ein (zumeist von unterschiedlichen Schauspielern) gesprochener und mit allen Mitteln des Theaters dargestellter Text. Bei einem Vergleich zwischen dem Drama und erzählenden Texten müssen diese beiden Betrachtungsweisen grundsätzlich auseinandergehalten werden.[287]

---

283 Vgl. Zipfel (2001) 280; Lamarque/Olsen (1994) 37: „Any attempt to explain how fictive stories are told and enjoyed in a community, without deceit, without mistaken inference, and without inappropriate response, seems inevitably to require reference to co-operative, mutually recognized, conventions."
284 Vgl. Köppe (2014a).
285 Vgl. Zipfel (2001) 281. Ein Beispiel für eine Ausformulierung stellt die soeben gegebene Kurzbeschreibung des Zusammenhanges zwischen Textstruktur, Textproduktion und Textrezeption bei fiktionalen Texten dar.
286 Vgl. Zipfel (2001) 305, der eine Dreiteilung vorschlägt, indem er zusätzlich den Text in die Partitur und das sprachliche Kunstwerk unterteilt.
287 Vgl. Weber (1989) 32: „Drama und künstlerische Erzählung sind nur dann sinnvoll miteinander zu vergleichen, wenn man entweder beide als Leseliteratur oder beide als Vortragsliteratur nimmt. Alles andere wäre schief."; Weimar (1986) 28 Fußn. 15.

Wie schief ein Vergleich zwischen Drama und Erzählung, insbesondere hinsichtlich ihrer Fiktionalität, sein kann, zeigen z. B. die Aussagen von Fricke über die dramatische Fiktion. Fricke ist der Meinung, dass das Drama durch die Fiktionalität der Sprechsituation gekennzeichnet ist, während für die epische Fiktion fiktionale Behauptungen ausschlaggebend sind.[288] Dies werde daran deutlich, dass „Behauptungssätze auf der Bühne durchaus behauptende Kraft haben", was man daran ersehen könne, dass sie falsch sein können, etwa wenn ein Irrtum oder eine Lüge vorliegt.[289] Außerdem liege im Drama durch eine pragmatische Abweichung eine neue Sprechsituation vor:[290]

> Die an die Konstellation von Raum, Zeit und Personen gebundenen sprachlichen ‚Indikatoren' wie „ich", „du", „wir", „hier" und „jetzt" werden in normwidriger Weise nicht auf die tatsächlich gegebene Sprechsituation bezogen: der Schauspieler auf der Bühne, der Vorleser eines Dramas und auch schon der schreibende Dramatiker meinen nicht sich selbst, wenn sie „ich" sagen.

Beide Argumente lassen sich aber aus dem Grund nicht halten, dass die Dialoge im Drama mit narrativen Passagen in Erzähltexten verglichen werden.[291] Wenn man aber die Dramendialoge mit Figurenreden in narrativen Texten vergleicht, lässt sich kein sprachpragmatischer Unterschied feststellen: auch die Figuren der Erzähltexte können sich täuschen oder lügen. Außerdem kann nur bei der Bühnenrealisation die Rede von einer neuen Sprechsituation sein, und zwar in dem Sinne, dass der Schauspieler eine Rolle spielt. Für den Dramen-Vorleser oder -Produzenten gilt wie für den Roman-Vorleser oder -Produzenten, dass er nicht sich selbst meint, wenn er „ich" sagt.

Daher muss bei einer Beschreibung des Dramas strikt zwischen dem Dramentext und der Bühnenrealisation unterschieden werden. Für die Frage nach der Fiktionalität des Dramas bedeutet die Unterscheidung zwischen dem dramatischen Text und der (intendierten) Realisation des Textes in einer Aufführung, dass die Fiktionalität des Dramentextes nicht mit Hilfe von Merkmalen der Bühnen-

---

288 Vgl. Fricke (1981) 120 f.: „Nicht die *Behauptung* ist also im Drama fiktional, sondern die *Sprechsituation*, auf die sie sich bezieht. Faust behauptet *wirklich*, er habe Philosophie, Juristerei, Medizin und Theologie studiert – aber der Schauspieler Quadflieg in der Gründgens-Verfilmung *ist* nicht Faust." (Zitat auf S. 121.) Die singuläre Formulierung „im Drama – und potentiell auch schon im Dramentext" (S. 120) kann nicht darüber hinwegtäuschen, dass Fricke zwischen diesen beiden Aspekten nicht klar unterscheidet.
289 Vgl. Fricke (1981) 121: „Daß Behauptungssätze auf der Bühne durchaus behauptende Kraft *haben*, sieht man schon daran, daß sie strikt *falsch* sein können – darin eher den wörtlichen Reden als dem Erzählerbericht in der epischen Fiktion vergleichbar."
290 Fricke (1981) 115.
291 Vgl. Zipfel (2001) 307.

konstellation beschrieben werden darf.[292] Wenn man wie Fricke mit „dramatischer Fiktion" den besonderen Status der Bühnenrealität meint, zielt man auf die spezifischen Bedingungen der Aufführungspraxis ab. Fiktion mit Bezug auf das Drama bezeichnet dann ein anderes Phänomen als mit Bezug auf Erzähltexte.[293]

In gewisser Weise ist ein Drama daher immer eine Fiktion, nämlich in der Hinsicht, dass im aufgeführten Drama Schauspieler eine bestimmte Rolle spielen und sich dabei zumindest in eine nicht-aktuelle, vielleicht sogar unhistorische Situation versetzen. Um Missverständnisse zu vermeiden und das Phänomen der literarischen Fiktion präzise zu beschreiben, sollte der Fiktionsbegriff nicht in dieser theatralischen Hinsicht verwendet werden.[294]

---

292 Vgl. Zipfel (2001) 308.
293 Vgl. Genette (1991) 42: „son [sc. de la fiction dramatique] mode de présentation est [...] d'un tout autre ordre".
294 Daher wird im Folgenden der Begriff der Fiktion auf Erzähltexte und nur insofern auf dramatische Texte angewendet, als mit diesem Begriff Aussagen über die Geschichte eines Erzähltextes bzw. eines Dramas getroffen werden: Wenn für die Geschichte einer Erzählung bzw. eines Dramas gilt, dass sie erfunden ist, ist sie als fiktiv zu bezeichnen.

3 Falschheit oder Fiktion? Zu einigen in der Forschung umstrittenen Stellen im frühen Fiktionalitäts- bzw. Falschheitsdiskurs

3.1 Homer

Während über die Fiktionalität der Homerischen Epen[1] im antiken Fiktionalitätsdiskurs an vielen Stellen diskutiert wurde,[2] muss es als fragwürdig gelten, ob es in den Epen eine Stelle gibt, an der eine Aussage über den fiktionalen Charakter der eigenen Dichtung (oder anderer literarischer Werke) vorliegt. In diesem Zusammenhang bietet es sich an, die textimmanenten Aussagen über den Wahrheitsstatus der Homerischen Epen im Lichte der Forschungskontroverse zwischen Rösler und Bowie zu untersuchen.[3]

Bowie behandelt u. a. eine Passage aus dem ersten Buch der *Odyssee*, um Röslers Ansicht, dass in den Homerischen Epen die Musen dem Dichtersänger als deren Sprachrohr universelles Wissen garantieren, zu problematisieren. Dort wird erzählt, dass Phemios in Odysseus' Palast die leidvolle Rückkehr der Griechen aus Troja besingt. Während Penelope weint, nimmt Telemachos Phemios mit den Argumenten in Schutz, dass sich die Menschen insbesondere an aktuellen Geschichten erfreuen und Odysseus nicht der einzige sei, der „den Tag der Rückkehr in Troja verloren habe".[4] Aus dem zweiten Argument gehe hervor, dass Odysseus in Phemios' Geschichte gestorben ist, was falsch ist. Folglich sei Phemios' Gesang

---

[1] In dieser Arbeit wird Homer als der Autor der beiden Epen *Ilias* und *Odyssee* betrachtet, ohne dass die Autorschaft oder die Datierung (wahrscheinlich 7. Jahrhundert v.Chr.) näher beleuchtet wird; vgl. hierzu Rösler (2014) 363 Fußn. 1 und die dort angegebene Literatur.
[2] Vgl. insbesondere die mythischen Kataloge in Agatharchides' Περὶ τῆς Ἐρυθρᾶς θαλάσσης (GGM I 7 p. 114 Müller [1882]; s. das Kapitel 7.1.8.1 dieser Arbeit), in Περὶ ὕψους (9,14), in Ovids *Amores* (Ov. am. 3,12; s. das Kapitel 7.1.5 dieser Arbeit) und in Hermogenes' Περὶ ἰδεῶν λόγου (2,10,37–41 Patillon [2012] 212f.; s. das Kapitel 6.2 dieser Arbeit), da diese mythischen Kataloge viele Kreaturen und Geschichten enthalten, die schon und v. a. bei Homer vorkommen. Vgl. ferner die Kontroverse zwischen Eratosthenes, Agatharchides, Polybios und Strabo über die Homerische Geographie, in der auch grundsätzliche Fragen, die die Fiktionalität der dichterischen Darstellung betreffen, behandelt werden (s. die Kapitel 4.5 und 4.6 sowie 7.1.8.1 dieser Arbeit). Zur Diskussion über die Fiktionalität der Homerischen Epen vgl. Bréchet (2013) und (2010).
[3] Vgl. Rösler (1980) und (2014); Bowie (1993); s. das Kapitel 1.2.1 dieser Arbeit für ein ausführliches Referat der jeweiligen Ansichten.
[4] Vgl. Od. 1,325–359.

als Lüge, aber nicht nur als Lüge anzusehen, sondern käme einer Fiktion nahe.[5] Insgesamt würden die verschiedenen Typen von Geschichten darauf hindeuten,[6] dass sie alle einen fiktiven Anteil enthalten und dass der Dichter der *Odyssee* daher bewusst darauf verzichtet hat, einen expliziten Wahrheitsanspruch zu erheben.[7]

Die Ansicht, dass Phemios' Gesang einer Fiktion nahekommt, ist aber nicht gerechtfertigt. In der Tat drängt sich die Schlussfolgerung auf, dass Odysseus in Phemios' Geschichte gestorben ist. Und in der Tat ist es falsch, dass Odysseus gestorben ist, da Odysseus in der Wirklichkeit des Epos auf den Meeren der Welt umherirrt. Aber Unwahrheit ist nicht deckungsgleich mit Fiktion, da die Fiktion nur eine Form der Unwahrheit ist.[8]

Die Aussage, dass Odysseus gestorben ist, stellt allem Anschein nach eine falsche Aussage innerhalb eines Kontextes (Dichtergesanges) dar, in dem Phemios die Intention hat, einen wahren Bericht von einem aktuellen Ereignis (dem Tod der griechischen Helden vor Troja) zu geben. Um Fiktion würde es sich nur dann handeln, wenn der Dichtersänger von der anerkannten sozialen Praxis Gebrauch machen würde, von nicht-wirklichen Ereignissen zu berichten, und die Rezipienten die nicht-wirklichen Ereignisse als Fiktionen durchschauen und folglich nicht auf ihren Wahrheitsgehalt überprüfen würden. Dies ist aber offensichtlich nicht der Fall, sondern der Dichter Phemios unterliegt vielmehr dem Irrtum, dass Odysseus gestorben sei. In ähnlicher Weise dürfen auch die Lügengeschichten, die Odysseus auf Ithaka erzählt,[9] nicht als Fiktionen eingestuft werden.[10]

---

5 Vgl. Bowie (1993) 16 f.: „It is hard not to conclude that the poet wants us to imagine that either Phemius or the singer from whom he got the song ‚made up' the portion that killed off Odysseus. In context, of course, Phemius' fabrication amounts to ‚lying', since his decision to give a version of events that will please the suitors has a function in the real world. But that is not its only function: Phemius is also creating a work which will entertain, and, viewed in terms of literary history, this example seems to take us some distance towards what we see as ‚fiction'."
6 Bowie (1993) 18 f. unterscheidet neben den Gesängen von Demodokos und Phemios zwischen drei Typen von Erzählungen innerhalb der *Odyssee:* (1) Prima facie wahre Geschichten, die andere Figuren als Odysseus erzählen. (2) Die prima facie wahre Geschichte von Odysseus' Abenteuern, die er den Phäaken erzählt. (3) Die falschen Geschichten, die Odysseus im zweiten Teil des Werkes erzählt.
7 Vgl. Bowie (1993) 20 und 37.
8 S. das Kapitel 2, v. a. 2.6 dieser Arbeit.
9 Odysseus erzählt Penelope im 19. Buch der *Odyssee* (V. 165–202) die Lügengeschichte, dass er Aithon, ein Bruder des Idomeneus, sei. Als Odysseus auf dem Weg nach Troja gewesen sei, habe er ihn in Amnisos auf Kreta freundlich empfangen, da Idomeneus bereits aufgebrochen war. Vgl. auch die anderen Lügengeschichten: Od. 13,250–286; 14,191–359.
10 Grossardt (2006) 88 bezeichnet die Trugreden in der *Odyssee* als Fiktionen.

Auch die Wirkabsichten der Dichtergesänge in der *Odyssee* sind kein sicheres Indiz für die Fiktionalität der Darstellung. Wenn es im achten Buch der *Odyssee* über Demodokos heißt, dass ein Gott ihm die Gabe des Gesanges verliehen hat, um seine Zuhörer zu erfreuen (τέρπειν),[11] dann deutet zwar diese Stelle eher auf die Fähigkeit des Dichters zu singen als auf die Wahrheit des Inhalts des Gesanges.[12] Aber daraus resultiert nicht die Fiktionalität der Darstellung. Zwar wird im antiken Fiktionalitätsdiskurs häufig die Unterhaltung als Wirkung der literarischen Fiktion angesehen, wie u. a. Polybios belegt.[13] Aber die Tatsache, dass eine literarische Darstellung erfreut und das Gemüt bewegt, ist keine Garantie dafür, dass sie eine fiktionale Erzählung konstituiert.[14] Und vor allem zeigt die Art und Weise, wie Odysseus Demodokos lobt,[15] dass er über dessen Genauigkeit und Anschaulichkeit spricht, woraus hervorgeht, dass Demodokos im achten Buch der *Odyssee* seine Zuhörer durch einen wahren Gesang erfreut.

Im Ergebnis ist also festzuhalten, dass über die literarische Fiktion in den Homerischen Epen nirgends reflektiert wird. Ob man aus diesem Befund folgern darf, dass Homer noch kein Konzept von der Fiktionalität gehabt hat, ist äußerst unklar, da es sich um ein problematisches *argumentum e silentio* handeln würde. Außerdem ist es gerade angesichts der phantastischen Geschichten von Odysseus' Irrfahrt kaum vorstellbar, dass der Dichter (und die damaligen Rezipienten) noch kein Fiktionalitätsbewusstsein herausgebildet hat (haben).[16] Der Nachweis, dass er ein Fiktionalitätsbewusstsein herausgebildet hat, lässt sich aber nicht erbringen.[17]

---

11 Vgl. Od. 8,43–45; s. S. 19.
12 Vgl. Bowie (1993) 14; s. das Kapitel 1.2.1 dieser Arbeit.
13 Vgl. Polyb. 34,4,3 f. bei Strabo 1,2,17: [...] εἶναι τὸ τέλος [...] μύθου [...] ἡδονὴν καὶ ἔκπληξιν; s. das Kapitel 4.5 dieser Arbeit.
14 So gibt der Unterredner Antonius im zweiten Buch von De oratore zu, dass von Herodot eine unterhaltende Wirkung ausgeht, und bezieht sich dabei wohl nicht nur auf die fiktiven Elemente der historischen Darstellung; vgl. Cic. de orat. 2,55: *tanta est eloquentia, ut me quidem, quantum ego Graece scripta intellegere possum, magno opere delectet*; vgl. auch ib. 59: *non ego utilitatem aliquam ad dicendum aucupans horum* [sc. *historicorum*] *libros et non nullos alios, sed delectationis causa, cum est otium, legere soleo.*
15 Vgl. Od. 8,488–491; s. S. 20.
16 Vgl. Rösler (2014) 366 und 369; s. S. 27, Fußn. 142.
17 S. S. 33 f.

3.2 Xenophanes

Bei Xenophanes (ca. 570 – nach 480 v. Chr.) findet sich eine Auseinandersetzung mit der Dichtung (zumindest mit der Literatur), die möglicherweise vor dem Hintergrund eines Fiktionalitätskonzeptes zu sehen ist (das Fragment ist in vielen Punkten textkritisch umstritten):[18]

> ἀνδρῶν δ' αἰνεῖν τοῦτον ὃς ἐσθλὰ ἐπιὼν ἀναφαίνει,
> [...]
> οὔτι μάχας διέπειν Τιτήνων οὐδὲ Γιγάντων
> οὐδέ ⟨τε⟩ Κενταύρων, πλάσματα τῶν προτέρων,
> ἢ στάσιας σφεδανάς, τοῖς οὐδὲν χρηστὸν ἔνεστι.
>
> [Sc. es ist nötig,] denjenigen Mann zu loben, der Gutes vorhat und zum Vorschein bringt, [...] statt nur vom Kampf mit Titanen zu reden, vom Kampf mit Giganten, mit Kentauren (Erfindungen der früheren Menschen) oder von gewaltsamen Revolten, in denen nichts Nützliches enthalten ist.

In der Forschung ist diese Stelle so gedeutet worden, dass Xenophanes kein Fiktionalitätskonzept hervorscheinen lässt, sondern die entsprechenden literarischen Darstellungen kritisiert: Nach Rösler macht Xenophanes die Wahrheit zum Maßstab seiner Kritik, wenn er sowohl Homer als auch Hesiod wegen ihrer Götterdarstellung kritisiert und die von Hesiod dargestellten Titanen-, Giganten- und Kentaurenkämpfe als Erfindungen der Früheren bezeichnet.[19] Zu einer ähnlichen Einschätzung gelangt Primavesi: Er entdeckt zwar bei Xenophanes den „poetologischen Begriff der epischen Fiktion" (πλάσμα).[20] Aber von Fiktionalität im Sinne einer anerkannten Freistellung vom Anspruch auf Tatsachentreue könne bei Xenophanes keine Rede sein, da πλάσμα bzw. *fictio* als pejorativer Begriff ins poetologische Vokabular eintrete.[21]

---

18 Xenophanes, Fr. B 1,19–23 Diels/Kranz (1951) 127 f.; Untersteiner (1956) 104–108; Fr. 3 Lanata (1963) 112–114. Zu Xenophanes vgl. die Übersetzung von Gemelli Marciano (2007) und die dort (S. 477 f.) angegebene Literatur; vgl. darüber hinaus die zweisprachige Ausgabe von Reibaud (2012); Bryan (2012) 6–57; Granger (2007); Bugno (2005); Heitsch (1966). Die Frage nach der Fiktionalität hat in der Xenophanes-Forschung kaum eine Rolle gespielt.
19 Vgl. Rösler (1980) 286 f., der auf Xenophanes Fr. B 1; 11 und 12 Diels/Kranz verweist. Rösler (2014) 372–374 behandelt andere Fragmente (B 10; 11; 14; 23; 25).
20 Vgl. Primavesi (2009) 113 f. Ohne Hose (1996) 272 f. zu erwähnen, korrigiert Primavesi dessen Ansicht, dass das griechische πλάττειν bzw. πλάσμα nicht das Vorbild für das lateinische *fingere*, sondern den Versuch darstellt, diesen Begriff ins Griechische zu übersetzen.
21 Vgl. Primavesi (2009) 114.

In der Tat spricht vieles dafür, dass Xenophanes kein Fiktionalitätskonzept hervorscheinen lässt, auch wenn der Begriff πλάσμα im späteren Fiktionalitätsdiskurs die mögliche Fiktion bezeichnet.²² Denn Xenophanes' Aussage, dass in den entsprechenden literarischen Darstellungen nichts Nützliches enthalten ist, stellt eine Kritik dar.

Auch ein Blick auf weitere Xenophanes-Fragmente zeigt, dass er als Kritiker von dichterischen bzw. literarischen Darstellungen aufgetreten ist und somit die Platonische Dichterkritik in vielen Punkten vorbereitet hat. Dies zeigen z. B. die beiden folgenden Fragmente:²³

> πάντα θεοῖσ' ἀνέθηκαν Ὅμηρός θ' Ἡσίοδός τε,
> ὅσσα παρ' ἀνθρώποισιν ὀνείδεα καὶ ψόγος ἐστίν,
> κλέπτειν μοιχεύειν τε καὶ ἀλλήλους ἀπατεύειν.

> Alles haben Homer und Hesiod den Göttern zugeschrieben, was bei den Menschen eine Schande und [sc. Anlass zur] Kritik darstellt: stehlen, Ehebruch begehen und einander zu täuschen.

> ὡς πλεῖστ' ἐφθέγξαντο θεῶν ἀθεμίστια ἔργα,
> κλέπτειν μοιχεύειν τε καὶ ἀλλήλους ἀπατεύειν.

> Wie sie sehr viele frevelhafte Taten der Götter zum Ausdruck brachten: stehlen, Ehebruch begehen und einander zu täuschen.

Offensichtlich kritisiert Xenophanes auch an dieser Stelle poetische Darstellungen, und zwar explizit die Darstellung der Götter durch Homer und Hesiod. Diese hält er wohl aus dem Grund für falsch, weil sie mit menschlichen Fehlern behaftet sind. Xenophanes' Grundhaltung, dass die dichterischen bzw. literarischen Darstellungen faktuale Erzählungen konstituieren, wird aus demjenigen Fragment deutlich, in dem er sagt, dass alle Griechen Homers Schüler sind:²⁴

> ἐξ ἀρχῆς καθ' Ὅμηρον ἐπεὶ μεμαθήκασι πάντες...

> Da alle von Anfang an nach Homer gelernt haben...

---

22 S. das Kapitel 4.7, v. a. 4.7.1.2.1 dieser Arbeit.
23 Xenophanes, Fr. B 11 und 12 Diels/Kranz (1951) 132; Untersteiner (1956) 128.
24 Xenophanes, Fr. B 10 Diels/Kranz (1951) 131; Untersteiner (1956) 128. Vgl. auch Plat. rep. 606e1-3: ὅταν Ὁμήρου ἐπαινέταις ἐντύχῃς λέγουσιν ὡς τὴν Ἑλλάδα πεπαίδευκεν οὗτος ὁ ποιητής [...]. („Wenn du auf Lobredner von Homer triffst, die sagen, dass dieser Dichter Griechenland erzogen hat [...]."); Dalfen (1974) 28–41.

Die Annahme, dass Xenophanes das Götterbild, das Homer und Hesiod verbreitet haben, kritisiert, erhärtet sich, wenn man die beiden folgenden Fragmente betrachtet:[25]

> ἀλλ' οἱ βροτοὶ δοκ(έου)σι γεννᾶσθαι θεούς,
> τὴν σφετέρην δ' ἐσθῆτα ἔχειν φωνήν τε δέμας τε.
>
> Aber die Sterblichen glauben, dass die Götter geboren worden sind und ihre [sc. der Menschen] Kleidung, Stimme und Gestalt haben.

> ἀλλ' εἰ χεῖρας ἔχον βόες ⟨ἵπποι τ'⟩ ἠὲ λέοντες
> ἢ γράψαι χείρεσσι καὶ ἔργα τελεῖν ἅπερ ἄνδρες,
> ἵπποι μέν θ' ἵπποισι, βόες δέ τε βουσὶν ὁμοίας
> καί ⟨κε⟩ θεῶν ἰδέας ἔγραφον καὶ σώματ' ἐποίουν
> τοιαῦθ', οἷόν περ καὐτοὶ δέμας εἶχον ⟨ἕκαστοι⟩.
>
> Aber wenn die Rinder Hände hätten und die Pferde oder die Löwen oder mit ihren Händen zeichnen könnten und Werke vollbringen könnten wie die Menschen, würden die Pferde pferdeähnliche und die Rinder rinderähnliche Gestalten der Götter zeichnen und dementsprechend Körper bilden, wie sie auch selbst jeweils gestaltet wären.

Wie nicht zuletzt diese Fragmente zeigen, wendet sich Xenophanes' Kritik an den dichterischen bzw. literarischen Darstellungen gegen ein anthropomorphes Götterbild. Wie die Götter bzw. der Gott wirklich beschaffen sind bzw. ist, wird positiv u. a. aus den folgenden Fragmenten deutlich:[26]

> εἷς θεὸς ἔν τε θεοῖσι καὶ ἀνθρώποισι μέγιστος,
> οὔ τι δέμας θνητοῖσιν ὁμοίιος οὐδὲ νόημα.
>
> Ein einziger Gott, unter den Göttern und Menschen der größte, weder an Gestalt den Sterblichen ähnlich noch an Denkvermögen.

> αἰεὶ δ' ἐν ταὐτῶι μίμνει κινεύμενος οὐδέν,
> οὐδὲ μετέρχεσθαί μιν ἐπιπρέπει ἄλλοτε ἄλληι.
>
> Immer bleibt er an demselben Ort und bewegt sich nicht, und es ziemt sich nicht für ihn, bald hierhin und bald dorthin zu gehen.

Wenn Xenophanes in dem zuletzt zitierten Fragment die Ansicht äußert, dass der Gott nicht hin- und hergeht, richtet sich diese Kritik wohl gegen Homer, der in der

---

25 Xenophanes, Fr. B 14 und 15 Diels/Kranz (1951) 132f.; Untersteiner (1956) 130.
26 Xenophanes, Fr. B 23 und 26 Diels/Kranz (1951) 135; Untersteiner (1956) 136.

Odyssee eben dies über die Götter aussagt.²⁷ Daher liegt bei Xenophanes i.W. dieselbe Kritik am anthropomorphen Götterbild vor, die sich auch in Platons Dichterkritik findet.²⁸

Vieles deutet also darauf hin, dass Xenophanes noch kein Fiktionalitätskonzept entwickelt hat. Eine Möglichkeit muss allerdings noch bedacht werden, nämlich die Möglichkeit, dass Xenophanes – ähnlich wie Platon – fiktionale Darstellungen grundsätzlich anerkennt, aber Kritik an bestimmten fiktionalen Darstellungen trotz ihrer Fiktionalität übt. Denn der Vorwurf der fehlenden Nützlichkeit (Fragment B 1, V. 23) kann auch gegen fiktionale Erzählungen erhoben werden. Außerdem beziehen sich die Revolten (ib.) wohl auf reale menschliche Auseinandersetzungen. Ferner ist es zumindest möglich, wenn nicht sogar wahrscheinlicher, dass der Begriff πλάσμα die Fiktion bezeichnet. Die Kritik, die Xenophanes v. a. in den anderen Fragmenten äußert, ließe sich dann so erklären, dass er unnütze, ja abstruse Fiktionen kritisiert. Bezeichnenderweise lobt Xenophanes denjenigen Mann, der Gutes bewirkt, nicht denjenigen, der die Wahrheit sagt. Sein Fokus liegt auf dem Nutzen unabhängig von der (fehlenden) Historizität der dargestellten Ereignisse.

Zugleich lässt sich ein bestimmter Bereich angeben, der Gegenstand der Kritik ist, denn Xenophanes kritisiert keineswegs durchgängig die gesamte (Homerische) Dichtung als falsch: das anthropomorphe Götterbild, das im Wesentlichen Homer und Hesiod verbreitet haben.²⁹ Da sich bei Platon eine sehr ähnliche Kritik an den dichterischen bzw. literarischen Darstellungen findet, wäre es übereilt, Xenophanes (und Platon) eine grundsätzlich falsche Rezeption von fiktionalen Darstellungen vorzuwerfen. Vielmehr ist diese Kritik so zu verstehen, dass insbesondere Homer und Hesiod ihre fiktionalen Darstellungen vom Wesen und Handeln der Götter schlecht gestaltet haben, da deren Götterbild, das grundsätzlich mit fiktiven Elementen ausgeschmückt werden darf, überhaupt nicht mit der Wahrheit übereinstimmt. Ihre fiktionalen Götterdarstellungen hätten sich der Wahrheit stärker annähern müssen.³⁰ Bei Xenophanes lässt sich allerdings keine

---

27 Vgl. Hom. Od. 17,485 f.: θεοὶ ξείνοισιν ἐοικότες ἀλλοδαποῖσι, / παντοῖοι τελέθοντες, ἐπιστρωφῶσι πόληας. („Götter, die das Aussehen von auswärtigen Fremden angenommen haben, durchwandern vielgestaltig die Städte.")
28 Vgl. Plat. rep. 381d1–3: Μηδεὶς ἄρα, ἦν δ' ἐγώ, ὦ ἄριστε, λεγέτω ἡμῖν τῶν ποιητῶν, ὡς [...] [sc. Hom. Od. 17,485 f.]; s. das Kapitel 4.3, v. a. 4.3.2.3 dieser Arbeit (S. 209).
29 Vgl. Herodot (2,53), der wertfrei konstatiert, dass Homer und Hesiod den griechischen Göttern Namen, Aussehen und Zuständigkeitsbereiche gegeben haben.
30 Zu Platon s. das Kapitel 4.3, v. a. 4.3.2.3 dieser Arbeit.

explizite Aussage vorfinden, der sich die Anerkennung der literarischen Fiktion eindeutig entnehmen ließe.³¹

3.3 Pindar, Nemee 7

In der siebenten Nemee findet sich eine Stelle, an der Pindar (522 oder 518 – nach 446 v. Chr.) möglicherweise ein Konzept der Fiktionalität ausdrückt:³²

> ἐγὼ δὲ πλέον' ἔλπομαι
> λόγον Ὀδυσσέος ἢ πάθαν
> διὰ τὸν ἀδυεπῆ γενέσθ' Ὅμηρον·
> ἐπεὶ ψεύδεσί οἱ ποτανᾷ ⟨τε⟩ μαχανᾷ
> σεμνὸν ἔπεστί τι· σοφία δὲ κλέπτει παρ-
> άγοισα μύθοις.
>
> Ich vermute, dass Odysseus' Geschichte durch den süßredenden Homer größer geworden ist als sein Leid. Denn durch die unwahren Worte und die beflügelte Erfindung liegt etwas Erhabenes auf ihm. Klugheit vollführt Täuschung, indem sie durch Erzählungen irreführt.

Stroh zufolge handelt es sich an der zitierten Stelle um eine Anerkennung der dichterischen Fiktion: Die Aussage, dass Homers ψεύδεα die Leiden des Odysseus größer gemacht haben, als sie in Wirklichkeit waren, müsse als Lob verstanden werden, da Pindar zeigen wolle, dass es sich lohnt, Dichter, die derartige Fähigkeiten besitzen, gebührend zu entlohnen.³³ Wenn man hingegen Rösler folgt, ist die strittige Pindarstelle so zu verstehen, dass die Dichter aus mangelndem Verantwortungsbewusstsein lügen. Denn Pindar kritisiere Homer dafür, dass er

---

31 Nach Porter (2011) 24 bezeichnet der Begriff πλάσμα bei Xenophanes die Fiktion. Eine Diskussion des Verhältnisses zwischen dem Begriff πλάσμα und der Kritik der fehlenden Nützlichkeit bleibt aber aus.
32 Pind. Nem. 7,20–23. Die Pindarzitate hier und im Folgenden orientieren sich an der Ausgabe von Bowra. Die Supplierung ⟨τε⟩ dürfte notwendig sein. Köhnken (1971) 54 f. zieht die Ergänzung von ⟨γε⟩ vor. Es ist aber äußerst fraglich, ob ἐπεὶ ψεύδεσί οἱ ποτανᾷ ⟨γε⟩ μαχανᾷ / σεμνὸν ἔπεστί τι: „denn auf Odysseus' Lügen liegt durch die wirklich beflügelte Kunst Homers etwas Erhabenes" bedeuten kann.
33 Vgl. Stroh (1976) 95 f. Diese Ansicht äußert Stroh im Zusammenhang mit Hesiods Theogonie-Proömium in Auseinandersetzung mit Verdenius (1972) 235, der behauptet, dass sich eine Anerkennung der Fiktion erst in hellenistischer Zeit finden lasse; s. das Kapitel 4.1 dieser Arbeit. Zu einer ähnlichen Ansicht wie Stroh ist Puelma (1989) 87 f. gelangt: Ihm zufolge liegt bei Pindar eine positive Reaktion auf die philosophische Wahrheitskritik an den Dichtern vor. Dieser bewerte Homers vorgetäuschte Wunderbilder als etwas, das den Zwecken der Kunstdichtung in legitimer Weise dienlich ist; s. das Kapitel 1.2.1 dieser Arbeit.

Odysseus ehrwürdiger hat erscheinen lassen, als es gerechtfertigt gewesen wäre, und beschwöre mit Nachdruck die Verpflichtung des Dichters zu unverfälschter Wahrheit.[34]

Um die Frage nach der Fiktionalität zu klären, muss zunächst das sprachliche Problem gelöst werden, ob sich die Wörter bzw. Ausdrücke ψεύδεσι, ποτανᾷ [...] μαχανᾷ und οἱ auf Homer oder auf Odysseus beziehen.[35] Die Wörter bzw. Ausdrücke ψεύδεσι und ποτανᾷ [...] μαχανᾷ beziehen sich mit hinreichender Sicherheit auf Homer. Denn wenn im vorigen Satz gesagt wird, dass Homer dafür verantwortlich ist, dass Odysseus' Geschichte größer geworden ist als das, was er erlitten hat, dann wird diese Abweichung von der Wahrheit offensichtlich auf den Autor Homer zurückgeführt. Diese Deutung wird auch durch den Kontext insofern bestätigt, als Pindar unmittelbar vor der strittigen Stelle den Gedanken äußert, dass der Tod ohne Unterschied die Armen und die Reichen heimsucht.[36] Der Gedankengang ist daher folgender:[37] Der Tod ist für jeden das unvermeidliche Ende. Die Dichtung aber kann die Erinnerung an die Leistungen des Toten wachhalten. Ich glaube sogar, dass Homers Dichtung dem toten Odysseus einen Nachruhm verschafft hat, der seiner Leistung nicht entspricht.[38]

Zwar ist auch die Auffassung, dass sich der Begriff der Lüge auf Odysseus bezieht,[39] insofern sinnvoll, als Odysseus für seine Lügengeschichten berühmt ist. Aber bei dieser Auffassung würde Homer nur in einem eingeschränkten Sinn für die Abweichung von der Wahrheit verantwortlich sein, da v. a. Odysseus selbst als ihr Urheber erscheint und Homer nur implizit als derjenige, der Odysseus dargestellt hat, hinzugedacht werden könnte. Streng genommen wäre die vorige Erwähnung von Homer in dieser Deutung überflüssig. Außerdem spricht gegen den Bezug auf Odysseus' Lügengeschichten der Umstand, dass Odysseus in ihnen sein

---

34 Vgl. Rösler (1980) 297; 299; 307 und (2014) 374, der auf Nem. 7,20–27 verweist; s. das Kapitel 1.2.1 dieser Arbeit.
35 Vgl. die Diskussion bei Carey (1981) 144–146 ad loc., dem zufolge sich alle Wörter bzw. Ausdrücke auf Homer beziehen.
36 Vgl. Nem. 7,19 f.: ἀφνεὸς πενιχρός τε θανάτου παρά / σᾶμα νέονται.
37 Vgl. Köhnken (1971) 43 f.
38 Was das Wort οἱ betrifft, ist ein Bezug auf beide Personen prinzipiell möglich, aber der Bezug auf Odysseus deutlich sinnvoller als der Bezug auf Homer. Ebenso wie beim zuvor diskutierten Problem ist auch hier das Argument ausschlaggebend, dass im vorigen Satz gesagt wird, dass Homer dafür verantwortlich ist, dass Odysseus' Geschichte größer geworden ist als das, was er erlitten hat. Wenn das Subjekt der Verzerrung Homer und das Objekt Odysseus (bzw. sein Leid) ist, liegt es nahe, hinter οἱ Odysseus zu sehen. Aufgrund dieser Beobachtungen wird man auch den Satz σοφία δὲ κλέπτει παράγοισα μύθοις so verstehen, dass eine Aussage über Homers Kunstfertigkeit und die irreführende Wirkung seiner bzw. allgemein der Dichtung getroffen wird.
39 Vgl. Köhnken (1971) 47–60.

Leid herunterspielt, da er davon ausgeht, dass der wahre Bericht dessen, was ihm widerfahren ist, so unglaubwürdig ist, dass er einen falschen Bericht vorzieht.[40]

Die entscheidende Frage hinsichtlich eines möglichen Fiktionalitätskonzeptes besteht darin, welchen Status Pindars Aussagen über Homers Darstellung des Odysseus haben. Sicherlich darf man Pindars Aussagen über Homer nicht so verstehen, dass Pindar die in der *Odyssee* präsentierte Geschichte insgesamt als eine Erfindung betrachtet. Die Aussage, dass Homer dafür verantwortlich ist, dass Odysseus' Geschichte größer geworden ist als das, was er erlitten hat, macht deutlich, dass Pindar davon ausgeht, dass Odysseus – zumindest in einem gewissen Ausmaß – Leid widerfahren ist. Pindar trifft also keine kategoriale Aussage in der Form, dass die Geschichte von Odysseus' Leid erfunden ist, sondern eine graduelle in der Form, dass das Ausmaß von Odysseus' Leid in Homers Epos übertrieben ist.[41]

Also muss man Röslers Ansicht zustimmen, dass Pindar Homer dafür kritisiert, dass er Odysseus ehrwürdiger hat erscheinen lassen, als es gerechtfertigt gewesen wäre, und mit Nachdruck die Verpflichtung des Dichters zu unverfälschter Wahrheit beschwört. Denn die sprachlichen Ausdrücke machen deutlich, dass Pindar hier nicht die soziale Praxis der Fiktion anerkennt, sondern eine Kritik formuliert. Zwar ist das Substantiv ψεῦδος mehrdeutig und lässt keinen eindeutigen Aufschluss über die Form der Nicht-Wirklichkeit zu.[42] Aber das Verb κλέπτειν lässt sich nicht anders verstehen, als dass Homer seinen Rezipienten in ungerechtfertigter Weise die Wahrheit vorenthält bzw. verzerrt. Zwar kommt in dem Adjektiv σεμνόν auch Anerkennung zum Ausdruck. Aber diese bezieht sich auf das Resultat von Homers Dichtung (der Ruhm des Odysseus), wohingegen das Mittel, das Homer einsetzt, kritisiert wird.

Pindars Aussage ist also, dass er selbst – anders als Homer – die Wahrheit nicht verzerren muss, um seine dichterischen Ziele zu erreichen. Daher liegt bei Pindar zwar eine Auseinandersetzung mit dem Wahrheitsstatus der *Odyssee*, aber kein Fiktionalitätskonzept vor.

3.4 Xenophon, Kyrupädie 2,2

Reichel hat die These aufgestellt, dass in einer literaturtheoretischen Passage aus Xenophons (zwischen 430 und 425 – nach 355 v. Chr.) Kyrupädie (Kapitel 2,2) die

---

40 Vgl. Hom. Od. 13,250–286; 14,191–359; 19,165–202; s. S. 99, Fußn. 9.
41 Eine ähnliche Diskrepanz zur Wahrheit stellt auch Thukydides im unmittelbaren Kontext des Methodenkapitels fest; vgl. Thuk. 1,21,1 (s. das Kapitel 4.2.1 dieser Arbeit).
42 S. S. 35.

Fiktionalität von Prosaerzählungen diskutiert wird.[43] Den Anlass zur literaturtheoretischen Diskussion in der Kyrupädie bildet ein gemeinsames Mahl des Kyros mit seinen Offizieren. Wie Xenophon betont, legte Kyros bei derartigen Zusammenkünften besonderen Wert auf das Erzählen von unterhaltsamen und zugleich zweckdienlichen Geschichten.[44] Im unmittelbaren Anschluss referiert Xenophon zwei lustige Anekdoten, die von Hystaspas und einem anderen, anonymen Offizier erzählt wurden und von schwer umgänglichen jungen Rekruten bei einem Mahl[45] und bei einer Exerzierübung[46] handeln.

---

43 Vgl. Reichel (1997) 105 (s. S. 110).
44 Vgl. Cyr. 2,2,1: Ἀεὶ μὲν οὖν ἐπεμέλετο ὁ Κῦρος, ὁπότε συσκηνοῖεν, ὅπως εὐχαριστότατοί τε ἅμα λόγοι ἐμβληθήσονται καὶ παρορμῶντες εἰς τἀγαθόν. („Bei den gemeinsamen Mahlzeiten im Zelt trug Kyros stets dafür Sorge, dass Geschichten erzählt wurden, die zugleich sehr unterhaltsam waren und zum Guten anspornten.") Es werden also die beiden Kategorien des *delectare* und des *prodesse* erwähnt; vgl. Reichel (1997) 103.
45 Vgl. Cyr. 2,2,2–5: Der Taxiarch Hystaspas erzählt die Geschichte, dass in seiner Taxis Opferfleisch herumgereicht wurde. Nachdem er beim ersten Mal als erster das Fleisch auswählen konnte, befahl er dem Koch, in der zweiten Runde mit dem Letzten zu beginnen. Darüber beschwerte sich einer der Soldaten, die in der Mitte des Kreises saßen, da bei ihnen nie angefangen wurde. Daraufhin ließ Hystaspas den Mann zu sich kommen und tröstete ihn mit der Zusage, dass sie nun zwar die beiden Letzten waren, er sich aber in der abschließenden Runde als zweiter ein Stück Fleisch auswählen könne. Dies tat er dann auch, aber als der dritte Soldat ein größeres Stück als er bekommen zu haben schien, legte er sein Stück wieder zurück. Der Koch schloss hieraus, dass der Soldat keinen Hunger mehr hatte, und setzte seine Runde fort. Der Soldat war hierüber so sehr erbost, dass er in seinem Zorn auch noch die Soße vergoss, die ihm geblieben war. Hystaspas beendet die Geschichte mit dem Hinweis, dass in der Gruppe Gelächter ausbrach. In gleicher Weise sorgt Hystaspas' Geschichte für Gelächter bei Kyros und seinen Offizieren.
46 Vgl. Cyr. 2,2,6–10: Ein anderer (namenloser) Taxiarch erzählt die Geschichte, wie er einen Lochos zu instruieren versuchte. Er ließ der Reihe nach einen Lochagen, einen jungen Soldaten und die Übrigen antreten. Als er den Befehl „vorwärts" gab, marschierte der junge Soldat als erster los. Daraufhin wies der Taxiarch den jungen Soldaten zurecht, indem er ihn darauf hinwies, dass der Befehl allen gegolten habe. Der junge Soldat gab diesen Hinweis an die übrigen Männer des Lochos weiter, woraufhin alle an dem Lochagen vorbeigingen. Als der Lochage sie aber kehrtmachen ließ, ärgerten sie sich darüber, dass sie verschiedene Befehle erhielten. Der Taxiarch belehrte sie, dass sie die Regel befolgen sollten, dass keiner der hinten Stehenden losgeht, bevor sich der Vordermann bewegt. In diesem Moment erschien ein Bote und bat den Taxiarchen darum, ihm den Brief zu geben, den er nach Hause schicken wollte, damit er ihn mitnehmen könne. Da der Lochage wusste, wo sich der Brief befindet, schickte ihn der Taxiarch los, um den Brief zu holen. Dem loslaufenden Lochagen schlossen sich der junge Soldat und der ganze Lochos an, da sie die Befehle des Taxiarchen genau befolgten. Auch die Geschichte dieses Taxiarchen löst Gelächter bei Kyros und seinen Offizieren aus.

An diese Anekdoten schließt sich eine Diskussion über den Wert derartiger Erzählungen an.⁴⁷ Der Offizier Aglaïtadas fragt Kyros, ob er glaubt, dass die erzählten Geschichten wahr sind:⁴⁸

Ἦ γὰρ οἴει [...], ὦ Κῦρε, τούτους ἀληθῆ λέγειν ταῦτα;

Glaubst du etwa [...], Kyros, dass diese Leute hiermit die Wahrheit sagen?

Kyros erwidert hierauf mit der Gegenfrage, warum die Geschichten erlogen sein sollten:⁴⁹

Ἀλλὰ τί μὴν βουλόμενοι, ἔφη ὁ Κῦρος, ψεύδονται;

Kyros erwiderte: „Aber mit welcher Absicht sollten sie denn lügen?"

Aglaïtadas antwortet, dass der Zweck derartiger Geschichten darin liege, Gelächter zu erregen und zu prahlen.⁵⁰ Gegen den Vorwurf, Prahler zu sein, verteidigt Kyros seine Leute: Ein Prahler (ἀλαζών) sei jemand, der sich besser darstellt, als er ist, um sich einen Vorteil zu verschaffen.⁵¹ Diejenigen aber, die die Menschen zum Lachen bringen, sollten geistreich und witzig genannt werden.⁵²

Nun schaltet sich derjenige Offizier ein, der die Anekdote über die Exerzierübung erzählt hat: Er meint, dass Aglaïtadas ihnen äußerst böse sein würde, wenn sie von traurigen Ereignissen berichten würden, da er schon erzürnt ist, weil sie unterhaltsame Geschichten erzählen, ohne jemandem zu schaden.⁵³ Aglaïtadas widerspricht: Diejenigen, die ihre Freunde zum Lachen bringen, täten ihnen keinen Gefallen. Vielmehr würden diejenigen, die bei ihnen Tränen auslösen, Gutes bewirken, da ja auch Väter, Lehrer und Gesetze dadurch die Tugenden der Selbstbeherrschung (σωφροσύνη) und Gerechtigkeit (δικαιοσύνη) lehren, dass sie

---

47 Vgl. Cyr. 2,2,11–17.
48 Cyr. 2,2,11.
49 Cyr. 2,2,11.
50 Vgl. Cyr. 2,2,11: Τί δ' ἄλλο γ', ἔφη, εἰ μὴ γέλωτα ποιεῖν ἐθέλοντες ὑπὲρ οὗ λέγουσι ταῦτα καὶ ἀλαζονεύονται; („Ist es nicht so, dass sie nur Gelächter erregen wollen über denjenigen, über den sie prahlerisch diese Geschichten erzählen?")
51 Vgl. Cyr. 2,2,12.
52 Vgl. Cyr. 2,2,12: οἱ δὲ μηχανώμενοι γέλωτα τοῖς συνοῦσι μήτε ἐπὶ τῷ αὑτῶν κέρδει μήτ' ἐπὶ ζημίᾳ τῶν ἀκουόντων μήτε ἐπὶ βλάβῃ μηδεμιᾷ, πῶς οὐχ οὗτοι ἀστεῖοί ἂν καὶ εὐχάριτες δικαιότερον ὀνομάζοιντο μᾶλλον ἢ ἀλαζόνες. („Diejenigen aber, die die Gesellschaft zum Lachen bringen und dies nicht zu ihrem eigenen Nutzen oder zum Schaden der Zuhörer oder mit einer anderen bösen Absicht tun – sollte man sie nicht mit größerem Recht geistreich und witzig als prahlerisch nennen?")
53 Vgl. Cyr. 2,2,13.

die Menschen zum Weinen bringen (gemeint ist: für falsche Handlungen bestrafen). Aglaïtadas äußert aber Zweifel daran, dass diejenigen, die Gelächter erzeugen, die Menschen körperlich oder intellektuell dazu befähigen, den Haushalt oder den Staat besser zu verwalten.⁵⁴

Das Gespräch endet mit Spott: Hystaspas bittet Aglaïtadas, das wertvolle Mittel, jemanden zum Weinen zu bringen, gegen die Feinde einzusetzen, seine Freunde aber mit etwas so Minderwertigem wie dem Lachen zu beglücken.⁵⁵ Schließlich gelingt es sogar, den ernsten Aglaïtadas zu einem Lächeln zu bewegen, und die Diskussion ist beendet, ohne dass die diskutierte Frage gelöst wurde.⁵⁶

Die referierte Diskussion betrachtet Reichel als übersehene Reflexion von literaturtheoretischer Bedeutung, die er folgendermaßen auswertet:⁵⁷

> Die Diskussion in *Cyr.* 2,2 bezieht sich auf das mündliche Erzählen witziger Geschichten; es geht dabei aber natürlich um fingierte Mündlichkeit im Rahmen eines schriftlich konzipierten Werkes. Man kann mit Sicherheit annehmen, daß es sich hier nicht allein um eine theoretische Diskussion handelt, sondern zugleich um eine literarische Selbstaussage des Verfassers der *Kyrupädie*. Diese Schrift enthält eine ganze Reihe von fiktionalen Logoi, die im äußerlich historischen Rahmen des Werkes Anstoß erregen konnten. [...] Mit den Worten des Kyros will Xenophon seine eigene Darstellungsweise rechtfertigen, indem er die Unschädlichkeit und das Eigenrecht fiktionaler Erzählung herausstellt. Xenophons Diskussion in *Cyr.* 2,2 ist die erste Rechtfertigung fiktionalen Erzählens in Prosa, die sich in der Antike findet.

Darüber hinaus sieht Reichel einen intertextuellen Bezug zwischen der Erörterung in der Kyrupädie und Platons Dichterkritik.⁵⁸ Im Folgenden soll aber zuerst (1) die These, dass Xenophons Diskussion in der Kyrupädie (2,2) die erste Rechtfertigung von fiktionalen Prosaerzählungen ist, überprüft werden (dieser These hat Büttner⁵⁹ bereits widersprochen),⁶⁰ bevor (2) analysiert wird, ob eine Platon-Polemik vorliegt.

---

54 Vgl. Cyr. 2,2,14.
55 Vgl. Cyr. 2,2,15.
56 Vgl. Cyr. 2,2,15–17.
57 Reichel (1997) 105. Für die fiktionalen Logoi in der Kyrupädie verweist Reichel auf Reichel (1995).
58 Zu Platons Dichterkritik s. das Kapitel 4.3.2 dieser Arbeit.
59 Vgl. Büttner (2000) 140 f., dem zufolge sich die These, dass die Fiktionalität seit Xenophon legitimiert werde, ebenso wenig halten lässt wie die These, dass sie seit Aristoteles legitimiert werde, und der betont, dass man auch mit Blick auf Platon nicht von einer Legitimierung der Fiktionalität sprechen kann; vgl. S. 141 Fußn. 56: „Autonomie und die Fiktionalität von Literatur haben somit weder in Platons noch in Aristoteles' Literaturtheorie einen Platz. Dasselbe gilt für

(1) Aglaïtadas' Frage, ob diejenigen, die unterhaltsame Anekdoten erzählen, wie sie die beiden Offiziere vorgetragen haben, die Wahrheit sagen,[61] ist zweifelsohne eine rhetorische Frage. Seine Aussage ist also, dass die Erzähler der Anekdoten die Unwahrheit sagen. Dabei bewertet Aglaïtadas die Anekdoten als faktualen Diskurs, und zwar als falschen faktualen Diskurs. Denn seine rhetorische Frage scheint mit einem Vorwurf verknüpft zu sein, der die Diskussion über den Status der Texte auslöst. Dieser Vorwurf besteht darin, dass Aglaïtadas die Anekdoten-Erzähler als Prahler (ἀλαζόνες) bezeichnet.[62] Den Charakter des Vorwurfs kann man auch daran erkennen, dass Kyros anschließend die Erzähler der unterhaltsamen Anekdoten gegen den Vorwurf der Prahlerei in Schutz nimmt.[63]

Kyros' Antwort auf Aglaïtadas' rhetorische Frage, die wiederum eine rhetorische Frage ist, lässt sich entnehmen, dass er die referierten Anekdoten nicht als unwahr oder sogar erlogen ansieht. Kyros argumentiert zwar nicht für die His-

---

die literarkritischen Äußerungen Xenophons in Cyr. 2,2, der nach M. Reichel [...] der erste antike Autor gewesen sein soll, der fiktionales Erzählen gerechtfertigt hat. Wie Reichel (ebd. 103) richtig anmerkt, sollen nach Xenophon die Geschichten die Zuhörer zum Guten anspornen; also wird auch hier nach der Verhaltenssteuerung, die durch die Fiktion bewirkt wird, gefragt." Nach Büttner (ib.) gehört zur Definition der Fiktion u. a. auch, dass „die vom Fingierten ausgehende Verhaltenssteuerung" nicht überprüft wird (s. die nächste Fußn.). Mit seinen Äußerungen über Aristoteles wendet sich Büttner gegen Rösler (1980).
60 Büttners (2000) 140 f. Ansicht, dass sich die These, dass die Fiktionalität seit Xenophon legitimiert werde, nicht halten lässt, ist zwar zutreffend. Aber sie muss insofern modifiziert werden, als bei Xenophon nicht über die Frage nach der literarischen Fiktion, sondern über die Frage nach „wahr" und „falsch" mit Bezug auf einen faktualen Diskurs reflektiert wird. Büttner hingegen folgt Reichels Ergebnis, dass der Xenophontische Kyros die unterhaltsamen Anekdoten als fiktive Geschichten in Schutz nimmt. Der Umstand, dass Büttner dennoch bestreitet, dass die Fiktionalität seit Xenophon legitimiert werde, erklärt sich dadurch, dass er in die Definition der Fiktionalität die Bestimmung aufnimmt, dass bei fiktionalen Texten die von ihnen ausgehende Wirkung („Verhaltenssteuerung") nicht überprüft wird (vgl. Büttner [2000] 140 f. Fußn. 56: „Wenn zur Entdeckung der Fiktionalität gehört, erstens Fiktion als solche zu kennen und für ein legitimes Mittel zu halten, zweitens vom Fingierten keine historische oder physikalische Wahrheit zu fordern und drittens das Fingierte weder auf den Wahrheitsgehalt eines von außen herangetragenen Systems zu beziehen, sondern ihm seine eigene, poetische bzw. ästhetische Wahrheit zu belassen, noch die vom Fingierten ausgehende Verhaltenssteuerung zu überprüfen [...].") Diese strenge Definition der Fiktion ist aber unbegründet, da von einem fiktionalen Text selbstverständlich wie von jedem anderen Text auch eine Wirkung auf den Rezipienten ausgeht. In der modernen Fiktionsforschung wird sogar das Phänomen diskutiert, dass fiktionale Texte eine größere emotionale Wirkung bei den Rezipienten hervorrufen können als faktuale Texte, obwohl in fiktionalen Texten nicht-wirkliche Ereignisse geschildert werden; vgl. Zipfel (2001) 252–256.
61 Vgl. Cyr. 2,2,11; s. S. 109.
62 Vgl. Cyr. 2,2,11; s. S. 109, Fußn. 50.
63 Vgl. Cyr. 2,2,12 f.; s. teilweise S. 109, Fußn. 52.

torizität der geschilderten Ereignisse in der Form, dass er beweisen kann, dass sie sich so zugetragen haben, wie die Offiziere sie darstellen. Diesen Nachweis kann Kyros nicht erbringen. Aber durch die Gegenfrage, mit welcher Absicht die Offiziere lügen sollten, drückt er seine Meinung aus, dass sich nicht erkennen lässt, dass sie von nicht-wirklichen Ereignissen berichten. Folglich hält er die Anekdoten für wahre Geschichten und somit für einen wahren faktualen Diskurs.

Man wird also Reichels Behauptung nicht zustimmen können, dass der Xenophontische Kyros implizit die Voraussetzung akzeptiert, dass die vorgetragenen Erzählungen nicht wahr sind.[64] Auch das folgende μηχανώμενοι, auf das Reichel in diesem Zusammenhang verweist, berechtigt nicht zu dieser Annahme. Denn wenn Kyros davon spricht, dass diejenigen, die die Menschen zum Lachen bringen (οἱ δὲ μηχανώμενοι γέλωτα), geistreich und witzig genannt werden sollten,[65] reflektiert er über die Wirkung der Anekdoten, ohne dass aus der Wirkung auf den Wahrheitsgehalt der Anekdoten geschlossen werden kann. Ferner wird aus dem Umstand, dass Kyros seine Leute gegen den Vorwurf verteidigt, Prahler zu sein, deutlich, dass er von der Faktizität der geschilderten Ereignisse überzeugt ist. Denn er verteidigt sie mit dem Hinweis, dass ein Prahler (ἀλαζών) jemand ist, der sich besser darstellt, als er ist, um sich einen Vorteil zu verschaffen.[66] Da der Vorgang, sich besser darzustellen, als man ist, eine Abweichung von der Realität impliziert, gegen die Kyros seine Offiziere in Schutz nimmt, argumentiert er für die Faktizität der geschilderten Ereignisse.[67]

(2) Für die zweite von Reichel aufgestellte These, nämlich dass die literaturtheoretische Diskussion in der Kyrupädie (2,2) eine gegen Platon gerichtete Polemik darstellt, sprechen ihm zufolge die folgenden Argumente:[68]

Der Ausgangspunkt der Dichterkritik sei die Feststellung, dass die von den Dichtern erzählten Mythen im Großen und Ganzen Lügen seien.[69] Mit demselben

---

64 Vgl. Reichel (1997) 106.
65 Vgl. Cyr. 2,2,12; s. S. 109, Fußn. 52.
66 Vgl. Cyr. 2,2,12.
67 Da bei Xenophon nicht über die Frage nach der literarischen Fiktion, sondern über die Frage nach „wahr" und „falsch" mit Bezug auf einen faktualen Diskurs reflektiert wird, lässt sich auch Reichels (1997) 105 Annahme der Autoreflexivität nicht halten, d. h. die Annahme, dass Xenophon implizit über die Fiktionalität des eigenen Werkes spricht. Darüber hinaus besteht ein wesentlicher Unterschied zwischen der Homodiegese der unterhaltsamen Anekdoten und der Heterodiegese der Kyrupädie.
68 Vgl. Reichel (1997) 105–108.
69 Reichel (1997) 105f. verweist auf Plat. rep. 377a5: ὡς τὸ ὅλον εἰπεῖν ψεῦδος. Vgl. aber Reichel (ib.) 106: „Während der Platonische Sokrates an einem wesentlichen Charakteristikum der Dichtung, ihrer ‚Fiktionalität', Anstoß nimmt [...]." Der Begriff der Fiktionalität wird anscheinend unreflektiert verwendet.

Vorwurf beginne Aglaïtadas seine Kritik an den vorgetragenen Erzählungen. Folglich verteidige der Xenophontische Kyros das, woran der Platonische Sokrates Anstoß nehme, nämlich die Fiktionalität.[70]

Der Platonische Sokrates wende gegen die Dichtkunst ein, dass die Dichter die Menschen oft als vom Gelächter überwältigt darstellen. Eine derartige Darstellung würde Schaden auf die Wächter des Staates ausüben.[71] Bei Xenophon hingegen verteidigt Kyros diejenigen, die unterhaltsame Geschichten erzählen: Sofern sie auf keinen Vorteil bedacht sind und niemandem schaden, sollten sie nicht kritisiert, sondern geistreich und witzig genannt werden.[72]

Sowohl in Platons Dichterkritik als auch in der Diskussion bei Xenophon sei die Auswirkung der Erzählungen auf die Erziehung der Leitgedanke: Bei Platon stehe die Erziehung der Wächter im Mittelpunkt; Aglaïtadas beziehe sich auf die Erziehung, wenn er betone, dass die Väter und Lehrer ihre Söhne belehren, indem sie sie zum Weinen bringen, wohingegen er dem Lachen eine didaktische Wirkung abspricht.[73] Da das Erziehungsargument im Zusammenhang der Kyrupädiestelle „eher an den Haaren herbeigezogen" erscheine, erkläre sich die Tatsache, dass Xenophon einen Taxiarchen über Fragen der Erziehung philosophieren lässt, dadurch, dass eine Anspielung auf die Forderungen des Platonischen Sokrates vorliegt.[74] Die Bezugnahme auf die *Politeia* gehe auch daraus hervor, dass Aglaïtadas auf die Erziehung der Bürger durch die Gesetze eingeht und die Frage

---

70 Vgl. Reichel (1997) 106, dem zufolge der Xenophontische Kyros implizit die Voraussetzung akzeptiert, dass die vorgetragenen Erzählungen nicht wahr sind. Ferner sollte ihm zufolge der Gattungsunterschied zwischen (epischer und tragischer) Dichtkunst bei Platon und mündlichen Prosaerzählungen bei Xenophon nicht überbewertet werden, da das *tertium comparationis* die Fiktionalität sei. Eine Verbindung zwischen den Gattungen werde auch durch den Ausdruck ἐν ᾠδαῖς καὶ ἐν λόγοις (Cyr. 2,2,13) hergestellt.
71 Reichel (1997) 106 verweist auf Plat. rep. 388e4–389a1: Ἀλλὰ μὴν οὐδὲ φιλογέλωτάς γε δεῖ εἶναι. σχεδὸν γὰρ ὅταν τις ἐφιῇ ἰσχυρῷ γέλωτι, ἰσχυρὰν καὶ μεταβολὴν ζητεῖ τὸ τοιοῦτον. [...] Οὔτε ἄρα ἀνθρώπους ἀξίους λόγου κρατουμένους ὑπὸ γέλωτος ἄν τις ποιῇ, ἀποδεκτέον, πολὺ δὲ ἧττον, ἐὰν θεούς. („Aber sie dürfen auch nicht zum Gelächter neigen. Denn wenn jemand sich einem starken Gelächter hingibt, strebt ein solches auch nach einer starken Veränderung. [...] Man darf es also nicht akzeptieren, wenn jemand Menschen, die der Rede wert sind, von Gelächter überwältigt darstellt, viel weniger aber noch, wenn jemand Götter so darstellt.") Reichel (ib.) ergänzt: „In leicht veränderter Form erscheint das Argument nochmals im Rahmen der ‚ontologischen' Dichterkritik' des X. Buches der *Politeia* in 606C."
72 Vgl. Cyr. 2,2,12 (s. S. 109, Fußn. 52); Reichel (1997) 106f., der ergänzt, dass bei Platon die Beurteilung der Dichtung vom Gedanken der Mimesis geleitet sei, also von der Annahme, dass die Rezipienten das Verhalten bzw. die Affekte nachahmen. Bei Xenophon hingegen würden in den Anekdoten abschreckende Beispiele erzählt werden.
73 Vgl. Cyr. 2,2,14.
74 Vgl. Reichel (1997) 107.

stellt, ob das Lachen die Menschen körperlich oder intellektuell dazu befähigt, den Haushalt oder den Staat besser zu verwalten.[75]

Aufgrund dieser Beobachtungen gelangt Reichel zu dem Schluss, dass Xenophon in der Kyrupädie (2,2,1–17) auf zentrale Punkte aus Platons Dichterkritik eingeht, indem er Kyros und die beiden Offiziere, die die Anekdoten erzählen, zu seinem Sprachrohr macht. Die Ansichten des Platonischen Sokrates würden in Gestalt von Aglaïtadas zum Vorschein kommen. Allerdings macht Reichel auch darauf aufmerksam, dass die Verteilung der Standpunkte nicht in jeder Hinsicht konform ist.[76]

Die Annahme, dass Xenophon in der Kyrupädie gegen Platons *Politeia* polemisiert, gewinnt nach Reichel noch durch andere Zeugnisse an Wahrscheinlichkeit. Insbesondere eine Stelle bei Gellius zeige, dass die Kyrupädie als Gegenentwurf zu Platons *Politeia* konzipiert sei:[77]

> Id etiam esse non sincerae neque amicae voluntatis indicium crediderunt, quod Xenophon inclito illi operi Platonis, quod de optimo statu reipublicae civitatisque administrandae scriptum est, lectis ex eo duobus fere libris, qui primi in volgus exierant, opposuit contra conscripsitque diversum regiae administrationis genus, quod παιδείας Κύρου inscriptum est. Eo facto scriptoque eius usque adeo permotum esse Platonem ferunt, ut quodam in libro mentione Cyri regis habita detractandi levandique eius operis gratia virum quidem Cyrum

---

[75] Vgl. Cyr. 2,2,14. Reichel (1997) 108 sieht hierin eine Anspielung auf Plat. rep. 599d, wo Sokrates Homer auffordert, dass er, wenn er wisse, welche Beschäftigungen die Menschen im privaten oder öffentlichen Leben besser oder schlechter machen, sagen solle, welche Stadt durch ihn zu einer besseren Verfassung gekommen sei. Ferner verweist er auf rep. 600d1 (οὔτε οἰκίαν οὔτε πόλιν [...] διοικεῖν οἷοί τ' ἔσονται) und darauf, dass mit der Selbstbeherrschung (σωφροσύνη) und der Gerechtigkeit (δικαιοσύνη) zwei zentrale Begriffe der *Politeia* in Aglaïtadas' Rede (Cyr. 2,2,14) vorkommen.

[76] Vgl. Reichel (1997) 108. Denn der Platonische Sokrates lehnt sowohl die Darstellung des Gelächters als auch diejenige des Weinens ab, da die σωφροσύνη der Wächter hierdurch beeinträchtigt werde (vgl. Plat. rep. 387d1). Aglaïtadas hingegen ist der Meinung, dass gerade das Weinen die σωφροσύνη stärkt, wohingegen die Offiziere Kritik an Erzählungen für angebracht halten, wenn diese die Menschen zum Weinen bringen (vgl. Cyr. 2,2,13–15). Reichel scheint aber diese Diskrepanz für nicht gravierend zu halten, wenn er einerseits grundsätzlich feststellt, dass die Offiziere das Lachen im Gegensatz zum Weinen bzw. Freude statt Verdruss im Blick haben, während es bei Platon darum gehe, die Gefühle überhaupt unter Kontrolle zu bringen, und wenn er andererseits die Bemerkung anschließt, dass Xenophon gegen Dichtungen oder Erzählungen, die die Zuhörer zu einem mitfühlenden Weinen bewegen, sicherlich ebenso wenig einzuwenden habe wie gegen solche, die Gelächter hervorrufen (Reichel verweist auf das Ende der Pantheia-Erzählung: Cyr. 7,3).

[77] Gell. 14,3,3 f. Gellius bezieht sich am Ende des Zitates auf Plat. leg. 694c5 f. Zu weiteren Stellen über eine Rivalität zwischen Platon und Xenophon vgl. Reichel (1997) 109 und die dort angegebene Literatur.

gnavum et strenuum fuisse dixerit, παιδείας δὲ οὐκ ὀρθῶς ἧφθαι τὸ παράπαν; haec enim verba sunt de Cyro Platonis.

Man glaubt auch, dass die Tatsache kein Anzeichen für eine aufrichtige und freundschaftliche Intention war, dass Xenophon jenem berühmten Werk Platons, das über die beste Verfassung des Staates und der Bürgerschaft geschrieben ist, nachdem er ungefähr zwei Bücher daraus gelesen hatte, die zuerst publiziert worden waren, als Gegenentwurf eine unterschiedliche Art der königlichen Herrschaft entgegengestellt und verfasst hat, die den Titel „Kyrupädie" trägt. Es heißt, dass Platon durch dessen Tat und Schrift derart aufgewühlt worden ist, dass er, da in einem Buch der König Kyros erwähnt wird, gesagt hat, um dessen Werk stark herabzusetzen, dass Kyros ein umtriebiger und tüchtiger Mann gewesen sei, dass er aber „insgesamt betrachtet nicht die richtige Erziehung genossen habe"; das sind nämlich Platons Worte über Kyros.

Ob man dieser Überlieferung Glauben schenken darf, ist jedoch – wie Reichel selbst zu bedenken gibt – ungewiss. Gellius selbst distanziert sich an einer anderen Stelle von dieser Überlieferung.[78] Ferner wurde in der Forschung die Meinung vertreten,[79] dass sich die angebliche Rivalität zwischen Platon und Xenophon einer alexandrinischen Spekulation verdankt, die aus den Schriften herausgelesen worden ist.[80]

Auch die These, dass die literaturtheoretische Diskussion in der Kyrupädie (2,2) eine gegen Platon gerichtete Polemik darstellt, ist differenziert zu betrachten. Nicht alle von Reichel zur Stützung dieser These vorgebrachten Argumente erweisen sich als stichhaltig. Auf ein Problem macht Reichel selbst aufmerksam: Die Gattungen, die zur Debatte stehen, sind unterschiedlich: Bei Platon stehen das Epos (inklusive Hesiods Lehrgedicht) und die Tragödie im Mittelpunkt der Diskussion; bei Xenophon wird über unterhaltsame Anekdoten debattiert.[81]

---

78 Vgl. Gell. 14,3,7 f.
79 Vgl. Riginos (1976) 108–110 und die bei Reichel (1997) 109 f. angegebene Literatur.
80 Reichel (1997) 109–111 argumentiert dafür, dass die Rede von der Rivalität zwischen Platon und Xenophon aus mehreren Gründen ernst zu nehmen ist: das Detail *lectis ex eo duobus fere libris, qui primi in volgus exierant* zeige, dass Xenophon eine zusätzliche Quelle ausgeschöpft habe; die Datierung der Werke der beiden Autoren ermögliche eine Xenophon-Polemik gegen Platon; das unterschiedliche Temperament der beiden Schriftsteller mache eine Rivalität plausibel; beide würden dieselben Themen mit denselben Intentionen behandeln.
81 Der Hinweis darauf, dass eine Verbindung zwischen den Gattungen auch durch den Ausdruck ἐν ᾠδαῖς καὶ ἐν λόγοις hergestellt werde, ist wenig überzeugend. Denn dieser Ausdruck ist Teil eines Satzes, in dem der Offizier, der die Anekdote über die Exerzierübung erzählt hat, behauptet, dass Aglaïtadas den Anekdoten-Erzählern äußerst böse sein würde, wenn sie von traurigen Ereignissen berichten würden, wie es manche „in Gedichten und Erzählungen" (ἐν ᾠδαῖς καὶ ἐν λόγοις) tun, da er schon erzürnt ist, weil sie unterhaltsame Geschichten erzählen, ohne jemandem zu schaden; vgl. Cyr. 2,2,13.

Noch wichtiger als die Tatsache, dass über verschiedene Gattungen diskutiert wird, ist aber der Umstand, dass über verschiedene Inhalte diskutiert wird: In der Dichterkritik zielt die Diskussion maßgeblich auf die Darstellung der Götter und Heroen ab. Der Platonische Sokrates dringt darauf, dass diese gut sind und folglich nur gut dargestellt werden dürfen, damit die Jugendlichen richtig erzogen werden. Bei Xenophon hingegen liegt keine ethisch-pädagogische Diskussion in diesem Maße vor. Ein derartiger Charakter kann zwar nicht gänzlich geleugnet werden, da es einleitend in Kapitel 2,2 der Kyrupädie heißt, dass Kyros bei informellen Zusammenkünften mit seinen Offizieren besonderen Wert auf das Erzählen von unterhaltsamen und zugleich zweckdienlichen Geschichten legte.[82] Insofern darf man in den beiden Anekdoten, die im Folgenden referiert werden und den Anlass zur literaturtheoretischen Diskussion bilden, Geschichten sehen, die (nach Kyros) sowohl unterhaltsam als auch nützlich sind. Aber der Schwerpunkt der Diskussion liegt – zumindest für Kyros – auf der Frage nach der Unterhaltsamkeit der Anekdoten.

Eine weitere Inkongruenz zwischen den beiden literaturtheoretischen Diskussionen besteht darin, dass, wie Reichel es formuliert, Platon die Darstellung lachender Menschen im Blick hat, wohingegen bei Xenophon in den Anekdoten lächerliche Menschen beschrieben werden.[83] Noch wichtiger als dieser Unterschied, der eher eine Nuance darstellt, ist aber die Tatsache, dass der Platonische Sokrates sowohl das Wehklagen als auch das (übermäßige) Lachen verurteilt, worauf Reichel selbst hinweist.[84] Unter der Prämisse, dass Kyros und die beiden Offiziere, die die Anekdoten erzählen, Xenophons Sprachrohr sind und die Ansichten des Platonischen Sokrates in Gestalt von Aglaïtadas zum Vorschein kommen, lässt sich daher die Annahme kaum halten, dass Xenophon hier gegen Platon polemisiert. Eine Antwort auf Platon liegt allenfalls teilweise vor.

Auch Reichels Argument, dass sowohl in Platons Dichterkritik als auch in der Diskussion bei Xenophon die Auswirkung der Erzählungen auf die Erziehung der Leitgedanke sei, ist differenziert zu betrachten. Zweifelsohne ist Reichel darin zuzustimmen, dass bei Platon die Erziehung der Wächter im Mittelpunkt steht. Bei Xenophon kann man jedoch nur in einem eingeschränkten Sinne davon sprechen, dass die Erziehung thematisiert wird. Dies ist, wie Reichel selbst bemerkt, nur insofern der Fall, als Aglaïtadas betont, dass die Väter und Lehrer ihre Söhne

---

82 Vgl. Cyr. 2,2,1; s. S. 108, Fußn. 44.
83 Vgl. Reichel (1997) 106, der darauf hinweist (Fußn. 5), dass es auch bei Platon (rep. 606c2–9) um den lächerlichen Menschen geht.
84 Vgl. Plat. rep. 387d1: Καὶ τοὺς ὀδυρμοὺς ἄρα ἐξαιρήσομεν καὶ τοὺς οἴκτους. („Also werden wir auch das Jammern und das Klagen beseitigen."); rep. 388e4–389a1 (s. S. 113, Fußn. 71); Reichel (1997) 108.

belehren, indem sie sie zum Weinen bringen, wohingegen er dem Lachen eine didaktische Wirkung abspricht.[85] Aber bei Xenophon steht die Erziehung keineswegs im Mittelpunkt der Diskussion, sondern es geht vielmehr um den Wahrheitsgehalt und die Wirkung der erzählten Anekdoten. Aglaïtadas' Erziehungsargument ist nur ein untergeordnetes Argument, um die Diskussionsteilnehmer von seiner Meinung zu überzeugen, dass das Weinen im Gegensatz zum Lachen eine nützliche Funktion entfaltet.

Dieser Befund berechtigt aber weder zu der Aussage, dass das Erziehungsargument im Zusammenhang der Kyrupädiestelle „eher an den Haaren herbeigezogen" erscheint, noch zu der Schlussfolgerung, dass, wenn Xenophon einen Taxiarchen über Fragen der Erziehung philosophieren lässt, eine Anspielung auf die Forderungen des Platonischen Sokrates vorliegt. Vielmehr erklärt sich das Erziehungsargument an der Kyrupädiestelle auf die soeben dargelegte Weise: es erfüllt seine Funktion innerhalb der Argumentation des Aglaïtadas. Die Diskussion wiederum, die zwischen Kyros und seinen Offizieren stattfindet, berichtet Xenophon, um Kyros' Charakterzug zu illustrieren, bei gemeinsamen Zusammenkünften besonderen Wert auf das Erzählen von unterhaltsamen und zugleich zweckdienlichen Geschichten zu legen.

Erst recht die Annahme, dass die Bezugnahme auf die *Politeia* auch daraus hervorgeht, dass Aglaïtadas die Frage stellt, ob das Lachen die Menschen körperlich oder intellektuell dazu befähigt, den Haushalt oder den Staat besser zu verwalten,[86] ist wenig zwingend. Denn die Parallele zur *Politeia* ist rein äußerlich.[87] Der Hinweis, dass mit der Selbstbeherrschung (σωφροσύνη) und der Gerechtigkeit (δικαιοσύνη) zwei zentrale Begriffe der *Politeia* in Aglaïtadas' Rede vorkommen,[88] ist nicht ausreichend, um eine gegen Platon gerichtete Polemik nachzuweisen.[89]

Daher lässt sich eine Antwort oder sogar eine Polemik von Seiten Xenophons gegen Platon im strengen Sinne nicht erkennen. Vielmehr lässt sich der Zusam-

---

85 Vgl. Cyr. 2,2,14.
86 Vgl. Cyr. 2,2,14; Reichel (1997) 108.
87 Dies gilt sowohl für Plat. rep. 599d, wo Sokrates Homer auffordert, dass er, wenn er wisse, welche Beschäftigungen die Menschen im privaten oder öffentlichen Leben besser oder schlechter machen, sagen solle, welche Stadt durch ihn zu einer besseren Verfassung gekommen sei, als auch ganz besonders für rep. 600d1 (οὔτε οἰκίαν οὔτε πόλιν [...] διοικεῖν οἷοί τ' ἔσονται).
88 Vgl. Cyr. 2,2,14; Reichel (1997) 108.
89 Reichels unterstützendes Argument, dass die in antiken Quellen bezeugte Rivalität zwischen Platon und Xenophon die Platon-Polemik glaubhaft erscheinen lässt, ist, wie er selbst zu erkennen gibt, zweifelhaft und umstritten. Da es sich um ein unterstützendes Argument handelt, ist eine nähere Überprüfung nicht dringend erforderlich (und aufgrund der fraglichen Glaubwürdigkeit der Quellen kaum möglich).

menhang zwischen den beiden literaturtheoretischen Diskussionen durch den Diskursbegriff am besten beschreiben: Sowohl Platon als auch Xenophon nehmen an einem Diskurs teil, der in der ersten Hälfte des vierten Jahrhunderts v. Chr. (und nicht nur damals) aktuell gewesen zu sein scheint. In diesem Diskurs wurden der Wahrheitswert und die Wirkung der Literatur diskutiert (darüber hinaus bewegen sich Platon und Xenophon im Diskurs über die richtige Erziehung).

4 Fiktion auf der Ebene der Geschichte

4.1 Hesiod über die plausible Fiktion (Theog. 26–28)

Im Proömium der Theogonie (um 700 v. Chr.) findet sich eine Stelle innerhalb des Musenhymnus, deren Auslegung höchst umstritten ist und an der möglicherweise über die literarische Fiktion reflektiert wird. An dieser Stelle sprechen die Musen den Hirten Hesiod[1] am Hang des Helikon an:[2]

ποιμένες ἄγραυλοι, κάκ' ἐλέγχεα, γαστέρες οἶον,
ἴδμεν ψεύδεα πολλὰ λέγειν ἐτύμοισιν ὁμοῖα,
ἴδμεν δ', εὖτ' ἐθέλωμεν, ἀληθέα γηρύσασθαι.

Hirten im Freien, ihr nichtswürdigen Menschen, nur auf den Bauch bedacht,
wir können viel Unwahres (ψεύδεα) sagen, das dem Wahren ähnlich[3] ist,
wir können aber auch, wenn wir wollen, Wahres verkünden.

Angesichts der beinahe unzähligen Positionen in der Frage, wie insbesondere die Verse 27 und 28 des Theogonie-Proömiums zu verstehen sind,[4] können im Zuge der Interpretation nicht alle Deutungen ausführlich diskutiert werden.[5] Vielmehr

---

1 Trotz des Plurals in V. 26 wird wohl nur Hesiod angesprochen (anders: Svenbro [1976] 62 et passim; Theraios [1974] 137); andere Hirten werden im gesamten Proömium nicht erwähnt. Vgl. Hom. hymn. Cer. 255 f., wo ebenfalls eine Person (Metaneira) angesprochen wird, wenngleich die Anrede (νήιδες ἄνθρωποι) im Plural steht. Zur Intertextualität zwischen Hesiod und Kallimachos mit Bezug auf die Begegnung mit den Musen (fr. 2 und 112,5 f. Pfeiffer) vgl. Pretagostini (1995).
2 Theog. 26–28.
3 Nagy (2010) hat Heidens (2007) Meinung widerlegt, dass ὁμοῖος in der frühen griechischen Epik keine Ähnlichkeit ausdrücke, sondern die Bedeutung ‚having the same quality' trage, indem er die angezweifelte Bedeutung an Belegstellen aus der frühen griechischen Dichtung (insbesondere bei Homer und Hesiod) nachgewiesen hat. Zu ἔτυμος und ἀληθής vgl. Krischer (1965).
4 Diese Verse haben in der Forschung den Status eines Rätsels erlangt; vgl. z. B. Pucci (1977) 8: „As is well known, the Muses, patron goddesses of poetry, utter in the *Theogony* (26 ff.) one of the most enigmatic statements about poetry to be found in Greek literature."
5 Vgl. die Forschungsüberblicke bei Pucci (2007) 60–64 ad Hes. Theog. 26–28; Katz/Volk (2000) 122–124; Buongiovanni (1987) 9–13; Stroh (1976) und zusätzlich die folgenden Forschungsbeiträge: Rösler (2014) 374; Halliwell (2011) 13–19; Nagy (2010); Brillante (2009) 35–38 und 187–191; Primavesi (2009) 108–112; Tsagalis (2009) 133 f.; Heiden (2007); Arrighetti (2006) 3–11; Stoddard (2004) 60–97; Clay (2003) 58–64; Ledbetter (2003) 43–47; Scodel (2001); Finkelberg (1998) 157–159; Pöhlmann (1998) 248; Nagy (1996); Rudhardt (1996) 29 f.; Leclerc (1993) 204–221; Bowie (1993) 20–22; Pratt (1993) 106–113; Arrighetti (1996 [zuerst 1992]); Stein (1990) 10 f.; Nagy (1990) 44–47; Nagy (1989) 32 f.; Puelma (1989) 75; Clay (1988); Ferrari (1988); Belfiore (1985); Heath (1985) 258; Marg (1984) 88–90; Thalmann (1984) 143–149; Walsh (1984) 26–33; Arthur (1983) 104–106; Bergren

soll Strohs Auslegung überprüft (und die Kritik gegen sie berücksichtigt) werden, dass Hesiod in V. 27 f. des Theogonie-Proömiums den Fiktionscharakter zumindest der eigenen Dichtung in der Form offenlegt, dass (zumindest seine eigene) Dichtung sowohl aus Wahrem als auch aus Fiktivem besteht.[6] Diese Interpretation ist zumindest insofern deutlich einfacher als diejenigen Deutungen, denen zufolge Hesiod gegen Homer bzw. das heroische Epos (oder andere Konkurrenten) polemisiert,[7] als die Gegner der vermeintlichen Polemik von Hesiod nicht genannt werden und eine Polemik – oder auch nur eine explizite Auseinandersetzung mit anderen Dichtern – an keiner (anderen) Stelle des Theogonie-Proömiums hervorscheint.[8]

Strohs Interpretation muss – wenn sie zutrifft – nur in der Form präzisiert bzw. vereinheitlicht werden, dass gesagt wird, dass Hesiod die Fiktionalität der Dichtung im Blick hat, nicht ihre Lügen.[9] Denn „Fiktionalität" und „Lügen" sind nicht austauschbare Synonyme, die sich lediglich durch ihren unterschiedlich häufigen Gebrauch unterscheiden.[10] Vielmehr verweisen diese Begriffe auf unterschiedliche Phänomene, indem die literarische Fiktion bzw. Fiktionalität auf eine anerkannte soziale Praxis verweist, bei der der Maßstab richtig – falsch nicht

---

(1983) 70 und 87; Nagy (1982) 48; Murray (1981) 91; Kannicht (1996 [zuerst 1980]) 191–202; Neitzel (1980); Pucci (1980); Rösler (1980) 296; Pucci (1977) 8–16; Svenbro (1976) 46–73; Theraios (1974); Verdenius (1972); Harriott (1969) 112 f.; Barmeyer (1968) 106–108; Büchner (1968); Detienne (1967) 51–80; Nilsson (1967) 621; West (1966) 162 ad Hes. Theog. 26–28; Bradley (1966) 34; Kambylis (1965) 61–63; Accame (1963) 407–410; Lanata (1963) 25 ad Hes. Theog. 27–28; Havelock (1963) 104 f.; Maehler (1963) 39–43; Koller (1963) 30; Fränkel (1962) 104–119; Walcot (1960) 37; Luther (1958) 81; Koller (1956) 169; Mehmel (1954) 19 und 29; Otto (1962 [zuerst 1952]); Wade-Gery (1949) 86; Latte (1946); Luther (1935) 125; Wilamowitz-Moellendorff (1920) 473.

6 Vgl. Stroh (1976).
7 Diese Deutungen stellen die bevorzugte Forschungsmeinung dar; zuletzt vertreten z. B. durch Primavesi (2009) 108–112.
8 Vgl. Clay (2003) 60. Zwar ist offensichtlich, dass V. 27 Ähnlichkeiten zu Hom. Od. 19,203 aufweist (s. S. 125), aber es ist fraglich, ob Hesiod hierdurch eine bewusste Homerimitation anstrebt, da es auch möglich ist, dass der Vers (bzw. Bestandteile des Verses) epische Formelsprache widerspiegelt (widerspiegeln), und nicht sicher ist, ob Hesiods Theogonie nach den Homerischen Epen entstanden ist.
9 Stroh (1976) verwendet das Wortfeld der Fiktion nur selten; vgl. S. 86; 90; 109: „Die Musen reden im allgemeinen, und so ist denn offenbar beides [sc. ψεύδεα und ἀληθέα] beiden [sc. Hesiod und dem heroischen Epiker] zuzuordnen: Auch Hesiods Gedicht enthält Wahrheit [...], und umgekehrt findet sich im heroischen Epos ‚wahrscheinliche Fiktion'."
10 Stroh (1976) übersetzt ψεύδεα zumeist mit „Lüge", da, wie er sagt (S. 86 Fußn. 5), „das deutsche Wort [...] (wohl auch durch Nietzsches ‚Die Dichter lügen zu viel') einigermaßen eingebürgert ist". Anders herum gibt es Forscher, die den Begriff „Fiktion" i.S.v. „Falschheit, Lüge" verwenden; vgl. Murray (1981) 91; West (1966) 162 ad Hes. Theog. 26–28; s. auch die nächste Fußn. Zum Thema Nietzsche und die poetische Lüge vgl. die Monographie von Bindschedler (1966).

gilt, wohingegen die Lüge nicht anerkannt ist, sondern einen Teilbereich des Falschen abdeckt (als mit Vorsatz getätigte falsche Aussage).[11]

Für die These, dass Hesiod die Musen den Fiktionscharakter zumindest der eigenen Dichtung (der Theogonie) verkünden lässt, sprechen die folgenden textimmanenten Beobachtungen: Der unmittelbare Kontext des Musenhymnus (V. 1–35) legt die Deutung nahe, dass die Musen Aussagen treffen, die sich zumindest auf die Theogonie erstrecken: Hesiod beginnt die Theogonie mit einem Gesang über die Musen (V. 1–21). Warum er dies tut, wird im Folgenden deutlich, wenn Hesiod davon berichtet, dass er einst am Fuße des Helikon den Musen begegnet ist und von ihnen die Dichterweihe empfangen hat (V. 22–35). In diesem Abschnitt sprechen die Musen die drei Verse (26–28), die zur Diskussion stehen. Anschließend übergeben sie Hesiod einen Lorbeerstab und hauchen ihm ihre göttliche Stimme ein (V. 30–32), worin die Dichterweihe im engeren Sinne zu sehen ist. Sie beauftragen ihn u. a. damit, immer von ihnen selbst zuerst und zuletzt zu singen (V. 33 f.). Nach diesem kurzen Exkurs fährt Hesiod fort, über die Musen zu singen (V. 36–115), und erfüllt somit seinen Auftrag.[12]

Aus diesen Beobachtungen sind zwei Schlussfolgerungen zu ziehen: (1) Die Worte der Musen (V. 26–28) haben (wie alle anderen Elemente dieses Teils des Musenhymnus) einen unmittelbaren Bezug zur Theogonie. (2) Da Hesiod ohne Widerwillen vom ersten Vers an die Wünsche der Musen erfüllt, ist davon auszugehen, dass auch der Inhalt von V. 26–28 eingelöst wird.[13]

Da die Worte der Musen (V. 26–28) einen unmittelbaren Bezug zur Theogonie haben, liegt es nahe, sowohl die ἀληθέα als auch die ψεύδεα auf die Theogonie zu

---

[11] Daher lässt sich Scodels (2001) Kritik an Strohs (1976) Deutung nicht halten (aber teilweise nachvollziehen). Es ist nicht einzusehen, was dagegen spricht, dass Hesiod die Existenz von fiktionaler Dichtung kommentiert, ohne sie zu kritisieren. Wenn Scodel von der „Existenz von fiktionaler Dichtung" spricht, gewinnt man den Eindruck, als wäre „fiktional" synonym zu „falsch". Denn nur wenn „fiktional" synonym zu „falsch" wäre, könnte man sich darüber wundern, dass Hesiod die Existenz von fiktionaler Dichtung kommentiert, ohne sie zu kritisieren.
[12] Durch den Exkurs, in dem Hesiod von seiner Begegnung mit den Musen berichtet, erklären sich also auch die Entsprechungen zwischen V. 1 und 36 und die Funktion des viel diskutierten Abbruchverses 35: dieser schließt den Exkurs ab.
[13] Zwar spricht Hesiod davon, dass die Musen ihm aufgetragen haben, vom Zukünftigen und Vergangenen zu singen (V. 31 f.; in V. 36–38 ist zusätzlich die Rede von der Gegenwart, und zwar als Wissensbereich der Musen). Aber hierin ist kein Widerspruch zur Fiktionsthese in dem Sinne zu sehen, dass das Seiende (im weitesten Sinne) in Opposition zum Nicht-Seienden (der Fiktion) genannt wird. Vielmehr wird auf diese Weise das Thema genannt, das selbstverständlich nicht gänzlich erfunden ist: die Götter, Meere, Flüsse, Sterne, Menschen etc. (vgl. V. 104–110; zu den Menschen vgl. V. 50 und 100). Zu τά τ' ἐσσόμενα πρό τ' ἐόντα (V. 32) als das Göttliche vgl. Neitzel (1980) 397 f.

beziehen.¹⁴ Die Prämisse, dass man die ψεύδεα, die zumeist vorschnell mit „Lügen" übersetzt werden, auf etwas beziehen muss, was außerhalb von Hesiods Dichtung (zumindest der Theogonie) liegt, erweist sich als kaum haltbar.¹⁵ In diesem Zusammenhang sollte auch bedacht werden, dass die strittigen Verse Teil einer Epiphanie sind.¹⁶ Daher wäre es zumindest auffällig, wenn die Musen in ihrer Selbstvorstellung eine negative Eigenschaft nennen würden – selbst wenn man sie auf andere Dichter als Hesiod beziehen würde. Als ausgeschlossen muss die Annahme angesehen werden, dass Hesiod die Musen eine negative Eigenschaft nennen lässt, die auf sein eigenes Werk zutrifft. Hierdurch würde der Musenhymnus einen grotesken Charakter erhalten, der durch keine (weitere) Textstelle gestützt wird.

Abgesehen vom Problem der polemischen Musen stellt sich für die Polemik-Hypothese darüber hinaus das Problem, dass V. 27 keinen deutlichen polemischen Charakter hat. Denn als Kritik an anderen Dichtern erscheint die Aussage, viel Unwahres (ψεύδεα) zu sagen, das dem Wahren ähnlich ist, zumindest zurückhaltend. Unter der Annahme, dass eine Polemik vorliegt, wäre eine schärfere Aussage zu erwarten wie z. B., dass die anderen Dichter viel Unwahres sagen, das obendrein unplausibel ist. Außerdem spricht die Anrede in V. 26 dafür, dass nur Hesiod bzw. Hirten wie Hesiod die Adressaten der Musen sind. Ferner ist die Dichterweihe auch insofern ein Argument für die Fiktionsthese, als die Musen Hesiod ihren Gesang lehren. Der Vers 22 (αἵ νύ ποθ' Ἡσίοδον καλὴν ἐδίδαξαν ἀοιδήν: „Sie lehrten eines Tages Hesiod den schönen Gesang") weist einen Bezug zu V. 27 f. auf, da die Musen in diesen beiden Versen ihr Wissen (ἴδμεν: „wir wissen/können") in einer hymnischen Anapher verkünden.¹⁷ Schließlich kann man sich kaum vorstellen, wenn man den Inhalt der Homerischen Epen und denjenigen der Theogonie betrachtet, dass Hesiod verkündet, im Gegensatz zu Homer die Wahrheit mitzuteilen.

Die These, dass Hesiod die Musen den Fiktionscharakter zumindest der eigenen Dichtung (der Theogonie) verkünden lässt, wird auch durch die Tatsache bekräftigt, dass Hesiods Theogonie – ebenso wie andere Theogonien bzw. Genealogien – im antiken Fiktionalitätsdiskurs als fiktionale Erzählung rezipiert worden ist,¹⁸ also so, wie er sie aufgefasst wissen wollte, wenn die vorgeschlagene

---

14 Vgl. Stroh (1976) 109.
15 Vgl. Clays (2003) 58–60 Kritik an dieser Prämisse.
16 Vgl. Stroh (1976) 96.
17 Zur Anapher vgl. West (1966) 162 f. ad Hes. Theog. 27; Hom. hymn. Cer. 229 f.
18 Daneben gab es auch die Tradition, in der Hesiod grundsätzlich als Lehrer und sein Werk als faktuales Werk aufgefasst wurde, wobei einzelne Lehren polemisch zurückgewiesen wurden; vgl. Heraklit Fr. B 40 und 57 Diels/Kranz (s. S. 8–10); vgl. auch Fr. B 106.

Deutung zutrifft.[19] Dies geht u. a. aus einer Stelle bei Polybios hervor, an der dieser drei verschiedene Arten der Historiographie unterscheidet und als eine Art die Genealogie nennt.[20] Polybios rechtfertigt sich im Kontext dieser Stelle dafür, dass er die dritte Art der Geschichtsschreibung verfolgt, die Geschichtsschreibung im engeren Sinne, die die Taten der Völker, Städte und Herrscher behandelt. Dabei assoziiert er die zurückgewiesene Gattung der Genealogie mit Fiktionen (μῦθοι), die das Ziel haben, Vergnügen zu bereiten.[21]

Sicherlich muss berücksichtigt werden, dass Polybios über Genealogien, nicht aber über Theogonien spricht, und dass er daher v. a. Schriftsteller wie Hekataios im Blick hat.[22] Aber die Grenzen zwischen Genealogien und Theogonien sind fließend, so dass man wohl annehmen darf, dass Polybios zufolge auch die Theogonien Fiktionen enthalten.

In ähnlicher Weise konstituiert die Genealogie für Asklepiades aus Myrlea (2./1. Jahrhundert v. Chr.) eine fiktionale Erzählung.[23] Auch in diesem Fall darf man wohl darauf schließen, dass das, was für die Genealogien gilt, *mutatis mutandis* auch für die Theogonien gilt.

Ferner macht eine Stelle bei Strabo, an der sich dieser zwar nicht auf Hesiods Theogonie, aber auf Hesiods Werk bezieht, wahrscheinlich, dass auch die Theo-

---

[19] Ein Beweis ist die Rezeption natürlich nicht, da es möglich ist, dass das Werk missverstanden wurde. Wenig relevant für die fragliche Hesiodstelle ist eine Stelle in Ovids *Ars amatoria*, die Stroh (1976) 87 anführt (ars 1,25–30): *Non ego, Phoebe, datas a te mihi mentiar artes, / Nec nos aeriae voce monemur avis, / Nec mihi sunt visae Clio Cliusque sorores / Servanti pecudes vallibus, Ascra, tuis: / Usus opus movet hoc: vati parete perito; / Vera canam: coeptis, mater Amoris, ades!* („Phoebus, ich will nicht behaupten, dass mir die Künste von dir gegeben worden sind, noch werden wir durch die Stimme des Vogels in der Luft belehrt, noch habe ich Klio und Klios Schwestern gesehen, als ich das Vieh auf deinen Hügeln, Askra, hütete. Die Erfahrung setzt dieses Werk in Bewegung: gehorcht einem kundigen Dichter! Das Wahre will ich singen; Mutter des Amor, stehe dem Vorhaben bei!") Denn Ovid erhebt im Proömium der *Ars amatoria* durch Abgrenzung gegenüber Hesiod einen polemischen Wahrheitsanspruch, äußert sich aber nicht speziell zu den Versen 26–28 der Theogonie. Vielmehr bezieht er sich auf die Epiphanie der und Inspiration durch die Musen. Zur Ovidstelle vgl. Miller (1983) 29.
[20] Vgl. Polyb. 9,1 (s. das Kapitel 4.7.1.2.2 dieser Arbeit).
[21] Vgl. Polyb. 9,2 (s. das Kapitel 4.7.1.2.2 dieser Arbeit). Vgl. auch Polyb. 34,3,12–34,4,4 (= Strabo 1,2,17); s. das Kapitel 4.5 dieser Arbeit.
[22] Vgl. Walbank (1957) 116 ad loc. Zur Genealogie vgl. Thomas (2011).
[23] Vgl. Sext. Emp. adv. math. 1,252f. (s. das Kapitel 4.7.1.2.1 dieser Arbeit). Wenn Asklepiades diejenige Erzählung, die von den Personen der Götter handelt, als eine wahre Erzählung betrachtet, liegt der Grund hierfür wohl darin, dass die Götter an sich für real gehalten werden, aber viele Geschichten, die sich um sie ranken, als fiktiv angesehen werden.

gonie als fiktionale Erzählung aufgefasst worden ist.[24] An dieser Stelle erwähnt Strabo Halbhunde, Langköpfe und Pygmäen, die sich bei Hesiod finden, aber nur fragmentarisch überliefert sind.[25] Darüber hinaus nennt Macrobius in seinem Kommentar zum *Somnium Scipionis* Hesiods Theogonie als Beispiel für eine Erzählung, in der sich Wahrheit und Fiktion zur Allegorie vermischen.[26]

Schließlich spricht die Rezeption der Theogonie auch insofern für die Fiktionalität des Werkes, als in den mythischen Katalogen viele Ereignisse und Kreaturen, die sich auch und v. a. bei Hesiod finden, als phantastische Fiktionen der Dichter genannt werden. So nennt der Geograph Agatharchides (2. Jahrhundert v. Chr.) ausgehend von den Geschichten, die sich um Perseus ranken, u. a. die Graien, Gorgonen[27] und Geryones als Fiktionen der Dichter, bevor er den Gedanken formuliert, dass es unsinnig wäre, Hesiod zu kritisieren, der es gewagt habe, die Abstammung der Götter darzustellen.[28] Ovid führt in einem langen Katalog von tollkühnen Fiktionen das Pferd Pegasos als Beispiel an,[29] das, wie Hesiod berichtet, entstanden ist, als Perseus der Medusa den Kopf abgeschlagen hat, wonach es aus ihrem Körper emporstieg.[30] In demselben Katalog erwähnt Ovid Kerberos,[31] der u. a. in Hesiods Theogonie vorkommt, wo er als Hund mit 50 Köpfen dargestellt wird.[32] Außerdem erinnert der von Ovid genannte Enkelados, eine Kreatur mit tausend Armen,[33] an die Hunderthänder (Hekatoncheiren) Briareos, Gy(g)es und Kottos, drei Söhne des Uranos und der Gaia mit 50 Köpfen und 100 Händen.[34] Hermogenes erwähnt die Geschichten über Kronos, die Tita-

---

24 Vgl. Strabo 1,2,35 (s. S. 171 f.). Die Meinung, dass die genannten Kreaturen Erfindungen des Hesiod bzw. der Dichter darstellen, bildet Strabo in Auseinandersetzung mit dem Historiker Apollodor aus Athen (2. Jahrhundert v. Chr.) und Eratosthenes heraus.
25 Vgl. Hesiod fr. 153 Merkelbach/West (1967).
26 Vgl. Macr. somn. 1,9 (s. das Kapitel 4.8 dieser Arbeit). Die Ansicht, dass es sich um eine Allegorie handelt, wird der moderne Leser zwar eher nicht teilen. Aber die Ansicht, dass es sich um eine fiktionale Erzählung handelt, in der sich dasjenige vermischt, was in der Antike als Wahrheit und was als Fiktion angesehen wurde, wird er vertreten.
27 Auch die Homerscholien äußern die Ansicht, dass Hesiods Darstellung der Medusa eine Fiktion darstellt; vgl. Schol. BHQ Od. 11,634 (s. S. 525, Fußn. 389).
28 Vgl. GGM I 7 f. p. 114–117 Müller (1882) (teilweise zitiert in Kapitel 7.1.8.1 dieser Arbeit).
29 Vgl. Ov. am. 3,12,24: *victor Abantiades alite fertur equo*; s. das Kapitel 7.1.5 dieser Arbeit.
30 Vgl. Hes. Theog. 280–283.
31 Vgl. Ov. am. 3,12,26: *et tria vipereo fecimus ora cani*; s. das Kapitel 7.1.5 dieser Arbeit.
32 Vgl. Hes. Theog. 311 f.
33 Vgl. Ov. am. 3,12,27: *fecimus Enceladon iaculantem mille lacertis*; s. das Kapitel 7.1.5 dieser Arbeit.
34 Vgl. Hes. Theog. 147–153.

nen und die Giganten ebenso wie Pegasus, die Gorgonen, Zyklopen und Perseus als fiktive Geschichten bzw. Kreaturen.[35]

Ein starkes Argument für die Polemik-Hypothese und gegen die These, dass Hesiod die Musen den Fiktionalitätscharakter zumindest der eigenen Dichtung (der Theogonie) verkünden lässt, lässt sich aus Vers 27 der Theogonie nicht gewinnen. Die Forschung hat hierin einen Bezug zur *Odyssee* gesehen, wobei sie diesen Bezug zumeist als Polemik gedeutet hat:[36]

> ἴσκε ψεύδεα πολλὰ λέγων ἐτύμοισιν ὁμοῖα.
> Während er sprach, machte er viele falsche Dinge den wahren ähnlich.

Im Kontext der Stelle erzählt Odysseus Penelope die Lügengeschichte, dass er Aithon, ein Bruder des Idomeneus, sei. Als Odysseus auf dem Weg nach Troja gewesen sei, habe er ihn in Amnisos auf Kreta freundlich empfangen, da Idomeneus bereits aufgebrochen war.[37] Die Lügengeschichte des Odysseus kommentiert Homer abschließend mit den zitierten Worten.

Strabo verwendet denselben Homervers als Aussage über die literarische Fiktion:[38]

> ἐκ μηδενὸς δὲ ἀληθοῦς ἀνάπτειν κενὴν τερατολογίαν οὐχ Ὁμηρικόν. προσπίπτει γάρ, ὡς εἰκός, ὡς πιθανώτερον ἂν οὕτω τις ψεύδοιτο, εἰ καταμίσγοι τι καὶ αὐτῶν τῶν ἀληθινῶν· ὅπερ καὶ Πολύβιός φησι περὶ τῆς Ὀδυσσέως πλάνης ἐπιχειρῶν· τοιοῦτο δ' ἐστὶ καὶ τὸ „ἴσκε ψεύδεα πολλὰ λέγων ἐτύμοισιν ὁμοῖα."
> οὐ γὰρ πάντα ἀλλὰ πολλά, ἐπεὶ οὐδ' ἂν ἦν ἐτύμοισιν ὁμοῖα.
>
> An nichts Tatsächliches anknüpfend bloß Wunderdinge zu erzählen ist nicht Homers Sache. Stellt sich doch begreiflicherweise unwillkürlich die Überlegung ein, dass jemand auf diese Art überzeugender die Unwahrheit sagen wird, wenn er auch etwas von eben dem Tatsächlichen darunter mischt (was auch Polybios in seiner Erörterung der Irrfahrt des Odysseus sagt). Das bedeutet auch der Vers „Während er sprach, machte er viele falsche Dinge den wahren ähnlich." Heißt es doch nicht „alle", sondern „viele", da sie sonst nicht den wahren ähnlich wären.

Strabo schließt sich Polybios' Ansicht an, dass Homer in seinen Epen wirkliche und erfundene Ereignisse miteinander verknüpft hat, und stützt diese Ansicht mittels des zitierten Verses aus der *Odyssee*. Dieses Homerzitat entfremdet Strabo daher für seine Zwecke. Denn während Homer es mit Bezug auf eine Geschichte

---

35 Vgl. Hermog. Περὶ ἰδεῶν λόγου 2,10,37–41 Patillon (2012) 212f. (s. das Kapitel 6.2 dieser Arbeit).
36 Hom. Od. 19,203.
37 Vgl. Hom. Od. 19,165–202.
38 Strabo 1,2,9.

verwendet, die die eine Figur (Odysseus) der anderen (Penelope) erzählt, und zwar in Form einer absichtlich falschen Erzählung (Lügengeschichte), benutzt Strabo das Zitat dazu, die Erzähltechnik Homers zu beschreiben. Daher bezeichnen bei Strabo die ψεύδεα, die Teil des Homerzitates sind, in einem neutralen Sinn die literarische Fiktion.³⁹ Selbst wenn man also einen intendierten Bezug zur *Odyssee* annimmt, ist es ebenso möglich, dass Vers 27 der Theogonie, der einige Gemeinsamkeiten mit dem zitierten Homervers aufweist, als Aussage über die literarische Fiktion zu verstehen ist.⁴⁰

Bevor die Frage geklärt wird, wie groß der Bereich der literarischen Fiktion Hesiod zufolge ist, müssen die grundsätzlichen Gegeneinwände gegen die hier vorgeschlagene Interpretation entkräftet werden. Denn Strohs Deutung ist zwar auf energischen Widerspruch gestoßen.⁴¹ Aber die vorgebrachten Einwände sind nicht so gravierend, dass sie sich nicht entkräften ließen.

Ein Gegenargument gegen die Meinung, dass Hesiod in V. 27 f. eine Aussage über die literarische Fiktion trifft, wird man nicht gelten lassen, auch wenn es häufig angeführt wird: Es ist nicht zulässig, den Einwand zu erheben, dass eine Theorie der Fiktion erst in viel späterer Zeit (im Hellenismus) entworfen wird.⁴² Denn dies ist ja die entscheidende Frage mit Bezug auf Hesiod: Kann man bei ihm eine Aussage über die literarische Fiktion entdecken?⁴³ Möglicherweise verbergen

---

39 S. S. 259 f.
40 Aufgrund der ungewissen Datierung der Homerischen Epen und der Theogonie ist es im Übrigen auch möglich, dass der Homervers vom Theogonievers inspiriert ist.
41 Vgl. zusammenfassend Puelma (1989) 75 Fußn. 16: „aus verschiedenem Blickwinkel lehnen alle diese Autoren [sc. Kannicht, Murray, Rösler, Neitzel u. a.] [...] den verfehlten Versuch von W. Stroh (1976) ab, in *Theog.* 27–28 nicht zwei Möglichkeiten der Dichtung zu unterscheiden, sondern in der Mischung von Wahrheit und Unwahrheit ein Wesensmerkmal der Dichtung im allgemeinen zu erblicken, das Hesiod auch für sein eigenes Werk beanspruche." Paradoxerweise ist Puelma aber der Ansicht, dass man bei Hesiod von der „Entdeckung der Fiktionalität" sprechen könne; vgl. Puelma (ib.) Fußn. 15; s. S. 17, Fußn. 78.
42 Vgl. z. B. Brillante (2009) 187–189; Buongiovanni (1987) 9; Verdenius (1972) 235. Teilweise ist die Forschung diesem Argument in der Form begegnet, dass gezeigt bzw. postuliert wurde, dass sich eine Anerkennung der Fiktion bereits vor dem Hellenismus finden lässt (z. B. bei Pindar [s. das Kapitel 3.3 dieser Arbeit]; im Gorgias-Fragment 23 [s. das Kapitel 7.1.1 dieser Arbeit]; in Aristoteles' Poetik [s. das Kapitel 4.4 dieser Arbeit]); vgl. Stroh (1976) 96; Heath (1985) 259.
43 Das genannte Gegenargument erweckt den Eindruck eines Zirkelschlusses. Man könnte ihm unter Umständen Rechnung tragen, wenn man es modifiziert: Da keine früheren Belege für eine Fiktionstheorie vorzuliegen scheinen, muss man gute Argumente haben, um eine Aussage über die literarische Fiktion bei Hesiod plausibel zu machen.

sich in derartigen Vorbehalten mehr oder minder unausgesprochene Vorurteile über die kognitiven Fähigkeiten der Menschen zur Zeit Hesiods (und Homers).[44]

Kannichts Einwand, dass Hesiod die Musen immer nur das Lied auf das γένος θεῶν, also sein Lied (die Theogonie), singen lässt, woraus sich zwingend ergebe, dass Hesiod für die Theogonie eine besondere Autorität und Wahrheit beansprucht,[45] ist nur teilweise überzeugend. Ihm ist darin zuzustimmen, dass die Musen mit ihrem Gesang die Theogonie präfigurieren. Sie singen aber nicht nur über das γένος θεῶν, sondern auch über die Menschen.[46] Vor allem aber ergibt sich nicht zwingend aus der Tatsache, dass die Musen ebenso wie Hesiod über die Götter singen, dass der Dichter eine besondere Wahrheit beansprucht. Gewiss stellt Hesiod einen Bezug zur eigenen Dichtung her. Aber dass Hesiod einen Wahrheitsanspruch (in Abgrenzung zu anderen Dichtern) formuliert, ist keine zwingende Folgerung aus der genannten Beobachtung, sondern die strittige Frage.

Neitzels Einwände sind zumindest zweifelhaft:[47] Dem Argument, dass nur derjenige Lügen erzählen könne, die dem Wahren ähnlich sind, der seine Lügen als Lügen erkannt habe, kann man zwar zustimmen. Aber es ist unsicher, ob Hesiod von Lügen spricht, und es gibt sicherlich auch den Fall, dass man sich über die Wahrheit (das Reale) nicht vollends im Klaren ist und möglicherweise unbeabsichtigt nicht-Wirkliches sagt,[48] also den Irrtum. Vor allem aber ist die von Stroh vorgeschlagene Deutung so zu verstehen, dass der Autor auch Fiktionen in sein Werk einfügt. Dies tut er absichtlich, und zwar entweder wider besseres

---

44 Vgl. Buongiovanni (1987) 21: „[...] non è corretto – e deriva da una concezione ancora sostanzialmente romantica della storia della letteratura – postulare che testi arcaici come quelli di Omero ed Esiodo siano immediati e ‚semplici', privi di un sistema di riflessioni che vorremmo definire teoriche. È al contrario evidente che ci troviamo di fronte ad opere che hanno un livello di complessità elevato e che rivelano un raffinato apparato concettuale: e questo è tanto più vero quando si ha a che fare con testi chiaramente ‚programmatici' come il nostro." Buongiovanni zufolge liegt in V. 27 f. des Theogonie-Proömiums eine Polemik vor, die sich gegen das (Homerische) Epos richtet. Für die zurückgewiesene Ansicht vgl. insbesondere Detienne (1967) 51–80; Thalmann (1984) 143–149.
45 Vgl. Kannicht (1996 [zuerst 1980]) 193.
46 Vgl. Theog. 50 und 100.
47 Neitzel (1980) 389 wendet gegen Strohs Deutung zum einen mit Bezug auf V. 27 ein, dass nur derjenige Lügen erzählen könne, die dem Wahren ähnlich sind, der seine Lügen als Lügen erkannt habe. Dieser Vers sei also so zu verstehen, dass Hesiod (uneingeschränkt) im Besitz der Wahrheit sei. Folglich stünde V. 27 in einem Widerspruch zu V. 28, da es dort heißt, dass die Musen Wahres verkünden, wenn es ihnen beliebt, also nur manchmal.
48 Vgl. Heath (1985) 258 Fußn. 36.

Wissen oder ohne das entsprechende Wissen, wobei die Fiktion höchstens zufällig wahr ist.⁴⁹

Daher ergibt sich kein innerer Widerspruch zwischen V. 27 und V. 28, d. h. es stehen sich nicht die Aussagen gegenüber, dass Hesiod uneingeschränkt im Besitz der Wahrheit ist und dass er nur manchmal die Wahrheit kennt.⁵⁰ Vielmehr liegt der Schwerpunkt der Aussage auf der Intention: Die Musen kennen die Wahrheit; je nach eigener Entscheidung verkünden sie diese in Reinform oder in einer vermischten Form. Übertragen auf Hesiod bedeutet dies, dass er dasjenige mitteilt, was er als wahr betrachtet, und dasjenige, was er bewusst fingiert.

Belfiore hat wie Neitzel die von Stroh vorgeschlagene Deutung zurückgewiesen und dabei Nachdruck auf den Umstand gelegt, dass es kein Kriterium zur Unterscheidung des Wahren und des Unwahren gäbe, wenn sich in Hesiods Werk beides vermischen würde.⁵¹ Hierbei handelt es sich aber nicht um einen gravierenden Einwand, und zwar unabhängig von der Frage, ob der Autor oder der Rezipient das Subjekt der Unterscheidung ist.⁵² Die Annahme, dass es ein Problem – um nicht zu sagen: einen Widerspruch – darstellt, wenn Hesiod das Subjekt der Unterscheidung ist, ist aus den gerade genannten Gründen nicht stichhaltig. Wenn der Rezipient von Hesiods Theogonie das Subjekt der Unterscheidung ist, wird er sich zwar mit der Frage auseinandersetzen, welche Elemente der Darstellung wahr und welche unwahr sind, wobei möglicherweise Zweifelsfälle auftreten. Dennoch ist grundsätzlich davon auszugehen, dass der Rezipient diese

---

49 Zum Kriterium der zufälligen Wahrheit s. S. 36, Fußn. 2.
50 Außerdem muss Röslers (1980) 296 Fußn. 33 Gegenargument gegen Neitzel (1980) 388 berücksichtigt werden, dass man εὖτ' ἐθέλωμεν nicht so verstehen muss, dass Hesiod nur manchmal die Wahrheit kennt, sondern dass damit gemeint sein kann: „wenn es uns [sc. den Musen] beliebt – nämlich wie bei dir, im Gegensatz zu anderen – ...". Finkelberg (1998) 157 schließt sich diesem Textverständnis an. Ob diese Deutung zutrifft, d. h. ob ein Bezug auf andere Dichter gegeben ist, ist allerdings ebenfalls fraglich.
51 Vgl. Belfiore (1985) 48: „If [...] these *pseudea* are contained in Hesiod's own work and mixed together with the truth by the Muses themselves, what criterion can there be for distinguishing truth from falsehood?". Belfiore verweist in der entsprechenden Fußnote (5) auf Neitzel (1980) 389.
52 Neitzel (1980) 389 sieht in Hesiod das Subjekt der Unterscheidung: „Wenn aber Hesiod die Wahrheit gekannt hat und Vers 27 unverständlich ist ohne diese Voraussetzung, ergibt sich innerhalb der vorgeschlagenen Deutung ein Widerspruch zwischen diesem Vers und εὖτ' ἐθέλωμεν in Vers 28, weil diese beiden Worte besagen, daß Hesiod, der doch nach Vers 27 die Wahrheit kannte, d. h. immer und unter allen Umständen die Wahrheit wußte, sie nun auf einmal nur bisweilen, wenn es sich so trifft und die Musen es so wollen, zu künden wisse, d. h. im Grunde kein sicheres Kriterium besitze, um die wahre von der unwahren Musenrede zu unterscheiden." Bei Belfiore (1985) 48 wird nicht deutlich, wer das Subjekt der Unterscheidung ist.

Differenzierung im Großen und Ganzen zu leisten vermag und leistet.⁵³ Wenn man diese Fähigkeit negiert, leugnet man die Existenz fiktionaler Erzählungen, zumindest das Funktionieren der sozialen Praxis der literarischen Fiktion.⁵⁴

Heath hat bereits Verdenius' Gegenargument gegen Otto, das *mutatis mutandis* auch gegen Stroh sprechen könnte, mit dem Hinweis widersprochen, dass Hesiod zwar an anderen Stellen Falschheit verachtet, dass aber die Tatsache, dass dort die Dichter nicht ausgenommen werden, keinen Widerspruch darstellt. Der vermeintliche Widerspruch erkläre sich durch den unterschiedlichen Kontext.⁵⁵ Dem Einwand von Heath muss unter etwas anderer Nuancierung Rechnung getragen werden: Zwar verachtet Hesiod an anderen Stellen ψεύδεα, so dass man meinen könnte, dass sich die in V. 27 genannten ψεύδεα nicht auf Hesiods Werk beziehen können. Aber der vermeintliche Widerspruch lässt sich durch den unterschiedlichen Kontext in der Weise erklären, dass das Wort ψεῦδος an den von Verdenius angeführten Stellen eine andere Bedeutung hat:⁵⁶ dort bezeichnet es die Lüge, während es im Musenhymnus die Fiktion bezeichnet.

Ledbetters Zurückweisung der Meinung, dass in V. 27 f. des Theogonie-Proömiums der fiktionale Charakter der Dichtung ausgedrückt wird,⁵⁷ ist wenig begründet. Die Aussage, dass die Annahme einer Fiktionalitätstheorie nicht mit Hesiods skeptischer Dichtungstheorie konform sei, erweckt den Eindruck einer *petitio principii*. Denn Hesiods Aussage über den Wahrheitscharakter der Dichtung ist der Gegenstand, der zur Diskussion steht, und abgesehen von den strittigen Versen 26–28 des Theogonie-Proömiums stehen uns keine Stellen zur Verfügung, denen man ein explizites Dichtungskonzept entnehmen könnte.⁵⁸

---

53 Pratts (1993) 110 Fußn. 17 Aussage mag zwar für Details, aber nicht grundsätzlich gelten: „I agree with Neitzel's conclusion, but do not think that audiences to fiction are necessarily interested in distinguishing true parts from false." Für eine ähnliche Position innerhalb der modernen Erzähltheorie vgl. Schmid (2014) 43 Fußn. 43: „Soll man Studien in russischer und französischer Geschichte betreiben, bevor man *Krieg und Frieden* liest?"
54 In der modernen Fiktionstheorie spricht man von der Alltagswirklichkeit in Opposition zur Fiktion; s. das Kapitel 2.2 dieser Arbeit. Diese bildet das von Belfiore angezweifelte Kriterium (s. S. 128, Fußn. 51).
55 Vgl. Heath (1985) 258; Verdenius (1972); Otto (1962 [zuerst 1952]).
56 Vgl. Theog. 229; Erga 78 und 789. Vgl. auch Buongiovanni (1987) 10, der zusätzlich auf Erga 282–284 verweist.
57 Vgl. Ledbetter (2003) 46: „A concept of fictionality would, in fact, conflict with the substance and purposes of Hesiod's skeptical poetics; such a concept would presume the literal falsehood of Hesiod's poetry, while the skepticism governing his poetics denies any such certainty."
58 Ledbetter (2003) 46 führt keine weiteren dichtungstheoretischen Stellen aus Hesiod an. Die Annahme einer skeptischen Dichtungstheorie rührt wohl daher, dass Ledbetter selbst der Meinung ist, dass die Musen keine definitive Aussage über den Wahrheits- bzw. Falschheitscharakter der Theogonie bzw. anderer Dichtung formulieren, sondern nur die Möglichkeit der Falschheit vor

Da sich die Einwände gegen die von Stroh vorgeschlagene Deutung als nicht schwerwiegend herausgestellt haben, soll im Folgenden versucht werden, genauere Beobachtungen zur Fiktionalität der Theogonie anzustellen.[59]

Über die Frage, was für Hesiod in den Bereich des Fiktiven und was in den Bereich des Realen gehört, lässt sich, wie Stroh bereits festgestellt hat, nur spekulieren. Stroh äußert die Vermutung, dass die ψεύδεα im Wesentlichen in den phantastischen Schrecklichkeiten des Sukzessionsmythos, des Rückgrates der Theogonie, bestehen.[60] Zur Stützung seiner Annahme führt er Isokrates an, der an einer Stelle u. a. das Verzehren der Kinder und die Entmannung der Väter als scheußliche Blasphemien der Dichter nennt:[61]

> Ἀλλὰ γὰρ οὐδέν σοι τῆς ἀληθείας ἐμέλησεν, ἀλλὰ ταῖς τῶν ποιητῶν βλασφημίαις ἐπηκολούθησας, οἳ δεινότερα μὲν πεποιηκότας καὶ πεπονθότας ἀποφαίνουσιν τοὺς ἐκ τῶν ἀθανάτων γεγονότας ἢ τοὺς ἐκ τῶν ἀνθρώπων τῶν ἀνοσιωτάτων, τοιούτους δὲ λόγους περὶ αὐτῶν τῶν θεῶν εἰρήκασιν οἵους οὐδεὶς ἂν περὶ τῶν ἐχθρῶν εἰπεῖν τολμήσειεν· οὐ γὰρ μόνον κλοπὰς καὶ μοιχείας καὶ παρ' ἀνθρώποις θητείας αὐτοῖς ὠνείδισαν, ἀλλὰ καὶ παίδων βρώσεις καὶ πατέρων ἐκτομὰς καὶ μητέρων δεσμοὺς [varia lectio: συνουσίας] καὶ πολλὰς ἄλλας ἀνομίας κατ' αὐτῶν ἐλογοποίησαν.

> Aber du hast dich um die Wahrheit gar nicht gekümmert, sondern bist den Blasphemien der Dichter gefolgt, in deren Darstellungen zum einen die Nachfahren der Götter Schlimmeres tun und erleiden als die frevelhaftesten unter den Menschen und die zum anderen derartige Aussagen über die Götter selbst getroffen haben, wie sie wohl niemand wagen würde über die Feinde zu treffen. Denn sie haben ihnen nicht nur Diebstahl, Ehebruch und Lohndienste bei den Menschen vorgeworfen, sondern auch das Verzehren von Kindern, das Entmannen von Vätern, das Fesseln von [varia lectio: Zusammensein mit] Müttern und viele andere Freveltaten.

Im Wesentlichen ist Strohs Annahme plausibel. Vor dem Hintergrund des antiken Fiktionalitätsdiskurses sollte man aber das Hauptgewicht auf die Phantastik legen. Denn die unwahrscheinlichen, wenn nicht sogar unmöglichen Dinge, Krea-

---

einem Publikum aufwerfen, das zwischen dem Wahren und dem Falschen nicht unterscheiden kann.
59 Auch Halliwell (2011) 15 scheint sich Strohs (1976) Deutung anzuschließen. Seine Aussagen sind aber schwer verständlich: „What would be undesirable in the service of sheer mendacity is to be understood as something functionally valuable within the dynamics of song, a means by which it draws its audiences into a world that resembles, but is not the same as, actuality (the realm of ‚true things‘): a sort of parallel world, by implication, in its capacity to interest, engage, and persuade. [...] The consequence of a failure to make a distinction between the ‚surface‘ and the ‚message‘ of the Muses' speech is to make the goddesses impenetrably capricious – in which case nothing whatsoever can be inferred about their meaning."
60 Vgl. Stroh (1976) 105 f.
61 Iso. Bus. 38.

turen und Ereignisse (lat. *fabula*, griech. μῦθος in der späteren Skalierung der dargestellten Geschichte) wurden im Grunde genommen in der gesamten Antike als nicht-wirklich angesehen.[62] Gerade derartige Fiktionen sind es, die sich in den zuvor erwähnten mythischen Katalogen finden, in denen die tollkühnsten Fiktionen der Dichter genannt werden.[63]

Zum anderen – aber verbunden hiermit – lässt sich im antiken Fiktionalitätsdiskurs häufig die Ansicht antreffen, dass die traditionellen Göttergeschichten unwahr sind, wobei sie zumeist als Fiktionen anerkannt, aber auch als falsche Äußerungen kritisiert werden.[64] So äußert Agatharchides die Ansicht, dass es unsinnig wäre, Hesiod zu kritisieren, der es gewagt habe, die Abstammung der Götter darzustellen.[65] Hermogenes nennt als Beispiele für fiktionale dichterische Erzählungen „die Geschichten über Kronos, die Titanen, ferner die Giganten, Zeus selbst und die anderen Götter, die in den Geschichten mit menschlichen Gefühlen dargestellt werden, wie sie entstanden sind, was sie alles sich selbst und den Menschen angetan haben oder antun [...]."[66]

Zwar könnte man einwenden, dass die Annahme, dass insbesondere die unwahrscheinlichen, wenn nicht sogar unmöglichen Dinge, Kreaturen und Ereignisse den Bereich des Fiktiven konstituieren, wenig plausibel ist, wenn man bedenkt, dass die Musen deklarieren, dass die ψεύδεα dem Wahren ähnlich sind. Aber auch dieses Problem erweist sich als weniger gravierend, wenn man zwei Bedeutungen desjenigen, was dem Wahren ähnlich ist, unterscheidet: zum einen kann hiermit das Verhältnis des Dargestellten zur Wirklichkeit und somit die realistische Fiktion gemeint sein.[67] Zum anderen kann die Plausibilität gemeint sein, wozu v. a. die innere Stimmigkeit (Kohärenz) eines Komplexes gehört. Häufig lässt sich allerdings nicht entscheiden, welche der beiden Bedeutungen vorliegt, und es muss mit der Möglichkeit gerechnet werden, dass eine Vermengung der beiden Bedeutungen vorliegt.

---

62 Zur Skalierung der dargestellten Geschichte s. das Kapitel 4.7 dieser Arbeit.
63 Vgl. GGM I 7 f. p. 114–117 Müller (1882) (teilweise zitiert in Kapitel 7.1.8.1 dieser Arbeit); Ov. am. 3,12 (s. das Kapitel 7.1.5 dieser Arbeit); Hermog. Περὶ ἰδεῶν λόγου 2,10,37–41 Patillon (2012) 212 f. (s. das Kapitel 6.2 dieser Arbeit).
64 Für die Kritik an den traditionellen, anthropomorphen Göttergeschichten vgl. insbesondere Xenophanes (s. das Kapitel 3.2 dieser Arbeit) und Platon (vgl. v. a. rep. 377e6–9 mit Theog. 154–182 und rep. 378a1–3 mit Theog. 453–506; s. das Kapitel 4.3.2.3 dieser Arbeit). Wertfrei konstatiert Herodot (2,53), dass Homer und Hesiod den griechischen Göttern Namen, Aussehen und Zuständigkeitsbereiche gegeben haben.
65 Vgl. GGM I 8 p. 117 Müller (1882) (teilweise zitiert in Kapitel 7.1.8.1 dieser Arbeit).
66 Vgl. Hermog. Περὶ ἰδεῶν λόγου 2,10,37–41 Patillon (2012) 212 f. (s. das Kapitel 6.2 dieser Arbeit).
67 S. die Kapitel 4.7.1 und 4.7.1.1 dieser Arbeit.

Man betrachte z. B. die folgende Stelle aus Plautus' *Pseudolus*, an der der gleichnamige Sklave über die Tätigkeit des Dichters spricht:[68]

> Sed quasi poeta, tabulas quom cepit sibi,
> Quaerit quod nusquam gentiumst, reperit tamen,
> Facit illud veri simile quod mendaciumst:
> Nunc ego poeta fiam: viginti minas,
> Quae nusquam nunc sunt gentium, inveniam tamen.
>
> Aber wie der Dichter, wenn er sich die Tafeln [sc. zum Schreiben] genommen hat, sucht, was es nirgends gibt, und es dennoch findet und das wahrscheinlich macht, was ausgedacht ist: so will ich nun zum Dichter werden: zwanzig Minen, die es jetzt nirgends gibt, werde ich dennoch finden.

An dieser Stelle scheint die Bedeutung des *veri simile* darin zu liegen, dass der Dichter die Erfindung plausibel gestaltet, nachdem er eine Handlung erfunden hat.

In der Rhetorik wird die Wahrscheinlichkeit als eine von drei Anforderungen an die *narratio*/διήγησις empfohlen, wie es z. B. in *De inventione* der Fall ist.[69] Dort werden die folgenden Instruktionen zur Erzeugung von Wahrscheinlichkeit erteilt:[70]

> Probabilis erit narratio, si in ea videbuntur inesse ea, quae solent apparere in veritate; si personarum dignitates servabuntur; si causae factorum exstabunt; si fuisse facultates faciundi videbuntur; si tempus idoneum, si spatii satis, si locus opportunus ad eandem rem, qua de re narrabitur, fuisse ostendetur; si res et ad eorum, qui agent, naturam et ad vulgi morem et ad eorum, qui audient, opinionem accommodabitur.
>
> Die Schilderung wird wahrscheinlich sein, wenn in ihr dasjenige enthalten zu sein scheint, was in der Wirklichkeit normalerweise vorkommt; wenn die Würde der Personen gewahrt wird; wenn die Gründe für die Taten ersichtlich sind; wenn es den Anschein hat, dass die Möglichkeiten für die Tat vorhanden waren; wenn gezeigt wird, dass die Zeit günstig, genügend Platz und der Ort geeignet waren für eben den Sachverhalt, über den berichtet wird; wenn der Sachverhalt angepasst wird an die natürliche Beschaffenheit derjenigen, die handeln, an das herkömmliche Verhalten des breiten Volkes und an die Ansicht der Zuhörer.

Wie man dieser Stelle entnehmen kann, besteht die Wahrscheinlichkeit anteilig darin, dass eine Ähnlichkeit zur Wirklichkeit gewahrt wird, wie insbesondere die erste Anweisung zeigt. Die Wahrscheinlichkeit resultiert aber zusätzlich daraus,

---

68 Plaut. Pseud. 401–405. Zu V. 403 s. S. 303f.
69 Vgl. Cic. inv. 1,28: *Oportet igitur eam* [sc. *narrationem*] *tres habere res: ut brevis, ut aperta, ut probabilis sit.*
70 Cic. inv. 1,29.

dass die Gründe (die Motivation) und die Umstände einer Handlung angegeben werden und angemessen sind, so dass insgesamt betrachtet an dieser Stelle v. a. Instruktionen zur Plausibilität gegeben werden.[71]

In ähnlicher Weise wird man eine Stelle bei Dionysios aus Halikarnass, an der er über Lysias' Fähigkeiten mit Bezug auf die διήγησις spricht, so verstehen, dass er die Plausibilität im Blick hat.[72] An dieser Stelle zitiert Dionysios sogar denjenigen Homervers, in dem Odysseus' Fähigkeiten gelobt werden, seine Lügengeschichte wahrscheinlich zu gestalten:[73]

> ὥσθ' ὅπερ Ὅμηρος ἐπαινῶν τὸν Ὀδυσσέα ὡς πιθανὸν εἰπεῖν καὶ πλάσασθαι τὰ μὴ γενόμενα εἴρηκε, τοῦτό μοι δοκεῖ κἂν ἐπὶ Λυσίου τις εἰπεῖν·
> „ἴσκεν ψεύδεα πολλὰ λέγων ἐτύμοισιν ὁμοῖα."

> Folglich scheint es mir berechtigt zu sein, dasjenige, was Homer an Odysseus lobend hervorgehoben hat, nämlich dass er Glaubwürdiges sagt und nicht-Geschehenes ersinnt, auch über Lysias zu sagen: „Während er sprach, machte er viele falsche Dinge den wahren ähnlich."

Auch die folgende Stelle, die der Alexander-Rhetorik entstammt, stellt eine Parallele für die Plausibilität dar:[74]

> οὐκ ἀπίστως [sc. δηλώσομεν] δέ, ἂν περὶ τὰς ἀπιθάνους πράξεις αἰτίας φέρωμεν, παρ' ἃς εἰκότως τὰ λεγόμενα δόξει πραχθῆναι.

> Nicht unglaubhaft werden wir etwas deutlich machen, wenn wir für die unwahrscheinlichen Handlungen Gründe anführen, aufgrund derer es wahrscheinlich erscheinen wird, dass er [sc. der Angeklagte] das Behauptete getan hat.

Wie Stroh zu dieser Stelle bemerkt, wird hier gelehrt, wie der Redner durch die Wahrscheinlichkeit Motivation erzeugt.[75] Insofern liegt ein spezielleres Phäno-

---

71 Vgl. auch Quint. inst. 4,2,52; Anon. Seg. 89 Dilts/Kennedy (1997) 26: πιθανὴ δὲ διήγησις γίνεται, εἰ πάντα ὅσα λέγει τις ἐξομοιοῦν πειρῷτο τοῖς ἀληθέσι. τοῦτο δέ [...] γένοιτ' ἄν, ἐὰν μὴ ψιλὰ τὰ πράγματα τιθῶμεν, ἀλλὰ καὶ τὰ μόρια αὐτῶν προσλαμβάνωμεν, ἐξ ὧν ἡ διήγησις πληροῦται. μόρια δὲ διηγήσεως πρόσωπον, πρᾶγμα, τόπος, τρόπος, χρόνος, αἰτία· πρὸς τούτοις, εἰ ἀλλήλοις ὁμολογεῖ τὰ λεγόμενα καὶ μὴ διαφωνεῖ ἢ μάχεται.
72 Zum Kontext vgl. Dion. Hal. Lys. 18: καὶ γὰρ τὸ σύντομον μάλιστα αὗται ἔχουσιν αἱ διηγήσεις καὶ τὸ σαφὲς ἡδεῖαί τέ εἰσιν ὡς οὐχ ἕτεραι καὶ πιθαναὶ καὶ τὴν πίστιν ἅμα λεληθότως συνεπιφέρουσιν, ὥστε μὴ ῥᾴδιον εἶναι μήθ' ὅλην διήγησιν μηδεμίαν μήτε μέρος αὐτῆς ψευδὲς ἢ ἀπίθανον εὑρεθῆναι· τοσαύτην ἔχει πειθὼ καὶ ἀφροδίτην τὰ λεγόμενα καὶ οὕτως λανθάνει τοὺς ἀκούοντας εἴτ' ἀληθῆ ὄντα εἴτε πεπλασμένα.
73 Dion. Hal. Lys. 18; Hom. Od. 19,203 (s. S. 125).
74 Rhet. Alex. 30,9.
75 Vgl. Stroh (1976) 107.

men als die Plausibilität vor, da die zuvor betrachteten Belege zeigen, dass die Plausibilität auch, aber nicht nur aus der Motivation einer Handlung resultiert. Eine wichtige Parallele für die Motivierung einer Handlung liegt schließlich in Aristoteles' Poetik vor, nämlich im Ausdruck κατὰ τὸ εἰκὸς ἢ τὸ ἀναγκαῖον.[76]

Anders verhält es sich mit der Wahrscheinlichkeit (genau genommen: mit der Unwahrscheinlichkeit) in der Definition der Erzählgattung *fabula* (μῦθος).[77] Auch in den *Dissoi Logoi* gibt es eine Stelle, an der die Ähnlichkeit zur Realität mit ähnlichen Worten wie bei Hesiod ausgedrückt wird.[78]

Wie eine Stelle in Plutarchs Traktat *De gloria Atheniensium* zu verstehen ist, an der Plutarch davon spricht, dass die Dichtkunst Gefallen und Ansehen fand, dadurch dass sie dem Geschehenen Ähnliches sagte, und an der er ebenfalls den genannten Homervers zitiert, lässt sich nicht mit Sicherheit angeben.[79] Wahrscheinlich hat Plutarch sowohl die Realistik als auch die Plausibilität im Blick. An der folgenden Stelle in Plutarchs Essay *De audiendis poetis* scheint die Bedeutung einer realistischen Darstellung zu dominieren:[80]

> τὴν [...] ὁμοιότητα τοῦ ἀληθοῦς οὐ προλείπει [sc. ὁ ποιητής], τῆς μιμήσεως ἐν τῷ πιθανῷ τὸ ἀγωγὸν ἐχούσης.
>
> Die Ähnlichkeit mit dem Wirklichen lässt der Dichter nicht aus den Augen, da die Mimesis im Glaubhaften ihre mitreißende Wirkung entfaltet.

Denn das Konzept, das Plutarch hier erläutert, ist das Konzept der μίμησις, das er als Nachahmung der Wirklichkeit versteht und aus dem er die Begründung dafür ableitet, dass die Dichter sowohl Gutes als auch Böses darstellen.[81]

Wie die folgende Stelle bei Theognis aufzufassen ist, die im Wortlaut der strittigen Hesiodstelle bzw. dem Homervers sehr ähnlich ist, lässt sich kaum entscheiden:[82]

---

76 Vgl. Arist. Poet. 1451a36–1451b32, v. a. 1451a36–38; 1451a11–15; 1451a24–30; 1451b34f.; 1452a18–21; 1454a33–36 (s. das Kapitel 4.4 dieser Arbeit).
77 Vgl. Cic. inv. 1,27; s. die Kapitel 4.7.1 und 4.7.1.1 dieser Arbeit.
78 Vgl. Dissoi Logoi 3,10 Becker/Scholz (2004) 66 (p. 410,30–411,1 Diels/Kranz); s. S. 435f.
79 Vgl. Plut. mor. 347e (s. S. 437).
80 Plut. mor. 25b–c.
81 Vgl. Plut. mor. 25c: διὸ καὶ κακίας καὶ ἀρετῆς σημεῖα μεμιγμένα ταῖς πράξεσιν ἢ μὴ παντάπασι τῆς ἀληθείας ὀλιγωροῦσα συνεκφέρει μίμησις. Zur Aristotelischen Mimesis s. die einleitenden Bemerkungen in Kapitel 4.4 dieser Arbeit.
82 Theogn. 713f.

οὐδ' εἰ ψεύδεα μὲν ποιοῖς ἐτύμοισιν ὁμοῖα,
γλῶσσαν ἔχων ἀγαθὴν Νέστορος ἀντιθέου.

Auch nicht, wenn du die rhetorische Fähigkeit des gottgleichen Nestor hast und Falsches dem Wahren ähnlich machst, [sc. wirst du der Einsicht entrinnen, dass der Reichtum unter den Menschen am meisten vermag].

Wenn Theognis Nestors rhetorische Fähigkeiten erwähnt, lehnt er sich sicherlich an eine Stelle in der *Ilias* an, an der eben diese gerühmt werden.[83] Allerdings ist Nestors Lob ganz allgemein gehalten. Bei Homer heißt es nicht von Nestor, dass er Falsches dem Wahren ähnlich macht, sondern an anderer Stelle werden Odysseus' Fähigkeiten gelobt, seine Lügengeschichte wahrscheinlich zu gestalten.[84] Daher ließe sich nur darüber spekulieren, in welchem Sinn Nestor Theognis zufolge Falsches dem Wahren ähnlich macht.

Schließlich wird an anderen Stellen des antiken Fiktionalitätsdiskurses auch in der Form über die Plausibilität von fiktiven Geschichten reflektiert, dass – wie bei Hesiod – physisch unmögliche Fiktionen plausibel gemacht werden. In dieser Form beschreibt Cicero die Art und Weise, wie Homer die Passage über die Sirenen gestaltet hat.[85] Auch bei Verfassern von Progymnasmata-Handbüchern lassen sich Überlegungen zum Plausibilitätscharakter der Fabel erkennen. Insbesondere Nikolaos' Instruktion, dass die Fabel der Wirklichkeit durch die Plausibilität hinsichtlich der Ausgestaltung ähnlich wird (γένοιτο δὲ ἂν πρὸς τὸ ἀληθὲς ὅμοιος ἐκ τοῦ πιθανοῦ τοῦ περὶ τὴν πλάσιν), ist in diesem Zusammenhang vergleichbar.[86] Und Servius nimmt die von Vergil geschilderte Verwandlung der trojanischen Schiffe in Nymphen teilweise mit dem Argument in Schutz, dass die Schiffsmetamorphose zuvor gut motiviert wird und somit plausibel ist.[87]

Prinzipiell kommen daher für die Aussage der Musen, dass sie viel Unwahres sagen können, das dem Wahren ähnlich ist, die beiden Möglichkeiten in Frage, dass hiermit die realistische Fiktion oder die Plausibilität gemeint ist. Angesichts des Inhalts der Theogonie wird man aber die letztere Möglichkeit bevorzugen: In den Worten der Musen kommt das Konzept der Plausibilität zum Vorschein, da die geschilderten Ereignisse häufig weit von demjenigen abstechen, was in der Realität möglich ist, aber dadurch, dass sie motiviert werden und durch andere Operationen glaubhaft gemacht werden, wirklichkeitsähnlich erscheinen. Hes-

---

83 Vgl. Hom. Il. 1,247–249: τοῖσι δὲ Νέστωρ / ἡδυεπὴς ἀνόρουσε λιγὺς Πυλίων ἀγορητής. / τοῦ καὶ ἀπὸ γλώσσης μέλιτος γλυκίων ῥέεν αὐδή.
84 Vgl. Hom. Od. 19,203; s. S. 125.
85 Vgl. Cic. fin. 5,49; s. S. 137f.
86 Vgl. Nikolaos RhG XI Felten (1913) 6,9–15; s. S. 142.
87 Vgl. Serv. Aen. 9,81; s. S. 377.

iods Musen rühmen ihre Eigenschaft, Plausibilität zu erzeugen, was in der späteren Erzähltheorie als positive Eigenschaft der Erzählung aufgefasst wurde.

Es bleibt noch die Frage zu klären, auf welche Dichtung es zutrifft, dass sie eine Vermischung von Realien und Erfindungen und somit eine fiktionale Erzählung darstellt. Die These, dass Hesiod die Musen den Fiktionalitätscharakter zumindest der eigenen Dichtung (der Theogonie) verkünden lässt, scheint unverfänglich zu sein, da Hesiod von den Musen inspiriert wird und der Gesang der Musen die Theogonie präfiguriert. Jede weitere Ausdehnung auf andere Werke bzw. Gattungen oder sogar auf die Dichtung generell ist problematisch, da es keine gesicherte Methode gibt, um anzugeben, welchen Bereich der Dichtung (oder sogar der Literatur) Hesiod als fiktional betrachtet. Daher kann nur als gesichert gelten, dass Hesiod Aussagen über den Fiktionalitätscharakter der Theogonie trifft bzw. treffen lässt.

Die These, dass Hesiod Aussagen über den Fiktionalitätscharakter der Theogonie trifft bzw. treffen lässt, wird auch durch einen intertextuellen Bezug bekräftigt. Denn an einer Stelle aus Platons *Politeia* liegt eine Parallele zu den umstrittenen Versen des Theogonie-Proömiums vor.[88] Dort spricht der Platonische Sokrates davon, dass die Menschen, da sie nicht wissen, wie sich die alten Dinge in Wahrheit verhalten, das Falsche nützlich machen, indem sie es so weit wie möglich an die Wahrheit angleichen.[89]

Diese Aussage ist so zu verstehen, dass es akzeptabel ist, wenn die Wahrheit nur approximativ dargestellt wird. Somit wird die Fiktion anerkannt, aber das Postulat erhoben, dass sie der Realität ähnlich sein soll, also als wahr geltenden Grundsätzen nicht widersprechen darf.[90] Da Platon Hesiods Darstellung der Götter kritisiert, kann man Platons Äußerungen über die realistische Fiktion als implizite Kritik an Hesiod verstehen, dass dessen fiktionale Darstellung der Götter weit von der Wahrheit absticht.

---

88 Vgl. Murray (1996) 151f. ad Plat. rep. 382d2. Vgl. schon Belfiore (1985) 47–52, v. a. 52: „That is, Plato reads *Theogony* 27 as a claim made by Hesiod's Muses to create good *mythos* in the sense defined in *Republic* 2: stories concerning events about which we cannot know the truth but which are consistent with what we do know about the nature of the gods." Zu Platon und Hesiod vgl. auch Vicaire (1960) 103–111 und die Aufsätze bei Boys-Stones/Haubold (2010).
89 Vgl. Plat. rep. 382d; s. S. 210.
90 S. S. 210.

4.1.1 Weitere Reflexionen über die Plausibilität von fiktiven Geschichten

Die literarische Fiktion wird auch an anderen Stellen des antiken Fiktionalitätsdiskurses in der Form diskutiert und legitimiert, dass die Plausibilität von fiktiven Geschichten beleuchtet wird.[91] Die Plausibilität stellt in diesem Zusammenhang ein Korrektiv dar, durch das die Diskrepanz von der Wirklichkeit mehr oder minder aufgewogen wird. Insofern weisen die antiken Reflexionen über die Plausibilität Ähnlichkeiten zum modernen Realitätsprinzip bzw. zum „principle of minimal departure" auf.[92] Die folgende Analyse kann nicht exhaustiv sein, sondern konzentriert sich exemplarisch auf einige wenige Stellen.[93]

4.1.1.1 Cicero über Homers Darstellung der Sirenen (fin. 5,49–52)

An der folgenden Stelle aus *De finibus*, in deren Kontext der Sprecher den Gedanken äußert, dass den Menschen eine immense Wissbegierde angeboren ist, wird Homers Darstellung der Sirenen besprochen:[94]

> [...] mihi quidem Homerus huius modi quiddam vidisse videatur in iis, quae de Sirenum cantibus finxerit. neque enim vocum suavitate videntur aut novitate quadam et varietate cantandi revocare eos solitae, qui praetervehebantur, sed quia multa se scire profitebantur, ut homines ad earum saxa discendi cupiditate adhaerescerent. ita enim invitant Ulixem –
> nam verti, ut quaedam Homeri, sic istum ipsum locum:
> O decus Argolicum, quin puppim flectis, Ulixes,
> Auribus ut nostros possis agnoscere cantus!
> Nam nemo haec umquam est transvectus caerula cursu,
> Quin prius adstiterit vocum dulcedine captus,
> Post variis avido satiatus pectore musis
> Doctior ad patrias lapsus pervenerit oras.
> Nos grave certamen belli clademque tenemus,
> Graecia quam Troiae divino numine vexit,

---

91 Das Kriterium der Plausibilität gilt aber nicht nur für fiktionale Erzählungen, sondern ist eines der meistens drei Charakteristika der Erzählung neben der Kürze und der Deutlichkeit; vgl. z. B. Cic. inv. 1,28 f.: *Oportet igitur eam* [sc. *narrationem*] *tres habere res: ut brevis, ut aperta, ut probabilis sit*; rhet. Her. 1,14; speziell zur Plausibilität vgl. die näheren Instruktionen Cic. inv. 1,29; s. S. 132.
92 S. das Kapitel 2.2.4 dieser Arbeit.
93 Vgl. auch Aristoteles' Äußerungen zur Motivierung (Poet. 1451a36–1451b32; s. das Kapitel 4.4 dieser Arbeit) und Serv. Aen. 9,81 (s. S. 377).
94 Cic. fin. 5,49. Zum Kontext vgl. ib. 48: *Tantus est igitur innatus in nobis cognitionis amor et scientiae, ut nemo dubitare possit quin ad eas res hominum natura nullo emolumento invitata rapiatur.*

Omniaque e latis rerum vestigia terris.
Vidit Homerus probari fabulam non posse, si cantiunculis tantus irretitus vir teneretur.

[...] mir jedenfalls scheint Homer etwas von dieser Art in dem erkannt zu haben, was er über den Gesang der Sirenen gedichtet hat. Denn sie pflegten offenbar nicht durch die Süße ihrer Stimmen oder durch eine neue und abwechslungsreiche Art zu singen diejenigen, die vorbeifuhren, zurück zu rufen, sondern weil sie verkündeten, sie wüssten vieles, so dass die Menschen aus Begierde nach Erkenntnis an ihren Felsen strandeten. So nämlich laden sie Odysseus ein. Denn ich habe – wie einige Homerische Passagen – so auch diese Stelle selbst übersetzt:
„Zierde der Griechen, warum änderst du nicht deinen Kurs, Odysseus, damit du mit deinen Ohren unseren Gesang wahrnehmen kannst! Denn niemand ist jemals auf seiner Reise an dieser Meeresstelle vorbeigefahren, ohne erst von der Schönheit der Stimmen überwältigt halt zu machen und dann, nachdem sein begieriges Herz von den verschiedenen musischen Künsten erfüllt worden ist, klüger an die Küste seines Heimatlandes zu gelangen. Zu unserem Repertoire gehören der schwere Wettstreit im Krieg und die Niederlage, die Griechenland Troja durch göttlichen Willen zugefügt hat, sowie alle Spuren der Dinge aus der weiten Welt."
Homer hat gesehen, dass die Geschichte nicht plausibel gemacht werden könnte, wenn ein so großer Mann durch leeren Gesang auf- und festgehalten würde.

Wie auch das Verb *fingere* am Anfang (das aus syntaktischen Gründen mit „dichten" übersetzt wurde) und das Substantiv *fabula* am Ende des Zitates deutlich machen,[95] liegt die Aussage vor, dass Homer die phantastische Passage über die Sirenen frei erfunden hat.[96] Die Fiktivität der Sirenen wird im antiken Fiktionalitätsdiskurs auch von Ovid und (Pseudo-)Hermogenes erwähnt.[97]

Die Plausibilität der Darstellung kommt in der Bemerkung zum Vorschein, dass Homer gesehen habe, dass die fiktive Sirenengeschichte nicht plausibel wäre, wenn Odysseus durch unbedeutenden Gesang auf- und festgehalten werden würde. Der Gedankengang ist offenbar folgender: Den Menschen ist eine immense Wissbegierde angeboren. Das hat auch Homer gesehen. Daher hat er in seinem

---

95 Es ist nicht auszuschließen, dass Cicero eine *fabula* im Sinne einer unwahrscheinlichen, wenn nicht sogar unmöglichen Erzählung in den Blick nimmt (zu *fabula* in diesem Sinne s. die Kapitel 4.7.1 und 4.7.1.1 dieser Arbeit), da die Sirenen als Fabelwesen, die den Kopf einer Frau, aber den Körper eines Vogels hatten, für diese engere Bedeutung sprechen. Aber da der Sprecher über die Passage mit den Sirenen und insbesondere über deren Gesang, nicht aber über die Phantastik der Fiktion reflektiert, liegt eher die etwas allgemeinere Bedeutung der (fiktiven) Geschichte vor. Dafür spricht auch die folgende Stelle (Cic. fin. 5,51 f.; s. S. 139), an der von fiktiven Geschichten (*fabulae fictae*) die Rede ist, wofür diese Homerstelle sicherlich ein Beispiel ist.
96 Die Sirenen sind Fabelwesen, die den Kopf einer Frau, aber den Körper eines Vogels hatten; vgl. Hom. Od. 12,39–54 und 158–200.
97 Vgl. Ov. am. 3,12,28: [sc. *nos poetae fecimus*] *ambiguae captos virginis ore viros* (s. das Kapitel 7.1.5 dieser Arbeit); Hermog. Περὶ ἰδεῶν λόγου 2,10,37–41 Patillon (2012) 212f. (s. das Kapitel 6.2 dieser Arbeit).

(nach antikem Verständnis grundsätzlich historischen) Epos eine Passage, nämlich diejenige über die Sirenen, auf eine bestimmte Weise gestaltet: Die Sirenen sind zwar Fabelwesen (insofern ist die gesamte Passage eine Fiktion). Aber die Fiktion unterliegt bestimmten Gesetzen, die sich an der Realität orientieren. Da sich ein Mensch, v. a. ein bedeutender Mann wie Odysseus nicht lange mit unbedeutendem Gesang aufhalten würde, aber durch die Aussicht, Wissen zu erlangen, angelockt werden würde, hat Homer die Sirenen so dargestellt, dass sie über großes Wissen verfügen.

Ciceros Aussagen über die fiktive Sirenengeschichte lassen sich auch folgendermaßen paraphrasieren: Die Plausibilität der Darstellung wird dadurch erzeugt, dass sich die fiktiven Elemente an als gegeben betrachteten Sachverhalten, also an der realen Welt, orientieren. Die Darstellung folgt somit den Regeln der Angemessenheit (*aptum*/πρέπον):[98] Es wird als Tatsache betrachtet, dass (bedeutende) Menschen wissbegierig sind und dass Odysseus ein gebildeter und bedeutender Mann ist. Homer hat daher die fiktive Sirenengeschichte so gestaltet, dass Odysseus sich so verhält, wie sich bedeutende Menschen in der realen Welt verhalten: er wird durch die Aussicht angelockt, etwas zu lernen.

Durch die Plausibilität von fiktiven Geschichten erklärt sich auch die sich anschließende Stelle, an der der Sprecher auf ihre Wirkung zu sprechen kommt:[99]

> Ipsi enim quaeramus a nobis [...] quid historia delectet, quam solemus persequi usque ad extremum, ⟨cum⟩ praetermissa repetimus, inchoata persequimur. Nec vero sum nescius esse utilitatem in historia, non modo voluptatem. Quid, cum fictas fabulas, e quibus utilitas nulla elici potest, cum voluptate legimus?

> Fragen wir uns doch selbst, welch erfreuende Wirkung die Geschichtsschreibung erzeugt, die wir gewöhnlicherweise bis zum Ende verfolgen, wenn wir das, was uns entgangen ist, wiederholen und das Angefangene bis zum Ende verfolgen. Aber mir ist durchaus bewusst, dass Nützlichkeit in der Geschichtsschreibung liegt, nicht nur Vergnügen. Was, wenn wir fiktive Geschichten, aus denen kein Nutzen gezogen werden kann, mit Vergnügen lesen?

Die Aussage, dass aus fiktiven Geschichten kein Nutzen gezogen werden kann, mag auf den ersten Blick den Eindruck erwecken, als würde man aus ihnen nichts lernen und als würde somit der häufig anzutreffende Gegensatz zwischen der wahren und nützlichen Geschichtsschreibung und fiktionalen Erzählungen vorliegen, die nur der Unterhaltung dienen.[100] Aber dieser Eindruck täuscht. Vielmehr verfolgt der Sprecher nach wie vor den Gedanken, dass den Menschen eine

---

98 Vgl. v. a. die Instruktionen zur plausiblen Erzählung in *De inventione* (inv. 1,29); s. das Kapitel 4.1 dieser Arbeit (S. 132).
99 Cic. fin. 5,51f.
100 Zur Wirkung der Geschichtsschreibung s. v. a. die Kapitel 4.2.2 und 8.5.2 dieser Arbeit.

immense Wissbegierde angeboren ist. Daher steht die Freude an der Lektüre im Vordergrund, und das Lernen wird hier nicht als Teil der Nützlichkeit betrachtet, sondern stellt zusammen mit dem Vergnügen eine Einheit dar, die dem handfesten Nutzen entgegensteht.[101] Daher ist die Hauptwirkung, die von der Geschichtsschreibung ausgeht, die Freude (am Erlernen von realen Ereignissen); eine zweite Wirkung besteht darin, dass sie selbstverständlich auch nützlich ist. Aus fiktiven Geschichten kann zwar kein Nutzen gezogen werden, aber sie bereiten aus demselben Grund Vergnügen, aus dem auch die Geschichtsschreibung Vergnügen bereitet: aufgrund eines Lerneffektes, der sich – hierin besteht allerdings ein Unterschied zur Geschichtsschreibung – aus der plausiblen Gestaltung der erfundenen Geschichte ergibt (im Fall der Sirenengeschichte besteht der Lerneffekt darin, dass – zumindest die gebildeten – Menschen gerne lernen).

4.1.1.2 Die Plausibilität der Fabel

Bei (Pseudo-)Hermogenes, Priscian und Nikolaos lassen sich Überlegungen zum Plausibilitätscharakter der Fabel erkennen. (Pseudo-)Hermogenes definiert das Progymnasma der Fabel – anders als die anderen Verfasser der Progymnasmata-Handbücher – nicht im ersten Satz des entsprechenden Kapitels (es sei denn, dass man die Definition dort suppliert).[102] Er scheint aber die traditionelle Definition als fiktionale Rede, die durch ihre plausible Konzipierung eine Wahrheit wider-

---

101 Vgl. Cic. fin. 5,50: *Atque hoc loco, qui propter animi voluptates coli dicunt ea studia, quae dixi, non intellegunt idcirco esse ea propter se expetenda, quod nulla utilitate obiecta delectentur animi atque ipsa scientia, etiamsi incommodatura sit, gaudeant.* Vgl. auch ib. 52: *quid, cum volumus nomina eorum, qui quid gesserint, nota nobis esse, parentes, patriam, multa praeterea minime necessaria?*

102 (Pseudo-)Hermogenes beginnt mit der Aussage, dass die Fabel das erste Progymnasma in der Reihenfolge der Schulübungen ist, und ihrer Begründung; vgl. Progym. 1,1 Patillon (2008) 180: Τὸν μῦθον ⟨δὲ⟩ πρῶτον ἀξιοῦσι προσάγειν τοῖς νέοις, διότι τὰς ψυχὰς αὐτῶν πρὸς τὸ βέλτιον ῥυθμίζειν δύναται. Patillons Supplierung ⟨δὲ⟩, die mit Blick auf Priscians Verwendung von *autem* an der entsprechenden Stelle vorgenommen ist (vgl. Priscian, *Praeexercitamina* p. 33 Passalacqua [1987]), ist wohl ebenso unnötig wie seine Ergänzung der Definition der Fabel, da diese nachgetragen wird. Patillon ergänzt nämlich als ersten Satz des Kapitels ⟨Μῦθός ἐστι λόγος ψευδὴς τῷ πιθανῶς συγκεῖσθαι εἰκονίζων τὴν ἀλήθειαν⟩, da eine Definition des Progymnasmas an erster Stelle traditionell sei (vgl. Patillon [2008] 252 Anm. 2) und Priscians Instruktionen zur Fabel mit ihrer Definition beginnen (vgl. Priscian, *Praeexercitamina* p. 33 Passalacqua [1987]: *fabula est oratio ficta verisimili dispositione imaginem exhibens veritatis*). Die griechische Formulierung lehnt sich außerdem an Nikolaos' Definition der Fabel an (s. S. 142). Zu (Pseudo-)Hermogenes s. das Kapitel 4.7.2.2 dieser Arbeit.

spiegelt, als selbstverständlich vorauszusetzen[103] bzw. sie nachzutragen, wie die folgende Stelle zeigt:[104]

> Ὑπογραφὴν δέ τινα τοιαύτην ἀποδιδόασιν αὐτοῦ· ψευδῆ μὲν αὐτὸν ἀξιοῦσιν εἶναι, πάντως δὲ χρήσιμον πρός τι τῶν ἐν τῷ βίῳ· ἔτι δὲ καὶ πιθανὸν εἶναι βούλονται. πῶς δ' ἂν γένοιτο πιθανός; ἂν τὰ προσήκοντα πράγματα τοῖς προσώποις ἀποδιδῶμεν. οἷον περὶ κάλλους τις ἀγωνίζεται· ταὼς οὗτος ὑποκείσθω. δεῖ τινι σοφόν τι περιτεθῆναι· ἀλώπηξ ἐνταῦθα. Μιμούμενοι τὰ τῶν ἀνθρώπων πράγματα· ἐνταῦθα οἱ πίθηκοι.
>
> Eine derartige skizzenhafte Beschreibung gibt man von ihr [sc. der Fabel]: Man ist der Auffassung, dass sie fiktional, aber auf jeden Fall für irgendeinen Aspekt des Lebens nützlich sein soll. Ferner will man, dass sie auch plausibel ist. Wie könnte sie aber plausibel werden? Wenn wir den Figuren angemessene Sachen zuweisen. Jemand streitet z. B. über Schönheit; dieser soll als Pfau dargestellt werden. Es ist nötig, jemandem Klugheit aufzuerlegen; also als Fuchs. Figuren, die die Handlungen der Menschen nachahmen; also die Affen.

Der überzeugende Charakter der Fabel besteht für Hermogenes in der Angemessenheit bzw. Plausibilität. Um diesen Mechanismus zu verstehen, muss man sich vor Augen führen, dass die Fabel aus zwei semantischen Ebenen besteht, wie in ihrer traditionellen Definition festgestellt wird: Auf der Oberfläche stellt sie ein fiktives (um nicht zu sagen: unmögliches) Geschehen unter sprechenden Tieren dar. Auf einer tieferen semantischen Ebene entsprechen diesen Tieren Menschentypen. Wenn diese Entsprechungen richtig sind, also der semantische Kode bewahrt wird (z. B. ist der Fuchs das Sinnbild der Schlauheit), wird eine Fabel plausibel.

In der gleichen Weise und in offensichtlicher Anlehnung an (Pseudo-)Hermogenes erklärt Priscian, dass in der Fabel ein plausibles Geschehen geschildert wird:[105]

> et pertinet ad vitae utilitatem et fit verisimilis si res, quae subiectis accidunt personis, apte reddantur, ut puta: de pulchritudine aliquis certat, pavo hic supponatur; oportet alicui astutiam tribuere, vulpecula est subicienda; imitatores aliquos hominum volumus ostendere, hic simiis est locus.
>
> Sie [sc. die Fabel] gehört zum Nutzen des Lebens und wird plausibel, wenn die Sachen, die den zugrundeliegenden Personen widerfahren, angemessen wiedergegeben werden; wie z. B.: irgendjemand kämpft um die Schönheit: ein Pfau soll hier an seine Stelle treten; man muss jemandem Schlauheit zuweisen: ein Füchschen muss als Ersatz eintreten; wir wollen irgendwelche Nachahmer der Menschen zeigen: das ist der [sc. richtige] Ort für die Affen.

---

103 Vgl. Gangloff (2002) 27.
104 Hermog. Progym. 1,4 Patillon (2008) 181.
105 Priscian, *Praeexercitamina* p. 33 Passalacqua (1987). Zu Priscian s. auch das Kapitel 4.7.2.6 dieser Arbeit.

In ähnlicher Weise lassen sich auch bei Nikolaos Überlegungen zum Plausibilitätscharakter der Fabel erkennen. Nikolaos definiert die Fabel auf die folgende Weise:[106]

> Μῦθος τοίνυν ἐστὶ λόγος ψευδὴς τῷ πιθανῶς συγκεῖσθαι εἰκονίζων τὴν ἀλήθειαν. λόγος μὲν ψευδής, ἐπειδὴ ὁμολογουμένως ἐκ ψεύδους σύγκειται· εἰκονίζων δὲ τὴν ἀλήθειαν, ἐπειδὴ οὐκ ἂν ἐργάσαιτο τὸ ἑαυτοῦ, μὴ ἔχων τινὰ πρὸς τὸ ἀληθὲς ὁμοιότητα. γένοιτο δὲ ἂν πρὸς τὸ ἀληθὲς ὅμοιος ἐκ τοῦ πιθανοῦ τοῦ περὶ τὴν πλάσιν.

> Die Fabel ist nun eine fiktionale Rede, die durch die plausible Komposition die Wahrheit widerspiegelt. Sie ist eine fiktionale Rede, da sie eingestandenermaßen aus Unwahrem besteht. Sie spiegelt aber die Wahrheit wider, da sie ihre Aufgabe nicht erfüllen würde, wenn sie nicht irgendeine Ähnlichkeit zur Wirklichkeit hätte. Sie wird der Wirklichkeit durch die Plausibilität hinsichtlich der Ausgestaltung ähnlich.

Inwiefern eine Fabel durch ihre Komposition plausibel wird, verdeutlicht Nikolaos an der folgenden Stelle:[107]

> Ἐπειδὴ δὲ εἴρηται, ὅτι δεῖ πιθανῶς συγκεῖσθαι τὸν μῦθον, πόθεν ἂν γένοιτο πιθανὸς σκοπητέον. Πολλαχόθεν δὲ τοῦτο· ἐκ τόπων, περὶ οὓς τὰ ὑποκείμενα (τῷ λόγῳ) ζῷα διατρίβειν εἴωθεν· (ἐκ καιρῶν, ἐν οἷς φαίνεσθαι φιλεῖ·) ἐκ λόγων τῶν τῇ φύσει (ἑκάστου) ἁρμοζόντων· ἐκ πραγμάτων, ἃ μὴ ὑπερβαίνει τὴν ἑκάστου ποιότητα, ἵνα μὴ λέγωμεν, ὅτι ὁ μῦς περὶ βασιλείας τῶν ζῴων ἐβουλεύετο ἢ ὅτι ὁ λέων ἐζωγρήθη ὑπὸ τυροῦ [καὶ] κνίσης, κἂν λόγους τινὰς δέησῃ περιθεῖναι, [καὶ] ἵνα ἡ μὲν ἀλώπηξ ποικίλα φθέγγηται, τὰ δὲ πρόβατα εὐήθη καὶ μεστὰ ἀνοίας· τοιαύτη γάρ τις ἡ ἑκατέρων φύσις· καὶ ἵνα ὁ μὲν ἀετὸς ἁρπακτικὸς καὶ νεβρῶν καὶ ἀρνίων εἰσάγηται, ὁ δὲ κολοιὸς μηδὲν τοιοῦτον μηδὲ ἐννοῶν.

> Da gesagt worden ist, dass eine Fabel plausibel zusammengesetzt werden soll, muss betrachtet werden, wie sie plausibel werden kann. Dies kann auf vielfältige Weise geschehen: von den Orten her, an denen die der Fabel zugrunde liegenden Lebewesen sich normalerweise aufhalten; von den Gelegenheiten her, bei denen sie sich gerne zeigen; von den Worten her, die dem natürlichen Charakter eines jeden Lebewesens angemessen sind; von den Handlungen her, die die Fähigkeit eines jeden nicht übersteigen, damit wir nicht sagen, dass die Maus Ratschläge über die Herrschaft der Tiere erteilt hat oder dass der Löwe durch den Geruch des Käses gefangen wurde. Und wenn es nötig sein sollte, ihnen Worte zu verleihen, [sc. muss man dafür sorgen,] dass der Fuchs Schlaues äußert, die Schafe aber naive und einfältige Sachen. Von dieser Art ist nämlich der natürliche Charakter eines jeden. Und [sc. man muss dafür sorgen,] dass man den Adler so darstellt, dass er es auf Rehkitze und Schäfchen abgesehen hat, die Dohle aber so, dass sie auf nichts derartiges bedacht ist.

---

106 Nikolaos RhG XI Felten (1913) 6,9–15. Zu Nikolaos s. auch die Kapitel 4.7.2.5, 5.1.3 und 6.3 dieser Arbeit.
107 Nikolaos RhG XI Felten (1913) 7,14–8,6.

Mit anderen Worten: Die Plausibilität in der Fabel wird dadurch erzeugt, dass die Regeln der Angemessenheit (πρέπον/*aptum*) beachtet werden.[108]

4.2 Zur Geschichtsschreibung

Im Folgenden werden die wichtigsten Textstellen analysiert, an denen über die mögliche Fiktionalität von historiographischen Darstellungen reflektiert wird.[109] Im antiken Fiktionalitätsdiskurs wird die Geschichtsschreibung grundsätzlich als faktualer Diskurs der fiktionalen Dichtung gegenübergestellt.[110] Trotzdem wird auch über die Fiktionalität einzelner Elemente der Geschichtsschreibung diskutiert, wie die folgenden Unterkapitel zeigen. Wenn die Geschichtsschreibung grundsätzlich als faktualer Diskurs gilt, bedeutet dies nicht, dass jeder vom Historiker geäußerte Satz wahr ist oder wahr sein soll. Vielmehr werden allgemeine Gesetze (*leges*), die für die Gattung der Geschichtsschreibung gelten, explizit gemacht.[111]

4.2.1 Thukydides' Methodenkapitel: Über die Redenfiktion

Am Anfang seines Geschichtswerkes über den Peloponnesischen Krieg skizziert Thukydides (vor 454 v. Chr. – zwischen 399 und 396 v. Chr.) die Vorgeschichte des Krieges und legt im sog. Methodenkapitel (Thuk. 1,22) Rechenschaft über seine Methode ab, wobei er Stellung zum Wahrheitsstatus der eigenen Darstellung, insbesondere der Reden bezieht.

Was Thukydides' Verhältnis zu falschen bzw. fiktionalen Erzählungen anderer Autoren betrifft, lässt sich bei ihm (ebenso wie bei Herodot), worauf schon

---

108 Daher wird man auch Theons Aussage, dass der Fabelschreiber selbst eingesteht, dass er etwas Glaubwürdiges verfasst, so verstehen, dass er über die Plausibilität der Fabel spricht; vgl. Theon RhG II Spengel (1966) 76,5–9 (Patillon/Bolognesi [1997] 35; s. S. 414). Aphthonios äußert sich nicht zur Plausibilität der Fabel.
109 Vgl. auch Cic. leg. 1,1–5 (s. das Kapitel 7.1.3 dieser Arbeit).
110 Vgl. z. B. Isokr. Euag. 9f. (s. das Kapitel 7.1.2 dieser Arbeit) Arist. Poet. 1451a36–b11 (s. das Kapitel 4.4 dieser Arbeit); Cic. leg. 1,1–5 (s. das Kapitel 7.1.3 dieser Arbeit); Luk. hist. conscr. 8f. (s. das Kapitel 7.1.7 dieser Arbeit). Vgl. auch die Erzählgattung *historia* (ἱστορία) in der Skalierung der dargestellten Geschichte (s. das Kapitel 4.7 dieser Arbeit). Zur antiken Rezeption der Geschichtsschreibung vgl. Wheeldon (1989).
111 Zum Begriff der „Gesetze" (*leges*) vgl. Cic. de orat. 2,62; fam. 5,12,3 (zu diesen beiden Stellen s. S. 164 und 166); leg. 1,5 (s. das Kapitel 7.1.3 dieser Arbeit).

Rösler hingewiesen hat,[112] die Auffassung erkennen, dass die Dichter den größeren Effekt der weniger spektakulären Wahrheit vorziehen.[113] Diese Auffassung kommt bei Thukydides an derjenigen Stelle unmittelbar vor dem Methodenkapitel zum Ausdruck, an der Thukydides seine eigene historiographische Darstellung von den Produkten der Dichter und Geschichtenerzähler mit dem Argument absetzt, dass sich diese nicht exakt an die Wahrheit halten, sondern nur das Ziel verfolgen, Freude bei den Zuhörern zu erregen:[114]

> ἐκ δὲ τῶν εἰρημένων τεκμηρίων ὅμως τοιαῦτα ἄν τις νομίζων μάλιστα ἃ διῆλθον οὐχ ἁμαρτάνοι, καὶ οὔτε ὡς ποιηταὶ ὑμνήκασι περὶ αὐτῶν ἐπὶ τὸ μεῖζον κοσμοῦντες μᾶλλον πιστεύων, οὔτε ὡς λογογράφοι ξυνέθεσαν ἐπὶ τὸ προσαγωγότερον τῇ ἀκροάσει ἢ ἀληθέστερον, ὄντα ἀνεξέλεγκτα καὶ τὰ πολλὰ ὑπὸ χρόνου αὐτῶν ἀπίστως ἐπὶ τὸ μυθῶδες ἐκνενικηκότα, ηὑρῆσθαι δὲ ἡγησάμενος ἐκ τῶν ἐπιφανεστάτων σημείων ὡς παλαιὰ εἶναι ἀποχρώντως.

> Gleichwohl wird derjenige, der das, was ich dargelegt habe, aufgrund der angegebenen Beweise im Großen und Ganzen als solches [sc. Wahres] betrachtet, keinen Fehler machen. Er wird weder den Dichtern glauben, die es [sc. die Vergangenheit] in übertriebener Form verherrlicht haben, noch den (Prosa-)Schriftstellern, die mehr auf die Unterhaltung eines Publikums als auf die Wahrheit bedacht sind. Freilich lässt es [sc. die Vergangenheit] sich nicht mehr ermitteln, da das meiste, weil es vor langer Zeit geschah, bis zu einem unglaubwürdigen Grad sagenhafte Züge angenommen hat. Er wird aber der Meinung sein, dass ich aufgrund der aussagekräftigsten Zeugnisse mit hinreichender Sicherheit meine Feststellungen getroffen habe, sofern es aufgrund der lange zurückliegenden Zeit überhaupt möglich ist.

Puelma deutet die bei Herodot und Thukydides vorliegende Bewertung des dichterischen Wahrheitsstatus so, dass die beiden Historiker die Dichtkunst von unangemessenen Wahrheitsansprüchen befreit und somit die Aristotelische Unterscheidung des Gegenstandsbereiches der Dichtung und der Geschichtsschreibung vorbereitet haben.[115] Diese Ansicht lässt sich aber nicht halten. Denn, wie Puelma selbst feststellt, ist Thukydides der Ansicht, dass die Dichter und (Prosa-)Schriftsteller, auf die er sich bezieht, die Wirklichkeit in hymnischer Ausschmü-

---

112 Vgl. Rösler (1980) 307 f.; s. S. 13.
113 Diese Einstellung lässt sich bei Herodot insofern erkennen, als ihm zufolge Homer der offenkundig unglaubwürdigen Überlieferung, der zufolge Helena den Trojanischen Krieg in Troja erlebt hat, deswegen den Vorzug gegeben hat, weil die historisch plausiblere Alternativversion (Aufenthalt in Ägypten) nicht in gleicher Weise den Bedürfnissen epischer Dichtung entsprochen habe; vgl. Herodot, 2,116; Rösler (1980) 307. Zu Homer bei Thukydides und Herodot vgl. Kim (2010) 22–46.
114 Thuk. 1,21,1.
115 Vgl. Puelma (1989) 82; s. S. 17, Fußn. 80.

ckung verzerren. Puelmas Aussage, dass Thukydides keinen Anlass dazu hatte, diesen Vorgang positiv zu bewerten, täuscht darüber hinweg, dass eine Kritik vorliegt.[116]

Wie Thukydides' programmatische Äußerungen im Methodenkapitel zu verstehen sind, ist in der Forschung äußerst umstritten.[117] An dieser Stelle soll die Fragestellung verfolgt werden, ob bzw. inwiefern Thukydides Aussagen zur Fiktionalität der eigenen Darstellung trifft. Das Methodenkapitel umfasst zwei Sätze zur Darstellung der Reden (1), einen Satz zur Darstellung der Kriegsereignisse (2) sowie weitere Anmerkungen zum Umgang mit den Quellen und zum Charakter des Werkes (3–4):[118]

(1) Καὶ ὅσα μὲν λόγῳ εἶπον ἕκαστοι ἢ μέλλοντες πολεμήσειν ἢ ἐν αὐτῷ ἤδη ὄντες, χαλεπὸν τὴν ἀκρίβειαν αὐτὴν τῶν λεχθέντων διαμνημονεῦσαι ἦν ἐμοί τε ὧν αὐτὸς ἤκουσα καὶ τοῖς ἄλλοθέν ποθεν ἐμοὶ ἀπαγγέλλουσιν· ὡς δ' ἂν ἐδόκουν ἐμοὶ ἕκαστοι περὶ τῶν αἰεὶ παρόντων τὰ δέοντα μάλιστ' εἰπεῖν, ἐχομένῳ ὅτι ἐγγύτατα τῆς ξυμπάσης γνώμης τῶν ἀληθῶς λεχθέντων, οὕτως εἴρηται. (2) τὰ δ' ἔργα τῶν πραχθέντων ἐν τῷ πολέμῳ οὐκ ἐκ τοῦ παρα-

---

116 Daher kann nicht die Rede davon sein, dass Herodot und Thukydides „die Dichtkunst grundsätzlich vom Gewicht unangemessener historischer Wahrheitsansprüche" befreit haben und „so indirekt den Weg zu ihrer Wertung nach einem von der historischen Wahrheit unabhängigen Massstab der poetischen Wirklichkeit" gebahnt haben. Vielmehr betrachten sie die historischen Schilderungen der von ihnen kritisierten Dichter und (Prosa-)Schriftsteller als faktualen Diskurs, den sie anhand des Maßstabes „richtig oder falsch" bewerten. Eine wertfreie Feststellung, dass es sich um einen fiktionalen Diskurs handelt, der anerkanntermaßen eigenen Gesetzen gehorcht, liegt nicht vor.
117 Dies gilt insbesondere für die beiden Redensätze; vgl. Woodman (1988) 11: „The account which Thucydides gives of his speeches is one of the most discussed and controversial passages of Greek literature." Zum Methodenkapitel vgl. die Forschungsüberblicke bei West (1973); Luschnat (1970) Sp. 1162–1183; Wimmer (1966) 5–26; darüber hinaus: Schütrumpf (2011); Pelling (2009); Schwinge (2008) 20–23; Scardino (2007) 399–416; Shanske (2007) 157f.; Köhnken (2006 [zuerst 1993]); Rood (2006); Vössing (2005); Grethlein (2004); Bonelli (2003); Moles (2001) 198–219; Plant (1999); Porciani (1999); Winton (1999); Garrity (1998); Shrimpton (1998); Moles (1993) 104–107; Tsakmakis (1998); Swain (1993); Badian (1992); Hornblower (1991) ad loc.; Bicknell (1990); Develin (1990); Flory (1990); Porter (1990); Erbse (1989); Iglesias Zoido (1989); Marincola (1989); Plant (1988); Hornblower (1987) 45–72; Walbank (1985); Macleod (1984 [zuerst 1974]); Egermann (1983); Trédé (1983); Loriaux (1982); Rokeah (1982); Wilson (1982); Cogan (1981); Schepens (1980); Kagan (1975); Macleod (1975); Luschnat (1974); Egermann (1972); Tompkins (1972); Luschnat (1970); Erbse (1968 [zuerst 1953]); Wille (1968 [zuerst 1965]); Wimmer (1966); Glucker (1964); Rokeah (1962); Egermann (1961); Rohrer (1959); Schmid (1954/1955); Maddalena (1951) ad loc.; Gomme (1945) ad loc.; Gomme (1937); Patzer (1937); Grosskinsky (1936); Pohlenz (1936); Pohlenz (1919); Schwartz (1919) 25–27; Poppo/Stahl (1886) ad loc.
118 Thuk. 1,22. In der Forschung wird der zweite Redensatz häufig als *der* Redensatz bezeichnet. Das Methodenkapitel ist auch sprachlich in vielen Punkten umstritten, von denen nicht alle in diesem Rahmen ausführlich diskutiert werden können.

τυχόντος πυνθανόμενος ἠξίωσα γράφειν, οὐδ' ὡς ἐμοὶ ἐδόκει, ἀλλ' οἷς τε αὐτὸς παρῆν καὶ παρὰ τῶν ἄλλων ὅσον δυνατὸν ἀκριβείᾳ περὶ ἑκάστου ἐπεξελθών. (3) ἐπιπόνως δὲ ηὑρίσκετο, διότι οἱ παρόντες τοῖς ἔργοις ἑκάστοις οὐ ταὐτὰ περὶ τῶν αὐτῶν ἔλεγον, ἀλλ' ὡς ἑκατέρων τις εὐνοίας ἢ μνήμης ἔχοι. (4) καὶ ἐς μὲν ἀκρόασιν ἴσως τὸ μὴ μυθῶδες αὐτῶν ἀτερπέστερον φανεῖται· ὅσοι δὲ βουλήσονται τῶν τε γενομένων τὸ σαφὲς σκοπεῖν καὶ τῶν μελλόντων ποτὲ αὖθις κατὰ τὸ ἀνθρώπινον τοιούτων καὶ παραπλησίων ἔσεσθαι, ὠφέλιμα κρίνειν αὐτὰ ἀρκούντως ἕξει. κτῆμά τε ἐς αἰεὶ μᾶλλον ἢ ἀγώνισμα ἐς τὸ παραχρῆμα ἀκούειν ξύγκειται.

(1) Was nun die Reden betrifft, die sie [sc. die Kriegsteilnehmer] jeweils entweder vor dem oder während des Krieges gehalten haben, war es mir als Ohrenzeugen sowie meinen Berichterstattern schwierig, den genauen Wortlaut im Gedächtnis zu behalten. Ich habe sie so sprechen lassen, wie sie mir jeweils am ehesten das zu sagen schienen,[119] was angesichts der

---

[119] Die Forschung hat sich ausgiebig mit der Frage beschäftigt, ob der Vergleichssatz potential oder irreal aufzufassen ist: Schwartz (1926) 79, Patzer (1937) 37 u. a. zufolge ist er potential aufzufassen (vgl. Patzer: „wie sie am ehesten über die jeweiligen Umstände das Erforderliche gesagt haben mögen"). Nach Erbse (1968 [zuerst 1953]) 337 liegt ein irrealer Sinn vor („Wie aber all die Redner meines Erachtens etwa geredet hätten, um angesichts der jeweiligen Probleme das Erforderliche zu sagen"); vgl. schon Classen/Steup (1919) 77 ad Thuk. 1,22,1: „wie mir dünkte, daß ein jeder am meisten das Notwendige, Sachgemäße, Richtige gesagt haben würde". Zum Problem vgl. ferner Rohrer (1959) 41; Wille (1968 [zuerst 1965]) 711 f.; Wimmer (1966) 31 f.; Egermann (1972) 582; Luschnat (1974) Sp. 768; Porciani (1999) 121; Bonelli (2003) und die bei Scardino (2007) 405 Fußn. 45 angegebene Literatur.

Das vorliegende Problem scheint nicht adäquat behandelt worden zu sein, da die sprachlichen Möglichkeiten sowie die Unterschiede zwischen den Alternativen nicht präzise angegeben wurden (eine Ausnahme stellt Bonelli [2003] dar). Wenn man davon ausgeht (wie es die Forschung nahezu einhellig tut), dass die Modalpartikel ἄν den Infinitiv εἰπεῖν modifiziert, steht der Infinitiv mit ἄν entweder statt des Optativs mit ἄν oder statt des Indikativs einer historischen Zeitform mit ἄν in der direkten Rede (vgl. Kühner/Gerth I, S. 240). Da die Annahme eines Optativs mit ἄν in der direkten Rede wenig sinnvoll ist, kommen grundsätzlich folgende drei Möglichkeiten in Betracht (vgl. Kühner/Gerth I, S. 211–214): (1) Iterativ der Vergangenheit; (2) Potentialis der Vergangenheit; (3) Irrealis der Vergangenheit. Die Auffassung, dass ein iterativ gefärbter Potentialis vorliegt, wie man den Frequenzangaben ἕκαστοι und αἰεί entnehmen könne (vgl. Wille [1968 [zuerst 1965]] 711 f.), scheidet daher von vornherein aus.

Wenn man davon ausgeht, dass ein Irrealis vorliegt, stellt sich die Frage, welche irreale Protasis man gedanklich ergänzen müsste. Hierzu haben sich nur Porter (1990) 133, Bonelli (2003) 159 und Schütrumpf (2011) 241 Gedanken gemacht. Allerdings scheint keine der vorgeschlagenen Deutungen sinnvoll zu sein; vgl. Porter: „as they [the speakers] seemed to me as they would have spoken (if they could have been heard)"; Bonelli: „Come mi sembrava che i singoli oratori si sarebbero espressi, se avessero saputo -ma non sapevano- esprimersi adeguatamente."; Schütrumpf: Thukydides hat die Reden so verfasst, wie seiner Meinung nach die Redner gesprochen hätten „if I myself or my informers remembered the exact wording of what was said (as we unfortunately cannot)". Vielmehr wäre die einzig sinnvolle irreale Protasis „wenn sie eine Rede gehalten hätten". Der Unterschied zwischen dem irrealen und dem potentialen Verständnis liegt also darin, dass beim irrealen Verständnis davon auszugehen ist, dass Thukydides seine Redner

jeweiligen Umstände gesagt werden musste, indem ich mich so eng wie möglich an die Gesamtaussage des wirklich Gesprochenen hielt. (2) Die Geschehnisse, also das, was in dem Krieg passiert ist, glaubte ich nicht nach Maßgabe einer zufälligen Informationsquelle oder, wie es mir beliebte, niederschreiben zu dürfen, sondern [sc. ich glaubte, die Geschehnisse in der Weise niederschreiben zu müssen] indem ich – so weit möglich – mit Genauigkeit im einzelnen überprüfte, was ich selbst miterlebte und von anderen erfuhr. (3) Das waren mühevolle Untersuchungen, weil die jeweiligen Augenzeugen nicht dasselbe über dasselbe gesagt haben, sondern [sc. so gesprochen haben,] wie Wohlwollen und Erinnerung es ihnen jeweils eingaben. (4) Für einen öffentlichen Vortrag ist meine Darstellung der Kriegsgeschehnisse wahrscheinlich zu wenig unterhaltsam, da ihr sagenhafte Erzählungen fehlen. Wenn all diejenigen, die die Vergangenheit genau betrachten und die Zukunft [sc. vorhersehen] wollen, die sich gemäß der menschlichen Natur so und so ähnlich [sc. wie die Vergangenheit] verhält, meine Darstellung der Kriegsgeschehnisse als nützlich beurteilen werden, so wird das genügen. Als Besitz für alle Zeiten liegt sie vor, weniger als etwas, das dazu bestimmt ist, bei einem Vortragswettkampf nur für den Augenblick gehört zu werden.

Die zur Diskussion stehende Frage wurde und wird von der Forschung weitgehend innerhalb der Kategorien der „Objektivität" und der „Subjektivität" debattiert. Diese methodische Herangehensweise ist allerdings nicht unproblematisch und in der Forschung bereits kritisiert worden. So hat Shrimpton gegen die Tendenz der modernen Forschung, das Methodenkapitel so zu verstehen, dass Thukydides Anspruch auf Objektivität erhebt, eingewendet, dass der Begriff „Objektivität" als

---

reden lässt, ohne dass sie in Wirklichkeit eine Rede gehalten haben, während unter Annahme eines potentialen Verständnisses davon auszugehen ist, dass die Reden an sich gehalten wurden und Thukydides es für möglich hält, dass seine Reden den historischen Reden mehr oder minder entsprechen.

Aufgrund von τὰ ἀληθῶς λεχθέντα ist die Annahme eines Potentialis folglich deutlich sinnvoller als diejenige eines Irrealis. Die mit dem Vergleichssatz verbundene Frage scheint aber insofern von der Forschung falsch gestellt worden zu sein, als die Möglichkeit des Iterativs nicht erwogen wurde (nur Bonelli [2003] 156f. diskutiert einen Bezug von ἄν auf ἐδόκουν, verwirft diesen aber). Für den Iterativ der Vergangenheit kommen zwei Möglichkeiten in Betracht, und zwar entweder in der Form, dass ἐδόκουν einen iterativen Charakter erhält, oder in der Form, dass εἰπεῖν einen iterativen Charakter erhält. Die Stellung von ἄν vor ἐδόκουν spricht für die erste Möglichkeit, die sich auch in dieser Hinsicht als überlegen gegenüber allen Versuchen erweist, ἄν auf εἰπεῖν zu beziehen. Insbesondere spricht aber ἕκαστοι für eine iterative Auffassung von ἐδόκουν; darüber hinaus wird diese durch αἰεί (in περὶ τῶν αἰεὶ παρόντων) nahe gelegt. Die Annahme eines Iterativs ist auch deswegen sinnvoller, weil der Vergleichssatz und insbesondere das Hilfsverb δοκεῖν hinreichend deutlich machen, dass die Reden Thukydides' Reden und somit (im Verhältnis zu den wirklich gehaltenen Reden) gewissermaßen irreal oder potential sind. Ein zusätzlicher Ausdruck des Irrealis oder Potentialis ist nicht erforderlich bzw.: ein Irrealis oder Potentialis wäre nur dann sinnvoll, wenn das Hilfsverb δοκεῖν nicht stehen würde.

Begriff der Psychologie des 19. Jahrhunderts das Risiko berge, eine anachronistische Weltsicht auf Thukydides zu übertragen.[120]

Ein Problem des Anachronismus scheint aber nicht vorzuliegen, da nichts dagegen einzuwenden ist, antike theoretische Aussagen durch moderne zu erklären bzw. in ihnen die Vorläufer der modernen Kategorien zu erblicken, sofern sich die jeweiligen Kategorien sachlich entsprechen. Das Problem scheint vielmehr darin zu liegen, dass die Begriffe „Objektivität" und „Subjektivität" nicht klar definiert werden und daher keine nützliche Opposition für die Interpretation des Methodenkapitels zu bilden scheinen.[121]

Diejenigen Forscher, die die Begriffe „Objektivität" und „Subjektivität" verwenden, verstehen unter „Objektivität" allem Anschein nach den Umstand, dass eine Sache unverfälscht so geschildert wird, wie sie ist, wohingegen „Subjektivität" den Umstand bezeichne, dass ein Subjekt, also eine Person, mehr oder minder stark seine individuelle Ansicht über die Dinge zum Ausdruck bringt, womit eine Abweichung von der Wahrheit impliziert wird. Da diese Opposition insofern problematisch ist, als sich „Objektivität" und „Subjektivität" fast nie vollständig voneinander trennen lassen, da immer ein Subjekt (eine Person) ein Objekt (einen Gegenstand) beschreibt,[122] sollte man das Instrumentarium der modernen Fiktionstheorie bevorzugen. Denn dieses bietet den Vorteil, dass die zur Analyse bereit gestellten Begriffe relativ klar definiert und reflektiert sind.[123]

---

120 Vgl. Shrimpton (1998) 72: „'Objectivity', however, is a troublesome word, since it only came into the English language in the nineteenth century with the psychological work of Herbert Spencer. Its use raises the question whether we are attributing to an ancient writer a way of seeing the world that was invented by psychologists and social scientists thousands of years after he died."
121 Zwei Beispiele für die problematische Verwendung der Begriffe „Objektivität" und „Subjektivität": Swain (1993) 42 sieht Objektivität darin, dass Thukydides dasjenige wiedergebe, was die jeweiligen Redner für notwendig hielten zu sagen. Wimmer (1966) 27–31 zufolge bezeichnet der Ausdruck ἡ ἀκρίβεια αὐτὴ τῶν λεχθέντων nicht den genauen Wortlaut der Reden, da Thukydides die Reden weder wörtlich wiedergeben konnte noch wollte. Das Problem, dass Thukydides (unter Annahme einer subjektiven Bedeutung von ἡ ἀκρίβεια) eine Selbstverständlichkeit äußern würde, löse sich dadurch, dass man eine objektive Bedeutung („inhaltliche Sinntreue", „gedanklich-inhaltliche Genauigkeit") annimmt.
122 Wenn Thukydides über seine mögliche Parteilichkeit sprechen würde, würden „Objektivität" und „Subjektivität" eine sinnvolle Opposition bilden.
123 Wenn die Fiktionstheorie gegenüber den Analysekategorien „Objektivität" und „Subjektivität" bevorzugt wird, ist hiermit unter Umständen das Risiko verbunden, alten Wein in neue Schläuche zu gießen. Damit diese Gefahr nicht eintritt, sei gleich an dieser Stelle darauf hingewiesen, dass es in der Analyse von Thukydides' Methodenkapitel nicht darum geht, eine gänzlich neue Antwort auf die zentrale Frage zu geben, ob die Reden nach Thukydides' eigener Aussage fiktiv sind oder nicht (andere Forscher würden fragen: subjektiv oder objektiv sind). Das Ziel

Der Nachteil der Analysekategorien „Objektivität" und „Subjektivität" besteht insbesondere darin, dass der Gegensatz zwischen „Objektivität" und „Subjektivität" in der Forschung zu einem recht unergiebigen Streit über den Status von Thukydides' Reden geführt hat, ohne dass konzeptuell die Möglichkeit gegeben war, eine dritte Möglichkeit zwischen „Objektivität" und „Subjektivität" ins Auge zu fassen, obwohl diejenigen Forscher, die Thukydides' Reden für objektiv halten, subjektive Elemente zugeben (müssen) und diejenigen, die Thukydides' Reden für subjektiv halten, objektive Elemente zugeben (müssen). Der Vorteil der modernen Fiktionstheorie besteht hingegen darin, dass das Verhältnis zwischen wirklichen und nicht-wirklichen Elementen innerhalb einer Erzählung reflektiert ist.[124]

Was Thukydides' programmatische Aussagen über das eigene Werk betrifft, kann wohl kein Zweifel daran bestehen, dass Thukydides' Schilderung der Kriegsgeschehnisse nach eigener Aussage einen faktualen Diskurs darstellt. Mit Bezug auf die Reden ist im Ergebnis Rösler zuzustimmen, der offensichtlich die Ansicht vertritt, dass Thukydides' Reden nach dessen eigener Ansicht fiktiv sind, wenn er mit Bezug auf Thukydides' Methodenkapitel – wenn auch nur beiläufig – von „Redenfiktion" spricht.[125]

Stellen bei Polybios und Lukian erhärten nicht nur die Annahme, dass Thukydides im Methodenkapitel die Fiktivität seiner Figurenreden eingesteht, sondern gewähren auch näheren Aufschluss hinsichtlich der Frage, wie Thukydides die Figurenreden gestaltet.[126] Ein Hinweis darauf, dass es der antiken Theorie und Praxis entsprochen hat, Figurenreden auch in der Geschichtsschreibung zu fingieren, findet sich vielleicht auch bei Aristoteles. Denn wenn Aristoteles in der Poetik die Geschichtsschreibung dadurch definiert, dass sie das Geschehene (τὰ γενόμενα) berichtet, und sie anhand des Beispiels exemplifiziert, was Alkibiades getan hat oder ihm widerfahren ist, dann ist es vielleicht kein Zufall, dass zwar zwei Aspekte genannt werden, die auf die Schilderung der Ereignisse verweisen (Tun und Erleiden), aber der Akt des Sprechens – anders als bei der Definition der Dichtung – unerwähnt bleibt.[127] Vielleicht kann man hieran erkennen, dass es für Aristoteles eine so selbstverständliche Tatsache ist, dass die

---

besteht vielmehr darin, eine Antwort auf diese Hauptfrage zu geben (sie lautet: ja, Thukydides' Reden sind nach eigener Aussage fiktiv), wobei ein genaueres Verständnis der Fiktivität wahrscheinlich wichtiger als die Antwort selbst ist. Außerdem wird das Ziel verfolgt, Thukydides' programmatische Aussagen in den antiken Fiktionalitätsdiskurs, v. a. den Diskurs über die Redenfiktion, einzugliedern.
124 S. das Kapitel 2.2 dieser Arbeit.
125 Vgl. Rösler (1980) 296 f. Fußn. 34; s. S. 12, Fußn. 49.
126 S. S. 155–157.
127 Vgl. Poet. 1451a36–b11 (s. das Kapitel 4.4 dieser Arbeit).

Historiker die Figurenreden fingieren, dass er diese Tatsache nicht explizit erwähnen muss, sondern voraussetzen kann.[128] Vielleicht hätte Aristoteles aber auch – ähnlich wie Polybios – „was Alkibiades gesagt hat" ergänzen können, ohne damit eine wörtliche Wiedergabe der Reden zu postulieren.

Allerdings ist Röslers Ansicht problematisch, dass es sich bei der Redenfiktion um ein „ausschließlich darstellungstechnisches Verfahren" handelt. Wenn man die (bis auf Platon zurückgehende) erzähltheoretische Opposition zwischen Geschichte (i.S.v. „das Erzählte") und Darstellung (i.S.v. „die Art und Weise der Präsentation") auf die Reden bzw. die Redensätze anwendet,[129] kann man die Reden nur in dem äußerlichen Sinne als darstellungstechnisches Verfahren ansehen, dass sich in Thukydides' Geschichtswerk, wie es typisch für die Historiographie ist, Autoren- und Figurenreden abwechseln. Aufgrund dieses Befundes würde man Thukydides' Geschichtswerk anhand des Redekriteriums, das ebenfalls auf Platon zurückgeht, als διήγησις μικτή bezeichnen.[130] Auf dieses (oder ein ähnliches) Darstellungsverfahren zielen aber nicht Thukydides' programmatische Aussagen. Seine programmatischen Aussagen sind vielmehr Aussagen über den Inhalt der Figurenreden (und der Kriegsereignisse).

Thukydides' Figurenreden sind also nach eigener Aussage fiktiv. Diese Feststellung bedeutet jedoch nicht, dass die Reden gänzlich phantastische Gebilde und ohne jeden Bezug zur Wirklichkeit wären. Wenn einige Forscher vor dem Urteil, dass fiktive (oder „subjektive") Reden vorliegen, aus dem Grund zurückgeschreckt sind, dass Thukydides auch in den Reden einen gewissen Anschluss an die Wirklichkeit gesucht hat, dann ist die Unsicherheit in der Urteilsfindung unbegründet. Denn der Umstand, dass etwas fiktiv ist, widerspricht nicht dem Umstand, dass sich etwas so ähnlich wie in der Wirklichkeit verhält. Vielmehr spricht man in diesem Zusammenhang von einer realistischen Fiktion (im Unterschied zur phantastischen Fiktion).[131]

Die untergeordneten Fragestellungen, die danach fragen, *inwiefern* die Reden nach Thukydides' eigener Aussage als fiktional anzusehen sind, sind schwieriger zu beantworten. Eine ganze Bandbreite von Möglichkeiten kommt für die Ausgestaltung der Redenfiktion in Betracht. Im Extremfall würde Thukydides die

---

128 Vgl. von Fritz (1958) 73.
129 Zu den verschiedenen Erzählebenen s. das Kapitel 2.1.2 und (zu Platon) das Kapitel 4.3.2.2 dieser Arbeit.
130 Vgl. Plat. rep. 392d5–6 (s. das Kapitel 5.1.1 dieser Arbeit). Der Fachausdruck διήγησις μικτή findet sich allerdings noch nicht bei Platon, der den Ausdruck δι' ἀμφοτέρων verwendet, sondern bei Nikolaos, der vom διήγημα μικτόν spricht; vgl. Nikolaos RhG XI Felten (1913) 12,7–17 (s. das Kapitel 5.1.3 dieser Arbeit).
131 S. die Kapitel 2.2.3 und 4.7 dieser Arbeit.

Redner in Situationen reden lassen, in denen sie nie gesprochen haben, und würde sowohl den Inhalt als auch die sprachliche Gestaltung der Reden frei erfinden bzw. vornehmen. In diesem extremen Sinn sind Thukydides' Reden nach eigener Aussage nicht fingiert. Dies wird aus dem zweiten Redensatz deutlich. Denn wenn Thukydides davon spricht, dass er sich so eng wie möglich an die Gesamtaussage des wirklich Gesprochenen gehalten hat, dann geht hieraus, insbesondere aus τὰ ἀληθῶς λεχθέντα, hervor, dass der Maßstab für seine Figurenreden die wirklich gehaltenen Reden sind. Folglich haben die Reden bei Thukydides grundsätzlich eine Entsprechung in der Realität.[132] Ob dies ausnahmslos für alle Figurenreden gilt, kann nicht mit Sicherheit gesagt werden. Aber zumindest als Regel wird man Thukydides' Aussage verstehen müssen.

Fraglich ist allerdings, auf welcher Grundlage Thukydides' Reden beruhen. Mit anderen Worten: Wie sind die Elemente τὰ αἰεὶ παρόντα, τὰ δέοντα, δοκεῖν und ἡ ξύμπασα γνώμη τῶν ἀληθῶς λεχθέντων zu verstehen? Was das zuerst genannte Element betrifft, scheint es relativ eindeutig zu sein, dass hiermit die jeweilige Situation gemeint ist, in der der jeweilige Redner spricht bzw. die jeweiligen Redner sprechen.[133]

Die Frage, wie der Ausdruck τὰ δέοντα zu verstehen ist, hat eine große Forschungskontroverse hervorgerufen.[134] Im Lichte der antiken Thukydides-Kritik durch Dionysios aus Halikarnass und den Biographen Marcellinos drängt sich die Antwort auf, dass der Ausdruck τὰ δέοντα im Sinne des Angemessenen (τὸ πρέπον) zu verstehen ist.[135] Die entsprechende Ansicht des Dionys wird an der folgenden Stelle innerhalb seines Essays *De Thucydide* deutlich, an der er den Thukydideischen Melierdialog (Thuk. 5,85–111) analysiert:[136]

---

132 Vgl. Schwartz (1926) 80; Adcock (1963) 28.
133 S. die folgende Fußn.
134 Die ältere Forschungsmeinung, der zufolge τὰ δέοντα die ideale Realität bezeichnet (vgl. Meyer [1899] 384–387; Patzer [1937] 37; Erbse [1968 (1953)] 338 f.; Erbse [1989] 133; ähnlich Rokeah [1962] und [1982] 389–395, der τὰ δέοντα περὶ τῶν αἰεὶ παρόντων mit „the things most relevant to the ever-current issues" übersetzt) darf als überholt gelten; vgl. Glucker (1964) 1 f.; Wille (1968 [1965]) 707; Hornblower (1987) 45 f. Angesichts von Debatten mit unterschiedlichen Standpunkten und als Prinzip für alle Reden ist es kaum vorstellbar (darüber hinaus allem Anschein nach unbelegt) und würde im Widerspruch zu den Gesetzen und zur Praxis der antiken Historiographie stehen, wenn ein Historiker die konkrete Situation ignoriert und sich nur allgemeinen Prinzipien zuwendet. Folglich bezeichnet τὰ αἰεὶ παρόντα die jeweilige Situation und αἰεί bedeutet nicht „immer".
135 Vgl. Feddern (2016) 123–136. Eine Interpretation des zweiten Redensatzes im Lichte von Dionysios' Essay *De Thucydide* findet sich bereits bei Köhnken (2006 [zuerst 1993]). Zum Essay vgl. die Ausgabe von Pritchett (1975).
136 Dion. Hal. Thuk. 41.

λείπεται δὴ σκοπεῖν, εἰ τοῖς τε πράγμασι προσήκοντα καὶ τοῖς συνεληλυθόσιν εἰς τὸν σύλ-λογον προσώποις ἁρμόττοντα πέπλακε διάλογον 'ἐχόμενος ὡς ἔγγιστα τῆς συμπάσης γνώ-μης τῶν ἀληθῶς λεχθέντων', ὡς αὐτὸς ἐν τῷ προοιμίῳ τῆς ἱστορίας προείρηκεν.

Es bleibt übrig zu betrachten, ob er einen den Ereignissen angemessenen und zu den für die Unterredung zusammengekommenen Personen passenden Dialog geschaffen hat, „wobei er sich so eng wie möglich an den Gesamtsinn des wirklich Gesagten gehalten hat", wie er selbst im Proömium seines Geschichtswerkes angekündigt hat.

Dionys sieht den Maßstab für die Bewertung des Thukydideischen Melierdialogs in dem im Methodenkapitel formulierten Grundsatz. Dabei ist der mit εἰ eingeleitete indirekte Fragesatz offensichtlich eine Umschreibung für den bei Thukydides vorliegenden Vergleichssatz ὡς δ' ἂν ἐδόκουν ἐμοὶ ἕκαστοι περὶ τῶν αἰεὶ παρόντων τὰ δέοντα μάλιστ' εἰπεῖν, wobei die Rede vom Dialog der Tatsache geschuldet ist, dass Dionys den Melierdialog analysiert. Zwar verwendet er an dieser Stelle nicht das Adjektiv πρέπον. Aber zum einen stellen προσήκων und ἁρμόττων Synonyme zu πρέπον dar. Zum anderen verwendet er πρέπον an der folgenden Stelle, an der er den Dialog zwischen Archidamos und den Plataiern analysiert (Thuk. 2,71 f.):[137]

[...] καὶ λόγους ἀποδίδωσιν, οἵους εἰκὸς ἦν ὑπὸ ἀμφοτέρων εἰρῆσθαι, τοῖς ⟨τε⟩ προσώποις πρέποντας καὶ τοῖς πράγμασιν οἰκείους [...].

[...] und er gibt solche Reden wieder, wie sie mit Wahrscheinlichkeit von beiden Seiten gesagt worden sind, da sie den Personen angemessen sind und den Umständen entsprechen.

Der Umstand, dass Marcellinos in seiner Thukydides-Vita zumindest Thukydides' Reden, wenn nicht sogar den Ausdruck τὰ δέοντα im Methodenkapitel so verstanden hat, dass die Reden den Personen angemessen sind, wird an der folgenden Stelle deutlich:[138]

οἶμαι δὲ οὐκ ἀγνοίᾳ σχηματισμοῦ τοῦ κατὰ διάνοιαν παρεῖναι τὸν Θουκυδίδην τὸ τοιοῦτον, ἀλλὰ τοῖς ὑποκειμένοις προσώποις πρέποντας καὶ ἁρμόζοντας συντιθέντα τοὺς λόγους.

Ich glaube aber, dass Thukydides nicht aus Unkenntnis der Gedankenfiguren Derartiges [sc. Gedankenfiguren] ausgelassen hat, sondern für die vorliegenden Personen angemessene und passende Reden verfasst.

---

137 Dion. Hal. Thuk. 36.
138 Marcellin. Vit. Thuc. 57. Zu Marcellinos vgl. Grossi (2016) 106 Fußn. 13 und die Übersetzung von Burns (2010).

Ein Unterschied zwischen Marcellinos und Dionys besteht darin, dass Marcellinos nicht über die jeweilige Situation spricht, sondern den Fokus auf die Angemessenheit der Reden für den jeweiligen Sprecher richtet.

Köhnken gelangt zwar zu der Schlussfolgerung, dass Dionys' Verständnis von τὰ δέοντα i.S.v. τὸ πρέπον nicht zutrifft.[139] Es spricht aber vieles dafür, dass das Verständnis von Dionys (und Marcellinos) dem zweiten Redensatz am ehesten gerecht wird. Denn die beiden Kategorien, die Dionys in Verbindung mit τὸ πρέπον (aut sim.) nennt, haben Entsprechungen bei Thukydides: die Personen (τὰ πρόσωπα; ebenso bei Marcellinos) werden von Thukydides in Form von ἕκαστοι genannt, ebenso die Umstände (τὰ πράγματα) in Form von τὰ αἰεὶ παρόντα. Mit τὰ δέοντα ist daher „das Notwendige" in dem Sinne gemeint, dass die Reden bei Thukydides dasjenige beinhalten, was dem jeweiligen Redner in der jeweiligen Situation angemessen war.[140] Das Verständnis von τὰ δέοντα i.S.v. τὸ πρέπον ermöglicht ein einfaches und sinnvolles Verständnis von Thukydides' Reden (-sätzen): es handelt sich um Figurenreden (Prosopopoiien) in dem eingeschränkten Sinn, dass sie wahrscheinlich nicht immer die individuellen Züge eines jeden Redners widerspiegeln, aber zumindest die Gruppe, zu der die jeweilige Person gehört, sowie die jeweilige Situation berücksichtigen.[141]

Die Annahme, dass der Ausdruck τὰ δέοντα die Angemessenheit bezeichnet, wird desweiteren durch eine Stelle aus Aristoteles' Poetik bekräftigt. Im 15. Kapitel äußert sich nämlich Aristoteles auf die folgende Weise über die Figuren bzw. Charaktere (τὰ ἤθη), nachdem er seine Instruktionen zur Handlung (ὁ μῦθος = ἡ τῶν πραγμάτων σύστασις/σύνθεσις) abgeschlossen hat:[142]

---

139 Vgl. Köhnken (2006 [zuerst 1993]) 488: „Der Redensatz des Methodenkapitels verspricht aber auch nicht rhetorische ‚Wahrscheinlichkeit' im Sinne des Dionysios, sondern unter Berücksichtigung von Ziel und Auswirkung tatsächlicher politischer Stellungnahmen die nach Auffassung des Thukydides für die gegebene historische Situation wesentlichen Argumente (τὰ δέοντα περὶ τῶν αἰεὶ παρόντων) [...] im Munde einer oder mehrerer der jeweils beteiligten Personen."
140 Die Ansicht, dass der Ausdruck τὰ δέοντα das Angemessene (τὸ πρέπον) bezeichnet, ist nicht gänzlich neu; vgl. Walbank (1985) 245, wenngleich dessen Rede von Widersprüchlichkeit fragwürdig ist: „There is a contradiction between the two ideas of recording what was actually said and recording what the historian thought the speakers would have said [...] on the various occasions. The criterion of the one is quite simply the truth, the criterion of the other is suitability, τὸ πρέπον [...], a concept which was frequently to arise in connection with the rhetorical theory about speeches in history."; Hornblower (1987) 45–52.
141 Mit dieser These über Thukydides' zweiten Redensatz harmoniert die Untersuchung von Tompkins (1972), der stilistische Unterschiede zwischen den Reden von Nikias und Alkibiades sowie mit Bezug auf verschiedene Reden des Nikias festgestellt hat. Die Figurenreden können daher sogar individuelle Züge tragen.
142 Arist. Poet. 1454a33–36.

χρὴ δὲ καὶ ἐν τοῖς ἤθεσιν ὁμοίως ὥσπερ καὶ ἐν τῇ τῶν πραγμάτων συστάσει ἀεὶ ζητεῖν ἢ τὸ ἀναγκαῖον ἢ τὸ εἰκός, ὥστε τὸν τοιοῦτον τὰ τοιαῦτα λέγειν ἢ πράττειν ἢ ἀναγκαῖον ἢ εἰκὸς καὶ τοῦτο μετὰ τοῦτο γίνεσθαι ἢ ἀναγκαῖον ἢ εἰκός.

Auch bei den Charakteren muss man ebenso wie bei der Komposition der Handlung immer das Notwendige oder das Wahrscheinliche suchen, so dass es notwendig oder wahrscheinlich ist, dass der Derartige das Derartige sagt oder tut, und notwendig oder wahrscheinlich ist, dass das eine nach dem anderen geschieht.

Aristoteles verknüpft hier zwei Anforderungen, die dem Prinzip der Plausibilität oder sogar Notwendigkeit folgen:[143] Zum einen muss alles, was eine Person sagt oder tut, seinen Grund im jeweiligen Charakter haben nach dem Prinzip der Plausibilität oder sogar Notwendigkeit. Zum anderen muss die Verknüpfung der Ereignisse und Reden dem Prinzip der Plausibilität oder sogar Notwendigkeit folgen.[144] Diese beiden Anforderungen bilden die Grundlage für vier weitere Regeln, die die Charaktere betreffen und die Aristoteles zuvor formuliert hat. Die zweite dieser vier Regeln lautet, dass der Charakter einer Person angemessen sein soll:[145]

δεύτερον δὲ τὸ ἁρμόττοντα.
Das Zweite ist die Angemessenheit.

Zwar verwendet Aristoteles nicht den Ausdruck τὰ δέοντα, sondern τὸ ἀναγκαῖον ἢ τὸ εἰκός. Außerdem ist zu berücksichtigen, dass sich Aristoteles sowohl auf die Taten als auch auf die Reden der Figuren bezieht, wohingegen Thukydides nur mit Blick auf die Reden das in τὰ δέοντα ausgedrückte Prinzip deklariert. Aber die Ähnlichkeit ist nicht zu leugnen: Beide fordern ein Prinzip der Notwendigkeit ein. Bei Aristoteles ist dieses Prinzip wahrscheinlich mit größeren Anforderungen verbunden als bei Thukydides, da bei Aristoteles die Angemessenheit nur eine der Regeln darstellt, die der Dichter befolgen muss. Diese Ähnlichkeit macht aber wahrscheinlich, dass τὰ δέοντα bei Thukydides i.S.v. τὸ πρέπον zu verstehen ist.[146]

---

143 Im neunten Kapitel hat Aristoteles das Prinzip der Plausibilität oder sogar Notwendigkeit auf die Handlung angewendet; vgl. Poet. 1451a36–38 (s. das Kapitel 4.4 dieser Arbeit).
144 Vgl. Schmitt (2011) 534 ad loc.
145 Arist. Poet. 1454a22. Die anderen Anforderungen lauten, dass ein Charakter (1) gut, (3) ähnlich [sc. im Vergleich zu den Rezipienten] und (4) gleichbleibend sein soll. Vgl. auch die Beispiele für die Verstöße gegen diese Regeln ib. 28–33.
146 Für eine lexikalische Parallele für τὰ δέοντα i.S.v. τὸ πρέπον vgl. Gorg. fr. 6,2 Buchheim (1989) 72: [...] τοῦτον νομίζοντες θειότατον καὶ κοινότατον νόμον, τὸ δέον ἐν τῷ δέοντι καὶ λέγειν

4.2 Zur Geschichtsschreibung — 155

Ferner macht Polybios' Timaios-Polemik plausibel, dass Thukydides im Methodenkapitel das Prinzip der Angemessenheit mit Bezug auf seine Figurenreden formuliert:[147]

> διότι γὰρ ταῦτα παρ' ἀλήθειαν ἐν τοῖς ὑπομνήμασι κατατέταχε Τίμαιος, καὶ τοῦτο πεποίηκε κατὰ πρόθεσιν, τίς οὐ παρακολουθεῖ τῶν ἀνεγνωκότων; οὐ γὰρ τὰ ῥηθέντα γέγραφεν, οὐδ' ὡς ἐρρήθη κατ' ἀλήθειαν, ἀλλὰ προθέμενος ὡς δεῖ ῥηθῆναι, πάντας ἐξαριθμεῖται τοὺς ῥηθέντας λόγους καὶ τὰ παρεπόμενα τοῖς πράγμασιν οὕτως ὡς ἂν εἴ τις ἐν διατριβῇ πρὸς ὑπόθεσιν ἐπιχειροίη *** ὥσπερ ἀπόδειξιν τῆς ἑαυτοῦ δυνάμεως ποιούμενος, ἀλλ' οὐκ ἐξήγησιν τῶν κατ' ἀλήθειαν εἰρημένων.

> Dass Timaios diese [sc. Reden] im Widerspruch zur Wahrheit in seinen Berichten ausführlich geschildert hat und dies absichtlich getan hat, welcher Leser versteht das nicht? Er hat nämlich nicht das Gesagte niedergeschrieben und nicht, wie in Wahrheit gesprochen worden ist, sondern bringt vor, wie gesprochen werden müsste, und zählt alle gesprochenen Reden auf und die Begleitumstände der Handlungen, wie wenn jemand in der Schule einen Versuch unternimmt zu einem gestellten Thema ***, wobei er sozusagen seine rednerische Fähigkeit zeigt, aber nicht das in Wahrheit Gesprochene erzählt.

Aufgrund dieser Äußerungen könnte man den Eindruck gewinnen, dass Polybios die Redenfiktion ablehnt und dass seine Timaios-Polemik *mutatis mutandis* auch auf Thukydides zutrifft,[148] da Polybios von den Reden Faktizität erwartet, wohingegen er Figurenreden nach dem Prinzip „wie gesprochen werden müsste" (ὡς δεῖ ῥηθῆναι) zurückweist, worin sogar eine lexikalische Parallele zu Thukydides liegt.[149] In diese Richtung scheint auch Polybios' Phylarchos-Polemik zu weisen, da Polybios auch in diesem Zusammenhang die Forderung erhebt, dass der Historiker nicht nach möglichen Reden trachten soll, und sowohl mit Bezug auf die Taten als auch auf die Reden eine wahre Darstellung verlangt.[150] Die Unterschiede

---

καὶ σιγᾶν καὶ ποιεῖν ⟨καὶ ἐᾶν⟩, [...] ὑβρισταὶ εἰς τοὺς ὑβριστάς, κόσμιοι εἰς τοὺς κοσμίους, ἄφοβοι εἰς τοὺς ἀφόβους, δεινοὶ ἐν τοῖς δεινοῖς.
147 Polyb. 12,25a4f.
148 Vgl. Fögen (1999) 16f., dem zufolge Timaios aufgrund der Vergangenheitsgeschichte nahezu dazu gezwungen war, angemessene Reden zu formulieren, und der ihn in die Nähe des Thukydides rückt, und Levi (1982 [zuerst 1963]) 411, dem zufolge bei Polybios im Unterschied zu Thukydides der Wunsch nach Dokumentation vorrangig ist. Vgl. auch Pearson (1986) 350 und 356, der in Polybios' Worten eine Kritik an der Fiktivität der Reden an sich sieht.
149 Vgl. auch Polyb. 12,25b1: Ὅτι τῆς ἱστορίας ἰδίωμα τοῦτ' ἐστὶ τὸ πρῶτον μὲν αὐτοὺς τοὺς κατ' ἀλήθειαν εἰρημένους, οἷοί ποτ' ἂν ὦσι, γνῶναι λόγους [...]. („Die erste Aufgabe der Geschichtsschreibung besteht darin, die wirklich gehaltenen Reden selbst, wie auch immer sie gewesen sein mögen, in Erfahrung zu bringen [...]") Der Infinitiv γνῶναι macht aber deutlich, dass der Historiker die Reden so gut wie möglich rekonstruieren soll und sie nicht wörtlich zitieren kann.
150 Vgl. Polyb. 2,56,10–12 (s. S. 268).

zwischen Polybios und Thukydides sind aber geringer, als es den Anschein hat, ja kaum existent, wie die folgende Reflexion innerhalb der Timaios-Polemik zeigt:[151]

ἐξ ὧν πᾶς ἂν εἰκότως συγκατάθοιτο τρίτον εἶναι μέρος τῆς ἱστορίας καὶ τρίτην ἔχειν τάξιν τὴν ἐκ τῶν ὑπομνημάτων πολυπραγμοσύνην. ὡς δ' ἀληθές ἐστι τὸ νυνὶ λεγόμενον καὶ ἐκφανέστατον γένοιτ' ἂν ἐπί τε τῶν συμβουλευτικῶν καὶ παρακλητικῶν, ἔτι δὲ πρεσβευτικῶν λόγων, οἷς κέχρηται Τίμαιος. ὀλίγοι μὲν γὰρ καιροὶ πάντας ἐπιδέχονται διαθέσθαι τοὺς ἐνόντας λόγους, οἱ δὲ πλεῖστοι βραχεῖς [καί] τινας τῶν ὑπόντων, καὶ τούτων τινὰς μὲν οἱ νῦν, ἄλλους δ' οἱ προγεγονότες, καὶ τινὰς μὲν Αἰτωλοὶ προσίενται, τινὰς δὲ Πελοποννήσιοι, τινὰς δ' Ἀθηναῖοι. καὶ τὸ μὲν ματαίως καὶ ἀκαίρως [καὶ] πρὸς πάντα πάντας διεξιέναι τοὺς ἐνόντας λόγους, ὃ ποιεῖ Τίμαιος πρὸς πᾶσαν ὑπόθεσιν εὑρεσιλογῶν, τελέως ἀνάληθες καὶ μειρακιῶδες καὶ διατριβικόν – ἅμα καὶ πολλοῖς ἀποτυχίας αἴτιον ἤδη τοῦτο γέγονε καὶ καταφρονήσεως – τὸ δὲ τοὺς ἁρμόζοντας καὶ καιρίους ἀεὶ λαμβάνειν, τοῦτ' ἀναγκαῖον.

> Daher wird wahrscheinlich jeder zugeben, dass die Beschäftigung mit schriftlichen Quellen der dritte Teil der Geschichtsschreibung ist und den dritten Rang einnimmt. Dass das gerade Gesagte richtig ist, ist besonders deutlich bei den Beratungsreden, Feldherrenreden und ferner den Gesandtschaftsreden, die Timaios verwendet hat. Denn nur wenige Gelegenheiten lassen es zu, alle relevanten Reden darzustellen; die meisten [sc. Gelegenheiten] lassen einige kurze Reden der Anwesenden zu, und von diesen lassen die jetzt Lebenden die einen zu, die Vorfahren andere, und die Aitoler lassen die einen zu, die Peloponnesier andere und die Athener wieder andere. Wahllos bei jeder Gelegenheit alle relevanten Reden detailliert zu berichten, was Timaios zu jedem Thema erfindsam macht, entspricht überhaupt nicht der Wahrheit, ist Zeichen für Unreife und schülerhaft – zugleich war dies schon der Grund, warum viele Mißerfolg hatten und Verachtung ernteten –; immer die angemessenen und situationsgerechten Reden zu nehmen, das ist notwendig.

Polybios fordert also vom Historiker, angemessene und situationsgerechte Reden darzustellen (um nicht zu sagen: zu fingieren). Der Unterschied, den Polybios geltend macht, ist nicht derjenige zwischen den wirklichen und den fiktiven Reden. Vielmehr ist es eine unausgesprochene Prämisse, dass die Figurenreden der Historiker zumeist nicht die ursprünglich gehaltenen Reden wörtlich wiedergeben (können). Der Unterschied besteht zwischen einer guten und einer schlechten Redenfiktion: Die gute Redenfiktion zeichnet sich dadurch aus, dass sie den beiden Parametern der Person und der Situation Rechnung trägt – wie es auch Thukydides von seinen Reden behauptet –, wodurch sich die Figurenreden den wirklich gehaltenen Reden im Sinne der Wahrscheinlichkeit annähern.[152]

Dass Polybios Timaios eine schlechte, schulmäßige Redenfiktion vorwirft, wird schon daraus deutlich, dass er ihn nicht wegen mangelnden Quellenstudi-

---

151 Polyb. 12,25i2–5.
152 Bei Polybios wird nicht deutlich, ob die Personen (die jetzt Lebenden; die Vorfahren; die Aitoler; die Peloponnesier; die Athener) die Sprecher oder die Adressaten oder, was am wahrscheinlichsten ist, beides sind.

ums kritisiert. Wäre nämlich die Redenfiktion an sich der Vorwurf, müsste er ihm vorwerfen, dass seine Zitate nicht stimmen. Dies tut Polybios aber nirgends.[153] Vielmehr konzediert er, dass Timaios die Beschäftigung mit schriftlichen Quellen als dritten Teil der Geschichtsschreibung beherrscht.[154] Was ihm fehlt, sind Polybios zufolge v. a. politisch-militärische Kenntnisse und Erfahrung,[155] weswegen seine Darstellung weder authentisch noch lebendig wirkt.[156] Aufgrund der fehlenden Sachkenntnisse begeht Timaios Polybios zufolge den Fehler der Ausführlichkeit, indem er zu viele zu lange Reden schildert, da in Wirklichkeit nicht so viele so lange Reden gehalten sein können. Er hätte sie vielmehr kürzen und an die Personen und die Umstände anpassen müssen.[157]

Die These, dass das in τὰ δέοντα ausgedrückte Prinzip die Angemessenheit der Reden ist, erhellt schließlich auch aus der Tatsache, dass Lukian Anforderungen an die Faktizität der Figurenreden stellt, die Thukydides' programmatischen Aussagen ähneln:[158]

Ἦν δέ ποτε καὶ λόγους ἐροῦντά τινα δεήσῃ εἰσάγειν, μάλιστα μὲν ἐοικότα τῷ προσώπῳ καὶ τῷ πράγματι οἰκεῖα λεγέσθω, ἔπειτα ὡς σαφέστατα καὶ ταῦτα.

Wenn es nötig ist, auch eine redende Figur einzuführen, soll sie Dinge sagen, die ihr und der Situation am meisten entsprechen, und dies außerdem so deutlich wie möglich.

---

153 Vgl. Walbanks (1982 [zuerst 1962]) 388 f. Beobachtung, dass Polybios Timaios nicht vorwirft, dass seine Rede, die er Hermokrates aus Syrakus in den Mund legt, keine Ähnlichkeit mit derselben Rede bei Thukydides (Thuk. 4,59–64) aufweist (vgl. Polyb. 12,25k). Analog bezieht sich Polybios nicht auf Herodot (7,153 und 157), wenn er Timaios' Reden kritisiert, die dieser den griechischen Gesandten und dem älteren Gelon in den Mund legt (vgl. Polyb. 12,26b).
154 Polybios (12,25e1) benennt drei Anforderungen an den Historiker: Quellenstudium; Kenntnis der geographischen und topographischen Voraussetzungen des Geschehens; Erfahrung in politischen Ereignissen (vgl. ib. 25e-i).
155 Vgl. Polyb. 12,25 h1: Ὅτι Τίμαιός φησιν ἐν τῇ τριακοστῇ καὶ τετάρτῃ βύβλῳ 'πεντήκοντα συνεχῶς ἔτη διατρίψας Ἀθήνησι ξενιτεύων καὶ πάσης ὁμολογουμένως ἄπειρος [ἐγένετο] πολεμικῆς χρείας, ἔτι δὲ καὶ τῆς τῶν τόπων θέας'.
156 Zur Lebendigkeit vgl. Polyb. 12,25 g-i (s. teilweise S. 271 f.).
157 Vgl. den analogen Vorwurf an Büchergelehrte wie Timaios, dass sie irrelevante (topographische) Informationen geben und relevante auslassen (Polyb. 12,25 g3 f.): ἔτι δὲ περὶ τῶν πόλεων καὶ τόπων ὅταν ἐπιβάλωνται γράφειν τὰ κατὰ μέρος, ὄντες ἀτριβεῖς τῆς τοιαύτης ἐμπειρίας, δῆλον ὡς ἀνάγκη συμβαίνειν τὸ παραπλήσιον, καὶ πολλὰ μὲν ἀξιόλογα παραλείπειν, περὶ πολλῶν δὲ ποιεῖσθαι πολὺν λόγον οὐκ ἀξίων ὄντων· ὃ δὴ συμβαίνει μάλιστα Τιμαίῳ διὰ τὴν ἀορασίαν.
158 Luk. hist. conscr. 58.

Denn wie bei Thukydides sind die Person und die Situation die entscheidenden Parameter für die Gestaltung der Figurenreden.[159]

Auch zum Verb δοκεῖν muss kurz Stellung bezogen werden. Gerade dieses Wort hat viele Forscher dazu veranlasst, die Subjektivität von Thukydides' Reden in den Blick zu nehmen. Thukydides benutzt das Verb nicht nur im zweiten Redensatz (§ 1), wenn er sagt, dass er die Figurenreden so gestaltet hat, wie sie ihm jeweils am ehesten dasjenige zu sagen schienen, was angesichts der Umstände gesagt werden musste. Er benutzt es auch mit Bezug auf die Darstellung der Kriegsereignisse (§ 2): er habe diese nicht so geschildert, wie es ihm beliebte.

In der Forschung wurde der Ansatz, im Verb δοκεῖν die Subjektivität von Thukydides' Reden zu erkennen, bereits problematisiert: Marincola zufolge ist die Deutung der doppelten Verwendung von δοκεῖν als Antithese (bei den Reden ist ein gewisses Maß an Subjektivität erlaubt, bei den Kriegsgeschehnissen verzichtet Thukydides darauf) zumindest dann noch nicht zufriedenstellend, wenn man für den Ausdruck die Bedeutung „nach meiner eigenen (willkürlichen) Meinung" annimmt.[160]

Schütrumpf zeigt anhand von Hekataeus' programmatischer Aussage über seine eigene Geschichtsschreibung,[161] dass kein Widerspruch zwischen einer in δοκεῖν ausgedrückten subjektiven Herangehensweise und einem Anspruch auf Wahrheit besteht.[162] Ferner sieht er denselben Grundsatz bei Herodot ausgesprochen.[163] Das Verb δοκεῖν bezeichne also weniger die subjektive Spekulation als vielmehr das kritische und rationale Urteil des Historikers oder einer anderen Person.[164]

Diesen beiden Ansichten ist im Wesentlichen zuzustimmen.[165] Präzisierend ist darauf hinzuweisen, dass Thukydides zwar sicherlich einen Bezug zwischen

---

159 Vgl. auch Theons (RhG II Spengel [1966] 115; Patillon/Bolognesi [1997] 70) Instruktionen zur Prosopopoiie, denen zufolge diese insbesondere dem Sprecher, der Situation und dem Adressaten Rechnung tragen muss.
160 Vgl. Marincola (1989).
161 Vgl. Hekataeus FGrHist 1 F 1 Jacoby; s. S. 160.
162 Vgl. Schütrumpf (2011) 248.
163 Vgl. Herodot 2,120,5: καὶ ταῦτα μὲν τῇ ἐμοὶ δοκέει εἴρηται. An dieser Stelle argumentiert Herodot dafür, dass Helena nie in Troja war, da Priamos und Hektor sie den Griechen zurückgegeben hätten, wenn sie dort gewesen wäre.
164 Vgl. Schütrumpf (2011) 249 f.
165 Marincolas (1989) eigene Meinung, dass Thukydides im ἔργα-Satz seine Ablehnung äußert, Lücken in der Überlieferung durch plausible Vermutungen („conjectures") auszufüllen, um die Vergangenheit zu rekonstruieren, da hierzu kein Anlass bestehe, weil Thukydides über ein zeitgenössisches Ereignis schreibt, ist allerdings nicht gänzlich überzeugend. Denn dies ist nur ein Problem der Historiographie, wenngleich es sich um ein zentrales Problem handelt. Neben dem

den beiden Verwendungen von δοκεῖν intendiert hat. Aber die Aussage, dass Thukydides nicht glaubte, die Kriegsgeschehnisse nach Maßgabe einer zufälligen Informationsquelle oder so, wie es ihm beliebte, niederschreiben zu dürfen, wird man nicht als exakte Negation dessen verstehen dürfen, was Thukydides bei den Reden gemacht hat. Vielmehr muss man zwischen den beiden Bedeutungen von δοκεῖν differenzieren. Im ἔργα-Satz bedeutet das negierte ὡς ἐμοὶ ἐδόκει „nicht wie es mir beliebte" und drückt die Ablehnung von Willkür aus. Im Redensatz hingegen bedeutet die positive Form von δοκεῖν „scheinen", ohne Willkür zu implizieren.

Was ἡ ξύμπασα γνώμη τῶν ἀληθῶς λεχθέντων betrifft, wertet Köhnken eine Stelle bei Dionys aus, an der dieser die dritte Periklesrede (Thuk. 2,60–64) analysiert, um zu zeigen, wie er den fraglichen Ausdruck verstanden hat. Dionys vertritt die Ansicht, dass Thukydides Perikles beschwichtigende Worte hätte sprechen lassen müssen, und rechtfertigt diese Kritik auf die folgende Weise:[166]

> τοῦτο γὰρ ἦν πρέπον τῷ μιμεῖσθαι βουλομένῳ συγγραφεῖ τὴν ἀλήθειαν.
>
> Denn dies wäre angemessen gewesen für einen Historiker, der die Wahrheit darstellen will.

Wenn Dionys den Ausdruck μιμεῖσθαι [...] τὴν ἀλήθειαν verwendet, so Köhnken, liege die Bedeutung nicht darin, dass Thukydides Perikles' Rede im Wortlaut wiedergibt, sondern dass er, wie das Verb μιμεῖσθαι zeige, realistisch und glaubwürdig schreibt.[167]

Es ist jedoch fraglich, ob sich Dionys an dieser Stelle auf das Syntagma ἡ ξύμπασα γνώμη τῶν ἀληθῶς λεχθέντων bezieht. Es hat vielmehr den Anschein, dass Dionys in seiner Kritik einem Grundsatz folgt, der als allgemeines Postulat der Geschichtsschreibung anzusehen ist, nämlich die Wahrheit darzustellen.[168] Dass es sich hierbei um einen allgemeinen Grundsatz handelt, zeigt neben vielen

---

Problem der lückenhaften Überlieferung ist auch das (in gewisser Weise entgegengesetzte) Problem der konkurrierenden Berichte zu berücksichtigen, das Thukydides selbst im Folgenden anspricht (Thuk. 1,22,3). Gerade dieses Problem führt Thukydides dazu, die Informationsquellen gewissenhaft zu überprüfen.
166 Dion. Hal. Thuk. 45.
167 Vgl. Köhnken (2006 [zuerst 1993]) 474.
168 Der Umstand, dass sich Dionys an dem allgemeinen Postulat der Geschichtsschreibung und nicht an ἡ ξύμπασα γνώμη τῶν ἀληθῶς λεχθέντων orientiert, wird daraus deutlich, dass ἡ ἀλήθεια nur schwerlich τὰ ἀληθῶς λεχθέντα bedeuten wird und noch schwerlicher ἡ ξύμπασα γνώμη τῶν ἀληθῶς λεχθέντων.

anderen Stellen auch Hekataios' programmatische Aussage über sein eigenes Werk:[169]

τάδε γράφω, ὥς μοι δοκεῖ ἀληθέα εἶναι· οἱ γὰρ Ἑλλήνων λόγοι πολλοί τε καὶ γελοῖοι, ὡς ἐμοὶ φαίνονται, εἰσίν.

Ich schreibe dies nieder, wie es mir wahr zu sein scheint. Die Erzählungen der Griechen sind nämlich zahlreich und lächerlich, wie sie sich mir zeigen.

Zwar verwendet Hekataios an dieser Stelle zwei Ausdrücke für „es scheint" bzw. „es zeigt sich" (δοκεῖ, φαίνονται). Nach denjenigen Forschern, die die Analysekategorien „Objektivität" und „Subjektivität" an die Geschichtsschreibung herantragen, würde Hekataios somit eine subjektive Darstellung ankündigen. Aber im Zusammenhang mit Thukydides' Verwendung von δοκεῖν im zweiten Redensatz wurde soeben gezeigt, dass von einer Subjektivität (verstanden als Beliebigkeit in Opposition zur unverfälschten Darstellung der Wahrheit) kaum die Rede sein kann. Vielmehr macht Hekataios ein Zugeständnis, das prinzipiell jeder Historiker (und nicht nur Historiker) machen muss, nämlich dass man die Wahrheit in einem absoluten Sinn nicht darstellen kann, sondern immer nur dasjenige darstellen kann, was einem nach reiflicher Überlegung wahr zu sein scheint – gerade wenn die Quellen den Historiker im Stich lassen.[170]

Daher ist Dionys' Aussage über Thukydides' dritte Periklesrede wenig aufschlussreich für die Frage, wie Dionys das Syntagma ἡ ξύμπασα γνώμη τῶν ἀληθῶς λεχθέντων verstanden hat bzw. wie es zu verstehen ist. Im Zusammenhang mit der ξύμπασα γνώμη τῶν ἀληθῶς λεχθέντων muss außerdem eine Deutung diskutiert werden, die, wenn sie zutrifft, erhebliche Auswirkungen auf das Verständnis der bei Thukydides vorliegenden Reden hat. Rusten hat nämlich das Verhältnis zwischen dem Partizipialglied ἐχομένῳ ὅτι ἐγγύτατα τῆς ξυμπάσης γνώμης τῶν ἀληθῶς λεχθέντων und der durch ὡς [...] οὕτως koordinierten Vergleichsperiode so erklärt, dass das Partizip konzessiv aufzufassen ist („although I have kept as closely as possible to the general content of speeches which were actually delivered"), wodurch sich zwei Arten von Reden bei Thukydides ergeben:

---

[169] Hekataeus FGrHist 1 F 1 Jacoby. Vgl. auch Arist. Poet. 1451a36–b5 (s. das Kapitel 4.4 dieser Arbeit); Polyb. 2,56,10–12 (s. S. 268); Cic. de orat. 2,62 (zu dieser und weiteren Stellen s. das Kapitel 4.2.2 dieser Arbeit); Strabo 1,2,11 (s. das Kapitel 4.6 dieser Arbeit). Luk. hist. conscr. 9 (s. das Kapitel 7.1.7 dieser Arbeit). Vgl. auch die Erzählgattung *historia* (ἱστορία) in der Skalierung der dargestellten Geschichte (s. das Kapitel 4.7 dieser Arbeit).
[170] Vgl. Polyb. 12,7,5 (über die Gründungsgeschichte von Lokroi): ἀληθὲς μέντοι γε καὶ καθάπαξ διαστεῖλαι περί τινος οὐδὲν ἔστιν ἐν τούτοις.

die im Partizipialglied genannten Rekonstruktionen von einigen wirklich gehaltenen Reden und die zuvor erwähnten frei erfundenen Reden.¹⁷¹

Swain wendet hiergegen ein, dass die Aussage im ersten Redensatz χαλεπὸν τὴν ἀκρίβειαν αὐτὴν τῶν λεχθέντων διαμνημονεῦσαι dafür spricht, dass zumindest der Großteil der Thukydideischen Reden auf Originalen beruht.¹⁷² Auch wenn dieser Einwand nur teilweise berechtigt ist, da die von Thukydides erwähnte Schwierigkeit keinen Aufschluss darüber zulässt, ob seine Reden eher auf Originalen beruhen oder eher frei erfunden sind, ist Rustens Ansicht wenig überzeugend. Denn im zweiten Redensatz legt Thukydides offensichtlich seine allgemeine Methode dar, die er bei der Abfassung aller Reden angewendet hat, wie u. a. aus ἕκαστοι hervorgeht. Wenn Thukydides zwei verschiedene Arten von Reden verfasst hätte, müsste er dies in irgendeiner Form sprachlich deutlich machen (z. B. durch „teils ... teils").

Anders als ein Großteil der Forschung behauptet, lässt sich kein Widerspruch zwischen dem Partizipialglied ἐχομένῳ ὅτι ἐγγύτατα τῆς ξυμπάσης γνώμης τῶν ἀληθῶς λεχθέντων und der durch ὡς [...] οὕτως koordinierten Vergleichsperiode erkennen. Wie schon Kapp gesehen hat,¹⁷³ verhält sich das Partizipialglied in der Form zur Vergleichsperiode, dass es das in der Vergleichsperiode genannte Vorgehen spezifiziert: Thukydides gibt in der Vergleichsperiode an, dass er die Reden fingiert hat. Aber schon dort macht er deutlich, dass die Reden keine willkürlichen Produkte sind, sondern bestimmten Parametern folgen, die für Figurenreden typisch sind: insbesondere sollen sie der jeweiligen Situation und dem jeweiligen Redner angemessen sein. Im Partizipialglied wird der Wirklichkeitsanschluss der Reden noch weiter bestimmt:¹⁷⁴ Thukydides hat sich an die Gesamtaussage der wirklich gehaltenen Rede gehalten.

Folglich sind Thukydides' programmatische Äußerungen so zu verstehen, dass seine Reden Prosopopoiien in einem eingeschränkten Sinn darstellen, die sich an der Gesamtaussage orientieren, die in der wirklich gehaltenen Rede zum Ausdruck kam, d. h. sie widersprechen keinesfalls der historischen Gesamtaussage. Für die jeweiligen Argumente bzw. die einzelnen Punkte, die der jeweilige

---

171 Vgl. Rusten (1989) 11–14. Zu ἡ (ξύμπασα) γνώμη bei Thukydides (und anderen Autoren) vgl. Vössing (2005); Frazier (2001); Tsakmakis (1998) 250; Badian (1992) 189; Iglesias Zoido (1989) 128 f.; Plant (1988); Walbank (1985) 245; Egermann (1983) 46; Wilson (1982) 97–99; Schneider (1974) 148–153; Huart (1973); de Sainte Croix (1972) 9; Wille (1968 [zuerst 1965]) 706 f.; Rohrer (1959) 45. Zu ἐγγύτατα bei Thukydides vgl. Compernolle (1958).
172 Vgl. Swain (1993) 42 Fußn. 27. Zur ἀκρίβεια vgl. Kurz (1970).
173 Vgl. Kapp (1968 [zuerst 1930]) 21 f.
174 Eine Unterscheidung zwischen einer „subjektiven" Vergleichsperiode und einem „objektiven" Partizipialglied lässt sich nicht aufrechterhalten; vgl. Schütrumpf (2011) 253 f.

Redner in der dargestellten Rede behandelt, beansprucht Thukydides diese Entsprechung in der Realität nicht. Erst recht für die sprachliche Gestaltung der Reden übernimmt Thukydides keinerlei Gewähr. Daher handelt es sich bei Thukydides' Reden insgesamt betrachtet um realistische Fiktionen.

Es stellt sich nun die Frage, ob bzw. in welcher Form Thukydides die Gesamtaussage der wirklich gehaltenen Reden vorlag. Thukydides macht hierzu kaum nähere Angaben, impliziert aber, dass ihm diese vorlag. Da es im ersten Redensatz heißt, dass es ihm als Ohrenzeugen sowie seinen Berichterstattern schwierig war, den genauen Wortlaut der Reden im Gedächtnis zu behalten, wird man aus dieser Aussage schließen, dass er und seine Berichterstatter zwar nicht den genauen Wortlaut, aber die Gesamtaussage der Reden im Gedächtnis behalten haben.

Das Verständnis von Thukydides' Reden als Prosopopoiien in einem eingeschränkten Sinn könnte aber den Verdacht nahelegen, dass Thukydides zumindest teilweise die Gesamtaussage der Reden aus den Kriegsereignissen rekonstruiert hat. Mit anderen Worten: Es ist denkbar, dass Thukydides seine Redner in den Reden Entscheidungen treffen und begründen lässt, wobei die Quelle für die Gesamtaussage der Reden nicht die vage Erinnerung, sondern der Gang der Geschichte ist. Dann würden die Reden ausschließlich dem Zweck dienen, die Kriegsereignisse zu motivieren. Diesem Zweck würden Thukydides' Reden zwar auch dann dienen, wenn wirklich eine Rede das entsprechende Ereignis nach sich gezogen hat. Aber eine kausale Verknüpfung zwischen einer Rede und einem Ereignis ist in der Realität nicht immer gegeben. Derjenige hingegen, der Reden fingiert, könnte dazu neigen, eben diese Kausalität (Motivation) in den Reden immer herzustellen.

Denkbar wäre auch, dass die politische Gesamteinstellung des betreffenden Redners die Quelle für die Gesamtaussage der wirklich gehaltenen Reden bildet. In diesem Zusammenhang muss aber vor einem Missverständnis gewarnt werden. Denn in der Forschung wurde bereits die ähnliche Ansicht vertreten, dass die ξύμπασα γνώμη die „politische Gesamteinstellung, Gesamthaltung, Gesamtintention" des betreffenden Redners bezeichnet, die sich in allen seinen Reden äußert.[175] Dieser Ansicht ist aber insofern zu widersprechen, als ἡ ξύμπασα γνώμη τῶν ἀληθῶς λεχθέντων nicht die geforderte Bedeutung trägt. Denn dieser Ausdruck kann nicht die politische Gesamteinstellung des jeweiligen Redners bezeichnen, da der Genetiv auf die jeweilige Rede (τὰ ἀληθῶς λεχθέντα), nicht auf

---

175 Vgl. Egermann (1972) 578–581 (u. ö.). Vgl. auch Wimmer (1966) 32–35; Erbse (1989) 132 und Scardino (2007) 408 f., die sich Egermann anschließen.

die Person verweist.¹⁷⁶ Eine andere Frage ist hingegen, ob sich die Gesamtaussage der wirklich gehaltenen Reden aus der politischen Gesamteinstellung des betreffenden Redners speist, ohne dass Thukydides hierzu Angaben macht.

Ob Thukydides die Kriegsereignisse oder die politische Gesamteinstellung des betreffenden Redners als Quelle für die Gesamtaussage der wirklich gehaltenen Reden benutzt hat, lässt sich kaum angeben. Um eine Antwort auf diese Frage zu finden, müsste man Thukydides' Reden unter dieser Fragestellung analysieren, aber auch Quellen auswerten können, die derartige Differenzen zwischen Thukydides' Reden und den wirklich gehaltenen Reden nahe legen. Seine Aussagen im Methodenkapitel sprechen relativ deutlich dafür, dass er die Gesamtaussage der Reden als gegeben voraussetzt.

4.2.2 Der Wahrheitsstatus der Geschichtsschreibung in Ciceros Geschichtstheorie

Woodman hat u. a. im Zusammenhang mit dem Prolog zu Ciceros (106 – 43 v. Chr.) *De legibus* die Ansicht vertreten, dass die Wahrheit in Ciceros Theorie der Geschichtsschreibung keinen fundamentalen Stellenwert einnimmt.¹⁷⁷ Diese These muss überprüft werden, da sie gleichbedeutend mit der Aussage ist, dass die Geschichtsschreibung in seinen Augen eine fiktionale Erzählgattung darstellt. Ähnliche Thesen hat Woodman bereits zuvor aufgestellt.¹⁷⁸ Northwood hat Woodman zwar energisch widersprochen.¹⁷⁹ Aber Woodman hat sich gegen dessen Einwände insgesamt überzeugend verteidigt.¹⁸⁰ Allerdings betrifft die Forschungskontroverse zwischen Woodman und Northwood andere Aspekte, so dass die hier vorgelegte Untersuchung nur lose an jene Kontroverse anknüpft.¹⁸¹

---

176 Vgl. Luschnat (1974) Sp. 767 f. Auf ähnliche Weise macht Köhnken (2006 [zuerst 1993]) 480 gegen Egermann (1972) 580 und 584 geltend, dass die Verlagerung des Gewichts von der Sache (τὰ λεχθέντα) auf die Person des Sprechers anfechtbar sei.
177 Vgl. Woodman (2012). Zum Prolog zu *De legibus* s. das Kapitel 7.1.3 dieser Arbeit. Woodmans These ist möglicherweise durch moderne geschichtstheoretische Überlegungen gerade von Hayden White beeinflusst; s. hierzu das Kapitel 2.3.3 dieser Arbeit.
178 Vgl. Woodman (2011); Woodman (2008); Woodman (1988). Zu Cicero und der Geschichtsschreibung vgl. auch Brunt (2011); Fox (2007), v. a. 111–148 und die dort zitierte Literatur; Fleck (1993).
179 Vgl. Northwood (2008).
180 Vgl. Woodman (2008).
181 Northwood (2008) 239 versteht Woodman (1988) 82–93 so, dass sich die *leges historiae* (Cic. de orat. 2,62–64) auf den harten Kern einer Geschichte beziehen, der durch den Überbau (*exaedificatio*) ausgeschmückt wird. Hiergegen wendet Woodman (2008) 28 f. ein, dass er nicht be-

Woodman bekräftigt seine These, indem er Krebs widerspricht,[182] dem zufolge Quintus seine Kenntnis von *De oratore* zeigt, wenn er im Prolog zu *De legibus* von den jeweils unterschiedlichen Gesetzen der Geschichtsschreibung und der Dichtung spricht,[183] und auf eine Stelle im zweiten Buch des rhetorischen Werkes verweist, an der Antonius die Aufgaben des Geschichtsschreibers skizziert:[184]

> Nam quis nescit primam esse historiae legem, ne quid falsi dicere audeat? Deinde ne quid veri non audeat? Ne quae suspicio gratiae sit in scribendo? Ne quae simultatis? (63) Haec scilicet fundamenta nota sunt omnibus, ipsa autem exaedificatio posita est in rebus et verbis: rerum ratio ordinem temporum desiderat, regionum descriptionem; vult etiam, quoniam in rebus magnis memoriaque dignis consilia primum, deinde acta, postea eventus exspectentur, et de consiliis significari quid scriptor probet et in rebus gestis declarari non solum quid actum aut dictum sit, sed etiam quo modo? et cum de eventu dicatur, ut causae explicentur omnes vel casus vel sapientiae vel temeritatis hominumque ipsorum non solum res gestae, sed etiam, qui fama ac nomine excellant, de cuiusque vita atque natura. (64) verborum autem ratio et genus orationis fusum atque tractum et cum lenitate quadam aequabiliter profluens sine hac iudiciali asperitate et sine sententiarum forensibus aculeis persequendum est.

> Denn wer wüsste nicht, dass es das erste Gesetz der Geschichtsschreibung ist, dass sie nicht wagen soll, etwas Falsches zu sagen? Dann, dass sie nicht wagen soll, etwas Wahres zu verschweigen. Dass es keinen Verdacht auf Gefälligkeit im Schreiben geben soll? Dass es keinen Verdacht auf Feindschaft geben soll? (63) Diese Fundamente sind natürlich allen bekannt; die Konstruktion selbst aber liegt in den Dingen und in den Wörtern. Die Konzeption der Dinge erfordert eine chronologische Reihenfolge, eine Beschreibung der Regionen. Sie will auch, da in wichtigen und erinnerungswürdigen Dingen zuerst die Beratschlagungen, dann die Geschehnisse, schließlich die Ergebnisse erwartet werden, dass, was die Beratschlagungen betrifft, der Verfasser zu erkennen gibt, was er gutheißt, und dass in den Taten nicht nur angegeben wird, was geschehen oder gesagt worden ist, sondern auch,

---

hauptet hat, dass die *fundamenta* den harten Kern einer Geschichte bezeichnen. Vielmehr hat er den harten Kern einer Geschichte an einer Stelle als *monumenta* bezeichnet und somit einen Bezug zu de orat. 2,53 hergestellt, wodurch es wahrscheinlich zu dem Missverständnis (*fundamenta – monumenta*) gekommen ist. Ferner versteht Northwood Woodman so, dass die *leges historiae* der *exaedificatio* untergeordnet sind und keine Relevanz für diese haben. Woodman (2008) 29 verteidigt sich aber mit dem Hinweis darauf, dass die Instruktionen zu den *leges historiae* in *De oratore* keine ausführliche Behandlung erfahren, da sie allen Lesern bekannt seien (*haec scilicet fundamenta nota sunt omnibus*), wohingegen Antonius darauf bedacht ist, dasjenige ausführlich darzulegen, was den Lesern weniger bekannt sei, nämlich die *exaedificatio*. An dem fundamentalen Stellenwert der *leges historiae* will Woodman nicht rütteln. Schließlich macht Woodman (2008) 29 f. darauf aufmerksam, dass Northwood (2008) nicht auf seine These (vgl. Woodman [1988] 73 f.; 81–83; 93) eingegangen ist, dass die *leges historiae* nicht besagen, dass der Historiker die Wahrheit sagen soll, sondern dass der Historiker unparteiisch sein soll.
182 Vgl. Krebs (2009) 101.
183 Vgl. Cic. leg. 1,5; s. das Kapitel 7.1.3 dieser Arbeit.
184 Cic. de orat. 2,62–64.

auf welche Weise. Und wenn über den Ausgang gesprochen wird, dass alle Gründe erklärt werden entweder des Zufalls oder der Weisheit oder der Verwegenheit und nicht nur die Taten der Menschen selbst, sondern auch über das Leben und das Wesen eines jeden, der durch Ansehen und Namen hervorsticht, [sc. Angaben gemacht werden]. (64) Die Konzeption der Worte aber und der Stil müssen so verfolgt werden: weitläufig fließend und mit einer gewissen Ruhe gleichmäßig sich ergießend ohne diese Rauheit der Gerichtsrede und ohne die forensischen Spitzen der Sentenzen.

Während Krebs offensichtlich der Ansicht ist, dass sowohl im Prolog zu *De legibus* als auch an dieser Stelle in *De oratore* die Wahrheit der Unwahrheit gegenübergestellt wird, vertritt Woodman die Auffassung,[185] dass im Prolog zu *De legibus* nicht der Gegensatz zwischen Wahrheit und Unwahrheit ausgedrückt wird, sondern derjenige zwischen der Realität und ‚mythischen' Geschichten, die mit dem Begriff *fabula* verknüpft sind.[186] Dieses Argument lässt sich nicht halten. Denn zwischen der Wahrheit und der Wirklichkeit besteht kein nennenswerter Unterschied, wenn über das Verhältnis einer Darstellung zur Realität gesprochen wird (eine Darstellung ist wahr, wenn sie der Wirklichkeit entspricht).[187] Daher geht es natürlich um beides. Analog besteht zwischen Unwahrheit und ‚mythischen' Geschichten (*fabulae*) kein großer Unterschied, wenn über das Verhältnis der Darstellung zur Realität gesprochen wird. Vielmehr wird im Prolog zu *De legibus* anerkannt, dass fiktive Geschichten charakteristisch für die Dichtung sind, und bis zu einem gewissen Grad wird deren Verwendung in der Geschichtsschreibung als legitimiert betrachtet.[188]

Woodman bestreitet ferner, dass die Wahrheit in Ciceros Theorie der Geschichtsschreibung einen fundamentalen Stellenwert einnimmt, indem er die Auffassung vertritt, dass an der zitierten Stelle aus *De oratore* nicht vier, sondern zwei Gesetze der Geschichtsschreibung genannt werden: (1) *Nam quis nescit primam esse historiae legem, ne quid falsi dicere audeat?* (2) *Deinde ne quid veri non audeat?* Da die beiden folgenden Sätze nicht mit *postea* oder *tum* aneinandergereiht werden (*Ne quae suspicio gratiae sit in scribendo? Ne quae simultatis?*), haben sie Woodman zufolge die Funktion, die beiden zuvor genannten Gesetze zu

---

[185] Woodman (2012) 10 widerspricht Krebs' Ansicht auch mit dem Hinweis darauf, dass Quintus im Prolog zu *De legibus* nicht den Ausdruck *historiae lex* (oder *leges*) verwendet; vgl. Cic. leg. 1,5: *Intellego te, frater, alias in historia leges observandas putare, alias in poemate*. Da dieses Argument die zur Diskussion stehenden Aussagen lediglich auf der äußersten sprachlichen Oberfläche betrachtet, kann es unberücksichtigt bleiben.
[186] Vgl. Woodman (2012) 10.
[187] Zur Tatsache, dass eine Darstellung als wahr betrachtet wurde, wenn sie der Wirklichkeit entspricht (Korrespondenztheorie), vgl. z. B. Cic. inv. 1,27 (s. das Kapitel 4.7.1 dieser Arbeit).
[188] S. das Kapitel 7.1.3 dieser Arbeit.

erläutern.[189] Die Annahme dieser Beziehung sieht er durch eine Stelle aus dem Lucceius-Brief bestätigt, in dem Cicero seinen Freund dazu bewegen möchte, ein enkomiastisches Geschichtswerk über die Zeit von der Catilinarischen Verschwörung bis zu seiner Rückkehr zu verfassen:[190]

> Itaque te plane etiam atque etiam rogo, ut et ornes ea vehementius etiam, quam fortasse sentis, et in eo leges historiae neglegas gratiamque illam, de qua suavissime quodam in prooemio scripsisti, a qua te flecti non magis potuisse demonstras quam Herculem Xenophontium illum a Voluptate, eam, si me tibi vehementius commendabit, ne aspernere amorique nostro plusculum etiam, quam concedet veritas, largiare.
>
> Deshalb bitte ich dich das eine um das andere Mal entschieden darum, dass du das sogar nachdrücklicher ausschmückst, als es vielleicht deiner Meinung entspricht, und darin die Gesetze der Geschichtsschreibung vernachlässigst und jene Gunst, über die du höchst angenehm in einem Proömium geschrieben hast, von der du nicht mehr erweicht werden konntest, wie du darlegst, als der berühmte Hercules bei Xenophon von der Begierde, dass du sie, wenn sie mich dir recht nachdrücklich empfehlen wird, nicht zurückweist und unserer Liebe sogar etwas mehr, als die Wahrheit zugesteht, zukommen lässt.

Da *gratia* hier wie im zweiten Buch von *De oratore* der Wahrheit gegenübergestellt werde und dies die einzige Parallele für *lex* (*leges*) *historiae* sei,[191] bestünden die beiden Gesetze der Geschichtsschreibung, von denen in *De oratore* die Rede ist, darin, Parteilichkeit in die eine (Sympathie) oder andere Richtung (Antipathie) zu vermeiden.[192]

Zwar ist Woodman teilweise darin zuzustimmen, dass im zweiten Buch von *De oratore* keine Aufzählung im strengen (formalen) Sinn vorliegt. Trotzdem muss die Ansicht, dass die beiden Sätze, die nicht mit *postea* oder *tum* aneinandergereiht werden, explizierende Funktion haben, mit Skepsis betrachtet werden. Eine Aufzählung im strengen Sinn liegt schon deshalb nicht vor, weil Cicero das erste Glied nicht mit *primum* beginnt.[193] Daher ist das Argument nicht valide, dass die Aufzählung nach dem zweiten Element abgebrochen wird. Mit sprachlichen Erwägungen lässt sich die Frage, ob mit den beiden Sätzen, die mit *ne* beginnen (*Ne quae suspicio gratiae sit in scribendo? Ne quae simultatis?*), zwei weitere Gesetze

---

189 Vgl. Woodman (2012) 11 f.
190 Cic. fam. 5,12,3. Zur dargestellten Zeit vgl. ib. 4: *a principio* [...] *coniurationis usque ad reditum nostrum videtur mihi modicum quoddam corpus confici posse*. Zu diesem Brief vgl. Shackleton Bailey (1977) 318–322 ad loc. und Rudd (1992).
191 Vgl. aber Cic. leg. 1,5 (s. S. 165, Fußn. 185).
192 Vgl. Woodman (2012) 12.
193 Da er die Ordinalzahl *primus* (*primam legem*) verwendet, würde man streng genommen erwarten, dass die folgenden Glieder mit *secundam* (*alteram*) *legem*, *tertiam legem* und *quartam legem* hinzugefügt werden.

asyndetisch hinzugefügt werden oder die ersten beiden Gesetze erläutert werden, nicht beantworten.

Trotzdem lässt sich zumindest, was die ersten beiden Glieder betrifft, erkennen, dass Antonius zwei Gesetze der Geschichtsschreibung formuliert. Aus inhaltlichen Gründen scheint die Annahme plausibler zu sein, dass in den folgenden *ne*-Sätzen ein bzw. zwei weitere Gesetze hinzugefügt werden. Denn zumindest auf den ersten Blick handelt es sich bei dem umfassenden Wahrheitsanspruch und der Forderung nach Unparteilichkeit in beiden Richtungen (Sympathie und Antipathie) um verschiedene Ansprüche, wenngleich sich das Postulat nach Unparteilichkeit aus dem umfassenden Wahrheitsanspruch ableiten lässt. Da Cicero den umfassenden Wahrheitsanspruch in zwei Gesetzen nahezu komplementär formuliert, liegt es nahe, dass auch die Forderung nach Unparteilichkeit in beiden Richtungen (Sympathie und Antipathie) als zwei komplementäre Gesetze verstanden werden sollen. Folglich werden vier Gesetze der Geschichtsschreibung aufgestellt.[194]

Selbst wenn, wie Woodman meint, die beiden *ne*-Sätze die Funktion erfüllen würden, die beiden zuvor genannten Gesetze zu erläutern, müsste sich angeben lassen, warum die Wahrheit, von der im ersten Gesetz (und *ex negativo* im zweiten Gesetz) die Rede ist, an erster Stelle steht. Wenn die Wahrheit in seiner gesamten Extension die Unparteilichkeit bezeichnet, stellt sich die Frage, warum nicht gleich explizit die Unparteilichkeit zum dominierenden Prinzip der Geschichtsschreibung erhoben wird. Dieses Problem stellt sich nicht, wenn man davon ausgeht, dass zuerst der umfassende Wahrheitsanspruch und dann das Postulat nach Unparteilichkeit erhoben wird, wobei sich das letztere Postulat aus dem ersteren ableiten lässt.

Auch der Lucceius-Brief muss zumindest nicht zwingend in Woodmans Sinn verstanden werden. Das Argument, dass die Gegenüberstellung von *gratia* und *veritas* zeige, dass auch in *De oratore* die Wahrheit gleichbedeutend mit Unparteilichkeit ist, wird den beiden Stellen nicht vollends gerecht. Wenn Cicero im Lucceius-Brief seinen Freund bittet, dass er die Gunst nicht zurückweist und der Liebe sogar etwas mehr, als die Wahrheit zugesteht, zukommen lässt, bietet sich das folgende Textverständnis an: Grundsätzlich muss in der Geschichtsschreibung die Wahrheit dargestellt werden (Gesetz 1). Cicero bittet aber seinen Freund, von diesem Gesetz teilweise insofern abzurücken, als seine Taten im Zusam-

---

194 Das Postulat nach Unparteilichkeit und der umfassende Wahrheitsanspruch können zwar dieselbe Forderung darstellen, wenn der Autor des Geschichtswerkes in die relativ aktuellen Ereignisse, die er darstellt, involviert ist. Aber als erste und allgemeine Regel für die Geschichtsschreibung ist das erste Gesetz sicherlich so zu verstehen, dass es die Forderung erhebt, alle Ereignisse, also auch die weit zurückreichenden Ereignisse, wahrheitsgemäß darzustellen.

menhang mit der Catilinarischen Verschwörung – im Widerspruch zu Gesetz 3 – ruhmreicher dargestellt werden sollen, als es das erste Gesetz eigentlich zulässt. Die Tatsache, dass es hierbei um ein mehr oder weniger geht, zeigt, dass das erste Gesetz eine Aussage über die Wahrheit, nicht die Unparteilichkeit trifft. Wenn das erste Gesetz eine Aussage über die Unparteilichkeit treffen würde, müsste Cicero darum bitten, dass Lucceius das erste Gesetz komplett missachtet.

Darüber hinaus zeigen andere Stellen, dass die Auffassung, dass die Wahrheit das grundlegende Postulat der Geschichtsschreibung ist, Ciceros Standpunkt entspricht. Selbst wenn man Stellen wie diejenige, an der Catulus in *De oratore* an die Historiker nur die Anforderung stellt, nicht die Unwahrheit zu sagen (*satis est* [sc. *historicum*] *non esse mendacem*),[195] außen vor ließe, da möglicherweise nicht Ciceros eigene Meinung zum Ausdruck kommt, geht aus der Definition der *historia* in *De inventione* eindeutig hervor, dass mit der Erzählgattung *historia* eine wahre Erzählung gemeint ist, da das Kriterium der Unterscheidung zwischen *historia*, *argumentum* und *fabula* die Wahrheit bzw. Wirklichkeit ist.[196]

Auch diejenige Passage in *De oratore*, die sich an die Nennung der Gesetze der Geschichtsschreibung anschließt, nämlich die Darlegung des Oberbaus (*exaedificatio*) des Geschichtswerkes (de orat. 2,63f.), ist keine Stütze für Woodmans These. Woodman argumentiert so, dass sowohl die Instruktionen zum Inhalt (*res*) als auch diejenigen zur sprachlichen Ausgestaltung (*verba*) zum rhetorischen Arbeitsstadium der *inventio* gehören. Die *inventio* aber definiert Cicero als „Ausdenken von Dingen, die wahr oder wahrscheinlich sind und den Fall überzeugend machen".[197] Da das Überzeugende nicht durch das Kriterium der Wahrheit definiert ist,[198] folge hieraus, dass das Arbeitsstadium der *inventio* keinen Unterschied zwischen wahr und wahrscheinlich macht. Daher würde sich ein Widerspruch ergeben, wenn Cicero einerseits die Historiker dazu verpflichtet, nichts Falsches zu sagen, und andererseits durch Vorschriften, die zur *inventio* gehören, zur Darstellung von teilweise falschen Dingen rät.[199]

---

195 Vgl. Cic. de orat. 2,51.
196 Vgl. Cic. inv. 1,27; s. das Kapitel 4.7.1 dieser Arbeit. Zwar könnte man u.U. gegen diese Parallele einwenden, dass *historia* als Erzählgattung nicht gleichbedeutend mit *historia* i.S.v. „(Prosa-)Geschichtsschreibung" ist. Aber die (Prosa-)Geschichtsschreibung im engeren Sinne ist ohne jeden Zweifel ein Teil der etwas weiteren Erzählgattung *historia*.
197 Vgl. Cic. inv. 1,9: *Inventio est excogitatio rerum verarum aut veri similium, quae causam probabilem reddant.*
198 Vgl. Cic. inv. 1,46: *Probabile autem est id, quod fere solet fieri aut quod in opinione positum est aut quod habet in se ad haec quandam similitudinem, sive id falsum est sive verum.*
199 Vgl. Woodman (2012) 12f.

Zwar trifft es zu, dass die Rhetorik dem Redner eher die plausible als die wahre Darstellung empfiehlt.[200] Es stellt sich aber in methodischer Hinsicht die Frage, ob man berechtigt ist, Ciceros Instruktionen zur Geschichtsschreibung im Lichte der Anweisungen zur rhetorischen *inventio* zu lesen, da fraglich ist, ob die Geschichtsschreibung und die öffentliche Rede denselben Wahrheitsstatus haben.[201] Das Problem von Woodmans Argumentation im Zusammenhang mit dem Oberbau des Geschichtswerkes besteht zum einen in der Prämisse, dass sowohl Antonius' Instruktionen zum Inhalt (*res*) als auch diejenigen zur sprachlichen Ausgestaltung (*verba*) zum rhetorischen Arbeitsstadium der *inventio* gehören, und zum anderen im (mehr oder minder logischen) Schlussverfahren.

Gegen das problematische Schlussverfahren hat Pitcher bereits einen Einwand erhoben.[202] Woodman hat den Einwand aber mit dem Argument zurückgewiesen, dass sich Pitcher in einen Widerspruch verfängt.[203] Davon, dass sich Pitcher widerspricht, kann allerdings keine Rede sein. Angenommen, dass die Prämisse zutrifft, dass Antonius Anweisungen (A) zur Geschichtsschreibung erteilt, die zur rhetorischen *inventio* (I) gehören. Dann ist A ein Teil von I. Daraus folgt aber nicht, dass I in seiner Gesamtheit (und damit auch die Lehre von der Wahrscheinlichkeit bzw. Plausibilität anstelle der Wahrheit) auf A zutrifft.

Die Tatsache, dass Cicero sowohl Antonius mit Blick auf die Geschichtsschreibung über den Inhalt (*res*) und die sprachliche Ausgestaltung (*verba*) referieren lässt als auch selbst an anderer Stelle über dieselben Kategorien in der Rhetorik spricht, reicht nicht aus, um zu zeigen, dass die beiden Gattungen denselben Regeln folgen, wenngleich es sicherlich Überschneidungen gibt. Wenn sich zeigen ließe, dass die jeweiligen Instruktionen im größeren Ausmaß iden-

---

200 Vgl. auch Cic. off. 2,51: *Iudicis est semper in causis verum sequi, patroni non numquam veri simile, etiam si minus sit verum, defendere*; de orat. 2,30.
201 Vgl. Brunt (2011) 211, der sich allerdings nicht mit Woodmans Thesen auseinandersetzt: „Thus in Cicero's view the forensic and deliberative orator aims at persuasion, the historian at truth."
202 Pitcher (2009) 17 erkennt einerseits an, dass Antonius Anweisungen erteilt, die zur *inventio* gehören: „It is evident that Antonius is applying techniques that fall under the heading of *inventio* in rhetorical text books to the writing of history." Andererseits stellt er Woodmans Schlussfolgerung in Frage: „It is by no means clear [...] that this means he thinks that the whole theory of *inventio* itself is therefore directly applicable to historiography." (Zitate nach Woodman [2012] 13 Fußn. 33).
203 Vgl. Woodman (2012) 13 Fußn. 33: „This is a contradiction in terms. The whole point of *inventio*, as Pitcher acknowledges (18), is that it supplies what needs to be said in a given instance: if the historian already knows what needs to be said, he has no need to resort to *inventio*; if he does not already know what needs to be said, *ipso facto* he risks saying something false; but, if he is banned from saying anything false, he cannot say anything at all and thus will not resort to the very techniques which Cicero is urging upon him in this passage."

tisch sind (idealerweise auch hinsichtlich des Wahrheitsstatus), dann würde die Annahme an Plausibilität gewinnen, dass die Geschichtsschreibung und die öffentliche Rede denselben Wahrheitsstatus haben.

Antonius' Instruktionen zum Inhalt (*res*) und zur sprachlichen Ausgestaltung (*verba*) der Geschichtsschreibung weisen aber keine wesentlichen Übereinstimmungen mit denjenigen zur öffentlichen Rede auf. Denn wenn beispielsweise die Forderung erhoben wird, erst die Beratschlagungen, dann die Geschehnisse und schließlich die Ergebnisse darzustellen, ist nicht zu erkennen, worin die Entsprechungen mit der öffentlichen Rede liegen (idealerweise in Form von Abweichungen von der Wahrheit).[204] Ciceros Darlegung des Oberbaus (*exaedificatio*) des Geschichtswerkes macht an keiner Stelle deutlich, dass Elemente der Darstellung erfunden werden können oder sollen.[205] Sie deklarieren sogar explizit einen stilistischen Unterschied zur öffentlichen Rede, wenn empfohlen wird, den schlichten Stil, die Rauheit und die spitzen Sentenzen der Gerichtsrede zu vermeiden. Daher lässt sich die Prämisse, dass sowohl Antonius' Instruktionen zum Inhalt (*res*) als auch diejenigen zur sprachlichen Ausgestaltung (*verba*) zum rhetorischen Arbeitsstadium der *inventio* gehören, in dieser Form nicht halten. Vielmehr werden hier wie dort gattungsspezifische Regeln aufgestellt, wenngleich es einzelne Überschneidungen geben mag.

Woodmans Argumentation, dass das grundlegende Prinzip der Historiographie nicht die Wahrheit, sondern die Unvoreingenommenheit ist, muss auch aus einem weiteren Grund als irreführend angesehen werden. Denn selbst wenn man akzeptieren würde, dass die Regeln der rhetorischen *inventio* auf die Geschichtsschreibung zutreffen, würde sich hieraus kein Argument für die Unvoreingenommenheit des Historikers gewinnen lassen. Denn es liegt mindestens ebenso im Wesen der Gerichtsrede, parteiisch zu sein und die eigene Sache so gut wie möglich dastehen zu lassen, wie es in ihrem Wesen liegt, eher der Wahrscheinlichkeit (im Sinne der Plausibilität) als der Wahrheit zu folgen.[206]

---

204 In der Forderung, die Gründe für das jeweilige Geschehen anzugeben (vgl. de orat. 2,63), lässt sich zwar ein Bezug zur rhetorischen Theorie erkennen, da die Angabe der Gründe dazu dient, Plausibilität herzustellen; vgl. Cic. part. 32: *Probabilis autem* [sc. *narratio*] *erit* [...] *si cuiusque facti et eventi causa ponetur*. Aber diese Überschneidung reicht nicht aus, um Woodmans These zu stützen, da in der öffentlichen Rede die Gründe nicht unbedingt wahr sein müssen und mit Blick auf die Geschichtsschreibung zu zeigen wäre, dass die Gründe zwar plausibel, aber nicht wahr sein müssen.
205 Auch wenn die Fiktivität der Reden (*quid* [...] *dictum sit* [sc. *et*] *quo modo*) nicht explizit postuliert wird, sollte man im Lichte von Thukydides' Methodenkapitel (und anderen Stellen) davon ausgehen, dass es sich um fiktive Figurenreden handelt; s. das Kapitel 4.2.1 dieser Arbeit.
206 Vgl. rhet. Her. 1,12: *Unum* [sc. *genus narrationum*] *est, cum exponimus rem gestam et unum quidque trahimus ad utilitatem nostram vincendi causa, quod pertinet ad eas causas, de quibus*

Somit dürfte als erwiesen gelten, dass das grundlegende Gesetz der Geschichtsschreibung (auch) für Cicero darin besteht, die Wahrheit mitzuteilen. Hierin ist keine spezielle Auffassung des Cicero, sondern ein allgemeiner Grundsatz zu sehen, der im antiken Fiktionalitätsdiskurs bzw. in der Geschichtstheorie unbestritten war.[207]

4.2.3 Die Mirabilien

Strabo (ca. 63 v. Chr. – nach 23 n. Chr.) setzt sich in seinem geographischen Werk nicht nur mit der dichterischen Fiktion auseinander,[208] sondern trifft auch Äußerungen zur historiographischen Fiktion:[209]

> Ἡσιόδου δ' οὐκ ἄν τις αἰτιάσαιτο ἄγνοιαν, ἡμίκυνας λέγοντος καὶ μακροκεφάλους καὶ πυγμαίους· οὐδὲ γὰρ αὐτοῦ Ὁμήρου ταῦτα μυθεύοντος, ὧν εἰσι καὶ οὗτοι οἱ πυγμαῖοι, οὐδ' Ἀλκμᾶνος στεγανόποδας ἱστοροῦντος, οὐδ' Αἰσχύλου κυνοκεφάλους καὶ στερνοφθάλμους καὶ μονομμάτους, ὅπου γε οὐδὲ τοῖς πεζῇ συγγράφουσιν ἐν ἱστορίας σχήματι προσέχομεν περὶ πολλῶν, κἂν μὴ ἐξομολογῶνται τὴν μυθογραφίαν. φαίνεται γὰρ εὐθὺς ὅτι μύθους παραπλέκουσιν ἑκόντες οὐκ ἀγνοίᾳ τῶν ὄντων, ἀλλὰ πλάσει τῶν ἀδυνάτων τερατείας καὶ τέρψεως χάριν. δοκοῦσι δὲ κατ' ἄγνοιαν, ὅτι μάλιστα καὶ πιθανῶς τὰ τοιαῦτα μυθεύουσι περὶ τῶν ἀδήλων καὶ τῶν ἀγνοουμένων. Θεόπομπος δὲ ἐξομολογεῖται φήσας ὅτι καὶ μύθους ἐν ταῖς ἱστορίαις ἐρεῖ, κρεῖττον ἢ ὡς Ἡρόδοτος καὶ Κτησίας καὶ Ἑλλάνικος καὶ οἱ τὰ Ἰνδικὰ συγγράψαντες.

> Bei Hesiod dagegen würde niemand daran denken, ihm Unkenntnis vorzuwerfen, wenn er von Halbhunden, Langköpfen und Pygmäen spricht. Tut man das ja auch bei Homer nicht, wenn er von dergleichen fabelt – worunter auch diese Pygmäen fallen – oder bei Alkman, wenn er von Schirmfüßlern, oder bei Aischylos, wenn er von Hundsköpfen, Brustäuglern und Einäuglern berichtet. Hören wir doch bei vielen Dingen nicht einmal auf diejenigen, die in Prosa Geschichte schreiben, auch wenn sie das Verfassen von Fiktionen nicht ausdrücklich

---

iudicium futurum est. Auch die Anweisungen zur rhetorischen *narratio*, in denen als eine Tugend der Rede die Wahrscheinlichkeit (nicht die Wahrheit) gefordert wird, sind auf die Parteilichkeit zurückzuführen, wenngleich nicht explizit gesagt wird, dass die Wahrscheinlichkeit mit der Parteilichkeit zusammenhängt; vgl. Cic. inv. 1,28 f.; rhet. Her. 1,14. Die Parteilichkeit als Eigenschaft der gerichtlichen Erzählung nennt in aller Deutlichkeit Nikolaos RhG XI Felten (1913) 4,11–14: διήγησις δέ ἐστι τῶν ἐν τῇ ὑποθέσει πραγμάτων ἔκθεσις εἰς τὸ ὑπὲρ τοῦ λέγοντος μέρος ῥέπουσα ἤγουν πρὸς ⟨τὸ⟩ τοῦ λέγοντος συμφέρον γινομένη.
207 Vgl. Hekataeus FGrHist 1 F 1 Jacoby; Thuk. 1,21,1 (zu diesen beiden Stellen s. das Kapitel 4.2.1 dieser Arbeit); Arist. Poet. 1451a36–b5 (s. das Kapitel 4.4 dieser Arbeit); Polyb. 2,56,10–12 (s. S. 268); Strabo 1,2,11 (s. S. 291 f.). Vgl. auch die Erzählgattung *historia* (ἱστορία) in der Skalierung der dargestellten Geschichte (s. das Kapitel 4.7 dieser Arbeit).
208 S. das Kapitel 4.6 dieser Arbeit.
209 Strabo 1,2,35. Vgl. Theopomp FGrHist. II B, fr. 381 Jacoby.

eingestehen. Denn es ist sofort klar, dass sie bewusst Fiktionen einflechten, nicht aus Unkenntnis der Wirklichkeit, sondern weil sie um des Wunderbaren und des Vergnügens willen Unmögliches erfinden. Sie scheinen es aber aus Unkenntnis zu tun, weil sie dergleichen vor allem und in plausibler Weise über diejenigen Dinge fabeln, die unklar und unbekannt sind. Theopompos gesteht es ausdrücklich ein, wenn er sagt, er werde in seinem Geschichtswerk auch Fiktionen erzählen (und macht es damit besser als Herodot, Ktesias, Hellanikos und die Indienhistoriker).

Die Kreaturen, die Strabo erwähnt, sind nur fragmentarisch überliefert.[210] Die Pygmäen hat Strabo bereits vorher als dichterische Erfindung erwähnt.[211] Die Meinung, dass die genannten Kreaturen Erfindungen der Dichter darstellen, bildet Strabo in Auseinandersetzung mit dem Historiker Apollodor aus Athen (2. Jahrhundert v. Chr.) und Eratosthenes heraus.[212] Dies wird teilweise daran deutlich, dass Strabo Apollodor unmittelbar zuvor namentlich erwähnt:[213]

> εἰσὶ δ' οἳ καὶ τὴν Αἰθιοπίαν εἰς τὴν καθ' ἡμᾶς Φοινίκην μετάγουσι καὶ τὰ περὶ τὴν Ἀνδρομέδαν ἐν Ἰόπῃ συμβῆναί φασιν· οὐ δήπου κατ' ἄγνοιαν τοπικὴν καὶ τούτων λεγομένων, ἀλλ' ἐν μύθου μᾶλλον σχήματι· καθάπερ καὶ τῶν παρ' Ἡσιόδῳ καὶ τοῖς ἄλλοις, ἃ προφέρει ὁ Ἀπολλόδωρος, οὐδ' ὃν τρόπον παρατίθησι τοῖς Ὁμήρου ταῦτα εἰδώς. τὰ μὲν γὰρ Ὁμήρου τὰ περὶ τὸν Πόντον καὶ τὴν Αἴγυπτον παρατίθησιν ἄγνοιαν αἰτιώμενος, ὡς λέγειν μὲν τὰ ὄντα βουλομένου, μὴ λέγοντος δὲ τὰ ὄντα, ἀλλὰ τὰ μὴ ὄντα ὡς ὄντα κατ' ἄγνοιαν.

> Manche verlegen auch Äthiopien nach dem Phönizien bei uns und behaupten, die Geschichte der Andromeda habe sich in Iope zugetragen, wobei auch dies, versteht sich, nicht aus Unkenntnis der Gegenden erzählt werde, sondern vielmehr als Fiktion, ebenso wie auch die Geschichten bei Hesiod und den Anderen, die Apollodor anführt, ohne sich überhaupt der Art und Weise bewusst zu sein, wie er diese neben die Homerischen stellt. Wirft er doch, wenn er Homers Angaben über das Schwarze Meer und Ägypten zitiert, ihm Unkenntnis vor, als habe er die Wirklichkeit darstellen wollen und aus Unkenntnis nicht die Wirklichkeit, sondern das Nichtexistente als Wirklichkeit dargestellt.

Vermutlich handelt es sich bei den Aussagen des Apollodor um Äußerungen, die er in der Einleitung zum zweiten Buch der *Ilias* (Über die Schiffe) trifft, wie an einer späteren Stelle bei Strabo deutlich wird:[214]

---

210 Vgl. Hesiod fr. 153 Merkelbach/West (1967); Alkman PMGF 148 Davies (1991) 122; Aischylos F 431. 441. 434a Radt (1985) 450–454.
211 Vgl. Strabo 1,2,30 (s. S. 296).
212 Zu Apollodors Kritik an Dichtern vgl. auch – außer den im Folgenden zitierten Stellen – Strabo 1,2,37.
213 Strabo 1,2,35.
214 Strabo 7,3,6.

ἃ δ' Ἀπολλόδωρος ἐν τῷ δευτέρῳ περὶ νεῶν προοιμιαζόμενος εἴρηκεν ἥκιστα λέγοιτ' ἄν. ἐπαινεῖ γὰρ Ἐρατοσθένους ἀπόφασιν, ὅτι φησὶν ἐκεῖνος καὶ Ὅμηρον καὶ τοὺς ἄλλους τοὺς παλαιοὺς τὰ μὲν Ἑλληνικὰ εἰδέναι τῶν δὲ πόρρω πολλὴν ἔχειν ἀπειρίαν, ἀπείρους μὲν μακρῶν ὁδῶν ὄντας ἀπείρους δὲ τοῦ ναυτίλλεσθαι. [...] οὐ θαυμαστὸν δ' εἶναι περὶ Ὁμήρου· καὶ γὰρ τοὺς ἔτι νεωτέρους ἐκείνου πολλὰ ἀγνοεῖν καὶ τερατολογεῖν, Ἡσίοδον μὲν Ἡμίκυνας λέγοντα καὶ Μεγαλοκεφάλους καὶ Πυγμαίους, Ἀλκμᾶνα δὲ Στεγανόποδας, Αἰσχύλον δὲ κυνοκεφάλους καὶ στερνοφθάλμους καὶ μονομμάτους καὶ ἄλλα μυρία.

Was dagegen Apollodor in der Einleitung zum zweiten Buch über die Schiffe sagt, lässt sich durchaus nicht behaupten. Er lobt nämlich Eratosthenes' Ansicht, dass Homer und die übrigen Alten nur die griechischen Örtlichkeiten kannten, über die weiter entfernten dagegen in großer Unkenntnis lebten, da sie weite Reisen über Land und Schifffahrt nicht kannten. [...] Das [sc. seine Unkenntnis] sei bei Homer auch kein Wunder. Seien doch auch die noch Jüngeren mit Vielem unbekannt und fabelten von monströsen Wesen: Hesiod rede von Halbhunden, Großköpfen und Däumlingen, Alkman von Schirmfüßlern und Aischylos von Hundsköpfen, Brustäugigen, Einäuglern und tausend anderen Geschöpfen.

Apollodor hat also wie Eratosthenes die Ansicht vertreten, dass Homer und ihm nachfolgende Dichter nur die griechische Geographie kannten, wohingegen sich die entfernten Gebiete ihrer Kenntnis entzogen.[215] Zumindest was Eratosthenes betrifft, ist es nicht so, dass er die nicht-wirklichen Elemente der dichterischen Darstellungen, v. a. derjenigen Homers, nach den Gesetzen eines faktualen Diskurses bewertet und deswegen den Dichtern Unkenntnis attestiert hat.[216] Vielmehr ist seine Vorstellung diejenige, dass die Dichter aus Unkenntnis von Fiktionen Gebrauch gemacht haben.

Apollodors Einstellung zu den dichterischen Fiktionen und insbesondere Strabos Aussage (Strabo 1,2,35), dass Apollodor Geschichten bei Hesiod und anderen Dichtern anführt, ohne sich überhaupt der Art und Weise bewusst zu sein, wie er diese neben die Homerischen stellt, sind etwas unklar. Wahrscheinlich betrachtet er Fiktionen grundsätzlich als legitimiert,[217] vertritt aber die Ansicht, dass Homer aus Unkenntnis falsche geographische Angaben macht. Spätere Dichter haben aber auch ihm zufolge aus Unkenntnis Fiktionen benutzt. Dann

---

215 Vgl. zu Apollodor FGrHist II B, Nr. 244, F 157, p. 1088–1091 Jacoby; zu Eratosthenes fr. I A 6 Berger (1880) 29–31 = fr. 8 Roller (2010) 45–47. Zur Tatsache, dass sich Apollodor Eratosthenes anschließt, vgl. auch die abschließende Bemerkung von Strabo (7,3,6): [...] τὰ πλεῖστα μετενέγκας παρὰ τοῦ Ἐρατοσθένους, ὡς καὶ πρότερον ἐμνήσθημεν, οὐκ εὖ εἰρημένα.
216 Vgl. insbesondere Strabo 1,1,10 und 1,2,3 = Eratosthenes, fr. I A 20 Berger (1880) 37 = fr. 2 Roller (2010) 41 f.; s. das Kapitel 4.6 dieser Arbeit.
217 Vgl. Strabo 7,3,6: ἐπιτιμᾷ δὲ καὶ τοῖς περὶ Σικελίαν τὴν πλάνην λέγουσι καθ' Ὅμηρον τὴν Ὀδυσσέως· εἰ γὰρ ἄρα, χρῆναι τὴν μὲν πλάνην ἐκεῖ γεγονέναι φάσκειν, τὸν δὲ ποιητὴν ἐξωκεανικέναι μυθολογίας χάριν.

würde Strabo Apollodor das Messen mit zweierlei Maß vorwerfen.[218] Hierfür spricht v. a. der irreale Vergleichssatz „als habe er [sc. Homer] die Wirklichkeit darstellen wollen und aus Unkenntnis nicht die Wirklichkeit, sondern das Nichtexistente als Wirklichkeit dargestellt".

Strabo vertritt die Auffassung, dass Homer Geographika fingiert hat, und widerspricht somit Apollodor, dessen Ansicht konsequenterweise darin bestehen muss, dass Homer falsche Angaben macht. Dabei gehen die Ansichten der beiden Gelehrten v. a. mit Blick auf die Geographika auseinander: bei den Mirabilien (und bis zu einem gewissen Grad grundsätzlich bei Fiktionen) ist beiden – und nach Strabos Aussage: allen – klar, dass es sich um Fiktionen handelt. Strabo widerspricht aber Apollodors Auffassung über die Geographika, indem er die geographischen Fiktionen in eine Reihe mit anderen Fiktionen stellt (in diesem Fall: mit den Mirabilien, die Apollodor nicht in eine Reihe mit den Homerischen Geographika gestellt hat).[219] Außerdem widerspricht Strabo Apollodors Ansicht, dass die Dichter und – wie wir noch sehen werden – die Historiker aus Unkenntnis von Fiktionen Gebrauch gemacht haben.

Strabos Aussage, dass die Menschen bei vielen Dingen nicht einmal auf die Historiker (im engeren Sinn) hören, auch wenn sie das Verfassen von Fiktionen nicht ausdrücklich eingestehen, ist eine der wenigen Äußerungen innerhalb des antiken Fiktionalitätsdiskurses, in der die partielle Fiktionalität der Geschichtsschreibung thematisiert wird. Teilweise vergleichbar ist Ciceros Aussage, dass sich bei Herodot und Theopomp viele fiktive Geschichten (*fabulae*) finden.[220]

Auch in diesem Punkt bildet Strabo seine Meinung in Auseinandersetzung mit Apollodor heraus, wie dieselbe Stelle in Buch 7 zeigt:[221]

> ἀπὸ δὲ τούτων ἐπὶ τοὺς συγγραφέας βαδίζει Ῥιπαῖα ὄρη λέγοντας καὶ τὸ Ὠγύιον ὄρος καὶ τὴν τῶν Γοργόνων καὶ Ἑσπερίδων κατοικίαν, καὶ τὴν παρὰ Θεοπόμπῳ Μεροπίδα γῆν, παρ' Ἑκαταίῳ δὲ Κιμμερίδα πόλιν, παρ' Εὐημέρῳ δὲ τὴν Παγχαῖαν γῆν.
>
> Von diesen geht er zu den Geschichtsschreibern über, die von Rhipäischen Bergen, dem Ogyion-Gebirge und dem Wohnsitz der Gorgonen und Hesperiden reden, und zu dem Meropischen Land bei Theopompos, der Kimmerischen Stadt bei Hekataios und dem Land Panchaia bei Euhemeros.

---

218 Vgl. Radt (2006) 134 ad loc.: „Obwohl die Andromeda-Geschichte gar nichts mit Homer zu tun hat, bringt die Art, wie Apollodor das bewusst Fabelartige bei Hesiod und Anderen akzeptiert, während er bei Homer sofort von Unkenntnis redet, Strabon so auf, dass er es nicht lassen kann, diese ungerechte Behandlung anzuprangern [...]."
219 Daher wendet sich Strabo im Folgenden – nach den allgemeinen Reflexionen über die dichterische und die historiographische Fiktion – den Phänomenen des Ozeans zu (Strabo 1,2,36).
220 Vgl. Cic. leg. 1,5 (s. das Kapitel 7.1.3 dieser Arbeit).
221 Strabo 7,3,6.

Apollodor meint also auch mit Blick auf die Historiker, dass sie aus Unkenntnis fiktive Geschichten erfinden. Bei den Rhipäischen Bergen handelt es sich (der Vorstellung nach) um ein riesiges Gebirge am Nordrand der Erde, das mit den Hyperboreern assoziiert wurde.[222] Hekataios hat es in seinem Geschichtswerk erwähnt.[223] Strabo zufolge haben Rezipienten die Geschichten über die Rhipäischen Berge und die Hyperboreer trotz ihrer Fiktionalität ernst genommen:[224]

διὰ δὲ τὴν ἄγνοιαν τῶν τόπων τούτων οἱ τὰ Ῥιπαῖα ὄρη καὶ τοὺς Ὑπερβορείους μυθοποιοῦντες λόγου ἠξίωνται.

Infolge der Unkenntnis dieser Gegenden sind die Leute, die über die Rhipäischen Berge und die Hyperboreer fiktive Geschichten erzählen, ernst genommen worden.

Das Ogyion-Gebirge wird nur an dieser Stelle erwähnt und ist ansonsten gänzlich unbekannt. Die Gorgonen (bzw. die Gorgo: Medusa) hat Strabo bereits zuvor erwähnt.[225] Ihr Wohnsitz war in der Antike umstritten; einigen Autoren zufolge lebten die drei Schwestern auf der Insel Sarpedon im Ozean,[226] nach Pindar taten sie dies bei den Hyperboreern.[227]

Auch als Wohnsitz der Hesperiden wurden unterschiedliche Orte genannt: Ihr Garten mit den goldenen Äpfeln wurde meist auf einer mythischen Insel im äußersten Westen beim Himmelsträger Atlas lokalisiert und mit paradiesischen Zügen ausgemalt,[228] aber auch in Libyen, im Atlantik oder im Land der Hyperboreer vermutet.[229]

Das Meropische Land bei Theopomp wird auch von Theon als Fiktion angesehen.[230] Über Theopomps Darstellung sind wir größtenteils durch Aelian informiert, der in der *Varia Historia* (2./3. Jh. n. Chr.) aus ihr exzerpiert:[231] Unter den in der fernen Welt lebenden Menschen gebe es die Meropen. An dem äußersten Ort

---

222 Vgl. Alkman PMGF 90 Davies (1991) 102; Soph. Oid. K. 1248; Arist. meteor. 350b: ὑπ' αὐτὴν δὲ τὴν ἄρκτον ὑπὲρ τῆς ἐσχάτης Σκυθίας αἱ καλούμεναι Ῥῖπαι, περὶ ὧν τοῦ μεγέθους λίαν εἰσὶν οἱ λεγόμενοι λόγοι μυθώδεις; DNP s.v. Rhipaia ore (Stenger); Rausch (2013) 22–25.
223 Vgl. Hekataios, FGrHist I A, Nr. 1, F 194, p. 30 Jacoby.
224 Strabo 7,3,1.
225 Vgl. Strabo 1,2,8 (s. S. 284).
226 Vgl. Kypria, fr. 32 Bernabé (1987) 61; Pherekydes FGrHist I A, Nr. 3, F 11, p. 61 f. Jacoby.
227 Vgl. Pind. Pyth. 10,44–48; DNP s.v. Gorgo 1 (Bremmer).
228 Vgl. Stesich. S 8 SLG Page (1974); Hes. Theog. 275 und 518; Mimn. fr. 12 IEG West (1992); Eur. Hipp. 742–751.
229 In Libyen: Diod. 4,26,2; im Atlantik: Plin. nat. 6,201; im Land der Hyperboreer: Apollod. 2,113. Vgl. DNP s.v. Hesperiden (Ambühl).
230 Vgl. Theon RhG II Spengel (1966) 66,16–25 (Patillon/Bolognesi [1997] 10); s. das Kapitel 4.7.3.1 dieser Arbeit.
231 Vgl. Ail. var. 3,18 = Theopompos FGrHist II B, Nr. 115, F 75c, p. 551 f. Jacoby.

des von ihnen bewohnten Gebietes, Anostos, gebe es zwei Flüsse, den Freudenfluss und den Trauerfluss. An beiden Flüssen würden Bäume mit Früchten wachsen. Wer die Früchte am Trauerfluss genieße, würde das ganze Leben lang weinen und auf diese Weise sterben. Wer von den Früchten am Freudenfluss kosten würde, würde alle vorigen Begierden verlieren, und sein Leben würde rückwärts verlaufen: aus dem Greis werde ein Mann, aus dem Mann ein Jugendlicher und so fort, bis er als Säugling sterben würde.

Die Kimmerier hat Strabo bereits zuvor insofern erwähnt, als Homer sie, obwohl sie am Kimmerischen Bosporos, einem nördlich gelegenen düsteren Ort, wohnen, an einen dunklen Ort beim Hades verlegt habe, um der Geographie der dargestellten Irrfahrt gerecht zu werden.[232] Über die Kimmerische Stadt bei Hekataios (von Abdera) ist nichts weiter bekannt als dasjenige, was an dieser Stelle gesagt wird.[233] Die Strabo-Stellen lassen aber vermuten, dass Hekataios – ähnlich wie Homer – die Kimmerische Stadt als düsteren Ort beschrieben hat, an dem die Sonne nicht scheint. Das Land Panchaia stellt in Euhemeros' Darstellung eine Insel im Indischen Ozean dar, auf der paradiesische Zustände herrschen.[234]

Apollodor benutzt also all diese Beispiele, um seine These zu bekräftigen, dass auch die Historiker aus Unkenntnis Fiktionen erfinden, indem sie Mirabilien darstellen. Strabo ist hingegen der Ansicht, dass die Historiker, wie jedem Rezipienten klar sein sollte, nicht aus Unkenntnis der Wirklichkeit Fiktionen einflechten, sondern weil sie um des Wunderbaren und des Vergnügens willen außergewöhnliche Dinge erfinden. Somit betrachten sowohl Apollodor als auch Strabo die Geschichtsschreibung partiell als fiktionalen Diskurs, haben aber eine unterschiedliche Auffassung bei der Frage, warum die Historiker auch Fiktionen verwenden.

Ein wesentliches Element von Strabos Beschreibung der partiellen Fiktionalität der Geschichtsschreibung ist derjenige Begriff, der die Intention der Autoren bezeichnet, nicht-wirkliche Geschichten einzuflechten. Strabo benutzt hierfür den adjektivischen Plural ἑκόντες („absichtlich, bewusst"). Hierin zeigt sich eine Parallele zu Plutarch, der in *De audiendis poetis* zwischen absichtlich falschen Äußerungen und unabsichtlich falschen Äußerungen der Dichter unterscheidet, wobei er unter den ersteren Fiktionen und unter den letzteren Irrtümer versteht.[235]

---

232 Vgl. Strabo 1,2,9 (s. S. 289) und 1,1,10; Hom. Od. 11,13–22.
233 Vgl. Hekataios, FGrHist III A, Nr. 264, F 8, p. 16 Jacoby.
234 Vgl. Euhemeros, FGrHist I A, Nr. 63, T 5, p. 301f. und F 2, p. 302f. Jacoby; DNP s.v. Panchaia (Frey). Zu Euhemeros' fiktiven Geschichten vgl. auch Strabo 2,3,5: οὐ πολὺ οὖν ἀπολείπεται ταῦτα τῶν Πυθέου καὶ Εὐημέρου καὶ Ἀντιφάνους ψευσμάτων.
235 Vgl. Plut. mor. 16a (s. das Kapitel 7.1.6 dieser Arbeit, v. a. S. 494).

Ferner verwendet Strabo das Verb des Eingestehens (ἐξομολογέομαι) mit Bezug auf die Intention des Autors, eine fiktive Geschichte zu erzählen. Hiermit vergleichbar sind Theons Verwendung des Simplex (ὁμολογέω) und Nikolaos' Verwendung des Adverbs ὁμολογουμένως („eingestandenermaßen") mit Bezug auf die Intention des Verfassers einer (Äsopischen) Fabel.[236]

Den Grund für das Missverständnis, dem Kritiker wie Apollodor verfallen seien, wenn sie den Historikern vorwerfen, aus Unkenntnis Fiktionen zu erfinden, sieht Strabo darin, dass letztere in plausibler Weise (πιθανῶς) vor allem diejenigen Dinge fiktional darstellen, die unklar und unbekannt sind. Das Prinzip der Plausibilität findet sich schon in Homers *Odyssee*, wo der Dichter eine von Odysseus' Lügengeschichten so kommentiert, dass Odysseus seine Lügen der Wahrheit ähnlich macht.[237] Kaum anders als der Dichter der *Odyssee* sagen Hesiods Musen im Proömium zur Theogonie, dass sie auch Unwahres vorbringen können, das der Wahrheit ähnlich ist.[238]

Der Aspekt der Unbekanntheit wirft ein Problem auf. Strabo hat die Unbekanntheit von entfernten Regionen bereits zuvor insofern erwähnt, als er dort Eratosthenes' Ansicht zurückweist, dass über die weit entfernten Regionen eher fiktive Geschichten erfunden werden:[239]

> τοῦτο μὲν αὐτὸ εὖ, τὸ δ' οὗ χάριν τοῦτ' ἐποίει κακῶς δεξάμενος· οὐ γὰρ φλυαρίας, ἀλλ' ὠφελείας χάριν. ὥστε δίκαιός ἐστιν ὑπέχειν λόγον καὶ περὶ τούτου καὶ διότι φησὶ τὰ πόρρω τερατολογεῖσθαι μᾶλλον διὰ τὸ εὐκατάψευστον. πολλοστὸν γὰρ μέρος ἐστὶ τὰ πόρρω τερατολογούμενα τῶν ἐν τῇ Ἑλλάδι καὶ ἐγγὺς τῆς Ἑλλάδος – οἷα δὴ τὰ κατὰ τοὺς Ἡρακλέους ἄθλους καὶ Θησέως καὶ τὰ ἐν Κρήτῃ καὶ Σικελίᾳ μυθευόμενα καὶ ταῖς ἄλλαις νήσοις, καὶ τὰ περὶ τὸν Κιθαιρῶνα καὶ Ἑλικῶνα καὶ Παρνασσὸν καὶ Πήλιον καὶ τὴν Ἀττικὴν ὅλην καὶ Πελοπόννησον – οὐδείς τε ἐκ τῶν μύθων ἄγνοιαν αἰτιᾶται τῶν μυθοποιῶν.

An sich hat er damit Recht; nur den Grund, weshalb der Dichter das tat, hat er falsch verstanden. Ging es ihm doch nicht um Gefasel, sondern um den Nutzen. Daher muss er hierfür Rede stehen ebenso wie für die Behauptung, das weit Entfernte werde mehr ins Wunderbare gezogen, weil man leicht darüber unwahre Dinge behaupten kann. Bilden die Wundergeschichten über weit Entferntes doch nur einen Bruchteil derjenigen, die in Griechenland und in der Nähe von Griechenland spielen – wie z. B. die Geschichten von den Werken des Herakles und des Theseus, die fiktiven Geschichten, die auf Kreta, Sizilien und den anderen

---

236 Vgl. Theon RhG II Spengel (1966) 76,5–9 (Patillon/Bolognesi [1997] 35): ἐπεὶ γὰρ καὶ αὐτὸς ὁ μυθοποιὸς ὁμολογεῖ καὶ ψευδῆ καὶ ἀδύνατα συγγράφειν […]; Nikolaos RhG XI Felten (1913) 13,4–9; s. das Kapitel 6.3 dieser Arbeit.
237 Vgl. Hom. Od. 19,203; Strabo 1,2,9 (s. S. 125 und 259f.).
238 Vgl. Hes. Theog. 26–28; s. S. 119.
239 Strabo 1,2,19. Vgl. auch Strabo 1,2,3, wo er Eratosthenes die folgenden Worte in den Mund legt: νὴ Δία, ἀλλὰ ταῦτα μὲν οὕτως εἴρηκε, τὰ δ' ἔξω τῆς αἰσθήσεως καὶ οὗτος καὶ ἄλλοι τερατολογίας μυθικῆς πεπληρώκασιν; 7,3,1 (s. S. 175).

Inseln und die um den Kithairon, den Helikon, den Parnass, den Pelion und in ganz Attika und auf der ganzen Peloponnes spielen –, und niemand wirft aufgrund der fiktiven Geschichten ihren Erfindern Unkenntnis vor.

Strabo äußert hier also die grundsätzliche Ansicht, dass die (dichterischen) Fiktionen ihren Platz ebenso in der bekannten Welt wie bei exotischen Völkern haben und folglich nicht auf Unkenntnis zurückzuführen sind. An der zuvor zitierten Stelle (Strabo 1,2,35) bezieht sich Strabo auf die Mirabilien, die Historiker über exotische Völker wie z. B. die Inder erzählen. Die dortige Aussage, dass die Historiker aus Unkenntnis unwahre Geschichten zu erzählen scheinen, weil sie dergleichen vor allem über diejenigen Dinge fabeln, die unklar und unbekannt sind, könnte man so auffassen, dass die anderen Menschen zwar unkundig hierüber sind, die Historiker aber nicht: Da die Dinge in den weit entfernten Regionen der Welt schwer zu überprüfen bzw. zu widerlegen sind,[240] ist die Intention der Autoren, fiktive Geschichten zu erzählen, in solchen Fällen für die Rezipienten schwerer zu erkennen.

Andere Stellen machen aber deutlich, dass sich die Unkenntnis auch auf die Historiker bezieht.[241] Trotzdem ist die Unkenntnis Strabo zufolge nicht der Grund dafür, fiktive Geschichten zu erzählen, sondern allenfalls ein begleitender Umstand. Der Grund liegt seiner Ansicht nach in der Absicht, die Rezipienten zu unterhalten.

Strabos Aussage (Strabo 1,2,35), dass Theopomp die partielle Fiktionalität der Geschichtsschreibung ausdrücklich eingesteht, wenn er sagt, er werde in seinem Geschichtswerk auch Fiktionen (μῦθοι) erzählen, und dass er es damit besser macht als Herodot, Ktesias, Hellanikos und die Indienhistoriker, ist in seiner Deutung umstritten.[242] Radts Textverständnis, die in der Übersetzung zum Vorschein kommt,[243] muss als das wahrscheinlichste gelten. Die umstrittene Frage ist der Bezug von κρεῖττον („besser"). Eine häufig anzutreffende Deutung hat das Adverb auf Theopomp bezogen: Theopomp sage (wahrscheinlich im Proömium seines Werkes) über seine eigenen fiktiven Geschichten, die sich v. a. in der *Thaumasia* (Buch 8) seiner *Philippika* finden, dass er sie besser erzähle, als Herodot und die anderen genannten Historiker ihre fiktiven Geschichten erzählen.[244]

---

240 Vgl. Strabo 11,6,4: τὸ δὲ πόρρω δυσέλεγκτον.
241 Vgl. Strabo 15,1,37 (s. S. 181).
242 Vgl. den Aufsatz von Biraschi (1996) und die dort verzeichnete Literatur.
243 Vgl. Radt (2002) 107.
244 Vgl. FHG I 283, F 29 Müller: „Theopompus quidem diserte profitetur se in historia fabulas narraturum rectius quam fecerint Herodotus, Ctesias, Hellanicus et Indicarum rerum scriptores."

Es muss allerdings als zweifelhaft gelten, dass ein Historiker eine derartige Aussage trifft, und ist allem Anschein nach ohne Parallele. Deutlich sinnvoller ist Biraschis Ansicht, der zufolge Strabo über Theopomp urteilt, dass er es, indem er im Proömium seines Werkes auf die eingefügten fiktiven Geschichten hinweist, besser macht als Herodot und die anderen genannten Historiker.[245] Das Adverb κρεῖττον muss also als Adverb des Urteils aus Sicht des Strabo aufgefasst werden.[246] Diese Interpretation verträgt sich deutlich besser als die Alternative mit Strabos voriger Aussage, dass die Menschen bei vielen Dingen nicht einmal auf diejenigen hören, die in Prosa Geschichte schreiben, auch wenn sie das Verfassen von Fiktionen nicht ausdrücklich eingestehen.[247] Strabo ergänzt und präzisiert seine vorige Aussage an dieser Stelle, indem er Theopomp dafür lobt, dass er – modern gesprochen: in Form einer Selbstreflexion – auf die partielle Fiktionalität seiner Darstellung aufmerksam macht.[248]

Strabo scheint allerdings mit seiner grundsätzlichen Anerkennung der historiographischen Fiktion von Mirabilien etwas weiter zu gehen, als er im Einzelfall bereit ist, den (Indien-)Historikern zuzugestehen. Es ist zwar weniger so, dass Strabo die Indienhistoriker für dieselben unglaubwürdigen Wundergeschichten kritisiert, die er selbst erzählt, so dass man zu dem Urteil gelangen müsste, dass er mit zweierlei Maß misst.[249] Aber an zumindest einer Stelle spricht vieles dafür, dass Strabo die Indienhistoriker nicht mit dem Argument der literarischen Fiktion gegen den Vorwurf der Unkenntnis in Schutz nimmt, sondern sie für ihre Mirabilien kritisiert:[250]

---

245 Vgl. Biraschi (1996) 164: „A questo punto subentra una valutazione che, come è chiaro, non ha più niente a che fare con il proemio di Teopompo, perché è una considerazione esclusivamente straboniana [...] 'meglio così che come fanno Erodoto, [sc. Ktesias,] Ellanico e gli scrittori di cose indiane'."
246 Patterson (2013) 211 sieht zwar im Adverb κρεῖττον das Urteil des Strabo, dass Theopomp es durch sein Eingeständnis besser mache als die anderen Historiker, meint aber, dass ein negatives Urteil über Theopomps Methodologie vorliegt („flawed methodology"). Hiervon kann keine Rede sein, da Strabo die Fiktionen anerkennt.
247 Romms (1992) 95 Textverständnis, dass die Indienhistoriker ebenso wie die alten Dichter absichtliche Täuschung unter dem Vorwand der Unwissenheit verbergen (sollen), wird dem Konzept der Fiktionalität ebenso wenig gerecht wie seine Übersetzung von δοκοῦσι δὲ κατ' ἄγνοιαν [sc. μύθους παραπλέκειν] (Strabo 1,2,35) mit „they feign ignorance".
248 Zur Selbstreflexion als direktes Fiktionalitätssignal s. das Kapitel 2.5.1.1.1 dieser Arbeit.
249 Für dieses Urteil vgl. Romm (1992) 94–103.
250 Strabo 2,1,9. Diese Passage ist an drei Stellen textkritisch umstritten. Radt (2002) 174 liest φέρει anstelle des überlieferten λέγει (zweiter Satz) und παραψελλίζονται anstelle von παραψελλίζοντες (dritter Satz). Außerdem tilgt er καί zwischen τε und βοῦς; vgl. Radts (2006) 188 f. Begründungen.

Ἄπαντες μὲν τοίνυν οἱ περὶ τῆς Ἰνδικῆς γράψαντες ὡς ἐπὶ τὸ πολὺ ψευδολόγοι γεγόνασι, καθ' ὑπερβολὴν δὲ Δηίμαχος· τὰ δὲ δεύτερα φέρει Μεγασθένης· Ὀνησίκριτος δὲ καὶ Νέαρχος καὶ ἄλλοι τοιοῦτοι παραψελλίζονται ἤδη. [...] διαφερόντως δ' ἀπιστεῖν ἄξιον Δημάχῳ τε καὶ Μεγασθένει. οὗτοι γάρ εἰσιν οἱ τοὺς ἐνωτοκοίτας καὶ τοὺς ἀστόμους καὶ ἄρρινας ἱστοροῦντες μονοφθάλμους τε καὶ μακροσκελεῖς καὶ ὀπισθοδακτύλους· ἀνεκαίνισαν δὲ καὶ τὴν Ὁμηρικὴν τῶν Πυγμαίων γερανομαχίαν, τρισπιθάμους εἰπόντες. οὗτοι δὲ καὶ τοὺς χρυσωρύχους μύρμηκας καὶ Πᾶνας σφηνοκεφάλους ὄφεις τε βοῦς καὶ ἐλάφους σὺν κέρασι καταπίνοντας (περὶ ὧν ἕτερος τὸν ἕτερον ἐλέγχει, ὅπερ καὶ Ἐρατοσθένης φησίν). ἐπέμφθησαν μὲν γὰρ εἰς τὰ Παλίμβοθρα, ὁ μὲν Μεγασθένης πρὸς Σανδρόκοττον ὁ δὲ Δηίμαχος πρὸς Ἀλλιτροχάδην τὸν ἐκείνου υἱὸν κατὰ πρεσβείαν· ὑπομνήματα δὲ τῆς ἀποδημίας κατέλιπον τοιαῦτα, ὑφ' ἧς δή ποτε αἰτίας προαχθέντες.

Nun gilt für sämtliche Indienhistoriker, dass sie meist die Unwahrheit sagen, im höchsten Maße aber für Deïmachos; den zweiten Preis bekommt Megasthenes; Onesikritos, Nearchos und andere derartige [sc. Historiker] stammeln bereits die Wahrheit. [...] Ganz besonderes Misstrauen aber verdienen Deïmachos und Megasthenes: sind sie es doch, die von den Inden-Ohren-Schläfern, von Mund- und Nasenlosen berichten sowie von Einäugigen, Langbeinigen und Rückzehigen (auch den Homerischen Kranichkampf der Pygmäen haben sie umgestaltet mit ihrer Angabe, sie seien nur drei Spannen groß), sie auch, die von den goldgrabenden Ameisen, von keilköpfigen Panen und von Schlangen erzählen, die Rinder und Hirsche samt ihren Geweihen verschlingen (wobei der eine den anderen widerlegt, wie schon Eratosthenes bemerkt). Sie waren nämlich als Gesandte nach Palimbothra geschickt worden – Megasthenes zu Sandrokottos, Deïmachos zu dessen Sohn Amitrochades – und haben, aus welchem Grund auch immer, Aufzeichnungen dieser Art über ihren Aufenthalt hinterlassen.

Denn die Aussage, dass sich Deïmachos und Megasthenes gegenseitig widerlegen, lässt sich nur sinnvoll innerhalb eines faktualen Diskurses verstehen.[251] Gerade auch die Tatsache, dass sich Strabo Eratosthenes' Kritik an den beiden Historikern anschließt, ist auffällig, da sich Strabo sonst in Fragen nach der literarischen Fiktion explizit gegen Eratosthenes und Apollodor stellt.[252] Es lässt sich aber ein Grund anführen, warum Strabo an dieser Stelle nicht seiner grundsätzlichen Legitimierung von historiographischen Mirabilien treu bleibt: Er spricht von den unwahren Geschichten der Indienhistoriker in einem Kontext, in dem er seine Quellen bewertet. Im Zuge dieser Bewertung sieht er in Patrokles und – ihm folgend – in Eratosthenes zuverlässige Gewährsmänner für die Geographie

---

251 Vgl. Theons Instruktion, dass es (abgesehen vom Schlussteil) unsinnig wäre, eine Fabel mit dem Argument zu widerlegen, dass in ihr eine unwahre und unmögliche Geschichte erzählt wird; denn der Textproduzent (und der Rezipient) ist sich von vornherein über die Fiktion im Klaren; vgl. Theon 76 Patillon/Bolognesi (1997) 35 (RhG II Spengel [1966] 76,5–9); s. das Kapitel 6.3 dieser Arbeit.
252 Vgl. insbesondere Strabo 7,3,6 (s. S. 173).

Indiens,²⁵³ wohingegen er insbesondere Deïmachos und Megasthenes als unzuverlässige Geschichtenerzähler zurückweist. Außerdem ist aus der zuvor behandelten Stelle zu schließen, dass sie ihre Wundergeschichten nicht als solche markieren.²⁵⁴ Die Aussage, dass Strabo nicht angeben kann, aus welchem Grund Megasthenes und Deïmachos Mirabilien erzählen, deutet aber an, dass er grundsätzlich die Möglichkeit zulässt, dass sie absichtlich fiktive Geschichten erzählen, um die Rezipienten zu erfreuen.

Die Kritik an diesen beiden Historikern scheint auch dadurch motiviert zu sein, dass sie unwahre Geschichten erzählen, obwohl sie als Augenzeugen besseres Wissen gesammelt haben oder hätten sammeln können. Daher scheint Strabo diejenigen Historiker zu kritisieren, die wider besseres Wissen über die bekannte Welt fiktive Geschichten erzählen, und Fiktionen über die (weitgehend) unbekannte Welt zu akzeptieren, die idealerweise als solche kenntlich gemacht werden. Diese Haltung wird durch eine Stelle aus dem ersten Kapitel des 15. Buches bestätigt, in dem Strabo Indien behandelt. Dort konstatiert und akzeptiert Strabo, dass fiktive Geschichten über das Gebiet jenseits des Hyphasis (Hypanis) erzählt werden, an dem Alexanders Feldzug endete und das folglich weitgehend unbekannt blieb:²⁵⁵

> Ἀρίστη δ' ὁμολογεῖται πᾶσα ἡ τοῦ Ὑπάνιος πέραν· οὐκ ἀκριβοῦται δέ, ἀλλὰ διὰ τὴν ἄγνοιαν καὶ τὸν ἐκτοπισμὸν λέγεται πάντ' ἐπὶ τὸ μεῖζον ἢ τὸ τερατωδέστερον· οἷα τὰ τῶν χρυσωρύχων μυρμήκων καὶ ἄλλων θηρίων τε καὶ ἀνθρώπων ἰδιομόρφων καὶ δυνάμεσί τισιν ἐξηλλαγμένων, ὡς τοὺς Σῆρας μακροβίους φασὶ πέρα καὶ διακοσίων ἐτῶν παρατείνοντας.

> Das ganze Land jenseits des Hypanis wird allgemein als vorzüglich bezeichnet, aber genaue Berichte darüber gibt es nicht, sondern durch die Unkenntnis und die Entlegenheit wird alles ins Übertriebene oder Wunderbare gesteigert, wie z.B. die Geschichten von den goldgrabenden Ameisen und anderen Tieren und Menschen mit eigentümlicher Gestalt und irgendwelchen außerordentlichen Fähigkeiten (wie z.B. die Serer langlebig sein sollen: sie würden sogar über zweihundert Jahre alt).

---

253 Vgl. Strabo 2,1,6: οὐδὲ τοῦτο δὲ ἀπίθανον τοῦ Πατροκλέους, ὅτι φησὶ τοὺς Ἀλεξάνδρῳ συστρατεύσαντας ἐπιδρομάδην ἱστορῆσαι ἕκαστα, αὐτὸν δὲ Ἀλέξανδρον ἀκριβῶσαι, ἀναγραψάντων τὴν ὅλην χώραν τῶν ἐμπειροτάτων αὐτῷ· τὴν δ' ἀναγραφὴν αὐτῷ δοθῆναί φησιν ὕστερον ὑπὸ Ξενοκλέους τοῦ γαζοφύλακος; 2,1,9: Πατροκλῆς δὲ ἥκιστα τοιοῦτος· καὶ οἱ ἄλλοι δὲ μάρτυρες οὐκ ἀπίθανοι, οἷς κέχρηται ὁ Ἐρατοσθένης; 15,1,10.
254 Vgl. Strabo 1,2,35 (s. S. 171f.).
255 Strabo 15,1,37. Zu den goldgrabenden Ameisen vgl. den ausführlichen Bericht 15,1,44. Zum Umstand, dass die Unkenntnis über entlegene Regionen ein Grund für Fiktionen ist, vgl. auch 15,1,2 (s. S. 183).

An einer anderen Stelle kann nicht sicher angegeben werden, ob Strabo Onesikritos dessen Wundergeschichten vorhält oder neutral konstatiert, dass er – mehr noch als die anderen Alexanderhistoriker – Mirabilien erzählt:[256]

> ὑπὲρ δὲ ταύτης ἐν τοῖς ὄρεσιν ἡ τοῦ Ἀβισάρου χώρα, παρ' ᾧ δύο δράκοντας ἀπήγγελλον οἱ παρ' αὐτοῦ πρέσβεις τρέφεσθαι, τὸν μὲν ὀγδοήκοντα πηχῶν τὸν δὲ τετταράκοντα πρὸς τοῖς ἑκατόν, ὡς εἴρηκεν Ὀνησίκριτος, ὃν οὐκ Ἀλεξάνδρου μᾶλλον ἢ τῶν παραδόξων ἀρχικυβερνήτην προσείποι τις ἄν. πάντες μὲν γὰρ οἱ περὶ Ἀλέξανδρον τὸ θαυμαστὸν ἀντὶ τἀληθοῦς ἀπεδέχοντο μᾶλλον, ὑπερβάλλεσθαι δὲ δοκεῖ τοὺς τοσούτους ἐκεῖνος τῇ τερατολογίᾳ· λέγει δ' οὖν τινα καὶ πιθανὰ καὶ μνήμης ἄξια ὥστε καὶ ἀπιστοῦντα μὴ παρελθεῖν αὐτά. περὶ δ' οὖν τῶν δρακόντων καὶ ἄλλοι λέγουσιν ὅτι ἐν τοῖς Ἠμωδοῖς ὄρεσι θηρεύουσι καὶ τρέφουσιν ἐν σπηλαίοις.

> Oberhalb davon in den Bergen liegt das Land des Abisares, bei dem, so berichten die von ihm kommenden Gesandten, zwei Riesenschlangen gehalten würden, die eine achtzig, die andere hundertundvierzig Ellen lang, wie Onesikritos sagt, den man eher den Admiral der Wundergeschichten als denjenigen Alexanders nennen dürfte. Denn alle Begleiter Alexanders haben das Wunderbare höher geschätzt als die Wahrheit, er aber scheint sie alle im Erzählen von Wunderdingen zu übertreffen; indessen berichtet er auch manches Glaubwürdige und Erwähnenswerte, so dass man es, auch wenn man ihm misstraut, nicht übergehen kann (und von den Riesenschlangen jedenfalls berichten auch andere, dass sie im Emodon-Gebirge gefangen und in Grotten gehalten werden).

Diese Stelle führt aber eindringlich vor Augen, dass Strabo in diesem Einzelfall nicht sagen kann, ob dessen Bericht von indischen Riesenschlangen Glauben verdient oder nicht,[257] sondern nur allgemein angeben kann, dass Onesikritos viele Wundergeschichten erzählt und somit als Quelle von eingeschränktem Wert ist.[258]

Die von Megasthenes geschilderten Mirabilien referiert Strabo eher in einer Form, die deutlich macht, dass es sich um Fiktionen handelt. Aber dieser Umstand hindert ihn nicht daran, ausführlich dessen Mirabilien zu referieren, was auf den ersten Blick verwunderlich erscheinen könnte, da die Alternative, diese zu übergehen oder zumindest zu komprimieren, angesichts seiner Megasthenes-Kritik sinnvoller erschiene:[259]

> Ὑπερεκπίπτων δ' ἐπὶ τὸ μυθῶδες πεντασπιθάμους ἀνθρώπους λέγει καὶ τρισπιθάμους, ὧν τινὰς ἀμύκτηρας, ἀναπνοὰς ἔχοντας μόνον δύο ὑπὲρ τοῦ στόματος· πρὸς δὲ τοὺς τρισπι-

---

256 Strabo 15,1,28.
257 Zu den Riesenschlangen vgl. Strabo 15,1,45.
258 Zu παράδοξα („Wundergeschichten") vgl. παραδοξολογέω („phantastische Geschichten erzählen") Hermog. Περὶ ἰδεῶν λόγου 2,10,37–41 Patillon (2012) 212f. (s. das Kapitel 6.2 dieser Arbeit).
259 Strabo 15,1,57. Zur Megasthenes-Kritik vgl. Strabo 2,1,9 (s. S. 180).

θάμους πόλεμον εἶναι ταῖς γεράνοις (ὃν καὶ Ὅμηρον δηλοῦν) [...]. ὅμοια δὲ καὶ τὰ περὶ τῶν ἐνωτοκοιτῶν καὶ τῶν ἀγρίων ἀνθρώπων καὶ ἄλλων τερατωδῶν. τοὺς μὲν οὖν ἀγρίους μὴ κομισθῆναι παρὰ Σανδρόκοττον· ἀποκαρτερεῖν γάρ· ἔχειν δὲ τὰς μὲν πτέρνας πρόσθεν, τοὺς δὲ ταρσοὺς ὄπισθεν καὶ τοὺς δακτύλους. ἀστόμους δέ τινας ἀχθῆναι ἡμέρους ἀνθρώπους· οἰκεῖν δὲ περὶ τὰς πηγὰς τοῦ Γάγγου, τρέφεσθαι δ' ἀτμοῖς ὀπτῶν κρεῶν καὶ καρπῶν καὶ ἀνθέων ὀσμαῖς, ἀντὶ τῶν στομάτων ἔχοντας ἀναπνοάς [...]. περὶ δὲ τῶν ἄλλων διηγεῖσθαι τοὺς φιλοσόφους, ὠκύποδάς τε ἱστοροῦντας [...] ἐνωτοκοίτας τε ποδήρη τὰ ὦτα ἔχοντας ὥσ⟨τ⟩' ἐγκαθεύδειν [...], μονομμάτους τε ἄλλους ὦτα μὲν ἔχοντας κυνὸς ἐν μέσῳ δὲ τῷ μετώπῳ τὸν ὀφθαλμόν [...].

> Indem er in den Bereich der Fiktion (μυθῶδες) fällt, spricht er von fünf Spannen und drei Spannen langen Menschen, von denen manche keine Nase, sondern nur zwei Atemlöcher über dem Mund hätten. Gegen die drei Spannen langen Menschen führten die Kraniche Krieg – auf den auch Homer hinweise [...]. Ähnlich sind auch seine Geschichten über die In-den-Ohren-Schläfer und die wilden Menschen und andere Wunderwesen. Die wilden Menschen freilich seien nicht zu Sandrokottos gebracht worden – sie hungerten sich nämlich zu Tode; sie hätten die Fersen vorn und die Fußflächen und Zehen hinten – dafür aber zahme Menschen, die keinen Mund hätten: sie wohnten bei den Quellen des Ganges und nährten sich, da sie statt des Mundes Atemlöcher hätten, von dem Dunst gebratenen Fleisches und dem Duft von Früchten und Blüten [...]. Von den übrigen erzählten die Philosophen, die von Schnellfüßlern berichteten [...] und von In-den-Ohren-Schläfern, deren Ohren bis zu den Füßen reichten, so dass sie in ihnen schlafen [...]; ferner von Einäuglern, die die Ohren eines Hundes und mitten auf der Stirn das Auge hätten [...].

Trotzdem misst Strabo nicht mit zweierlei Maß und kritisiert die Indienhistoriker nicht für dieselben unglaubwürdigen Wundergeschichten, die er selbst erzählt. Der entscheidende Unterschied zwischen Strabo und den von ihm teilweise kritisierten Indienhistorikern besteht darin, dass Strabo darauf hinweist, dass sein Bericht fiktive Elemente enthält. Besonders deutlich kommt dieser Umstand am Anfang des 15. Buches zum Vorschein:[260]

> Δεῖ δ' εὐγνωμόνως ἀκούειν περὶ αὐτῆς· καὶ γὰρ ἀπωτάτω ἐστί, καὶ οὐ πολλοὶ τῶν ἡμετέρων κατώπτευσαν αὐτήν· οἱ δὲ καὶ ἰδόντες μέρη τινὰ εἶδον, τὰ δὲ πλείω λέγουσιν ἐξ ἀκοῆς.

> Der Bericht hierüber [sc. über Indien] ist mit Nachsicht aufzunehmen. Denn das Land liegt in weitester Entfernung, und nicht viele unserer Leute haben es besucht; und wenn sie es denn schon gesehen haben, haben sie doch nur ein paar Teile gesehen und berichten das Meiste vom Hörensagen.

Aber auch an der zuvor zitierten Stelle (Strabo 15,1,57) wird deutlich, dass Strabo zum einen keine Mirabilien erfindet, sondern sie referiert (in diesem Fall vom Autor Megasthenes), und diese Geschichten zum anderen durch das Adjektiv

---

260 Strabo 15,1,2. Vgl. auch Strabo 15,1,12.

μυθῶδες explizit als Fiktionen einstuft, womit er es – gemessen an seiner eigenen Aussage – besser macht als die Indienhistoriker.[261]

Ohne eine Einzelfallanalyse vorzunehmen, muss jedoch darauf hingewiesen werden, dass Strabo sicherlich nicht die Meinung aller gelehrten Griechen und Römer repräsentiert, wenn er die erwähnten Mirabilien als Fiktionen einstuft. So betrachtet Aristoteles die Rede von dem Zwergvolk der Pygmäen als wahr.[262] Strabo selbst gibt an einer Stelle zu erkennen, dass er nicht sagen kann, ob Onesikritos' Bericht von indischen Riesenschlangen Glauben verdient oder nicht.[263]

Bei Plinius d.Ä. und Gellius lässt sich die Ansicht antreffen, dass viele wundersame Geschichten (wie diejenige über die Pygmäen) u. a. über die in Indien lebenden Menschen wahr sind.[264] Beide beziehen sich sogar großenteils auf dieselben Mirabilien und Indienhistoriker, die Strabo erwähnt. Plinius tut dies im ersten Teil des siebenten Buches, in dem er die Anthropologie behandelt:[265]

> in multis autem montibus [sc. Indiae] genus hominum capitibus caninis ferarum pellibus velari, pro voce latratum edere, unguibus armatum venatu et aucupio vesci [...] [sc. Ctesias scribit] et in quadam gente Indiae feminas semel in vita parere genitosque confestim canescere. idem hominum genus, qui Monocoli vocarentur, singulis cruribus, mirae pernicitatis ad saltum; eosdem Sciapodas vocari, quod in maiore aestu humi iacentes resupini umbra se pedum protegant. non longe eos a Trogodytis abesse, rursusque ab his occidentem versus quosdam sine cervice oculos in umeris habentes. [...] [sc. Megasthenes tradit] ad extremos fines Indiae ab oriente circa fontem Gangis Astomorum gentem sine ore, corpore toto hirtam vestiri frondium lanugine, halitu tantum viventem et odore, quem naribus trahant. [...] super hos extrema in parte montium Trispithami Pygmaeique narrantur, ternas spithamas longitudine, hoc est ternos dodrantes, non excedentes.
>
> In vielen Gebirgen [sc. Indiens] gebe es [sc. schreibt Ktesias] eine Menschenart mit Hundsköpfen, die sich in Felle von wilden Tieren einhülle, anstelle der Stimme Bellen von sich gebe und mit den Klauen bewaffnet sich von der Jagdbeute aus Wild und Vögeln ernähre, [...] und in einem bestimmten Volksstamm Indiens würden die Frauen nur einmal im Leben gebären und die Kinder sofort ergrauen. Er berichtet auch davon, dass es eine Menschenart gebe, die Monocoli [sc. Einbeiner] genannt würden, mit jeweils nur einem Bein, aber außergewöhnlicher Schnelligkeit zum Springen; dieselben würden auch Skiapoden [sc. Schattenfüßler] genannt, weil sie bei größerer Hitze mit dem Rücken auf dem Boden liegen und sich mit dem Schatten der Füße schützen würden. Sie würden nicht weit entfernt von den Trogodyten

---

261 Vgl. Strabo 1,2,35 (s. S. 171f.).
262 Vgl. Arist. hist. anim. 597a: οὗ καὶ λέγονται τοῖς Πυγμαίοις ἐπιχειρεῖν· οὐ γάρ ἐστι τοῦτο μῦθος, ἀλλ' ἔστι κατὰ τὴν ἀλήθειαν γένος μικρὸν μέν, ὥσπερ λέγεται, καὶ αὐτοὶ καὶ οἱ ἵπποι, τρωγλοδύται δ' εἰσὶ τὸν βίον.
263 Vgl. Strabo 15,1,28 (s. S. 182).
264 Vgl. Plin. nat. 7,9–36; Gell. 9,4
265 Plin. nat. 7,23–26.

leben, und westlich von diesen wiederum gebe es gewisse [sc. Menschen] ohne Hals, die die Augen auf der Schulter haben. [...] Im äußersten Osten Indiens bei der Quelle des Ganges gebe es [sc. berichtet Megasthenes] den Volksstamm der Astomi [sc. Mundlosen] ohne Mund, der am ganzen Körper struppig sei und sich mit Baumwolle einkleide, wobei er nur vom Atem und Duft lebe, den sie mit der Nase einziehen. [...] Oberhalb von diesen im äußersten Teil des Gebirges erzählt man von den Trispithami und Pygmäen, die die Länge von je drei *spithamae*, d. h. je drei Spannen, nicht überschreiten.

Die Tatsache, dass Plinius an dieser Stelle ausführlich Fremdmeinungen der Indienhistoriker referiert und als solche kenntlich macht, ist dadurch begründet, dass er diesen Geschichten nicht vorbehaltslos Glauben schenkt, wie die folgende Stelle deutlich macht:[266]

nec tamen ego in plerisque eorum obstringam fidem meam potiusque ad auctores relegabo, qui dubiis reddentur omnibus, modo ne sit fastidio Graecos sequi, tanto maiore eorum diligentia vel cura vetustiore.

Und dennoch will ich mich für das meiste davon nicht verbürgen und lieber auf die Schriftsteller verweisen, die bei allen Zweifelsfällen wiedergegeben werden; es soll bloß nicht Widerwillen hervorrufen, den Griechen zu folgen aufgrund ihrer Sorgfalt und ihres Interesses, die so viel größer oder älter sind.

Diese Stelle zeigt seine Unsicherheit angesichts vieler Wundergeschichten, die ihn dazu veranlasst, in Zweifelsfragen seine Quellen zu zitieren anstatt die entsprechenden Geschichten mit der eigenen Autorität zu versehen. Trotzdem bezeichnet Plinius an keiner Stelle die von ihm erwähnten Mirabilien als Erfindungen (es gibt also kein Fiktionssignal). Vielmehr macht eine andere Stelle deutlich, dass er zumindest dort aus seiner Sicht anthropologische Fakten schildert:[267]

Gignuntur et utriusque sexus quos hermaphroditos vocamus, olim androgynos vocatos et in prodigiis habitos, nunc vero in deliciis. [...] Ex feminis mutari in mares non est fabulosum. invenimus in annalibus P. Licinio Crasso C. Cassio Longino cos. Casini puerum factum ex virgine sub parentibus iussuque haruspicum deportatum in insulam desertam. Licinius Mucianus prodidit visum a se Argis Arescontem, cui nomen Arescusae fuisset, nupsisse etiam, mox barbam et virilitatem provenisse uxoremque duxisse; eiusdem sortis et Zmyrnae puerum a se visum. ipse in Africa vidi mutatum in marem nuptiarum die L. Consitium civem Thysdritanum, vivebatque cum proderem haec.

Es werden auch [sc. Menschen] von beiderlei Geschlecht geboren, die wir Hermaphroditen nennen; sie wurden einst Androgyne genannt und galten als Ungeheuer, jetzt aber als Lieblinge. [...] Aus Frauen in männliche Wesen verwandelt zu werden ist nicht erfunden. Wir

---

266 Plin. nat. 7,8.
267 Plin. nat. 7,34 und 36.

haben in den Annalen gefunden, dass, als P. Licinius Crassus und C. Cassius Longinus Konsuln waren [sc. 171 v.Chr.], in Casinum aus einem Mädchen im Beisein der Eltern ein Junge wurde und dass er auf Befehl der Weissager auf eine einsame Insel gebracht wurde. Licinius Mucianus hat berichtet, dass er in Argos Areskon gesehen hat, dessen [sc. bzw. deren] Name Areskusa gewesen wäre, dass sie sogar einen Mann geheiratet habe, bald aber ein Bart und die Männlichkeit zum Vorschein gekommen seien und [sc. er] eine Frau geheiratet habe. In Smyrna habe er einen Jungen von derselben Art gesehen. Ich selbst habe in Afrika L. Consitius, einen Bürger aus Thisdra, gesehen, der am Tag der Hochzeit in einen Mann verwandelt worden war, und er lebte noch zum Zeitpunkt der Niederschrift.

Auch andere Beglaubigungsstrategien wie z. B. Rückverweise auf die eigene Darstellung zeigen, dass Plinius aus seiner Sicht anthropologische Fakten schildert.[268] Insbesondere die folgenden einleitenden Worte bestätigen den faktualen Charakter der Darstellung:[269]

> quaedam tamen haut omittenda duco maximeque longius ab mari degentium, in quibus prodigiosa aliqua et incredibilia multis visum iri haud dubito. quis enim Aethiopas ante quam cerneret credidit? aut quid non miraculo est, cum primum in notitiam venit? quam multa fieri non posse prius quam sunt facta iudicantur? naturae vero rerum vis atque maiestas in omnibus momentis fide caret, si quis modo partes eius ac non totam complectatur animo.

> Einiges darf meiner Ansicht nach nicht übergangen werden, und zwar vor allem mit Bezug auf diejenigen, die weiter entfernt vom Meer leben. Hierbei werden vielen zweifellos einige Dinge ungeheuerlich und unglaublich erscheinen. Wer nämlich glaubte an die Äthiopier, bevor er sie gesehen hat? Oder was ist nicht wundersam, sobald es erstmals bekannt wird? Über wie viele Dinge urteilt man, dass sie unmöglich sind, bevor sie passiert sind? Das Wesen und die Erhabenheit der Natur finden in allen Zeitabschnitten keinen Glauben, wenn jemand nur Teile von ihr und sie nicht in ihrer Gesamtheit erfasst.

Auch Plinius' Reflexion über die von ihm erwähnten menschenfressenden Skythen bestätigt diesen Eindruck.[270] Daher überwiegen insgesamt die Beglaubigungsstrategien gegenüber denjenigen Stellen, an denen Plinius seine Skepsis

---

268 Vgl. Plin. nat. 7,9–11: *Esse Scytharum genera et quidem plura, quae corporibus humanis vescerentur, indicavimus* [vgl. nat. 4,88 und 6,53]. [...] *sed iuxta eos, qui sunt ad septentrionem versi,* [...] *produntur Arimaspi, quos diximus* [vgl. nat. 4,88 und 6,50], *uno oculo in fronte media insignes.* [...] *super alios autem Anthropophagos Scythas* [...] *silvestres vivunt homines aversis post crura plantis, eximiae velocitatis, passim cum feris vagantes.*
269 Plin. nat. 7,6f.
270 Vgl. Plin. nat. 7,9: *id ipsum incredibile fortasse, ni cogitemus in medio orbe terrarum [ac Sicilia et Italia] fuisse gentes huius monstri, Cyclopas et Laestrygonas, et nuperrime trans Alpis hominem immolari gentium earum more solitum, quod paulum a mandendo abest.*

über den Wahrheitsgehalt der Mirabilien zum Ausdruck bringt, wie auch die folgende Stelle zeigt, an der er ein Zwischenfazit zieht:[271]

> Haec atque talia ex hominum genere ludibria sibi, nobis miracula ingeniosa fecit natura. ex singulis quidem quae facit in dies ac prope horas, quis enumerare valeat? ad detegendam eius potentiam satis sit inter prodigia posuisse gentes.
>
> Dies und Derartiges aus dem Menschengeschlecht hat die Natur als Spielereien für sich, für uns aber als erfinderische Wunder geschaffen. Wer könnte aufzählen, was sie im Einzelnen täglich und beinahe stündlich schafft? Um ihre Kraft aufzudecken, soll es genug sein, die Ethnien unter den Ungeheuerlichkeiten genannt zu haben.

Daher ist Plinius insgesamt gesehen eher geneigt, den Wundergeschichten aufgrund der schöpferischen Kraft der Natur Glauben zu schenken, ohne jedoch alle Mirabilien vorbehaltslos für wahr zu erklären.

Gellius schließt sich im Großen und Ganzen Plinius an, wenn er in einem Kapitel des neunten Buches eine Selektion aus den von Plinius geschilderten Mirabilien zusammenträgt.[272] Explizite Aussagen über den Wahrheitsstatus dieser Mirabilien findet man bei Gellius nicht. Stattdessen beruft sich Gellius – wie Plinius – auf die Autorität der griechischen Gewährsmänner sowie auf Plinius selbst.[273] Das Ziel, das er mit seiner Darstellung verknüpft, formuliert Gellius auf die folgende Weise:[274]

> atque in legendo carpsi exinde quaedam et notavi mirabilia et scriptoribus fere nostris intemptata eaque his commentariis aspersi, ut, qui eos lectitabit, is ne rudis omnino et ἀνή-κοος inter istiusmodi rerum auditiones reperiatur. [...] sed cum ea scriberemus, tenuit nos non idoneae scripturae taedium nihil ad ornandum iuvandumque usum vitae pertinentis.

---

271 Plin. nat. 7,32.
272 Die 16 von Gellius (9,4) aufgezählten Mirabilien finden sich allesamt bei Plinius (nat. 7,9–36), und zwar in derselben Reihenfolge – mit einer Ausnahme am Ende (vgl. Gell. 9,4,15f. und Plin. nat. 7,34 und 36) – und mit nur wenigen sprachlichen Abweichungen. Gellius gibt mitten in seinem Bericht an, dass er erst nachträglich von Plinius' Darstellung Kenntnis genommen hat; vgl. Gell. 9,4,7: *Id etiam in isdem libris scriptum offendimus, quod postea in libro quoque Plinii Secundi naturalis historiae septimo legi* [...]. Daher gibt es zwei Möglichkeiten: Entweder hängen beide Autoren von denselben Quellen (wahrscheinlich derartigen Mirabilien-Anthologien) ab, wie sie Gellius einleitend erwähnt; vgl. Gell. 9,4,3: *Erant autem isti omnes libri Graeci miraculorum fabularumque pleni, res inauditae, incredulae*, [...]. Oder Gellius exzerpiert vom Anfang bis zum Ende aus Plinius.
273 Vgl. Gell. 9,4,3: *Erant autem* [...] [sc. *miraculorum*] *scriptores veteres non parvae auctoritatis: Aristeas Proconnesius et Isigonus Nicaeensis et Ctesias et Onesicritus et Philostephanus et Hegesias*. Zu Plinius vgl. ib. 13 (s. S. 188).
274 Gell. 9,4,5 und 12.

> Und beim Lesen habe ich daraus Einiges exzerpiert und als Wunder aufgezeichnet und als etwas, was unsere Schriftsteller in der Regel nicht angetastet haben, und ich habe es in diese Notizen eingefügt, damit derjenige, der sie lesen wird, nicht gänzlich unkundig und unerfahren beim Vortrag von derartigen Dingen angetroffen wird. [...] Aber als wir dies niederschrieben, erfasste uns der Überdruss, etwas wenig Taugliches zu verfassen, was nichts dazu beiträgt, die Lebenserfahrung zu vermehren und zu fördern.

Die Aussage, dass die Mirabilien unnütz sind, ist nicht gleichbedeutend mit der Aussage, dass sie erfunden sind. Vielmehr handeln sie von exotischen Völkern und sind somit für den Alltag irrelevant. Einen Hinweis darauf, dass Gellius zumindest einige Mirabilien für wahr hält, gibt die folgende Stelle:[275]

> Libitum tamen est in loco hoc miraculorum notare id etiam, quod Plinius Secundus, vir in temporibus aetatis suae ingenii dignitatisque gratia auctoritate magna praeditus, non audisse neque legisse, sed scire sese atque vidisse in libro naturalis historiae septimo scripsit. Verba igitur haec, quae infra posui, ipsius sunt ex eo libro sumpta, quae profecto faciunt, ut neque respuenda neque ridenda sit notissima illa veterum poetarum de Caenide et Caeneo cantilena. „Ex feminis" inquit „mutari in mares non est fabulosum [...]".

> Trotzdem habe ich mich dazu entschlossen, an dieser Stelle von den Wundern auch dasjenige zu verzeichnen, was Plinius Secundus, ein Mann, der zu seiner Zeit wegen seines Talentes und seiner Würde großes Ansehen genoss, nicht gehört oder gelesen hat, wie er im siebenten Buch seiner Naturkunde (*historia naturalis*) schreibt, sondern weiß und gesehen hat. Die folgenden Worte also, die ich nach weiter unten gesetzt habe, stammen von ihm selbst aus diesem Buch und führen in der Tat dazu, dass jene allen bekannte und abgedroschene Geschichte der alten Dichter von Caenis und Caeneus weder zurückgewiesen noch ausgelacht werden darf. „Aus Frauen", sagt er, „in männliche Wesen verwandelt zu werden ist nicht erfunden [...]".

Aus dieser Stelle lässt sich schließen, dass Gellius im Anschluss an Plinius Verwandlungen von Frauen in Männer für möglich und derartige Geschichten (wie die Verwandlung von Caenis in Caeneus) nicht für erfunden hält. Diese Stelle lässt aber nicht den Schluss zu, dass Gellius alle von ihm aufgezählten Mirabilien für wahr hält, sondern zeigt, dass Gellius diejenige Wundergeschichte zweifellos für wahr hält, bei der er sich auf die Autopsie des Plinius berufen kann. Da er mit Blick auf die zuvor von ihm geschilderten Mirabilien auf die griechischen Quellen verweist und die indirekte Rede benutzt,[276] ist davon auszugehen, dass Gellius wie Plinius Zweifel an der Glaubwürdigkeit dieser Geschichten hat, sie aber tendenziell eher als wahre Berichte betrachtet.

---

275 Gell. 9,4,13–15. Zu § 15 vgl. Plin. nat. 7,36 (s. S. 185 f.).
276 Vgl. Gell. 9,4,6–11, z. B. ib. 6: *Erant igitur in illis libris scripta huiuscemodi: Scythas illos penitissimos, qui sub ipsis septentrionibus aetatem agunt, corporibus hominum vesci eiusque victus alimento vitam ducere et anthropophagous nominari.*

Daher führen die Mirabilien vor Augen, dass die Griechen und Römer unsicher über ihren Wahrheitsstatus waren, wobei die Geschichten je nach Betrachter tendenziell eher als wahre (Plinius und Gellius) oder fiktive Geschichten (Apollodor und Strabo) eingestuft werden konnten.

4.3 Platon

Platon (428/427–348/347 v. Chr.) äußert sich an mehreren Stellen seines Werkes über die Literatur. Diese Äußerungen sind von der Forschung intensiv analysiert worden, insbesondere insofern in ihnen das Konzept der μίμησις (Nachahmung und Darstellung) zum Vorschein kommt.[277] Eine eher untergeordnete Rolle spielte dabei die Frage, ob und inwiefern Platons literaturkritische Äußerungen von einem Konzept der Fiktionalität getragen werden. Sofern Fiktions-Forscher diese Frage verfolgt haben, sind sie nahezu einhellig der Meinung, dass bei Platon – zumindest in der Dichterkritik – keine Fiktionalitätstheorie vorliegt.[278] Diese These gilt es einer kritischen Prüfung zu unterziehen.

Bevor Platons prominenteste Behandlung der Literatur, die sog. Dichterkritik in der *Politeia*, behandelt und die schwierige Frage beantwortet wird, ob in ihr ein Konzept der literarischen Fiktion zum Vorschein kommt, wird der Umweg über andere Stellen aus dem *Corpus Platonicum* gewählt, an denen der entsprechende Nachweis relativ leicht fällt und die von den Platon-Forschern in diesem Sinne analysiert worden sind. Daher stellt sich zum einen die Frage, wie es zu erklären ist und ob es so ist, dass Platon in anderen Dialogen über die literarische Fiktion reflektiert und sie anerkennt, in der *Politeia* aber nicht. Zum anderen ist eine Antwort auf das Problem zu erhoffen, wie sich der Umstand, dass Platons eigene Dialoge mimetisch und zumindest in dem Sinne fiktiv sind, dass ihre Rahmenhandlung erfunden ist,[279] mit Platons Mimesis- und Dichterkritik verträgt.

---

277 Vgl. den Forschungsüberblick bei Harth (1965) 5–28. Zur μίμησις bei Platon vgl. Halliwell (2002) 37–147; Zimbrich (1984); Else (1986) 3–73. Zur μίμησις von der Antike bis zur Moderne vgl. Gebauer/Wulf (1992).
278 S. das Kapitel 1.2.1 dieser Arbeit und S. 29, Fußn. 151.
279 Nach einer Anekdote, die Athenaios (505d–e = Anecd. 37 Riginos [1976]) überliefert, soll Gorgias über den gleichnamigen Platonischen Dialog bekundet haben, dass er nichts von all dem gesagt oder von Sokrates gehört habe; vgl. Erler (2013) 61.

4.3.1 Ausgewählte Stellen aus dem *Corpus Platonicum*

Zwei Stellen aus dem *Phaidon* zeigen in aller Deutlichkeit, dass zumindest Platon, wenn nicht schon Sokrates zwischen fiktionaler und faktualer Literatur unterschieden hat.[280] Eine weitere Stelle, an der Platon seine Unterredner über fiktionale Erzählungen diskutieren lässt, findet sich in Platons *Gorgias*. Am Ende des Dialogs erzählt Sokrates vom Unterweltsgericht, das Minos, Rhadamanthys und Aiakos konstituieren. Zeus habe diese als Richter eingesetzt, damit sie als Seelen über die Seelen der Verstorbenen richten und die rechtschaffenen Menschen zur Insel der Seeligen und die ungerechten Menschen in den Tartaros schicken.[281] Einleitend bezeichnet Sokrates diese Erzählung explizit als fiktive Geschichte:[282]

> Ἄκουε δή, φασί, μάλα καλοῦ λόγου, ὃν σὺ μὲν ἡγήσῃ μῦθον, ὡς ἐγὼ οἶμαι, ἐγὼ δὲ λόγον· ὡς ἀληθῆ γὰρ ὄντα σοι λέξω ἃ μέλλω λέγειν.
>
> Höre nun, sagt man, eine sehr schöne Geschichte (λόγος), die du zwar für eine fiktive Geschichte (μῦθος) halten wirst, wie ich glaube, ich aber für eine wahre Geschichte (λόγος). Ich werde dir nämlich wie etwas Wahres sagen, was ich sagen will.

Nach der Schilderung der entsprechenden Geschichte äußert sich Sokrates in ähnlicher Weise:[283]

> Τάχα δ' οὖν ταῦτα μῦθός σοι δοκεῖ λέγεσθαι ὥσπερ γραός.
>
> Vielleicht hast du den Eindruck, dass dies als fiktive Geschichte (μῦθος) wie von einem alten Weib erzählt wird.

Der Unterschied zwischen μῦθος und λόγος besteht hier ebenso wie an der einen Stelle aus dem *Phaidon* (Phaid. 61b) offenkundig darin, dass der μῦθος eine fiktionale Erzählung darstellt, wohingegen der λόγος eine wahre faktuale Erzählung konstituiert.[284] Die Tatsache, dass Sokrates' Erzählung vom Unterweltsgericht als

---

280 Vgl. Phaid. 61b (s. das Kapitel 7.2.1 dieser Arbeit, S. 528 f.); Phaid. 114d (s. das Kapitel 7.1.6.3 dieser Arbeit, S. 512).
281 Vgl. Gorg. 523a–524a.
282 Gorg. 523a1–3.
283 Gorg. 527a5. Der Umstand, dass Sokrates als Geschichtenerzähler(in) ein altes Weib (γραῦς) nennt, erinnert an Stellen innerhalb der Dichterkritik, an denen (alte) Frauen als Geschichtenerzähler genannt werden; vgl. rep. 378c8–d1. Hier wie dort sind Geschichten für kleine Kinder gemeint, die in den Bereich von Fabel und Märchen, v. a. in Form von Kinderschreckgeschichten, fallen; s. das Kapitel 4.3.2.3 dieser Arbeit.
284 Vgl. teilweise Janka (2014) 36: „In solchem Kontext muss das Wort [sc. μῦθος] eine unwahre und unglaubwürdige Geschichte (Märchen, Fabelei, Hirngespinst) meinen [...]." Etwas zu weit

fiktionale oder als faktuale Erzählung aufgefasst werden kann, erklärt sich wohl dadurch, dass die Geschichte sowohl Realien als auch Fiktionen enthält.²⁸⁵ Denn wenn man von den einzelnen fiktionalen Ausschmückungen der Geschichte absieht, besteht der Kern der Erzählung Sokrates zufolge in der wahren Aussage, dass über das Leben nach dem Tod gerichtet wird und ein gutes Leben honoriert, ein schlechtes Leben jedoch bestraft wird.

Die Tatsache, dass Platon zwischen fiktionaler und faktualer Literatur unterschieden hat, wird außerdem durch eine Stelle plausibel, an der Platon zwar nicht über die literarische, aber über die malerische Fiktion spricht:²⁸⁶

> οἴει [ἂν] οὖν ἧττόν τι ἀγαθὸν ζωγράφον εἶναι ὃς ἂν γράψας παράδειγμα οἷον ἂν εἴη ὁ κάλλιστος ἄνθρωπος, καὶ πάντα εἰς τὸ γράμμα ἱκανῶς ἀποδούς, μὴ ἔχῃ ἐπιδεῖξαι ὡς καὶ δυνατὸν γενέσθαι τοιοῦτον ἄνδρα;

> Glaubst du nun, dass ein Maler weniger gut ist, der, nachdem er ein Beispiel gemalt hat, wie beschaffen der schönste Mensch sein könnte, und alles im Bild angemessen dargestellt hat, nicht zeigen könnte, dass es auch möglich ist, dass ein derartiger Mensch existiert?

Wie Büttner überzeugend bemerkt, zeigt diese Stelle, dass μίμησις für Platon nicht ausschließlich eine Kopie der historischen Welt ist. Denn es ist „dem Maler, dem Musterbeispiel des Abbildners bei Platon [...] möglich und sogar geboten, Gegebenheiten darzustellen, die nicht nur nicht historisch, sondern auch schwer zu realisieren sind".²⁸⁷

Auch im Vorgespräch des *Timaios* lässt Platon seine Unterredner über die literarische Fiktion diskutieren.²⁸⁸ Wie dort geschildert wird, haben sich Sokrates, Timaios und Hermokrates am Vortag über die beste Staatsform unterhalten. Kritias möchte nun auf Sokrates' Wunsch eine Geschichte von einem Krieg dieses Staates erzählen, indem er den von Sokrates tags zuvor entworfenen hypotheti-

---

geht Jankas Ansicht (ebenso wie die Annahme der Bedeutung „Hirngespinst"), dass Sokrates seinem Hauptkontrahenten Kallikles die Diffamierung dieser Geschichte unterstellt. Etwas ungenau ist die Übersetzung von Dalfen (2004) 98, der λόγος mit „vernünftiges Argument" wiedergibt. Zu dieser und anderen Stellen, an denen Platon über Mythen reflektiert, vgl. auch Smith (1985).
285 Zur fiktionalen Erzählung als Vermischung von Realien und Fiktionen s. das Kapitel 2.2 dieser Arbeit.
286 Rep. 472d4–7.
287 Büttner (2000) 140.
288 Vgl. Erler (2013) 76–79. Seine Schlussfolgerung (S. 79 f.), dass πλάσμα dort zwar die Fiktion bezeichnet und Platon sich zwar der Fiktionalität seiner Dialoge bewusst war, der moderne Fiktionsbegriff aber fernzuhalten ist, ist unbegründet. Erler folgt Büttners (2000) 140 f. Fußn. 56 Verständnis von Fiktion (s. S. 110 f., Fußn. 59 und 60, und S. 194).

schen Idealstaat dadurch in die Wirklichkeit umsetzt, dass er eine Geschichte vom Krieg der Urathener mit den Atlantikern referiert.[289] Sokrates freut sich darüber, eine wahre Geschichte zu hören:[290]

> τό τε μὴ πλασθέντα μῦθον ἀλλ' ἀληθινὸν λόγον εἶναι πάμμεγά που.
>
> Die Tatsache, dass es sich nicht um eine erfundene Geschichte, sondern um einen wahren Bericht handelt, ist durchaus sehr wichtig.

Mit der erfundenen Geschichte (πλασθεὶς μῦθος) ist daher Sokrates' Entwurf der idealen Staatsform gemeint, der Ähnlichkeiten zur *Politeia* aufweist und als Fiktion zwar von einem wahren Bericht (ἀληθινὸς λόγος) abgegrenzt, aber als Inhalt einer philosophischen Diskussion keinesfalls diskreditiert wird.[291]

4.3.2 Die Dichterkritik

Die Dichterkritik wird an zwei Stellen der *Politeia* vorgebracht, nämlich in einem Abschnitt, der sich über Teile des zweiten und dritten Buches erstreckt (rep. 376e–398b), sowie am Anfang des zehnten Buches (rep. 595–608b). Innerhalb der ersten Diskussion lassen sich wiederum zwei Teile erkennen: zuerst erörtern Sokrates und Adeimantos den Inhalt der Dichtung (rep. 376e–392c6), dann die Form der Dichtung (rep. 392c7–398b), und zwar unter der Fragestellung, welcher Dichtungsinhalt und welche Dichtungsform im Idealstaat zulässig sind.[292] Einige Beobachtungen bzw. Forderungen, die sich aus dieser Diskussion ergeben, gelten nicht nur für die Dichtung, sondern für die gesamte Literatur; insofern ist Platons Dichterkritik auch eine Literaturkritik.[293] Dass die Dichtung und die Dichter im

---

289 Vgl. Tim. 26c–d: τοὺς δὲ πολίτας καὶ τὴν πόλιν ἣν χθὲς ἡμῖν ὡς ἐν μύθῳ διῄεισθα σύ, νῦν μετενεγκόντες ἐπὶ τἀληθὲς δεῦρο θήσομεν ὡς ἐκείνην τήνδε οὖσαν, καὶ τοὺς πολίτας οὓς διενοοῦ φήσομεν ἐκείνους τοὺς ἀληθινοὺς εἶναι προγόνους ἡμῶν, οὓς ἔλεγεν ὁ ἱερεύς.
290 Tim. 26e.
291 Vgl. teilweise Erler (2013) 76–79, dem zufolge der Ausdruck πλασθεὶς μῦθος hier – anders als in der *Politeia* (rep. 377a–b) – die ideale Fiktion, deren Realisierung zumindest möglich ist, bezeichnet.
292 Vgl. rep. 392c7–9 (s. S. 198).
293 Vgl. rep. 380b5–c2: κακῶν δὲ αἴτιον φάναι θεόν τινι γίγνεσθαι ἀγαθὸν ὄντα, διαμαχετέον παντὶ τρόπῳ μήτε τινὰ λέγειν ταῦτα ἐν τῇ αὐτοῦ πόλει [...] μήτε τινὰ ἀκούειν [...] μήτ' ἐν μέτρῳ μήτε ἄνευ μέτρου μυθολογοῦντα [...]. („Die Behauptung aber, dass ein Gott für jemanden die Ursache für ein Übel ist, obwohl er doch gut ist: auf alle Weise muss verhindert werden, dass irgendjemand dies in seiner Stadt sagt [...] oder hört [...] – unabhängig davon, ob es sich um eine Verserzählung oder eine Erzählung ohne Versmaß handelt."); rep. 392a12–b1: καὶ ποιηταὶ καὶ

Mittelpunkt stehen, liegt daran, dass sie – allen voran Homer – die wichtigsten Erzieher der Jugend sind und die Erziehung der Jugend den Rahmen für die Dichterkritik bildet.[294]

4.3.2.1 Forschungsstand

Rösler, dem zufolge Aristoteles als Entdecker der Fiktionalität zu gelten hat, geht auf die einschlägigen Platonischen Passagen zu dieser Problematik nicht ein. Recht summarisch heißt es, dass Platon die Werke der Dichter „auf ihren Wahrheitsgehalt und die von ihnen ausgehende Verhaltenssteuerung hin überprüft". Auf den alten Streit zwischen Philosophie und Dichtung antworte er „konservativ", „ohne die alte Ebene der Auseinandersetzung, jene von ‚wahr' und ‚unwahr', zu verlassen".[295]

Gill zufolge erhebt Platon im ersten Abschnitt der Dichterkritik (rep. 376e–392b) den Vorwurf der Falschheit und im zweiten Abschnitt (rep. 595a–608b) den Vorwurf der Täuschung in innovativer Weise gegen einen großen Teil der griechischen Dichtung.[296] Diese Kritik vollziehe sich aber nicht vor dem Hintergrund einer Fiktionalitätstheorie:[297]

λογοποιοὶ κακῶς λέγουσιν περὶ ἀνθρώπων τὰ μέγιστα [...]. („Die Dichter und Schriftsteller reden schlecht über die Menschen in den wichtigsten Dingen [...]."); rep. 390a1–2; rep. 393d7 (über den Anfang der *Ilias*): φράσω δὲ ἄνευ μέτρου· οὐ γάρ εἰμι ποιητικός. („Ich werde es ohne Versmaß sagen; ich bin nämlich kein Dichter.") Platon teilt also Gorgias' Ansicht, dass sich Dichtung über das Versmaß definiert; vgl. Gorg. fr. B 11, § 9 Diels/Kranz (= fr. 11, § 9 Buchheim [1989] 8); s. das Kapitel 7.1.1 dieser Arbeit. Anders: Büttner (2004) 33–35.

294 Zu Homer als Griechenlands Lehrer vgl. rep. 606e1–3 und Xenophanes fr. B 10 Diels/Kranz (= fr. 10 Untersteiner [1956] 128); zu beiden Textstellen s. S. 102, Fußn. 24; Dalfen (1974) 28–41. Die Dichterkritik wird allerdings nicht ausschließlich mit Blick auf die Jugend, sondern auch mit Blick auf Erwachsene formuliert; vgl. rep. 378d; 380c; 387b; Ferrari (1989) 113 f.; Büttner (2000) 145; Halliwell (2002) 50 Fußn. 32. Platons Literaturkritik ist auch deswegen hauptsächlich eine Dichterkritik, weil exemplarisch die größeren bzw. wichtigeren Literaturformen behandelt werden (vgl. rep. 377c8–10).

295 Vgl. Rösler (1980) 308–311 (Zitate auf S. 308); vgl. auch Rösler (2014) 378. Kannichts (1996 [zuerst 1980]) 218 f. und Puelmas (1989) 83–85 Auseinandersetzung mit Platon erfolgt nicht unter einer Fragestellung, die die literarische Fiktion betrifft. Zur älteren Forschung s. den Forschungsüberblick bei Harth (1965) 5–28, der deutlich macht, dass andere Fragestellungen verfolgt wurden.

296 Vgl. Gill (1993), v. a. S. 42–51.

297 Gill (1993) 42. Vgl. auch S. 46: „Although Plato's argument in *Republic* Two-Three is innovative in its use of the notion of falsehood in poetry, I think it is clear that the innovativeness is not directed at defining (what we should see as) the 'fictional' character of existing Greek poetry. The true-false distinction is not used to distinguish factual from fictional discourse."

> My thesis is that, although these arguments involve the innovative and controversial deployment of the notions of falsehood and deceptiveness, the innovativeness is not to be explained as an attempt to define the fictional quality of existing Greek poetry or of representative poetry in general.

Büttner, der sich primär mit Platons Literaturtheorie auseinandersetzt, äußert sich nur am Rande zur literarischen Fiktion und gelangt zu dem folgenden Ergebnis:[298]

> Die These, seit Aristoteles gebe es eine Legitimierung der Fiktionalität [...], ist [...] nicht haltbar. Entweder gibt es sie schon bei Platon oder sie wird der Literatur, im Sinn einer strengen Definition der Fiktionalität, – gemäß der zur Fiktionalität der Verzicht des Rezipienten darauf, den Wahrheitsgehalt dessen, was mitgeteilt wird, in seinem Bezugsfeld zu überprüfen, gehört [...] – weder von Platon noch von Aristoteles zuerkannt.

Diese Schlussfolgerung wirkt unentschlossen, da sie offen lässt, ob Platon einer Fiktionalitätstheorie folgt oder nicht. Büttners Bemerkungen zu Platons Aussagen über die malerische Fiktion könnten zu dem Schluss führen, dass wir bei Platon ein derartiges Konzept annehmen dürfen.[299] Die Tatsache, dass Büttner sich nicht eindeutig festlegt, ist darauf zurückzuführen, dass für ihn der „Verzicht des Rezipienten darauf, den Wahrheitsgehalt dessen, was mitgeteilt wird, in seinem Bezugsfeld zu überprüfen" eine notwendige Voraussetzung ist, um einen Text als fiktional einzustufen.[300] Einer derartigen Rezeptionshaltung entsprechen Platons normative Bestimmungen über die Literatur sicherlich nicht. Folglich müsste man bestreiten, dass Platon eine Fiktionalitätstheorie vertreten hat.

Dies ist im Wesentlichen auch die Ansicht, die Büttner in dem späteren Aufsatz vertritt.[301] Andererseits gibt Büttner einen Hinweis, der für die Interpretation (der Dichterkritik) von grundlegender Bedeutung ist:[302]

---

[298] Büttner (2000) 140.
[299] Vgl. Büttner (2000) 140; rep. 472d4–7 (s. S. 191).
[300] Diese Definition übernimmt Büttner (2000) 140 von Rösler (1980) 311. Dieser wiederum beruft sich auf Anderegg (1973) 33: „Ebenso verzichtet der Leser von Fiktivtexten von vornherein auf eine in seinem Bezugsfeld gründende Überprüfung des Wahrheitsgehalts dessen, was mitgeteilt wird."
[301] Büttner (2004) 46 f. Bei Platon liege keine Fiktionalitätstheorie vor, da die Werke der Dichter auf „die von ihnen ausgehende Verhaltenssteuerung hin überprüft" werden (Zitat S. 47; in dem Zitat folgt Büttner der Definition von Fiktionalität durch Rösler [1980] 308.). Dann müsse man allerdings auch überdenken, ob mit Blick auf Aristoteles von der Entdeckung der Fiktionalität gesprochen werden könne (Büttner bezieht sich auf Rösler [1980]).
[302] Büttner (2004) 46.

> [Sc. Platon weiß nur zu genau,] dass Kunst kein bloßes Abbild der Realität sein muss, sondern dass ihr sehr oft Fiktivität zukommt. Das wird in der *Politeia* auch durch den Gebrauch des Wortes ψεῦδος (Lüge, Trug) und seiner Derivate deutlich. So werden die Werke der Dichter bald als ψεῦδος im Sinne falscher, unangemessener Dichtung bezeichnet, bald bedeutet dasselbe Wort aber auch das Darstellen von Erfundenem, Fiktivem.

In dieser Einsicht äußert sich der richtige philologische Ansatz, dem es zu folgen gilt, nämlich der Polysemie des Begriffes ψεῦδος Rechnung zu tragen. Dass Büttner trotz dieser Erkenntnis zu dem Ergebnis gelangt, dass Platon keine Fiktionalitätstheorie gekannt habe, liegt an der Definition der Fiktionalität, der er folgt.[303]

Eine Synthese von Halliwells vielfältigen Überlegungen zu Platons Literaturtheorie findet sich in seiner Monographie „The Aesthetics of Mimesis".[304] Auch Halliwell behandelt nur beiläufig die Frage, ob Platon eine Fiktionalitätstheorie entworfen hat.[305] Seiner Ansicht nach hat Platon zwischen Falschheit und Fiktion nicht unterschieden, da er begrifflich zwischen diesen Phänomenen nicht unterschieden habe:[306]

> As the crucial ambiguity attaching here to words of the *pseud*-root indicates, Plato does not have separate terms to denote what we now readily distinguish as ‚fiction' and ‚falsehood.' But before we complain that he fails to articulate an appropriate concept of fiction, we must allow for the possibility that he would have seen reason to *resist* a clear-cut falsehood-fiction distinction.

Die Meinung, dass Platon zwischen Falschheit und Fiktion nicht unterschieden habe, begegnet auch in anderen Forschungsbeiträgen.[307] Sie geht zumindest bis auf Weinstock zurück. Allerdings stellt Weinstock die richtige Beobachtung an, dass das Wort ψεῦδος mehrdeutig ist und sowohl „Fiktion" als auch „Lüge" be-

---

303 Büttner (2004) 46f. unterscheidet zwischen Fiktivität, derer sich Platon durchaus bewusst gewesen sei, und Fiktionalität im Sinne von Rösler (1980) 308–311, die bei Platon nicht vorzufinden sei, ohne dass sich Büttner an eine Literaturtheorie anlehnt, wie er selbst konzediert (S. 47, Fußn. 55).
304 Vgl. Halliwell (2002). Vgl. auch Halliwell (1992) und (1997).
305 Vgl. Halliwell (2002) 49f.
306 Halliwell (2002) 50. Vgl. auch Halliwell (1997) 317–319.
307 Vgl. Murray (1996) 135f. ad rep. 377a5–6: „It is clear to us, of course, that P.'s myths are in fact fictions, which are neither true nor false in any literal sense; but P. himself does not speak in terms of fiction, nor does he distinguish between fiction and falsehood."

deuten kann.³⁰⁸ Weinstocks kurze Bemerkungen erlauben leider kaum ein Urteil darüber, ob er über die generelle Polysemie des Wortes ψεῦδος spricht oder ob er der Meinung ist, dass an keiner Stelle der Platonischen Dichterkritik zwischen den beiden genannten Bedeutungen unterschieden werden kann.³⁰⁹ Aus Halliwells Äußerungen hingegen tritt deutlich die Ansicht hervor, dass Platon nicht zwischen den Phänomenen Falschheit und Fiktion unterschieden habe, da er begrifflich zwischen diesen Phänomenen nicht differenziert habe.

Die Prämisse, dass eine Sache nur existiert, wenn es ein eigenes Wort dafür gibt, lässt sich allerdings nicht halten.³¹⁰ Würde man diesem Ansatz folgen, müsste man bestreiten, dass die Griechen zwischen einem Redelehrer und einem Redner, also letztlich zwischen der Theorie der Rede und der praktischen Beredsamkeit, unterschieden haben, da das griechische Substantiv ῥήτωρ beide Personengruppen bezeichnen kann. Erst die Römer würden dann als Entdecker der Theorie der Rede gelten dürfen, da sie mit einer *vox propria* den Redelehrer (*rhetor*) vom Redner (*orator*) unterscheiden.

In der Tradition, in der Halliwell steht, ist teilweise auch Palumbo zu verorten. Zunächst bekräftigt sie Halliwells Meinung, dass Platon nicht zwischen Fiktion und Falschheit unterschieden habe, wie die Ambiguität des Wortes ψεῦδος deutlich mache.³¹¹ Diese nicht erfolgte Differenzierung sei der Grund für den scheinbar widersprüchlichen Ausdruck „das, was wahrhaft falsch ist"³¹² und für

---

308 Vgl. Weinstock (1927) 124: „Der Stoff (λόγος) der Dichtung aber ist ψεῦδος – ein doppelsinniges Wort [...]; es kann sowohl dichterische Erfindung (ψεύδεσθαι = fingere), wie Lüge bedeuten [...]."
309 Weinstocks (1927) 124 Fußnote an der entsprechenden Stelle (Fußn. 11) deutet aber eher darauf hin, dass ihm zufolge bei Platon nicht zwischen Fiktion und Lüge unterschieden wird: „Die Erkenntnis, daß Fiktion im Staate gleich Lüge ist, spielt wohl in der platonischen Polemik eine zentrale Rolle."
310 Analog sind diejenigen Deutungen mit Skepsis zu betrachten, denen zufolge μίμησις immer dieselbe Bedeutung trägt; vgl. z. B. Palumbo (2008) 239: „In questo volume si è cercato fin dall'inizio di evitare ogni distinzione che non sia fondata sul testo di Platone e, poiché Platone parla sempre di *mimesis*, si è cercato di interpretare questo termine come avente un significato unitario. [...] Questo fenomeno unitario e identico in tutti i casi diversi è il fenomeno della rappresentazione [...]." Zu Recht betont Büttner (2004) 32: „So hat das Wort ‚Mimesis' schon in einem einzigen Dialog, der *Politeia*, eine häufig wechselnde Bedeutung."
311 Vgl. Palumbo (2008) 233 Fußn. 237 und Halliwell (2002) 50 (s. S. 195).
312 Palumbo (2008) 233 Fußn. 237 verweist an dieser Stelle auf Casertano (1999), der in einem Aufsatz „il veramente falso in Platone" untersucht hat. Casertano (1999) 41–43 bezieht sich dabei auf Formulierungen wie τὸ ἀληθῶς ψεῦδος, die sich an einzelnen Stellen der Dichterkritik (rep. 382a4; 382b7; 382c4) finden, und zeigt, dass Platon durch derartige Ausdrücke Unwissenheit in der Seele bezeichnet, die noch schlimmer sei als Unwissenheit, die in Worten zum Ausdruck kommt; vgl. rep. 382b6–8: ἀλλὰ μὴν ὀρθότατά γ' ἄν, ὃ νυνδὴ ἔλεγον, τοῦτο ὡς ἀληθῶς ψεῦδος

die Vorstellung von der ehrenhaften Lüge. Dann gelangt Palumbo allerdings zu einem Urteil, das demjenigen von Halliwell diametral entgegensteht:[313]

> Si tratta in tutti questi casi di 'finzioni', di elaborazioni culturali plasmate artificialmente con un fine paideutico: alcune di tali finzioni sono 'falsità' in quanto 'finte', non in quanto 'non vere', ed è proprio in quanto esse *non* sono *non* vere che tra di esse può esistere una falsità 'nobile' o un *mythos* che, in quanto *mythos*, è un *logos* falso che può essere, a ragione, considerato un 'vero e proprio discorso' (cfr. Gorg. 523 A).

Während Halliwell offensichtlich davon ausgeht, dass Platon kein Konzept der literarischen Fiktion entwickelt habe, handelt es sich für Palumbo bei allem, was Platon mit ψεῦδος bezeichnet, um Fiktion. Allerdings scheint Palumbo den Begriff der Fiktion nicht reflektiert im literaturwissenschaftlichen Sinn zu gebrauchen.

In der bisherigen Forschung herrscht also nahezu einhellig die These vor, dass Platon – zumindest in der Dichterkritik – kein Konzept der literarischen Fiktion entwickelt hat.[314] Die ausgewählten Stellen aus dem *Corpus Platonicum* zeigen aber in aller Deutlichkeit, dass keine Rede davon sein kann, dass Platon über die (literarische) Fiktion nicht reflektiert hat und erst Aristoteles sie entdeckt hat.[315] Daher muss zumindest die These, dass Platon nirgends über die Fiktionalität von literarischen Darstellungen spricht,[316] als unhaltbar gelten. Wenn er in der Dichterkritik die Darstellungen der Dichter kritisiert, tut er dies, obwohl er sie prinzipiell als fiktionale Erzählungen hätte anerkennen können oder anerkennt.

4.3.2.2 Methodische Vorbemerkungen. Platons Unterscheidung zwischen Geschichte und Darstellung

Im Folgenden soll der Versuch unternommen werden zu zeigen, dass Platon auch in der Dichterkritik zwischen fiktionaler und faktualer Literatur unterschieden

---

καλοῖτο, ἡ ἐν τῇ ψυχῇ ἄγνοια ἡ τοῦ ἐψευσμένου. („Vollkommen zu Recht dürfte man das, was ich eben beschrieben habe, die wahre Falschheit nennen, die Unwissenheit in der Seele desjenigen, der sich irrt.")
313 Palumbo (2008) 233 Fußn. 237.
314 Vgl. auch moderne Beiträge zur Fiktion: Rühling (2005) 25: „Ist es wahr, daß die Dichter lügen, wie ihnen Platon einst vorwarf?"; Haller (1986) 89f.: „Auch spricht wenig für die seit Platon immer wiederholte These, daß die Dichter nicht die Wahrheit sagten, sondern lögen."
315 Zu den ausgewählten Stellen aus dem *Corpus Platonicum* s. das Kapitel 4.3.1 dieser Arbeit. Zu Aristoteles als Entdecker der Fiktionalität vgl. Rösler (1980) und (2014); s. das Kapitel 1.2.1 dieser Arbeit.
316 Vgl. Ferrari (1989) 98: „Plato never in fact works with this concept [sc. of fictionality], and still less does it have any verbal equivalent in his Greek."

hat, auch wenn der Schwerpunkt nicht auf der Fiktionalität liegt. Die Analyse wird auf den beiden Ebenen erfolgen, die in der modernen Erzähltheorie von Todorov unterschieden wurden:[317] Mögliche Aussagen zur literarischen Fiktion werden zum einen auf der Ebene der Geschichte („histoire") und zum anderen auf der Ebene der Darstellung („discours") untersucht.[318]

Die erzähltheoretische Unterscheidung zwischen Geschichte und Darstellung erweist sich als umso einfacher und sinnvoller, als offensichtlich Platon selbst zwischen diesen beiden Textebenen unterschieden hat. Denn Platon untersucht im zweiten und dritten Buch der *Politeia* zuerst den Inhalt der Dichtung (was wird erzählt?) und anschließend die Darstellungsweise (wie wird es dargestellt?). Besonders deutlich wird diese Unterscheidung beim Übergang von der Betrachtung des Inhalts zur Betrachtung der Darstellungsweise:[319]

> τὰ μὲν δὴ λόγων πέρι ἐχέτω τέλος· τὸ δὲ λέξεως, ὡς ἐγὼ οἶμαι, μετὰ τοῦτο σκεπτέον, καὶ ἡμῖν ἅ τε λεκτέον καὶ ὡς λεκτέον παντελῶς ἐσκέψεται.
>
> Die Diskussion über [sc. den Inhalt der] Werke soll hiermit ein Ende haben. Das, was mit der Redeweise zusammenhängt, müssen wir, wie ich glaube, hiernach betrachten, und dann werden wir vollständig betrachtet haben, was gesagt werden soll und wie es gesagt werden soll.

Daher kann gesagt werden, dass Platon zuerst die Geschichte („histoire") der Dichtung analysiert (rep. 376e–392c6) und anschließend die Darstellung („discours") in den Blick nimmt (rep. 392c7–398b). Insofern muss Platon als Vorläufer der modernen Unterscheidung zwischen „histoire" und „discours" gelten, welche keine Errungenschaft der russischen Formalisten ist, wie häufig behauptet wird.[320] Selbstverständlich ist damit nicht gesagt, dass Platon ein identisches Konzept zu demjenigen von Todorov entworfen hat. Die Übereinstimmungen und Divergenzen müssten detailliert beschrieben werden.[321] Aber es lässt sich festhalten, dass sowohl Platon als auch Todorov zwischen dem Was und dem Wie der Erzählung unterschieden haben.

---

317 S. das Kapitel 2.1.2 dieser Arbeit.
318 Zur Ebene der Darstellung (rep. 392c7–398b) s. das Kapitel 5.1.1 dieser Arbeit.
319 Rep. 392c7–9.
320 Vgl. z. B. Todorov (1966) 126 f.: „Ce sont les formalistes russes qui, les premiers, ont isolé ces deux notions [sc. histoire et discours] qu'ils appelaient fable ('ce qui s'est effectivement passé') et sujet ('la façon dont le lecteur en a pris connaissance') [...]."
321 Zu den beiden Kategorien „histoire" und „discours" bei Todorov s. das Kapitel 2.1.2 dieser Arbeit. Die größten Übereinstimmungen liegen darin, dass das Platonische Redekriterium (s. das Kapitel 5.1.1 dieser Arbeit) bei den Modi der Erzählung, die zum „discours" gehören, in abgewandelter Form eine Rolle spielt.

4.3.2.3 Die Ebene der Geschichte (rep. 376e–392c6)

Der Anfang der Dichterkritik ist in einen weiteren Kontext eingebettet, in dem die musische Erziehung der Wächter des Idealstaates behandelt wird.[322] Sokrates teilt dort die λόγοι in zwei Klassen ein:[323]

> λόγων δὲ διττὸν εἶδος, τὸ μὲν ἀληθές, ψεῦδος δ' ἕτερον;
>
> Es gibt doch zwei Arten von sprachlichen Äußerungen: eine wahre und eine unwahre?

Im Wesentlichen kommen drei Möglichkeiten des Textverständnisses in Betracht: Entweder liegt eine Differenzierung innerhalb von faktualen Erzählungen vor. Dann würden wahre von falschen Erzählungen unterschieden werden. Oder die vorliegende Zweiteilung ist eine Unterscheidung zwischen fiktionalen und faktualen Äußerungen. Dann würde ψεῦδος keinen Vorwurf, sondern eine Beschreibung der anerkannten sozialen Praxis der literarischen Fiktion ausdrücken.[324]

Eine dritte Möglichkeit besteht darin, dass die Zweiteilung zwischen ἀληθές und ψεῦδος indifferent zwischen falschen und fiktionalen Äußerungen auf der einen Seite und wahren Äußerungen auf der anderen Seite unterscheidet. Eine derartige Unterscheidung erweist sich vor dem Hintergrund des antiken Fiktionalitätsdiskurses auch insofern als plausible Möglichkeit, als sie eine Parallele bei Plutarch hätte. Denn Plutarch zitiert in *De audiendis poetis* Solons Diktum πολλὰ ψεύδονται ἀοιδοί („vieles Unwahre verkünden die Dichter"; der unausgesprochene Gegensatz ist die Wahrheit), wobei er die falschen Aussagen der Dichter anschließend in absichtliche und unabsichtliche Falschaussagen unter-

---

322 Die gesamte Erziehung wird zuerst in einer Zweiteilung in eine „gymnastische" (γυμναστική) für den Körper und eine musische für die Seele geteilt (rep. 376e1–3). Einen Teil der musischen Erziehung stellt die literarische Unterweisung dar (rep. 376e8). Im weiteren Verlauf des Dialogs wird die erste Unterteilung korrigiert und auch die gymnastische Ausbildung der Seele zugerechnet (rep. 410c); vgl. Murray (1996) 134 ad rep. 376e. Zur traditionellen Erziehung vgl. Aristoph. Nub. 961–1023; Gastaldi (1998) 338.
323 Rep. 376e10. Platon verwendet das Substantiv ψεῦδος anstelle von ψευδές. Das Neutrum des Adjektivs findet sich erst im späteren Griechisch (vgl. LSJ s.v. ψευδής; ψεῦδος III). Da zumindest auf den ersten Blick die Bedeutung von λόγοι unklar ist, wurde zunächst eine möglichst allgemeine Bedeutung („sprachliche Äußerungen") gewählt. Wie die Analyse zeigen wird, reichen die sprachlichen Äußerungen von der Einzelaussage über Passagen bzw. Geschichten bis zu Erzählungen bzw. Literatur.
324 S. das Kapitel 2, v. a. 2.6 dieser Arbeit.

teilt.³²⁵ Somit liegt einerseits eine Unterscheidung zwischen wahren und unwahren Äußerungen im weitesten Sinn vor. Andererseits unterscheidet Plutarch zwischen Fiktionen und Irrtümern. Möglicherweise hat schon Solon die unwahren Aussagen der Dichter in einem pauschalen Sinn als Summe aus falschen und fiktionalen Behauptungen verstanden.³²⁶ Eben diese Möglichkeit kommt auch für Platon in Betracht, wodurch sich eventuell eine Tradition rekonstruieren ließe, die von Solon über Platon zu Plutarch führt.

Wie im Folgenden gezeigt werden soll, werden die sprachlichen Äußerungen zuerst in einer Weise beschrieben, die die Anerkennung der sozialen Praxis der literarischen Fiktion zum Ausdruck bringt, und dann kritisiert, so dass wahrscheinlich ist, dass die vorangestellte Zweiteilung auch die fiktionalen Erzählungen umfasst (Möglichkeit 3). Adeimantos bejaht nämlich zunächst die von Sokrates gestellte Frage. Als Sokrates aber unmittelbar darauf fragt, ob man in beiden Arten von Literatur erziehen soll, zuerst aber in derjenigen, die er ψεῦδος nennt,³²⁷ antwortet Adeimantos, dass er die Frage nicht versteht. Daraufhin formuliert Sokrates seine Frage um:³²⁸

> οὐ μανθάνεις, [...] ὅτι πρῶτον τοῖς παιδίοις μύθους λέγομεν; τοῦτο δέ που ὡς τὸ ὅλον εἰπεῖν ψεῦδος, ἔνι δὲ καὶ ἀληθῆ. πρότερον δὲ μύθοις πρὸς τὰ παιδία ἢ γυμνασίοις χρώμεθα.
>
> Verstehst du nicht, [...] dass wir den Kindern zuerst fiktive Geschichten (μῦθοι) erzählen? Dabei handelt es sich allgemein gesprochen um Unwahres (ψεῦδος), es findet sich darin aber auch Wahres. Fiktive Geschichten (μῦθοι) benutzen wir aber eher für die [sc. Erziehung der] Kinder als gymnastische Übungen.

An dieser Stelle liegt offensichtlich das Bedeutungsfeld der Fiktion vor, da die Aussage, dass den Kindern zuerst Falschaussagen oder sogar Lügen erzählt werden, bevor sie sich gymnastisch betätigen, sinnlos ist. Vielmehr wird hier in einer Beschreibung der wahrscheinlich historischen Verhältnisse festgestellt (genauer gesagt: wiederholt),³²⁹ dass die Erziehung in zwei Schritten verläuft, indem die Kinder zuerst literarisch unterwiesen und anschließend körperlich trainiert werden. Dabei werden die Erzählungen, mit denen die Kinder in Kontakt kommen, als fiktionale Erzählungen (μῦθοι) anerkannt.

---

325 Vgl. Plut. mor. 16a: Πρῶτον μὲν οὖν εἰσάγειν εἰς τὰ ποιήματα δεῖ τὸν νέον μηδὲν οὕτω μεμελετημένον ἔχοντα καὶ πρόχειρον ὡς τὸ „πολλὰ ψεύδονται ἀοιδοί" τὰ μὲν ἑκόντες τὰ δ' ἄκοντες.
326 S. das Kapitel 7.1.6, v. a. 7.1.6.2 dieser Arbeit.
327 Vgl. rep. 377a1: παιδευτέον δ' ἐν ἀμφοτέροις, πρότερον δ' ἐν τοῖς ψευδέσιν;
328 Rep. 377a3–6.
329 Zuvor kamen Sokrates und Adeimantos darin überein, dass die musische Erziehung vor der gymnastischen stattfindet (vgl. rep. 376e5–7).

Wie man die Definition, dass in fiktionaler Literatur hauptsächlich Fiktion vorkommt, verstehen darf, ist allerdings unklar. Zwei Verständnismöglichkeiten bieten sich an: Entweder werden in fiktionaler Literatur fiktive, teilweise aber auch reale Gegenstände bzw. Ereignisse geschildert. Dann würde sich Platons Fiktionalitätskonzept insofern mit der modernen Fiktionstheorie decken, als eine fiktionale Erzählung nie gänzlich von nicht-wirklichen Ereignissen (inkl. Ereignisträgern) handelt, die an nicht-wirklichen Orten zu nicht-wirklichen Zeiten stattfinden, sondern immer auch reale Personen, Orte und Zeiten vorkommen.[330] Oder es ist gemeint, dass die Erzählung zwar erfunden ist, dass sie aber als allegorische Erzählung – wie die Fabel – auf einer anderen semantischen Ebene eine Wahrheit ausdrückt. Denn die Fabel (μῦθος) wird traditionellerweise so definiert, dass sie eine fiktionale Erzählung darstellt, die eine Wahrheit widerspiegelt (λόγος ψευδὴς εἰκονίζων ἀλήθειαν).[331]

Einige Überlegungen sprechen dafür, dass Platon die Fiktionalität zwar als Vehikel einer allgemeinen Wahrheit, aber nicht grundsätzlich als Allegorie versteht. Wenn Sokrates davon spricht, dass den Kindern zuerst fiktive Geschichten (μῦθοι) erzählt werden, bezieht er sich wohl auf Fabeln und auf literarische (Sub-)Gattungen, die den Fabeln ähnlich sind. An denjenigen Stellen der *Politeia*, an denen über die erste Literatur gesprochen wird, die den Kindern erzählt werden soll, werden zwar weder Autoren noch Werke genannt. Aber es werden diejenigen Personen erwähnt, die den Kindern die Geschichten vorlesen sollen. Am Anfang der Dichterkritik werden Ammen und Mütter als Geschichtenerzähler vorgesehen.[332] Etwas später wird den alten Vätern und Müttern vorgeschrieben, dass sie den Kindern Geschichten erzählen sollen, in denen weder die Götter noch die Bürger untereinander Krieg führen:[333]

> τοιαῦτα [...] λεκτέα πρὸς τὰ παιδία εὐθὺς καὶ γέρουσι καὶ γραυσί.
>
> Derartiges [...] müssen die alten Väter und Mütter von Anfang an den Kindern erzählen.

Da der Inhalt und die Form der Geschichten, die den Kindern erzählt werden sollen, von Platon nicht näher beleuchtet werden, müssen andere Quellen herangezogen werden. So ist zum Beispiel Chrysipps Polemik gegen das von Ke-

---

330 S. das Kapitel 2.2 dieser Arbeit.
331 Vgl. Theon RhG II Spengel (1966) 72,28 (Patillon/Bolognesi [1997] 30); Aphth. Progym. 1,1 Patillon (2008) 112; Nikolaos RhG XI Felten (1913) 6,9; Priscian, *Praeexercitamina* p. 33 Passalacqua (1987).
332 Vgl. rep. 377c3–4 (s. S. 205). Die Mütter werden auch rep. 381e als Geschichtenerzähler erwähnt.
333 Rep. 378c8–d1.

phalos in Platons *Politeia* geäußerte Argument heranzuziehen, dass die Furcht vor Strafe durch die Götter davon abhalte, Unrecht zu begehen.[334] Chrysipp erhebt gegen dieses Argument den folgenden Einwand, wie wir von Plutarch erfahren:[335]

> ὡς οὐδὲν διαφέροντα [sc. λόγον] τῆς Ἀκκοῦς καὶ τῆς Ἀλφιτοῦς δι' ὧν τὰ παιδάρια τοῦ κακοσχολεῖν αἱ γυναῖκες ἀνείργουσιν.
>
> [Sc. Chrysipp hält das Argument nicht für überzeugend,] da es sich nicht von Akko und Alphito unterscheide, durch die die Frauen ihre Kinder davon abhalten, sich schlecht zu benehmen.

Bei Akko und Alphito handelt es sich um Spukgestalten aus dem Bereich des Volksglaubens.[336] Die Geschichten, die sich um sie ranken, erfüllen offensichtlich als Kinderschreckgeschichten den Zweck, die Kinder zu gutem Verhalten zu erziehen. Auch Dion Chrysostomos' fünfte Rede gibt uns einen Einblick, welche Geschichten Kindern erzählt wurden. Dion Chrysostomos berichtet dort von den Lamien, d. h. von dämonischen Ungeheuern, die als Mischwesen aus Schlange und schöner Jungfrau mit ihren Reizen Menschen anlockten, um sie dann zu töten.[337] Dann erklärt er:[338]

> ὅδε μὲν δὴ ὁ μῦθος, οὐ παιδίῳ πλασθείς, ὡς ἂν ἧττον ᾖ θρασὺ καὶ ἀκόλαστον, ἀλλὰ τοῖς μείζω καὶ τελειοτέραν ἀφροσύνην ἔχουσιν [...].
>
> Diese fiktive Geschichte (μῦθος), die nicht für ein Kind erfunden ist, damit es weniger unverfroren und undiszipliniert ist, sondern für diejenigen, die eine größere und ausgeprägtere Dummheit besitzen [...].

Durch die Stellungnahme, dass die Geschichte nicht für Kinder geeignet sei, gibt Dion Chrysostomos zu erkennen, dass solche Erzählungen als Kinderschreckgeschichten im Umlauf waren.[339] Die Annahme, dass Platon die Fiktionalität als Vehikel einer allgemeinen Wahrheit versteht und sich die fiktiven Geschichten (μῦθοι) auf literarische (Sub-)Gattungen beziehen, die den Fabeln ähnlich sind, gewinnt auch durch die Tatsache an Wahrscheinlichkeit, dass im kaiserzeitlichen

---

334 Vgl. rep. 330d–331b.
335 Chrysipp SVF 3,313 von Arnim (1903) = Plut. mor. 1040b.
336 Vgl. Heldmann (2000) 96. Zu Akko, Alphito und anderen Spukgestalten vgl. Scobie (1979) 246f.
337 Vgl. Dion. Chrys. 5,12–15.
338 Dion. Chrys. 5,16.
339 Vgl. Heldmann (2000) 94.

Schulunterricht die Fabel den ersten Ausbildungsgegenstand (das erste Progymnasma) darstellte und an die Geschichten aus der Kinderstube anknüpfte.[340]

> igitur Aesopi fabellas, quae fabulis nutricularum proxime succedunt [...].
>
> Die Äsopischen Fabeln also, die den Geschichten der Ammen an erster Stelle folgen [...].

> Τὸν μῦθον (δὲ) πρῶτον ἀξιοῦσι προσάγειν τοῖς νέοις, διότι τὰς ψυχὰς αὐτῶν πρὸς τὸ βέλτιον ῥυθμίζειν δύναται.
>
> Man ist der Meinung, dass man die Kinder zuerst mit der Fabel vertraut machen muss, weil sie ihre Seele zum Besseren bilden kann.

Daher handelt es sich bei den fiktiven Geschichten (μῦθοι), von denen der Platonische Sokrates spricht, um Fabeln und v. a. um fabelähnliche Erzählungen, die eine Wahrheit transportieren.[341] Da diese Geschichten sicherlich größtenteils in Prosa verfasst sind (für die Äsopischen Fabeln geht dies aus dem *Phaidon* hervor),[342] ist davon auszugehen, dass Platon fiktionale Literatur nicht auf die Dichtung beschränkt.

Die Annahme, dass der Platonische Sokrates über Fabeln und fabelähnliche Erzählungen spricht, die eine Wahrheit transportieren, erhärtet sich ferner durch Stellen bei Strabo, an denen dieser die gesellschaftliche Funktion von Fiktionen (μῦθοι) erörtert.[343] Zweifelhaft ist hingegen, ob es sich um allegorische Erzählungen handelt. Bei den Fabeln ist dies zwar der Fall. Insgesamt gesehen scheint dies aber eher nicht der Fall zu sein, wofür insbesondere die Stellen bei Strabo sprechen. Daher beschreibt der Platonische Sokrates wohl die fiktiven Geschichten als Vermischungen aus Realien und Fiktionen, wobei die fiktiven Ge-

---

340 Quint. inst. 1,9,2; Hermog. Progym. 1,1 Patillon (2008) 180. Auch in den anderen Progymnasmata-Handbüchern nimmt die Fabel unbestritten die erste Stelle ein, obwohl die Reihenfolge der Progymnasmata insgesamt variiert; vgl. Theon RhG II Spengel (1966) 72 (Patillon/Bolognesi [1997] 30); Aphth. Progym. 1,1 Patillon (2008) 112f.
341 Vgl. die Fabel Λύκος καὶ γραῦς, einen Grenzfall zwischen Kinderschreckgeschichte und Fabel, aus dem *Corpus Aesopicum* (Aes. 158 Perry [1952]): In dieser Fabel wird erzählt, wie ein Wolf an einem Haus vorbeigeht, in dem eine alte Frau einem Kind damit droht, dass sie es dem Wolf zum Fraß vorwirft, wenn es nicht aufhört zu weinen. Der Wolf, der dies hört, wartet vor dem Haus darauf, dass eben dies geschieht, aber er wartet vergeblich und kommt zu dem Schluss, dass die Menschen in diesem Haus das eine sagen und das andere tun.
342 Vgl. Phaid. 60c–61b.
343 Vgl. Strabo 1,2,8 (s. das Kapitel 4.6 dieser Arbeit, S. 283–286).

schichten Allegorien sein können, aber nicht als solche in den Blick genommen werden.[344]

Die Zweiteilung zwischen ἀληθές und ψεῦδος ist also so zu verstehen, dass sie indifferent zwischen falschen und fiktionalen Äußerungen auf der einen Seite und wahren Äußerungen auf der anderen Seite unterscheidet. Somit lässt sich zwar nicht mit Sicherheit feststellen, aber doch plausibel machen, dass eine Tradition von Solons Diktum πολλὰ ψεύδονται ἀοιδοί über Platon zu Plutarch führt, die allesamt zunächst einmal zwischen unwahren Äußerungen im weitesten Sinn und wahren Äußerungen unterscheiden, wobei nur Plutarch anschließend die unwahren Äußerungen in Fehler und Fiktionen unterteilt.[345] Wenn der Platonische Sokrates davon spricht, dass den Kindern zuerst fiktive Geschichten (μῦθοι) erzählt werden, bezieht er sich auf Fabeln und fabelähnliche Erzählungen. Die Aussage, dass es sich bei den fiktiven Geschichten allgemein gesprochen um Unwahres (ψεῦδος) handelt, dass sich darin aber auch Wahres findet, ist wohl nicht im Sinne der Allegorie, sondern so zu verstehen, dass in fiktionaler Literatur nicht nur fiktive, sondern auch reale Gegenstände bzw. Ereignisse geschildert werden.

Somit berücksichtigt Platon auch in der Dichterkritik den Unterschied zwischen fiktionaler und faktualer Literatur, auch wenn der Schwerpunkt nicht auf der Fiktionalität liegt. Im weiteren Verlauf der Dichterkritik verschiebt sich der Fokus zunehmend zu einer normativen Betrachtung der griechischen Literatur. Innerhalb dieser normativen Betrachtung wird überprüft, welche Literatur im Idealstaat zugelassen werden soll. Folglich wird die bestehende Literatur auf ihre Eignung überprüft, und die sich hieraus ergebenden Beobachtungen sind sowohl Kritik an der traditionellen als auch Richtlinien für zukünftige Literatur. In diesem Zusammenhang wird gegen einen großen Teil der griechischen Literatur, insbesondere der Dichtung, der Vorwurf der Falschheit bzw. Lüge erhoben. Ein Zwischenstadium lässt sich an der folgenden Stelle erkennen:[346]

Ἆρ' οὖν ῥᾳδίως οὕτω παρήσομεν τοὺς ἐπιτυχόντας ὑπὸ τῶν ἐπιτυχόντων μύθους πλασθέντας ἀκούειν τοὺς παῖδας, καὶ λαμβάνειν ἐν ταῖς ψυχαῖς ὡς ἐπὶ τὸ πολὺ ἐναντίας δόξας ἐκείναις ἅς, ἐπειδὰν τελεωθῶσιν, ἔχειν οἰησόμεθα δεῖν αὐτούς;

Sollen wir nun einfach so gestatten, dass die Kinder beliebige fiktive Geschichten (μῦθοι) hören, die von beliebigen [sc. Autoren] erfunden wurden, und Vorstellungen in der Seele

---

344 Vgl. die Stellen im *Gorgias* (Gorg. 523a1–3 und 527a5; s. das Kapitel 4.3.1 dieser Arbeit), an denen Platon die literarische Fiktion als fiktionale Ausschmückung einer im Kern wahren Geschichte beschreibt.
345 Vgl. Plut. mor. 16a; s. das Kapitel 7.1.6 dieser Arbeit.
346 Rep. 377b4–8.

aufnehmen, die größtenteils im Gegensatz zu denjenigen Vorstellungen stehen, die sie, nachdem sie erwachsen geworden sind, unserer Meinung nach haben sollen?

Auch hier bezeichnet μῦθος eine fiktive Geschichte. Denn es wird die Frage gestellt, welche Erzählungen aus der Gruppe der fiktionalen Literatur im Staat zuzulassen sind und welche nicht. Gleichzeitig lässt sich v. a. am zweiten Teil der Frage erkennen, dass einige fiktionale Erzählungen offensichtlich schädlich sind, da sie den gewünschten Vorstellungen widersprechen. Daher kann man auch dieser Stelle entnehmen, dass Platon grundsätzlich fiktionale Erzählungen anerkennt, sie aber zensiert, wenn sie einen schlechten Einfluss auf die Kinder und Jugendlichen ausüben.[347]

Anschließend an Adeimantos' Antwort, dass nicht alle beliebigen fiktiven Geschichten im Staat zugelassen werden dürfen,[348] ist wohl der Übergang zu einer präskriptiven Betrachtung der Literatur erfolgt:[349]

πρῶτον δὴ ἡμῖν, ὡς ἔοικεν, ἐπιστατητέον τοῖς μυθοποιοῖς, καὶ ὃν μὲν ἂν καλὸν ποιήσωσιν, ἐγκριτέον, ὃν δ' ἂν μή, ἀποκριτέον. τοὺς δ' ἐγκριθέντας πείσομεν τὰς τροφούς τε καὶ μητέρας λέγειν τοῖς παισίν, καὶ πλάττειν τὰς ψυχὰς αὐτῶν τοῖς μύθοις πολὺ μᾶλλον ἢ τὰ σώματα ταῖς χερσίν. ὧν δὲ νῦν λέγουσι τοὺς πολλοὺς ἐκβλητέον.

Zuerst müssen wir, wie es scheint, Aufsicht über die Autoren von fiktiven Geschichten führen, und diejenige [sc. fiktive Geschichte (μῦθος)],[350] die sie gut dichten, zulassen, diejenige [sc. fiktive Geschichte (μῦθος)] aber, die sie nicht gut dichten, verbieten. Die Ammen und Mütter werden wir überreden, die zugelassenen fiktiven Geschichten den Kindern vorzulesen und ihre Seelen mit den fiktiven Geschichten viel mehr zu formen als die Körper mit den Händen. Von denjenigen fiktiven Geschichten aber, die nun vorgetragen werden, müssen die meisten verworfen werden.

Wie zuvor bezeichnen die μῦθοι fiktive Geschichten, von denen ein großer Teil als ungeeignet für die Erziehung verworfen wird. Aufschlussreich für den Wechsel von deskriptiver zu präskriptiver Betrachtung ist die Formulierung καλὸν [sc. μῦθον] ποιεῖν („eine gute fiktive Geschichte dichten"): das Verb ποιεῖν drückt,

---

347 Erler (2013) 77 zufolge bezeichnet der Ausdruck πλασθεὶς μῦθος hier die „unnütze Erfindung", ja die „Lüge". Diese Bedeutung lässt sich dem Ausdruck nicht ansehen. Vielmehr liegt die wertneutrale Bedeutung der erfundenen bzw. fiktiven Geschichte vor, wobei der Kontext deutlich macht, dass die fiktionalen Erzählungen auf ihre Tauglichkeit überprüft werden.
348 Vgl. rep. 377b9: οὐδ' ὁπωστιοῦν παρήσομεν.
349 Rep. 377c1–6.
350 Für diese Form der Brachylogie (ὅν ist zu verstehen als [sc. μῦθον]) verweist Adam (1902) 111 ad loc. u. a. auf rep. 399d3–4, wo sich für τοῦτο die Bedeutung αὐλός aus dem vorigen αὐλοποιούς ergibt. Vgl. auch Arist. Poet. 1451b12–14, wo sich das im Prädikat enthaltene Subjekt (die Komödiendichter) aus dem vorigen κωμῳδίας ergibt (s. das Kapitel 4.4 dieser Arbeit).

ohne zu werten, den Vorgang des Dichtens bzw. Fingierens aus. Durch das Adjektivattribut καλός hingegen wird eine ethische Wertung eingefügt, die die folgende Betrachtung der Literatur dominiert: die fiktionale Literatur muss ethische Wahrheiten vermitteln.

Entsprechend dem Grundsatz, dass sich an den größeren bzw. bedeutenderen fiktionalen Erzählungen leichter erkennen lässt, welche geeignet und welche ungeeignet sind,[351] werden nun erstmals konkrete Werke bzw. deren Autoren kritisiert:[352]

> οὓς Ἡσίοδός τε [...] καὶ Ὅμηρος ἡμῖν ἐλεγέτην καὶ οἱ ἄλλοι ποιηταί. οὗτοι γάρ που μύθους τοῖς ἀνθρώποις ψευδεῖς συντιθέντες ἔλεγόν τε καὶ λέγουσι.
>
> [Sc. Unter den größeren Geschichten, die nicht zugelassen werden dürfen, verstehe ich] diejenigen, die Hesiod [...] und Homer uns erzählt haben und die anderen Dichter. Denn diese haben für die Menschen falsche Geschichten konzipiert und vorgetragen, und sie tragen sie [sc. auch jetzt noch] vor.

An dieser Stelle liegt wohl zum ersten Mal innerhalb der Dichterkritik die Bedeutung „Falschheit" vor, und zwar in der Form, dass das Adjektiv ψευδής das Substantiv μῦθος derart modifiziert. Anhand der folgenden Reaktion des Adeimantos lässt sich diese Beobachtung bekräftigen:[353]

> ποίους δή [...] καὶ τί αὐτῶν μεμφόμενος λέγεις;
>
> Welche [sc. Geschichten (μῦθοι)] [...] meinst du und was an ihnen kritisierst du?

Aufgrund der in μέμφομαι („kritisieren") ausgedrückten Kritik muss – zumindest in Adeimantos' Augen – mit dem Adjektiv ψευδής der Vorwurf entweder der Falschheit oder sogar der Lüge verknüpft gewesen sein.

Innerhalb der normativen Betrachtung der Literatur werden zwei Vorwürfe bzw. Leitlinien formuliert, die, wie wir noch sehen werden, im Grunde genommen identisch sind: der Vorwurf, dass viele Dichter nicht gut dichten, wobei „gut" (καλός) eine ethische Bedeutung trägt, und der Vorwurf, dass sie falsche Erzählungen konzipieren. Durch die Adjektive καλός und ψευδής wird aber bislang auch sprachlich immer deutlich, dass Platon Kritik an einer bestimmten Art von

---

351 Vgl. rep. 377c8–9: ἐν τοῖς μείζοσιν μύθοις ὀψόμεθα καὶ τοὺς ἐλάττους. („In den größeren Geschichten werden wir auch die kleineren betrachten.") Analog wird in der *Politeia* die Gerechtigkeit zunächst im größeren Staat untersucht, um sie anschließend im kleineren Individuum zu suchen; vgl. die programmatischen Bemerkungen rep. 368c8–369b5.
352 Rep. 377d3–5.
353 Rep. 377d6.

fiktionaler Literatur übt. Aufschlussreich ist daher die Frage, an welcher Stelle das Substantiv ψεῦδος erstmals i.S.v. „Falschheit" verwendet wird, wodurch es zu der Ansicht kommen konnte, dass ψεῦδος (und ähnlich μῦθος) in Platons Dichterkritik immer diese Bedeutung trägt.[354]

Zunächst lässt sich beobachten, dass der Falschheits-Vorwurf weiterhin durch ein Adjektiv bzw. Adverb zum Ausdruck gebracht wird. Auf Adeimantos' oben zitierte Frage antwortet Sokrates:[355]

> ὅπερ [...] χρὴ καὶ πρῶτον καὶ μάλιστα μέμφεσθαι, ἄλλως τε καὶ ἐάν τις μὴ καλῶς ψεύδηται.
>
> [Sc. Ich kritisiere an ihnen das,] was [...] man zuerst und am meisten kritisieren muss, vor allem wenn jemand etwas nicht gut fingiert.

Das Verb ψεύδεσθαι muss hier wertfrei „fingieren" bedeuten, da es durch μὴ καλῶς modifiziert wird.[356] Die Annahme, dass ψεύδεσθαι hier „Falsches sagen" oder sogar „lügen" bedeutet, ist wenig sinnvoll, da sich eine Tautologie ergeben würde („nicht gut Falsches sagen"). Auch hier wird also durch negiertes καλῶς (in diesem Fall als Adverb, zuvor als Adjektiv) die Kritik zum Ausdruck gebracht.

Die Ansicht, dass ψεύδεσθαι „fingieren" bedeutet und das negierte καλῶς die Kritik zum Ausdruck bringt, wird auch durch die unmittelbar folgende Stelle gestützt:[357]

> ὅταν εἰκάζῃ τις κακῶς τῷ λόγῳ, περὶ θεῶν τε καὶ ἡρώων οἷοί εἰσιν, ὥσπερ γραφεὺς μηδὲν ἐοικότα γράφων οἷς ἂν ὅμοια βουληθῇ γράψαι.
>
> [Sc. man muss es kritisieren,] wenn jemand eine schlechte literarische Darstellung von der Beschaffenheit der Götter und Heroen anfertigt wie ein Maler, dessen Gemälde überhaupt nicht den Sachen entspricht, denen er es ähnlich sein lassen will.

Das Verb εἰκάζω („darstellen") entspricht hier ψεύδεσθαι; durch das Adverb κακῶς wird wie zuvor durch καλῶς eine Wertung ausgedrückt. Die Fiktion an sich wird also anerkannt, aber an sie wird die Anforderung der Ähnlichkeit bzw. Annäherung an die Realität herangetragen: die mögliche, wenn nicht sogar wahrscheinliche Fiktion.[358]

---

354 S. das Kapitel 4.3.2.1 dieser Arbeit.
355 Rep. 377d7–8. Schon aufgrund der Tatsache, dass diese Antwort so formuliert ist, kann man sehen, dass der Vorwurf, der in ψευδής zum Ausdruck kommt, identisch ist mit dem Vorwurf, der in den Worten μὴ καλῶς formuliert ist.
356 Auch Büttner (2004) 46 Fußn. 51 meint, dass ψεύδεσθαι hier die Fiktion bezeichnet.
357 Rep. 377e1–3.
358 Vgl. komplementär hierzu die ideale malerische Fiktion, über die rep. 472d4–7 diskutiert wird; s. S. 191.

Komplizierter verhält es sich an der folgenden Stelle, an der Sokrates Adeimantos erklärt, inwiefern die Dichter sich dem Vorwurf aussetzen, Falsches zu dichten:[359]

> πρῶτον μέν [...] τὸ μέγιστον καὶ περὶ τῶν μεγίστων ψεῦδος ὁ εἰπὼν οὐ καλῶς ἐψεύσατο ὡς Οὐρανός τε ἠργάσατο ἅ φησι δρᾶσαι αὐτὸν Ἡσίοδος, ὅ τε αὖ Κρόνος ὡς ἐτιμωρήσατο αὐτόν.
>
> Zunächst einmal [...] hat derjenige die größte Unwahrheit und über die wichtigsten Dinge formuliert, der nicht gut sagte, dass Uranos das getan hat, was Hesiod über ihn erzählt, und ebenso über Kronos, nämlich dass er sich an ihm gerächt hat.

Die entsprechende Passage in Hesiods Theogonie wird als falsche Geschichte betrachtet, da ihre Aussage verallgemeinert gesprochen darin liegt, dass sich Götter bekämpfen und Leid zufügen. Nach der Platonischen Götterlehre verhalten sich die Götter aber nur gut, wie noch deutlich werden wird.[360]

Das Substantiv ψεῦδος bedeutet hier erstmals „Unwahrheit" bzw. „Falschheit", und zwar in der Form, dass eine etymologische Figur vorliegt (ψεῦδος ψεύδεσθαι). Der Umstand, dass in ψεῦδος die Bedeutung „Unwahrheit" bzw. „Falschheit" vorliegt, ergibt sich zum einen aus dem negierten Adverb καλῶς – unabhängig davon, worauf man es bezieht.[361] Aber auch der Kontext gibt Aufschluss hierüber:[362]

> τὰ δὲ δὴ τοῦ Κρόνου ἔργα καὶ πάθη ὑπὸ τοῦ ὑέος, οὐδ᾽ ἂν εἰ ἦν ἀληθῆ ᾤμην δεῖν ῥᾳδίως οὕτω λέγεσθαι πρὸς ἄφρονάς τε καὶ νέους [...].
>
> Die Taten des Kronos aber und das Leid, das ihm durch seinen Sohn zugefügt wurde, sollten meiner Meinung nach selbst dann, wenn sie wahr wären, nicht so einfach unverständigen und jungen [sc. Kindern] erzählt werden [...].

Aus dem Irrealis („wenn sie wahr wären") ist ersichtlich, dass die Erzählungen über Kronos für Platon unwahr sind. Ferner zeigt das Gedankenexperiment, dass man sogar wahre Geschichten zensieren müsste, wenn sie falsche ethische Werte

---

359 Rep. 377e6–9. Platon spielt auf diejenige Stelle aus Hesiods Theogonie an, an der geschildert wird, wie Kronos seinen Vater Uranos kastriert (Theog. 154–182); vgl. Murray (1996) 138 f. ad loc.
360 Vgl. rep. 379a5–379c8.
361 In Frage kommt entweder ein Bezug auf ὁ εἰπών oder ein Bezug auf ἐψεύσατο. Da sich bei einem Bezug auf ἐψεύσατο eine Tautologie innerhalb einer etymologischen Figur ergeben würde (etwa „nicht gut eine Unwahrheit formulieren"), ist ein Bezug auf ὁ εἰπών deutlich wahrscheinlicher.
362 Rep. 378a1–3. Platon spielt auf diejenige Stelle aus Hesiods Theogonie an, an der geschildert wird, wie Kronos seine Kinder verschlingt, Zeus ihm aber entkommt und ihn anschließend entthront (Theog. 453–506); vgl. Murray (1996) 139 ad loc.

transportieren, dass die zuvor betrachteten Geschichten auf ihre ethische Wirkung überprüft wurden, und zwar weitgehend unabhängig von ihrer möglichen Fiktionalität.

An der vorigen Stelle (rep. 377e7) bedeutet ψεῦδος also erstmals „Falschheit" im engeren Sinn, während das Substantiv am Anfang der Dichterkritik (rep. 376e10) die Unwahrheit im weiteren Sinn und somit auch die fiktionale Literatur bezeichnet hat.

Der Großteil der Dichterkritik befasst sich nun mit dem Aspekt der Falschheit. Was falsch ist, zeigt Platon v. a. anhand der dichterischen Darstellung der Götter und Heroen. So sei es zum Beispiel falsch, dass sich die Götter gegenseitig bekämpfen und gegeneinander Krieg führen bzw. in irgendeiner Form Feindschaften untereinander austragen.[363] Im Laufe der Dichterkritik werden zwei Leitlinien herausgestellt, die eine Unterscheidung zwischen richtigen und falschen Götterdarstellungen ermöglichen. Beide Leitlinien werden nicht weiter begründet, dienen aber als Begründung für die gesamte Dichterkritik im zweiten und dritten Buch der *Politeia:* Das erste Axiom lautet, dass die Götter immer gut sind, immer gut handeln und folglich nur Ursache für das Gute sind.[364] Daher sind alle Darstellungen von Göttern als falsch anzusehen und zu verbieten,[365] in denen diese als Ursache auch für das Schlechte dargestellt werden.[366]

Das zweite Axiom leitet sich aus dem ersten ab: Ein Gott verändert nicht seine Gestalt. Denn da ein Gott gut ist, wird er durch keinen äußeren Einfluss verändert. Er verändert sich aber auch nicht selbst, da er gut ist und sich folglich nur in etwas Schlechteres verwandeln könnte. Die Annahme aber, dass sich irgendein Mensch oder Gott freiwillig verschlechtert, ist unsinnig.[367] Daher sind all diejenigen Darstellungen falsch, in denen von Verwandlungen von Göttern die Rede ist.[368]

Aufgrund all dieser Beobachtungen zur *Politeia* (teilweise auch zu anderen Platonischen Dialogen) und aufgrund allgemeiner anthropologischer Erwägungen lässt sich daher kaum bestreiten, dass Platons Dichterkritik von einem Fiktionalitätskonzept getragen wird. Grundsätzlich findet sich also bei Platon eine Anerkennung der sozialen Praxis der literarischen Fiktion. Dieser Tatsache widerspricht nicht der Umstand, dass der Schwerpunkt der Dichterkritik auf einer

---

363 Vgl. rep. 377e6–378e4.
364 Vgl. rep. 379a5–379c8.
365 Meist heißt es, dass derartige Darstellungen nicht akzeptiert werden dürfen (vgl. rep. 379c9: οὐκ [...] ἀποδεκτέον [...]), aber dieses Urteil ist identisch mit dem Vorwurf der Falschheit; vgl. rep. 377c1–6 (s. S. 205).
366 Vgl. rep. 379c9–380c11.
367 Vgl. rep. 380d1–381c9.
368 Vgl. rep. 381c10–383a6.

normativen Betrachtung (Zensur) der griechischen Literatur liegt. Vielmehr lautet der Vorwurf an die Dichter bzw. Autoren, dass sie viele fiktive Geschichten schlecht fingiert haben, da die Fiktionen nicht den beiden Direktiven gehorchen, dass die Götter immer gut sind und sich nicht verwandeln, und schlechten Einfluss auf die Kinder und Jugendlichen ausüben.

Daher übt Platon nicht an der Fiktion an sich Kritik, sondern an einer Art und Weise der (dichterischen) Fiktion: diese darf allgemeinen Wahrheiten nicht grob widersprechen, sondern muss der Wirklichkeit und Wahrheit ähnlich sein, wie insbesondere der Vergleich mit dem Maler zeigt (rep. 377e1–3), und zwar v. a. dann, wenn sie als Instrument zur Kindeserziehung eingesetzt wird. Einen Freibrief für beliebiges Erfinden stellt Platon nicht aus.[369] Trotzdem ändert der Umstand, dass Platon fiktionale Literatur kritisiert und zensiert, nichts an der Tatsache, dass er sie grundsätzlich anerkennt.

Neben vielen anderen Stellen, die teilweise schon behandelt wurden, untermauern auch die folgenden zwei Stellen die vorgeschlagenen Thesen; zum einen eine Stelle, an der der Platonische Sokrates die Unwahrheit in Reden behandelt, nachdem er zwischen der Unwahrheit in der Seele und der Unwahrheit in Reden unterschieden hat:[370]

> καὶ ἐν αἷς νυνδὴ ἐλέγομεν ταῖς μυθολογίαις, διὰ τὸ μὴ εἰδέναι ὅπῃ τἀληθὲς ἔχει περὶ τῶν παλαιῶν, ἀφομοιοῦντες τῷ ἀληθεῖ τὸ ψεῦδος ὅτι μάλιστα, οὕτω χρήσιμον ποιοῦμεν.

> Das gilt auch für die Geschichten, die wir soeben erwähnt haben: da wir nicht wissen, wie sich die alten Dinge in Wahrheit verhalten, machen wir das Unwahre nützlich, indem wir es so weit wie möglich an die Wahrheit angleichen.

Auch diese Stelle zeigt, dass der Platonische Sokrates von den Dichtern keine Historizität, sondern eine realistische Darstellung fordert und die Fiktionalität grundsätzlich anerkennt. Außerdem lässt sich in dieser Aussage wohl eine Kritik an Hesiod erkennen.[371]

Die These, dass Platon nicht an der Fiktion an sich Kritik übt, sondern an unter ethischen Gesichtspunkten schlechter (dichterischer) Fiktion, wird ferner

---

369 Vgl. Müllers (2012) 107 Formulierung, dass Aristoteles keinen „Freibrief für beliebiges Erfinden" ausgestellt hat.
370 Rep. 382d. Zum Unterschied zwischen der Unwahrheit in der Seele und der Unwahrheit in Reden vgl. rep. 382b–c und Baima (2017). Letztere ist nur in einigen wenigen Ausnahmefällen gestattet: gegenüber den Feinden; gegenüber den Freunden, wenn diese unter Wahnsinn leiden; und in dem zitierten Fall, der die Geschichten von den alten Begebenheiten betrifft; vgl. rep. 382c.
371 S. S. 136.

auch durch die folgende Stelle bekräftigt, an der der Platonische Sokrates von den Dichtern fordert, die Unterwelt nicht schlechthin zu kritisieren:[372]

> Ἐξαλείψομεν ἄρα [...] ἀπὸ τοῦδε τοῦ ἔπους ἀρξάμενοι πάντα τὰ τοιαῦτα –
> „βουλοίμην κ' ἐπάρουρος ἐὼν θητευέμεν ἄλλῳ
> ἀνδρὶ παρ' ἀκλήρῳ, ᾧ μὴ βίοτος πολὺς εἴη
> ἢ πᾶσιν νεκύεσσι καταφθιμένοισιν ἀνάσσειν."
>
> Wir werden, mit der folgenden Stelle beginnend, alles Derartige tilgen: „Lieber wollte ich als Tagelöhner einem anderen, armen Mann dienen, der nicht viel Einkommen hat, als über alle dahingeschiedenen Toten zu herrschen."

Denn der Platonische Sokrates kritisiert nicht Odysseus' Besuch der Unterwelt, der im 11. Buch der *Odyssee* geschildert wird und eine ganz offensichtliche (phantastische) Fiktion darstellt. Vielmehr kritisiert er diejenige Anschauung, die denjenigen Worten zugrunde liegt, die Achill gegenüber Odysseus äußert, nämlich dass der Tod bzw. das Nachleben in der Unterwelt ein Übel darstellt. Dies wird auch aus der folgenden Stelle deutlich, die sich an das Odysseezitat und andere Zitate anschließt:[373]

> ταῦτα καὶ τὰ τοιαῦτα πάντα παραιτησόμεθα Ὅμηρόν τε καὶ τοὺς ἄλλους ποιητὰς μὴ χαλεπαίνειν ἂν διαγράφωμεν, οὐχ ὡς οὐ ποιητικὰ καὶ ἡδέα τοῖς πολλοῖς ἀκούειν, ἀλλ' ὅσῳ ποιητικώτερα, τοσούτῳ ἧττον ἀκουστέον παισὶ καὶ ἀνδράσιν οὓς δεῖ ἐλευθέρους εἶναι, δουλείαν θανάτου μᾶλλον πεφοβημένους.
>
> Wir werden Homer und die anderen Dichter bitten, dass sie es uns nicht übelnehmen, wenn wir dies und Derartiges ausstreichen, nicht weil es nicht poetisch und angenehm zu hören wäre für die Masse, sondern weil es, je poetischer es ist, desto weniger von denjenigen Kindern und Männern gehört werden darf, die frei sein müssen und größere Angst vor der Knechtschaft als vor dem Tod verspüren.

Mit „poetisch" (ποιητικόν) ist wahrscheinlich „erfunden" gemeint, ohne dass der Vorgang des Fingierens an sich kritisiert wird. Der Vorwurf lautet vielmehr, dass sich die Fiktion dermaßen weit von der Wirklichkeit entfernt, dass sie der allgemeinen Wahrheit widerspricht, dass die Furcht vor dem Tod unbegründet ist, und daher schlechten Einfluss auf die Kinder und Jugendlichen ausübt.

Die einleitend erwähnten Probleme der Platon-Forschung können somit einer Lösung nähergebracht werden: Platon reflektiert in der *Politeia* ebenso wie in anderen Dialogen über die literarische Fiktion und erkennt sie grundsätzlich an. Gerade in der *Politeia* stellt er aber bestimmte Anforderungen an sie, die sich aus

---

372 Rep. 386c3–7. Das Zitat stammt aus Hom. Od. 11,489–491.
373 Rep. 386d–387b.

dem Thema bzw. Kontext (Kindererziehung) ergeben, und zwar v. a. die Anforderung, realistisch i.S.v. „möglich, wenn nicht sogar wahrscheinlich" zu sein und wichtigen ethischen Prämissen nicht zu widersprechen. Da Platon die literarische Fiktion grundsätzlich anerkennt, steht der teilweise fiktive Charakter seiner Dialoge nicht im Widerspruch zu den von ihm vertretenen Grundsätzen, da und sofern die Fiktionen Details wie die Rahmenhandlung betreffen und es sich um realistische Fiktionen handelt, die der Wirklichkeit ähnlich sind und keinen schlechten Einfluss auf die Rezipienten ausüben.

Die im zehnten Buch der *Politeia* formulierte Mimesiskritik trifft kaum auf Platons eigene Dialoge zu, da ihr Inhalt nicht irgendwelche Darstellungen der sinnlich wahrnehmbaren Welt sind, die ontologisch auf einer dritten Stufe stehen, sondern philosophische Diskussionen, die sich um Einsicht in das wahre Wesen der Dinge bemühen.

4.4 Aristoteles über das Mögliche als Gegenstandsbereich des Dichters und die Motivierung: Poetik, Kapitel 9

Es ist unbestritten, dass Aristoteles (384–322 v.Chr.) am Anfang des neunten Kapitels der Poetik Aussagen über die Fiktionalität der Dichtung trifft. Hiervon abgesehen sind diese Aussagen allerdings in ihrer Deutung umstritten. Außerdem muss man den Zusammenhang zwischen der Mimesis (μίμησις) und der dichterischen Fiktion berücksichtigen, um die Aussagen über die dichterische Fiktion im neunten Kapitel der Poetik adäquat einschätzen zu können. Da es sich nämlich bei der Dichtung nach Aristoteles um eine Form der Mimesis handelt und folglich auch die Fiktionalität im Zeichen der Mimesis steht, legitimiert Aristoteles die dichterische Fiktion nicht ohne jede Einschränkung (von der Autonomie der Fiktion kann keine Rede sein), sondern nur dann, wenn sie bestimmte Anforderungen erfüllt.

Aristoteles' Verständnis von der Dichtung unterscheidet sich erheblich sowohl vom antiken als auch vom modernen Standard. Denn Aristoteles ist der Ansicht, dass sich diese nicht äußerlich über ihr Versmaß,[374] sondern über einen spezifischen Inhalt definiert.[375] Ihm zufolge konstituiert nämlich die Dichtung

---

[374] Für die geläufige Ansicht, dass sich die Dichtung über ihr Versmaß definiert, vgl. Poet. 1447b13–20 (s. die folgende Fußn.); Gorg. fr. B 11, § 9 Diels/Kranz (= fr. 11, § 9 Buchheim [1989] 8): s. das Kapitel 7.1.1 dieser Arbeit; Plat. rep. 393d7 (s. S. 192f., Fußn. 293).

[375] Vgl. Poet. 1447b13–20: πλὴν οἱ ἄνθρωποί γε συνάπτοντες τῷ μέτρῳ τὸ ποιεῖν ἐλεγειοποιοὺς τοὺς δὲ ἐποποιοὺς ὀνομάζουσιν, οὐχ ὡς κατὰ τὴν μίμησιν ποιητὰς ἀλλὰ κοινῇ κατὰ τὸ μέτρον προσαγορεύοντες· καὶ γὰρ ἂν ἰατρικὸν ἢ φυσικόν τι διὰ τῶν μέτρων ἐκφέρωσιν, οὕτω καλεῖν

4.4 Aristoteles über das Mögliche als Gegenstandsbereich des Dichters

eine Form der Mimesis, also eine Form der Nachahmung bzw. der Darstellung.[376] Den Begriff der Mimesis führt Aristoteles im ersten Kapitel seiner Poetik ein, wobei er ihn rein formal über die drei Bestandteile Medium, Gegenstand und Art und Weise der Nachahmung definiert:[377]

> ἐποποιία δὴ καὶ ἡ τῆς τραγῳδίας ποίησις ἔτι δὲ κωμῳδία καὶ ἡ διθυραμβοποιητικὴ καὶ τῆς αὐλητικῆς ἡ πλείστη καὶ κιθαριστικῆς πᾶσαι τυγχάνουσιν οὖσαι μιμήσεις τὸ σύνολον· διαφέρουσι δὲ ἀλλήλων τρισίν, ἢ γὰρ τῷ ἐν ἑτέροις μιμεῖσθαι ἢ τῷ ἕτερα ἢ τῷ ἑτέρως καὶ μὴ τὸν αὐτὸν τρόπον.

> Die Ependichtung, die Tragödiendichtung, ferner die Komödie, die Dithyrambendichtung und größtenteils die Kunst des Aulos- und Kitharaspiels sind alle nun einmal insgesamt gesehen Nachahmungen (μιμήσεις). Sie unterscheiden sich aber untereinander durch drei [sc. Kriterien]: dadurch, dass sie in verschiedenen Medien oder Verschiedenes oder verschieden und nicht auf dieselbe Weise nachahmen.

Die Medien der Nachahmung sind, wie Aristoteles noch im ersten Kapitel darlegt, Rhythmus, Sprache und Harmonie.[378] Im zweiten Kapitel unterscheidet Aristoteles zwischen den drei Objekten der Nachahmung: die nachgeahmten Menschen sind hinsichtlich ihres Charakters entweder besser als der Durchschnittsmensch oder entsprechen dem Durchschnittsmenschen oder sind schlechter als der Durchschnittsmensch.[379] Die drei im dritten Kapitel der Poetik unterschiedenen

---

εἰώθασιν· οὐδὲν δὲ κοινόν ἐστιν Ὁμήρῳ καὶ Ἐμπεδοκλεῖ πλὴν τὸ μέτρον, διὸ τὸν μὲν ποιητὴν δίκαιον καλεῖν, τὸν δὲ φυσιολόγον μᾶλλον ἢ ποιητήν. („Die Leute hingegen verknüpfen mit dem Metrum das Verb ποιεῖν („dichten") und nennen die einen Elegiendichter, die anderen Ependichter, wobei sie sie nicht gemäß der Mimesis (μίμησις) Dichter nennen, sondern gemäß dem Metrum pauschal so bezeichnen. Denn auch wenn sie ein medizinisches oder naturwissenschaftliches Werk metrisch verfasst veröffentlichen, sind sie gewohnt, sie so zu bezeichnen. Homer und Empedokles haben aber nichts gemeinsam außer dem Metrum; daher muss man den einen [sc. Homer] als Dichter bezeichnen, den anderen [sc. Empedokles] aber eher als Naturwissenschaftler als als Dichter.") Empedokles kann deshalb nicht als Dichter gelten, weil er nicht das menschliche Handeln nachahmt bzw. darstellt, wie erst das zweite Kapitel deutlich macht.
376 Aristoteles' poetologischer Begriff der Mimesis (μίμησις) umfasst sowohl die Nachahmung von etwas Existierendem als auch die Darstellung von etwas nicht Existierendem; vgl. die Diskussion bei Schmitt (2011) 208–213 ad loc. und dessen Literaturangaben (S. 229); vgl. auch Else (1986) 74–88 und s. S. 189, Fußn. 277).
377 Poet. 1447a13–18. Vgl. auch Poet. 1448a24 f.: ἐν τρισὶ δὴ ταύταις διαφοραῖς ἡ μίμησίς ἐστιν, ὡς εἴπομεν κατ' ἀρχάς, ἐν οἷς τε ⟨καὶ ἃ⟩ καὶ ὥς.
378 Vgl. Poet. 1447a21–23: [...] κἂν ταῖς εἰρημέναις τέχναις ἅπασαι μὲν ποιοῦνται τὴν μίμησιν ἐν ῥυθμῷ καὶ λόγῳ καὶ ἁρμονίᾳ, τούτοις δ' ἢ χωρὶς ἢ μεμιγμένοις.
379 Vgl. Poet. 1448a1–5: Ἐπεὶ δὲ μιμοῦνται οἱ μιμούμενοι πράττοντας, ἀνάγκη δὲ τούτους ἢ σπουδαίους ἢ φαύλους εἶναι [...], ἤτοι βελτίονας ἢ καθ' ἡμᾶς ἢ χείρονας ἢ καὶ τοιούτους.

Formen der Nachahmung sind in ihrer Deutung umstritten.[380] Wahrscheinlich liegt dieser Unterscheidung das Platonische Redekriterium zugrunde: entweder spricht der Dichter selbst oder er lässt die Figuren reden oder beides passiert abwechselnd.[381]

Während die formale Definition der Mimesis im ersten Kapitel der Poetik den relationalen Charakter der Dichtung offenbart, zeigt (erst) der Anfang des zweiten Kapitels, dass Aristoteles unter der Mimesis die Nachahmung bzw. die Darstellung von handelnden Menschen versteht:[382]

> Ἐπεὶ δὲ μιμοῦνται οἱ μιμούμενοι πράττοντας [...].
>
> Da die Nachahmenden Handelnde nachahmen [...].

Daher handelt es sich bei Aristoteles' Konzept der Mimesis um ein weiteres Konzept als bei der dichterischen Fiktion.[383] Letztere ist aber der Mimesis, also der Nachahmung bzw. Darstellung des menschlichen Handelns, untergeordnet. Vereinfacht gesagt, stellt die Dichtung (und damit auch die dichterische Fiktion) nach Aristoteles eine Lehrstunde in der praktischen Ethik dar, indem hinter der individuellen Handlung eine allgemeinere Wahrheit über das menschliche Leben erblickt wird.[384] Daher handelt es sich nach Aristoteles dann und nur dann um Dichtung, wenn diese die Funktion erfüllt, eine allgemeinere Wahrheit über das menschliche Leben zu transportieren.

Dieser Charakter der Dichtung und der dichterischen Fiktion wird auch am Anfang des neunten Kapitels deutlich bzw. noch deutlicher, und zwar in einem

---

380 Vgl. Poet. 1448a19–24: καὶ γὰρ ἐν τοῖς αὐτοῖς καὶ τὰ αὐτὰ μιμεῖσθαι ἔστιν ὁτὲ μὲν ἀπαγγέλλοντα, ἢ ἕτερόν τι γιγνόμενον ὥσπερ Ὅμηρος ποιεῖ ἢ ὡς τὸν αὐτὸν καὶ μὴ μεταβάλλοντα, ἢ πάντας ὡς πράττοντας καὶ ἐνεργοῦντας τοὺς μιμουμένους.
381 Eine andere These hat Lattmann (2005) vorgeschlagen. Ihm zufolge ist mit ἕτερόν τι γιγνόμενον der auktoriale Erzähler gemeint; s. das Kapitel 5.1.2 dieser Arbeit.
382 Poet. 1448a1; vgl. auch Poet. 1450a16 f.: ἡ γὰρ τραγῳδία μίμησίς ἐστιν οὐκ ἀνθρώπων ἀλλὰ πράξεων καὶ βίου („Die Tragödie ist nicht einfach nur Nachahmung von Menschen, sondern von ihrem Handeln und Leben"); Poet. 1451b27–29.
383 S. S. 34 f.
384 Schmitt (2011) 95 behauptet zwar, dass der Zuschauer nicht im Theater sitzt, damit „ihm an einem illustren Beispiel eine allgemeine Lektion in Moral erteilt wird", stellt aber fest (S. 97), dass „natürlich auch die ethischen und politischen Momente des Handelns für die Dichtung relevant" sind. Anders als andere Wissenschaften wie die Ethik behandelt die Dichtung nicht ausschließlich das Allgemeine, sondern betrachtet im Einzelnen das Allgemeine (vgl. Schmitt [ib.] 100, 103 u. ö.).

Zusammenhang, in dem Aristoteles den Allgemeinheitscharakter der Dichtung behandelt:[385]

Φανερὸν δὲ ἐκ τῶν εἰρημένων καὶ ὅτι οὐ τὸ τὰ γενόμενα λέγειν, τοῦτο ποιητοῦ ἔργον ἐστίν, ἀλλ' οἷα ἂν γένοιτο καὶ τὰ δυνατὰ κατὰ τὸ εἰκὸς ἢ τὸ ἀναγκαῖον. ὁ γὰρ ἱστορικὸς καὶ ὁ ποιητὴς οὐ τῷ ἢ ἔμμετρα λέγειν ἢ ἄμετρα διαφέρουσιν (εἴη γὰρ ἂν τὰ Ἡροδότου εἰς μέτρα τεθῆναι καὶ οὐδὲν ἧττον ἂν εἴη ἱστορία τις μετὰ μέτρου ἢ ἄνευ μέτρων)· ἀλλὰ τούτῳ διαφέρει, τῷ τὸν μὲν τὰ γενόμενα λέγειν, τὸν δὲ οἷα ἂν γένοιτο. (b5) διὸ καὶ φιλοσοφώτερον καὶ σπουδαιότερον ποίησις ἱστορίας ἐστίν· ἡ μὲν γὰρ ποίησις μᾶλλον τὰ καθόλου, ἡ δ' ἱστορία τὰ καθ' ἕκαστον λέγει. ἔστιν δὲ καθόλου μέν, τῷ ποίῳ τὰ ποῖα ἄττα συμβαίνει λέγειν ἢ πράττειν κατὰ τὸ εἰκὸς ἢ τὸ ἀναγκαῖον, οὗ στοχάζεται ἡ ποίησις ὀνόματα ἐπιτιθεμένη· τὸ δὲ καθ' ἕκαστον, τί Ἀλκιβιάδης ἔπραξεν ἢ τί ἔπαθεν.

(b11) ἐπὶ μὲν οὖν τῆς κωμῳδίας ἤδη τοῦτο δῆλον γέγονεν· συστήσαντες γὰρ τὸν μῦθον διὰ τῶν εἰκότων οὕτω τὰ τυχόντα ὀνόματα ὑποτιθέασιν, καὶ οὐχ ὥσπερ οἱ ἰαμβοποιοὶ περὶ τὸν καθ' ἕκαστον ποιοῦσιν. (b15) ἐπὶ δὲ τῆς τραγῳδίας τῶν γενομένων ὀνομάτων ἀντέχονται. αἴτιον δ' ὅτι πιθανόν ἐστι τὸ δυνατόν· τὰ μὲν οὖν μὴ γενόμενα οὔπω πιστεύομεν εἶναι δυνατά, τὰ δὲ γενόμενα φανερὸν ὅτι δυνατά· οὐ γὰρ ἂν ἐγένετο, εἰ ἦν ἀδύνατα. οὐ μὴν ἀλλὰ καὶ ἐν ταῖς τραγῳδίαις ἐν ἐνίαις μὲν ἓν ἢ δύο τῶν γνωρίμων ἐστὶν ὀνομάτων, τὰ δὲ ἄλλα πεποιημένα, ἐν ἐνίαις δὲ οὐδέν, οἷον ἐν τῷ Ἀγάθωνος Ἀνθεῖ· ὁμοίως γὰρ ἐν τούτῳ τά τε πράγματα καὶ τὰ ὀνόματα πεποίηται, καὶ οὐδὲν ἧττον εὐφραίνει. ὥστ' οὐ πάντως εἶναι ζητητέον τῶν παραδεδομένων μύθων, περὶ οὓς αἱ τραγῳδίαι εἰσίν, ἀντέχεσθαι. καὶ γὰρ γελοῖον τοῦτο ζητεῖν, ἐπεὶ καὶ τὰ γνώριμα ὀλίγοις γνώριμά ἐστιν, ἀλλ' ὅμως εὐφραίνει πάντας. (b27) δῆλον οὖν ἐκ τούτων ὅτι τὸν ποιητὴν μᾶλλον τῶν μύθων εἶναι δεῖ ποιητὴν ἢ τῶν μέτρων, ὅσῳ ποιητής κατὰ τὴν μίμησίν ἐστιν, μιμεῖται δὲ τὰς πράξεις. κἂν ἄρα συμβῇ γενόμενα ποιεῖν, οὐθὲν ἧττον ποιητής ἐστι· τῶν γὰρ γενομένων ἔνια οὐδὲν κωλύει τοιαῦτα εἶναι οἷα ἂν εἰκὸς γενέσθαι καὶ δυνατὰ γενέσθαι, καθ' ὃ ἐκεῖνος αὐτῶν ποιητής ἐστιν.

Aus dem Gesagten wird deutlich, dass es nicht die Aufgabe des Dichters ist, das, was geschehen ist, zu sagen, sondern, was von der Art ist, dass es geschehen könnte, und zwar das, was nach Maßgabe der Wahrscheinlichkeit oder Notwendigkeit möglich ist. Denn der Historiker und der Dichter unterscheiden sich nicht dadurch, dass sie im Versmaß bzw. ohne Versmaß sprechen (es wäre nämlich möglich, Herodots Werk mit Metren zu versehen, und nichts desto weniger würde es sich um ein Geschichtswerk mit Metrum oder ohne Metren handeln); vielmehr liegt der Unterschied darin, dass der eine [sc. der Historiker] das sagt, was geschehen ist, der andere aber, was von der Art ist, dass es geschehen könnte. (b5) Deshalb ist die Dichtung auch philosophischer und besser als die Geschichtsschreibung. Denn die Dichtung sagt eher das Allgemeine, die Geschichtsschreibung das Einzelne. Das Allgemeine ist in der Darstellung zu sehen, dass es auf einen so Beschaffenen zutrifft, Derartiges zu sagen oder zu machen nach Maßgabe der Wahrscheinlichkeit oder Notwendigkeit; darauf zielt die Dichtung ab, indem sie Namen hinzufügt. Das Einzelne ist in der Darstellung zu sehen, was Alkibiades getan oder was er erlitten hat.

(b11) Bei der Komödie ist dies schon deutlich geworden. Denn indem sie [sc. die Komödiendichter] die Handlung durch das Wahrscheinliche konzipieren, fügen sie so [sc.

---

385 Poet. 1451a36–1451b32 nach Tarán/Gutas (2012) 179f. Im letzten Satz sind die Worte καὶ δυνατὰ γενέσθαι textkritisch umstritten; s. die Diskussion am Ende dieses Kapitels (S. 256–258).

nachträglich] die zufälligen Namen hinzu und machen es nicht so, wie es die Jambendichter über den Einzelnen machen. (b15) Bei der Tragödie halten sie [sc. die Tragödiendichter] sich an die überlieferten Namen. Der Grund hierfür ist, dass das Mögliche überzeugend ist. Was nicht geschehen ist, halten wir ja nicht ohne weiteres für möglich, es ist aber offensichtlich, dass das, was geschehen ist, möglich ist. Denn es wäre nicht geschehen, wenn es unmöglich wäre. Nun kommen in einigen Tragödien ein oder zwei von den bekannten Namen vor, die anderen aber sind erfunden, in einigen Tragödien aber keiner wie in Agathons *Antheus*. Auf gleiche Weise sind in diesem Stück die Geschehnisse und die Namen erfunden, und nichts desto weniger erfreut es. Folglich muss man sich nicht vollständig darum bemühen, sich an die überlieferten Geschichten zu halten, über die die Tragödien handeln. Denn es wäre sogar lächerlich, dies zu versuchen, weil auch das Bekannte nur wenigen bekannt ist, aber trotzdem alle erfreut. (b27) Daraus wird deutlich, dass der Dichter eher ein Dichter der Geschichten als der Metren sein muss, insofern er Dichter entsprechend der Mimesis ist und die Handlungen nachahmt. Selbst wenn es vorkommen sollte, dass er Geschehenes dichtet, ist er nichts desto weniger Dichter. Denn nichts hindert daran, dass einiges vom Überlieferten so beschaffen ist, dass es wahrscheinlich geschieht und möglich ist zu geschehen; nach dieser Maßgabe ist er Dichter hiervon.

Sowohl die Einzelaussagen als auch die Abfolge der Gedanken sind in der Forschung sehr umstritten.[386] Für die Frage nach der Fiktionalität ist zunächst einmal festzuhalten, dass kaum explizite Aussagen hierüber vorliegen. Explizit wird die Fiktionalität der Dichtung nur insofern durch die Formen von ποιεῖν bezeichnet, als nach Aristoteles einige Tragödien größtenteils erfundene Namen (Figuren) enthalten und bei einzelnen Tragödien dies sogar ausschließlich der Fall ist.[387] Außerdem wird mehr oder minder deutlich die Fiktionalität der Komödie zur Sprache gebracht.[388]

Implizit wird die Fiktionalität v. a. im ersten Satz des neunten Kapitels erwähnt. Da Aristoteles die Reproduktion des Geschehenen der Geschichtsschrei-

---

386 Vgl. – neben den Kommentaren von Tarán/Gutas (2012), Schmitt (2011), Halliwell (1987), Lucas (1968), Else (1957) und Bywater (1909) – v. a. Schwinge (2012); Frede (2009); Schmitt (2004); Kloss (2003); Ostwald (2002); Horn (2000); Armstrong (1998); Schwinge (1996); O'Sullivan (1995); Frede (1992); Fuhrmann (1992) 30–34; Heath (1991); Meijering (1987) 55–58; Halliwell (1986) 96–108; Horn (1988); Häußler (1983); Erbse (1977); de Sainte Croix (1975) = de Sainte Croix (1992); Gastaldi (1973); Radt (1971); Walbank (1960); von Fritz (1958) = von Fritz (1962); Baldry (1957); Grayeff (1956). Zur Fiktion in der Aristotelischen Tradition vgl. Eden (1986).
387 Vgl. Poet. 1451b19-23. Für ποιεῖν in der Bedeutung „erfinden" vgl. Arist. rhet. 1393a28-31: παραδειγμάτων δὲ εἴδη δύο· ἓν μὲν γάρ ἐστιν παραδείγματος εἶδος τὸ λέγειν πράγματα προγενομένα, ἓν δὲ τὸ αὐτὸν ποιεῖν. τούτου δὲ ἓν μὲν παραβολὴ ἓν δὲ λόγοι, οἷον οἱ Αἰσώπειοι καὶ Λιβυκοί. („Es gibt zwei Arten von Beispielen. Eine Art des Beispiels besteht nämlich darin, Ereignisse zu nennen, die vorher stattgefunden haben, eine [sc. andere Art des Beispiels besteht darin], sie selbst zu erfinden. Zu der zuletzt genannten Art gehören zum einen die Parabel und zum anderen die Fabeln, wie die Äsopischen und Libyschen.") Vgl. auch ib. 1394a2-5.
388 Vgl. Poet. 1451b11-15.

4.4 Aristoteles über das Mögliche als Gegenstandsbereich des Dichters • —— 217

bung, nicht aber der Dichtung zuweist, muss man dessen Aussage unweigerlich so verstehen, dass für die Dichtung (zumindest teilweise) die Fiktion konstitutiv ist. Andererseits stellt sich mit Blick auf die Tragödie, die seit dem Ende des fünften bzw. Anfang des sechsten Kapitels im Mittelpunkt der Betrachtung steht,[389] das Problem, dass der Mythos als Stoff der Tragödie von den Griechen traditionell als Geschichte angesehen wurde.[390] Diesem Problem stellt sich Aristoteles im zweiten Teil des neunten Kapitels, wobei sich Widersprüche zum vorher Gesagten zu ergeben scheinen. Daher ist es unumgänglich, den Gedankengang des neunten Kapitels im Lichte der bisherigen Forschungsergebnisse nachzuvollziehen, bevor Aristoteles' Aussagen über die Fiktionalität der Dichtung festgehalten werden können.[391]

Der Gedankengang des neunten Kapitels ist zwar von der bisherigen Forschung mehrmals rekonstruiert worden. In diesem Zusammenhang ist die von Grayeff geäußerte These, dass das neunte Kapitel mehrere Inkongruenzen, ja teilweise sogar absurde Schlussfolgerungen aufweist, die sich nur dadurch erklären lassen, dass das neunte Kapitel in mehreren Phasen entstanden ist und eine Diskussion widerspiegelt, die sich im Peripatos abgespielt hat und in gekürzter Form überliefert worden ist,[392] größtenteils revidiert worden.[393] Dennoch konstatieren auch die jüngeren Erklärungsversuche Widersprüche, und trotz der in vielen Punkten erhellenden Interpretationen u. a. von Schwinge und Kloss ist in der Forschung bisher keine weitgehende Einigkeit erzielt worden, was man schon an der Vielzahl der Versuche ablesen kann.

Gegen Schwinge hat Kloss eingewendet, dass sich die drei von ihm postulierten Thesen nicht in einer Beweiskette in dem Sinne ergeben, dass die jeweils unzureichende These von einer besseren abgelöst wird.[394] Außerdem werde

---

389 Vgl. die programmatischen Aussagen Poet. 1449b17–24.
390 Vgl. u. a. Schwinge (1996) 120, Veyne (1987) und Strasburgers (z. B. [1966] 55) Begriff der „Quasigeschichte".
391 Die u. a. von Baldry (1957) 41 und von Fritz (1958) 85 geäußerte Ansicht, dass das neunte Kapitel trotz aller Schwierigkeiten einen einheitlichen Gedankengang aufweist, liegt der folgenden Rekonstruktion zugrunde. Erst wenn sich Widersprüche zeigen sollten, die nicht erklärt werden können, muss ein Bruch im Gedankengang festgestellt werden.
392 Vgl. Grayeff (1956).
393 Vgl. z. B. von Fritz (1958) = von Fritz (1962); Baldry (1957).
394 Schwinge (1996) zufolge löst Aristoteles das Problem des Mythos als Quasigeschichte in einem Dreischritt, wobei erst der dritte Lösungsversuch eine überzeugende Lösung bringt: (1) Zunächst begegne Aristoteles dem genannten Problem mit der Kategorie der Glaubwürdigkeit (πιθανόν): die Historizität eines Geschehens garantiert dessen Glaubwürdigkeit. (2) In einem zweiten Anlauf widerspreche Aristoteles aber seinem ersten Lösungsversuch durch den Hinweis, dass die Tragödie unabhängig von der Historizität ihrer Stoffe die von ihr intendierte Wirkung

sprachlich nicht deutlich, dass Aristoteles an irgendeiner Stelle einen seiner Gedanken revidiert.[395] Gegen Kloss ließe sich einwenden, dass dessen Aussage fragwürdig ist, dass das Beweisziel des Mittelteils nicht die Glaubwürdigkeit (πιθανόν) der ὀνόματα γενόμενα, sondern der Realitätsbezug (δυνατόν) ist.[396] Ferner lässt sich kein Widerspruch erkennen zwischen der Aussage, dass das Geschehene möglich und das Mögliche glaubwürdig ist (also das Geschehene glaubwürdig ist), und der Aussage, dass nur einige wirkliche Geschehnisse den Regeln der Wahrscheinlichkeit folgen.[397]

Im Folgenden soll der Versuch unternommen werden, das neunte Kapitel als kohärentes Ganzes in dem Sinne zu erweisen, dass die am Anfang getroffenen Äußerungen Gültigkeit für das gesamte Kapitel besitzen und sukzessive expliziert werden.[398] Dabei werden die einzelnen Aussagen mit besonderem Augenmerk auf die Fiktionalität betrachtet.

Φανερὸν δὲ ἐκ τῶν εἰρημένων καὶ ὅτι οὐ τὸ τὰ γενόμενα λέγειν, τοῦτο ποιητοῦ ἔργον ἐστίν, ἀλλ' οἷα ἂν γένοιτο καὶ τὰ δυνατὰ κατὰ τὸ εἰκὸς ἢ τὸ ἀναγκαῖον. ὁ γὰρ ἱστορικὸς καὶ ὁ ποιητὴς οὐ τῷ ἢ ἔμμετρα λέγειν ἢ ἄμετρα διαφέρουσιν (εἴη γὰρ ἂν τὰ Ἡροδότου εἰς μέτρα τεθῆναι καὶ οὐδὲν ἧττον ἂν εἴη ἱστορία τις μετὰ μέτρου ἢ ἄνευ μέτρων)· ἀλλὰ τούτῳ διαφέρει, τῷ τὸν μὲν τὰ γενόμενα λέγειν, τὸν δὲ οἷα ἂν γένοιτο.[399]

Nach Grayeff und anderen Forschern ist die Aussage am Anfang des neunten Kapitels, dass die Dichtung das Mögliche im Gegensatz zum Wirklichen als dem Gegenstand der Geschichtsschreibung darstellt, so zu verstehen, dass hierin der

---

entfalte. (3) Da das anfängliche Problem durch die Destruktion des ersten Lösungsversuches wieder völlig offen sei, setze Aristoteles noch einmal ganz neu an. Die abschließende Lösung liege in der Erkenntnis, dass der Dichter auch dann Dichter bleibt, wenn er sich den γενόμενα zuwendet. Der Grund hierfür liege im Gegenstandsbereich der γενόμενα selbst, da diese zum größeren Teil aus Ereignissen mit καθ' ἕκαστον-Charakter bestehen, aber auch Ereignisse mit καθόλου-Struktur beinhalten. Diesen Geschehnissen wende sich der Dichter zu, sofern er γενόμενα-Stoffe wähle. Für den Dreischritt vgl. auch Fuhrmann (1992) 32f.
395 Vgl. Kloss (2003) 168f.
396 Vgl. Kloss (2003) 170 (s. die Analyse von Poet. 1451b15–26, S. 244–252).
397 Kloss (2003) 166 sieht hierin einen Widerspruch, der ihn dazu veranlasst, die Schlussfolgerung, dass das Geschehene glaubwürdig ist, zu hinterfragen.
398 Nur an einer Stelle lässt sich eine nicht haltbare Aussage erkennen, nämlich an der Stelle, an der Aristoteles behauptet, dass es lächerlich wäre, sich an die Überlieferung zu halten, da das Bekannte nur wenigen bekannt sei, aber trotzdem alle erfreue; vgl. Poet. 1451b25f.; s. die Diskussion weiter unten (S. 251f.).
399 Poet. 1451a36–b5.

leicht verständliche Unterschied zwischen dem historischen Faktum und der dichterischen Erfindung zu sehen ist.[400] Diese Ansicht ist allerdings zweifelhaft, da Aristoteles sich im zweiten Teil des neunten Kapitels dem Problem stellt, dass der Mythos als Stoff der Tragödie von den Griechen traditionell als Geschichte angesehen wurde. Daher würde sich in der Tat zumindest teilweise ein Widerspruch ergeben, wenn Aristoteles am Anfang des neunten Kapitels behaupten würde, dass im Unterschied zwischen der Geschichtsschreibung und der Dichtung der Unterschied zwischen dem historischen Faktum und der dichterischen Erfindung zu sehen ist.[401]

Ein Widerspruch zwischen Aristoteles' anfänglicher Behauptung und seinen folgenden Bemerkungen muss allerdings nicht konstatiert werden, wenn man die anfängliche Behauptung nicht so versteht, dass der Inhalt der Dichtung erfunden ist, sondern so, dass ihr Inhalt möglich ist. Somit würde sich eine allgemeinere Bestimmung für die Dichtung ergeben, da das Mögliche zwei Bereiche umfasst. Zum einen ist dasjenige möglich, was geschehen ist (in der späteren Terminologie der Skalierung der dargestellten Geschichte: ἱστορία/*historia*). Das Mögliche schließt zum anderen dasjenige ein, was zwar nicht geschehen ist, aber grundsätzlich als realisierbar eingeschätzt wird: die mögliche Fiktion (in der späteren Terminologie der Skalierung der dargestellten Geschichte: πλάσμα/*argumentum*).[402] Diese (nahezu selbsterklärende) Auffassung des Möglichen wird durch eine Stelle aus Aristoteles' Rhetorik gestützt:[403]

ταῦτα [sc. τὰ δυνατά] δὲ διχῶς ἐστιν, τά τε γενόμενα ἂν καὶ τὰ ῥᾳδίως γιγνόμενα.

Dies [sc. das Mögliche] ist zweierlei: das Geschehene und das, was leicht geschehen könnte.

Das Mögliche und das Geschehene stehen daher in den folgenden Verhältnissen zueinander, die Aristoteles später teilweise nennt und teilweise voraussetzt, ohne sie explizit zu machen:[404]

---

400 Vgl. Grayeff (1956) 110f. Auch Kloss (2003) 162 und Schwinge (1996) 113f. verstehen den Gegensatz zwischen dem Objektbereich des Historikers und demjenigen des Dichters in einem ausschließenden Sinne; vgl. Kloss (2003) 162: „[...] lautete doch dort [sc. im ersten Satz] die Forderung, der Dichter solle n i c h t das Geschehene mitteilen, s o n d e r n das Mögliche." (die Hervorhebung findet sich bereits im Original). Vgl. auch (ib.) 176 und 180f.
401 Zum Fortleben von Aristoteles' Gegensatz zwischen Geschichtsschreibung und Dichtung im Mittelalter und in der Moderne vgl. Heitmann (1970).
402 Zur Skalierung der dargestellten Geschichte s. das Kapitel 4.7 dieser Arbeit.
403 Arist. rhet. 1363a21–23.
404 Vgl. Poet. 1451b16–19. Die Feststellung, dass bei demjenigen, was nicht geschehen ist, unsicher ist, ob es unmöglich ist, wird zwar von Aristoteles nicht eigens erwähnt, ergibt sich aber unmittelbar aus der Feststellung, dass bei demjenigen, was nicht geschehen ist, unsicher ist, ob es

	Möglich	Nicht möglich
Geschehen	Alles, was geschehen ist, ist möglich: τὰ δὲ γενόμενα φανερὸν ὅτι δυνατά.	Es ist ausgeschlossen, dass dasjenige, was geschehen ist, unmöglich ist ≈ οὐ γὰρ ἂν ἐγένετο, εἰ ἦν ἀδύνατα.
Nicht Geschehen	Bei demjenigen, was nicht geschehen ist, ist unsicher, ob es möglich ist (das nicht-Geschehene kann möglich sein): τὰ μὲν οὖν μὴ γενόμενα οὔπω πιστεύομεν εἶναι δυνατά.	Bei demjenigen, was nicht geschehen ist, ist unsicher, ob es unmöglich ist (das nicht-Geschehene kann unmöglich sein).

Daher muss dem Textverständnis widersprochen werden, dem zufolge Aristoteles am Anfang des neunten Kapitels die Ansicht äußert, dass die Aufgabe des Dichters darin besteht, Erfundenes darzustellen. Vielmehr wird die Aufgabe des Dichters derart beschrieben (bzw. wird dem Dichter vorgeschrieben),[405] dass er das Mögliche darstellt. Das Mögliche umfasst nun dasjenige, was geschehen ist, und dasjenige, was zwar nicht geschehen ist, aber grundsätzlich als realisierbar eingeschätzt wird (die mögliche Fiktion). Der Historiker ist demgegenüber auf dasjenige beschränkt, was geschehen ist, also auf einen Teilbereich dessen, was zum Gegenstandsbereich des Dichters gehört.[406]

Der Gegensatz zwischen dem Objektbereich des Historikers und demjenigen des Dichters ist also kein ausschließender in dem Sinne, dass der Historiker das Geschehene darstellt und der Dichter das nicht-Geschehene. Zu diesem Schluss könnte man zwar gelangen, wenn man nur den ersten Teil des ersten Satzes des neunten Kapitels in den Blick nimmt (Φανερὸν δὲ ἐκ τῶν εἰρημένων καὶ ὅτι οὐ τὸ τὰ γενόμενα λέγειν, τοῦτο ποιητοῦ ἔργον ἐστίν). Vielmehr verhalten sich die beiden Objektbereiche im Sinne einer Inklusion zueinander (das Mögliche enthält das Geschehene), was sich aus einfacher Reflexion über das Mögliche ergibt. Wenn man den zweiten Teil des ersten Satzes betrachtet (und dabei die Bestimmung κατὰ τὸ εἰκὸς ἢ τὸ ἀναγκαῖον zunächst beiseitelässt), kann man in Ge-

---

möglich ist. Ferner wird die Feststellung, dass es ausgeschlossen ist, dass dasjenige, was geschehen ist, unmöglich ist, zwar nicht in dieser Weise getroffen. Aber wenn Aristoteles die Tatsache, dass alles, was geschehen ist, möglich ist, durch die Begründung untermauert, dass es nicht geschehen wäre, wenn es unmöglich wäre, wird deutlich, dass er auch diese Einsicht voraussetzt.

405 Zu den deskriptiven und normativen Bestimmungen in der Poetik vgl. Söffing (1981).
406 Vgl. Gastaldi (1973) 231: „Se al primo [sc. al poeta] è lecito attingere alla duplice serie dei *genomena* e dei *dynata*, il secondo [sc. lo storico] deve limitare la propria scelta, nell'ambito delle storie possibili, esclusivamente a quelle verificate sul piano empirico, e in questo la sua possibilità di selezione è certamente più ridotta."

danken ergänzen „es ist nicht die Aufgabe des Dichters, ⟨einfach nur⟩ das Geschehene darzustellen".[407]

Unter demjenigen, was geschehen ist, ist aller Wahrscheinlichkeit nach das Historische im antiken Sinne zu verstehen, also nach modernem Verständnis sowohl der Mythos als auch die Geschichte.[408] Zumindest lässt sich im neunten Kapitel der Poetik (oder an einer anderen Stelle) nicht erkennen, dass Aristoteles in irgendeiner Form zwischen historischen Fakten und mythisch-fiktionalen Erzählungen unterscheidet. Obendrein wird sich noch zeigen (zu 51b29), dass es unnötig ist, für γενόμενα die zweifelhafte Bedeutung „historische Ereignisse (im modernen Sinn, also in Opposition zum Mythos)" anzunehmen, um einen Widerspruch zu vermeiden.

Der vorläufige Unterschied zwischen Dichtung und Geschichtsschreibung lässt sich daher folgendermaßen illustrieren:

Gattung	Gegenstandsbereich
Dichtung	Das Mögliche: Geschehenes (Mythos + Geschichte) + dasjenige, was zwar nicht geschehen ist, aber grundsätzlich als realisierbar eingeschätzt wird (die mögliche Fiktion)
Geschichtsschreibung	Geschehenes (Mythos + Geschichte)

Nun stellt sich allerdings die Frage, in welchem Ausdruck Aristoteles das Mögliche in dem soeben beschriebenen Sinne ausdrückt, da er zweimal den Ausdruck der Möglichkeit verwendet: οἷα ἂν γένοιτο καὶ τὰ δυνατὰ (κατὰ τὸ εἰκὸς ἢ τὸ ἀναγκαῖον). Es wäre denkbar, dass Aristoteles hier zwei verschiedene Formen der Möglichkeit im Blick hat; es wäre aber auch möglich, dass derselbe Gedanke

---

407 Vgl. Poet. 1450a16f.: ἡ γὰρ τραγῳδία μίμησίς ἐστιν οὐκ ἀνθρώπων ἀλλὰ πράξεων καὶ βίου. Auch diesen Gegensatz wird man nicht als ausschließenden Gegensatz in dem Sinne verstehen, dass in der Dichtung keine Menschen dargestellt werden. Vielmehr wird man den Satz folgendermaßen verstehen: Die Tragödie ist nicht einfach nur Nachahmung von Menschen, sondern von ihrem Handeln und Leben.
408 Anders Lucas (1968) 123 f. ad Poet. 1451b29, dem zufolge γενόμενα sowohl am Anfang des neunten Kapitels (51a36) als auch später (51b15 und 51b29) „historical events" bedeutet. Hiergegen ist zum einen einzuwenden, dass Aristoteles weder im neunten Kapitel noch an einer anderen Stelle eine explizite Unterscheidung zwischen mythischen und historischen Erzählungen vornimmt. Zum anderen ist Lucas' Grenzziehung wenig überzeugend; vgl. Lucas (1968) 122 ad Arist. Poet. 1451b15: „The easiest solution is to suppose that A., like Thucydides, believed that Greek myth, or much of it, was basically historical, or at least that names like Heracles or Achilles belonged to the class of γενόμενοι, real people, but that he distinguished between legends such as those of Troy or Thebes, and history of recent events like the Persian Wars."

zweimal (pleonastisch) ausgedrückt wird. Ferner muss die Bedeutung des präpositionalen Ausdrucks κατὰ τὸ εἰκὸς ἢ τὸ ἀναγκαῖον erklärt werden, der bisher außer Acht gelassen wurde.

Die wegweisenden Erkenntnisse zu den Modalkategorien des Wahrscheinlichen (εἰκός) und Notwendigen (ἀναγκαῖον) hat Kloss gewonnen.[409] Die Notwendigkeit ist als Extremfall der Wahrscheinlichkeit anzusehen.[410] Daher kann die Notwendigkeit (sowohl bei Aristoteles als auch hier im Folgenden) unerwähnt bleiben, ohne dass sie dadurch gänzlich aus dem Blickfeld geraten würde.[411] Fragwürdig ist allerdings der Zusammenhang zwischen dem Möglichen und dem Wahrscheinlichen.

Vielleicht muss man nicht davon ausgehen, dass sich der vermeintliche Widerspruch ergibt, dass Möglichkeit Notwendigkeit ausschließt. Denn die Notwendigkeit könnte als ein Teilbereich des Wahrscheinlichen und dieser wiederum als ein Teilbereich des Möglichen aufgefasst werden.[412] Es stellt sich aber das Problem, dass das Mögliche durch κατά in einen Zusammenhang mit dem Wahrscheinlichen gestellt wird, ohne dass unmittelbar evident ist, wie sich das Mögliche zum Wahrscheinlichen verhält. Mit Kloss formuliert, stellt sich das Problem, dass es den Anschein haben könnte, dass das Mögliche eine Funktion des Wahrscheinlichen ist.[413]

---

409 Vgl. Kloss (2003). Kloss hat aber zum einen in Kablitz (1989) einen Vorläufer, der sich in einem Aufsatz mit der Poetologie des Cinquecento auseinandergesetzt hat und eher beiläufig Stellung zum neunten Kapitel der Poetik bezogen hat. Zum anderen stehen die von Kablitz untersuchten italienischen Humanisten derart deutlich in der Nachfolge des Aristoteles, dass sich schon bei ihnen das zutreffende Verständnis der Aristotelischen Modalkategorien des Wahrscheinlichen (εἰκός) und Notwendigen (ἀναγκαῖον) erkennen lässt. Ein Gegenargument gegen Kloss' Deutung (so Schmitt [2004] 70 Fußn. 8) lässt sich aus diesem Umstand aber nicht gewinnen.
410 Vgl. Kloss (2003) 161: „Dabei hat Aristoteles das ἀναγκαῖον dem εἰκός der Genauigkeit halber hinzugesetzt, um zu verdeutlichen, daß sein Verständnis von Wahrscheinlichkeit in diesem Zusammenhang auch den höchsten Wert 100 % umfaßt."
411 Vgl. Poet. 1451b13; b30–32.
412 Vgl. Horn (1988) 121, dem zufolge sich der vermeintliche Widerspruch, dass Möglichkeit Notwendigkeit ausschließt, durch die Annahme lösen lässt, dass δυνατόν in seiner weiteren Bedeutung verwendet wird, die die Notwendigkeit einschließt. Damit stellt sich Horn gegen Gomperz (vgl. ib.), der die Worte καὶ τὰ δυνατὰ κατὰ τὸ εἰκὸς ἢ τὸ ἀναγκαῖον als „völlig vernunftwidrig" bezeichnet hat.
413 Vgl. Kloss (2003) 165. Kloss gibt auch zu bedenken (S. 173), dass die Regeln der Wahrscheinlichkeit wohl nicht so zu verstehen sind, dass sie dem Dichter bei der Unterscheidung zwischen dem Möglichen und dem Unmöglichen helfen, da Aristoteles ihn dann an die γενόμενα verweisen müsste, da die diesbezügliche Realisierungsmöglichkeit außer Zweifel steht. Der ideale Dichter wäre dann der Versifikator, den Aristoteles ausdrücklich ablehnt.

4.4 Aristoteles über das Mögliche als Gegenstandsbereich des Dichters   223

Der Schlüssel zum Verständnis des Zusammenhangs zwischen dem Möglichen und dem Wahrscheinlichen liegt in der Bedeutung des präpositionalen Ausdrucks κατὰ τὸ εἰκὸς ἢ τὸ ἀναγκαῖον. Eine Sichtung der Parallelen für die Verknüpfung des Ausdrucks der Wahrscheinlichkeit mit demjenigen der Notwendigkeit (auch ἐξ ἀνάγκης) innerhalb der Poetik, die von Kloss größtenteils ausgewertet worden sind,[414] zeigt, dass sich die Modalkategorien des Wahrscheinlichen und Notwendigen auf einer anderen Ebene bewegen als diejenige des Möglichen.

Im siebenten Kapitel fasst Aristoteles seine Bemerkungen zum Umfang der Tragödie mit den folgenden Worten zusammen:[415]

> ὡς δὲ ἁπλῶς διορίσαντας εἰπεῖν, ἐν ὅσῳ μεγέθει κατὰ τὸ εἰκὸς ἢ τὸ ἀναγκαῖον ἐφεξῆς γιγνομένων συμβαίνει εἰς εὐτυχίαν ἐκ δυστυχίας ἢ ἐξ εὐτυχίας εἰς δυστυχίαν μεταβάλλειν, ἱκανὸς ὅρος ἐστὶν τοῦ μεγέθους.
>
> Um eine einfache Definition zu geben: bei welcher Art von Größe ein Umschwung vom Unglück ins Glück oder vom Glück ins Unglück erfolgt, wobei sich die Dinge nach den Regeln der Wahrscheinlichkeit oder Notwendigkeit nacheinander ergeben, ist eine ausreichende Definition der Größe.

Im achten Kapitel äußert Aristoteles die Ansicht, dass sich eine einheitliche Handlung nicht allein dadurch konstituiert, dass all das geschildert wird, was einer Person zustößt, sondern dadurch, dass die Ereignisse kausal miteinander verknüpft sind. Dieses Verständnis von Einheitlichkeit sieht Aristoteles bei Homer verwirklicht:[416]

> Ὀδύσσειαν γὰρ ποιῶν οὐκ ἐποίησεν ἅπαντα ὅσα αὐτῷ συνέβη, οἷον πληγῆναι μὲν ἐν τῷ Παρνασσῷ, μανῆναι δὲ προσποιήσασθαι ἐν τῷ ἀγερμῷ, ὧν οὐδὲν θατέρου γενομένου ἀναγκαῖον ἦν ἢ εἰκὸς θάτερον γενέσθαι, ἀλλὰ περὶ μίαν πρᾶξιν οἵαν λέγομεν τὴν Ὀδύσσειαν συνέστησεν, ὁμοίως δὲ καὶ τὴν Ἰλιάδα.
>
> Denn als er die *Odyssee* gedichtet hat, hat er nicht alles zum Gegenstand seiner Dichtung gemacht, was ihm [sc. Odysseus] widerfahren ist, wie z. B. die Verwundung auf dem Parnass, das Vortäuschen von Wahnsinn bei der Truppenaushebung – es war ja nicht notwendig oder wahrscheinlich, dass hiervon, wenn das eine geschehen ist, das andere geschieht –, sondern er hat die *Odyssee* auf eine Handlung, wie wir sie verstehen, angelegt und ebenso die *Ilias*.

---

414 Vgl. Kloss (2003) 173 f., der folgende Stellen auswertet: Poet. 1451a27 f.; 1451b34 f.; 1454a33–36. Ferner verweist er auf folgende Stellen (S. 174 Fußn. 18): 1451a12 f.; 1452a20 und 24; und auf folgende Stellen, an denen εἰκός allein steht: 1455a7; 17; 18; b10; 1456a24; b4; 1461b15.
415 Poet. 1451a11–15.
416 Poet. 1451a24–30.

Im zweiten Teil des neunten Kapitels definiert Aristoteles die episodische Handlung auf die folgende Weise:[417]

> λέγω δ' ἐπεισοδιώδη μῦθον ἐν ᾧ τὰ ἐπεισόδια μετ' ἄλληλα οὔτ' εἰκὸς οὔτ' ἀνάγκη εἶναι.
>
> Ich nenne eine Handlung episodisch, bei der es weder wahrscheinlich noch notwendig ist, dass die Episoden aufeinander folgen.

Im zehnten Kapitel definiert Aristoteles die einfachen (ἁπλοῖ μῦθοι) und die zusammengesetzten Handlungen (πεπλεγμένοι μῦθοι). Eine zusammengesetzte Handlung weist einen Wendepunkt (Peripetie) und/oder eine Wiedererkennung (Anagnorisis) auf. Zu den beiden zuletzt genannten Phänomenen bemerkt Aristoteles:[418]

> ταῦτα δὲ δεῖ γίνεσθαι ἐξ αὐτῆς τῆς συστάσεως τοῦ μύθου, ὥστε ἐκ τῶν προγεγενημένων συμβαίνειν ἢ ἐξ ἀνάγκης ἢ κατὰ τὸ εἰκὸς γίγνεσθαι ταῦτα· διαφέρει γὰρ πολὺ τὸ γίγνεσθαι τάδε διὰ τάδε ἢ μετὰ τάδε.
>
> Dies muss sich aber aus der Komposition der Handlung ergeben, so dass sich dies aus dem vorher Geschehenen mit Notwendigkeit oder Wahrscheinlichkeit ergibt. Denn es ist ein großer Unterschied, ob dies deshalb oder danach geschieht.

Im 15. Kapitel behandelt Aristoteles die Charaktere und stellt im vergleichenden Rückblick auf die Komposition der Handlung die analoge Forderung an die Konzeption der Charaktere:[419]

> χρὴ δὲ καὶ ἐν τοῖς ἤθεσιν ὁμοίως ὥσπερ καὶ ἐν τῇ τῶν πραγμάτων συστάσει ἀεὶ ζητεῖν ἢ τὸ ἀναγκαῖον ἢ τὸ εἰκός, ὥστε τὸν τοιοῦτον τὰ τοιαῦτα λέγειν ἢ πράττειν ἢ ἀναγκαῖον ἢ εἰκὸς καὶ τοῦτο μετὰ τοῦτο γίνεσθαι ἢ ἀναγκαῖον ἢ εἰκός.
>
> Auch bei den Charakteren muss man ebenso wie bei der Komposition der Handlung immer das Notwendige oder das Wahrscheinliche suchen, so dass es notwendig oder wahrscheinlich ist, dass der Derartige das Derartige sagt oder tut, und notwendig oder wahrscheinlich ist, dass das eine nach dem anderen geschieht.

In einer überzeugenden Auswertung der behandelten Stellen gelangt Kloss zu dem Schluss, dass der Ausdruck des Wahrscheinlichen (κατὰ τὸ εἰκὸς ἢ τὸ ἀναγκαῖον) nicht das „Verhältnis jeder einzelnen innerfiktionalen Handlung zur Realität", sondern das „Verhältnis von zwei oder mehr innerfiktionalen Hand-

---

417 Poet. 1451b34f.
418 Poet. 1452a18–21.
419 Poet. 1454a33–36.

lungen zueinander und ihre plausible Entwicklung auseinander", ihre Motivierung,⁴²⁰ bezeichnet.⁴²¹ Allerdings muss man diese Beobachtung (zumindest vorläufig) insofern einschränken, als nicht erwiesen ist, dass Aristoteles grundsätzlich eine fiktionale Handlung im Blick hat.⁴²²

Es wird somit deutlich, dass sich die Modalkategorien des Wahrscheinlichen und Notwendigen auf einer anderen Ebene bewegen als diejenige des Möglichen: das Mögliche gehört zu derjenigen Klasse von Ausdrücken, die das Verhältnis zur Realität beschreiben. Wie festgestellt wurde, umfasst das Mögliche sowohl das Geschehene als auch die mögliche Fiktion. Die Wahrscheinlichkeit (oder Notwendigkeit) hingegen bezeichnet nach Aristoteles' Verständnis die Verknüpfung der Ereignisse im Sinne der Motivierung:⁴²³ wenn X geschehen ist (die Realisierungsmöglichkeit von X wird an dieser Stelle außer Betracht gelassen), ist es wahrscheinlich (oder sogar notwendig), dass Y geschieht. Die wegweisende Erkenntnis, dass Aristoteles durch die Wahrscheinlichkeit und Notwendigkeit die Verknüpfung der Ereignisse in den Blick nimmt, ist weniger überraschend, wenn man bedenkt, dass Aristoteles die Handlung (ὁ μῦθος), der er den Vorrang vor allen anderen Komponenten der dichterischen Produktion gibt,⁴²⁴ als Verknüpfung der Ereignisse (ἡ τῶν πραγμάτων σύστασις oder σύνθεσις) versteht.⁴²⁵

Wie Kloss festgestellt hat, werden in der Hauptregel folglich zwei Forderungen aufgestellt:⁴²⁶ Der Dichter soll als Stoff das Mögliche wählen (οἷα ἂν γένοιτο

---

420 Vgl. Martinez/Scheffel (2016) 116–125.
421 Vgl. Kloss (2003) 174.
422 Im Grunde genommen kommt Halliwell (1986) 96–108 (vgl. auch Halliwell [1987] 105–112) zu demselben Ergebnis, wenngleich er andere Begriffe verwendet („causality, intelligibility, universals") und den Begriff der „Motivation" zumeist meidet (Ausnahme: S. 105); vgl. S. 105: „Adapted to poetic theory, these categories, necessity and probability, bear both on the intrinsic causality of the action, and on the ‚logic' which the construction of the plot requires us to apprehend in it."; S. 106: „We need not suppose that Aristotle imagined the causal sequence of a play could often have the degree of cohesion which a necessary relation between events would entail. But necessity stands for an extreme or ideal of unity [...]". Kloss' (2003) 175 Fußn. 20 Vorwurf, dass Halliwells Wahrscheinlichkeitsbegriff zwischen „fiktionsinterner Kohärenz" und „Universalität" oszilliert, stellt zwar eine Tatsache dar, darf aber nicht als Vorwurf dienen, da die Begriffe der Wahrscheinlichkeit und Notwendigkeit Allgemeinheitsparameter darstellen.
423 „Motivierung" ist zu verstehen als die Operation des Dichters (oder allgemeiner des Schriftstellers), die das Ziel hat, eine kausal verknüpfte Ereignissequenz herzustellen.
424 Vgl. Poet. 1450a15: μέγιστον δὲ τούτων ἐστὶν ἡ τῶν πραγμάτων σύστασις; 22f.: ὥστε τὰ πράγματα καὶ ὁ μῦθος τέλος τῆς τραγῳδίας, τὸ δὲ τέλος μέγιστον ἁπάντων; 38f.: ἀρχὴ μὲν οὖν καὶ οἷον ψυχὴ ὁ μῦθος τῆς τραγῳδίας.
425 Vgl. Poet. 1450a4f.: λέγω γὰρ μῦθον τοῦτον τὴν σύνθεσιν τῶν πραγμάτων und s. die vorige Fußn.
426 Vgl. Kloss (2003) 175f.

καὶ τὰ δυνατά) und es bestmöglich motivieren (κατὰ τὸ εἰκὸς ἢ τὸ ἀναγκαῖον). Die etwas umständlich anmutende Formulierung οἷα ἂν γένοιτο καὶ τὰ δυνατὰ κατὰ τὸ εἰκὸς ἢ τὸ ἀναγκαῖον erklärt sich also als Präzisierung (daher bedeutet καί „und zwar"): der erste Ausdruck der Möglichkeit (οἷα ἂν γένοιτο) ist wohl zu dem Zweck gewählt, um den Unterschied zum Historiker, der γενόμενα darstellt, auch sprachlich durch die Wahl desselben Verbs deutlich zu machen. Da Aristoteles dieser Unterschied (Geschehenes vs. Mögliches) allerdings nicht ausreicht, folgt die zweite Bestimmung (die kausale Verknüpfung der Ereignisse), wofür die Wiederholung des Ausdrucks der Möglichkeit nötig ist.[427]

Nun wird auch der Zusammenhang des neunten Kapitels mit dem siebenten und achten Kapitel der Poetik, in denen postuliert wurde, dass die Einheit des dichterischen Werkes von der wahrscheinlichen oder notwendigen Verknüpfung der einzelnen Teile abhängt, vollends deutlich. Dieser Zusammenhang, der durch Aristoteles in den Worten Φανερὸν δὲ ἐκ τῶν εἰρημένων [...], die das neunte Kapitel eröffnen, ausgedrückt wird, ist der Forschung zwar nicht entgangen. Die Tragweite dieses Zusammenhanges ist allerdings unterschätzt worden.[428] Die Plausibilität ist das verknüpfende Band zwischen den Kapiteln sieben bis neun. Daher liegt der Schwerpunkt von Aristoteles' Aussage im neunten Kapitel nicht auf dem Realitätsbezug der dichterischen Darstellung,[429] sondern auf der Plausibilität der Handlung. Auch und vor allem hierin ist der Unterschied zwischen dem Historiker und dem Dichter zu sehen.[430]

---

[427] Schmitts (2011) 13 und 381 Übersetzung, dass es die Aufgabe des Dichters ist, etwas so darzustellen, „wie es gemäß (innerer) Wahrscheinlichkeit oder Notwendigkeit geschehen würde, d.h., was (als eine Handlung eines bestimmten Charakters) möglich ist", verknüpft die Möglichkeit mit dem Charakter, ohne dass der Kontext auf diese Verknüpfung hindeutet; s. S. 241 f., Fußn. 481.

[428] Dies wird z. B. an der Ansicht von Baldry (1957) 42 deutlich. Ihm zufolge bedeutet der Ausdruck οἷα ἂν γένοιτο „the kind of things that are likely to happen" und steht durch die Präzisierung καὶ τὰ δυνατὰ κατὰ τὸ εἰκὸς ἢ τὸ ἀναγκαῖον in einem engen Zusammenhang mit dem siebenten und dem achten Kapitel, wo gesagt wurde, dass die Einheit des dichterischen Werkes von der wahrscheinlichen oder notwendigen Verknüpfung der einzelnen Teile abhängt: Nur der am Anfang des neunten Kapitels genannte Stoff ermögliche es dem Dichter, eine einheitliche Handlung zu konzipieren. Hierzu ist zu bemerken, dass der Zusammenhang zum siebenten und achten Kapitel zwar richtig gesehen wurde, dass er aber nicht darin zu sehen ist, dass das Mögliche mit dem Wahrscheinlichen stofflich vermengt wird.

[429] Eher beiläufig wird gesagt, dass das Mögliche (und nicht nur das Geschehene) der Gegenstandsbereich des Dichters ist, woraus sich ein potentieller Unterschied zu demjenigen des Historikers ergibt.

[430] Nach Kloss (2003) 178 ist in der Forderung nach Motivierung die eigentlich charakteristische Leistung des Dichters zu sehen, da es bei der Darstellung des Möglichen zu Überschneidungen mit dem Historiker kommen kann. Auch wenn diese Beobachtung i.W. zutrifft, ist die Begründung

4.4 Aristoteles über das Mögliche als Gegenstandsbereich des Dichters

Nachdem die erste Differenz zwischen dem Historiker und dem Dichter derart zu verstehen war, dass der Dichter durch die Darstellung des Möglichen einen größeren Objektbereich als der Historiker abdeckt, ist die in κατὰ τὸ εἰκὸς ἢ τὸ ἀναγκαῖον enthaltene Differenz eine Einschränkung des Gegenstandsbereiches des Dichters. Denn der Historiker ist nicht darauf angewiesen, dass die von ihm geschilderten Ereignisse in einem kausalen Zusammenhang zueinander stehen. Für den überwiegenden Teil der historischen bzw. alltäglichen Ereignisse gilt nämlich, dass sie dem Zufall unterliegen, wenngleich nicht ausgeschlossen ist, dass einzelne Ereignisse kausal aufeinander folgen. Diese Ansicht äußert Aristoteles am Ende des ersten Teils des neunten Kapitels.[431] Vereinfacht gesprochen, ergeben sich die meisten lebensweltlichen Geschehnisse nacheinander (μετὰ τάδε), die in der Dichtung geschilderten Ereignisse hingegen auseinander (διὰ τάδε).[432] Der Unterschied zwischen dem Objektbereich des Dichters und demjenigen des Historikers lässt sich daher unter Berücksichtigung des präpositionalen Ausdrucks κατὰ τὸ εἰκὸς ἢ τὸ ἀναγκαῖον folgendermaßen illustrieren:

Gattung	Gegenstandsbereich	Verknüpfung
Dichtung	Das Mögliche: Geschehenes (Mythos + Geschichte) + die mögliche Fiktion	Kausal (κατὰ τὸ εἰκὸς ἢ τὸ ἀναγκαῖον)
Geschichtsschreibung	Geschehenes (Mythos + Geschichte)	größtenteils zufällig, teilweise kausal

Die Fiktionalität der dichterischen Darstellung liegt daher allem Anschein nach in zwei Umständen: Da der spezifische Unterschied beim Gegenstandsbereich in demjenigen zu sehen ist, was zwar nicht geschehen ist, aber grundsätzlich als realisierbar eingeschätzt wird (denn das Geschehene kann gleichermaßen Gegenstand des Dichters und des Historikers sein), liegt zum einen hierin, in der freien Erfindung, Fiktionalität. Zum anderen ist die Fiktionalität darin zu sehen, dass sie durch die Operation des Dichters zustande kommt, der ein als historisch betrachtetes Geschehen derart modifiziert, dass er es bestmöglich motiviert. Im letzten Fall stellt die dichterische Fiktion nur eine geringe Abweichung von einer

---

etwas irreführend, da es auch bei der Verknüpfung der Ereignisse zu Überschneidungen kommen kann (wenn beide eine plausible Ereignissequenz darstellen); vgl. Poet. 1451b30–32. Trotz der beiden Unterschiede, die Aristoteles zwischen der Geschichtsschreibung und der Dichtung (insbesondere der Tragödie) sieht, sind Überschneidungen nicht ausgeschlossen.
431 Vgl. Poet. 1451b30–32.
432 Vgl. Poet. 1452a18–21 (s. S. 224).

im Kern historischen Geschichte dar, die dadurch zustande kommt, dass zu Zwecken der Motivierung Lücken in der Überlieferung geschlossen oder Details abgeändert werden. Im Zusammenhang mit der zweiten Form der Fiktionalität muss allerdings überprüft werden, ob die kausale Verknüpfung der Ereignisse den dargestellten Ereignissen immanent ist oder ob sie erst durch die Tätigkeit des Dichters hergestellt wird.

Betrachten wir zunächst die Fiktionalität im weiteren Sinne (etwas, was zwar nicht geschehen ist, aber grundsätzlich als realisierbar eingeschätzt wird: die mögliche Fiktion). Im Zusammenhang mit der Komödie vertritt Aristoteles die Auffassung, dass ihre Handlung frei erfunden ist.[433] Seine diesbezüglichen Aussagen folgen seiner Behauptung, dass die Dichtung im Gegensatz zur Geschichtsschreibung eher das Allgemeine darstellt.[434] Mit Bezug auf die Komödie kann Aristoteles kurz feststellen, dass der allgemeine Charakter offensichtlich ist, da nicht mehr – wie beim Jambus – historische Individuen an den Pranger gestellt werden,[435] also die Handlung von Individuen ausgeht, sondern erst eine Handlung konzipiert wird und anschließend den Personen zufällige Namen (τυχόντα ὀνόματα) gegeben werden.[436]

Damit ist der Fiktionalitätscharakter der Komödie zwar nicht explizit ausgesprochen, da Aristoteles vorrangig nicht die Fiktionalität im Blick hat, sondern den allgemeinen Charakter der Komödie. Aber ihre Fiktionalität ergibt sich aus Aristoteles' Bemerkungen, da man sich den Umstand, dass erst eine Handlung konzipiert wird und anschließend den Personen zufällige Namen gegeben werden, nicht anders erklären kann als dadurch, dass die Handlung fingiert wird und den Figuren anschließend stereotype Namen gegeben werden. Das Verhältnis zwischen dem Objektbereich und der Verknüpfung der dargestellten Ereignisse ist bei der Komödie offensichtlich derart, dass die Komödiendichter eine kausale Verknüpfung der Ereignisse künstlich herstellen (διὰ τῶν εἰκότων [sc. συστήσαντες τὸν μῦθον]).

Die Fiktionalität der Dichtung in dem Sinne, dass eine mögliche Handlung frei erfunden wird, erkennt Aristoteles auch bei Tragödien, wenn er sagt, dass einige Tragödien größtenteils erfundene Namen (Figuren) enthalten und bei einzelnen Tragödien dies sogar ausschließlich der Fall ist.[437] Auch in diesem Fall

---

433 Vgl. Poet. 1451b11–15.
434 Vgl. Poet. 1451b6f.
435 Vgl. Aristoteles' Bemerkungen im vierten und fünften Kapitel der Poetik, aus denen hervorgeht, dass er die Komödie für eine Weiterentwicklung der jambischen Invektive hält: Poet. 1448b30–1449a6; 1449b5–9.
436 Vermutlich hat Aristoteles die Mittlere Komödie im Blick; vgl. Schwinge (1996) 119 Fußn. 16.
437 Vgl. Poet. 1451b19–23.

verhalten sich der Objektbereich und die Verknüpfung der dargestellten Ereignisse in der Weise, dass der Dichter eine kausale Verknüpfung der Ereignisse künstlich herstellt. Dies sagt zwar Aristoteles nicht an der entsprechenden Stelle, an der er über die Fiktionalität einzelner Tragödien spricht. Aber aus der Fiktionalität der Darstellung folgt unmittelbar, dass die kausale Verknüpfung eine Operation des Dichters darstellt.

Schwieriger ist der Fall, der den Großteil der Tragödien betrifft, also derjenigen Tragödien, die (nach antikem Verständnis) auf historischem Geschehen beruhen. Wie bereits festgestellt wurde, ist die Anforderung an den Dichter, das Mögliche darzustellen, dadurch erfüllt, dass er das Mögliche in dem Sinne darstellt, dass etwas geschehen ist und somit erwiesen ist, dass es möglich ist. Es stellt sich nun die Frage, ob Aristoteles' Anforderung an die Dichtung, den Inhalt plausibel (κατὰ τὸ εἰκὸς ἢ τὸ ἀναγκαῖον) darzustellen, schon durch die Wahl des Stoffes erfüllt ist oder ob erst durch die Operation des Tragödiendichters eine kausale Verknüpfung der Ereignisse hergestellt wird. Mit anderen Worten: Ist die kausale Verknüpfung der Ereignisse bei (nach antikem Verständnis) historischen Tragödien eine vorgefundene Motivation oder das Resultat der Motivierung?

Der Text der Poetik gibt auf diese Frage keine explizite Antwort, und auch in der Forschung ist diese Frage weder geklärt noch in der Form untersucht worden, dass zwischen diesem Fall und den anderen Fällen (den Fällen der freien Erfindung) differenziert wird.[438] Eine Auswertung der zur Verfügung stehenden Textstellen deutet darauf hin, dass dem Stoff der (nach antikem Verständnis) historischen Tragödien teilweise schon eine kausale Verknüpfung der Ereignisse zugrunde liegt, dass diese aber teilweise erst durch den Dichter voll entfaltet wird.

Eine Stelle aus dem 13. Kapitel zeigt, dass dem Stoff der (nach antikem Verständnis) historischen Tragödien teilweise schon eine kausale Verknüpfung der Ereignisse immanent ist. Aristoteles fordert dort, dass die tragische Handlung am

---

438 Vgl. Horn (1988) 121: „Der Dichter hat also die γενόμενα, die er gestalten will, auf die Möglichkeit hin zu überprüfen, ob sie unter Befolgung des Grundsatzes der Wahrscheinlichkeit oder sogar der Notwendigkeit in der oben beschriebenen Relation geschehen können." Wie man diese Überprüfung verstehen darf, ist nicht ersichtlich. Entweder ist die kausale Verknüpfung der Ereignisse diesen immanent; dann würde der Dichter den geeigneten Stoff wählen und den ungeeigneten Stoff ignorieren. Oder die kausale Verknüpfung der Ereignisse ist diesen nicht immanent; dann würde es sich um die Operation des Dichters handeln. Vgl. auch Kloss (2003) 175f., dem zufolge in der Hauptregel zwei Forderungen aufgestellt werden: Der Dichter soll als Stoff das Mögliche wählen (οἷα ἂν γένοιτο καὶ τὰ δυνατά) und es bearbeiten „unter Beachtung der Regeln von Wahrscheinlichkeit oder gar Notwendigkeit" (κατὰ τὸ εἰκὸς ἢ τὸ ἀναγκαῖον), also in bestmöglicher Motivierung des Geschehenszusammenhangs. Ihm zufolge ist die Motivierung also immer eine Operation des Dichters. Daher spricht er auch von der „besondere[n] Qualität der Verarbeitung" (S. 176), die in κατὰ τὸ εἰκὸς ἢ τὸ ἀναγκαῖον ausgedrückt wird.

besten vom Glück ins Unglück umschlägt, und zwar aufgrund eines Fehlers des Protagonisten. Diese Forderung sieht Aristoteles in der Entwicklung der Tragödie begründet:[439]

> πρῶτον μὲν γὰρ οἱ ποιηταὶ τοὺς τυχόντας μύθους ἀπηρίθμουν, νῦν δὲ περὶ ὀλίγας οἰκίας αἱ κάλλισται τραγῳδίαι συντίθενται, οἷον περὶ Ἀλκμέωνα καὶ Οἰδίπουν καὶ Ὀρέστην καὶ Μελέαγρον καὶ Θυέστην καὶ Τήλεφον καὶ ὅσοις ἄλλοις συμβέβηκεν ἢ παθεῖν δεινὰ ἢ ποιῆσαι.
>
> Zuerst nämlich versuchten sich die Dichter der Reihe nach an beliebigen Geschichten, heute macht man aus der Geschichte weniger Häuser die besten Tragödien, etwa aus der Geschichte von Alkmeon, Ödipus, Orest, Meleager, Thyest, Telephos und den Geschichten einiger anderer, die etwas erlitten oder getan haben, was schwere Konsequenzen haben sollte.

Die Tatsache, dass die zeitgenössischen Tragödiendichter bestimmte Figuren bzw. Häuser bevorzugen, zeigt, dass häufig – unabhängig von der individuellen Gestaltung des Dichters – mit den (nach modernem Verständnis) mythischen Figuren ein Grundgerüst einer motivierten Handlung bereits gegeben ist. In diesem Fall liegt Aristoteles' Augenmerk zwar auf der Peripetie, aber es wird deutlich, dass diese als ein Element einer kausal verknüpften Handlung aufgefasst wird.[440] Dieser Umstand wird umso deutlicher, wenn man bedenkt, dass nach wie vor Aristoteles' Forderung aus dem 10. Kapitel gilt, dass sich eine Peripetie und eine Wiedererkennung aus dem vorher Geschehenen mit Notwendigkeit oder Wahrscheinlichkeit ergeben sollen.[441]

Am Ende des 14. Kapitels, in dem Aristoteles die Erzeugung von Furcht und Mitleid behandelt, erwähnt er abermals den Umstand, dass die meisten Tragödien nur von wenigen Familien handeln. Die Erzeugung von Furcht und Mitleid kategorisiert Aristoteles anhand der Parameter (nicht-)Ausführen einer Handlung und Intention/Wissen. Die beste Handlungsstruktur ist nach Aristoteles so beschaffen, dass die tragische Figur im Begriff ist, aus Unkenntnis einen Fehler zu begehen, es aber erkennt, bevor sie die Tat ausführt. Als Beispiel wird u.a. die *Iphigenie* (*bei den Tauren*) genannt. Dann fährt Aristoteles fort:[442]

> διὰ γὰρ τοῦτο, ὅπερ πάλαι εἴρηται, οὐ περὶ πολλὰ γένη αἱ τραγῳδίαι εἰσίν. ζητοῦντες γὰρ οὐκ ἀπὸ τέχνης ἀλλ' ἀπὸ τύχης εὗρον τὸ τοιοῦτον παρασκευάζειν ἐν τοῖς μύθοις· ἀναγκάζονται οὖν ἐπὶ ταύτας τὰς οἰκίας ἀπαντᾶν ὅσαις τὰ τοιαῦτα συμβέβηκε πάθη.

---

439 Poet. 1453a17–22 mit einer Übersetzung nach Schmitt (2011) 18.
440 Für die Tatsache, dass die Peripetie ein Teil der Handlung ist, vgl. Poet. 1450a33–35: πρὸς δὲ τούτοις τὰ μέγιστα οἷς ψυχαγωγεῖ ἡ τραγῳδία τοῦ μύθου μέρη ἐστίν, αἵ τε περιπέτειαι καὶ ἀναγνωρίσεις.
441 Vgl. Poet. 1452a18–21 (s. S. 224).
442 Poet. 1454a9–13.

Aus diesem Grund, wie schon zuvor gesagt, handeln die Tragödien nicht über viele Familien. Denn bei der Suche [sc. nach einem guten Handlungsverlauf] stießen sie [sc. die Dichter] nicht aufgrund ihres Theoriewissens, sondern aus Zufall darauf, das Derartige [sc. einen derartigen Handlungsverlauf] in den Geschichten zu gestalten. Daher sind sie gezwungen, all diese Häuser zum Gegenstand ihrer Darstellung zu machen, denen derartiges Leid widerfahren ist.

Wie im Fall der Peripetie stellt Aristoteles auch bei der Erzeugung von Furcht und Mitleid dieselbe Diagnose: Die Tragödiendichter halten sich an traditionelle Geschichten, da mit ihnen das Grundgerüst einer motivierten Handlung bereits gegeben ist. Auch in diesem Fall liegt Aristoteles' Augenmerk nicht auf der kausal motivierten gesamten Handlung, sondern auf der Erzeugung von Furcht und Mitleid. Aber da für die Erzeugung dieser Affekte gilt, dass sie sich nach Aristoteles am besten aus der Handlung selbst ergeben,[443] muss die Handlung, da sie κατὰ τὸ εἰκὸς ἢ τὸ ἀναγκαῖον geschehen soll, zumindest in diesem Punkt kausal motiviert sein. Im Fall der *Iphigenie (bei den Tauern)* z. B. ist die Erzeugung von Furcht und Mitleid aus einer motivierten Handlung dadurch garantiert, dass Iphigenie zwar im Begriff ist, aber letztlich nicht den Fehler begeht, ihren Bruder Orest zu töten, da im entscheidenden Moment die Wiedererkennung einsetzt.

Andererseits zeigt die zitierte Stelle, dass die Motivierung der Ereignisse noch nicht vollständig gegeben ist, wenn die Dichter eine traditionelle Geschichte wählen, da sie einen Handlungsverlauf, der Furcht und Mitleid erzeugt, in den Geschichten gestalten (παρασκευάζειν). Durch die Wahl dieses Verbes wird unmissverständlich ein kreativer Schaffensprozess bezeichnet.

Der Umstand, dass die Tragödiendichter zu einem großen Teil für die kausale Verknüpfung der Ereignisse selbst verantwortlich sind, wird im 17. Kapitel deutlich, wo Aristoteles fordert, dass die Dichter zuerst eine Handlungsskizze entwerfen, bevor sie Details ausarbeiten; als Beispiel wird das Grundgerüst der *Iphigenie bei den Tauern* vorgeführt:[444]

> τούς τε λόγους καὶ τοὺς πεποιημένους δεῖ καὶ αὐτὸν ποιοῦντα ἐκτίθεσθαι καθόλου, εἶθ' οὕτως ἐπεισοδιοῦν καὶ παρατείνειν. λέγω δὲ οὕτως ἂν θεωρεῖσθαι τὸ καθόλου, οἷον τῆς Ἰφιγενείας· τυθείσης τινὸς κόρης καὶ ἀφανισθείσης ἀδήλως τοῖς θύσασιν, ἱδρυνθείσης δὲ εἰς ἄλλην χώραν, ἐν ᾗ νόμος ἦν τοὺς ξένους θύειν τῇ θεῷ, ταύτην ἔσχε τὴν ἱερωσύνην· χρόνῳ δὲ ὕστερον τῷ ἀδελφῷ συνέβη ἐλθεῖν τῆς ἱερείας, τὸ δὲ ὅτι ἀνεῖλεν ὁ θεὸς [διά τινα αἰτίαν ἔξω τοῦ καθόλου] ἐλθεῖν ἐκεῖ καὶ ἐφ' ὅ τι δὲ ἔξω τοῦ μύθου· ἐλθὼν δὲ καὶ ληφθεὶς θύεσθαι μέλλων ἀνεγνώρισεν, εἴθ' ὡς Εὐριπίδης εἴθ' ὡς Πολύιδος ἐποίησεν, κατὰ τὸ εἰκὸς εἰπὼν ὅτι οὐκ ἄρα μόνον τὴν ἀδελφὴν ἀλλὰ καὶ αὐτὸν ἔδει τυθῆναι, καὶ ἐντεῦθεν ἡ σωτηρία.

---

443 Vgl. Poet. 1453b1–3.
444 Poet. 1455a34–b12 mit einer Übersetzung teilweise nach Schmitt (2011) 24.

Die Geschichten – sowohl diejenigen, für die es bereits poetische Vorlagen gibt, als auch diejenigen, die er [sc. der Dichter] selbst erfindet – soll er im Großen und Ganzen entwerfen; dann soll er sie so [sc. nachträglich] in Episoden einteilen und ausarbeiten. Mit dem Blick auf das Große und Ganze meine ich z. B. dasjenige der *Iphigenie*: ein Mädchen wurde geopfert und entrückt, ohne dass den Opfernden klar war, was geschieht. Es wurde in ein anderes Land versetzt, in dem es Sitte war, die Fremden der Göttin zu opfern. Dieses Priesteramt erhielt das Mädchen. Später traf es sich, dass der Bruder der Priesterin kommt. Dass er dies auf Weisung eines Gottes tat [der Grund für diese Weisung liegt außerhalb des Großen und Ganzen] und mit welcher Aufgabe, liegt außerhalb der Handlung. Er kam, wurde gefangen genommen, und in demjenigen Augenblick, als er geopfert werden sollte, kam es zur Wiedererkennung – sei es, wie es Euripides, sei es, wie es Polyidos dargestellt hat –, indem er nach der Regel der Wahrscheinlichkeit sagt, dass also nicht nur seine Schwester geopfert werden musste, sondern auch er selbst. Von hier aus entwickelt sich die Rettung.

Bei der illustrierten Verwicklung der Ereignisse lässt sich eine Motivierung im Grunde genommen nur im Zusammenhang mit der Wiedererkennung (und damit verbunden: der Peripetie) erkennen, da Orest nach den Regeln der Wahrscheinlichkeit sagt, dass also nicht nur seine Schwester geopfert werden musste, sondern auch er selbst geopfert werden soll. Selbst bei der Rettung hat es den Anschein, dass diese in der Handlungsskizze nur nach (ἐντεῦθεν) den vorigen Ereignissen, nicht aufgrund der vorigen Ereignisse passiert.

Um Aristoteles' Forderungen im Zusammenhang mit der *Iphigenie bei den Taurern* vollständig zu verstehen, muss man seine Aussagen über die Wiedererkennung im 16. Kapitel berücksichtigen. Dort nennt und bewertet er verschiedene Arten der Anagnorisis. Diejenige Art der Wiedererkennung, durch die sich Orest in Euripides' *Iphigenie bei den Taurern* zu erkennen gibt, beurteilt Aristoteles als relativ schlecht. Denn anders als Iphigenie, die ihre Identität durch einen Brief enthüllt, sagt Orest (in einer zweiten Wiedererkennung) einfach nur, dass er Orest ist.[445] Eine andere Art der Wiedererkennung besteht in der Schlussfolgerung. Als Beispiel wird genannt, wie Polyidos die Wiedererkennung zwischen Orest und Iphigenie gestaltet hat:[446] Ihm zufolge hat Orest geschlussfolgert, dass dasselbe, was seiner Schwester zugestoßen ist, nämlich geopfert zu werden, auch ihm

---

445 Vgl. Poet. 1454b30–35: δεύτεραι δὲ αἱ πεποιημέναι ὑπὸ τοῦ ποιητοῦ, διὸ ἄτεχνοι. οἷον Ὀρέστης ἐν τῇ Ἰφιγενείᾳ ἀνεγνώρισεν ὅτι Ὀρέστης· ἐκείνη μὲν γὰρ διὰ τῆς ἐπιστολῆς, ἐκεῖνος δὲ αὐτὸς λέγει ἃ βούλεται ὁ ποιητής ἀλλ' οὐχ ὁ μῦθος; Iph. Taur. 800–802.
446 Die Frage, ob Polyidos eine Iphigenie-Tragödie verfasst hat oder ob er nur als Kritiker eine Empfehlung über die Wiedererkennung zwischen Iphigenie und Orest ausspricht, kann nicht zweifelsfrei geklärt werden. Das Verb ποιεῖν an der zuvor zitierten Stelle (s. S. 231 f.) legt jedoch nahe, dass er eine Iphigenie-Tragödie verfasst hat. Möglicherweise handelt es sich bei dem Kritiker um einen anderen Polyidos (s. die nächste Fußn.).

selbst zustößt.⁴⁴⁷ Abschließend bewertet Aristoteles diejenige Wiedererkennung als die beste, die sich unmittelbar aus der Handlungsfolge selbst ergibt, und nennt als Beispiel Iphigenies Wiedererkennung, die dadurch geschieht, dass sie sich durch einen Brief zu erkennen gibt, den sie in ihre Heimat nach Argos zu Orest schicken möchte, und dabei ihren Namen sowie denjenigen des Empfängers nennt.⁴⁴⁸ Als zweitbeste Art der Wiedererkennung betrachtet Aristoteles diejenige, die durch eine Schlussfolgerung passiert.⁴⁴⁹

Die Angabe „sei es, wie es Euripides, sei es, wie es Polyidos dargestellt hat" ist also so zu verstehen, dass Aristoteles dem Dichter in der Handlungsskizze zwei alternative Wiedererkennungen zur Wahl stellt, nämlich diejenige, die Euripides realisiert hat, und diejenige des Polyidos. Euripides' Realisation wird an dieser Stelle nicht näher erläutert. Über die Wiedererkennung nach Polyidos heißt es hingegen, dass Orest nach den Regeln der Wahrscheinlichkeit sagt, dass also nicht nur seine Schwester geopfert werden musste, sondern auch er selbst geopfert werden soll. Entscheidend ist in diesem Zusammenhang, dass Aristoteles dem Dichter zwei Alternativen für eine kausal motivierte Wiedererkennung zur Wahl stellt. Die kausal motivierte Wiedererkennung an sich ist der einzige kausale Zusammenhang, der im Grundgerüst des Handlungsverlaufes enthalten ist.

Einige kausale Zusammenhänge weist Aristoteles sogar explizit zurück, weil sie nicht zur Handlung gehören. So gehört es nicht zur Handlung, dass Orests Ankunft bei den Taurern motiviert ist (der fehlende kausale Zusammenhang wird explizit durch συνέβη ausgedrückt). Hieraus könnte man folgern, dass es auch nicht die Aufgabe des Dichters ist, den Umstand, dass Orest zu den Taurern gelangt, zu motivieren. Die entsprechende Textstelle, die textkritisch unsicher ist,⁴⁵⁰ muss man aber wohl so verstehen, dass der Grund für Orests Ankunft noch nicht Teil der Handlung ist, wenn diese im Großen und Ganzen konzipiert wird. In der Skizze der Handlung ist Orests Ankunft kontingent, da für das Grundgerüst der *Iphigenie*-Tragödie die Tatsache ausreicht, *dass* Orest zu den Taurern gelangt. Aber letztlich darf bzw. soll der Dichter eine Motivierung erwähnen – z. B. diejenige, die Euripides verwendet (Orest ist bestrebt, auf Apolls Geheiß die Artemis-Statue nach Athen zu bringen, damit die Verfolgung durch die Erinnyen ein Ende

---

447 Vgl. Poet. 1455a4–8, v. a. 6–8: καὶ ἡ Πολυίδου τοῦ σοφιστοῦ περὶ τῆς Ἰφιγενείας· εἰκὸς γὰρ ἔφη τὸν Ὀρέστην συλλογίσασθαι ὅτι ἥ τ' ἀδελφὴ ἐτύθη καὶ αὐτῷ συμβαίνει θύεσθαι.
448 Vgl. Iph. Taur. 769–771.
449 Vgl. Poet. 1455a16–21: πασῶν δὲ βελτίστη ἀναγνώρισις ἡ ἐξ αὐτῶν τῶν πραγμάτων, τῆς ἐκπλήξεως γιγνομένης δι' εἰκότων, οἷον ἐν τῷ Σοφοκλέους Οἰδίποδι καὶ τῇ Ἰφιγενείᾳ· εἰκὸς γὰρ βούλεσθαι ἐπιθεῖναι γράμματα. [...] δεύτεραι δὲ αἱ ἐκ συλλογισμοῦ.
450 Vgl. hierzu Else (1957) 507 ad Arist. Poet. 1455b2–8.

findet).⁴⁵¹ In der ausgearbeiteten *Iphigenie*-Tragödie ist Orests Ankunft also kausal motiviert, aber – da diese Motivierung kein unverzichtbarer Teil der Handlung ist – nur dazu geeignet, um in einer Episode Platz zu finden oder um beiläufig erwähnt zu werden.⁴⁵²

Der Umstand, dass erst die Tragödiendichter die kausale Verknüpfung der Ereignisse voll entfalten, wird an der zuletzt zitierten Stelle schon daraus deutlich, dass nur das Grundgerüst einer Handlung vorgegeben ist. Alle weiteren Details unterliegen der Ausarbeitung des Dichters. Hierzu gehören u. a. die Umstände von Orests und Pylades' Gefangennahme. Diese wird bei Euripides zum Beispiel dadurch realisiert, dass Orest einen Wahnsinnsanfall erleidet, der daraus resultiert, dass ihm die Ermordung seiner Mutter keine innere Ruhe lässt.⁴⁵³ Auch die Details der Wiedererkennung werden nur insofern vorgegeben, als zwei Alternativen für eine kausal motivierte Wiedererkennung zur Wahl gestellt werden. Ferner sind die Details der Rettung noch nicht in einen kausalen Zusammenhang gestellt. Um wiederum das Beispiel der Euripideischen Fassung zu nennen: Die Rettung lässt sich z. B. dadurch bewerkstelligen, dass die Artemis-Statue unter dem Vorwand, dass sie aufgrund der Anwesenheit der Muttermörder Orest und Pylades verunreinigt sei, im Meer gereinigt wird,⁴⁵⁴ wodurch Iphigenie, Orest und Pylades davonsegeln können.

Die ausgewerteten Stellen zeigen daher einerseits, dass die Dichter häufig ein Grundgerüst einer tragischen Handlung übernehmen. Dieses mit den traditionellen Geschichten verknüpfte Grundgerüst weist einzelne kausale Verknüpfungen auf. In seinen wesentlichen Bestandteilen darf es nicht geändert werden; z. B. muss Klytaimestra von Orest getötet werden.⁴⁵⁵ Andererseits unterliegt die vollständige Ausgestaltung und bestmögliche kausale Verknüpfung der Ereignisse dem Schaffensprozess des Dichters.⁴⁵⁶

---

451 Vgl. Else (1957) 507 ad Arist. Poet. 1455b2-8: „The god's action, and his motive for it, are not a necessary part of the plot; which is not to say that they may not be *alluded to* in the play [...]."
452 Vgl. Euripides' Vorgehensweise, der den Grund dafür, dass Orest zu den Taurern gelangt, Orest kurz in einer Rede an Apoll sagen lässt (Iph. Taur. 82-92).
453 Vgl. Iph. Taur. 260-339; Lucas (1968) 180 ad Arist. Poet. 1455b1; Schmitt (2011) 548 ad Arist. Poet. 1455a34-b15.
454 Vgl. Iph. Taur. 1163-1223.
455 Vgl. Poet. 1453b22-25: τοὺς μὲν οὖν παρειλημμένους μύθους λύειν οὐκ ἔστιν, λέγω δὲ οἷον τὴν Κλυταιμήστραν ἀποθανοῦσαν ὑπὸ τοῦ Ὀρέστου [...]; s. S. 476.
456 Vgl. Heath (1991) 390, wenngleich der Begriff der Auswahl („selection") irreführend ist: „The contrast between poetry and history in *Poetics* 9 cannot mean that poetry has a special kind of object (universal) distinct from that of historiography (particular), since Aristotle recognises that the object of history (τὰ γενόμενα) and the object of poetry (οἷα ἂν εἰκὸς γενέσθαι) sometimes coincide (1451b15-19, 29-31). The point is rather that the selection of particulars to be imitated in

4.4 Aristoteles über das Mögliche als Gegenstandsbereich des Dichters 235

Zusammenfassend lässt sich festhalten, dass Aristoteles die Gattungen Dichtung und Geschichtsschreibung auf die folgende Weise definiert:

Gattung	Gegenstandsbereich	Verknüpfung
Dichtung	Das Mögliche:	Kausal (κατὰ τὸ εἰκὸς ἢ τὸ ἀναγκαῖον):
	Geschehenes (Mythos + Geschichte)	immanente Motivation + künstliche Motivierung
	+ die mögliche Fiktion	künstliche Motivierung
Geschichts-schreibung	Geschehenes (Mythos + Geschichte)	größtenteils zufällig, teilweise kausal

Vereinfacht gesprochen, wählen die Tragödiendichter zumeist einen als historisch betrachteten Stoff, bei dem die Ereignisse gut motiviert sind, sie zeichnen sich aber dadurch aus, dass sie den Stoff zusätzlich bestmöglich motivieren. Die Verknüpfung der Ereignisse in der Geschichtsschreibung ist hingegen zumeist zufällig, wenngleich nicht ausgeschlossen ist, dass diese wahrscheinlich (plausibel) sein kann.[457] Die Fiktionalität der Dichtung ist sowohl in der freien Erfindung einer möglichen Handlung (mit allem, was dazugehört: Figuren, Verknüpfung der Ereignisse etc.) zu sehen als auch in der künstlich motivierten („fingierten") Verknüpfung von im Kern historischen Ereignissen.

διὸ καὶ φιλοσοφώτερον καὶ σπουδαιότερον ποίησις ἱστορίας ἐστίν· ἡ μὲν γὰρ ποίησις μᾶλλον τὰ καθόλου, ἡ δ' ἱστορία τὰ καθ' ἕκαστον λέγει. ἔστιν δὲ καθόλου μέν, τῷ ποίῳ τὰ ποῖα ἄττα συμβαίνει λέγειν ἢ πράττειν κατὰ τὸ εἰκὸς ἢ τὸ ἀναγκαῖον, οὗ στοχάζεται ἡ ποίησις ὀνόματα ἐπιτιθεμένη· τὸ δὲ καθ' ἕκαστον, τί Ἀλκιβιάδης ἔπραξεν ἢ τί ἔπαθεν.[458]

---

tragedy is subject to the constraint that they instantiate general principles; that is, they must constitute a structured series of events that unfolds in accordance with necessity or probability." Außerdem bestehen zwischen der Dichtung und der Geschichtsschreibung grundsätzlich zwei Unterschiede (der Objektbereich der Dichtung ist das Mögliche, derjenige der Geschichtsschreibung das Geschehene; die Verknüpfung der Ereignisse muss in der Dichtung wahrscheinlich oder sogar notwendig sein, in der Geschichtsschreibung muss sie es nicht, sie kann es aber sein), wenngleich beide Unterschiede nicht absolut sind, so dass es aufgrund beider Parameter zu Überschneidungen kommen kann.
457 Vgl. Poet. 1451b30–32.
458 Poet. 1451b5–11.

Der Streit um die Echtheit des vorliegenden Abschnittes, der maßgeblich von Grayeff aufgeworfen wurde, darf als überwunden gelten. Denn die These, dass der Gegensatz zwischen dem Allgemeinen und dem Einzelnen nicht auf Aristoteles, sondern auf einen systematisierenden Philosophen („systematising philosopher") zurückgeht, da sich der Gegensatz zwar auf den Gattungsunterschied zwischen Tragödie und Komödie anwenden ließe (die Tragödie stellt das Einzelne dar, die Komödie das Allgemeine), nicht aber auf denjenigen zwischen Dichtung und Geschichtsschreibung,[459] lässt sich nicht halten. Denn auch bei der Tragödie ist das Allgemeine dadurch gegeben, dass alles einzelne, was eine Figur tut oder sagt, nach den Regeln der Wahrscheinlichkeit oder sogar Notwendigkeit (κατὰ τὸ εἰκὸς ἢ τὸ ἀναγκαῖον) geschieht.[460]

Um Aristoteles' Aussagen über das Einzelne und Allgemeine adäquat zu verstehen, ist ein kurzer Exkurs in die Aristotelische Wissenschaftstheorie notwendig.[461] In Aristoteles' wissenschaftstheoretischen Schriften lassen sich zwei Unterscheidungen des Einzelnen und des Allgemeinen antreffen. Einerseits wird das Einzelne dem Allgemeinen in einer binären Opposition gegenübergestellt. Das Allgemeine konstituiert nach Aristoteles volles wissenschaftliches Wissen (ἐπιστήμη). Anders gesagt: Die ἐπιστήμη ist Wissen des Allgemeinen, das den Dingen mit Notwendigkeit zukommt, also von etwas, das nicht anders sein kann, als es ist. Als solche wird die ἐπιστήμη dem Kontingenten gegenübergestellt.[462]

Andererseits lässt sich bei Aristoteles eine dreigliedrige Differenzierung antreffen, in der der Gegensatz zwischen dem zufälligen Einzelnen und dem notwendigen Allgemeinen um die dritte Kategorie des Üblichen (ὡς ἐπὶ τὸ πολύ) erweitert wird, die zwischen dem Notwendigen und dem Zufälligen liegt. Dabei steht das Übliche dem Notwendigen insofern näher als dem Zufälligen, als es

---

459 Vgl. Grayeff (1956) 110–114.
460 Vgl. von Fritz (1958) 81–84.
461 Vgl. de Sainte Croix (1992) 24–28.
462 Vgl. met. 1003a13–15: εἰ δὲ μὴ καθόλου ἀλλ' ὡς τὰ καθ' ἕκαστα, οὐκ ἔσονται ἐπιστηταί (καθόλου γὰρ ἡ ἐπιστήμη πάντων) [...]; 1017b35–18a2: τὰ γὰρ καθόλου καθ' αὑτὰ ὑπάρχει, τὰ δὲ συμβεβηκότα οὐ καθ' αὑτά· ἀλλ' ἐπὶ τῶν καθ' ἕκαστα ἁπλῶς λέγεται; anal. 73b26–28: καθόλου δὲ λέγω ὃ ἂν κατὰ παντός τε ὑπάρχῃ καὶ καθ' αὑτό καὶ ᾗ αὑτό. φανερὸν ἄρα ὅτι ὅσα καθόλου, ἐξ ἀνάγκης ὑπάρχει τοῖς πράγμασιν; 87b37–39: αἰσθάνεσθαι μὲν γὰρ ἀνάγκη καθ' ἕκαστον, ἡ δ' ἐπιστήμη τὸ τὸ καθόλου γνωρίζειν ἐστίν; 88b30–32: Τὸ δ' ἐπιστητὸν καὶ ἐπιστήμη διαφέρει τοῦ δοξαστοῦ καὶ δόξης, ὅτι ἡ μὲν ἐπιστήμη καθόλου καὶ δι' ἀναγκαίων, τὸ δ' ἀναγκαῖον οὐκ ἐνδέχεται ἄλλως ἔχειν. Vgl. darüber hinaus die weiteren bei de Sainte Croix (1992) 30 Fußn. 9–15 verzeichneten Stellen. Für eine Definition des Zufälligen vgl. top. 102b4–26, v. a. 4–7: Συμβεβηκὸς δέ ἐστιν ὃ μηδὲν μὲν τούτων ἐστί, μήτε ὅρος μήτε ἴδιον μήτε γένος, ὑπάρχει δὲ τῷ πράγματι, καὶ ὃ ἐνδέχεται ὑπάρχειν ὁτῳοῦν ἑνὶ καὶ τῷ αὐτῷ καὶ μὴ ὑπάρχειν. Zum Zufälligen vgl. auch Schmitt (2011) 403 ad Arist. Poet. 9.

4.4 Aristoteles über das Mögliche als Gegenstandsbereich des Dichters • —— 237

ebenso wie das Notwendige volles wissenschaftliches Wissen konstituiert. Die Dreiteilung ist daher als Präzisierung der Zweiteilung zwischen dem Einzelnen und dem Allgemeinen anzusehen – oder anders gesagt: das Allgemeine wird aufgespalten in das Notwendige bzw. Allgemeine im engeren Sinne und das Übliche. Die Dreiteilung findet sich an mehreren Stellen des Aristotelischen Werkes,[463] z. B. in der Metaphysik:[464]

> περὶ μὲν οὖν τούτων ὕστερον σκεπτέον, ὅτι δ' ἐπιστήμη οὐκ ἔστι τοῦ συμβεβηκότος φανερόν· ἐπιστήμη μὲν γὰρ πᾶσα ἢ τοῦ ἀεὶ ἢ τοῦ ὡς ἐπὶ τὸ πολύ.
>
> Darüber müssen später Beobachtungen angestellt werden, dass es aber kein Wissen des Zufälligen gibt, ist offensichtlich. Denn das ganze Wissen ist Wissen von dem, was immer [sc. geschieht], oder von dem, was meistens [sc. geschieht].

Für ein besseres Verständnis von Aristoteles' Aussagen über das Einzelne und Allgemeine im neunten Kapitel der Poetik ist es daher zum einen nötig, seine wissenschaftstheoretischen Unterscheidungen dieser beiden Kategorien (inklusive des Üblichen) zu berücksichtigen. Außerdem muss bedacht werden, dass auch im neunten Kapitel keine strenge Zweiteilung vorliegt, da das Allgemeine nicht nur als das Notwendige, sondern auch als das Wahrscheinliche (τὸ εἰκός) definiert wird.[465]

Besondere Aufmerksamkeit hat in der Forschung die Tatsache erregt, dass Aristoteles im neunten Kapitel der Poetik vom Wahrscheinlichen (τὸ εἰκός) spricht, womit nichts anderes als das Übliche (das, was zumeist geschieht) gemeint sein dürfte,[466] aber eben nicht den Ausdruck ὡς ἐπὶ τὸ πολύ verwendet.[467] Hierdurch ergibt sich der Umstand, dass die Verknüpfung des Begriffs der Wahrscheinlichkeit mit dem Begriff der Notwendigkeit entsteht (κατὰ τὸ εἰκὸς ἢ τὸ ἀναγκαῖον),[468] die Aristoteles nur in der Poetik verwendet.[469]

---

463 Vgl. de Sainte Croix (1992) 25–27.
464 Met. 1027a19–21; vgl. auch ib. 1025a14–21: Συμβεβηκὸς λέγεται ὃ ὑπάρχει μέν τινι καὶ ἀληθὲς εἰπεῖν, οὐ μέντοι οὔτ' ἐξ ἀνάγκης οὔτε ⟨ὡς⟩ ἐπὶ τὸ πολύ, οἷον εἴ τις ὀρύττων φυτῷ βόθρον εὗρε θησαυρόν. τοῦτο τοίνυν συμβεβηκὸς τῷ ὀρύττοντι τὸν βόθρον, τὸ εὑρεῖν θησαυρόν· οὔτε γὰρ ἐξ ἀνάγκης τοῦτο ἐκ τούτου ἢ μετὰ τοῦτο, οὔθ' ὡς ἐπὶ τὸ πολύ ἄν τις φυτεύῃ θησαυρὸν εὑρίσκει. καὶ μουσικός γ' ἄν τις εἴη λευκός· ἀλλ' ἐπεὶ οὔτε ἐξ ἀνάγκης οὔθ' ὡς ἐπὶ τὸ πολύ τοῦτο γίγνεται, συμβεβηκὸς αὐτὸ λέγομεν. Vgl. darüber hinaus die weiteren bei de Sainte Croix (1992) 25–27 verzeichneten Stellen.
465 Vgl. de Sainte Croix (1992) 25.
466 Vgl. rhet. 1357a34: τὸ μὲν γὰρ εἰκός ἐστι τὸ ὡς ἐπὶ τὸ πολύ γινόμενον; Gastaldi (1973) 222.
467 Den Ausdruck ὡς ἐπὶ τὸ πολύ verwendet Aristoteles nur einmal in der Poetik, nämlich am Anfang des siebenten Kapitels (Poet. 1450b30): ἐξ ἀνάγκης ἢ ὡς ἐπὶ τὸ πολύ. Dort führt er gewissermaßen die Modalkategorien ein.
468 Vgl. Poet. 1451a12f.; vgl. u. a. auch Poet. 1451a28; 1451b9 und 35.

Nach Frede besteht die Erklärung für diesen Befund darin, dass der statistische Terminus ὡς ἐπὶ τὸ πολύ ungeeignet wäre, um der Tatsache Rechnung zu tragen, dass die Umstände der tragischen Handlung zumeist ungewöhnlich, wenn nicht sogar extrem sind, und die beteiligten Personen keine Durchschnittsmenschen, sondern besser als diese sind.[470] Eine andere Erklärung schlägt O'Sullivan vor. Die Bevorzugung von τὸ εἰκός gegenüber ὡς ἐπὶ τὸ πολύ erklärt sich ihm zufolge dadurch, dass Aristoteles den „objektiven" Begriff ὡς ἐπὶ τὸ πολύ meidet.[471]

Beide Erklärungen sind nicht zufriedenstellend. Gegen Frede ist einzuwenden, dass Aristoteles im neunten Kapitel der Poetik nur nachrangig die Umstände der tragischen Handlung im Blick hat – jedenfalls, wenn man unter den Umständen die (Realisierungsmöglichkeit der) Ereignisse versteht. Die Umstände der poetischen Handlung betrachtet Aristoteles nur insofern, als er das Mögliche als den Gegenstandsbereich der Dichtung definiert. Sein Hauptaugenmerk gilt hingegen der Verknüpfung der Ereignisse. Gegen O'Sullivan muss man einwenden, dass eine Unterscheidung zwischen einer subjektiven und einer objektiven Bedeutung der Wahrscheinlichkeit (τὸ εἰκός bezeichne subjektiv die Plausibilität für den Rezipienten, ὡς ἐπὶ τὸ πολύ die objektive Wahrscheinlichkeit) alles andere als einleuchtend ist. Denn Aristoteles hat bei seinen Bemerkungen über die Dichtung mindestens ebenso wie die Wirkung auf den Zuschauer die Qualität der Handlung im Blick. Die Handlung hat daher immer einen objektiven und einen subjektiven Aspekt.[472]

Zum Umstand, dass Aristoteles nur in der Poetik die Begriffe des Wahrscheinlichen und des Notwendigen miteinander verbindet (κατὰ τὸ εἰκὸς ἢ τὸ

---

469 Vgl. Frede (1992) 206.
470 Vgl. Frede (1992) 209 f.
471 Vgl. O'Sullivan (1995) 53.
472 Ferner ist O'Sullivans (1995) 51 Argumentation irreführend. Ihm zufolge kann aus der Aussage, dass die Dichtung philosophischer und ernsthafter als die Geschichtsschreibung ist, nicht gefolgert werden, dass die Dichtung einen „quasi-philosophischen Status" hat. Denn man könne zwar ebenso sagen, dass Satyrspiele philosophischer und ernsthafter als die Stücke der alten Komödie sind, aber es wäre falsch zu behaupten, dass sie deswegen in irgendeinem Sinne philosophisch sind. In diesem Argument, das O'Sullivan anführt, um zu bestreiten, dass εἰκός eine objektive Bedeutung trägt, ist ihm zwar teilweise zuzustimmen. Denn einen philosophischen Status besitzt die Dichtung nicht. Und über das Satyrspiel könnte man ebenso wenig sagen, dass es philosophisch ist. Aber O'Sullivan argumentiert unredlich, wenn er eine Aussage, in der eine dreiteilige Abstufung enthalten ist (die Dichtung hat einen Status zwischen der Geschichtsschreibung und der Philosophie) so widerlegt, als würde die Aussage nur die Opposition Philosophie – Geschichtsschreibung kennen und die Dichtung ungebührlicher Weise der Philosophie zuschlagen.

ἀναγκαῖον), ist zweierlei zu bemerken. Zum einen muss bedacht werden, dass kein großer Unterschied zwischen dem Wahrscheinlichen (τὸ εἰκός) und dem Üblichen (ὡς ἐπὶ τὸ πολύ) besteht (im Großen und Ganzen sind die beiden Begriffe synonym). Insofern sollte kein zu großer Wert auf diesen Befund gelegt werden.

Andererseits ist der Begriff der Wahrscheinlichkeit vielleicht noch besser geeignet als derjenige des Üblichen, um auf den Gegenstandsbereich der Dichtung, nämlich auf das menschliche Handeln, angewendet zu werden.[473] Dies gilt vor allem dann, wenn man bedenkt, dass Aristoteles sein Hauptaugenmerk auf die Verknüpfung der Ereignisse legt. Mit anderen Worten: Um das Eintreten, also die lebensweltliche Realisierungsmöglichkeit, von Einzelereignissen zu bezeichnen,[474] eignen sich die drei Ausdrücke der Notwendigkeit, des Üblichen und des Zufälligen. Zum Beispiel ist es zufällig, aber weder üblich noch gar notwendig, dass derjenige, der ein Loch im Boden gräbt, um einen Baum zu pflanzen, einen Schatz findet.[475] Wichtig in diesem Zusammenhang ist die Tatsache, dass die Einstufung als zufälliges/übliches/notwendiges Ereignis auf beobachtbaren und wiederholten Ereignissen und den daraus gewonnenen Erfahrungen beruht.[476]

Um aber die Verknüpfung der Ereignisse menschlichen Handelns zu bezeichnen, ist der Begriff der Wahrscheinlichkeit in der genannten Trias adäquater als derjenige des Üblichen. Denn das Handeln der in der Dichtung dargestellten Personen ist zumindest auf den ersten Blick ein Handeln individueller Personen (Figuren). Zum Beispiel ist es wahrscheinlich, dass Ödipus als König von Theben verspricht, den Mord an Laïos aufzuklären und den Täter hart zu bestrafen, damit die Seuche, die Theben befällt, ein Ende nimmt. Der Begriff der Üblichkeit wäre in diesem Fall weniger geeignet, um das Handeln der Person Ödipus in der geschilderten Situation zu beschreiben, da der Fokus auf der wahrscheinlichen, also kohärenten und (im umgangssprachlichen Sinn) logischen, Verknüpfung der einmaligen Ereignisse liegt.

---

473 Frede (1992) 197 f. macht zwar darauf aufmerksam, dass der Gegenstandsbereich der Dichtung nicht so einheitlich ist wie derjenige der (Natur-)Wissenschaften, zieht aber – wie gesehen – ein anderes Argument heran, um den genannten Befund zu erklären.
474 An dieser Stelle sind also die Konsequenzen aus der zuvor mit Kloss (2003) gewonnenen Erkenntnis zu ziehen, dass κατὰ τὸ εἰκὸς ἢ τὸ ἀναγκαῖον die Verknüpfung der Ereignisse, also die Motivierung, bezeichnet und nicht bedeutet, dass ihr Eintreten gewissen empirischen Regeln der Wahrscheinlichkeit folgt (vgl. ib. S. 182).
475 Vgl. met. 1025a14–20 (s. S. 237, Fußn. 464).
476 Insofern hat Frede (1992) 209 f. Recht, wenn sie ὡς ἐπὶ τὸ πολύ als einen statistischen Ausdruck bezeichnet, der in diesem Zusammenhang unangebracht wäre.

Wichtiger als die Einsicht in die Gründe dafür, dass Aristoteles im neunten Kapitel der Poetik den Begriff τὸ εἰκός gegenüber ὡς ἐπὶ τὸ πολύ bevorzugt, ist allerdings die Tatsache, dass er eine Dreiteilung aus dem Allgemeinen (1. das Notwendige, 2. das Wahrscheinliche) und 3. dem Einzelnen präsentiert. Der Gegenstandsbereich der Dichtung ist sicherlich der Grund dafür, dass Aristoteles zum Begriff der Notwendigkeit denjenigen der Wahrscheinlichkeit hinzufügt. Denn mit Notwendigkeit geschehen nur wenige Dinge (die Mathematik mag als Wissenschaft gelten, die Dinge untersucht, die mit Notwendigkeit geschehen). In den meisten Wissenschaften gibt es Ausnahmen, so dass sogar der Wissenschaftler zumeist das untersucht, was üblicherweise (ὡς ἐπὶ τὸ πολύ) geschieht. Der Bereich des menschlichen Handelns ist nun überwiegend von der Art, dass zufällige singuläre Ereignisse geschehen.[477] Insofern ist es zunächst einmal überraschend, dass Aristoteles überhaupt die Kategorien der Notwendigkeit und der Wahrscheinlichkeit auf die Dichtung anwendet.[478]

Für ein genaueres Verständnis des Zusammenhanges zwischen der Dichtung und dem Allgemeinen muss die Abstufung berücksichtigt werden, die Aristoteles an dieser Stelle vornimmt. Offensichtlich unterscheidet er die drei Gattungen Dichtung, Geschichtsschreibung und Philosophie:

Gattung	Gegenstandsbereich
Philosophie	Das Allgemeine
Dichtung	Das Allgemeine und das Einzelne
Geschichtsschreibung	Das Einzelne (und vielleicht das Allgemeine)

Wenn Aristoteles sagt, dass die Dichtung philosophischer als die Geschichtsschreibung ist, da sie mehr das Allgemeine als das Einzelne darstellt, dann geht hieraus hervor, dass die Philosophie nach Aristoteles das Allgemeine behandelt und die Dichtung sowohl das Allgemeine als auch das Einzelne mit einem Übergewicht des Allgemeinen. Fraglich ist hingegen die in der Forschung diskutierte Frage, ob die Geschichtsschreibung nur das Einzelne darstellt (was Alkibiades getan oder erlitten hat), oder ob sie sowohl das Einzelne als auch das

---

[477] Vgl. rhet. 1357a22–27: ἐπεὶ δ' ἐστὶν ὀλίγα μὲν τῶν ἀναγκαίων ἐξ ὧν οἱ ῥητορικοὶ συλλογισμοί εἰσι (τὰ γὰρ πολλὰ περὶ ὧν αἱ κρίσεις καὶ αἱ σκέψεις ἐνδέχεται καὶ ἄλλως ἔχειν· περὶ ὧν μὲν γὰρ πράττουσι βουλεύονται καὶ σκοποῦσι, τὰ δὲ πραττόμενα πάντα τοιούτου γένους ἐστί, καὶ οὐδὲν ὡς ἔπος εἰπεῖν ἐξ ἀνάγκης τούτων [...].
[478] Vgl. Frede (1992) 198.

Allgemeine mit einem Übergewicht des Einzelnen zum Gegenstand hat.[479] Da diese Frage für die Fiktionalität der Dichtung keine Relevanz hat, wird sie nicht weiter verfolgt.

Die entscheidende Frage ist nun, inwiefern die Dichtung das Allgemeine (neben dem Einzelnen) darstellt. Denn der erste Eindruck, den man bei der Betrachtung einer Komödie oder Tragödie hat, ist doch, dass es sich um ein individuelles Geschehen handelt. Auf diese Frage gibt Aristoteles teilweise eine explizite Antwort (ἔστιν δὲ καθόλου μέν, τῷ ποίῳ τὰ ποῖα ἄττα συμβαίνει λέγειν ἢ πράττειν κατὰ τὸ εἰκὸς ἢ τὸ ἀναγκαῖον, οὗ στοχάζεται ἡ ποίησις ὀνόματα ἐπιτιθεμένη). Die beiden Komponenten der dichterischen Produktion, die für Aristoteles am wichtigsten sind, nämlich die Handlung und die Charaktere,[480] sind in der Dichtung allgemein gehalten, wie die Verwendung von ποῖος zeigt. Mit Bezug auf die Protagonisten in der Dichtung bedeutet das, dass sie keine individuellen Gestalten, sondern allgemeine Charaktere sind. Die Namen der Figuren werden erst nachträglich dem Handlungsgerüst hinzugefügt. Analog hat auch die Handlung nach Aristoteles einen allgemeinen Charakter.[481]

---

479 Diese Frage betrifft das Adverb μᾶλλον (Poet. 1451b7). Walbank (1960) 217 stimmt von Fritz (1958) 84 zu, dass das Adverb μᾶλλον zu beiden Teilsätzen gehört: Die Dichtung ist mehr mit dem Allgemeinen, die Geschichtsschreibung mehr mit dem Einzelnen beschäftigt. Horn (2000) 80 hingegen widerspricht dieser Ansicht. In seiner Darstellung hat man allerdings den Eindruck, als wollten die genannten Forscher μᾶλλον supplieren: „In der Tat wäre eine Argumentation, die durch eine gravierende Einfügung in den Text diesen so zurechtbiegt, wie sie ihn lesen will, zirkelhaft." Von Fritz und Walbank beziehen in Wirklichkeit μᾶλλον i.S. eines ἀπὸ κοινοῦ auf beide Glieder (die Dichtung und die Geschichtsschreibung). Horns (ib.) 81 These, dass sich ein ganz anderes und viel befriedigenderes Textverständnis ergibt, wenn man den Text folgendermaßen versteht: ἡ μὲν γὰρ ποίησις μᾶλλον τὰ καθόλου λέγει ἱστορίας, ἡ δ' ἱστορία τὰ καθ' ἕκαστον, da auf diese Weise sichergestellt sei, dass auch die Geschichtswissenschaft ihren Blick auf das Allgemeine richtet, erscheint fragwürdig.
480 Für die Handlung vgl. Poet. 1450a15: μέγιστον δὲ τούτων ἐστὶν ἡ τῶν πραγμάτων σύστασις; 22f.: ὥστε τὰ πράγματα καὶ ὁ μῦθος τέλος τῆς τραγῳδίας, τὸ δὲ τέλος μέγιστον ἁπάντων. Für die Handlung und die Charaktere vgl. ib. 38f.: ἀρχὴ μὲν οὖν καὶ οἷον ψυχὴ ὁ μῦθος τῆς τραγῳδίας, δεύτερον δὲ τὰ ἤθη.
481 Schmitt (2011) 377–381 (vgl. schon Schmitt [2004] 74) bezieht den Präpositionalausdruck κατὰ τὸ εἰκὸς ἢ τὸ ἀναγκαῖον auf das Prädikat συμβαίνει („einem Wiebeschaffenen kommt es mit Wahrscheinlichkeit oder Notwendigkeit zu, etwas Wiebeschaffenes zu sagen oder zu tun?") und distanziert sich von denjenigen Übersetzungen, die den Präpositionalausdruck auf die Infinitive beziehen. Es ist aber fraglich, ob diejenigen, die den Präpositionalausdruck mit „nach den Regeln der Wahrscheinlichkeit oder Notwendigkeit" übersetzen, einen Bezug auf die Infinitive annehmen. Vielmehr wird es sich um eine freie Angabe handeln, die die Satzaussage modifiziert. Ein Unterschied besteht aber in der Deutung. Nach Schmitt (2011) 379 fordert Aristoteles, dass „alles das, was man eine Person sagen oder tun lässt, als Äußerungsformen einer bestimmten Charakterverfassung verstanden werden kann." Damit legt er das Gewicht zu einseitig auf den

Diese Definition des Allgemeinen in der Dichtung muss man wohl so verstehen, dass die Protagonisten zumindest immer auch (wenn nicht sogar ausschließlich) einen Typus von Charakter repräsentieren und die Handlung ebenso einen Typus von Handlung widerspiegelt.[482] Diesen Umstand könnte man auch so formulieren, dass sowohl der Dichter als auch der Philosoph das Allgemeine behandeln, der Dichter es aber nicht allgemein sagt, sondern es durch das Individuelle hindurch exemplarisch ausdrückt.[483] Dies gilt nicht nur für die Tragödie, die einen problematischen Sonderfall darstellt, der Aristoteles im Folgenden zu näheren Erläuterungen zwingt, sondern auch für das Epos. Bei der Komödie hingegen, zumindest bei der Komödie in ihrer ausgeprägten Form, ist der Allgemeinheitscharakter unmittelbar dadurch gegeben, dass die Protagonisten keine individuellen Gestalten sind, sondern einen Typus von Charakter repräsentieren. Daher kann Aristoteles im Folgenden den Allgemeinheitscharakter der Komödie schnell abhandeln.[484]

Der Allgemeinheitscharakter der Dichtung liegt aber nicht nur in der Abstraktion von der individuellen Handlung und den möglicherweise individuellen Personen, sondern drittens – wie bereits festgestellt worden ist – in der Verknüpfung der Ereignisse, die Aristoteles zufolge nach den Regeln der Wahrscheinlichkeit oder sogar Notwendigkeit (κατὰ τὸ εἰκὸς ἢ τὸ ἀναγκαῖον) erfolgen soll. Die Tatsache, dass diese drei Parameter nach Aristoteles die Allgemeinheit der Dichtung konstituieren, zeigt sich eindringlich am Gegenbeispiel, das die Geschichtsschreibung exemplifiziert: was Alkibiades getan oder erlitten hat (τί Ἀλκιβιάδης ἔπραξεν ἢ τί ἔπαθεν): Hier steht τί anstelle des die Qualität und insofern die Allgemeinheit betonenden ποῖα als Objekt der Handlung; die indivi-

---

Charakter (vgl. Schwinge [2012] 48f. Fußn. 8), da Aristoteles an dieser Stelle über die Handlung und den Charakter spricht. Ebenso spricht er im 15. Kapitel über die Wahrscheinlichkeit oder sogar Notwendigkeit mit Bezug auf die Handlung und den Charakter (Poet. 1454a33–36; s. S. 224), wobei im 15. Kapitel der Fokus auf dem Charakter liegt, während er im neunten Kapitel auf der Handlung liegt. Beide Stellen zeigen, dass Aristoteles nicht nur die Korrelation von Charakter und der von einer bestimmten Person mit einem bestimmten Charakter ausgeführten Handlung, sondern auch die Verknüpfung der Ereignisse im Sinne der Plausibilität im Blick hat.
482 Vgl. Frede (1992) 204: „What he has in mind comes to the fore especially when he turns to the question of the didactic purpose of tragedy: it should represent the universal, even if it lets it appear disguised as the particular. What Antigone does, or what Oedipus undergoes, ought to be presented not as the action peculiar to the individuals they happen to be, but as the action that *a person of such kind* would do or suffer, according to Aristotle. [...] The *personae* in tragedy always represent a *type*, and their actions a type of action." Armstrongs (1998) Konzept unterscheidet sich – wenn überhaupt – nur geringfügig von dem von Frede (1992) entwickelten Konzept, wenn er von „event-types" und „event-tokens" spricht.
483 Vgl. z.B. Baldry (1957) 42f.
484 Vgl. Poet. 1451b11–15.

duelle Gestalt des Alkibiades wird genannt anstelle des die Qualität und insofern die Allgemeinheit betonenden ποῖα als Subjekt der Handlung; und der Umstand, dass eine Verknüpfung der Ereignisse nach den Regeln der Allgemeinheit nicht erwähnt wird, ist kein Zufall, sondern eine bedeutsame Leerstelle: nach Aristoteles stehen die Einzelereignisse in der Geschichtsschreibung relativ unverbunden nebeneinander.

Wenn in der Dichtung teilweise das Allgemeine dargestellt wird, dann bedeutet das sicherlich auch, dass von der Dichtung ein Lerneffekt ausgeht. Dieser Ansicht hat Heath widersprochen. Ihm zufolge deutet zwar die Aussage, dass die Dichtung philosophischer und „ernsthafter" (σπουδαιότερον) als die Geschichtsschreibung sei,[485] auf einen philosophischen Lerneffekt hin, aber in der Poetik lasse nichts darauf schließen, dass man von der Imitation eines Objektes etwas über das Objekt lernen kann.[486] Vielmehr sieht er eine Verbindung zwischen der Allgemeinheit und der emotionalen Wirkung der Tragödie, die sich in Angst und Mitleid ausdrückt: dadurch, dass sich die Ereignisse nach Maßgabe von Wahrscheinlichkeit und Notwendigkeit auseinander entwickeln, kann die Tragödie die ihr eigene Wirkung besser entfalten.[487]

Heath ist zwar zuzustimmen, dass von der Tragödie eine emotionale Wirkung ausgeht, die sich in Angst und Mitleid äußert, wie u. a. aus Aristoteles' Definition der Tragödie hervorgeht.[488] Aber die Annahme, dass ein Lerneffekt mit der Dichtung verbunden ist, lässt sich nicht ganz von der Hand weisen. Denn wenn die Dichtung in einer abstufenden Reihe mit der Philosophie und der Geschichtsschreibung genannt wird, lässt sich als das *tertium comparationis* sinnvollerweise nur der Lerneffekt annehmen, der in der Philosophie maximal, in der Dichtung hoch und in der Geschichtsschreibung relativ gering ist.

Insgesamt lassen sich in Aristoteles' Äußerungen über die Dichtung drei Wirkungen erkennen. Neben dem Lerneffekt und der starken emotionalen Wirkung (in der Tragödie: die Reinigung von den Gefühlen bzw. der Gefühle Angst und Mitleid)[489] wirkt die Dichtung auch allgemein in der Weise, dass sie die Rezipienten erfreut, wie aus späteren Äußerungen deutlich wird.[490]

---

485 Heath (1991) 398 f. übersetzt σπουδαιότερον mit „more serious".
486 Vgl. Heath (1991) 399.
487 Vgl. Heath (1991) 401 f., der auf Poet. 1452a1–4 verweist.
488 Vgl. Poet. 1449b24–28: ἔστιν οὖν τραγῳδία μίμησις πράξεως σπουδαίας καὶ τελείας μέγεθος ἐχούσης, ἡδυσμένῳ λόγῳ χωρὶς ἑκάστῳ τῶν εἰδῶν ἐν τοῖς μορίοις, δρώντων καὶ οὐ δι' ἀπαγγελίας, δι' ἐλέου καὶ φόβου περαίνουσα τὴν τῶν τοιούτων παθημάτων κάθαρσιν.
489 Die Kontroverse, ob der entsprechende Genetiv (s. die vorige Fußn.) separativ oder objektiv aufzufassen ist (vgl. Schwinge [2012] 50 f. Fußn. 11; Flashar [1956]), kann hier nicht beantwortet werden.

Daher lässt sich auch mit Blick auf fiktionale Dichtung feststellen, dass von ihr Aristoteles zufolge die drei genannten Wirkungen (Wissen, Vergnügen und eine – je nach Gattung variierende – spezifische emotional-affektische Wirkung) ausgehen, sofern sie die Anforderungen erfüllt, die Aristoteles an sie stellt. Die Anforderungen bestehen hauptsächlich in der Darstellung des Möglichen, dem Allgemeinheitscharakter (d. h. Abstraktionsfähigkeit) von Subjekt und Objekt der dichterischen Handlung und in der bestmöglichen Motivierung der Ereignisse. Eine spezifische Wirkung, die fiktionale Dichtung im Gegensatz zur faktualen Dichtung ausübt, lässt sich in Aristoteles' Äußerungen nicht erkennen.

ἐπὶ μὲν οὖν τῆς κωμῳδίας ἤδη τοῦτο δῆλον γέγονεν· συστήσαντες γὰρ τὸν μῦθον διὰ τῶν εἰκότων οὕτω τὰ τυχόντα ὀνόματα ὑποτιθέασιν, καὶ οὐχ ὥσπερ οἱ ἰαμβοποιοὶ περὶ τὸν καθ' ἕκαστον ποιοῦσιν.[491]

Zur Fiktionalität der Komödie ist bereits alles Notwendige gesagt worden.[492]

ἐπὶ δὲ τῆς τραγῳδίας τῶν γενομένων ὀνομάτων ἀντέχονται. αἴτιον δ' ὅτι πιθανόν ἐστι τὸ δυνατόν· τὰ μὲν οὖν μὴ γενόμενα οὔπω πιστεύομεν εἶναι δυνατά, τὰ δὲ γενόμενα φανερὸν ὅτι δυνατά· οὐ γὰρ ἂν ἐγένετο, εἰ ἦν ἀδύνατα. οὐ μὴν ἀλλὰ καὶ ἐν ταῖς τραγῳδίαις ἐν ἐνίαις μὲν ἓν ἢ δύο τῶν γνωρίμων ἐστὶν ὀνομάτων, τὰ δὲ ἄλλα πεποιημένα, ἐν ἐνίαις δὲ οὐθέν, οἷον ἐν τῷ Ἀγάθωνος Ἀνθεῖ· ὁμοίως γὰρ ἐν τούτῳ τά τε πράγματα καὶ τὰ ὀνόματα πεποίηται, καὶ οὐδὲν ἧττον εὐφραίνει. ὥστ' οὐ πάντως εἶναι ζητητέον τῶν παραδεδομένων μύθων, περὶ οὓς αἱ τραγῳδίαι εἰσίν, ἀντέχεσθαι. καὶ γὰρ γελοῖον τοῦτο ζητεῖν, ἐπεὶ καὶ τὰ γνώριμα ὀλίγοις γνώριμά ἐστιν, ἀλλ' ὅμως εὐφραίνει πάντας.[493]

Dies ist der wohl problematischste Abschnitt des neunten Kapitels. Die in ihm enthaltenen Aussagen über das Mögliche als Gegenstand der Dichtung wurden bereits ausgewertet.[494] Die Funktion dieses Abschnittes besteht offenkundig in der Erklärung eines problematischen Sachverhaltes, der gegen die bisherigen Äußerungen im neunten Kapitel eingewendet werden könnte: Wie lässt sich die Auffassung von Dichtung als Darstellung des Allgemeinen (neben dem Individuellen)

---

490 Vgl. Poet. 1451b21–23.
491 Poet. 1451b11–15.
492 S. die Analyse von Poet. 1451a36–b5 (s. S. 218–235).
493 Poet. 1451b15–26.
494 S. die Analyse von Poet. 1451a36–b5 (s. S. 218–235).

im Fall der Tragödie aufrechterhalten? Denn offenkundig halten sich die Tragödiendichter meistens an überlieferte Namen.

Zwar betrachtet Aristoteles von dieser Perspektive aus das Problem, aber da die überlieferten Namen der Protagonisten der Tragödie nach antikem Verständnis nichts anderes als reale Namen sind, ist Aristoteles' Auseinandersetzung mit der (fehlenden) Allgemeinheit der Tragödie zugleich eine Auseinandersetzung mit der (fehlenden) Fiktionalität der Tragödie.

Wenn Aristoteles sagt, dass der Grund dafür, dass sich die Tragödiendichter an überlieferte Namen halten, darin liegt, dass das Mögliche glaubwürdig ist, dann bedeutet diese Aussage Folgendes: Eine (relativ unspezifische) Wirkabsicht der Dichtung besteht darin, glaubwürdig zu sein. Diese Wirkabsicht lässt sich auf verschiedenen Wegen erreichen. Eine Möglichkeit besteht darin, ein historisches Geschehen zum Gegenstand der Dichtung zu machen. Auf diesem Wege ist die Glaubwürdigkeit der Dichtung garantiert.

Wenn Aristoteles hieran die Aussagen anschließt, dass man bei demjenigen, was nicht geschehen ist, nicht sicher sein kann, ob es möglich ist, bei demjenigen aber, was geschehen ist, offensichtlich ist, dass es möglich ist; und wenn er die Begründung ergänzt, dass es ja nicht geschehen wäre, wenn es unmöglich wäre; dann lässt sich aus all diesen Aussagen die logische Schlussfolgerung ziehen, dass Aristoteles zufolge dasjenige, was geschehen ist, möglich und somit glaubwürdig ist.[495]

Gegen die soeben paraphrasierte Argumentation des Aristoteles wurden allerdings Einwände geltend gemacht, die den weiteren Verlauf der Argumentation berücksichtigen. Schwinge ist der Meinung, dass sich – wie Aristoteles selbst einsieht – das Argument der Glaubwürdigkeit (die Historizität eines Geschehens garantiert dessen Glaubwürdigkeit) nicht halten lässt, weswegen Aristoteles im Folgenden einen zweiten Lösungsversuch unternimmt für die problematische Frage, warum die Tragödiendichter sich trotz des (geforderten) Allgemeinheitscharakters der Dichtung an überlieferte Namen halten. Das Argument der Glaubwürdigkeit lasse sich nicht halten, da die Handlungskonstellation in der

---

495 Es ist nicht ersichtlich, inwiefern δυνατόν an dieser Stelle (Poet. 1451b15–19) eine andere (schwächere) Bedeutung tragen sollte als am Anfang (a36–38) und am Ende des Kapitels (b29–32) (so Schwinge [2012] 47 Fußn. 7; Schmitt [2011] 374). Die Annahme eines Bedeutungsunterschiedes rührt aus dem divergierenden Verständnis des Verhältnisses zwischen dem Möglichen und dem Wahrscheinlichen (wenn nicht sogar Notwendigen) i.S. des wahrscheinlichen Ausdrucks eines Möglichen (im starken Sinn von „Vermögen", „Potenz").

Tragödie häufig extrem sei – und zwar aus dem Grund, dass die Tragödie auf diese Weise am intensivsten ihre Wirkung entfalten kann.[496]

Da die Brüchigkeit der von Aristoteles vorgeschlagenen ersten Lösung offenkundig sei, müsse man nicht einmal auf die später zweimal genannte These rekurrieren, dass das Unmögliche glaubwürdig und das Mögliche unglaubwürdig sein kann und dass man in der Dichtung das erstere (das glaubwürdige Unmögliche) vorziehen soll.[497] Die im Folgenden präsentierte zweite Lösung sei eine Destruktion der ersten Lösung, da sie in zwei Schritten darlege, dass die Tragödie auch unabhängig von der Historizität des Geschehens die von ihr intendierte Wirkung ausübt.[498]

Auch Kloss hat der oben paraphrasierten Argumentation des Aristoteles widersprochen. Sein Einwand zielt allerdings eher auf das in der Forschung vorherrschende Verständnis der Argumentation als auf eine vermeintlich widersprüchliche Argumentation des Aristoteles. Denn ihm zufolge ist nicht die Glaubwürdigkeit (πιθανόν) der ὀνόματα γενόμενα das Beweisziel des Mittelteils, sondern der Realitätsbezug (δυνατόν).[499]

Gegen Schwinge ist einzuwenden, dass das Argument der Glaubwürdigkeit (die Historizität eines Geschehens garantiert dessen Glaubwürdigkeit) im weiteren Verlauf der Argumentation nicht aufgehoben wird. Zwar weist Aristoteles im Folgenden darauf hin, dass auch Tragödien mit größtenteils oder gänzlich erfundenen Namen ihre Wirkung entfalten. Aber diese Feststellung widerspricht nicht der vorigen Aussage, dass durch die Entscheidung, ein historisches Geschehen zum Gegenstand der Dichtung zu machen, die Glaubwürdigkeit der

---

[496] Vgl. Schwinge (1996) 121, der folgendermaßen fortfährt: „Doch schon, daß man richtiger selbstverständlich formulieren muß: ‚so [sc. aufgrund der Tatsache, dass geschehenes Geschehen vorgeführt wird] aber muß sie [sc. die Tragödie] einfach als glaubwürdig erscheinen', zeigt die Brüchigkeit dieser Lösung. Denn nicht erst nachrechnender Reflexion darf das Geschehen als Geschehen sich erschließen, das möglich ist, es muß spontaner Rezeption als solches erscheinen."
[497] Vgl. Poet. 1460a26 f.: προαιρεῖσθαί τε δεῖ ἀδύνατα εἰκότα μᾶλλον ἢ δυνατὰ ἀπίθανα; 1461b11 f.: πρός τε γὰρ τὴν ποίησιν αἱρετώτερον πιθανὸν ἀδύνατον ἢ ἀπίθανον καὶ δυνατόν; Schwinge (1996) 121 f.
[498] Vgl. Schwinge (1996) 122.
[499] Vgl. Kloss (2003) 170: „Wenn nun der vorausgehende Satz αἴτιον δ' ὅτι πιθανόν ἐστι τὸ δυνατόν tatsächlich nur den gesamten Gedanken ergänzen soll zu der Aussage ‚Geschehenes – Mythen eingeschlossen – ist möglich und Mögliches glaubwürdig', dann fragt man sich, warum Aristoteles, statt den völlig verständlichen Gedanken ‚Geschehenes ist glaubwürdig' direkt zu formulieren, den sinnlosen Umweg über den Begriff der Möglichkeit wählt." Das Syntagma πιθανόν ἐστι τὸ δυνατόν übersetzt Kloss (S. 171) mit „Auf die (grundsätzliche) Realisierungsmöglichkeit mythischen Geschehens kann man vertrauen"; vgl. auch S. 177, wo Kloss für πιθανόν die Bedeutung „vertrauenswürdig, verläßlich" angibt.

Dichtung garantiert ist. Vielmehr ergänzen sich diese beiden Beobachtungen: Eine Tragödie kann ein historisches Geschehen behandeln; dann ist sie aufgrund der Tatsache, dass das Geschehene erwiesenermaßen möglich ist, glaubwürdig. Eine Tragödie kann aber auch ein größtenteils oder gänzlich erfundenes Geschehen zum Gegenstand haben und trotzdem ihre Wirkung erzielen.

Ferner ist die Annahme problematisch, dass Aristoteles das Argument der Glaubwürdigkeit im Folgenden revidiert, ja revidieren muss, da die Handlungskonstellation in der Tragödie häufig extrem sei. Die Ansicht, dass in der Tragödie häufig eine extreme Verkettung der Umstände dargestellt wird, lässt sich zumindest bis zu von Fritz zurückverfolgen. Ihm zufolge ist es für ein widerspruchsfreies Textverständnis nötig, Aristoteles' Bemerkungen auf die verschiedenen Fälle und die daraus resultierenden Möglichkeiten zu beziehen: Bei einigen Tragödien wie dem *König Ödipus* oder *Thyestes* sei die Verwicklung so extrem, dass sie ohne die Stütze durch den bekannten Mythos an Glaubwürdigkeit einbüßen würden. In der Mehrzahl der Fälle seien die Tragödien aber nicht so extrem und unwahrscheinlich, dass Zweifel an der Möglichkeit ihrer Handlung aufkommen, weshalb man auch Tragödien frei erfinden könne.[500] In ähnlicher Weise fordert Radt, dass die Aussage, dass das Geschehene möglich und glaubhaft ist, mit dem Zusatz verstanden werden muss, dass man, wenn etwas geschehen ist, an der Möglichkeit des Geschehens nicht mehr zweifeln kann, *auch wenn es unwahrscheinlich ist*.[501]

Die Annahme, dass Aristoteles das Argument der Glaubwürdigkeit im Folgenden revidiert, da die Handlungskonstellation in der Tragödie häufig extrem sei, ist einerseits problematisch, andererseits gegenstandslos. Sie ist insofern problematisch, als nichts darauf hindeutet, dass Aristoteles die Handlung von zumindest einigen Tragödien als unwahrscheinlich ansieht. Da keine expliziten Aussagen über diese Frage vorliegen, ist man vor das Problem gestellt, dass man allenfalls darüber spekulieren könnte, ob bzw. welche Teile der tragischen Handlung Aristoteles als unwahrscheinlich angesehen haben könnte.

Die genannte Annahme ist aber vor allem deswegen gegenstandslos, weil sie von der falschen Prämisse ausgeht, dass Aristoteles einleitend die Dichtung so definiert, dass sie das Wahrscheinliche bzw. Notwendige darstellt, wobei hier-

---

500 Von Fritz' (1958) 77 Bemerkungen an dieser Stelle sind nicht leicht nachzuvollziehen und scheinen nicht widerspruchsfrei zu sein: „Die Situationen in den Tragödien sind durchweg extrem und daher nicht alltäglicher Natur. Aber sie sind in der Mehrzahl der Fälle doch nicht so extrem und unwahrscheinlich, daß der Zuschauer durch den Zweifel an ihrer Möglichkeit gestört wird."
501 Vgl. Radt (1971) 191. Die Hervorhebung findet sich bereits im Original.

unter der Realitätsbezug verstanden wird.⁵⁰² Wie wir aber gesehen haben, bezeichnen die Kategorien des Wahrscheinlichen und Notwendigen die Verknüpfung der Ereignisse, also ihre Motivierung. Was den Realitätsbezug der Dichtung betrifft, fordert Aristoteles lediglich, dass die dargestellte Handlung möglich ist.

Folglich besteht kein Grund, das Argument der Glaubwürdigkeit (die Historizität eines Geschehens garantiert als Mögliches dessen Glaubwürdigkeit) zu revidieren. Denn – um das Beispiel des *König Ödipus* zu nehmen: es ist zwar nicht wahrscheinlich, dass der Vater seinem Sohn die Füße durchbohrt, aber es ist möglich. Und ebenso möglich ist es, dass der Sohn seinen ihm unbekannten Vater in einem Handgemenge erschlägt, dass er König wird, dass er die verwitwete Königin, seine ihm unbekannte Mutter, heiratet und dass er mit dieser Kinder zeugt.⁵⁰³

Schließlich wird die Annahme, dass Aristoteles einen ersten Lösungsversuch entwirft und ihm anschließend widerspricht, auch sprachlich nicht deutlich. Zwar leitet Aristoteles seine Feststellung, dass auch Tragödien mit größtenteils oder gänzlich erfundenen Namen ihre Wirkung entfalten, mit dem adversativen Ausdruck οὐ μὴν ἀλλά ein. Aber dieser Ausdruck dient dazu, vor dem Trugschluss zu bewahren, dass gute Tragödien mythische Stoffe behandeln müssen.⁵⁰⁴

Auch die Ansicht, dass nicht die Glaubwürdigkeit (πιθανόν) der ὀνόματα γενόμενα das Beweisziel des Mittelteils ist, sondern der Realitätsbezug (δυνατόν),⁵⁰⁵ lässt sich schwerlich halten. Denn der Einwand, dass Aristoteles, statt den völlig verständlichen Gedanken ‚Geschehenes ist glaubwürdig' direkt zu formulieren, den sinnlosen Umweg über den Begriff der Möglichkeit wählen würde, ist aus dem Grund zurückzuweisen, dass Aristoteles' Gedankengang weder sinnlos noch trivial ist. Vielmehr stellt er die notwendige Erklärung für den Umstand dar, dass sich die Tragödiendichter trotz des (geforderten) Allgemeinheitscharakters der Dichtung an überlieferte Namen halten. Den Weg über den Begriff der Möglichkeit wählt Aristoteles, da in der Dichtung definitionsgemäß das Mögliche dargestellt wird.⁵⁰⁶

---

502 Radt (1971) 191 zufolge verstoßen die dargestellten Ereignisse der ‚historischen' Überlieferung oft gegen die Regeln der Wahrscheinlichkeit und Notwendigkeit. Daher meint er, dass Aristoteles' Argument der Glaubwürdigkeit „die ganze Schwäche seiner Position verrät" (S. 192).
503 Zwar muss man zugestehen, dass die Sphinx als (physisch) unmögliches Lebewesen angesehen wurde; vgl. Agatharchides, GGM I 7 p. 114 Müller (1882). Aber die Sphinx ist eher eine Randfigur in der Handlung der Tragödie.
504 Vgl. Kloss (2003) 169.
505 Vgl. Kloss (2003) 170.
506 Zum anderen ist gegen Kloss' (2003) 171 Textverständnis geltend zu machen, dass Aristoteles' Aussagen vielmehr dann trivial und/oder sprachlich fragwürdig wären, wenn der Realitätsbezug das Beweisziel des Mittelteils wäre und πιθανόν ἐστι τὸ δυνατόν bedeuten würde „Auf

Ein Widerspruch oder schwerwiegende Ungereimtheiten lassen sich also beim Argument der Glaubwürdigkeit nicht erkennen. Aber man muss feststellen, dass Aristoteles – zumindest vorläufig – eine explizite Antwort auf die Frage schuldig bleibt, warum die Tragödiendichter sich trotz des (geforderten) Allgemeinheitscharakters der Dichtung an überlieferte Namen halten. Wenn Aristoteles sagt, dass in einigen Tragödien ein oder zwei von den bekannten Namen vorkommen, die anderen aber erfunden sind, und in einigen Tragödien (wie in Agathons *Antheus*) sogar alle Namen und Ereignisse erfunden sind, dann stellt sich die Frage, ob die Allgemeinheit charakteristisch für die Tragödie ist, also zur Definition der Tragödie gehört. Zur Definition der Tragödie würde die Allgemeinheit gehören, wenn es meistens oder immer so ist, dass in der Tragödie das Allgemeine dargestellt wird. Aristoteles' Gebrauch des Wortes „einige" macht aber deutlich, dass hiervon nicht die Rede sein kann. Wenn aber die Allgemeinheit nicht charakteristisch für die Tragödie ist, dann gerät auch die Definition der Dichtung insgesamt als Darstellung des Allgemeinen ins Wanken.

Die Antwort auf die Frage, wie sich die Definition, dass die Dichtung eher das Allgemeine darstellt, mit der Tatsache verträgt, dass sich die Tragödiendichter meistens an überlieferte Namen halten, liegt wohl darin, dass die anderen Allgemeinheitsparameter, zumindest die Verknüpfung der Ereignisse nach den Regeln der Wahrscheinlichkeit oder sogar Notwendigkeit, gewahrt sind. Über die Allgemeinheit der Handlung macht Aristoteles keine näheren Angaben. Daher lässt sich nur darüber spekulieren, ob nach Aristoteles im Fall der Tragödie eine allgemeine Handlung vorliegt. Eine allgemeine Handlung lässt sich angesichts von überlieferten Namen, also individuellen Personen, kaum vorstellen. Zumindest auf der Oberfläche (bzw. auf der Bühne) ist die Tragödie im Regelfall eine individuelle Handlung, die von individuellen Personen ausgeführt wird. Möglicherweise muss man Aristoteles so verstehen, dass die tragische Handlung in der Tiefenstruktur einen allgemeinen Charakter aufweist, der durch die Abstraktion des Rezipienten offen gelegt werden soll.

In jedem Fall sieht Aristoteles den allgemeinen Charakter der Tragödie dadurch gewahrt, dass die Verknüpfung der Ereignisse nach den Regeln der Wahrscheinlichkeit oder sogar Notwendigkeit geschieht. Diese Einsicht lässt sich

---

die (grundsätzliche) Realisierungsmöglichkeit mythischen Geschehens kann man vertrauen". Wenn man πιθανόν ἐστι τὸ δυνατόν in dem Sinne versteht, dass man sich darauf verlassen kann, dass das Mögliche möglich ist, ergibt sich eine triviale Feststellung – wohingegen in der von Kloss zurückgewiesenen Deutung ein Grund für die Darstellung des Möglichen angegeben wird, nämlich die Glaubwürdigkeit. Damit aber Kloss' paraphrasierende Übersetzung zutreffen kann, müsste „das Geschehene" in irgendeiner Form sprachlich ausgedrückt oder impliziert sein (etwa in der Form „das Geschehene ist ein verlässliches Mögliches") – dies ist aber nicht der Fall.

in der den Gedankengang abschließenden Aussage antreffen, dass nichts daran hindert, dass einiges vom Geschehen so beschaffen ist, dass es wahrscheinlich geschieht.[507] Damit ist ein Ergebnis der vorliegenden Untersuchung vorweggenommen: Das neunte Kapitel enthält eine kohärente und widerspruchsfreie Erörterung.

Der Gedankengang im zweiten Teil des neunten Kapitels bis zu dieser Stelle lässt sich daher folgendermaßen skizzieren: Der Allgemeinheitscharakter der Dichtung ist im Fall der Komödie offensichtlich. Im Fall der Tragödie stellt er ein Problem dar. Denn offenkundig halten sich die Tragödiendichter meistens an überlieferte Namen (und Ereignisse). Dieser Umstand hat einerseits einen Vorteil (anders formuliert: einen guten Grund), andererseits einen Nachteil. Sowohl den Vor- als auch den Nachteil bespricht Aristoteles im weiteren Verlauf des neunten Kapitels, wobei er die beiden Komponenten der Definition von Dichtung im Blick behält: die Darstellung des (lebensweltlich) Möglichen und die Darstellung des Allgemeinen.

Der Nachteil, der mit der Verwendung der überlieferten Namen verbunden ist (der allerdings nicht explizit genannt wird), besteht darin, dass mit der fehlenden Allgemeinheit der Allgemeinheitscharakter der Dichtung in Gefahr gerät. Der Vorteil, der mit der Verwendung der überlieferten Namen verbunden ist, besteht darin, dass der Komponente der Möglichkeit Rechnung getragen wird. Denn als historisches Geschehen ist ein Geschehen möglich und somit automatisch glaubwürdig. Außerdem ist darauf hinzuweisen, dass die Allgemeinheit der Handlung und der handelnden Subjekte teilweise auch bei der Tragödie gegeben ist, da in einigen Fällen sowohl die Handlung als auch die Figuren erfunden sind.

Wenn Aristoteles darauf hinweist, dass in Agathons Tragödie *Antheus* die Handlung und die Figuren frei erfunden sind, dann darf man diesen Hinweis nicht mit Radt so verstehen, dass die große Ausnahme unter den griechischen Tragödien als die ideale Tragödie hervorgehoben wird, worin die Diskrepanz zwischen Aristoteles' Theorie und der dichterischen Praxis besonders deutlich zum Ausdruck komme.[508] Dieser Ansicht hat bereits Erbse widersprochen, indem er bestritten hat, dass nach Aristoteles eine gute Tragödie eine frei erfundene Handlung aufweist.[509]

Der Hinweis auf Agathons *Antheus* und auf die Gruppe derjenigen Tragödien, die ein (größtenteils) erfundenes Geschehen aufweisen, ist – wie gesagt – so zu verstehen, dass auch in der Tragödie die Allgemeinheit der Handlung und der

---

507 Vgl. Poet. 1451b30f.
508 Vgl. Radt (1971) 192f.; vgl. auch (ib.) 195 (s. S. 254, Fußn. 527).
509 Vgl. Erbse (1977) 129f.

handelnden Subjekte teilweise gegeben ist. Die explizite Folgerung aus dieser Tatsache lautet daher, dass die Tragödiendichter sich nicht um jeden Preis an die Überlieferung halten müssen.[510] Anders gesagt: Sie können eine Handlung frei erfinden – dann tragen sie auch der Allgemeinheit der Handlung und der handelnden Subjekte Rechnung. Sie können sich aber auch an die Überlieferung halten – dann ist die Glaubwürdigkeit garantiert. Die Aussage, dass es nicht nötig ist, um jeden Preis an den überlieferten Sagen festzuhalten, darf man daher nicht mit Radt als Forderung verstehen, die Überlieferung zu vermeiden.[511] Auch dieser Ansicht hat Erbse bereits widersprochen.[512]

Aristoteles' Aussage, dass Agathons Tragödie *Antheus* ihre Wirkung entfaltet, hat Horn dadurch erklärt, dass die Zuschauer aufgrund ihrer begrenzten Mythenkenntnis die πεποιημένα ὀνόματα der Tragödie für γενόμενα ὀνόματα halten.[513] Diese Ansicht ist allerdings fragwürdig. Zwar ist Aristoteles der Ansicht, dass das Bekannte, worunter der traditionelle Tragödienstoff zu verstehen ist, nur wenigen bekannt ist.[514] Aber es deutet nichts darauf hin, dass nach Aristoteles die Tragödie ihre Wirkung einheitlich dadurch entfaltet, dass die Rezipienten das Geschehen für historisch halten. Vielmehr wird man davon ausgehen, dass die Rezipienten eine fiktive Tragödienhandlung ebenso wie eine fiktive Komödienhandlung als solche rezipiert haben und die Tragödie unabhängig von der Historizität der Handlung – und das heißt auch: unabhängig von der Einstellung der Rezipienten zur Historizität der Handlung – die von ihr intendierte Wirkung entfaltet.

Eine im strengen Sinne problematische, also nicht haltbare, Aussage lässt sich nur an derjenigen Stelle erkennen, an der Aristoteles das Argument verwendet, dass es lächerlich wäre, sich an die Überlieferung zu halten, da das Bekannte nur wenigen bekannt sei, aber trotzdem alle erfreue.[515] Wie in der Forschung bereits festgestellt wurde,[516] steht dieses Argument im Widerspruch

---

510 Vgl. Poet. 1451b23–25.
511 Vgl. Radt (1971) 193 f.
512 Vgl. Erbse (1977) 131, der sich gegen Radt (1971) 193 ff., bes. 203, wendet: Wenn Aristoteles sagt, dass es nicht unbedingt erforderlich ist, an den überlieferten Sagen festzuhalten (Poet. 1451b23–26), dann dürfe man in diesen Worten nicht die Forderung sehen, dass der wahrhaft gute Tragiker die Handlung seines Stückes genauso frei erfinden müsse wie der Komödiendichter, sondern dann sei ein Grenzfall bezeichnet. Hierzu ist zu bemerken, dass man nicht von einem „Grenzfall" sprechen sollte, sondern eher von einer legitimen Alternative.
513 Vgl. Horn (1988) 128.
514 Vgl. Poet. 1451b25 f.
515 Vgl. Poet. 1451b25 f.
516 Vgl. z. B. Radt (1971) 193 f.

zur Vertrautheit des athenischen Publikums mit dem Mythos, wie ein Antiphanes-Fragment bezeugt:[517]

μακάριόν ἐστιν ἡ τραγῳδία
ποίημα κατὰ πάντ', εἴ γε πρῶτον οἱ λόγοι
ὑπὸ τῶν θεατῶν εἰσιν ἐγνωρισμένοι,
πρὶν καί τιν' εἰπεῖν· ὥσθ' ὑπομνῆσαι μόνον
δεῖ τὸν ποιητήν. Οἰδίπουν γὰρ † φῶ   5
τὰ δ' ἄλλα πάντ' ἴσασιν· ὁ πατὴρ Λάιος,
μήτηρ Ἰοκάστη, θυγατέρες, παῖδες τίνες,
τί πείσεθ' οὗτος, τί πεποίηκεν.

Die Tragödie ist in jeder Hinsicht eine glückselige Dichtung, besonders wenn (weil) die Geschichten den Zuschauern bekannt sind, bevor sie jemand mitteilt. Folglich muss man nur den Dichter erwähnen. Denn wenn ich nur Ödipus sage, wissen sie alles andere: der Vater Laios, die Mutter Iokaste, die Töchter, wer die Kinder sind, was er erleiden wird, was er getan hat.

Erbse hingegen sieht in der Behauptung, dass das Bekannte nur wenigen bekannt sei, keinen Widerspruch zur Bildung des athenischen Theaterpublikums, da dieses zwar die Hauptzüge der Sagen kannte, aber u. a. nicht wissen konnte, wie der Dichter die Handlung motivieren würde.[518] Zwar ist Erbse zuzugestehen, dass das Publikum in der Tat nicht die jeweils individuelle Motivierung des Geschehens kennen konnte. Aber diese Unterscheidung (das Handlungsskelett ist bekannt, die individuelle Ausführung unbekannt) scheint Aristoteles an dieser Stelle nicht geltend zu machen. Die Aussage, dass das Bekannte nur wenigen bekannt sei (τὰ γνώριμα ὀλίγοις γνώριμά ἐστιν), lässt eine Auffächerung des Bekannten in Bekanntes und Unbekanntes nicht zu. Sie ist sogar in sich widersprüchlich, da das Bekannte *per definitionem* vielen bekannt ist.[519]

δῆλον οὖν ἐκ τούτων ὅτι τὸν ποιητὴν μᾶλλον τῶν μύθων εἶναι δεῖ ποιητὴν ἢ τῶν μέτρων, ὅσῳ ποιητής κατὰ τὴν μίμησίν ἐστιν, μιμεῖται δὲ τὰς πράξεις. κἂν ἄρα συμβῇ γενόμενα ποιεῖν, οὐθὲν ἧττον ποιητής ἐστι· τῶν γὰρ γενο-

---

517 Antiphanes, PCG II fr. 189,1–8 Kassel/Austin (1991) 418 f. (fr. 191 Kock). Vgl. hierzu u. a. Giovannini (1943) 308; Else (1957) 318 Fußn. 62 ad Arist. Poet. 1451b19–26.
518 Vgl. Erbse (1977) 131.
519 Vgl. Arist. rhet. 1416b26–29: δεῖ δὲ τὰς μὲν γνωρίμους [sc. πράξεις] ἀναμιμνήσκειν· διὸ οἱ πολλοί [sc. λόγοι] οὐδὲν δέονται διηγήσεως, οἷον εἰ θέλεις Ἀχιλλέα ἐπαινεῖν (ἴσασι γὰρ πάντες τὰς πράξεις), ἀλλὰ χρῆσθαι αὐταῖς δεῖ. ἐὰν δὲ Κριτίαν, δεῖ· οὐ γὰρ πολλοὶ ἴσασιν.

4.4 Aristoteles über das Mögliche als Gegenstandsbereich des Dichters • —— 253

μένων ἔνια οὐδὲν κωλύει τοιαῦτα εἶναι οἷα ἂν εἰκὸς γενέσθαι καὶ δυνατὰ γενέσθαι, καθ' ὃ ἐκεῖνος αὐτῶν ποιητής ἐστιν.[520]

Dieser abschließende Abschnitt enthält nach Ansicht mehrerer Interpreten die Lösung der problematischen Frage, wie sich die Aussage, dass die Dichtung im Unterschied zur Geschichtsschreibung nicht Geschehenes (γενόμενα) reproduziert, sondern das Allgemeine darstellt, mit dem Umstand verträgt, dass die Heldensage als Stoff der Tragödie von den Griechen traditionell als Geschichte bzw. Quasigeschichte angesehen wurde.[521] Nach Schwinge setzt Aristoteles noch einmal ganz neu an, da das anfängliche Problem durch die Destruktion des ersten Lösungsversuches wieder völlig offen sei. Die abschließende Lösung liege in der Erkenntnis, dass der Dichter auch dann Dichter bleibt, wenn er sich den γενόμενα zuwendet. Der Grund hierfür liege im Gegenstandsbereich der γενόμενα selbst, da diese zum größeren Teil aus Ereignissen mit καθ' ἕκαστον-Charakter bestehen, aber auch Ereignisse mit καθόλου-Struktur beinhalten. Diesen Geschehnissen wende sich der Dichter zu, sofern er γενόμενα-Stoffe wähle.[522]

Von einer Lösung in dem strengen Sinne, dass sich ein Problem gestellt hat, dessen bisherige Lösungsversuche gescheitert sind, sollte man nicht sprechen. Außerdem verliert der zu erörternde Sachverhalt dadurch an problematischem Charakter, wenn man bedenkt, dass Aristoteles am Anfang des neunten Kapitels keine ausschließende Gegenüberstellung in der Form vornimmt, dass die Dichtung im Unterschied zur Geschichtsschreibung nicht Geschehenes (γενόμενα) reproduziert, sondern das Allgemeine darstellt.[523]

Im Mittelpunkt der Diskussion hat vielmehr der Allgemeinheitscharakter der Tragödie gestanden. Aristoteles' abschließende Äußerungen sollte man daher als eine explizite Antwort auf die Frage ansehen, wie sich die Definition, dass die Dichtung eher das Allgemeine darstellt, mit der Tatsache verträgt, dass sich die Tragödiendichter meistens an überlieferte Namen halten. Die Antwort auf diese Frage lautet, dass nichts daran hindert, dass einiges vom Geschehenen so beschaffen ist, dass es wahrscheinlich geschieht. Mit anderen Worten: In der Tragödie werden zwar – zumindest auf der Oberfläche – nicht alle Allgemeinheitsparameter gewahrt, aber die Verknüpfung der Ereignisse erfolgt nach den Regeln der Wahrscheinlichkeit oder sogar Notwendigkeit. Sofern (nach antikem Ver-

---

520 Poet. 1451b27–32.
521 Vgl. die Formulierung des Problems bei Schwinge (1996) 120.
522 Vgl. Schwinge (1996) 123 f.
523 S. die Interpretation zu Poet. 1451a36–b5 (S. 218–235).

ständnis) historische Ereignisse dargestellt werden, muss das Kriterium erfüllt sein, dass ihre Verknüpfung nach den Regeln der Allgemeinheit gegeben ist.[524]

Die Bedeutung von γενόμενα in diesem abschließenden Abschnitt ist umstritten. Der Erklärung der meisten Interpreten, dass γενόμενα an dieser Stelle nicht ‚historische' Ereignisse im antiken Sinne (also – mit Bezug auf den Stoff der Tragödie – v. a. mythische Ereignisse), sondern im modernen Sinne bezeichnet,[525] kann Radt nicht zustimmen, da kein Grund bestehe, von der üblichen und vorigen Wortbedeutung abzuweichen.[526]

Im Ergebnis ist Radt zuzustimmen, wenngleich seine Argumentation nicht stichhaltig ist. Ihm zufolge ist die Ansicht der meisten Interpreten, dass γενόμενα an dieser Stelle ‚historische' Ereignisse im modernen Sinne bezeichnet, darauf zurückzuführen, dass Aristoteles behaupten würde, dass die Darstellung ‚historischer' Ereignisse (im antiken Sinne) eine große Ausnahme ist, wenn γενόμενα seine übliche Bedeutung tragen würde. Während die meisten Forscher Aristoteles einen derartigen Widerspruch zur Realität nicht zutrauen möchten, sieht Radt keinen Anlass, eben dies zu tun, und lässt sich dabei von der Annahme leiten, dass das neunte Kapitel mehrere Widersprüche aufweist.[527]

Vielmehr sprechen andere Argumente dafür, dass γενόμενα an dieser Stelle ‚historische' Ereignisse im antiken Sinne bezeichnet. Allen voran spricht der Gedankengang des neunten Kapitels hierfür. Denn die Aussage, dass der Dichter auch dann Dichter bleibt, wenn er einen historischen Stoff bearbeitet, da nichts daran hindert, dass einiges vom Geschehenen so beschaffen ist, dass es wahrscheinlich geschieht, lässt sich hervorragend als explizite Antwort auf die Frage verstehen, wie sich der (geforderte) Allgemeinheitscharakter der Dichtung mit der

---

524 An dieser Stelle kann man von einer Auswahl der Ereignisse sprechen, nämlich in dem äußerlichen Sinn, dass das aus der Realität übernommene Handlungsgerüst allgemeine Züge aufweist und sich für eine bestmögliche Motivierung der Ereignisse durch den Dichter eignet.
525 Vgl. z. B. Bywater (1909) 193 ad Poet. 1451b29: „Aristotle [...] now remembers that there may be such a thing as an historical play, one with incidents taken from actual history (γενόμενα)." Lucas (1968) 123 f. ad Poet. 1451b29 zufolge bedeutet γενόμενα hier genauso wie am Anfang des neunten Kapitels (51a36) und an einer späteren Stelle (51b15) „historical events".
526 Vgl. Radt (1971) 194 f. Für die zurückgewiesene Forschungsmeinung vgl. ib. S. 194 Fußn. 2. Ebenso wie Radt sind u. a. auch Walbank (1960) 225 und Schwinge (1996) 123 der Meinung, dass γενόμενα hier „historische Ereignisse" im antiken Sinne bedeutet. Erbse (1977) 129 hingegen kann Radts Textverständnis nicht zustimmen, da Aristoteles dann behaupten würde, dass die Darstellung historischer Ereignisse (im antiken Sinne) in einer Tragödie eine große Ausnahme ist.
527 Vgl. Radt (1971) 194 f., v. a. 195: „[...] nachdem wir im Vorhergehenden gesehen haben, zu welch krassen Vergewaltigungen der Tatsachen Aristoteles seiner Theorie zuliebe imstande ist, scheint mir kein Grund vorhanden, die natürliche Deutung von τὰ γενόμενα aufzugeben und Aristoteles nicht zuzutrauen, dass er hier die Dinge genau so auf den Kopf stellt wie kurz vorher, wo er Agathons *Blume* zur vorbildlichen Tragödie gemacht hat."

Tatsache verträgt, dass sich die Tragödiendichter meistens an überlieferte Namen halten. Eine explizite Antwort war Aristoteles bisher schuldig geblieben.

Folglich sollte man entweder an allen Stellen des neunten Kapitels γενόμενα i.S.v. „historische Ereignisse (im modernen Sinne)" verstehen oder an keiner Stelle. Es scheint aber wenig sinnvoll zu sein, γενόμενα an allen Stellen des neunten Kapitels i.S.v. „historische Ereignisse (im modernen Sinne)" zu verstehen. Denn in dem Satz ἐπὶ δὲ τῆς τραγῳδίας τῶν γενομένων ὀνομάτων ἀντέχονται (Poet. 1451b15) wird man für γενόμενα die Bedeutung „historische Ereignisse (im antiken Sinne)" annehmen. Der Grund hierfür ist, dass die meisten antiken Tragödien ein mythisches Geschehen beinhalten. Da die Annahme, dass sich Aristoteles mehrfach in Widersprüche verwickelt, wenig plausibel ist, wird man von dieser Deutung abrücken.

Fraglich ist überdies, ob Aristoteles mit der Behauptung, dass der Dichter auch dann Dichter bleibt, wenn er sich den γενόμενα zuwendet (κἂν ἄρα συμβῇ γενόμενα ποιεῖν), insofern der Realität widerspricht, als er die Darstellung ‚historischer' Ereignisse (im antiken Sinne) als eine große Ausnahme hinstellt, obwohl die meisten antiken Tragödien ein derartiges Geschehen aufgeführt haben. Der Anstoß, den einige Interpreten an Aristoteles' Formulierung genommen haben, liegt wohl in der Wahl des Verbes συμβαίνω begründet, da συμβεβηκός häufig den Zufall bezeichnet.[528] Wenn diese Bedeutung hier vorliegen sollte, würde Aristoteles' Behauptung in der Tat in Konflikt mit der Realität geraten.

Es ist aber nicht einzusehen, warum hier diese Bedeutung, die zu einem Widerspruch führen würde, vorliegen soll. Viel wahrscheinlicher ist, dass die allgemeinere Bedeutung „es trifft sich", „es ist so, dass" vorliegt, wie es zuvor in der Definition des Allgemeinen der Fall ist: ἔστιν δὲ καθόλου μέν, τῷ ποίῳ τὰ ποῖα ἄττα συμβαίνει λέγειν ἢ πράττειν κατὰ τὸ εἰκὸς ἢ τὸ ἀναγκαῖον.[529] An jener Stelle zeigt der präpositionale Ausdruck κατὰ τὸ εἰκὸς ἢ τὸ ἀναγκαῖον, dass die allgemeinere Bedeutung „es trifft auf jemanden zu" vorliegt, da die Begriffe der Allgemeinheit die Bedeutung „zufälligerweise" ausschließen. In ähnlicher Weise muss συμβαίνω an dieser Stelle die Bedeutung tragen „es ist der Fall, dass".

Der Konditionalsatz κἂν ἄρα συμβῇ γενόμενα ποιεῖν bedeutet zwar „selbst wenn es der Fall sein sollte, dass er Geschehenes dichtet", aber hieraus lässt sich nicht herauslesen, dass ein Sonderfall in quantitativer Hinsicht gemeint ist.[530]

---

528 S. S. 236f., Fußn. 462 und 464.
529 Poet. 1451b8f.
530 Diese Ansicht liegt wohl bei Horn (1988) 130 vor: Die den ersten Teil von Kapitel 9 abschließenden Bemerkungen (1451b29–32) seien als Behandlung eines Sonderfalles zu verstehen: Wenn die Geschehnisse sich dazu eignen, eine am εἰκὸς ἢ ἀναγκαῖον orientierte einheitliche Handlung zu formen, verrichtet der Dichter auch als τὰ γενόμενα λέγων sein Werk.

Vielmehr ist die Formulierung „selbst wenn es der Fall sein sollte, dass" der Tatsache geschuldet, dass ein in qualitativer Hinsicht besonderer Fall geschildert wird. Denn die Möglichkeit, dass der Dichter Geschehenes darstellt, scheint im Widerspruch zum (geforderten) Allgemeinheitscharakter der Dichtung zu stehen. Diesen vermeintlichen Widerspruch löst Aristoteles im Folgenden.

Abschließend sei noch die textkritische Frage geklärt, ob der Ausdruck καὶ δυνατὰ γενέσθαι in dem Satz τῶν γὰρ γενομένων ἔνια οὐδὲν κωλύει τοιαῦτα εἶναι οἷα ἂν εἰκὸς γενέσθαι καὶ δυνατὰ γενέσθαι, καθ' ὃ ἐκεῖνος αὐτῶν ποιητής ἐστιν athetiert werden muss, wie es mehrere Herausgeber mit Vorländer tun,[531] wobei sie dem syrisch-arabischen Zweig der Überlieferung folgen.[532] Im Lichte der bisherigen Erkenntnisse lassen sich neue Argumente für diese textkritische Frage gewinnen.

Der Grund für Vorländers Tilgung des Ausdrucks καὶ δυνατὰ γενέσθαι liegt wohl in der Annahme, dass zumindest eine triviale, wenn nicht sogar eine widersprüchliche Aussage vorliegen würde, wenn dieser Ausdruck als echt angesehen würde. Denn die Aussage, dass einiges von dem Geschehenen wahrscheinlich geschieht, ist wohl nach Einschätzung aller Interpreten einwandfrei. Wenn aber Aristoteles den Begriff der Möglichkeit ergänzt, dann wirkt dieser Begriff als trivialer Zusatz.

Zu den Forschern, die die Überlieferung verteidigen, gehört Schmitt. Dieser übersetzt den zur Diskussion stehenden Satz folgendermaßen: „Denn es gibt keinen Grund, warum nicht auch wirkliches Geschehen manchmal so sein kann, wie es wahrscheinlich geschehen würde und wie es (dem bestimmten Charakter eines Handelnden nach) möglich ist, dass es geschieht, und das ist es, was das Dichterische an seiner Behandlung dieses Geschehens ausmacht."[533]

Tarán bewahrt ebenfalls den überlieferten Ausdruck καὶ δυνατὰ γενέσθαι und widerspricht der Ansicht, dass es sich um einen unlogischen Einschub („illogical intrusion") handelt, eine Ansicht, die sich auf das Argument stützt, dass der entsprechende Ausdruck mit τῶν γὰρ γενομένων am Anfang des Kolons nicht vereinbar sei, da τὰ γενόμενα *per definitionem* δυνατά seien.[534] Tarán zufolge

---

531 Vgl. z. B. Kassel (1965) 16. Lucas (1968) 124 ad Poet. 1451b31 verteidigt Kassels Entscheidung mit der Begründung, dass der Ausdruck sinnlos sei.
532 In der griechischen Handschrift, auf der die syrische Übersetzung fußt, auf die die arabische Übersetzung zurückgeht, fehlt der Ausdruck; vgl. Tarán/Gutas (2012) 180 und das Stemma ib. auf S. 159.
533 Schmitt (2011) 14; vgl. auch die Liste der Abweichungen von Kassels (1965) Text ib. auf S. XXVII.
534 Vgl. Tarán/Gutas (2012) 258 ad Poet. 1451b32. Tarán widerspricht Edzard/Köhnken (2006) 252f.

4.4 Aristoteles über das Mögliche als Gegenstandsbereich des Dichters • —— 257

bezieht sich Aristoteles auf den Anfang des Kapitels, wo es heißt: Φανερὸν δὲ ἐκ τῶν εἰρημένων καὶ ὅτι <u>οὐ τὸ τὰ γενόμενα λέγειν, τοῦτο ποιητοῦ ἔργον ἐστίν, ἀλλ' οἷα ἂν γένοιτο καὶ τὰ δυνατὰ κατὰ τὸ εἰκὸς ἢ τὸ ἀναγκαῖον</u>.⁵³⁵ Zwischen dem Anfang des Kapitels und der hier vorliegenden Stelle sieht Tarán deutliche Parallelen: <u>τῶν γὰρ γενομένων</u> ἔνια οὐδὲν κωλύει τοιαῦτα εἶναι <u>οἷα ἂν εἰκὸς γενέσθαι καὶ δυνατὰ γενέσθαι, καθ' ὃ ἐκεῖνος αὐτῶν ποιητής ἐστιν</u>.⁵³⁶ Der Ausdruck καὶ δυνατὰ γενέσθαι sei nicht unlogisch, da Aristoteles mit ihm und mit οἷα ἂν εἰκὸς γενέσθαι (wie am Anfang des Kapitels) die Einschränkung des Bereichs von möglichen Ereignissen angebe, die die Handlung einer Tragödie konstituieren. Das Homoioteleuton γενέσθαι [...] γενέσθαι habe wohl dazu geführt, dass der Ausdruck ausgefallen ist.⁵³⁷

Zwar sind die Bezüge, die Tarán zwischen dem Anfang des Kapitels und der hier vorliegenden Stelle sieht, offenkundig. Aber seine Argumentation ist nicht gänzlich überzeugend. Gegen die von ihm zurückgewiesene Deutung ist einzuwenden, dass der überlieferte Satz nur dann unsinnig wäre, wenn er hieße τῶν γὰρ γενομένων ἔνια οὐδὲν κωλύει τοιαῦτα εἶναι οἷα ἂν δυνατὰ γενέσθαι. Dadurch aber, dass zuerst der Begriff der Wahrscheinlichkeit gewählt wird, ist der Satz sinnvoll – möglicherweise mit der Einschränkung, dass die Hinzufügung des Begriffs der Möglichkeit etwas trivial anmutet.

Taráns Argument aber, dass Aristoteles mit dem Ausdruck καὶ δυνατὰ γενέσθαι und mit οἷα ἂν εἰκὸς γενέσθαι (wie am Anfang des Kapitels) die Einschränkung des Bereichs von möglichen Ereignissen angebe, beruht auf einer Interpretation, die sich – wie gezeigt – wohl nicht halten lässt. Denn zumindest am Anfang des Kapitels dient der Ausdruck καὶ τὰ δυνατὰ κατὰ τὸ εἰκὸς nicht dem Zweck, den Bereich von möglichen Ereignissen einzuschränken, sondern δυνατά ist mehr oder weniger als synonymer Begriff zu οἷα ἂν γένοιτο anzusehen und der Ausdruck κατὰ τὸ εἰκὸς ἢ τὸ ἀναγκαῖον bewegt sich auf einer anderen Ebene als die Begriffe der Möglichkeit. Denn diese bezeichnen die lebensweltliche Realisierungsmöglichkeit von Ereignissen, während jener Ausdruck die Verknüpfung der Ereignisse, ihre Motivierung, bezeichnet.⁵³⁸

Diese Einsicht scheint der Schlüssel für das richtige Verständnis auch an dieser Stelle zu sein. Die Hinzufügung des Begriffs der Möglichkeit führt nicht zu einer fragwürdigen Aussage, wenn man bedenkt, dass die Möglichkeit nicht in Konkurrenz zur Wahrscheinlichkeit steht. Paraphrasiert lautet der abschließende

---

535 Poet. 1451a36–38. Die Hervorhebung stammt von Tarán; vgl. Tarán/Gutas (2012) 258 ad Poet. 1451b32.
536 Die Hervorhebung stammt von Tarán; vgl. Tarán/Gutas (2012) 258 ad Poet. 1451b32.
537 Vgl. Tarán/Gutas (2012) 258 ad Poet. 1451b32.
538 S. die Interpretation zu Poet. 1451a36–b5 (S. 218–235).

Satz: Nichts hindert daran, dass einige Ereignisse so beschaffen sind, dass ihre Entwicklung auseinander wahrscheinlich ist und sie lebensweltlich möglich sind.

Zwar ließe sich möglicherweise einwenden, dass die Hinzufügung des Begriffs der Möglichkeit auch bei diesem Textverständnis immer noch trivial anmutet. Aber vielleicht lässt sich in dieser Hinzufügung die Strategie erkennen, ein schlagendes Argument zu liefern, das auch die letzten Zweifel beseitigt und zugleich einen Bogen spannt zur am Anfang des Kapitels gegebenen Definition der Dichtung. Denn die letzten Zweifel waren insofern noch nicht ausgeräumt, als bisher nicht explizit gesagt wurde, wie sich die Definition, dass die Dichtung das Mögliche und eher das Allgemeine darstellt, mit der Tatsache verträgt, dass sich die Tragödiendichter meistens an überlieferte Namen halten und ein historisches Geschehen behandeln. In dem zur Diskussion stehenden Satz wird eine explizite Antwort gegeben: Die Tragödiendichter tragen dem Allgemeinheitscharakter dadurch Rechnung, dass die Verknüpfung der Ereignisse den Regeln der Wahrscheinlichkeit folgt, und sie tragen der Komponente der Möglichkeit dadurch Rechnung, dass sie historische Ereignisse behandeln. Zugleich liegt hierin die Begründung für die Tatsache, dass sich der Gegenstandsbereich des Dichters mit demjenigen des Historikers überschneiden kann: Dies geschieht Aristoteles zufolge dann, wenn der Dichter unter dem Möglichen das Geschehene wählt (der Dichter könnte die Komponente der Möglichkeit auch berücksichtigen, indem er eine mögliche Handlung erfindet) und das Geschehene eine plausible Handlungsfolge darstellt (ein obligatorisches Kriterium für den Dichter, ein fakultatives für den Historiker).[539]

Somit ist es zumindest nicht nötig, Schmitt zu folgen, dem zufolge sich der Begriff der Möglichkeit in dem Sinne erklärt, dass er auf den Charakter Bezug nimmt („wie es ⟨dem bestimmten Charakter eines Handelnden nach⟩ möglich ist"). Dieser Weg, die Überlieferung zu bewahren, ist zumindest schwieriger, da im vorliegenden Kontext nichts unmittelbar darauf hindeutet, dass Aristoteles den Charakter im Blick hat.

---

[539] Schließlich spricht auch das von Tarán angeführte Argument, dass das Homoioteleuton γενέσθαι [...] γενέσθαι wohl dazu geführt hat, dass der Ausdruck καὶ δυνατὰ γενέσθαι in der griechischen Handschrift, auf die der syrisch-arabische Zweig der Überlieferung zurückgeht, ausgefallen ist, für die Bewahrung des fraglichen Ausdrucks. Mit anderen Worten: Der Ausfall von καὶ δυνατὰ γενέσθαι lässt sich als Haplographie erklären.

4.5 Polybios' Dreiteilung zwischen Geschichte (ἱστορία), Darstellung (διάθεσις) und Fiktion (μῦθος)

Polybios (ca. 200 – ca. 120 v.Chr.) behandelt in Buch 34 seiner Historien die historische Geographie und präsentiert in einer Erörterung der Irrfahrt des Odysseus sein Konzept der Dreiteilung zwischen Geschichte (ἱστορία), Darstellung (διάθεσις) und Fiktion (μῦθος).[540] In der Hauptüberlieferung ist dieses Buch nicht überliefert worden, sondern bei Strabo, der sich am Anfang seines geographischen Werkes in einer Eratosthenes-Kritik auch mit dem Charakter der Dichtung (insbesondere der Homerischen Epen) und folglich mit der literarischen Fiktion auseinandersetzt, wobei er (auch in seiner Eratosthenes-Kritik) im Wesentlichen Polybios folgt. Der zurückgewiesene Standpunkt des Eratosthenes besteht darin, dass die Dichtung aufgrund ihrer Erfindungen die Rezipienten nur erfreue, nicht aber belehre.[541]

Polybios und Strabo vertreten die Ansicht, dass Homer in seinen Epen wirkliche und erfundene Ereignisse miteinander verknüpft hat, also diejenigen Bereiche, die Polybios später als ἱστορία und μῦθος bezeichnet.[542] Diese Ansicht bekräftigt Strabo durch ein Homerzitat und beruft sich in diesem Zusammenhang auf Polybios:[543]

> ἐκ μηδενὸς δὲ ἀληθοῦς ἀνάπτειν κενὴν τερατολογίαν οὐχ Ὁμηρικόν. (2) προσπίπτει γάρ, ὡς εἰκός, ὡς πιθανώτερον ἄν οὕτω τις ψεύδοιτο, εἰ καταμίσγοι τι καὶ αὐτῶν τῶν ἀληθινῶν· (3) ὅπερ καὶ Πολύβιός φησι περὶ τῆς Ὀδυσσέως πλάνης ἐπιχειρῶν· τοιοῦτο δ' ἐστὶ καὶ τὸ „ἴσκε ψεύδεα πολλὰ λέγων ἐτύμοισιν ὁμοῖα."
> οὐ γὰρ πάντα ἀλλὰ πολλά, ἐπεὶ οὐδ' ἂν ἦν ἐτύμοισιν ὁμοῖα.

> An nichts Tatsächliches anknüpfend nichtige Wunderdinge zu erzählen ist nicht Homers Sache. (2) Stellt sich doch begreiflicherweise unwillkürlich die Überlegung ein, dass jemand auf diese Art überzeugender die Unwahrheit sagen wird, wenn er auch etwas von eben dem Tatsächlichen daruntermischt ([3] was auch Polybios in seiner Erörterung der Irrfahrt des

---

540 Zu Polybios s. auch das Kapitel 4.7.1.2.2 dieser Arbeit („Polybios' Unterscheidung von historischen Gattungen").
541 Zu Eratosthenes und Strabo s. das Kapitel 4.6 dieser Arbeit. Zu Text und Übersetzung s. ebenfalls das, was dort einleitend gesagt wird. Zu Eratosthenes, Polybios und Strabo vgl. auch Meijering (1987) 58–62.
542 Vgl. Polyb. 34,3,12–4,4 (s. S. 262).
543 Polyb. 34,2,1–3 = Strabo 1,2,9. Zumindest bis zu „wenn er auch etwas von eben dem Tatsächlichen darunter mischt" liegt ein Polybios-Referat vor, da Strabo später explizit Polybios' Ansicht referiert (Strabo 1,2,17 = Polyb. 34,4,4), dass es nicht plausibel und nicht Homerisch sei, alles zu erfinden (τὸ δὲ πάντα πλάττειν οὐ πιθανόν, οὐδ' Ὁμηρικόν). Ob Strabo das Homerzitat von Polybios übernimmt oder als Explikation hinzufügt, kann nicht entschieden werden. Zur Polybiosstelle vgl. auch den Kommentar von Walbank (1979) 578.

Odysseus sagt). Das bedeutet auch der Vers „Während er sprach, machte er viele falsche Dinge den wahren ähnlich." Heißt es doch nicht „alle", sondern „viele", da sie sonst nicht den wahren ähnlich wären.

Das Zitat stammt aus dem 19. Buch der *Odyssee*.[544] Im Kontext der Stelle erzählt Odysseus Penelope die Lügengeschichte, dass er Aithon, ein Bruder des Idomeneus, sei. Als Odysseus auf dem Weg nach Troja gewesen sei, habe er ihn in Amnisos auf Kreta freundlich empfangen, da Idomeneus bereits aufgebrochen war.[545] Die Lügengeschichte des Odysseus kommentiert der Dichter abschließend mit den zitierten Worten. Anders als bei Homer geht es an dieser Stelle allerdings nicht um eine Lügengeschichte, sondern um die literarische Fiktion, da Polybios Homers Gebrauch von Erfindungen legitimiert sieht. Bereits diese Stelle deutet darauf hin, dass man mit Bezug auf Polybios von der Autonomie der (dichterischen) Fiktion sprechen darf.

Die Ansicht, dass Homers Epen eine fiktionale Ausgestaltung eines im Kern historischen Geschehens darstellen, expliziert Polybios in Abgrenzung von Eratosthenes auf die folgende Weise:[546]

> ταῦτα δὲ προοικονομησάμενος οὐκ ἐᾷ τὸν Αἴολον ἐν μύθου σχήματι ἀκούεσθαι οὐδ᾽ ὅλην τὴν Ὀδυσσέως πλάνην, ἀλλὰ μικρὰ μὲν προσμεμυθεῦσθαι καθάπερ καὶ τῷ Ἰλιακῷ πολέμῳ, (10) τὸ δ᾽ ὅλον περὶ Σικελίαν καὶ τῷ ποιητῇ πεποιῆσθαι καὶ τοῖς ἄλλοις συγγραφεῦσιν, ὅσοι τὰ περιχώρια λέγουσι τὰ περὶ τὴν Ἰταλίαν καὶ Σικελίαν. (11) οὐκ ἐπαινεῖ δὲ οὐδὲ τὴν τοιαύτην τοῦ Ἐρατοσθένους ἀπόφασιν, διότι φησὶ τότ᾽ ἂν εὑρεῖν τινα ποῦ Ὀδυσσεὺς πεπλάνηται, ὅταν εὕρῃ τὸν σκυτέα τὸν συρράψαντα τὸν τῶν ἀνέμων ἀσκόν.

> Nachdem er [sc. Polybios] so den Boden bereitet hat, erklärt er, man dürfe weder Aiolos noch die ganze Irrfahrt des Odysseus als Fiktion verstehen, sondern ein paar Dinge seien zwar hinzuerfunden – wie auch zu dem Trojanischen Krieg –; (10) im Ganzen aber spiele die Irrfahrt sich bei dem Dichter ebenso wie bei allen übrigen Autoren, die die Lokalgeschichte Italiens und Siziliens behandeln, in der Gegend von Sizilien ab. (11) Auch hat er kein Lob übrig für das Diktum des Eratosthenes, man könne erst dann herausfinden, wo Odysseus herumgeirrt sei, wenn man den Riemer gefunden habe, der den Sack der Winde genäht habe.

Mit dem Sack der Winde ist diejenige Episode aus der *Odyssee* gemeint, in der geschildert wird, dass Aeolus für Odysseus' Heimfahrt nach Ithaka günstige

---

544 Vgl. Hom. Od. 19,203.
545 Vgl. Hom. Od. 19,165–202.
546 Polyb. 34,2,9–11 = Strabo 1,2,15. Vgl. auch Strabos einleitendes Urteil (Polyb. 34,2,4 = Strabo 1,2,15): Καὶ Πολύβιος δ᾽ ὀρθῶς ὑπονοεῖ τὰ περὶ τῆς πλάνης.

Winde in einem Schlauch eingeschlossen und ihm diesen übergeben hat.[547] Das Diktum des Eratosthenes, dass man erst dann herausfinden könne, wo Odysseus herumgeirrt sei, wenn man den Riemer gefunden habe, der den Sack der Winde genäht habe,[548] ist ironisch zu verstehen: Da es Eratosthenes zufolge jeder Dichter auf Gemütsbewegung, nicht auf Belehrung abgesehen habe,[549] sei die gesamte Darstellung der Irrfahrt als Fiktion anzusehen und der Versuch, aus Homers Epos Odysseus' Irrfahrt zu rekonstruieren, von vornherein zum Scheitern verurteilt. Polybios – und an ihn anschließend Strabo – folgen Eratosthenes nicht,[550] da sie die Homerischen Epen als Vermischung von Realien und Fiktionen verstehen, wobei die Realien überwiegen. Folglich müsse man die fiktiven Ausschmückungen subtrahieren, um zu erkennen, dass die Irrfahrt in der Gegend von Sizilien stattgefunden hat.

Dieses Urteil bestätigt die folgende Stelle, die zugleich zeigt, dass Polybios zufolge nicht jede Form der Unwahrheit mit der dichterischen Fiktion gleichzusetzen ist:[551]

ἔκ τε δὴ τῶν τοιούτων εἰκάζοι τις ἄν, φησί, περὶ Σικελίαν γενέσθαι τὴν πλάνην κατὰ τὸν Ὅμηρον, ὅτι τῇ Σκύλλῃ προσῆψε τὴν τοιαύτην θήραν ἣ μάλιστ' ἐπιχώριός ἐστι τῷ Σκυλλαίῳ, (10) καὶ ἐκ τῶν περὶ τῆς Χαρύβδεως λεγομένων ὁμοίων τοῖς τοῦ πορθμοῦ πάθεσι. (11) τὸ δέ „τρὶς μὲν γάρ τ' ἀνίησιν" ἀντὶ τοῦ „δίς", γραφικὸν εἶναι ἁμάρτημα ἢ ἱστορικόν.

Zum einen also dürfe man aufgrund hiervon, sagt er, vermuten, dass nach Homer die Irrfahrt bei Sizilien stattfand – weil er der Skylla eine solche Jagd zugeschrieben hat, wie sie besonders am Skyllaion üblich ist –; (10) zum anderen aufgrund des von der Charybdis Erzählten, das den Phänomenen in dem Sund ähnlich ist. (11) Das „dreimal gurgelt sie aus" statt „zweimal" sei ein Schreibfehler oder sachlicher Irrtum.

Odysseus beschreibt Charybdis in der *Odyssee* als Ungeheuer, das dreimal täglich das Wasser einschlürft und wieder ausspeit.[552] Daher müsse man den entsprechenden Ort mit der Straße von Messina identifizieren und annehmen, dass Homer die dortige Strömung beschreibt. Da sich dort allerdings zweimal am Tag die

---

547 Vgl. Hom. Od. 10,1–76. Auch in Ovids Elegie *Amores* 3,12 wird der mit Winden gefüllte Schlauch als Beispiel für dichterische Erfindungen genannt; vgl. Ov. am. 3,12,29: *Aeolios Ithacis inclusimus utribus Euros* (s. das Kapitel 7.1.5 dieser Arbeit).
548 Zum Diktum des Eratosthenes vgl. Eratosthenes, fr. I A 16 Berger (1880) 36 = fr. 5 Roller (2010) 43.
549 Vgl. Strabo 1,1,10 und 1,2,3 = Eratosthenes, fr. I A 20 Berger (1880) 37 = fr. 2 Roller (2010) 41; vgl. auch den Kommentar von Roller (2010) 112–114 ad loc. und s. S. 281.
550 Zu Strabo s. das Kapitel 4.6 dieser Arbeit.
551 Polyb. 34,3,9–11 = Strabo 1,2,16.
552 Vgl. Hom. Od. 12,105: τρὶς μὲν γάρ τ' ἀνίησιν ἐπ' ἤματι, τρὶς δ' ἀναρυβδεῖ.

Strömung ändert, erwägt Polybios zwei andere Formen der Unwahrheit:[553] entweder sei es notwendig, einen Schreibfehler anzunehmen und ihn zu emendieren (Überlieferungsfehler), oder hierin sei ein Irrtum des Dichters zu sehen. Die Kategorie des Irrtums würde bedeuten, dass der Dichter die Wahrheit sagen (also von der ἱστορία Gebrauch machen) wollte, sich aber getäuscht hat. Die Möglichkeit, in dieser Diskrepanz eine fiktive Ausschmückung (μῦθος) zu erblicken, kommt für Polybios wohl deshalb nicht in Betracht, weil die Anzahl der Strömungsänderung nicht dem Wirkziel der Fiktion dient.[554] Zu den Wirkzielen äußert sich Polybios an der folgenden Stelle, an der er die Dreiteilung zwischen Geschichte (ἱστορία), Darstellung (διάθεσις) und Fiktion (μῦθος) präsentiert:[555]

> Καὶ τὰ ἐν τῇ Μήνιγγι δὲ τοῖς περὶ τῶν Λωτοφάγων εἰρημένοις συμφωνεῖν. (4,1) εἰ δέ τινα μὴ συμφωνεῖ, μεταβολὰς αἰτιᾶσθαι δεῖν ἢ ἄγνοιαν ἢ καὶ ποιητικὴν ἐξουσίαν, ἣ συνέστηκεν ἐξ ἱστορίας καὶ διαθέσεως καὶ μύθου. (4,2) τῆς μὲν οὖν ἱστορίας ἀλήθειαν εἶναι τέλος, ὡς ἐν νεῶν καταλόγῳ τὰ ἑκάστοις τόποις συμβεβηκότα λέγοντος τοῦ ποιητοῦ, τὴν μὲν πετρήεσσαν τὴν δὲ ἐσχατόωσαν πόλιν, ἄλλην δὲ πολυτρήρωνα, τὴν δ' ἀγχίαλον· (4,3) τῆς δὲ διαθέσεως ἐνέργειαν εἶναι τὸ τέλος, ὡς ὅταν μαχομένους εἰσάγῃ, (4,4) μύθου δὲ ἡδονὴν καὶ ἔκπληξιν. τὸ δὲ πάντα πλάττειν οὐ πιθανόν, οὐδ' Ὁμηρικόν· τὴν γὰρ ἐκείνου ποίησιν φιλοσόφημα πάντας νομίζειν, οὐχ ὡς Ἐρατοσθένης φησί κελεύων μὴ κρίνειν πρὸς τὴν διάνοιαν τὰ ποιήματα, μηδ' ἱστορίαν ἀπ' αὐτῶν ζητεῖν.

> Und ferner stimme die Situation auf Meninx zu dem, was über die Lotophagen erzählt wird. (4,1) Und wenn etwas nicht stimmt, müsse man den Grund in Veränderungen suchen oder in Unkenntnis oder auch im dichterischen Spielraum, der aus Geschichte, Darstellung und Fiktion besteht. (4,2) Die Geschichte habe als Ziel die Wahrheit, wie wenn im Schiffskatalog der Dichter (Homer) die Besonderheiten der einzelnen Orte angibt, indem er diese Stadt „felsig", jene „zu äußerst liegend", eine andere „taubenreich" und wieder eine andere „meeresnah" nennt. (4,3) Ziel der Darstellung sei die Anschaulichkeit – wie wenn er Kämpfende auftreten lässt –, (4,4) und Ziel der Fiktion Vergnügen und Erstaunen. Alles zu erfinden sei nicht plausibel und nicht Homerisch. Denn alle betrachten seine Dichtung als einen Gegenstand philosophischer Betrachtung – im Gegensatz zu Eratosthenes' Aufforderung, seine Dichtungen nicht nach ihrem Sinn zu beurteilen und keine historische Kunde in ihnen zu suchen.

---

553 Eine dritte Form der Unwahrheit (neben der Fiktion) besteht Polybios zufolge in Veränderungen, wie das folgende Zitat zeigt (Polyb. 34,3,12–4,4 = Strabo 1,2,17).
554 Strabo hingegen erklärt die Dreizahl als Übertreibung der Kirke, die das Ziel hat, dramatischen Schrecken zu erregen; vgl. Strabo 1,2,36.
555 Polyb. 34,3,12–4,4 = Strabo 1,2,17. Die Lotophagen stellen bei Homer, wie der Name es sagt, ein Volk der Lotosesser dar. Der Konsum des Lotos führt dazu, dass die Gefährten des Odysseus, die davon kosten, ihre Heimat vergessen und den Wunsch verspüren, immer im Land der Lotophagen zu bleiben; vgl. Hom. Od. 9,80–104. Sowohl Polybios als auch Strabo gehen davon aus, dass die Insel Meninx (heute Djerba) aufgrund ihrer geographischen Lage dem Land der Lotophagen entspricht, wie auch an anderen Stellen deutlich wird; vgl. Polyb. 1,39,2; Strab. 17,3,17; Walbank (1979) 584 und Radt (2006) 102 ad loc.

Wenn Polybios das Prinzip vertritt, dass man, wenn etwas in einer dichterischen Darstellung nicht stimmt, den Grund in Veränderungen oder in Unkenntnis oder auch im dichterischen Spielraum suchen müsse,[556] ist die Kategorie der Unkenntnis ohne weiteres verständlich. Die Kategorie der Veränderungen ist so zu verstehen, dass es möglich ist, dass sich (geographische) Begebenheiten im Laufe der Zeit verändert haben und zu Homers bzw. Odysseus' Zeiten anders beschaffen waren als zur eigenen Zeit.[557]

Polybios' Ansicht, dass eine dichterische Erzählung aus Geschichte (ἱστορία), Darstellung (διάθεσις) und Fiktion (μῦθος) besteht, erinnert an Agatharchides' und Strabos Konzept, zwischen dem Kern einer historischen Geschichte und ihrer fiktionalen Ausgestaltung (διασκευή) zu unterscheiden.[558] Allerdings bezieht sich die διασκευή auf den Prozess des Dichters, aus einer historischen Grundlage eine mit fiktiven Elementen geschmückte Erzählung zu machen. Folglich entspricht die fiktionale Ausarbeitung (διασκευή) dem μῦθος, wohingegen Polybios' Kategorie der Darstellung (διάθεσις) bei Agatharchides und Strabo keine Entsprechung hat.

Wenn man Polybios' Dreiteilung zwischen Geschichte (ἱστορία), Darstellung (διάθεσις) und Fiktion (μῦθος) mit der Dreiteilung zwischen den Erzählgattungen *fabula* (μῦθος), *historia* (ἱστορία) und *argumentum* (πλάσμα) vergleicht,[559] drängt sich der Verdacht auf, dass die Geschichte (ἱστορία) der *historia* (ἱστορία) und der μῦθος der *fabula* (μῦθος), also der unwahrscheinlichen, wenn nicht sogar unmöglichen Fiktion entspricht.[560] Während die erstere Entsprechung zweifelsfrei ist, ist die letztere Entsprechung nicht sicher, da sich Polybios mit dem Begriff μῦθος zwar v. a. auf die phantastischen Elemente der Irrfahrt bezieht, aber keine Opposition zur realistischen Fiktion (*argumentum*/πλάσμα) herstellt.[561] Daher bezeichnet er mit μῦθος sowohl dasjenige, was später *argumentum* (πλάσμα)

---

556 Die Übersetzung „dichterischer Spielraum" (ποιητικὴ ἐξουσία) ist etwas angemessener als „dichterische Freiheit/Lizenz", da der Ausdruck als Oberbegriff dient und neben der Fiktion (μῦθος) den wahren Bericht (ἱστορία) umfasst. Meijerings (1987) 61 Übersetzung stellt eher eine Notlösung dar: „poetic license, which allows him besides ἱστορία to also incorporate διάθεσις and μῦθος into his poem". Zur ποιητικὴ ἐξουσία s. das Kapitel 7.1.8 dieser Arbeit.
557 Vgl. Polyb. 4,39,7–42,8; Strabo 1,2,30 (über eine Wasserstelle auf Pharos): ἀλλ' οὔτε τὸ ὑδρεῖον ἐκλιπεῖν ἀδύνατον [...]; Walbank (1979) 584 und Radt (2006) 102 ad Strabo 1,2,17 (= Polyb. 34,4,1).
558 Vgl. GGM I 8 p. 117 Müller (1882) (s. S. 523f.); Strabo 1,2,11 (s. S. 291f.).
559 Zu den drei Erzählgattungen *fabula* (μῦθος), *historia* (ἱστορία) und *argumentum* (πλάσμα) s. die Kapitel 4.7.1 und 4.7.1.1 dieser Arbeit.
560 Vgl. Pédech (1964) 583.
561 Die Kategorie der Darstellung (διάθεσις) ist wohl anders aufzufassen; s. die Diskussion weiter unten (S. 264–280).

heißt, als auch dasjenige, was als *fabula* (μῦθος) bezeichnet wird, also die Fiktion im Allgemeinen.

Die Ansicht, dass das Ziel der Geschichte eine wahre Darstellung ist, kann als traditionell angesehen werden und findet sich auch bei Aristoteles.[562] Polybios' Beispiel, dass die im Schiffskatalog genannten Epitheta ornantia der entsprechenden Orte das Ziel der wahren Darstellung offenbaren, ist insofern plausibel, als sie allesamt einen bestimmten Typus von Epitheton ornans bilden, nämlich einen topographischen.

Die Ansicht, dass die dichterischen Erfindungen Vergnügen (ἡδονή) und Erstaunen (ἔκπληξις) bereiten,[563] darf ebenfalls als traditionell gelten. Sie scheint zum Beispiel bei Aristoteles durch, wenn er über die Wirkung desjenigen Typus von Tragödie spricht, in dem die Namen der Protagonisten und die Handlung erfunden sind.[564]

Die Kategorie der Darstellung (διάθεσις), deren Ziel die Anschaulichkeit (ἐνάργεια)[565] ist, ist nicht ohne weiteres verständlich. Um ein besseres Verständnis von der anschaulichen Darstellung zu gewinnen, müssen Parallelen für die Darstellung (διάθεσις) und die Anschaulichkeit (ἐνάργεια) ausgewertet werden.[566] Die Anschaulichkeit (ἐνάργεια) erwähnt Polybios auch im Zusammenhang mit der

---

562 Vgl. Arist. Poet. 1451a36–b5 (s. das Kapitel 4.4 dieser Arbeit). Vgl. auch Cic. leg. 1,5 (s. das Kapitel 7.1.3 dieser Arbeit); Cic. de orat. 2,62 und s. das Kapitel 4.2.2 dieser Arbeit.
563 An einer anderen Stelle nennt Polybios die zu ἡδονή nahezu synonyme τέρψις als Wirkziel der Fiktion; vgl. Polyb. 9,2 (s. das Kapitel 4.7.1.2.2 dieser Arbeit). Zum Erstaunen (ἔκπληξις) vgl. Polyb. 2,56,11 (s. S. 268). An der im Folgenden zitierten Stelle (Polyb. 15,36,1–3) bezeichnet Polybios aber neben dem Nutzen (ὠφέλεια) auch das Vergnügen (τέρψις) als Wirkziel der Geschichtsschreibung bzw. überhaupt der Literatur; vgl. auch Polyb. 1,4,11 über den Nutzen (χρήσιμον) und Genuss (τερπνόν) der Universalgeschichte.
564 Zum Vergnügen beim genannten Tragödientypus vgl. Poet. 1451b21–23 und 25f. (s. das Kapitel 4.4 dieser Arbeit). Zum Erstaunen (ἔκπληξις) vgl. ib. 1455a16–21 (über die beste Form der Wiedererkennung, allerdings ohne dass deutlich wird, dass sie erfunden ist) und 1460b23–26. Vgl. auch die Instruktionen zum synonymen θαυμαστόν (Poet. 1460a11–14; s. S. 311f. und 471). Zum Erstaunen vgl. ferner (zumindest der Sache nach) Gorg. Hel. 17; Plat. Ion 535b-c; Aristoph. ran. 961f.; Vita Aeschyli 7 (zu diesen Stellen s. das Kapitel 7.1.1 dieser Arbeit). Zum Vergnügen (ἡδονή) und Erstaunen (ἔκπληξις) vgl. Plut. mor. 17a (s. das Kapitel 7.1.6.3 dieser Arbeit).
565 Unabhängig davon, ob man ἐνέργεια oder ἐνάργεια liest, ist hiermit die anschauliche Darstellung gemeint; vgl. Walbank (1979) 585 ad loc.
566 Wie sich noch zeigen wird, verwendet Polybios auch den Begriff ἔμφασις zur Bezeichnung einer anschaulichen Darstellung. Da die entsprechenden Stellen sogar aussagekräftiger sind, werden auch Parallelen für ἔμφασις in diesem Sinne ausgewertet.

4.5 Polybios' Dreiteilung zwischen Geschichte, Darstellung und Fiktion — 265

Darstellung von Agathokles' Tod, und zwar in der Form, dass er diese Darstellungsform zurückweist:[567]

Διὰ δὴ ταύτας τὰς αἰτίας τὸν μετ' αὐξήσεως λόγον ἀπεδοκιμάσαμεν ὑπὲρ Ἀγαθοκλέους, (2) οὐχ ἥκιστα δὲ καὶ διὰ τὸ πάσας τὰς ἐκπληκτικὰς περιπετείας μίαν ἔχειν φαντασίαν τὴν πρώτην ἀξίαν ἐπιστάσεως, τὸ δὲ λοιπὸν οὐ μόνον ἀνωφελῆ γίνεσθαι τὴν ἀκρόασιν καὶ θέαν αὐτῶν, ἀλλὰ καὶ μετά τινος ὀχλήσεως ἐπιτελεῖσθαι τὴν ἐνέργειαν τῶν τοιούτων. (3) δυοῖν γὰρ ὑπαρχόντων τελῶν, ὠφελείας καὶ τέρψεως, πρὸς ἃ δεῖ τὴν ἀναφορὰν ποιεῖσθαι τοὺς διὰ τῆς ἀκοῆς ἢ διὰ τῆς ὁράσεως βουλομένους τι πολυπραγμονεῖν, καὶ μάλιστα τῷ τῆς ἱστορίας γένει τούτου καθήκοντος, ἀμφοτέρων τούτων ὁ πλεονασμὸς ὑπὲρ τῶν ἐκπληκτικῶν συμπτωμάτων ἐκτὸς πίπτει.

Aus diesen Gründen haben wir jeden ausschmückenden Bericht über Agathokles vermieden, (2) nicht zuletzt auch deshalb, weil alle mitreißenden Wechselfälle des Schicksals nur beim ersten Lesen fesseln, später aber ihre audiovisuelle Rezeption nicht nur nutzlos ist, sondern mit einem gewissen Überdruss die Anschaulichkeit (ἐνάργεια) von derartigen Dingen erzeugt. (3) Denn da zwei Ziele zugrunde liegen, Nutzen (ὠφέλεια) und Unterhaltung (τέρψις), auf die diejenigen abzielen müssen, die sich auditiv oder visuell mit etwas beschäftigen möchten – und das gilt in besonderem Maße für die Gattung der Geschichtsschreibung –, verfehlt das Übermaß an erschütternden Ereignissen diese beiden [sc. Ziele].

Im Anschluss an die zitierte Stelle rückt Polybios die zurückgewiesene Darstellungsform in die Nähe der Tragödie:[568]

διόπερ ἢ ζηλωτὸν εἶναι δεῖ τὸ λεγόμενον ἢ τερπνόν· ὁ δὲ τῆς ἐκτὸς τούτων συμφορᾶς πλεονασμὸς οἰκειότερόν ἐστι τραγῳδίας ἤπερ ἱστορίας.

Daher muss das, was gesagt wird, entweder nachahmenswert oder unterhaltend sein. Das Übermaß an Unglück, das diese [sc. Ziele] verfehlt, ist eher für die Tragödie als für die Geschichte charakteristisch.

Auch an einer Stelle im zweiten Buch von Polybios' Geschichtswerk wird das Konzept der anschaulichen Darstellung thematisiert:[569]

Χωρίς τε τούτων τὰς μὲν Μαντινέων ἡμῖν συμφορὰς μετ' αὐξήσεως καὶ διαθέσεως ἐξηγήσατο, δῆλον ὅτι καθήκειν ὑπολαμβάνων τοῖς συγγραφεῦσι τὰς παρανόμους τῶν πράξεων ἐπισημαίνεσθαι, (2) τῆς δὲ Μεγαλοπολιτῶν γενναιότητος, ᾗ περὶ τοὺς αὐτοὺς ἐχρήσαντο

---

[567] Polyb. 15,36,1–3. Im Kontext dieser Stelle kritisiert Polybios diejenigen Historiker, die den Tod des Ägypters Agathokles mitreißend dargestellt haben; vgl. ib. 34,1: ἐγὼ δ' οὐκ ἀγνοῶ μὲν τὰς τερατείας καὶ διασκευάς, αἷς κέχρηνται πρὸς ἔκπληξιν τῶν ἀκουόντων ἔνιοι τῶν γεγραφότων τὰς πράξεις ταύτας, πλείω τὸν ἐπιμετροῦντα λόγον διατιθέμενοι τοῦ συνέχοντος τὰ πράγματα καὶ κυρίου. Zu Polybios' Darstellung von Agathokles' Tod vgl. Johstono (2017).
[568] Polyb. 15,36,7.
[569] Polyb. 2,61,1–3.

καιρούς, οὐδὲ κατὰ ποσὸν ἐποιήσατο μνήμην, (3) ὥσπερ τὸ τὰς ἁμαρτίας ἐξαριθμεῖσθαι τῶν πραξάντων οἰκειότερον ὑπάρχον τῆς ἱστορίας τοῦ τὰ καλὰ καὶ δίκαια τῶν ἔργων ἐπισημαίνεσθαι, ἢ τοὺς ἐντυγχάνοντας τοῖς ὑπομνήμασιν ἧττόν τι διορθουμένους ὑπὸ τῶν σπουδαίων καὶ ζηλωτῶν ἔργων ἤπερ ὑπὸ τῶν παρανόμων καὶ φευκτῶν πράξεων.

Davon abgesehen hat er [sc. Phylarchos] uns zwar das Unglück der Mantineer in einer ausschmückenden Darstellung (αὔξησις καὶ διάθεσις) erzählt, weil er es offenbar für die Aufgabe der Historiker hält, die Überschreitungen des Gesetzes aufzuzeigen. (2) Über den Großmut der Megalopoliten aber, den sie zu derselben Zeit bewiesen haben, hat er nicht das geringste Wort verloren, (3) als wenn es die vornehmliche Aufgabe der Geschichtsschreibung wäre, die Fehler der handelnden Personen aufzuzählen, und nicht, die schönen und gerechten Werke aufzuzeigen, oder als ob diejenigen, die historische Berichte lesen, weniger gebessert würden durch gute und nachahmenswerte Werke als durch gesetzeswidrige und zu vermeidende.

Polybios kritisiert an dieser Stelle Phylarchos' ausschmückende Darstellung des Kleomenischen Krieges. Daher bildet die Ausschmückung (αὔξησις) wiederum ein Element der anschaulichen Darstellung. Die relevanten Passagen, an denen sich Polybios über Phylarchos äußert, haben zu der Forschungskontroverse geführt, ob Phylarchos ein Vertreter der peripatetischen Schule der Geschichtsschreibung gewesen ist, die das Wirkziel der Tragödie, Angst und Mitleid zu erregen, in die Historiographie integriert habe.[570]

Die Frage nach der tragischen Geschichtsschreibung kann hier nicht vollumfänglich behandelt oder sogar beantwortet werden. Sie muss aber insofern tangiert werden, als möglicherweise unter der Darstellung (διάθεσις) die tragische Darstellung eines Ereignisses verstanden werden muss, die auf einer mit fiktiven Elementen ausgeschmückten Geschichte beruht. Wie die folgenden Überlegungen zeigen werden, ist die Kategorie der Darstellung (διάθεσις) an sich nicht als tragische Darstellung eines Ereignisses zu verstehen, sondern als ausführliche und

---

570 Vgl. Lorenz (1931) 10: „So erklärt sich die scharfe Absage an das ψευδολογεῖν des Phylarchos und der ganzen peripatetischen Geschichtsschreibung überhaupt, der es nicht um das Herausarbeiten des tatsächlichen Geschehens an sich zu tun war, sondern die vielmehr, unter Übertragung der aristotelischen Kunsttheorie des Dramas auf die Geschichte, es auf seelische Wirkung, Affekt-Erregung, Nervenkitzel, auf Mitgefühl schlechthin [...] abzielte und infolgedessen alles Geschehen zu Schauer- und Rührgeschichten aufbauschte." Zur tragischen Geschichtsschreibung und zu Polybios' Polemik gegen Phylarchos vgl. auch Baier (2016); Farrington (2016); Marincola (2013); Eckstein (2013); Rutherford (2011); Walbank (2011/1960); Vanhaegendoren (2010); Foulon (2008); Schepens (2005); Fromentin (2001); Vercruysse (1990); Gray (1987); McCaslin (1985); Sacks (1981) 144–170; Zegers (1959); Ullman (1942).

lebendige Darstellung, die nicht nur vom Dichter, sondern auch vom Historiker gefordert wird.[571]

Insbesondere die folgende Passage hat zu der These geführt, dass Phylarchos ein Vertreter der tragischen Geschichtsschreibung gewesen ist:[572]

> βουλόμενος δὴ διασαφεῖν τὴν ὠμότητα τὴν Ἀντιγόνου καὶ Μακεδόνων, ἅμα δὲ τούτοις τὴν Ἀράτου καὶ τῶν Ἀχαιῶν, φησὶ τοὺς Μαντινέας γενομένους ὑποχειρίους μεγάλοις περιπεσεῖν ἀτυχήμασι, καὶ τὴν ἀρχαιοτάτην καὶ μεγίστην πόλιν τῶν κατὰ τὴν Ἀρκαδίαν τηλικαύταις παλαῖσαι συμφοραῖς ὥστε πάντας εἰς ἐπίστασιν καὶ δάκρυα τοὺς Ἕλληνας ἀγαγεῖν. (7) σπουδάζων δ' εἰς ἔλεον ἐκκαλεῖσθαι τοὺς ἀναγινώσκοντας καὶ συμπαθεῖς ποιεῖν τοῖς λεγομένοις, εἰσάγει περιπλοκὰς γυναικῶν καὶ κόμας διερριμμένας καὶ μαστῶν ἐκβολάς, πρὸς δὲ τούτοις δάκρυα καὶ θρήνους ἀνδρῶν καὶ γυναικῶν ἀναμὶξ τέκνοις καὶ γονεῦσι γηραιοῖς ἀπαγομένων. (8) ποιεῖ δὲ τοῦτο παρ' ὅλην τὴν ἱστορίαν, πειρώμενος ἐν ἑκάστοις ἀεὶ πρὸ ὀφθαλμῶν τιθέναι τὰ δεινά.

In der Absicht, die Grausamkeit des Antigonos und der Makedonen, zugleich mit ihnen aber auch diejenige des Arat und der Achaier deutlich zu machen, behauptet er, dass die Mantineer, nachdem sie in die Hände der Feinde geraten waren, großes Unglück hätten erleiden müssen und dass die älteste und größte Stadt Arkadiens mit einem so schweren Los hätte kämpfen müssen, dass es alle Griechen zu Anteilnahme und Tränen gerührt hätte. (7) In dem Bemühen aber, die Leser zu Mitleid zu bewegen und Mitgefühl in ihnen durch seine Erzählung zu erwecken, führt er Umarmungen der Frauen ein, ausgerauften Haare und Entblößen der Brüste, zusätzlich Tränen und Wehklagen von Männern und Frauen, die zusammen mit ihren Kindern und betagten Eltern weggeführt werden. (8) Das macht er aber in seinem ganzen Geschichtswerk und versucht dabei, immer das Fürchterliche in jedem Einzelfall vor Augen zu stellen.

In der Tat könnte man Phylarchos in Polybios' Kritik als Verfasser einer tragischen Darstellung bezeichnen. Dies wird umso deutlicher, wenn man Polybios' Aussagen über den Charakter von Phylarchos' Geschichtsschreibung mit Aristoteles' Beschreibung der Tragödie vergleicht, wie es v. a. Zegers getan hat.[573]

---

571 Dieses Ergebnis ist insofern relevant für die genannte Forschungskontroverse, als es ein neues Licht auf die (vermeintlich) tragische Darstellung eines Ereignisses wirft, indem strikt zwischen der anschaulichen und der tragischen Darstellung differenziert wird. Darüber hinaus erhellt es den Charakter der antiken Geschichtsschreibung.
572 Polyb. 2,56,6–8.
573 Vgl. Zegers (1959) 6. So hat das Bemühen, die Leser zu Mitleid (ἔλεος) zu bewegen, insofern eine Entsprechung in Aristoteles' Beschreibung der Tragödie, als das Mitleid und die Furcht die beiden Affekte sind, die charakteristisch für die Tragödie sind; vgl. Poet. 1449b24–28. In ähnlicher Weise lässt sich die Absicht, Mitgefühl in den Lesern zu erwecken (συμπαθεῖς ποιεῖν), bei Aristoteles erkennen, der das Pathos (πάθος) als einen Teil der Handlung beschreibt; vgl. Poet. 1452b9–13. Die Technik, etwas eindringlich vor die Augen zu stellen (πρὸ ὀφθαλμῶν τιθέναι), also die Evidenz (ἐνάργεια), hat ebenfalls eine Entsprechung bei Aristoteles (πρὸ ὀμμάτων τιθέναι);

Die Parallelen zwischen Polybios' Aussagen über den Charakter von Phylarchos' Geschichtsschreibung und Aristoteles' Beschreibung der Tragödie gehen noch weiter, wenn man Polybios' folgende Äußerungen berücksichtigt:[574]

> δεῖ τοιγαροῦν οὐκ ἐκπλήττειν τὸν συγγραφέα τερατευόμενον διὰ τῆς ἱστορίας τοὺς ἐντυγχάνοντας οὐδὲ τοὺς ἐνδεχομένους λόγους ζητεῖν καὶ τὰ παρεπόμενα τοῖς ὑποκειμένοις ἐξαριθμεῖσθαι, καθάπερ οἱ τραγῳδιογράφοι, τῶν δὲ πραχθέντων καὶ ῥηθέντων κατ' ἀλήθειαν αὐτῶν μνημονεύειν πάμπαν, κἂν πάνυ μέτρια τυγχάνωσιν ὄντα. (11) τὸ γὰρ τέλος ἱστορίας καὶ τραγῳδίας οὐ ταὐτόν, ἀλλὰ τοὐναντίον. ἐκεῖ μὲν γὰρ δεῖ διὰ τῶν πιθανωτάτων λόγων ἐκπλῆξαι καὶ ψυχαγωγῆσαι κατὰ τὸ παρὸν τοὺς ἀκούοντας, ἐνθάδε δὲ διὰ τῶν ἀληθινῶν ἔργων καὶ λόγων εἰς τὸν πάντα χρόνον διδάξαι καὶ πεῖσαι τοὺς φιλομαθοῦντας, (12) ἐπειδήπερ ἐν ἐκείνοις μὲν ἡγεῖται τὸ πιθανόν, κἂν ᾖ ψεῦδος, διὰ τὴν ἀπάτην τῶν θεωμένων, ἐν δὲ τούτοις τἀληθὲς διὰ τὴν ὠφέλειαν τῶν φιλομαθούντων.

> Der Historiker soll seine Leser nicht erschüttern, indem er in seinem Geschichtswerk erstaunliche Geschichten erzählt, und er soll nicht nach möglichen Reden trachten und die Begleitumstände des Geschehens aufzählen wie die Tragödienschriftsteller; er soll vollumfänglich dasjenige berichten, was in Wahrheit getan und gesagt worden ist, auch wenn es nun einmal mäßig bedeutsam sein sollte. (11) Denn das Ziel der Geschichtsschreibung und der Tragödie ist nicht dasselbe, sondern entgegengesetzt. Dort muss man nämlich durch die überzeugendsten Worte die Zuhörer für den Augenblick erschüttern und mitreißen, hier durch die wahren Taten und Worte diejenigen die ganze Zeit belehren und überzeugen, die Freude daran haben, etwas zu lernen. (12) Denn in jenem spielt das Überzeugende die Hauptrolle, auch wenn es nicht der Wahrheit entspricht, aufgrund der Täuschung der Zuschauer, in diesem die Wahrheit aufgrund des Nutzens derjenigen, die Freude daran haben, etwas zu lernen.

Polybios' Aussage, dass die Ziele der Geschichtsschreibung und der Tragödie entgegengesetzt sind, scheint eine Übertreibung zu sein, um in der Auseinandersetzung mit Phylarchos die Unterschiede zwischen den beiden Gattungen (über-)deutlich zum Ausdruck zu bringen und ihm das Überschreiten der Grenze (über-)deutlich vorzuhalten. Trotzdem lassen sich Unterschiede zwischen den beiden Gattungen hinsichtlich des Mittels – man könnte auch sagen: des Inhalts – und des Zweckes erkennen.

Das Mittel der Tragödie definiert Polybios so, dass der Tragödienschriftsteller die Zuhörer durch die überzeugendsten Worte (διὰ τῶν πιθανωτάτων λόγων) für

---

vgl. Poet. 1455a22–26. Allerdings spricht Aristoteles über den Arbeitsgang des Dichters bei der Produktion des Bühnenstückes, während sich Phylarchos (in Polybios' Polemik) auf die Augen der Rezipienten bezieht. Das Fürchterliche (τὰ δεινά) ist bei Phylarchos (in Polybios' Polemik) ebenso wie bei Aristoteles Bestandteil der Handlung; vgl. Poet. 1453b11–15.

574 Polyb. 2,56,10–12. Am Anfang des zitierten Abschnittes (§ 10) ist ἐπιπλήττειν überliefert. Da die Überlieferung keinen Sinn ergibt, sollte ἐκπλήττειν gelesen werden, da Polybios im Folgenden (§ 11) ἐκπλῆξαι verwendet; vgl. Walbank (1957) 261 ad loc.

4.5 Polybios' Dreiteilung zwischen Geschichte, Darstellung und Fiktion — 269

den Augenblick in Erstaunen versetzen und mitreißen muss. Die Überzeugung gehört aber auch zur Geschichtsschreibung: sie ist – verbunden mit der Belehrung – eines ihrer Ziele, da die Historiographie Polybios zufolge diejenigen belehrt und überzeugt (διδάξαι καὶ πεῖσαι), die Freude daran haben, etwas zu lernen.

Im Zusammenhang mit der Überzeugung erwähnt Polybios die Täuschung der Zuschauer (διὰ τὴν ἀπάτην τῶν θεωμένων).[575] Die Formulierung, dass das Überzeugende (τὸ πιθανόν) die Hauptrolle spielt, „auch wenn es unwahr ist", macht deutlich, dass die Wahrheit indifferent ist: Während in der Geschichtsschreibung die Wahrheit und der daraus resultierende Lerneffekt die zentralen Definitionskriterien darstellen, können in der Tragödie die dargestellten Ereignisse (teilweise) erfunden sein, sie müssen es aber nicht. Hierin besteht also kein ausschließender Gegensatz, sondern ein Unterschied im Sinne einer Inklusion: die Wahrheit gehört zum Überzeugenden, das Überzeugende umfasst aber nicht nur die Wahrheit, sondern auch die überzeugende Erfindung. Hierin folgt Polybios Aristoteles, der die Aufgabe des Dichters darin sieht, das Mögliche darzustellen, worunter er das Geschehene und die realistische Fiktion versteht, und der die Behandlung von historischen Stoffen damit begründet, dass das Mögliche, wozu das Geschehene gehört, überzeugend ist.[576]

Der zweite Unterschied zwischen der Geschichtsschreibung und der Tragödie, den Polybios geltend macht, liegt in den Wirkzielen: Während die Tragödie im Rezipienten starke Emotionen hervorrufen soll, indem sie ihn mit allen Mitteln, wozu die Fiktion gehören kann, zeitweilig in Erstaunen versetzt und mitreißt (ἐκπλῆξαι καὶ ψυχαγωγῆσαι), liegt die Aufgabe der Geschichtsschreibung in der anhaltenden überzeugenden Belehrung durch einen wahren Bericht.

Die Parallelen zwischen Polybios' Aussagen über den Charakter von Phylarchos' Geschichtsschreibung und Aristoteles' Beschreibung der Tragödie gehen aber über das neunte Kapitel der Poetik hinaus.[577] Auch die Technik, die Zuhörer

---

[575] Zum täuschenden Charakter (ἀπάτη) der Tragödie vgl. das Gorgias-Fragment 23; s. das Kapitel 7.1.1 dieser Arbeit.
[576] Vgl. Arist. Poet. 1451a36–1451b32 (s. das Kapitel 4.4 dieser Arbeit).
[577] Wenn man Zegers (1959) 6 folgt, sind sie auch in τερατεύομαι (Polyb.) bzw. τερατώδης (Arist.) zu sehen; vgl. Poet. 1453b8–11; vgl. auch τερατεία in Polybios' Phylarchos-Polemik (Polyb. 2,58,12; s. S. 278). Allerdings handelt es sich beim τερατώδης um etwas, was Aristoteles für die Tragödie ablehnt. Nun könnte Zegers postulieren, dass Phylarchos gemäß Polybios eine Darstellung entworfen hat, die in Aristoteles' Augen eine schlechte dichterische Leistung darstellen würde. Es bietet sich aber eher an, die Parallelen auf der semasiologischen Seite statt auf der onomasiologischen Seite zu suchen. Denn wenn Polybios dem Historiker das τερατεύομαι verbietet, sind unter dem Verbot wohl erstaunliche Geschichten zu verstehen. Das Erstaunliche (τὸ θαυμαστόν) erwähnt Aristoteles aber an mehreren Stellen der Poetik als Bestandteil der Dichtung, insbesondere der Tragödie; vgl. Poet. 1452a4–7.

für den Augenblick zu erschüttern (ἐκπλήττειν, ἐκπλῆξαι) und mitzureißen (ψυχαγωγῆσαι), lässt sich bei Aristoteles finden. Die erste Wirkung erwähnt Aristoteles u. a. im Zusammenhang mit der Wiedererkennung.[578] Die zweite Wirkung erwähnt Aristoteles an derjenigen Stelle, an der er darlegt, warum die Handlung (μῦθος) der wichtigste qualitative Teil der Tragödie ist.[579]

Weitere Parallelen zwischen Polybios' Aussagen über den Charakter von Phylarchos' Geschichtsschreibung und Aristoteles' Beschreibung der Tragödie werden deutlich, wenn man die sich anschließende Passage bei Polybios berücksichtigt:[580]

> χωρίς τε τούτων τὰς πλείστας ἡμῖν ἐξηγεῖται τῶν περιπετειῶν, οὐχ ὑποτιθεὶς αἰτίαν καὶ τρόπον τοῖς γινομένοις, ὧν χωρὶς οὔτ' ἐλεεῖν εὐλόγως οὔτ' ὀργίζεσθαι καθηκόντως δυνατὸν ἐπ' οὐδενὶ τῶν συμβαινόντων.
>
> Davon abgesehen erzählt er [sc. Phylarchos] uns die meisten Wechselfälle des Schicksals, ohne den Grund und die Art und Weise der Entwicklung anzugeben, ohne die es nicht möglich ist, bei irgendeinem Geschehnis in vernünftiger Weise Mitleid und angemessene Empörung zu empfinden.

Denn auch der Umschwung der Handlung (περιπέτεια) ist ein zentrales Element der Tragödie.[581] Außerdem ist das Empfinden von Empörung (ὀργίζεσθαι) neben Furcht und Mitleid ein wesentlicher Affekt, den die Tragödie verursacht.[582]

All diese Parallelen legen also den Verdacht nahe, dass Polybios' Kategorie der anschaulichen Darstellung als tragische Darstellung zu verstehen ist. Folglich erscheint Phylarchos' Geschichtswerk im Urteil des Polybios als historiographisches Werk, das die Grenzen zwischen der Geschichtsschreibung und der Tragödie verschwimmen lässt, und dasselbe gilt für die mitreißende Darstellung von Agathokles' Tod.

Trotzdem ist die Schlussfolgerung, dass unter der Kategorie der Darstellung (διάθεσις) eine tragische Darstellung zu verstehen ist, die dem Historiker nicht

---

578 S. S. 264, Fußn. 564.
579 Vgl. Arist. Poet. 1450a33–35: πρὸς δὲ τούτοις τὰ μέγιστα οἷς ψυχαγωγεῖ ἡ τραγῳδία τοῦ μύθου μέρη ἐστίν, αἵ τε περιπέτειαι καὶ ἀναγνωρίσεις.
580 Polyb. 2,56,13. Auch in seiner Timaios-Polemik erhebt Polybios den Vorwurf, dass der Historiker nicht die Gründe für das Geschehen angibt, und erklärt das Gegenteil ebenso zum Charakteristikum der Geschichtsschreibung wie die Mitteilung der wirklich gehaltenen Reden; vgl. Polyb. 12,25b,1: Ὅτι τῆς ἱστορίας ἰδίωμα τοῦτ' ἐστὶ τὸ πρῶτον μὲν αὐτοὺς τοὺς κατ' ἀλήθειαν εἰρημένους, οἷοί ποτ' ἂν ὦσι, γνῶναι λόγους, δεύτερον τὴν αἰτίαν πυνθάνεσθαι, παρ' ἣν ἢ διέπεσεν ἢ κατωρθώθη τὸ πραχθὲν ἢ ῥηθέν.
581 Vgl. Arist. Poet. 1452a22–26; vgl. auch ib. 1450a33–35; 1452a14–18.
582 Vgl. Arist. Poet. 1456a34–b2.

4.5 Polybios' Dreiteilung zwischen Geschichte, Darstellung und Fiktion — 271

gestattet ist, nicht gerechtfertigt. In diesem Zusammenhang muss zwei Faktoren Rechnung getragen werden: Zum einen sind von den drei Stellen, an denen die Kategorie der anschaulichen Darstellung bisher analysiert wurde (1. im Zusammenhang mit Homer [Buch 34]; 2. im Zusammenhang mit Agathokles [Buch 15] und 3. im Zusammenhang mit Phylarchos [Buch 2]), die letzten beiden Stellen insofern tendenziös, als Polybios an ihnen eine Polemik äußert (3) bzw. angibt (2), welcher Form der Darstellung er bewusst nicht gefolgt ist. Dieser Umstand spricht dafür, dass die lebendige Darstellung – und ebenso die Ausschmückung (αὔξησις) – an sich zumindest neutral zu verstehen ist, aber vom Schriftsteller gut oder schlecht verwendet werden kann.

Zum anderen betrachtet es Polybios als Aufgabe des Historikers, eine anschauliche Darstellung zu verfassen, wie seine Timaios-Polemik im 12. Buch zeigt, in der er dem Historiker nahezu das Gegenteil von demjenigen vorwirft, was er Phylarchos vorwirft, nämlich eine zu wenig lebendige Darstellung. In diesem Zusammenhang benutzt Polybios zwar überwiegend den Begriff ἔμφασις; aber dieser Begriff ist synonym zu ἐνάργεια in der Bedeutung der lebendigen Darstellung, wie insbesondere die folgende Stelle zeigt, an der Polybios seinen Vorgänger mit Malern vergleicht, die sich ausgestopfte Puppen zum Vorbild nehmen:[583]

> καὶ γὰρ ἐπ' ἐκείνων ἡ μὲν ἐκτὸς ἐνίοτε γραμμὴ σῴζεται, τὸ δὲ τῆς ἐμφάσεως καὶ τῆς ἐνεργείας τῶν ἀληθινῶν ζῴων ἄπεστιν, ὅπερ ἴδιον ὑπάρχει τῆς ζωγραφικῆς τέχνης.
>
> Denn auch bei jenen wird manchmal der äußere Umriss bewahrt, aber die anschauliche Lebendigkeit (ἔμφασις und ἐνάργεια) der wirklichen Lebewesen fehlt, was die eigentliche Aufgabe der Malerei ist.

Daher sind auch die folgenden Stellen aufschlussreich für Polybios' Konzept der anschaulichen Darstellung, die er nicht nur vom Dichter, sondern auch vom Historiker fordert. Sie zeigen darüber hinaus, dass sich die lebendige Darstellung aus der empirischen Erfahrung (ἐμπειρία) und Autopsie speisen soll:[584]

> λοιπὸν οὔτ' ἐμπείρως ὑπὸ τῶν βυβλιακῶν οὔτ' ἐμφαντικῶς οὐδενὸς γραφομένου συμβαίνει τὴν πραγματείαν ἄπρακτον γίνεσθαι τοῖς ἐντυγχάνουσιν·
>
> Da nun von den Büchergelehrten nichts weder sachgerecht noch anschaulich niedergeschrieben wird, besitzt ihr Werk folglich keinen praktischen Wert für die Leser.

---

583 Polyb. 12,25 h,3.
584 Polyb. 12,25 g,2; 12,25 h,3f.; 12,25 h,5. Möglicherweise bezieht sich Polybios an der dritten Stelle auf Hom. Od. 8,488–491 (s. S. 20).

τὸ δ' αὐτὸ συμβαίνει καὶ περὶ Τίμαιον καὶ καθόλου τοὺς ἀπὸ ταύτης τῆς βυβλιακῆς ἕξεως ὁρμωμένους· ἡ γὰρ ἔμφασις τῶν πραγμάτων αὐτοῖς ἄπεστι διὰ τὸ μόνον ἐκ τῆς αὐτοπαθείας τοῦτο γίνεσθαι τῆς τῶν συγγραφέων.

Dasselbe trifft auf Timaios und überhaupt auf diejenigen zu, die von dieser Einstellung der Büchergelehrsamkeit ausgehen. Denn ihnen fehlt die Anschaulichkeit der Ereignisse, die nur aus der eigenen Anschauung der Historiker herrühren kann.

ᾗ καὶ τοιαύτας ᾤοντο δεῖν ἐν τοῖς ὑπομνήμασιν ὑπάρχειν ἐμφάσεις οἱ πρὸ ἡμῶν ὥσθ', [...] ἐπιφθέγγεσθαι [...] ὅτε δὲ [sc. ὁ λόγος εἴη] περὶ πολεμικῶν [sc. πραγμάτων], ὅτι [sc. ὁ γράφων] πάλιν ἐστράτευκε καὶ κεκινδύνευκε.

Daher waren unsere Vorfahren der Meinung, dass die Anschaulichkeit in den Berichten in solchem Ausmaß vorkommen muss, dass man ausruft, wenn über Kriege gehandelt wird, dass der Verfasser einst an Kriegen teilgenommen und sich Gefahren ausgesetzt hat.

Dass die Forderung nach einer lebendigen Darstellung durch den Historiker realisierbar ist, schließt Polybios aus dem Umstand, dass Homer diese Technik beherrscht hat:[585]

ὅτι δὲ τὸ λεγόμενον οὐκ ἀδύνατον, ἱκανὸν ὑπόδειγμα πρὸς πίστιν ὁ Ποιητής, παρ' ᾧ πολὺ τὸ τῆς τοιαύτης ἐμφάσεως ἴδοι τις ἂν ὑπάρχον.

Dass das Gesagte nicht unmöglich ist, dafür ist Homer ein verlässliches Beispiel, bei dem man solche Anschaulichkeit im großen Ausmaß sehen kann.

Daher ist Polybios' Kategorie der διάθεσις als lebendige Darstellung zu verstehen, die vom Dichter ebenso wie vom Historiker verlangt wird. An sich ist die anschauliche Darstellung ein Vorzug, wenn nicht sogar eine Anforderung an eine literarische Darstellung, wie stilkritische Stellen auch bei anderen Autoren zeigen.[586] Insbesondere eine Stelle bei Quintilian ist in diesem Zusammenhang instruktiv, an der dieser für die lebendige Darstellung das Beispiel einer eroberten Stadt wählt:[587]

---

585 Polyb. 12,25i,1.
586 Zu ἔμφασις und ἐνάργεια bei Polybios vgl. Schepens (1975). Zur ἐνάργεια generell (und speziell in den Rhetorikhandbüchern) vgl. Lausberg, §§ 810–818; Webb (2010), v. a. 87–106. Zur ἐνάργεια in der griechischen Geschichtsschreibung vgl. Walker (1993).
587 Quint. inst. 8,3,67–69. Quintilian wählt die Begriffe *evidentia* und *repraesentatio* zur Wiedergabe des griechischen Wortes ἐνάργεια; vgl. ib. 61: *Itaque ἐνάργειαν, cuius in praeceptis narrationis feci mentionem, quia plus est evidentia vel, ut alii dicunt, repraesentatio quam perspicuitas* [...]. Quintilian behandelt die Anschaulichkeit auch in Buch 4 im Zusammenhang mit der Schilderung des Tathergangs (*narratio*). Dort äußert er die traditionelle Ansicht, dass die *narratio* verständlich, kurz und plausibel sein soll (vgl. inst. 4,2,31) und diskutiert (und verwirft) die Möglichkeit, auch Pathos (vgl. ib. 61) und Anschaulichkeit als Vorzüge der *narratio* anzusehen;

Sic et urbium captarum crescit miseratio. Sine dubio enim qui dicit expugnatam esse civitatem complectitur omnia quaecumque talis fortuna recipit, sed in adfectus minus penetrat brevis hic velut nuntius. (68) At si aperias haec, quae verbo uno inclusa erant, apparebunt effusae per domos ac templa flammae et ruentium tectorum fragor et ex diversis clamoribus unus quidam sonus, aliorum fuga incerta, alii extremo complexu suorum cohaerentes et infantium feminarumque ploratus et male usque in illum diem servati fato senes. (69) tum illa profanorum sacrorumque direptio, efferentium praedas repetentiumque discursus, et acti ante suum quisque praedonem catenati, et conata retinere infantem suum mater, et sicubi maius lucrum est pugna inter victores.

So wächst auch das Mitgefühl mit eroberten Städten. Wer nämlich sagt, dass eine Bürgerschaft erobert worden ist, umfasst zweifellos alles, was auch immer ein solches Schicksal bereithält, aber zu den Affekten stößt dieser sozusagen kurze Bericht weniger vor. (68) Wenn man aber dasjenige, was in einem Wort eingeschlossen war, sichtbar macht, werden zum Vorschein kommen: Flammen, die sich in Häusern und Tempeln verbreitet haben, das Krachen der einstürzenden Dächer, ein bestimmter Ton aus dem verschiedenartigen Geschrei, die unsichere Flucht der einen, andere, die in der letzten Umarmung mit ihren Angehörigen zusammenhängen, das Weinen der kleinen Kinder und Frauen und die alten Menschen, die durch das Schicksal unglücklicherweise bis zu jenem Tag am Leben geblieben sind. (69) Dann jene Plünderung von Heiligem und nicht-Heiligem, das Zusammenlaufen von denjenigen, die Beute heraustragen, und denjenigen, die sie [sc. die Beute] wieder aufsuchen, die Angeketteten, die vor ihren jeweiligen Plünderer getrieben worden sind, die Mutter, die versucht hat, ihr kleines Kind zurückzuhalten, und, wenn irgendwo ein größerer Gewinn wartet, der Kampf unter den Siegern.

Dass die anschauliche Darstellung ein Vorzug, wenn nicht sogar eine Anforderung an eine historische Darstellung ist, zeigen Stellen bei Plutarch und Lukian. Plutarch lobt Thukydides für dessen anschauliche Darstellungen, speziell mit Blick auf die Schlacht im Hafen von Syrakus:[588]

ὁ γοῦν Θουκυδίδης ἀεὶ τῷ λόγῳ πρὸς ταύτην ἁμιλλᾶται τὴν ἐνάργειαν, οἷον θεατὴν ποιῆσαι τὸν ἀκροατὴν καὶ τὰ γινόμενα περὶ τοὺς ὁρῶντας ἐκπληκτικὰ καὶ ταρακτικὰ πάθη τοῖς ἀναγινώσκουσιν ἐνεργάσασθαι λιχνευόμενος.

Thukydides strebt durch seine Rede immer nach dieser Anschaulichkeit, wobei er darauf abzielt, den Rezipienten sozusagen zu einem Zuschauer zu machen und die erschütternden und mitreißenden Gefühle, die den Zusehenden entstehen, den Lesern anschaulich vor Augen zu führen.

---

vgl. ib. 63: *sunt qui adiciant his evidentiam, quae* ἐνάργεια *Graece vocatur.* Außerdem behandelt er die Anschaulichkeit in Buch 6 im Zusammenhang mit der Erregung der Affekte; vgl. inst. 6,2,32: *insequetur* ἐνάργεια, *quae a Cicerone inlustratio et evidentia nominatur, quae non tam dicere videtur quam ostendere, et adfectus non aliter quam si rebus ipsis intersimus sequentur.*
588 Plut. mor. 347a (vgl. Thuk. 7,71); zur Plutarchstelle vgl. Walker (1993) 357.

Lukian hält es für die Aufgabe des idealen Historikers, der Darstellung Lebendigkeit zu verleihen, und vergleicht ihn in dieser Hinsicht mit dem Maler Phidias:[589]

> Τοιοῦτο δή τι καὶ τὸ τοῦ συγγραφέως ἔργον – εἰς καλὸν διαθέσθαι τὰ πεπραγμένα καὶ εἰς δύναμιν ἐναργέστατα ἐπιδεῖξαι αὐτά. καὶ ὅταν τις ἀκροώμενος οἴηται μετὰ ταῦτα ὁρᾶν τὰ λεγόμενα καὶ μετὰ τοῦτο ἐπαινῇ, τότε δὴ τότε ἀπηκρίβωται καὶ τὸν οἰκεῖον ἔπαινον ἀπείληφε τὸ ἔργον τῷ τῆς ἱστορίας Φειδίᾳ.

> Von dieser Art ist auch die Aufgabe des Historikers: die Handlungen angemessen zu gliedern und sie so anschaulich wie möglich zu zeigen. Und immer wenn ein Rezipient glaubt, das Gesagte zu sehen, und es danach lobt, dann ist das Werk vollkommen und hat das Lob erhalten, das dem Phidias der Geschichtsschreibung zusteht.

Schließlich bezeichnet der Verfasser (Pseudo-Longinus) des stilkritischen Traktates über das Erhabene (Περὶ ὕψους / *De sublimitate*) die Anschaulichkeit zwar nicht als Ziel der historischen Darstellung, aber immerhin der rhetorischen Rede und stellt sie dem Ziel der Dichtung gegenüber:[590]

> ὡς δ' ἕτερόν τι ἡ ῥητορικὴ φαντασία βούλεται καὶ ἕτερον ἡ παρὰ ποιηταῖς οὐκ ἂν λάθοι σε, οὐδ' ὅτι τῆς μὲν ἐν ποιήσει τέλος ἐστὶν ἔκπληξις, τῆς δ' ἐν λόγοις ἐνάργεια, ἀμφότεραι δ' ὅμως τό τε ⟨παθητικὸν⟩ ἐπιζητοῦσι καὶ τὸ συγκεκινημένον.

> Es wird dir nicht verborgen geblieben sein, dass die rhetorische Vergegenwärtigung (φαντασία) auf das eine abzielt und diejenige bei den Dichtern auf das andere und dass das Ziel derjenigen in der Dichtung das Erschüttern ist, derjenigen in Reden Anschaulichkeit (ἐνάργεια), dass aber beide [sc. Gattungen] trotzdem nach demjenigen trachten, was ⟨pathetisch ist⟩ und bewegt.

An anderen Stellen wird deutlich, dass die anschauliche Darstellung insbesondere durch Details erzeugt wird, wozu das Schildern von begleitenden Umständen gehört:[591]

> Interim ex pluribus efficitur illa quam conamur exprimere facies.

> Bisweilen wird jenes Bild, das wir versuchen auszudrücken, durch Details erzeugt.

---

589 Luk. hist. conscr. 51. Die Bedeutung von διαθέσθαι ist nicht eindeutig. Wahrscheinlich ist die adäquate Gesamtkonzeption gemeint, da hierauf der Kontext hinweist (vgl. ib. 50: ἐς δέον οἰκονομήσασθαι τὴν ὕλην); vgl. Porod (2013) 567 und 573 ad loc. Möglich ist aber auch, dass das Verb wie Polybios' Kategorie der διάθεσις die anschauliche Darstellung bezeichnet.
590 Long. Subl. 15,2.
591 Quint. inst. 8,3,66; Demetr. eloc. 209; Dion. Hal. Lys. 7.

4.5 Polybios' Dreiteilung zwischen Geschichte, Darstellung und Fiktion —— 275

γίνεται δ' ἡ ἐνάργεια πρῶτα μὲν ἐξ ἀκριβολογίας καὶ τοῦ παραλείπειν μηδὲν μηδ' ἐκτέμνειν
[...]· τὸ γὰρ ἐναργὲς ἔχει ἐκ τοῦ πάντα εἰρῆσθαι τὰ συμβαίνοντα, καὶ μὴ παραλελεῖφθαι μηδέν.

Die Anschaulichkeit entsteht zuerst aus der detaillierten Schilderung (ἀκριβολογία) und daraus, dass man nichts auslässt oder abschneidet [...]. Denn das Anschauliche besteht darin, dass alle Vorfälle genannt sind und nichts ausgelassen ist.

ἔχει δὲ καὶ τὴν ἐνάργειαν πολλὴν ἡ Λυσίου λέξις. αὕτη δ' ἐστὶ δύναμίς τις ὑπὸ τὰς αἰσθήσεις ἄγουσα τὰ λεγόμενα, γίγνεται δ' ἐκ τῆς τῶν παρακολουθούντων λήψεως.

Der Stil des Lysias besitzt auch viel Anschaulichkeit. Das ist die Fähigkeit, die das Gesagte wahrnehmbar macht; sie entsteht aber aus der Übernahme der Begleitumstände.

In Übereinstimmung mit all diesen stilkritischen Stellen ist auch bei Polybios die anschauliche Darstellung, die den Wirkzielen des Nutzens (durch Lernen aus einer wahren Darstellung) und der Unterhaltung dient, ein Stilmittel, das auch der Historiker anwenden soll, wie insbesondere die Timaios-Polemik im 12. Buch zeigt. Ein wesentlicher Bestandteil der anschaulichen Darstellung ist neben der Lebendigkeit die Ausführlichkeit bzw. Ausschmückung (αὔξησις).[592] Polybios erwähnt sie zwar nicht an derjenigen Stelle, an der er die Kategorie der anschaulichen Darstellung innerhalb der Trias Geschichte (ἱστορία), Darstellung (διάθεσις) und Fiktion (μῦθος) einführt.[593] Dort referiert Strabo Polybios' Beispiel, dass Homer Kämpfende auftreten lässt. Aber auch dieses Beispiel lässt sich als Beispiel für die Ausführlichkeit bzw. Ausschmückung (αὔξησις) verstehen: Homer sagt nicht nur, dass Achill gegen Hektor kämpft, sondern schildert dieses Duell ausführlich und anschaulich.

Dasjenige, was Polybios im Zusammenhang mit Agathokles ablehnt und an Phylarch kritisiert, ist der v. a. in quantitativer Hinsicht übertriebene Einsatz (πλεονασμός)[594] der nicht nur anschaulichen, sondern sogar erschütternden Darstellung und insbesondere die Anwendung dieser literarischen Technik an Stellen, an denen sie aus ethisch-historiographischen Gründen unangebracht ist. Der Begriff des πλεονασμός ist weniger qualitativ in dem Sinne zu verstehen, dass der Historiker nur eine moderat anschauliche Darstellung, aber nie eine mitreißende Darstellung verfassen darf, sondern eher quantitativ in dem Sinne, dass er nur singulär von der mitreißenden Darstellung Gebrauch machen darf. Daher begründet Polybios im Zusammenhang mit Agathokles seinen bewussten Verzicht

---

592 Vgl. Polyb. 15,36,1 und 2,61,1 (s. S. 265f.). Man bedenke auch die wiederkehrende Verwendung des Verbs des Aufzählens (ἐξαριθμεῖσθαι); vgl. Polyb. 2,61,3 und 2,56,10 (s. S. 265f. und 268).
593 Vgl. Polyb. 34,3,12–4,4 (s. S. 262).
594 Vgl. Polyb. 15,36,3 und 15,36,7 (s. S. 265).

auf die lebendige Darstellung mit dem Argument, dass das Übermaß (im Sinne des zu häufigen Einsatzes) an erschütternden Ereignissen die beiden historiographischen Ziele des Nutzens und der Unterhaltung verfehlt.[595] Polybios lehnt nicht den moderaten Einsatz der Anschaulichkeit ab, sondern den zu häufigen Gebrauch der mitreißenden Darstellung, der an dieser Stelle aus zwei Gründen nicht gerechtfertigt sei. Zum einen habe Agathokles eine solche Darstellung nicht verdient, da er keinen Vorbildcharakter habe:[596]

> οὐ μὴν ἔγωγε προεθέμην τούτῳ χρήσασθαι τῷ χειρισμῷ περὶ τῶν προειρημένων διὰ τὸ μήτε πολεμικὴν τόλμαν καὶ δύναμιν ἐπίσημον γεγονέναι περὶ τὸν Ἀγαθοκλέα μήτε χειρισμὸν πραγμάτων ἐπιτυχῆ καὶ ζηλωτὸν [...].

> Ich hingegen habe mir nicht vorgenommen, dieses Handwerkszeug mit Blick auf das zuvor Gesagte zu verwenden, weil Agathokles weder ausgezeichneten Mut und Kompetenz im Krieg besessen noch eine erfolgreiche und nachahmenswerte Amtsführung [sc. bewiesen] hat [...].

Zum anderen habe die ungewöhnliche Verkettung von Ereignissen im Zusammenhang mit Agathokles zu wenig Verallgemeinerungspotential:[597]

> ζηλοῦν μὲν γὰρ τίς ἂν βουληθείη τὰς παραλόγους περιπετείας; οὐδὲ μὴν θεώμενος οὐδ' ἀκούων ἥδεται συνεχῶς οὐδεὶς τῶν παρὰ φύσιν γενομένων πραγμάτων καὶ παρὰ τὴν κοινὴν ἔννοιαν τῶν ἀνθρώπων. (5) ἀλλ' εἰσάπαξ μὲν καὶ πρῶτον σπουδάζομεν ἃ μὲν ἰδεῖν, ἃ δ' ἀκοῦσαι, χάριν τοῦ γνῶναι τὸ μὴ δοκοῦν δυνατὸν εἶναι διότι δυνατόν ἐστιν· (6) ὅταν δὲ πιστεύωμεν, οὐδεὶς τοῖς παρὰ φύσιν ἐγχρονίζων εὐδοκεῖ.

> Denn wer würde die widersinnigen Wechselfälle des Schicksals nachahmen wollen? Weder ein Zuschauer noch ein Zuhörer erfreut sich unablässig an Dingen, die wider die Natur und die allgemeine Überzeugung der Menschen geschehen. (5) Sondern wir interessieren uns dafür einmal und zuerst, es zu sehen oder zu hören, um zur Kenntnis zu nehmen, dass dasjenige, was nicht möglich zu sein scheint, möglich ist. (6) Wenn wir uns aber hiervon überzeugt haben, findet niemand, der sich damit aufhält, Gefallen an demjenigen, was wider die Natur ist.

In ähnlicher Weise ist kein Vorwurf in Polybios' Teilaussage zu erkennen, dass Phylarchos von einer ausschmückenden Darstellung (αὔξησις καὶ διάθεσις) an sich Gebrauch gemacht hat.[598] Einen Vorwurf zieht Phylarchos dadurch auf sich, dass er aufgrund einer Fehleinschätzung, wenn nicht sogar einer dreisten Lüge

---

595 Vgl. Polyb. 15,36,1–3 (s. S. 265).
596 Polyb. 15,34,3.
597 Polyb. 15,36,4–6.
598 Vgl. Polyb. 2,61,1 (s. S. 265f.).

das Leid der Mantineer übertrieben und den Großmut der Megalopoliten verschwiegen habe.[599] Die dahinter stehende Vorstellung ist diejenige, dass zumindest eine anschauliche, wenn nicht sogar eine mitreißende Darstellung gerechtfertigt wäre, wenn sie den Ereignissen und den Protagonisten angemessen wäre. Im Fall der Mantineer ist sie Polybios zufolge aber ebenso wenig angemessen wie im Fall des Agathokles, da die Bestrafung der Mantineer richtig gewesen sei und sie kein Mitleid verdient hätten. Dieser ethische Aspekt der Geschichtsschreibung kommt in Polybios' Aussage zum Vorschein, dass es nicht die vornehmliche Aufgabe der Geschichtsschreibung ist, die Fehler der handelnden Personen aufzuzählen, sondern die schönen und gerechten Werke aufzuzeigen;[600] daher spricht Polybios häufig von demjenigen, was nachahmenswert (ζηλωτόν) ist.[601]

Ferner ist Polybios' Kritik dadurch begründet, dass Phylarchos in seinem ganzen Geschichtswerk immer das Fürchterliche in jedem Einzelfall vor Augen stellt.[602] Hierin liegt der Vorwurf der Übertreibung v. a. in quantitativer Hinsicht, für die Polybios im Zusammenhang mit Agathokles den Begriff πλεονασμός verwendet. Der von Polybios kritisierte Gebrauch der erschütternden Darstellung verstößt gegen die beiden Ziele der Geschichtsschreibung, den Nutzen und die Unterhaltung, und zwar v. a. gegen den aus der Wahrheit resultierenden Nutzen, da die erschütternde Darstellung dann gerechtfertigt wäre, wenn man aus dem Handeln eines großen Politikers oder Feldherren etwas Nachahmenswertes lernen könnte und sein tragischer Tod Mitleid verdienen würde. Schließlich zieht Phylarchos auch deshalb die Kritik des Polybios auf sich, weil er die Aufgabe des Historikers vernachlässigt hat, die Gründe für die erschütternden Ereignisse anzugeben.[603]

Wenn Polybios den Historiker und den Tragödienschriftsteller in der Form gegenüberstellt, dass der Historiker nicht die Begleitumstände (τὰ παρεπόμενα) des Geschehens wie die Tragödienschriftsteller aufzählen soll,[604] dann ist diese Aussage wohl nicht so zu verstehen, dass der Historiker nie die Begleitumstände des Geschehens aufzählen, also nie Anschaulichkeit durch Details herstellen darf, sondern dass er grundsätzlich eine moderat anschauliche Darstellung verfolgen soll und nur singulär und an den richtigen Stellen durch Details starke Gefühle im Leser wecken soll. Da die Tragödie die Rezipienten nicht nur erfreuen, sondern sogar erschüttern soll, darf und soll sie ausgiebigen Gebrauch von der erschüt-

---

599 Vgl. Polyb. 2,56,6 (s. S. 267); 2,61,2 (s. S. 265 f.); 2,58,11 f. (s. S. 278).
600 Vgl. Polyb. 2,61,3 (s. S. 265 f.).
601 Vgl. Polyb. 15,36,7; 2,61,3; 15,34,3 und für ζηλοῦν 15,36,4 (s. S. 276).
602 Vgl. Polyb. 2,56,8 (s. S. 267).
603 Vgl. Polyb. 2,56,13 und 12,25b,1 (s. S. 270, Fußn. 580).
604 Vgl. Polyb. 2,56,10 (s. S. 268).

ternden Darstellung machen und über das Maß dessen hinausgehen, was in der Geschichtsschreibung gestattet ist. In der Tragödie ist es Polybios zufolge nicht nötig, dass sich die aus einer mitreißenden Darstellung resultierenden Gefühle der Angst, des Mitleids und der Empörung auf die richtigen Personen richten. In dieser Gattung ist die erschütternde Darstellung um ihrer selbst willen gestattet.

Zwischen der anschaulichen Darstellung, die vom Historiker verlangt wird, und der erschütternden Darstellung, die typisch für die Tragödie ist, aber vereinzelt vom Historiker verwendet werden darf, muss also auf diese Weise unterschieden werden. Die letztere Darstellungsform könnte man auch als tragische Darstellung bezeichnen, wie Polybios' Gegenüberstellung von Geschichtsschreibung und Tragödie ebenso wie die vielfältigen Bezüge zu Aristoteles' Poetik gezeigt haben – allerdings ohne dass damit bewiesen wäre, dass es eine Schule gegeben hat, die die tragische Geschichtsschreibung gelehrt hat. Vielmehr legen die Parallelen für die anschauliche Darstellung den Schluss nahe, dass sie ein literarisches Element ist, das seit Homer und nicht nur in der Dichtung angewendet und geschätzt wird, und dass vereinzelte erschütternde Passagen auch in der Geschichtsschreibung geduldet werden.

Zu klären ist nun noch, ob die tragische und möglicherweise auch die anschauliche Darstellung auf erfundenen Elementen beruht. Aufschlussreich ist in dieser Hinsicht die folgende Stelle:[605]

> [...] ὥστ' εἴπερ ἔπαθον ἃ Φύλαρχός φησιν, οὐκ ἔλεον εἰκὸς ἦν συνεξακολουθεῖν αὐτοῖς παρὰ τῶν Ἑλλήνων, ἔπαινον δὲ καὶ συγκατάθεσιν μᾶλλον τοῖς πράττουσι καὶ μεταπορευομένοις τὴν ἀσέβειαν αὐτῶν. (12) ἀλλ' ὅμως οὐδενὸς περαιτέρω συνεξακολουθήσαντος Μαντινεῦσι κατὰ τὴν περιπέτειαν πλὴν τοῦ διαρπαγῆναι τοὺς βίους καὶ πραθῆναι τοὺς ἐλευθέρους, ὁ συγγραφεὺς αὐτῆς τῆς τερατείας χάριν οὐ μόνον ψεῦδος εἰσήνεγκε τὸ ὅλον, ἀλλὰ καὶ τὸ ψεῦδος ἀπίθανον, (13) καὶ διὰ τὴν ὑπερβολὴν τῆς ἀγνοίας οὐδὲ τὸ παρακείμενον ἠδυνήθη συνεπιστῆσαι [...]

> Hätten sie [sc. die Mantineer] also wirklich erlitten, was Phylarchos behauptet, wäre es unwahrscheinlich gewesen, dass ihnen Mitleid von Seiten der Griechen zuteilwird; Lob aber und Zustimmung wären vielmehr wohl denjenigen zuteilgeworden, die gehandelt und ihre Gottlosigkeit bestraft haben. (12) Und obwohl den Mantineern nichts weiter geschehen ist, was den Wechselfall des Schicksals betrifft, außer dass Hab und Gut geplündert und die freien Leute verkauft wurden, hat der Historiker um dieser Sensationshascherei willen nicht nur ganz und gar eine Lüge eingefügt, sondern sogar die unglaubwürdige Lüge, (13) und aufgrund seiner maßlosen Unwissenheit konnte er keinen Parallelvorgang angeben [...].

Polybios' Vorwurf, dass Phylarchos eine Lüge eingefügt hat, bezieht sich auf Phylarchos' Behauptung, dass die Mantineer großes Unglück hätten erleiden

---

[605] Polyb. 2,58,11–13.

müssen und dass die älteste und größte Stadt Arkadiens mit einem so schweren Los hätte kämpfen müssen, dass es alle Griechen zu Anteilnahme und Tränen gerührt hätte.[606] Da Polybios diese Lüge als unglaubwürdig bezeichnet, wird Phylarchos' Darstellung wohl nicht einmal den Ansprüchen der Tragödie gerecht, da Polybios die Aufgabe der Tragödie darin sieht, die Rezipienten durch die überzeugendsten Worte zu erschüttern.[607] Auch die Gegenüberstellung von Geschichtsschreibung und Tragödie suggeriert, dass Phylarchos' Darstellung auf erfundenen Elementen beruht, da Polybios die Aufgabe des Historikers darin sieht, sowohl die Ereignisse als auch die Reden wahrheitsgemäß zu berichten, wohingegen in der Tragödie auch Erfindungen vorkommen dürfen. Phylarchos' Erfindungen scheinen aber nicht die anschauliche Darstellung im engeren Sinn zu betreffen.

Denn im Fall der konkreten Elemente von Phylarchos' anschaulicher Darstellung, die Polybios nennt (Umarmungen der Frauen; ausgeraufte Haare und Entblößen der Brüste; Tränen und Wehklagen von Männern und Frauen, die zusammen mit ihren Kindern und betagten Eltern weggeführt werden),[608] handelt es sich um Dinge, die der Historiker zwar allem Anschein nach ergänzt, ohne dass sie überliefert worden wären, die sich aber so selbstverständlich ergänzen lassen, dass sie kaum eine Erfindung darstellen. Er macht durch die anschauliche, ja sogar erschütternde Darstellung explizit, was mehr oder minder implizit überliefert ist und z. B. im Begriff der Eroberung liegt.

Daher tragen diese Details zwar zu einer ausführlichen und lebendigen, ja erschütternden Ausgestaltung bei, sie stellen aber keine Fiktionalisierung dar wie Polybios' Kategorie des μῦθος, wenngleich vorstellbar ist, dass Phylarchos an anderen Stellen Details zum Zwecke der Erschütterung erfunden hat. Die an diesen Stellen erwähnten Details scheinen so naheliegend zu sein, dass auch der Historiker von ihnen Gebrauch machen darf, solange er dies vereinzelt und an den richtigen Stellen tut.

Das Beispiel für die anschauliche Darstellung, dass Homer (der insgesamt für die Historiker als Vorbild dient) Kämpfende auftreten lässt,[609] wird man sich so vorstellen müssen, dass Homer ausführlich und anschaulich das Duell zwischen Achill und Hektor schildert. Das Duell an sich wird als – nach antikem Verständnis – historische Tatsache überliefert worden sein, aber die Reihenfolge der Attacken auf und Verwundungen des Gegners durch verschiedene Waffen und

---

606 Vgl. Polyb. 2,56,6 (s. S. 267).
607 Vgl. Polyb. 2,56,11 (s. S. 268).
608 Vgl. Polyb. 2,56,7 (s. S. 267).
609 Vgl. Polyb. 34,4,3 (s. S. 262); zu Homer als Vorbild für die Historiker mit Blick auf die anschauliche Darstellung vgl. 12,25i,1 (s. S. 272).

Techniken bis hin zum Tod darf und soll der Epiker anschaulich gestalten. Diese Überlegungen sprechen dafür, dass die Details der anschaulichen Darstellung in der Dichtung erfunden sein können, wohingegen sie es in der Geschichtsschreibung eher nicht sind bzw. nicht sein sollen.

4.6 Strabos Unterscheidung zwischen dem historischen Kern einer Geschichte (ἱστορία) und ihrer fiktionalen Ausgestaltung (διασκευή)

Strabo (ca. 63 v. Chr. – nach 23 n. Chr.) setzt sich am Anfang seines geographischen Werkes in einer Eratosthenes-Kritik auch mit dem Charakter der Dichtung (insbesondere der Homerischen Epen) und folglich mit der literarischen Fiktion auseinander. Dabei folgt er im Wesentlichen den Ansichten des Polybios, die er in dieser Auseinandersetzung zitiert, weicht aber von dessen konzeptueller Unterscheidung zwischen Geschichte (ἱστορία), Darstellung (διάθεσις) und Fiktion (μῦθος) insofern ab, als er (nur) zwischen dem historischen Kern einer Geschichte (ἱστορία) und ihrer fiktionalen Ausgestaltung (διασκευή) unterscheidet.[610]

In diesem Kapitel soll eben diese Unterscheidung untersucht werden, nicht aber Strabos gesamte Auseinandersetzung mit Eratosthenes und der literarischen Fiktion (Strabo 1,2). Da sich Strabos Unterscheidung zwischen dem historischen Kern einer Geschichte (ἱστορία) und ihrer fiktionalen Ausgestaltung (διασκευή) aus Reflexionen über die Wirkziele von fiktionalen Texten ergibt, diese aber zuerst behandelt werden, orientiert sich die folgende Analyse am Textverlauf.

Den Ausgangspunkt für Strabos Reflexionen über die literarische Fiktion bildet Eratosthenes' Aussage, dass die Dichter nur erfreuen,[611] aber nicht belehren:[612]

---

610 Zu Polybios s. das Kapitel 4.5 dieser Arbeit.
611 Der Einfachheit halber ist hier und im Folgenden häufiger vom Erfreuen die Rede, wenngleich das Erfreuen nur eine Form der Gemütsbewegung ist.
612 Strabo 1,1,10 und 1,2,3. Zum Eratosthenes-Zitat vgl. Eratosthenes, fr. I A 20 Berger (1880) 37 = fr. 2 Roller (2010) 41; vgl. auch den Kommentar von Roller (2010) 112–114 ad loc. Alle griechischen Strabo-Zitate folgen der zweisprachigen Ausgabe von Radt (2002). Die Übersetzungen lehnen sich an diejenigen von Radt an. Ein Unterschied besteht darin, dass μῦθος (und ähnliche Ausdrücke) nicht pauschal mit „Fabel" übersetzt wird (werden); zu dieser Übersetzung vgl. Radt (2006) 85 ad Strabo 1,2,8. Zumeist bedeutet μῦθος bei Strabo „Fiktion". Zur Fiktion bei Strabo vgl. auch Jolivet (2013); Kim (2010) 47–84; Soler (2010). Zu den Begriffen μῦθος, ἱστορία, τέρας und πλάσμα bei Strabo vgl. Gresens (2009) 71–104. Zu Homer und Strabo vgl. Kim (2007); Biraschi (2005) und (1984); Desideri (1999); Schenkeveld (1976). Zu Strabo und der Dichtung vgl. Dueck (2005).

4.6 Strabos Unterscheidung zwischen ἱστορία und διασκευή — 281

οὐδὲ γὰρ ἀληθές ἐστιν, ὅ φησιν Ἐρατοσθένης, ὅτι ποιητὴς πᾶς στοχάζεται ψυχαγωγίας, οὐ διδασκαλίας.

Denn es ist auch nicht wahr, was Eratosthenes sagt, dass jeder Dichter es auf Gemütsbewegung, nicht auf Belehrung abgesehen hat.

ποιητὴν γὰρ ἔφη πάντα στοχάζεσθαι ψυχαγωγίας, οὐ διδασκαλίας.

Jeder Dichter, sagte er, habe es auf Gemütsbewegung, nicht auf Belehrung abgesehen.

Dieser Auffassung von Fiktion im Sinne von „Spinnerei" widerspricht Strabo energisch. Seiner Meinung nach leistet die Dichtung beides: sie erfreut und belehrt, wie man an der Tatsache erkennen könne, dass die Dichtung eine grundlegende Rolle in der Erziehung spielt:[613]

διὰ τοῦτο καὶ τοὺς παῖδας αἱ τῶν Ἑλλήνων πόλεις πρώτιστα διὰ τῆς ποιητικῆς παιδεύουσιν, οὐ ψυχαγωγίας χάριν δήπουθεν ψιλῆς, ἀλλὰ σωφρονισμοῦ.

Deshalb erziehen die Städte der Griechen die Kinder auch zu allererst durch die Dichtung, nicht etwa zum Zweck bloßer Gemütsbewegung, sondern um sie besonnen zu machen.

Den Standpunkt des Eratosthenes widerlegt Strabo u. a. durch einen Hinweis auf Widersprüchlichkeit, da Eratosthenes selbst am Anfang seiner Darstellung zugebe, dass Homer die Geographie Griechenlands und der Mittelmeerwelt genau dargestellt hat. Strabo ist sich zwar bewusst, dass Eratosthenes den Einwand erheben könnte, dass Homer und andere Autoren die ihnen bekannte Welt geographisch angemessen beschrieben haben, die ferneren Länder jedoch nicht. Aber dann hätte Eratosthenes nicht behaupten dürfen, dass die Dichter die Rezipienten nur erfreuen, sondern hätte sagen müssen, dass die Dichter teils belehren und teils erfreuen.[614]

Zum belehrenden Charakter der Dichtung bemerkt Strabo, dass es verfehlt wäre, den Dichtern (insbesondere Homer) Sachkenntnisse und somit Belehrung auf allen Wissensgebieten zuzuschreiben – hierin stimmt Strabo mit Eratosthenes überein. Trotzdem sei die umgekehrte Ansicht, dass Homers Epen nur Erfindungen enthalten, die die Rezipienten erfreuen sollen, ebenso zurückzuweisen.[615] Angesichts des umfangreichen Wissens, mit dem Homer Odysseus versieht,

---

613 Strabo 1,2,3.
614 Vgl. Strabo 1,2,3 = Eratosthenes, fr. I A 20 Berger (1880) 37 = fr. 2 Roller (2010) 41 f.
615 Vgl. Strabo 1,2,3.

müsse man davon ausgehen, dass auch der Dichter selbst über ein großes Wissen verfügt.[616]

Den Tätigkeitsbereich des Dichters sieht Strabo in der Darstellung des menschlichen Lebens:[617]

> προτέραν δ' οὐδ' ἀρετὴν ποιητοῦ λέγοιμεν ἂν ἡντινοῦν ἄλλην ἢ τὴν μιμητικὴν τοῦ βίου διὰ λόγων. πῶς ἂν οὖν μιμοῖτο ἄπειρος ὢν τοῦ βίου καὶ ἄφρων; [...] ἡ δὲ ποιητοῦ [sc. ἀρετὴ] συνέζευκται τῇ τοῦ ἀνθρώπου, καὶ οὐχ οἷόν τε ἀγαθὸν γενέσθαι ποιητὴν μὴ πρότερον γενηθέντα ἄνδρα ἀγαθόν.
>
> Sollen wir als Tugend des Dichters jedwede andere bezeichnen statt der, das Leben durch die Rede darzustellen? Wie könnte er es aber darstellen, wenn er des Lebens unkundig und ohne Verstand ist? [...] Die [sc. Tugend] des Dichters aber ist fest verknüpft mit derjenigen des Menschen, und es ist nicht möglich, ein guter Dichter zu werden, wenn man nicht erst ein guter Mensch war.

Insofern folgt Strabo Aristoteles:[618]

> Ἐπεὶ δὲ μιμοῦνται οἱ μιμούμενοι πράττοντας [...].
>
> Da die Nachahmenden Handelnde nachahmen [...].

> ἡ γὰρ τραγῳδία μίμησίς ἐστιν οὐκ ἀνθρώπων ἀλλὰ πράξεων καὶ βίου.
>
> Die Tragödie ist nicht einfach nur Nachahmung von Menschen, sondern von ihrem Handeln und Leben.

Darüber hinaus findet sich die Ansicht, dass der Dichter als Darsteller des menschlichen Lebens Wissen über das Leben ansammeln muss, bei Horaz:[619]

> Respicere exemplar vitae morumque iubebo
> doctum imitatorem et vivas hinc ducere voces.
>
> Ich werde befehlen, dass der kundige Darsteller ein Vorbild des Lebens und des Charakters betrachtet und von hier lebendige Äußerungen herleitet.

Strabos Unterscheidung zwischen dem historischen Kern einer Geschichte (ἱστορία) und ihrer fiktionalen Ausgestaltung (διασκευή) kommt erstmals an der

---

616 Vgl. Strabo 1,2,5.
617 Strabo 1,2,5.
618 Arist. Poet. 1448a1; 1450a16f.; vgl. auch Poet. 1451b27–29 (s. das Kapitel 4.4 dieser Arbeit).
619 Hor. ars 317f.; vgl. Radt (2006) 82 ad loc., der den Hinweis Rudolf Kassel verdankt.

4.6 Strabos Unterscheidung zwischen ἱστορία und διασκευή

folgenden Stelle zum Vorschein, an der Strabo Eratosthenes vorhält, dass er das Ausmaß der fiktiven Elemente bei Homer überbewertet habe:[620]

> [...] καὶ μᾶλλόν γε τῶν ὕστερον μυθολογεῖται, οὐ πάντα τερατευόμενος, ἀλλὰ καὶ πρὸς ἐπιστήμην ἀλληγορῶν ἢ διασκευάζων ἢ δημαγωγῶν ἄλλα τε καὶ τὰ περὶ τὴν Ὀδυσσέως πλάνην, περὶ ἧς πολλὰ διαμαρτάνει τούς τ' ἐξηγητὰς φλυάρους ἀποφαίνων καὶ αὐτὸν τὸν ποιητήν.
>
> [...] und mehr als die Späteren erzählt er [sc. Homer] in seinen fiktiven Geschichten nicht lauter Wunderdinge, sondern trägt durch Allegorie, Ausgestaltung und Popularisierung auch zum Wissen bei, besonders bei der Irrfahrt des Odysseus. Was diese betrifft, täuscht er [sc. Eratosthenes] sich sehr, indem er die Ausleger und den Dichter selbst für Schwätzer erklärt.

Was mit der Ausgestaltung (Strabo verwendet das Partizip von διασκευάζω) gemeint ist, wird später deutlich, wenn Strabo zwischen dem historischen Kern einer Geschichte und ihrer Ausarbeitung (διασκευή) unterscheidet, wobei letztere den Prozess des Dichters bezeichnet, aus einer historischen Grundlage eine mit fiktiven Elementen geschmückte Erzählung zu machen.[621]

Um seine These zu bekräftigen, dass Homer auch Wissen vermittelt, erörtert Strabo die Funktion von Fiktionen (μῦθοι) im gesellschaftlichen Leben der Menschen:[622]

> Καὶ πρῶτον ὅτι τοὺς μύθους ἀπεδέξαντο οὐχ οἱ ποιηταὶ μόνον, ἀλλὰ καὶ αἱ πόλεις πολὺ πρότερον καὶ οἱ νομοθέται τοῦ χρησίμου χάριν, βλέψαντες εἰς τὸ φυσικὸν πάθος τοῦ λογικοῦ ζῴου· φιλειδήμων γὰρ ἄνθρωπος, προοίμιον δὲ τούτου τὸ φιλόμυθον. ἐντεῦθεν οὖν ἄρχεται τὰ παιδία ἀκροᾶσθαι καὶ κοινωνεῖν λόγων ἐπὶ πλεῖον. αἴτιον δ', ὅτι καινολογία τίς ἐστιν ὁ μῦθος, οὐ τὰ καθεστηκότα φράζων ἀλλ' ἕτερα παρὰ ταῦτα· ἡδὺ δὲ τὸ καινὸν καὶ ὃ μὴ πρότερον ἔγνω τις (τοῦτο δ' αὐτό ἐστι καὶ τὸ ποιοῦν φιλειδήμονα)· ὅταν δὲ προσῇ καὶ τὸ θαυμαστὸν καὶ τὸ τερατῶδες, ἐπιτείνει τὴν ἡδονήν, ἥπερ ἐστὶ τοῦ μανθάνειν φίλτρον.
>
> Und zuerst sei darauf hingewiesen, dass nicht nur die Dichter sich gern der Fiktionen (μῦθοι) bedient haben, sondern viel früher schon – wegen ihrer Nützlichkeit – die Staaten und die Gesetzgeber im Hinblick auf die natürliche Empfänglichkeit des vernunftbegabten Geschöpfes. Denn der Mensch hat Freude am Wissen, und die Vorstufe dazu ist die Freude an Fiktionen (μῦθοι). Damit fangen daher die Kinder an, länger Reden zuzuhören und an ihnen teilzuhaben. Der Grund dafür ist, dass die Fiktion (μῦθος) etwas Neues erzählt: sie handelt

---

620 Strabo 1,2,7.
621 Vgl. Strabo 1,2,11 (s. S. 291f.). Da Strabo über die Allegorie explizit nur an dieser Stelle spricht und selbst an keiner Stelle eine allegorische Deutung der Homerischen Epen vornimmt, scheint Strabo eher auf andere Exegeten (angefangen mit Theagenes aus Rhegion, 6. Jh. v.Chr.) zu verweisen, die Homer-Allegorese betrieben haben. Mit der Popularisierung (Strabo verwendet das Partizip von δημαγωγέω) ist gemeint, dass der Dichter mit seinen Fiktionen beim Volk Gefallen findet, wie eine spätere Stelle zeigt (Strabo 1,2,8f.; s. teilweise S. 287).
622 Strabo 1,2,8.

nicht von dem Bestehenden, sondern von Dingen, die anders sind, und das Neue und bisher Unbekannte erfreut (eben das ist es auch, was wissbegierig macht); wenn aber auch noch das Erstaunliche und das Wunderbare hinzukommen, erhöht das die Freude, die den Ansporn zum Lernen bildet.

Auch wenn Strabo zuvor die Allegorie erwähnt,[623] handelt es sich bei den Fiktionen wohl nicht nur um Fabeln und ähnliche allegorische Erzählungen, sondern allgemein um fiktive Geschichten unabhängig von ihrer möglichen allegorischen Struktur. Hierfür spricht der Kontext:[624]

ἐπεὶ δ' οὐ μόνον ἡδὺ ἀλλὰ καὶ φοβερὸν τὸ τερατῶδες, ἀμφοτέρων ἐστὶ τῶν εἰδῶν χρεία πρός τε τοὺς παῖδας καὶ τοὺς ἐν ἡλικίᾳ· τοῖς τε γὰρ παισὶ προσφέρομεν τοὺς ἡδεῖς μύθους εἰς προτροπήν, εἰς ἀποτροπὴν δὲ τοὺς φοβερούς· ἥ τε γὰρ Λάμια μῦθός ἐστι καὶ ἡ Γοργὼ καὶ ὁ Ἐφιάλτης καὶ ἡ Μορμολύκη.

Da nun aber das Wunderbare nicht nur erfreut, sondern auch ängstigt, benutzt man beide Arten, sowohl bei den Kindern als auch bei den Erwachsenen. Den Kindern verabreichen wir die erfreuenden Fiktionen zum Ansporn, zur Abschreckung aber die beängstigenden (denn die Lamia, die Gorgo, der Ephialtes und die Mormolyke sind Fiktionen).

Die erfreuenden Fiktionen für Kinder werden an dieser Stelle nicht näher beleuchtet.[625] Bei den beängstigenden Fiktionen handelt es sich nicht um Fabeln, sondern eher um Märchen bzw. Schreckgeschichten:[626] Lamia ist ein Geist, der Menschen – vornehmlich Kinder – verschlingt.[627] Gorgo bzw. die Gorgonen werden die drei Schwestern Medusa, Sthenno und Euryale genannt, wobei Medusa, die von Perseus enthauptet wird, häufig im Singular stellvertretend für die Gorgonen steht.[628] Durch ihre schreckliche Gestalt, insbesondere die Schlangenhaare, verwandeln die Gorgonen jeden, der sie ansieht, in Stein.[629] Ephialtes ist ein Riese, der versucht hat, den Himmel zu erklimmen.[630] Die Mormolyke – oder

---

623 Vgl. Strabo 1,2,7 (s. S. 283).
624 Strabo 1,2,8.
625 Es lässt sich also nur darüber spekulieren, ob die erfreuenden Fiktionen für Kinder Fabeln sind. Zu den kindergerechten Fiktionen s. auch S. 200–203.
626 Zu antiken Märchen bzw. Schreckgeschichten vgl. die Untersuchung von Heldmann (2000).
627 Vgl. Duris, FGrHist 76 F 17 Jacoby; Diod. 20,41,3–5; DNP s.v. Lamia 1 (Johnston). Zur Lamia vgl. auch Hor. ars 339 f.: *ne quodcumque volet poscat sibi fabula credi, / neu pransae Lamiae vivum puerum extrahat alvo*; Lucil. fr. 15,484 f. Marx (1904) 34: *terriculas, Lamias, Fauni quas Pompiliique / instituere Numae, tremit has, hic omnia ponit*.
628 Vgl. Sext. Emp. adv. math. 1,264 (s. das Kapitel 4.7.1.2.1 dieser Arbeit); Cic. Verr. II 4,124: *Gorgonis os pulcherrimum cinctum anguibus revellit atque abstulit*.
629 Vgl. Hes. theog. 270–282; Apollod. 2,4,1–2; DNP s.v. Gorgo 1 (Bremmer).
630 Vgl. Hyg. Fab. 28.

kurz Mormo genannt – ist dem Mythos nach eine Frau aus Korinth, die zunächst ihre eigenen, dann die Kinder anderer verschlingt, wobei der längere Name nahelegt, dass sie als Wolf vorgestellt wird, wenngleich sie an einer Stelle mit einem Pferd assoziiert wird.[631]

Welche Fiktionen mit Bezug auf Erwachsene verwendet werden, erläutert Strabo an der sich unmittelbar anschließenden Stelle:[632]

> οἵ τε πολλοὶ τῶν τὰς πόλεις οἰκούντων εἰς μὲν προτροπὴν ἄγονται τοῖς ἡδέσι τῶν μύθων, ὅταν ἀκούωσι τῶν ποιητῶν ἀνδραγαθήματα μυθώδη διηγουμένων, οἷον Ἡρακλέους ἄθλους ἢ Θησέως, ἢ τιμὰς παρὰ θεῶν νεμομένας, ἢ νὴ Δία ὁρῶσι γραφὰς ἢ ξόανα ἢ πλάσματα τοιαύτην τινὰ περιπέτειαν ὑποσημαίνοντα μυθώδη· εἰς ἀποτροπὴν δέ, ὅταν κολάσεις παρὰ θεῶν καὶ φόβους καὶ ἀπειλὰς ἢ διὰ λόγων ἢ διὰ τύπων ἀοράτων τινῶν προσδέχωνται, ἢ καὶ πιστεύωσι περιπεσεῖν τινας.

Und ebenso wird die große Menge der Staatsbürger angespornt durch die erfreuenden Fiktionen (μῦθοι), wenn sie die Dichter von fabelhaften Großtaten erzählen hören, etwa von den Werken des Herakles oder des Theseus, oder von Ehren, die die Götter zugeteilt haben, oder gar Gemälde oder Kultstatuen oder Skulpturen sehen, die auf ein solches fiktives Geschehen hindeuten. Und abgeschreckt werden sie, wenn sie unter dem Eindruck entweder von Erzählungen oder von sichtbaren Darstellungen sich von den Göttern Strafen, Schrecknisse und Bedrohungen erwarten oder auch nur glauben, dass Leute davon betroffen sind.

Strabo zufolge erfüllen die fiktiven Geschichten, die v. a. die Dichter den erwachsenen Menschen erzählen, dieselbe Funktion, die die Fiktionen gegenüber den Kindern wahrnehmen, indem sie zu tugendhaftem Handeln anspornen und vom Gegenteil abschrecken. Dabei handelt es sich um Erzählungen von vorbildhaftem Charakter, nicht aber um allegorische Erzählungen. Wenn Strabo die Heldentaten von Hercules und Theseus als fiktive Geschichten betrachtet, tut er dies, weil er die entsprechenden Darstellungen für übertrieben hält, also weil sie eine fiktionale Ausschmückung (διασκευή) erhalten haben,[633] nicht weil sie gänzlich erfunden wären. Er erwähnt sie auch an einer späteren Stelle, an der er Eratosthenes' Ansicht zurückweist, dass Homer ein Schwätzer ist und dass über die weit entfernten Regionen eher fiktive Geschichten kursieren.[634]

Über ihren fiktionalen Anteil macht Strabo weder hier noch dort eine Angabe. Allerdings vermittelt Theon einen Eindruck davon, inwiefern Geschichten, die

---

631 Vgl. Theokr. 15,40 (mit den Scholien zur Stelle); DNP s.v. Mormo (Johnston).
632 Strabo 1,2,8.
633 Zur fiktionalen Ausschmückung (διασκευή) vgl. Strabo 1,2,7 (s. S. 283) und 1,2,11 (s. S. 291f.).
634 Vgl. Strabo 1,2,19 (s. S. 177f.).

sich um Herakles ranken, erfunden sind.⁶³⁵ Denn ihm zufolge handelt es sich bei der Geschichte, wie die Ägypter versuchten, Herakles, der sie besuchte, Zeus zu opfern, dieser aber viele tausende von ihnen tötete, um eine ‚mythische' Geschichte.⁶³⁶ Dasselbe gelte für die Erzählung über die fünfzig Töchter des Thespios, mit denen allen zusammen Herakles geschlafen haben soll, als sie noch Jungfrauen waren.

Der Umstand, dass Fiktion für Strabo – wahrscheinlich aufgrund des Bezugs auf die (Homerischen) Epen und der Auseinandersetzung mit Eratosthenes – das Hinzuerfundene bedeutet (an anderen Stellen verwendet er das Verb προσμυθεύω in diesem Sinn)⁶³⁷ und nicht die vollständige Erfindung wie bei der Komödie (und schon gar nicht „Spinnerei" im Sinne des Eratosthenes), wird auch in der folgenden Passage deutlich:⁶³⁸

> τοῦτο δ' οὐκ ἄνευ μυθοποιίας καὶ τερατείας. κεραυνὸς γὰρ καὶ αἰγὶς καὶ τρίαινα καὶ λαμπάδες καὶ δράκοντες καὶ θυρσόλογχα τῶν θεῶν ὅπλα μῦθοι καὶ πᾶσα θεολογία ἀρχαϊκή· ταῦτα δ' ἀπεδέξαντο οἱ τὰς πολιτείας καταστησάμενοι μορμολύκας τινὰς πρὸς τοὺς νηπιόφρονας.
>
> Dies [sc. die Furcht vor den Göttern] ist ohne Erfindung von Fiktionen und Wundern nicht möglich. Denn Götterwaffen wie Donnerkeil, Aigis, Dreizack, Fackeln, Schlangen und Thyrsoslanzen sind ja Fiktionen, ebenso wie die ganze alte Götterlehre, und das haben die Gründer der Staatsordnungen mit Freuden als eine Art Mormolyken für die Einfältigen aufgegriffen.

Wenn Strabo die ganze alte Götterlehre als fiktive Geschichten betrachtet, dann stellt er wohl nicht die Existenz der Götter als solche in Frage, sondern die konkrete Form, die ihnen die frühen Griechen gegeben haben.⁶³⁹ Dies wird an den

---

635 Vgl. Theon RhG II Spengel (1966) 67,4–29 (Patillon/Bolognesi [1997] 10 f.); s. S. 421–423.
636 Vgl. analog Strabo 1,2,11 (s. S. 294), wo Strabo Odysseus' Rache an den Freiern wohl deshalb als Fiktion bezeichnet, weil die Darstellung des Freiermordes übertrieben ist.
637 Vgl. Strabo 1,2,19: ἔτι δὲ ἐπεὶ οὐ πάντα μυθεύουσιν, ἀλλὰ πλείω προσμυθεύουσι, καὶ μάλιστα Ὅμηρος, ὁ ζητῶν τί οἱ παλαιοὶ προσμυθεύουσιν οὐ ζητεῖ, εἰ τὰ προσμυθευόμενα ὑπῆρξεν ἢ ἐστίν, ἀλλὰ καὶ μᾶλλον οἷς προσμυθεύεται τόποις ἢ προσώποις, περὶ ἐκείνων ζητεῖ τἀληθές, οἷον τὴν Ὀδυσσέως πλάνην, εἰ γέγονε καὶ ποῦ. („Ferner: Da sie [sc. die Erfinder von Fiktionen] nicht alles erfinden, sondern mehr hinzudichten (was besonders für Homer gilt), fragt derjenige, der untersucht, was die Alten hinzudichten, nicht danach, ob das Hinzugedichtete existiert hat oder existiert, sondern er fragt vielmehr nach der Wirklichkeit der Orte oder Personen, zu denen hinzugedichtet wird, also z. B. bei der Irrfahrt des Odysseus, ob sie stattgefunden hat und wo."); vgl. auch Strabo 1,2,40 und 1,2,15 = Polyb. 34,2,9–11 (s. S. 260). Die letzte Stelle legt den Verdacht nahe, dass Strabo den Begriff von Polybios übernimmt. Zum Begriff προσμυθεύω bei Strabo vgl. Kim (2010) 67–71.
638 Strabo 1,2,8.
639 Vgl. die Kritik von Xenophanes und Platon an dem anthropomorphen Götterbild; s. die Kapitel 3.2 und 4.3, v. a. 4.3.2.3 dieser Arbeit.

Gegenständen deutlich, die Strabo nennt und die Attribute der Götter darstellen: Während der Donnerkeil und der Aigis Attribute des Zeus sind, gehört der Dreizack zu Poseidon, die Fackeln zu Hekate, die Schlangen zu Athene, und die Thyrsoslanzen stellen das Attribut des Dionysos dar.[640] Die Auffassung von Fiktion als Vermischung von Realien und Erfindungen, wobei die Realien überwiegen, illustriert auch die folgende Stelle:[641]

> Ἅτε δὴ πρὸς τὸ παιδευτικὸν εἶδος τοὺς μύθους ἀναφέρων ὁ ποιητὴς ἐφρόντισε πολὺ μέρος τἀληθοῦς, ἐν δ' ἐτίθει καὶ ψεῦδος, τὸ μὲν ἀποδεχόμενος τῷ δὲ δημαγωγῶν καὶ στρατηγῶν τὰ πλήθη.

> Da also der Dichter die Fiktionen auf die Erziehung abstimmte, war er weitgehend auf die Wahrheit bedacht, fügte aber auch Unwahrheit (ψεῦδος) hinzu; jene bejahte er, diese benutzte er, um die Menge zu führen und zu kommandieren.

Die Aussage, dass sich in Homers Epen reale und fiktive Sachverhalte vermischen, findet sich auch in Horaz' *Ars poetica*.[642] Die Ansicht, dass die literarische Fiktion als Vehikel dient, um Wissen zu vermitteln, findet sich auch bei Plutarch, wie aus der folgenden Stelle in *De audiendis poetis* deutlich wird:[643]

> μηδ' ἡμεῖς οὖν τὴν ποιητικὴν ἡμερίδα τῶν Μουσῶν ἐκκόπτωμεν μηδ' ἀφανίζωμεν, ἀλλ' ὅπου μὲν ὑφ' ἡδονῆς ἀκράτου πρὸς δόξαν αὐθάδως θρασυνόμενον ἐξυβρίζει καὶ ὑλομανεῖ τὸ μυθῶδες αὐτῆς καὶ θεατρικόν, ἐπιλαμβανόμενοι κολούωμεν καὶ πιέζωμεν· ὅπου δ' ἅπτεταί τινος μούσης τῇ χάριτι καὶ τὸ γλυκὺ τοῦ λόγου καὶ ἀγωγὸν οὐκ ἄκαρπόν ἐστιν οὐδὲ κενόν, ἐνταῦθα φιλοσοφίαν εἰσάγωμεν καὶ καταμιγνύωμεν.

---

640 Vgl. Radt (2006) 87 f. ad loc.
641 Strabo 1,2,9. Kim (2010) 68 f. zufolge widerspricht sich Strabo insofern, als er zuvor (§ 7 f.) die Ansicht vertrete, dass die Fiktionen sowohl belehren als auch unterhalten, wohingegen er in § 9 (s. auch S. 288) davon spreche, dass die Fiktionen nur dem Schmuck bzw. der Unterhaltung dienen. Ein Widerspruch liegt aber nicht vor. Der vermeintliche Widerspruch erklärt sich durch das Verhältnis Teil – Ganzes: als Element betrachtet erfüllt die Fiktion das Ziel der Unterhaltung. Als Ganzes dient die fiktive Geschichte, die Strabo als Vermischung von Realien und Fiktionen versteht, den beiden Zielen der Belehrung und der Unterhaltung.
642 Vgl. Hor. ars 151 f. (s. das Kapitel 7.1.4 dieser Arbeit).
643 Plut. mor. 15e–f. Vgl. auch ib. 15 f: ὥσπερ γὰρ ὁ μανδραγόρας ταῖς ἀμπέλοις παραφυόμενος καὶ διαδιδοὺς τὴν δύναμιν εἰς τὸν οἶνον μαλακωτέραν ποιεῖ τὴν καταφορὰν τοῖς πίνουσιν, οὕτω τοὺς λόγους ἡ ποίησις ἐκ φιλοσοφίας ἀναλαμβάνουσα μιγνυμένους πρὸς τὸ μυθῶδες ἐλαφρὰν καὶ προσφιλῆ παρέχει τοῖς νέοις τὴν μάθησιν. („Wie nämlich Mandragora, das neben Weinstöcken gewachsen und seine Wirkung in den Wein hat einfließen lassen, den Trinkenden die Verträglichkeit erleichtert, so gewährt die Dichtung, die ihre Themen aus der Philosophie übernimmt und sie mit dem mythischen Element vermischt, den jungen Leuten ein leichteres und angenehmeres Lernen.") Zur Pflanze Mandragora vgl. Hunter/Russell (2011) 82 ad loc. Zu *De audiendis poetis* s. das Kapitel 7.1.6 dieser Arbeit.

> Lasst uns nicht den dichterischen Weinstock der Musen herausreißen und verschwinden lassen, sondern dort, wo das mythische und theatralische Element überhandnimmt und Auswüchse aufzeigt, weil es durch ungemischte Freude dazu angetrieben wurde, eigensinnig nach Anerkennung zu trachten, es in die Hand nehmen, stutzen und ausrupfen. Wo er [sc. der dichterische Weinstock der Musen] aber mit seiner Anmut eine Form der Bildung berührt und das süße und bewegende Element der Rede nicht unfruchtbar und leer ist, da lasst uns die Philosophie einführen und untermischen.

Die Ansicht, dass Homer in seinen Epen wirkliche und erfundene Ereignisse verknüpft und somit die Rezipienten auch belehrt, führt Strabo weiter aus, indem er ein Gleichnis aus der *Odyssee* zitiert:[644]

> „ὡς δ' ὅτε τις χρυσὸν περιχεύεται ἀργύρῳ ἀνήρ," οὕτως ἐκεῖνος ταῖς ἀληθέσι περιπετείαις προσεπετίθει μῦθον, ἡδύνων καὶ κοσμῶν τὴν φράσιν, πρὸς δὲ τὸ αὐτὸ τέλος τοῦ ἱστορικοῦ καὶ τοῦ τὰ ὄντα λέγοντος βλέπων. οὕτω δὴ τόν τε Ἰλιακὸν πόλεμον γεγονότα παραλαβὼν ἐκόσμησε ταῖς μυθοποιίαις, καὶ τὴν Ὀδυσσέως πλάνην ὡσαύτως.

> „Wie wenn ein Mann umgießt mit feinem Gold das Silber", so hat er den tatsächlichen Geschehnissen Fiktion (μῦθος) hinzugefügt, um seine Darstellung zu würzen und zu schmücken, dabei aber dasselbe Ziel verfolgt wie der Historiker und derjenige, der die Wirklichkeit darstellt. So hat er den Trojanischen Krieg als etwas tatsächlich Geschehenes aufgegriffen und mit erdichteten Fiktionen ausgeschmückt, und ebenso die Irrfahrt des Odysseus.

Das Gleichnis stammt aus dem sechsten Buch der *Odyssee*. An der entsprechenden Stelle wird geschildert, wie sich Odysseus, der nach einem Schiffbruch an der Küste der Phäaken gelandet ist, badet, einsalbt und mit den Kleidern, die ihm die Königstochter Nausikaa gegeben hat, einkleidet. In diesem Moment verleiht ihm Athene außerordentliche Schönheit, und dieser Vorgang wird verglichen mit der Arbeit eines Mannes, der Silber mit Gold umgießt.[645] Wie die zitierte Strabostelle zeigt, betrachtet Strabo, wie es typisch für die Antike ist, den Trojanischen Krieg und die Irrfahrten des Odysseus im Kern als historisches Geschehen, während er einzelne Elemente (ohne dass wir vorerst erfahren, welche Elemente) als Fiktionen ansieht.[646] Wenn Strabo davon spricht, dass Homer dasselbe Ziel verfolgt wie

---

644 Strabo 1,2,9. Für die Aussage, dass Homer den Trojanischen Krieg und die Irrfahrten des Odysseus mit Fiktionen versehen hat, vgl. Strabo 1,2,15 = Polyb. 34,2,9–11 (s. S. 260).
645 Vgl. Hom. Od. 6,229–235 (zitierter Vers: 232). Das Gleichnis mitsamt dem zitierten Vers findet sich auch im 23. Buch der *Odyssee*, wo geschildert wird, wie die Amme Eurynome Odysseus badet und Athene ihm Schönheit verleiht (23,154–162; zitierter Vers: 159).
646 Strabo verwendet hier für den Vorgang, die historische Vorlage mit Fiktionen auszuschmücken, den Ausdruck προσεπιτίθημι μῦθον, der in dieser Bedeutung synonym zu διασκευάζω und προσμυθεύω ist.

der Historiker und derjenige, der die Wirklichkeit darstellt, ist diese Aussage so zu verstehen, dass er mit Blick auf das Kerngerüst der Darstellung, das als historisch angesehen wurde, dasselbe Ziel verfolgt, nämlich durch eine wahre Darstellung Wissen zu vermitteln.

In der Ansicht, dass Homer in seinen Epen wirkliche und erfundene Ereignisse miteinander verknüpft hat, folgt Strabo dem Polyhistor Polybios, wie er jetzt auch explizit deutlich macht.[647] Daher wird diese ebenso wie alle weiteren relevanten Passagen im Kapitel zu Polybios ausgewertet.[648]

Inwiefern Homer nach Strabo historische Tatsachen mit Erfindungen vermengt, verdeutlichen die folgenden Beispiele:[649]

> ἔλαβεν οὖν παρὰ τῆς ἱστορίας τὰς ἀρχάς. καὶ γὰρ τὸν Αἴολον δυναστεῦσαί φασι τῶν περὶ τὴν Λιπάραν νήσων καὶ τῶν περὶ τὴν Αἴτνην καὶ Λεοντίνην Κύκλωπας καὶ Λαιστρυγόνας ἀξένους τινάς· διὸ καὶ τὰ περὶ τὸν πορθμὸν ἀπροσπέλαστα εἶναι τοῖς τότε καὶ τὴν Χάρυβδιν καὶ τὸ Σκύλλαιον ὑπὸ λῃστῶν κατέχεσθαι. οὕτω δὲ καὶ τοὺς ἄλλους τῶν ὑπὸ Ὁμήρου λεγομένων ἐν ἄλλοις τόποις ἱστοροῦμεν· οὕτω δὲ καὶ τοὺς Κιμμερίους εἰδὼς οἰκοῦντας τὸν Κιμμερικὸν Βόσπορον πρὸς βορρᾶν καὶ ζοφώδη μετήγαγεν οἰκείως εἰς σκοτεινόν τινα τόπον τὸν καθ' ᾄδην, χρήσιμον ὄντα πρὸς τὴν μυθοποιίαν τὴν ἐν τῇ πλάνῃ.

> Der historischen Überlieferung also entnahm er die Grundlagen. Soll doch Aiolos über die Liparischen Inseln geherrscht haben; und über die Gegend um den Ätna und um Leontinoi Zyklopen und Laistrygonen, fremdenfeindliche Menschen. Deshalb sei auch die Umgebung des Sundes für die Damaligen unzugänglich und die Charybdis und das Skyllaion im Besitz von Räubern gewesen. So haben wir auch von den übrigen von Homer genannten Leuten Kunde an anderen Orten. So hat er auch, weil er wusste, dass die Kimmerier am Kimmerischen Bosporos, einem nördlich gelegenen düsteren Ort, wohnten, sie passend an einen dunklen Ort beim Hades verlegt, der für die fiktionale Gestaltung bei der Irrfahrt nützlich war.

Aiolos, der im zehnten Buch der *Odyssee* als Herr der Winde fungiert,[650] ist also Strabo zufolge eine historische Gestalt, die über die Liparischen Inseln geherrscht hat.[651] Dasselbe gilt für die Zyklopen und Laistrygonen, die auf Sizilien geherrscht haben sollen, wohingegen sie bei Homer als Monster unheilvolle Stationen während Odysseus' Irrfahrt darstellen.[652] Mit dem Sund ist wohl die Straße von Messina (zwischen Sizilien und Kalabrien) gemeint.[653] Die Charybdis, die bei

---

647 Vgl. Strabo 1,2,9 = Polyb. 34,2,1–3.
648 S. das Kapitel 4.5 dieser Arbeit.
649 Strabo 1,2,9.
650 Vgl. Hom. Od. 10,1–76.
651 Zu Aiolos vgl. auch Strabo 1,2,15 = Polyb. 34,2,9–11 (s. S. 260).
652 Vgl. Hom. Od. 9,106–542 und 10,80–134.
653 Vgl. Strabo 2,1,11; Radt (2006) 90 ad loc.

Homer eine Kreatur darstellt, die Wasser und Schiffe verschlingt,[654] nennt Strabo an einer anderen Stelle als Strudel, in den die Rückströme des Sundes (der Straße von Messina) fließen.[655] Das Skyllaion, der Ort, an dem Homer das Ungeheuer Skylla hausen lässt,[656] beschreibt Strabo an einer anderen Stelle als hohen Felsen, der eine Halbinsel bildet.[657] Über den Kimmerischen Bosporos und die Kimmerier spricht Strabo auch an einer anderen Stelle. Dort sagt er, dass Homer den Ort und das Volk kennt, wie daraus deutlich werde, dass er ihren Wohnsitz als Ort beschreibt, an dem die Sonne nicht scheint.[658]

Die Vermengung von Realien mit Erfindungen wird Strabo zufolge auch an der Darstellung der Kirke deutlich:[659]

> Ὡσαύτως καὶ τοὺς Κόλχους εἰδὼς καὶ τὸν Ἰάσονος πλοῦν τὸν εἰς Αἶαν καὶ τὰ περὶ Κίρκης καὶ Μηδείας μυθευόμενα καὶ ἱστορούμενα περὶ τῆς φαρμακείας καὶ τῆς ἄλλης ὁμοιοτροπίας συγγενειάν[660] τε ἔπλασε τῶν οὕτω διῳκισμένων, τῆς μὲν ἐν τῷ μυχῷ τοῦ Πόντου τῆς δ᾽ ἐν τῇ Ἰταλίᾳ, καὶ ἐξωκεανισμὸν ἀμφοῖν, τάχα καὶ τοῦ Ἰάσονος μέχρι τῆς Ἰταλίας πλανηθέντος.

> Ebenso hat er auch, weil er von den Kolchern und von Jasons Fahrt nach Aia wusste und die erfundenen und anderweitigen Berichte über Kirke und Medea kannte, die von ihrer Giftmischerei und sonstigen Charakterähnlichkeit erzählten, eine Verwandtschaft zwischen beiden erfunden, obwohl sie so weit voneinander entfernt wohnten – die eine im Winkel des Schwarzen Meeres, die andere in Italien –, und beide hinaus in den Ozean versetzt, da möglicherweise auch Jason sich bis nach Italien verirrt hat.

Wenn man Strabo folgt, hat Homer eine Verwandtschaft zwischen den beiden Zauberinnen Kirke und Medea erfunden und insofern die Argonautenfahrt als Vorbild für einen Teil der *Odyssee* verwendet. An einer späteren Stelle sagt Strabo allerdings, dass Homer der Überlieferung folgt, wenn er Kirke nach dem Vorbild von Medea zur Giftmischerin macht und sie „eine leibliche Schwester des Unheilsinners Aietes" nennt.[661] Daher wird man diese beiden Stellen wohl so ver-

---

654 Vgl. Hom. Od. 12,101–107 und 235–259.
655 Vgl. Strabo 6,2,3. Zu Homers Darstellung der Charybdis vgl. auch Strabo 1,2,16 = Polyb. 34,3,9–11 (s. S. 261) und Strabo 1,2,36.
656 Vgl. Hom. Od. 12,73–100 und 235–259. Ein Toponym gibt Homer dem Ort allerdings nicht.
657 Vgl. Strabo 6,1,5.
658 Vgl. Strabo 1,1,10; Hom. Od. 11,13–22. Vgl. auch Strabo 7,3,6 (s. S. 172f.).
659 Strabo 1,2,10.
660 Überliefert ist der Plural συγγενείας; bei συγγενειάν handelt es sich um eine Konjektur von Radt (2002) 48; vgl. Radt (2006) 91 ad loc.
661 Vgl. Strabo 1,2,40: Τοιαύταις δή τισιν ἀφορμαῖς ὁ ποιητὴς χρησάμενος τὰ μὲν ὁμολογεῖ τοῖς ἱστορουμένοις, προσμυθεύει δὲ τούτοις, ἔθος τι φυλάττων καὶ κοινὸν καὶ ἴδιον. ὁμολογεῖ μέν, ὅταν Αἰήτην ὀνομάζῃ, καὶ τὸν Ἰάσονα καὶ τὴν Ἀργὼ λέγῃ, καὶ παρὰ ⟨τὴν Αἶαν⟩ τὴν Αἰαίην πλάττῃ, καὶ τὸν Εὔνεων ἐν Λήμνῳ καθιδρύῃ, καὶ ποιῇ τῷ Ἀχιλλεῖ φίλην τὴν νῆσον, καὶ παρὰ τὴν Μήδειαν

stehen, dass Homer einer Überlieferung gefolgt ist, in der eine Verwandtschaft zwischen den beiden Zauberinnen erfunden worden war.

Auch die von Homer dargestellten Zyklopen resultieren Strabo zufolge vielleicht aus einer Vermengung von historischer Überlieferung und literarischer Fiktion:[662]

> τάχα δὲ καὶ τοὺς μονομμάτους Κύκλωπας ἐκ τῆς Σκυθικῆς ἱστορίας μετενήνοχε· τοιούτους γάρ τινας τοὺς Ἀριμασποὺς φασιν, οὓς ἐν τοῖς Ἀριμασπείοις ἔπεσιν ἐνδέδωκεν Ἀριστέας ὁ Προκοννήσιος.
>
> Vielleicht hat er auch die einäugigen Zyklopen aus der Kunde über die Skythen übertragen: so sollen nämlich die Arimaspen beschaffen gewesen sein, die Aristeas von Prokonnesos in dem Epos der Arimaspeia bekannt gemacht hat.

In ähnlicher Weise berichten Plinius d. Ä. und – an ihn anschließend – Gellius davon, dass die Arimaspen einäugig waren.[663]

Anschließend an diese Reflexionen äußert Strabo explizit sein Konzept der fiktionalen Ausgestaltung (διασκευή):[664]

> Δεῖ δὲ ταῦτα προϋποθέμενον σκοπεῖν τί λέγουσιν οἱ φήσαντες περὶ Σικελίαν ἢ Ἰταλίαν γενέσθαι τῷ Ὀδυσσεῖ τὴν πλάνην καθ' Ὅμηρον· ἔστι γὰρ ἀμφοτέρως τοῦτο δέξασθαι, καὶ βέλτιον καὶ χεῖρον· βέλτιον μέν, ἂν οὕτω δέχηταί τις ὅτι πεισθεὶς ἐκεῖ τὴν πλάνην τῷ Ὀδυσσεῖ γενέσθαι, λαβὼν ἀληθῆ ταύτην τὴν ὑπόθεσιν ποιητικῶς διεσκεύασε· τοῦτο γὰρ οἰκείως ἂν λέγοιτο περὶ αὐτοῦ· καὶ οὐ μόνον γε περὶ Ἰταλίαν, ἀλλὰ καὶ μέχρι τῶν ἐσχάτων τῆς Ἰβηρίας ἐστὶν εὑρεῖν ἴχνη τῆς ἐκείνου πλάνης καὶ ἄλλων πλειόνων. χεῖρον δέ, ἐάν τις καὶ τὴν διασκευὴν ὡς ἱστορίαν δέχηται, ἐκείνου ὠκεανὸν καὶ ᾅδην καὶ Ἡλίου βόας καὶ παρὰ θεαῖς ξενίας καὶ μεταμορφώσεις καὶ μεγέθη Κυκλώπων καὶ Λαιστρυγόνων καὶ μορφὴν Σκύλλης καὶ διαστήματα πλοῦ καὶ ἄλλα πλείω τοιαῦτα τερατογραφοῦντος φανερῶς.

τὴν Κίρκην φαρμακίδα ποιῇ „αὐτοκασιγνήτην ὀλοόφρονος Αἰήταο"· („Das etwa sind die Grundlagen, auf denen aufbauend der Dichter zum Teil mit dem Überlieferten übereinstimmt, aber auch, einer sowohl allgemeinen als auch individuellen Gewohnheit folgend, hinzudichtet. Er stimmt überein, wenn er Aietes nennt, von Iason und der Argo spricht, nach Aia „Aiaie" bildet, den Euneos auf Lemnos wohnen und die Insel dem Achill teuer sein lässt und nach Medea Kirke zur Giftmischerin macht, ‚eine leibliche Schwester des Unheilsinners Aietes'."); Hom. Od. 10,135–139 (zitierter Vers: 137). Das Wort Αἰαίη („die Aiäische") verwendet Homer sowohl als Beiwort für Kirke als auch als Name für die Insel, auf der sie wohnt, obwohl Aia eigentlich die Bezeichnung für das Land der Kolcher, die Heimat der Medea, ist; vgl. Radt (2006) 90 und 92 ad loc.
662 Strabo 1,2,10. Zu Aristeas von Prokonnesos vgl. Radt (2006) 94 ad loc.
663 Vgl. Plin. nat. 7,10: *sed iuxta eos* [sc. menschenfressenden Skythen], *qui sunt ad septentrionem versi,* [...] *produntur Arimaspi, quos diximus* [vgl. nat. 4,88 et 6,50], *uno oculo in fronte media insignes*; Gell. 9,4,6.
664 Strabo 1,2,11.

> Nachdem dies vorausgeschickt worden ist, müssen wir uns fragen, was diejenigen meinen, die behauptet haben, die Irrfahrt des Odysseus habe sich nach Homer in der Gegend von Sizilien oder Italien abgespielt. Man kann das nämlich auf zwei Arten, eine richtige und eine falsche, verstehen. Die richtige ist, wenn man es so versteht, dass der Dichter in der Überzeugung, die Irrfahrt des Odysseus habe sich dort abgespielt, dies als Grundlage in der Wirklichkeit genommen und sie dichterisch bearbeitet (διασκευάζω) hat. Denn das ist, was man angemessener Weise von ihm behaupten darf, und nicht nur in der Gegend von Italien, sondern auch bis an die äußersten Enden Iberiens kann man Spuren seiner Irrfahrt und der mehrerer anderer finden. Die falsche ist, wenn man auch die Bearbeitung (διασκευή) als Wirklichkeit nimmt, während der Dichter doch den Ozean, den Hades, die Rinder des Helios, Aufenthalte bei Göttinnen, Verwandlungen, riesenhafte Zyklopen und Laistrygonen, die ungestalte Skylla, Fahrtentfernungen und mehreres andere dieser Art ganz offenkundig als Wunderdinge darstellt.

Die richtige Art, Homer auszulegen, besteht Strabo zufolge darin, die literarischen Produkte so zu verstehen, wie er sie bereits zuvor beschrieben hat, nämlich als Vermischung von realen Begebenheiten mit fiktiven Ausschmückungen. Für die derartige Ausgestaltung benutzt Strabo die Termini technici διασκευή und διασκευάζω,[665] wobei er hierin dem Geographen Agatharchides folgt.[666]

Die Erwähnung des Ozeans erklärt sich dadurch, dass Homer Strabo zufolge viele Realia in den Ozean verlegt hat (hierfür benutzt Strabo die Termini technici ἐξωκεανίζω und ἐξωκεανισμός und folgt hierin dem Historiker Apollodor aus Athen [2. Jh. v. Chr.]).[667] Hierzu gehört z. B. der Umstand, dass der Dichter sowohl Kirke als auch Medea im Ozean angesiedelt hat.[668] Der Hades wird erwähnt, da er im elften Buch der *Odyssee* im Zusammenhang mit Odysseus' Abstieg in die Unterwelt dargestellt wird. Die Rinder des Helios spielen insofern in der *Odyssee* eine wichtige Rolle, als Kirke Odysseus davor warnt, diese Tiere, die sich weder vermehren noch vermindern, zu verspeisen.[669] Seine Gefährten missachten aber diese Warnung, nachdem sie unter Verlusten und erschöpft den Gefahren von

---

665 Vgl. auch Strabo 1,2,7 (s. S. 283); 1,2,23 (s. S. 295); 1,2,36: Περὶ δὲ τῶν τοῦ ὠκεανοῦ παθῶν εἴρηται μὲν ἐν μύθου σχήματι· καὶ γὰρ τούτου στοχάζεσθαι δεῖ τὸν ποιητήν. ἀπὸ γὰρ τῶν ἀμπώτεων καὶ τῶν πλημμυρίδων ἡ Χάρυβδις αὐτῷ μεμύθευται, οὐδ' αὐτὴ παντάπασιν Ὁμήρου πλάσμα οὖσα, ἀλλ' ἀπὸ τῶν ἱστορουμένων περὶ τὸν Σικελικὸν πορθμὸν διεσκευασμένη. („Von den Phänomenen des Ozeans spricht er in der Form der Fiktion; denn auch das ist etwas, was der Dichter anstreben soll. Auf den Erscheinungen von Ebbe und Flut beruht ja die Fiktion von Charybdis, die auch ihrerseits nicht ganz und gar von Homer erfunden, sondern aufgrund des über den Sizilischen Sund Berichteten gestaltet ist.")
666 Vgl. GGM I 8 p. 117 Müller (1882) (s. das Kapitel 7.1.8.1 dieser Arbeit).
667 Zu diesen Termini technici vgl. Radt (2006) 91 ad loc. Zu Apollodors Verwendung dieses Begriffs vgl. Strabo 7,3,6 (s. S. 173, Fußn. 217).
668 Vgl. Strabo 1,2,10 (s. S. 290).
669 Vgl. Hom. Od. 12,127–141, v. a. 127–131.

Skylla und Charybdis entkommen sind, und überleben den anschließenden Schiffbruch nicht.[670]

Mit den Aufenthalten bei Göttinnen ist v. a. derjenige bei Kalypso auf der Insel Ogygia gemeint, auf die Odysseus nach dem genannten Schiffbruch verschlagen wird und wo er sieben Jahre bleibt.[671] Ein weiterer Aufenthalt bei einer Göttin ist derjenige bei der Zauberin Kirke, der im zehnten Buch der *Odyssee* geschildert wird.[672] Mit den Verwandlungen sind sicherlich diejenigen seiner Gefährten gemeint, die Kirke in Schweine verwandelt.[673] Eine weitere Verwandlung ereignet sich im 13. Buch der *Odyssee*. Dort wird geschildert, wie Poseidon das Schiff der Phäaken, mit dem Odysseus in seine Heimat zurückgekehrt ist, nahe dem Ufer der Phäaken in einen Felsen verwandelt.[674]

Die Zyklopen und Laistrygonen hat Strabo bereits zuvor erwähnt, und zwar als fremdenfeindliche Völker.[675] An derselben Stelle spricht er zwar nicht über Skylla, aber über das Skyllaion, den Ort, an dem Homer das Ungeheuer Skylla hausen lässt. Der offensichtlichste Fall einer fiktiven Fahrtentfernung besteht wohl darin, dass Odysseus und seine Gefährten fast bis nach Ithaka gelangen, ehe die Gefährten den mit Winden gefüllten Schlauch des Aiolos öffnen, die Winde entweichen und das Schiff unverzüglich zur Insel des Aiolos zurückgeworfen wird, nachdem sie zuvor zehn Tage gebraucht hatten, um in Sichtweite ihrer Heimat zu gelangen.[676]

Wenn man Strabos Unterscheidung zwischen dem historischen Kern einer Geschichte (ἱστορία) und ihrer fiktionalen Ausgestaltung (διασκευή) mit Polybios' Unterscheidung zwischen Geschichte (ἱστορία), Darstellung (διάθεσις) und Fiktion (μῦθος) vergleicht, entspricht Strabos Kategorie der fiktiven Ausschmückungen derjenigen Kategorie, die Polybios μῦθος nennt.[677]

---

670 Vgl. Hom. Od. 12,260–453. Vgl. schon das Proömium (1,8f.): νήπιοι, οἳ κατὰ βοῦς Ὑπερίονος Ἠελίοιο / ἤσθιον· αὐτὰρ ὁ τοῖσιν ἀφείλετο νόστιμον ἦμαρ.
671 Vgl. Hom. Od. 1,13–15: τὸν δ᾽ οἶον νόστου κεχρημένον ἠδὲ γυναικὸς / νύμφη πότνι᾽ ἔρυκε Καλυψὼ δῖα θεάων / ἐν σπέσσι γλαφυροῖσι, λιλαιομένη πόσιν εἶναι.
672 Vgl. Hom. Od. 10,135f.: Αἰαίην δ᾽ ἐς νῆσον ἀφικόμεθ᾽· ἔνθα δ᾽ ἔναιε / Κίρκη ἐϋπλόκαμος, δεινὴ θεὸς αὐδήεσσα.
673 Vgl. Hom. Od. 10,230–243.
674 Vgl. Hom. Od. 13,153–169.
675 Vgl. Strabo 1,2,9 (s. S. 289).
676 Vgl. Hom. Od. 10,1–79. Vgl. auch den später diskutierten Fall, dass Menelaos behauptet, dass die Insel Pharos eine Tagesreise vom ägyptischen Festland entfernt liegt (Strabo 1,2,23; s. S. 295).
677 Ferner konzipieren beide die Kategorie der Geschichte bzw. geschichtlichen Wirklichkeit (ἱστορία) als Teilbereich des dichterischen Gegenstandsbereichs. Allerdings hat Polybios' Kate-

Als weiteres Beispiel für Realien, die Homer mit fiktiven Elementen vermischt hat, bespricht Strabo die Ereignisse auf Ithaka:[678]

οὔτε δὲ πρὸς τοῦτον ἄξιον ἀντιλέγειν οὕτω φανερῶς καταψευδόμενον τοῦ ποιητοῦ, καθάπερ οὐδ' εἰ φαίη τοῦτον τὸν τρόπον γενέσθαι τὸν εἰς τὴν Ἰθάκην κατάπλουν τοῦ Ὀδυσσέως καὶ τὴν μνηστηροφονίαν καὶ τὴν ἐπὶ τοῦ ἀγροῦ συστᾶσαν μάχην τοῖς Ἰθακησίοις πρὸς αὐτόν, οὔτε πρὸς τὸν δεξάμενον οἰκείως προσπλέκεσθαι δίκαιον.

Aber weder verdient diese Auffassung, die dem Dichter so offenkundig Falsches unterstellt, eine Widerlegung (ebenso wenig wie, wenn jemand behaupten würde, Odysseus' Landung in Ithaka, der Freiermord und die Schlacht, die die Einwohner von Ithaka ihm auf dem Lande lieferten, hätten sich auf diese Art zugetragen) noch ist es recht, sich mit jemandem zu streiten, der es richtig verstanden hat.

Strabos programmatische Äußerung ist sicherlich so zu verstehen, dass Odysseus' Landung in Ithaka, der Freiermord und die sich anschließende Schlacht stattgefunden haben, dass Homer diese Ereignisse aber in seiner Darstellung mit fiktiven Elementen vermischt hat; daher liegt das Gewicht der Aussage auf τοῦτον τὸν τρόπον („auf diese Art").[679] Odysseus' Landung in Ithaka betrachtet Strabo sicherlich deshalb als fiktive Geschichte, weil die Phäaken den schlafenden Odysseus auf einem ungewöhnlich schnellen Schiff nach Ithaka transportieren, Poseidon das Schiff in einen Felsen verwandelt und Odysseus in Nebel gehüllt sein Vaterland betritt.[680] Die Fiktion in der Darstellung des Freiermordes liegt wohl in ihrer augenscheinlichen Übertreibung, da Odysseus nur mit der Hilfe seines Sohnes Telemachos die Vielzahl der Freier tötet.[681] Die Schlacht mit den Einwohnern von Ithaka, die sich für den Mord an den Freiern rächen wollen, ist Strabo zufolge wahrscheinlich zum einen deshalb mit fiktiven Elementen vermischt, weil die Gewalt von Odysseus und Telemachos übertrieben dargestellt wird;[682] zum anderen deshalb, weil Athene in Gestalt von Mentor in das Geschehen eingreift und einen Frieden zwischen den beiden Parteien stiftet.[683]

---

gorie der Darstellung (διάθεσις) keine Entsprechung bei Strabo; hierunter versteht Polybios die anschauliche Darstellung; s. das Kapitel 4.5 dieser Arbeit.
678 Strabo 1,2,11.
679 Vgl. Radt (2006) 94 f. ad loc., der sich zu Recht gegen textkritische Eingriffe wehrt, die auf wahrscheinlich falschem Textverständnis beruhen, da sie eine Negation herstellen.
680 Vgl. Hom. Od. 13,1–196.
681 Vgl. Long. Subl. 9,14: τά τε περὶ τὴν μνηστηροφονίαν ἀπίθανα; Hom. Od. 22.
682 Vgl. Hom. Od. 24,526–530: ἐν δ' ἔπεσον προμάχοις Ὀδυσεὺς καὶ φαίδιμος υἱός, / τύπτον δὲ ξίφεσίν τε καὶ ἔγχεσιν ἀμφιγύοισι. / καί νύ κε δὴ πάντας ὄλεσαν καὶ ἔθηκαν ἀνόστους, / εἰ μὴ Ἀθηναίη, κούρη Διὸς αἰγιόχοιο, / ἤϋσεν φωνῇ, κατὰ δ' ἔσχεθε λαὸν ἅπαντα.
683 Vgl. Hom. Od. 24,412–547. Zum Umstand, dass das Eingreifen von Göttern eine Fiktion darstellt, vgl. Strabo 1,2,11, wo immerhin von Aufenthalten bei Göttinnen als fiktionale Ausgestaltung

4.6 Strabos Unterscheidung zwischen ἱστορία und διασκευή

Strabos Konzept der fiktionalen Ausgestaltung (διασκευή) kommt auch an der folgenden Stelle zum Vorschein, an der er Homer gegen den Vorwurf verteidigt, dass er aus Unkenntnis behaupte, dass die Pharische Insel im offenen Meer liege:[684]

> Οὐκ εὖ δὲ οὐδὲ τοῦτο προφέρουσιν αὐτῷ τὸ περὶ τῆς νήσου τῆς Φαρίας, ὅτι φησὶ πελαγίαν, ὡς κατ' ἄγνοιαν λέγοντι.
>
> Verfehlt ist auch der Vorwurf, den man ihm über die Pharische Insel macht, von der er sagt, sie liege im offenen Meer – als sage er das aus Unkenntnis.

Im vierten Buch der *Odyssee* behauptet nämlich Menelaos, während er von seinen Abenteuern auf der Heimfahrt aus Troja berichtet, dass die Insel Pharos eine Tagesreise vom ägyptischen Festland entfernt liegt.[685] Strabo nimmt Homer bzw. Menelaos auf die folgende Weise in Schutz:[686]

> ἀλαζὼν δὴ πᾶς ὁ πλάνην αὐτοῦ διηγούμενος· τούτων δ' ἦν καὶ ὁ Μενέλαος, ὃς ἀναβεβηκὼς μέχρις Αἰθιόπων ἐπέπυστο τὰς ἀναβάσεις τοῦ Νείλου καὶ τὴν χοῦν [...]. ἱστόρησε δὲ καὶ τὴν Φάρον πελαγίαν οὖσαν τὸ παλαιόν· προσεψεύσατο δὴ καὶ τὸ πελαγίαν εἶναι, καίπερ μηκέτι πελαγίαν οὔσαν. ὁ δὲ ταῦτα διασκευάζων ὁ ποιητὴς ἦν.
>
> Jeder, der seine Irrfahrten erzählt, schneidet auf; zu ihnen gehörte auch Menelaos, der bis zu den Äthiopen hinaufgelangt war und von dem Ansteigen des Nils erfahren hatte und von dem Schlick [...]. Er hatte auch erfahren, dass Pharos in alter Zeit im offenen Meer gelegen hatte: so phantasierte er hinzu, dass es auch damals im offenen Meer lag, obwohl das nicht mehr so war. Der aber, der das so ausgestaltet hat, war der Dichter.

Strabo benutzt also die Unterscheidung zwischen dem Autor Homer und der Figur Menelaos.[687] Letztlich war es Homer, der die historische Tatsache, dass Pharos keine Insel ist, im Sinne einer διασκευή verändert habe. Der Grund hierfür liege darin, dass Homer Menelaos seine Irrfahrten erzählen lässt und dass es typisch für eine derartige Erzählsituation ist, dass sich die Geschichtenerzähler (in diesem Fall: Menelaos) nicht strikt an die reine Wahrheit halten.[688] Ohne den Fachaus-

---

(διασκευή) die Rede ist (s. S. 291 f.); Isokr. Euag. 9 f. (s. das Kapitel 7.1.2 dieser Arbeit); Serv. Aen. praef.; 1,297 u. ö. (vgl. Cyron [2009] 52–57; zu Servius s. das Kapitel 4.7.3.3 dieser Arbeit).
684 Strabo 1,2,23.
685 Vgl. Hom. Od. 4,354–357.
686 Strabo 1,2,23.
687 Vgl. Strabo 1,2,36, wo Strabo für sein Erklärungsmodell die Figur Kirke benutzt.
688 Radt (2006) 112 ad loc. spricht zu Recht von einer ingeniösen, aber kaum überzeugenden Lösung des Problems.

druck zu verwenden, argumentiert Strabo also mit der Kategorie der Angemessenheit (πρέπον/*aptum*).[689]

An einer späteren Stelle gibt Strabo allerdings eine etwas andere Erklärung für das Problem der Insel Pharos, wenngleich sich die beiden Erklärungen nicht ausschließen:[690]

> ἐξ ὧν συνθεὶς ὁ ποιητὴς ὅτι πλέον ἢ τότε ἀφειστήκει τῆς γῆς ἡ νῆσος κατὰ τὴν Μενελάου παρουσίαν, προσέθηκε παρ' ἑαυτοῦ πολλαπλάσιον διάστημα τοῦ μυθώδους χάριν. αἱ δὲ μυθοποιίαι οὐκ ἀγνοίας σημεῖον δήπου· οὐδὲ τὰ περὶ τοῦ Πρωτέως καὶ τῶν Πυγμαίων, οὐδ' αἱ τῶν φαρμάκων δυνάμεις, οὐδ' εἴ τι ἄλλο τοιοῦτον οἱ ποιηταὶ πλάττουσιν· οὐ γὰρ κατ' ἄγνοιαν τῶν τοπικῶν λέγεται, ἀλλ' ἡδονῆς καὶ τέρψεως χάριν.

> Daraus [sc. aus den Anschwemmungen von Land] hat der Dichter geschlossen, dass die Insel zur Zeit von Menelaos' Aufenthalt weiter vom Land entfernt war als damals, und hat um des Fabelhaften willen von sich aus ein Vielfaches der Entfernung hinzugefügt. Die fiktiven Erfindungen sind beileibe kein Zeichen von Unkenntnis: das stimmt ja auch nicht für die Geschichten von Proteus und von den Pygmäen oder für die Wirkungen von Zaubermitteln oder was die Dichter sonst noch erfinden; es wird nicht aus Unkenntnis der örtlichen Situation erzählt, sondern um Freude und Vergnügen zu bereiten.

Das Argument, dass Menelaos bei der Darstellung seiner Irrfahrten aufschneidet und folglich die Entfernung der Insel vom Festland größer darstellt, als sie tatsächlich ist, lässt Strabo an dieser Stelle fallen. Stattdessen argumentiert er nur noch mit derjenigen Kategorie, die auch an der vorigen Stelle benutzt wurde, nämlich den dichterischen Erfindungen (μῦθοι), die für Freude (ἡδονή) und Vergnügen (τέρψις) sorgen.[691]

Proteus ist bekannt dafür, dass er sich in die verschiedenartigsten Gestalten verwandeln kann, z. B. in einen Löwen, eine Schlange, Wasser oder Feuer. Bezeichnenderweise findet sich eine einschlägige Stelle der griechisch-römischen Literatur, an der von Proteus' Verwandlungen berichtet wird, an derjenigen Stelle der *Odyssee*, an der Menelaos von seinen Irrfahrten erzählt.[692] Die Pygmäen, ein Volk von Zwergen, werden von Homer in der *Ilias* an einer Stelle erwähnt, an der er

---

689 Mit Bezug auf Menelaos verwendet Strabo – vielleicht signifikanter Weise – das Verb προσψεύδομαι, da sich Menelaos als Aufschneider nicht darauf berufen kann, dass es sich um eine Fiktion handelt. Zu diesem Verb vgl. auch Strabo 17,3,3, wo es eher um falsche als um fiktive Geschichten im Zusammenhang mit Libyens Küste geht.
690 Strabo 1,2,30.
691 Für die Ansicht, dass die dichterischen Erfindungen für Freude (ἡδονή) und Vergnügen (τέρψις) sorgen, vgl. z. B. Polyb. 34,4,4 (s. S. 262) und 9,2 (s. das Kapitel 4.7.1.2.2 dieser Arbeit).
692 Vgl. Hom. Od. 4,384–485. Proteus' Verwandlungen bilden darüber hinaus ein Beispiel, das Ovid anführt, um seine These zu belegen, dass man die Darstellungen der Dichter nicht als historische Darstellung verstehen darf; vgl. Ov. am. 3,12,35 (s. das Kapitel 7.1.5 dieser Arbeit).

das Geschrei des trojanischen Heeres mit den Kranichen vergleicht, die zum Ozean ziehen und den Pygmäen Verderben bringen.[693] Bei den Zaubermitteln denkt Strabo sicherlich an Kirke und Medea, da er zuvor erwähnt hat, dass Homer Berichte über Kirke und Medea kannte, die von ihrer Giftmischerei und sonstigen Charakterähnlichkeit erzählten.[694]

4.7 Skalierungen der dargestellten Geschichte

Über die literarische Fiktion wird auch und insbesondere in den verschiedenen Unterteilungen der Erzählung (*narratio*/διήγησις/διήγημα) reflektiert.[695] Da sich die erste überlieferte und zugleich ausführlichste Systematik der Erzählung bei Cicero und dem *Auctor ad Herennium* findet, wird die Unterteilung der Erzählung ausgehend von derjenigen, die dort präsentiert wird, analysiert (Kap. 4.7.1). Im Zentrum der Untersuchung steht dabei diejenige Unterteilung, die die dargestellte Geschichte nach ihrem Wirklichkeitsgehalt skaliert.[696] In der modernen Fiktionstheorie wird dieser Bereich „Skalierung der Fiktivität" genannt.[697] Im Unterschied zur modernen Skalierung der Fiktivität handelt es sich bei den antiken Unterscheidungen zwischen verschiedenen Erzählgattungen streng genommen nicht um Skalierungen der Fiktivität, sondern um Skalierungen des gesamten Spektrums der dargestellten Geschichte, da regelmäßig der wahre Bericht (*historia*/ἱστορία) und manchmal auch die Gerichtsrede Teile der Skalierung sind.[698] Im antiken Fiktionalitätsdiskurs wird die dargestellte Geschichte zumeist anhand der Dreiteilung *fabula* (μῦθος), *historia* (ἱστορία) und *argumentum* (πλάσμα) ska-

---

693 Vgl. Hom. Il. 3,1–7.
694 Vgl. Strabo 1,2,10 (s. S. 290). Kirke benutzt z. B. ein Zaubermittel, um die Gefährten des Odysseus in Schweine zu verwandeln; vgl. Hom. Od. 10,230–243. Medea ließ Jason Hilfe zuteilwerden, als dieser u. a. mit den feuerschnaubenden Stieren des Aietes ein Feld pflügte, in dessen Furchen er anschließend Drachenzähne säte; vgl. Pind. Pyth. 4,232–237; Verg. georg. 2,140 f.; Ov. met. 7,210 f.
695 Die griechischen Begriffe διήγησις und διήγημα werden im antiken Fiktionalitätsdiskurs meistens synonym i.S.v. „Erzählung" verwendet. Einzelne Verfasser von Progymnasmata-Handbüchern differenzieren aber zwischen diesen beiden Begriffen; s. das Kapitel 6.1 dieser Arbeit.
696 Zu dieser Dreiteilung vgl. Meijering (1987) 76–90. Zur Unterteilung der Erzählung κατὰ πρόσωπα s. die Kapitel 5.1 und 5.2 dieser Arbeit.
697 S. das Kapitel 2.2.3 dieser Arbeit.
698 Quintilian, Hermogenes, Nikolaos und Martianus Capella betrachten die gerichtliche Erzählung als eine der vier Erzählgattungen, ohne sie kategorial von den drei Gattungen *fabula* (μῦθος), *historia* (ἱστορία) und *argumentum* (πλάσμα) (aut sim.) zu trennen; s. die Kapitel 4.7.2.1, 4.7.2.2, 4.7.2.5 und 4.7.2.7 dieser Arbeit.

liert, wobei die Erzählgattung *argumentum* (πλάσμα) in etwa der realistischen Fiktion und die Erzählgattung *fabula* (μῦθος) in etwa der phantastischen Fiktion entspricht.

In diesem Kapitel wird die Skalierung der dargestellten Geschichte i.w. in vier Schritten erläutert: An die (synchrone) Erklärung der Dreiteilung *fabula* (μῦθος), *historia* (ἱστορία) und *argumentum* (πλάσμα) bei Cicero und dem *Auctor ad Herennium* (Kap. 4.7.1.1) schließen sich Überlegungen zur historischen Genese dieser Dreiteilung an (Kap. 4.7.1.2). Anschließend wird die Dreiteilung der dargestellten Geschichte bei anderen Autoren untersucht, die ebenfalls zwischen zwei fiktionalen Erzählgattungen und dem wahren Bericht unterscheiden, wobei sich die Analyse auf mögliche Abweichungen im Detail konzentriert (Kap. 4.7.2). Schließlich werden diejenigen Skalierungen der dargestellten Geschichte analysiert, die durch andere Konzipierungen grundlegend von der Dreiteilung *fabula* (μῦθος), *historia* (ἱστορία) und *argumentum* (πλάσμα) abweichen (Kap. 4.7.3).

4.7.1 Die Unterteilung der Erzählung bei Cicero und dem *Auctor ad Herennium*

In *De inventione* und in der Herennius-Rhetorik (beide Werke stammen wohl aus den 80er Jahren v. Chr.) liegt eine mehrfache Unterteilung der Erzählung (*narratio*) vor,[699] die inhaltlich wie sprachlich in vielen Punkten identisch ist:[700]

---

[699] Unter der *narratio* wird in der Rhetorik als *pars orationis*, und zwar prototypisch der Gerichtsrede, die Schilderung des Tathergangs verstanden. Wie aber noch deutlicher werden wird, ist die systematische Einteilung der *narratio* derart umfassend, dass das Substantiv in diesem Kontext ganz allgemein „Erzählung" bedeutet.
[700] Cic. inv. 1,27; vgl. auch rhet. Her. 1,4: *Narratio est rerum gestarum aut proinde ut gestarum expositio*; ib. 12f.: *Narrationum tria sunt genera. Unum est, cum exponimus rem gestam et unum quidque trahimus ad utilitatem nostram vincendi causa, quod pertinet ad eas causas, de quibus iudicium futurum est. Alterum genus est narrationis, quod intercurrit nonnumquam ⟨aut⟩ fidei aut criminationis aut transitionis aut alicuius apparationis causa. Tertium genus est id, quod a causa civili remotum est, in quo tamen exerceri convenit, quo commodius illas superiores narrationes in causis tractare possimus. (13) Eius narrationis duo sunt genera: unum quod in negotiis, alterum quod in personis positum est. Id, quod in negotiorum expositione positum est, tres habet partes: fabulam, historiam, argumentum. Fabula est, quae neque veras neque veri similes continet res, ut eae sunt, quae tragoedis traditae sunt. Historia est gesta res, sed ab aetatis nostrae memoria remota. Argumentum est ficta res, quae tamen fieri potuit, velut argumenta comoediarum. Illud genus narrationis, quod in personis positum est, debet habere sermonis festivitatem animorum dissimilitudinem, gravitatem lenitatem, spem metum, suspicionem desiderium, dissimulationem, misericordiam rerum varietates fortunae commutationem, insperatum incommodum subitam laetitiam iucundum exitum rerum. Verum haec in exercendo transigentur; illud, quod ad veritatem pertinet,*

Narratio est rerum gestarum aut ut gestarum expositio. Narrationum genera tria sunt: unum genus est, in quo ipsa causa et omnis ratio controversiae continetur; alterum, in quo digressio aliqua extra causam aut criminationis aut similitudinis aut delectationis non alienae ab eo negotio, quo de agitur, aut amplificationis causa interponitur. Tertium genus est remotum a civilibus causis, quod delectationis causa non inutili cum exercitatione dicitur et scribitur. Eius partes sunt duae, quarum altera in negotiis, altera in personis maxime versatur. Ea, quae in negotiorum expositione posita est, tres habet partes: fabulam, historiam, argumentum. Fabula est, in qua nec verae nec veri similes res continentur, cuiusmodi est: „Angues ingentes alites, iuncti iugo...". Historia est gesta res, ab aetatis nostrae memoria remota; quod genus: „Appius indixit Carthaginiensibus bellum". Argumentum est ficta res, quae tamen fieri potuit. Huiusmodi apud Terentium: „Nam is postquam excessit ex ephebis, Sosia ...". Illa autem narratio, quae versatur in personis, eiusmodi est, ut in ea simul cum rebus ipsis personarum sermones et animi perspici possint, hoc modo:
„Venit ad me saepe clamitans: Quid agis, Micio?
Cur perdis adulescentem nobis? Cur amat?
Cur potat? Cur tu his rebus sumptum suggeris,
Vestitu nimio indulges? Nimium ineptus es.
Nimium ipse est durus praeter aequumque et bonum".
Hoc in genere narrationis multa debet inesse festivitas, confecta ex rerum varietate, animorum dissimilitudine, gravitate, lenitate, spe, metu, suspicione, desiderio, dissimulatione, errore, misericordia, fortunae commutatione, inspirato incommodo, subita laetitia, iucundo exitu rerum. Verum haec ex iis, quae postea de elocutione praecipientur, ornamenta sumentur.

Eine Erzählung ist die Darstellung von Dingen, die geschehen sind oder bei denen so getan wird, als seien sie geschehen. Es gibt drei Arten von Erzählungen: die erste Art ist [sc. diejenige], in der der Fall selbst und der ganze Grund für den Streitfall enthalten ist; die zweite Art [sc. ist diejenige], in der ein Exkurs aus dem Fall eingelegt wird entweder um einer Beschuldigung willen oder um einer Ähnlichkeit willen oder um eines Vergnügens willen, das mit derjenigen Angelegenheit, über die gehandelt wird, zu tun hat, oder um einer Amplifikation willen. Die dritte Art hat nichts mit öffentlichen Fällen zu tun; sie wird mündlich oder schriftlich um des Vergnügens willen ausgeführt und ist mit einem nicht unnützen Einübungseffekt verbunden. Sie [sc. die Erzählung] hat zwei Teile, von denen sich der eine mit Ereignissen, der andere vor allem mit den Personen befasst. Derjenige Teil, der in der Darstellung der Ereignisse liegt, hat drei Teile: *fabula, historia, argumentum. Fabula* ist das, worin weder wahre noch wahrscheinliche Sachen enthalten sind, wie z. B. „Riesige fliegende Schlangen, an ein Joch zusammengebunden...". *Historia* ist eine geschehene Sache, die weit vor unserer Zeit liegt; zu dieser Art gehört „Appius erklärte den Karthagern den Krieg". *Argumentum* ist eine erfundene Sache, die trotzdem hätte geschehen können. Von dieser Art ist die Terenzstelle „Denn nachdem er aus dem Ephebenalter herausgekommen war, Sosia, ...". Diejenige Erzählung aber, die sich mit den Personen befasst, ist von der Art, dass in ihr zugleich mit den Sachen selbst die Gespräche und Charaktere der Menschen durchschaut werden können, z. B.:

---

quomodo tractari conveniat, aperiemus. Zum ersten Buch von *De inventione* vgl. den Kommentar von Thierry Hirsch (Oxford University Press; noch unveröffentlicht).

„Er [sc. mein Bruder] kommt häufig schreiend zu mir: ‚Was machst du da, Micio?
Warum verdirbst du uns den jungen Mann? Warum liebt er?
Warum trinkt er? Warum gibst du ihm für diese Dinge Geld,
hast Nachsicht mit übertriebener Kleidung? Du bist allzu nachlässig.'
Er selbst [sc. mein Bruder] ist streng über Gebühr und mehr, als angemessen und gut ist."
In dieser Art von Erzählung muss viel Redeschmuck liegen, der sich ergibt aus der Abwechslung der Dinge, der Verschiedenheit der Einstellungen, Würde, Milde, Hoffnung, Furcht, Verdacht, Sehnsucht, Verstellung, Irrtum, Mitleid, Veränderung des Schicksals, unerwartetem Vorteil, plötzlicher Freude, einem erfreulichen Ausgang von Ereignissen. Aber diese Schmuckmittel werden aus denjenigen bestritten, die später in der Lehre über die Ausformulierung genannt werden.

Die hier vorliegende Lehre lässt sich folgendermaßen graphisch darstellen:

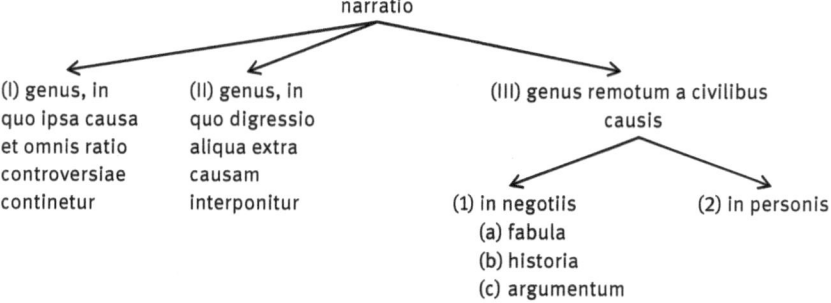

Zunächst liegt eine Dreiteilung vor, die die Erzählung innerhalb der Gerichtsrede (die Schilderung des Tathergangs) von anderen Erzählungen trennt. Dabei handelt es sich im Grunde genommen um eine doppelte Einteilung, da in ihr zwei Formen der gerichtlichen *narratio* von einer nicht-gerichtlichen Erzählung geschieden werden.[701] Für die gerichtliche *narratio* kommen zwei Möglichkeiten in Betracht: Entweder (I) beschränkt sie sich auf die bloße Schilderung des Tathergangs, oder (II) in ihr werden auch Sachen geschildert, die mit dem vorliegenden Fall nur mittelbar verknüpft sind.[702] Die dritte Art der *narratio* (III) hat nichts mit der Gerichtsrede zu tun. Vielmehr geht es hier um die *narratio* im Sinne von „erzählender Literatur".[703]

---

[701] De facto liegt also eine Zweiteilung zwischen der gerichtlichen *narratio* und der nicht-gerichtlichen *narratio* vor, wobei die gerichtliche und die nicht-gerichtliche *narratio* in jeweils zwei Arten unterteilt werden.
[702] Zu dieser Zweiteilung vgl. Mart. Cap. 5,551.
[703] Vgl. Barwick (1928) 282: „Mit dem *tertium genus narrationis* [...] ist [...] das ganze weite Gebiet der Literatur gemeint". Nicht halten lässt sich Knapes (2003) 101 Ansicht, dass das *tertium genus*

Die literarische *narratio* ihrerseits wird in zwei Kategorien eingeteilt: sie wird entweder (1) durch die Ereignisse (*in negotiis*) oder (2) durch die Personen (*in personis*) bestimmt. Die durch die Ereignisse bestimmte literarische *narratio* wird nach dem Kriterium der Fiktion in drei Arten untergliedert: In einer (a) *fabula* werden weder wahre noch wahrscheinliche Sachen geschildert.[704] Als Beispiel dient ein Vers aus Pacuvius' Tragödie *Medus*, in dem offensichtlich der Schlangenwagen geschildert wird, in dem Medea nach Kolchis entkommt.[705] Bei der (b) *historia* handelt es sich um ein weit in der Vergangenheit liegendes Ereignis. Ein solches wird z. B. von Ennius geschildert, wenn er schreibt, dass Appius [sc. Claudius Caudex] den Karthagern den Krieg erklärte, womit wahrscheinlich der Auftakt des ersten Punischen Krieges gemeint ist.[706]

Ein (c) *argumentum* ist eine Fiktion, von der es heißt, dass sie „trotzdem hätte geschehen können", d. h. eine mögliche Fiktion.[707] Als Beispiel dient eine Stelle aus Terenz' Komödie *Andria*.[708] Cicero zitiert nur den Anfang dieser Stelle (*Nam is postquam excessit ex ephebis, Sosia* ...).[709] An der entsprechenden Terenzstelle beginnt Simo in Anwesenheit von Sosia mit der Erzählung der Umstände, unter

---

narrationis eine fiktionale Erzählgattung ist. Denn zum einen sollte man auf die *narratio in personis posita* nicht den Fiktionsbegriff anwenden, da sich hierunter biographisch-charakterisierende Erzählungen verbergen (s. das Kapitel 5.2 dieser Arbeit und vgl. Feddern [2017]). Zum anderen handelt es sich bei der *historia* nicht um eine fiktionale Erzählgattung.
704 Im Thesaurus (ThLL V, 27,8–29) wird diese Bedeutung zu unspezifisch angegeben, wenn von einer *fabula* „in arte rhetorica" die Rede ist und auch Stellen zitiert werden, an denen die (Äsopische) Fabel gemeint ist oder der Begriff *fabula* in einer weiteren Bedeutung verwendet wird.
705 Zum Pacuvius-Zitat vgl. fr. 171 Schierl (2006) 366f. Auch Lucilius spielt auf Pacuvius' Schlangenwagen an; vgl. Lucil. fr. 26,587 Marx (1904) 41: *nisi portenta anguisque volucris ac pinnatos scribitis*; Marx (1905) 219 ad loc.; Canobbio (2015) und (2012). Für Medeas Flucht nach Kolchis vgl. Hyg. fab. 27,3.
706 Zum Ennius-Zitat vgl. ann. fr. 236 Flores (2000) 76 und (2002) 202–205; fr. 216 Skutsch (1985) 385–388; fr. 223 Vahlen (1903) 40.
707 Der Ausdruck der Möglichkeit (*res, quae tamen fieri potuit*) steht also im (nicht strengen) Gegensatz zum Begriff der Unwahrscheinlichkeit aus der Definition der *fabula*; s. das Kapitel 4.7.1.1 dieser Arbeit.
708 Vgl. Ter. Andr. 51.
709 Diese Stelle ist textkritisch insofern unsicher, als der Vokativ Sosia von einigen Herausgebern athetiert wird Zu dieser Athetese, die auf Linsmayer (1853) 7 Fußn. 50 zurückgeht, besteht kein Anlass. Linsmayer sah sich zu dieser Athetese veranlasst, da das Terenzzitat an einer späteren Stelle (innerhalb der Anweisungen zur *partitio*) wiederholt wird und dort vor der Nennung des Namens aufhört; vgl. inv. 1,33: *Itaque quemadmodum in partitione proposuit* [sc. Terentius], *ita narrat, primum nati vitam:* „*Nam is postquam excessit ex ephebis*...". Es spricht aber nichts dagegen, dass das Zitat an dieser Stelle den Vokativ Sosia beinhaltet, wohingegen dies an der späteren Stelle nicht der Fall ist.

denen er seinen Sohn Pamphilus mit der Tochter des Chremes verlobte.[710] Anscheinend genügt Cicero das Zitat des einen Satzes, um bei den Lesern die gesamte Erzählung des Simo in Erinnerung zu rufen.

Die durch die Person bestimmte literarische *narratio* wird nicht weiter unterteilt. Zur Exemplifizierung werden die Verse 60–64 aus Terenz' Komödie *Adelphoe* zitiert. An dieser Stelle berichtet Micio, dass sein Bruder Demea häufig zu ihm kommt und mit ihm über die richtige Erziehung streitet. Denn Micio lässt seinem Adoptivsohn Aeschinus freie Hand, während Demea seinen Sohn Ctesipho streng erzieht.

Da die literarische Fiktion offensichtlich nur in der Dreiteilung der *narratio in negotiis posita* in *fabula*, *historia* und *argumentum* das maßgebliche Kriterium darstellt, konzentriert sich die folgende Analyse auf diese Dihärese, indem zuerst die Funktion und anschließend die Genese dieser Unterteilung untersucht wird.[711] In der griechischen Skalierung der dargestellten Geschichte werden die folgenden Äquivalente verwendet: *fabula* = μῦθος, *historia* = ἱστορία und *argumentum* = πλάσμα.[712]

4.7.1.1 Zur Dreiteilung der *narratio in negotiis posita* in *fabula* (μῦθος), *historia* (ἱστορία) und *argumentum* (πλάσμα)

Barwick erklärt die Dreiteilung zwischen *fabula* (μῦθος), *historia* (ἱστορία) und *argumentum* (πλάσμα) bei Cicero, dem *Auctor ad Herennium* und bei Asklepiades im Großen und Ganzen zutreffend:[713] zur *fabula* (μῦθος) gehören nur diejenigen Sagenstoffe, die κατὰ φύσιν unmöglich sind; zur *historia* (ἱστορία) gehören die Tatsachen der Geschichte und diejenigen der Sage, insofern sie κατὰ φύσιν möglich sind; und alle frei erfundenen Stoffe, die nicht im Widerspruch zur Natur stehen, konstituieren das *argumentum* (πλάσμα).[714]

---

710 Vgl. Ter. Andr. 48–54.
711 Die *narratio in personis posita* wird in einem anderen Kapitel untersucht, und zwar im Zusammenhang mit anderen Unterteilungen der Erzählung κατὰ πρόσωπα; s. das Kapitel 5.2 dieser Arbeit und vgl. Feddern (2017).
712 Die griechische Entsprechung zur *narratio in negotiis posita* besteht darin, dass die Erzählung (διήγησις oder διήγημα) nach dem Kriterium des Inhalts (κατὰ πράγματα) unterteilt wird; vgl. die in diesem Kapitel behandelten Skalierungen, insbesondere Asklepiades apud Sext. Emp. adv. math. 1,252f. und 263f.; Anon. Seg. 53–55 Dilts/Kennedy (1997) 18 (RhG I 2, 363,20–24 Spengel/Hammer); Nikolaos RhG XI Felten (1913) 12,7–9 und 17–19; Doxopater RhG II 206,30–207,7 Walz.
713 Zu Asklepiades s. das Kapitel 4.7.1.2 dieser Arbeit. Nach Barwick (1928) 269 Fußn. 1 ist Asklepiades der Urheber sowohl der in Sext. Emp. adv. math. 1,252 als auch der ib. § 263 referierten Lehre.
714 Vgl. Barwick (1928) 270f.

Es ist aber fraglich, ob die Erzählgattung *fabula* (μῦθος) durch das Kriterium der Unmöglichkeit richtig erklärt ist. Denn die *fabula* (μῦθος) ist zumindest nicht eindeutig durch den Umstand definiert, dass in ihr physisch unmögliche Ereignisse geschildert werden, sondern lässt zumindest das alternative Verständnis zu, dass in ihr unwahrscheinliche Dinge erzählt werden.[715] Der fragliche Ausdruck, der zur Lösung des Problems ausgewertet werden muss, ist (*non*) *veri simile*. Dieser Ausdruck bedeutet meistens „(un-)wahrscheinlich", wohingegen der Ausdruck *id quod fieri* (*non*) *potest* die (Un-)Möglichkeit bezeichnet. Allerdings kann *verum* sowohl „wahr" als auch „wirklich" bedeuten, so dass (*non*) *veri simile* sowohl die Bedeutung „dem Wahren (nicht) ähnlich" als auch „dem Wirklichen (nicht) ähnlich" tragen kann.

Zwischen den positiven Bedeutungen „dem Wahren ähnlich" und „dem Wirklichen ähnlich" besteht kein nennenswerter Unterschied; man betrachte z. B. die folgende Stelle aus Plautus' *Pseudolus*, an der der Ausdruck *veri simile* auf die Tätigkeit des Dichters bezogen wird:[716]

> Sed quasi poeta, tabulas quom cepit sibi,
> Quaerit quod nusquam gentiumst, reperit tamen,
> Facit illud veri simile quod mendaciumst:
> Nunc ego poeta fiam: viginti minas,
> Quae nusquam nunc sunt gentium, inveniam tamen.

> Aber wie der Dichter, wenn er sich die Tafeln [sc. zum Schreiben] genommen hat, sucht, was es nirgends gibt, und es dennoch findet und das wahrscheinlich macht, was ausgedacht ist: so werde ich nun zum Dichter werden: zwanzig Minen, die es jetzt nirgends gibt, werde ich dennoch finden.

Der Dichter macht das, was er darstellt, „dem Wahren ähnlich" bzw. „dem Wirklichen ähnlich", also „wahrscheinlich". Vermutlich bezieht sich der Sklave Pseudolus an dieser Stelle zumindest vorrangig auf die mögliche Fiktion und somit auf den Komödiendichter. Denn während Pseudolus' Aussage, dass der Dichter das darstellt, was es nicht gibt,[717] und es wahrscheinlich (i.S.v. „plausi-

---

715 Vgl. Cic. inv. 1,27: *fabula est, in qua nec verae nec veri similes res continentur* [...]; rhet. Her. 1,13: *fabula est, quae neque veras neque veri similes continet res.*
716 Plaut. Pseud. 401–405.
717 Ob das Substantiv *mendacium* den Vorgang des Ausdenkens (Fingierens) bezeichnet oder die übliche Bedeutung der Lüge trägt, lässt sich nicht mit Sicherheit sagen. Nach Hose (1996) 268 f. und 271 lässt sich hier noch eine Spur der griechischen Zweiteilung zwischen Wahrheit und Lüge erkennen. Die Übernahme der griechischen Zweiteilung durch die Römer und die sich anschließende Dreiteilung in *historia – argumentum – fabula* skizziert er folgendermaßen: Da die Bedeutung des Wortfeldes von *mendacium* enger gefasst sei als diejenige des Wortfeldes von

bel") macht, prinzipiell sowohl auf die mögliche als auch auf die unmögliche Fiktion zutreffen kann, macht Pseudolus' Bezugnahme auf seine intendierte Handlung (das Auftreiben von zwanzig Minen) deutlich, dass das Unwirkliche zum Bereich des Möglichen gehört.

Zwischen den negativen Bedeutungen „dem Wahren nicht ähnlich" und „dem Wirklichen nicht ähnlich" besteht insofern ein Unterschied, als die letztere Bedeutung dem Begriff der Unmöglichkeit sehr nahe kommt. Allerdings ist es schwierig, für *non veri simile* in der Bedeutung „dem Wirklichen nicht ähnlich", „unmöglich" einen Beleg anzuführen. Die meisten Parallelen sind Belege für die Bedeutung „unwahrscheinlich"; z. B. die folgende Stelle aus Terenz' Komödie *Hecyra*:[718]

> Quid ais? cum virgine una adulescens cubuerit
> plus potus, sese illa abstinere ut potuerit?
> non veri simile dicis nec verum arbitror.
>
> Was sagst du? Zusammen mit einer Jungfrau habe der junge Mann im Bett gelegen, ganz schön angetrunken, und habe seine Finger von ihr lassen können? Unwahrscheinliches sagst du, und ich halte es nicht für wahr.

Die zur Diskussion stehende Tat hält der Sprecher zwar für unwahrscheinlich, sie ist aber (physisch) ohne jeden Zweifel möglich. An der folgenden Cicerostelle wird der Ausdruck der Unwahrscheinlichkeit sogar ausdrücklich dem Begriff der Unmöglichkeit gegenübergestellt:[719]

> Hoc persaepe facitis, ut, cum aliquid non veri simile dicatis et effugere reprehensionem velitis, adferatis aliquid, quod omnino ne fieri quidem possit.
>
> Dies macht ihr sehr häufig, nämlich dass ihr, wenn ihr etwas Unwahrscheinliches sagt und Kritik vermeiden wollt, etwas anführt, was überhaupt nicht einmal geschehen kann.

ψεῦδος, weil die Täuschungsabsicht untrennbar mit dem lateinischen Wortfeld verbunden sei, sei eine Übertragung der griechischen Terminologie ins Lateinische zumindest problematisch gewesen und habe zu einer Modifikation der griechischen Zweiteilung herausgefordert. Diese Meinung lässt sich kaum aufrechterhalten. Denn wenn man davon ausgeht, dass *mendacium* die Lüge im Gegensatz zur Wahrheit bezeichnet, ist nicht ersichtlich, inwiefern die Übertragung der griechischen Terminologie ins Lateinische problematisch gewesen ist. Die Plautusstelle zeigt ja, dass der Begriff *mendacium* scheinbar problemlos verwendet werden kann. Ferner ist fraglich, ob die Täuschungsabsicht untrennbar mit dem lateinischen Wort verbunden ist. Ein Vorwurf an den Dichter lässt sich in Pseudolus' Worten nicht finden. Zu *mendacium* mit Bezug auf die literarische Fiktion vgl. Ov. am. 3,6,17 (*mendacia vatum* u. a. mit Bezug auf Perseus' Flügelschuhe); fast. 6,253; Macr. somn. 1,2,9 (s. das Kapitel 4.8 dieser Arbeit).
718 Ter. Hec. 138–140.
719 Cic. nat. deor. 1,69.

Die sprachlichen Belege sprechen daher relativ deutlich dafür, dass der Ausdruck *non veri simile* die Unwahrscheinlichkeit, nicht aber die Unmöglichkeit bezeichnet. Auf der anderen Seite gibt es einige Indizien, die darauf hindeuten, dass die Erzählgattung *fabula* (μῦθος) durch das Kriterium der Unmöglichkeit definiert ist. Zum einen bestärkt der Gegensatz zwischen *fabula* und *argumentum* die Annahme der Unmöglichkeit der *fabula*, da die Erzählgattung *argumentum* (πλάσμα) so definiert ist, dass in ihr mögliche Ereignisse geschildert werden.[720] *Fabula* und *argumentum* haben gemeinsam, dass sie etwas darstellen, was nicht real ist – hierin unterscheiden sie sich von der *historia*. Der gemeinsame Bereich des Fiktiven wird nun wiederum aufgeteilt, und zwar in der Form, dass die Erzählgattung *argumentum* das Mögliche darstellt. Folglich wäre es nur konsequent, wenn sich der Darstellungsbereich der *fabula* auf das Unmögliche erstrecken würde.

Ferner ist das Beispiel, das in *De inventione* zitiert wird (in der Herennius-Rhetorik fehlen die entsprechenden Beispiele), nämlich der Vers aus Pacuvius' Tragödie *Medus*, in dem der Schlangenwagen geschildert wird, in dem Medea nach Kolchis entkommt,[721] ein Beispiel nicht nur für eine unwahrscheinliche, sondern auch für eine unmögliche Sache. Denn der Umstand, dass Schlangen einen Wagen ziehen, ist wohl nicht nur nach moderner Ansicht eine Unmöglichkeit, sondern ist zweifellos auch in der Antike als solche angesehen worden. Schließlich gibt es lateinische Autoren, die die Erzählgattung *fabula* explizit durch das Kriterium der Unmöglichkeit definieren.[722]

Daher muss man die Definition der *fabula* (μῦθος) wohl so verstehen, dass in ihr zumindest unwahrscheinliche, wenn nicht sogar unmögliche Ereignisse geschildert werden. Diese Annahme erhärtet sich, wenn man die Definition der Erzählgattung *fabula* (μῦθος) und die zur Illustration gewählten Beispiele an anderen Stellen vergleicht. So werden z. B. bei Sextus Empiricus die Beispiele genannt, dass die Spezies der Giftspinnen und Schlangen vom Blut der Titanen geboren wurde und dass Pegasus aus dem Kopf der Gorgo emporgesprungen ist,

---

720 Vgl. Cic. inv. 1,27: *Fabula est, in qua nec verae nec veri similes res continentur.* [...] *Argumentum est ficta res, quae tamen fieri potuit.*
721 Vgl. Cic. inv. 1,27: *fabula est* [...], *cuiusmodi est:* „*angues ingentes alites, iuncti iugo*"; s. S. 301, Fußn. 705.
722 Vgl. Isid. orig. 1,44,5 *fabulae vero sunt quae nec factae sunt nec fieri possunt, quia contra naturam sunt* (s. das Kapitel 4.7.2.8 dieser Arbeit). Schon Quintilians Definition der Erzählgattung *fabula* kommt dem Begriff der Unmöglichkeit sehr nahe (inst. 2,4,2): [sc. *fabula*], *quae versatur in tragoediis atque carminibus non a veritate modo sed etiam a forma veritatis remota* (s. das Kapitel 4.7.2.1 dieser Arbeit). Auch Servius definiert die *fabula* als Darstellung von widernatürlichen Ereignissen, erklärt aber das Kriterium für irrelevant, ob sie stattgefunden haben oder nicht; vgl. Serv. Aen. 1,235: [...] *fabula est dicta res contra naturam, sive facta sive non facta* (s. das Kapitel 4.7.3.3 dieser Arbeit).

als ihr der Kopf abgeschlagen wurde.⁷²³ Auch in diesem Fall werden Beispiele gewählt, die κατὰ φύσιν unmöglich sind, und diese Beispiele sollen die Klasse von Dingen illustrieren, die nicht geschehen und unwirklich sind. Daher liegen auch bei Sextus Empiricus extreme Beispiele vor, die die etwas weiter gefasste Kategorie des Unwirklichen exemplifizieren.⁷²⁴

Schließlich führen auch die folgenden Überlegungen zu dem Schluss, dass die Erzählgattung *fabula* (μῦθος) auch die Unmöglichkeit abdeckt, aber bewusst über die Unwahrscheinlichkeit definiert wird: Der Ausdruck für die Unwahrscheinlichkeit ist weiter gefasst als derjenige der Unmöglichkeit. Da die Grenzen zwischen „unwahrscheinlich" und „unmöglich" fließend sind und es im Einzelfall häufig schwierig ist, etwas als unmöglich zu bezeichnen, liegt es nahe, den weiter gefassten Begriff („unwahrscheinlich") für eine Erzählgattung zu wählen, da die Unwahrscheinlichkeit die Unmöglichkeit einschließt (aber nicht umgekehrt).⁷²⁵

Daher muss man sich die Dreiteilung zwischen *fabula* (μῦθος), *historia* (ἱστορία) und *argumentum* (πλάσμα) bei Cicero und dem *Auctor ad Herennium* folgendermaßen vorstellen: Die *fabula* (μῦθος) ist so definiert, dass in ihr zumindest unwahrscheinliche, wenn nicht sogar unmögliche Ereignisse geschildert werden, und das *argumentum* (πλάσμα) ist so konzipiert, dass in ihm mögliche, wenn nicht sogar wahrscheinliche Ereignisse geschildert werden. Die Tatsache, dass die faktuale Erzählgattung *historia* eine der drei Formen der *narratio in negotiis posita* darstellt, ist in doppelter Hinsicht bemerkenswert. Zum einen muss man feststellen, dass in dieser Erzähltheorie kein grundsätzlicher Unterschied

---

723 Vgl. Sext. Emp. adv. math. 1,264; s. das Kapitel 4.7.1.2.1 dieser Arbeit.

724 Zwar treffen sich μῦθος und πλάσμα darin, dass sie nicht-Geschehenes referieren. Der Unterschied besteht aber darin, dass das πλάσμα explizit durch eine Ähnlichkeit zur Realität definiert wird; vgl. Sext. Emp. adv. math. 1,263; s. das Kapitel 4.7.1.2.1 dieser Arbeit.

725 Insofern erinnert die Frage, ob *non veri simile* auch die Unmöglichkeit bezeichnet, an das Problem der Thukydidesforschung, ob χαλεπόν im ersten Redensatz („[...] es war mir als Ohrenzeugen sowie meinen Berichterstattern schwierig, den genauen Wortlaut [sc. der wirklich gehaltenen Reden] im Gedächtnis zu behalten.") die Schwierigkeit oder die (praktische) Unmöglichkeit bezeichnet; vgl. Thuk. 1,22,1 (s. das Kapitel 4.2.1 dieser Arbeit). Da χαλεπόν ein ‚skalierendes' Wort darstellt, ist es sinnvoll, bei Thukydides die etwas allgemeinere Bedeutung „schwierig" anzunehmen und die Unmöglichkeit als Extremfall der Schwierigkeit anzusehen. Ferner erinnert die Frage, ob *non veri simile* auch die Unmöglichkeit bezeichnet, an Aristoteles, der am Anfang des neunten Kapitels der Poetik die Verknüpfung der Ereignisse in der Dichtung so definiert, dass sie nach den Regeln der Wahrscheinlichkeit oder sogar Notwendigkeit (κατὰ τὸ εἰκὸς ἢ τὸ ἀναγκαῖον) erfolgt. Zwar benutzt er an dieser Stelle sowohl den Begriff der Wahrscheinlichkeit als auch denjenigen der Notwendigkeit, aber an späteren Stellen spricht er explizit nur von der Wahrscheinlichkeit, obwohl er implizit auch den Extremfall der Notwendigkeit im Blick hat; vgl. Arist. Poet. 1451a38 (s. das Kapitel 4.4 dieser Arbeit, v. a. S. 222).

zwischen der faktualen Erzählgattung, die der Wahrheit verpflichtet ist, und den fiktionalen Erzählgattungen, die von dieser Verpflichtung entbunden sind, gemacht wird.[726] Zum anderen ergibt sich aus dieser Tatsache, dass die Dreiteilung der *narratio in negotiis posita* streng genommen keine Skalierung der Fiktivität, sondern eine Skalierung des gesamten Spektrums der dargestellten Geschichte ist.

Das Beispiel für die *fabula* (μῦθος), das in *De inventione* zitiert wird, stammt aus dem Bereich der Tragödie bzw. des Mythos. Hieraus sollte man schließen, dass unwahrscheinliche, wenn nicht sogar unmögliche Ereignisse vornehmlich, aber nicht ausschließlich in der Tragödie bzw. im Mythos vorkommen. Die erfundenen und zugleich möglichen, wenn nicht sogar wahrscheinlichen Ereignisse (*argumentum*/πλάσμα) werden vornehmlich in der Komödie geschildert. Zur *historia* (ἱστορία) gehören die geschichtlichen Ereignisse sowie der Großteil des Mythos; derjenige Bereich des Mythos, der unwahrscheinliche, wenn nicht sogar unmögliche Ereignisse enthält, gehört nicht zur *historia* (ἱστορία), sondern zur *fabula* (μῦθος).[727]

Einige Forscher verstehen die Kategorie *fabula* (μῦθος) so, dass die Römer den Mythos in seiner Gesamtheit als unwahrscheinlich oder erlogen aufgefasst haben.[728] Hierin liegt allerdings zum einen ein Missverständnis der Diskursform *fabula* (μῦθος) und zum anderen eine unzureichende Differenzierung zwischen

---

726 Angaben zu den Gründen bzw. der Art und Weise, warum bzw. inwiefern die fiktionalen Erzählgattungen von der Verpflichtung, die Wahrheit zu schildern, entbunden sind, fehlen nicht nur im Vergleich zu modernen, sondern auch zu antiken Fiktionstheorien, wie diese Arbeit (insbesondere das Kapitel 7) zeigt.
727 Zweifelhaft ist Barwicks (1928) 270 f. Aussage, dass in der Dreiteilung der *narratio in negotiis posita* in *fabula* (μῦθος), *historia* (ἱστορία) und *argumentum* (πλάσμα), die bei Cicero, dem *Auctor ad Herennium* und Asklepiades vorliegt, das *verisimile* in der Sage nicht mehr zur *fabula* (μῦθος), sondern zur *historia* (ἱστορία) gehört. Mit dem *verisimile* in der Sage bezieht sich Barwick wohl auf den Umstand, dass die Tragödiendichter die von ihnen behandelten Mythen im Kern als historisches Geschehen betrachten, dass sie sie aber im Detail unterschiedlich gestalten und motivieren, indem sie einzelne Elemente erfinden; s. das Aristoteles-Kapitel (Kap. 4.4). Vielmehr ist davon auszugehen, dass die mögliche, wenn nicht sogar wahrscheinliche Fiktion (*argumentum*/ πλάσμα) auch in der Tragödie bzw. im Mythos vorkommt; vgl. Schol. Soph. El. 445 (s. S. 527).
728 Vgl. Cancik (2008) 1695, in dessen Handbuchartikel zum Mythos in der römischen Religion zumindest unklar ist, ob er semasiologische Beobachtungen zum Mythos oder onomasiologische Beobachtungen zum Begriff *fabula* (μῦθος) anstellt: „Fabula, das lat. Pendant zu griech. M. [sc. Mythos], ist abgeleitet von fari, ‚sprechen', [...] und bedeutet ‚Rede' [...] und ‚Erzählung' mit unterschiedlichem Wahrheitsanspruch, oder auch die ‚Fabel' und das ‚Gerücht, Gerede'. Von der wahrscheinlichen Fiktion (argumentum) und dem wahren Bericht (historia) wird die fabula als unwahrscheinlich oder erlogen abgegrenzt. [...] Diese syst. Bestimmung von M. [sc. Mythos] durch röm. Gelehrte [...]."; ähnlich Engels (2003) 84; Breuer (2008) 31 f.

semasiologischer und onomasiologischer Betrachtung des Mythos bzw. der Begriffe „Mythos"/μῦθος/*fabula*. Als Terminus technicus bezeichnet *fabula* (μῦθος) die Erzählung von unwahrscheinlichen, wenn nicht sogar unmöglichen Dingen/ Kreaturen/Ereignissen. Dieser Befund berechtigt aber nicht zu der Schlussfolgerung, dass die Römer den Mythos in seiner Gesamtheit als Erfindung angesehen haben.[729]

Denn mit dem Begriff „Mythos" bezeichnen wir traditionelle Geschichten, die von Göttern, Heroen und Ursprüngen handeln und die wir (fast) gänzlich für erfunden halten.[730] In der Antike herrschte hingegen das umgekehrte Verständnis: das, was wir als Mythos bezeichnen, wurde im Kern als historisches Geschehen aufgefasst;[731] nur die unwahrscheinlichen, wenn nicht sogar unmöglichen Elemente haben die Griechen und Römer als Fiktionen i.S.v. *fabula* (μῦθος) angesehen. Dementsprechend wählt Cicero einen Vers aus Pacuvius' Tragödie *Medus*, in dem Medeas Schlangenwagen geschildert wird, als Beispiel für die *fabula*. Das Grundgerüst der Tragödie wird jedoch als historisches Geschehen aufgefasst worden sein.[732] Der moderne Begriff „Mythos" hat daher eine viel weitere Extension als der antike Begriff μῦθος (*fabula*) in seiner technischen Bedeutung.

In vielen Punkten drängt sich bei der *narratio in negotiis posita* ein Vergleich mit Aristoteles' Dichtungstheorie auf. Aristoteles nimmt im neunten Kapitel der Poetik zum Gegenstand der dichterischen Mimesis Stellung und grenzt ihn von demjenigen der Geschichtsschreibung ab.[733] Wie Aristoteles darlegt, stellt der Dichter nicht dasjenige dar, was geschehen ist, sondern dasjenige, was geschehen könnte, und zwar nach Maßgabe von Wahrscheinlichkeit oder sogar Notwen-

---

729 Auch die Formulierung des *Auctor ad Herennium* (vgl. rhet. Her. 1,13: *Fabula est, quae neque veras neque veri similes continet res, ut eae sunt, quae tragoedis traditae sunt.*) berechtigt nicht zu dieser Schlussfolgerung, da der Ablativ instrumental aufzufassen ist. Die Tatsache, dass *fabulae* durch Tragödien überliefert sind, bedeutet nicht, dass in Tragödien ausschließlich *fabulae* geschildert werden.
730 Zur Definition des Mythos vgl. Breuer (2008) 32, der Walter Burkert folgt (vgl. z.B. Burkert [1999]); zur Schwierigkeit der Definition vgl. Engels (2003) 80.
731 Zum griechischen Kulturraum vgl. Veyne (1987). Auch die hier vorgelegte Arbeit widerlegt die These, dass die Römer (oder Griechen) den Mythos in seiner Gesamtheit als unwahrscheinlich oder erlogen aufgefasst haben, da keine der in dieser Arbeit behandelten Stellen diese These unterstützt.
732 Vgl. Barwick (1928) 270 f.: Zur *fabula* (μῦθος) gehören nur diejenigen Sagenstoffe, die κατὰ φύσιν unmöglich sind; zur *historia* (ἱστορία) gehören die Tatsachen der Geschichte und diejenigen der Sage, insofern sie κατὰ φύσιν möglich sind. Vgl. auch Barwick (ib.) 271 Fußn. 2, der darauf hinweist, dass Cicero, der *Auctor ad Herennium* und Quintilian (inst. 2,4,2), wenn sie unter *fabula* die Tragödie zitieren, nicht die Tragödie in ihrer Gesamtheit als *fabula* betrachten, sondern einzelne ἀδύνατα.
733 Vgl. Poet. 1451a36–1451b32; s. das Kapitel 4.4 dieser Arbeit.

digkeit.[734] Die Handlung, die der Dichter darstellt, ist bei Aristoteles grundsätzlich auf den Bereich des Möglichen festgelegt. Unter dem Möglichen versteht Aristoteles zweierlei. Zum einen betrachtet er dasjenige als möglich, was geschehen ist, also dasjenige, was in der späteren Erzähltheorie als *historia* (ἱστορία) bezeichnet wird. Zum anderen gehört für ihn dasjenige zum Möglichen, was zwar nicht geschehen ist, aber grundsätzlich als realisierbar eingeschätzt wird, also die mögliche Fiktion.[735] Dieser Bereich wird in der Skalierung der dargestellten Geschichte als *argumentum* (πλάσμα) bezeichnet.

So betrachtet stellen *historia* (ἱστορία) und *argumentum* (πλάσμα) explizite Aufgliederungen des Aristotelischen Begriffs des Möglichen dar. Auch die Inhalte des Möglichen haben eindeutige Entsprechungen: Für Aristoteles konstituieren sowohl die Geschichte als auch der Mythos das Geschehene.[736] In gleicher Weise gehören die geschichtlichen Ereignisse sowie im Kern der Mythos zur *historia*, wenn man der Lehre folgt, die bei Cicero und dem *Auctor ad Herennium* vorliegt. Analog vertritt Aristoteles im Zusammenhang mit der Komödie die Auffassung, dass ihre Handlung frei erfunden und realistisch ist, also eine mögliche Fiktion darstellt.[737] In gleicher Weise liegt der lateinischen Erzähltheorie die Auffassung zugrunde, dass die erfundenen und zugleich möglichen, wenn nicht sogar wahrscheinlichen Ereignisse (*argumentum*) vornehmlich in der Komödie geschildert werden.

Ein wesentlicher Unterschied zwischen der lateinischen Erzähltheorie und der Aristotelischen Definition des Gegenstandsbereichs der Dichtung besteht nur hinsichtlich der Kategorie des Wahrscheinlichen bzw. Unwahrscheinlichen. Eine Untersuchung des Zusammenhangs zwischen dem Möglichen und dem Wahrscheinlichen (sowie des Notwendigen) bei Aristoteles hat ergeben, dass sich die Modalkategorien des Wahrscheinlichen und Notwendigen auf einer anderen Ebene bewegen als diejenige des Möglichen. Das Mögliche bezeichnet das Verhältnis eines (vorgestellten oder eingetretenen) Ereignisses zur Realität. Die Wahrscheinlichkeit (oder sogar Notwendigkeit) hingegen bezeichnet nach Aristoteles' Verständnis die Verknüpfung der Ereignisse im Sinne der Motivierung.[738]

In der Skalierung der Fiktivität, die bei Cicero und dem *Auctor ad Herennium* vorliegt, wird die Verknüpfung der Ereignisse nach den Regeln der Wahrscheinlichkeit, auf die Aristoteles großen Wert gelegt hat, aus dem Auge verloren. Das

---

734 Vgl. Poet. 1451a36–b5; s. das Kapitel 4.4 dieser Arbeit.
735 S. das Kapitel 4.4 dieser Arbeit.
736 S. das Kapitel 4.4 dieser Arbeit.
737 Vgl. Poet. 1451b11–15; s. das Kapitel 4.4 dieser Arbeit.
738 S. das Kapitel 4.4 dieser Arbeit.

Wahrscheinliche ist auch nicht eine eigene, positiv ausgezeichnete Kategorie.[739] Vielmehr liegt mit der Kategorie des Unwahrscheinlichen (*fabula*/μῦθος) eine Gruppe vor, die ebenso wie *historia* (ἱστορία) und *argumentum* (πλάσμα) das Verhältnis eines Ereignisses zur Realität beschreibt. In dieser Hinsicht hat eine Erweiterung im Bereich der theoretisch beschriebenen Ereignisse stattgefunden: Während Aristoteles den Bereich des (im Verhältnis zur Realität) Unwahrscheinlichen grundsätzlich nicht als Gegenstandsbereich der Dichtung betrachtet, werden die Ereignisse in der Skalierung der dargestellten Geschichte dreigeteilt und umfassen auch den Bereich des Unwahrscheinlichen, wenn nicht sogar Unmöglichen (*fabula*/μῦθος).[740]

Wenn man daher von einer Abhängigkeit der *narratio in negotiis posita* von der Aristotelischen Definition des Gegenstandsbereichs der Dichtung ausgeht (und irgendeine Form der Abhängigkeit innerhalb dieses Diskurses muss man nach diesen Beobachtungen annehmen), dann ist der Grund für die Abweichungen zumindest auch im unterschiedlichen Gültigkeitsbereich zu suchen. Aristoteles' Beschreibung bzw. Forderungen haben Gültigkeit für die Dichtung, die in seinen Augen das Allgemeine (wenn auch nicht in reiner Form) behandelt. Das Allgemeine kommt in der Dichtung ganz wesentlich dadurch zum Ausdruck, dass die Verknüpfung der Ereignisse nach Parametern der Allgemeinheit erfolgt, nämlich nach Wahrscheinlichkeit oder sogar Notwendigkeit.[741] Der teilweise philosophische Charakter der Dichtung ist daher der Grund für die hohen Anforderungen, die Aristoteles an die Dichtung stellt.

Im Gegensatz hierzu ist der Gültigkeitsbereich der *narratio in negotiis posita* vermutlich in der gesamten (erzählenden) Literatur, nicht nur in der Dichtung zu sehen.[742] Positiv wird der Gültigkeitsbereich dieser Art der Erzählung nirgends angegeben (sie wird nur negativ als nicht-gerichtliche Erzählung definiert), so dass sich keine Gewissheit hierüber erzielen lässt. Ohne jeden Zweifel ist zumindest ein starker Bezug zur Dichtung in dem Umstand zu erkennen, dass

---

[739] Einiges spricht dafür, dass die Wahrscheinlichkeit im Sinne einer Inklusion zum Möglichen gehört.

[740] Die Tatsache, dass eine Erweiterung im Bereich der theoretisch beschriebenen Ereignisse stattgefunden hat, da Aristoteles den Bereich des (im Verhältnis zur Realität) Unwahrscheinlichen grundsätzlich nicht als Gegenstandsbereich der Dichtung betrachtet hat, ist auch von Hose (1996) 259f. bemerkt worden. Hose widerspricht Röslers (1980) These, dass bei Aristoteles eine Legitimierung der Fiktion vorliege, mit dem Argument, dass durch das Aristotelische Postulat des Möglichen (oder Wahrscheinlichen) als Gegenstand der Dichtung gerade dasjenige Feld nicht abgedeckt werde, das Ausgangspunkt für die Kritik an der Dichtung gewesen sei, nämlich das Unwahrscheinliche (oder sogar Unmögliche); s. das Kapitel 1.2.1 dieser Arbeit.

[741] S. das Kapitel 4.4 dieser Arbeit.

[742] S. das Kapitel 4.7.1 dieser Arbeit.

sämtliche Beispiele für die *narratio remota a civilibus causis* in *De inventione* der Dichtung entstammen: Innerhalb der *narratio in negotiis posita* dient ein Vers aus Pacuvius' Tragödie *Medus* als Beispiel für die *fabula*; das Beispiel für die *historia* stammt aus Ennius' Annalen; als Beispiel für das *argumentum* dient eine Stelle aus Terenz' Komödie *Andria*; und zur Exemplifizierung der *narratio in personis posita* wird eine Stelle aus Terenz' Komödie *Adelphoe* zitiert.[743]

Trotzdem liegt der Gültigkeitsbereich der *narratio in negotiis posita* vermutlich in der gesamten (erzählenden) Literatur, da man der Gesamtunterteilung der *narratio* das Anliegen ablesen kann, jede Form der Erzählung abzudecken. Gerade bei der *historia* kann man sich nicht vorstellen, dass die (Prosa-)Geschichtsschreibung nicht hierzu zählte. Für die Tatsache, dass sämtliche Beispiele für die *narratio remota a civilibus causis* in *De inventione* der Dichtung entstammen, kommen zwei Gründe in Betracht: Möglicherweise kann man hierin das Erbe der Dichtungstheorie erkennen. Es ist aber auch (zusätzlich) möglich, dass der Umstand, dass die jungen Menschen durch die schulische Dichterlektüre ihre Sprachkenntnisse erweiterten, hierfür verantwortlich ist.[744] Denn durch die Dichterlektüre beim *grammaticus* wurden die jungen Menschen mit den dichterischen Texten vertraut gemacht.[745]

Auch die Erweiterung im Bereich der theoretisch beschriebenen Ereignisse erklärt sich wahrscheinlich durch die hohen Anforderungen, die Aristoteles an die Dichtung stellt, wenn er sie grundsätzlich an den Gegenstandsbereich des Möglichen koppelt. Zum Unmöglichen äußert sich Aristoteles in der Poetik an zwei Stellen, nämlich im 24. und 25. Kapitel. An beiden Stellen lautet seine These, dass das Unmögliche glaubwürdig und das Mögliche unglaubwürdig sein kann und dass man in der Dichtung das erstere (das glaubwürdige Unmögliche) vorziehen soll.[746]

Durch diese These legitimiert Aristoteles aber nicht grundsätzlich das Unmögliche als Gegenstandsbereich der Dichtung, sondern er bespricht Sonderfälle. Im 24. Kapitel fügt sich die zitierte These in einen Zusammenhang ein, in dem er die Technik behandelt, Staunen zu erregen (τὸ θαυμαστόν). Insbesondere das ἄλογον, das Bedeutungen wie „unlogisch" (im weitesten Sinne), „unüblich" und

---

743 S. das Kapitel 4.7.1 dieser Arbeit.
744 Die gesamte Untergliederung der *narratio*, wie sie in der Herennius-Rhetorik und in *De inventione* vorliegt, hat einen unverkennbaren Bezug zur Schule, speziell zu den Progymnasmata, wie die Definition der Erzählung (s. das Kapitel 6.1) und die verschiedenen Skalierungen der dargestellten Geschichte (s. das gesamte Kapitel 4.7) zeigen.
745 Vgl. Quint. inst. 1,8.
746 Vgl. Poet. 1460a26f.: προαιρεῖσθαί τε δεῖ ἀδύνατα εἰκότα μᾶλλον ἢ δυνατὰ ἀπίθανα; 1461b11f.: πρός τε γὰρ τὴν ποίησιν αἱρετώτερον πιθανὸν ἀδύνατον ἢ ἀπίθανον καὶ δυνατόν.

„vernunftwidrig" umfasst, ruft Aristoteles zufolge Staunen hervor. Das ἄλογον lasse sich besser im Epos als in der Tragödie einsetzen, da es im Epos weniger auffällt als in der Tragödie, wo die Handlung vor den Augen der Zuschauer vorgeführt wird.[747] Als Beispiel nennt Aristoteles Hektors Verfolgung durch Achill.[748] Diese ist in der *Ilias* so gestaltet, dass Achill den Griechen mit dem Kopf das Zeichen gibt, nicht in das Geschehen einzugreifen, damit er selbst Hektor als erster verwunden kann.[749] Offensichtlich hält Aristoteles Achills Verhalten (und dasjenige der Griechen) für lächerlich, entschuldigt die Darstellung aber als Kunstfehler, den sich das Epos erlauben kann.[750]

Im Anschluss hieran behandelt Aristoteles den Fehlschluss (παραλογισμός). Die Behandlung des Fehlschlusses leitet Aristoteles mit dem Urteil ein, dass Homer auch hierin Vorbild für die anderen Dichter war.[751] Aristoteles legt dar, dass die Menschen häufig aus dem Zusammenhang ‚wenn A, dann B' folgern, dass, wenn B vorliegt, dann auch A der Fall ist.[752] Als (nicht von Aristoteles gewähltes) Beispiel mag das folgende dienen: Wenn es regnet, ist die Straße nass. Aus diesem naturgegebenen Zusammenhang darf man allerdings nicht folgern, dass, wenn die Straße nass ist, der Regen hierfür verantwortlich gewesen sein muss.

Aristoteles wählt als Beispiel für den Fehlschluss eine Stelle aus dem 19. Buch der *Odyssee*, ohne dieses Beispiel näher zu erläutern.[753] Wahrscheinlich bezieht sich Aristoteles auf diejenige Stelle, die der Fußwaschung vorangeht (Od. 19,220–248).[754] An dieser Stelle gibt sich Odysseus seiner Frau Penelope gegenüber als ein Freund des Odysseus aus und beschreibt ihr zur Beglaubigung dessen Kleider. Penelope schenkt der Geschichte Glauben. Sie schließt also aus der Tatsache, dass der Fremde Odysseus' Kleider kennt, darauf, dass er ihn gesehen hat und seine Geschichte wahr ist.

Im unmittelbaren Anschluss an die Erwähnung dieses Beispiels trifft Aristoteles die bereits zitierte Aussage, dass es besser ist, etwas Glaubwürdiges, wenn auch Unmögliches, darzustellen als etwas Mögliches, aber Unglaubwürdiges. Aristoteles schätzt es also als schwierig ein, dass sich Odysseus gegenüber seiner

---

747 Vgl. Poet. 1460a11–14. (s. S. 470 f.)
748 Vgl. Poet. 1460a14–17: ἐπεὶ τὰ περὶ τὴν Ἕκτορος δίωξιν ἐπὶ σκηνῆς ὄντα γελοῖα ἂν φανείη, οἱ μὲν ἑστῶτες καὶ οὐ διώκοντες, ὁ δὲ ἀνανεύων, ἐν δὲ τοῖς ἔπεσιν λανθάνει.
749 Vgl. Hom. Il. 22,205–208.
750 Vgl. Schmitt (2011) 697 ad Arist. Poet. 1460a11–b2.
751 Vgl. Poet. 1460a18–20: δεδίδαχεν δὲ μάλιστα Ὅμηρος καὶ τοὺς ἄλλους ψευδῆ λέγειν ὡς δεῖ. ἔστι δὲ τοῦτο παραλογισμός.
752 Vgl. Poet. 1460a20–25.
753 Vgl. Poet. 1460a25 f.: παράδειγμα δὲ τούτου τὸ ἐκ τῶν Νίπτρων.
754 Vgl. Lucas (1968) 229 ad Arist. Poet. 1460a26; Schmitt (2011) 697 f. ad Arist. Poet. 1460a11–b2. Der Begriff der Fußwaschung ist wohl als Titel des 19. Buches der *Odyssee* aufzufassen.

Frau nach 20 Jahren voller Strapazen und Abenteuer als er selbst zu erkennen gibt und erkannt wird. Das, was innerhalb der Wirklichkeit des Epos wahr ist, ist in diesem Fall unglaubwürdig. Umgekehrt ist es (für Penelope) glaubwürdig, dass der Fremde Odysseus kennt, da er Detailkenntnis von dessen Aussehen besitzt. Das Glaubwürdige ist in diesem Fall unmöglich, da Odysseus nicht ein Freund oder Bekannter von sich selbst sein kann.

Im 25. Kapitel wird Hektors Verfolgung durch Achill noch einmal erwähnt und sogar explizit als ein Beispiel für das Unmögliche angeführt, woran man ersehen kann, dass Aristoteles den Begriff der Unmöglichkeit in diesem Zusammenhang in einem sehr weiten Sinn gebraucht. Wie Aristoteles darlegt, ist der Fehler, Unmögliches darzustellen, dann (wie offensichtlich in diesem Fall) entschuldigt, wenn der Dichter auf diese Weise eine größere emotionale Wirkung und somit ein Ziel der Dichtung erreicht.[755] Nach der Besprechung von einigen anderen Problemen und Lösungen, die damit zusammenhängen, dass die Dichter Dinge teilweise so darstellen, wie sie der allgemeinen Meinung entsprechen, und teilweise so, wie sie sein müssten,[756] äußert Aristoteles zusammenfassend die zitierte These, dass das glaubwürdige Unmögliche gegenüber dem unglaubwürdigen Möglichen vorzuziehen ist.[757]

An den von Aristoteles besprochenen Beispielen kann man erkennen, dass er unter dem Unmöglichen bestimmte Kunstfehler versteht, die man vielleicht als Ungereimtheiten bezeichnen könnte. Aristoteles ist aber weit davon entfernt, den Schlangenwagen, in dem Medea nach Kolchis entkommt, als Gegenstand der Dichtung zu etablieren. Derartige (κατὰ φύσιν) Unmöglichkeiten behandelt er nicht. Die von ihm angeführte Unmöglichkeit ist ein Irrtum, genauer gesagt: ein Fehlschluss. In ähnlicher Weise ist das unwahrscheinliche (nach Aristoteles: unmögliche) Verhalten Achills und der Griechen ein Kunstfehler, der sogar dichtungsimmanent entschuldigt ist.

Daher ist in der Skalierung der dargestellten Geschichte, die in *De inventione* und bei dem *Auctor ad Herennium* vorliegt, der Bereich der theoretisch beschriebenen Ereignisse durch das Unwahrscheinliche erweitert und weiter sys-

---

755 Vgl. Poet. 1460b23–29: ἀδύνατα πεποίηται, ἡμάρτηται· ἀλλ' ὀρθῶς ἔχει, εἰ τυγχάνει τοῦ τέλους τοῦ αὐτῆς (τὸ γὰρ τέλος εἴρηται), εἰ οὕτως ἐκπληκτικώτερον ἢ αὐτὸ ἢ ἄλλο ποιεῖ μέρος. παράδειγμα ἡ τοῦ Ἕκτορος δίωξις. εἰ μέντοι τὸ τέλος ἢ μᾶλλον ἢ (μὴ) ἧττον ἐνεδέχετο ὑπάρχειν καὶ κατὰ τὴν περὶ τούτων τέχνην, [ἡμαρτῆσθαι] οὐκ ὀρθῶς· δεῖ γὰρ εἰ ἐνδέχεται ὅλως μηδαμῇ ἡμαρτῆσθαι.
756 Vgl. die einleitenden Bemerkungen Poet. 1460b6–11.
757 Vgl. Poet. 1461b9–12: ὅλως δὲ τὸ ἀδύνατον μὲν πρὸς τὴν ποίησιν ἢ πρὸς τὸ βέλτιον ἢ πρὸς τὴν δόξαν δεῖ ἀνάγειν. πρός τε γὰρ τὴν ποίησιν αἱρετώτερον πιθανὸν ἀδύνατον ἢ ἀπίθανον καὶ δυνατόν.

tematisiert worden, wie es bei einer solchen Untergliederung nicht anders zu erwarten gewesen wäre. Der Unterschied zu Aristoteles' Dichtungstheorie besteht weniger in der Trias (*fabula*/μῦθος – *historia*/ἱστορία – *argumentum*/πλάσμα) anstelle des Möglichen im Sinne der *historia*/ἱστορία und des *argumentum*/πλάσμα, da Aristoteles auch das Unwahrscheinliche, wenn nicht sogar Unmögliche behandelt, als vielmehr darin, dass Aristoteles bestimmte Anforderungen an die dichterische Darstellung stellt, wozu insbesondere die Plausibilität und die Glaubwürdigkeit gehören. Derartige normative Bestimmungen fehlen naturgemäß in einer Skalierung der dargestellten Geschichte, deren Hauptanliegen eine umfassende Systematik ist.[758]

4.7.1.2 Zur historischen Genese der Dreiteilung der *narratio in negotiis posita* in *fabula* (μῦθος), *historia* (ἱστορία) und *argumentum* (πλάσμα)

Zur historischen Genese der Dreiteilung der *narratio in negotiis posita* in *fabula* (μῦθος), *historia* (ἱστορία) und *argumentum* (πλάσμα) gibt es verschiedene Ansichten. Plebe hat die These aufgestellt, dass Theophrast aus der Aristotelischen Zweiteilung zwischen dem Möglichen und dem Wirklichen die Dreiteilung zwischen μῦθος (*fabula*), ἱστορία (*historia*) und πλάσμα (*argumentum*) entwickelt hat.[759] Barwick äußert die Ansicht, dass Asklepiades aus Myrlea in Bithynien der Urheber der Dreiteilung der *narratio in negotiis posita* ist.[760] Nach Mette stammt die Dreiteilung in *fabula* (μῦθος), *historia* (ἱστορία) und *argumentum* (πλάσμα) von Krates von Mallos, einem Vertreter der pergamenischen Philologie.[761] Hose hingegen bestreitet Mettes Deutung und versucht zu zeigen, dass es sich um eine Neuerung der römischen Literaturkritik handelt, die möglicherweise auf den uns nicht mehr kenntlichen Lehrer des *Auctor ad Herennium* (um 90 v. Chr.) zurückgeht.[762]

Die zuerst genannte These lässt sich relativ einfach widerlegen. Plebe sieht an der folgenden Stelle in *De Lysia* des Dionys aus Halikarnass einen Beleg für seine

---

758 S. S. 32, Fußn. 164.
759 Vgl. Plebe (1952) 32–38.
760 Vgl. Barwick (1928) 269 Fußn. 1. Was die gesamte Untergliederung der *narratio*, wie sie in der Herennius-Rhetorik und in *De inventione* vorliegt, betrifft, sind Barwick (1928) 280 f., Matthes (1958) 199 f. und Calboli (1969) 214–217, v. a. 215 ad rhet. Her. 1,12 f. der Meinung, dass sie auf einer griechischen Vorlage beruht, die aus der Zeit des Hermagoras aus Temnos stammt und die der lateinische Übersetzer, von dem Cicero und der *Auctor ad Herennium* abhängen, missverstanden hat.
761 Vgl. Mette (1936) 156–158.
762 Vgl. Hose (1996) 262 f. und 268–271; s. das Kapitel 1.2.1 dieser Arbeit. Für den Lehrer des *Auctor ad Herennium* vgl. rhet. Her. 1,18.

These, dass Theophrast den Aristotelischen Gegensatz zwischen dem Wahren und dem Möglichen um die dritte Kategorie des Unmöglichen erweitert hat.[763]

> καὶ θαυμάζειν ἄξιον, τί δή ποτε παθὼν ὁ Θεόφραστος τῶν φορτικῶν καὶ περιέργων αὐτὸν οἴεται ζηλωτὴν γενέσθαι λόγων καὶ τὸ ποιητικὸν διώκειν μᾶλλον ἢ τὸ ἀληθινόν.
>
> Man sollte sich darüber wundern, was Theophrast befallen hat, der der Ansicht ist, dass er [sc. Lysias] nach vulgären und gesuchten Wörtern gestrebt hat und eher das Dichterische als das Wahre[764] verfolgt.

Auch wenn Theophrast hier einen Gegensatz zwischen der Dichtung und der Wahrheit ausdrücken und somit die von Aristoteles aufgeworfenen Fragen weiterentwickelt haben sollte,[765] berechtigt diese Stelle nicht zu der Annahme, dass Theophrast den Aristotelischen Gegensatz zwischen dem Wahren und dem Möglichen um die dritte Kategorie des Unmöglichen erweitert hat. Denn Dionys aus Halikarnass spricht hier über Lysias' Stil, wie auch der weitere Kontext deutlich macht.[766] Die Annahme, dass Theophrast sich mit dem Unmöglichen als Gegenstandsbereich der Dichtung auseinandergesetzt hat, wird an dieser Stelle nicht deutlich und muss als reine Spekulation gelten.

Diese Überlegungen führen vor Augen, dass bei der Untersuchung der historischen Genese der Dreiteilung der *narratio in negotiis posita* in *fabula* (μῦθος), *historia* (ἱστορία) und *argumentum* (πλάσμα) zwischen zwei Vorläufern unterschieden werden muss: In einem weiteren Sinn ist Aristoteles insofern die wichtigste Quelle für diese Dreiteilung, als er zwischen diesen drei Kategorien unterschieden und die Komödie als mögliche Fiktion beschrieben hat.[767] In einem engeren Sinn muss man die in der Forschung kontrovers beantwortete Frage stellen, wer als Erster die Aristotelischen Anschauungen systematisiert und in einer sekundären Differenzierung zwischen der möglichen und der unwahrscheinlichen, wenn nicht sogar unmöglichen Fiktion unterschieden hat.

---

763 Dion. Hal. Lys. 14.
764 Gemeint ist wahrscheinlich der eigentliche Ausdruck (*vox propria*) im Gegensatz zum dichterischen Ausdruck. Aber selbst wenn sich der Begriff des Dichterischen auf den Inhalt bezieht, ist ein Bezug auf unmögliche Dinge nahezu ausgeschlossen.
765 Vgl. Plebe (1952) 35 f.
766 Vgl. Dion. Hal. Lys. 14: ἐν γοῦν τοῖς Περὶ λέξεως γραφεῖσι τῶν τε ἄλλων καταμέμφεται τῶν περὶ τὰς ἀντιθέσεις καὶ παρισώσεις καὶ παρομοιώσεις καὶ τὰ παραπλήσια τούτοις σχήματα διεσπουδακότων καὶ δὴ καὶ τὸν Λυσίαν ἐν τούτοις κατηρίθμηκε [...].
767 S. das Kapitel 4.7.1.1 dieser Arbeit.

4.7.1.2.1 Die Unterteilung der Erzählung bei Sextus Empiricus

Die entscheidenden Stellen, die zur Beantwortung der Frage, ob Asklepiades aus Myrlea in Bithynien oder Krates von Mallos der Urheber der Dreiteilung der *narratio in negotiis posita* ist, finden sich bei Sextus Empiricus (2. Hälfte des 2. Jahrhunderts n. Chr.):[768]

> Πρὸς τούτοις ἐπεὶ τῶν ἱστορουμένων τὸ μέν ἐστιν ἱστορία τὸ δὲ μῦθος τὸ δὲ πλάσμα, ὧν ἡ μὲν ἱστορία ἀληθῶν τινῶν ἐστι καὶ γεγονότων ἔκθεσις, ὡς ὅτι Ἀλέξανδρος ἐν Βαβυλῶνι δι' ἐπιβούλων φαρμακευθεὶς ἐτελεύτα, πλάσμα δὲ πραγμάτων μὴ γενομένων μὲν ὁμοίως δὲ τοῖς γενομένοις λεγομένων, ὡς αἱ κωμικαὶ ὑποθέσεις καὶ οἱ μῖμοι, (264) μῦθος δὲ πραγμάτων ἀγενήτων καὶ ψευδῶν ἔκθεσις, ὡς ὅτι τὸ μὲν τῶν φαλαγγίων καὶ ὄφεων γένος Τιτήνων ἐνέπουσιν ἀφ' αἵματος ἐζωογονῆσθαι, τὸν δὲ Πήγασον λαιμοτομηθείσης τῆς Γοργόνος ἀπὸ τῆς κεφαλῆς ἐκθορεῖν, καὶ οἱ μὲν Διομήδους ἑταῖροι εἰς θαλασσίους μετέβαλον ὄρνις, ὁ δὲ Ὀδυσσεὺς εἰς ἵππον, ἡ δὲ Ἑκάβη εἰς κύνα.

Weil nun außerdem von dem Erzählstoff das eine Historia, das andere Mythos und das dritte Plasma ist, von denen Historia die Darlegung von Wahrem und Geschehenem ist, wie z. B. dass Alexander in Babylon heimtückisch durch Gift starb; Plasma die Darlegung von Dingen, die zwar nicht geschehen sind, aber auf eine Weise erzählt werden, die Geschehenem nahekommt, wie die Komödienstoffe und die Mimen; (264) Mythos dagegen die Darlegung von Dingen, die nicht geschehen und unwirklich sind, wie die Geschichte, dass die Spezies der Giftspinnen und Schlangen vom Blut der Titanen geboren wurde, dass Pegasus aus dem Kopf der Gorgo emporgesprungen ist, als ihr der Kopf abgeschlagen wurde, dass die Gefährten des Diomedes in Seevögel verwandelt wurden, Odysseus in ein Pferd und Hekabe in einen Hund.

Mit dieser Stelle muss eine andere Stelle aus demselben Werk verglichen werden:[769]

> τῆς γὰρ ἱστορίας τὴν μέν τινα ἀληθῆ εἶναί φησι τὴν δὲ ψευδῆ τὴν δὲ ὡς ἀληθῆ, καὶ ἀληθῆ μὲν τὴν πρακτικήν, ψευδῆ δὲ τὴν περὶ πλάσματα καὶ μύθους, ὡς ἀληθῆ δὲ οἷά ἐστιν ἡ κωμῳδία καὶ οἱ μῖμοι· (253) τῆς δὲ ἀληθοῦς τρία πάλιν μέρη· ἡ μὲν γάρ ἐστι περὶ τὰ πρόσωπα θεῶν καὶ ἡρώων καὶ ἀνδρῶν ἐπιφανῶν, ἡ δὲ περὶ τοὺς τόπους καὶ χρόνους, ἡ δὲ περὶ τὰς πράξεις. τῆς δὲ ψευδοῦς, τουτέστι τῆς μυθικῆς, ἓν εἶδος μόνον ὑπάρχειν λέγει τὸ γενεαλογικόν.

Von der Erzählung, sagt er, ist die eine wahr, die andere unwahr, die andere quasi wahr, und wahr ist die praktische, unwahr diejenige über Plasmata und ‚Mythen', quasi wahr sind z. B. die Komödie und die Mimen. (253) Von der wahren Erzählung gibt es nun drei Teile: die eine handelt von den Personen der Götter und Heroen und der berühmten Männer, die andere

---

[768] Sext. Emp. adv. math. 1,263f. Übersetzung teilweise nach Hose (1996) 262; s. hierzu das Kapitel 1.2.1 dieser Arbeit. Zu den von Sextus Empiricus gewählten Beispielen vgl. den Kommentar von Blank (2007) 278f. ad loc. Das Adjektiv ἀγένητος, das die Erzählgattung μῦθος definiert, trägt nach Ausweis des LSJ (s.v. ἀγένητος II) die Bedeutung „not having happened", nicht aber die Bedeutung „impossible"; vgl. Gorg. Pal.23: τὸ γὰρ φανθὲν τίς ἂν δύναιτ' ἂν ἀγένητον ποιεῖν;
[769] Sext. Emp. adv. math. 1,252f.

über die Orte und Zeiten, die andere über die Handlungen. Von der unwahren, d.h. der mythischen Erzählung, sagt er, gebe es nur eine Art: die genealogische.

Dass an dieser Stelle Asklepiades' Lehre referiert wird, wie auch Barwick es annimmt,[770] steht mit an Sicherheit grenzender Wahrscheinlichkeit fest. Denn φησί verweist eindeutig auf Asklepiades, da dessen Name (ebenso wie das Werk: Περὶ γραμματικῆς) unmittelbar zuvor explizit erwähnt wird und er als Urheber der dreifachen Unterteilung des ἱστορικόν genannt wird.[771] Folglich muss man auch die an der zuvor zitierten Stelle (§§ 263 f.) referierte Lehre im Kern auf Asklepiades zurückführen.

Die zuletzt zitierte Stelle ist allerdings in einem wesentlichen Punkt textkritisch umstritten. Barwick zufolge ist angesichts des Umstandes, dass πλάσμα in § 252 als Teil der falschen Erzählung (ἱστορία ψευδής) fungiert, wohingegen in § 263 die bekannte Dreiteilung zwischen μῦθος, ἱστορία und πλάσμα vorliegt, Kaibels textkritischer Eingriff erforderlich, der auch in § 252 die gewohnte Dreiteilung herstellt:[772] ψευδῆ δὲ τὴν περὶ [πλάσματα καὶ] μύθους, ὡς ἀληθῆ δὲ ⟨τὴν περὶ πλάσματα⟩ οἷά ἐστιν ἡ κωμῳδία καὶ οἱ μῖμοι.[773] Kaibels Emendation wurde von einigen Forschern übernommen.[774] Allerdings haben andere Forscher Kaibels textkritischen Eingriff mit dem Argument zurückgewiesen, dass πλάσμα die weitere Bedeutung von „Fiktion" trägt (so Reichel)[775] bzw. die Begriffe μῦθος und

---

770 Vgl. Barwick (1928) 269 Fußn. 1.
771 Vgl. Sext. Emp. adv. math. 1,252: Ἀσκληπιάδης δὲ ἐν τῷ Περὶ γραμματικῆς τρία φήσας εἶναι τὰ πρῶτα τῆς γραμματικῆς μέρη, [ἀνάγνωσιν ἐντριβῆ καὶ κατὰ προσῳδίαν,] τεχνικὸν ἱστορικὸν γραμματικόν, ὅπερ ἀμφοτέρων ἐφάπτεται, φημὶ δὲ τοῦ ἱστορικοῦ καὶ τοῦ τεχνικοῦ, τριχῇ ὑποδιαιρεῖται τὸ ἱστορικόν.
772 Vgl. Kaibel (1898) 25 f., der die von ihm vorgeschlagenen Änderungen, die er selbst als gewaltsam bezeichnet, auch damit begründet, dass die ἱστορία ὡς ἀληθής nicht näher bestimmt wird, wohingegen die ἱστορία ψευδής durch ein doppeltes Glied bestimmt wird.
773 Vgl. Barwick (1928) 269 Fußn. 1.
774 Vgl. Reitzenstein (1906) 90; Mette (1936) 157; Matthes (1958) 197 Fußn. 3; Calboli (1962) 151 f.; Blank (2007) 266 f. ad loc. Als Argument für den textkritischen Eingriff könnten Kaibel und die Forscher, die ihm gefolgt sind, zusätzlich zu § 263 die Tatsache anführen, dass in § 253 die falsche Erzählung (ἱστορία ψευδής) auf die eine Art der ἱστορία μυθική reduziert wird (vom πλάσμα ist dort keine Rede).
775 Vgl. Reichel (1909) 60 f.: Wenn Asklepiades unter der zweiten Art der Erzählung diejenige περὶ πλάσματα καὶ μύθους nennt, dann verstehe er unter πλάσμα etwas anderes als Sextus Empiricus, nämlich das Erfundene im weitesten Sinne (*ficta*) als Gegenbegriff zum Wirklichen. Asklepiades' Konzept des πλάσμα entspreche daher demjenigen des Hermogenes, während Sextus Empiricus' Verständnis des πλάσμα, demzufolge die Komödien und Mimen hierzu zählen, demjenigen des Scholiasten zu Dionysios Thrax nahekomme. Zu den Textstellen bei Hermogenes und in den Scholien zu Dionysios Thrax s. die Kapitel 4.7.2.2.1 und 4.7.2.4 dieser Arbeit.

πλάσμα als Äquivalente i.S.v. „Fiktion" gebraucht werden, wie es auch in den Scholien zu Dionysios Thrax der Fall ist (so Dahlmann)[776].[777]

Diese Argumente müssen aber modifiziert werden, da der Begriff μῦθος überflüssig wäre, wenn πλάσμα die weitere Bedeutung von „Fiktion" tragen würde, und die Begriffe μῦθος und πλάσμα an dieser Stelle wohl auch nicht als Äquivalente i.S.v. „Fiktion" gebraucht werden. Denn der Teilsatz ψευδῆ δὲ τὴν περὶ πλάσματα καὶ μύθους wäre unter dieser Prämisse tautologisch („unwahr sei die Erzählung über Fiktionen und Fiktionen"). Der Schlüssel zum Verständnis der umstrittenen Stelle bei Sextus Empiricus (§§ 252f.) scheint vielmehr Calboli Montefuscos Einsicht zu sein, dass der Dreiteilung zwischen ἱστορία ἀληθής, ἱστορία ψευδής und ἱστορία ὡς ἀληθής die Zweiteilung in wahre (ἱστορία ἀληθής) und fiktionale Erzählung (ἱστορία ψευδής) zugrunde liegt.[778] Für die Tatsache, dass Asklepiades das Adjektiv ψευδής als Oberbegriff für die fiktionale Erzählgattung wählt, lässt sich mit Reichel die folgende Stelle als Beleg anführen, an der Sextus Empiricus selbst spricht:[779]

[...] ψευδῆ δέ ἐστι καὶ ἀνύπαρκτα τὰ περὶ τοὺς μύθους καὶ τὰ πλάσματα [...].

[...] unwahr und nicht-existent ist das über die ‚Mythen' und Plasmata [...].

Daher wird man sich die von Asklepiades vertretene und von Sextus Empiricus referierte Aufgliederung der ἱστορία (§§ 252f.) wohl so vorstellen müssen, dass zugleich eine Zwei- und eine Dreiteilung vorliegt:[780]

---

776 Vgl. Dahlmann (1953) 129.
777 Zu den Textstellen in den Scholien zu Dionysios Thrax s. das Kapitel 4.7.2.4 dieser Arbeit. Slater (1972) 325 weist den textkritischen Eingriff mit dem wenig überzeugenden Argument zurück, dass Sextus Empiricus die Lehre des Asklepiades in einer sinnlosen Form referiere, die auf einem Missverständnis beruhe. Zum Begriff πλάσμα v. a. bei Sextus Empiricus vgl. auch Puglisi (1985).
778 Vgl. Calboli Montefusco (1988) 47f.
779 Sext. Emp. adv. math. 1,265; vgl. Reichel (1909) 60. Barwick (1928) 269 Fußn. 1 entgegnet Reichel, dass μῦθος und πλάσμα hier deshalb nebeneinander genannt werden, weil beide keine wirklichen Geschehnisse wiedergeben. Mit dieser Beobachtung hat Barwick zwar Recht. Es ist aber nicht einzusehen, inwiefern er ein Gegenargument äußert. Vielmehr ist die Einsicht, dass die beiden Arten μῦθος und πλάσμα der Gattung der ἱστορία ψευδής zugeordnet werden können, der Schlüssel zum Verständnis der umstrittenen Stelle bei Sextus Empiricus.
780 Vgl. Slater (1972), der von einer historiographischen ([1] Personen; [2] Zeit/Ort; [3] Handlungen) und einer rhetorischen Unterscheidung spricht, wobei die Vermengung der beiden Unterteilungen – zumindest in der Form, dass die historiographische Dreiteilung nur für die ἱστορία πρακτική gilt – sinnlos und in ihrer Absurdität auf Sextus Empiricus zurückzuführen sei. Der Schwerpunkt von Slaters Untersuchung liegt auf der historiographischen Unterteilung.

I. ἱστορία ἀληθής = ἱστορία πρακτική:[781]
  (1) περὶ τὰ πρόσωπα θεῶν καὶ ἡρώων καὶ ἀνδρῶν ἐπιφανῶν
  (2) περὶ τοὺς τόπους καὶ χρόνους
  (3) περὶ τὰς πράξεις
II. ἱστορία ψευδής: περὶ πλάσματα καὶ μύθους
  (1) ἱστορία ὡς ἀληθής = πλάσμα: ἡ κωμῳδία καὶ οἱ μῖμοι
  (2) μῦθος (ἱστορία ψευδής/μυθική):[782] τὸ γενεαλογικόν

Der Grund für die ambivalente Unterteilung der Erzählung liegt in der Doppeldeutigkeit der ἱστορία ψευδής. Als solche kann in einem engeren Sinne diejenige Erzählung bezeichnet werden, die sonst μῦθος (*fabula*) genannt wird, also eine Schilderung von unwahrscheinlichen, wenn nicht sogar unmöglichen Dingen (II.2). Als ἱστορία ψευδής können aber auch in einem weiteren Sinne (II.) diejenigen Erzählungen bezeichnet werden, die sonst μῦθος (*fabula*) oder πλάσμα (*argumentum*) genannt werden, also alle fiktionalen Erzählungen. Je nachdem, ob man unter der Gattung ἱστορία ψευδής die beiden Arten πλάσμα und μῦθος zusammenfasst oder πλάσμα und die ἱστορία ψευδής als eigene Gattungen neben der ἱστορία ἀληθής auffasst, ergibt sich eine Zwei- bzw. Dreiteilung.[783]

Diese Unterteilung, die sowohl eine Zwei- als auch eine Dreiteilung ist, lässt sich darüber hinaus als Entwicklung von einer Zwei- zu einer Dreiteilung erklären,

---

781 Für das Adjektiv πρακτικός in dieser Bedeutung („wahr") vgl. Long. Subl. 9,14 (über Passagen in Homers *Odyssee*): τοῦ πρακτικοῦ κρατεῖ τὸ μυθικόν.

782 Zum Adjektiv μυθικός, das sowohl allgemein die Fiktion als auch speziell die unwahrscheinliche, wenn nicht sogar unmögliche Fiktion (μῦθος) bezeichnen kann, vgl. Sext. Emp. Pyrrh. 147,1–4: μυθικὴ δὲ πίστις ἐστὶ πραγμάτων ἀγενήτων τε καὶ πεπλασμένων παραδοχή, οἷά ἐστιν ἄλλα τε καὶ τὰ περὶ τοῦ Κρόνου μυθευόμενα· ταῦτα γὰρ πολλοὺς εἰς πίστιν ἄγει; Strabo 1,2,3 (s. S. 177, Fußn. 239); Hermog. Progym. 2,3 Patillon (2008) 183 und Περὶ ἰδεῶν λόγου 2,10,37–41 Patillon (2012) 212f. (s. die Kapitel 4.7.2.2 und 6.2 dieser Arbeit); Anon. Seg. 53–55 Dilts/Kennedy (1997) 18 (s. das Kapitel 4.7.2.3 dieser Arbeit); Nikolaos RhG XI Felten (1913) 12,17–13,4 (s. das Kapitel 4.7.2.5 dieser Arbeit); Schol. D Il. 5,385 (s. S. 526); Theon 95,3–8 Patillon/Bolognesi (1997) 60 u. ö. (s. die Kapitel 4.7.3.1 und 6.3 dieser Arbeit).

783 Am Anfang des ersten zitierten Satzes aus § 252 wird der Begriff ἱστορία ψευδής als Oberbegriff (II. „fiktionale Erzählung") für die mögliche Fiktion (πλάσμα) und die unwahrscheinliche, wenn nicht sogar unmögliche Fiktion (μῦθος) verwendet. Die ἱστορία ὡς ἀληθής wird als Sonderfall (II.1) der Gruppe der ἱστορία ψευδής (II.) als drittes Glied erwähnt. Der Begriff ἱστορία ὡς ἀληθής wird hier als Synonym zu πλάσμα verwendet, wobei dieses Wissen beim Leser vorausgesetzt wird und wohl vorausgesetzt werden konnte. Sie wird nicht eigens definiert, sondern es werden Beispiele genannt, da sie als πλάσμα bereits teilweise die ἱστορία ψευδής (II.) definiert. Im letzten zitierten Satz aus § 253 (τῆς δὲ ψευδοῦς, τουτέστι τῆς μυθικῆς, ἓν εἶδος μόνον ὑπάρχειν λέγει τὸ γενεαλογικόν) wird der Begriff ἱστορία ψευδής im Sinne der unwahrscheinlichen, wenn nicht sogar unmöglichen Fiktion (II.2 μῦθος) verwendet, wie die präzisierende Angabe τουτέστι τῆς μυθικῆς deutlich macht.

da die eine fiktionale Erzählgattung aller Wahrscheinlichkeit nach durch eine sekundäre Differenzierung in die mögliche Fiktion (πλάσμα) und die unwahrscheinliche, wenn nicht sogar unmögliche Fiktion (μῦθος) aufgespalten wurde. Bei Polybios wird der Begriff μῦθος noch allgemein im Sinne von „Fiktion" verwendet.[784] Dieser Befund deutet darauf hin (aber beweist nicht), dass in der Zeit zwischen Polybios und Asklepiades, also gegen Ende des 2. Jahrhunderts v. Chr., die genannte sekundäre Differenzierung stattgefunden hat, wodurch der Begriff μῦθος auch die Bedeutung der unwahrscheinlichen, wenn nicht sogar unmöglichen Fiktion und der Begriff πλάσμα die Bedeutung der möglichen Fiktion annehmen konnte.[785]

Schließlich bietet die Zwei- bzw. Dreiteilung den fiktionstheoretischen Vorteil, dass die wahre Erzählgattung prinzipiell von der fiktionalen Erzählung getrennt wird. In der späteren Dreiteilung *fabula* (μῦθος) – *historia* (ἱστορία) – *argumentum* (πλάσμα) stellt sich das Problem, dass streng genommen keine Skalierung der Fiktivität, sondern eine Skalierung des gesamten Spektrums der dargestellten Geschichte vorliegt, da der faktuale Diskurs nicht grundlegend von den fiktionalen Erzählungen unterschieden wird.[786] In der von Asklepiades vertretenen Aufgliederung der Erzählung ergibt sich dieses Problem nicht. Es ist allerdings fraglich, ob derartige Überlegungen hinter der Zweiteilung zwischen der wahren und der fiktionalen Erzählgattung gestanden haben, da das Falsche (im engeren Sinne) nicht als Art der faktualen Erzählgattung diskutiert wird.[787]

Die an der späteren Stelle (§§ 263 f.) präsentierte Lehre scheint nun nichts anderes als die in eine eindeutige Dreiteilung überführte, von Asklepiades übernommene Ansicht des Sextus Empiricus zu sein. Sie ist insofern eindeutiger, als sie auf den doppeldeutigen Begriff (ἱστορία) ψευδής als Gattungsbegriff verzichtet. Anstelle dessen wird für die Gattung der unwahrscheinlichen, vielleicht sogar unmöglichen Erzählung der Begriff μῦθος gewählt, wenngleich Sextus Empiricus diese Erzählgattung nicht eindeutig als Darstellung von unwahrscheinlichen, wenn nicht sogar unmöglichen Dingen definiert.[788] Ferner wird die

---

[784] Vgl. insbesondere Polyb. 34,2,9–11 (= Strabo 1,2,15) und Polyb. 34,3,12–34,4,4 (= Strabo 1,2,17); s. S. 260 und 262.
[785] Diese sekundäre Differenzierung ist zum ersten Mal bei Asklepiades (genau genommen: bei Sextus Empiricus als Theorem des Asklepiades) überliefert.
[786] S. das Kapitel 4.7.1.1 dieser Arbeit.
[787] Eigentlich müsste innerhalb des faktualen Diskurses zwischen wahr und falsch unterschieden werden.
[788] Die Adjektive ἀγένητος und ψευδής (μῦθος δὲ πραγμάτων ἀγενήτων καὶ ψευδῶν ἔκθεσις) bedeuten „ungeschehen" und „unwirklich" (zu ἀγένητος vgl. LSJ s.v. ἀγένητος II). Daher sind diese Adjektive als Synonyme i.S.v. „durch und durch unwahr" aufzufassen. Auch § 265 (ψευδῆ δέ ἐστι καὶ ἀνύπαρκτα τὰ περὶ τοὺς μύθους καὶ τὰ πλάσματα) zeigt, dass ψευδής seinen allgemei-

Erzählgattung, in der wahre Ereignisse geschildert werden, als ἱστορία bezeichnet, und ἱστορία dient nicht mehr als Oberbegriff für jegliche Art der Erzählung, sondern das Partizip τὰ ἱστορούμενα übernimmt diese Funktion. Insofern wurde auch terminologisch eine größere Eindeutigkeit hergestellt.[789]

Die Genese der Dreiteilung der Erzählung in μῦθος, ἱστορία und πλάσμα muss man daher – so lautet der Zwischenstand – auf Asklepiades aus Myrlea in Bithynien (2./1. Jh. v. Chr.)[790] zurückführen. Über die Frage, inwiefern die dreigeteilte Erzählung schon beim Krates-Schüler Tauriskos, über den Sextus Empiricus sagt, dass er das ἱστορικόν als Stoff der Grammatik angesehen hat,[791] oder sogar bei Krates selbst (1. Hälfte des 2. Jh. v. Chr.) angelegt war,[792] ließen sich nur Vermutungen anstellen.[793] Sicherlich war die Erzählung als Teil des Unterrichts beim Grammatiker schon in irgendeiner Form in derjenigen Tradition untergliedert, in der Asklepiades steht, also bei Tauriskos und Krates. Aber alle weiterführenden Annahmen wären reine Spekulation.

Auch Hose kann nicht überzeugend den Nachweis erbringen, dass es sich bei der Dreiteilung der *narratio in negotiis posita* um eine Neuerung der römischen Literaturkritik handelt, die möglicherweise auf den uns nicht mehr kenntlichen Lehrer des *Auctor ad Herennium* (um 90 v. Chr.) zurückgeht.[794] Denn der Umstand,

---

neren Charakter behält und nicht „unwahrscheinlich" oder sogar „unmöglich" bedeutet. Erst durch den Gegensatz zum πλάσμα, das so definiert wird, dass die erfundenen Geschehnisse auf eine Weise erzählt werden, die Geschehenem nahekommt, und die Beispiele wird deutlich, dass die Erzählgattung μῦθος als Darstellung von unwahrscheinlichen, wenn nicht sogar unmöglichen Dingen konzipiert ist.

789 Die Übereinstimmung zwischen den beiden Unterteilungen der Erzählung tritt unterhalb der Dreiteilung insbesondere in dem Umstand zum Vorschein, dass die Beispiele für das πλάσμα dieselben sind, nämlich die Komödie und die Mimen. Andererseits gibt Sextus Empiricus die Dreiteilung der wahren Erzählung auf und nennt mit Alexanders Tod in Babylon ein historisches Ereignis. Und während Asklepiades die Gattung der Genealogie als Beispiel für die unwahrscheinliche, vielleicht sogar unmögliche Erzählung anführt, erwähnt Sextus Empiricus physische Unmöglichkeiten.

790 Während Wentzel in der RE (II 2 s.v. Asklepiades 28, Sp. 1628–1631, hier 1630) das erste Jahrhundert v. Chr. aus dem Umstand herleitet, dass Asklepiades einerseits Dionysios Thrax zitiert und andererseits von Strabo zitiert wird, wird im Neuen Pauly (DNP 2 s.v. Asklepiades 8, Sp. 92) recht unverbindlich „2./1. Jh. v. Chr." angegeben. Zu Asklepiades vgl. auch Rispoli (1988) 21f. und 170–204; Rawson (1982); Slater (1972).

791 Vgl. Sext. Emp. adv. math. 1,248f.

792 Nach Mette (1936) 156–158 stammt die Dreiteilung in *fabula* (μῦθος), *historia* (ἱστορία) und *argumentum* (πλάσμα) von Krates von Mallos, einem Vertreter der pergamenischen Philologie.

793 Vgl. Matthes (1958) 197 Fußn. 3: „Es läßt sich nichts Sicheres aussagen darüber, wie das ἱστορικόν bei Tauriskos, dem Schüler des Krates von Pergamon [...], bzw. bei Krates selbst [...] gegliedert war [...]."

794 Vgl. Hose (1996) 262f. und 268–271. Zu Hoses Aufsatz s. das Kapitel 1.2.1 dieser Arbeit.

dass das dreigeteilte ἱστορικόν nicht ohne weiteres, wie Mette es will, auf Krates zurückgeführt werden kann und Krates den Begriff πλάσμα anders verwendet (nämlich i.S.v. „Stil"), als er an der fraglichen Stelle bei Sextus Empiricus (§ 263) verwendet wird, führt nicht zwingend zu dem Schluss, dass die Römer die Dreiteilung der *narratio in negotiis posita* konzipiert haben. Vielmehr wäre zunächst zu überprüfen, ob Asklepiades (oder ein anderer griechischer Gelehrter) der Urheber der Unterscheidung sein könnte, zumal diese Ansicht schon seit langem existiert.[795]

Über das Verhältnis der *narratio in negotiis posita*, wie sie in der Herennius-Rhetorik und in *De inventione* vorliegt, zu möglichen (griechischen) Vorbildern lässt sich also kaum eine gesicherte Aussage treffen. Möglicherweise wurde die Dreiteilung der Erzählung κατὰ πράγματα bereits vor Asklepiades konzipiert. Wenn sie von Asklepiades stammt, ist es aufgrund der unsicheren Datierung des Autors (2./1. Jh. v. Chr.) sowohl möglich, dass sie vom griechischen Bereich Einzug in die lateinische Erzähltheorie gehalten hat, als auch, dass sie erst in der lateinischen Erzähltheorie konzipiert worden ist.

Die These, dass die Dreiteilung der Erzählung in μῦθος (*fabula*), ἱστορία (*historia*) und πλάσμα (*argumentum*) aus dem griechischen Bereich Einzug in die lateinische Erzähltheorie gehalten hat, ist aber aus zwei Gründen deutlich wahrscheinlicher. Zum einen darf Adamietz' Modell als anerkannt gelten, dass Cicero und der *Auctor ad Herennium* von einer lateinischen Quelle (Übersetzung) abhängen, die wiederum auf eine griechische Quelle zurückgeht, da die inhaltlichen ebenso wie sprachlichen Übereinstimmungen zwischen Cicero und dem *Auctor ad Herennium* kaum anders zu erklären sind und der griechische Ursprung vorausgesetzt werden kann.[796] Zum anderen zeigt spätestens Polybios' Dreiteilung zwischen Geschichte (ἱστορία), Darstellung (διάθεσις) und Fiktion (μῦθος),[797] dass nicht erst die Römer, sondern bereits die Griechen ein differenziertes Verständnis von literarischer Fiktion entwickelt haben, das den Bereich der unwahrscheinlichen, wenn nicht sogar unmöglichen Dinge/Kreaturen/Ereignisse (μῦθος/*fabula*)

---

795 Hose (1996) 262 Fußn. 20 kennt und zitiert sogar Barwicks (1928) Ansicht, nämlich um die Meinung, dass Krates der Urheber der Dreiteilung des ἱστορικόν sein könnte, mit einem weiteren Einwand zu entkräften: „Freilich hatte man einen bereits lange vor Mettes Publikation erhobenen gewichtigen Einwand gegen eine derartige Zuordnung übersehen: Karl Barwick [...], S. 272, Anm. 2: ‚Deshalb kann auch Asklepiades seine Dreigliederung (μῦθος ἱστορία πλάσμα) nicht den Pergamenischen Grammatikern verdanken [...] diese allegorisieren die Sage, im Anschluß an die Stoiker; aber sie pragmatisieren sie nicht.'"
796 Vgl. Adamietz (1960).
797 S. das Kapitel 4.5 dieser Arbeit.

einschloss.⁷⁹⁸ In diese Richtung weisen auch die in den folgenden Unterkapiteln analysierten Stellen bei Polybios und Isokrates, an denen sich Konzipierungen von verschiedenen Gattungen erkennen lassen, die Ähnlichkeiten zur späteren Dreiteilung der Erzählung in μῦθος (*fabula*), ἱστορία (*historia*) und πλάσμα (*argumentum*) aufweisen, und zwar speziell zur Erzählgattung μῦθος (*fabula*), nicht aber zum πλάσμα (*argumentum*).⁷⁹⁹

Daher kann Asklepiades nur in dem eingeschränkten Sinn als Urheber der Dreiteilung zwischen *fabula* (μῦθος), *historia* (ἱστορία) und *argumentum* (πλάσμα) angesehen werden, dass er derjenige namentlich bekannte Grammatiker ist, auf den der Ursprung dieser Dreiteilung zurückgeführt werden kann. Die lateinische Dreiteilung zwischen *fabula*, *historia* und *argumentum*, wie sie in *De inventione* und in der Herennius-Rhetorik vorliegt, legt einen Ursprung nahe, der mindestens in die Zeit des Asklepiades zurückreicht, wenn man die Prämissen teilt, dass Cicero und der *Auctor ad Herennium* von einer lateinischen Quelle (Übersetzung) abhängen, die wiederum auf eine griechische Quelle zurückgeht, dass *De inventione* und die Herennius-Rhetorik ungefähr aus den 80er-Jahren v. Chr. stammen und dass Asklepiades an der Schwelle vom zweiten zum ersten Jahrhundert v. Chr. gewirkt hat. Diese Überlegungen würden die Dreiteilung zwischen *fabula* (μῦθος), *historia* (ἱστορία) und *argumentum* (πλάσμα) auf einen unbekannten griechischen Grammatiker (oder Rhetor) aus dem zweiten Jahrhundert v. Chr. zurückführen. Da die genannten Prämissen aber v. a. in chronologischer Hinsicht unsicher sind, kann in dieser Frage keine sichere Erkenntnis erzielt werden.⁸⁰⁰

Offenkundig sind hingegen die Quellen für die Dreiteilung zwischen *fabula* (μῦθος), *historia* (ἱστορία) und *argumentum* (πλάσμα): Zum einen verdanken sich viele Anschauungen der Aristotelischen Poetik, da die Erzählgattungen *historia* (ἱστορία) und *argumentum* (πλάσμα) explizite Aufgliederungen des Aristotelischen Begriffs des Möglichen darstellen und die Komödie schon bei Aristoteles

---

798 Hoses (1996) 274 Resume, dass die Römer (im Kontrast zu den Griechen) Fiktionalität an die Stelle von Pseudologie gesetzt haben, lässt sich nicht halten. Daher ist Hoses These, dass die Dreiteilung der *narratio in negotiis posita* möglicherweise auf den uns nicht mehr kenntlichen (lateinischen) Lehrer des *Auctor ad Herennium* (um 90 v. Chr.) zurückgeht, unwahrscheinlich.
799 S. die Kapitel 4.7.1.2.2 und 4.7.1.2.3 dieser Arbeit.
800 Aufgrund der Unsicherheit in chronologischer Hinsicht nicht eindeutig zu widerlegen, aber doch unwahrscheinlich ist Rispolis (1988) 22 Fußn. 5 Vermutung, dass Asklepiades aus Myrlea diejenige griechische Quelle ist, von der die lateinische Quelle (Übersetzung) abhängt, von der Cicero und der *Auctor ad Herennium* abhängen. Rispoli stützt seine Vermutung auf Asklepiades' Lehrtätigkeit in Rom zu Zeiten von Pompeius dem Großen, von der in der Suda die Rede ist. Neben chronologischen Problemen stellt sich das Problem, dass in der Suda wohl Angaben über mehrere Personen mit dem Namen Asklepiades vermengt sind.

das Musterbeispiel für die mögliche Fiktion ist.[801] Zum anderen ist der Bezug zur Geschichtstheorie in Asklepiades' Unterteilung der Erzählung unverkennbar; er kommt u. a. in der Tatsache zum Ausdruck, dass die Genealogie das Beispiel für die Darstellung von unwahrscheinlichen, wenn nicht sogar unmöglichen Dingen/Kreaturen/Ereignissen (μῦθος/*fabula*) ist. Daher ist die Dreiteilung zwischen *fabula* (μῦθος), *historia* (ἱστορία) und *argumentum* (πλάσμα) aller Wahrscheinlichkeit nach eine Systematisierung von griechischen Grammatikern und/oder Rhetoren aus dem zweiten Jahrhundert v. Chr., die poetologische und geschichtstheoretische Reflexionen aufgegriffen und zu dieser Dreiteilung vermengt haben.[802]

4.7.1.2.2 Polybios' Unterscheidung von historischen Gattungen

In Polybios lässt sich einerseits insofern ein Vorläufer der späteren Dreiteilung der Erzählung in μῦθος (*fabula*), ἱστορία (*historia*) und πλάσμα (*argumentum*) erkennen, als seine Dreiteilung zwischen Geschichte (ἱστορία), Darstellung (διάθεσις) und Fiktion (μῦθος) Ähnlichkeiten zur späteren Unterteilung der Erzählung aufweist. Allerdings ist die Darstellung (διάθεσις) keine Kategorie, die die Fiktivität der Geschichte skaliert. Außerdem ist die Kategorie μῦθος bei Polybios etwas weiter konzipiert, da μῦθος wohl allgemein die „Fiktion" bezeichnet und nicht – wie in der Opposition μῦθος (*fabula*) vs. πλάσμα (*argumentum*) – die unwahrscheinliche, wenn nicht sogar unmögliche Fiktion (in Opposition zur realistischen Fiktion).[803]

---

801 S. die Kapitel 4.7.1.1 und (zu Aristoteles) 4.4 dieser Arbeit.
802 Der Umstand, dass die Grammatiker (oder Rhetoren) poetologische und geschichtstheoretische Reflexionen aufgegriffen haben, ist durch die Tatsache zu erklären, dass die Dichtung und die Geschichte (im weitesten Sinne) im Schulunterricht sowohl praktisch als auch theoretisch behandelt wurden. Praktisch wurden sie im Rahmen des Progymnasmas der Erzählung behandelt (vgl. Quint. inst. 1,9,6 und 2,4,2f.; mit Bezug auf die Dichtung heißt „praktische Übung", dass das Sujet dichterisch ist). Aber auch in diesem Rahmen werden theoretische Instruktionen die praktischen Übungen begleitet haben. Daher verwundert es nicht, dass sich die Dreiteilung zwischen *fabula* (μῦθος), *historia* (ἱστορία) und *argumentum* (πλάσμα) in vielen Progymnasmata-Lehrbüchern findet (s. das Kapitel 4.7.2 dieser Arbeit). Theoretisch wurden die Dichtung und die Geschichte im Rahmen der *lectio* und *enarratio auctorum* behandelt. Quintilian weist den Grammatikern v. a. die *lectio* und *enarratio poetarum*, aber auch die Geschichte zu (vgl. inst. 1,8,5–21), so dass er diesen Teil des Grammatikunterrichts rückschauend als *enarratio auctorum* bezeichnet (vgl. ib. 1,9,1). Die Rhetoren sind ihm zufolge für die Lektüre und Erklärung sowohl der Geschichte als auch der Reden zuständig (vgl. ib. 2,5,1).
803 Vgl. insbesondere Polyb. 34,2,9–11 (= Strabo 1,2,15) und Polyb. 34,3,12–34,4,4 (= Strabo 1,2,17); s. S. 260 und 262.

4.7 Skalierungen der dargestellten Geschichte — 325

Die Annahme, dass die Geschichtstheorie ein Vorläufer der grammatischen Dreiteilung zwischen *fabula* (μῦθος), *historia* (ἱστορία) und *argumentum* (πλάσμα), und zwar speziell mit Blick auf die Erzählgattung μῦθος (*fabula*) ist, erhärtet sich durch die folgende Stelle bei Polybios, an der dieser drei verschiedene Arten der Historiographie anhand des Kriteriums der unterschiedlichen Nähe zur Realität unterscheidet:[804]

> τὸν μὲν γὰρ φιλήκοον ὁ γενεαλογικὸς τρόπος ἐπισπᾶται, τὸν δὲ πολυπράγμονα καὶ περιττὸν ὁ περὶ τὰς ἀποικίας καὶ κτίσεις καὶ συγγενείας, καθά που καὶ παρ' Ἐφόρῳ λέγεται, τὸν δὲ πολιτικὸν ὁ περὶ τὰς πράξεις τῶν ἐθνῶν καὶ πόλεων καὶ δυναστῶν.

> Denjenigen, der gerne Geschichten hört, zieht die Genealogie an; denjenigen, der umtriebig ist und über das Gewöhnliche hinausgeht, die Kolonisationen, Städtegründungen und Verwandtschaftsverhältnisse, wie man es auch bei Ephoros lesen kann; den politischen Menschen die Taten der Völker, Städte und Herrscher.

Polybios rechtfertigt sich im Kontext dieser Stelle dafür, dass er die dritte Art der Geschichtsschreibung verfolgt, die politische Geschichte, die die Taten der Völker, Städte und Herrscher behandelt.[805] Dabei assoziiert er die zurückgewiesene Gattung der Genealogie mit μῦθοι:[806]

> Πολλῶν γὰρ καὶ πολλαχῶς ἐξηριθμημένων τά τε περὶ τὰς γενεαλογίας καὶ μύθους καὶ περὶ τὰς ἀποικίας, ἔτι δὲ συγγενείας καὶ κτίσεις [...]. ὁ δὲ πραγματικὸς τρόπος ἐνεκρίθη [...].

> Da ja viele auf vielfältige Weise von Genealogien und μῦθοι, von Kolonisationen, ferner von Verwandtschaftsverhältnissen und Städtegründungen immer wieder erzählt haben [...]. Für die Darstellung der politischen Geschichte habe ich mich entschieden [...].

Die μῦθοι verbindet Polybios mit der Wirkung, Vergnügen zu bereiten, wie *ex negativo* aus der folgenden Stelle hervorgeht:[807]

> διόπερ ἡμεῖς οὐχ οὕτως τῆς τέρψεως στοχαζόμενοι τῶν ἀναγνωσομένων ὡς τῆς ὠφελείας τῶν προσεχόντων, τἆλλα παρέντες ἐπὶ τοῦτο τὸ μέρος κατηνέχθημεν.

> Daher haben wir uns, da wir nicht so sehr auf die Unterhaltung der Leser abzielen als vielmehr auf den Nutzen derjenigen, die sich dafür interessieren, diesem Teil zugewandt und das andere beiseitegelassen.

---

804 Polyb. 9,1.
805 Zur pragmatischen Geschichtsschreibung des Polybios vgl. Meissner (1986); Gelzer (1982).
806 Polyb. 9,2.
807 Polyb. 9,2.

Während Polybios an derjenigen Stelle, an der er sich zu den Wirkzielen von literarischen Darstellungen äußert,[808] ἡδονή und ἔκπληξις (Vergnügen und Erstaunen) als Wirkkategorien des μῦθος genannt hat, nennt er hier die zu ἡδονή nahezu synonyme τέρψις.

Die Annahme, dass sich die Dreiteilung zwischen *fabula* (μῦθος), *historia* (ἱστορία) und *argumentum* (πλάσμα) teilweise der Geschichtstheorie verdankt, erscheint umso plausibler, wenn man berücksichtigt, dass Asklepiades viele Arten der Geschichtsschreibung zur Illustrierung der unterschiedlichen Erzählformen heranzieht.[809] Wenn man die verschiedenen Erzählformen, zwischen denen Polybios unterscheidet, mit denjenigen vergleicht, zwischen denen Asklepiades unterscheidet, lassen sich sowohl Übereinstimmungen als auch Divergenzen erkennen.

Polybios' Dreiteilung der verschiedenen Arten der Historiographie liegt nur teilweise das Kriterium der Wahrheit zugrunde, wohingegen dieses bei Asklepiades das leitende Prinzip ist. Denn anhand des Kriteriums der Wahrheit unterscheidet sich bei Polybios die Genealogie von den beiden anderen Gattungen (die Taten der Völker, Städte und Herrscher; die Kolonisationen, Städtegründungen und Verwandtschaftsverhältnisse). Gerade die Genealogie ist es nun, die sowohl von Polybios als auch von Asklepiades als diejenige Gattung identifiziert wird, die zumindest fiktionale Darstellungen, wenn nicht sogar dezidiert unwahrscheinliche/unmögliche Erzählungen (μῦθοι) enthält.

Zwar ist diese Entsprechung ein Argument dafür, dass μῦθος nicht erst bei Asklepiades, sondern schon bei Polybios – zumindest im Zusammenhang mit der Genealogie (Polyb. 9,2) – die unwahrscheinliche, wenn nicht sogar unmögliche Fiktion bezeichnet. Auf der anderen Seite ist es plausibler, dass der Begriff μῦθος bei Polybios in einem allgemeinen Sinn die Fiktion bezeichnet, da Polybios weder hier (Buch 9) noch dort (Buch 34)[810] eine Opposition zu einer anderen Kategorie (πλάσμα) herstellt, die zusammen mit μῦθος den Bereich der Fiktion skaliert. Daher spricht vieles dafür, dass der Begriff μῦθος bei Polybios die etwas allgemeinere Bedeutung „Fiktion" trägt, wohingegen er bei den Grammatikern in einer sekundären Differenzierung die speziellere Bedeutung einer unwahrscheinlichen, wenn nicht sogar unmöglichen Erzählung angenommen hat.

---

808 Vgl. Polyb. 34,3,12–34,4,4 (= Strabo 1,2,17); s. S. 262.
809 Vgl. Sext. Emp. adv. math. 1,252f.; s. das Kapitel 4.7.1.2.1 dieser Arbeit.
810 S. das Kapitel 4.5 dieser Arbeit.

4.7.1.2.3 Isokrates' Unterscheidung von Literaturgattungen

Ein weiterer Vorläufer für die bei Asklepiades vorliegende Unterteilung der verschiedenen Erzählformen, und zwar insbesondere für die Erzählgattung μῦθος (*fabula*), kann in Isokrates erblickt werden. Am Anfang des *Panathenaikos* (339 v. Chr.) präsentiert Isokrates (436–338 v. Chr.) die folgende Unterteilung von verschiedenen literarischen Gattungen:[811]

> Νεώτερος μὲν ὢν προῃρούμην γράφειν τῶν λόγων οὐ τοὺς μυθώδεις οὐδὲ τοὺς τερατείας καὶ ψευδολογίας μεστούς, οἷς οἱ πολλοὶ μᾶλλον χαίρουσιν ἢ τοῖς περὶ τῆς αὐτῶν σωτηρίας λεγομένοις, οὐδὲ τοὺς τὰς παλαιὰς πράξεις καὶ τοὺς πολέμους τοὺς Ἑλληνικοὺς ἐξηγουμένους, καίπερ εἰδὼς δικαίως αὐτοὺς ἐπαινουμένους, οὐδ' αὖ τοὺς ἁπλῶς δοκοῦντας εἰρῆσθαι καὶ μηδεμιᾶς κομψότητος μετέχοντας, οὓς οἱ δεινοὶ περὶ τοὺς ἀγῶνας παραινοῦσι τοῖς νεωτέροις μελετᾶν, εἴπερ βούλονται πλέον ἔχειν τῶν ἀντιδίκων, ἀλλὰ πάντας τούτους ἐάσας περὶ ἐκείνους ἐπραγματευόμην τοὺς περὶ τῶν συμφερόντων τῇ τε πόλει καὶ τοῖς ἄλλοις Ἕλλησι συμβουλεύοντας, καὶ πολλῶν μὲν ἐνθυμημάτων γέμοντας, οὐκ ὀλίγων δ' ἀντιθέσεων καὶ παρισώσεων καὶ τῶν ἄλλων ἰδεῶν τῶν ἐν ταῖς ῥητορείαις διαλαμπουσῶν καὶ τοὺς ἀκούοντας ἐπισημαίνεσθαι καὶ θορυβεῖν ἀναγκαζουσῶν.

Als ich jünger war, habe ich mich dezidiert dazu entschlossen, von den Werken nicht diejenigen zu schreiben, die fabulös sind, und nicht diejenigen, die voll von falschen Wundergeschichten sind, an denen sich die meisten mehr erfreuen als an denjenigen, die über ihr eigenes Wohlergehen handeln; auch nicht diejenigen [sc. Werke zu schreiben], die die alten Handlungen und Kriege der Griechen erzählen, wohl wissend, dass sie zu Recht gelobt werden; auch nicht diejenigen [sc. Werke zu schreiben], die einfach gesprochen zu werden scheinen und keinen Redeschmuck aufweisen, die diejenigen, die Erfahrung in Gerichtsprozessen haben, den jüngeren Menschen zur Übung empfehlen, wenn sie einen Vorteil gegenüber ihren Prozessgegnern haben wollen; sondern ich ließ all diese Werke beiseite und beschäftigte mich mit denjenigen [sc. Werken], die einen Ratschlag erteilen über dasjenige, was der Stadt und den anderen Griechen nützlich ist, und viele Gedanken enthalten sowie nicht wenige Antithesen und abgerundete Perioden und die anderen Figuren, die beim Reden glänzen und die Zuhörer zum Spenden von Beifall und Applaus bewegen.

Offensichtlich zählt Isokrates hier fünf literarische Gattungen auf, und zwar in der Form, dass er angibt, mit welchen vier Gattungen (1–4) er sich nicht beschäftigt hat und welcher Gattung (5) er sich statt dessen zugewandt hat:

---

811 Isokr. 12,1f.

(1) λόγοι μυθώδεις
(2) λόγοι τερατείας καὶ ψευδολογίας μεστοί
(3) λόγοι τὰς παλαιὰς πράξεις καὶ τοὺς πολέμους τοὺς Ἑλληνικοὺς ἐξηγούμενοι
(4) λόγοι ἁπλῶς δοκοῦντες εἰρῆσθαι καὶ μηδεμιᾶς κομψότητος μετέχοντες
[...]
(5) λόγοι περὶ τῶν συμφερόντων τῇ τε πόλει καὶ τοῖς ἄλλοις Ἕλλησι συμβουλεύοντες

Zur Erklärung der an dieser Stelle genannten Literaturgattungen trägt möglicherweise eine Stelle in der *Antidosis* bei:[812]

> Πρῶτον μὲν οὖν ἐκεῖνο δεῖ μαθεῖν ὑμᾶς, ὅτι τρόποι τῶν λόγων εἰσὶν οὐκ ἐλάττους ἢ τῶν μετὰ μέτρου ποιημάτων. Οἱ μὲν γὰρ τὰ γένη τὰ τῶν ἡμιθέων ἀναζητοῦντες τὸν βίον τὸν αὑτῶν κατέτριψαν, οἱ δὲ περὶ τοὺς ποιητὰς ἐφιλοσόφησαν, ἕτεροι δὲ τὰς πράξεις τὰς ἐν τοῖς πολέμοις συναγαγεῖν ἐβουλήθησαν, ἄλλοι δέ τινες περὶ τὰς ἐρωτήσεις καὶ τὰς ἀποκρίσεις γεγόνασιν, οὓς ἀντιλογικοὺς καλοῦσιν. Εἴη δ᾽ ἂν οὐ μικρὸν ἔργον εἰ πάσας τις τὰς ἰδέας τὰς τῶν λόγων ἐξαριθμεῖν ἐπιχειρήσειεν· ἧς δ᾽ οὖν ἐμοὶ προσήκει, ταύτης μνησθεὶς ἐάσω τὰς ἄλλας. Εἰσὶν γάρ τινες οἳ τῶν μὲν προειρημένων οὐκ ἀπείρως ἔχουσιν, γράφειν δὲ προῄρηνται λόγους, οὐ περὶ τῶν ὑμετέρων συμβολαίων, ἀλλ᾽ Ἑλληνικοὺς καὶ πολιτικοὺς καὶ πανηγυρικούς, οὓς ἅπαντες ἂν φήσειαν ὁμοιοτέρους εἶναι τοῖς μετὰ μουσικῆς καὶ ῥυθμῶν πεποιημένοις ἢ τοῖς ἐν δικαστηρίῳ λεγομένοις.

> Ihr müsst nun zuerst jenes zur Kenntnis nehmen, nämlich dass es nicht weniger Arten der Prosareden als von den Gedichten im Versmaß gibt. Die einen haben nämlich ihr Leben damit verbracht, die Geschlechter der Halbgötter zu erforschen; die anderen haben über die Dichter philosophiert; andere wollten die Kriegsgeschehnisse zusammenstellen; wieder andere [sc. Werke] sind über die Fragen und Antworten entstanden, die man ἀντιλογικοί nennt. (46) Es dürfte kein kleines Unterfangen darstellen, wenn jemand alle Gattungen der Prosareden aufzählen wollte. Ich will nun diejenige erwähnen, mit der ich zu tun habe, und die anderen beiseitelassen. Es gibt Leute, die in den zuvor genannten Gattungen nicht unerfahren sind, es aber vorgezogen haben, Reden zu verfassen, die nicht von euren zivilen Streitigkeiten handeln, sondern politische und panegyrische Reden, die die Angelegenheiten der Griechen zum Inhalt haben; diese Reden dürften nach allgemeiner Einschätzung denjenigen näher stehen, die mit Musik und Rhythmus verfasst sind, als denjenigen, die im Gerichtshof gesprochen werden.

Während auf den ersten Blick nicht deutlich sei, welche die zweite der im *Panathenaikos* genannten Gattungen darstellt, lassen sich die übrigen Gattungen nach Pfister als die folgenden Prosagattungen identifizieren: (1) Mythographie; (3) Geschichtsschreibung; (4) Gerichtsreden; (5) politische Reden. Nach einem Vergleich mit der Unterteilung der Erzählung bei Cicero, dem *Auctor ad Herennium*

---

812 Isokr. 15,45 f. Vgl. den Kommentar von Too (2008) 118–121 ad loc.

und dem Anonymus Seguerianus gelangt Pfister zu dem Ergebnis, dass unter der zweiten Gruppe dasjenige zu verstehen ist, was später als πλάσμα (*argumentum*) bezeichnet wurde,[813] allerdings mit verändertem Inhalt, da bei Isokrates hierunter insbesondere Märchen, Fabeln und Novellen zu verstehen seien. Somit ergäben sich die folgenden Entsprechungen:[814]

(1) λόγοι μυθώδεις = *fabula* (μῦθος)
(2) λόγοι τερατείας καὶ ψευδολογίας μεστοί ≈ *argumentum* (πλάσμα)
(3) λόγοι τὰς παλαιὰς πράξεις καὶ τοὺς πολέμους τοὺς Ἑλληνικοὺς ἐξηγούμενοι = *historia* (ἱστορία)

Auch Roth ist der Meinung, dass Isokrates am Anfang des *Panathenaikos* ähnlich wie in der *Antidosis* eine Systematik der Prosagattungen präsentiert. In der Identifizierung der verschiedenen Gattungen weicht er aber teilweise von Pfister ab. In der *Antidosis* seien ebenfalls Mythographie, Geschichtsschreibung, Gerichtsrede und epideiktische Rhetorik in einer Reihe genannt. Ferner zeige der Vergleich mit jenem Werk, dass die im *Panathenaikos* erwähnten Reden, die voll von „Schwindelei" (τερατεία) und „trügerischer Argumentation" (ψευδολογία) seien, nicht den gesamten Bereich der fiktionalen Prosa (insbesondere Märchen, Fabeln und Novellen) darstellen, sondern die philosophische Prosa konstituieren.[815]

Pfisters Bestreben, Identifikationen mit der späteren Dreiteilung der Erzählung in *fabula* (μῦθος), *historia* (ἱστορία) und *argumentum* (πλάσμα) herzustellen, muss als fragwürdig beurteilt werden. Die Schwierigkeiten dieser Identifizierung beginnen schon mit der ersten von Isokrates genannten Gattung. Ihre Namensgebung (λόγοι μυθώδεις) lässt zwar die Schlussfolgerung plausibel erscheinen, dass hiermit annähernd diejenige Gattung gemeint ist, die später μῦθος (*fabula*) genannt wurde. Allerdings handelt es sich bei der Gattung μῦθος (*fabula*) nicht um „Mythographie" (Pfisters Begriffswahl ist zumindest irreführend), sondern um die Darstellung von unwahrscheinlichen, wenn nicht sogar unmöglichen Ereignissen. Außerdem zeigen Parallelen für das Adjektiv μυθώδης, dass es zwar die Fiktion, aber nicht speziell die unwahrscheinliche, wenn nicht sogar unmögliche Fiktion (μῦθος) bezeichnet, da es nicht in Opposition zur realistischen Fiktion (πλάσμα) verwendet wird.[816] Folglich wäre man eher geneigt, in der zweiten

---

813 S. die Kapitel 4.7.1, 4.7.1.1 und (zum Anonymus Seguerianus) 4.7.2.3 dieser Arbeit.
814 Vgl. Pfister (1933) 458 f.
815 Vgl. Roth (2003) 75–77 ad Isokr. 12,1–4.
816 Zu μυθώδης im antiken Fiktionalitätsdiskurs vgl. Isokr. 4,28; Thuk. 1,21,1 und 1,22,4 (zu diesen Stellen s. das Kapitel 4.2.1 dieser Arbeit, S. 144–147); Strabo 1,2,8 und 30 (s. S. 285 und 296); Strabo 15,1,57 (s. S. 182 f.); Plut. mor. 15e–f (s. S. 287 f.); 16e–f und 17b–c (s. S. 509).

Gattung (λόγοι τερατείας καὶ ψευδολογίας μεστοί) die Erzählgattung μῦθος (*fabula*) zu erblicken. Aber ein Unterschied anhand des Kriteriums mögliche vs. unwahrscheinliche (unmögliche) Fiktion wird bei Isokrates zumindest auf lexikalischer Ebene nicht deutlich.

Daher wird man die Erzählgattung πλάσμα (*argumentum*) nicht mit der zweiten Gattung identifizieren, da das πλάσμα (*argumentum*) die realistische Fiktion darstellt. Eine derartige Identifizierung könnte man nur vornehmen, wenn man den Inhalt von πλάσμα (*argumentum*) grundlegend abändert, wie Pfister es tut – was aber auch die Schwäche der Deutung vor Augen führt. Die Ansicht von Roth, dass die im *Panathenaikos* erwähnten Reden, die voll von „Schwindelei" (τερατεία) und „trügerischer Argumentation" (ψευδολογία) seien, die philosophische Prosa konstituieren, muss aus dem sprachlichen Grund zurückgewiesen werden, dass τερατεία kaum „Schwindelei" und ψευδολογία nicht „trügerische Argumentation" bedeuten kann.

Vielmehr spricht vieles dafür, dass sich Isokrates nicht nur bei der dritten im *Panathenaikos* erwähnten Gattung auf die Geschichtsschreibung bezieht. Mit einiger Sicherheit lässt sich sagen, dass Isokrates auch die Genealogie im Blick hat, da er in der *Antidosis* (§ 45) auf diese Gattung verweist, wenn er davon spricht, dass einige Gelehrte ihr Leben damit verbracht haben, die Geschlechter der Halbgötter zu erforschen. Diese Annahme wird durch diejenigen Stellen bei Polybios gestützt, an denen dieser drei verschiedene Arten der Historiographie unterscheidet und die zurückgewiesene Gattung der Genealogie mit Fiktionen (μῦθοι) assoziiert.[817] Die Annahme, dass sich Isokrates auch auf die Genealogie bezieht, gewinnt auch durch diejenige Stelle bei Sextus Empiricus an Plausibilität, an der dieser die Lehre des Asklepiades aus Myrlea referiert und die Genealogie als die (einzige) Art des μῦθος bzw. der ἱστορία ψευδής/μυθική erwähnt.[818]

Daher liegt die Schlussfolgerung nahe, dass sich Isokrates im *Panathenaikos* auch auf die Genealogie bezieht. Fraglich ist allerdings, ob er dies mit der ersten oder der zweiten Gattung tut und wie sich die andere Gattung konstituiert. Für die Genealogie kommt eher die erste Gattung in Frage, und zwar weniger aufgrund eines unterschiedlichen Bezugsgrades zur Realität als vielmehr aufgrund der weiteren Bestimmung der zweiten Gattung.

Zunächst einmal machen Parallelen für τερατεία deutlich, dass es sich auch bei der zweiten Gattung um eine historische Gattung handelt, da dieser Begriff mit Bezug auf die Geschichtsschreibung verwendet werden kann; dies zeigt insbesondere eine Stelle bei Strabo, an der er davon spricht, dass auch Historiker um

---

817 Vgl. Polyb. 9,1 und 9,2; s. das Kapitel 4.7.1.2.2 dieser Arbeit.
818 Vgl. Sext. Emp. adv. math. 1,252f.; s. das Kapitel 4.7.1.2.1 dieser Arbeit.

des Wunderbaren und des Vergnügens willen (τερατείας καὶ τέρψεως χάριν) Unmögliches erfinden.[819] Ferner weist auch eine Parallele für ψευδολογία in diese Richtung.[820] Der Unterschied zwischen der ersten, der zweiten und der dritten von Isokrates genannten Gattung scheint darin zu liegen, dass in der zweiten Gattung die nicht-griechische Geschichte behandelt wird, da Isokrates davon spricht, dass sich die Rezipienten an ihr mehr erfreuen als an denjenigen Werken, die über ihr eigenes Wohlergehen handeln. Folglich wird die zweite Gattung die Geschichte von fremden (um nicht zu sagen: exotischen) Völkern und Ländern wie z. B. Indiens sein, deren Darstellung wundersame Elemente enthält. Also wird man in der ersten Gattung die Genealogie erblicken und in der dritten Gattung die griechische Geschichtsschreibung im engeren Sinn.[821]

Daher ist die Fünfteilung von literarischen Gattungen, die Isokrates am Anfang des *Panathenaikos* präsentiert, eine Fünfteilung von Prosagattungen.[822] Zuerst werden drei Formen der Geschichtsschreibung und anschließend zwei *genera causarum* genannt. Die drei Formen der Geschichtsschreibung unterscheiden sich untereinander teilweise durch ihren unterschiedlichen Grad des Bezuges zur Realität (dies ist der Unterschied zwischen den ersten beiden und der dritten Gattung), teilweise durch das Kriterium eigene vs. fremde Geschichte (dies ist der Unterschied zwischen der zweiten und den beiden anderen Gattungen). Die drei Erzählgattungen *fabula* (μῦθος), *historia* (ἰστορία) und *argumentum* (πλάσμα) können nicht mit drei von Isokrates unterschiedenen Gattungen identifiziert werden. Insbesondere lässt sich die sekundäre Differenzierung zwischen *fabula* (μῦθος) und *argumentum* (πλάσμα) nicht erkennen, da Isokrates keine Gattung konzipiert, die dem *argumentum* (πλάσμα) entspräche.

---

819 Vgl. Strabo 1,2,35; s. das Kapitel 4.2.3 dieser Arbeit (S. 171 f.). Zu τερατεία im antiken Fiktionalitätsdiskurs vgl. auch Strabo 1,2,8 (s. S. 286); Polyb. 2,58,12 (s. S. 278). Zu τερατεύομαι vgl. Hermog. Περὶ ἰδεῶν λόγου 2,10,37–41 Patillon (2012) 212 f. (s. das Kapitel 6.2 dieser Arbeit); Polyb. 2,56,10–12; Strabo 1,2,7. Zu τερατώδης vgl. Strabo 1,2,8 und 19; Vita Aeschyli 7 (s. S. 437 f., Fußn. 30). Zu τερατολογία vgl. Strabo 1,2,3; 1,2,9 = Polybios 34,2,1. Zu den Textstellen bei Strabo s. das Kapitel 4.6 dieser Arbeit; zu den Textstellen bei Polybios s. das Kapitel 4.5 dieser Arbeit.
820 Vgl. Strabo 2,1,9: Ἅπαντες μὲν τοίνυν οἱ περὶ τῆς Ἰνδικῆς γράψαντες ὡς ἐπὶ τὸ πολὺ ψευδολόγοι γεγόνασι; s. das Kapitel 4.2.3 dieser Arbeit zu den Mirabilien (S. 180).
821 Die Genealogie fungiert zwar bei Asklepiades (apud Sext. Emp. adv. math. 1,252 f.) als Beispiel für die unwahrscheinliche, wenn nicht sogar unmögliche Fiktion (μῦθος). Es spricht aber nichts dagegen, dass sie bei Isokrates – ähnlich wie bei Polybios (9,1 f.) – die fiktionale Erzählgattung der λόγοι μυθώδεις repräsentiert.
822 Die Ansicht von Pfister (1933) und Roth (2003) 75–77 ad Isokr. 12,1–4, dass es sich um Prosagattungen handelt, trifft also zu.

4.7.2 Die Dreiteilung zwischen *fabula* (μῦθος), *historia* (ἱστορία) und *argumentum* (πλάσμα) bei anderen Autoren

In diesem Kapitel wird die Dreiteilung der Erzählung in *fabula* (μῦθος), *historia* (ἱστορία) und *argumentum* (πλάσμα) bei anderen Autoren analysiert, und zwar insbesondere bei den Verfassern von rhetorischen Werken, speziell von Progymnasmata-Handbüchern, und Scholiasten. Da diese die Differenzierung zwischen *fabula* (μῦθος), *historia* (ἱστορία) und *argumentum* (πλάσμα) zumeist nicht in eine umfangreichere Systematik integrieren, kann es vorkommen, dass vordergründig eine Vierteilung der Erzählung vorliegt. Diese Vierteilung erklärt sich zumeist dadurch, dass eine der vier Gattungen die öffentliche (rhetorische) Rede darstellt, also die drei *genera causarum* (oder: die Schilderung der vorgefallenen Ereignisse als Teil der öffentlichen Rede), die in diesem Zusammenhang zumeist auf die gerichtliche Rede (bzw. auf die Schilderung des Tathergangs) reduziert werden (wird).[823]

4.7.2.1 Die Unterteilung der Erzählung bei Quintilian

Der Umstand, dass die Unterteilung der Erzählung als Vierteilung hervortritt, wobei die Schilderung des Tathergangs die vierte Gattung darstellt und somit den ersten beiden Gattungen der *narratio* bei Cicero und dem *Auctor ad Herennium* entspricht, lässt sich bei Quintilian (ca. 35 – ca. 96 n. Chr.) antreffen:[824]

> Et quia narrationum, excepta qua in causis utimur, tris accepimus species, fabulam, quae versatur in tragoediis atque carminibus non a veritate modo sed etiam a forma veritatis remota, argumentum, quod falsum sed vero simile comoediae fingunt, historiam, in qua est gestae rei expositio, [...].
>
> Und weil es von den Erzählungen – abgesehen von derjenigen, die wir in Prozessen benutzen – drei Arten gibt, wie wir wissen, nämlich die Fabula, die in Tragödien und in Gedichten vorkommt und nicht nur von der Wirklichkeit, sondern auch von der Form der Wirklichkeit

---

[823] Die gerichtliche Rede – genau genommen: die Schilderung des Tathergangs innerhalb der Gerichtsrede – stellt in der umfangreichen Systematik der Erzählung bei Cicero und dem *Auctor ad Herennium* die ersten beiden Gattungen dar. Denn die Unterscheidung zwischen zwei Formen der gerichtlichen *narratio* von einer Form der außergerichtlichen Erzählung (*genus remotum a civilibus causis*) ist der Unterscheidung zwischen den drei Diskursformen *fabula* (μῦθος), *historia* (ἱστορία) und *argumentum* (πλάσμα) übergeordnet; s. das Kapitel 4.7.1 dieser Arbeit. Zu den Progymnasmata allgemein vgl. Penella (2015); Kraus (1996) und (2005).
[824] Quint. inst. 2,4,2; vgl. Barwick (1928) 265. Vgl. auch Quintilians Definition der gerichtlichen Erzählung (inst. 4,2,31): *Narratio est rei factae aut ut factae utilis ad persuadendum expositio.*

entfernt ist, das Argumentum, etwas Falsches, aber dem Wahrem Ähnliches, das die Komödien fingieren, und die Historia, in der eine geschehene Sache dargestellt wird, [...].

Wie Cicero und der *Auctor ad Herennium* unterscheidet Quintilian zwischen den drei Erzählgattungen *fabula – argumentum – historia*. Der Ausdruck *vero simile* („dem Wahrem Ähnliches"), der die Erzählgattung *argumentum* definiert, schwankt zwischen den Bedeutungen der Möglichkeit und der Wahrscheinlichkeit und ist wohl bewusst gewählt, um dasjenige zu bezeichnen, was zumindest möglich, wenn nicht sogar wahrscheinlich ist.

Etwas ungewöhnlich ist Quintilians Formulierung, dass die *fabula* auch von der Form der Wirklichkeit bzw. Wahrheit abstiht. Wahrscheinlich ist hiermit nichts Anderes gemeint, als dass die in der *fabula* dargestellten Ereignisse physisch unmöglich sind.[825] Insofern hat Quintilian, wenn man seine Definition der *fabula* mit derjenigen bei Cicero und dem *Auctor ad Herennium* vergleicht,[826] den schwankenden Status zwischen Unwahrscheinlichkeit und Unmöglichkeit relativ eindeutig in den Status der Unmöglichkeit überführt.[827]

Unsicher ist allerdings die Bedeutung von *carmina* und damit die Frage, in welcher Gattung sich die *fabula* neben der Tragödie manifestiert. Wahrscheinlich bezeichnet *carmen* hier ganz allgemein das Gedicht im Gegensatz zur Prosa, so dass die *carmina* generell auf Gedichte bzw. die Dichtung verweisen.[828] Wenn man dieser Annahme folgt, nennt Quintilian erst den etwas spezielleren Begriff bzw. den größten Repräsentanten der *fabula* und dann den allgemeineren Begriff („in Tragödien und generell in Gedichten"). Fraglich ist dann wiederum der Status der Komödie, die im Folgenden – wie bei Cicero und dem *Auctor ad Herennium* – als

---

[825] Reinhardt/Winterbottom (2006) 79 ad loc. sehen zwar eine Entsprechung zum μῦθος bei Sextus Empiricus (adv. math. 1,264), der als πραγμάτων ἀγενήτων καὶ ψευδῶν ἔκθεσις definiert wird, bemerken aber nicht, dass Quintilian die Erzählgattung *fabula* mehr oder minder explizit über die Unmöglichkeit definiert, wohingegen der von Sextus Empiricus gewählte Ausdruck die Unwirklichkeit bezeichnet (s. das Kapitel 4.7.1.2.1 dieser Arbeit). Eine Parallele für den fraglichen Ausdruck *a forma veritatis remotum* scheint es nicht zu geben. Die von Reinhardt und Winterbottom zitierten Stellen (vgl. z.B. inst. 12,10,40: *remotum a veritate fictumque*) belegen nur die Formulierung *a veritate remotum*. An einer Stelle bei Cicero (orat. 231: *etsi enim a forma veritatis et ab Atticorum regula absunt*) geht es um den Sprechrhythmus.
[826] Vgl. Cic. inv. 1,27: *Fabula est, in qua nec verae nec veri similes res continentur*; rhet. Her. 1,13; s. das Kapitel 4.7.1 dieser Arbeit.
[827] S. das Kapitel 4.7.1.1 dieser Arbeit.
[828] Vgl. Quint. inst. 10,7,19: *non in prosa modo* [...], *sed etiam in carmine*; 8,6,27: *Illud quoque et poetis et oratoribus frequens, quo id quod efficit ex eo quod efficitur ostendimus. Nam et carminum auctores „pallida mors aequo pulsat pede pauperum tabernas"* [Hor. carm. 1,4,13], *et „pallentesque habitant morbi tristisque senectus"* [Verg. Aen. 6,275], *et orator „praecipitem iram", „hilarem adulescentiam", „segne otium" dicet.*

die repräsentative Gattung des *argumentum* genannt wird. Wahrscheinlich ist Quintilians Auffassung, dass in der Komödie ganz überwiegend realistische Fiktionen geschildert werden, wenngleich nicht ausgeschlossen ist, dass auch unmögliche Fiktionen vorkommen können.

Die Erzählgattung *historia* definiert Quintilian im Wesentlichen wie Cicero und der *Auctor ad Herennium* als Darstellung von geschehenen Ereignissen, verzichtet aber auf den Zusatz, dass es sich bei dieser Erzählgattung um weit zurückliegende Ereignisse handelt.[829]

4.7.2.2 Die Unterteilung der Erzählung bei (Pseudo-)Hermogenes

Ebenso wie bei Quintilian lässt sich bei (Pseudo-)Hermogenes[830] eine Vierteilung der Erzählung (διήγημα)[831] vorfinden:[832]

> Εἴδη δὲ διηγήματος βούλονται εἶναι τέτταρα· τὸ μὲν γὰρ εἶναι μυθικόν, τὸ δὲ πλασματικόν, ὃ καὶ δραματικὸν καλοῦσιν, οἷα τὰ τῶν τραγικῶν, τὸ δὲ ἱστορικόν, τὸ δὲ πολιτικὸν ἢ ἰδιωτικόν.

---

829 Vgl. Cic. inv. 1,27: *Historia est gesta res, ab aetatis nostrae memoria remota*; rhet. Her. 1,13; s. das Kapitel 4.7.1 dieser Arbeit.

830 Wenn man von dem rhetorischen Werk des Hermogenes aus Tarsos (2. Jh. n.Chr.) spricht, muss man wahrscheinlich zwei Träger dieses Namens unterscheiden (vgl. Kennedy [2003] 71f.; Patillon [2008] 165–170; Lempp [2012] IX–XI). Zum einen hat es den Rhetor Hermogenes aus Tarsos gegeben, der zumindest die rhetorischen Werke über die Status-Lehre (Περὶ τῶν στάσεων) und über die Stil-Lehre (Περὶ ἰδεῶν λόγου) geschrieben hat. Das kurze Progymnasmata-Handbuch, das im Zentrum der folgenden Untersuchung stehen wird, ist in einer anderen handschriftlichen Tradition überliefert und wohl nicht von jenem Hermogenes aus Tarsos verfasst worden. Priscians lateinisches Progymnasmata-Handbuch (ca. 500 n.Chr.) basiert auf demjenigen des Pseudo-Hermogenes (s. das Kapitel 4.7.2.6 dieser Arbeit), der der Einfachheit halber im Folgenden „Hermogenes" genannt wird.

831 Zu Hermogenes' Definition der Erzählung und zu seiner Unterscheidung zwischen διήγησις und διήγημα s. das Kapitel 6.1 dieser Arbeit.

832 Hermog. Progym. 2,3 Patillon (2008) 183. Nach Barwick (1928) 271 ist es nötig, ⟨καὶ κωμικῶν⟩ hinter τραγικῶν zu ergänzen, da in Priscians Bearbeitung sowohl die Tragödie als auch die Komödie als Beispiele für die entsprechende Erzählgattung (*narratio fictilis*) genannt werden; vgl. Priscian, *Praeexercitamina* p. 34 Passalacqua (1987); s. das Kapitel 4.7.2.6 dieser Arbeit. Zu diesem textkritischen Eingriff besteht allerdings kein Anlass, da es im Wesen des Beispiels liegt, nicht exhaustiv zu sein, und die Tragödie als Beispiel für die dramatische Erzählgattung ausreicht (Patillon [2008] 183 scheint ebenfalls Barwicks Supplierung für unnötig zu halten; er erwähnt sie nicht einmal in seinem Apparat). Außerdem sollten die Parallelen zwischen Hermogenes' Abriss der Progymnasmata und Priscians Bearbeitung nicht überbewertet bzw. künstlich hergestellt werden.

Nach allgemeiner Meinung gibt es vier Gattungen der Erzählung; die eine sei ‚mythisch', die andere ‚plasmatisch' – man nennt sie auch dramatisch, wie die Erzählungen der Tragiker – wieder eine andere historisch und wieder eine andere politisch oder privat.

Hermogenes gibt keine weiteren Erläuterungen zu den vier Erzählgattungen. Die einzige Angabe, die er macht, ist die sich unmittelbar anschließende Aussage, dass sich die folgenden Instruktionen auf die zuletzt genannte Erzählgattung beziehen,[833] woraus ersichtlich ist, dass hiermit die Erzählung als Teil der gerichtlichen oder politischen Rede gemeint ist.

Auch wenn Hermogenes keine Definition der drei Erzählgattungen διήγημα μυθικόν, ἱστορικόν und πλασματικόν liefert,[834] darf man vielleicht davon ausgehen, dass er die ‚mythische' Erzählung und die historische Erzählung so definiert wissen will, wie sie traditionellerweise definiert werden: die ‚mythische' Erzählung als Darstellung von unwahrscheinlichen, wenn nicht sogar unmöglichen Ereignissen und die historische Erzählung als Darstellung von wirklich geschehenen Ereignissen.[835] Die Erzählgattung διήγημα πλασματικόν, die Hermogenes nicht in der traditionellen Weise definiert, da er die Tragödien einschließt, wird im folgenden Unterkapitel näher betrachtet.[836]

Andererseits legt die Unterteilung der Erzählung bei Priscian den Verdacht nahe, dass Hermogenes die ‚mythische' Erzählung (διήγημα μυθικόν) nicht als phantastische Fiktion definiert. Denn in Priscians Systematisierung der Erzählung, die so viele Gemeinsamkeiten mit derjenigen bei Hermogenes aufweist, dass man fast von einer Übersetzung sprechen könnte, wird die *narratio fabularis* auf die Fabel reduziert und somit als allegorische Erzählung definiert, die auf der Oberfläche eine unmögliche Handlung vorführt.[837] Daher scheint es eher so zu sein, dass schon Hermogenes unter der ‚mythischen' Erzählung ausschließlich die Fabel versteht.[838] Da er in seinem Progymnasmata-Handbuch nur an dieser Stelle

---

833 Vgl. Hermog. Progym. 2,3 Patillon (2008) 183: ἀλλὰ νῦν ἡμῖν περὶ τοῦ τελευταίου πολιτικοῦ διηγήματος ὁ λόγος.
834 Auch das Progymnasma der Fabel definiert Hermogenes nicht (zumindest nicht einleitend), sondern scheint die traditionelle Definition als fiktionale Erzählung, die durch ihre plausible Konzipierung eine Wahrheit widerspiegelt, vorauszusetzen; s. das Kapitel 4.1.1.2 dieser Arbeit.
835 S. die Kapitel 4.7.1 und 4.7.1.1 dieser Arbeit.
836 S. das Kapitel 4.7.2.2.1 dieser Arbeit.
837 Vgl. Priscian, *Praeexercitamina* p. 34 Passalacqua (1987): *fabularis* [sc. *narratio*] *est ad fabulas supra dictas pertinens*; s. das Kapitel 4.7.2.6 dieser Arbeit. Zu Hermogenes' Definition der Fabel s. das Kapitel 4.1.1.2 dieser Arbeit.
838 Folglich ist Pseudo-Hermogenes eher zu der Gruppe derjenigen Theoretiker zu rechnen, die innerhalb der Skalierung der dargestellten Geschichte eine fiktionale Erzählgattung konzipieren; s. die Kapitel 4.7.3.1 und 4.7.3.2 dieser Arbeit.

über die ‚mythische' Erzählung spricht und sie nicht weiter definiert, lässt sich diese Frage aber nicht eindeutig beantworten.[839]

Auch vor dem weiteren Hintergrund des antiken Fiktionalitätsdiskurses bietet sich keine sichere Hilfe an, um diese Frage einer Lösung zuzuführen. Wenn man annimmt, dass Hermogenes unter der ‚mythischen' Erzählung nur die Fabel versteht, würde die Darstellung von nicht-allegorischen unwahrscheinlichen, wenn nicht sogar unmöglichen Ereignissen keine eigene Kategorie darstellen, sondern in der allgemeineren Kategorie der „fiktionalen Erzählung" (διήγημα πλασματικόν/δραματικόν) aufgehen. Dieser Umstand lässt sich z. B. bei Aphthonios belegen.[840] Auf der anderen Seite zeigt die Unterteilung der Erzählung bei Nikolaos, dass es möglich ist, neben der Fabel sowohl die Erzählgattung der unwahrscheinlichen, wenn nicht sogar unmöglichen Ereignisse als auch die Erzählgattung der möglichen Fiktion zu konzipieren, wobei die Tragödie zur letzteren Gattung gehört.[841]

4.7.2.2.1 Die Erzählgattung πλάσμα bei Hermogenes, Aphthonios, Priscian und Nikolaos

Die Art und Weise, wie Hermogenes die Erzählgattung πλάσμα (genau genommen: das διήγημα πλασματικόν) definiert, wirft ein Problem auf. Denn Hermogenes gibt an, dass sie auch dramatische Erzählung genannt wird, und führt als Beispiel die Erzählungen der Tragiker an.[842] Traditionellerweise wird das πλάσμα hingegen als realistische Fiktion definiert und durch die Komödie repräsentiert, wohingegen einzelne Elemente der Tragödie als Beispiel für den μῦθος (die *fabula*) zitiert werden und die Tragödie in ihren Grundzügen als Aufführung von historischen

---

839 Auch durch weitere terminologische Beobachtungen lässt sich dieses Problem nicht eindeutig lösen: In dem Abschnitt zur Fabel verwendet Hermogenes ausschließlich (drei Mal) den Begriff μῦθος. Im Abschnitt zur Erzählung verwendet er ausschließlich, aber auch nur ein Mal, nämlich an der zitierten Stelle, den Ausdruck διήγημα μυθικόν. In Hermogenes' Werk über die Stil-Lehre (Περὶ ἰδεῶν λόγου) findet sich eine längere Passage, in der der Autor das Adjektiv μυθικός mit Bezug auf fiktionale Erzählungen verwendet (Hermog. Περὶ ἰδεῶν λόγου 2,10,37–41 Patillon [2012] 212f.; s. das Kapitel 6.2 dieser Arbeit). Für die zur Diskussion stehende Frage, ob Pseudo-Hermogenes im Progymnasmata-Handbuch mit dem Ausdruck διήγημα μυθικόν die Darstellung von unwahrscheinlichen, wenn nicht sogar unmöglichen Ereignissen oder die Fabel bezeichnet, hat die Parallele in Περὶ ἰδεῶν λόγου allerdings wenig Aussagekraft, da das Progymnasmata-Handbuch wohl nicht von Hermogenes aus Tarsos, dem Verfasser von Περὶ ἰδεῶν λόγου, sondern später verfasst worden ist.
840 Vgl. Aphth. Progym. 2,2 Patillon (2008) 113; s. das Kapitel 4.7.3.2 dieser Arbeit.
841 Vgl. Nikolaos RhG XI Felten (1913) 12,17–13,4; s. das Kapitel 4.7.2.5 dieser Arbeit.
842 S. das Kapitel 4.7.2.2 dieser Arbeit.

Ereignissen aufgefasst wird.[843] Dasselbe Problem stellt sich auch in anderen Systematisierungen der Erzählung. So definiert bzw. exemplifiziert Nikolaos die Erzählgattung διήγημα πλασματικόν als die Erzählungen in den Komödien und insgesamt diejenigen in den anderen Dramen (τὰ ἐν ταῖς κωμῳδίαις καὶ ὅλως τὰ ἐν τοῖς ἄλλοις δράμασι).[844]

Barwick hat die These aufgestellt, dass die divergierenden Unterteilungen der Erzählung bei Hermogenes und Nikolaos der jüngeren Auffassung geschuldet sind, der zufolge der überlieferte Sagenstoff ohne Unterschied als Erfindung (πλάσμα) angesehen wurde.[845] Diese These soll im Folgenden überprüft werden, und in diese Untersuchung muss man auch die bei Aphthonios vorliegende Unterteilung der Erzählung einbeziehen, da er die dramatische Erzählung als ‚plasmatische' Erzählung definiert,[846] sowie diejenige des Priscian, dem zufolge die *narratio fictilis* die fiktionale Erzählung der Tragödien sowie der Komödien ist.[847]

Barwicks These muss insbesondere deswegen überprüft werden, weil der *communis opinio* zufolge der Mythos in der Antike im Kern als historisches Geschehen aufgefasst wurde.[848] Sollte sich Barwicks These bewahrheiten, müsste diese Meinung zumindest teilweise revidiert werden. Methodisch gesehen stellt sich das Problem, dass zwar viele antike Äußerungen explizit aussagen oder implizit darauf hindeuten, dass der Mythos im Wesentlichen als historisches Geschehen aufgefasst wurde, dass aber umgekehrt keine eindeutigen Aussagen vorliegen, in denen der Mythos pauschal als Fiktion bezeichnet wird.[849] Daher wird Barwicks These, dass der überlieferte Sagenstoff von Hermogenes und Nikolaos ohne Unterschied als Erfindung (πλάσμα) angesehen wurde, nicht auf Zustimmung stoßen, wenn sich eine einfachere Erklärung der strittigen Stellen anbietet.

Die vier genannten Autoren von Progymnasmata-Handbüchern geben leider keine Beispiele, die eine Erfindung aus dem Bereich der Tragödie illustrieren, und

---

843 S. die Kapitel 4.7.1 und 4.7.1.1 dieser Arbeit.
844 Vgl. Nikolaos RhG XI Felten (1913) 12,17–13,4; s. das Kapitel 4.7.2.5 dieser Arbeit.
845 Vgl. Barwick (1928) 271–273.
846 Vgl. Aphth. Progym. 2,2 Patillon (2008) 113 f.: [...] δραματικὸν μὲν τὸ πεπλασμένον [...]; s. das Kapitel 4.7.3.2 dieser Arbeit.
847 Vgl. Priscian, *Praeexercitamina* p. 34 Passalacqua (1987): [...] *fictilis ad tragoedias sive comoedias ficta* [...]; s. das Kapitel 4.7.2.6 dieser Arbeit.
848 Zur Diskussion und Kritik an der Ansicht, dass die Römer den Mythos in seiner Gesamtheit als unwahrscheinlich oder erlogen aufgefasst haben, s. das Kapitel 4.7.1.1 dieser Arbeit.
849 Vgl. Barwick (1928) 271 Fußn. 2, der selbst darauf hinweist, dass Cicero, der *Auctor ad Herennium* und Quintilian, wenn sie unter *fabula* die Tragödie zitieren, nicht die Tragödie in ihrer Gesamtheit als *fabula* betrachten, sondern einzelne ἀδύνατα.

machen keine näheren Angaben, inwiefern das Drama (inklusive Mythos) insgesamt eine Erfindung darstellt. Wenn man Barwick folgt, lässt sich in der Einleitung des Werkes Περὶ ἀπίστων des peripatetischen Mythographen Palaiphatos, das im späten 4. Jh. v.Chr. verfasst wurde und von Theon innerhalb seiner Instruktionen zur Erzählung genannt wird,[850] diejenige Einstellung zum Mythos finden, die die Erklärung für den Umstand liefert, dass der Mythos als Erfindung angesehen werden konnte.[851] Barwick ist nämlich der Meinung, dass Palaiphatos auf diese Auffassung anspielt, wenn er von den Menschen spricht, die die berichteten Geschichten für unmöglich halten:[852]

> [...] οἱ δὲ πυκνότεροι τὴν φύσιν καὶ πολυπράγματοι ἀπιστοῦσι τὸ παράπαν μηδὲ γενέσθαι τι τούτων.

> [...] die von Natur aus klügeren und erfahreneren Menschen sind der festen Überzeugung, dass nichts davon geschehen ist.

Diese Auffassung schlage sich auch darin nieder, dass Hermogenes und Nikolaos die entsprechende Erzählgattung δραματικόν nennen, da das Drama der wichtigste Repräsentant des Mythos sei.[853]

Die von Barwick herangezogene Palaiphatosstelle ist v.a. deswegen aufschlussreich, weil sie die zeitlose Tatsache vor Augen führt, dass die Menschen divergierende Ansichten hinsichtlich der Frage haben, was real und was erfunden ist.[854] Dennoch muss man die Palaiphatosstelle in ihrem Kontext anders interpretieren, als es Barwick tut.

Palaiphatos stellt in der Einleitung zu seiner Sammlung von unglaublichen Geschehnissen fest,[855] dass es einerseits Menschen gibt, die voller Naivität allen Geschichten Glauben schenken, und andererseits Menschen gibt, die diese Geschichten (gemeint sind die mythischen Wundergeschichten) für unmöglich halten.[856] Er selbst hält prinzipiell alle berichteten Geschichten für real, da es die Namen und Geschichten nicht gäbe, wenn das entsprechende Ereignis nicht

---

850 Vgl. Theon RhG II Spengel (1966) 96,4–6 (Patillon/Bolognesi [1997] 61): καὶ Παλαιφάτῳ τῷ Περιπατητικῷ ἐστιν ὅλον βιβλίον περὶ τῶν ἀπίστων ἐπιγραφόμενον. Zur Datierung vgl. Hawes (2014) 38 und 227–238.
851 Vgl. Barwick (1928) 272f.
852 Palaiph. 1,3–5 Festa (1902).
853 Vgl. Barwick (1928) 273.
854 S. das Kapitel 2.2 dieser Arbeit, v.a. S. 51f.
855 Zur Einleitung vgl. Santoni (1998/1999); Hawes (2014) 39–48.
856 Vgl. Palaiph. 1,1–5 Festa (1902): Τάδε περὶ τῶν ἀπίστων συγγέγραφα. ἀνθρώπων γὰρ οἱ μὲν εὐπειθέστεροι πείθονται πᾶσι τοῖς λεγομένοις, ὡς ἀνομίλητοι σοφίας καὶ ἐπιστήμης, οἱ δὲ πυκνότεροι τὴν φύσιν καὶ πολυπράγματοι ἀπιστοῦσι τὸ παράπαν μηδὲ γενέσθαι τι τούτων.

stattgefunden hätte.⁸⁵⁷ Andererseits folgt er dem Grundsatz, dass es dasjenige, was es der Form nach nicht gibt (man denke z. B. an die Kentauren), auch nicht gegeben hat, und dasjenige, was geschehen ist, auch jetzt geschieht und wieder geschehen wird.⁸⁵⁸ Ferner stellt Palaiphatos fest, dass viele Berichte von realen Geschehnissen durch die Dichter verzerrt worden sind.⁸⁵⁹

Barwicks Ansicht ist deswegen nicht überzeugend, weil sich bei Palaiphatos nicht die Einstellung vorfindet, dass der Mythos in seiner Gesamtheit, also auch in seinem wesentlichen Kern, eine Erfindung darstellt. Vielmehr sind mit den berichteten Geschichten, die am Anfang des zitierten Satzes erwähnt werden und auf die das Demonstrativpronomen τούτων („davon") verweist, die mythischen Wundergeschichten gemeint. Hinsichtlich dieser Wundergeschichten divergieren die Meinungen der Menschen: die einen glauben diesen vorbehaltslos, die anderen halten sie gänzlich für unwahr, und Palaiphatos selbst schlägt einen Mittelweg ein, indem er ihnen grundsätzlich Glauben schenkt, aber die unmöglichen Elemente so erklärt, dass er die verschüttete Wahrheit wieder zum Vorschein bringt.

Diese Vorgehensweise sei an einem Beispiel illustriert. Über die tyrische Königstochter Europa heißt es, dass sie auf einen Stier gestiegen und auf ihm aus Tyros nach Kreta gelangt ist. Diese Geschichte sei nicht wahr, da ein Stier ein so großes Meer nicht durchschwimmen kann und Zeus sicherlich einen besseren Weg gefunden hätte, um Europa nach Kreta zu transportieren. Die Wahrheit liege vielmehr darin, dass ein Kreter mit dem Namen Tauros („Stier") Krieg gegen Tyros geführt und nach dem Sieg Europa ebenso wie andere Frauen erbeutet habe. Daraufhin hätten die Menschen gesagt „Ταῦρος ist mit der Königstochter Europa davongegangen".⁸⁶⁰

---

857 Vgl. Palaiph. 1,5–9 Festa (1902): ἐμοὶ δὲ δοκεῖ γενέσθαι πάντα τὰ λεγόμενα (οὐ γὰρ ὀνόματα μόνον ἐγένοντο, λόγος δὲ περὶ αὐτῶν οὐδεὶς ὑπῆρξεν· ἀλλὰ πρότερον ἐγένετο τὸ ἔργον, εἶθ' οὕτως ὁ λόγος ὁ περὶ αὐτῶν). Zum Zusammenhang zwischen den Namen und den Geschichten bei Palaiphatos vgl. van den Berg (2017).
858 Vgl. Palaiph. 1,9–2,3 Festa (1902): ὅσα δὲ εἴδη καὶ μορφαί εἰσι λεγόμεναι καὶ γενόμεναι τότε, αἳ νῦν οὐκ εἰσί, τὰ τοιαῦτα οὐκ ἐγένοντο. εἰ γάρ ⟨τί⟩ ποτε καὶ ἄλλοτε ἐγένετο, καὶ νῦν τε γίνεται καὶ αὖθις ἔσται. ἀεὶ δὲ ἔγωγε ἐπαινῶ τοὺς συγγραφέας Μέλισσον καὶ Λαμίσκον τὸν Σάμιον „ἐν ἀρχῇ" λέγοντας „ἔστιν ἃ ἐγένετο, καὶ νῦν ἔσται". Die Textkonstitution und der Sinn insbesondere des letzten Satzes sind umstritten; vgl. Hawes (2014) 41 f.
859 Vgl. Palaiph. 2,4–6 Festa (1902): γενομένων δέ τινα οἱ ποιηταὶ καὶ λογογράφοι παρέτρεψαν εἰς τὸ ἀπιστότερον καὶ θαυμασιώτερον, τοῦ θαυμάζειν ἕνεκα τοὺς ἀνθρώπους. („Von dem Geschehenen haben die Dichter und (Prosa-)Schriftsteller einigem einen recht unglaubwürdigen und wundersamen Charakter verliehen, damit die Menschen in Staunen geraten.")
860 Vgl. Palaiph. 22,10–23,21 Festa (1902).

Die skeptischen Menschen, von denen Palaiphatos sagt, dass sie die traditionellen Geschichten gänzlich für erfunden halten, halten diejenigen mythischen Geschehnisse für erfunden, die Palaiphatos in seinem Werk Περὶ ἀπίστων kritisch beleuchtet: die unglaublichen bzw. unmöglichen Ereignisse. Aus dieser Einstellung lässt sich aber nicht die Auffassung ableiten, dass sie den Mythos in seiner Gesamtheit als Erfindung betrachten. Vielmehr vertreten sie die Anschauung, dass es Berichte von unwahrscheinlichen, wenn nicht sogar unmöglichen Ereignissen gibt, die unwahr sind. Der Bereich dieser Ereignisse entspricht in etwa demjenigen der Erzählgattung μῦθος/*fabula*.[861]

Trotzdem lässt sich vielleicht bei Palaiphatos diejenige Einstellung zum Mythos finden, die die Erklärung für den Umstand liefert, dass der Mythos als Erfindung angesehen werden konnte. Diese Einstellung tritt offensichtlich in Palaiphatos' Aussage zu Tage, dass viele Berichte von realen Geschehnissen durch die Dichter verzerrt worden sind.[862] Diese Auffassung lässt sich auch bei Thukydides beobachten.[863] Sie findet sich aber auch schon bei Pindar, der in der siebenten Nemee die Ansicht äußert, dass Homer dafür verantwortlich ist, dass Odysseus' Geschichte größer geworden ist als das, was er wirklich erlitten hat.[864] Wenn der Mythos in diesem Sinne als Erfindung (πλάσμα) bezeichnet wird, dann wird er zwar pauschal so betrachtet. Aber er wird aus dem Grund mit diesem Etikett versehen, dass sich in ihm historische Geschehnisse mit erfundenen Elementen vermischen.[865]

Es hat daher mit großer Wahrscheinlichkeit keine Entwicklung stattgefunden, wie Barwick sie annimmt, nämlich in der Form, dass sich der Inhalt des späteren πλασματικόν gegenüber dem früheren πλάσμα (*argumentum*) aufgrund einer veränderten (um nicht zu sagen: modernen) Weltsicht erweitert hat. Vielmehr ist die Weltsicht, die sich bei Hermogenes, Priscian, Aphthonios und Nikolaos niederschlägt, im Großen und Ganzen dieselbe, die sich schon bei Pindar und Thukydides antreffen lässt: Der Mythos ist zwar kein gänzlich erfundenes Konstrukt. Aber in der Form, in der die Dichter – v. a. die Dramatiker – ihn präsentieren, handelt es sich auch nicht um die reine Wahrheit, da zu viele Abwei-

---

861 S. die Kapitel 4.7.1 und 4.7.1.1 dieser Arbeit.
862 S. S. 339, Fußn. 859.
863 Vgl. Thuk. 1,21,1; s. das Kapitel 4.2.1 dieser Arbeit (S. 144).
864 Vgl. Pind. Nem. 7,20–23; s. das Kapitel 3.3 dieser Arbeit (S. 105).
865 Man denke auch an die Aristotelische Poetik. Denn Aristoteles gestattet, ja fordert vom Dichter eine fiktionale Darstellung auch in dem Sinne ein, dass er geringe Abweichungen von einer im Kern historischen Geschichte vornimmt, die dadurch zustande kommen, dass er zu Zwecken der Motivierung Lücken in der Überlieferung schließt oder Details abändert; s. das Kapitel 4.4 dieser Arbeit.

4.7 Skalierungen der dargestellten Geschichte — 341

chungen von der Realität vorhanden sind. Vermutlich ist dies die Bedeutung des Adverbs ὅλως („insgesamt gesehen") bei Nikolaos:[866] In den anderen Dramen, also v. a. in der Tragödie, liegt insgesamt gesehen ein erfundenes Geschehen vor, da sich (überwiegend) historische Ereignisse mit dichterischen Erfindungen (Verzerrungen) vermischen.[867]

Daher können sowohl die Komödie als auch die Tragödie als fiktionale Gattungen angesehen werden, wenngleich aus unterschiedlichen Gründen: Die in der Tragödie dargestellten Handlungen sind zwar im Kern historisch, aber aufgrund der Verzerrungen der Realität können sie insgesamt nicht als solche gelten; die in der Komödie dargestellten Handlungen sind hingegen im Wesentlichen erfunden, wenngleich realistisch. Möglicherweise kann man in dem Umstand, dass den dramatischen Gattungen, also v. a. der Tragödie und der Komödie, derselbe Fiktionsstatus zugewiesen wird, das Bestreben erkennen, ihre Gattungszusammengehörigkeit als Bühnenstücke zum Ausdruck zu bringen.

Die Gattungszusammengehörigkeit der Tragödie und der Komödie schlägt sich wahrscheinlich auch noch in anderer Hinsicht im Begriff δραματικόν [sc. διήγημα] nieder, der ebenso wie πλασματικόν Gattungsbegriff ist. Denn dieses Adjektiv kann als Terminus technicus zur Bezeichnung von denjenigen Erzählungen bzw. Literaturgattungen verwendet werden, in denen – gemäß dem Platonischen Redekriterium – die Figuren sprechen und nicht der Dichter selbst (oder sowohl der Dichter als auch die Figuren),[868] wie eine Stelle bei Nikolaos zeigt.[869] Daher ist es möglich, dass das Platonische Redekriterium und somit auch die Form der Erzählung Einfluss auf die Konzipierung des διήγημα δραματικόν/ πλασματικόν ausgeübt hat.

Ferner muss – zumindest mit Bezug auf Hermogenes – bedacht werden, dass einiges dafür spricht, dass er unter der ‚mythischen' Erzählung ausschließlich die Fabel versteht, so dass das διήγημα δραματικόν/πλασματικόν die eine nicht-allegorische fiktionale Erzählgattung darstellt.[870] Sollte dies so sein, wäre es nur

---

866 Vgl. Nikolaos RhG XI Felten (1913) 12,17–13,4; s. das Kapitel 4.7.2.5 dieser Arbeit.
867 Vgl. teilweise Meijering (1987) 89. Zur Vermischung von Realien und Fiktionen vgl. Strabos (1,2,19) Aussage über Homer und andere Dichter, dass sie fiktive Elemente [sc. zur historischen Geschichte] hinzufinden (προσμυθεύω): ἔτι δὲ ἐπεὶ οὐ πάντα μυθεύουσιν, ἀλλὰ πλείω προσμυθεύουσι, καὶ μάλιστα Ὅμηρος [...]; vgl. auch ib. 1,2,9: ἐν δ' ἐτίθει καὶ ψεῦδος; s. das Kapitel 4.6 dieser Arbeit.
868 Zum Platonischen Redekriterium vgl. Plat. rep. 392d5–6 (s. das Kapitel 5.1.1 dieser Arbeit). Platon benutzt für diesen Erzählmodus den Begriff μίμησις und wählt die Tragödie und die Komödie als Beispiele.
869 Vgl. Nikolaos RhG XI Felten (1913) 12,7–17; zu dieser und anderen Stellen s. das Kapitel 5.1.3 dieser Arbeit.
870 S. das Kapitel 4.7.2.2 dieser Arbeit.

konsequent, dass die Tragödie das διήγημα πλασματικόν bzw. δραματικόν exemplifiziert, da sie sowohl aufgrund von einigen phantastischen Elementen als auch aufgrund von mehr oder minder realistischen Verzerrungen vom wahren Bericht (διήγημα ἱστορικόν) abweicht. Daher ändert die Art und Weise, wie Hermogenes, Aphthonios, Priscian und Nikolaos die Erzählgattung πλάσμα (das διήγημα πλασματικόν) konzipieren, nichts an der Tatsache, dass der Mythos, der Hauptgegenstand der Tragödie, in der gesamten Antike als im Kern historisches Geschehen betrachtet wurde.

Die Tatsache, dass die Tragödie aufgrund ihrer salienten Merkmale als fiktionale Erzählgattung angesehen und somit vom wahren Bericht unterschieden werden konnte, lässt sich auch in Ciceros Äußerungen über die Tragödie erkennen.

4.7.2.2.2 Cicero über die Fiktionalität der Tragödie

An einer Stelle des *Laelius*, des Dialogs über die Freundschaft, spricht Cicero im Zusammenhang mit der Tragödie von einer *fabula* und einer *res ficta*, so dass zu erwägen ist, ob bzw. in welchem Sinne über die Fiktionalität der Tragödie reflektiert wird:[871]

> Itaque si quando aliquod officium exstitit amici in periculis aut adeundis aut communicandis, quis est qui id non maximis efferat laudibus? Qui clamores tota cavea nuper in hospitis et amici mei M. Pacuvi nova fabula! cum ignorante rege, uter Orestes esset, Pylades Orestem se esse diceret, ut pro illo necaretur, Orestes autem, ita ut erat, Orestem se esse perseveraret. Stantes plaudebant in re ficta; quid arbitramur in vera facturos fuisse?

> Wenn einmal ein Freundschaftsdienst hervortritt beim Angehen oder Teilen von Gefahren: wen gäbe es, der dies nicht in den höchsten Tönen lobt? Welch Aufschrei neulich im ganzen Zuschauerraum beim neuen Stück meines Freundes und Gastes Pacuvius, als, während der König nicht wusste, wer von beiden Orest ist, Pylades sagte, dass er Orest ist, damit er anstelle von ihm stirbt, Orest aber – so wie es war – darauf beharrte, dass er Orest ist! Stehend applaudierten sie bei einer fiktiven Sache; was glauben wir, was sie bei einer wirklichen Sache getan hätten?

Cicero bezieht sich an dieser Stelle wohl auf die nur fragmentarisch überlieferte Tragödie *Chryses* des Pacuvius.[872] Auf dieselbe Tragödie bezieht er sich wahrscheinlich auch an zwei anderen Stellen, die dem Werk *De finibus* entstammen:[873]

---

871 Cic. Lael. 24 (= Pacuvius, *Chryses* T 52 Schierl [2006] 211).
872 Das Grundgerüst der Tragödie, deren Handlung an die *Iphigenie bei den Taurern* anschließt, lässt sich etwa folgendermaßen rekonstruieren (vgl. Schierl [2006] 192–196): Auf der Flucht vor Thoas, dem König der Taurer, gelangen Orest, Pylades und Iphigenie zum jüngeren Chryses, dem

Quid loquor de nobis, qui ad laudem et ad decus nati, suscepti, instituti sumus? Qui clamores vulgi atque imperitorum excitantur in theatris, cum illa dicuntur: 'Ego sum Orestes', contraque ab altero: 'Immo enimvero ego sum, inquam, Orestes!' Cum autem etiam exitus ab utroque datur conturbato errantique regi, 'ambo ergo †sunaneganum† precamur' – quotiens hoc agitur, ecquandone nisi admirationibus maximis? Nemo est igitur, quin hanc affectionem animi probet atque laudet, qua non modo utilitas nulla quaeritur, sed contra utilitatem etiam conservatur fides. Talibus exemplis non fictae solum fabulae, verum etiam historiae refertae sunt, et quidem maxime nostrae.

Wozu spreche ich über uns, die wir zu Ruhm und Ehre geboren, erzogen und unterwiesen worden sind? Was für ein Aufschrei des ungebildeten Volkes erhebt sich in den Theatern, wenn Folgendes gesagt wird: „Ich bin Orest" und vom anderen entgegnet wird „Nein, vielmehr bin ich, betone ich, Orest!" Wenn aber von beiden dem verwirrten und unschlüssigen König sogar die Lösung gegeben wird, „also bitten wir beide, dass †wir zusammen sterben†" – so oft dies aufgeführt wird, wann [sc. geschieht dies] jemals, wenn nicht unter größter Bewunderung? Es gibt also niemanden, der diesen Ausdruck des Gefühls nicht gutheißt und lobt, durch den nicht nur kein Nutzen gesucht wird, sondern sogar die Treue gegen den Nutzen bewahrt wird. Von derartigen Beispielen sind nicht nur die fiktiven Geschichten (*fictae fabulae*) voll, sondern auch die historiographischen Darstellungen, und zwar vor allem unsere.

Das Substantiv *fabula* wird nicht die unwahrscheinliche, wenn nicht sogar unmögliche Erzählung bezeichnen,[874] sondern das Bühnenstück oder die Geschichte, da nichts in derjenigen Szene, auf die die Fragmente bzw. Testimonien anspielen, auf eine unnatürliche Sache (Kreatur) oder ein unnatürliches Ereignis hindeutet.[875] Daher stellt sich die Frage, inwiefern Cicero von einer *res ficta* bzw. von *fictae fabulae* spricht.[876]

Sohn von Agamemnon und Chryseis. Ein König beabsichtigt, Orest zu töten, aber er weiß nicht, wer Orest ist, weil zuerst Pylades und dann Orest behauptet, die gesuchte Person zu sein (vgl. auch Pacuvius, *Chryses* fr. 70 Schierl [2006] 219 f.: *inveni, opino, Orestes uter esset tamen*). Schließlich bitten die beiden Helden – soviel scheint trotz der korrupten Überlieferung und vielfältiger Emendationen festzustehen – darum, gemeinsam hingerichtet zu werden.
873 Cic. fin. 5,63 f. (= Pacuvius, *Chryses* fr. 69 Schierl [2006] 218 f.). Vgl. auch die andere Stelle (fin. 2,79 = Pacuvius, *Chryses* T 51 Schierl [2006] 211): *vadem te ad mortem tyranno dabis pro amico, ut Pythagoreus ille Siculo fecit tyranno? aut, Pylades cum sis, dices te esse Orestem, ut moriare pro amico? aut, si esses Orestes, Pyladem refelleres, te indicares et, si id non probares, quo minus ambo una necaremini non precarere?*
874 Zum Terminus technicus *fabula* (μῦθος) in dieser Bedeutung s. die Kapitel 4.7.1 und 4.7.1.1 dieser Arbeit.
875 Für *fabula* i.S.v. „Drama" vgl. Diomedes GL I 490,21 f. Keil: *dramata autem dicuntur tragica aut comica παρὰ τὸ δρᾶν, id est agere. Latine fabulae appellantur sive fatibulae.*
876 Eine Analyse der Unterteilung der *narratio* hat ergeben, dass Cicero die Tragödie als Darstellung einer im Kern historischen Geschichte (*historia*) versteht, wobei einzelne Elemente als

Zwar sprechen insbesondere die Ausdrücke, die auf die Inszenierung verweisen,[877] dafür, dass Cicero mit dem Fiktionsbegriff, wenn er ihn auf die Tragödie anwendet, die Vorstellung verknüpft, dass das im Drama präsentierte Geschehen auf der Bühne inszeniert wird.[878] Aber für *fingere* in der Bedeutung „inszenieren" gibt es keinen sicheren Beleg. Daher wird man auch an den zur Diskussion stehenden Stellen eine Lösung auf der Grundlage der Bedeutung „fiktiv" für *fictus* suchen müssen.

Aus diesem Grund bietet sich die Deutung an, dass Cicero an den zitierten Stellen das in der Tragödie dargestellte Geschehen deshalb als fiktiv bezeichnet, weil einzelne Elemente erfunden sind. Der Grad der Fiktion (Realistik – Phantastik) scheint ebenso wenig eine Rolle zu spielen wie das Ausmaß der Fiktion, also die Frage, wie viele Abweichungen von der Realität in der entsprechenden Geschichte vorkommen. Primär hat Cicero, wenn er von *fictae fabulae* spricht, „fiktive Geschichten" im Blick. Die Tatsache, dass es sich in diesem Fall um eine Tragödie handelt, scheint sekundär zu sein. Trotzdem gelten seine Äußerungen zum Fiktionscharakter der Geschichten für die Tragödie, wie die Beispiele deutlich machen.

Der Umstand, dass sich Cicero mit dem Ausdruck *fictae fabulae* auf fiktive (Tragödien-) Geschichten bezieht, wird auch an einer Stelle der Rede *Pro Milone* deutlich:[879]

> itaque hoc iudices non sine causa etiam fictis fabulis doctissimi homines memoriae prodiderunt, eum qui patris ulciscendi causa matrem necavisset, variatis hominum sententiis, non solum divina, sed etiam sapientissimae deae sententia liberatum.

> Daher haben, ihr Richter, die gelehrtesten Menschen dies nicht ohne Grund sogar durch fiktive Geschichten überliefert, dass derjenige, der seine Mutter getötet habe, um seinen

---

fabula(e) im Sinne von unwahrscheinlichen, wenn nicht sogar unmöglichen Sachen oder Ereignissen eingestuft werden; s. das Kapitel 4.7.1.1 dieser Arbeit.

877 Hierzu gehören: das Verb für das Aufführen eines Bühnenstücks (*agere*), die Begriffe für das Theater (*in theatris; tota cavea*) und die Ausdrücke des tosenden Beifalls (*plaudere; qui clamores; admirationibus maximis*). Insbesondere der Gegensatz, der an der *Laelius*-Stelle ausgedrückt wird (*Stantes plaudebant in re ficta; quid arbitramur in vera facturos fuisse?*), scheint den Unterschied zwischen der inszenierten und der hypothetischen Situation auszudrücken, Zeuge einer derartigen Freundestreue in der Wirklichkeit zu sein (dann wäre die Begeisterung sogar noch größer).

878 S. das Kapitel 2.7 dieser Arbeit.

879 Cic. Mil. 8. Cicero spielt auf den Fall von Orest an, der seine Mutter (Klytaimestra) getötet hat, um seinen Vater (Agamemnon) zu rächen, und anschließend durch Athenes ausschlaggebende Stimme freigesprochen wurde. Unmittelbar vor dem Zitat führt er einige (nach antikem und modernem Verständnis) historische Beispiele an, die belegen sollen, dass es traditionelles Recht ist, sich auf den *status qualitatis* zu berufen, also auf das Rechtsmittel, das eine Tötung unter besonderen Umständen gerechtfertigt erscheinen lässt.

Vater zu rächen, als die Menschen geteilter Meinung waren, nicht nur durch einen göttlichen Urteilsspruch frei gesprochen worden ist, sondern sogar durch denjenigen der weisesten Göttin.

Das Adjektiv *fictus* bezeichnet auch hier die Fiktivität der Geschichte, die auch in diesem Fall vornehmlich eine Tragödienhandlung (die *Orestie*) ist. Dabei liegt ein *argumentum a minori* vor: Die gelehrten Menschen überliefern sogar in fiktionalen Texten den Umstand, dass die Tötung eines Menschen gerechtfertigt sein kann. Wenn dieser Umstand sogar in der ansonsten fiktiven Welt gilt, muss er erst recht in der realen Welt gelten, in der Milo verdächtigt wird, Clodius getötet zu haben.[880] Die Tatsache, dass Cicero in diesem Zusammenhang von *fictae fabulae* spricht, erklärt sich daher dadurch, dass in fiktiven Geschichten (in diesem Fall: in der Tragödie) generell einzelne Elemente erfunden sind und somit den spezifischen Unterschied zur Erzählgattung *historia* bilden. Die von Cicero explizit erwähnten Elemente aus der *Orestie* sind wohl der *historia* zuzuordnen.[881]

Wenn Cicero daher von fiktiven Geschichten (*fictae fabulae*) spricht, die durch Tragödien exemplifiziert werden, teilt er diejenige Auffassung, die sich in der Konzipierung der Erzählgattung πλάσμα bei Hermogenes, Aphthonios, Priscian und Nikolaos finden lässt, wenngleich dort die Tragödie dezidiert als eigene Gattung beschrieben wird.[882]

4.7.2.3 Die Unterteilung der Erzählung beim Anonymus Seguerianus

Die Unterteilung der Erzählung im Werk des Anonymus Seguerianus (möglicherweise Ende des zweiten / Anfang des dritten Jahrhunderts n.Chr. verfasst)[883] präsentiert sich zwar nicht als Dreiteilung zwischen den Diskursformen *fabula* (μῦθος), *historia* (ἱστορία) und *argumentum* (πλάσμα), sondern als Vierteilung. Aber wie sich herausstellen wird, konzipiert der Autor neben zwei historischen auch zwei fiktionale Gattungen:[884]

> ἔστι δὲ τῶν διηγήσεων εἴδη ταῦτα· αἱ μὲν γὰρ αὐτῶν εἰσιν ἀληθεῖς, αἱ δὲ πεπλασμέναι, καὶ αἱ μὲν ἐπὶ κριτῶν λεγόμεναι, αἱ δὲ καθ' ἑαυτάς. καὶ τῶν καθ' ἑαυτὰς αἱ μέν εἰσι βιωτικαί, αἱ δὲ

---

[880] Es ist sicherlich kein Zufall, dass Cicero auf die Verwendung der Eigennamen verzichtet. Vielmehr zeigt dieser Umstand, dass er – wie Aristoteles (s. das Kapitel 4.4 dieser Arbeit) zumindest einigen fiktiven Geschichten einen Allgemeinheitscharakter zuweist.
[881] Hinsichtlich Athenes Eingreifen ist fraglich, ob Cicero es als historisch oder erfunden betrachtet.
[882] S. das Kapitel 4.7.2.2.1 dieser Arbeit.
[883] Vgl. Dilts/Kennedy (1997) xiii.
[884] Anon. Seg. 53–55 Dilts/Kennedy (1997) 18 (RhG I 2, 363,20–24 Spengel/Hammer).

ἱστορικαί, αἱ δὲ μυθικαί, αἱ δὲ περιπετικαί. τῶν δὲ ἐπὶ κριτῶν αἱ μὲν κατὰ τὸ ἀμφισβητούμενον αὐτὸ συνίστανται, αἱ δὲ πρὸς ἰδίας διηγήσεις τῆς ὑποθέσεως λέγονται, αἱ δὲ παρεμπίπτουσι πίστεως ἕνεκεν ἢ αὐξήσεως ἢ διαβολῆς ἢ ἄλλου τινὸς τοιούτου, ἅστινας καὶ παραδιηγήσεις τινὲς καλοῦσιν.

Die Gattungen der Erzählungen sind die folgenden: die einen von ihnen sind wahr, die anderen erfunden, und die einen werden in Anwesenheit von Richtern gesprochen, die anderen aber um ihrer selbst willen. Und von denjenigen, die um ihrer selbst willen gesprochen werden, sind die einen biographisch (βιωτικαί), die anderen historisch (ἱστορικαί), wieder andere ‚mythisch' (μυθικαί) und wieder andere umschwunghaft (περιπετικαί). Von denjenigen, die in Anwesenheit von Richtern gesprochen werden, werden die einen mit direktem Bezug auf den Streitfall konzipiert, die anderen für Erzählungen von Einzelheiten, die zur (Prozess-)Rede gehören, gesprochen und wieder andere werden eingefügt um eines Beweises willen oder einer Amplifikation oder einer Anschuldigung oder um etwas Anderen willen von dieser Art; einige nennen diese [sc. zuletzt genannten] Erzählungen Nebenerzählungen (παραδιηγήσεις).

Eine Analyse der relevanten Erzählgattungen führt zu den folgenden Ergebnissen:[885] Von den vier unterschiedenen Erzählungen um ihrer selbst willen (διηγήσεις βιωτικαί, διηγήσεις ἱστορικαί, διηγήσεις μυθικαί und διηγήσεις περιπετικαί) entsprechen die διηγήσεις μυθικαί wahrscheinlich der Darstellung von unwahrscheinlichen, wenn nicht sogar unmöglichen Ereignissen, also der Erzählgattung *fabula*/μῦθος.[886] Es kommt aber auch die Möglichkeit in Betracht, dass hierin die Fabel zu sehen ist, wie es bei Priscian und möglicherweise schon bei Hermogenes der Fall ist.[887]

---

885 Für eine ausführliche Analyse dieser Erzähltheorie vgl. Feddern (2017) 266–274.
886 Zur Erzählgattung *fabula* (μῦθος) s. die Kapitel 4.7.1 und 4.7.1.1 dieser Arbeit. Die einzige andere Stelle, an der der Anonymus Seguerianus ein Wort aus der Wortfamilie von μυθικός verwendet, ist eine Stelle, an der er das Substantiv μῦθος gebraucht; vgl. Anon. Seg. 99 Dilts/Kennedy (1997) 28: ποιεῖ τε ἡδονὴν ἐνίοτε καὶ ἀρχαιολογία παραληφθεῖσα εὐκαίρως, ὡς παρ' Ὑπερίδῃ ὁ τῆς Λητοῦς μῦθος. Wie das Wort ἀρχαιολογία im Kontext der Stelle sowie das entsprechende Fragment aus Hyperides' Delischer Rede deutlich machen (vgl. Hyp. fr. 67 Blass (1894) 104 f.: λέγεται γὰρ τὴν Λητὼ κυοῦσαν τοὺς παῖδας ἐκ Διὸς ἐλαύνεσθαι ὑπὸ τῆς Ἥρας κατὰ πᾶσαν γῆν καὶ θάλατταν· ἤδη δὲ αὐτὴν βαρυνομένην καὶ ἀποροῦσαν ἐλθεῖν εἰς τὴν χώραν τὴν ἡμετέραν, καὶ λῦσαι τὴν ζώνην ἐν τῷ τόπῳ, ὃς νῦν Ζωστὴρ καλεῖται), handelt es sich um eine aitiologische Geschichte, die als historisch angesehen worden sein dürfte, da davon berichtet wird, dass Leto auf Delos Apoll und Artemis geboren hat, weswegen der Ort Ζωστήρ genannt wurde (da der griechische Ausdruck λύω τὴν ζώνην [„den Gürtel lösen"] das Gebären bezeichnet, ist der Ort Ζωστήρ [„Gürtel"] genannt worden). Daher gewährt diese Stelle wenig Aufschluss über die Bedeutung von μυθικός an der fraglichen Stelle.
887 Vgl. Priscian, *Praeexercitamina* p. 34 Passalacqua (1987): *fabularis* [sc. *narratio*] *est ad fabulas supra dictas pertinens* (s. das Kapitel 4.7.2.6 dieser Arbeit); Hermog. Progym. 2,3 Patillon (2008) 183 (s. das Kapitel 4.7.2.2 dieser Arbeit).

Bei den διηγήσεις περιπετικαί handelt es sich um das διήγημα πλασματικόν nach derjenigen Auffassung, die bei Hermogenes und Nikolaos ebenso wie bei Aphthonios und Priscian vorliegt. Dieser Auffassung zufolge konstituieren sowohl die Komödie als auch die Tragödie eine Erzählgattung, die πλασματικόν (Hermogenes, Nikolaos) oder δραματικόν (Hermogenes, Aphthonios) oder πεπλασμένον (Aphthonios) oder περιπετικόν (Anonymus Seguerianus) genannt werden konnte.[888] Diese Erzählungen werden wahrscheinlich deshalb als διηγήσεις περιπετικαί bezeichnet, weil der Umschwung der Handlung (περιπέτεια) ein wesentliches Element der dramatischen Gattungen ist.[889] In Opposition zu den διηγήσεις μυθικαί werden die διηγήσεις περιπετικαί die realistische Fiktion bezeichnen – es sei denn, dass in den διηγήσεις μυθικαί die Fabel zu sehen ist.

Unter den διηγήσεις ἱστορικαί wird man die Erzählung von historischen, also realen Ereignissen verstehen.[890] In den διηγήσεις βιωτικαί muss man Biographien erblicken.[891] Somit verhalten sich die διηγήσεις βιωτικαί in der Form zu den διηγήσεις ἱστορικαί, dass die διηγήσεις βιωτικαί personenzentriert die geschehenen Handlungen und Charakterzüge von Personen beinhalten, wohingegen die διηγήσεις ἱστορικαί sachzentriert geschehene Ereignisse schildern.[892]

---

888 Zum διήγημα πλασματικόν bei Hermogenes, Aphthonios, Priscian und Nikolaos s. das Kapitel 4.7.2.2.1 dieser Arbeit.
889 Vgl. Arist. Poet. 1450a33–35 (mit Blick auf die Tragödie): πρὸς δὲ τούτοις τὰ μέγιστα οἷς ψυχαγωγεῖ ἡ τραγῳδία τοῦ μύθου μέρη ἐστίν, αἵ τε περιπέτειαι καὶ ἀναγνωρίσεις. Zur Definition vgl. ib. 1452a22–26: Ἔστι δὲ περιπέτεια μὲν ἡ εἰς τὸ ἐναντίον τῶν πραττομένων μεταβολὴ καθάπερ εἴρηται, καὶ τοῦτο δὲ ὥσπερ λέγομεν κατὰ τὸ εἰκὸς ἢ ἀναγκαῖον, οἷον ἐν τῷ Οἰδίποδι ἐλθὼν ὡς εὐφρανῶν τὸν Οἰδίπουν καὶ ἀπαλλάξων τοῦ πρὸς τὴν μητέρα φόβου, δηλώσας ὃς ἦν, τοὐναντίον ἐποίησεν.
890 An den beiden anderen Stellen, an denen der Anonymus Seguerianus das Adjektiv ἱστορικός bzw. das Substantiv ἱστορία verwendet, scheint ebenfalls die Bedeutung „historisch" bzw. „Geschichtsschreibung" vorzuliegen; vgl. Anon. Seg. 133 Dilts/Kennedy (1997) 36: πολλάκις δέ φησι καὶ δι' αὐτὸ τὸ μῆκος, ἐὰν ὦσι μακραί [sc. διηγήσεις], μεριστέον αὐτάς, ἵνα μὴ ὡς ἐν ἱστορίᾳ ἀφηγώμεθα; ib 252 (p. 70–72): ὅπου δὲ πανήγυρις, τοὺς δεσμούς, φησί, τῶν κώλων οὐ τραχεῖς, ἀλλὰ λείους ἀποδώσομεν, καὶ τὴν λέξιν ὡσαύτως οὐ τραχεῖαν, ἀλλὰ ἱστορικὴν προθήσομεν, τὸ μὲν κῶλον οὐ ποιητικὸν ἔχουσαν, ἐγγὺς δὲ τοῦ γλαφυροῦ καὶ ἡδέος.
891 Für diese Auffassung gibt es eine Parallele in der von Asklepiades vertretenen und von Sextus Empiricus referierten Aufgliederung der ἱστορία (= διήγησις). Denn in ihr werden drei Formen der wahren Erzählung (ἱστορία ἀληθής = ἱστορία πρακτική) unterschieden: (1) Erzählungen über die Personen, und zwar Götter, Heroen und berühmte Menschen (περὶ τὰ πρόσωπα θεῶν καὶ ἡρώων καὶ ἀνδρῶν ἐπιφανῶν); (2) Erzählungen über Orte und Zeiten (περὶ τοὺς τόπους καὶ χρόνους); (3) Erzählungen über Ereignisse (περὶ τὰς πράξεις); vgl. Sext. Emp. adv. math. 1,252f. (s. das Kapitel 4.7.1.2.1 dieser Arbeit). Für eine biographische Passage innerhalb eines Geschichtswerkes vgl. z. B. Polyb. 10,2.
892 Nach der hier vorgeschlagenen Deutung würde die gesamte Unterteilung der Erzählung ein kohärentes System darstellen, da die einleitend unterschiedenen wahren und erfundenen Er-

4.7.2.4 Die Unterteilung der Erzählung in den Scholien zu Dionysios Thrax

Auch in den Scholien zu Dionysios Thrax lässt sich die Dreiteilung zwischen μῦθος (*fabula*), ἱστορία (*historia*) und πλάσμα (*argumentum*) wiederfinden:[893]

> πλάσμα δὲ τὸ μὴ ἀληθῶς πεποιημένον, ἀλλ' ὑπό τινος ἐσκευασμένον· ἱστορία δὲ πραγμάτων γεγονότων ἢ ὄντων ἐν δυνατῷ σαφὴς ἀπαγγελία· μῦθος δὲ ξένων πραγμάτων ἀπηρχαιωμένων διήγησις, ἢ ἀδυνάτων πραγμάτων παρεισαγωγή· πλάσμα ⟨δὲ⟩ τὸ δυνάμενον μὲν γενέσθαι, μὴ γενόμενον δέ.

> Πλάσμα ist das, was nicht wahrheitsgemäß gedichtet ist, sondern von jemandem erfunden wurde. Ἱστορία ist der deutliche Bericht von geschehenen oder möglichen Dingen. Μῦθος ist die Erzählung von seltsamen Dingen, die in die Überlieferung eingegangen sind, oder die Einführung von unmöglichen Dingen. Πλάσμα ist das, was geschehen kann, aber nicht geschehen ist.

Diese Textstelle ist in wesentlichen Punkten textkritisch umstritten. Barwick sondert aus den beiden Rezensionen des Werkes, die miteinander kontaminiert seien, einige Bestimmungen aus, so dass er den folgenden Text herstellt:[894]

> [πλάσμα δὲ τὸ μὴ ἀληθῶς πεποιημένον, ἀλλ' ὑπό τινος ἐσκευασμένον·] ἱστορία δὲ πραγμάτων γεγονότων [ἢ ὄντων ἐν δυνατῷ] σαφὴς ἀπαγγελία· μῦθος δὲ [ξένων πραγμάτων ἀπηρχαιωμένων διήγησις, ἢ] ἀδυνάτων πραγμάτων παρεισαγωγή· πλάσμα ⟨δὲ⟩ τὸ δυνάμενον μὲν γενέσθαι, μὴ γενόμενον δέ.

> [Πλάσμα ist das, was nicht wahrheitsgemäß gedichtet ist, sondern von jemandem erfunden wurde.] Ἱστορία ist der deutliche Bericht von geschehenen [oder möglichen Dingen]. Μῦθος ist [die Erzählung von seltsamen Dingen, die in die Überlieferung eingegangen sind, oder] die Einführung von unmöglichen Dingen. Πλάσμα ist das, was geschehen kann, aber nicht geschehen ist.

Die Schwierigkeit besteht offenkundig darin, dass die verschiedenen Definitionen zumindest den Eindruck erwecken, nicht miteinander kompatibel zu sein.[895] Diese Schwierigkeit betrifft v. a. den Ausdruck des Möglichen (ὄντα ἐν δυνατῷ) innerhalb der Definition der Erzählgattung ἱστορία. Die Darstellung von möglichen Dingen gehört in der überlieferten Textversion sowohl zum πλάσμα als auch zur ἱστορία. In der von Barwick hergestellten Textkonstitution hingegen werden

---

zählungen eine (relativ eindeutige) Entsprechung in der weiteren Unterteilung haben: die wahren Erzählungen sind die διηγήσεις βιωτικαί (Biographien) und die διηγήσεις ἱστορικαί (Geschichtsschreibung). Zu den erfundenen Erzählungen gehören die διηγήσεις μυθικαί und die διηγήσεις περιπετικαί.

893 Schol. Dionys. Thr. GG I 3, 449,10–14 Hilgard. Der erste zitierte Satz wird von Hilgard athetiert.
894 Vgl. Barwick (1928) 264 f. Calboli Montefusco (1988) 49 Fußn. 32 folgt Barwick.
895 Vgl. Rispoli (1988) 187 Fußn. 40, die sogar von Widersprüchen spricht.

die drei Erzählgattungen μῦθος (*fabula*), ἱστορία (*historia*) und πλάσμα (*argumentum*) klar voneinander getrennt, indem sie so definiert werden, wie es zumeist der Fall ist.[896]

Es ist aber überaus fragwürdig, ob die textkritischen Normierungen gerechtfertigt sind. Denn in der überlieferten Textversion liegen zwar Überschneidungen zwischen dem πλάσμα und der ἱστορία vor, da das Mögliche zu beiden Erzählgattungen gehört, aber Widersprüche lassen sich nicht erkennen. Wenn die ἱστορία als deutliche Darstellung von geschehenen oder möglichen Dingen definiert wird,[897] ist die dahinter stehende Vorstellung wohl diejenige, dass in den grundsätzlich historischen Gattungen (i.W. Geschichtsschreibung, Epos, Tragödie) größtenteils historische Ereignisse geschildert werden, aber nicht alle geschilderten Ereignisse zweifelsfrei stattgefunden haben, sondern einige Lücken in der Überlieferung durch plausible Vermutungen geschlossen werden, die dem Bereich des Möglichen (wenn nicht sogar Wahrscheinlichen) entstammen.[898] Die Tatsache, dass das Mögliche innerhalb der historischen Erzählgattung eine Rolle spielt, erklärt sich insbesondere dann, wenn man bedenkt, dass die ἱστορία (*historia*) im antiken Fiktionalitätsdiskurs häufig als Darstellung von weit zurückliegenden Ereignissen definiert wird.[899] Im Gegensatz zur ἱστορία (*historia*) besteht die Erzählgattung πλάσμα (*argumentum*) nicht nur anteilig, sondern gänzlich aus möglichen Fiktionen.

Das Mögliche lässt sich auch in dem Traktat eines anonymen Rhetors über die acht Teile der rhetorischen Rede (Περὶ τῶν ὀκτὼ μερῶν τοῦ ῥητορικοῦ λόγου) als Bestimmung der historischen Erzählgattung wiederfinden:[900]

> Διήγημά ἐστιν ἔκθεσις καὶ ἀπαγγελία πράξεώς τινος· ἔστι δὲ τὸ μὲν διήγημα δραματικόν, τὸ δὲ ἱστορικόν, τὸ δὲ πολιτικόν· [...] ἱστορικὸν δὲ διήγημα τὸ παλαιὰν καὶ ἀρχαίαν ἔχον διήγησιν, καὶ πεφυκὸς γενέσθαι καὶ μὴ ἀδύνατον [...].
>
> Eine Erzählung ist eine Darstellung und ein Bericht einer Handlung. Die eine Erzählung ist die dramatische, die andere die historische, wieder eine andere die politische. [...] Die his-

---

896 Zur traditionellen Dreiteilung zwischen *historia* (ἱστορία), *fabula* (μῦθος) und *argumentum* (πλάσμα) s. die Kapitel 4.7.1 und 4.7.1.1 dieser Arbeit.
897 Die Deutlichkeit ist als eine der meistens drei Charakteristika der Erzählung neben der Kürze und der Plausibilität zu verstehen; vgl. z. B. Cic. inv. 1,28 f.: *Oportet igitur eam* [sc. *narrationem*] *tres habere res: ut brevis, ut aperta, ut probabilis sit*; rhet. Her. 1,14.
898 Man denke an die Aristotelische Poetik. Denn Aristoteles fordert vom Dichter eine fiktionale Darstellung auch in dem Sinne ein, dass er geringe Abweichungen von einer im Kern historischen Geschichte vornimmt, die dadurch zustande kommen, dass er zu Zwecken der Motivierung Lücken in der Überlieferung schließt oder Details abändert; s. das Kapitel 4.4 dieser Arbeit.
899 S. die Kapitel 4.7.1 und 4.7.1.1 dieser Arbeit.
900 RhG III 591,9–11 und 591,25–592,1 Walz.

torische Erzählung ist diejenige, die eine alte und frühe Erzählung beinhaltet, und die physisch möglich und nicht unmöglich ist [...].

Den Umstand, dass der Scholiast die Tragödie i.w. als historische Gattung und die Komödie als Repräsentanten des πλάσμα aufgefasst hat, belegt die folgende Stelle:[901]

> Διαφέρει δὲ τραγῳδία κωμῳδίας, ὅτι ἡ μὲν τραγῳδία ἱστορίαν καὶ ἀπαγγελίαν ἔχει πράξεων γενομένων, ἡ δὲ κωμῳδία πλάσματα περιέχει βιωτικῶν πραγμάτων.
>
> Die Tragödie unterscheidet sich dadurch von der Komödie, dass die Tragödie die ἱστορία und somit einen Bericht von geschehenen Ereignissen beinhaltet, die Komödie aber (realistische) Fiktionen (πλάσματα) von Dingen enthält, die aus dem Leben gegriffen sind.

Außerdem lässt sich die Vermengung des Wahren und des Möglichen – in etwas anderer Form – auch bei Servius antreffen.[902]

Was die Bestimmung angeht, dass der μῦθος die Erzählung von seltsamen Dingen, die in die Überlieferung eingegangen sind, sein kann, lässt sich nicht einsehen, warum diese Bestimmung athetiert werden sollte. In der überlieferten Textversion wird die Erzählgattung μῦθος auf annähernd dieselbe Weise definiert, auf die sie zumeist definiert wird, nämlich als Darstellung von unwahrscheinlichen, wenn nicht sogar unmöglichen Ereignissen. Der Begriff ξένος („seltsam") weist dabei eher auf Mirabilien.

Was schließlich die erste Definition des πλάσμα als Erfindung (ohne dass der Grad der Wirklichkeitsferne spezifiziert wird) betrifft, ist auch ihre Athetese nicht gerechtfertigt, wenn man berücksichtigt, dass es in demselben Werk Stellen gibt, an denen die beiden Begriffe πλάσμα und μῦθος synonym im Sinne von „Fiktion" verwendet werden. Dies zeigt sich zum einen anhand der Definition des Dichters:[903]

> Ποιητὴς δὲ κεκόσμηται τοῖς τέσσαρσι τούτοις, μέτρῳ, μύθῳ, ἱστορίᾳ καὶ ποιᾷ λέξει· καὶ πᾶν ποίημα μὴ μετέχον τούτων οὐκ ἔστι ποίημα, εἰ καὶ μέτρῳ κέχρηται.
>
> Ein Dichter ist durch diese Vierzahl ausgezeichnet: Metrum, μῦθος, ἱστορία und eine bestimmte Ausdrucksweise. Und jedes Gedicht, das nicht hieran Anteil hat, ist kein Gedicht, auch wenn es ein Metrum verwendet hat.

---

901 Schol. Dionys. Thr. GG I 3, 475,23–25 Hilgard. Zur Komödie vgl. auch ib. 16,22f.: τὰ δὲ βιωτικά, τουτέστι τὰ κωμικά, ὡς ἐν τῷ βίῳ, τουτέστι μιμουμένους γυναῖκας νέας [...].
902 Vgl. Serv. Aen. 1,235; s. das Kapitel 4.7.3.3 dieser Arbeit (S. 369).
903 Schol. Dionys. Thr. GG I 3, 449,4–6 Hilgard.

Hilgard suppliert an dieser Stelle ⟨ἢ πλάσματι⟩ („oder πλάσμα") hinter μύθῳ. Aber Dahlmann weist diese Ergänzung zu Recht zurück,[904] da eben diese Stelle zusammen mit anderen Stellen zeigt, dass μῦθος und πλάσμα synonym i.S.v. „Fiktion" gebraucht werden können. An der folgenden Stelle wird zwar μῦθος mit πλάσμα koordiniert, so dass eher die spezielleren Bedeutungen (phantastische vs. realistische Fiktion) vorliegen:[905]

> Εἰδέναι χρὴ ὅτι ταῦτα χαρακτηρίζει ποιητὴν κυρίως, μέτρον, μῦθος ἤτοι πλάσμα, ⟨γλῶσσα⟩, ἱστορία καὶ ποιὰ λέξις.
>
> Man muss wissen, dass dies den Dichter im Wesentlichen charakterisiert: Metrum, μῦθος oder πλάσμα, ⟨Glosse⟩, ἱστορία und eine bestimmte Ausdrucksweise.

Aber an zwei anderen Stellen werden innerhalb derselben Reihe der vier Anforderungen an den Dichter die beiden Begriffe μῦθος und πλάσμα alternierend verwendet, ohne dass ein Bedeutungsunterschied ersichtlich wäre:[906]

> Χρὴ γὰρ εἰδέναι, ὅτι ταῦτα χαρακτηρίζει ποιητήν, μέτρον, πλάσμα, ἱστορία, ποιὰ λέξις.
>
> Man muss nämlich wissen, dass dies den Dichter charakterisiert: Metrum, πλάσμα, ἱστορία, eine bestimmte Ausdrucksweise.

> Ποιητὴς δὲ κεκόσμηται τοῖς τέσσαρσι τούτοις, μέτρῳ, μύθῳ, ἱστορίᾳ καὶ ποιᾷ λέξει, καὶ πᾶν ποίημα μὴ μετέχον τῶν τεσσάρων τούτων οὐκ ἔστι ποίημα.
>
> Ein Dichter ist durch diese Vierzahl ausgezeichnet: Metrum, μῦθος, ἱστορία und eine bestimmte Ausdrucksweise, und jedes Gedicht, das nicht an dieser Vierzahl Anteil hat, ist kein Gedicht.

Daher ist Dahlmann auch in der Ansicht zu folgen, dass die Zweiteilung zwischen ὑποκείμενα πράγματα und ὡς ὑποκείμενα πράγματα an einer anderen Stelle so zu verstehen ist, dass die ὑποκείμενα πράγματα der ἱστορία entsprechen und die ὡς ὑποκείμενα πράγματα zum einen μῦθος (im Sinne der „unwahrscheinlichen, wenn nicht sogar unmöglichen Fiktion") und zum anderen πλάσμα (im Sinne der „möglichen Fiktion") umfassen:[907]

---

904 Vgl. Dahlmann (1953) 129 Fußn. 1.
905 Schol. Dionys. Thr. GG I 3, 300,34–36 Hilgard. Ob die Supplierung von γλῶσσα (mit Glossen sind auffällige – um nicht zu sagen: eigenartige – Wörter gemeint) gerechtfertigt ist, sei dahingestellt.
906 Schol. Dionys. Thr. GG I 3, 166,16 f. und 168,8–10 Hilgard.
907 Schol. Dionys. Thr. GG I 3, 180,4–7 Hilgard.

ποίημά ἐστι φράσις ἔμμετρος καὶ εὔρυθμος [...] κατὰ τῶν ὑποκειμένων πραγμάτων ἢ ὡς ὑποκειμένων τιθεμένη, ὑποκειμένων μὲν θείων τε καὶ ἀνθρωπίνων, ὡς ὑποκειμένων δέ, οἷον Σκύλλης, Χιμαίρας καὶ τῶν ὁμοίων.

Ein Gedicht ist eine metrisch gebundene und rhythmische Rede [...], die aus den zugrunde liegenden oder quasi zugrunde liegenden Dingen zusammengesetzt ist; aus zugrunde liegenden göttlichen und menschlichen Dingen, aus quasi zugrunde liegenden Dingen wie z. B. Skylla, Chimaira[908] und dem Ähnlichen.

4.7.2.5 Die Unterteilung der Erzählung bei Nikolaos

Die Untergliederung der Erzählung (διήγημα) nach dem dargestellten Inhalt präsentiert sich bei Nikolaos (5. Jahrhundert n. Chr.) als Vierteilung, wobei die gerichtliche Erzählung die vierte Gattung darstellt:[909]

ἔτι τῶν διηγημάτων τὰ μέν ἐστι μυθικά, τὰ δὲ ἱστορικά, τὰ δὲ πραγματικά, ἃ καὶ δικανικὰ καλοῦσι, τὰ δὲ πλασματικά. μυθικὰ μὲν οὖν ἐστι τὰ οὐκ ἀναμφισβητήτου πίστεως ἠξιωμένα, ἀλλ' ἔχοντα καὶ ψεύδους ὑπόνοιαν, οἷα τὰ περὶ Κυκλώπων καὶ Κενταύρων· ἱστορικὰ δὲ ⟨τὰ⟩ τῶν ὁμολογουμένως γενομένων παλαιῶν πραγμάτων, οἷα τὰ περὶ Ἐπιδάμνου· πραγματικὰ δὲ ἤτοι δικανικὰ τὰ ἐν τοῖς πολιτικοῖς ἀγῶσι λεγόμενα· πλασματικὰ δὲ τὰ ἐν ταῖς κωμῳδίαις καὶ ὅλως τὰ ἐν τοῖς ἄλλοις δράμασι.

Ferner sind von den Erzählungen die einen ‚mythisch', die anderen historisch, wieder andere pragmatisch, die man auch gerichtliche nennt, und wieder andere ‚plasmatisch'. ‚Mythisch' sind diejenigen Erzählungen, die keinen unumstößlichen Glauben verdienen, sondern sogar den Eindruck einer unwahren Erzählung erwecken, wie z. B. die Geschichten über die Zyklopen und Kentauren. Historisch sind die Erzählungen von alten Dingen, die nach allgemeiner Überzeugung geschehen sind, wie z. B. die Geschehnisse um Epidamnos. Pragmatisch oder gerichtlich sind die Erzählungen, die in öffentlichen Entscheidungssituationen gesprochen werden. ‚Plasmatisch' sind die Erzählungen in den Komödien und insgesamt diejenigen in den anderen Dramen.

Inhaltlich betrachtet lassen sich teilweise Unterschiede zu den drei Erzählgattungen μῦθος (*fabula*), ἱστορία (*historia*) und πλάσμα (*argumentum*) bei Cicero und dem *Auctor ad Herennium* erkennen.[910] Was das διήγημα μυθικόν betrifft, fällt auf, dass Nikolaos es nicht als unwahrscheinliche, wenn nicht sogar (physisch) unmögliche Erzählung definiert, wenngleich das von ihm gewählte Beispiel (die

---

908 Zur Chimaira, einem feuerspeienden Monster, vgl. Hom. Il. 6,179; 16,328; Hes. Th. 319.
909 Nikolaos RhG XI Felten (1913) 12,17–13,4. Zur Definition der Erzählung und zum Begriff διήγημα in Opposition zu διήγησις s. das Kapitel 6.1 dieser Arbeit. Zur Untergliederung der Erzählung nach dem Kriterium der sprechenden Person vgl. Nikolaos RhG XI Felten (1913) 12,7–17 (s. das Kapitel 5.1.3 dieser Arbeit).
910 S. die Kapitel 4.7.1 und 4.7.1.1 dieser Arbeit.

Geschichten über die Kyklopen und Kentauren) zeigt, dass er wahrscheinlich eben diese Art von Erzählung im Blick hat.[911] Er definiert stattdessen die ‚mythischen' Erzählungen zurückhaltender als Geschichten, die keinen unumstößlichen Glauben verdienen, sondern sogar den Eindruck einer falschen Erzählung erwecken, wodurch die Abgrenzung zum διήγημα πλασματικόν ins Schwanken gerät.[912]

Die historischen Erzählungen definiert Nikolaos im Großen und Ganzen in traditioneller Weise, wenn er sie als Erzählung von geschehenen Ereignissen definiert und hinzufügt, dass die entsprechenden Ereignisse weit zurückliegen.[913] Auf der anderen Seite fügt Nikolaos das Kriterium der allgemeinen Überzeugung hinzu, wenn er historische Erzählungen als Erzählungen von alten Dingen definiert, die nach allgemeiner Überzeugung geschehen sind. Diesem Zusatz liegt wohl die Einsicht zugrunde, dass, je weiter die entsprechenden Ereignisse zurückliegen, desto weniger Gewissheit über die historische Wirklichkeit besteht und divergierende Darstellungen hiervon existieren.

Eine Definition des διήγημα πλασματικόν gibt Nikolaos zwar nicht an der soeben zitierten Stelle. Aber er trägt sie an derjenigen Stelle nach, an der er diese Erzählgattung von der Fabel (μῦθος) abgrenzt:[914]

> ἔτι κοινωνεῖ τὰ πλασματικὰ διηγήματα τοῖς μύθοις τῷ ἀμφότερα πεπλάσθαι, διαφέρει δὲ καὶ ταῦτα ἀλλήλων, ὅτι τὰ μὲν πλασματικὰ διηγήματα, εἰ καὶ μὴ ἐγένετο, ἀλλ' ἔχει φύσιν γενέσθαι, οἱ δὲ μῦθοι οὔτε ἐγένοντο οὔτε φύσιν ἔχουσι γενέσθαι.
>
> Ferner haben die ‚plasmatischen' Erzählungen mit den Fabeln gemeinsam, dass beide erfunden sind, sie unterscheiden sich aber dadurch voneinander, dass die ‚plasmatischen' Erzählungen, auch wenn sie nicht geschehen sind, nichtsdestotrotz physisch möglich sind, die Fabeln aber weder geschehen sind noch physisch möglich sind.

Daher definiert Nikolaos die Erzählgattung πλάσμα bzw. das διήγημα πλασματικόν in traditioneller Weise als mögliche Fiktion. Zur Frage, inwiefern sowohl die

---

911 Zu den Zyklopen vgl. Hom. Od. 9,106–564; Hes. Theog. 1,139–146. Zur Fiktivität der Zyklopen vgl. Hor. ars 143–145 (s. S. 471). Zur Fiktivität der Kentauren vgl. Theon RhG II Spengel (1966) 95,3–8 (s. S. 360); Hermog. Περὶ ἰδεῶν λόγου 2,10,37–41 Patillon (2012) 212f. (s. das Kapitel 6.2 dieser Arbeit).
912 Zum Hintergrund dieser Definition s. das Kapitel 6.3 dieser Arbeit.
913 Wie Cicero und der *Auctor ad Herennium*, nicht aber Quintilian und Priscian macht Nikolaos den Zusatz, dass das geschehene Ereignis weit zurückliegt; s. die Kapitel 4.7.1, 4.7.1.1, 4.7.2.1 und 4.7.2.6 dieser Arbeit. Mit den Geschehnissen um Epidamnos führt er ein Beispiel für eine Erzählung an, die sich bei Thukydides findet; vgl. Thuk. 1,24–30.
914 Nikolaos RhG XI Felten (1913) 13,9–13. Zur Unterscheidung zwischen der Fabel und mythischen Erzählungen s. das Kapitel 6.3 dieser Arbeit.

Komödie als auch die anderen dramatischen Gattungen, insbesondere die Tragödie, die fiktionale Erzählgattung πλάσμα konstituieren, wird im Zusammenhang mit derselben Erzählgattung bei Hermogenes, Aphthonios und Priscian alles Notwendige expliziert.[915]

4.7.2.6 Die Unterteilung der Erzählung bei Priscian

Priscian, der sich in seinem Progymnasmata-Handbuch (ca. 500 n.Chr.) eng an (Pseudo-)Hermogenes anlehnt,[916] unterteilt die Erzählung in vier Erzählgattungen, wobei die vierte Gattung die rhetorische Rede ist:[917]

> species autem sunt narrationum quattuor, fabularis fictilis historica civilis. fabularis est ad fabulas supra dictas pertinens, fictilis ad tragoedias sive comoedias ficta, historica ad res gestas exponendas, civilis, quae ab oratoribus in exponendis sumitur causis.
>
> Es gibt aber vier Erzählgattungen: die fabulöse, die fiktive, die historische und die zivile. Die fabulöse ist diejenige, die zu den Fabeln, die oben erwähnt wurden, gehört; die fiktive ist diejenige, die für Tragödien oder Komödien fingiert ist; die historische ist diejenige, die zur Darstellung von geschehenen Ereignissen verfasst ist;[918] die zivile ist diejenige, die von Rednern bei der Darstellung von Prozessen in Anspruch genommen wird.

Die fabulöse Erzählung (*narratio fabularis*) ist diejenige Erzählform, die in den Fabeln zum Ausdruck kommt, die Priscian als erstes Progymnasma behandelt und in traditioneller Weise als fiktionale Rede definiert, die durch ihre wahrscheinliche Komposition eine Wahrheit abbildet (*fabula est oratio ficta verisimili dispositione imaginem exhibens veritatis*).[919] Aufgrund der Tatsache, dass sich Priscian eng an (Pseudo-)Hermogenes anlehnt, ist daher möglicherweise schon bei Letzterem in der ‚mythischen' Erzählung (διήγημα μυθικόν) die Fabel zu sehen.[920]

Was die fiktionale Erzählgattung (*narratio fictilis*) betrifft, so ist im Zusammenhang mit der entsprechenden Erzählgattung (πλάσμα) bei Hermogenes und

---

915 S. das Kapitel 4.7.2.2.1 dieser Arbeit.
916 S. das Kapitel 4.7.2.2 dieser Arbeit. Calboli Montefusco (1988) 33 Fußn. 1 nennt Priscians Darstellung nicht zu Unrecht „la versione latina di Prisciano dei προγυμνάσματα di Ermogene".
917 Priscian, *Praeexercitamina* p. 34 Passalacqua (1987).
918 Der Verbalausdruck „verfasst ist" ergibt sich aufgrund von Brachylogie aus „fingiert ist" (*ficta*).
919 Vgl. Priscian, *Praeexercitamina* p. 33 f. Passalacqua (1987); Zitat auf S. 33. Zur Wahrscheinlichkeit im Sinne der Plausibilität s. das Kapitel 4.1.1.2 dieser Arbeit.
920 Vgl. Hermog. Progym. 2,3 Patillon (2008) 183; s. das Kapitel 4.7.2.2 dieser Arbeit.

anderen Autoren alles Notwendige gesagt worden.⁹²¹ Mit Blick auf die historische Erzählgattung (*narratio historica*) kann kurz festgehalten werden, dass sie von realen Geschehnissen berichtet.⁹²²

Wenn man Priscians Unterteilung der Erzählung mit der traditionellen Dreiteilung zwischen *historia* (ἱστορία), *fabula* (μῦθος) und *argumentum* (πλάσμα) vergleicht,⁹²³ fällt auf, dass zwar oberflächlich betrachtet die gewohnte Dreiteilung der dargestellten Geschichte vorliegt.⁹²⁴ Es besteht jedoch dadurch ein grundlegender Unterschied zur gewohnten Dreiteilung, dass die Fabel eine eigene Erzählgattung darstellt, wohingegen sie in der Dreiteilung zwischen *historia* (ἱστορία), *fabula* (μῦθος) und *argumentum* (πλάσμα) keine Rolle spielt. Die Tatsache, dass Priscian und möglicherweise schon (Pseudo-)Hermogenes – anders als Cicero und der *Auctor ad Herennium* – die Fabel in die Skalierung der dargestellten Geschichte einbeziehen, erklärt sich sicherlich dadurch, dass sie als Verfasser von Progymnasmata-Handbüchern auch die Fabel behandeln.⁹²⁵ Diese Erzählgattung (*narratio fabularis*) unterscheidet sich nicht durch den Grad der Fiktivität von der fiktionalen Erzählgattung (*narratio fictilis*), sondern durch ihren allegorischen Charakter.

4.7.2.7 Die Unterteilung der Erzählung bei Martianus Capella

Martianus Capella (5. oder frühes 6. Jahrhundert n. Chr.) unterteilt die Erzählung in die folgenden vier Gattungen:⁹²⁶

> Narrationum genera sunt quattuor: historia, fabula, argumentum, negotialis vel iudicialis assertio. historia est, ut Livii; fabula neque vera est neque veri similis, ut Daphnen in arborem versam; argumentum est, quod non facta, sed quae fieri potuerunt, continet, ut in comoediis patrem timeri et amari meretricem: iudicialis autem narratio est rerum gestarum aut veri similium expositio.

> Es gibt vier Gattungen von Erzählungen: Historia, Fabula, Argumentum und die geschäftliche oder gerichtliche Behauptung. Eine Historia ist z. B. diejenige des Livius. Eine Fabula ist

---

921 S. das Kapitel 4.7.2.2.1 dieser Arbeit.
922 Wie Quintilian – aber anders als Cicero und der *Auctor ad Herennium* – verzichtet Priscian auf den Zusatz, dass das geschehene Ereignis weit zurückliegt; s. die Kapitel 4.7.1, 4.7.1.1 und 4.7.2.1 dieser Arbeit.
923 S. die Kapitel 4.7.1 und 4.7.1.1 dieser Arbeit.
924 Die zivile Erzählgattung (*narratio civilis*) kann außer Betracht gelassen werden, da das Kriterium der Fiktionalität für sie keine Rolle spielt.
925 Bei Aphthonios und Nikolaos wird die Fabel aber nicht in die Skalierung der dargestellten Geschichte einbezogen; s. die Kapitel 4.7.2.5 und 4.7.3.2 dieser Arbeit.
926 Mart. Cap. 5,550 Willis (1983) 193.

weder wahr noch wahrscheinlich wie z. B., dass Daphne sich in einen Baum verwandelt hat. Ein Argumentum ist das, was nicht Geschehenes beinhaltet, sondern etwas, das hätte geschehen können wie z. B., dass in den Komödien der Vater gefürchtet und die Dirne geliebt wird. Die gerichtliche Erzählung ist die Darstellung von Dingen, die geschehen oder wahrscheinlich sind.

Wie Quintilian, Hermogenes und Nikolaos betrachtet Martianus Capella die gerichtliche Erzählung als eine der vier Erzählgattungen, ohne sie kategorial von den drei Gattungen *historia, fabula* und *argumentum* zu trennen.[927] Wenn man von der gerichtlichen Erzählung absieht, liegt auch bei Martianus Capella die bekannte Dreiteilung zwischen *historia* (ἱστορία), *fabula* (μῦθος) und *argumentum* (πλάσμα) vor. Auch wenn Martianus Capella die *historia* nicht definiert, sondern nur Livius' Geschichtswerk als Beispiel anführt, ist davon auszugehen, dass er sie, wie es traditionellerweise der Fall ist, als Erzählung von Ereignissen versteht, die wirklich geschehen sind. Die *fabula* wird – wie üblich – als Darstellung von unwahrscheinlichen, wenn nicht sogar unmöglichen Ereignissen definiert.[928]

4.7.2.8 Die Unterteilung der Erzählung bei Isidor aus Sevilla

Auch Isidor aus Sevilla (ca. 560 – 636 n. Chr.) kennt die klassische Dreiteilung der Erzählung in *historia* (ἱστορία), *fabula* (μῦθος) und *argumentum* (πλάσμα):[929]

> historiae sunt res verae quae factae sunt; argumenta sunt quae etsi facta non sunt, fieri tamen possunt; fabulae vero sunt quae nec factae sunt nec fieri possunt, quia contra naturam sunt.

> Historiae sind wahre Dinge, die geschehen sind; Argumenta sind diejenigen Dinge, die, auch wenn sie nicht geschehen sind, dennoch geschehen könnten; Fabulae aber sind diejenigen Dinge, die weder geschehen sind noch geschehen können, weil sie widernatürlich sind.

---

927 Vgl. Quint. inst. 2,4,2 (s. das Kapitel 4.7.2.1 dieser Arbeit); Hermog. Progym. 2,3 Patillon (2008) 183 (s. das Kapitel 4.7.2.2 dieser Arbeit); Nikolaos RhG XI Felten (1913) 12,17–13,4 (s. das Kapitel 4.7.2.5 dieser Arbeit). Die gerichtliche Erzählung entspricht den ersten beiden Gattungen der *narratio* bei Cicero und dem *Auctor ad Herennium* (vgl. Cic. inv. 1,27 und rhet. Her. 1,12; s. das Kapitel 4.7.1 dieser Arbeit) bzw. den διηγήσεις ἐπὶ κριτῶν λεγόμεναι beim Anonymus Seguerianus (vgl. Anon. Seg. 53–55 Dilts/Kennedy [1997] 18; s. das Kapitel 4.7.2.3 dieser Arbeit); vgl. Barwick (1928) 265. Sie wird sogar anschließend wie bei Cicero und dem *Auctor ad Herennium* in zwei Arten unterteilt; vgl. Mart. Cap. 5,551 Willis (1983) 193.
928 Zur traditionellen Dreiteilung zwischen *historia* (ἱστορία), *fabula* (μῦθος) und *argumentum* (πλάσμα) s. die Kapitel 4.7.1 und 4.7.1.1 dieser Arbeit.
929 Isid. orig. 1,44,5. Zur literarischen Fiktion bei Isidor vgl. auch diff. 1,221 (s. das Kapitel 6.4 dieser Arbeit); orig. 8,7,10 (s. das Kapitel 7.2.2 dieser Arbeit).

Die *historia* definiert Isidor, wie es traditionellerweise geschieht, als Darstellung von realen Ereignissen.[930] Das *argumentum* stellt auch bei ihm eine mögliche Fiktion dar. Isidors Definition der Erzählgattung *fabula* ist aber etwas enger, da sie ihm zufolge nur diejenigen Dinge bzw. Ereignisse umfasst, die widernatürlich sind, wohingegen sie in der klassischen Dreiteilung der Erzählgattungen als unwahrscheinliche, wenn nicht sogar (physisch) unmögliche Erzählung definiert wird.[931]

4.7.2.9 Die Unterteilung der Erzählung in den Terenzscholien

Auch in den Terenzscholien, und zwar in den Scholien des *commentarius recentior* (11. Jahrhundert), lässt sich die Dreiteilung zwischen *historia* (ἱστορία), *fabula* (μῦθος) und *argumentum* (πλάσμα) wiederfinden:[932]

> videndum est, in quo fabula, historia, argumentum differant. fabula est res ficta nec vera nec verisimilis, historia est res gesta a memoria hominum propter vetustatem dimota, argumentum ratio rei dubiae faciens fidem; argumentum interdum res ficta, quae tamen sic fieri potuit [...].

> Man muss sehen, worin sich Fabula, Historia und Argumentum unterscheiden. Fabula ist eine erfundene und weder wahre noch wahrscheinliche Sache, Historia ist eine geschehene Sache, die aufgrund ihres Alters aus der Erinnerung der Menschen gerückt ist, und Argumentum ist ein Vernunftgrund, der einer fraglichen Sache Glaubwürdigkeit verleiht; bisweilen ist Argumentum eine erfundene Sache, die dennoch so hätte geschehen können [...].

Im Wesentlichen entspricht diese Dreiteilung derjenigen, die bei Cicero und dem *Auctor ad Herennium* vorliegt:[933] die *fabula* (μῦθος) wird definiert als unwahrscheinliche, wenn nicht sogar unmögliche Erzählung. In der *historia* (ἱστορία) wird ein geschehenes Ereignis dargestellt.[934] Das *argumentum* (πλάσμα) schließ-

---

930 Wie Quintilian und Priscian, aber anders als Cicero und der *Auctor ad Herennium* verzichtet Isidor auf den Zusatz, dass die entsprechenden Ereignisse weit zurückliegen; s. die Kapitel 4.7.1, 4.7.1.1, 4.7.2.1 und 4.7.2.6 dieser Arbeit.
931 Zur klassischen Dreiteilung s. die Kapitel 4.7.1 und 4.7.1.1 dieser Arbeit. Auch Servius definiert die *fabula* als Darstellung von widernatürlichen Ereignissen, erklärt aber das Kriterium für irrelevant, ob sie stattgefunden haben oder nicht; vgl. Serv. Aen. 1,235 (s. das Kapitel 4.7.3.3 dieser Arbeit).
932 Schol. Ter. 167,31–168,1 Schlee (1893).
933 S. die Kapitel 4.7.1 und 4.7.1.1 dieser Arbeit.
934 Wie bei Cicero und dem *Auctor ad Herennium*, nicht aber bei Quintilian und Priscian wird der Zusatz gemacht, dass das geschehene Ereignis weit zurückliegt; s. die Kapitel 4.7.1, 4.7.1.1, 4.7.2.1 und 4.7.2.6 dieser Arbeit.

lich definiert der Scholiast zweifach.⁹³⁵ Die erste Definition ist diejenige i.S.v. „Argument". Die zweite Definition ist diejenige der Erzählgattung *argumentum* (πλάσμα) als mögliche Fiktion.

Sowohl der Umstand, dass der Scholiast die Dreiteilung der Erzählgattungen präsentiert, als auch die Tatsache, dass er das *argumentum* zweifach definiert, erklärt sich durch die Tatsache, dass sein Kommentar an dieser Stelle schwerpunktmäßig eine lexikalische Erläuterung gibt. Denn der Scholiast kommentiert die folgenden Terenzverse aus dem Prolog der *Andria:*⁹³⁶

> Poeta quom primum animum ad scribendum adpulit,
> id sibi negoti credidit solum dari,
> populo ut placerent quas fecisset fabulas.
> verum aliter evenire multo intellegit.
>
> Sobald sich der Dichter zum Schreiben entschlossen hat, glaubte er, dass ihm nur diese Aufgabe gegeben wird, nämlich dass die Stücke, die er geschrieben hat, dem Volk gefallen. Aber er sieht ein, dass es ganz anders eintritt.

Zu Vers 3 bemerkt der Scholiast, dass Terenz den Terminus *fabula* nicht im eigentlichen Sinne gebraucht:⁹³⁷

> fabulas [...] inproprie dixit, argumenta enim dicere debuit. nam si materia sua ficta fuit, tamen vera in re esse potuit.
>
> *fabulas* [...] sagt er nicht im eigentlichen Sinne; denn er hätte *argumenta* sagen müssen. Denn wenn sein Stoff erfunden war, so konnte er dennoch in einer wirklichen Sache liegen.

An diese Bemerkung schließt sich die eingangs zitierte Unterscheidung der drei Erzählgattungen an. Den Anstoß zur Untergliederung der Erzählgattungen stellt also der Kommentar des Scholiasten dar, dass Terenz den Terminus *fabula* i.S.v. *argumentum* verwendet. Streng genommen ist dieser Kommentar falsch. Denn Terenz verwendet *fabula* in Vers 3 weder im Sinne einer unwahrscheinlichen oder sogar unmöglichen Erzählung noch (wie der Scholiast annimmt) i.S.v. *argumentum* zur Bezeichnung einer realistischen Fiktion. Vielmehr gebraucht Terenz im Prolog zur *Andria* das Substantiv *fabula* entweder im Sinne von „(fiktive) Geschichte" oder im Sinne eines Theaterstücks.⁹³⁸ Daher erinnert diese Stelle an

---

935 Zu verschiedenen Bedeutungen von *argumentum* vgl. auch Quint. inst. 5,10,9, der die Bedeutungen „Bühnenstücke" und „Thema" anführt.
936 Ter. Andr. 1-4.
937 Schol. Ter. 167,29-31 Schlee (1893).
938 Vgl. Ter. Andr. 15 f.: *id isti vituperant factum atque in eo disputant / contaminari non decere fabulas*; Plaut. Capt. 52: *haec res agetur nobis, vobis fabula*; Var. ling. 6,55 (s. S. 381, Fußn. 1022);

Servius' Kommentar, dass Vergil an einer Stelle der *Aeneis* (Aen. 7,791) den Terminus *argumentum*, wie es Cicero an einer Stelle (Verr. II 4,124) tue, an der das Haupt der Medusa beschrieben wird, i.S.v. *fabula* verwendet.[939]

4.7.3 Abweichungen von der Dreiteilung zwischen *fabula* (μῦθος), *historia* (ἱστορία) und *argumentum* (πλάσμα)

Grundlegende Abweichungen von der Skalierung der dargestellten Geschichte anhand der Dreiteilung zwischen *fabula* (μῦθος), *historia* (ἱστορία) und *argumentum* (πλάσμα) liegen im antiken Fiktionalitätsdiskurs in zwei unterschiedlichen Formen vor. Zum einen lässt sich die Auffassung vorfinden, dass es nur eine fiktionale Erzählgattung gibt. Dieser Anschauung zufolge bildet dasjenige, was sonst separat als *fabula* (μῦθος) und als *argumentum* (πλάσμα) konzipiert und bezeichnet wird, eine fiktionale Erzählgattung. Da folglich (streng genommen) keine Skalierung der dargestellten Geschichte mehr vorliegt, sondern die Opposition zwischen dem wahren Bericht und der Fiktion, könnten diese Textstellen auch im übergeordneten Kapitel zur Fiktion auf der Ebene der Geschichte (Kap. 4) behandelt werden und nahezu ins Unermessliche ausufern. Aus diesem Grund werden in diesem Unterkapitel nur diejenigen Konzipierungen von einer fiktionalen Erzählgattung behandelt, die sich in den Progymnasmata-Handbüchern von Theon (Kap. 4.7.3.1) und Aphthonios (Kap. 4.7.3.2) finden, da sie in der Tradition der Progymnasmata-Handbücher stehen und in diesen häufig die genannte Dreiteilung konzipiert wird. Eine signifikante Abweichung von der Dreiteilung zwischen *fabula* (μῦθος), *historia* (ἱστορία) und *argumentum* (πλάσμα), die trotzdem eine Skalierung der dargestellten Geschichte ist, liegt in der Unterteilung der Erzählung bei Servius vor (Kap. 4.7.3.3), in der das Kriterium geschehen – nicht geschehen, das sonst die historische Erzählgattung von den fiktionalen Erzählgattungen bzw. der fiktionalen Erzählgattung trennt, keine Rolle mehr spielt.

Cic. Tusc. 4,63: [...] *cum Orestem fabulam doceret Euripides* [...]; Quint. inst. 11,3,73f.: *Itaque in iis quae ad scaenam componuntur fabulis artifices pronuntiandi a personis quoque adfectus mutuantur* [...] *in tragoedia* [...] *in comoediis* [...].
939 Auch an der von Servius kommentierten Stelle wird nicht der eine Fachterminus für eine Erzählgattung an Stelle des anderen verwendet, sondern *argumentum* trägt dort die Bedeutung „(bildliche) Darstellung"; s. das Kapitel 4.7.3.3 dieser Arbeit (S. 372–374).

4.7.3.1 Die Unterteilung der Erzählung bei Theon

Bei Theon (erstes Jahrhundert n.Chr.)[940] fehlen zwar eine systematische Unterteilung der Erzählung nach dem Kriterium der Fiktion in verschiedene Erzählgattungen (z.B. μῦθος, ἱστορία und πλάσμα) und deren Definitionen.[941] Die dominierende Einteilung der Erzählung besteht bei Theon darin, dass sechs Elemente (στοιχεῖα) der Erzählung unterschieden werden: Person, Ereignis, Ort, Zeit, Art und Weise, Motiv.[942] Dennoch lässt sich aus seinen verstreuten Bemerkungen erkennen, dass er eine fiktionale Erzählgattung (διηγήσεις μυθικαί/διηγήματα μυθικά) in Opposition zur historischen Erzählgattung (διηγήσεις ἱστορικαί/πραγματικαί) konzipiert.

Aufschlussreich für Theons Differenzierung zwischen den verschiedenen Erzählgattungen ist u.a. die folgende Stelle, an der er sich auf die ‚mythischen' Erzählungen bezieht:[943]

> οἱ δ' αὐτοὶ οὗτοι [sc. τόποι] ἁρμόττουσι καὶ πρὸς τὰς μυθικὰς διηγήσεις τάς τε ὑπὸ τῶν ποιητῶν καὶ τὰς ὑπὸ τῶν ἱστορικῶν λεγομένας περί τε θεῶν καὶ ἡρώων, ἔτι τε καὶ τῶν ἐξηλλαγμένων κατὰ φύσιν, οἷά τινες ἱστοροῦσι περὶ Πηγάσου καὶ Ἐριχθονίου καὶ Χιμαίρας καὶ Ἱπποκενταύρων καὶ τῶν παραπλησίων.
>
> Dieselben [sc. Topoi] lassen sich auch anwenden auf die ‚mythischen' Erzählungen, die die Dichter und Historiker über die Götter und Heroen äußern, ferner über die Lebewesen, die sich physisch verändert haben, wie einige über Pegasos und Erichthonios und Chimaira und Hippokentauren und die ähnlichen Lebewesen berichten.

Diese Textstelle lässt keinen eindeutigen Schluss in der Frage zu,[944] ob Theon unter den ‚mythischen' Erzählungen (διηγήσεις μυθικαί) unwahrscheinliche, wenn nicht sogar unmögliche Geschichten (die Erzählgattung μῦθος/*fabula*) oder

---

940 Nach der *communis opinio* hat Theon im ersten Jahrhundert n.Chr. gelebt und das Progymnasmata-Handbuch verfasst; vgl. z.B. Patillon/Bolognesi (1997) VII–XVI (erstes oder zweites Jahrhundert n.Chr.); Gangloff (2002) 26; Kennedy (2003) 1; Patillon (2008) 6 Fußn. 12. Heath (2002/2003) hingegen datiert ihn in das fünfte Jahrhundert n.Chr. Zur Fiktion in den Progymnasmata des Theon vgl. Chiron (2013).
941 Zur Dreiteilung zwischen μῦθος, ἱστορία und πλάσμα s. die Kapitel 4.7.1 und 4.7.1.1 dieser Arbeit.
942 Vgl. Theon RhG II Spengel (1966) 78,16–20 (Patillon/Bolognesi [1997] 38): στοιχεῖα δὲ τῆς διηγήσεώς εἰσιν ἕξ, τό τε πρόσωπον, εἴτε ἓν εἴη εἴτε πλείω, καὶ τὸ πρᾶγμα τὸ πραχθὲν ὑπὸ τοῦ προσώπου, καὶ ὁ τόπος ἐν ᾧ ἡ πρᾶξις, καὶ ὁ χρόνος καθ' ὃν ἡ πρᾶξις, καὶ ὁ τρόπος τῆς πράξεως, καὶ ἕκτον ἡ τούτων αἰτία.
943 Theon RhG II Spengel (1966) 95,3–8 (Patillon/Bolognesi [1997] 60). Zur Definition der Erzählung und zu den Begriffen διήγημα und διήγησις, die von Theon indifferent verwendet werden (vgl. Butts [1990] 361 ad loc.), s. das Kapitel 6.1 dieser Arbeit.
944 Zu den an dieser Textstelle genannten Topoi s. das Kapitel 6.3 dieser Arbeit (S. 421).

in einem etwas allgemeineren Sinn fiktive Geschichten versteht.⁹⁴⁵ Wenn er die Götter- und Heroengeschichten als ‚mythische' Erzählungen erwähnt, bieten sich beide Verständnismöglichkeiten an. Im ersten Fall würde man die Verwandlungen auch auf die Götter und Heroen beziehen. Dann wäre davon auszugehen, dass Theon an diejenigen Göttergeschichten denkt, die davon berichten, dass sie ihre Gestalt verändern, und die Platon so vehement kritisiert hat.⁹⁴⁶

Es liegt aber etwas näher, dass Theon die Götter- und Heroengeschichten (nur) als fiktionale Erzählungen betrachtet und die Verwandlungen nur auf die im Anschluss genannten Kreaturen bezieht. Diese Kreaturen können eindeutig der Gruppe der unwahrscheinlichen oder sogar unmöglichen Geschichten zugeordnet werden.⁹⁴⁷ Auffällig ist dabei, dass für Theon sowohl die Dichter als auch die Historiker die Urheber der ‚mythischen' Erzählungen sind. Vermutlich denkt Theon zumindest an Theopomp, wenn er in diesem Sinne von den Historikern spricht, wie sogleich deutlich werden wird.⁹⁴⁸

An einer anderen Stelle, nämlich innerhalb seiner Instruktionen zur Erziehung der jungen Menschen, unterscheidet Theon explizit zwischen ‚mythischen' und historischen Erzählungen:⁹⁴⁹

διηγήσεως δὲ παραδείγματα ἂν εἴη κάλλιστα τῶν μὲν μυθικῶν ἡ Πλάτωνος ἐν τῷ δευτέρῳ τῆς πολιτείας περὶ τοῦ δακτυλίου τοῦ Γύγου, καὶ ἐν τῷ συμποσίῳ περὶ τῆς γενέσεως τοῦ ἔρωτος, περὶ δὲ τῶν ἐν Ἅιδου ἐν τῷ Φαίδωνι καὶ τῷ δεκάτῳ τῆς πολιτείας, καὶ παρὰ Θεοπόμπῳ ἐν τῇ ὀγδόῃ τῶν Φιλιππικῶν ἡ τοῦ Σειληνοῦ· τῶν δὲ πραγματικῶν ἡ περὶ Κύλωνος

---

945 Zu μῦθος/*fabula* in der genannten Bedeutung s. die Kapitel 4.7.1 und 4.7.1.1 dieser Arbeit. Nach Butts (1990) 170 und 173f. versteht Theon unter den ‚mythischen' Erzählungen (διηγήσεις μυθικαί) unwahrscheinliche, wenn nicht sogar unmögliche Geschichten (die Erzählgattung μῦθος/*fabula*) und vermengt die Erzählgattungen ἱστορία (*historia*) und πλάσμα (*argumentum*) unter dem Begriff der διηγήσεις πραγματικαί. Davon kann aber keine Rede sein, wie die folgende Analyse zeigen wird.
946 Platon legt im zweiten Buch der *Politeia* dar, dass ein Gott, da er vollkommen ist, sich nicht verändert, da er sich notwendigerweise in etwas Schlechteres verändern würde (vgl. Plat. rep. 380d–383c). Folglich verbietet er den Dichtern, Verwandlungssagen der Götter zu erdichten, und zitiert dabei insbesondere eine Stelle aus der *Odyssee*, an der gesagt wird, dass die Götter in sich verändernder Gestalt die Städte der Menschen durchstreifen (vgl. ib. 381d3f. = Hom. Od. 17,485f.).
947 Zu Pegasos vgl. Ov. am. 3,12,24 (s. das Kapitel 7.1.5 dieser Arbeit); Hermog. Περὶ ἰδεῶν λόγου 2,10,37–41 Patillon (2012) 212f. (s. das Kapitel 6.2 dieser Arbeit). Zur Chimaira vgl. Schol. Dionys. Thr. GG I 3, 180,4–7 Hilgard (s. das Kapitel 4.7.2.4 dieser Arbeit). Zu den Kentauren vgl. ebenfalls Hermog. Περὶ ἰδεῶν λόγου 2,10,37–41 Patillon (2012) 212f.; Nikolaos RhG XI Felten (1913) 12,17–13,4 (s. das Kapitel 4.7.2.5 dieser Arbeit).
948 Vgl. Theon RhG II Spengel (1966) 66,16–25 (Patillon/Bolognesi [1997] 10); s. das nächste Zitat.
949 Theon RhG II Spengel (1966) 66,16–25 (Patillon/Bolognesi [1997] 10).

παρ' Ἡροδότῳ καὶ Θουκυδίδῃ, καὶ περὶ Ἀμφιλόχου τοῦ Ἀμφιάρεω ἐν τῇ τρίτῃ Θουκυδίδου, καὶ τὰ περὶ Κλέοβιν καὶ Βίτωνα ἐκ τῆς πρώτης Ἡροδότου.

Die schönsten Beispiele für die ‚mythische' Erzählung dürften diejenige im zweiten Buch von Platons *Politeia* über den Ring des Gyges und diejenige im *Symposion* über die Entstehung der Liebe sein, über die Zustände im Hades diejenige im *Phaidon*[950] und im zehnten Buch der *Politeia*, und bei Theopomp im achten Buch der *Philippika* diejenige des Silen. Die schönsten Beispiele für die ‚pragmatische' Erzählung dürften diejenige über Kylon bei Herodot und Thukydides sein, über Amphilochos, den Sohn des Amphiaros, im dritten Buch des Thukydides, und über Kleobis und Biton aus dem ersten Buch des Herodot.

Auch hier besteht Unsicherheit, ob die ‚mythische' Erzählung eine unwahrscheinliche, wenn nicht sogar unmögliche Geschichte oder (eher) in einem etwas allgemeineren Sinn eine fiktive Geschichte darstellt. Denn mehrere, aber nicht alle erwähnten Beispiele können der enger gefassten Kategorie zugeordnet werden. Ein eindeutiges Beispiel ist die Geschichte vom Ring des Gyges im zweiten Buch von Platons *Politeia*, da der Ring die magische Kraft gehabt haben soll, seinen Träger unsichtbar zu machen.[951] Auch Platons Erzählung über die Entstehung der Liebe besteht im Wesentlichen aus einer physischen Unmöglichkeit. Denn hierunter ist wohl eher nicht diejenige Geschichte zu verstehen, die Sokrates im *Symposion* erzählt bzw. von Diotima referiert und der zufolge sich Penia mit dem berauschten Poros vereinigt hat, wodurch Eros gezeugt worden sei.[952]

Eher dürfte hiermit diejenige („schöne") Geschichte gemeint sein, die Aristophanes im *Symposion* erzählt. Ihr zufolge waren die Menschen früher rund und hatten vier Hände, vier Ohren, zwei Gesichter etc. Außerdem habe es auch ein drittes Geschlecht von Menschen gegeben, ein Mischgeschlecht aus dem weiblichen und dem männlichen. Den Übermut dieser frühen Menschen habe Zeus bestraft, indem er sie in zwei Hälften zerschnitten hat, so dass aus ihnen die Menschen wurden, wie sie heutzutage leben.[953] Diese Geschichte ist eindeutig eine Geschichte über die Entstehung der Liebe, da sie den Versuch unternimmt, aitiologisch plausibel zu machen, dass die Liebe die Menschen dazu antreibt, ihre ursprüngliche Einheit wieder herzustellen.[954]

---

950 Patillon/Bolognesi (1997) 10 ergänzen an dieser Stelle (und im *Gorgias*) aus der armenischen Übersetzung des Werkes; vgl. Plat. Gorg. 523a-24a.
951 Vgl. Plat. rep. 359b-360b.
952 Vgl. Plat. Symp. 203b-c. Auf diese Geschichte verweisen Butts (1990) 171 ad loc., Patillon/Bolognesi (1997) 127 Fußn. 57, Kennedy (2003) 9 und Gibson (2013) 294 Fußn. 17.
953 Vgl. Plat. Symp. 189d-191d.
954 Vgl. insbesondere Plat. Symp. 191c8-d3: ἔστι δὴ οὖν ἐκ τόσου ὁ ἔρως ἔμφυτος ἀλλήλων τοῖς ἀνθρώποις καὶ τῆς ἀρχαίας φύσεως συναγωγεὺς καὶ ἐπιχειρῶν ποιῆσαι ἓν ἐκ δυοῖν καὶ ἰάσασθαι τὴν φύσιν τὴν ἀνθρωπίνην.

Inwiefern die Geschichten über die Zustände[955] im Hades ‚mythische' Geschichten darstellen, ist schwieriger anzugeben. An den zwei bzw. drei Stellen, die Theon nennt, schildert Platon, wie über die Seele der gestorbenen Menschen nach ihrem Tode gerichtet wird. An der entsprechenden Stelle im *Gorgias* wird diese Erzählung sogar explizit als μῦθος in Abgrenzung zu einem λόγος bezeichnet.[956] Im *Phaidon* wird berichtet, dass ein Führer die Seelen der Verstorbenen in die Unterwelt begleitet und die Seelen der guten Menschen einen entsprechenden Ort zugewiesen bekommen, wohingegen die Seelen der schlechten Menschen lange umherirren, bis sie in angemessene Wohnungen geführt werden.[957] Im zehnten Buch der *Politeia* werden die Zustände im Hades v. a. im Er-Mythos geschildert. Der Pamphylier Er habe, nachdem er im Krieg gestorben und anschließend vom Scheiterhaufen wieder auferstanden sei, berichtet, was er im Tode gesehen habe. Seinem Bericht zufolge müssen diejenigen, die im Leben Unrecht begangen haben, nach dem Tode die zehnfache Strafe büßen, während die gerechten Menschen nach demselben Maßstab belohnt werden.[958] Am Ende des *Gorgias* erzählt Sokrates vom Unterweltgericht, das Minos, Rhadamanthys und Aiakos konstituieren. Diese habe Zeus als Richter eingesetzt, damit sie als Seelen über die Seelen der Verstorbenen richten und die rechtschaffenen Menschen zur Insel der Seeligen und die ungerechten Menschen in den Tartaros schicken.[959]

Wenn Theon die Erzählungen über die Zustände im Hades als ‚mythische' Erzählungen ansieht, dann wird er diese Geschichten für fiktiv halten, da einzelne Elemente wie die Unterweltsrichter erfunden sind, ohne dass damit sämtliche Vorstellungen, die ein mögliches Nachleben betreffen, als Fiktionen gelten dürfen.[960] Zu der Einstufung als ‚mythische' Geschichten trägt sicherlich auch der Umstand bei, dass man nur Spekulationen über das Nachleben anstellen kann, also die Erzählungen nur zufällig wahr sein können.

Die Frage, inwiefern die Geschichte des Silen im achten Buch von Theopomps *Philippika* (4. Jh. v. Chr.) eine ‚mythische' Geschichte darstellt, ist von der Forschung nur unzureichend behandelt worden, indem pauschal auf die Fragmente

---

955 Möglich ist auch die (in einem eingeschränkten Sinn) persönliche Auffassung (περὶ δὲ τῶν ἐν Ἅιδου: „über die Menschen im Hades"), wie sie Kennedy (2003) 9 vertritt. Da in diesen Geschichten erzählt wird, was den Seelen der Verstorbenen widerfährt, ist die Frage nach dem Genus des Artikels aber nicht entscheidend.
956 Vgl. Plat. Gorg. 523a1–3; s. S. 190.
957 Vgl. Plat. Phaid. 107c–108c.
958 Vgl. Plat. rep. 614a–621b.
959 Vgl. Plat. Gorg. 523a–524a.
960 Zum Hades als Gegenstand von fiktiven Geschichten vgl. Strabo 1,2,11 (s. S. 291 f.); Plut. mor. 16e (s. teilweise S. 503 und 505 f.); Cic. Tusc. 1,10 f. (s. S. 510, Fußn. 339). Man denke auch an die Unterweltsbüßer; vgl. Ov. am. 3,12,19–44 (s. das Kapitel 7.1.5 dieser Arbeit).

der *Philippika* und das in ihnen und anderswo geschilderte Zusammentreffen zwischen dem Silen und Midas verwiesen wurde.[961] Die Geschichte, die u. a. Ovid in den *Metamorphosen* über den Silen und Midas erzählt,[962] ist für die zur Diskussion stehende Theonstelle irrelevant. Zwar stellt sie insofern eine Wundergeschichte dar, als der befreite Silen dem Phryger-König Midas den Wunsch erfüllt, dass alles, was er berührt, zu Gold wird. Aber es handelt sich nicht um eine Erzählung des Silen, sondern über den Silen.

Die ‚mythische' Geschichte des Silen dürfte vielmehr diejenige sein, aus der Aelian in der *Varia Historia* (2./3. Jh. n. Chr.) exzerpiert.[963] Da Theon angibt, dass die Erzählung des Silen im achten Buch von Theopomps *Philippika* gestanden hat, dürfte es sich bei diesem Buch um dasjenige handeln, das *Thaumasia* hieß.[964] Aelian bezieht sich an der entsprechenden Stelle explizit auf Theopomp, berichtet aber nur einen Teil der ganzen Erzählung zwischen dem Silen und dem König Midas.[965]

Gemäß der Erzählung des Silen sind Europa, Asien und Lybien nur Inseln, die vom ringsherum fließenden Ozean umgeben werden. Es gebe nur außerhalb der bekannten Welt Festland. Auf diesem seien die Menschen doppelt so groß wie in der hiesigen Welt, und die größten Städte, die sie bewohnen, seien die friedliche und die kriegerische Stadt. In der friedlichen Stadt würden die Menschen ein Leben ohne Krankheit, in Freude und im Überfluss führen, da sie die Feldfrüchte nicht anbauen müssen. Die Menschen in der kriegerischen Stadt seien durch Eisen unverwundbar und hätten Gold und Silber im Überfluss.[966]

---

961 Vgl. Butts (1990) 171 ad loc. („the story about Seilenos in book VIII of the Philippics by Theopompos"); Patillon/Bolognesi (1997) 127 Fußn. 58, die auf FGrHist II B, 115 F 74 Jacoby, Ov. met. 11,85–145 und Xen. anab. 1,2,13 verweisen, sowie Kennedy (2003) 9 Fußn. 33 und Gibson (2013) 294 Fußn. 17, die auf FGrHist II B, 115 F 74–75 Jacoby verweisen.
962 S. die vorige Fußn.
963 Vgl. Ail. var. 3,18 = Theopompos FGrHist II B, 115 F 75c p. 551 f. Jacoby.
964 Vgl. Serv. Verg. ecl. 6,26: HUIC ALIUD MERCEDIS ERIT *nymphae minatur stuprum latenter: quod verecunde dixit Vergilius. haec autem omnia de Sileno a Theopompo in eo libro, qui Thaumasia appellatur, conscripta sunt. ipse ad commendationem addidit.* Zum Titel vgl. auch Diog. Laert. 1,117.
965 Vgl. Ail. var. 3,18,1: Περιηγεῖταί τινα Θεόπομπος συνουσίαν Μίδου τοῦ Φρυγὸς καὶ Σιληνοῦ. [...] πολλὰ μὲν οὖν καὶ ἄλλα ἀλλήλοις διελέχθησαν, καὶ ὑπὲρ τούτων δὲ ὁ Σιληνὸς ἔλεγε πρὸς τὸν Μίδαν. Möglicherweise hat auch Theopomp nur angedeutet, dass das Gespräch zwischen dem Silen und Midas länger war.
966 Der Silen setzt seine Erzählung damit fort (vgl. Ail. var. 3,18,6), dass sie (gemeint sind vermutlich die Menschen aus der kriegerischen Stadt) einst den Versuch unternahmen, mit 10 Millionen Menschen auf die Inseln der bekannten Welt überzusetzen. Als sie aber bei den Hyperboräern angekommen seien und erfahren hätten, dass diese als die glücklichsten Menschen galten, hätten sie kehrt gemacht.

4.7 Skalierungen der dargestellten Geschichte — 365

Der abenteuerlichste Teil der Erzählung des Silen sei aber der folgende gewesen:⁹⁶⁷ Unter den in der fernen Welt lebenden Menschen gebe es die Meropen. An dem äußersten Ort des von ihnen bewohnten Gebietes, Anostos, gebe es zwei Flüsse, den Freudenfluss und den Trauerfluss. An beiden Flüssen würden Bäume mit Früchten wachsen. Wer die Früchte am Trauerfluss genieße, würde das ganze Leben lang weinen und auf diese Weise sterben. Wer von den Früchten am Freudenfluss kosten würde, würde alle vorigen Begierden verlieren, und sein Leben würde rückwärts verlaufen: aus dem Greis werde ein Mann, aus dem Mann ein Jugendlicher und so fort, bis er als Säugling sterben würde.

Bezeichnenderweise beschließt Aelian das Exzerpt mit dem Kommentar, dass Theopomp ein begabter Geschichtenerzähler ist.⁹⁶⁸ Wenn Theon die Erzählung des Silen als ‚mythische' Geschichte betrachtet, dann sicherlich aus dem Grund, dass einige Elemente der Geschichte vielleicht noch als möglich, aber nicht überprüfbar angesehen wurden, der Großteil der Erzählung aber einen Bericht von phantastischen Begebenheiten darstellt.

Die Beispiele, die Theon für die historische Erzählgattung nennt, sind allesamt historiographische (Teil-)Erzählungen. Über Kylon berichten Herodot und Thukydides, dass er den vergeblichen Versuch unternahm, durch einen Staatsstreich in Athen die Herrschaft an sich zu reißen.⁹⁶⁹ Die Erzählung über Amphilochos, den Sohn des Amphiaros, findet sich zwar nicht im dritten, sondern im zweiten Buch des *Peloponnesischen Krieges*.⁹⁷⁰ In ihr wird geschildert, dass sich Amphilochos, der aus Argos stammte, nach der Heimfahrt vom Trojanischen Krieg am amprakischen Meeresbusen niedergelassen und der Siedlung den Namen seiner Vaterstadt gegeben hat; folglich wurde die Siedlung amphilochisches Argos und das Gebiet Amphilochien genannt.⁹⁷¹

---

967 Vgl. Ail. var. 3,18,7: τὸ δὲ ἔτι θαυμασιώτερον προσετίθει [...].
968 Vgl. Ail. var. 3,18,9: καὶ ταῦτα εἴ τῳ πιστὸς ὁ Χῖος λέγων, πεπιστεύσθω· ἐμοὶ δὲ δεινὸς εἶναι δοκεῖ μυθολόγος καὶ ἐν τούτοις καὶ ἐν ἄλλοις δέ.
969 Vgl. Herodot 5,71; Thuk. 1,126.
970 Vgl. Thuk. 2,68. Möglicherweise liegt kein Irrtum vor, sondern die Bücher waren in Theons Ausgabe anders eingeteilt als in den Handschriften, auf denen die modernen Textausgaben fußen; vgl. Kennedy (2003) 9 Fußn. 34. Diese Vermutung liegt insbesondere deshalb nahe, weil wir durch Marcellinus' Vita des Thukydides über divergierende Bucheinteilungen informiert sind; vgl. Marcellin. Vita Thuk. 58: Ἰστέον δὲ ὅτι τὴν πραγματείαν αὐτοῦ οἱ μὲν κατέτεμον εἰς δέκα τρεῖς ἱστορίας, ἄλλοι δὲ ἄλλως. ὅμως δὲ ἡ πλείστη καὶ ἡ κοινὴ κεκράτηκε, τὸ μέχρι τῶν ὀκτὼ διηρῆσθαι τὴν πραγματείαν, ὡς καὶ ἐπέκρινεν ὁ Ἀσκληπιάδης.
971 Wahrscheinlich bezieht sich Theon nur auf diesen kurzen Bericht, da er von der Erzählung über Amphilochos, nicht über Amphilochien spricht. Über die Geschicke der Stadt und des Gebietes berichtet Thukydides im weiteren Verlauf des Kapitels (2,68).

Über Kleobis und Biton erzählt Herodot im ersten Buch der Historien (bzw. lässt Solon erzählen): sie waren die Söhne der Kydippe, einer Priesterin der Hera, und verfügten über erstaunliche Kraft. Als in Argos das Fest der Hera gefeiert wurde und die Mutter zum Tempel fahren wollte, hätten die Söhne ihre Mutter auf dem Wagen die 45 Stadien zum Tempel gezogen, da die Stiere auf dem Feld waren. Als die Mutter zu Hera betete, dass die Göttin ihren Kindern das Schönste zukommen lassen möge, was ein Mensch erlangen kann, seien sie im Tempel eingeschlafen und nicht wieder aufgewacht.[972]

Theon rubriziert die historischen Erzählungen terminologisch gesehen unter den ‚pragmatischen' Erzählungen (διηγήσεις πραγματικαί). Dass hierunter historische Erzählungen zu verstehen sind und insofern ein Unterschied zu Nikolaos besteht, der zwischen historischen Erzählungen (διηγήματα ἱστορικά) und pragmatischen Erzählungen (διηγήματα πραγματικά) differenziert,[973] zeigen schon die erwähnten Beispiele. Aber auch eine weitere Stelle bei Theon beseitigt die letzten Zweifel:[974]

> ἔστι δὲ πρῶτον αὐτῶν ἡ τῶν χρειῶν ἀνασκευή, εἶτα τῶν Αἰσωπείων λόγων καὶ τῶν ἱστορικῶν καὶ μυθικῶν διηγήσεων, εἶτα ἡ τῶν θέσεων, καὶ ἑξῆς ἡ τῶν νόμων.
>
> Die erste von diesen [sc. anspruchsvolleren Übungen] ist die Widerlegung der Chrien, dann diejenige der Äsopischen Fabeln sowie der historischen und ‚mythischen' Erzählungen, dann diejenige der Thesen und danach diejenige der Gesetze.

Wenn Theon an dieser Stelle zwischen historischen Erzählungen (διηγήσεις ἱστορικαί) und ‚mythischen' Erzählungen (διηγήσεις μυθικαί) unterscheidet, ist davon auszugehen, dass er dieselbe Unterscheidung im Blick hat wie bei der Differenzierung zwischen den ‚mythischen' Erzählungen (διηγήσεις μυθικαί) und den ‚pragmatischen' Erzählungen (διηγήσεις πραγματικαί) und dass „pragmatisch" folglich soviel wie „historisch" oder „faktual" bedeutet. Die Tatsache, dass Theon zwischen ‚mythischen' und faktualen Erzählungen unterscheidet, lässt sich auch an einer Stelle erkennen, an der er über literarische Vorlagen für die Widerlegung (ἀνασκευή) und die Bekräftigung (κατασκευή) spricht.[975]

Während die behandelten Stellen evident gemacht haben, dass Theon zwischen ‚mythischen' Erzählungen (διηγήσεις μυθικαί oder διηγήματα μυθικά) und

---

972 Vgl. Herodot 1,31.
973 Vgl. Nikolaos RhG XI Felten (1913) 12,17–13,4 (s. das Kapitel 4.7.2.5 dieser Arbeit). Nach Nikolaos handelt es sich bei den pragmatischen Erzählungen um die rechtlichen Erzählungen, also um das γένος δικανικόν und vielleicht auch das γένος συμβουλευτικόν.
974 Theon RhG II Spengel (1966) 65,19–22 (Patillon/Bolognesi [1997] 8 f.).
975 Vgl. Theon RhG II Spengel (1966) 67,4–29 (Patillon/Bolognesi [1997] 10 f.); s. das Kapitel 6.3 dieser Arbeit (S. 421–423).

faktualen bzw. historischen Erzählungen (διηγήσεις πραγματικαί oder ἱστορικαί) unterscheidet, ist ebenfalls augenfällig geworden, dass er die Erzählgattung πλάσμα (*argumentum*) nicht erwähnt.[976] Folglich unterscheidet er nicht zwischen πλάσμα (*argumentum*) aut sim. i.S.v. „mögliche Fiktion" und μῦθος (*fabula*) aut sim. i.S.v. „unwahrscheinliche, wenn nicht sogar unmögliche Fiktion". Er konzipiert also nur eine fiktionale Erzählgattung, die in Opposition zur historischen Erzählgattung steht. Folglich tragen die Ausdrücke διηγήσεις μυθικαί und διηγήματα μυθικά bei ihm die Bedeutung „fiktionale Erzählungen". Die Tatsache, dass Theon fast durchgängig Beispiele für die διηγήσεις μυθικαί/διηγήματα μυθικά verwendet, die als Beispiele für die unwahrscheinliche, wenn nicht sogar unmögliche Fiktion aufgefasst werden könnten, erklärt sich dadurch, dass Theon deutliche Beispiele wählt, die den Unterschied zur historischen Erzählgattung eindeutig veranschaulichen.

4.7.3.2 Die Unterteilung der Erzählung bei Aphthonios

Aphthonios (2. Hälfte des vierten Jahrhunderts n.Chr.) unterteilt die Erzählung (διήγημα)[977] in drei Erzählgattungen, wobei eine der drei Gattungen die gerichtlich-politische Erzählung ist:[978]

---

[976] Zum entsprechenden Wortfeld ist Folgendes zu beobachten: Das Substantiv πλάσμα verwendet Theon nirgends. Die Verbalformen (inklusive Komposita) verwendet Theon entweder (1) (in Form von μεταπλάσσω) für die Paraphrase oder (2–4) im Zusammenhang mit einer erfundenen Fabel oder (5) in der Bedeutung „formen, bilden"; (1) Theon RhG II Spengel (1966) 62,21–24 (Patillon/Bolognesi [1997] 5): μαρτύρια δὲ τούτου καὶ παρὰ ποιηταῖς καὶ ἱστορικοῖς, καὶ ἁπλῶς πάντες οἱ παλαιοὶ φαίνονται τῇ παραφράσει ἄριστα κεχρημένοι, οὐ μόνον τὰ ἑαυτῶν ἀλλὰ καὶ τὰ ἀλλήλων <u>μεταπλάσσοντες</u>; (2) ib. 74,5–7 (Patillon/Bolognesi [1997] 32): ἔστι δὲ καὶ ἐπιλέγειν αὐτῷ τινὰ λόγον, καὶ αὖ λόγου τινὸς προτεθέντος, μῦθον ἐοικότα αὐτῷ <u>συμπλάσασθαι</u>; (3) ib. 75,9–16 (Patillon/Bolognesi [1997] 34): συμπλέκομεν δὲ ὧδε· ἐκθέμενοι τὸν μῦθον ἐπιφέρομεν διήγημα, ὡς ἔοικεν, ἢ ἀνάπαλιν τὸ μὲν διήγημα πρότερον, ὕστερον δὲ τὸν μῦθον, οἷον <u>πεπλασμένον</u> [var. lec. πεπλασμένου], ὅτι κάμηλος ἐπιθυμήσασα κεράτων καὶ τῶν ὤτων ἐστερήθη· τοῦτο προειπόντες ἐποίσομεν τὸ διήγημα τοῦτον τὸν τρόπον· παραπλήσιόν μοι δοκεῖ τι παθεῖν τῇ καμήλῳ ταύτῃ καὶ Κροῖσος ὁ Λυδός, καὶ ὅλον ἐφεξῆς τὸ διήγημα τὸ περὶ αὐτόν; (4) ib. 75,31–76,5 (Patillon/Bolognesi [1997] 35): τὴν γὰρ τοῦ ἐπιλόγου δύναμιν ἁπλῆν προτείναντες προστάξομεν τοῖς νέοις μῦθόν τινα <u>πλάσαι</u> τῷ προτεθέντι πράγματι οἰκεῖον· προχείρως δὲ τοῦτο ποιεῖν δυνήσονται πολλῶν ἐμπλησθέντες μύθων, τοὺς μὲν ἐκ τῶν παλαιῶν συγγραμμάτων ἀνειληφότες, τοὺς δὲ καὶ αὐτοὶ μόνον ἀκούσαντες, τοὺς δὲ καὶ παρ' ἑαυτῶν <u>ἀναπλάσαντες</u>; (5) ib. 77, 14–18 (Patillon/Bolognesi [1997] 37): τὸ δὲ ἀσυνήθες ἐστὶ τὸ παρὰ τὴν πεπιστευμένην ἱστορίαν, ἢ τὸ παρὰ τὰς κοινὰς ὑπολήψεις λεγόμενον, οἷον εἴ τις τοὺς ἀνθρώπους μὴ <u>πεπλάσθαι</u> εἴποι ὑπὸ τοῦ Προμηθέως, ἀλλ' ὑπ' ἄλλου τινὸς τῶν θεῶν, ἢ τὸν ὄνον φρόνιμον εἴποι, ἢ ἀνόητον τὴν ἀλώπεκα.
[977] Διήγημα bezeichnet bei Aphthonios eine kleinere Erzählung bzw. einen Teil einer Erzählung, wohingegen διήγησις der Begriff für die größere Erzählung ist; vgl. Aphth. Progym. 2,1 Patillon

Τοῦ δὲ διηγήματος τὸ μέν ἐστι δραματικόν, τὸ δὲ ἱστορικόν, τὸ δὲ πολιτικόν· καὶ δραματικὸν μὲν τὸ πεπλασμένον, ἱστορικὸν δὲ τὸ παλαιὰν ἔχον ἀφήγησιν, πολιτικὸν δὲ ᾧ παρὰ τοὺς ἀγῶνας οἱ ῥήτορες κέχρηνται.

Von der Erzählung ist die eine ‚dramatisch', die andere historisch und wieder eine andere politisch. Und ‚dramatisch' ist die erfundene, historisch diejenige, die einen alten Bericht enthält, und politisch diejenige, die die Redner bei den Prozessen verwenden.

Zur Konzipierung der ‚dramatischen' Erzählgattung (διήγημα δραματικόν) in der Hinsicht, dass auch das in der Tragödie dargestellte Geschehen als erfunden gilt, wird in einem anderen Kapitel alles Notwendige expliziert.[979] Was die historische Erzählgattung (διήγημα ἱστορικόν) betrifft, kann kurz festgehalten werden, dass sie, wie es traditionellerweise geschieht, als Darstellung von realen Ereignissen definiert wird und den Zusatz enthält, wie es bisweilen vorkommt, dass die entsprechenden Ereignisse weit zurückliegen.[980]

Wie Theon konzipiert Aphthonios nur eine fiktionale Erzählgattung, nämlich die ‚dramatische' Erzählung (διήγημα δραματικόν), in der diejenigen Erzählgattungen, die sonst μῦθος und πλάσμα genannt werden, miteinander verschmelzen. Folglich verweist der Gattungsbegriff nicht nur auf die dramatischen Gattungen, sondern auf die Erfindung bzw. literarische Fiktion überhaupt.[981] Das Adjektiv δραματικόν bedeutet – wie vielleicht schon bei Hermogenes – gattungsindifferent nichts Anderes als „erfunden, fiktional".[982]

(2008) 113: Διενήνοχε δὲ διήγημα διηγήσεως ὡς ποιήσεως ποίημα· ποίησις μὲν γὰρ πᾶσα ἡ Ἰλιάς, ποίημα δὲ ἡ τῶν Ἀχιλλέως ὅπλων κατασκευή. („διήγημα unterscheidet sich von διήγησις wie ποίημα von ποίησις; denn ποίησις ist die ganze *Ilias*, ποίημα ist aber die Herstellung von Achills Waffen.") Mit der Herstellung von Achills Waffen bezieht sich Aphthonios auf das 18. (und 19.) Buch der *Ilias* (vgl. Hom. Il. 18,136–19,18), in denen geschildert wird, wie Hephaistos neue Waffen für Achill schmiedet und Thetis ihm diese überbringt. Vgl. die identische Unterscheidung zwischen διήγημα und διήγησις Hermog. Progym. 2,2 Patillon (2008) 183. Zur Definition der Erzählung und zum Begriff διήγημα in Opposition zu διήγησις s. das Kapitel 6.1 dieser Arbeit.
978 Aphth. Progym. 2,2 Patillon (2008) 113 f.
979 S. das Kapitel 4.7.2.2.1 dieser Arbeit.
980 Wie Cicero, der *Auctor ad Herennium* und Nikolaos, nicht aber Quintilian und Priscian macht Aphthonios den Zusatz, dass das geschehene Ereignis weit zurückliegt; s. die Kapitel 4.7.1, 4.7.1.1, 4.7.2.1, 4.7.2.5 und 4.7.2.6 dieser Arbeit. Die politische Erzählung (διήγημα πολιτικόν) kann außer Betracht bleiben, da das Kriterium der Fiktionalität der Darstellung offenkundig keine Rolle spielt.
981 Vgl. Doxop. RhG II 199,19 Walz; Barwick (1928) 270 und 266 Fußn. 1.
982 S. die Kapitel 4.7.2.2 und 4.7.2.2.1 dieser Arbeit.

4.7.3.3 Die Unterteilung der Erzählung bei Servius

An einer Stelle des Servius-Kommentares zur *Aeneis* findet sich eine Angabe, an der der Autor den Unterschied zwischen der *fabula* und der *historia* erklärt;[983] traditionellerweise wird sie folgendermaßen gelesen:[984]

> A SANGUINE TEUCRI [...] et sciendum est, inter fabulam et argumentum, hoc est historiam, hoc interesse, quod fabula est dicta res contra naturam, sive facta sive non facta, ut de Pasiphae, historia est quicquid secundum naturam dicitur, sive factum sive non factum, ut de Phaedra.
>
> „Vom Blut des Teucer": [...] Und man muss wissen, dass zwischen *fabula* und *argumentum*, d. h. *historia*, dieser Unterschied besteht, dass eine *fabula* eine behauptete widernatürliche Sache ist, sei sie geschehen oder nicht geschehen, wie über Pasiphae, und eine *historia* ist, was auch immer gemäß der Natur gesagt wird, sei es geschehen oder nicht geschehen, wie über Phaedra.

Wie sofort auffällt, unterscheidet Servius nicht zwischen den drei Erzählgattungen *fabula* (μῦθος), *historia* (ἱστορία) und *argumentum* (πλάσμα),[985] sondern vermengt das *argumentum* mit der *historia*, wodurch eine Skalierung der dargestellten Geschichte anhand der Opposition zwischen *fabula* und *historia/argumentum* entsteht. Dabei konstituiert das Natürliche den Bereich *historia/argumentum* und das Unnatürliche den Bereich der *fabula*.[986] Desweiteren spielt die

---

[983] Der Servius-Kommentar besteht aus einem kurzen Kommentar aus der ersten Dekade des 5. Jahrhunderts n.Chr., der in einigen Handschriften in ausführlicherer Form überliefert ist (Servius auctus oder Servius Danielis nach dem ersten Herausgeber Pierre Daniel), wobei die Zusätze möglicherweise auf Aelius Donatus (s. das Kapitel 6.4 dieser Arbeit) oder einen Kompilator aus dem 7. oder 8. Jahrhundert n.Chr. zurückgehen; vgl. Cyron (2009) 11 f. Cyrons Doktorarbeit ist über den Server der Universitätsbibliothek Kiel (www.ub.uni-kiel.de) abrufbar; letzter Abruf: 01.02.2018.
[984] Serv. Aen. 1,235 Thilo/Hagen (1881) 89.
[985] Zu dieser Dreiteilung s. die Kapitel 4.7.1 und 4.7.1.1 dieser Arbeit.
[986] Das Natürliche entspricht in etwa dem Möglich-Wirklichen und das Unnatürliche dem Unmöglichen. Lazzarini (1984), Cyron (2009) 41–44 und teilweise auch Dietz (1995) verstehen den Bereich *historia/argumentum* und die traditionelle Definition des *argumentum* so, dass wahrscheinliche Ereignisse geschildert werden. Das *argumentum* wird aber traditioneller Weise über das weitere Kriterium der Möglichkeit definiert (das die Wahrscheinlichkeit einschließt). Wohl auch aufgrund dieser Prämisse gelangt Cyron (S. 43 f.) nach einer Auswertung von Parallelen zu der Schlussfolgerung, dass „die (in der klassischen Theorie ungewöhnlichen) Junkturen *secundum naturam* und *contra naturam* das Pendant zum *verisimile* und dessen Gegenteil darstellen" (Zitat auf S. 44), also „wahrscheinlich" bzw. „unwahrscheinlich" bedeuten. Vielmehr bedeutet *secundum naturam* soviel wie „natürlich" i.S.v. „möglich", „wirklich", „realistisch" und bezeichnet das, was in der Wirklichkeit zumindest vorkommen kann, vielleicht sogar regelmäßig vorkommt (vgl. die Parallele Serv. Aen. 5,822). Analog bedeutet *contra naturam* soviel wie „unnatürlich", widernatürlich" und steht dem Begriff der Unmöglichkeit näher als dem Begriff der

Frage, ob ein Ereignis geschehen ist oder nicht, für die Differenzierung der Erzählgattungen keine Rolle.

Cyron sieht die Opposition zwischen *fabula* und *historia/argumentum* mit den folgenden Problemen konfrontiert:[987] (1) Eine Zweiteilung *fabula – historia/argumentum* ohne Rücksicht auf die Unterscheidung geschehen – nicht geschehen sei nirgends in der Antike oder Spätantike nachweisbar.[988] (2) Der Servius-Kommentar bezeichne an keiner Stelle ein Ereignis, das eindeutig als erfunden oder nicht real betrachtet wird, als *historia*.[989] Außerdem bezeichne der Kommentar an keiner Stelle ein als historisch betrachtetes Ereignis als *fabula*, nur weil es unwahrscheinlich wäre. (3) Der Kommentar verwende bis auf eine Ausnahme *argumentum* stets im Sinne von „Argument" oder „Argumentation". Die einzige Ausnahme stelle Serv. Aen. 7,791 dar, wo der Kommentator es für möglich hält, dass *argumentum* wie an einer Cicerostelle (Verr. II 4,124), an der das Haupt der Medusa beschrieben wird, so viel wie *fabula* bedeutet. Diese Serviusstelle spreche also dafür, dass *argumentum* dem Kommentator im Sinne einer mythologischen Geschichte bekannt war,[990] während es keine Stelle gebe, an der *argumentum* synonym zu *historia* zur Bezeichnung von realen, als historisch betrachteten Ereignissen verwendet wird.

Aus diesen Gründen sieht sich Cyron gezwungen, den folgenden textkritischen Eingriff vorzunehmen:[991]

Unwahrscheinlichkeit. Zu den Belegen für *contra naturam* vgl. Cyron (S. 44): Serv. Aen. 4,455 wird als *contra naturam* die Verwandlung von Opferwein in Blut betrachtet, Serv. Aen. 3,90 ist es das Erdbeben des Apollo-Tempels auf das Gebet des Aeneas hin, Serv. Aen. 6,154 die Tatsache, dass ein Mensch lebend die Unterwelt betritt, Serv. Aen. 8,252 das Detail aus Euanders Erzählung, dass Cacus aus einem Rachen Feuer speien kann. Zu Servius' Definition der *fabula* vgl. Isid. orig. 1,44,5: *fabulae vero sunt quae nec factae sunt nec fieri possunt, quia contra naturam sunt* (s. das Kapitel 4.7.2.8 dieser Arbeit).
987 Vgl. Cyron (2009) 42.
988 Vgl. Lazzarini (1984) 121 Fußn. 8.
989 Vgl. Lazzarini (1984) 124 f. Fußn. 15.
990 Der Ausdruck „mythologische Geschichte" ist irreführend. Servius erwägt die Verwendung von *argumentum* anstelle von *fabula* zur Bezeichnung einer unwahrscheinlichen, wenn nicht sogar unmöglichen Darstellung; s. die Diskussion von Serv. Aen. 7,791 und Cic. Verr. II 4,124 weiter unten (S. 372–374).
991 Vgl. Cyron (2009) 43. Nach Cyron handelt es sich streng genommen nur um eine textkritische Änderung, die darin besteht, das erste *hoc* als Dittographie zu athetieren. Denn die Lesarten *hoc et* (anstelle von *hoc est*) und *historia argumentum est* (anstelle von *historia est*) seien im ältesten Codex (dem Codex Cassevelanus, um 840) überliefert, dort aber später korrigiert worden. Ferner sei es unproblematisch, eine *lacuna* anzusetzen. Ganz so leicht ist Cyrons textkritischer Eingriff allerdings nicht, da er, wenn man von der *lacuna* absieht, an zwei Stellen in den Text eingreift. Denn im Codex Cassevelanus ist *historia est argumentum* anstelle von *historia est* überliefert; vgl.

et sciendum est, inter fabulam et argumentum [hoc] et historiam, hoc interesse, quod fabula est dicta res contra naturam, sive facta sive non facta, ut de Pasiphae, historia *** argumentum est quicquid secundum naturam dicitur, sive factum sive non factum, ut de Phaedra.

Und man muss wissen, dass zwischen *fabula, argumentum* und *historia* dieser Unterschied besteht, dass eine *fabula* eine (literarisch) dargestellte widernatürliche Sache ist, sei sie geschehen oder nicht geschehen, wie über Pasiphae, eine *historia* *** und *argumentum ist*, was auch immer gemäß der Natur gesagt wird, sei es geschehen oder nicht geschehen, wie über Phaedra.

Die von Cyron vorgeschlagenen textkritischen Änderungen tragen nicht zu einem besseren Textverständnis bei. Zwar ist (rein äußerlich) die bekannte Dreiteilung zwischen *fabula, historia* und *argumentum* hergestellt worden, aber nun stellt sich das Problem, dass die Unterscheidung zwischen *historia* und *argumentum* nicht verständlich ist. Nicht nur, dass man nur darüber spekulieren könnte, wie die *historia* definiert worden sein könnte (das ist die zwangsläufige Konsequenz der Annahme einer *lacuna*): es ist auch nicht ersichtlich, welche mögliche Definition überhaupt in Betracht käme. Die traditionelle Definition der *historia* lautet, dass sie die Darstellung von wirklich geschehenen Ereignissen ist.[992] Diese Definition ist an der hier vorliegenden Stelle ausgeschlossen, da die *historia* in diesem Sinne im *argumentum* aufgehoben ist (auch nach Cyrons textkritischen Eingriffen). Denn das *argumentum* ist definiert als all das, was gemäß der Natur gesagt wird, sei es geschehen oder nicht geschehen, und umfasst somit auch dasjenige, was traditionellerweise als *historia* konzipiert wird.

Die ungewöhnliche Tatsache, dass für Servius die Frage, ob ein Ereignis geschehen ist oder nicht, für die Differenzierung der Erzählgattungen keine Rolle spielt, führt dazu, dass eine Unterscheidung zwischen *historia* und *argumentum* schwierig, wenn nicht sogar unmöglich ist. Aufgrund dieser Eigenart ist das Vorgehen, durch Konjektur die bekannte Dreiteilung zwischen *fabula, historia* und *argumentum* herzustellen anstatt die problematische Stelle zu erklären, aus methodischen Gründen nicht gerechtfertigt.

Um Servius' Skalierung der dargestellten Geschichte gerecht zu werden, muss man daher akzeptieren, dass die Opposition geschehen – nicht geschehen keine Rolle spielt. Dieser Umstand ist zwar ungewöhnlich, aber nicht singulär, da in den Scholien zu Dionysios Thrax die historische Erzählgattung (ἱστορία) als Darstel-

---

den Apparat von Thilo/Hagen (1881) 89. Folglich nimmt Cyron, wenn er dieser Handschrift folgt, die Transposition von *est* und *argumentum* vor.
992 S. das Kapitel 4.7.1 dieser Arbeit.

lung von geschehenen oder möglichen Dingen definiert wird.⁹⁹³ Die notwendige Folge ist, dass Servius' Systematik der Erzählgattungen auf einer ganz anderen Grundlage steht, als es traditionellerweise der Fall ist.⁹⁹⁴ Das folgende Schema mag die Abweichungen zwischen Servius' und der traditionellen Differenzierung der Erzählgattungen und somit möglicherweise die Genese des neu entstandenen Systems verdeutlichen:

> *fabula* (μῦθος): nicht geschehene Ereignisse; unwahrscheinliche, wenn nicht sogar unmögliche Ereignisse;
> *historia* (ἱστορία): (alte) geschehene Ereignisse;
> *argumentum* (πλάσμα): nicht geschehene Ereignisse; mögliche Ereignisse.

Die Tatsache, dass Servius bis auf eine Ausnahme (nach Dietz sogar ausnahmslos) *argumentum* stets im Sinne von „Argument" oder „Argumentation" verwendet, hat Dietz zu der Annahme verleitet, dass *argumentum* auch innerhalb der Erzählgattung *historia/argumentum* eben diese Bedeutung trägt und nicht die Bedeutung der realistischen Fiktion.⁹⁹⁵ So weit wird man aber nicht gehen, sondern aufgrund der Tradition und der einen Parallele bei Servius die Bedeutung der realistischen Fiktion für die Erzählgattung *argumentum* voraussetzen. An der Belegstelle hält der Kommentator es für möglich, dass *argumentum* wie an einer Stelle in Ciceros Verrinen, an der das Haupt der Medusa beschrieben wird, so viel wie *fabula* bedeutet. Im von Servius kommentierten Aeneistext wird Turnus' Schild beschrieben:⁹⁹⁶

> at levem clipeum sublatis cornibus Io
> auro insignibat, iam saetis obsita, iam bos,

---

993 Vgl. Schol. Dionys. Thr. GG I 3, 449,10–14 Hilgard: ἱστορία δὲ πραγμάτων γεγονότων ἢ ὄντων ἐν δυνατῷ σαφὴς ἀπαγγελία. Der Scholiast kennt allerdings die Erzählgattung πλάσμα (*argumentum*); s. das Kapitel 4.7.2.4 dieser Arbeit.
994 Traditionellerweise wird durch die Opposition geschehen – nicht geschehen die historische Erzählgattung von den fiktionalen Erzählgattungen *fabula* und *argumentum* unterschieden. Darüber hinaus werden durch die Modalkategorien der Möglichkeit und (Un-)Wahrscheinlichkeit *fabula* und *argumentum* voneinander getrennt: Das im *argumentum* dargestellte Geschehen ist möglich (realistisch); das in der *fabula* dargestellte Geschehen ist unwahrscheinlich, wenn nicht sogar unmöglich; s. die Kapitel 4.7.1 und 4.7.1.1 dieser Arbeit.
995 Vgl. Dietz (1995) 65f.: „By first restricting the sense of *argumentum*, now referring not to comic plot but to proof or evidence, then by equating *argumentum* with *historia*, *historia* itself appears to absorb the notion of *ratio* or probability inherent in the use of *argumentum* throughout the commentary."
996 Verg. Aen. 7,789–792.

argumentum ingens, et custos virginis Argus,
caelataque amnem fundens pater Inachus urna.

Den glatten Schild aber schmückte Io mit ihren erhobenen Hörnern in Gold, schon voll von Borsten, schon eine Kuh – eine eindrucksvolle Darstellung –, sowie der Bewacher des Mädchens Argus und der Vater Inachus, der aus einer ziselierten Urne einen Fluss ausgoss.

Servius bemerkt zu dieser Stelle:[997]

> ARGUMENTUM INGENS aut fabula, ut Cicero argumenta erant in valvis: aut re vera argumentum, quo se Graecum probare cupiebat. hoc enim etiam Amata superius dixit: Inachus Acrisiusque patres mediaeque Mycenae.

> ARGUMENTUM INGENS entweder *fabula*, wie Cicero: *argumenta erant in valvis*; oder wirklich ein Argument, mit dem er unter Beweis stellen wollte, dass er ein Grieche ist. Dies sagte nämlich auch Amata weiter oben:[998] „die Vorfahren [sc. des Turnus sind] Inachus und Acrisius, und er stammt mitten aus Mykene".

Es hat den Anschein, als würde hier ein Missverständnis vorliegen. Cicero beschreibt an der Stelle, die Servius zitiert, den Tempel der Minerva, den Verres ausgeraubt habe:[999]

> Iam vero quid ego de valvis illius templi commemorem? [...] Ex ebore diligentissime perfecta argumenta erant in valvis; ea detrahenda curavit omnia. Gorgonis os pulcherrimum cinctum anguibus revellit atque abstulit.

> Wozu soll ich die Türflügel jenes Tempels erwähnen? [...] Die Darstellungen auf den Flügeltüren waren aus Elfenbein mit äußerster Sorgfalt vollendet worden. Er ließ all diese [sc. Darstellungen] wegschaffen. Das wunderschöne Haupt der Medusa, das von Schlangen umgeben ist, riss er heraus und entfernte es.

Cicero spricht an dieser Stelle über die Flügeltüren des Tempels. Diese waren offensichtlich reichlich verziert, und ein wesentliches Schmuckelement war das dargestellte Haupt der Medusa. Daher bedeutet *argumentum* an dieser Stelle weder das, was es normalerweise in der Skalierung der dargestellten Geschichte bedeutet, nämlich die Darstellung einer fiktiven, aber möglichen Geschichte, noch steht das Substantiv (aufgrund der Tatsache, dass mit dem Haupt der Medusa ein Teil eines widernatürlichen Wesens bezeichnet wird) anstelle von *fabula* zur Bezeichnung einer unwahrscheinlichen, wenn nicht sogar unmöglichen

---

997 Serv. Aen. 7,791.
998 Vgl. Verg. Aen. 7,372.
999 Cic. Verr. II 4,124.

Darstellung. Vielmehr trägt das Substantiv *argumentum* hier die Bedeutung „(bildliche) Darstellung" und verweist auf das Bildprogramm der Flügeltüren, ohne den Inhalt der Darstellung zu qualifizieren.[1000]

Im Aeneistext bedeutet *argumentum* ebenso wie an der Cicerostelle „(bildliche) Darstellung", wie daraus hervorgeht, dass eine Schildbeschreibung vorliegt. Zwar trifft es zu, dass der Inhalt der Darstellung hier wie dort als *fabula* eingestuft werden würde: das Haupt der Medusa ist in ähnlicher Weise widernatürlich wie die Metamorphose der Io. Daher wäre die Cicerostelle eine perfekte Parallele für die Aeneisstelle: An beiden Stellen trägt *argumentum* die Bedeutung „(bildliche) Darstellung", wobei der Inhalt der Darstellung zum Bereich der *fabula* und nicht zu demjenigen des *argumentum* im Sinne einer fiktiven, aber möglichen Geschichte gehört.

Allerdings führt Servius die Cicerostelle nicht als Parallele in diesem Sinne an, sondern hat nur den Wahrheitsstatus der Darstellung im Blick, wenn er *argumentum* i.S.v. *fabula* als eine mögliche Erklärung der Aeneisstelle heranzieht. Daran kann man erkennen, dass Servius die Bedeutung von *argumentum* im Sinne der Erzählgattung der realistischen Fiktion gekannt hat und auf eine strikte Trennung zwischen *argumentum* und *fabula* großen Wert gelegt hat. Da es ein Problem für ihn darstellen würde, wenn es den Anschein hätte, dass Vergil *argumentum* zur Bezeichung einer widernatürlichen Sache benutzt, liefert er die mögliche Erklärung, dass *argumentum* ausnahmsweise i.S.v. *fabula* verwendet wird, wie es auch Cicero tue.[1001]

Zu Servius' ungewöhnlichem Schritt, das Kriterium geschehen – nicht geschehen aus der Unterscheidung der Erzählgattungen zu entfernen und die Kategorien der Natürlichkeit und Unnatürlichkeit zum entscheidenden Kriterium der Unterteilung zu erheben, haben wohl mehrere Gründe beigetragen. Zum einen sieht Servius nicht nur eine Lizenz, sondern sogar die Pflicht des Dichters darin, nicht ohne weiteres die geschichtliche Wirklichkeit (*historia*) darzustellen, sondern sie zu modifizieren,[1002] wodurch zwangsläufig mehr oder minder realistische Fiktionen in die Darstellung integriert werden. Zum anderen erlaubt die Opposition zwischen *fabula* und *historia/argumentum*, den Gegensatz zwischen dem auszudrücken, was dem Dichter erlaubt ist bzw. von ihm gefordert wird (*historia/*

1000 Für die Bedeutung „(bildliche) Darstellung" vgl. auch Ov. met. 13,681–684: [sc. *dat*] *cratera Aeneae, quem quondam [...] fabricaverat Alcon / Hyleus et longo caelaverat argumento.*
1001 Die zweite Möglichkeit, die Servius erwägt, ist die Verwendung von *argumentum* i.S.v. „Argument".
1002 Vgl. Serv. Aen. 1,382; s. das Kapitel 7.2.2 dieser Arbeit.

argumentum),¹⁰⁰³ und dem, was ihm grundsätzlich nicht gestattet ist (*fabula*, also alles, was widernatürlich ist). Der Umstand, dass Servius dem Dichter den zuletzt genannten Bereich grundsätzlich nicht zugesteht, geht – wenn auch in anderer Terminologie – aus der folgenden Stelle hervor:¹⁰⁰⁴

> vituperabile enim est, poetam aliquid fingere, quod penitus a veritate discedat. denique obicitur Vergilio de mutatione navium in nymphas. et quod dicit per aureum ramum ad inferos esse descensum; tertium, cur Iris Didoni comam secuerit.
>
> Es ist nämlich zu kritisieren, dass der Dichter etwas fingiert, was gänzlich von der Wahrheit abweicht. Infolgedessen erhebt man Vergil Vorwürfe wegen der Verwandlung der Schiffe in Nymphen; und weil er sagt, dass man durch einen goldenen Zweig in die Unterwelt hinabgestiegen sei; und drittens, warum Iris Dido das Haar abgeschnitten hat.

Ein weiterer Grund für die Vermengung von *historia* und *argumentum* besteht wohl darin, dass es gerade mit Bezug auf alte Ereignisse häufig schwierig ist anzugeben, was geschehen ist, und unter den überlieferten Ereignissen zwischen den historisch gesicherten Geschehnissen und unwahren, aber möglichen Angaben zu unterscheiden. Diese Annahme wird durch die folgende Stelle nahegelegt:¹⁰⁰⁵

> de civitatibus totius orbis multi quidem ex parte scripserunt, ad plenum tamen Ptolemaeus graece, latine Plinius. de Italicis etiam urbibus Hyginus plenissime scripsit, et Cato in originibus. apud omnes tamen si diligenter advertas, de auctoribus conditarum urbium dissensio invenitur, adeo ut ne urbis quidem Romae origo possit diligenter agnosci. [...] unde nec historicos nec commentatores varia dicentes imperitiae condemnare debemus: nam antiquitas ipsa creavit errorem.

1003 Zum erlaubten Bereich *historia/argumentum* vgl. Servius' Definition des Epos (Serv. Aen. praef.) *est autem heroicum* [sc. *carmen*] *quod constat ex divinis humanisque personis, continens vera cum fictis; nam Aeneam ad Italiam venisse manifestum est, Venerem vero locutam cum Iove missumve Mercurium constat esse conpositum*; vgl. auch Serv. Aen. 1,267, wo der Kommentator erklärt, dass der Tod des Anchises später anzusetzen sei, als Vergil ihn darstellt, da er Latium noch lebend erreicht habe: *ab hac autem historia ita discedit Vergilius, ut aliquibus locis ostendat non se per ignorantiam, sed per artem poeticam hoc fecisse*; zu dieser Stelle vgl. Cyron (2009) 50.
1004 Serv. Aen. 3,46. Es gibt aber zwei Kriterien, die die Verwendung von unnatürlichen Dingen bzw. Ereignissen zumindest teilweise entschuldigen: zum einen literarische Vorbilder (*famam sequi*). So fährt Servius an dieser Stelle fort (mit Bezug auf die zuletzt genannte Darstellung, dass Iris der toten Dido eine Locke abgeschnitten hat): *sed hoc purgatur Euripidis exemplo, qui de Alcesti hoc dixit, cum subiret fatum mariti.* Vgl. auch Serv. Aen. 11,89 über das literarische Vorbild Homer. Das andere Kriterium besteht in der angemessenen Motivierung der Ereignisse durch eine plausible Darstellung (*sibi convenientia fingere*); s. die Diskussion von Serv. Aen. 9,81 (S. 377f.).
1005 Serv. Aen. 7,678; zu dieser Stelle vgl. Dietz (1995) 86f.

Über die Bürgerschaften auf der ganzen Welt haben zwar viele eine Teildarstellung geschrieben, aber eine Gesamtdarstellung haben Ptolemaeus auf Griechisch und Plinius auf Latein geschrieben. Über die italischen Städte hat auch Hygin sehr ausführlich geschrieben und Cato in seinen *Origines*. Wenn man aber bei allen genau hinschaut, findet sich Uneinigkeit in Bezug auf die Urheber der gegründeten Städte, und zwar in so einem Ausmaß, dass nicht einmal der Ursprung der Stadt Rom genau erkannt werden kann. [...] Daher dürfen wir weder die Historiker noch die Kommentatoren der Ahnungslosigkeit bezichtigen, wenn sie Verschiedenes sagen. Denn die alte Zeit selbst hat den Irrtum hervorgebracht.

Schließlich macht sich Servius mit der Vermengung von *historia* und *argumentum* die Aristotelische und Horazische Anschauung zu Eigen, der zufolge der Dichter das Mögliche darstellen soll, wobei das Mögliche sowohl dasjenige umfasst, was geschehen ist, als auch dasjenige, was zwar nicht geschehen ist, aber grundsätzlich als realisierbar eingeschätzt wird: die realistische Fiktion.[1006] Die Tatsache, dass Servius fast durchgängig den Begriff *argumentum* i.S.v. „Argument" oder „Argumentation" verwendet, darf daher nicht verwundern: Da *historia/argumentum* für ihn eine Erzählgattung darstellt, bevorzugt Servius den Begriff *historia* in der Definition der Erzählgattungen (Serv. Aen. 1,235) und meidet den Begriff *argumentum* im Sinne der realistischen Fiktion fast durchgängig.[1007]

Das Beispiel, das Servius für die Erzählgattung *historia/argumentum* nennt, nämlich Phaedra, wählt Servius wahrscheinlich nicht nur als mögliche Person zur Exemplifizierung dieser Erzählgattung, sondern aufgrund der Geschichte, die sich um sie rankt. Denn Phaedra hat sich dem Mythos zufolge in ihren Stiefsohn Hippolytos verliebt, aber, als dieser ihre Liebe zurückgewiesen hat, ihn beschuldigt, ihr nachgestellt zu haben, und Selbstmord begangen. Die von Phaedra gegen Hippolytos erhobene Beschuldigung exemplifiziert vortrefflich eine mögliche Sache, bei der das Kriterium irrelevant ist, ob die entsprechenden Ereignisse stattgefunden haben oder nicht (Phaedra behauptet dies, Hippolytos bestreitet es). Auch hieraus wird deutlich, dass Servius' Skalierung der dargestellten Geschichte noch weniger als die traditionelle Dreiteilung zwischen *fabula* (μῦθος), *historia* (ἱστορία) und *argumentum* (πλάσμα) grundlegend die faktuale Erzähl-

---

1006 Zu Aristoteles s. das Kapitel 4.4 dieser Arbeit; zu Horaz s. das Kapitel 7.1.4 dieser Arbeit.
1007 Servius verwendet stattdessen v. a. Ausdrücke wie *ab historia discedere* (Serv. Aen. 1,267) oder *trahere de historia* (Serv. Aen. 3,46; s. S. 379) oder *tangere historiam* (Serv. Aen. 1,382; s. das Kapitel 7.2.2 dieser Arbeit) oder *more poetico uti* (Serv. Aen. 1,15), den Begriff *figmentum* (Serv. Aen. 9,81; s. S. 377) und die Formen von *fingere* inklusive des partizipialischen Adjektivs *fictum* (Serv. Aen. praef. [s. S. 375, Fußn. 1003]; Serv. Aen. 1,37) zur Bezeichnung der Fiktion. Zu *figmentum* vgl. auch Macr. somn. 1,2,4 und 10 f. (s. das Kapitel 4.8 dieser Arbeit).

gattung von der fiktionalen Erzählgattung bzw. den fiktionalen Erzählgattungen trennt.[1008]

Wenn Servius die *fabula* analog zur Erzählgattung *historia/argumentum* mit dem Zusatz versieht, dass die Frage irrelevant ist, ob die entsprechenden Ereignisse stattgefunden haben oder nicht, stellt sich allerdings ein Problem. Denn es ist nicht sofort ersichtlich, inwiefern es eine Sache oder ein Ereignis geben kann, das unmöglich ist, aber existiert bzw. stattgefunden hat. Der genannte Zusatz scheint gerade deshalb sinnlos zu sein, weil Servius die *fabula* auf unmögliche (widernatürliche) Ereignisse begrenzt. Wenn er sie so definieren würde, dass sie die Darstellung von unwahrscheinlichen, wenn nicht sogar unmöglichen Ereignissen ist, würde der Bereich des Unwahrscheinlichen den Zusatz weniger problematisch erscheinen lassen.[1009]

Trotzdem lässt sich der Zusatz, dass die Frage irrelevant ist, ob die entsprechenden Ereignisse stattgefunden haben oder nicht, auch im Zusammenhang mit der *fabula* als sinnvoll erweisen. Wenn man die widernatürlichen Ereignisse nicht in dem extremen Sinn versteht, dass sie niemals vorkommen können, sondern so, dass sie ganz seltene Ausnahmen darstellen, bei denen häufig zweifelhaft ist, ob sie stattgefunden haben oder nicht, ergibt der genannte Zusatz einen Sinn. Denn Servius kennt beide Arten von unnatürlichen Ereignissen. Ein erfundenes unnatürliches Ereignis sieht er beispielsweise in der Verwandlung der trojanischen Schiffe in Nymphen:[1010]

> figmentum hoc licet poeticum sit, tamen quia exemplo caret, notatur a criticis: unde longo prooemio excusatur. nam ideo et prisca ratione religionis et Iovis beneficio dicit esse perfectum, ut naves mutarentur in nymphas, quo vel aliqua ex parte possit esse verisimile.
>
> Das ist zwar eine dichterische Fiktion, aber da sie kein Vorbild aufweist, wird sie von Kritikern angefochten. Daher wird sie durch ein langes Proömium entschuldigt. Denn er [sc. Vergil] sagt, dass sowohl aus einem alten religiösen Grund als auch durch Jupiters Wohltat vollbracht worden sei, dass die Schiffe in Nymphen verwandelt werden, wodurch [sc. die Darstellung] zumindest teilweise plausibel sein kann.

1008 S. die Kapitel 4.7.1 und 4.7.1.1 dieser Arbeit.
1009 Das Beispiel Pasiphae als Beispiel für die Erzählgattung *fabula* ist so zu verstehen, dass die Geschichte, die sich um sie rankt, widernatürlich ist, nämlich die Geschichte, dass sie sich in einen Stier verliebt und mit diesem den Minotauros gezeugt hat.
1010 Serv. Aen. 9,81. Zu Vergils Darstellung vgl. Aen. 9,77–122 (vgl. auch Ovids Darstellung met. 14,527–565); Fantham (1990). Zur Fiktionalität der Schiffsverwandlung vgl. Ov. am. 3,12,38 (s. das Kapitel 7.1.5 dieser Arbeit).

Servius nimmt diese unnatürliche Fiktion, die von Kritikern angegriffen wird, da Vergil keinem literarischen Vorbild gefolgt ist, sondern sie selbst erfunden hat, mit dem Argument teilweise in Schutz, dass die Schiffsmetamorphose zuvor gut motiviert wird und somit plausibel ist.[1011] Trotzdem handelt es sich um ein erfundenes unnatürliches Ereignis.

Ein unnatürliches Ereignis, bei dem zumindest zweifelhaft ist, ob es geschehen ist oder nicht, bespricht der Servius auctus an der folgenden Stelle, an der Vergil schildert, wie Dido sieht, dass sich Opferwein in Blut verwandelt:[1012]

> et quidam „nigrescere" et „vertere" ideo incertum tempus positum volunt, ut ostendant non vere vertisse se, quod contra naturam est, sed verti a Didone visa.
>
> Und einige [sc. Gelehrte] wollen, dass die Infinitivformen *nigrescere* und *vertere* gesetzt worden sind, damit sie zeigen, dass es sich nicht wirklich verwandelt hat, was widernatürlich ist, sondern dass es von Dido so wahrgenommen wurde, als würde es sich verwandeln.

Nach Meinung der vom Servius auctus zitierten Gelehrten ist die Verwandlung des Opferweines in Blut also mit der Erzählperspektive zu rechtfertigen und findet nicht wirklich, sondern nur in Didos Einbildung statt.[1013] Mit der subjektiven Wahrnehmung einer Figur argumentiert Servius auch an der folgenden Stelle, an der er das Erbeben des Apollo-Tempels kommentiert:[1014]

> Stoicos et Academicos secutus est, qui dicunt ea, quae contra naturam sunt, non fieri, sed fieri videri: unde magica ars omnis exclusa est.
>
> Er ist den Stoikern und Akademikern gefolgt, die sagen, dass dasjenige, was widernatürlich ist, nicht geschieht, sondern zu geschehen scheint. Daher ist die ganze Magie ausgeschlossen.

Dass nach Ansicht des Servius auch unnatürliche Ereignisse geschehen können, wird an seinem Kommentar zu derjenigen Stelle deutlich, an der geschildert wird, wie der getötete Polydorus aus einem blutenden Strauch spricht:[1015]

1011 Hinter der Kritik und hinter der Verteidigung steht die Horazische Alternative des *famam sequi* oder *sibi convenientia fingere* (Hor. ars 119); vgl. Cyron (2009) 54f. und s. das Kapitel 7.1.4 dieser Arbeit.
1012 Serv. Aen. 4,455.
1013 Vgl. Cyron (2009) 57.
1014 Serv. Aen. 3,90. Zum Erbeben des Apollo-Tempels vgl. Aen. 3,90–93, insbesondere V. 90: *tremere omnia visa.*
1015 Serv. Aen. 3,46; zu dieser Stelle s. auch weiter oben (S. 375).

traxit autem hoc de historia Romana. nam Romulus, captato augurio, hastam de Aventino monte in Palatinum iecit: quae fixa fronduit et arborem fecit. vituperabile enim est, poetam aliquid fingere, quod penitus a veritate discedat.

Das hat er aus der römischen Geschichte genommen. Denn Romulus hat nach Einholen des Vorzeichens einen Speer vom Aventin auf den Palatin geworfen. Dort feststeckend, ist dieser grün geworden und hat einen Baum hervorgebracht. Es ist nämlich zu kritisieren, dass der Dichter etwas fingiert, was gänzlich von der Wahrheit abweicht.

Offensichtlich hält Servius es zwar für eine (unnatürliche) Fiktion, dass der getötete Polydorus aus einem blutenden Strauch spricht, aber diese Fiktion wird durch das historische Ereignis, das ihr zugrunde liegt, gerechtfertigt.[1016] Das Erklärungsmuster, dass Erfindungen durch einen Kern historischer Wahrheit erklärt werden, findet sich auch an anderen Stellen.[1017]

Servius scheint daher unter der *fabula* Wunder zu verstehen, also Vorkommnisse, die nach menschlichem Ermessen (nahezu) unmöglich sind, aber in der realen Welt (wenn auch ganz selten) vorkommen können.

4.8 Die Legitimierung von (allegorischen) fiktiven Geschichten durch Macrobius

Um Platons Erfindung des Er-Mythos in der *Politeia* gegen epikureische Kritiker zu verteidigen und somit auch Cicero *mutatis mutandis* gegen mögliche Kritik am *Somnium Scipionis* in Schutz zu nehmen,[1018] unterscheidet Macrobius (um 385 –

1016 Vgl. Cyron (2009) 57.
1017 Vgl. Serv. Aen. 7,19; 8,190; 8,240; Cyron (2009) 47. Vgl. auch Dietz (1995) 81, der darauf hinweist, dass unter dem Begriff *historia* in Abgrenzung zur *fabula* zwei Klassen von Dingen subsumiert werden: (1) die wahrscheinlichen oder realistischen Elemente (*historia* = *argumentum*), die besonders in euhemeristischen Richtigstellungen der *fabula* zu Tage treten; und (2) natürliche Wirklichkeiten, die der *fabula* zugrunde liegen und unter Berücksichtigung der Allegorie als solche erkannt werden.
1018 Zur epikureischen Kritik vgl. Macr. somn. 1,2,4: *Ait* [sc. *Colotes*] *a philosopho fabulam non oportuisse confingi, quoniam nullum figmenti genus veri professoribus conveniret*. Cicero sah Plato zu Unrecht kritisiert, befürchtete aber nicht, selbst kritisiert zu werden, weil er seinen Erzähler Scipio nicht wiederauferstehen, sondern einen Traum referieren ließ (vgl. ib. 1,1,9 und 1,2,1: *hanc fabulam Cicero licet ab indoctis* [...] *doleat irrisam, exemplum tamen stolidae reprehensionis vitans excitari narraturum quam revivescere maluit.* [...] *Ac priusquam somnii verba consulimus, enodandum nobis est a quo genere hominum Tullius memoret vel irrisam Platonis fabulam vel ne sibi idem eveniat non vereri*). Diese Entscheidung ist wohl so zu verstehen, dass Cicero die Fiktion des Traumes eine weniger anstößige Lizenz zu sein schien als die Fiktion einer Wiederauferstehung, und zwar wahrscheinlich deshalb, weil die Traumfiktion ein altes und häufiges Motiv ist; vgl. die

nach 430 n. Chr.) in seinem Kommentar zu Ciceros *Somnium Scipionis* einleitend mehrere Arten von fiktiven Geschichten (*fabulae*), von denen er eine für wert erachtet, dass auch Philosophen sie verwenden:[1019]

> Fabulae, quarum nomen indicat falsi professionem, aut tantum conciliandae auribus voluptatis, aut adhortationis quoque in bonam frugem gratia repertae sunt. (8) Auditum mulcent vel comoediae, quales Menander eiusve imitatores agendas dederunt, vel argumenta fictis casibus amatorum referta, quibus vel multum se Arbiter exercuit vel Apuleium non numquam lusisse miramur. Hoc totum fabularum genus, quod solas aurium delicias profitetur, e sacrario suo in nutricum cunas sapientiae tractatus eliminat. (9) Ex his autem quae ad quandam virtutum speciem intellectum legentis hortantur fit secunda discretio. in quibusdam enim et argumentum ex ficto locatur et per mendacia ipse relationis ordo contexitur, ut sunt illae Aesopi fabulae elegantia fictionis illustres, at in aliis argumentum quidem fundatur veri soliditate sed haec ipsa veritas per quaedam composita et ficta profertur, et hoc iam vocatur narratio fabulosa, non fabula, ut sunt cerimoniarum sacra, ut Hesiodi et Orphei quae de deorum progenie actuve narrantur, ut mystica Pythagoreorum sensa referuntur. (10) Ergo ex hac secunda divisione quam diximus, a philosophiae libris prior species, quae concepta de falso per falsum narratur, aliena est.

> Die fiktiven Geschichten (*fabulae*), deren Name die Verkündung von Unwahrem anzeigt, sind entweder erfunden worden, um nur den Ohren Vergnügen zu bereiten, oder auch, um zur Besserung aufzufordern. (8) Die Ohren ergötzen entweder Komödien, wie sie Menander oder dessen Nachahmer haben aufführen lassen, oder Handlungen, die voll sind von fiktiven Ereignissen von Geliebten; mit diesen hat sich Arbiter viel beschäftigt oder Apuleius manchmal zu unserer Verwunderung gespielt. Die Beschäftigung mit der Weisheit entfernt diese ganze Gattung der fiktiven Geschichten, die erklärtermaßen nur die Ohren ergötzt, aus seinem heiligen Bezirk in die Wiege der Ammen. (9) Aus denjenigen aber, die den Verstand des Lesers zu einer bestimmten Art von Tugend auffordern, wird eine zweite Unterscheidung getroffen. In einigen [sc. fiktiven Geschichten] wird nämlich sowohl ein fiktives Thema behandelt als auch der Bericht selbst anhand von Unwirklichem der Reihe nach zusammengefügt, wie z. B. die Äsopischen Fabeln durch die ungekünstelte Einfachheit der Fiktion berühmt sind; in anderen [sc. fiktiven Geschichten] hingegen gründet sich das Thema auf die

---

Ilias-Scholien (Schol. T Il. 2,6c) zum Traum, den Zeus Agamemnon am Anfang des zweiten Buches der *Ilias* schickt: ποιητικὸν δὲ τὸ πλάσσειν ὀνείρους. Für die Vorstellung, dass der Schriftsteller bzw. Dichter der Tradition folgen soll, vgl. die Horazische Alternative des *famam sequi* oder *sibi convenientia fingere* (Hor. ars 119; s. das Kapitel 7.1.4 dieser Arbeit); Serv. Aen. 3,46 und 9,81 (s. das Kapitel 4.7.3.3 dieser Arbeit, S. 375 und 377 f.). Zu Platons Er-Mythos vgl. Plat. rep. 614a–621b (s. das Kapitel 4.7.3.1 dieser Arbeit, S. 363).

1019 Macr. somn. 1,2,7–10. Vgl. ib. 1,2,6: *Nec omnibus fabulis philosophia repugnat, nec omnibus adquiescit*. Zur behandelten Stelle bei Macrobius vgl. die zweisprachige Ausgabe von Armisen-Marchetti (2003), den Kommentar von Regali (1983) 218–224 und die mit Anmerkungen versehene Übersetzung von Scarpa (1981) 373–375. Zur Homerexegese im *Somnium Scipionis* vgl. Setaioli (1966).

4.8 Die Legitimierung von (allegorischen) fiktiven Geschichten durch Macrobius — 381

feste Basis der Wirklichkeit, aber diese Wahrheit selbst wird durch eine gewisse fiktive[1020] Ausgestaltung vorgetragen, und dies wird schon ‚fabulöse' Erzählung (*narratio fabulosa*) genannt, nicht Fabel (*fabula*), wie sich z.B. die heiligen Rituale verhalten, wie die Erzählungen des Hesiod und des Orpheus über die Abstammung und die Tätigkeit der Götter, wie die mystischen Vorstellungen der Pythagoreer geschildert werden. (10) Also ist aus der zuletzt genannten zweiten Unterscheidung die erste Art, die als Erzählung durch Unwahres über Unwahres konzipiert ist, den philosophischen Büchern fremd.

Die Aussage, dass der Name der fiktiven Geschichten (*fabulae*) anzeigt, dass Unwahres verkündet wird, muss man wohl so verstehen, dass ihrem Rezipienten von vornherein klar ist, dass das dargestellte Geschehen eine Fiktion darstellt. Daher lässt sich feststellen, dass Macrobius den Begriff der fiktiven Geschichte (*fabula*) als paratextuelles Fiktionssignal ansieht.[1021] In diesem Fall liegt sogar ein spezieller Grund für die Identifizierung von *fabula* als Fiktionssignal vor. Denn offenbar leitet Macrobius den Begriff *fabula* etymologisch von *falsum* ab.[1022]

Macrobius nimmt zunächst eine grundlegende Zweiteilung der fiktiven Geschichten (*fabulae*) nach ihrem Wirkziel vor:[1023] Die einen fiktiven Geschichten unterhalten nur das Publikum; andere bereiten nicht nur Vergnügen, sondern belehren auch.[1024] Wie die weiteren Äußerungen zeigen, unterscheidet Macrobius auf diese Weise zwischen nicht-allegorischen und allegorischen fiktiven Geschichten. Die unterhaltenden, also nicht-allegorischen, Geschichten werden wiederum zweigeteilt: Hierzu gehören zum einen die Komödien – genau genommen: die neue Komödie. Zum anderen konstituieren diejenigen Handlungen diese Gattung, die voll sind von fiktiven Verstrickungen von Geliebten. Macrobius nennt zwei Vertreter dieser Gattung, nämlich zum einen Petron (Petronius Arbiter), aus dessen *Satyrica* einzelne Bücher erhalten geblieben sind, und zum anderen Apuleius, der für seine 11 Bücher umfassenden Metamorphosen berühmt geworden ist. Auch wenn Macrobius den Fachterminus nicht verwendet, ist davon auszugehen, dass er diese Werke als Milesische Geschichten (*fabulae Milesiae*) auffasst.[1025]

1020 Sowohl *fictum* als auch *compositum* bedeuten „fiktiv"; zu *compositum* (*conpositum*) vgl. Servius' Definition des Epos (Serv. Aen. praef.; s. S. 375, Fußn. 1003).
1021 Zu den paratextuellen Fiktionssignalen s. das Kapitel 2.5.1.2 dieser Arbeit.
1022 Varro hingegen leitet den Begriff *fabula* von *fari* („sprechen") ab; vgl. Var. ling. 6,55: *Ab eodem verbo fari fabulae, ut tragoediae et comoediae, dictae.*
1023 Vgl. die Schemata bei Regali (1983) 219 und Scarpa (1981) 374.
1024 Vgl. Hor. ars 333f., der aber über die Absichten des Dichters spricht; s. das Kapitel 7.1.4 dieser Arbeit.
1025 Zu den Milesischen Geschichten vgl. Apul. met. 1,1: *At ego tibi sermone isto Milesio varias fabulas conseram auresque tuas benivolas lepido susurro permulceam* [...]; Pseudo-Lukian, *Amores* 1; Historia Augusta, *Vita Albini* 12,12; Hieronymus, *Comment. in Isaiam* 12 praef.; Ov. trist. 2,443 f.;

Wie die nicht-allegorische Gattung wird auch die allegorische Gattung zweigeteilt, wobei sich diese Zweiteilung auch in der Terminologie niederschlägt: Unter der allegorischen *fabula* versteht Macrobius die Äsopische Fabel. Da beide Arten der allegorischen fiktiven Geschichte gemeinsam haben, dass sie auf einer anderen semantischen Ebene eine (ethische) Wahrheit ausdrücken,[1026] macht Macrobius den spezifischen Unterschied zwischen der Fabel und der zweiten Art der allegorischen fiktiven Geschichte, der *narratio fabulosa*, auf der semantischen Oberfläche anhand des Themas (*argumentum*) geltend:[1027] in der Fabel ist sowohl das Thema als auch die gesamte auf der Oberfläche dargestellte Geschichte fingiert. Anders verhält es sich bei den mystischen Geschichten (der *narratio fabulosa*): das Thema ist faktual, aber durch eine fiktionale Ausgestaltung verzerrt, so dass sich Wahrheit und Fiktion zur Allegorie vermischen.[1028] Diese Art der allegorischen Erzählung – genau genommen: den ehrenhaften Typus dieser Art – hält Macrobius für adäquat, um in philosophischen Texten verwendet zu werden.[1029]

Burkard (2009). Die Milesischen Geschichten sind zumindest Teil derjenigen Gattung, die wir als Roman bezeichnen.
1026 Zum allegorischen Charakter dieser Geschichten (*aliud per aliud dicitur*) vgl. insbesondere die mit *per* gebildeten Ausdrücke: *per mendacia*; *veritas per quaedam composita et ficta profertur* (beide § 9); *per falsum*; *modus per figmentum vera referendi* (beide § 10).
1027 Man muss also drei Elemente der fiktiven Geschichten unterscheiden: die tiefere (ethische) Bedeutung, durch die sich die allegorischen von den nicht-allegorischen fiktiven Geschichten unterscheiden; die dargestellte Oberflächenstruktur, die in allen Fällen fiktiv ist (*per mendacia ipse relationis ordo contexitur* entspricht also in dieser Hinsicht *per quaedam composita et ficta profertur*), und das Thema, durch das sich die Fabel (das Thema ist fiktional: *argumentum ex ficto locatur*) von der *narratio fabulosa* (das Thema ist faktual: *argumentum quidem fundatur veri soliditate*) unterscheidet. Daher heißt es von der Fabel, dass sie von Unwahrem (*de falso*) handelt (§ 10): damit ist das Thema, nicht die tiefere Bedeutung gemeint.
1028 Regali (1983) 222 und Scarpa (1981) 374 geben den Unterschied zwischen der Fabel (*fabula*) und der *narratio fabulosa* unzureichend an, wenn sie ihn darin sehen, dass in der *narratio fabulosa* eine tiefere Wahrheit versteckt ist – das ist auch bei der Fabel der Fall, da beide Arten von Geschichten allegorisch sind.
1029 Macrobius nimmt eine weitere Zweiteilung vor, indem er die Opposition ehrenhaft (*honestum*) vs. schimpflich (*turpe*) auf die *narratio fabulosa* anwendet; vgl. ib. 1,2,10 f.: *Sequens in aliam rursus discretionem scissa dividitur: nam cum veritas argumento subest solaque fit narratio fabulosa, non unus reperitur modus per figmentum vera referendi.* (11) *Aut enim contextio narrationis per turpia et indigna numinibus ac monstro similia componitur, ut di adulteri, Saturnus pudenda Caeli patris abscidens et ipse rursus a filio regni potito in vincla coniectus – quod genus totum philosophi nescire malunt; aut sacrarum rerum notio sub pio figmentorum velamine honestis et tecta rebus et vestita nominibus enuntiatur. Et hoc est solum figmenti genus quod cautio de divinis rebus philosophantis admittit.* Bei der zurückgewiesenen schimpflichen Art der *narratio fabulosa* denkt Macrobius vermutlich an die Platonische Dichterkritik. Bei Platon wird allerdings nicht deutlich,

4.8 Die Legitimierung von (allegorischen) fiktiven Geschichten durch Macrobius — **383**

Die Beispiele, die Macrobius nennt, entstammen allesamt dem mystisch-religiösem Bereich; wenn z. B. Hesiods Erzählung über die Abstammung der Götter genannt wird, ist hiermit die *Theogonie* gemeint. Diesen Umstand formuliert Macrobius im Folgenden explizit: die ehrenhafte *narratio fabulosa* ist in denjenigen Kontexten in philosophischen Texten gestattet, in denen übernatürliche Phänomene behandelt werden.[1030] Die Tatsache, dass Macrobius diese eine Art der allegorischen fiktiven Geschichte mit Blick auf die Philosophie rechtfertigt, darf aber nicht darüber hinwegtäuschen, dass er alle erwähnten Arten von fiktiven Geschichten grundsätzlich im Rahmen der literarischen Fiktion anerkennt.

---

dass er die entsprechenden Erzählungen als allegorische Erzählungen auffasst; s. das Kapitel 4.3.2.3 dieser Arbeit.
1030 Vgl. ib. 1,2,13: *Sciendum est tamen non in omnem disputationem philosophos admittere fabulosa vel licita, sed his uti solent cum vel de anima vel de aeriis aetheriisve potestatibus vel de ceteris dis loquuntur.*

5 Fiktion auf der Ebene der Darstellung?

Die moderne Forschung hat an zumindest drei Stellen versucht, das Konzept der Dissoziierung zwischen dem historischen Autor und dem fiktiven Erzähler und somit der narratologischen Verdoppelung der Sprachhandlungssituation zu sehen:[1] Zum einen in Platons Dichterkritik innerhalb der Beschreibung der Ebene der Darstellung (rep. 392c7–398b). Zum zweiten im dritten Kapitel der Aristotelischen Poetik. An diesen Stellen handelt es sich um personenzentrierte (κατὰ πρόσωπα) Unterteilungen der (dichterischen) Erzählung.[2] Eine derartige Unterscheidung lässt sich auch bei anderen Autoren, u. a. bei Cicero und dem *Auctor ad Herennium*, bei Dositheus, Diomedes, Nikolaos, Servius und Isidor aus Sevilla erkennen. Daher bietet es sich an, die Stellen bei Platon und Aristoteles nicht isoliert von den anderen Unterteilungen der (dichterischen) Erzählung κατὰ πρόσωπα zu betrachten. Dabei wird sich herausstellen, dass das Platonische Redekriterium in den meisten Fällen das Differenzkriterium darstellt (Kap. 5.1),[3] wohingegen die *narratio in personis posita* bei Cicero und dem *Auctor ad Herennium* anders aufzufassen ist (Kap. 5.2). Die dritte prominente Stelle, an der die Forschung versucht hat, die (moderne) Dissoziierung zwischen dem historischen Autor und dem fiktiven Erzähler zu entdecken, ist Catulls *carmen* 16. Dieses Gedicht wird im Anschluss unter diesem Gesichtspunkt analysiert (Kap. 5.3).[4]

5.1 Die Unterteilung der Erzählung nach dem Redekriterium

5.1.1 Platons Dichterkritik. Die Ebene der Darstellung (rep. 392c7–398b)

Platons Analyse, wie die Dichter die Geschichte darstellen, bewegt sich Genette zufolge insofern in den Kategorien der Fiktionalität, als an einer Stelle der fiktive Erzähler postuliert werde.[5] Ausgehend von der Feststellung, dass jede Erzählung

---

[1] Zum modernen Konzept s. das Kapitel 2.3.1 dieser Arbeit.
[2] Vgl. den Ausdruck κατὰ πρόσωπα als Gegenbegriff zu κατὰ πράγματα bei Doxopater RhG II 207,1 Walz.
[3] Zu den Darstellungsmodi (Kap. 5.1) vgl. Nünlist (2009) 94–134; Müller (2012) 87–94; Vassallo (2011).
[4] Dieses Kapitel (Kap. 5) trägt teilweise Halliwells (2014) 136 Wunsch Rechnung: „More work would be justified on the pre-modern history of critical assumptions about the relationship between authors and narrators."
[5] Vgl. Genette (1972) 184–191 = (1994) 116–122, der Platon und Aristoteles als Entdecker derjenigen Phänomene identifiziert, die er unter dem Begriff der Distanz behandelt (s. S. 386 f.); zum Zu-

(διήγησις) entweder von vergangenen oder von gegenwärtigen oder von zukünftigen Dingen berichtet,⁶ unterscheidet der Platonische Sokrates die Dichtung dahingehend, wer spricht. Anhand des Redekriteriums werden drei Darstellungsweisen voneinander getrennt:⁷

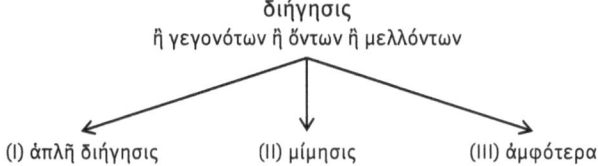

Die einfache Erzählung (ἁπλῆ διήγησις) liegt vor, wenn der Dichter spricht. Als Beispiel zitiert Platon den Anfang der *Ilias* bis zu derjenigen Stelle, an der Chryses spricht.⁸ In moderner Terminologie würden wir sagen, dass die Autor- bzw. Erzählerrede als ἁπλῆ διήγησις bezeichnet wird.⁹ An einer Stelle verwendet Platon auch den Begriff des Berichts (ἀπαγγελία) synonym zum Ausdruck der einfachen

---

sammenhang zwischen dem fiktiven Erzähler und der Distanz vgl. Klauk/Köppe (2014) 850. Vgl. auch Margolin (2014) 647: „Plato was the first to claim that the underlying difference between narrative and drama as basic types of discourse consists in the difference between directly showing and indirectly telling or reporting, rooted in the absence or presence respectively of a mediating instance between the characters' speech and the audience. And the narrator is precisely this mediating instance."
6 Vgl. rep. 392d2–3: ἆρ' οὐ πάντα ὅσα ὑπὸ μυθολόγων ἢ ποιητῶν λέγεται διήγησις οὖσα τυγχάνει ἢ γεγονότων ἢ ὄντων ἢ μελλόντων;
7 Vgl. rep. 392d5–6: Ἆρ' οὖν οὐχὶ ἤτοι ἁπλῇ διηγήσει ἢ διὰ μιμήσεως γιγνομένῃ ἢ δι' ἀμφοτέρων περαίνουσιν [sc. τὴν διήγησιν οἱ ποιηταί];
8 Vgl. rep. 393a3–7: Οἶσθ' οὖν ὅτι μέχρι μὲν τούτων τῶν ἐπῶν „καὶ ἐλίσσετο πάντας Ἀχαιούς, / Ἀτρεΐδα δὲ μάλιστα δύω, κοσμήτορε λαῶν" λέγει τε αὐτὸς ὁ ποιητὴς καὶ οὐδὲ ἐπιχειρεῖ ἡμῶν τὴν διάνοιαν ἄλλοσε τρέπειν ὡς ἄλλος τις ὁ λέγων ἢ αὐτός· Mit den Worten κοσμήτορε λαῶν endet die Rede des Dichters (Il. 1,16); es folgt Chryses' Rede (Il. 1,17–21). Vgl. auch die Definition der einfachen Erzählung als „das, was zwischen den Figurenreden steht": τὰ μεταξὺ τῶν ῥήσεων (rep. 393b7).
9 Zur Diskussion über die Berechtigung der Unterscheidung zwischen dem historischen Autor und dem fiktiven Erzähler s. das Kapitel 2.3.1 dieser Arbeit. Die moderne Diskussion ist insbesondere deshalb hier relevant, weil die Postulierung der Erzählinstanz gerade mit Bezug auf (fiktionales) heterodiegetisches Erzählen in Frage gestellt wird. Bei Platon wird gerade diese Erzählform analysiert, wohingegen das homodiegetische Erzählen nicht in den Blick genommen wird (vgl. Halliwell [2014] 131).

Erzählung (ἀπλῆ διήγησις).¹⁰ Die Mimesis (μίμησις) hingegen liegt vor,¹¹ wenn der Dichter den Eindruck erweckt, nicht als er selbst zu sprechen, sondern jemand anderes zu sein, den er nachahmt, wie z. B. Chryses.¹² In moderner Terminologie würden wir sagen, dass die Figurenrede als Mimesis bezeichnet wird. Um den Unterschied zwischen einfacher Erzählung und Mimesis zu verdeutlichen, wird die Szene zwischen Agamemnon und Chryses in indirekter Rede paraphrasiert.¹³ Der dritte Typus von Erzählung wiederum ist als Mischform der beiden anderen Typen anzusehen: Wenn sich einfache Erzählung und Mimesis abwechseln, liegt diese Art von Erzählung vor.

Anhand dieser drei Typen werden anschließend literarische Gattungen unterschieden: Der Dithyrambus wird als Beispiel für die einfache Erzählung genannt. Tragödie und Komödie gelten als Beispiele für die Mimesis, und das Epos wiederum ist das Musterbeispiel für den Mischtypus, in dem sich einfache Erzählung und Mimesis abwechseln.¹⁴

Genette versteht die bei Platon diskutierten Darstellungsweisen derart, dass die einfache Erzählung (ἀπλῆ διήγησις) die vom Erzähler vermittelte Geschichte beschreibt:¹⁵

> Erstmals wurde dieses Problem [sc. der Distanz], wie es scheint, von Platon im 3. Buch des *Staats* [...] behandelt. Bekanntlich unterscheidet Platon dort zwei narrative Modi, je nachdem, ob der Dichter „selbst redet und auch gar nicht den Eindruck erwecken will, ein anderer als er sei der Redende" (was er die *reine Erzählung* [...] nennt), oder ob er im Gegenteil

---

10 Vgl. rep. 394c2: ἡ δὲ δι' ἀπαγγελίας αὐτοῦ τοῦ ποιητοῦ. Vgl. auch die Verwendung des Verbs ἀπαγγέλλειν bei Platon (rep. 396c7) und bei Aristoteles (Poet. 1448a19–24; s. das Kapitel 5.1.2 dieser Arbeit).
11 Zur Platonischen Mimesis s. die einleitenden Bemerkungen in Kapitel 4.3 dieser Arbeit (S. 189).
12 Vgl. rep. 393a7–b2: τὰ δὲ μετὰ ταῦτα ὥσπερ αὐτὸς ὢν ὁ Χρύσης λέγει καὶ πειρᾶται ἡμᾶς ὅτι μάλιστα ποιῆσαι μὴ Ὅμηρον δοκεῖν εἶναι τὸν λέγοντα ἀλλὰ τὸν ἱερέα, πρεσβύτην ὄντα; b9–c2: Ἀλλ' ὅταν γέ τινα λέγῃ ῥῆσιν ὥς τις ἄλλος ὤν, ἆρ' οὐ τότε ὁμοιοῦν αὐτὸν φήσομεν ὅτι μάλιστα τὴν αὐτοῦ λέξιν ἑκάστῳ ὃν ἂν προείπῃ ὡς ἐροῦντα; c4–8.
13 Vgl. rep. 393c10–394b2; Hom. Il. 1,12–42.
14 Vgl. rep. 394b9–c5: Ὀρθότατα, ἔφην, ὑπέλαβες, καὶ οἶμαί σοι ἤδη δηλοῦν ὃ ἔμπροσθεν οὐχ οἷός τ' ἦ, ὅτι τῆς ποιήσεώς τε καὶ μυθολογίας ἡ μὲν διὰ μιμήσεως ὅλη ἐστίν, ὥσπερ σὺ λέγεις, τραγῳδία τε καὶ κωμῳδία, ἡ δὲ δι' ἀπαγγελίας αὐτοῦ τοῦ ποιητοῦ· εὕροις δ' ἂν αὐτὴν μάλιστά που ἐν διθυράμβοις. ἡ δ' αὖ δι' ἀμφοτέρων ἔν τε τῇ τῶν ἐπῶν ποιήσει, πολλαχοῦ δὲ καὶ ἄλλοθι, εἴ μοι μανθάνεις.
15 Genette (1972) 184 = (1994) 116. Unterstreichung nicht im Original. Vgl. auch Stanzel (1995) 191: „Die Unterscheidung von zwei Erzählweisen, einer mittelbaren oder eigentlichen und einer scheinbar unmittelbaren oder szenisch-imitativen, ist eines der ältesten Ergebnisse erzähltheoretischer Überlegungen. Sie bildet den begrifflichen Kern in Platons Gegenüberstellung von ‚diegesis' und ‚mimesis' [...]."

„versucht, die Illusion zu erzeugen, nicht er sei es, der redet", sondern diese oder jene Figur, wenn es sich um gesprochene Worte handelt: und genau das nennt Platon die Nachahmung oder *mimesis*. Und um den Unterschied klarzumachen, gibt er das Ende der Szene zwischen Chryses und den Achaiern, das Homer durch direkte Rede nach Art des Dramas mimetisch gestaltet hat, im Modus der *diegesis* wieder. Aus der unmittelbaren Dialogszene wird so eine durch den Erzähler vermittelte Schilderung, in der das, was die einzelnen Figuren sagen, zusammenfließt und zu indirekter Rede verdichtet wird. Diesen beiden Merkmalen, Indirektheit und Verdichtung, die die „reine Erzählung" von der dem Theater entlehnten „mimetischen" Darstellung unterscheiden, werden wir weiter unten wiederbegegnen. Der Gegensatz von *diegesis* und *mimesis* läuft also, um unser vorläufiges Vokabular zu benutzen, darauf hinaus, daß die „reine Erzählung" *distanzierter* ist als die „Nachahmung": sie sagt es knapper und auf mittelbarere Weise.

Nachdem dieser Gegensatz von Aristoteles ein wenig abgeschwächt worden war (er machte aus der reinen Erzählung und der direkten Darstellung zwei Spielarten der Mimesis [...]), [sc. tauchte er wieder auf] unter den kaum veränderten Namen *showing* (zeigen) vs. *telling* (erzählen) [...]."

Als Charakteristikum der einfachen Erzählung gegenüber der Mimesis sei die größere Distanz anzusehen, die sich darin zeige, dass die einfache Erzählung kürzer ausfällt und durch den Erzähler vermittelt wird. Wie jedoch de Jong gezeigt hat, sind für die kondensierte Form der Erzählung andere Gründe verantwortlich, und die Annahme, dass der Platonische Sokrates die ἁπλῆ διήγησις als eine durch den Erzähler vermittelte Erzählung definiert, lässt sich nicht halten.[16] Denn die kondensierte Form der Erzählung erklärt sich dadurch, dass der Platonische Sokrates eine Prosaparaphrase der Homerstelle gibt, bei der es ihm nicht darauf ankommt, alle Informationen zu vermitteln, die bei Homer vorliegen, sondern darauf, einen Eindruck von der Darstellungsweise zu vermitteln, die er ἁπλῆ διήγησις nennt. Folglich ist die Ökonomie der Erzählung maßgeblich für die kondensierte Form verantwortlich.

Die Annahme, dass die ἁπλῆ διήγησις eine durch den Erzähler vermittelte Erzählung darstellt, ist deswegen wenig überzeugend, weil der Platonische Sokrates diese Darstellungsweise derart definiert, dass der Dichter als er selbst (*in propria persona*) spricht. Wenn es überhaupt eine Vermittlung gäbe, dann würde diese in der Mimesis vorliegen, da der Dichter in diesem Fall eine Figur personifiziert. Eine Unterscheidung zwischen dem Autor und dem Erzähler lässt sich an

---

16 Vgl. de Jong (2004) 4. Vgl. auch Halliwell (2014) 130 f., der darauf aufmerksam macht, dass der Platonische Sokrates nicht zwischen *showing* und *telling* unterscheidet und nicht die Quantität der Informationen in den Blick nimmt.

keiner Stelle erkennen, sondern nur die Unterscheidung zwischen dem Dichter (Autor) und seinen Figuren.[17]

Da Platon die drei Darstellungsweisen einerseits auf ganze Gattungen, andererseits auf Teile von Gattungen anwendet, ist folgende Präzisierung bei der Übersetzung in die Terminologie der modernen Erzähltheorie vorzunehmen: Die einfache Erzählung (ἁπλῆ διήγησις) ist entweder die Autor- bzw. Erzählerrede im Kontrast zur Figurenrede innerhalb eines Werkes (wie im Epos) oder die ausschließliche Rede des Autors bzw. Erzählers (wie im Dithyrambus). Dabei ist es eine Frage der modernen Erzähltheorie, ob es adäquater erscheint, von der Rede des Autors oder von derjenigen des Erzählers zu sprechen; Platon nimmt auf der Seite der Produktionsinstanz keine Differenzierung vor.[18] Bei der Mimesis handelt es sich entweder um die Figurenrede im Kontrast zur Autor- bzw. Erzählerrede innerhalb eines Werkes (wie im Epos) oder um die ausschließliche Rede der Figuren (wie im Drama). Nur der Mischtypus stellt eine Erzählform dar, die lediglich auf eine Gattung (wie das Epos), aber nicht auf Teile einer Gattung angewendet werden kann.

Die Rezeption des Platonischen Redekriteriums gerade in der Moderne würde eine eigene Abhandlung erfordern.[19] Die Ansicht, dass die Opposition zwischen *showing* („zeigen") und *telling* („erzählen") und somit die Distanz auf die bei Platon diskutierten Darstellungsweisen zurückzuführen ist, erklärt sich teilweise dadurch, dass das Redekriterium in diesen modernen Kategorien eine Rolle spielt, aber nicht mit ihnen identisch ist. Denn die Distanz wird im Modus des *showing* durch bestimmte Operationen minimiert, so dass man den Eindruck hat, Augenzeuge des Geschehens zu sein. Zu diesen Operationen gehört die Figurenrede.[20]

Die Fiktionalität spielt in Platons Differenzierung zwischen den drei Formen der Erzählung nirgends eine Rolle. Vielmehr läuft diese Unterscheidung darauf hinaus, dass sich durch sie Gesetze für die Dichter formulieren lassen; die deskriptive Betrachtung geht also in eine normative Betrachtung über. So ist im

---

17 Vgl. Nünlist (2009) 132f.: „When analysing a (narrative) text, modern literary critics commonly differentiate between the author and the narrator. [...] This distinction does not seem to have roots in ancient criticism, where author and narrator appear to be identical." Vgl. auch Halliwell (2014) 136: „Book 3 of Plato's *Republic* apparently draws no distinction between heterodiegetic narrators and the authors of the works in which those narrators are found."
18 Die Produktionsinstanz wird von Platon zumeist als „der Dichter" (ὁ ποιητής) bezeichnet; vgl. rep. 392e3–4; 393a6; c7–8 und 10; 394c2.
19 Vgl. teilweise Halliwell (2014).
20 Vgl. Klauk/Köppe (2014) 850.

Platonischen Idealstaat die mimetische Darstellung nur von tapferen Männern erlaubt.[21]

5.1.2 Aristoteles, Poetik, Kapitel 3

Das dritte Kapitel der Aristotelischen Poetik ist von der Forschung lange Zeit so verstanden worden, dass Aristoteles anhand des Platonischen Redekriteriums drei verschiedene Darstellungsweisen unterscheidet. Lattmann hat diese Auffassung jedoch angezweifelt und im Lichte der modernen Erzähltheorie die These aufgestellt, dass Aristoteles die Unterscheidung zwischen dem fiktiven Erzähler und anderen Erzählinstanzen geltend macht:[22]

> καὶ γὰρ ἐν τοῖς αὐτοῖς καὶ τὰ αὐτὰ μιμεῖσθαι ἔστιν ὁτὲ μὲν ἀπαγγέλλοντα, ἢ ἕτερόν τι γιγνόμενον ὥσπερ Ὅμηρος ποιεῖ ἢ ὡς τὸν αὐτὸν καὶ μὴ μεταβάλλοντα, ἢ πάντας ὡς πράττοντας καὶ ἐνεργοῦντας τοὺς μιμουμένους.
>
> Denn auch in denselben Medien und bei denselben Gegenständen ist es entweder möglich, dass man die Mimesis durchführt, indem man erzählt – und zwar entweder, indem man zu einem gewissen Grad[23] jemand anderes wird, wie Homer dichtet,[24] oder indem man derselbe bleibt und sich nicht verändert – oder dass die Nachahmenden [sc. Dichter] alle als Handelnde und Tätige darstellen.

Sollte die von Lattmann vertretene These zutreffen, müsste man feststellen, dass eine – wenn nicht die einzige – antike Beschreibung der Fiktion auf der Ebene der Darstellung vorliegt.[25] Vor Lattmann hatten die Forscher die zitierte Stelle ent-

---

21 Vgl. rep. 395c.
22 Poet. 1448a20–24. Die letzten beiden Worte (τοὺς μιμουμένους) werden von Kassel (1965) 5 in Cruces gesetzt. Wie Schmitt (2011) 262 zeigt, ist dieser textkritische Eingriff unnötig. Schmitts (ib.) 5 Verwendung des Begriffes „Erzählperspektive" in seiner Übersetzung („entweder mit einem Wechsel der Erzählperspektive, wie Homer es macht") ist aber irreführend, da Aristoteles nicht über die Erzählperspektive (Fokalisierung) spricht, sondern über das Rede- und Handlungskriterium. Was die Frage betrifft, wie der Text zu gliedern ist, s. die Diskussion am Ende dieses Unterkapitels (S. 397 f.).
23 Für das adverbielle τι vgl. Xen. Hell. 6,4,7: πρὸς δὲ τούτοις παρεθάρρυνε μέν τι αὐτούς. Selbst wenn man – wie üblich – ἕτερόν τι als Neutrum versteht, dürfte hierin kein Problem liegen; vgl. Gorg. fr. 23: εὐάλωτον γὰρ ὑφ' ἡδονῆς λόγων τὸ μὴ ἀναίσθητον (s. das Kapitel 7.1.1 dieser Arbeit).
24 Es lässt sich nicht entscheiden, ob ὥσπερ Ὅμηρος ποιεῖ „wie Homer dichtet" oder „wie Homer es tut" als Brachylogie für „wie Homer jemand anderes wird" bedeutet, aber sachlich besteht zwischen diesen Übersetzungen kein Unterschied.
25 Vgl. Lattmann (2005) 39, der in ἕτερόν τι γιγνόμενον den fiktiven auktorialen Erzähler sieht.

weder im Sinne einer Zweiteilung oder einer Dreiteilung verstanden, die vom Platonischen Redekriterium Gebrauch macht:[26]

I. Eine Mimesis ist anhand von drei Darstellungsweisen möglich:
1. indem man narrativen Erzählertext mit Figurenreden kombiniert (ἀπαγγέλλοντα ἢ ἕτερόν τι γιγνόμενον), also in einer Mischform; z. B. Homers Epen;
2. indem man nur narrativen Erzählertext ohne Figurenreden verwendet (rein narrativ); z. B. kyklische Epik, Dithyrambos;
3. indem man nur Figurenrede ohne Erzählertext verwendet (dramatisch).

II. Eine Mimesis ist anhand von zwei Darstellungsweisen möglich:
1. narrativ (ἀπαγγέλλοντα), und zwar
a) mit Figurenreden (ἕτερόν τι γιγνόμενον); z. B. Homers Epen;
b) ohne Figurenreden; z. B. kyklische Epik, Dithyrambos;
2. dramatisch (s. I.3).

Der Unterschied zwischen diesen beiden Varianten besteht darin, dass im zweiten Fall ἀπαγγέλλοντα als Oberbegriff fungiert, der eine reine Form und eine gemischte Form vereinigt und somit aus einer Dreiteilung eine Zweiteilung macht. Die Unterschiede zwischen den beiden Varianten betreffen jedoch lediglich die Systematik; sachlich sind sie identisch.[27] Als Stütze für die vorgeschlagene Deutung hat die *communis opinio* auf das Platonische Redekriterium verwiesen.[28]

Die *communis opinio* sieht sich nach Lattmann mit einigen Problemen konfrontiert.[29] So ordne Platon das Redekriterium dem Stil (λέξις) unter, der bei Aristoteles im Rahmen der Dichtungsklassifikation keine Rolle spiele.[30] Die ter-

---

[26] Vgl. die Übersicht und die umfänglichen Nachweise bei Lattmann (2005) 30 f. Der Einfachheit halber sei hier die Rede von einer „Zweiteilung", auch wenn die Zweiteilung in Wirklichkeit eine anders angeordnete Dreiteilung ist.

[27] Vgl. Lattmann (2005) 31.

[28] Vgl. Bywater (1909) 118 ad Arist. Poet. 1448a21: „The statement in the text in a21–24 is on the same lines as that in Plato Rep. 392d–394d; its very terminology is a reminiscence of Plato's; and it would be a mere enigma to us, if we had not the key to it in the Republic." Stohn (2001) meint sogar, dass Platon und Aristoteles von einer gemeinsamen Quelle abhängen; vgl. Lattmann (2005) 31 Fußn. 15. Zum Platonischen Redekriterium vgl. Plat. rep. 392d5f. (s. das Kapitel 5.1.1 dieser Arbeit); vgl. auch die Darstellung bei Lattmann (2005) 32f.

[29] Vgl. Lattmann (2005) 33–36.

[30] Dieser Einwand lässt sich nicht halten. Denn Platon behandelt nach einer kritischen Überprüfung des Inhalts der Dichtung die Darstellungsweise in eben dem Sinne, dass er die verschiedenen Erzählungen nach dem Kriterium der Figurenrede voneinander unterscheidet; vgl. Plat. rep. 392d5f. (s. das Kapitel 5.1.1 dieser Arbeit). Eine Behandlung des Stils liegt in der Dichterkritik kaum vor. Der Stil wird allenfalls durch den Begriff σχῆμα erwähnt; vgl. Plat. rep. 393c4–

minologischen Ähnlichkeiten zwischen Aristoteles und Platon seien u. a. deswegen geringer als üblicherweise angenommen, weil Aristoteles mit Bezug auf das Drama – wo er es zwingend tun müsse – niemals davon spreche, dass sich der Dichter in jemand anderen verwandelt. Vor allem aber sei die gesamte Systematik grundverschieden: Für Aristoteles ist jede Form der Dichtung μίμησις, während sich für Platon μίμησις nur in wörtlicher Rede zeigt. Andererseits sei für Platon jede Form der Dichtung διήγησις, für Aristoteles hingegen nur eine Art, nämlich die ἀπαγγελία. Das Platonische Redekriterium wäre in der Aristotelischen Theorie zur Klassifikation sinnlos, da sich mit ihm angesichts der Tatsache, dass jede Form der Dichtung μίμησις ist, keine verschiedenen Dichtungsformen differenzieren lassen könnten.[31]

Darüber hinaus hält es Lattmann für unschlüssig, dass Aristoteles bei der Nennung der Darstellungsweisen mit derjenigen beginnt, die sich aus den beiden einfachen Formen zusammensetzt, und die Platonische Erzählung mittels Mimesis als zentrale konzeptuelle Grundlage an das Ende setzt.[32] Ferner spreche Aristoteles (sonst) nirgends in der Poetik von direkten Reden. Der Grund hierfür sei darin zu sehen, dass Aristoteles im Gegensatz zu Platon nicht das Reden,

---

8: Οὐκοῦν τό γε ὁμοιοῦν ἑαυτὸν ἄλλῳ ἢ κατὰ φωνὴν ἢ κατὰ σχῆμα μιμεῖσθαί ἐστιν ἐκεῖνον ᾧ ἄν τις ὁμοιοῖ; -Τί μήν;- Ἐν δὴ τῷ τοιούτῳ, ὡς ἔοικεν, οὗτός τε καὶ οἱ ἄλλοι ποιηταὶ διὰ μιμήσεως τὴν διήγησιν ποιοῦνται.

31 Dieser Einwand ist nicht gravierend, da es nicht die Frage ist, ob die gesamten Systematiken kompatibel bzw. identisch sind, sondern, ob ein Element der Aristotelischen Systematik eine Entsprechung bei Platon hat. Vor allem dann, wenn dieses Gegenargument durch die Behauptung untermauert wird, dass sich für Platon μίμησις nur in wörtlicher Rede zeige, während für Aristoteles jede Form der Dichtung μίμησις ist, wird ein eher äußerlicher Einwand geltend gemacht. Denn die Begriffe tragen je nach Kontext eine unterschiedliche Bedeutung. Bei Platon (rep. 392d5f.) bedeutet μίμησις „Nachahmung" i.S.v. „Nachahmung eines bestimmten Charakters", bezeichnet also die Ethopoiie bzw. die Figurenrede. Dem Aristotelischen Mimesis-Begriff unterliegt eine ganz andere Bedeutung, wenn Aristoteles Dichtung als eine Form der Mimesis definiert und als Nachahmung bzw. Darstellung von handelnden Menschen von anderen, nichtmimetischen Künsten unterscheidet (s. das Kapitel 4.4 dieser Arbeit). Trotz dieser Unterschiede ist es aber möglich, dass das, was Platon als Mimesis bezeichnet, (*mutatis mutandis*) dem entspricht, was Aristoteles als πάντας ὡς πράττοντας καὶ ἐνεργοῦντας beschreibt. Gerade die Tatsache, dass in beiden Fällen das Drama als Beispiel gewählt wird, macht deutlich, dass Aristoteles und Platon denselben Gegenstand und vielleicht auch dasselbe Charakteristikum im Blick haben.
32 Diesem Argument lässt sich entgegnen, dass dieses Vorgehen aufgrund des Charakters der Aristotelischen Poetik nicht ungewöhnlich ist. Wie bei der Einführung des Mimesis- und des Katharsisbegriffes (vgl. das erste und sechste Kapitel) lässt sich auch an dieser Stelle beobachten, dass eine gewisse Vertrautheit der Rezipienten mit den theoretischen Grundlagen vorausgesetzt wird. Gerade wenn man die Möglichkeiten berücksichtigt, dass Aristoteles bei dieser Darstellungsweise von Platon abhängt oder beide möglicherweise einer gemeinsamen Lehre folgen, ist es sogar nachvollziehbar, dass Aristoteles die Platonische Mimesis als bekannt voraussetzt.

sondern das Handeln als die konstitutive Eigenschaft des Dramas betrachtet. Dieser Widerspruch sei so gravierend, dass er sich auch nicht durch die Behauptung entkräften lasse, dass sich das Handeln im Reden realisiert. Schließlich ergebe sich das Problem, dass Aristoteles' Dichtungsklassifikation keine Mischform zwischen dramatischer und erzählender Mimesis zulasse, da die Tragödie als Mimesis definiert ist, die nicht durch Bericht erfolgt.[33] Als Abgrenzung zum Epos sei diese Definition nur dann nützlich, wenn ihr eine binäre Opposition zugrunde liegt.[34]

Um die strittige Stelle einer adäquateren Deutung zu überführen, versucht Lattmann, sie ohne Bezug auf Platon rein aristotelesimmanent zu interpretieren.[35] Diejenige Darstellungsweise, die durch πάντας ὡς πράττοντας καὶ ἐνεργοῦντας definiert ist, hält auch Lattmann ohne jeden Zweifel für die dramatische bzw. szenische Darstellungsform. Diejenige Unterform, die mit den Worten ἕτερόν τι γιγνόμενον beschrieben wird, sei, wie das Beispiel zeige, die Darstellungsweise Homers bzw. des Epos.[36]

Um die zweite Unterform (ὡς τὸν αὐτὸν καὶ μὴ μεταβάλλοντα) bestimmen zu können, betrachtet Lattmann zunächst die Unterschiede zwischen Epos und Drama mit Hilfe der modernen Erzähltheorie.[37] Die Gattung Drama definiert Lattmann folglich durch den Unterschied, dass ihm ein Kommunikationssystem gegenüber dem Epos dadurch fehlt, dass die Handlung nicht durch einen Erzähler

---

33 Lattmann (2005) 35 verweist hierfür auf Poet. 1449b26 f.
34 Auch diesem Einwand wird man nicht zustimmen. Es ist nämlich nicht ersichtlich, warum eine Mischform ausgeschlossen sein sollte, zumal diese Mischform die von Lattmann geforderte binäre Opposition impliziert und diese Opposition nicht nur theoretisch vorstellbar ist, sondern tatsächlich existiert: streng getrennt werden die dramatische und die rein erzählende Darstellungsweise, die sich im Drama bzw. im Dithyrambos widerspiegeln. Als Mischform nimmt das Homerische Epos eine Zwischenstellung zwischen diesen beiden Darstellungsweisen ein, da sich Bericht und Figurenrede abwechseln. Wenn Aristoteles davon spricht, dass sich die Tragödie dadurch definiert bzw. Tragödie und Epos dadurch voneinander unterscheiden, dass die Tragödie nicht durch Bericht erfolgt (vgl. Poet. 1449b26 f. und ib. 11 f.), dann macht Aristoteles den spezifischen Unterschied zwischen diesen beiden Gattungen geltend.
35 Vgl. Lattmann (2005) 36.
36 Da eine Abgrenzung zwischen Drama und Epos mittels der Mimesis nur dann sinnvoll sei, wenn ihr eine binäre Opposition zugrunde liegt, geht Lattmann (2005) 36 davon aus, dass eine Zweiteilung der Darstellungsweisen vorliegt. Folglich spricht er von zwei Unterarten, die ἀπαγγέλλοντα untergeordnet sind.
37 In Anlehnung an diese beschreibt Lattmann (2005) 37 f. die Gattung Epos als ein dreistufiges Kommunikationssystem: Auf der äußersten Stufe kommuniziert der reale Autor mit dem realen Rezipienten; auf einem zweiten Niveau kommuniziert der fiktive Erzähler mit seinem Zuhörer; und auf der innersten Stufe kommunizieren die Figuren miteinander.

vermittelt wird; die (Un-)Mittelbarkeit ist also das entscheidende Differenzkriterium zwischen Epos und Drama.

Zu seiner Neuinterpretation der umstrittenen Aristotelesstelle gelangt Lattmann dadurch, dass er in dem Kriterium der (Un-)Mittelbarkeit den Schlüssel zum richtigen Verständnis sieht: Die Aristotelische Auffassung, dass im Drama alle als Handelnde und Tätige dargestellt werden, lasse sich so verstehen, dass sie unvermittelt auftreten. Andererseits sei für das Epos als Form der ἀπαγγελία die Mittelbarkeit charakteristisch. Die Unterform, die mit den Worten ἕτερόν τι γιγνόμενον beschrieben wird und für die Homer als Beispiel genannt wird, lasse sich angesichts der Tatsache, dass der antike epische Erzähler grundsätzlich allwissend ist und in die Seele seiner Figuren schauen kann,[38] als Beschreibung des persönlichkeitslosen auktorialen Erzählers identifizieren. Diese Auffassung berge den Vorteil, dass das Neutrum in ἕτερόν τι γιγνόμενον eine Erklärung erhält: der Autor verwandelt sich in ein Wesen mit übermenschlichen Eigenschaften.[39]

Die Frage, wie die zweite Unterform (ὡς τὸν αὐτὸν καὶ μὴ μεταβάλλοντα) zu verstehen ist, lasse sich nun dahingehend beantworten, dass sich der Autor nicht in einen auktorialen Erzähler verwandelt. Folglich beschreibe diese Kategorie die Lyrik, in der durch das lyrische Ich die eigenen Erlebnisse und diejenigen anderer Personen vermittelt werden und in der der Sprecher zumindest den Anschein erweckt, der Autor zu sein.[40]

Um seine Ergebnisse zu überprüfen, zieht Lattmann eine Stelle aus dem 24. Kapitel der Poetik zum Vergleich heran, da diese Bezüge zur strittigen Stelle im dritten Kapitel aufweist:[41]

Ὅμηρος δὲ ἄλλα τε πολλὰ ἄξιος ἐπαινεῖσθαι καὶ δὴ καὶ ὅτι μόνος τῶν ποιητῶν οὐκ ἀγνοεῖ ὃ δεῖ ποιεῖν αὐτόν. αὐτὸν γὰρ δεῖ τὸν ποιητὴν ἐλάχιστα λέγειν· οὐ γάρ ἐστι κατὰ ταῦτα μιμητής. οἱ μὲν οὖν ἄλλοι αὐτοὶ μὲν δι' ὅλου ἀγωνίζονται, μιμοῦνται δὲ ὀλίγα καὶ ὀλιγάκις· ὁ δὲ ὀλίγα φροιμιασάμενος εὐθὺς εἰσάγει ἄνδρα ἢ γυναῖκα ἢ ἄλλο τι ἦθος, καὶ οὐδέν' ἀήθη ἀλλ' ἔχοντα ἦθος.

Homer verdient, für vieles andere gelobt zu werden, v. a. aber dafür, dass er als einziger Dichter genau weiß, was er tun muss. Denn als Dichter muss er möglichst wenig sagen. Denn

---

38 Vgl. Lattmann (2005) 39, der Schwinge (1990) 13 f. zitiert.
39 Vgl. Lattmann (2005) 39.
40 Vgl. Lattmann (2005) 40–43, der sich mit dem Problem auseinander setzt, ob Lyrik für Aristoteles eine Form der Dichtung ist.
41 Poet. 1460a5–11. Schmitts (2011) 35 erklärende Ergänzung „mit ihren Kommentaren" in seiner Übersetzung („Die anderen Dichter treten nun [mit ihren Kommentaren] selbst über das ganze Werk hin in den Vordergrund") ist irreführend, da Aristoteles nicht über Autorenkommentare spricht.

nicht in dieser Hinsicht ist er ein mimetischer Dichter. Die anderen Dichter treten aufs Ganze gesehen als sie selbst auf, sie verwenden aber kaum und selten mimetische Darstellung. Er aber spricht nur eine kurze Einleitung und führt sofort einen Mann oder eine Frau oder einen anderen Charakter ein, und zwar niemanden ohne Charakter, sondern jeden mit einem bestimmten Charakter.

Da Aristoteles Homer offensichtlich dafür lobt, dass er als Dichter wenig sagt und es vorzieht, seine Figuren reden und handeln zu lassen, hat die Forschung an dieser Textstelle eine Bestätigung der herkömmlichen Interpretation des dritten Kapitels gesehen.[42] Nach Lattmann hingegen beruht diese Auffassung u. a. auf folgenden unhaltbaren Prämissen:[43] mit „dramatisch in wörtlicher Rede darstellen" hätte μιμεῖσθαι eine andere Bedeutung als sonst in der Poetik; Homers Epen bestünden (fast) nur aus wörtlicher Rede, während sie in allen anderen Epen (fast) nicht enthalten wäre; Dichtung müsste am besten gänzlich aus wörtlicher Rede bestehen, also dramatisch sein. Wie unpassend gerade die Prämisse ist, dass Homers Epen (fast) nur aus wörtlicher Rede bestehen, zeigt sich Lattmann zufolge daran, dass ihr Anteil in Wahrheit bei etwa 67 Prozent liegt.[44]

Nach Lattmann lösen sich die genannten Probleme dadurch, dass man die Interpretation anhand des Redekriteriums verwirft.[45] Die Stelle sei so zu verstehen, dass Homer als Ependichter möglichst wenig in eigener Person reden, sondern als fiktiver auktorialer Erzähler darstellen soll. Die anderen Ependichter stellen dadurch wenig in epischer Weise dar, dass sie in eigener (erster) Person sprechen. Dieses Verständnis beruht, wie Lattmann angibt, auf der Annahme, dass die Ausdrücke αὐτὸν [...] λέγειν und ἀπαγγέλλοντα [...] ὡς τὸν αὐτὸν καὶ μὴ μεταβάλλοντα äquivalent sind. Es sei aber auch denkbar, dass dies nicht der Fall ist und der Vorwurf gegen die anderen Ependichter (μιμοῦνται δὲ ὀλίγα καὶ ὀλιγάκις) so verstanden werden muss, dass sie keine Mimesis produzieren.

Eine kritische Auseinandersetzung mit Lattmanns Thesen lässt den Versuch,[46] in ἕτερόν τι γιγνόμενον den auktorialen Erzähler zu erblicken, äußerst zweifelhaft erscheinen.[47] Lattmann weist zwar zu Recht darauf hin, dass Aristo-

---

42 Vgl. Lattmann (2005) 44f.
43 Vgl. Lattmann (2005) 45.
44 Vgl. Lattmann (2005) 45, der auf entsprechende Untersuchungen verweist.
45 Vgl. Lattmann (2005) 46f.
46 Die einzige mir bekannte Auseinandersetzung mit Lattmanns (2005) Thesen ist Halliwells (2014) 136 Urteil: „unorthodox interpretation".
47 Lattmanns These würde plausibler erscheinen, wenn für diese Vorstellung Parallelen angeführt werden könnten. Da dies offensichtlich nicht möglich ist (Parallelen für das Fortleben des Platonischen Redekriteriums lassen sich hingegen finden; s. das Kapitel 5.1.3 dieser Arbeit), sollte man die Verwandlung, von der Aristoteles spricht (ἕτερόν τι γιγνόμενον), so verstehen, dass nicht

teles im Gegensatz zu Platon nicht das Reden, sondern das Handeln als die konstitutive Eigenschaft des Dramas betrachtet (man bedenke den Ausdruck πράττοντες καὶ ἐνεργοῦντες zur Bezeichnung der dramatischen Darstellungsweise). Diese Tatsache, die aus dem Umstand resultiert, dass Aristoteles die aufgeführte Tragödie vor Augen schwebt, belegt auch eine Stelle aus dem sechsten Kapitel, an der Aristoteles die Aufführung (ὄψις) als einen qualitativen Teil der Tragödie nennt:[48]

> ἐπεὶ δὲ πράττοντες ποιοῦνται τὴν μίμησιν, πρῶτον μὲν ἐξ ἀνάγκης ἂν εἴη τι μόριον τραγῳδίας ὁ τῆς ὄψεως κόσμος.
>
> Da Handelnde die Mimesis ausführen, dürfte notwendigerweise der erste Teil der Tragödie der Schmuck der Aufführung sein.

Aber Aristoteles unterscheidet im dritten Kapitel die drei Erzählmodi nicht hinsichtlich ihrer möglichen Inszenierung. Diese ist sekundär und trifft i.W. auf das Drama zu. Auch gibt es keinen Hinweis darauf, dass Aristoteles über die (Un-) Mittelbarkeit spricht, die der fiktive Erzähler herstellt. In der modernen Erzähltheorie wird die Mittelbarkeit der Darstellung zumeist mit der Distanz verbunden, die der fiktive Erzähler herstellt, wohingegen Unmittelbarkeit aus der Abwesenheit des Erzählers resultiert.[49] Aristoteles macht aber – ebenso wenig wie Platon – an keiner Stelle deutlich, über (Un-)Mittelbarkeit zu sprechen, die aus der (fehlenden) Distanz resultiert, die ein vom Autor verschiedener Erzähler herstellt.[50]

Daher spricht vieles dafür, dass Aristoteles das Reden unter das Handeln subsumiert und dass letztlich doch das Redekriterium (das im Fall der Tragödie nicht nur Rede- sondern auch Handlungskriterium ist) die drei von Aristoteles

---

Homer spricht, sondern Homer eine Figur sprechen lässt, also als Verwandlung des Dichters in eine Figur, nicht in den Erzähler. Als Beschreibung des persönlichkeitslosen auktorialen Erzählers im Neutrum ist der Ausdruck ἕτερόν τι γιγνόμενον nicht besser erklärt als dadurch, dass sich der Dichter bis zu einem gewissen Grad in „jemand anderes" verwandelt (s. S. 389, Fußn. 23). Die Tatsache, dass die Lyrik ihren Platz in der von Lattmann gedeuteten Dichtungsklassifikation findet (in ὡς τὸν αὐτὸν καὶ μὴ μεταβάλλοντα), ist kein Vorteil gegenüber der herkömmlichen Deutung, da man in denselben Worten auch nach der *communis opinio* die Lyrik berücksichtigt sehen kann.
48 Poet. 1449b31–33. Im Kontext dieser Stelle unterscheidet Aristoteles zwischen sechs qualitativen Teilen der Tragödie (vgl. die Zusammenfassung Poet. 1450a7–10): Handlung (μῦθος) – Charaktere (ἤθη) – sprachliche Ausgestaltung (λέξις) – Meinungsäußerung (διάνοια) – Aufführung (ὄψις) – Lieddichtung (μελοποιία). Zur Aufführung (ὄψις) vgl. auch ib. 1450a12–14 und Lattmann (2015). Zur Handlung als Grundbegriff von Aristoteles' Tragödientheorie vgl. Kannicht (1976).
49 Vgl. Klauk/Köppe (2014) 850.
50 S. das Kapitel 5.1.1 dieser Arbeit.

genannten Darstellungsweisen differenziert.⁵¹ Denn das Wort πάντας („alle") an der fraglichen Stelle des dritten Kapitels macht deutlich, dass ein Bezug zwischen πράττοντας καὶ ἐνεργοῦντας und ἀπαγγέλλοντα besteht und das Handeln als Oberbegriff folglich untrennbar mit dem Reden verbunden ist. In diesem Sinne könnten wir in moderner Terminologie von der Unmittelbarkeit und der fehlenden Distanz der Tragödie sprechen: Diese resultiert aus der Tatsache, dass in ihr kein Autor spricht (und erst recht kein Autor handelt), sondern nur die Figuren handeln und sprechen.⁵² Aristoteles hat aber nur das Rede- und Handlungskriterium im Blick.

Lattmann hat zwar auch zu Recht das vom Platonischen Redekriterium geleitete Verständnis des 24. Kapitels in Zweifel gezogen.⁵³ Allerdings sind andere als die von Lattmann genannten Gründe dafür verantwortlich, dass sich das Redekriterium nur schwer mit dem 24. Kapitel verträgt.⁵⁴ Ja, wie sich zeigen wird, ist das 24. Kapitel weitgehend irrelevant für das adäquate Verständnis des dritten Kapitels. Außerdem scheint das von der Erzählinstanz des fiktiven Erzählers geleitete Verständnis des 24. Kapitels dem Text nicht besser gerecht zu werden.⁵⁵

---

51 Diese Annahme wird auch durch das sechste Kapitel bestätigt. Denn ausgehend von der Feststellung, dass in der Tragödie Handelnde die Mimesis ausführen, nennt Aristoteles auch die beiden ‚rednerischen' Teile der sprachlichen Ausgestaltung (λέξις) und der Meinungsäußerung (διάνοια), woraus deutlich wird, dass das Reden im Begriff des Handelns impliziert ist.
52 Für die Tatsache, dass das Redekriterium in den modernen Kategorien der (Un-)Mittelbarkeit und Distanz eine Rolle spielt, s. das Kapitel 5.1.1 dieser Arbeit.
53 Auf ein Problem hat bereits Lucas (1968) 226 ad Poet. 1460a8 hingewiesen, das sich mit Blick auf Aristoteles' Zeitgenossen Antimachos stellt: „[...] one may wonder how he expended twenty-four Books in the process of bringing his heroes before Thebes if he did not give them a generous allowance of speeches."
54 Gegen das vom Platonischen Redekriterium geleitete Verständnis des 24. Kapitels lässt sich kaum einwenden, dass gesagt würde, dass Homers Epen (fast) nur aus wörtlicher Rede bestehen, während sie in allen anderen Epen (fast) nicht enthalten ist. Vielmehr ginge es um einen signifikanten Unterschied bei der Verwendung der Figurenrede: Homer macht von dieser Erzähltechnik umfangreichen Gebrauch, da er wenig selbst spricht, während die anderen Ependichter die Figurenrede nur wenig und selten einsetzen. Die quantifizierenden Formulierungen machen deutlich, dass es sich eher um einen graduellen (wenngleich signifikanten) als um einen kategorialen Unterschied handelt.
55 Das Verständnis des 24. Kapitels scheint wenig adäquat zu sein, dem zufolge die anderen Ependichter außer Homer dadurch wenig in epischer Weise darstellen, dass sie in eigener (erster) Person sprechen. Denn es lässt sich kein sinnvolles Epos vorstellen, in dem der Autor persönlich-lyrisch spricht.

Es ist fraglich, ob μιμεῖσθαι mit „dramatisch in wörtlicher Rede darstellen" im 24. Kapitel eine engere (Platonische) Bedeutung als sonst in der Poetik hat.[56] Es scheint zumindest ebenso möglich zu sein, dass die übliche Aristotelische Bedeutung „mimetisch darstellen, nachahmen" vorliegt.[57] Das Verb λέγειν deutet zwar auf die Platonische Bedeutung von μιμεῖσθαι. Aber das Reden scheint sekundär zu sein gegenüber der Mimesis als Darstellung menschlichen Handelns, wozu das Reden gehört. Denn Aristoteles lobt an dieser Stelle offensichtlich Homer für dessen Charakterzeichnung. Signifikanter Weise spricht Aristoteles an dieser Stelle nicht davon, dass Homer nach einer kurzen Vorrede sofort eine Figur als redende Figur einführt, sondern davon, dass er sie als eine Figur mit einem bestimmten Charakter einführt.[58]

Der Anfang der *Ilias*, auf den sich Aristoteles sicherlich bezieht, bestätigt diesen Eindruck. Nach einem kurzen Proömium berichtet der Dichter davon, dass Chryses zu Agamemnons Zelt kommt, um ihn um die Freilassung seiner Tochter zu bitten (Il. 1,12–16). Erst im Anschluss hieran folgt die direkte Rede des Chryses (ib. 17–21), obwohl durch den Bericht des Dichters ebenso eindringlich wie durch die Rede des Chryses das Bild eines mit allen Mitteln um seine Tochter bittenden Vaters gezeichnet wird. Das Redekriterium ist daher nur ein Mittel der Charakterzeichnung und zweitrangig.[59]

Die Frage, ob Aristoteles' Dichtungsklassifikation eine Zwei- oder Dreiteilung zugrunde liegt, lässt sich kaum entscheiden. Wenn eine Zweiteilung vorliegt, fungiert ἀπαγγέλλοντα als Oberbegriff, der eine reine Form und eine gemischte Form vereinigt:

ἀπαγγέλλοντα
ἢ ἕτερόν τι γιγνόμενον ὥσπερ Ὅμηρος ποιεῖ
ἢ ὡς τὸν αὐτὸν καὶ μὴ μεταβάλλοντα

---

56 Lucas (1968) 226 ad Poet. 1460a8 sieht sogar in μιμητής die Platonische Bedeutung der Figurenrede. Es lässt sich jedoch kaum bezweifeln, dass Aristoteles in dem entsprechenden Satz sein Verständnis bzw. Ideal der Mimesis (die Darstellung menschlichen Handelns) ausdrückt.
57 Vgl. de Jong (2005).
58 Auch müsste es, wenn das Redekriterium zugrunde liegen würde, heißen, dass Homer niemanden schweigend einführt.
59 Vgl. teilweise Schmitt (2011) 695: „Dass Homer sich nicht selbst über das ganze Werk hin in den Vordergrund dränge, sondern nach wenigen einleitenden Worten seine Personen in charakteristischen Reden und Handlungen zeige, muss also den Unterschied meinen zwischen einem Reden *über* das, was die Handelnden reden, fühlen und tun, und einer direkten Darstellung dieses Redens und Tuns selbst. Diesen Unterschied kann es in Formen des Berichts ebenso geben wie in direkten Reden."

Dann könnte man zwar versucht sein, einzuwenden, dass Homers Darstellungsmodus unpräzise wiedergegeben wird, da eine relativierende Angabe wie „teilweise" oder „manchmal" fehlt.⁶⁰ Aber das Verb des Verwandelns macht ebenso wie das adverbielle τι und – e contrario – das zum dritten Darstellungsmodus gehörende πάντας („alle") deutlich, dass der epische Darstellungsmodus eine Mischung aus der Rede des Dichters und derjenigen der Figuren ist.

Für die Annahme einer Zweiteilung spricht vielleicht die Tatsache, dass Aristoteles die Tragödie an einer späteren Stelle u. a. durch das Kriterium definiert, dass sie nicht durch Bericht erfolgt.⁶¹ Denn diese Bestimmung wäre unvollständig, wenn es nur eine Dichtungsart gebe, die (teilweise) durch Bericht erfolgt (z. B. das Homerische Epos). Dann würde eine Abgrenzung gegenüber derjenigen Dichtungsform fehlen, bei der der Dichter sich nicht verwandelt. Wenn man aber ἀπαγγέλλοντα als Oberbegriff für die beiden Dichtungsarten auffasst, bei denen der Dichter sich verwandelt (Figurenrede verwendet) bzw. nicht verwandelt (keine Figurenrede verwendet), dann ist die Definition der Tragödie dadurch, dass sie nicht durch Bericht erfolgt, eine vollständige Abgrenzung gegenüber den beiden anderen Darstellungsmodi.⁶²

5.1.3 Die Unterteilung der Erzählung κατὰ πρόσωπα bei Dositheus, Diomedes, Nikolaos, Servius und Isidor aus Sevilla

Die Untergliederung der Erzählung nach dem Platonischen Redekriterium, also nach der Frage, ob der Autor selbst spricht oder die Figuren sprechen lässt,⁶³ liegt auch bei anderen Autoren, u. a. den lateinischen Grammatikern Dositheus und Diomedes, bei Nikolaos, Servius und bei Isidor aus Sevilla vor.⁶⁴ Bei Dositheus findet sie sich an der folgenden Stelle:⁶⁵

> poematos genera sunt tria. aut activum est vel imitativum, quod Graeci dramaticon vel mimeticon appellant, in quo personae loquentes introducuntur, ut se habent tragoediae et comicae fabulae et prima bucolicon; aut enarrativum, quod Graeci exegematicon vel apaggelticon appellant, in quo poeta ipse loquitur sine ullius personae interlocutione, ut se

---

60 Vgl. Lucas (1968) 67 ad Poet. 1448a20–24, der hierin aber kein ernsthaftes Problem sieht.
61 Vgl. Poet. 1449b26f.: οὐ δι' ἀπαγγελίας.
62 Zumindest hätte die Zweiteilung den Vorteil, dass der gemischte Darstellungsmodus explizit als eine Form des Berichts ausgewiesen werden würde.
63 Vgl. Plat. rep. 392d5–6; s. das Kapitel 5.1.1 dieser Arbeit.
64 Vgl. auch die von Nünlist (2009) 94–115 ausgewerteten griechischen Scholien und die von Cyron (2009) 16–18 ausgewerteten Vergilkommentare.
65 Dositheus GL VII 428,6–14 Keil.

habent tres libri georgici et pars prima quarti, item Lucretii carmina; aut commune vel mixtum, quod Graece κοινόν vel μικτόν dicitur, in quo poeta ipse loquitur et personae loquentes introducuntur, ut ⟨est⟩ scripta Ilias et Odyssia Homeri et Aeneis Vergilii.

Es gibt drei Gattungen von Gedichten. Entweder ist es aktiv oder imitativ, was die Griechen dramatisch oder mimetisch nennen, worin sprechende Personen eingeführt werden, wie sich die tragischen und komischen Stücke und der Anfang der *Bukolika* verhalten; oder es ist ‚enarrativ', was die Griechen ‚exegematicon' oder ‚apaggelticon' nennen, worin der Dichter selbst spricht ohne Zwischenrede irgendeiner Person, wie sich die drei Bücher *Georgika* und der erste Teil des vierten Buches verhalten, ebenso die Gedichte des Lukrez; oder es ist gemeinsam oder vermischt, was auf Griechisch κοινόν oder μικτόν genannt wird, worin der Dichter selbst spricht und sprechende Personen eingeführt werden, wie die *Ilias* und die *Odyssee* Homers und Vergils *Aeneis* geschrieben sind.

Bei Diomedes lautet diese Unterteilung folgendermaßen:[66]

poematos genera sunt tria. aut enim activum est vel imitativum, quod Graeci dramaticon vel mimeticon, aut enarrativum vel enuntiativum, quod Graeci exegeticon vel apangelticon dicunt, aut commune vel mixtum, quod Graeci κοινόν vel μικτόν appellant. dramaticon est vel activum in quo personae agunt solae sine ullius poetae interlocutione, ut se habent tragicae et comicae fabulae; quo genere scripta est prima bucolicon et ea cuius initium est ‚quo te, Moeri, pedes?'. exegeticon est vel enarrativum in quo poeta ipse loquitur sine ullius personae interlocutione, ut se habent tres georgici et prima pars quarti, item Lucreti carmina et cetera his similia. κοινόν est vel commune in quo poeta ipse loquitur et personae loquentes introducuntur, ut est scripta Ilias et Odyssia tota Homeri et Aeneis Vergilii et cetera his similia.

Es gibt drei Gattungen von Gedichten. Entweder ist es aktiv oder imitativ, was die Griechen dramatisch oder mimetisch nennen, oder es ist ‚enarrativ' oder ‚enuntiativ', was die Griechen exegetisch (exegeticon) oder apangeltisch (apangelticon) nennen, oder es ist gemeinsam oder vermischt, was die Griechen κοινόν oder μικτόν nennen. Dramatisch oder aktiv ist [sc. diejenige Gedichtgattung], in der nur die Personen handeln ohne Zwischenrede irgendeines Dichters, wie sich die tragischen und komischen Stücke verhalten; in dieser Gattung ist der Anfang der *Bukolika* geschrieben und das Stück [sc. Verg. ecl. 9], dessen Anfang ist „Wohin, Moeris, [sc. tragen] dich die Füße?". Exegetisch (exegeticon) oder ‚enarrativ' ist [sc. diejenige Gedichtgattung], in der der Dichter selbst spricht ohne Zwischenrede irgendeiner Person, wie sich die drei Bücher *Georgika* und der erste Teil des vierten Buches verhalten, ebenso die Gedichte des Lukrez und das Übrige, diesem Ähnliche. κοινόν oder gemeinsam ist [sc. diejenige Gedichtgattung], in der der Dichter selbst spricht und sprechende Personen eingeführt werden, wie die *Ilias* geschrieben ist und die ganze *Odyssee* Homers und Vergils *Aeneis* und das Übrige, diesem Ähnliche.

---

66 Diomedes GL I 482,14–25 Keil.

Auch Nikolaos gliedert die Erzählung nach dem Redekriterium:[67]

Τῶν δὲ διηγημάτων εἰσὶ διαφοραὶ πρὸς ἄλληλα τρεῖς· τὰ μὲν γάρ ἐστιν ἀφηγηματικά, τὰ δὲ δραματικά, τὰ δὲ μικτά. ἀφηγηματικὰ μὲν οὖν ἐστιν, ὅσα ἀπὸ μόνου λέγεται τοῦ προσώπου τοῦ ἀπαγγέλλοντος αὐτά, οἷά ἐστι τὰ παρὰ Πινδάρῳ· δραματικὰ δέ, ὅσα οὐκ ἀπ' αὐτοῦ τοῦ συντιθέντος, ἀπὸ δὲ τῶν ὑποκειμένων προσώπων λέγεται, οἷα τὰ ἐν τοῖς κωμικοῖς καὶ τραγικοῖς δράμασι· μικτὰ δὲ τὰ ἐξ ἀμφοτέρων συγκείμενα, οἷα τὰ Ὁμήρου καὶ Ἡροδότου καὶ εἴ τινα ἄλλα τοιαῦτα, πῇ μὲν ἀπ' αὐτοῦ τοῦ ἀπαγγέλλοντος ἐκφερόμενα, πῇ δὲ ἐξ ἑτέρων προσώπων.

Es gibt drei Unterschiede der Erzählungen (διηγήματα) zueinander: die einen sind narrativ (ἀφηγηματικά), die anderen dramatisch (δραματικά), wieder andere gemischt (μικτά). Narrativ ist all das, was nur von der berichtenden Person gesprochen wird, z. B. die [sc. Erzählungen] bei Pindar. Dramatisch ist all das, was nicht vom Schriftsteller, sondern von den beteiligten Personen gesprochen wird, z. B. die [sc. Erzählungen] in den komischen und tragischen Dramen. Gemischt sind die [sc. Erzählungen], die aus beidem zusammengesetzt sind, z. B. die [sc. Erzählungen] Homers und Herodots und alle anderen derartigen [sc. Erzählungen], die teils vom Berichtenden selbst, teils von anderen Personen geäußert werden.

Nach Matthes wird die Erzählung in der bei Nikolaos vorliegenden Einteilung κατὰ πρόσωπα folgendermaßen untergliedert:[68] (1) ἀφηγηματικά: die Handlungen fremder Personen werden geschildert (Pindar); (2) δραματικά: die handelnden Personen werden als Handelnde selbst eingeführt (Komödie, Tragödie); (3) μικτά: beides läuft nebeneinander her (Homer, Herodot).[69]

Diese Deutung ist jedoch etwas irreführend, da das Kriterium der Handlung in Nikolaos' Systematik keine wesentliche Rolle spielt. Ausschlaggebend ist das Kriterium des Sprechens, das Platonische Redekriterium: Spricht der Autor bzw. Erzähler, handelt es sich um διηγήματα ἀφηγηματικά. Wenn die dramatischen Figuren sprechen, liegen διηγήματα δραματικά vor. Wenn sich diese beiden Erzählformen vermischen, handelt es sich um διηγήματα μικτά.

Schließlich kennt auch Servius diejenige Unterteilung der Erzählung, in der das Kriterium die sprechende Person (das Platonische Redekriterium) ist:[70]

---

[67] Nikolaos RhG XI Felten (1913) 12,7–17. Zu Nikolaos s. auch die Kapitel 4.7.2.5 und 6.3 dieser Arbeit. Zur Definition der Erzählung und zum Begriff διήγημα in Opposition zu διήγησις s. das Kapitel 6.1 dieser Arbeit.
[68] Vgl. Matthes (1958) 198.
[69] Vgl. auch Matthes' (1958) 197f. Aussage, dass die Unterteilung κατὰ πρόσωπα „die Form der Darstellung und das Verhältnis des Darzustellenden zu der als handelnd gedachten Person zum Gegenstand" hat.
[70] Serv. ecl. 3,1. Vgl. auch Serv. Aen. 1 praef., wo der Kommentator vom *actus mixtus* spricht, und Cyron (2009) 16–18 zur Unterscheidung der Erzählsituation in den Vergilkommentaren.

novimus autem tres characteres hos esse dicendi: unum, in quo tantum poeta loquitur, ut est in tribus libris georgicorum; alium dramaticum, in quo nusquam poeta loquitur, ut est in comoediis et tragoediis; tertium, mixtum, ut est in Aeneide: nam et poeta illic et introductae personae loquuntur.

Wir wissen aber, dass dies die drei Charaktere des Sprechens sind: einer, in dem nur der Dichter spricht, wie es in den drei Büchern der *Georgika* der Fall ist; ein anderer dramatischer, in dem der Dichter nirgends spricht, wie es in den Komödien und Tragödien der Fall ist; ein dritter, gemischter, wie es in der *Aeneis* der Fall ist. Denn sowohl der Dichter als auch die eingeführten Personen sprechen dort.

Isidor zitiert Servius fast wörtlich:[71]

Apud poetas autem tres characteres esse dicendi: unum, in quo tantum poeta loquitur, ut est in libris Vergilii Georgicorum: alium dramaticum, in quo nusquam poeta loquitur, ut est in comoediis et tragoediis: tertium mixtum, ut est in Aeneide. Nam poeta illic et introductae personae loquuntur.

Bei den Dichtern gebe es aber drei Charaktere des Sprechens: einen, in dem nur der Dichter spricht, wie es in Vergils Büchern der *Georgika* der Fall ist; einen anderen dramatischen, in dem der Dichter nirgends spricht, wie es in den Komödien und Tragödien der Fall ist; einen dritten gemischten, wie es in der *Aeneis* der Fall ist. Denn der Dichter und die eingeführten Personen sprechen dort.

Wie bei Platon lässt sich aber auch an den anderen zitierten Stellen nicht erkennen, dass in der Unterscheidung der Erzählung nach dem Redekriterium die Fiktionalität eine Rolle spielt – z. B. in der Form, dass (wie in der Moderne) zwischen dem historischen Autor und dem fiktiven Erzähler getrennt wird.[72]

---

71 Isid. orig. 8,7,11.
72 Cyron (2009) 34 f. bemerkt zu Recht, dass der Servius-Kommentar nicht zwischen dem historischen Autor (Vergil) und dem Erzähler unterscheidet. In einem der beiden von ihm behandelten Zweifelsfälle (an der anderen Stelle [Serv. Aen. 11,351] wird mit dem Gegensatz zwischen Dichter und Figur operiert) löst Servius einen vermeintlichen Widerspruch, indem er davon spricht, dass Vergil sich als Menschen einen weit verbreiteten, aber falschen Standpunkt gegeben hat, wenn er Didos frühen und zufälligen Tod beklagt, wohingegen er Jupiter die Wahrheit über die vom Schicksal bestimmte Lebensspanne aussprechen lässt (vgl. Serv. Aen. 4,697 und 10,467): *sane prudenter fecit ut fluxam et vagam opinionem Epicureorum daret homini, id est sibi – nam illud ex persona poetae dictum – hanc autem validam daret Iovi.* Wir würden vielleicht vom fiktiven Erzähler an dieser Stelle sprechen, Servius tut dies aber nicht, sondern hat die Opposition Mensch – Gott im Blick.

5.2 Zur *narratio in personis posita* bei Cicero und dem *Auctor ad Herennium*

In die umfassende Unterteilung der Erzählung bei Cicero und dem *Auctor ad Herennium* ist auch die *narratio in personis posita* integriert.[73] Eine ausführliche Analyse dieser Erzählgattung im Lichte von Marius Victorinus' Kommentar zu *De inventione* wurde an einem anderen Ort publiziert.[74] An dieser Stelle soll nur kurz auf das Ergebnis hingewiesen werden, dass es sich bei der personenzentrierten Erzählung nicht um die Figurenrede handelt, die in der griechischen Quelle, von der die lateinische Quelle (Übersetzung) abhängt, von der wiederum Cicero und der *Auctor ad Herennium* abhängen,[75] in Opposition zu anderen Darstellungsmodi stand, die nach dem Platonischen Redekriterium unterschieden wurden.[76]

Vielmehr geht v. a. aus der von Cicero gegebenen Definition (*illa autem narratio, quae versatur in personis, eiusmodi est, ut in ea simul cum rebus ipsis personarum sermones et animi perspici possint*) sowie dem Beispiel, das aus Terenz' Komödie *Adelphoe* stammt,[77] hervor, dass es sich bei dieser Erzählgattung um eine biographisch-charakterisierende Erzählung handelt, in der v. a. der Charakter (*animus*) einer Figur und ihre Gespräche (*sermones*) im Vordergrund stehen. Die Konzipierung einer vergleichbaren (Teil-)Erzählung lässt sich an einer Stelle in *De oratore* erkennen, an der vom Historiker gefordert wird, dass er nicht nur die Taten der Hauptprotagonisten, sondern auch deren Charakter schildern soll.[78] Das Kriterium der literarischen Fiktion spielt in der *narratio in personis posita* keine Rolle.

---

73 Vgl. Cic. inv. 1,27; rhet. Her. 1,13; s. das Kapitel 4.7.1 dieser Arbeit.
74 Vgl. Feddern (2017). Zu Marius Victorinus vgl. die Textausgabe (2013) und den textkritischen Kommentar (2015) von Riesenweber.
75 Vgl. zu diesem Modell Adamietz (1960).
76 Für die zurückgewiesene Ansicht vgl. Barwick (1928).
77 Vgl. Cic. inv. 1,27; Ter. Adel. 60–64. Zur Rezeption der *Adelphoe* bei Cicero und Augustin vgl. Schultheiß (2007).
78 Vgl. Cic. de orat. 2,63: [sc. *historia vult, ut explicentur*] *hominum* [...] *ipsorum non solum res gestae, sed etiam, qui fama ac nomine excellant, de cuiusque vita atque natura*; Dion. Hal. ant. 5,48,1 ; Anon. Seg. 53–55 Dilts/Kennedy (1997) 18 (s. das Kapitel 4.7.2.3 dieser Arbeit).

5.3 Catull, *carmen* 16

Im *carmen* 16 äußert sich Catull (ca. 87 – nach 55 v. Chr.) in einer Weise, die die Frage aufwirft, ob Catull hier die Unterscheidung zwischen dem historischen Autor und dem fiktiven Erzähler (dem lyrischen Ich) geltend macht:[79]

> Pedicabo ego vos et irrumabo,
> Aureli pathice et cinaede Furi,
> qui me ex versiculis meis putastis,
> quod sunt molliculi, parum pudicum.
> nam castum esse decet pium poetam   5
> ipsum, versiculos nihil necesse est;
> qui tum denique habent salem ac leporem,
> si sunt molliculi ac parum pudici,
> et quod pruriat incitare possunt,
> non dico pueris, sed his pilosis   10
> qui duros nequeunt movere lumbos.
> vos, quod milia multa basiorum
> legistis, male me marem putatis?
> pedicabo ego vos et irrumabo.

> Von hinten und von oben werd' ich es euch besorgen, Tunte Aurelius und Schwuchtel Furius, die ihr aus meinen Versen geschlossen habt, dass ich, weil sie weichlich sind, unanständig bin. Denn der rechtschaffene Dichter selbst muss anständig sein, für die Versen gilt das nicht; diese haben dann schließlich Witz und Biss, wenn sie weichlich und unanständig sind und wenn sie zur Geilheit anregen können, ich meine nicht die jungen Männer, sondern diese behaarten Herrn, die ihre harten Lenden nicht mehr bewegen können. Ihr glaubt wirklich, weil ihr von den vielen tausend Küssen gelesen[80] habt, dass es mir an Männlichkeit fehlt? Von hinten und von oben werd' ich es euch besorgen.

Stroh hat sich bereits in einem Beitrag zur Sexualität und Obszönität in der römischen Lyrik u. a. gegen die Forschungsmeinung gewendet, dass Catull in diesem Gedicht zwischen seiner eigenen Person und dem lyrischen Ich unterscheidet.[81] Ihm zufolge ist Catulls Zorn auf seine Freunde dadurch begründet, dass diese ihm, wenn sie ihn als *parum pudicus* ansehen, unterstellen, dass er den

---

[79] Catull. 16. Zu diesem Gedicht vgl. neben den Kommentaren u. a. von Kroll (1959) und Thomson (1997) v. a. Burkards Studie zur Theorie des lyrischen Ich (erscheint demnächst) sowie die dort verzeichneten umfangreichen Literaturhinweise. Vgl. auch die Anspielungen auf dieses Gedicht bei Martial (Mart. 1,35) und Plinius (epist. 4,14,4f.). Zur narratologischen Verdoppelung der Sprachhandlungssituation s. das Kapitel 2.3.1 dieser Arbeit.
[80] Vielleicht bedeutet *legere aliquid* hier „etwas einsammeln"; vgl. Burkard (s. die vorige Fußn.).
[81] Vgl. Stroh (2000) 37, der für die zurückgewiesene Forschungsmeinung auf Knoche (1958) 154 f. verweist.

passiven Part beim Geschlechtsverkehr übernimmt.[82] Diese Unterstellung resultiere wohl aus dem unmittelbar vorangehenden Gedicht, das Catull an einen der beiden Freunde, Aurelius, gerichtet hat und in dem er die Aktivitäten von dessen Geschlechtsteil dargestellt hat.[83]

Auch wenn Catull in Vers 12 auf seine Kussgedichte (carm. 5 und 7) anspiele,[84] gehe hieraus nicht hervor, dass diese schon zuvor mit den *versiculi molliculi* (V. 3f.) gemeint sind. Denn derart bzw. als *parum pudici* (V. 4) könnten die Kussgedichte in keiner Weise bezeichnet werden.[85] Vielmehr sei die Kernaussage von *carmen* 16 in der Trennung zwischen Leben und Dichtung (V. 5–11) zu sehen: aus der Schlüpfrigkeit seiner Verse dürfe man nicht auf seine laxe Sexualmoral schließen. Für Catull gelte nicht *qualis vita, talis oratio*.[86]

Burkard weist in einer ausführlichen Deutung des Gedichts und Auseinandersetzung mit der Sekundärliteratur die Hypothese des lyrischen Ich zurück und schlägt eine überzeugende Neuinterpretation vor, indem er die *versiculi molliculi et parum pudici* auf den Rhythmus und die Modulation bezieht.[87] Die für die Untersuchung des antiken Fiktionalitätsdiskurses relevante Frage nach einer möglichen Konzipierung des fiktiven Erzählers (des lyrischen Ich) dürfte damit trotz vieler Schwierigkeiten, die mit diesem Gedicht verknüpft sind, als beantwortet gelten. Das entscheidende Argument gegen die Hypothese des lyrischen Ich besteht darin, dass Catull sich gegen die gegen ihn erhobenen Vorwürfe nicht dadurch in Schutz nimmt, dass er in irgendeiner Form auf die Fiktivität seiner Gedichte oder die notwendige Trennung zwischen seiner Person und seinem lyrischen Ich hinweist.

Catull warnt vor einem unzulässigen Fehlschluss vom Inhalt und/oder von der Form (im Sinne des Rhythmus und der Modulation) – zumindest einzelner – seiner Gedichte auf seine Person; der Gegensatz ist derjenige zwischen dem Dichter (*poeta*) und seinen Versen (*versiculi*). Er spricht aber nicht über die Form

---

[82] Mit der Androhung *pedicabo ego vos et irrumabo* (V. 1 und 14) sei folglich gemeint, dass Catull seinen Freunden „den Beweis seiner Männlichkeit zu liefern verspricht"; vgl. Stroh (2000) 34f., der Kroll (1959) 35 ad loc. zitiert.
[83] Vgl. Catull. 15,1–10. Gegen den Vorbehalt, dass diese Auffassung nicht plausibel ist, weil Catull sich im unmittelbar vorangehenden Gedicht nicht als *pathicus* zu erkennen gegeben hat, macht Stroh (2000) 35 geltend, dass von der erotisch-unanständigen Sprache die Wirkung ausgehen kann, dass sie stimuliert und auf den Sprecher als mögliches Lustobjekt aufmerksam macht.
[84] Vgl. z. B. Catull. 5,7–13: *da mi basia mille, deinde centum* [...].
[85] Vgl. Stroh (2000) 36, der für die Gegenmeinung auf entsprechende Publikationen verweist (Fußn. 76).
[86] Vgl. Stroh (2000) 37. Außerdem liege ein Scherz vor, wenn Catull sich von seinen Gedichten die Wirkung eines Aphrodisiakums erhofft (V. 9).
[87] Vgl. Burkard (s. S. 403, Fußn. 79).

(einzelner) seiner Gedichte in dem Sinne, dass er über eine Erzählinstanz reflektiert, die von ihm als historischer Person verschieden ist, die aber mit ihm möglicherweise verwechselt werden konnte. Vielmehr macht Catull für sich geltend, dass er in seinem Leben ein rechtschaffener Mann ist und dass aus dem Inhalt und/oder der Form seiner Liebesdichtung nicht durch einen biographistischen Fehlschluss auf seine Persönlichkeit geschlossen werden darf, und zwar in der Form, dass er beim Geschlechtsverkehr den passiven Part übernehme. Gerade die Tatsache, dass Catull die Funktion seiner Dichtung darin sieht, dass sie stimulierend wirkt, macht deutlich, dass Catull nicht über das fiktionale homodiegetische Erzählen reflektiert, da weder die Homodiegese noch die Fiktionalität eine notwendige Voraussetzung für dieses Wirkziel ist.

6 Fiktion auf der Ebene der Textproduktion

6.1 Die allgemeine Definition der Erzählung bei Cicero und in der rhetorischen Tradition

Die Einsicht, dass nicht jede Erzählung (*narratio*/διήγησις/διήγημα) eine wahre Geschichte schildert, sondern auf literarischer Fiktion beruhen kann, wird auch in der allgemeinen Definition der Erzählung reflektiert.[1] Die Erzählung wird in der rhetorischen Tradition, und zwar sowohl in der lateinischen als auch in der griechischen Erzähltheorie, allgemein so definiert, dass sie die Darstellung von geschehenen oder quasi geschehenen Ereignissen ist: *Narratio est rerum gestarum aut ut gestarum expositio*;[2] *Narratio est rerum gestarum aut proinde ut gestarum expositio*;[3] Διήγημά ἐστι λόγος ἐκθετικὸς πραγμάτων γεγονότων ἢ ὡς γεγονότων;[4] Διήγημά ἐστιν ἔκθεσις πράγματος γεγονότος ἢ ὡς γεγονότος;[5] Τὸ διήγημα βούλονται εἶναι ἔκθεσιν πράγματος γεγονότος ἢ ὡς γεγονότος;[6] διήγημα δέ ἐστιν [...] ἔκθεσις πραγμάτων γεγονότων ἢ ὡς γεγονότων;[7] *narratio est expositio rei factae vel quasi factae*.[8]

Diese allgemeine Definition der Erzählung lässt sich als Definition für (nahezu) alle Arten von Erzählungen auffassen, wenn man sie folgendermaßen versteht: Es ist charakteristisch für die Erzählung, die berichteten Ereignisse so zu erzählen, als seien sie geschehen, und zwar unabhängig von der Frage, ob sie stattgefunden haben oder nicht.[9]

Wahrscheinlich haben Cicero, der *Auctor ad Herennium* und die Verfasser der Progymnasmata-Handbücher bei der allgemeinen Definition der Erzählung vor-

---

1 Unter der *narratio* wird in der Rhetorik als *pars orationis*, und zwar prototypisch der Gerichtsrede, die Schilderung des Tathergangs verstanden. Die allgemeine Definition der *narratio* steht aber am Anfang von Untergliederungen, die nicht nur die rhetorische *narratio* betreffen, sondern die Erzählung im Allgemeinen, wozu die Dreiteilung zwischen *fabula* (μῦθος), *historia* (ἰστορία) und *argumentum* (πλάσμα) gehört; s. die Kapitel 4.7 und (zu Cic. inv. 1,27 und rhet. Her. 1,12f.) 4.7.1 dieser Arbeit.
2 Cic. inv. 1,27.
3 Rhet. Her. 1,4.
4 Theon RhG II Spengel (1966) 78,15f.; Patillon/Bolognesi (1997) 38.
5 Aphth. Progym. 2,1 Patillon (2008) 113.
6 Hermog. Progym. 2,1 Patillon (2008) 183.
7 Nikolaos RhG XI Felten (1913) 11,14f.. Vgl. auch die Definition der Dichtung Schol. Dionys. Thr. GG I 3, 180,4–7 Hilgard: ποίημά ἐστι φράσις ἔμμετρος καὶ εὔρυθμος [...] κατὰ τῶν ὑποκειμένων πραγμάτων ἢ ὡς ὑποκειμένων τιθεμένη.
8 Priscian, *Praeexercitamina* p. 34 Passalacqua (1987).
9 Vgl. Reichel (1909) 53.

rangig die Gerichtsrede im Blick. Bei Quintilian ist dies definitiv der Fall.[10] Diese Definition der gerichtlichen *narratio* lässt sich so erklären, dass der zugrunde liegende Sachverhalt teilweise so geschildert wird, wie er sich zugetragen hat. Andererseits lässt es sich nicht leugnen, dass die Schilderung des Sachverhaltes grundsätzlich parteiisch ist, und das heißt: dass die Ereignisse nicht exakt so geschildert werden, wie sie stattgefunden haben, sondern so, wie der Verteidiger bzw. Ankläger die Richter glauben machen möchte, dass sie sich zugetragen haben.[11] Signifikanterweise nennen die antiken Rhetorikhandbücher daher als eine der drei Anforderungen an die Erzählung neben der Kürze und Klarheit die Wahrscheinlichkeit im Sinne der Plausibilität, nicht die Wahrheit.[12]

Die allgemeine Definition der Erzählung ist daher ohne jeden Zweifel eine Definition der faktualen Erzählung. Da die allgemeine Definition aber u. a. bei Cicero am Anfang einer Systematik steht, in der auch fiktionale Erzählformen unterschieden werden, muss man davon ausgehen, dass die allgemeine Definition der Erzählung für alle unterschiedenen Erzählformen Gültigkeit besitzt, also auch für die fiktionalen Diskursformen.[13]

Daher sind die antiken Definitionen der Erzählung als Vorläufer der modernen Fiktionstheorien aufzufassen, da die Erzählung in der Form definiert wird, dass sie immer über Geschehenes oder quasi-Geschehenes berichtet. Möglicherweise lässt sich der allgemeinen Definition der Erzählung noch näher ablesen, an welchem Theorieort die allgemeine Definition der Erzählung anzusiedeln ist. Es

---

10 Vgl. Quintilians Definition der gerichtlichen Erzählung (inst. 4,2,31): *Narratio est rei factae aut ut factae utilis ad persuadendum expositio.* Das Progymnasma der Erzählung behandelt Quintilian inst. 2,4,2–17. Andererseits verweist Quintilian innerhalb der Behandlung des Progymnasmas auf die spätere ausführliche Behandlung der gerichtlichen Erzählung (vgl. inst. 2,4,3: *Sed narrandi quidem quae nobis optima ratio videatur tum demonstrabimus cum de iudiciali parte dicemus*), so dass man vielleicht annehmen darf, dass die Definition der gerichtlichen Erzählung mit dem Progymnasma zumindest kompatibel ist, wenn nicht sogar eine umfassende Definition der Erzählung ist.
11 Vgl. rhet. Her. 1,12: *Unum* [sc. *genus narrationum*] *est, cum exponimus rem gestam et unum quidque trahimus ad utilitatem nostram vincendi causa* [...]. Der Richter hat jedoch die Pflicht, die Wahrheit herauszufinden, weswegen es sich bei den Gerichtsreden, zumindest beim Prozess als Ganzem nicht um einen fiktionalen Diskurs handelt; vgl. Cic. off. 2,51: *Iudicis est semper in causis verum sequi, patroni non numquam veri simile, etiam si minus sit verum, defendere.*
12 Vgl. Cic. inv. 1,28 f.: *Oportet igitur eam* [sc. *narrationem*] *tres habere res: ut brevis, ut aperta, ut probabilis sit.* [...] *Probabilis erit narratio, si in ea videbuntur inesse ea, quae solent apparere in veritate*; rhet. Her. 1,14: *Tres res convenit habere narrationem, ut brevis, ut dilucida, ut veri similis sit.* Vgl. auch die Instruktionen zur *inventio* z. B. Cic. inv. 1,9: *Inventio est excogitatio rerum verarum aut veri similium, quae causam probabilem reddant.*
13 Zu den fiktionalen Diskursformen s. das Kapitel 4.7 dieser Arbeit.

hat nämlich den Anschein, als würde in der allgemeinen Definition der Erzählung das Phänomen der Fiktion auf der Ebene der Textproduktion reflektiert werden, wobei bedacht werden muss, dass die antike Definition der Erzählung sowohl die faktuale als auch die fiktionale Erzählung umfasst: eine Erzählung besteht darin, dass der Erzähler etwas darstellt,[14] was stattgefunden hat, oder darin, dass er so tut, als habe das entsprechende Ereignis stattgefunden. Die antike Definition der Erzählung scheint daher *in nuce* eine pretence-Theorie zu sein. Denn die Hauptthese der von Searle entwickelten pretence-Theorie besagt, dass der Autor eines fiktionalen Textes nur vorgibt (*pretends*), Behauptungen zu äußern, d. h. dass er so tut, als ob (*as if*) das zutreffen würde, was er behauptet.[15]

Zwar ist der antiken Definition der Erzählung aufgrund ihres nominalen Charakters („eine Erzählung ist die Darstellung von geschehenen oder quasi geschehenen Ereignissen") nicht explizit zu entnehmen, dass es sich um eine produktionsorientierte Definition handelt und somit die Sprachhandlung des Autors beschrieben wird. Aber da das Substantiv „Darstellung" auf den Autor bzw. Erzähler verweist, ist davon auszugehen, dass auch die quasi geschehenen Ereignisse vom Erzähler als solche hingestellt werden.

Die Einsicht, dass nicht jede Erzählung eine wahre Geschichte schildert, sondern auf literarischer Fiktion beruhen kann, wird insbesondere in Nikolaos' Erläuterungen zur Erzählung reflektiert. Zwar definiert auch Nikolaos die Erzählung (διήγημα) in der gewohnten Weise, dass sie die Darstellung von geschehenen oder quasi geschehenen Ereignissen ist. Aber er kennt zwei Definitionen der Erzählung, wovon die genannte diejenige des Progymnasmas ist. Die andere Definition der Erzählung ist diejenige der gerichtlichen Schilderung des Tathergangs:[16]

> διήγησις δέ ἐστι τῶν ἐν τῇ ὑποθέσει πραγμάτων ἔκθεσις εἰς τὸ ὑπὲρ τοῦ λέγοντος μέρος ῥέπουσα ἤγουν πρὸς ⟨τὸ⟩ τοῦ λέγοντος συμφέρον γινομένη· εἴρηται δὲ τοῦτο διὰ ⟨τὸ⟩ τὴν διήγησιν εἶναι μόνην τῶν ἐν δικαστηρίοις ἀμφισβητήσεων. ἢ οὕτως· ἔκθεσις πραγμάτων γεγονότων ἢ ὡς γεγονότων·

> Eine Erzählung ist eine Darstellung des Sachverhalts in der Hypothese, die zur Seite des Sprechers neigt, d.h. vorteilhaft für den Sprecher ist. Dies ist gesagt, weil die Erzählung (διήγησις) nur eine Erzählung von Streitfällen in Gerichtssälen ist. Oder [sc. sie wird] folgendermaßen [sc. definiert]: eine Darstellung von geschehenen oder quasi geschehenen Ereignissen.

---

14 Der Begriff „Erzähler" wird hier nicht in Opposition zum historischen Autor verwendet, da diese Opposition zumindest nicht antik ist (s. das Kapitel 5 dieser Arbeit).
15 S. das Kapitel 2.4 dieser Arbeit.
16 Nikolaos RhG XI Felten (1913) 4,11–17. Zu Nikolaos s. auch die Kapitel 4.7.2.5, 5.1.3 und 6.3 dieser Arbeit.

Nikolaos trennt also sowohl sachlich als auch terminologisch zwischen der gerichtlichen Erzählung und dem Progymnasma der Erzählung, indem er die gerichtliche Erzählung als parteiische Darstellung des Sachverhalts definiert und διήγησις nennt, wohingegen er das Progymnasma als Darstellung von geschehenen oder quasi geschehenen Ereignissen definiert und διήγημα nennt.[17] Über die Unterscheidung zwischen διήγησις und διήγημα trifft er auch die folgende aufschlussreiche Bemerkung:[18]

> Διαφέρειν δὲ τὸ διήγημα τῆς διηγήσεως οἱ μὲν κατὰ τοῦτο ἔφασαν, 'ὅτι διήγησις μέν' φασίν 'ἐστὶν ἡ τῶν ἐν δικαστηρίοις ἀμφισβητήσεων ἔκθεσις πρὸς τὸ τοῦ λέγοντος συμφέρον γινομένη, διήγημα δὲ ἡ τῶν ἱστορουμένων καὶ γεγονότων ἀπαγγελία.' ἕτεροι δὲ διήγησιν μὲν τὴν τῶν ἀληθῶν πραγμάτων ἔκθεσιν ἐκάλεσαν, διήγημα δὲ τὴν τῶν ὡς γεγονότων. οἱ δὲ πλείονες διήγημα μὲν τὸ περὶ ἓν πρᾶγμα, διήγησιν δὲ τὴν τῶν πολλῶν περιληπτικὴν πραγμάτων, ὡς ποίησιν καὶ ποίημα, ποίησιν μὲν τυχὸν τὴν πᾶσαν Ὁμήρου πραγματείαν, ποίημα δὲ τὸ περὶ τὴν μῆνιν τοῦ Ἀχιλλέως ἢ ἄλλο τι τοιοῦτον.

> Die einen haben gesagt, dass sich διήγημα und διήγησις dadurch unterscheiden, dass „διήγησις die Darstellung von Streitfällen in Gerichtssälen ist, die vorteilhaft für den Sprecher ist, διήγημα aber der Bericht von verbürgten und geschehenen Dingen." Andere haben διήγησις die Darstellung der wahren Ereignisse genannt, διήγημα aber diejenige der quasi geschehenen Ereignisse. Die meisten [sc. haben] διήγημα [sc. als] Erzählung über eine Sache [sc. definiert], διήγησις aber [sc. als] Erzählung, die viele Ereignisse umfasst, wie ποίησις und ποίημα: ποίησις sei das gesamte Werk Homers, ποίημα [sc. der Teil] über den Zorn des Achill oder etwas anderes derartiges.

Offensichtlich hat es (bis) zur Zeit des Nikolaos verschiedene Unterscheidungen zwischen διήγησις und διήγημα gegeben. Die erste von Nikolaos erwähnte Unterscheidung ist diejenige, an die sich Nikolaos selbst hält, wie die zuvor zitierte Stelle deutlich macht. Der zweiten Unterscheidung liegt das Kriterium der Falschheit bzw. Fiktion zugrunde, wenn διήγησις die Darstellung der wahren Ereignisse ist, διήγημα aber diejenige der quasi geschehenen Ereignisse. Fraglich ist bei dieser Unterscheidung, ob die Erzählung innerhalb der Gerichtsrede als Darstellung von wahren oder quasi geschehenen Ereignissen angesehen wird. Da die uns bekannten Definitionen der gerichtlichen Erzählung diese nahezu einhellig als parteiische Darstellung beschreiben,[19] ist vielleicht eher davon auszu-

---

[17] Dass Nikolaos das entsprechende Progymnasma διήγημα nennt, wird zwar an dieser Stelle noch nicht deutlich. Aber in seinen Instruktionen zum Progymnasma der Erzählung (RhG XI Felten [1913] 11,11–17,13) benutzt er ausschließlich den Begriff διήγημα, wenn man von derjenigen Stelle absieht, an der er die verschiedenen Bedeutungen von διήγησις und διήγημα diskutiert (ib. 11,16–12,6; s. das folgende Zitat).
[18] Nikolaos RhG XI Felten (1913) 11,16–12,6.
[19] S. S. 407, Fußn. 11 und 12.

gehen, dass sie auch in dieser weitgehend unbekannten Unterteilung der Diskursformen als Darstellung von quasi geschehenen Ereignissen betrachtet wurde. Vermutlich wurde nur die historische Erzählung als Darstellung von wahren Ereignissen (διήγησις) angesehen. Die dritte von Nikolaos erwähnte Unterscheidung zwischen διήγησις und διήγημα nach dem Maßstab der Quantität ist diejenige, die Hermogenes und Aphthonios vertreten.[20]

6.2 Hermogenes' Theorem des „als ob"

In Hermogenes' Werk über die Stil-Lehre (Περὶ ἰδεῶν λόγου) findet sich eine längere Passage, an der sich der Autor zur literarischen Fiktion äußert:[21]

> Μάλιστα δὲ ποιήσεως ἴδια αἵ τε μυθικαὶ ἔννοιαι πᾶσαι, οἷον τὰ περὶ Κρόνου καὶ Τιτάνων καὶ ἔτι Γιγάντων καὶ Διὸς αὐτοῦ καὶ τῶν ἄλλων θεῶν ἀνθρωποπαθῶς λεγόμενα, ὡς ἐγένοντο καὶ ὅσα ἔπραξαν ἢ πράττουσιν αὐτοί τε πρὸς ἑαυτοὺς καὶ πρὸς ἀνθρώπους, καὶ ἔρωτες αὐτῶν καὶ πόλεμοι καὶ φιλίαι καὶ γοναὶ καὶ τροφαὶ καὶ ὅσα τοιαῦτα. πρὸς δὲ ταύταις, ὅσα περὶ ἀνθρώπων ἤ τινων ἄλλων ζῴων παραδοξολογοῦσιν, οἷον ὡς Κάδμος δράκων ἐγένετο ἐξ ἀνθρώπου καὶ ὡς Ἀλκυὼν ὄρνις καὶ ὅσα περὶ ἀηδόνων ἢ χελιδόνων λέγουσι. ταύτης δὲ τῆς ἰδέας καὶ τὸ γυναῖκας ἐξ ἀνδρῶν ποιεῖν ὡς τὸν Τειρεσίαν καὶ ἄνδρας ἐκ γυναικῶν ὥσπερ τὸν Καινέα. τοιοῦτον δὲ καὶ τὸ πτερωτοὺς ἀνθρώπους λέγειν, ὡς ἔφυσαν, καὶ ὅλως σύνθετά τινα ζῷα ἢ ἐκτράπελα, οἷον Πήγασοι καὶ Γοργόνες καὶ Κένταυροι καὶ Σειρῆνες καὶ Τρίτωνες καὶ Λαιστρυγόνες καὶ Κύκλωπες καὶ Περσεὺς καὶ ὅσα τοιαῦτα. μυθικὰ δὲ κἀκεῖνα καὶ ποιητικὰ τὰ ὑπερβάλλοντα μὲν ἀνθρώπου φύσιν, ὑπ' ἐκείνων δὲ τερατολογούμενα ὡς γεγονότα καὶ πιστεύεσθαι ἄξια, οἷον ὅτι Ἀχιλλεὺς τοσόνδε ἐπήδα καὶ ὅτι ὁ Αἴας ἢ ὁ Ἕκτωρ τηλικοῦτον ῥᾳδίως ἐρρίπτει λίθον καὶ ὅτι τηλικοίδε ἦσαν, καὶ ὅλως τὰ τοιουτότροπα ποιητικά. καὶ τὸ τὰ ἄψυχα τοῖς θεοῖς μετ' αἰσθήσεώς τινος ὑπουργεῖν φάσκειν, οἷον „αὐτόμαται δὲ πύλαι μύκον

---

20 (Pseudo-)Hermogenes sieht bzw. postuliert zwischen διήγησις und διήγημα in Analogie zu ποίησις und ποίημα einen Bedeutungsunterschied in der quantitativen Hinsicht, dass διήγησις eine größere, zusammengesetzte Erzählung (und ποίησις die entsprechende Dichtung) bezeichne, wohingegen διήγημα eine kleinere, einfache Erzählung (und ποίημα das entsprechende Gedicht) bezeichne; vgl. Hermog. Progym. 2,2 Patillon (2008) 183: Διαφέρει δὲ διήγημα διηγήσεως, ὡς ποίημα ποιήσεως· ποίημα μὲν γὰρ καὶ διήγημα περὶ πρᾶγμα ἕν, ποίησις δὲ καὶ διήγησις περὶ πλείονα, οἷον ποίησις ἡ Ἰλιὰς καὶ ποίησις ἡ Ὀδύσσεια, ποιήματα δὲ ἀσπιδοποιία, νεκυομαντεία, μνηστηροφονία. καὶ πάλιν διήγησις μὲν ἡ ἱστορία Ἡροδότου, ἡ συγγραφὴ Θουκυδίδου, διήγημα δὲ τὸ κατὰ Ἀρίονα, τὸ κατὰ Ἀλκμαίωνα. Zu (Pseudo-)Hermogenes s. die Kapitel 4.7.2.2 und 6.2 dieser Arbeit. Vgl. auch die identische Unterscheidung bei Aphthonios, Progym. 2,1 Patillon (2008) 113; s. das Kapitel 4.7.3.2 dieser Arbeit. Theon benutzt die Begriffe διήγησις und διήγημα indifferent; s. das Kapitel 4.7.3.1 dieser Arbeit.
21 Hermog. Περὶ ἰδεῶν λόγου 2,10,37–41 Patillon (2012) 212f. Zu Hermogenes und Pseudo-Hermogenes s. das Kapitel 4.7.2.2 dieser Arbeit. Zu Περὶ ἰδεῶν λόγου vgl. auch Lempps (2012) Übersetzung und Rutherfords (1998) Einordnung in den literarischen Kontext.

οὐρανοῦ" καὶ τὸ „τοῖσι δ' ὑπὸ χθὼν δῖα φύε", καὶ ὅλως τὸ τὰ ἀδύνατα καὶ ἄπιστα τερατεύεσθαι.

Am meisten sind alle ‚mythischen' Inhalte für die Dichtung charakteristisch; z. B. die Geschichten über Kronos, die Titanen, ferner die Giganten, Zeus selbst und die anderen Götter, die in den Geschichten mit menschlichen Gefühlen dargestellt werden, wie sie entstanden sind, was sie alles sich selbst und den Menschen angetan haben oder antun, und ihre Liebschaften, Kriege, Freundschaften, Nachkommenschaft, ihr Lebensstil etc. Zusätzlich zu diesen [sc. ‚mythischen' Inhalten sind für die Dichtung charakteristisch] alle fantastischen Geschichten,[22] die sie [sc. die Dichter] über Menschen oder irgendwelche anderen Lebewesen erzählen, wie z. B. dass Kadmos aus einem Mensch eine Schlange und dass Alkyon ein Vogel wurde, und all das, was sie über Nachtigallen und Schwalben sagen. Zu dieser Erzählform gehört es auch, aus Männern Frauen zu machen (z. B. Tiresias) und aus Frauen Männer zu machen (z. B. Kaineus). Von dieser Art ist es auch, Menschen als von Geburt an beflügelt darzustellen und überhaupt zusammengesetzte oder merkwürdige Kreaturen darzustellen; z. B. Wundergestalten wie Pegasus, die Gorgonen, Kentauren, Sirenen, Triton, die Laistrygonen, Zyklopen, Perseus etc. ‚Mythisch' und poetisch ist auch dasjenige, was zwar die menschliche Physis übersteigt, aber von jenen [sc. den Dichtern] in Wundergeschichten so erzählt wird, als wäre es geschehen und würde Glauben verdienen; z. B. dass Achill so und so weit gesprungen ist,[23] Aiax oder Hektor einen so und so großen Stein mit Leichtigkeit geworfen hat[24] und dass sie so und so groß waren – und insgesamt das Dichterische von dieser Art. [sc. ‚Mythisch' und poetisch ist es auch] zu sagen, dass Lebloses dank einer Wahrnehmungsgabe den Göttern Hilfe leistet; z. B. „die Pforten des Himmels öffneten sich unter lautem Knarren von selbst"[25] und „die göttliche Erde ließ unter ihnen [sc. Gras] wachsen"[26] und insgesamt die unmöglichen und unglaublichen Wundergeschichten.

Abgesehen davon, dass die am Anfang erwähnten Göttergeschichten Bezüge insbesondere zu Platons Dichterkritik[27] aufweisen und die vielen Verwandlungssagen ins Auge stechen,[28] ist insbesondere die Aussage, dass die Dichter die ‚mythischen', also erfundenen Geschichten so erzählen,[29] als wäre der darge-

---

22 Zu παραδοξολογέω („phantastische Geschichten erzählen") vgl. τὰ παράδοξα Strabo 15,1,28 (s. S. 182).
23 Vgl. Hom. Il. 21,251; 269; 302.
24 Vgl. Hom. Il. 7,264; 268; 12,445; 14,410.
25 Vgl. Hom. Il. 5,749.
26 Vgl. Hom. Il. 14,347.
27 S. die Kapitel 4.3.2.3 (zu Platons Dichterkritik) und 3.2 (zu Xenophanes) dieser Arbeit.
28 Es gibt zwar viele Parallelen zwischen dieser Textstelle und Ovids Elegie *Amores* 3,12; vgl. McKeown (1979) 167–169. Aber dieser Befund berechtigt wohl nicht zu dem Schluss, dass Ovid und Hermogenes von demselben Rhetorikhandbuch abhängen; s. das Kapitel 7.1.5 dieser Arbeit.
29 Die vielen Beispiele und die einzelnen beschreibenden Aussagen sprechen zwar dafür, dass Hermogenes unter den ‚mythischen' Erzählungen die Darstellung von unwahrscheinlichen, wenn nicht sogar unmöglichen Ereignissen versteht, wobei insbesondere die Vielzahl an Verwandlungssagen ins Auge sticht. Aber da die am Anfang erwähnten Göttergeschichten wohl in den

stellte Inhalt geschehen und würde Glauben verdienen (μυθικὰ δὲ κἀκεῖνα καὶ ποιητικὰ τὰ ὑπερβάλλοντα μὲν ἀνθρώπου φύσιν, ὑπ' ἐκείνων δὲ τερατολογούμενα ὡς γεγονότα καὶ πιστεύεσθαι ἄξια) bemerkenswert.[30]

Die Aussage, dass die Dichter die ‚mythischen' Geschichten so erzählen, als wäre der dargestellte Inhalt geschehen und würde Glauben verdienen, ist wohl so zu verstehen, dass *in nuce* die von Searle entwickelte pretence-Theorie vorliegt:[31] Die Aussagen der Dichter sind nicht ernst zu nehmen, da die Dichter sie nicht als historische Fakten schildern, sondern sich ihrer Fiktivität bewusst sind; sie tun daher nur so, als wären die fiktiven Geschichten wirklich passiert.

6.3 Fiktion als Eingeständnis des Autors. Die Unterscheidung zwischen der Fabel und der mythischen Erzählung bei Theon und Nikolaos

Ein Problem, das sich im antiken Fiktionalitätsdiskurs im Zusammenhang mit der Skalierung der dargestellten Geschichte ergibt, ist die Unterscheidung zwischen der Fabel und der ‚mythischen' Erzählung (bei Theon bezeichnet dieser Ausdruck die fiktionale Erzählung, bei Nikolaos die unwahrscheinliche, wenn nicht sogar unmögliche Fiktion).[32] Hierin liegt insofern ein Problem, als die Verfasser von Progymnasmata-Handbüchern zwar zwischen den beiden Übungen der Fabel und der ‚mythischen' Erzählung unterscheiden, aber den Unterschied auf der Ebene der Geschichte nicht adäquat beschreiben. Die Ansätze zu einer Unterscheidung zwischen diesen Erzählformen, die sich bei Theon und Nikolaos finden, lassen aber grundlegende Einblicke in die literarische Fiktion erkennen, da sie diese auf der Ebene der Textproduktion beschreiben.

Bereich des für Götter Möglichen fallen und da Hermogenes die Kategorie der ‚mythischen' Erzählung nicht von einer anderen Erzählgattung abgrenzt, die die mögliche Fiktion abdeckt, wird das Adjektiv μυθικός hier „erfunden", „fiktiv" bedeuten. Zu *fabula* (μῦθος) im Sinne der Darstellung von unwahrscheinlichen, wenn nicht sogar unmöglichen Ereignissen s. die Kapitel 4.7.1 und 4.7.1.1 dieser Arbeit; zu (Pseudo-)Hermogenes' Skalierung der dargestellten Geschichte s. das Kapitel 4.7.2.2 dieser Arbeit.

30 Nikolaos knüpft hieran an und beschreibt die ‚mythischen' Erzählungen in der Form, dass sie auch von anderen so erzählt werden, als seien sie geschehen; vgl. Nikolaos RhG XI Felten (1913) 13,4–9; s. das Kapitel 6.3 dieser Arbeit (S. 416 f.).

31 Zu Searles pretence-Theorie s. das Kapitel 2.4 dieser Arbeit.

32 S. die Kapitel 4.7.2.5 und 4.7.3.1 dieser Arbeit. Theon unterscheidet nicht zwischen den beiden Erzählgattungen μῦθος (*fabula*) i.S.v. „unwahrscheinliche, wenn nicht sogar unmögliche Fiktion" und πλάσμα (*argumentum*) i.S.v. „mögliche Fiktion", sondern verweist mit den beiden Ausdrücken διηγήσεις μυθικαί und διηγήματα μυθικά auf die eine fiktionale Erzählgattung.

6.3 Fiktion als Eingeständnis des Autors — 413

Die Verfasser der Progymnasmata-Handbücher unterscheiden zwar zwischen den beiden Übungen der Fabel und der ‚mythischen' Erzählung, indem die Fabel traditionellerweise die erste Übungsform darstellt, wohingegen die Erzählung einen späteren Platz im Curriculum der Schüler einnimmt. Ferner lässt sich feststellen, dass Theon und Nikolaos auch terminologisch zwischen diesen Übungsformen unterscheiden. Denn Theon benutzt den Begriff μῦθος nicht zur Bezeichnung einer fiktiven Geschichte. Vielmehr verwendet er zu diesem Zweck den Ausdruck διηγήσεις μυθικαί (oder διηγήματα μυθικά),[33] wohingegen er den Begriff μῦθος ausschließlich mit Bezug auf die Fabel anwendet, um terminologische Eindeutigkeit herzustellen.[34]

Aufschlussreich für die Herstellung der terminologischen Eindeutigkeit ist die folgende Stelle, die am Anfang des Abschnitts über die Fabel ihrer Definition folgt:[35]

> εἰδέναι δὲ χρή, ὅτι μὴ περὶ παντὸς μύθου τὰ νῦν ἡ σκέψις ἐστίν, ἀλλ' οἷς μετὰ τὴν ἔκθεσιν ἐπιλέγομεν τὸν λόγον, ὅτου εἰκών ἐστιν.

> Man sollte wissen, dass die hier vorliegende Untersuchung nicht über die Fiktion (μῦθος) im Ganzen ist, sondern über diejenigen fiktiven Geschichten (μῦθοι), in denen wir nach ihrer Schilderung die wahre Geschichte hinzufügen, wovon die fiktive Geschichte (μῦθος) ein Bild ist.

Offensichtlich stellt Theon fest, dass der Begriff μῦθος mehrdeutig ist, da er u. a. sowohl die Fabel als auch die fiktive Geschichte als auch die unwahrscheinliche oder sogar unmögliche Geschichte bezeichnet. Daher gibt Theon am Anfang des Abschnitts über die Fabel an, dass er nicht alles behandelt, was μῦθος („Fiktion") heißt.[36]

---

33 Vgl. Theon RhG II Spengel (1966) 67,4f. (Patillon/Bolognesi [1997] 10f.).
34 Statt μῦθος verwendet Theon mit Bezug auf die Fabel auch λόγος; dann stellt allerdings das Adjektiv Αἰσώπειος Eindeutigkeit her; vgl. Theon RhG II Spengel (1966) 65,19–21 (Patillon/Bolognesi [1997] 8f.): ἔστι δὲ πρῶτον αὐτῶν ἡ τῶν χρειῶν ἀνασκευή, εἶτα δὲ τῶν Αἰσωπείων λόγων καὶ τῶν ἱστορικῶν καὶ μυθικῶν διηγήσεων.
35 Theon RhG II Spengel (1966) 72,28–31 (Patillon/Bolognesi [1997] 30f.).
36 Patillons und Kennedys Übersetzung von περὶ παντὸς μύθου mit „über alle Fabeln" (vgl. Patillon/Bolognesi (1997) 30f.: „Il faut savoir que la présente étude ne concerne pas toutes les fables, mais celles dont l'exposé est suivi de la morale [...] dont il est l'illustration."; Kennedy (2003) 23: „[...] one should know that the present consideration is not about all fables but about those in which, after stating the fable, we add the meaning of which it is an image.") ist missverständlich, da der Begriff Fabel zumeist die Äsopische Fabel bezeichnet und hier von dem allgemeineren Begriff der fiktiven Geschichte abgegrenzt wird. Sinnvoll ist der singularische Ausdruck περὶ παντὸς μύθου nur, wenn man die Bedeutung „über die Fiktion (μῦθος) im Ganzen" annimmt. Diese soll nicht Gegenstand der Betrachtung sein, sondern eben nur die Äsopische

Bei Nikolaos fällt hinsichtlich der ‚mythischen' Erzählung terminologisch gesehen dasselbe Bemühen auf wie bei Theon, ja sogar ein noch weitergehendes Streben. Bei ihm liegt, wenn man von der gerichtlichen Erzählung als vierter Gattung absieht, die bekannte Dreiteilung zwischen μῦθος (*fabula*), ἱστορία (*historia*) und πλάσμα (*argumentum*) vor. Mit Bezug auf die erste Erzählgattung verwendet er aber eben nicht den Begriff μῦθος, sondern den Ausdruck διηγήματα μυθικά und definiert diese Erzählgattung als Geschichte, die keinen unumstößlichen Glauben verdient.[37] Den Begriff μῦθος wendet er ausschließlich mit Bezug auf die Fabel an, um terminologische Eindeutigkeit herzustellen. Anders als Theon, der auch den Ausdruck διηγήσεις μυθικαί zur Bezeichnung der ‚mythischen' Geschichten verwendet, beschränkt sich Nikolaos auf den Ausdruck διηγήματα μυθικά.[38]

Es stellt sich allerdings die Frage, wie Theon – dasselbe gilt für Nikolaos – die Erzählgattungen der Fabel und der ‚mythischen' Geschichte sachlich voneinander abgrenzt. Von zentraler Bedeutung ist in dieser Hinsicht die folgende Stelle innerhalb des Abschnitts über die Fabel, an der Theon Instruktionen dafür erteilt, wie man ihre Widerlegung (ἀνασκευή) und Bekräftigung (κατασκευή) durchführt:[39]

> ἀνασκευάσομεν δὲ καὶ κατασκευάσομεν τοῦτον τὸν τρόπον· ἐπεὶ γὰρ καὶ αὐτὸς ὁ μυθοποιὸς ὁμολογεῖ καὶ ψευδῆ καὶ ἀδύνατα συγγράφειν, πιθανὰ δὲ καὶ ὠφέλιμα, ἀνασκευαστέον μὲν δεικνύντας, ὅτι ἀπίθανα καὶ ἀσύμφορα λέγει· κατασκευαστέον δὲ ἐκ τῶν ἐναντίων.

> Wir werden auf die folgende Weise die Widerlegung und die Bekräftigung anstellen: Da ja der Fabelschreiber selbst eingesteht, dass er Unwahres und Unmögliches, aber Glaubwürdiges und Nützliches verfasst, muss man die Widerlegung anstellen, indem man zeigt, dass er Unglaubwürdiges und Schädliches sagt; die Bekräftigung muss man in umgekehrter Weise durchführen.

Während die Aussage leicht nachvollziehbar ist, dass die Fabel nützlich ist, da sie dadurch einen belehrenden Charakter hat, dass sie eine Wahrheit widerspiegelt, ist es weniger offenkundig, dass die Fabel ein glaubwürdiges Geschehen be-

---

Fabel, die Theon an dieser Stelle in gewisser Weise ein zweites Mal definiert (vgl. die einleitende Definition [Theon RhG II Spengel (1966) 72,28; Patillon/Bolognesi (1997) 30]: Μῦθός ἐστι λόγος ψευδὴς εἰκονίζων ἀλήθειαν): die Fabel ist eine Illustration einer wahren Geschichte und enthält eine abschließende Auflösung (ἐπίλογος). Theon fügt anschließend hinzu, dass die Auflösung bzw. wahre Geschichte auch vor der eigentlichen Fabel stehen kann (RhG II 72,31–73,1 Spengel [Patillon/Bolognesi (1997) 31]): ἔσθ' ὅτε μέντοι τὸν λόγον εἰπόντες ἐπεισφέρομεν τοὺς μύθους.
37 S. das Kapitel 4.7.2.5 dieser Arbeit.
38 Zu Nikolaos' Unterscheidung zwischen διήγησις und διήγημα s. das Kapitel 6.1 dieser Arbeit.
39 Theon RhG II Spengel (1966) 76,5–9 (Patillon/Bolognesi [1997] 35).

inhaltet. Hermogenes' und Nikolaos' Äußerungen zur Fabel legen aber den Schluss nahe, dass die Glaubwürdigkeit durch das Prinzip der Plausibilität bzw. Angemessenheit (*aptum*) erreicht werden soll.⁴⁰

Eine nahezu singuläre Feststellung innerhalb des antiken Fiktionalitätsdiskurses ist die Erkenntnis, dass der Fabelschreiber selbst eingesteht, dass er eine unwahre und unmögliche Erzählung verfasst. Inwiefern dieses Eingeständnis vorliegt, ist nicht auf den ersten Blick deutlich. Möglicherweise meint Theon, dass der Fabelschreiber in Form einer paratextuellen Aussage, nämlich durch Verwendung des Gattungsbegriffes μῦθος, auf die Fiktionalität der Darstellung hinweist.⁴¹ Diese Ansicht vertritt Reichel,⁴² der auf eine entsprechende Stelle bei Macrobius verweist.⁴³

Auch wenn bei Macrobius das Theorem vorliegt, dass der Name *fabula* darauf hindeutet, dass eine unwahre Geschichte erzählt wird, äußert Theon eher eine andere Erkenntnis. Denn dem Wort μῦθος ist nicht ohne weiteres anzusehen, dass eine unmögliche Erzählung referiert wird, da das Substantiv zwar eine derartige Erzählung bezeichnen kann, häufig aber auch (synonym zu λόγος) zur Bezeichnung einer (nicht näher qualifizierten) Erzählung verwendet wird.⁴⁴ Anders verhält es sich Macrobius zufolge bei dem lateinischen Begriff *fabula*, da Macrobius ihn anscheinend von *falsum* ableitet. Darüber hinaus ist Reichels Ansicht deshalb wenig wahrscheinlich, weil man kaum davon sprechen kann, dass das Wort μῦθος die Kategorien „unwahr", „unmöglich", „glaubwürdig" und „nützlich" zugleich impliziert.

Wenn Theon davon spricht, dass der Fabelschreiber selbst eingesteht, eine unwahre und unmögliche Erzählung zu verfassen, ist seine Feststellung wohl so zu verstehen, dass der Textstruktur der unwahre und unmögliche Charakter angesehen wird bzw. dieser aufgrund der Gattungskonvention vorausgesetzt wird. Das in der Fabel geschilderte Geschehen ist also in so offensichtlicher Weise unwahr und unmöglich, dass der antike (wie der moderne) Leser davon ausgehen konnte, dass der Fabelschreiber es mit der Intention bzw. in dem Bewusstsein

---

40 S. das Kapitel 4.1.1.2 dieser Arbeit.
41 Zu paratextuellen Aussagen als Fiktionssignal s. das Kapitel 2.5.1.2 dieser Arbeit.
42 Vgl. Reichel (1909) 53.
43 Vgl. Macr. somn. 1,2,7: *Fabulae, quarum nomen indicat falsi professionem, aut tantum conciliandae auribus voluptatis, aut adhortationis quoque in bonam frugem gratia repertae sunt.* Bei Macrobius bedeutet *fabula* allerdings etwas allgemeiner „fiktive Geschichte"; s. das Kapitel 4.8 dieser Arbeit.
44 Vgl. Nikolaos RhG XI Felten (1913) 6,15–18: Εἴρηται δὲ μῦθος ἀπὸ τοῦ μυθεῖσθαι, ὅπερ ἐστὶ λέγειν, οὐχ ὅτι καὶ ἐν ⟨τοῖς⟩ ἄλλοις οὐ λέγομεν, ἀλλ' ὅτι ἐν αὐτῷ πρῶτον τὸ λέγειν πολιτικῶς μανθάνομεν.

geschrieben hat, eine (vordergründig) unmögliche Geschichte zu verfassen. Daher liegt an dieser Stelle eine der wenigen Aussagen über die literarische Fiktion auf der Ebene der Textproduktion vor, wenngleich von der Textstruktur auf den Textproduzenten (und implizit auch auf den Rezipienten) geschlossen wird.

Die Instruktionen, die Theon erteilt, erklären sich also in der Weise, dass es (abgesehen vom Schlussteil) unsinnig wäre, eine Fabel mit dem Argument zu widerlegen, dass in ihr eine unwahre und unmögliche Geschichte erzählt wird, da sich der Textproduzent (und der Rezipient) von vornherein hierüber im Klaren ist:[45] die Fiktionalität der Fabel ist gesellschaftlich konventionalisiert. Folglich besteht die einzig sinnvolle Methode, eine Fabel zu widerlegen, darin, ihren plausiblen und nützlichen Charakter in Frage zu stellen. Analog soll man eine Fabel bekräftigen, indem man unterstreicht, dass das in ihr berichtete Geschehen plausibel und nützlich ist.

Dasselbe Konzept der literarischen Fiktion (wenn auch beschränkt auf die Fabel) als Eingeständnis des Autors lässt sich auch bei Nikolaos finden:[46]

> κοινωνεῖ δὲ τὰ μυθικὰ διηγήματα τοῖς μύθοις [ἐν] τῷ ἀμφότερα δεῖσθαι πίστεως, διαφέρει δέ, ὅτι οἱ μὲν μῦθοι ὁμολογουμένως εἰσὶ ψευδεῖς καὶ πεπλασμένοι, τὰ δὲ μυθικὰ διηγήματα καὶ παρ' ἄλλων ὡς γεγονότα ἱστόρηται καὶ τῶν ἐνδεχομένων ἐστὶ γενέσθαι καὶ μὴ γενέσθαι.
>
> Die ‚mythischen' Erzählungen haben mit den Fabeln gemeinsam, dass beide überzeugend sein müssen, sie unterscheiden sich aber dahingehend, dass die Fabeln eingestandenermaßen unwahr und erfunden sind, die ‚mythischen' Erzählungen aber auch von anderen[47] so

---

45 Nur mit Bezug auf den Schlussteil der Fabel ist es sinnvoll, den Topos des Falschen zu verwenden; vgl. Theon RhG II Spengel (1966) 77,29–78,3 (Patillon/Bolognesi [1997] 37 f.): οἱ δὲ ἐκ τοῦ ἀνομοίου καὶ τοῦ ψευδοῦς μόνον εἰσὶ τοῦ ἐπιλόγου ἀνασκευαστικοί· ἐκ μὲν οὖν τοῦ ἀνομοίου, ἐπειδὰν τὰ ἐν τῷ μύθῳ κατὰ μηδὲν ἢ μὴ πάντη τῷ ἐπιλόγῳ προσεοικότα ὑπάρχῃ· ἐκ δὲ τοῦ ψευδοῦς, ὅταν μὴ κατὰ πᾶν συμβαίνῃ, ὥς φησιν ὁ μυθογράφος, ὅτι οἱ τῶν πλειόνων ὀρεγόμενοι καὶ τῶν ὄντων στερίσκονται· οὐ γὰρ ἀεὶ τοῦτο ἀληθές ἐστιν.
46 Nikolaos RhG XI Felten (1913) 13,4–9.
47 Die Bedeutung von καὶ παρ' ἄλλων ist unklar. Es spricht aber vieles dafür, dass der Ausdruck „auch von anderen [sc. möglichen Geschichtenerzählern]" bedeutet. Das καί könnte auch mit dem anderen καί korrespondieren und die beiden Unterschiede zwischen den mythischen Erzählungen und den Fabeln koordinieren („sowohl [...] als auch" bzw. „und"). Zum anderen stellt sich bei παρ' ἄλλων die Frage, ob dieser Ausdruck neben dem Passiv den Urheber angibt („von anderen [sc. möglichen Geschichtenerzählern]") oder ob er neben dem Ausdruck des Unterscheidens andere Geschichten angibt, von denen sich die mythischen Geschichten abheben. Im letzteren Sinn übersetzt Kennedy (2003) 137 den Ausdruck: „[...] while mythical narratives differ from others in being told as though they had happened and [...]". Die Überlegung, den Ausdruck so zu verstehen, dass er „neben anderem" bedeutet und auf den Kontext verweist, scheitert an Belegen. Kennedys Übersetzung muss aufgrund der Satzstruktur als unwahrscheinlich gelten. Denn der Ausdruck des Unterscheidens ist nicht Teil des ὅτι-Satzes (dass-Satzes), sondern diesem übergeordnet. Außerdem wird innerhalb des ὅτι-Satzes die Differenz zwischen den mythischen Er-

erzählt werden, als seien sie geschehen, und zu der Klasse derjenigen Erzählungen gehören, die geschehen können und nicht geschehen können.

Die Aussage, dass die Fabeln eingestandenermaßen unwahr und erfunden sind, entspricht Theons Einsicht, dass der Fabelschreiber selbst eingesteht, dass er eine unwahre und unmögliche Erzählung verfasst. Wahrscheinlich ist das Adverb „eingestandenermaßen" (ὁμολογουμένως) bei Nikolaos so zu verstehen, dass zumindest der Autor, wenn nicht auch alle potentiellen Leser die genannte Auffassung teilen. Im zweiten Fall wäre dieses Eingeständnis Bestandteil einer stillschweigenden Übereinkunft zwischen dem Textproduzenten und dem Rezipienten.

Während Theon nicht explizit angibt, inwiefern es bei den ‚mythischen' Erzählungen nicht der Fall ist, dass der Autor selbst eingesteht, eine unwahre und unmögliche Erzählung zu verfassen, nimmt Nikolaos zu dieser Frage explizit Stellung. Seine Antwort bzw. eine seiner Antworten auf die problematische Unterscheidung zwischen der Fabel und ‚mythischen' Erzählungen lautet, dass die ‚mythischen' Erzählungen auch von anderen [sc. möglichen Geschichtenerzählern] so erzählt werden, als seien sie geschehen, und zu der Klasse derjenigen Erzählungen gehören, die geschehen können und nicht geschehen können.

Diese Antwort ist die eine Seite der Doppelstrategie, die sich bei Nikolaos erkennen lässt, einerseits (auf der Ebene der Geschichte) der ‚mythischen' Erzählung einen Teil ihres unwahrscheinlichen, wenn nicht sogar unmöglichen Charakters abzusprechen und andererseits (zumindest) produktionsorientiert einen Unterschied zwischen diesen beiden Erzählgattungen geltend zu machen. Ersteres tut er, indem er die ‚mythischen' Erzählungen als Geschichten definiert, die keinen unumstößlichen Glauben verdienen, sondern sogar den Eindruck einer falschen Erzählung erwecken, und somit die Definition meidet, der zufolge es sich um Geschichten handelt, die zumindest unwahrscheinlich, wenn nicht sogar unmöglich sind.[48] Diesen Charakter will Nikolaos nur in der Fabel erblicken, wie sowohl die eben zitierte Stelle zeigt als auch diejenige, an der er die Erzählgattung

---

zählungen und der Fabel ausgedrückt. Daher ist es wenig plausibel, dass andere Erzählgattungen als Vergleichsglied herangezogen werden. Folglich bezeichnet παρ' ἄλλων den Urheber („von anderen [sc. möglichen Geschichtenerzählern]"). Dann wiederum ist es wahrscheinlich, dass das erste καί „auch" bedeutet. Denn diejenigen, die die mythischen Erzählungen berichten, erzählen sie wie Geschichten von realen Ereignissen. Daher sind die anderen möglichen Geschichtenerzähler zusätzliche Erzähler.
48 Vgl. Nikolaos RhG XI Felten (1913) 12,17–13,4; s. das Kapitel 4.7.2.5 dieser Arbeit.

πλάσμα (*argumentum*; in seiner Terminologie: das διήγημα πλασματικόν) von der Fabel abgrenzt.⁴⁹

Einen produktionsorientierten Unterschied zwischen den beiden Erzählgattungen Fabel und ‚mythische' Erzählung macht Nikolaos dadurch geltend, dass er die ‚mythischen' Erzählungen so definiert, dass sie auch von anderen [sc. möglichen Geschichtenerzählern] so erzählt werden, als seien sie geschehen. Diese Aussage muss man wohl so verstehen, dass zum einen der Autor der ‚mythischen' Erzählung, z. B. derjenigen über die Zyklopen, die Geschichte so erzählt, als sei sie geschehen. In diesem Fall darf man also Nikolaos so verstehen, dass Hesiod in der Theogonie die Geschichte von der Geburt der Zyklopen so erzählt, als sei sie geschehen: Gaia (die Erde) hat sich mit Uranos (dem Himmel) vereint und die Zyklopen, Kreaturen mit nur einem Auge, geboren.⁵⁰ Insofern beschreibt Nikolaos den Fiktionsstatus der ‚mythischen' Erzählungen ebenso wie Theon, allerdings mit dem Unterschied, dass bei Nikolaos eine explizite Aussage vorliegt, wohingegen bei Theon die Teildefinition der Erzählung, dass es sich um eine Darstellung von quasi geschehenen Ereignissen handelt,⁵¹ implizit auch auf die ‚mythischen' Erzählungen zu beziehen ist, wie wir noch sehen werden.

Folglich ist die Aussage, dass nicht nur der Autor der betreffenden ‚mythischen' Erzählung, sondern auch andere Menschen diese Erzählung so erzählen, als sei der entsprechende Inhalt real. Es handelt sich daher um eine traditionelle Geschichte, die nicht nur der eine, sondern viele potentielle Autoren als quasi wahre Geschichte erzählen. Auffälliger Weise definiert Nikolaos die ‚mythische' Erzählung einseitig auf produktionsorientierter Ebene, obwohl es sich anbieten würde, ihren Fiktionsstatus – ähnlich wie bei der Fabel und den historischen Erzählungen – sowohl auf produktions- als auch auf rezeptionsorientierter Ebene zu beschreiben.

Die Aussage, dass die ‚mythischen' Erzählungen zu der Klasse derjenigen Erzählungen (oder Dinge) gehören, die geschehen können und nicht geschehen können (τὰ ἐνδεχόμενα [...] γενέσθαι καὶ μὴ γενέσθαι), ist wohl so zu verstehen, dass sie möglich sind: sie sind weder unmöglich (das Berichtete kann eintreten) noch notwendig (es kann nicht eintreten). Für diese Formulierung mag man eine Parallele aus Aristoteles' Rhetorik betrachten, an der er über dasjenige spricht, worüber in der politischen Rede beraten wird:⁵²

---

49 Vgl. Nikolaos RhG XI Felten (1913) 13,9–13; s. das Kapitel 4.7.2.5 dieser Arbeit (S. 353).
50 Vgl. Hes. Theog. 1,139–146.
51 Es handelt sich um eine Teildefinition der Erzählung, da die vollständige allgemeine Definition der Erzählung lautet, dass es sich um eine Darstellung von geschehenen oder quasi geschehenen Ereignissen handelt; s. das Kapitel 6.1 dieser Arbeit.
52 Arist. rhet. 1359a30–37.

> Πρῶτον μὲν οὖν ληπτέον περὶ ποῖα ἀγαθὰ ἢ κακὰ ὁ συμβουλεύων συμβουλεύει, ἐπειδὴ οὐ περὶ ἅπαντα ἀλλ' ὅσα ἐνδέχεται καὶ γενέσθαι καὶ μή, ὅσα δὲ ἐξ ἀνάγκης ἢ ἔστιν ἢ ἔσται, ἢ ἀδύνατον ἢ εἶναι ἢ γενέσθαι, περὶ δὲ τούτων οὐκ ἔστι συμβουλή. οὐδὲ δὴ περὶ τῶν ἐνδεχομένων ἁπάντων· ἔστιν γὰρ καὶ φύσει ἔνια καὶ ἀπὸ τύχης γινόμενα ἀγαθὰ τῶν ἐνδεχομένων καὶ γίγνεσθαι καὶ μή, περὶ ὧν οὐδὲν πρὸ ἔργου τὸ συμβουλεύειν.

> Zuerst muss ausgewählt werden, über welche Güter oder Übel der beratende Redner berät, da er nicht über alles, sondern darüber, was geschehen kann und nicht geschehen kann, berät; was aber notwendigerweise ist oder sein wird oder unmöglich ist zu sein oder zu werden, darüber findet keine Beratschlagung statt. Auch nicht über alles Mögliche. Denn es gibt unter demjenigen, was geschehen kann und nicht geschehen kann, einige Güter, die von Natur aus und aus Zufall geschehen, worüber zu beraten keinen Sinn ergibt.

Auch an dieser Stelle wird das Mögliche vom Unmöglichen und vom Notwendigen geschieden, wobei die Infinitive für „geschehen" und „nicht geschehen" mit „und" verknüpft werden, wenngleich bei Aristoteles eine Brachylogie vorliegt (γενέσθαι/γίγνεσθαι καὶ μή [sc. γενέσθαι/γίγνεσθαι]).

Die Aussage, dass die ‚mythischen' Erzählungen zu der Klasse derjenigen Erzählungen gehören, die geschehen können und nicht geschehen können, ist also als Beschreibung des Fiktionsstatus auf der Ebene der Textstruktur zu verstehen: es handelt sich um eine mögliche Fiktion. Es stellt sich allerdings die Frage, wie Nikolaos die Unterscheidung zwischen den ‚mythischen' Erzählungen und dem διήγημα πλασματικόν aufrechterhalten kann, wenn er die ‚mythischen' Erzählungen auf diese Weise definiert. Denn die Erzählgattung des διήγημα πλασματικόν hatte er von der Fabel durch das Kriterium abgegrenzt, dass die ‚plasmatischen' Erzählungen nicht Unmögliches, sondern Mögliches darstellen.[53] Da sowohl die Erzählgattung des διήγημα πλασματικόν als auch die ‚mythischen' Erzählungen Nikolaos zufolge Mögliches darstellen, lassen sich die beiden Erzählgattungen auf diese Weise nicht voneinander trennen.

In dieser inkonsequenten Unterteilung der verschiedenen Erzählgattungen kann man Nikolaos' Bemühen erkennen, die ‚mythischen' Erzählungen einerseits von den gänzlich fiktiven Fabeln und andererseits von den weniger fiktiven ‚plasmatischen' Erzählungen wie z. B. der Komödie abzugrenzen. Denn im Grunde genommen liegt bei Nikolaos eine Fünfteilung vor, wie seine Abgrenzungsversuche von der Fabel zeigen: Fabel – ‚mythische' Erzählung – ‚plasmatische' Erzählung – historische Erzählung – gerichtliche Erzählung. Die Probleme, die Nikolaos' Unterteilung (insbesondere die Unterscheidung zwischen der Fabel und den ‚mythischen' Erzählungen) mit sich bringt, erklärt sich wohl durch die starke Tradition der Dreiteilung zwischen μῦθος (*fabula*), ἱστορία (*historia*) und πλάσμα

---

[53] Vgl. Nikolaos RhG XI Felten (1913) 13,9–13; s. das Kapitel 4.7.2.5 dieser Arbeit (S. 353).

(*argumentum*) sowie durch die Tatsache, dass er um eine strikte Unterscheidung zwischen den beiden Progymnasmata der Erzählung und der Fabel bemüht ist. Aus welchen Gründen auch immer verzichtet Nikolaos auf das Kriterium der Allegorie, um die Fabel von den anderen (fiktionalen) Erzählungen zu unterscheiden.

Sowohl mit Blick auf Theon als auch auf Nikolaos bleibt festzuhalten, dass sie zwei der seltenen Versuche darstellen, die literarische Fiktion auf der Ebene der Textproduktion, wenn nicht sogar im Zusammenhang der gesamten Sprachhandlungssituation zu beschreiben. Allerdings beziehen sie die Aussage, dass der Textproduzent selbst eingesteht, eine unwahre und unmögliche Erzählung zu verfassen, nur auf die Fabel. Es stellt sich daher die Frage, warum Theon und Nikolaos diese Feststellung nicht auch auf die anderen fiktionalen Erzählgattungen anwenden, also im Fall von Nikolaos auf die ‚mythische' und die ‚plasmatische' Erzählung, im Fall von Theon auf die ‚mythische' Erzählung.

Eine Sichtung der relevanten Stellen bei Theon zeigt, dass er die ‚mythischen' Erzählungen (διηγήσεις μυθικαί) nicht produktionstheoretisch in der Weise beschreibt, dass ihre Fiktionalität vom Autor intendiert ist. Dies geht aus seinen Instruktionen zur Widerlegung (ἀνασκευή) und Bekräftigung (κατασκευή) der Erzählung hervor:[54]

> Περὶ δὲ ἀνασκευῆς καὶ κατασκευῆς εἴπομεν ὅτι οἱ αὐτοὶ τόποι χρήσιμοι, οἵπερ καὶ πρὸς τοὺς μύθους, ἐν δὲ τοῖς διηγήμασι καὶ οἱ ἀπὸ τοῦ ψεύδους καὶ ἀδυνάτου τόποι ἁρμόττουσιν.
>
> Über die Widerlegung und Bekräftigung haben wir gesagt, dass dieselben Topoi hilfreich sind, die auch für die Fabeln von Nutzen sind, in den Erzählungen sind aber auch die Topoi des Unwahren und Unmöglichen hilfreich.

An dieser Stelle verweist Theon auf seine vorigen Bemerkungen zum Progymnasma der Fabel. Dort nennt Theon verschiedene Topoi, die für die Widerlegung und Bekräftigung der Fabel verwendet werden können: das Unklare, das Unglaubwürdige, das Unangemessene etc.[55] Nach Besprechung dieser Topoi bemerkt Theon abschließend, dass dieselben Topoi auch für die Widerlegung und Bekräftigung der Erzählungen verwendet werden können.[56] Da Theon mit Bezug auf

---

54 Theon RhG II Spengel (1966) 93,5–8; Patillon/Bolognesi (1997) 57.
55 Vgl. Theon RhG II Spengel (1966) 76,18–22 (Patillon/Bolognesi [1997] 36): ληπτέον δὲ τὰ ἐπιχειρήματα ἐκ τόπων τῶνδε, ἐκ τοῦ ἀσαφοῦς, ἐκ τοῦ ἀπιθάνου, ἐκ τοῦ ἀπρεποῦς, ἐκ τοῦ ἐλλιποῦς, ἐκ τοῦ πλεονάζοντος, ἐκ τοῦ ἀσυνήθους, ἐκ τοῦ μαχομένου, ἐκ τῆς τάξεως, ἐκ τοῦ ἀσυμφόρου, ἐκ τοῦ ἀνομοίου, ἐκ τοῦ ψευδοῦς.
56 Vgl. Theon RhG II Spengel (1966) 78,11–13 (Patillon/Bolognesi [1997] 38): οἱ δ' αὐτοὶ τόποι χρήσιμοι καὶ πρὸς τὴν τῶν διηγημάτων ἀνασκευήν τε καὶ κατασκευήν.

die Fabel festgestellt hat, dass es (abgesehen vom Schlussteil) unsinnig wäre, sie mit dem Argument zu widerlegen, dass in ihr eine unwahre und unmögliche Geschichte erzählt wird,[57] fügt er an dieser Stelle die Anweisung hinzu, dass bei der Erzählung zusätzlich zu den bei der Fabel verwendeten Topoi auch diejenigen des Unwahren und Unmöglichen verwendet werden können.

Nun könnte man annehmen, dass sich Theon nur auf die faktualen (historischen) Erzählungen bezieht, wenn er sagt, dass bei den Erzählungen auch die Topoi des Unwahren und Unmöglichen nützlich sind. Es lässt sich aber zeigen, dass Theon definitiv auch die ‚mythischen' Erzählungen im Blick hat. Dies wird an der folgenden Stelle deutlich, an der Theon Anweisungen zur Widerlegung der ‚mythischen' Erzählungen erteilt:[58]

> οἱ δ' αὐτοὶ οὗτοι [sc. τόποι] ἁρμόττουσι καὶ πρὸς τὰς μυθικὰς διηγήσεις τάς τε ὑπὸ τῶν ποιητῶν καὶ τὰς ὑπὸ τῶν ἱστορικῶν λεγομένας περί τε θεῶν καὶ ἡρώων, ἔτι τε καὶ τῶν ἐξηλλαγμένων κατὰ φύσιν, οἷά τινες ἱστοροῦσι περὶ Πηγάσου καὶ Ἐριχθονίου καὶ Χιμαίρας καὶ Ἱπποκενταύρων καὶ τῶν παραπλησίων.
>
> Dieselben [sc. Topoi] lassen sich anwenden auf die ‚mythischen' Erzählungen, die die Dichter und Historiker über die Götter und Heroen äußern, ferner über die Lebewesen, die sich physisch verändert haben, wie einige über Pegasos und Erichthonios und Chimaira und Hippokentauren und die ähnlichen Lebewesen berichten.

Unter den Topoi, von denen Theon spricht, sind diejenigen zu verstehen, die Theon am Anfang des Abschnittes zur Widerlegung (ἀνασκευή) und Bekräftigung (κατασκευή) der Erzählung erwähnt hat. Da er sich dort hauptsächlich auf diejenigen Topoi bezieht, die er im Zusammenhang mit der Fabel genannt hatte, und explizit die Topoi des Unwahren und Unmöglichen hinzufügt, finden also auch diese Anwendung auf die ‚mythischen' Erzählungen.

Ferner zeigen Theons Instruktionen zu literarischen Vorlagen für die Widerlegung (ἀνασκευή) von ‚mythischen' und historischen Erzählungen, dass der Topos des Unwahren auf die ‚mythischen' ebenso wie auf die historischen Erzählungen angewendet werden soll:[59]

> διηγημάτων μὲν μυθικῶν ἐν τῇ δευτέρᾳ Ἡροδότου τούτων πέρι, ὧν Ἕλληνες μυθεύουσιν, ὡς Αἰγύπτιοι μὲν Ἡρακλέα ἐπιδημήσαντα θύειν ἐπεχείρουν τῷ Διΐ, ὁ δὲ πολλὰς μυριάδας αὐτῶν κατεφόνευσε· καὶ παρὰ Ἐφόρῳ ἐν τῇ πρώτῃ τὸ περὶ τῶν πεντήκοντα Θεσπίου θυγατέρων, αἷς ἁπάσαις παρθένοις οὔσαις φασὶν ἅμα μιγῆναι τὸν Ἡρακλέα· καὶ περὶ τοῦ

---

57 Vgl. Theon RhG II Spengel (1966) 76,5–9 (Patillon/Bolognesi [1997] 35; s. S. 414) und ib. 77,29–78,3 (Patillon/Bolognesi [1997] 37 f.; s. S. 416, Fußn. 45).
58 Theon RhG II Spengel (1966) 95,3–8; Patillon/Bolognesi (1997) 60.
59 Theon RhG II Spengel (1966) 67,4–29 (Patillon/Bolognesi [1997] 10 f.).

Ἀριστοδήμου, ὡς ἐτελεύτησε κεραυνόβλητος γενόμενος· τῶν δὲ πραγματικῶν διηγήσεων ἔστι μέν τινα καὶ παρὰ Ἡροδότου λαβεῖν, ὡς τὰ ἐκ τῆς τετάρτης περὶ τοῦ διαιρεῖσθαι τὴν ὅλην γῆν εἰς τρία μέρη, καὶ καλεῖσθαι τὸ μὲν Εὐρώπην, τὸ δὲ Λιβύην, τὸ δὲ Ἀσίαν· καὶ παρὰ Θουκυδίδου ἐκ τῆς πρώτης τὰ περὶ τῆς ἀναιρέσεως Ἱππάρχου ὑπὸ τῶν περὶ Ἁρμόδιον καὶ Ἀριστογείτονα· πλείω δὲ ἔχομεν καὶ παρ' ἄλλων ἱστορικῶν λαβεῖν, παρὰ μὲν Ἐφόρου ἐκ τῆς πρώτης τὰ περὶ τὴν διαίρεσιν τῆς Πελοποννήσου κατὰ τὴν τῶν Ἡρακλειδῶν κάθοδον, παρὰ δὲ Θεοπόμπου ἐκ τῆς πέμπτης καὶ εἰκοστῆς τῶν Φιλιππικῶν, ὅτι Ἑλληνικὸς ὅρκος καταψεύδεται, ὃν Ἀθηναῖοί φασιν ὀμόσαι τοὺς Ἕλληνας πρὸ τῆς μάχης τῆς ἐν Πλαταιαῖς πρὸς τοὺς βαρβάρους, καὶ αἱ πρὸς βασιλέα Δαρεῖον Ἀθηναίων πρὸς Ἕλληνας συνθῆκαι· ἔτι δὲ καὶ τὴν ἐν Μαραθῶνι μάχην οὐχ ἅμα πάντες ὑμνοῦσι γεγενημένην, καὶ ὅσα ἄλλα, φησίν, ἡ Ἀθηναίων πόλις ἀλαζονεύεται καὶ παρακρούεται τοὺς Ἕλληνας.

[Sc. Es gibt Widerlegungen] von ‚mythischen' Erzählungen im zweiten Buch von Herodot über das, was die Griechen fabulieren: wie die Ägypter versuchten, Herakles, der sie besuchte, Zeus zu opfern, dieser aber viele tausende von ihnen tötete.[60] Und bei Ephoros im ersten Buch die Erzählung über die fünfzig Töchter des Thespios, mit denen allen zusammen Herakles geschlafen haben soll, als sie noch Jungfrauen waren. Und die Erzählung über Aristodemos, wie er gestorben ist, indem er von einem Blitz getroffen wurde.[61] [Sc. Widerlegungen] von faktualen Erzählungen kann man ebenfalls von Herodot übernehmen; z. B. diejenige aus dem vierten Buch, dass die ganze Erde in drei Teile geteilt ist und der eine Europa, der andere Libyen und wieder der andere Asien genannt wird.[62] Und bei Thukydides diejenige aus dem ersten Buch über die Ermordung des Hipparchos durch Harmodios, Aristogeiton und ihre Gefährten.[63] Und man kann noch mehr Beispiele von anderen Historikern

---

60 Herodot weist die Erzählung über Herakles als töricht zurück, da die Ägypter keine Menschen töten und Herakles nicht stark genug ist, um viele tausend Menschen zu töten; vgl. Herodot 2,45, insbesondere 2,45,1: Λέγουσι δὲ πολλὰ καὶ ἄλλα ἀνεπισκέπτως οἱ Ἕλληνες· εὐήθης δὲ αὐτῶν καὶ ὅδε ὁ μῦθός ἐστι τὸν περὶ τοῦ Ἡρακλέος λέγουσι [...].
61 Inwiefern Ephoros die mythischen Geschichten über Herakles und Aristodemos widerlegt hat, lässt sich aufgrund des fragmentarischen Charakters des Werkes nicht einschätzen; vgl. FGrHist II A, 70 F 13 und 17 p. 46 f. Jacoby.
62 Diese faktuale Geschichte bzw. den Stand der Wissenschaft kritisiert Herodot, indem er zum einen darauf hinweist, dass die drei vermeintlichen Erdteile ein zusammenhängendes Land bilden, das in drei unterschiedlich große Gebiete geteilt wird. Auch die Abgrenzungen seien nicht nachvollziehbar, wenn der Nil Asien von Libyen und der kolchische Phasis Asien von Europa trennt. Schließlich sei nicht zu eruieren, nach welchen Personen die Erdteile benannt worden sind: Die meisten Griechen seien der Meinung, dass Libyen den Namen von einer eingeborenen Frau namens Libya und Asien von der Frau des Prometheus erhalten habe. Im Fall von Europa sei gänzlich unklar, wonach dieser Erdteil benannt worden ist. Die Annahme, dass er seinen Namen von Europa aus Tyros erhalten hat, berge das Problem, dass Europa nie in dem entsprechenden Gebiet war, sondern von Phoinikien nach Kreta und von dort nach Lykien gekommen sei; vgl. Herodot 4,42 und 45.
63 Thukydides bemerkt am Anfang seines Geschichtswerkes kritisch, dass die Menschen die Geschichten über alte Ereignisse hinnehmen, ohne sie zu überprüfen. Als Beispiel führt er den Bericht an, demzufolge der Tyrann Hipparchos von Harmodios und Aristogeiton ermordet worden sei. In Wahrheit sei Hippias der eigentliche Regent gewesen, wohingegen Hipparchos und

übernehmen: von Ephoros aus dem ersten Buch die Erzählung über die Einteilung der Peloponnes bei der Rückkehr der Herakliden.[64] Von Theopompos aus dem fünfundzwanzigsten Buch der *Philippika*, dass der griechische Schwur, den die Griechen nach Aussage der Athener vor der Schlacht bei Plataä gegen die Barbaren geschworen haben, eine Erfindung ist, und ebenso die Vereinbarungen zwischen den Athenern, den Griechen und König Dareios.[65] Ferner stimmen nicht alle zusammen in den Hymnus auf die Schlacht bei Marathon ein und auf alles andere, wie er sagt, womit die Stadt der Athener prahlt und die Griechen in die Irre führt.[66]

Diese Textstelle offenbart aber dasselbe Defizit, das sich in allen Skalierungen der dargestellten Geschichte findet, nämlich dass die fiktionale(n) Erzählgattung(en) nicht grundlegend von der faktualen Erzählgattung unterschieden wird (werden).[67] Bei Theon stellt sich dieses Problem umso dringlicher, als es eigentlich unsinnig ist, eine ‚mythische' Geschichte zu widerlegen bzw. zu bekräftigen, da ihre Fiktionalität sowohl dem Autor als auch den Rezipienten klar sein sollte.

Daher ist es erstaunlich, dass die ‚mythischen' Erzählungen nicht ebenso wie die Fabel (zumindest auch produktionstheoretisch) in der Weise beschrieben werden, dass ihre Fiktionalität vom Autor intendiert ist. So wie Theon die ‚my-

---

Thessalos nur seine Brüder waren. Harmodios und Aristogeiton hätten zwar den Plan gehabt, Hippias zu töten, hätten aber, nachdem der Plan aufgeflogen ist, ersatzweise Hipparchos ermordet; vgl. Thuk. 1,20.
64 Auch in diesem Fall lässt sich aufgrund des fragmentarischen Charakters des Werkes nicht einschätzen, in welcher Weise der Nachweis erbracht wurde; vgl. FGrHist II A, 70 F 18a p. 47 Jacoby. Es ist lediglich möglich, aus einer Stelle bei Strabo zu rekonstruieren, wie die Peloponnes nach der Rückkehr der Herakliden gemäß der Ephoros bekannten Erzählung eingeteilt worden sein soll; vgl. Strabo 8,8,5 (= Ephoros FGrHist II A, 70 F 18b p. 47 Jacoby).
65 Inwiefern Theopomp dies glaubwürdig gemacht haben soll, lässt sich teilweise aus einer Stelle bei dem Grammatiker Harpokration nachvollziehen. Denn dieser gibt in seinem Lexikon zu den zehn attischen Rednern unter Berufung auf Theopomp an, dass die Vereinbarungen mit dem (oder gegen den) Barbaren, womit König Dareios gemeint sein dürfte, nicht in einer Inschrift in attischer Sprache, sondern in ionischer Sprache festgehalten worden sind; vgl. Harpokr. s.v. Ἀττικοῖς γράμμασιν (= Theopompos FGrHist II B, 115 F 154 p. 570 Jacoby): Θεόπομπος δ' ἐν τῇ κε' τῶν Φιλιππικῶν ἐσκευωρῆσθαι λέγει τὰς πρὸς τὸν βάρβαρον συνθήκας, ἃς οὐ τοῖς Ἀττικοῖς γράμμασιν ἐστηλιτεῦσθαι, ἀλλὰ τοῖς τῶν Ἰώνων. Allerdings birgt das hier vorliegende Theopomp-Fragment das Problem, dass aufgrund des mehrdeutigen Charakters von πρός unklar ist, auf welchen Vertrag sich Theopomp bezieht, da πρός sowohl „gegen" als auch „mit" bedeuten kann. Zu den Unklarheiten, die mit diesem Fragment verbunden sind, vgl. Gauger & Gauger (2010) 104 und 216 (mit weiterer Literatur); Connor (1968) 78–92; Patillon/Bolognesi (1997) 11 und 128 Fußn. 71.
66 Hinsichtlich der Schlacht bei Marathon ließe sich nur über die Frage spekulieren, inwiefern die traditionellen Schilderungen Theopomp zufolge nicht der Wahrheit entsprechen; vgl. Gauger & Gauger (2010) 216 (mit weiterer Literatur).
67 S. das Kapitel 4.7.1.1 dieser Arbeit.

thischen' Erzählungen definiert, wird ein Unterschied zwischen der Fabel und den ‚mythischen' Erzählungen geltend gemacht, der bereits dem Scholiasten Probleme bereitet hat, wie aus der folgenden Stelle hervorgeht:[68]

> οὕτω γοῦν τὰ μυθικὰ διηγήματα, εἰ καὶ ψευδῆ φύσει τυγχάνει, ἀλλὰ διὰ τοὺς σοφοὺς ἄνδρας, τοὺς μνησθέντας αὐτῶν ὡς ἀληθῶν καὶ ἡμεῖς τὰ τοιαῦτα ὡς ἀληθῆ λαμβάνομεν, ἐκ τῶν μνησθέντων κρίσιν τῆς ἀληθείας δεχόμενοι· διὸ καὶ παρὰ τοῖς ῥήτορσιν εὑρεθήσεται σφόδρα πολλά, φύσιν μὲν ἀληθείας οὐκ ἔχοντα, διὰ δὲ τῶν μνημονευσάντων ἐνδόξων προσώπων ὡς ἀληθῆ τιμώμενα.

Die ‚mythischen' Erzählungen, auch wenn sie nun einmal physisch betrachtet unwahr sind, akzeptieren auch wir nichtsdestotrotz wegen der weisen Männer, die sie wie wahre [sc. Erzählungen] erwähnen, als quasi wahre [sc. Erzählungen], indem wir das Urteil über den Wahrheitsstatus von den erwähnenden Männern übernehmen. Daher wird man auch bei den Rednern außerordentlich viele [sc. Erzählungen] finden, die zwar physisch nicht wahr sind, aber aufgrund der berühmten Personen, die sie äußern, als quasi wahre [sc. Erzählungen] Anerkennung finden.

Reichel schließt sich zumindest teilweise der Deutung des Scholiasten an.[69] Es muss aber als überaus fraglich gelten, ob diese Interpretation zutrifft, der zufolge die Autorität der Erzähler dazu führt, dass unwahrscheinliche, wenn nicht sogar unmögliche Geschichten als quasi wahre Geschichten akzeptiert werden. Zwar ist diese Denkfigur insofern nicht abwegig, als die Autorität der Autoren auch im antiken Fiktionalitätsdiskurs eine Rolle spielt. Denn Plutarch lehrt, dass, wenn in den Gedichten etwas Absurdes über Götter oder geringere Gottheiten oder Tugend von einem angesehenen Mann gesagt wird, derjenige, der die Äußerung als wahr (und nicht als fiktional) akzeptiert, die falsche Rezeptionshaltung einnimmt.[70] Darüber hinaus spielt die Autorität der Autoren auch innerhalb der antiken Sprach- und Literaturtheorie eine wichtige Rolle.[71]

---

[68] Theon p. 147 Finckh (1834).
[69] Vgl. Reichel (1909) 53f.: „Etiam hoc loco scholiasta in definiendis verbis διηγήματα μυθικά recte intellexisse mihi videtur adnotans [...]. Hoc μῦθος et διήγημα μυθικόν certe simile habent, quod utrumque est falsum, hoc autem proprium est διηγήματος μυθικοῦ, quod, etsi falsum est, tamen πράγματα describit ὡς γεγονότα."
[70] Vgl. Plut. mor. 16d–e; s. das Kapitel 7.1.6 dieser Arbeit (S. 503).
[71] So begründet Theon selbst (RhG II Spengel [1966] 73,14–24; Patillon/Bolognesi [1997] 31f.) die Tatsache, dass die Fabel auch Äsopische Fabel genannt wird, durch den Hinweis darauf, dass Äsop zwar nicht im strengen Sinn der *primus inventor* (πρῶτος εὑρετής) der Gattung, aber der prominenteste Vertreter der Gattung ist – so wie Versmaße nach Aristophanes, Sappho und Alkaios benannt werden, weil sie sie am häufigsten gebraucht haben. In ähnlicher Weise rechtfertigt Quintilian (inst. 1,5,35) z. B. den Umstand, dass Vergil das Substantiv *cortex* einmal als Maskulinum und einmal als Femininum verwendet, mit dem Hinweis auf die Autorität des Dichters, anstatt ihm einen Solözismus vorzuwerfen; vgl. Burkard (2011) 27f., der mit Bezug auf die latei-

Aber Theon spricht im Zusammenhang mit den ‚mythischen' Erzählungen nirgends von der Autorität der Erzähler. Wenn er berühmte Dichter und Historiker erwähnt, dann tut er dies, um auf literarische Vorlagen für Erzählungen ebenso wie für andere Progymnasmata hinzuweisen. Daher muss festgehalten werden, dass Theons einzige Aussage, die den Fiktionsstatus der ‚mythischen' Erzählungen betrifft, die implizit auch auf die ‚mythischen' Erzählungen zu beziehende allgemeine Definition der Erzählung ist, dass es sich um eine Darstellung von (geschehenen oder) quasi geschehenen Ereignissen handelt.[72] Näheren Aufschluss darüber, inwiefern es sich um eine Erzählung von quasi geschehenen Ereignissen handelt und inwiefern eine Abgrenzung von anderen derartigen Erzählungen, insbesondere der Fabel, möglich ist, gibt Theon nicht.

Daher sind Theons und Nikolaos' Unterscheidungen zwischen den verschiedenen Erzählgattungen trotz vielversprechender Ansätze bei der Beschreibung der literarischen Fiktion nicht konsequent zu Ende geführt worden. Der Grund für die Probleme bei der Beschreibung der ‚mythischen' Erzählungen liegt darin, dass Theon und Nikolaos die Differenz zwischen der Fabel und der Erzählung überbewerten – wahrscheinlich deshalb, weil sie als Verfasser von Progymnasmata-Handbüchern um eine klare Differenzierung der Übungsformen bemüht sind. Durch den Unterschied, der zwischen der Fabel und der ‚mythischen' Erzählung postuliert wird, verschwinden bei Nikolaos die Unterschiede zwischen der ‚mythischen' und der ‚plasmatischen' Erzählung. Die Aussage, dass die Verfasser der Fabeln nicht die Absicht haben, eine wahre Geschichte zu erzählen, dient der spezifischen Unterscheidung zwischen der Fabel und der ‚mythischen' Erzählung, obwohl diese Einsicht geeignet wäre, um grundlegend die fiktionalen von faktualen Erzählgattungen zu trennen. Auf das Kriterium der Allegorie als Differenzkriterium zwischen der Fabel und den anderen (fiktionalen) Erzählungen verzichten sowohl Theon als auch Nikolaos.

---

nische Sprachreflexion bzw. ‚Spracharbeit', also die Konstituierung einer Literatursprache durch Autoren wie Cicero und Quintilian, die Autorität der Autoren als einen von vier Parametern neben dem Usus, der Analogie und dem Sprachgefühl erkennt.
72 Vgl. Theon RhG II Spengel (1966) 78,15 f.; Patillon/Bolognesi (1997) 38; s. das Kapitel 6.1 dieser Arbeit (S. 406).

6.4 Die Abgrenzung der Fiktion von anderen Formen der Unwahrheit

In Aelius Donatus' (ca. 320 – ca. 380 n.Chr.) Kommentar zu Terenz' Komödie *Eunuchus* finden sich Äußerungen zur literarischen Fiktion,[73] die über die Ebene der Geschichte hinausgehen:[74]

> SI FALSUM AUT VANUM AUT FICTUM EST CONTINUO PALAM EST. Falsum est quo tegitur id quod factum est, vanum est quod fieri non potest, fictum quod factum non est et fieri potuit. Vel falsum est fictum mendacium simile veritati, vanum nec possibile nec verisimile, fictum totum sine vero sed verisimile. Falsum loqui mendacis est, fictum callidi, vanum stulti. Falsum loqui culpae est, fictum versutiae, vanum vecordiae. Falsis decipimur, fictis delectamur, vana contemnimus.

> „Wenn es falsch oder nichtig oder fiktiv ist, ist es sogleich offenkundig." Falsch ist dasjenige, wodurch das, was geschehen ist, verdeckt wird; nichtig ist das, was nicht geschehen kann; fiktiv ist dasjenige, was nicht geschehen ist und geschehen konnte. Oder falsch ist eine ausgedachte Lüge, die der Wahrheit ähnlich ist, nichtig das weder Mögliche noch Wahrscheinliche, fiktiv etwas gänzlich ohne Wahres, aber dem Wahren Ähnliches. Falsches zu sagen ist charakteristisch für einen Lügner, Fiktives für einen gescheiten Menschen, Nichtiges für einen dummen Menschen. Falsches zu sagen konstituiert eine Schuld, Fiktives Schlauheit, Nichtiges Unsinnigkeit. Durch Falsches werden wir getäuscht, durch Fiktives erfreut, Nichtiges verachten wir.

Offenbar versucht der Kommentator, zwischen den nahezu synonymen Adjektiven *falsus*, *vanus* und *fictus* einen Bedeutungsunterschied geltend zu machen. Wenn er dasjenige als fiktiv definiert, was nicht geschehen ist, aber geschehen konnte, entspricht seine Definition derjenigen, die Cicero und andere Autoren vom *argumentum* geben: die mögliche Fiktion.[75] Daher ist die Abgrenzung zwischen dem Fiktiven und dem Nichtigen (*vanum*), das als dasjenige definiert wird, was nicht geschehen kann, wenig überzeugend. Als Erzählgattung würde dasjenige, was nicht geschehen kann, als *fabula* bezeichnet werden.[76] Allerdings erweckt Donats Differenzierung zwischen *falsus*, *vanus* und *fictus* nicht den Eindruck, verschiedene Erzählgattungen nach dem Grad der Fiktivität zu

---

73 Zur Fiktion in Donats Terenzkommentar vgl. Bureau/Nicolas (2013).
74 Don. Ter. Eun. 1,2,24 Wessner (1902) 288.
75 Vgl. Cic. inv. 1,27: *Argumentum est ficta res, quae tamen fieri potuit*; s. die Kapitel 4.7.1 und 4.7.1.1 dieser Arbeit.
76 Vgl. Cic. inv. 1,27: *fabula est, in qua nec verae nec veri similes res continentur* […]; s. die Kapitel 4.7.1 und 4.7.1.1 dieser Arbeit. Andere Autoren wählen explizit die Unmöglichkeit anstelle der Unwahrscheinlichkeit für die Definition der *fabula*; vgl. Isid. orig. 1,44,5 *fabulae vero sunt quae nec factae sunt nec fieri possunt, quia contra naturam sunt* (s. das Kapitel 4.7.2.8 dieser Arbeit).

6.4 Die Abgrenzung der Fiktion von anderen Formen der Unwahrheit — 427

unterscheiden. Vielmehr scheint sein Anliegen darin zu bestehen, das Fiktive insgesamt von anderen Formen der Falschheit abzugrenzen. Außerdem muss die Unterscheidung zwischen *fictum* und *falsum* als idealtypische Abgrenzung angesehen werden, wenn das Falsche als Verzerrung des Geschehenen und das Fiktive als (reine) Erfindung definiert wird. Denn für viele fiktionale Gattungen wie das Epos oder die Tragödie ist es charakteristisch, dass ein historisches Geschehen durch fiktive Elemente ausgeschmückt wird.

Auch Donats zweite Definition des Fiktiven als etwas gänzlich Unwahres, aber *veri simile*, ist aus den genannten Gründen wenig überzeugend. Vermutlich besteht kein Unterschied zur ersten Definition, da die Bedeutung von *veri simile* wohl in der Realistik liegt (das, was der Wirklichkeit ähnlich ist, ist realistisch; mit anderen Worten: es kann geschehen, es ist möglich).[77]

Während die Definitionen des Fiktiven auf der Ebene der Textstruktur daher angreifbar sind, sind die Differenzierungen zwischen *falsus*, *vanus* und *fictus* auf der Ebene der Textproduktion überaus aufschlussreich. Wenn Donat die Sprachhandlung, Fiktives zu sagen, als diejenige eines gescheiten Menschen betrachtet und von den Sprachhandlungen eines Lügners sowie eines dummen Menschen abgrenzt, erinnert diese fiktionstheoretische Beschreibung auf der Ebene der Textproduktion an diejenige von Sidney, dem zufolge ein Dichter niemals die Unwahrheit sagt.[78] Die folgende Aussage, dass die Sprachhandlung des Dichters keine Schuld, sondern Schlauheit konstituiert, ist im Grunde genommen dieselbe fiktionstheoretische Aussage auf der Ebene der Produktion, wobei der Schwerpunkt der Aussage auf der Sache, nicht auf der Person liegt. Wenn Donat schließlich sagt, dass wir durch Falsches getäuscht, durch Fiktives erfreut werden und Nichtiges verachten, beschreibt er die literarische Fiktion auch auf der Ebene der Rezeption und verbindet sie mit dem typischen Wirkziel der Unterhaltung.[79]

Eine ähnliche Unterscheidung zwischen der Fiktion und dem Falschen lässt sich bei Isidor aus Sevilla finden:[80]

---

[77] Vgl. Quintilians Definition der Komödie (inst. 2,4,2): [...] *argumentum, quod falsum sed vero simile comoediae fingunt* [...]; s. das Kapitel 4.7.2.1 dieser Arbeit.

[78] Vgl. Sidney (2002 [zuerst 1595] 103): „Now for the poet, he nothing affirms, and therefore never lieth." Anders als bei Donat liegt bei Sidney eine Zweiteilung zwischen wahren und dichterischen Äußerungen vor; s. S. 75, Fußn. 188.

[79] Vgl. Cic. leg. 1,5; Thuk. 1,22,4; Arist. Poet. 1451b21–23.

[80] Isid. diff. 1,221. Diese Textstelle ist textkritisch insofern umstritten, als das überlieferte *luditur* angezweifelt und die Konjektur *laeditur* vorgeschlagen wurde; vgl. Knapp (1997) 25 Fußn. 61. Allerdings scheint das transitiv gebrauchte *ludere* gehalten werden zu können; vgl. Sen. dial. 6,19,4: *luserunt ista poetae et vanis nos agitavere terroribus*; Ov. ars 1,643: *Ludite, si sapitis, solas impune puellas*; S. 541–543.

> Falsum ad oratores pertinet, ubi veritas saepe ita luditur, ut quae facta sunt negentur; fictum vero ad poetas, ubi quae facta non sunt facta dicuntur. Falsum est ergo quod verum non est; fictum quod tantum verisimile est.
>
> „Falsch" gehört zu den Rednern, wo man sich häufig an der Wahrheit so vergeht, dass dasjenige, was geschehen ist, geleugnet wird; „fiktiv" aber gehört zu den Dichtern, wo dasjenige, was nicht geschehen ist, als Geschehenes geäußert wird. „Falsch" ist also, was nicht wahr ist; „fiktiv", was nur realistisch ist.

Diese Unterscheidung zwischen der Falschheit und der Fiktion knüpft möglicherweise an Donats Differenzierung zwischen den Adjektiven *falsus*, *vanus* und *fictus* an. Wie jener ist Isidor darum bemüht, die Fiktion nicht nur auf der Ebene der Textstruktur, sondern auch auf der Ebene der Textproduktion zu beschreiben. Dementsprechend wird die Sprachhandlung, Falsches zu sagen, den Rednern zugewiesen, die zwar häufig die Wahrheit sagen, häufig aber auch lügen. In moderner Terminologie würden wir sagen, dass der Diskurs der Redner einen faktualen Diskurs darstellt, der durch die Opposition wahr – falsch gekennzeichnet ist.

Die Sprachhandlung der Dichter sieht Isidor darin, dass sie fiktive Dinge sagen. In moderner Terminologie würden wir sagen, dass der Diskurs der Dichter einen fiktionalen Diskurs darstellt. Wie bei Donat besteht der Unterschied auf der Ebene der Textstruktur darin, dass das Falsche in dem Sinn an das Geschehene gebunden wird, dass das Geschehene geleugnet wird, wohingegen das Fiktive etwas darstellt, was nicht geschehen, also erfunden ist. Daher stellt sich auch hier das Problem, dass das Fiktive nur als freie Erfindung im Stile der Komödie betrachtet wird.

Wenn Isidor abschließend das Falsche und das Fiktive in der Form gegenüberstellt, dass dasjenige falsch ist, was nicht wahr ist, und dasjenige fiktiv ist, was nur realistisch ist, lässt sich diese Trennung in dieser Form nicht aufrechterhalten. Denn das Falsche und das Fiktive haben gemeinsam, dass sie von der Wahrheit bzw. Wirklichkeit abweichen. Darüber hinaus kann das Falsche realistisch sein und ist es häufig.[81]

---

81 Signifikanter Weise empfehlen die antiken Rhetorikhandbücher als eine der drei Charakteristika der Erzählung neben der Kürze und Klarheit die Wahrscheinlichkeit im Sinne der Plausibilität, nicht die Wahrheit; s. S. 132f. und 407.

7 Fiktion im Zusammenhang der gesamten Sprachhandlungssituation

Beschreibungen der literarischen Fiktion im Zusammenhang der gesamten Sprachhandlungssituation umfassen neben der Textstruktur die Produktions- und die Rezeptionsinstanz.[1] In diesem Kapitel werden daher diejenigen Stellen ausgewertet, an denen die Fiktion auf diesen drei Ebenen zugleich, aber v. a. als Interaktion zwischen der Produktions- und der Rezeptionsinstanz beschrieben wird und somit die Darstellung von nicht-wirklichen Elementen als Fiktion anerkannt bzw. erlaubt wird.

Somit wird hier dasjenige untersucht, was in der modernen Fiktionstheorie als „Fiktionsvertrag" bezeichnet wird, aber lieber als stillschweigende Übereinkunft zwischen dem Autor eines fiktionalen Textes und seinen Rezipienten beschrieben werden sollte, da ein Vertrag explizit ist, wohingegen sich die Autoren von fiktionalen Erzählungen auf ein ungeschriebenes Regelwerk berufen, nämlich auf eine anerkannte soziale Praxis.[2] Terminologisch gesehen stellt Ciceros Begriff der eigenen „Gesetze" (*leges*), die für die Dichtung gelten,[3] denjenigen Terminus dar, der am ehesten den modernen Begriff des Fiktionsvertrages vorbereitet hat.

7.1 Fiktion als Lizenz und Übereinkunft

7.1.1 Das Gorgias-Fragment 23

Plutarch (ca. 45–120 n. Chr.) zitiert im Traktat *De gloria Atheniensium* das folgende Tragödientheorem des Gorgias (ca. 480–380 v. Chr.), das möglicherweise auf einer Fiktionalitätstheorie beruht:[4]

> ἤνθησε δ' ἡ τραγῳδία καὶ διεβοήθη, θαυμαστὸν ἀκρόαμα καὶ θέαμα τῶν τότ' ἀνθρώπων γενομένη καὶ παρασχοῦσα τοῖς μύθοις καὶ τοῖς πάθεσιν ἀπάτην, ὡς Γοργίας φησίν, ἣν ὅ τ' ἀπατήσας δικαιότερος τοῦ μὴ ἀπατήσαντος, καὶ ὁ ἀπατηθεὶς σοφώτερος τοῦ μὴ ἀπατηθέντος. ὁ μὲν γὰρ ἀπατήσας δικαιότερος, ὅτι τοῦθ' ὑποσχόμενος πεποίηκεν· ὁ δ' ἀπατηθεὶς σοφώτερος· εὐάλωτον γὰρ ὑφ' ἡδονῆς λόγων τὸ μὴ ἀναίσθητον.

---

1 S. das Kapitel 2.6 dieser Arbeit.
2 S. das Kapitel 2.6 dieser Arbeit.
3 Vgl. Cic. leg. 1,5; s. das Kapitel 7.1.3 dieser Arbeit. Vgl. auch Lukians (hist. conscr. 8) Verwendung des griechischen Äquivalents νόμος; s. das Kapitel 7.1.7 dieser Arbeit.
4 Plut. mor. 348c (= Gorgias fr. 23 Diels/Kranz II p. 305 f.; Buchheim [1989] 92 f.; Ioli [2013] 144).

Die Tragödie stand in voller Blüte und war in aller Munde; sie geriet zum beeindruckenden audio-visuellen Spektakel für die damaligen Menschen und gewährte durch ihre Geschichten und Affekte eine Täuschung, bei der, wie Gorgias sagt, derjenige, der täuscht, gerechter ist als derjenige, der nicht täuscht, und der Getäuschte klüger ist als derjenige, der nicht getäuscht wird. Denn der Täuschende ist gerechter, weil er das getan hat, was er versprochen hatte. Der Getäuschte aber ist klüger; denn das, was nicht empfindungslos ist, lässt sich leicht hinreißen durch Worte, die Freude bereiten.

An einer Stelle in *De audiendis poetis* zitiert Plutarch dieses Gorgias-Fragment (Fragment 23) ebenfalls, allerdings in verkürzter Form, da auf die Begründung des Kernsatzes verzichtet wird.[5] Das Ausmaß des Zitates, d.h. die Frage, wo das Fragment beginnt und ob die Begründung von Plutarch stammt oder auf Gorgias selbst zurückgeht, ist in der Forschung umstritten.[6]

In dem zur Diskussion stehenden Gorgias-Fragment wird offensichtlich die Tragödie mit Hilfe eines Theorems der Täuschung bzw. Illusion beschrieben. Zwei Fragen, die in der Forschung äußerst kontrovers diskutiert wurden,[7] sollen im Folgenden behandelt werden: (1) Zum einen ist die Frage zu klären, in welchem Sinne die Tragödie nach Gorgias eine Täuschung darstellt. (2) Zum anderen muss der Versuch unternommen werden, zu bestimmen, wo das Gorgias-Fragment beginnt und wo es aufhört.

(1) Im Rahmen einer Untersuchung des antiken Fiktionalitätsdiskurses ist die entscheidende Frage, ob Gorgias' Tragödientheorem ein Theorem der Illusion in dem Sinn ist, dass die Tragödienhandlung auf Fiktion beruht, also darauf, dass das dargestellte Geschehen (teilweise) erfunden ist.[8] Das alternative Verständnis,

---

5 Vgl. Plut. mor. 15d: Γοργίας δὲ τὴν τραγῳδίαν εἶπεν ἀπάτην, ἣν ὅ τ' ἀπατήσας δικαιότερος τοῦ μὴ ἀπατήσαντος καὶ ὁ ἀπατηθεὶς σοφώτερος τοῦ μὴ ἀπατηθέντος. („Gorgias sagte, dass die Tragödie eine Täuschung ist, bei der derjenige, der täuscht, gerechter ist als derjenige, der nicht täuscht, und der Getäuschte klüger ist als derjenige, der nicht getäuscht wird.")
6 Nach Untersteiner (1961) 142f. und Verdenius (1981) 117f. stammt die Begründung von Plutarch. Diels/Kranz II p. 305f. halten nur die Worte [sc. ἀπάτη] ἣν ὅ τ' ἀπατήσας δικαιότερος τοῦ μὴ ἀπατήσαντος, καὶ ὁ ἀπατηθεὶς σοφώτερος τοῦ μὴ ἀπατηθέντος für das Zitat. Vgl. den Überblick bei Dosi (1968) 35–38.
7 Vgl. Rösler (2014) 375–378; Ioli (2013) 277–281; Primavesi (2009) 119f.; Grossardt (2006) 88f.; Nicolai (2003) 68–77; Ford (2002) 173; Sier (2000); Finkelberg (1998) 177; Schwinge (1997); Wardy (1996) 36; Gentili (1995) 75f.; Morgan (1993) 179–181; Porter (1993) 296; Franz (1991); Puelma (1989) 90f.; Garzya (1987); Heath (1987) 40; Walsh (1984) 84f.; Richter (1983) 174–176; Carbonara (1982) 209–213; Verdenius (1981); Rösler (1980) 311; Taplin (1978) 167–170; Romilly (1973); Vanella (1971); Dosi (1968); Lanata (1963) 204–206; Segal (1962); Untersteiner (1961) 142f.; Rosenmeyer (1955); Ziegler (RE VI A2 [1937], s.v. Tragoedia, Sp. 2012-2014); Pohlenz (1965 [zuerst 1920]) 453–456.
8 Für diese Deutung vgl. zuletzt Rösler (2014) 375–378 (s. das Kapitel 1.2.1 dieser Arbeit). Vgl. auch Grossardt (2006) 88 und Finkelberg (1998) 177, die allerdings die unter diachronen Gesichtspunkten zweifelhafte These vertreten, dass Gorgias als Erster die literarische Fiktion anerkannt

das sich anbietet, würde die Illusion so erklären, dass Gorgias die Inszenierung der Tragödie im Blick hat, also die Tatsache, dass Schauspieler Rollen übernehmen und in diesen Rollen ein Geschehen nachspielen.[9] Die entscheidende Frage könnte man auch folgendermaßen formulieren: Wenn z. B. die Tragödie *König Ödipus* aufgeführt wird, sind für Gorgias dann die dargestellten Ereignisse und Figuren (teilweise) fiktiv oder besteht für ihn in der Tatsache, dass Schauspieler in einem Theater des fünften Jahrhunderts v. Chr. die Rolle von Ödipus, Laios, Iokaste usw. spielen, die Illusion? In jedem Fall muss man diese beiden Aspekte, die Fiktion und die Inszenierung, grundsätzlich voneinander trennen.[10]

Für ein adäquates Verständnis des Gorgias-Fragmentes erweist es sich als vorteilhaft, im Anschluss an Pohlenz Parallelen für das fragliche Konzept bzw. das Wortfeld der Illusion zu analysieren und sie gleichzeitig auf ihre Aussagekraft

---

habe, während Hesiod falsche Dichtung kritisiert habe (zu Hesiod s. das Kapitel 4.1 dieser Arbeit). In anderen Interpretationen wird der Fiktionsbegriff nicht im literaturwissenschaftlichen, sondern erkenntnistheoretischen Sinn gebraucht. So illustriert der Tragödiensatz Sier (2000) 609 zufolge die Einsicht, dass die Welt den Menschen im Medium ihrer Erzeugung durch Sprache und Denken zugänglich wird, und lasse dabei eine „Auffassung der poetischen Fiktionalität erkennen, die sich im Reflexionsniveau mit den Bemerkungen des 9. Kapitels der aristotelischen Poetik" messen lassen könne. Zu erkenntnistheoretischen Deutungen vgl. auch Walsh (1984) 84 f. und Rosenmeyer (1955) 227. Zumindest missverständlich ist der Fiktionsbegriff bei Carbonara (1982) 212 f.
9 Für diese Deutung vgl. zuletzt Primavesi (2009) 119: „Allein die Tatsache, daß Gorgias die spezielle Fiktionalität der dramatischen Aufführung beschreibt, rechtfertigt es noch nicht, ihm auch gleich das Konzept der Fiktionalität des Dramentextes zuzuschreiben, geschweige denn des poetischen Textes im allgemeinen." Vgl. auch Dosi (1968) 38 und Garzya (1987) 254 f., der sich mit den Worten „come se sulla scena tutto fosse vero" wohl auf die Inszenierung bezieht.
10 Zur Unterscheidung zwischen der möglichen Fiktionalität des Dramentextes und der Inszenierung des Dramas s. das Kapitel 2.7 dieser Arbeit. U. a. Wardys (1996) 36 Interpretation des Gorgias-Fragments 23 erweist sich insofern als missverständlich: „Rather, what he is saying is that tragedy, to have its characteristic effect, must generate a theatrical illusion in order to captivate the audience both intellectually and emotionally: members of the audience must react *as if* what happens on stage were indeed happening, if they are to enjoy the tragic experience. For this to occur successfully, the playwright must produce an imaginary world, but the audience must also imbue it with reality, by means of ‚the willing suspension of disbelief'. Thus the tragic spectacle demands a sort of collusion in pretence [...]: we should conceive of the theatrical experience as a sort of contractual deception, relying on cooperation between the deceptive tragedian and the receptively deceived audience." Es hat nämlich den Anschein, als würde er die Fiktionalität der Tragödie durch deren Inszenierung erweisen, wenn er davon spricht, dass die Zuschauer so tun müssen, als würde dasjenige wirklich geschehen, was sich auf der Bühne abspielt („members of the audience must react *as if* what happens on stage were indeed happening, if they are to enjoy the tragic experience"). In Heaths (1987) 40 Formulierung „the audience's temporary absorption in unreal events" wird nicht deutlich, worauf sich die Unwirklichkeit bezieht.

zu überprüfen.[11] Pohlenz äußert sich zum Problem der dramatischen Illusion im Zusammenhang mit dem Vergleich zwischen Aischylos und Euripides in Aristophanes' *Fröschen*, einem zeitgenössischen Werk. Euripides wirft dort Aischylos vor, dass er das Publikum getäuscht habe:[12]

> τοῦτον δὲ πρῶτ' ἐλέγξω,
> ὡς ἦν ἀλαζὼν καὶ φέναξ οἵοις τε τοὺς θεατὰς
> ἐξηπάτα μώρους λαβὼν παρὰ Φρυνίχῳ τραφέντας.

> Zuerst will ich dies zeigen, nämlich dass er ein schwindelnder Aufschneider war und wie er die Zuschauer getäuscht hat, die er als dumme Personen übernommen hat, da Phrynichos sie so erzogen hatte.

Zur Erklärung dieser Polemik zieht Pohlenz das Gorgias-Fragment 23 heran und erklärt die Aristophanes-Stelle als vermeintlichen Vorwurf der Illusion, allerdings ohne den Illusionsbegriff verständlich zu machen.[13] Im Kontext dieser Stelle kritisiert Euripides den Umstand, dass Aischylos Figuren auf der Bühne auftreten lässt, die lange Zeit stumm bleiben:[14]

> {ΕΥ.} Πρώτιστα μὲν γὰρ ἕνα τιν' ἂν καθῖσεν ἐγκαλύψας,
> Ἀχιλλέα τιν' ἢ Νιόβην, τὸ πρόσωπον οὐχὶ δεικνύς,
> πρόσχημα τῆς τραγῳδίας, γρύζοντας οὐδὲ τουτί.
> {ΔΙ.} Μὰ τὸν Δί' οὐ δῆθ'.
> {ΕΥ.} Ὁ δὲ χορός γ' ἤρειδεν ὀρμαθοὺς ἂν
> μελῶν ἐφεξῆς τέτταρας ξυνεχῶς ἄν· οἱ δ' ἐσίγων.   915
> {ΔΙ.} Ἐγὼ δ' ἔχαιρον τῇ σιωπῇ, καί με τοῦτ' ἔτερπεν
> οὐχ ἧττον ἢ νῦν οἱ λαλοῦντες.
> {ΕΥ.} Ἠλίθιος γὰρ ἦσθα,
> σάφ' ἴσθι.

---

11 Die jüngere Forschung interpretiert das Gorgias-Fragment hauptsächlich vor dem Hintergrund der *Helena*. Die Parallele, die sich dort findet, ist aber weitaus weniger aussagekräftig als v. a. diejenigen, die sich bei Polybios und Plutarch finden, aber in den neueren Publikationen weitgehend ignoriert werden.
12 Aristoph. ran. 908–910.
13 Vgl. Pohlenz (1965 [zuerst 1920]) 453: „Wie steht es dann aber mit dem ganzen Gedanken, Aischylos habe mit seiner unvollkommenen Technik nur den täuschenden Eindruck einer tragischen Handlung hervorgerufen? Wir brauchen nur an unsern Begriff der Illusion zu denken, um zu sehen, was es mit diesem ‚Vorwurf' für eine Bewandtnis hat. Aber auch für den gebildeten Zeitgenossen des Aristophanes hatten die Worte οἵοις τε τοὺς θεατὰς ἐξηπάτα, die in Euripides' Munde freilich den Betrug bedeuten, ebensogut den Sinn ‚mit welchen Mitteln er bei dem Publikum die Illusion hervorrief'. Das zeigt Plut. de glor. Ath. 348c [...]." Vermutlich bezieht sich Pohlenz auf die Inszenierung.
14 Aristoph. ran. 911–921.

{ΔΙ.} Κἀμαυτῷ δοκῶ. Τί δὲ ταῦτ' ἔδρασ' ὁ δεῖνα;
{ΕΥ.} Ὑπ' ἀλαζονείας, ἵν' ὁ θεατὴς προσδοκῶν καθῆτο,
ὁπόθ' ἡ Νιόβη τι φθέγξεται· τὸ δρᾶμα δ' ἂν διῄει.   920
{ΔΙ.} Ὦ παμπόνηρος, οἷ' ἄρ' ἐφενακιζόμην ὑπ' αὐτοῦ.

Euripides: Denn gleich am Anfang lässt er irgendeinen sich hinsetzen, den er verhüllt, wie Achill oder Niobe, und lässt sie ihr Gesicht nicht zeigen, ein Abklatsch einer Tragödie, noch geben sie einen Mucks von sich.
Dionysos: Bei Zeus, doch nicht wirklich?
Euripides: Der Chor schmetterte eine vierfache Abfolge von Liedern, eins nach dem anderen; sie aber schwiegen.
Dionysos: Ich aber habe mich über das Schweigen gefreut, und es hat mich nicht minder erfreut als nun die Schwatzenden.
Euripides: Da hast du dich albern angestellt, da kannst du sicher sein.
Dionysos: Ich habe auch selbst den Eindruck. Warum aber hat er hier dies getan?
Euripides: Aus Prahlerei, damit der Zuschauer in spannungsvoller Erwartung dasitzt, wann Niobe etwas sagen wird; das Drama aber ging weiter.
Dionysos: Dieser miese Kerl, wie bin ich von ihm betrogen worden.

Daher bezieht sich der Vorwurf der Täuschung auf einen Aspekt von Aischylos' Tragödientechnik, nämlich auf den Umstand, dass Aischylos Figuren auf der Bühne auftreten lässt, die lange Zeit stumm bleiben.[15] Es muss allerdings mit der Möglichkeit gerechnet werden, dass der ἀπάτη-Begriff bei Aristophanes durch den komischen Kontext verzerrt wird und nicht dieselbe Bedeutung wie bei Gorgias trägt.

Eine weitere Stelle, die Aufschluss über die Bedeutung von ἀπάτη bei Gorgias verspricht, ist eine Stelle aus der *Helena*, an der Gorgias die Rede (λόγος) als „Täuschungen der Ansicht" (δόξης ἀπατήματα) bezeichnet.[16] Diese Stelle hat die Funktion, Helena insofern als unschuldig zu erweisen, als sie vom Zwang von Paris' Rede überwältigt worden sei, wie der Kontext deutlich macht.[17]

εἰ δὲ λόγος ὁ πείσας καὶ τὴν ψυχὴν ἀπατήσας, οὐδὲ πρὸς τοῦτο χαλεπὸν ἀπολογήσασθαι καὶ τὴν αἰτίαν ἀπολύσασθαι ὧδε. λόγος δυνάστης μέγας ἐστίν, ὃς σμικροτάτῳ σώματι καὶ

---

15 Drei fragmentarisch überlieferte Dramen zeichnen sich hierdurch aus: zum einen *Niobe*, wo die gleichnamige Heldin lange Zeit stumm bleibt; zum anderen *Myrmidones* und *Phryges* (*Hektoros Lytra*), wo Achill eben dies tut; vgl. die Vita Aeschyli 6 (ἐν μὲν γὰρ τῇ Νιόβῃ ἕως τρίτης ἡμέρας ἐπικαθημένη τῷ τάφῳ τῶν παίδων οὐδ' ὀφθέγγεται ἐγκεκαλυμμένη· ἐν δὲ τοῖς τοῦ Ἕκτορος Λυτροῖς ἐγκεκαλυμμένος ὁμοίως ὁ Ἀχιλλεὺς οὐ φθέγγεται, πλὴν ἐν ἀρχαῖς ὀλίγα πρὸς Ἑρμῆν ἀμοιβαῖα) und den Kommentar von Dover (1993) 307 ad Aristoph. ran. 911f. Zu den drei fragmentarisch überlieferten Dramen vgl. TrGF III Radt (1985) 239f.; 265–267; 364–366.
16 Vgl. Gorg. Hel. 10.
17 Gorg. Hel. 8. Übersetzung nach Buchheim (1989) 9.

ἀφανεστάτῳ θειότατα ἔργα ἀποτελεῖ· δύναται γὰρ καὶ φόβον παῦσαι καὶ λύπην ἀφελεῖν καὶ χαρὰν ἐνεργάσασθαι καὶ ἔλεον ἐπαυξῆσαι. ταῦτα δὲ ὡς οὕτως ἔχει δείξω.

Wenn es hingegen Rede war, die bekehrte und ihre Seele trog, dann ist es auch nicht schwer, dass sie in diesem Punkte verteidigt und von der Anschuldigung befreit werde, wie folgt: Rede verfügt über große Macht; mit dem kleinsten und unscheinbarsten Körper vollbringt sie göttlichste Taten: vermag sie doch Furcht zu stillen, Schmerz zu beheben, Freude einzugeben und Mitleid zu mehren. Dies aber, dass es so ist, will ich zeigen.

In diesem Zusammenhang wählt Gorgias die zitierte Bezeichnung:[18]

δεῖ δὲ καὶ δόξῃ δεῖξαι τοῖς ἀκούουσι· τὴν ποίησιν ἅπασαν καὶ νομίζω καὶ ὀνομάζω λόγον ἔχοντα μέτρον· ἧς τοὺς ἀκούοντας εἰσῆλθε καὶ φρίκη περίφοβος καὶ ἔλεος πολύδακρυς καὶ πόθος φιλοπενθής, ἐπ' ἀλλοτρίων τε πραγμάτων καὶ σωμάτων εὐτυχίαις καὶ δυσπραγίαις ἴδιόν τι πάθημα διὰ τῶν λόγων ἔπαθεν ἡ ψυχή. φέρε δὴ πρὸς ἄλλον ἀπ' ἄλλου μεταστῶ λόγον. (10) αἱ γὰρ ἔνθεοι διὰ λόγων ἐπῳδαὶ ἐπαγωγοὶ ἡδονῆς, ἀπαγωγοὶ λύπης γίνονται· συγγινομένη γὰρ τῇ δόξῃ τῆς ψυχῆς ἡ δύναμις τῆς ἐπῳδῆς ἔθελξε καὶ ἔπεισε καὶ μετέστησεν αὐτὴν γοητείᾳ. γοητείας δὲ καὶ μαγείας δισσαὶ τέχναι εὕρηνται, αἵ εἰσι ψυχῆς ἁμαρτήματα καὶ δόξης ἀπατήματα.

Man muss es aber den Hörern auch an einer (geläufigen) Ansicht zeigen: Die gesamte Dichtung erachte und bezeichne ich als Rede, die ein Versmaß hat. Von ihr aus dringt auf die Hörer schreckenerregender Schauder ein und tränenreiches Mitleid und wehmütiges Verlangen, und in Fällen von Glück und Unglück für fremde Angelegenheiten und von fremden Personen leidet die Seele stets vermittelt durch Reden ein eigenes Leiden. Wohlan, ich will von der einen zu einer anderen Art von Rede überwechseln: (10) Die göttlichen Beschwörungen durch Reden nämlich werden zu Freudebringern und Entführern von Leid; denn vereinigt sich die Wirkkraft der Beschwörung mit der Ansicht der Seele, so betört und bekehrt und gestaltet sie die Seele um durch Zauberei. Für Zauberei und Magie aber sind zwei Anwendungen der Kunst ausfindig gemacht worden, welche Fehlleitungen der Seele und Täuschungen der Ansicht sind.

Gorgias hat an dieser Stelle die überredende Wirkung der Sprache im Blick. Zunächst bezieht er sich auf die Dichtung, die er inhaltlich so bestimmt, dass sie Affekte wie Furcht und Mitleid hervorruft. Am Ende von Paragraph 9 geht Gorgias offensichtlich zur Prosarede über. Folglich haben die Äußerungen über die Dichtung die Funktion, die mitreißende Wirkung der Sprache an derjenigen Art zu zeigen, an der diese am deutlichsten zum Vorschein kommt, nämlich an der Dichtung, wenngleich nach Gorgias auch die Prosarede eine starke emotionale Wirkung entfaltet (*argumentum a maiori*).

Die Bedeutung der ἀπάτη liegt an dieser Stelle wohl darin, dass diejenige Person, auf die die ἀπάτη einwirkt, zu einer Ansicht o. ä. verleitet wird, wie ins-

---

18 Gorg. Hel. 9 f. Übersetzung nach Buchheim (1989) 9.

besondere der Anfang von Paragraph 8 deutlich macht, wo die Verben ἀπατάω und πείθω miteinander koordiniert werden. Trotz des Zusammenhanges mit der Überredung wird man aber den Schluss, dass die gesuchte Bedeutung des poetologischen ἀπάτη-Begriffes in der emotionalen Überredung liegt,[19] nicht ziehen dürfen, da die Überredung im vorliegenden Kontext die Überredung zu einer schlechten Sache ist: Paris trägt Gorgias zufolge die Schuld dafür, dass Helena nach Troja gegangen ist. Eine neutrale Bedeutung von ἀπάτη ist nicht belegt; in irgendeiner Form drückt der Begriff immer einen Vorwurf oder ein Defizit aus.

In der Tradition der Täuschungslehre steht eine Stelle bei Polybios, an der dieser den Historiker Phylarchos dafür kritisiert, dass er bei der Schilderung der Einnahme von Mantinea die Ereignisse (v. a. das Leid der Bürger) eher in der Art eines Tragikers als in derjenigen eines Historikers erzählt habe, und allgemein die Aufgabe des Historikers von derjenigen des Tragikers abgrenzt.[20] In diesem Zusammenhang benutzt Polybios den poetologischen ἀπάτη-Begriff eindeutig mit Bezug auf die Fiktionalität der Tragödie.[21]

Es drängt sich daher der Verdacht auf, dass die technische Bedeutung der ἀπάτη in der täuschend echten Fiktion besteht: das Tragödiengeschehen ist dermaßen realistisch und die Worte und Taten der Protagonisten sind so überzeugend und wahrscheinlich gestaltet, dass der Zuschauer den Eindruck bekommen soll, dass sich das Geschehen in der Realität genauso zugetragen hat. In diese Richtung weist auch die folgende Stelle in den *Dissoi Logoi*:[22]

ἐν γὰρ τραγῳδοποιίᾳ καὶ ζωγραφίᾳ ὅστις πλεῖστα ἐξαπατῇ ὅμοια τοῖς ἀληθινοῖς ποιέων, οὗτος ἄριστος.

---

[19] Zu dieser Deutung vgl. Nicolai (2003) 68 und 76 f.; Gentili (1995) 75; Taplin (1978) 167; Vanella (1971) 463 und 468.
[20] Vgl. Polyb. 2,56,10–12 (s. S. 268).
[21] Ob Polybios diese Lehre, wie Pohlenz (1965 [zuerst 1920]) 454 annimmt, Ephoros verdankt, den Polybios an einer anderen Stelle in einem ähnlichen Kontext erwähnt, wobei er die Worte ἀπάτη und γοητεία verwendet, lässt sich nicht sicher angeben; vgl. Polyb. 4,20,5: οὐ γὰρ ἡγητέον μουσικήν, ὡς Ἔφορός φησιν ἐν τῷ προοιμίῳ τῆς ὅλης πραγματείας [...] ἐπ' ἀπάτῃ καὶ γοητείᾳ παρεισῆχθαι τοῖς ἀνθρώποις. („Man sollte nicht glauben, dass die Musik, wie Ephoros es in der Einleitung seines Werkes sagt, [...] von den Menschen zum Zweck der Täuschung und des Zaubers eingeführt worden ist."). Pohlenz' Erwägung, dass Ephoros die Geschichtsschreibung mit der Dichtung kontrastiert und dabei die Musik mit herangezogen hat, ist eine Spekulation. Denn es ist nicht ersichtlich, dass ἀπάτη bei Ephoros dieselbe Bedeutung trägt wie im Gorgias-Fragment 23. Letztlich geht die Lehre von der ἀπάτη zumindest auf Gorgias (vielleicht schon auf Simonides) zurück, wovon auch Pohlenz ausgeht.
[22] Dissoi Logoi 3,10 Becker/Scholz (2004) 66 (p. 410,30–411,1 Diels/Kranz). Die Supplierung von κ' vor ἐξαπατῇ (oder κα vor πλεῖστα) scheint unnötig zu sein; s. den Apparat von Diels/Kranz.

Beim Abfassen von Tragödien und beim Malen von Bildern ist derjenige der beste Künstler, der am meisten täuscht, indem er es [sc. das Dargestellte] dem Wahren ähnlich macht.

Der Gedanke, der hier ausgedrückt wird, ist wohl, dass die Darstellungen der Tragödiendichter und Maler so realistisch sein sollen, dass die Unterschiede zwischen der Realität und einer realistischen Fiktion zu verschwimmen scheinen. Diese Täuschung bezieht sich auf die Fiktivität der dargestellten Geschichte. Zwar könnte man den Begriff der Täuschung bzw. Illusion auch mit Bezug auf die Bühneninszenierung verstehen; möglicherweise umfasst der ἀπάτη-Begriff auch die Bühneninszenierung. Aber zumindest primär bezieht er sich auf die Fiktivität der dargestellten Geschichte, wie insbesondere Polybios' Äußerungen deutlich machen.

Daher liegt der Schluss nahe, dass Gorgias in einem Paradoxon über die täuschend echte Fiktion reflektiert: Normalerweise zieht derjenige Kritik oder Sanktionen auf sich, der andere täuscht. Bei der Tragödie ist dies nicht der Fall: Hier ist derjenige der beste Autor, der das Publikum am besten zu täuschen vermag, indem er die – teilweise fiktive – Geschichte der Wirklichkeit so ähnlich macht, dass die Unterschiede kaum noch ersichtlich sind.[23]

Wahrscheinlich ist die dahinterstehende Vorstellung diejenige, dass der als historisch aufgefasste Tragödienstoff, den wir als Mythos bezeichnen, nur in seinen Grundzügen gesichert überliefert ist, wohingegen die Details in vielen verschiedenen Versionen viele unterschiedliche Ausprägungen erhalten haben. Der Tragiker hält sich an den historischen Kern und versucht, die dargestellte Geschichte bestmöglich zu motivieren und durch diese und weitere Operationen so überzeugend und wahrscheinlich zu machen, dass sich beim Rezipienten der Eindruck einstellt, dass sich das Geschehen in der Realität genauso zugetragen hat, obwohl die gesamte Geschichte allenfalls zufällig wahr ist.[24]

Die Annahme, dass die Bedeutung des poetologischen ἀπάτη-Begriffes in der täuschend echten Fiktion besteht, wird auch durch eine Stelle aus Plutarch erhärtet. Denn Plutarch rät in *De audiendis poetis*, also in demjenigen Essay, in dem er ebenfalls das Gorgias-Fragment 23 zitiert,[25] den jungen Leuten, der Dichtung mit der Frage zu begegnen „warum tust du so, als würdest du belehren, obwohl du

---

23 Morgans (1993) 181 These, dass Gorgias nicht den fiktionalen Aspekt der Dichtung verteidigt, sondern ihren Nutzen trotz ihrer Fiktionalität betont, ist keine adäquate Problemlösung, da sie offenlässt, ob Gorgias die Fiktionalität der Tragödie anerkennt oder nicht, bzw. eher auf die letztere Alternative hindeutet.
24 Zum Kriterium der zufälligen Wahrheit s. die einleitenden Bemerkungen zu Kapitel 2 dieser Arbeit (S. 36).
25 S. S. 430, Fußn. 5.

Täuschung verbreitest", wobei er das Kompositum ἐξαπατάω eindeutig mit Bezug auf die Fiktion verwendet.[26]

Folglich scheint Plutarch, wenn er im Traktat *De gloria Atheniensium* das Tragödientheorem des Gorgias (Fragment 23) zitiert, denselben Gedanken auszudrücken, den er an einer anderen Stelle desselben Traktates formuliert:[27]

> Καὶ γὰρ ἡ ποιητικὴ χάριν ἔσχε καὶ τιμὴν ⟨τῷ⟩ τοῖς πεπραγμένοις ἐοικότα λέγειν, ὡς Ὅμηρος ἔφη
> „ἴσκε ψεύδεα πολλὰ λέγων ἐτύμοισιν ὁμοῖα."

> Auch die Dichtkunst fand Gefallen und Ansehen, dadurch dass sie dem Geschehenen Ähnliches sagte, wie Homer sagt: „Während er sprach, machte er viele falsche Dinge den wahren ähnlich."

Eine Reminiszenz an die ἀπάτη-Lehre ist schließlich an einer Stelle bei Epiktet zu erkennen:[28]

> τί γὰρ εἰσιν ἄλλο τραγῳδίαι ἢ ἀνθρώπων πάθη τεθαυμακότων τὰ ἐκτὸς διὰ μέτρου τοιοῦδ' ἐπιδεικνύμενα; εἰ γὰρ ἐξαπατηθέντα τινὰ ἔδει μαθεῖν, ὅτι τῶν ἐκτὸς ⟨καὶ⟩ ἀπροαιρέτων οὐδέν ἐστι πρὸς ἡμᾶς, ἐγὼ μὲν ἤθελον τὴν ἀπάτην ταύτην, ἐξ ἧς ἤμελλον εὐρόως καὶ ἀταράχως βιώσεσθαι.

> Denn was sind die Tragödien anderes als metrisch vorgetragene Affekte von Menschen, die das Äußerliche bewundern; wenn es nämlich nötig wäre, dass jemand, der getäuscht wird, lernt, dass von den äußerlichen Dingen, die nicht unserem Willen unterliegen, nichts uns betrifft, dann würde ich diese Täuschung wollen, aufgrund derer ich glücklich und in Seelenruhe leben würde.

Zwar lehnt der Sprecher die Tragödie aus dem Grund ab, dass sie die falschen ethischen Werte vermittelt, nämlich die äußerlichen Werte. Aber diese Einstellung ändert nichts an der Tatsache, dass die Tragödie dem Sprecher zufolge die Wirkung der Täuschung entfaltet, wodurch sie bestimmte Inhalte und Affekte vermittelt.[29] Andere Stellen, die Pohlenz anführt, tragen wenig zum Verständnis des ἀπάτη-Begriffes bei Gorgias bei.[30]

---

26 Vgl. Plut. mor. 16d–e; vgl. auch ib. 16b–c für die Verwendung des Adjektivs ἀπατηλόν; zu beiden Stellen s. das Kapitel 7.1.6.3 dieser Arbeit (S. 500f. und 503). Für die Verwendung des Adjektivs und des Kompositums vgl. ib. 15c–d (s. S. 438).
27 Plut. mor. 347e.
28 Epiktet, 1,4,26f.
29 Vgl. Pohlenz (1965 [zuerst 1920]) 455f.
30 Vgl. Vita Aeschyli 7: διὸ ἐκλογαὶ μὲν παρ' αὐτῷ τῇ κατασκευῇ διαφέρουσαι πάμπολλαι ἂν εὑρεθεῖεν, γνῶμαι δὲ ἢ συμπάθειαι ἢ ἄλλο τι τῶν δυναμένων εἰς δάκρυον ἀπαγαγεῖν οὐ πάνυ· ταῖς τε γὰρ ὄψεσι καὶ τοῖς μύθοις πρὸς ἔκπληξιν τερατώδη μᾶλλον ἢ πρὸς ἀπάτην κέχρηται. („Daher

Vor dem Hintergrund der antiken ἀπάτη-Lehre dürfte somit eine Antwort auf die Frage gefunden sein, in welchem Sinn Gorgias im Fragment 23 die Tragödie als Täuschung bezeichnet. Eine weitere Stelle sollte allerdings zusätzlich herangezogen werden, und zwar der Kontext unmittelbar vor derjenigen Stelle in *De audiendis poetis*, an der Plutarch das Gorgias-Fragment 23 referiert:[31]

οὕτω δὴ καὶ ποιητικῇ πολὺ μὲν τὸ ἡδὺ καὶ τρόφιμον νέου ψυχῆς ἔνεστιν, οὐκ ἔλαττον δὲ τὸ ταρακτικὸν καὶ παράφορον, ἂν μὴ τυγχάνῃ παιδαγωγίας ὀρθῆς ἡ ἀκρόασις. οὐ γὰρ μόνον ὡς ἔοικε περὶ τῆς Αἰγυπτίων χώρας ἀλλὰ καὶ περὶ τῆς ποιητικῆς ἔστιν εἰπεῖν ὅτι
„φάρμακα, πολλὰ μὲν ἐσθλὰ μεμιγμένα πολλὰ δὲ λυγρὰ"
τοῖς χρωμένοις ἀναδίδωσιν.
„ἔνθ' ἔνι μὲν φιλότης, ἐν δ' ἵμερος, ἐν δ' ὀαριστὺς πάρφασις, ἥ τ' ἔκλεψε νόον πύκα περ φρονεόντων."
οὐ γὰρ ἅπτεται τὸ ἀπατηλὸν αὐτῆς ἀβελτέρων κομιδῇ καὶ ἀνοήτων. διὸ καὶ Σιμωνίδης μὲν ἀπεκρίνατο πρὸς τὸν εἰπόντα „τί δὴ μόνους οὐκ ἐξαπατᾷς Θετταλούς;" „ἀμαθέστεροι γάρ εἰσιν ἢ ὡς ὑπ' ἐμοῦ ἐξαπατᾶσθαι."

So verfügt auch die Dichtung über vieles, was angenehm ist und die Seele des jungen Menschen ernährt, aber nicht weniger über dasjenige, was sie verwirrt und in die Irre führt, wenn die (auditive) Rezeption ohne richtige Unterweisung erfolgt. Denn man muss nicht nur, wie es scheint, über das Land der Ägypter, sondern auch über die Dichtkunst sagen, dass sie denjenigen, die von ihr Gebrauch machen,
„Drogen, und zwar viele gesunde, wenn sie vermischt werden, und viele schädliche" verabreicht.
„Darin sind enthalten Liebe, Verlangen und vertrauter Umgang, Verführung, die den Verstand von denjenigen raubt, die besonders verständig sind."
Ihr täuschendes Element berührt nämlich nicht diejenigen, die gänzlich einfältig und unverständig sind. Deswegen hat auch Simonides demjenigen, der ihn gefragt hat „Warum täuscht du nur die Thessalier nicht?", geantwortet: „Sie sind zu ignorant, um von mir getäuscht zu werden."

---

könnte man sehr viele Passagen bei ihm vorfinden, die sich durch ihre Ausarbeitung auszeichnen, Sentenzen aber oder pathetische Szenen oder etwas anderes von dem, was zum Weinen verleitet, überhaupt nicht. Er hat nämlich die Aufführungen und die Handlungen eher für ein wundersames Erstaunen als für eine Täuschung verwendet.") Pohlenz (1965 [zuerst 1920]) 455 verweist auch auf Hor. epist. 2,1,210–213 und Plat. Ion 535b-c. Zumindest die Stelle aus Platons *Ion* ist aber nur lose mit der (Gorgianischen) Lehre von der Täuschung (ἀπάτη) verbunden, da sie zwar starke Gefühle im Rezipienten der Dichtung beschreibt, aber nicht deutlich wird, dass die Erregung dieser Gefühle auf Täuschung (ἀπάτη) beruht. Vielmehr steht in Platons *Ion* die Enthusiasmus-Lehre im Vordergrund, also die Lehre von den magnetischen Ringen, die in absteigender Intensität ihre Wirkung ausüben; vgl. Ion 535e–536b.

31 Plut. mor. 15c-d. Plutarch bespricht die literarische Fiktion in *De audiendis poetis* erst im zweiten Kapitel ausführlich (s. das Kapitel 7.1.6 dieser Arbeit), wohingegen sich das Gorgias-Fragment im ersten Kapitel findet, in dem allgemein die Wirkung der Dichtung analysiert wird. Plutarch behandelt also erst die Wirkung und dann den Inhalt der Dichtung und expliziert den Begriff der Täuschung im zweiten Kapitel.

Plutarch zitiert hier zwei Stellen aus Homer, um die Wirkung der Dichtung mit derjenigen von Drogen zu vergleichen.³² Die erste Stelle entstammt dem vierten Buch der *Odyssee*. Dort wird geschildert, wie Menelaos und Telemachos Wein trinken, in den Helena Drogen vermischt, die sie in Ägypten empfangen hat und die die Wirkung ausüben, Kummer zu vergessen. Daraufhin fügt Homer den Kommentar an, dass Ägypten über viele Kräuter u. ä. mit berauschender Wirkung verfügt.³³ An der zweiten Stelle, die dem 14. Buch der *Ilias* entstammt, beschreibt Homer, wie Aphrodite Hera einen Gürtel gibt, der die genannte Wirkung entfaltet und mit dem Hera Zeus verführt.³⁴

Wenn Plutarch die Wirkung der Dichtung mit derjenigen von Drogen vergleicht, dann erinnert dieser Vergleich an eine Stelle aus Gorgias' *Helena*, an der jener die Wirkung der Rede mit derjenigen von Drogen vergleicht:³⁵

> τὸν αὐτὸν δὲ λόγον ἔχει ἥ τε τοῦ λόγου δύναμις πρὸς τὴν τῆς ψυχῆς τάξιν ἥ τε τῶν φαρμάκων τάξις πρὸς τὴν τῶν σωμάτων φύσιν. ὥσπερ γὰρ τῶν φαρμάκων ἄλλους ἄλλα χυμοὺς ἐκ τοῦ σώματος ἐξάγει, καὶ τὰ μὲν νόσου τὰ δὲ βίου παύει, οὕτω καὶ τῶν λόγων οἱ μὲν ἐλύπησαν, οἱ δὲ ἔτερψαν, οἱ δὲ ἐφόβησαν, οἱ δὲ εἰς θάρσος κατέστησαν τοὺς ἀκούοντας, οἱ δὲ πειθοῖ τινι κακῇ τὴν ψυχὴν ἐφαρμάκευσαν καὶ ἐξεγοήτευσαν.

> Im selben Verhältnis steht die Wirkung der Rede zur Ordnung der Seele wie die Verabreichung von Drogen zur körperlichen Konstitution. Denn wie von den Drogen die einen die einen Säfte und die anderen die anderen Säfte aus dem Körper austreiben und die einen eine Krankheit, die anderen aber das Leben beenden, so erregen auch von den Reden die einen Leid, die anderen Freude, wieder andere Angst, wieder andere versetzen die Zuhörer in zuversichtliche Stimmung und wieder andere berauschen und bezaubern die Seele mit einer üblen Überredung.

Der Gedanke an beiden Stellen ist also, dass von der Dichtung bzw. der Rede eine bezaubernde Wirkung ausgeht, die sowohl positive als auch negative Auswirkungen auf den Zuhörer ausüben kann. Plutarch fügt hinzu, dass eine Voraussetzung erfüllt sein muss, damit die Dichtung ihre Wirkung entfalten kann: der Rezipient muss kultiviert sein. Diesen Gedanken bekräftigt er durch die Simonides-Anekdote, aus der hervorgeht, dass der poetologische Begriff der Täuschung (ἀπάτη) wahrscheinlich zumindest auf Simonides zurückgeht.³⁶ Ferner spielen die Affekte bei der ἀπάτη-Lehre ebenfalls eine Rolle.

---

32 Vgl. Hunter/Russell (2011) 77 f. ad loc.
33 Vgl. Hom. Od. 4,227–230 (Zitat: V. 230).
34 Vgl. Hom. Il. 14,214–221 (Zitat: V. 216 f.).
35 Gorg. Hel. 14. Übersetzung nach Buchheim (1989) 11–13.
36 Simon. T 92 Poltera (2008) 79 f. Da diese Anekdote nur an dieser Stelle überliefert ist, lässt sich nichts Sicheres über den Sinn der Täuschung sagen, den Simonides dem Verb ἐξαπατάω gegeben

Im Einzelnen lässt sich das Gorgias-Fragment 23 daher wie folgt erklären: Die Tatsache, dass Gorgias neben den (fiktiven) Geschichten auch die Affekte (τοῖς μύθοις καὶ τοῖς πάθεσιν) dafür verantwortlich macht, dass die Tragödie ihre Täuschung vollführt, ist so zu verstehen, dass er die beiden Aspekte benennt, die Polybios als Mittel bzw. Inhalt und Zweck unterscheidet: die täuschend echte Illusion liegt in der Fiktivität der dargestellten Geschichte als Mittel. Sie hat den Zweck, im Zuschauer Affekte zu erregen, ohne dass diese näher angegeben werden.[37] Der Umstand, dass die Affekte nach den (fiktiven) Geschichten und vor der Täuschung genannt werden, erklärt sich möglicherweise dadurch, dass die Paronomasie πάθεσιν ἀπάτην intendiert ist.

Die Aussage „Derjenige, der täuscht, ist gerechter als derjenige, der nicht täuscht, weil er das getan hat, was er versprochen hatte" muss man im Sinne des sog. Fiktionsvertrages verstehen.[38] Je mehr die Tragödie die Zuschauer durch ihre wahrheitsähnliche Fiktion in den Bann zieht, desto besser hat der Tragödiendichter seine Aufgabe erfüllt und desto eher hat er eine gute Tragödie verfasst.

Die Aussage, dass der Getäuschte klüger ist als derjenige, der nicht getäuscht wird, da dasjenige, was nicht empfindungslos ist, sich leicht durch Worte hinreißen lässt, die Freude bereiten, ist wohl so zu verstehen, dass von der Tragödie die beiden Wirkungen ausgehen, dass sie zum einen starke Gefühle im Zuschauer verursacht und ihn zum anderen belehrt (ohne dass beides getrennt voneinander geschehen muss). Diese Ansicht lässt sich auch in einem anderen Gorgias-Fragment entdecken, das starke Bezüge zum Disput zwischen Aischylos und Euripides in Aristophanes' *Fröschen* aufweist. Denn von Gorgias stammt, wie wiederum Plutarch überliefert, die folgende Aussage:[39]

> ὥσπερ καὶ τὸν Αἰσχύλον ἱστοροῦσι τὰς τραγῳδίας ἐμπίνοντα ποιεῖν, καὶ οὐχ, ὡς Γοργίας εἶπεν, ἓν τῶν δραμάτων αὐτοῦ 'μεστὸν Ἄρεως' εἶναι, τοὺς Ἕπτ' ἐπὶ Θήβας, ἀλλὰ πάντα Διονύσου.

---

hat; vgl. Hunter/Russell (2011) 78 ad loc. Möglicherweise spielen die Thessalier Simonides zufolge das Fiktionsspiel nicht mit, sondern beharren darauf, dass die erzählte Geschichte nicht gänzlich wahr ist.
37 In der *Helena* nennt Gorgias u. a. Furcht, Schmerz, Freude und Mitleid als Wirkungen der Rede (§ 8; s. S. 433f.). Zum Pathos als Teil des Inhalts der Tragödie vgl. Arist. Poet. 1452b9–13. Für Aristoteles sind Furcht und Mitleid die beiden Affekte, die charakteristisch für die Tragödie sind; vgl. Poet. 1449b24–28 (s. S. 243, Fußn. 488).
38 Vgl. Grossardt (2006) 88, wenngleich dessen diachrone Aussagen zumindest zweifelhaft sind: „[...] der Sophist Gorgias tat dann den entscheidenden Schritt und befreite die Dichtung gänzlich von ihrem historiographischen Anspruch, entwickelte also ein Konzept von Literatur, das heute mit dem Schlagwort des ‚fiktionalen Vertrags' [...] umschrieben wird [...]." Zum sog. Fiktionsvertrag s. das Kapitel 2.6 dieser Arbeit.
39 Plut. mor. 715d–e = Gorg. fr. 24 Buchheim (1989) 92.

So heißt es auch, dass Aischylos seine Tragödien betrunken dichtet und dass nicht, wie
Gorgias sagt, eines seiner Dramen „voll des Ares" ist, *Die Sieben gegen Theben*, sondern alle
[sc. voll] des Dionysos.

Gorgias' Diktum findet sich auch an der folgenden Stelle von Aristophanes' *Fröschen:*[40]

{ΔΙ.} Καὶ τί σὺ δράσας οὕτως αὐτοὺς γενναίους ἐξεδίδαξας;
Αἰσχύλε, λέξον, μηδ' αὐθάδως σεμνυνόμενος χαλέπαινε.
{ΑΙ.} Δρᾶμα ποήσας Ἄρεως μεστόν.
{ΔΙ.} Ποῖον;
{ΑΙ.} Τοὺς Ἕπτ' ἐπὶ Θήβας·
ὃ θεασάμενος πᾶς ἄν τις ἀνὴρ ἠράσθη δάϊος εἶναι.

Dionysos: Und durch welche Tat hast du sie [sc. die Bürger] zu edlen [sc. Menschen] erzogen?
Aischylos, sprich und sei nicht aus falschem Stolz böse.
Aischylos: Indem ich ein Drama gedichtet habe, das voll des Ares ist.
Dionysos: Welches?
Aischylos: Die Sieben gegen Theben. In jedem Mann, der sich [sc. das Stück] anschaute,
entbrannte das Verlangen, es mit dem Feind aufzunehmen.

Wahrscheinlich ist der Zusammenhang zwischen Gorgias' Aussage und der Aristophanes-Stelle so zu erklären, dass Aristophanes von Gorgias' Werk abhängt.[41]
Möglicherweise darf man sogar davon ausgehen, dass sowohl das Gorgias-Fragment 23 als auch das Gorgias-Fragment 24 demselben Werk entstammen, in dem sich Gorgias über die Tragödie bzw. Dichtung äußert und aus dem Aristophanes sowohl das Diktum „voll des Ares" als auch (*mutatis mutandis*) die ἀπάτη-Lehre übernimmt.[42]

(2) Nachdem der Sinn der ἀπάτη-Lehre eruiert worden ist, sollen einige Überlegungen zu der Frage angestellt werden, wo das Gorgias-Fragment 23 beginnt und wo es aufhört. Diese Frage kann u. a. deshalb kaum sicher beantwortet werden,

---

40 Aristoph. ran. 1019–1022.
41 Vgl. Pohlenz (1965 [zuerst 1920]) 457; Buchheim (1989) 92 zu Gorg. fr. 24.
42 Darüber hinaus spielt die Frage nach der belehrenden Wirkung der Tragödie auch im Kontext der Aristophanes-Stelle eine wichtige Rolle; vgl. ran. 1008–1010: {ΑΙ.} ἀπόκριναί μοι, τίνος οὕνεκα χρὴ θαυμάζειν ἄνδρα ποητήν; / {ΕΥ.} Δεξιότητος καὶ νουθεσίας, ὅτι βελτίους τε ποιοῦμεν / τοὺς ἀνθρώπους ἐν ταῖς πόλεσιν. („*Aischylos:* Antworte mir, warum soll man einen Dichter bewundern? *Euripides:* Aufgrund von Geschick und Belehrung, da wir die Menschen in den Städten besser machen."); ran. 1026 f.: {ΑΙ.} Εἶτα διδάξας Πέρσας μετὰ τοῦτ' ἐπιθυμεῖν ἐξεδίδαξα / νικᾶν ἀεὶ τοὺς ἀντιπάλους, κοσμήσας ἔργον ἄριστον. („*Aischylos:* Dann habe ich die *Perser* verfasst und danach das Verlangen gelehrt, immer die Rivalen zu besiegen, sowie die beste Tat verherrlicht.")

weil mit der Möglichkeit gerechnet werden muss, dass Plutarchs einleitende und abschließende Worte zwar kein wörtliches Zitat darstellen, aber auch nicht die eigene, abweichende Ansicht zum Ausdruck bringen, sondern Gorgias' Gedanken mit möglicherweise eigenen Worten wiedergeben.⁴³ Daher besteht das Ziel eher darin, einige Argumente abzuwägen, als eine sichere Antwort zu finden. Die folgende hypothetische Unterteilung gilt es zu überprüfen:

1 Plutarch   ἤνθησε δ' ἡ τραγῳδία καὶ διεβοήθη,
2 Plutarch und/oder   θαυμαστὸν ἀκρόαμα καὶ θέαμα τῶν τότ' ἀνθρώπων γενο-
  Gorgias   μένη καὶ παρασχοῦσα τοῖς μύθοις καὶ τοῖς πάθεσιν
3 Gorgias   ἀπάτην, [ὡς Γοργίας φησίν,] ἣν ὅ τ' ἀπατήσας δικαιότερος
                      τοῦ μὴ ἀπατήσαντος, καὶ ὁ ἀπατηθεὶς σοφώτερος τοῦ μὴ
                      ἀπατηθέντος.
4 Gorgias und/oder   ὁ μὲν γὰρ ἀπατήσας δικαιότερος, ὅτι τοῦθ' ὑποσχόμενος
  Plutarch   πεποίηκεν· ὁ δ' ἀπατηθεὶς σοφώτερος· εὐάλωτον γὰρ ὑφ'
                      ἡδονῆς λόγων τὸ μὴ ἀναίσθητον.

Selbstverständlich würde das Zitat (3) in seiner Reinform im Nominativ stehen (ἡ τραγῳδία ἔστιν ἀπάτη, ἣν [...]). Was den zweiten Teil betrifft, ist in der Forschung die Ansicht nahezu vorherrschend, dass das Gorgias-Fragment schon mit θαυμαστόν beginnt.⁴⁴ Zur Begründung dieser Meinung wurde zum einen auf die Klangfigur bzw. das Homoioteleuton ἀκρόαμα [...] θέαμα sowie auf πάθεσιν ἀπάτην verwiesen, zum anderen auf den Umstand, dass man das Konzept des θαυ-

---

43 Seit Garzya (1987) wird diese Frage in der Forschung kaum noch diskutiert. Garzya (S. 246 und 251) ist der Meinung, dass das Gorgias-Fragment nicht erst bei ἀπάτη, sondern schon bei θαυμαστόν beginnt. Die beiden Sätze ὁ μὲν γὰρ ἀπατήσας δικαιότερος, ὅτι τοῦθ' ὑποσχόμενος πεποίηκεν· ὁ δ' ἀπατηθεὶς σοφώτερος hält Garzya für einen Kommentar von Plutarch, da sie keinen neuen Gedanken enthalten würden. Die abschließenden Worte hingegen (εὐάλωτον γὰρ ὑφ' ἡδονῆς λόγων τὸ μὴ ἀναίσθητον) seien als Präzisierung zu verstehen, die auf Gorgias zurückgehe. Dass Garzya zu der Annahme gelangt, dass die Worte von εὐάλωτον bis ἀναίσθητον auf Gorgias zurückzuführen sind („materiale gorgiano"), verwundert etwas, wenn man davon ausgeht, dass der Teil von ὁ μὲν γὰρ ἀπατήσας bis σοφώτερος ein Kommentar von Plutarch ist. Denn Garzya (S. 250f.) zeigt, dass Plutarch in De audiendis poetis (15c–d) im unmittelbaren Kontext des Gorgias-Fragmentes den Gedanken entwickelt, dass man für das richtige Verständnis der Dichtung Empfindsamkeit und Intelligenz benötigt. Folglich müsste man, wenn man Garzyas Argumenten folgt, eher zu dem Schluss gelangen, dass auch die Worte von εὐάλωτον bis ἀναίσθητον einen Kommentar von Plutarch darstellen.
44 Vgl. Ziegler (RE VI A2 [1937], s.v. Tragoedia, Sp. 2012 Fußn. 34); Suess (1910) 97 Fußn. 1; Rostagni (1955) 160; Lanata (1963) 204; Dosi (1968) 37; Garzya (1987) 246.

μαστόν Gorgias zuschreiben müsse, da es unvermittelt von Aristoteles in der Poetik eingeführt werde.⁴⁵

Die Stellung von ὡς Γοργίας φησίν in *De gloria Atheniensium* legt aber nahe, dass das Gorgias-Zitat mit demjenigen Wort beginnt, das unmittelbar vor diesem Ausdruck steht, also mit ἀπάτη(ν). Von der lexikalischen Semantik her betrachtet, lässt sich ein (schwaches) Argument dafür finden, die Worte ἀκρόαμα καὶ θέαμα eher Plutarch zuzuweisen. Die beiden Substantive verwendet Plutarch nämlich auch an anderen Stellen.⁴⁶ Bei Gorgias hingegen lässt sich weder ἀκρόαμα noch θέαμα (sonst) finden. Aber da seine Werke nur fragmentarisch überliefert sind, dürfte dieser Befund kaum ins Gewicht fallen. Andererseits deutet das Homoioteleuton ἀκρόαμα [...] θέαμα sowie die Paronomasie πάθεσιν ἀπάτην in der Tat eher auf Gorgias hin, da dieser für diese Stilfiguren berühmt war.⁴⁷ Analog bildet auch die etymologische Figur ἀπάτη(ν), ἣν ὅ τ' ἀπατήσας [...], die sich in demjenigen Teil findet, der zweifellos von Gorgias stammt, eine typisch Gorgianische Stilfigur.

Was das θαυμαστόν betrifft, kann kaum davon gesprochen werden, dass Gorgias ein Konzept des θαυμαστόν entwirft und dass nur unter dieser Prämisse verständlich ist, dass Aristoteles das Wort unvermittelt in der Poetik einführt. Denn das Adjektiv θαυμαστόν charakterisiert bei Plutarch den Gesamtkomplex der Tragödie i.S.v. „beeindruckend", ohne dass ein besonderes Konzept dahinter zu stehen scheint. Bei Aristoteles hingegen bedeutet θαυμαστόν eher „erstaunlich" in dem Sinne, dass etwas wider Erwarten geschieht, und ist dezidiert auf die Handlung bezogen. Zum einen äußert sich Aristoteles im neunten Kapitel der Poetik zum θαυμαστόν:⁴⁸

> ἐπεὶ δὲ οὐ μόνον τελείας ἐστὶ πράξεως ἡ μίμησις ἀλλὰ καὶ φοβερῶν καὶ ἐλεεινῶν, ταῦτα δὲ γίνεται καὶ μάλιστα [καὶ μᾶλλον] ὅταν γένηται παρὰ τὴν δόξαν δι' ἄλληλα· τὸ γὰρ θαυμαστὸν οὕτως ἕξει μᾶλλον ἢ εἰ ἀπὸ τοῦ αὐτομάτου καὶ τῆς τύχης, ἐπεὶ καὶ τῶν ἀπὸ τύχης ταῦτα θαυμασιώτατα δοκεῖ ὅσα ὥσπερ ἐπίτηδες φαίνεται γεγονέναι.

---

45 Vgl. Arist. Poet. 1452a4–11; 1460a11–14.
46 Zu ἀκρόαμα vgl. Plut. Agis et Cleomenes 34,7; Galba 16; quaest. conv. 704c9. Zu θέαμα vgl. z. B. Rom. 9,7 und 19,1; Numa 10,6.
47 Gorgias war berühmt für Klangfiguren, die unter dem Begriff der *concinnitas* subsumiert wurden. Hierzu gehören insbesondere: Isokolon, Antithese, Parallelismus, Chiasmus, Paronomasie, Homoioteleuton, Figura etymologica; vgl. Cic. orat. 164 f.: *[...] in quibus ipsis concinnitas inest; quae sive casus habent in exitu similis sive paribus paria reddutur sive opponuntur contraria, suapte natura numerosa sunt, etiam si nihil est factum de industria. In huius concinnitatis consectatione Gorgiam fuisse principem accepimus.*
48 Arist. Poet. 1452a1–7.

> Die Tragödie ist aber nicht nur die Nachahmung einer vollständigen Handlung, sondern auch von Dingen, die Furcht und Mitleid erregen. Diese [sc. Gefühle] entstehen vor allem dann, wenn sich die Ereignisse wider Erwarten auseinander ergeben. Der Eindruck von etwas Erstaunlichem wird sich nämlich eher auf diese Weise einstellen, als wenn die Handlung von selbst und so, wie der Zufall es will, passiert, da ja auch von den zufälligen Ereignissen all diejenigen offenkundig am meisten Staunen erregen, die den Eindruck erwecken, aus Absicht zu geschehen.

Wie man dieser Stelle entnehmen kann, bezieht sich Aristoteles hier auf die Handlung im Sinne der Verknüpfung der Ereignisse mit dem Zweck, dass Erstaunen und hierdurch Furcht und Mitleid, die typischen Affekte der Tragödie, erregt werden. Zum anderen äußert sich Aristoteles im 24. Kapitel der Poetik zur Technik v. a. des epischen Dichters, Staunen zu erregen:[49]

> δεῖ μὲν οὖν ἐν ταῖς τραγῳδίαις ποιεῖν τὸ θαυμαστόν, μᾶλλον δ' ἐνδέχεται ἐν τῇ ἐποποιίᾳ τὸ ἄλογον, δι' ὃ συμβαίνει μάλιστα τὸ θαυμαστόν, διὰ τὸ μὴ ὁρᾶν εἰς τὸν πράττοντα.
>
> Man muss zwar in der Tragödie das darstellen, was Staunen erregt, noch mehr aber hat das Widersinnige, wodurch das Erstaunliche hauptsächlich geschieht, im Epos seinen Platz, weil man den Handelnden nicht sieht.

Daher lässt sich das Argument nicht halten, dass man das Konzept des θαυμαστόν Gorgias zuschreiben müsse, da es unvermittelt von Aristoteles in der Poetik eingeführt werde.

Was die Begründung (4) betrifft, sind zwei Argumente, die angeführt wurden, um die Ansicht zu stützen, dass das Gorgias-Fragment mit den Worten τοῦ μὴ ἀπατηθέντος, also vor der Begründung, aufhört,[50] mit großer Skepsis zu betrachten: Das Argument, dass die darauffolgende Aussage ὁ μὲν γὰρ ἀπατήσας δικαιότερος, ὅτι τοῦθ' ὑποσχόμενος πεποίηκεν den Eindruck einer Klarstellung der Definition selbst erweckt. Und das Argument, dass Plutarch die Vorstellung, dass eine gewisse Sensibilität notwendig ist, um eine ästhetische Täuschung zu vollziehen (εὐάλωτον γὰρ ὑφ' ἡδονῆς λόγων τὸ μὴ ἀναίσθητον), auch an einer anderen Stelle äußert.[51]

Zwar handelt es sich bei der Begründung (4) um eine Erklärung. Aber da der Tragödiensatz (3) erklärungsbedürftig ist, kann diese Erklärung auch von Gorgias stammen. Das zweite Argument ist zumindest dann kein Argument für die ge-

---

49 Arist. Poet. 1460a11–14.
50 Vgl. Dosi (1968) 37 f.
51 Vgl. Plut. mor. 15c (s. S. 438).

nannte These, wenn man die Ansicht vertritt, dass Plutarch an der besagten Stelle Gorgias zitiert.[52]

Es lassen sich daher kaum Argumente finden, die eine sichere Entscheidung ermöglichen. Trotzdem liegt der Schluss nahe, dass die beiden (Teil-)Sätze vor und nach dem Gorgias-Zitat (2 und 4) zumindest Gorgias' Gedanken, vielleicht sogar dessen Wortwahl wiedergeben. Zumindest gibt es keinen Hinweis darauf, dass Plutarch das Gorgias-Zitat missverstanden hat.

7.1.2 Isokrates

Eine Stelle, die in den Überblicksstudien zur Fiktionalität in der Antike keine Beachtung gefunden hat, aber dafür ausreicht, um die These, dass Aristoteles der Entdecker der Fiktionalität ist,[53] in Frage zu stellen, findet sich bei Isokrates.[54] In einer seiner Reden, dem *Euagoras* (um 370 v.Chr.), äußert Isokrates die Ansicht, dass Dichter nicht dieselben Regeln befolgen müssen wie Prosaschriftsteller:[55]

> Τοῖς μὲν γὰρ ποιηταῖς πολλοὶ δέδονται κόσμοι· καὶ γὰρ πλησιάζοντας τοὺς θεοὺς τοῖς ἀνθρώποις οἷόν τ' αὐτοῖς ποιῆσαι καὶ διαλεγομένους καὶ συναγωνιζομένους οἷς ἂν βουληθῶσιν, καὶ περὶ τούτων δηλῶσαι μὴ μόνον τοῖς τεταγμένοις ὀνόμασιν, ἀλλὰ τὰ μὲν ξένοις, τὰ δὲ καινοῖς, τὰ δὲ μεταφοραῖς, καὶ μηδὲν παραλιπεῖν, ἀλλὰ πᾶσιν τοῖς εἴδεσιν διαποικῖλαι τὴν ποίησιν· (10) τοῖς δὲ περὶ τοὺς λόγους οὐδὲν ἔξεστιν τῶν τοιούτων […].

> Den Dichtern nämlich sind viele [sc. Möglichkeiten von] Ausschmückungen zugestanden. Denn sie dürfen die Götter darstellen, wie sie Umgang mit den Menschen haben, wie sie reden und kämpfen, mit wem sie wollen, und sie müssen dies nicht nur mit konventionellen Wörtern veranschaulichen, sondern [sc. dürfen dies] teils mit Fremdwörtern, teils mit Neubildungen, teils mit Metaphern, und sie müssen nichts auslassen, sondern dürfen die Dichtung mit allen Mitteln abwechslungsreich gestalten. (10) Den Verfassern von Prosawerken steht nichts hiervon offen […].

---

52 Dosi (1968) 38 Fußn. 11 hält das Zitat – wie Untersteiner (1961) 143 Fußn. 23a – mit Wilamowitz-Moellendorff (1913) 148 Fußn. 0 [der Verweis ist nicht korrekt] für ein Gorgias-Fragment, obwohl Plutarch es Simonides zuschreibt. Es besteht aber kein Anlass, daran zu zweifeln, dass das Zitat von Simonides stammt. Wenn Dosi es aber für ein Gorgias-Fragment hält, lässt sich ihr Argument nicht halten: Dann wäre die Vorstellung, dass eine gewisse Sensibilität (Feinsinnigkeit) notwendig ist, um eine ästhetische Täuschung zu vollziehen, Gorgianisch. Folglich müsste die Aussage εὐάλωτον γὰρ ὑφ' ἡδονῆς λόγων τὸ μὴ ἀναίσθητον von Gorgias stammen und nicht Plutarchs Erklärung sein.
53 Zu Röslers (1980) und (2014) These s. das Kapitel 1.2.1 dieser Arbeit.
54 Zu Isokrates s. auch das Kapitel 4.7.1.2.3 dieser Arbeit.
55 Euag. 9f. Vgl. Meijering (1987) 62f.

Isokrates äußert an dieser Stelle eine Vorstellung, die der dichterischen Lizenz gleichkommt, auch wenn er diesen Ausdruck nicht verwendet. Dabei erstrecken sich die Freiräume, die nach Isokrates den Dichtern zugestanden sind, sowohl auf den Inhalt als auch auf die sprachliche Ausformulierung.[56]

Was den Inhalt der dichterischen Lizenz betrifft, so muss diese Kategorie als literarische Fiktion angesehen werden, da den Dichtern offensichtlich die anerkannte Praxis zugestanden wird, nicht-wirkliche Ereignisse darzustellen. Daher ist diese Äußerung im Sinne einer Übereinkunft zwischen den Produzenten und den Rezipienten einer fiktionalen Erzählung zu verstehen, die darin übereinkommen, dass die Dichter nicht-wirkliche Elemente darstellen (dürfen), ohne dass hieraus ein Vorwurf resultieren darf. Wenn Isokrates in diesem Zusammenhang die Darstellung von Göttern erwähnt, die Umgang mit den Menschen haben, mit ihnen reden und kämpfen, dann bezieht er sich sicherlich insbesondere auf (die Homerischen) Epen.

Andererseits sind Bezüge zur Platonischen *Politeia* zu erkennen, und zwar möglicherweise in der Form, dass Isokrates auf Platons Dichterkritik reagiert.[57] Denn Platon äußert in der *Politeia* den Gedanken, dass sich die Götter nicht gegenseitig bekämpfen oder gegeneinander Krieg führen oder in irgendeiner anderen Form Feindschaften untereinander austragen.[58] Außerdem sollen die Mütter ihren Kindern nicht erzählen, dass – wie es in der *Odyssee* heißt – die Götter in Gestalt von Fremden die Städte der Menschen durchziehen.[59] Die Reden kommen in Platons Dichterkritik aber nur insofern zum Ausdruck, als ihm zufolge die Götter die Menschen weder im Wort noch in der Tat täuschen.[60] Der Gedanke, dass die Götter nicht mit den Menschen sprechen, findet sich bei Platon nicht. Vielmehr stellt er das Axiom auf, dass die Götter immer gut sind, immer gut handeln und folglich nur Ursache für das Gute sind.[61] Daher bewegen sich Isokrates und Platon zwar in demselben Diskurs; aber eine Replik auf Platons Dichterkritik kann nicht mit Sicherheit angenommen werden.

Für die diachrone Dimension des antiken Fiktionalitätsdiskurses ist diese Stelle insbesondere deshalb aufschlussreich, weil der Gegensatz zwischen der Dichtung und prosaischen Gattungen bzw. der Geschichtsschreibung auch von Aristoteles im neunten Kapitel der Poetik formuliert wird.[62] Möglicherweise hat

---

56 Zur sprachlichen Ausformulierung vgl. den Kommentar von Alexiou (2010) 81 f. ad loc.
57 Zu Platons Dichterkritik s. das Kapitel 4.3.2, v. a. 4.3.2.3 dieser Arbeit.
58 Vgl. Plat. rep. 377e6–378e4.
59 Vgl. Plat. rep. 381e1–6; Hom. Od. 17,485 f.; s. S. 104 und 209.
60 Vgl. Plat. rep. 382e8–11.
61 Vgl. Plat. rep. 379a5–379c8.
62 Vgl. Arist. Poet. 1451a36–b5; s. das Kapitel 4.4 dieser Arbeit.

diese Stelle auf Aristoteles gewirkt; zumindest sind Aristoteles' Äußerungen vor dem Hintergrund des antiken Fiktionalitätsdiskurses zu betrachten.

7.1.3 Ciceros Prolog zu *De legibus*

Im Prolog zum ersten Buch von *De legibus* findet sich ein Gespräch zwischen (Markus Tullius) Cicero (106–43 v.Chr.), seinem Bruder Quintus und seinem Freund Atticus, das in Arpinum, dem Geburtsort von Cicero und Marius, stattfindet und in dem u. a. der Gegensatz zwischen der Geschichtsschreibung und der Dichtung diskutiert wird:[63]

> Atticvs: Lucus quidem ille et haec Arpinatium quercus agnoscitur, saepe a me lectus in Mario. sin manet illa quercus, haec est profecto; etenim est sane vetus.
> Qvintvs: Manet vero, Attice noster, et semper manebit: sata est enim ingenio. Nullius autem agricolae cultu stirps tam diuturna quam poetae versu seminari potest.
> Atticvs: Quo tandem modo, Quinte? Aut quale est istuc quod poetae serunt? Mihi enim videris fratrem laudando suffragari tibi.
> (2) Qvintvs: Sit ita sane; verum tamen dum Latinae loquentur litterae, quercus huic loco non deerit quae Mariana dicatur, eaque, ut ait Scaevola de fratris mei Mario,
>   canescet saeclis innumerabilibus,
> nisi forte Athenae tuae sempiternam in arce oleam tenere potuerunt, aut quod Homericus Vlixes Deli se proceram et teneram palmam vidisse dixit, hodie monstrant eandem. Multaque alia multis locis diutius commemoratione manent quam natura stare potuerunt. Quare glandifera illa quercus, ex qua olim evolavit
>   nuntia fulva Iovis miranda visa figura,
> nunc sit haec. Sed cum eam tempestas vetustasve consumpserit, tamen erit his in locis quercus quam Marianam quercum vocent.
> (3) Atticvs: Non dubito id quidem. Sed hoc iam non ex te, Quinte, quaero, verum ex ipso poeta, tuine versus hanc quercum severint, an ita factum de Mario, ut scribis, acceperis.
> Marcvs: Respondebo tibi equidem, sed non ante quam mihi tu ipse responderis, Attice, certene non longe a tuis aedibus inambulans post excessum suum Romulus Proculo Iulio dixerit se deum esse et Quirinum vocari templumque sibi dedicari in eo loco iusserit, et verumne sit ⟨ut⟩ Athenis non longe item a tua illa antiqua domo Orithyiam Aquilo sustulerit; sic enim est traditum.
> (4) Atticvs: Quorsum tandem aut cur ista quaeris?
> Marcvs: Nihil sane, nisi ne nimis diligenter inquiras in ea quae isto modo memoriae sint prodita.
> Atticvs: Atqui multa quaeruntur in Mario fictane an vera sint, et a nonnullis quod et in recenti memoria et in Arpinati homine versere, veritas a te postulatur.
> Marcvs: Et mehercule ego me cupio non mendacem putari, sed tamen nonnulli isti, Tite

---

[63] Cic. leg. 1,1–5. Mit einzelnen Abweichungen, die im Zuge der Interpretation (v.a. in den Fußnoten) begründet werden, folgt der abgedruckte Text demjenigen von Powell (2006) 157–159.

noster, faciunt imperite, qui in isto periculo non ut a poeta sed ut a teste veritatem exigant, nec dubito quin idem et cum Egeria collocutum Numam et ab aquila Tarquinio apicem impositum putent.
(5) Qvintvs: Intellego te, frater, alias in historia leges observandas putare, alias in poemate. Marcvs: Quippe, cum in illa ad veritatem, Quinte, referantur, in hoc ad delectationem pleraque; quamquam et apud Herodotum patrem historiae et apud Theopompum sunt innumerabiles fabulae.

Atticus: Man erkennt doch jenen Hain und die Eiche hier der Einwohner von Arpinum; von ihm habe ich oft im *Marius* gelesen. Wenn aber jene Eiche noch existiert, dann ist es in der Tat diese; sie ist nämlich ganz schön alt.
Quintus: Aber ja, sie existiert, unser Atticus, und sie wird immer existieren. Sie ist nämlich durch die Phantasie gepflanzt worden. Durch den Anbau keines Bauerns kann ein so langanhaltender Stamm erzeugt werden wie durch den Vers eines Dichters.
Atticus: Auf welche Weise denn, Quintus? Oder von welcher Art ist das, was die Dichter säen? Du scheinst mir nämlich dadurch, dass du deinen Bruder lobst, für dich zu werben.
(2) Quintus: Mag es auch so sein; dennoch wird die Eiche, die die Marianische heißen soll, solange lateinische Literatur eine Stimme haben wird, diesem Ort nicht fehlen, und sie wird, wie Skaevola über den *Marius* meines Bruders sagt,
     in unzähligen Jahrhunderten alt werden,
wenn nicht zufällig dein Athen auf der Burg einen ewigen Ölbaum halten konnte oder man, was die Tatsache betrifft, dass der Homerische Odysseus sagte, dass er auf Delos eine schlanke und zarte Palme gesehen habe, auch heute noch dieselbe zeigt. Auch vieles andere existiert an vielen Orten länger durch die Erwähnung, als es von Natur aus Bestand haben konnte. Daher sei nun jene Eicheln tragende Eiche, von der einst losgeflogen ist
     der braungelbe Bote [sc. Adler] Juppiters, ein Erscheinungsbild von bewunderns-
     werter Schönheit
diese Eiche. Aber wenn das Wetter oder das Alter sie in Mitleidenschaft gezogen haben, wird es dennoch in dieser Gegend eine Eiche geben, die man Marianische Eiche nennen soll.
(3) Atticus: Daran zweifle ich nicht. Aber dies frage ich nicht dich, Quintus, sondern den Dichter selbst, nämlich ob deine Verse diese Eiche gesät haben oder ob du weisst, dass es, was Marius betrifft, so geschehen ist, wie du schreibst.
Markus: Ich werde dir zwar antworten, aber nicht bevor du mir selbst geantwortet hast, Atticus, ob Romulus, als er nach seinem Tod nicht weit von deinem Haus entfernt spazierte, zu Proculus Julius gesagt hat, dass er [sc. Romulus] ein Gott ist, und veranlasst hat, dass er Quirinus genannt und ihm ein Tempel an dem besagten Ort geweiht wird, und ob wahr ist, wie Aquilo, ebenfalls nicht weit von deinem alten Haus entfernt, Orithyia entführt hat; so ist es nämlich überliefert.
(4) Atticus: Worauf willst du denn hinaus oder wozu fragst du danach?
Markus: Nichts besonderes, außer damit du nicht allzu kritische Fragen stellst über das, was auf diese Weise überliefert worden ist.
Atticus: Aber bei vielem im *Marius* fragt man sich, ob es fiktiv oder wahr ist, und von manchen Leuten wird die Wahrheit von dir verlangt, da du dich mit der jüngeren Vergangenheit und einem Menschen aus Arpinum beschäftigen würdest.
Markus: Und fürwahr habe ich das Verlangen, nicht für einen Lügner gehalten zu werden, aber dennoch handeln diese manchen Leute da, unser Titus, unklug, weil sie in dieser Gefahr nicht wie von einem Dichter, sondern wie von einem Zeugen die Wahrheit einfordern, und

ich zweifle nicht daran, dass dieselben Leute glauben, dass sich Numa mit Egeria unterhalten hat und ein Adler Tarquinius eine Kappe aufgesetzt hat.
(5) Quintus: Ich sehe ein, dass du, Bruder, der Meinung bist, dass die einen Gesetze in der Geschichtsschreibung eingehalten werden müssen, die anderen in der Dichtung.
Markus: Ja, weil sich in der zuerst genannten [sc. Gattung] das meiste auf die Wirklichkeit bezieht, Quintus, in der zuletzt genannten [sc. Gattung] auf die Unterhaltung; trotzdem finden sich bei Herodot, dem Vater der Geschichtsschreibung, und bei Theopomp unzählige fiktive Geschichten.

Da die Diskussion über die Dichtung und die Geschichtsschreibung offensichtlich in den Kategorien der Wahrheit und der Fiktion (zumindest der Unwahrheit) geführt wird, lohnt sich eine Analyse des Gedankenganges hinsichtlich dieses Kriteriums. Eine derartige Untersuchung erweist sich als umso lohnenswerter, als die Deutung des Prologs in der Forschung umstritten ist.[64] Woodmans These, dass die Wahrheit in Ciceros Theorie der Geschichtsschreibung keinen fundamentalen Stellenwert einnimmt,[65] die Woodman auch aus dem Prolog zu *De legibus* gewinnt, wird an anderer Stelle diskutiert.[66]

Das Gespräch entwickelt sich aus der Tatsache, dass Atticus (in der realen Welt des fiktiven Rahmendialogs) einen Hain und eine Eiche mit den entsprechenden Darstellungen in Ciceros Epos *Marius* identifiziert, sowie aus dem Umstand, dass das Verhältnis zwischen den Dingen in der Wirklichkeit und ihrer dichterischen Darstellung im weiteren Verlauf des Gesprächs problematisiert wird. Über die Datierung des nur in wenigen Fragmenten überlieferten Epos *Marius* lässt sich nicht mehr sagen, als dass Cicero es vor *De legibus* verfasst hat.[67] Auf welche Szene sich Atticus und Quintus beziehen, ist umstritten. Wahrscheinlich spielen sie nicht auf diejenige Geschichte an, der zufolge Marius als Junge ein Adlernest mit sieben jungen Adlern aufgefangen hat, was so gedeutet wurde, dass er sieben Mal das Konsulat bekleiden werde.[68] Vielmehr legt die

---

64 Neben den im Folgenden zitierten Untersuchungen vgl. die folgenden Arbeiten zum Prolog von *De legibus*, die andere (überwiegend historisch-politische) Fragestellungen verfolgen: Pohlenz (1938); Eigler (1996); Gasser (1999) 32–49.
65 Vgl. Woodman (2012).
66 S. das Kapitel 4.2.2 dieser Arbeit.
67 Das Epos *Marius* wird entweder in die 80er oder in die 50er Jahre datiert; vgl. Dyck (2004) 57 f. ad Cic. leg. 1,1.
68 Vgl. Plut. Mar. 36,8: νέος γὰρ ὢν ἔτι παντελῶς καὶ διατρίβων κατ' ἀγρὸν ὑποδέξασθαι τῷ ἱματίῳ καταφερομένην ἀετοῦ νεοττιὰν ἑπτὰ νεοττοὺς ἔχουσαν· ἰδόντας δὲ τοὺς γονεῖς καὶ θαυμάσαντας διαπυνθάνεσθαι τῶν μάντεων· τοὺς δὲ εἰπεῖν ὡς ἐπιφανέστατος ἀνθρώπων ἔσοιτο καὶ τὴν μεγίστην ἡγεμονίαν καὶ ἀρχὴν ἑπτάκις αὐτὸν λαβεῖν ἀναγκαῖον εἴη· App. bell. civ. 1,61: παιδὶ γὰρ ὄντι φασὶν ἐς τὸν κόλπον ἀετοῦ νεοττοὺς ἑπτὰ καταρρυῆναι καὶ τοὺς μάντεις εἰπεῖν, ὅτι

Erwähnung der Eiche nahe, dass sich Atticus und Quintus auf diejenige Szene beziehen, aus der die folgenden 13 Verse überliefert sind:[69]

> Hic Iovis altisoni subito pinnata satelles
> arboris e trunco, serpentis saucia morsu,
> subrigit ipsa, feris transfigens unguibus anguem
> semianimum et varia graviter cervice micantem.
> Quem se intorquentem lanians rostroque cruentans   5
> iam satiata animos, iam duros ulta dolores
> abicit ecflantem et laceratum adfligit in unda
> seque obitu a solis nitidos convertit ad ortus.
> Hanc ubi praepetibus pinnis lapsuque volantem
> conspexit Marius, divini numinis augur,   10
> faustaque signa suae laudis reditusque notavit,
> partibus intonuit caeli pater ipse sinistris.
> Sic aquilae clarum firmavit Iuppiter omen.

> Hier erhebt sich plötzlich der gefederte Diener [sc. Adler] selbst des weittönenden Juppiter von einem Baumstamm, verletzt vom Biss der Schlange, wobei er mit den wilden Klauen die halbtote Schlange durchbohrt, die an ihrem bunten Nacken glänzt. Während er ihr, die sich windet, zusetzt und am Schnabel blutet, womit er einerseits seinen Tatendrang befriedigt und sich andererseits für die harten Schmerzen gerächt hat, wirft er sie weg, die [sc. ihr Blut] ausspeien will, und lässt sie zerstümmelt ins Meer fallen und wendet sich vom Sonnenuntergang zum schimmernden -aufgang. Sobald Marius ihn [sc. den Adler], der mit seinen geschwinden Federn im Gleiten flog, erblickt hat, der Augur des göttlichen Willens, und die glückbringenden Zeichen seines Ruhmes und seiner Rückkehr zur Kenntnis genommen hat, ertönte der Vater des Himmels selbst zur linken Seite. So bestätigte Juppiter das deutliche Vorzeichen des Adlers.

Atticus ist also im ersten Satz des Prologs zu *De legibus* geneigt anzunehmen, dass die Eiche, die im *Marius* beschrieben wird (im erhaltenen Fragment ist nur die Rede von einem Baum [*arbor*, V. 2]), diejenige ist, die sie in Arpinum (in der realen Welt des fiktiven Rahmendialogs) vor sich haben.[70] Es lassen sich aber Zweifel an

---

ἑπτάκις ἐπὶ τῆς μεγίστης ἀρχῆς ἔσοιτο; Dyck (2004) 54 ad Cic. leg. 1,1–5a sieht offensichtlich hierin die Szene, auf die Atticus und Quintus anspielen.
69 Cic. div. 1,106 (= Cic. fr. 17 Courtney [2003] 175 f.; fr. 20 Blänsdorf [2011] 166 f.); vgl. Woodman (2012) 2.
70 Woodman (2012) 2 f. ist zwar zuzustimmen, dass Atticus zumindest nicht explizit aussagt, dass der Baum im Leben des Marius eine Rolle gespielt hat und womöglich das ganze beschriebene Omen historisch ist. Aber wenn Woodman bemerkt, dass Atticus' Fokus auf Ciceros mimetischer Beschreibungstechnik liegt und noch nicht auf der Natur der erzählten Geschichte, da diese erst durch Quintus' Antwort in den Vordergründ rücke, legt er zuviel Gewicht auf das Element der Weiterentwicklung des Gesprächs. Denn schon im ersten Satz wird das Verhältnis zwischen Darstellung (von Hain und Eiche) und Wirklichkeit thematisiert.

der Identifizierung der Eiche erkennen, wenn Atticus zum einen zur Bedingung macht, dass die dargestellte Eiche in der Wirklichkeit noch existiert, und zum anderen nur mit Bezug auf den Hain angibt, dass er häufig von ihm im *Marius* gelesen hat. Die Kongruenz von *lectus* mit *lucus* (anstelle des näher stehenden *quercus*) ist auffällig. Sie deutet darauf hin, dass Atticus ohne Probleme den beschriebenen Hain in der Wirklichkeit wiedererkennt, aber die dargestellte Eiche nur unter Vorbehalt identifiziert.[71]

Da der gesamte Prolog von einem scherzhaften Umgangston getragen wird und Atticus sich der Tatsache bewusst ist, wie später deutlich werden wird, dass die Authentizität vieler Passagen aus dem *Marius* umstritten ist, sollte man die folgende Möglichkeit in Betracht ziehen: Von einer Eiche hat Cicero im *Marius* im Zusammenhang mit dem Omen nicht explizit gesprochen, sondern nur von einem Baum (*arbor*, V. 2 des Fragmentes). Atticus, der das Verhältnis zwischen dichterischer Darstellung und Wirklichkeit besprechen möchte, bringt willkürlich die Möglichkeit ins Spiel, dass eine Eiche in ihrem Blickfeld demjenigen Baum entspricht, mit Rücksicht auf welchen Cicero das Omen im Epos *Marius* erdichtet hat.

Desweiteren darf man wohl davon ausgehen, dass die Eiche als *pars pro toto* steht und somit die Historizität des gesamten im *Marius* beschriebenen Omens zur Diskussion steht. Denn Ciceros spätere Frage, ob Atticus an Romulus' Epiphanie und an Orithyias Entführung durch Aquilo glaubt (§ 3), macht deutlich, dass der Autor des Epos nicht nur ein Detail, sondern eine Passage, in der ein Ereignis geschildert wird, zum Vergleich heranzieht. Vor dem Hintergrund der Parallelen für das Omen, also aufgrund der Tatsache, dass es sich um ein literarisches Motiv handelt,[72] wird es zumindest der gebildete Leser als wahrscheinlich ansehen,

---

71 Vgl. Woodman (2012) 3. Hiermit verbunden ist ein textkritisches Problem. Die Herausgeber und Forscher sind sich nämlich uneins, ob im Konditionalsatz das überlieferte *sin* oder die Korrektur *si* oder die Konjektur *si enim* gelesen werden muss. Da das überlieferte *sin* einen guten Sinn ergibt, sollte es gehalten werden. Die Bedeutung von *sin* erhellt aber weniger aus der folgenden Ellipse zwischen dem ersten und dem zweiten Satz, die Woodman (2012) 3 Fußn. 11 postuliert: „I recognize this oak, ⟨though I did not think it still survived⟩. But, if it *does* survive, …". In diesem Fall würde *sin* lediglich satzimmanent die Bedingtheit der getroffenen Aussage betonen, da die postulierte Ellipse den Gedanken vorwegnimmt, der im Konditionalsatz ausgedrückt wird. Noch sinnvoller ist vielleicht die Annahme, dass *sin* wirklich anaphorisch verwendet wird und den genannten Gegensatz zwischen (der Identifizierung von) dem Hain und der Eiche ausdrückt: Von dem Hain habe ich oft gelesen; der dargestellte und der wirkliche Hain entsprechen sich also. Aber die Eiche? Da habe ich meine Zweifel. Wenn sie aber eine Entsprechung hat und noch existiert, dann ist es diese hier. Die Konjektur *si enim* ist sogar problematisch, da keine Begründung, sondern ein Gegensatz ausgedrückt wird und der betrachtete Gegenstand wechselt (Hain – Eiche).
72 Für das Fiktionssignal des literarischen Motivs s. das Kapitel 2.5.1.1.1 dieser Arbeit.

dass es sich um eine fiktive Passage handelt. Denn eine ähnliche Szene findet sich bereits bei Homer:[73]

> ὄρνις γάρ σφιν ἐπῆλθε περησέμεναι μεμαῶσιν
> αἰετὸς ὑψιπέτης ἐπ' ἀριστερὰ λαὸν ἐέργων
> φοινήεντα δράκοντα φέρων ὀνύχεσσι πέλωρον
> ζωὸν ἔτ' ἀσπαίροντα, καὶ οὔ πω λήθετο χάρμης,
> κόψε γὰρ αὐτὸν ἔχοντα κατὰ στῆθος παρὰ δειρὴν
> ἰδνωθεὶς ὀπίσω· ὃ δ' ἀπὸ ἕθεν ἧκε χαμᾶζε   205
> ἀλγήσας ὀδύνῃσι, μέσῳ δ' ἐνὶ κάββαλ' ὁμίλῳ,
> αὐτὸς δὲ κλάγξας πέτετο πνοιῇς ἀνέμοιο.

> Denn es kam ihnen ein Vogel entgegen, als sie ihn [sc. einen Graben] durchqueren wollten, ein hochfliegender Adler, der das Volk nach links drängend einschloss und eine ungeheure blutrote Schlange in seinen Klauen trug, die noch lebte und zuckte und noch nicht den Kampf aufgegeben hatte, denn sie schlug ihn, der sie hielt, gegen die Brust beim Hals, nachdem sie sich nach hinten gewunden hatte; und er ließ sie von sich zu Boden fallen vor lauter Schmerz, warf sie aber mitten in die Menge und flog selbst kreischend weg mit dem Wehen des Windes.

Später findet sich das Motiv auch in Vergils *Aeneis*:[74]

> utque volans alte raptum cum fulva draconem
> fert aquila implicuitque pedes atque unguibus haesit,
> saucius at serpens sinuosa volumina versat
> arrectisque horret squamis et sibilat ore
> arduus insurgens, illa haud minus urget obunco   755
> luctantem rostro, simul aethera verberat alis.

> Und wie ein gelblicher Adler hoch fliegend eine erbeutete Schlange trägt und seine Füße herumgewickelt und mit den Klauen sich in ihr verfangen hat, aber die verwundete Schlange bauschige Krümmungen windet und mit den hochgehaltenen Schuppen emporstarrt und mit dem Mund zischt, während sie sich steil erhebt, jener [sc. Adler] ihr, die kämpft, mit seinem gebogenen Schnabel nicht weniger zusetzt und zugleich mit seinen Flügeln die Luft bewegt.

Wenn Quintus nun antwortet, dass die Eiche noch Bestand hat und immer Bestand haben wird, da sie das Produkt von Ciceros Imagination ist, dann steht für Quintus fest, dass sein Bruder die Eiche fingiert hat.[75] Die behauptete Unsterblichkeit der Eiche erklärt sich dadurch, dass sie als Gegenstand der Literatur ohne Entsprechung in der Realität die Zeiten überdauern wird. Daher wird der bekannte

---

73 Hom. Il. 12,200–207.
74 Verg. Aen. 11,751–756. Für weitere Parallelen vgl. Pease (1963) 290 ad loc.
75 Vgl. teilweise Woodman (2012) 3, dem zufolge diese Aussage möglicherweise, aber nicht zwangsläufig bedeutet, dass Cicero nie eine wirkliche Eiche beschrieben hat.

Topos des langanhaltenden oder ewigen Nachruhms des Autors auf einen Gegenstand des Werkes angewendet.

Mit Atticus' Nachfrage, inwiefern die dichterischen Produkte dauerhafter als die landwirtschaftlichen Produkte sind, bekommt die Diskussion einen etwas allgemeineren Charakter.[76] Die Antwort des Dichters Quintus, dass es an diesem Ort immer eine Eiche geben wird, die man die Marianische Eiche nennen wird, gibt der Unsterblichkeit der Eiche eine neue Wendung, wobei wiederum die Topik des Nachruhms zum Einsatz kommt. Die fiktive Eiche erhält nun eine Entsprechung in der Realität, wie sie Atticus zu Beginn des Gesprächs ins Spiel gebracht hat, obwohl sie – zumindest Quintus zufolge – ursprünglich keine Entsprechung in der Realität hatte. Statt dass die Realität auf die literarische Darstellung einwirkt, übt die literarische Fiktion einen immerwährenden Einfluss auf die Wirklichkeit aus.

Wenn Quintus auf den vermeintlich ewigen Ölbaum auf der Akropolis und auf die Palme auf Delos verweist, bekräftigt er den Gedanken, dass die literarische Fiktion einen immerwährenden Einfluss auf die Wirklichkeit ausgeübt hat und ausübt: Auch heute noch (zum Zeitpunkt des Gesprächs) halten Menschen diese Gewächse für diejenigen, die Herodot und Homer dargestellt haben, obwohl es biologisch unmöglich ist.[77]

Da Atticus genaueren Aufschluss über das Verhältnis zwischen dichterischer Darstellung und Wirklichkeit erhalten möchte, wendet er sich nun an den Autor des *Marius*, an Cicero selbst. Der zweite Teil von Atticus' Doppelfrage (*an ita factum de Mario, ut scribis, acceperis*) ist vermutlich so zu verstehen, dass Atticus Cicero fragt, ob er der Aufgabe des Historikers gerecht geworden ist, Geschehenes niederzuschreiben, wie u. a. Aristoteles dessen Aufgabe in Abgrenzung zu derjenigen des Dichters, das Mögliche darzustellen, beschrieben hat.[78] Dabei ist die Perfektform von *accipere* hier nahezu gleichbedeutend mit einem *Verbum sciendi*,[79] wobei der Prozess des Erfahrens mitschwingt („in Erfahrung gebracht haben,

---

[76] Woodman (2012) 4 Fußn. 12 wendet gegen Krebs (2009) 95, dem zufolge Atticus an dieser Stelle Quintus bittet, den Inhalt von Ciceros Epos näher anzugeben, ein, dass Atticus' Frage von allgemeiner Natur ist, wie die Pluralformen (*poetae serunt*) zeigen. In der Tat ist Atticus' Frage von allgemeiner Natur. Das weitere Gespräch wird aber nicht auf allgemeiner Ebene fortgeführt, sondern schwankt zwischen der Einzelfallbetrachtung (Ciceros *Marius*) und dem allgemeinen Wesen der Dichtung.
[77] Zum Ölbaum vgl. Herodot, 8,55; Paus. 1,27,2; zur Palme vgl. Hom. Od. 6,162f.; vgl. auch Dyck (2004) 61 ad Cic. leg. 1,2; Woodman (2012) 4f. Fußn. 13.
[78] S. das Kapitel 4.4 dieser Arbeit; vgl. Krebs (2009) 95.
[79] Vgl. das Perfekt von ähnlichen Verben (z. B. *audivisse*) i.S.v. *scire* bei Burkard/Schauer (2012) 639; vgl. ferner ib. S. 308 für *accepimus* i.S.v. „(wir haben vernommen) man weiß"; vgl. Cic. de orat.

wissen").⁸⁰ Ob der Präpositionalausdruck *de Mario* eine freie Angabe bildet („was […] betrifft") oder als Ergänzung zu *fieri* aufzufassen ist, kann nicht entschieden werden.⁸¹

Ciceros Gegenfrage, ob Atticus an Romulus' Epiphanie und an Orithyias Entführung durch Aquilo glaubt, stellt die Geschichte von Marius' Omen (zumindest das Detail der Eiche) in eine Reihe mit jenen fiktionalen (zumindest unwahren) Erzählungen. Die Geschichte von Romulus' Epiphanie erinnert an den Romulus-Mythos im zweiten Buch von *De re publica*.⁸² Während dort jedoch einige Ereignisse aus dem Leben des Romulus in den Bereich der Legende verwiesen werden, werden an dieser Stelle Ereignisse, die nach seinem Tod stattgefunden haben sollen und folglich umso fragwürdiger sind, als unglaubwürdig hingestellt.⁸³ Orithyias Entführung durch den Wind Aquilo wird von Platon im

---

2,55: *namque et Herodotum illum, qui princeps genus hoc ornavit, in causis nihil omnino versatum esse accepimus.*

80 Woodman (2012) 6 Fußn. 15 wendet gegen Krebs' (2009) 95 Übersetzung („or were you following a tradition that this incident happened to Marius as you describe it?") ein, dass es sinnvoller ist anzunehmen, dass *accipere* den Gegensatz zwischen Erfindung und Realität bezeichnet und nicht denjenigen zwischen Erfindung und Tradition; vgl. auch Krebs (2009) 97 Fußn. 33: „Atticus asked whether Marcus' poetical account was based on *accepta* […]."; ähnlich Dyck (2004) 62 ad Cic. leg. 1,3: „[sc. Atticus inquires] whether his account rests upon tradition or poetic fancy […]." Hierin ist Woodman zuzustimmen, wenngleich der Aspekt des Erfahrens nicht vollständig ausgeblendet werden kann. Atticus' Frage lautet also vereinfacht gesagt: „Hast du die Eiche erfunden oder nicht?" Woodmans (2012) 6 Ansicht, dass Atticus stattdessen eine fundamentalere Frage stellt, ist nicht ganz verständlich.

81 Dyck (2004) 63 ad Cic. leg. 1,3 erklärt *de Mario* als Ergänzung zu *fieri*. Woodman (2012) 5 übersetzt den Teilsatz – kaum verständlich – folgendermaßen: „[…] or whether your understanding was that Marius' experience was as you describe it." Für die freie Angabe vgl. Cic. Att. 12,52,3: *de lingua Latina securi es animi*. Zweifelhaft ist Verr. II 3,45: *quod quidem, iudices, nullo umquam de homine factum est, ut absens accusaretur ab iis palam quorum in bona liberosque summum imperium potestatemque haberet.*

82 Vgl. Cic. rep. 2,18–20. Wenn Borzsák (1975) 29–32 die Romulus-Proculus-Geschichte in *De re publica* im Vergleich zu der Darstellung in *De legibus* als ganz anders bewertet und mit dem veränderten Verhältnis zwischen Cicero und (Julius) Caesar begründet, übertreibt er wohl die Unterschiede zwischen den beiden Schilderungen; vgl. Dyck (2004) 64 Fußn. 31 ad Cic. leg. 1,3. Außerdem muss berücksichtigt werden, dass in *De legibus* explizit die dichterische Fiktion besprochen wird, also dichterische Fiktionen anerkannt werden, wohingegen in *De re publica* der Fokus auf der Fragestellung liegt, welche Elemente der Romulus-Überlieferung als wahr und welche als falsch anzusehen sind. Zum Romulus-Mythos in *De re publica* vgl. Asmis (2014) und Zetzel (1995) ad loc.

83 Es wird darüber spekuliert, dass Ennius das Treffen zwischen Romulus und Proculus geschildert hat; vgl. Dyck (2004) 64 ad Cic. leg. 1,3; Krebs (2009) 97.

Phaidros in der Form geschildert, dass Phaidros Sokrates fragt, ob er an diese Erzählung glaubt.[84]

Aufgrund der Tatsache, dass Cicero Atticus davon abhalten möchte,[85] allzu kritische Fragen über dasjenige zu stellen, was dichterisch überliefert worden ist (*ne nimis diligenter inquiras in ea quae isto modo memoriae sint prodita*),[86] werden die genannten Geschichten von Cicero nicht als falsche Erzählungen kritisiert, sondern als fiktionale Erzählungen anerkannt.

Atticus gibt sich aber mit Ciceros Rechtfertigung (Dichtern ist es erlaubt zu fingieren) nicht zufrieden. Wenn er sagt, dass viele Passagen im *Marius* unter Fiktionsverdacht (zumindest Falschheitsverdacht) stehen und mehrere Leute von Cicero eine wahre Darstellung fordern, problematisiert er das Verhältnis zwischen dichterischer Darstellung und Wirklichkeit auf einer weiteren Stufe. Atticus würde einen fiktionalen Bericht akzeptieren, wenn es sich um Ereignisse handeln würde, die weit zurückliegen. Da aber mit Marius eine lokale Person, die erst kürzlich verstorben ist, die zentrale Figur des Epos ist, betrachtet Atticus ebenso wie andere Leute Ciceros Epos unter Vorbehalt. Der Kontext deutet also darauf hin, dass Atticus an dieser Stelle über illegitime Falschheit und nicht neutral über Fiktion spricht.

Die Tatsache, dass Atticus dieses Argument benutzt, ist keineswegs überraschend, da das historische Epos als Form der Geschichtsschreibung aufgefasst wurde, wie die Einteilung der Erzählung in *De inventione* zeigt. Denn als Beispiel für die Erzählgattung *historia* wählt Cicero einen Vers aus Ennius' historischem Epos der Annalen.[87] Die Gemeinsamkeit zwischen dem historischen Epos und der Geschichtsschreibung war nach antikem Empfinden größer als die Nähe des historischen Epos zu fiktionalen Erzählgattungen.[88]

---

84 Vgl. Plat. Phaidr. 229c: ἀλλ' εἰπὲ πρὸς Διός, ὦ Σώκρατες, σὺ τοῦτο τὸ μυθολόγημα πείθῃ ἀληθὲς εἶναι;
85 Es besteht kein Anlass, in der überlieferten Frage *Quorsum tandem aut cur ista quaeris?* die Worte *aut cur* zu athetieren, wie es Powell (2006) 158 im Anschluss an Maas tut und Dyck (2004) 65 ad Cic. leg. 1,4 verteidigt. *Quorsum* ist entweder als synonymes Fragepronomen zu *cur* zu verstehen („wozu"). Oder das Fragepronomen trägt die Bedeutung „wohin", und es liegt eine Ellipse vor („worauf willst du denn hinaus?"). Für die Ellipse vgl. Cic. off. 3,67: *quorsus haec* [sc. *pertinent*]?
86 Der Ablativ *isto modo* bezieht sich auf die Darstellungen der Dichter und greift Atticus' anfängliche Frage wieder auf (*Quo tandem modo, Quinte? Aut quale est istuc quod poetae serunt?*); vgl. Woodman (2012) 6.
87 S. die Kapitel 4.7.1 und 4.7.1.1 dieser Arbeit.
88 Zu Fakten und Fiktionen im römischen historischen Epos vgl. Manuwald (2014). Wenn Woodman (2012) 7 zu dieser Stelle bemerkt, dass Ciceros Leser wissen möchten, wie viele *fabulae* im *Marius* enthalten sind, und auf einschlägige Stellen verweist, an denen Cicero über *fabulae*

Cicero gibt nun Atticus die Antwort, dass diejenigen, die von ihm eine wahre Darstellung einfordern, einem Missverständnis unterliegen. Wenn er in diesem Zusammenhang den Wunsch äußert, nicht als *mendax* zu gelten, trägt das Wort eindeutig die Bedeutung „Lügner": Cicero möchte nicht, dass seine Leser ihn als Lügner betrachten. Aber die Diskursform und – um den Begriff vorwegzunehmen – deren Gesetze (*leges*, § 5) sind eben das, was zur Diskussion steht, wie Cicero deutlich macht, wenn er seine Kritiker mit dem Argument zurückweist, dass sie unangemessenerweise in dieser Situation nicht wie von einem Dichter, sondern wie von einem Zeugen (vor Gericht)[89] die Wahrheit einfordern.[90] Dieser Gedanke wird später von Ovid aufgegriffen, der in den *Amores* von seinen Lesern einfordert, dass man Dichtern nicht wie Zeugen zuhören soll (*Nec tamen ut testes mos est audire poetas*), und 21 tollkühne Fiktionen aufzählt.[91]

Die Bedeutung von *periculum* hat der Forschung Probleme bereitet und zu vielfachen Übersetzungen und Emendationen geführt.[92] Angesichts des Kontextes sollte man *periculum* als die Gefahr eines Missverständnisses auffassen: aufgrund

---

(*fictae*) spricht (inv. 1,27; fin. 5,52 und 64), muss man auf die Polysemie des Begriffes *fabula* hinweisen. Denn wenn der Terminus *fabula* hier verwendet werden würde, würde er nicht diejenige Bedeutung tragen, die das Wort in der Einteilung der Erzählung in De inventione hat, wo es eine unwahrscheinliche, wenn nicht sogar unmögliche Fiktion bezeichnet; s. die Kapitel 4.7.1 und 4.7.1.1 dieser Arbeit. Wenn man mit Bezug auf Ciceros Epos von möglichen *fabulae* spricht, dann darf man nur die allgemeinere Bedeutung einer fiktiven Geschichte postulieren.

89 Die Bedeutung von *testis* ist umstritten. Nach Krebs (2009) 99 f. kann Atticus' voriger Hinweis, dass mit Marius eine lokale Person, die erst kürzlich verstorben ist, die zentrale Figur des Epos ist, so verstanden werden, dass Atticus Cicero als *testis* im Sinne einer Person beschreibt, die über Wissen aus erster Hand (aufgrund von Autopsie) verfügt; vgl. OLD s.v. *testis* 5. Wenn Cicero nun aber antwortet, dass man ihn nicht als *testis* ansehen dürfe, sondern als Dichter betrachten solle, trage *testis* die Bedeutung eines Zeugen vor Gericht; vgl. OLD s.v. *testis* 2. Woodman (2012) 8 hingegen sieht die Bedeutung von *testis* eher darin, dass ein Zeuge im Sinne eines Historikers gemeint ist, der durch Autopsie Beobachtungen anstellt. Der Kontext (man bedenke die spätere Verwendung des Begriffs *leges*) spricht aber eher für die juristische Bedeutung von *testis*. Denn wenn Cicero fordert, dass man ihn als Dichter und nicht als *testis* auffassen soll, würde er seinen Rang als Historiker (genauer gesagt: als Verfasser eines historischen Epos) beträchtlich schmälern, wenn er das Prinzip der Autopsie zurückweisen würde.
90 Vgl. Don. Ter. Eun. 1,2,24 Wessner (1902) 288, wo Donat die Sprachhandlung, etwas Falsches zu sagen, dem Lügner zuweist und von der Sprachhandlung, etwas Fiktives zu sagen, abgrenzt: *Falsum loqui mendacis est, fictum callidi* (s. das Kapitel 6.4 dieser Arbeit).
91 Vgl. Ov. am. 3,12,19; für die 21 fiktiven Geschichten vgl. V. 21–41; s. das Kapitel 7.1.5 dieser Arbeit.
92 Vgl. Dyck (2004) 66 ad loc. („that trial of yours") und Powells (2006) 159 Apparat, der *periculo* hält und als *periculo* [sc. *ne mendax putetur*] erklärt. Krebs (2009) 99 scheint anzunehmen, dass *periculum* „legal procedures" bedeutet. Woodman (2012) 8 übersetzt das Wort mit „enquiry". Der Georges (s.v. *periculum* I 2) nimmt einen Bezug auf das Werk an und schlägt die übertragene Bedeutung „Probeschrift" vor.

der unwahren Elemente könnte man gegen den Autor den Vorwurf der Lüge erheben. Cicero nimmt aber für sich in Anspruch, legitimen Gebrauch von der literarischen Fiktion gemacht zu haben. Die Gefahr liegt also darin, dass die Gesetze der Dichtung (vgl. § 5) nicht berücksichtigt werden.[93] Gleichzeitig wird angesichts der Tatsache, dass *testis* einen juristischen Kontext evoziert und auch *mendax* sowie *veritatem exigere* so verstanden werden können, imaginiert, dass einige Leser Cicero vor Gericht anklagen und von ihm eine wahre Zeugenaussage verlangen. Auf diese Weise wird das Thema des Dialogs antizipiert.[94]

Krebs zufolge enthält der Relativsatz *qui in isto periculo non ut a poeta sed ut a teste veritatem exigant* ein Zeugma und ist nicht so zu verstehen, dass Cicero wie Aristoteles für eine eigene poetische Wahrheit plädiert, sondern so, dass er das Kriterium der Wahrheit als irrelevant für die Dichtung zurückweist.[95] Zwischen diesen beiden Alternativen besteht jedoch kein nennenswerter Unterschied. Außerdem spricht Aristoteles im neunten Kapitel der Poetik der Dichtung nicht ihre eigene Wahrheit zu, wie Krebs im Anschluss an Rösler behauptet.[96] Was das mögliche Zeugma betrifft, lohnt es sich darüber nachzudenken, ob der Satz vollständig z. B. *qui in isto periculo non ut a poeta* [sc. *expositionem*] *sed ut a teste veritatem exigant* lauten würde. Auch wenn diese Möglichkeit in Betracht kommt, spricht das wiederholte *ut* eher dafür, dass kein derartiges Zeugma vorliegt.

Außer mit dem Argument der falschen Einstellung gegenüber der Dichtung weist Cicero seine Kritiker mit dem Argument zurück, dass sie mit zweierlei Maß messen, wenn er den Gedanken ausdrückt, dass er nicht daran zweifelt, dass dieselben Leute glauben, dass sich Numa mit Egeria unterhalten hat und ein Adler Tarquinius Priscus die Kappe aufgesetzt hat. Diese beiden fiktiven Geschichten aus der Frühzeit Roms werden von Ennius geschildert.[97] Über den genauen Grund, warum Cicero den Bericht, dass sich Numa mit Egeria unterhalten hat, anzweifelt, lässt sich nur spekulieren. Vermutlich entspricht es nicht seiner Überzeugung, dass eine Nymphe einem Sterblichen Ratschläge erteilt oder sogar mit ihm verheiratet ist.[98] Die Überlieferung, dass ein Adler Tarquinius Priscus eine Kappe

---

[93] Powells (2006) 159 Erklärung (s. die vorige Fußn.) dürfte also die beste Lösung sein.
[94] Vgl. Krebs (2009) 99.
[95] Vgl. Krebs (2009) 99 Fußn. 44, der Dyck (2004) 65 f. ad loc. widerspricht, wenngleich Dyck lediglich auf die Aristotelesstelle (Poet. 1451a36–37) verweist.
[96] Vgl. Rösler (1980) 310; s. S. 14 und 34 f. Zum neunten Kapitel der Poetik s. das Kapitel 4.4 dieser Arbeit.
[97] Vgl. Enn. ann. fr. 113 (vermutlich aus Buch 2) und 138–140 (vermutlich aus Buch 3) Skutsch (1985) 264 f. und 295–297.
[98] Vgl. Isokr. Euag. 9 f., wo Isokrates u. a. Gespräche zwischen Göttern und Menschen als Fiktionen einstuft; s. das Kapitel 7.1.2 dieser Arbeit. Zur Ehe von Numa und Egeria vgl. Ov. fast. 3,275 f.: *Egeria est quae praebet aquas, dea grata Camenis: / illa Numae coniunx consiliumque fuit.*

aufgesetzt hat, weist Cicero wohl deshalb zurück, weil es unwahrscheinlich, wenn nicht sogar unmöglich ist, dass sich ein Tier so verhält.

Ciceros Argument ist offenkundig, dass es sich um unwahre Geschichten handelt. Er selbst betrachtet sie wahrscheinlich als fiktive Geschichten, wie sein voriges Argument der falschen Einstellung gegenüber der Dichtung deutlich macht. Seinen Kritikern wirft er vor, nicht nur die pragmatische Dimension der Dichtung zu verkennen, sondern unterstellt ihnen auch, das Kriterium der Unwahrheit, das die Voraussetzung zur Einstufung als fiktionale Erzählung bildet, nicht konsequent anzuwenden: Wenn sie seine Darstellung des Omens und andere Passagen in Frage stellen, dürften sie auch den Geschichten über Numa und Egeria sowie Tarquinius Priscus und den Adler keinen Glauben schenken.

Möglicherweise spielt Cicero an dieser Stelle sogar bewusst auf Ennius an, wenn er die beiden genannten Geschichten aus der Frühzeit Roms erwähnt. Sollte es sich um eine bewusste Ennius-Anspielung handeln, wären diese Parallelen äußerst signifikant, da die Annalen zu derselben literarischen Gattung gehören wie Ciceros *Marius* (historisches Epos). Ciceros Argument wäre dann, dass im historischen Epos zwar im Kern ein historisches Geschehen dargestellt wird, dass aber einige Details erfunden sein können. Folglich sollte man einige Geschichten bzw. Details, die Ennius schildert, ebenso als fiktiv ansehen, wie man es im Fall des *Marius* tun darf.

Wenn Quintus nun Ciceros eher implizite Andeutungen dahingehend zusammenfasst, dass in der Geschichtsschreibung andere Gesetze eingehalten werden müssen als in der Dichtung (*Intellego te, frater, alias in historia leges observandas putare, alias in poemate*), gibt er treffend dessen Standpunkt wieder, wie auch die folgende Antwort zeigt. Die Tatsache, dass erstmalig die Geschichtsschreibung genannt und für eine Gegenüberstellung mit der Dichtung benutzt wird, ergibt sich organisch aus dem bisherigen Verlauf des Gesprächs, da die Historizität dessen, was im Marius dargestellt wird, das beherrschende Gesprächsthema war, was sich unter anderem darin zeigt, dass Atticus Ciceros Epos nach denjenigen Regeln interpretiert hat, die für die Geschichtsschreibung gelten.[99] Außerdem gilt die Geschichtsschreibung im antiken Fiktionalitätsdiskurs als diejenige Gattung, in der die Wahrheit dargestellt wird, so dass sie sich wie keine andere Gattung dazu eignet, um die Fiktionalität der Dichtung anhand des

---

99 Krebs (2009) 100 und Woodman (2012) 9 mit Fußn. 22 zufolge ist zumindest auf den ersten Blick nicht klar, warum die Geschichtsschreibung erwähnt wird. Sie erklären diesen Umstand im Wesentlichen damit, dass die Geschichten über Numa und Tarquinius Priscus, die vermutlich historisch überliefert seien, die Erwähnung der Geschichtsschreibung vorbereitet haben.

Unterschieds zwischen der Dichtung und der Geschichtsschreibung deutlich zu machen.[100]

Bei der Formulierung, dass in der Geschichtsschreibung andere Gesetze eingehalten werden müssen als in der Dichtung, ist fraglich, ob sie die Fiktion aus produktionsorientierter Sicht (der Verfasser eines fiktionalen Textes muss bzw. darf andere Gesetze einhalten als der Historiker) oder aus rezeptionsorientierter Sicht (der Leser eines fiktionalen Textes muss andere Gesetze einhalten als der Leser eines faktualen Textes) beschreibt oder ob sie das Phänomen der Fiktion als Übereinkunft zwischen dem Textproduzenten und dem -rezipienten beschreibt. Die dritte Möglichkeit ist aber am wahrscheinlichsten, da Cicero zuerst (produktionsorientiert) davon sprach, nicht als Lügner gelten zu wollen, dann (rezeptionsorientiert) seinen Lesern die falsche Einstellung zur Dichtung sowie Doppelzüngigkeit vorgeworfen hat und da Ciceros folgende Antwort (ebenfalls) nicht auf einen einzelnen Theorieort reduziert werden kann.[101]

Abgesehen davon, dass Ciceros Antwort (*Quippe cum in illa ad veritatem, Quinte, referantur, in hoc ad delectationem pleraque*) seine Zustimmung zu Quintus' Äußerung zeigt,[102] werden in ihr die zentralen Wirkabsichten der dichterischen Fiktion (Unterhaltung) bzw. der Historiographie (Mitteilung der Wahr-

---

100 Vgl. Arist. Poet. 1451a36–b5, wo ebenfalls die Geschichtsschreibung eingeführt wird und gleichzeitig die Gedanken zur Beschaffenheit (v. a. Einheit) des dichterischen Werkes fortgeführt werden; s. das Kapitel 4.4 dieser Arbeit. Vgl. schon Isokrates (Euag. 9 f.), der die Dichtung der Prosa gegenüberstellt; s. das Kapitel 7.1.2 dieser Arbeit.
101 Zu den unterschiedlichen Theorieorten s. die einleitenden Bemerkungen zu Kapitel 2 (S. 37) sowie das Kapitel 2.3.1 dieser Arbeit.
102 Krebs (2009) 102 zufolge trägt *quippe* eine ironische Nuance: „Thus, when Quintus asks about the different laws of the genres, he just about misses his brother's point, which is why the latter can dismiss the former's comment with an ironic *quippe*." Diese Ansicht lässt sich kaum halten (vgl. Woodman [2012] 9 Fußn. 23). Denn es ist nicht ersichtlich, warum das Wort hier nicht die übliche Funktion erfüllt, eine relativ offensichtliche Antwort zu markieren. Krebs behauptet, dass Ciceros definierende Gegenüberstellung von Dichtung und Geschichtsschreibung nicht offensichtlich aus dem zuvor Gesagten hervorgeht. Aber da die Historizität dessen, was im *Marius* dargestellt wird, das beherrschende Gesprächsthema war und Ciceros Andeutungen implizit das ausgesagt haben, was Quintus zusammengefasst hat, liegt in der Tat eine Bejahung einer Offensichtlichkeit vor. Die Annahme einer ironischen Bedeutung von *quippe* würde dazu führen, dass Cicero nicht sagen wollte, dass die Wahrheit das grundlegende Kriterium für die Geschichtsschreibung darstellt, sondern dass dies Quintus' naive Ansicht ist, die Cicero korrigiert. Aber dann würde man erwarten, dass die definierende Gegenüberstellung von Dichtung (Unterhaltung) und Geschichtsschreibung (Wahrheit) nicht von Cicero, sondern von Quintus geäußert wird und Cicero sie (z. B. in dem *quamquam*-Satz) korrigiert. Außerdem spricht der weitere Verlauf des Gesprächs dafür, dass kein Missverständnis vorgelegen hat, da ein neuer Aspekt besprochen wird.

heit) erwähnt. Dabei stehen die beiden Wirkabsichten nicht in dem vollkommen ausschließenden Gegensatz, dass das Ziel der dichterischen Fiktion ausschließlich in der Unterhaltung liegt und dasjenige der Historiographie ausschließlich in der Vermittlung der Wahrheit,[103] wenngleich der erste Teil des Satzes textkritisch umstritten ist.[104]

Die Ansicht, dass das Ziel der Dichtung (vornehmlich) in der Unterhaltung und das Ziel der Geschichtsschreibung (vornehmlich) in der Mitteilung der Wahrheit liegt, ist im antiken Fiktionalitätsdiskurs bzw. im Diskurs über die Theorie der Geschichtsschreibung eine traditionelle Auffassung. Thukydides spricht davon, dass seine Darstellung der Kriegsgeschehnisse für einen öffentlichen Vortrag wahrscheinlich zu wenig unterhaltsam ist, da ihr sagenhafte Erzählungen fehlen.[105] Nach Aristoteles wirkt die Dichtung auch in der Weise, dass sie die Rezipienten erfreut.[106]

Auch bei Cicero selbst finden sich weitere Stellen, an denen über die Wirkabsichten der dichterischen Fiktion und der Historiographie gesprochen wird.[107] So diskutieren die Unterredner im zweiten Buch von *De oratore* über die Aufgaben der Geschichtsschreibung. Auch wenn Catulus an die Historiker nur die Anforderung stellt, nicht die Unwahrheit zu sagen (*satis est non esse mendacem*),[108] und Antonius die Geschichtsschreibung u. a. als Verkünderin der Wahrheit rühmt:[109]

---

103 Vgl. Polyb. 15,36,3, der Nutzen und Unterhaltung als Wirkziele der Literatur und insbesondere der Geschichtsschreibung betrachtet; s. S. 265. Vgl. auch Agatharchides (GGM I 8 p. 117 Müller [1882]): πᾶς ποιητὴς ψυχαγωγίας ⟨μᾶλλον⟩ ἢ ἀληθείας ἐστὶ στοχαστής; s. das Kapitel 7.1.8.1 dieser Arbeit (S. 523f.).
104 Im ersten Teil des Satzes ergänzen die modernen Herausgeber ein Wort für „alles" (z. B. *omnia*), wobei die Wahl und die Stellung des Wortes umstritten sind; vgl. Powells (2006) 159 Apparat; Dyck (2004) 68 ad loc. Die Deutung der Aussage wird durch dieses textkritische Problem im Grunde genommen nicht berührt. Denn unabhängig von der Frage, ob im ersten Teil des Satzes *pleraque* oder das ergänzte Wort für „alles" das Subjekt ist, ist die Gesamtaussage, dass in der Geschichtsschreibung die Hauptintention die Vermittlung der Wahrheit ist, eine untergeordnete Intention aber im Erzeugen von Unterhaltung besteht. Wenn man *pleraque* als das Subjekt auffasst, ist dies die explizite Gesamtaussage. Wenn man ein Wort für „alles" suppliert, wird aus dem folgenden Satz, der mit *quamquam* beginnt, deutlich, dass sich die Wirkabsicht der Geschichtsschreibung nicht in der Vermittlung der Wahrheit erschöpft. Da der überlieferte Satz den geforderten Sinn ergibt, sollte man auf eine Supplierung verzichten.
105 Vgl. Thuk. 1,22,4: καὶ ἐς μὲν ἀκρόασιν ἴσως τὸ μὴ μυθῶδες αὐτῶν ἀτερπέστερον φανεῖται; s. das Kapitel 4.2.1 dieser Arbeit.
106 Vgl. Arist. Poet. 1451b21–23; s. das Kapitel 4.4 dieser Arbeit.
107 Vgl. Dyck (2004) 68f. ad loc.
108 Vgl. Cic. de orat. 2,51.
109 Cic. de orat. 2,36.

> Historia vero testis temporum, lux veritatis, vita memoriae, magistra vitae, nuntia vetustatis [...]
>
> Die Geschichtsschreibung aber, die Zeugin der Zeiten, das Licht der Wahrheit, das Leben der Erinnerung, die Lehrerin des Lebens, die Botin der alten Zeit [...].

treffen sie sich darin, dass die Vermittlung der Wahrheit das zentrale Kriterium der Geschichtsschreibung ist. Andererseits gibt Antonius ebenfalls im zweiten Buch von *De oratore* zu, dass von Herodot eine unterhaltende Wirkung ausgeht:[110]

> tanta est eloquentia, ut me quidem, quantum ego Graece scripta intellegere possum, magno opere delectet.
>
> Er besitzt so große Eloquenz, dass er zumindest mich, soweit ich auf Griechisch verfasste Texte verstehen kann, sehr erfreut.

Auch im Lucceius-Brief, in dem Cicero seinen Freund dazu bewegen möchte, ein enkomiastisches Geschichtswerk über die Zeit von der Catilinarischen Verschwörung bis zu seiner Rückkehr zu verfassen,[111] wird das Vergnügen als eine Wirkung der Geschichtsschreibung bezeichnet:[112]

> Multam etiam casus nostri varietatem tibi in scribendo suppeditabunt plenam cuiusdam voluptatis, quae vehementer animos hominum in legendo tuo scripto retinere possit; nihil est enim aptius ad delectationem lectoris quam temporum varietates fortunaeque vicissitudines: quae etsi nobis optabiles in experiendo non fuerunt, in legendo tamen erunt iucundae, habet enim praeteriti doloris secura recordatio delectationem; ceteris vero nulla perfunctis propria molestia, casus autem alienos sine ullo dolore intuentibus etiam ipsa misericordia est iucunda. Quem enim nostrum ille moriens apud Mantineam Epaminondas non cum quadam miseratione delectat? [...] si vero exitu notabili concluduntur, expletur animus iucundissima lectionis voluptate.
>
> Auch unsere Schicksalsschläge werden dir beim Schreiben viel Abwechslung bereiten, die voll von einem gewissen Vergnügen ist, das die Menschen, wenn sie dein Werk lesen, stark im Bann halten kann. Denn für die Unterhaltung des Lesers ist nichts angemessener als abwechslungsreiche Zeiten und die Unwägbarkeiten des Schicksals. Auch wenn diese uns, als wir damit konfrontiert waren, nicht wünschenswert waren, so werden sie dennoch beim Lesen angenehm sein. Denn die sorgenlose Erinnerung an einen vergangenen Schmerz ist unterhaltsam. Den übrigen aber, die keine eigene Beschwernis überstanden haben, die fremden Schicksalsschläge aber ohne jeden Schmerz betrachten, ist sogar das Mitleid selbst angenehm. Denn wen von uns erfüllt jener bei Mantinea sterbende Epaminondas nicht mit einem gewissen Mitgefühl und mit Freude? [...] Wenn aber [sc. die Schicksalsschläge eines

---

110 Cic. de orat. 2,55. Vgl. auch ib. 59: *non ego utilitatem aliquam ad dicendum aucupans horum* [sc. *historicorum*] *libros et non nullos alios, sed delectationis causa, cum est otium, legere soleo.*
111 Vgl. Cic. fam. 5,12,4; zu diesem Brief s. auch das Kapitel 4.2.2 dieser Arbeit (S. 166).
112 Cic. fam. 5,12,4f.

herausragenden Mannes] mit einem bemerkenswerten Tod abgeschlossen werden, wird man von einem äußerst angenehmen Lesegenuss erfüllt.

In ähnlicher Weise wird im fünften Buch von *De finibus* gesagt, dass von der Geschichtsschreibung sowohl eine nützliche als auch eine unterhaltende Wirkung ausgeht, und zwar in der Form, dass der Fokus auf dem Vergnügen liegt und nachgetragen wird, dass die Historiographie auch nützlich ist.[113]

Durch die (die Diskussion über die Fiktionalität der literarischen Darstellung abschließende) Aussage, dass sich bei Herodot, dem Vater der Geschichtsschreibung, und bei Theopomp unzählige *fabulae* finden,[114] werden deren fiktive Geschichten anerkannt.[115] Wenn Cicero daher diese beiden Beispiele für die frühe griechische Geschichtsschreibung so definiert, dass sie bis zu einem bestimmten Ausmaß fiktive Geschichten enthalten, ist hiermit implizit ausgesagt, dass auch und erst recht das Epos (der *Marius*) als dichterische Darstellung eines historischen Geschehens fiktive Geschichten enthalten darf (*argumentum a minori*).[116]

Was die im Prolog zu *De legibus* erwähnten fiktiven Geschichten bei Herodot betrifft, gibt es eine aufschlussreiche Stelle in *De divinatione*, an der ein Beispiel für eine erfundene Geschichte genannt wird, die Herodot erzählt, und an der darüber hinaus Herodot und Ennius verglichen werden. An dieser Stelle wird über den Wahrheitsgehalt des doppeldeutigen Orakels diskutiert, dass Croesus ein großes Reich zerstören wird:[117]

---

113 Vgl. Cic. fin. 5,51; s. das Kapitel 4.1.1.1 dieser Arbeit (S. 139). Vgl. auch de orat. 2,62–64 (s. das Kapitel 4.2.2 dieser Arbeit, S. 164 f.).
114 Vgl. Strabo 1,2,35 (s. S. 171 f.), der neben Herodot und Theopomp auch Ktesias, Hellanikos und die Indienhistoriker als Verfasser von fiktiven Geschichten nennt.
115 Etwas anders Dyck (2004) 69 ad loc., dem zufolge *fabula* hier die Bedeutung einer Geschichte trägt, die zur Unterhaltung erzählt wird und deren Wahrheitsgehalt irrelevant ist (vgl. OLD s.v. *fabula* 4a). Anders: Krebs (2009) 102 f. mit Fußn. 54, der aufgrund der vorigen Verwendung von *mendax* erwägt, ob mit dem Begriff *fabula* der Vorwurf der Lüge verbunden ist, es aber für plausibler hält, dass der Begriff den verfehlten Versuch bezeichnet, die Wahrheit darzustellen (S. 103 Fußn. 54): „[...] I find it more plausible to understand Marcus as mentioning *fabulae* as a failed attempt at, rather than an intentional deviation from, the truth."
116 Vgl. teilweise Woodman (2012) 9 f. – mit dem möglichen Vorbehalt, dass Ciceros fiktive Geschichten weniger phantastisch zu sein scheinen als diejenigen, die sich bei Herodot und Theopomp finden: „Cicero's observation that Herodotus and Theopompus include in their works of history just the same kind of *fabula* which he himself included in his *Marius* is another gentle put-down. His point is that, since the criterion in historiography is *ueritas*, and since even some of the most famous historians resort to *fabulae*, he should not be criticized (as he was by Atticus' readers) for including *fabulae* in a genre where the criterion is not *ueritas* but *delectatio*."
117 Cic. div. 2,115 f.

Nam cum illa sors edita est opulentissumo regi Asiae:
„Croesus Halyn penetrans magnam pervertet opum vim"
hostium vim se perversurum putavit, pervertit autem suam. utrum igitur eorum accidisset, verum oraclum fuisset. Cur autem hoc credam umquam editum Croeso? Aut Herodotum cur veraciorem ducam Ennio? Num minus ille potuit de Croeso quam de Pyrrho fingere Ennius? Quis enim est, qui credat Apollinis ex oraclo Pyrrho esse responsum:
„aiio te, Aeacida, Romanos vincere posse"?
Primum Latine Apollo numquam locutus est; deinde ista sors inaudita Graecis est; praeterea Pyrrhi temporibus iam Apollo versus facere desierat; postremo, quamquam semper fuit, ut apud Ennium est,
„stolidum genus Aeacidarum
- bellipotentes sunt magis quam sapientipotentes -",
tamen hanc amphiboliam versus intellegere potuisset, „vincere te Romanos" nihilo magis in se quam in Romanos valere; nam illa amphibolia, quae Croesum decepit, vel Chrysippum potuisset fallere, haec vero ne Epicurum quidem.

Denn als der folgende Orakelspruch dem unglaublich reichen König Asiens mitgeteilt worden ist:
„Wenn Croesus den Halys durchschreitet, wird er ein großes und mächtiges Reich zerstören" glaubte er, dass er die Macht der Feinde zerstören werde, er zerstörte aber seine eigene. Welche der beiden Alternativen also eingetreten wäre, das Orakel wäre wahr gewesen. Warum aber sollte ich glauben, dass dies jemals Croesus kundgetan worden ist? Oder warum sollte ich Herodot für wahrhaftiger halten als Ennius? Konnte jener etwa weniger über Croesus fingieren als Ennius über Pyrrhus? Wen gäbe es nämlich, der glaubt, dass aus Apolls Orakel Pyrrhus geantwortet worden ist:
„Ich sage, dass du, Nachfahre des Aeacus, die Römer besiegen kannst [oder: dass dich, Nachfahre des Aeacus, die Römer besiegen können]."[118]
Zunächst einmal hat Apoll niemals Latein gesprochen; dann haben die Griechen nichts von diesem Orakelspruch gehört; außerdem hatte Apoll zu Pyrrhus' Zeiten schon aufgehört, Verse zu dichten. Schließlich: Obwohl es immer so war, wie es bei Ennius heißt,
„das dumme Geschlecht der Aeaciden, ihre Stärke liegt vielmehr im Krieg als in der Weisheit",
hätte es dennoch diese Doppeldeutigkeit des Verses verstehen können, dass *vincere te Romanos* nicht mehr für sich selbst als für die Römer gilt; denn jene Doppeldeutigkeit, die Croesus getäuscht hat, hätte sogar Chrysipp hinter's Licht führen können, diese aber [sc. des Pyrrhus-Orakels] nicht einmal Epikur.

Die Aussage, dass kein Grund besteht, Herodot für wahrhaftiger zu halten als Ennius, scheint der Tatsache zu widersprechen, dass im Prolog zu *De legibus* gesagt wurde, dass in der Geschichtsschreibung andere Gesetze gelten als in der Dichtung, und ein grundsätzlicher Unterschied dahingehend postuliert wurde,

---

118 Vgl. Enn. ann. fr. 167 (vermutlich aus Buch 6) Skutsch (1985) 333 f., der darauf hinweist, dass in den Handschriften *aio* überliefert ist, Cicero aber gewöhnlicherweise *aiio* schrieb, wie Quintilian berichtet (inst. 1,4,11: *Sciat* [sc. *grammaticus*] *etiam Ciceroni placuisse „aiio" „Maiiam"que geminata i scribere.*), und Ennius wahrscheinlich ebenfalls *aiio* geschrieben hat.

dass in der Geschichtsschreibung die Wahrheit dargestellt wird, wohingegen die Dichtung auf die Unterhaltung der Leser abzielt. Aber ein Widerspruch liegt nicht vor. Denn zum einen ist Herodot allgemein betrachtet neben Theopomp diejenige Ausnahme, der die Verwendung von fiktiven Geschichten im Prolog zu *De legibus* zugestanden wird. Somit könnte man durchaus – teilweise gegen Aristoteles – behaupten, dass, wenn man Herodots Geschichtswerk in Verse überführen würde, ein dichterisches Werk (historisches Epos) vorläge,[119] das mit demjenigen von Ennius (zumindest hinsichtlich des Fiktionsgrades) vergleichbar wäre. Zum anderen erklärt sich die Aussage, dass kein Grund besteht, Herodot für wahrhaftiger zu halten als Ennius, durch den Kontext, in dem zwei ähnliche (im Kern identische) Orakel, die sich bei Herodot bzw. Ennius finden, diskutiert werden.

Ob Cicero das von ihm selbst übersetzte Croesus-Orakel, das Herodot im ersten Buch schildert,[120] als literarische Fiktion (man bedenke den Gebrauch von *fingere*) oder als falsche Darstellung betrachtet, lässt sich nicht eindeutig sagen. Der Kontext zeigt, dass über falsche Orakel gesprochen wird.[121] Auch an dieser Stelle wird der Wahrheitsgehalt des Orakels angezweifelt, ohne dass es eindeutig als Teil einer literarischen Darstellung legitimiert wird. Da es aber möglich ist, dass das von Herodot geschilderte Orakel nur deshalb in den Kategorien von wahr und falsch behandelt wird, weil in dem philosophischen Dialog eben die Wahrhaftigkeit von Orakeln hinterfragt (und somit eine grundlegendere Frage gestellt) wird, spricht einiges dafür, dass das von Herodot geschilderte Orakel zwar als Fiktion angesehen wurde, aber an dieser Stelle nicht als solche analysiert wird.

Was die fiktiven Geschichten bei Theopomp betrifft, die Cicero im Prolog zu *De legibus* erwähnt, gewährt der Progymnasmatiker Theon einen Einblick, inwiefern der Historiker als Verfasser von fiktiven Geschichten gelten darf. Denn als ein Beispiel für die mythische Erzählung erwähnt Theon diejenige des Silen, der dem Phryger-König Midas in Theopomps *Philippika* (4. Jh. v. Chr.) eine phantastische Geschichte von einer fernen Welt erzählt. Offenbar handelte es sich hierbei

---

119 Aristoteles akzeptiert Herodots Werk nicht als Dichtung, da das Metrum für ihn als Kriterium irrelevant ist und das Werk kein menschliches Handeln schildert, das nach den Regeln der Wahrscheinlichkeit oder Notwendigkeit geschieht; vgl. Arist. Poet. 1451b2–4 (s. das Kapitel 4.4 dieser Arbeit).
120 Vgl. folgende Stellen aus dem ersten Buch von Herodot, an der er auf das Orakel anspielt: 53: Οἱ μὲν ταῦτα ἐπειρώτων, τῶν δὲ μαντηίων ἀμφοτέρων ἐς τὠυτὸ αἱ γνῶμαι συνέδραμον, προλέγουσαι Κροίσῳ, ἢν στρατεύηται ἐπὶ Πέρσας, μεγάλην ἀρχήν μιν καταλύσειν; 71; 75; 86; 91. Für den griechischen Hexameter vgl. Arist. rhet. 1407a39: „Κροῖσος Ἅλυν διαβὰς μεγάλην ἀρχὴν καταλύσει"; für weitere Stellen vgl. Pease (1963) 538f. ad loc.
121 Vgl. Cic. div. 2,115: *Tuis enim oraclis Chrysippus totum volumen implevit partim falsis, ut ego opinor, partim casu veris.*

um eine von mehreren Wundergeschichten, die das achte Buch von Theopomps Geschichtswerk konstituierten, das *Thaumasia* hieß.¹²²

7.1.4 Horaz, *Ars poetica*

In der *Ars poetica* des Horaz (65–8 v. Chr.) finden sich einige wenige Stellen, an denen sich der Autor zur literarischen Fiktion äußert. Charakteristisch für diese Stellen – ebenso wie für den gesamten antiken Fiktionalitätsdiskurs – ist der Umstand, dass die literarische Fiktion nicht das dominante Thema darstellt,¹²³ sondern anderen Aspekten wie der Einheit, Kohärenz und Plausibilität des künstlerischen Werkes untergeordnet ist.

Die Tatsache, dass die literarische Fiktion für Horaz eine Übereinkunft zwischen dem Autor eines fiktionalen Textes und seinen Rezipienten darstellt, erhellt v. a. aus dem Anfang des Werkes:¹²⁴

> Humano capiti cervicem pictor equinam
> iungere si velit et varias inducere plumas
> undique collatis membris, ut turpiter atrum
> desinat in piscem mulier formosa superne,
> spectatum admissi, risum teneatis, amici?   5

---

122 Vgl. Theon RhG II Spengel (1966) 66,16–25 (Patillon/Bolognesi [1997] 10); s. das Kapitel 4.7.3.1 dieser Arbeit (S. 361f. und 363–365).
123 S. das Kapitel 1.1 dieser Arbeit (S. 4).
124 Ars 1–23. In den Versen 14–22 werden uneinheitliche bzw. unangemessene Beschreibungen kritisiert: *Inceptis gravibus plerumque et magna professis / (15) purpureus, late qui splendeat, unus et alter / adsuitur pannus, cum lucus et ara Dianae / et properantis aquae per amoenos ambitus agros / aut flumen Rhenum aut pluvius describitur arcus; / sed nunc non erat his locus. Et fortasse cupressum / (20) scis simulare; quid hoc, si fractis enatat exspes / navibus, aere dato qui pingitur? Amphora coepit / institui; currente rota cur urceus exit?* („Sehr häufig wird hochtrabenden Anfängen, die Großes in Aussicht gestellt haben, das ein oder andere Tuch, das weithin glänzt, angenäht, wenn der Hain und der Altar der Diana und der Lauf des geschwinden Wassers durch die anmutigen Felder oder der Rheinstrom oder ein Regenbogen beschrieben wird; aber jetzt war dafür nicht der richtige Ort. Und vielleicht kannst du eine Zypresse darstellen; was soll das, wenn derjenige, der gemalt wird, hoffnungslos aus dem zerschellten Schiff herausschwimmt, nachdem er das Geld gegeben hat? Man beginnt, eine Amphore zu formen; warum kommt ein Krug heraus, während sich das Rad dreht?") Zu den ersten 23 Versen der *Ars poetica* vgl. – neben den im Folgenden zitierten Arbeiten – Grimal (1986). Zu V. 1–13 vgl. Canobbio (2015); zu V. 13 vgl. Canobbio (2012). Zu V. 1–5 vgl. Harari (2015). Zu V. 18 vgl. White (2008) 457. Zur Rezeption von V. 14–23 durch Sidonius Apollinaris vgl. Pelttari (2016). Zur *Ars poetica* allgemein vgl. die Kommentare von Brink (1971), Kiessling/Heinze (1959) und Fedeli (1997); Ferenczi/Hardie (2014); Glinatsis (2013); Reinhardt (2013); Laird (2007); Russell (2006).

Credite, Pisones, isti tabulae fore librum
persimilem, cuius, velut aegri somnia, vanae
fingentur species, ut nec pes nec caput uni
reddatur formae. „Pictoribus atque poetis
quidlibet audendi semper fuit aequa potestas."　　　　　　10
Scimus, et hanc veniam petimusque damusque vicissim,
sed non ut placidis coeant immitia, non ut
serpentes avibus geminentur, tigribus agni.
[...]
Denique sit quod vis, simplex dumtaxat et unum.

Wenn ein Maler den Hals eines Pferdes mit dem Kopf eines Menschen verbinden und verschiedenfarbige Federn anfügen will, nachdem er die Gliedmaßen von allen möglichen Tieren zusammengetragen hat, so dass eine von oben her schöne Frau schimpflicher Weise in einen schwarzen Fisch mündet, könntet ihr euch da, wenn ihr euch das anschauen dürftet, ein Lachen verkneifen, Freunde? Glaubt mir, Pisones, dass diesem Bild ein Buch sehr ähnlich sein wird, in dem – wie die Träume eines Kranken – absurde Gebilde dargestellt werden, so dass weder dem Fuß noch dem Kopf eine Form gegeben wird, so dass es eins wird. „Den Malern und den Dichtern war immer gleichermaßen gestattet, zu wagen, was sie wollten." Das wissen wir, und diese Nachsicht verlangen und geben wir gegenseitig, aber nicht, damit Wildes sich mit Sanftem vereint, nicht, damit sich Schlangen mit Vögeln und Lämmer mit Tigern paaren. [...] Kurzum: Sei es, was du willst, solange es eine Einheit ist.

Horaz beschreibt an dieser Stelle (in einem Gedankenexperiment)[125] ein Mischwesen als abschreckendes Beispiel für eine künstlerische (malerische und dichterische) Darstellung. Bevor aber diese Stelle hinsichtlich der literarischen (oder sogar künstlerischen) Fiktion ausgewertet werden kann, muss die in der Forschung diskutierte Frage, auf welche Art von Einheit sich Horaz bezieht, wenn er von *una forma* (V. 8 f.) spricht, beantwortet und sichergestellt werden, dass Horaz – zumindest auch – über den Stoff der Dichtung spricht und sinnvolle Aussagen trifft.

Die letztere Prämisse ist von Frischer angezweifelt worden. Frischer hält zum einen Quintilians Interpretation für zu eng, wenn dieser Horaz' Aussagen auf einen Fehler des *dilectus verborum* beziehe, der Σαρδισμός genannt wurde:[126]

Σαρδισμός quoque appellatur quaedam mixta ex varia ratione linguarum oratio, ut si Atticis Dorica et Aeolica et Ionica confundas. cui simile vitium est apud nos si quis sublimia hu-

---

125 Gantars (1964) 89 f. Ansicht, dass sich Horaz auf eine reale Grundlage in der antiken Malerei bezieht, und zwar am ehesten auf die Hippokentaurin des Zeuxis, kann zwar nicht ausgeschlossen werden, ist aber eher unwahrscheinlich. Harari (2015) 177 spricht von einer fiktionalen Beschreibung („*ekphrasis* fittizia"). Canobbio (2015) nimmt einen parodistischen Bezug auf ein Bild des Pacuvius an.
126 Quint. inst. 8,3,59 f.

milibus, vetera novis, poetica vulgaribus misceat – id enim tale monstrum quale Horatius in prima parte libri de arte poetica fingit: „humano capiti cervicem pictor equinam iungere si velit" et cetera ex diversis naturis subiciat.

Sardismos heißt auch eine systematisch aus verschiedenen Sprachen zusammengesetzte Rede, wie wenn man Dorisch, Äolisch und Ionisch mit Attisch vermischt. Ein diesem ähnlicher Fehler ist bei uns, wenn jemand Erhabenes mit Niedrigem, Altes mit Neuem, Dichterisches mit Gewöhnlichem mischt – das ist nämlich ein solches Monster, wie es Horaz im ersten Teil des Buches über die Dichtkunst fingiert: „Wenn ein Maler den Hals eines Pferdes mit dem Kopf eines Menschen verbinden will" und das Übrige aus verschiedenen Lebewesen ergänzt.

Andererseits hält Frischer Brinks Interpretation für zu weit,[127] wenn dieser die Einheit nicht nur auf die Handlung bzw. den Aufbau des Werkes, sondern auf das gesamte künstlerische Werk bezieht.[128] Frischers eigene Deutung, der zufolge Horaz einen unzuverlässigen Erzähler zum Zwecke der Parodie erzählen lässt,[129] kann hier nicht ausführlich behandelt werden. Trotzdem soll diese Deutung insofern in Zweifel gezogen werden, als es zumindest keinen Grund gibt, die Ernsthaftigkeit von Horaz' Aussagen in Zweifel zu ziehen.

Quintilian zitiert zwar den Anfang der *Ars poetica* in einem Kontext, in dem er zweifellos über die Wortwahl spricht. Es spricht aber nichts dagegen, dass Quintilian die Wortwahl als einen Aspekt derjenigen Einheit betrachtet, die Horaz am Anfang des Werkes behandelt.[130] Wie v. a. das Wort *liber* (V. 6) deutlich macht,

---

127 Vgl. Frischer (1991) 72: „Quintilian's overly precise and Brink's overly broad interpretation of the monster of lines 1–3 results from the fact that [...] we still cannot be certain we understand what the speaker intends to say in the opening lines of the poem."
128 Vgl. Brink (1971) 80f. ad loc.: „H. too talks largely of tragedy and epic. Aristotle's confrontation of the whole and its parts appeals to him. But the unity that these forms evince to him is not simply unity of plot. It is the unity of a work of poetry seen by a poet."
129 Vgl. Frischer (1991) 68–85, v. a. 74–85: Der Sprecher, der eine Beschreibung kritisiere (V. 14–19), beginne selbst mit einer Beschreibung (V. 1–4). Obwohl er den Missbrauch der dichterischen Lizenz anprangere (V. 1–13), verwende er selbst eine unverständliche Metapher (V. 1–9). Trotz seiner Forderung nach Einheit mit Anfang, Mitte und Ende beginne die *Ars* unvermittelt und ende abrupt, so dass sie dem Negativbeispiel des Mischwesens ähnlich sei. Ferner würden archäologische Befunde ebenso wie eine Vitruvstelle (7,5,3f.) und eine Suetonstelle (Aug. 86) zeigen, dass der fantastische bzw. avantgardistische Stil u. a. von Augustus geschätzt und zwischen 40 und 20 v. Chr. in Mode war. Dieser Befund sei v. a. deswegen aufschlussreich, weil Horaz' Sabinische Villa selbst in diesem Stil dekoriert gewesen sei.
130 Frischer (1991) 70–72 zufolge haben Horaz' Aussagen über die dichterische Lizenz (V. 11–13) Quintilian dazu angestoßen, die Metapher des Monsters auf die Wortwahl zu beziehen und somit zu restringieren, da das Konzept der dichterischen Lizenz (*licentia poetica*/ποιητικὴ ἐξουσία) vor Horaz auf das Versmaß, die Wortwahl und den Gebrauch der Stilfiguren beschränkt gewesen sei; vgl. Mayor (1879). Davon kann jedoch höchstens dann die Rede sein, wenn dieser Begriff ono-

bezieht sich Horaz in der Tat, wie Brink bemerkt, auf die Einheit des gesamten künstlerischen Werkes, wozu u. a. die Handlung und der Aufbau gehören. Daher kann als erwiesen gelten, dass Horaz auch über den Stoff der Dichtung spricht.

Der den Pisones in den Mund gelegte imaginäre Einwand, dass den Malern und den Dichtern immer gleichermaßen gestattet war, zu wagen, was sie wollten, beschreibt die literarische (und nicht nur die literarische) Fiktion im Zusammenhang der gesamten Sprachhandlungssituation. Es handelt sich also um eine Reflexion, die in der modernen Fiktionstheorie als „Vertrag" bezeichnet wird, aber lieber als stillschweigende Übereinkunft beschrieben werden sollte.[131] Wenn Horaz hierauf erwidert „das wissen wir, und diese Nachsicht verlangen und geben wir gegenseitig", dann verweist die erste Person Plural auf die Dichter in Form der Textproduzenten, aber auch -rezipienten bzw. Kritiker, was wiederum deutlich macht, dass hier das Konzept einer stillschweigenden Übereinkunft zum Ausdruck kommt, das die Ebenen der Textproduktion und Rezeption abdeckt. Der Begriff des Wissens (*scire*) zeigt darüber hinaus, dass es sich bei der künstlerischen Fiktion um ein implizites kulturelles Wissen handelt, das explizit ausformuliert werden kann, aber nicht muss.

Diese und andere Stellen zeigen aber zugleich, dass Horaz bestimmte Anforderungen an die literarische Fiktion stellt, und zwar insbesondere Kohärenz und Plausibilität, wodurch die Fiktionalität der Darstellung zwar eingeschränkt, nicht aber grundsätzlich in Frage gestellt wird. Eine Analyse dieser Stellen wird deutlich machen, dass Horaz in vielerlei Hinsicht den poetologischen Vorstellungen des Aristoteles folgt.

So stehen die Anweisungen, die Horaz an der zitierten Stelle erteilt, auch und v. a. im Zeichen der Einheit des künstlerischen Werkes. Da aber die Einheit des künstlerischen Werkes dadurch erzielt wird, dass die einzelnen Elemente zueinander passen, sind dieselben Anweisungen auch so zu verstehen, dass vom Künstler eine kohärente Darstellung erwartet wird (vgl. das Verb *coire* in V. 12).[132]

---

masiologisch ausgelegt wird – allerdings benutzt Horaz eine andere Formulierung. Semasiologisch betrachtet kann hiervon keine Rede sein, wie u. a. Isokrates und Aristoteles zeigen; zu Isokrates (Euag. 9 f.) s. das Kapitel 7.1.2 dieser Arbeit; zu Arist. Poet. 1451a36–b5 s. das Kapitel 4.4 dieser Arbeit. Signifikanter Weise zitiert Frischer (1991) 71 Aristoteles' Aussagen über den Stil (Poet. 1458a18–26), nicht aber das neunte Kapitel der Poetik.

131 Zur Vorstellung, dass den Malern und den Dichtern immer gleichermaßen gestattet war, zu wagen, was sie wollten, vgl. Luk. pro imag. 18 (s. das Kapitel 7.1.7 dieser Arbeit, S. 516); Fedeli (1997) 1468 ad loc. Zum Fiktionsvertrag s. das Kapitel 2.6 dieser Arbeit.

132 Vgl. Aristoteles' Instruktionen zur Einheit, Kohärenz und Motivation der Handlung im siebenten und achten Kapitel der Poetik.

Darüber hinaus ist diese Stelle für die Frage nach der literarischen Fiktion insofern aufschlussreich, als der Gegenstandsbereich der Dichtung – wie bei Aristoteles – auf das Mögliche festgelegt wird. Denn das von Horaz am Anfang beschriebene Mischwesen stellt eine Unmöglichkeit dar.[133] Wenn man daher die bekannte Dreiteilung zwischen den Erzählgattungen *historia* (ἱστορία), *argumentum* (πλάσμα) und *fabula* (μῦθος) an diese Stelle heranträgt,[134] gelangt man zu der Schlussfolgerung, dass Horaz die unwahrscheinlichen, wenn nicht sogar unmöglichen Dinge bzw. Ereignisse aus dem Gegenstandsbereich des Künstlers ausschließt.[135]

Diese Erkenntnis muss aber insofern präzisiert werden, als das von Horaz imaginierte Monster kein traditionelles Mischwesen wie Scylla ist. Vielmehr ist es ein neues Mischwesen, das man als *monstrum quadriforme* beschreiben könnte.[136] Daher ist es vorstellbar, dass Horaz die Darstellung der traditionellen Mischwesen akzeptiert und nur die Einführung von neuen Mischwesen oder anderen unwahrscheinlichen, wenn nicht sogar unmöglichen Dingen verbietet. Hierauf deutet das spätere Postulat, der Überlieferung zu folgen oder eine kohärente Darstellung zu erfinden.[137]

In ähnlicher Weise hatte Aristoteles das Mögliche als Gegenstandsbereich des Dichters postuliert.[138] Aristoteles' Aussage, dass der Dichter dasjenige darstellt, οἷα ἂν γένοιτο καὶ τὰ δυνατὰ κατὰ τὸ εἰκὸς ἢ τὸ ἀναγκαῖον, ist nämlich so zu verstehen, dass der Dichter das Mögliche in dem Sinn als Gegenstand der Darstellung wählt, dass das Dargestellte grundsätzlich realisierbar ist. Die Begriffe εἰκός und ἀναγκαῖον sind nicht im Sinne der wahrscheinlichen oder notwendigen lebensweltlichen Realisierung zu verstehen, sondern bezeichnen die Verknüpfung der Ereignisse, also deren Motivierung: das Adjektiv εἰκός drückt die wahrscheinliche Verknüpfung der Ereignisse aus, wohingegen ἀναγκαῖον eine notwendige Ereigniskette bezeichnet.[139] Die Darstellung von unmöglichen Dingen duldet Aristoteles nur ausnahmsweise in der Dichtung.[140]

---

133 Steidle (1939) 12f. ist zwar zuzugestehen, dass die Einheit des künstlerischen Werkes im Vordergrund steht. Diese Tatsache schließt aber nicht aus, dass sekundär die Darstellung von unwahrscheinlichen, wenn nicht sogar unmöglichen Dingen behandelt wird bzw. die Einheit des künstlerischen Werkes viele Aspekte wie diesen beinhaltet (anders: Steidle [ib.] 12 Fußn. 3).
134 Zur Dreiteilung zwischen *historia* (ἱστορία), *argumentum* (πλάσμα) und *fabula* (μῦθος) s. die Kapitel 4.7.1 und 4.7.1.1 dieser Arbeit.
135 Vgl. Porphyrio ad Hor. ars 1 Holder (1894) 162: [...] *pictor* [...] *valde ridebitur, quod contra naturam omnia faciat*.
136 Vgl. Steidle (1939) 12 Fußn. 3; Frischer (1991) 84f.
137 Vgl. Hor. ars 119f. (s. S. 475).
138 Vgl. Arist. Poet. 1451a36–1451b32, v. a. 1451a36–38; s. das Kapitel 4.4 dieser Arbeit.
139 S. das Kapitel 4.4 dieser Arbeit, v. a. S. 223–227.

Die Tatsache, dass Horaz – wie Aristoteles – die unwahrscheinlichen, wenn nicht sogar unmöglichen Dinge bzw. Ereignisse grundsätzlich aus dem Gegenstandsbereich des Künstlers ausschließt, wird auch an der folgenden Stelle deutlich, an der Horaz Anweisungen dazu erteilt, welches dramatische Geschehen auf der Bühne nicht aufgeführt werden soll:[141]

> Ne pueros coram populo Medea trucidet,
> aut humana palam coquat exta nefarius Atreus,
> aut in avem Procne vertatur, Cadmus in anguem.
> Quodcumque ostendis mihi sic, incredulus odi.
>
> Nicht soll Medea vor dem Volk ihre Kinder abschlachten oder der frevelhafte Atreus öffentlich die menschlichen Eingeweide kochen oder Procne in einen Vogel verwandelt werden, Cadmus in eine Schlange. Was auch immer du mir so zeigst, lehne ich ungläubig ab.

Die Reaktion des ungläubigen Ablehnens zeigt, dass der Grund für die Ablehnung weniger im grausamen Charakter der ersten beiden beschriebenen Handlungen liegt: Der Umstand, dass Medea ihre Kinder tötet und dass Atreus die Kinder des Thyestes tötet und sie diesem zum Mahl vorsetzt, ist zwar grausam. Aber der Grund für die Zurückweisung derartiger Szenen ist vielmehr ihr unglaublicher Charakter (θαυμαστόν) und somit eine ästhetische Kategorie, die derjenigen des unwahrscheinlichen, wenn nicht sogar unmöglichen Geschehens (*fabula*/μῦθος) sehr nahesteht. Dies zeigen insbesondere die beiden letzten Beispiele, die auf Metamorphosen rekurrieren. Denn Procnes Verwandlung in eine Schwalbe und diejenige des Cadmus in eine Schlange bzw. einen Drachen stellen typische Beispiele für diejenige Erzählgattung dar, die *fabula* bzw. μῦθος genannt wurde.[142]

Daher bestätigt diese Stelle zum einen, dass Horaz die unwahrscheinlichen, wenn nicht sogar unmöglichen Dinge bzw. Ereignisse grundsätzlich aus dem Gegenstandsbereich des Künstlers ausschließt. Zum anderen gilt diese grundsätzliche Ablehnung derartiger Dinge umso mehr für die auf der Bühne aufgeführte Tragödie. Hierin stimmt Horaz mit Aristoteles überein.[143] Denn Aristoteles lehrt im 24. Kapitel der Poetik, das sich mit dem Epos beschäftigt, dass das Wunderbare bzw. Unglaubliche eher im Epos als in der Tragödie seinen Platz hat:[144]

---

140 Vgl. Arist. Poet. 1460a26f.; 1461b11f.; s. das Kapitel 4.7.1.1 dieser Arbeit (S. 311–313).
141 Ars 185–188. Zum Bezug zwischen dieser Vorschrift und Senecas *Medea* vgl. Rosati (1995).
142 Zu Procne vgl. Ov. am. 3,12,32: *concinit Odrysium Cecropis ales Ityn*; s. das Kapitel 7.1.5 dieser Arbeit. Zu Cadmus vgl. Hermog. Περὶ ἰδεῶν λόγου 2,10,37–41 Patillon (2012) 212f. (s. das Kapitel 6.2 dieser Arbeit).
143 Vgl. Citroni (2009) 27.
144 Poet. 1460a11–14. Vgl. auch Poet. 1460b23–29.

> δεῖ μὲν οὖν ἐν ταῖς τραγῳδίαις ποιεῖν τὸ θαυμαστόν, μᾶλλον δ' ἐνδέχεται ἐν τῇ ἐποποιίᾳ τὸ ἄλογον, δι' ὃ συμβαίνει μάλιστα τὸ θαυμαστόν, διὰ τὸ μὴ ὁρᾶν εἰς τὸν πράττοντα.
>
> Es ist zwar nötig, in den Tragödien das Erstaunliche darzustellen, aber das Widerlogische, das der Hauptgrund für das Erstaunliche ist, wird eher im Epos zugelassen, da man den Handelnden nicht sieht.

Daher raten sowohl Horaz als auch Aristoteles davon ab, das Unglaubliche im Drama aufführen zu lassen. Beide Autoren legitimieren aber bis zu einem gewissen Grad das Erstaunliche im Epos und insbesondere bei Homer damit,[145] dass das Epos eine erzählende Gattung ist, so dass man die Handlung – anders als im aufgeführten Drama – nicht vor Augen hat.[146] Bei Horaz wird an der folgenden Stelle deutlich, dass er bis zu einem gewissen Grad das Erstaunliche im Epos (bei Homer) akzeptiert:[147]

> Non fumum ex fulgore, sed ex fumo dare lucem
> cogitat, ut speciosa dehinc miracula promat,
> Antiphaten Scyllamque et cum Cyclope Charybdim.
>
> Er [sc. Homer] beabsichtigt nicht, Rauch aus dem Funken, sondern aus dem Rauch Licht zu geben, um von hier brillante Wundergestalten zu gewinnen, Antiphates, Scylla und mit dem Zyklopen Charybdis.

Antiphates stellt insofern eine wundersame Erscheinung dar, als Homer ihn in der *Odyssee* als einen König der Laistrygonen beschreibt und die Laistrygonen einen Volksstamm von riesigen Kannibalen bilden.[148] Der Singular *Cyclops* verweist entweder als *pars pro toto* auf die Zyklopen, einäugige Riesen, oder speziell auf Polyphem, in dessen Höhle Odysseus und seine Gefährten eingeschlossen wa-

---

[145] Vgl. Arist. Poet. 1460a34–b2: †ἂν δὲ θῇ καὶ φαίνηται εὐλογωτέρως ἐνδέχεσθαι καὶ ἄτοπον† ἐπεὶ καὶ τὰ ἐν Ὀδυσσείᾳ ἄλογα τὰ περὶ τὴν ἔκθεσιν ὡς οὐκ ἂν ἦν ἀνεκτὰ δῆλον ἂν γένοιτο, εἰ αὐτὰ φαῦλος ποιητὴς ποιήσειε· νῦν δὲ τοῖς ἄλλοις ἀγαθοῖς ὁ ποιητὴς ἀφανίζει ἡδύνων τὸ ἄτοπον. Mit der Aussetzung ist wohl die Überfahrt von der Insel der Phäaken nach Ithaka gemeint, an deren Ende der schlafende Odysseus in seiner Heimat ausgesetzt und das Schiff in Stein verwandelt wird; vgl. Lucas (1968) 231 ad Arist. Poet. 1460a36; Schmitt (2011) 699f. ad Arist. Poet. 1460a34–b1.
[146] Vgl. Hor. ars 180–182: *Segnius inritant animos demissa per aurem / quam quae sunt oculis subiecta fidelibus et quae / ipse sibi tradit spectator.*
[147] Ars 143–145.
[148] Vgl. Hom. Od. 10,80–132. Zur Fiktivität der Laistrygonen vgl. auch Strabo 1,2,9 und 11 (s. S. 289 und 291f.) und Hermog. Περὶ ἰδεῶν λόγου 2,10,37–41 Patillon (2012) 212f. (s. das Kapitel 6.2 dieser Arbeit).

ren.¹⁴⁹ Scylla und Charybdis sind zwei Meerungeheuer, die sich an zwei gegenüberliegenden Felsen befinden. Während Scylla eine Kreatur darstellt, die von Kirke aus Eifersucht in ein Ungeheuer mit Hunden am Unterleib verwandelt wurde,¹⁵⁰ saugt Charybdis dreimal am Tag das Meerwasser ein und speit es wieder aus.¹⁵¹ Scylla wird auch neben anderen tollkühnen Fiktionen, die u. a. der *Odyssee* entstammen, in Ovids Elegie *Amores* 3,12 genannt.¹⁵²

Die Tatsache, dass Horaz die unwahrscheinlichen, wenn nicht sogar unmöglichen Dinge bzw. Ereignisse grundsätzlich aus dem Gegenstandsbereich des Künstlers ausschließt, bestätigt schließlich auch die folgende Stelle, an der sich Horaz zu den verschiedenen Wirkzielen der Dichtung äußert:¹⁵³

> Aut prodesse volunt aut delectare poetae
> aut simul et iucunda et idonea dicere vitae.
> Quicquid praecipies, esto brevis, ut cito dicta   335
> percipiant animi dociles teneantque fideles.
> Omne supervacuum pleno de pectore manat.
> Ficta voluptatis causa sint proxima veris,
> ne quodcumque volet poscat sibi fabula credi,
> neu pransae Lamiae vivum puerum extrahat alvo.   340
> Centuriae seniorum agitant expertia frugis,
> celsi praetereunt austera poemata Ramnes.
> Omne tulit punctum qui miscuit utile dulci,
> lectorem delectando pariterque monendo.

Die Dichter wollen entweder nützen oder erfreuen oder zugleich das Angenehme und für das Leben Geeignete sagen. Was auch immer du lehren wirst, fass dich kurz, damit die Rezipienten das schnell Gesagte wissbegierig aufnehmen und zuverlässig behalten. Alles Überflüssige fließt aus dem vollen Herzen. Das Fiktive, das Vergnügen erzeugen soll, soll dem Wirklichen möglichst nah sein, damit die Geschichte nicht fordert, dass ihr, was immer sie will, geglaubt wird, oder sie ein lebendiges Kind aus dem Bauch der Lamia, die es verspeist hat, herauszieht. Die Zenturien der älteren Männer attackieren dasjenige, was keine moralische Tauglichkeit hat, die vornehmen Ritter beachten Gedichte belehrenden Inhalts nicht. Allgemeinen Beifall erntet derjenige, der das Nützliche mit dem Angenehmen vermischt (hat), indem er den Leser gleichermaßen erfreut und ermahnt.

---

149 Vgl. Hom. Od. 9,106–564. Zur Fiktivität der Zyklopen vgl. auch Strabo 1,2,9–11 (s. S. 289–292) und Hermog. Περὶ ἰδεῶν λόγου 2,10,37–41 Patillon (2012) 212f. (s. das Kapitel 6.2 dieser Arbeit). Vgl. auch Long. Subl. 9,14, der ebenfalls im Singular vom Zyklopen als Wunderwesen spricht.
150 Vgl. Hom. Od. 12,235–260.
151 Vgl. Hom. Od. 12,101–126 und 235–259.
152 Vgl. Ov. am. 3,12,19–44 (s. das Kapitel 7.1.5 dieser Arbeit). Zur Fiktivität von Scylla (und Charybdis) vgl. auch Strabo 1,2,9; 11; 36 (s. S. 289; 291f.; 292 Fußn. 665) und Schol. Dionys. Thr. GG I 3, 180,4–7 Hilgard (s. S. 352).
153 Ars 333–344.

Horaz unterscheidet an dieser Stelle zwischen drei Wirkzielen, wobei das dritte Ziel die Kombination der beiden ersten Ziele darstellt: belehrender Nutzen und Unterhaltung. Das Ziel, sowohl zu erfreuen als auch zu belehren, verkündet z. B. Phaedrus im Prolog zum ersten Fabelbuch:[154]

> Duplex libelli dos est: quod risum movet
> et quod prudentis vitam consilio monet.
>
> Die Gabe des Büchleins ist doppelt; sie besteht darin, dass es zum Lachen bewegt und einen belehrenden Ratschlag für das Leben des klugen Mannes erteilt.

Das Wirkziel des Lachens wird in der Fabel u. a. dadurch auf der fiktiven Oberfläche verwirklicht, dass Tiere miteinander sprechen und sich im Großen und Ganzen so wie Menschen verhalten. Der belehrende Charakter der Fabel ist darin zu sehen, dass die Fabeln auf einer anderen semantischen Ebene eine allgemeine Wahrheit ausdrücken, die häufig vor (*Promythium*) oder nach der eigentlichen Fabel (*Epimythium*) explizit angegeben wird.[155] Die Fabel stellt allerdings aufgrund ihres allegorischen Charakters einen Sonderfall dar. Aber auch mit Bezug auf nicht-allegorische Literatur lässt sich im antiken Fiktionalitätsdiskurs feststellen, dass die beiden Wirkziele des belehrenden Nutzens und der Unterhaltung als Ziele der dichterischen bzw. literarischen Darstellung genannt werden, wobei der belehrende Nutzen ebenso wie die Unterhaltung aus einer fiktionalen oder faktualen Darstellung resultieren kann.[156]

Wenn Horaz fordert, dass die Fiktion, die Vergnügen erzeugen soll, dem Wirklichen möglichst nah sein soll und als Gegenbeispiel die Lamia nennt, einen Geist, der Menschen – vornehmlich Kinder – verschlingt,[157] reduziert er an dieser

---

154 Phaedr. 1 prol. 3f.; s. das Kapitel 7.3.2 dieser Arbeit.
155 Vgl. Priscian, *Praeexercitamina* p. 34 Passalacqua (1987): *sed oratio qua utilitas fabulae retegitur, quam epimythion vocant, quod nos affabulationem possumus dicere, a quibusdam prima, sed a plerisque rationabilius postrema ponitur.*
156 Aristoteles' Äußerungen über den Allgemeinheitscharakter der Dichtung machen deutlich, dass sie ihm zufolge belehrt. Zum Vergnügen der fiktionalen Tragödie vgl. Arist. Poet. 1451b21–23; s. das Kapitel 4.4 dieser Arbeit. Zur Belehrung der Geschichtsschreibung vgl. Cic. de orat. 2,36; zu ihrer unterhaltsamen Wirkung vgl. de orat. 2,55 und 59; fam. 5,12,4 f.; zu beiden Zielen vgl. Cic. fin. 5,51. Allenfalls kann man eine Tendenz in der Form erkennen, dass die Geschichtsschreibung v. a. belehrt und die Dichtung v. a. unterhält; vgl. Cic. leg. 1,5 (s. das Kapitel 7.1.3 dieser Arbeit). Vgl. auch Polyb. 15,36,3, der Nutzen und Unterhaltung als Wirkziele der Literatur und insbesondere der Geschichtsschreibung betrachtet (s. das Kapitel 4.5 dieser Arbeit, S. 265), und Agatharchides (GGM I 8 p. 117 Müller [1882]): πᾶς ποιητὴς ψυχαγωγίας (μᾶλλον) ἢ ἀληθείας ἐστὶ στοχαστής; s. das Kapitel 7.1.8.1 dieser Arbeit (S. 523 f.).
157 Vgl. Lucil. fr. 15,484 f. Marx (1904) 34: *terriculas, Lamias, Fauni quas Pompiliique / instituere Numae, tremit has, hic omnia ponit*; Strabo 1,2,8 (s. das Kapitel 4.6 dieser Arbeit, S. 284).

Stelle die Fiktion wiederum auf das Mögliche bzw. Wahrscheinliche. Ein substantieller Unterschied zu Aristoteles' Lehre lässt sich nicht erkennen.[158] Teilweise beruht die gegenteilige Annahme auf einem Missverständnis der Aristotelischen Poetik. Denn nach Aristoteles' Verständnis bildet die mögliche Handlung, die erfunden sein kann und deren Ereignisse nach den Regeln der Wahrscheinlichkeit oder Notwendigkeit verknüpft sind, das Bezugsfeld der Dichtung.[159] Wenn Horaz fordert, dass das Fiktive, das Vergnügen erzeugen soll, dem Wirklichen möglichst nah sein soll, richtet er sein Augenmerk nicht auf die wahrscheinliche oder sogar notwendige Verknüpfung der Ereignisse. Aber er trifft sich mit Aristoteles darin, dass das Unwahrscheinliche oder sogar Unmögliche aus der Dichtung grundsätzlich ausgeschlossen – zumindest stark reduziert – werden soll.[160] Die Tatsache, dass er derartige Fiktionen – wie Aristoteles – ausnahmsweise anerkennt, zeigt die zuvor behandelte Stelle.[161]

Auch die Annahme, dass die Zurückweisung des Phantastischen nicht theoretisch motiviert ist, sondern eher eine Geschmacksfrage und auf die Wahl der Gattung zurückzuführen ist,[162] kann wenig überzeugen. Denn es lässt sich kaum von der Hand weisen, dass Horaz durchgängig in der *Ars poetica* das Unwahrscheinliche, wenn nicht sogar Unmögliche entweder von der Dichtung ausschließt oder es als eine Ausnahme in besonderen Fällen zulässt, wobei er sich in dieser Haltung mit Aristoteles trifft.[163] Daher ist die Zurückweisung des

---

158 Anders Citroni (2009) 28: „Here, the difference from Aristotle is substantial. For Aristotle, poetry is not the realm of the *verum*, but of the probable, that is to say, of a possibility of truth that has universal value (1451^{a}36–^{b}32): it is from our encounter with what is probable in art, on a level that is at the same time intellectual and emotional, that the moral usefulness of poetry derives, by means of catharsis. For the purposes of a more effective involvement of the reader/spectator, Aristotle admitted, within the limits that we have seen, also the irrational, as he was aware of its power of seduction. In linking poetic usefulness directly to the function of transmitting what is *verum*, Horace requires that the poet's free invention, the aim of which is pleasure, should also conform to the *verum*, and should be probable."
159 S. weiter oben (S. 469) und das Kapitel 4.4 dieser Arbeit.
160 Es kann keine Rede davon sein, dass Horaz die dichterischen Erfindungen an das *verum* bindet, wie Citroni behauptet (s. die vorletzte Fußn.). Ferner widerspricht er seiner Konstatierung eines Unterschiedes zwischen Horaz und Aristoteles, wenn er einerseits sagt, dass für Aristoteles das Wahrscheinliche im Mittelpunkt der Dichtung steht, und andererseits feststellt, dass nach Horaz die freien Erfindungen der Dichter wahrscheinlich sein sollen.
161 Vgl. ars 143–145 (s. S. 471).
162 Vgl. Citroni (2009) 28 f.
163 Vgl. Citroni (2009) 27, der zwar Unterschiede im Detail sieht, aber generell feststellt: „The fundamental reason for Horace's reservation regarding the marvellous is substantially the same as that of Aristotle: poetry must represent real life." Zum Anschluss an Aristoteles vgl. auch S. 25: „But it is clear that the principles and instructions laid down in the *Ars*, partly as a result of the

Phantastischen zum einen konsequent und zum anderen theoretisch durch das Kriterium der Glaubwürdigkeit begründet,[164] worin Horaz wiederum Aristoteles folgt.[165]

Die Tatsache, dass Horaz von der literarischen Fiktion Kohärenz und Plausibilität fordert, geht insbesondere aus der folgenden Stelle hervor:[166]

> Aut famam sequere aut sibi convenientia finge
> scriptor.
>
> Folge entweder der Tradition oder erfinde etwas, was stimmig ist, Autor.

In dieser Forderung werden zwei Vorschriften miteinander kombiniert. Zum einen stellt Horaz den Dichter vor die Wahl, der Tradition zu folgen oder selbst etwas zu erfinden. In jedem Fall soll der behandelte Stoff unabhängig von seiner vorhandenen oder fehlenden Historizität kohärent sein. Daher ist die gedrängte Formulierung sicherlich so zu verstehen, dass der Dichter entweder der Tradition folgen soll, weil die traditionellen Geschichten eine kohärente Ereigniskette garantieren, oder eine kohärente Ereigniskette erfinden soll. Unter der Tradition sind wahrscheinlich v. a. diejenigen Geschichten zu verstehen, die wir als Mythos bezeichnen, aber in der Antike als im Kern historische Geschichten betrachtet wurden, die eine fiktionale Ausgestaltung erfahren haben.[167]

---

rationalistic theoretical grid deriving from Aristotle, which tended to exclude the irrational dimension from poetry, entailed an underestimation, if not a cancellation, of the limited marvellous component that was, in any case, practised, also by Horace himself."

164 Vgl. V. 339 und *incredulus odi* in V. 188 (s. S. 470). Die Wahl der Gattung in dem Sinne, dass die *Ars* zum *sermo* gehöre und Horaz sich in den *sermones* (den Satiren und Episteln) – anders als in der lyrischen Dichtung – als realistischer Dichter präsentiere (vgl. Citroni [2009] 29), dürfte kaum einen Einfluss auf Horaz' Dichtungslehre haben, da seine Instruktionen nicht nur für die *sermones*, sondern generell für die Dichtung gelten.

165 Vgl. v. a. den Mittelteil des neunten Kapitels der Poetik (Poet. 1451b15–26), in dem Aristoteles die Tatsache, dass die Tragödien zumeist ein historisches Geschehen aufführen, mit dem Argument verteidigt, dass das Mögliche, wozu das Geschehene gehört, überzeugend ist; s. das Kapitel 4.4 dieser Arbeit (S. 244–252). Vgl. auch Polyb. 2,56,10-12; s. das Kapitel 4.5 dieser Arbeit (S. 268).

166 Ars 119f. Ob *scriptor* als Vokativ zu Vers 119 oder als Prädikativum zum folgenden Satz gehört, lässt sich nicht entscheiden; vgl. zu dieser Frage Brink (1971) 199 ad loc.

167 Brink (1971) 197 ad loc. scheint eine Opposition im Sinne von historisch – erfunden anzunehmen, wenn er zu dieser Stelle bemerkt, dass Horaz die als historisch angesehenen mythischen Geschichten denjenigen gegenüberstellt, die der Dichter erfindet, und dass diese Opposition eindeutiger ist als die bekannte Dreiteilung zwischen *historia* (ἱστορία), *argumentum* (πλάσμα) und *fabula* (μῦθος). Die Opposition besteht aber zwischen den Stoff übernehmen vs. ihn erfinden, wobei der übernommene Stoff erfunden sein kann (zumindest hinsichtlich der Details) und

Auch mit Bezug auf diese beiden Vorschriften steht Horaz in der Tradition des Aristoteles. Dies zeigt z. B. die folgende Stelle im neunten Kapitel der Aristotelischen Poetik, an der Aristoteles Brink zufolge zum Gebrauch von erfundenen Geschichten ermuntert:[168]

> ὥστ' οὐ πάντως εἶναι ζητητέον τῶν παραδεδομένων μύθων, περὶ οὓς αἱ τραγῳδίαι εἰσίν, ἀντέχεσθαι.
>
> Folglich muss man sich nicht vollständig darum bemühen, sich an die überlieferten Geschichten zu halten, über die die Tragödien handeln.

Die Aussage, dass Aristoteles an dieser Stelle zum Gebrauch von erfundenen Geschichten ermuntert, muss aber etwas präzisiert werden.[169] Vielmehr betrachtet Aristoteles es als indifferent, ob die Dichtung bzw. Tragödie einen historischen oder erfundenen Stoff behandelt. Beide Optionen liegen im Aristotelischen Begriff des Möglichen.[170] Dieselbe Einstellung zur vorhandenen oder fehlenden Historizität des behandelten Stoffes sowie die Tatsache, dass Aristoteles es verbietet, das Grundgerüst einer traditionellen Geschichte zu verändern, und mögliche Änderungen folglich auf Details beschränkt, geht aus der folgenden Stelle im 14. Kapitel der Aristotelischen Poetik hervor:[171]

> τοὺς μὲν οὖν παρειλημμένους μύθους λύειν οὐκ ἔστιν, λέγω δὲ οἷον τὴν Κλυταιμήστραν ἀποθανοῦσαν ὑπὸ τοῦ Ὀρέστου [...], αὐτὸν δὲ εὑρίσκειν δεῖ καὶ τοῖς παραδεδομένοις χρῆσθαι καλῶς.
>
> Es ist nicht gestattet, die traditionellen Geschichten aufzulösen; ich meine z. B. dass Klytaimestra von Orest getötet wurde [...]; der Dichter soll aber auf gute Weise Geschichten erfinden und überlieferte Geschichten verwenden.

---

jedweder Stoff plausibel sein muss. Zur Dreiteilung zwischen *historia* (ἱστορία), *argumentum* (πλάσμα) und *fabula* (μῦθος) s. die Kapitel 4.7.1 und 4.7.1.1 dieser Arbeit.
168 Poet. 1451b23–25; vgl. Brink (1971) 198 ad loc.
169 Denn die Aussage, dass man sich nicht vollständig darum bemühen muss, sich an die überlieferten Geschichten zu halten, über die die Tragödien handeln, gehört zu einer Passage, in der Aristoteles den Allgemeinheitscharakter der Tragödie verteidigt. Da der Allgemeinheitscharakter der Dichtung im Fall der Komödie deutlicher zu Tage tritt als im Fall der Tragödie, weil in den meisten Tragödien individuelle (historische) Personen auftreten, verteidigt Aristoteles den Allgemeinheitscharakter der Tragödie durch den Hinweis darauf, dass nicht alle Tragödien von individuellen (historischen) Personen handeln und trotzdem das Ziel erreichen, Freude zu bereiten. Hieran schließt sich die Schlussfolgerung an, dass man sich nicht vollständig darum bemühen muss, sich an die überlieferten Geschichten zu halten; vgl. Poet. 1451b11–25; s. das Kapitel 4.4 dieser Arbeit (S. 244–252).
170 S. das Kapitel 4.4 dieser Arbeit (S. 218–221).
171 Poet. 1453b22–26; vgl. Brink (1971) 198 ad loc.

Insofern weist auch die folgende Stelle aus dem 17. Kapitel der Aristotelischen Poetik einen Bezug zu Horaz' Forderung *aut famam sequere aut sibi convenientia finge* auf:[172]

> τούς τε λόγους καὶ τοὺς πεποιημένους δεῖ καὶ αὐτὸν ποιοῦντα ἐκτίθεσθαι καθόλου, εἶθ' οὕτως ἐπεισοδιοῦν καὶ παρατείνειν.
>
> Die Geschichten – sowohl diejenigen, für die es bereits poetische Vorlagen gibt, als auch diejenigen, die er [sc. der Dichter] selbst erfindet – soll er in einer groben Skizze entwerfen, dann auf diese Weise in Episoden einteilen und ausarbeiten.

Wie Horaz stellt Aristoteles auch an dieser Stelle die beiden Möglichkeiten gegenüber, entweder den traditionellen Geschichten zu folgen oder neue Geschichten zu erfinden. Allerdings sind die Kontexte verschieden. Im 14. Kapitel der Aristotelischen Poetik bespricht Aristoteles die Handlung der Tragödie hinsichtlich der beiden Kriterien, ob der Hauptprotagonist die tragische Handlung wissentlich oder unwissentlich ausführt oder nicht ausführt.[173] Im 17. Kapitel behandelt Aristoteles die anschauliche Ausgestaltung einer Tragödie von einer ersten Skizze bis zur fertigen Tragödie. Bei Horaz hingegen steht die Kohärenz der Personen im Vordergrund, wie die sich anschließenden Verse zeigen:[174]

> †Honoratum† si forte reponis Achillem,   120
> impiger, iracundus, inexorabilis, acer
> iura neget sibi nata, nihil non arroget armis.
> Sit Medea ferox invictaque, flebilis Ino,
> perfidus Ixion, Io vaga, tristis Orestes.
> Siquid inexpertum scaenae committis et audes   125
> personam formare novam, servetur ad imum
> qualis ab incepto processerit et sibi constet.

Wenn du nun den †angesehenen† Achill wieder vorkommen lässt, soll er rastlos, zornig, unnachgiebig und ungestüm leugnen, dass das Recht für ihn gemacht wurde, soll er sich mit Waffengewalt alles ohne Ausnahme anmaßen. Medea soll wild und unbezähmbar sein, Ino weinerlich, Ixion hinterhältig, Io umherirrend, Orest Trauer verbreiten. Wenn du aber etwas, was vorher noch nicht versucht wurde, der Bühne anvertraust und es wagst, eine neue

---

172 Poet. 1455a34f.
173 Vgl. Poet. 1453b26–37.
174 Ars 120b–127. Zu dieser Textstelle vgl. Kozák (2014); Gualandri (2009). Zu V. 120 vgl. Pozdnev (2015). Zur Person vgl. auch die Instruktionen zur Angemessenheit (ars 312–318): *Qui didicit, patriae quid debeat et quid amicis, / quo sit amore parens, quo frater amandus et hospes, / quod sit conscripti, quod iudicis officium, quae / partes in bellum missi ducis, ille profecto / reddere personae scit convenientia cuique. / Respicere exemplar vitae morumque iubebo / doctum imitatorem et vivas hinc ducere voces*; vgl. hierzu Sedley (2014).

Person zu gestalten, soll sie bis zum Ende so bleiben, wie sie von Anfang an in Erscheinung getreten ist, und konstant sein.

Daher ist v. a. diejenige Stelle bei Aristoteles heranzuziehen, an der sich dieser über die Konsistenz des Charakters äußert:[175]

> Περὶ δὲ τὰ ἤθη τέτταρά ἐστιν ὧν δεῖ στοχάζεσθαι [...]. τέταρτον δὲ τὸ ὁμαλόν.
>
> Was den Charakter betrifft, muss man auf vier Dinge abzielen [...]. Das Vierte ist die Konsistenz.

Trotzdem kann man sich kaum vorstellen, dass Horaz das Postulat der Kohärenz auf die Darstellung der Figuren beschränkt wissen will. Für einen Bezug auf den gesamten Stoff der Dichtung spricht zum einen das Neutrum in *sibi convenientia*. Auch Porphyrio versteht diese Stelle in diesem Sinne, wenn er bemerkt, dass ein neuer Abschnitt beginnt,[176] und sie wie folgt paraphrasiert:[177]

> Hoc aliud praeceptum est. Nam poeta scripturus aut secundum consensum debet aliquid describere aut, si historiam tamquam tritam non vult attingere, debet convenienter nova inducere.
>
> Dies ist eine andere Vorschrift. Denn der Dichter, der sich anschickt, zu schreiben, muss entweder gemäß dem Konsens etwas beschreiben oder, wenn er die Geschichte wie etwas allzu Bekanntes nicht anrühren will, angemessen Neues einführen.

Daher bezieht sich das Postulat der Kohärenz wahrscheinlich auf den gesamten Stoff der Dichtung, wobei die Köharenz der Personen als ein wichtiger Aspekt in den Blick genommen wird. Für diese Annahme spricht auch der grundlegende Wert, den Horaz der Stimmigkeit zuweist, wie der Anfang der *Ars Poetica* in aller Deutlichkeit vor Augen führt.[178] Insofern sind zusätzlich diejenigen Stellen der Aristotelischen Poetik relevant, an denen sich Aristoteles (v. a. durch Verwendung des Ausdrucks κατὰ τὸ εἰκὸς ἢ τὸ ἀναγκαῖον) zur Kohärenz der Darstellung äußert, also das siebente, achte und neunte Kapitel der Poetik.[179] Darüber hinaus

---

175 Poet. 1454a16–26.
176 Die Frage, ob mit V. 119 ein neuer Abschnitt beginnt, hat das Interesse der Forschung auf sich gezogen; vgl. Williams (1964) 194; Waszink (1968) 402–407; Brink (1971) 194–197 ad loc.
177 Porphyrio ad Hor. ars 119 Holder (1894) 168. Bei *nova* handelt es sich um eine (wohl notwendige) Konjektur von Petschenig anstelle von *notam*.
178 Vgl. ars 1–23 (s. S. 465 f.).
179 Vgl. Poet. 1451a24–30: Ὀδύσσειαν γὰρ ποιῶν οὐκ ἐποίησεν ἅπαντα ὅσα αὐτῷ συνέβη, οἷον πληγῆναι μὲν ἐν τῷ Παρνασσῷ, μανῆναι δὲ προσποιήσασθαι ἐν τῷ ἀγερμῷ, ὧν οὐδὲν θατέρου γενομένου ἀναγκαῖον ἦν ἢ εἰκὸς θάτερον γενέσθαι, ἀλλὰ περὶ μίαν πρᾶξιν οἵαν λέγομεν τὴν

liegt bei Horaz wohl wie bei Aristoteles die Anschauung vor, dass mit dem überlieferten Stoff bereits eine kohärente Ereigniskette verbunden ist.[180]

Die Tatsache, dass Horaz von der literarischen Fiktion Kohärenz und Plausibilität fordert, geht schließlich auch aus der folgenden Stelle hervor:[181]

> atque ita mentitur, sic veris falsa remiscet,
> primo ne medium, medio ne discrepet imum.
>
> Und er vergreift sich so an der Wahrheit, vermischt so Unwahres mit Wahrem, dass die Mitte nicht vom Anfang und das Ende nicht von der Mitte abweicht.

Brink zufolge greift die Opposition von *vera* und *falsa* die vorige Gegenüberstellung von *famam sequi* und *fingere* (V. 119) in der Form auf, dass die *vera* mit den traditionellen Geschichten und die *falsa* mit den erfundenen Geschichten identifiziert werden.[182] Dies wird zwar größerenteils zutreffen. Aber wahrscheinlich umfasst *fama* in einem weiteren Sinn sowohl die historische Überlieferung als auch in die Tradition eingegangene Erfindungen.

Röslers Ansicht, dass diese Stelle einen Einfluss von Aristoteles' Legitimierung der Fiktion in der Form aufweist, dass der ältere Lügenvorwurf zwar als Zitat bzw. Metapher überlebt habe, aber die Legitimität der Fiktion nicht ernstlich in Frage gestellt werde,[183] lässt sich in dieser Form nicht halten Es ist nämlich zweifelhaft, ob Horaz an dieser Stelle den alten Lügenvorwurf (sofern man von einem alten Lügenvorwurf sprechen darf) zitiert. Wenn Solons Dictum πολλὰ ψεύδονται ἀοιδοί den alten Lügenvorwurf konstituiert,[184] sind die Entsprechungen zu gering, um von einem Zitat zu sprechen.[185] Inwiefern eine Metapher vorliegt, müsste begründet werden. Das Problem von *mentiri* scheint vielmehr insofern ein Problem der eigentlichen Bedeutung des Verbs zu sein, als es zwar nicht immer die Lüge, aber zumindest eine starke Abweichung von der Realität bezeichnet. Dieser Umstand ist allerdings auf den ersten Blick nicht leicht mit der Tatsache in Einklang zu bringen, dass Horaz Homer dafür lobt, dass seine *mendacia* zu einer kohärenten Darstellung beitragen.

Ὀδύσσειαν συνέστησεν, ὁμοίως δὲ καὶ τὴν Ἰλιάδα; vgl. auch Poet. 1451a11–15 und die weitere Verwendung des Ausdrucks κατὰ τὸ εἰκὸς ἢ τὸ ἀναγκαῖον; s. S. 223–227.
180 Vgl. Poet. 1453a17–22 (s. das Kapitel 4.4 dieser Arbeit, S. 230).
181 Ars 151f.
182 Vgl. Brink (1971) 223 ad loc.
183 Vgl. Rösler (1980) 318f.
184 Vgl. Solon, fr. 29 West (1992) 157; fr. 25 Gentili/Prato (1988) 118; s. das Kapitel 7.1.6.2 dieser Arbeit.
185 Vgl. eher den lateinischen Ausdruck *mendacia vatum* (Ov. am. 3,6,17 und fast. 6,253).

Brink zufolge handelt es sich bei der Horazstelle um eine Neuformulierung der folgenden Aristotelesstelle:[186]

δεδίδαχεν δὲ μάλιστα Ὅμηρος καὶ τοὺς ἄλλους ψευδῆ λέγειν ὡς δεῖ.

Homer hat auch die anderen [sc. Dichter] am meisten darin belehrt, wie man Falsches sagen muss.

Allerdings sei zu berücksichtigen, dass Horaz' Doktrin derjenigen des Aristoteles bis zu einem gewissen Ausmaß widerspricht. Denn nach Aristoteles sei die Dichtung eine Darstellung des Wahrscheinlichen.[187] Horaz halte sich stärker an die hellenistische Trennung zwischen *vera*, *veri similia* und *falsa*,[188] womit die Unterscheidung zwischen *historia* (ἱστορία), *argumentum* (πλάσμα) und *fabula* (μῦθος) gemeint sein dürfte.[189] Allerdings gibt Brink zu bedenken, dass Aristoteles eine Ausnahme von seiner Regel, dass die Dichtung das Wahrscheinliche darstellt, zulasse, und insinuiert, dass es sich bei dieser Ausnahme um die zitierte Stelle handelt.[190]

Brinks Aussage, dass sich Horaz stärker an die hellenistische Trennung zwischen *vera*, *veri similia* und *falsa* hält, ist anfechtbar. Ein Problem besteht schon darin, dass die Dreiteilung zwischen *historia* (ἱστορία), *argumentum* (πλάσμα) und *fabula* (μῦθος) nicht präzise wiedergegeben wird, wenn sie als Unterscheidung zwischen *vera*, *veri similia* und *falsa* dargestellt wird.[191] Während *vera* in der Tat der *historia* entspricht, wird das *argumentum* (πλάσμα) so definiert, dass mögliche, wenn nicht sogar wahrscheinliche Dinge bzw. Ereignisse geschildert werden.[192] Die Erzählgattung *fabula* (μῦθος) schließlich ist nicht die Darstellung von unwahren Begebenheiten. Denn *fabula* und *argumentum* haben gemeinsam, dass sie etwas darstellen, was nicht real ist (*ficta*; Horaz benutzt an

---

186 Poet. 1460a18–19.
187 Vgl. Brink (1971) 223 ad loc., der auf Poet. 1451a36–38 (s. das Kapitel 4.4 dieser Arbeit, S. 215 und 218) verweist.
188 Vgl. Brink (1971) 223 ad loc.: „H. is closer to the Hellenistic separation of *vera* from *verisimilia* or *falsa* mentioned in 119n."
189 Vgl. Brink (1971) 197 ad Hor. ars 119–130: „This [sc. die Unterscheidung zwischen den traditionellen und erfundenen Geschichten] is more clear-cut than the familiar Roman and Hellenistic triad, *historia* (= *fama*)–*verisimile*–*fictum* (*falsum*, *fabula*), or in Greek ἱστορία–πλάσμα–μῦθος [...]."
190 Vgl. Brink (1971) 223 ad loc., der auf Poet. 1460a11–b5 verweist.
191 Citroni (2009) 33 stellt die Dreiteilung zwischen *historia* (ἱστορία), *argumentum* (πλάσμα) und *fabula* (μῦθος) ebenfalls nicht präzise dar, wenn er *fabula* (μῦθος) als das Falsche bezeichnet und *argumentum* (πλάσμα) als das Wahrscheinliche ansieht.
192 Vgl. Cic. inv. 1,27: *argumentum est ficta res, quae tamen fieri potuit*.

dieser Stelle *falsa* i.S.v. *ficta*) – hierin unterscheiden sie sich von der *historia*. Vielmehr enthält die *fabula* (μῦθος) eine Darstellung von unwahrscheinlichen, wenn nicht sogar unmöglichen Dingen bzw. Ereignissen.[193]

Darüber hinaus lässt sich Horaz' Aussage über Homer *veris falsa remiscet* nicht in der Form von Aristoteles' Lehre im neunten Kapitel der Poetik abgrenzen, dass nach Aristoteles die Dichtung eine Darstellung des Wahrscheinlichen sei.[194] Wenn Horaz davon spricht, dass Homer Wahres mit Unwahrem vermischt, meint er hiermit, dass Homer in seinen Epen grundsätzlich (nach antikem Verständnis) historisches Geschehen (*vera*) darstellt, das sich um Figuren wie Odysseus und Achill rankt. Das Unwahre (*falsa*) besteht aus den erfundenen Elementen bzw. Episoden, also aus denjenigen Kategorien, die in der Skalierung der dargestellten Geschichte als *argumentum* (πλάσμα) oder *fabula* (μῦθος) bezeichnet wurden.

Die Bedeutung von *mentiri* in V. 151 bereitet daher keine großen Probleme, wenn man den Bezug auf die erwähnten Fiktionen berücksichtigt. Auch hier bezeichnet das Verb eine Abweichung von der Realität. Der Umstand, dass Horaz Homer dafür lobt, dass seine *mendacia* zu einer kohärenten Darstellung beitragen, verträgt sich mit der Bedeutung von *mentiri*. Denn während sich das Verb auf einzelne Elemente der Darstellung bezieht, liegt die Aussage von V. 152 bzw. die Hauptaussage von V. 151f. darin, dass Homer eine kohärente Darstellung präsentiert, in der Anfang, Mitte und Ende sich plausibel auseinander ergeben.[195]

Daher muss auch die Auffassung angezweifelt werden, dass Horaz an dieser Stelle Aristoteles' Aussage δεδίδαχεν δὲ μάλιστα Ὅμηρος καὶ τοὺς ἄλλους ψευδῆ λέγειν ὡς δεῖ neu formuliert. Zwar weisen die beiden Aussagen auf der sprachlichen Oberfläche einige Gemeinsamkeiten auf. Aber Aristoteles' Aussage bezieht sich auf mehrere Spielarten des Falschen, und zwar v. a. den Fehlschluss (παραλογισμός).[196] Diese Aristotelesstelle trägt daher wenig zum Verständnis der Horazstelle bei.

---

193 S. die Kapitel 4.7.1 und 4.7.1.1 dieser Arbeit.
194 S. S. 469 und das Kapitel 4.4 dieser Arbeit.
195 Vgl. Aristoteles' Instruktionen zur Einheit, Kohärenz und Motivation der Handlung im siebenten und achten Kapitel der Poetik; z. B. Poet. 1450b26 f.: ὅλον δέ ἐστιν τὸ ἔχον ἀρχὴν καὶ μέσον καὶ τελευτήν; 1451a24–30.
196 Vgl. Poet. 1460a18–20: δεδίδαχεν δὲ μάλιστα Ὅμηρος καὶ τοὺς ἄλλους ψευδῆ λέγειν ὡς δεῖ. ἔστι δὲ τοῦτο παραλογισμός; s. das Kapitel 4.7.1.1 dieser Arbeit (S. 311–313).

7.1.5 Ovid, *Amores* 3,12

An einer Stelle in den *Amores* spricht Ovid (43 v. Chr. – 17 n. Chr.) über dichterische Darstellungen, die nicht der Wahrheit entsprechen. Er tut dies in einem Kontext, in dem er beklagt, dass seine Geliebte Corinna durch seine Gedichte berühmt wurde und nun von vielen Männern begehrt wird.[197] Der zweite Teil der Elegie, der größtenteils aus einem mythischen Katalog besteht, lautet wie folgt:[198]

> Nec tamen ut testes mos est audire poetas;
>   malueram verbis pondus abesse meis.   20
> per nos Scylla patri caros furata capillos
>   pube premit rabidos inguinibusque canes;
> nos pedibus pinnas dedimus, nos crinibus angues;
>   victor Abantiades alite fertur equo.
> idem per spatium Tityon porreximus ingens,   25
>   et tria vipereo fecimus ora cani;
> fecimus Enceladon iaculantem mille lacertis,
>   ambiguae captos virginis ore viros.
> Aeolios Ithacis inclusimus utribus Euros;
>   proditor in medio Tantalus amne sitit.   30
> de Niobe silicem, de virgine fecimus ursam.
>   concinit Odrysium Cecropis ales Ityn;
> Iuppiter aut in aves aut se transformat in aurum
>   aut secat inposita virgine taurus aquas.
> Protea quid referam Thebanaque semina, dentes;   35
>   qui vomerent flammas ore, fuisse boves;
> flere genis electra tuas, Auriga, sorores;
>   quaeque rates fuerint, nunc maris esse deas;
> aversumque diem mensis furialibus Atrei,
>   duraque percussam saxa secuta lyram?   40
> Exit in inmensum fecunda licentia vatum,
>   obligat historica nec sua verba fide.
> et mea debuerat falso laudata videri
>   femina; credulitas nunc mihi vestra nocet.

Dennoch entspricht es nicht dem Brauch, Dichtern wie Zeugen zuzuhören; ich hätte gewünscht, dass meine Worte kein Gewicht haben. Durch uns trägt Skylla, die ihrem Vater das wertgeschätzte Haar geraubt hat, in der Schamgegend und am Unterleib reißende Hunde. Wir haben Füßen Federn gegeben, Haaren Schlangen; der siegreiche Nachfahre des Abas wird von einem geflügelten Pferd getragen. Ebenso haben wir Tityos in einem riesigen Ausmaß ausgestreckt, und dem Schlangenhund haben wir drei Köpfe gemacht. Enkelados haben wir mit tausend Armen Geschosse abfeuern lassen, Männer haben wir dargestellt, die

---

197 Vgl. Ov. am. 3,12,1–18, v. a. 1–12.
198 Ov. am. 3,12,19–44.

durch den Mund einer zweifelhaften jungen Frau betört wurden. Die Ostwinde des Aeolus haben wir durch Schläuche aus Ithaka eingeschlossen. Der Verräter Tantalus hat mitten in einem Fluss Durst. Aus Niobe haben wir einen Stein, aus einer Jungfrau eine Bärin gemacht. Eine Nachfahrin des Kekrops beklagt als Vogel den thrakischen Itys; Jupiter verwandelt sich entweder in Vögel oder in Gold oder durchschneidet als Stier mit einer Jungfrau das Meer. Wozu sollte ich Proteus erwähnen oder die thebanischen Samen, die Zähne? Dass diejenigen, die Flammen aus dem Maul ausspien, Rinder waren? Dass deine Schwestern, Wagenlenker, auf den Wangen Bernsteintropfen weinten; dass diejenigen, die Schiffe waren, nun Meeresgöttinnen sind; dass sich der Tag vom Anblick des schrecklichen Mahls des Atreus abgewandt hat und hartes Gestein dem Klang der Lyra gefolgt ist? Die fruchtbare Lizenz der Dichter geht ins Unermessliche und verpflichtet ihre Worte nicht zu historischer Zuverlässigkeit. Es hätte den Anschein haben müssen, dass auch mein Mädchen fälschlicherweise gelobt worden ist; nun schadet mir eure Naivität.

Die von Ovid erwähnten Geschichten sind traditionelle Erzählungen, von denen einige Versionen auf uns gekommen sind. Ovid selbst hat viele dieser Geschichten in seinen Dichtungen (v. a. in den Metamorphosen) verarbeitet, und zwar chronologisch betrachtet in der Form, dass er die entsprechenden Erzählungen später, also nach der Veröffentlichung der *Amores*, gedichtet hat.[199]

Der mythologische Katalog umfasst die folgenden 21 bzw. 24 Geschichten:[200] (1) Bei der Gestalt der Skylla vermengt Ovid zwei Trägerinnen dieses Namens: zum einen die Tochter des Nisos, die aus Liebe zu Minos ihrem Vater, dem König von Megara, eine purpurne Locke abschnitt, um ihm die Unbesiegbarkeit zu nehmen; und zum anderen die Kreatur, die von Kirke aus Eifersucht in ein Ungeheuer mit Hunden am Unterleib verwandelt wurde.[201] Wenn Ovid davon spricht, dass die Dichter Füßen Federn und Haaren Schlangen gegeben haben, spielt er zum einen (2) auf Perseus an, dem die Nymphen neben einer Tarnkappe und einer Zaubertasche auch Flügelschuhe gegeben haben, um das Haupt der Medusa herbeizuschaffen.[202] Zum anderen (3) bezieht er sich auf die soeben erwähnte Medusa,

---

[199] Daher muss die erste Person Plural (z. B. V. 21: *per nos*; V. 23: *dedimus*) im Sinne von „wir Dichter" aufgefasst werden. Ramírez de Verger (2001) 115 übersetzt die erste Person Plural durch die erste Person Singular. Zur Fiktion in den Metamorphosen vgl. Videau (2013).
[200] Vgl. Brandt (1911) 182–186 ad Ov. am. 3,12,19–40; Némethy (1907) 265–269. Da die Geschichte Nr. 14 insgesamt 4 Geschichten umfasst (s. u.), ergeben sich streng genommen 24 Geschichten.
[201] Vgl. Hom. Od. 12,235–260; Verg. Aen. 3,420–428; Ov. met. 14,51–67 (zum Ungeheuer) und 8,6–151 (zur Tochter des Nisos). Zur Identifizierung der beiden Personen vgl. Verg. ecl. 6,74–77; Prop. 4,4,39 f.; Ov. ars 1,331 f. Zum Ungeheuer vgl. auch Ov. met. 13,730–734: *Scylla latus dextrum, laevum inrequieta Charybdis / infestat: vorat haec raptas revomitque carinas, / illa feris atram canibus succingitur alvum / virginis ora gerens et, si non omnia vates / ficta reliquerunt, aliquo quoque tempore virgo.*
[202] Vgl. Apollod. 2,38 f.; Ov. met. 4,665–677; am. 3,6,13.

eine Gorgone, deren herausstechendes Merkmal die Schlangenhaare sind.[203] (4) Bei dem geflügelten Pferd, von dem Perseus, der Nachfahre des Abas, getragen wird, handelt es sich um Pegasos.[204] Dieses Pferd ist dem Mythos zufolge entstanden, als Perseus der Medusa den Kopf abgeschlagen hat, indem es aus ihrem Körper emporstieg.[205]

(5) Tityos wurde als Strafe dafür, dass er sich an Leto vergreifen wollte, von deren Kindern Apoll und Artemis erschossen und musste in der Unterwelt u. a. in der Form für sein Verbrechen büßen, dass er 900 Fuß lang ausgestreckt wurde.[206] (6) Die Geschichte von dem Schlangenhund mit drei Köpfen bezieht sich auf den Unterweltshund Cerberus.[207] (7) Wenn Ovid davon spricht, dass die Dichter Enkelados dargestellt haben, wie er mit tausend Armen Geschosse abfeuert, spielt er auf den Kampf der Giganten gegen die Götter an, wobei er Enkelados zu einer Kreatur mit tausend Armen macht.[208]

(8) Die Aussage, dass die Dichter Männer dargestellt haben, die durch den Mund einer zweifelhaften Jungfrau betört wurden, bezieht sich auf die Sirenen, deren Gesang die unvorsichtigen Schiffer an der felsigen Küste einen Schiffbruch erleiden ließ.[209] Als zweifelhafte junge Frauen bezeichnet Ovid die Sirenen wohl deshalb, weil sie zwar den Kopf einer Frau, aber den Körper eines Vogels hatten.[210] (9) Die Geschichte, dass Aeolus für Odysseus' Heimfahrt nach Ithaka günstige Winde in einem Schlauch eingeschlossen und ihm diesen übergeben hat, findet sich bekanntlich in der *Odyssee*.[211] (10) Der Umstand, dass Tantalus mitten in

---

203 Vgl. Apollod. 2,40; Ov. met. 4,614–616 und 771–802.
204 Literarische Parallelen dafür, dass Perseus auf Pegasos reitet, scheinen zu fehlen; vgl. aber den archäologischen Befund bei Brandt (1911) 183 ad Ov. am. 3,12,24.
205 Vgl. Hes. Theog. 280–283; Apollod. 2,32 und 42.
206 Vgl. Hom. Od. 11,576–581; Apollod. 1,23. Verg. Aen. 6,595–597: *et Tityon [...] / cernere erat, per tota novem cui iugera corpus / porrigitur*; Tib. 1,3,75; Ov. met. 4,457f.
207 Vgl. Hom. Il. 8,368; Od. 11,623 (Homer erwähnt weder den Namen noch die Anzahl der Köpfe des Hundes); Hes. Theog. 311f., der von 50 Köpfen spricht; Apollod. 2,122, der von 3 Hundeköpfen und von Köpfen verschiedenartiger Schlangen auf dem Rücken spricht; Verg. Aen. 6,417–423; Ov. met. 10,21f.
208 Zu Enkelados vgl. Batrachom. 283; Hor. carm. 3,4,55f. Tausendhänder gehören sonst nicht zum Repertoire mythischer Gestalten. Man denke aber an die Hunderthänder (Hekatoncheiren) Briareos, Gy(g)es und Kottos, drei Söhne des Uranos (Himmels) und der Gaia (Erde) mit 50 Köpfen und 100 Händen; vgl. Hes. Theog. 147–153; Ov. am. 2,1,12, wo Gyges erwähnt wird. Zum Begriff Hekatoncheiren vgl. Apollod. 1,1. Als Kreaturen mit 100 Armen stellt Ovid die Giganten in den Metamorphosen dar (met. 1,183f.). Daher ist Tausendhänder entweder als Übertreibung zu verstehen oder *mille* ist nicht wörtlich zu verstehen, sondern i.S.v. „unzählige".
209 Vgl. Hom. Od. 12,39–54 und 158–200.
210 Vgl. die bildlichen Darstellungen, auf die Brandt (1911) 184 ad loc. verweist.
211 Vgl. Hom. Od. 10,1–76.

einem Fluss Durst hat, erklärt sich dadurch, dass er in der Unterwelt zwar im Wasser steht und die Früchte von Bäumen über ihm herabhängen, diese aber zurückweichen und das Wasser sich zurückzieht, sobald er etwas essen oder trinken möchte.[212] Das Attribut *proditor* weist darauf hin, dass Ovid hier nicht an sein Verbrechen denkt, seinen Sohn Pelops den Göttern zum Mahl vorzusetzen, sondern daran, dass Tantalus Geheimnisse der Götter verraten hat.[213]

(11) Niobe ist in einen Felsen verwandelt worden, nachdem sie Latona verspottet hatte und deren Kinder Apoll und Diana die sechs (sieben) Söhne und sechs (sieben) Töchter der Niobe mit Pfeilen erschossen hatten.[214] (12) Die Aussage, dass die Dichter aus einer Jungfrau eine Bärin gemacht haben, bezieht sich auf Kallisto. Nach der Version, der Ovid in den Metamorphosen folgt, hat Iuno sie, die Geliebte Jupiters, in eine Bärin verwandelt und Jupiter sie nach ihrem Tod an den Himmel versetzt.[215] (13) Mit der Nachfahrin des Kekrops, die als Vogel den thrakischen Itys beklagt, ist Procne, die Frau des Thraker-Königs Tereus gemeint. Nachdem Tereus Philomela, die Schwester der Procne, vergewaltigt hat, schneidet er ihr die Zunge ab, damit sie das Verbrechen nicht zur Sprache bringen kann. Sie aber webt Schriftzeichen in ein Tuch und schickt es ihrer Schwester, die daraufhin ihren Sohn Itys tötet und ihn Tereus zum Mahl vorsetzt. Als Tereus Procne und Philomela mit dem Schwert verfolgt, werden alle drei in Vögel verwandelt.[216]

(14 bzw. 14–17) Die folgenden vier Geschichten spielen auf Jupiters Liebesabenteuer an: In einen Vogel – genauer gesagt: in einen Schwan – verwandelt er sich, um Leda zu verführen.[217] In einen Adler verwandelt sich Jupiter, um Ganymed zu entführen.[218] In Gold verwandelt sich Jupiter, um in dieser Form in den Schoß der Danaë zu fließen und sich mit ihr zu vereinen, wodurch Perseus gezeugt wurde.[219] Als Stier durchschneidet Jupiter das Meer mit einer Jungfrau, da er

---

212 Vgl. Hom. Od. 11,582–592, der noch keine Schuld nennt; Ov. am. 2,2,43f. mit Brandt (1911) 95 ad loc.: *quaerit aquas in aquis et poma fugacia captat / Tantalus: hoc illi garrula lingua dedit.*
213 Vgl. Eur. Or. 7–10; Ov. ars 2,606; Diod. 4,74,2; s. auch die vorige Fußn.
214 Vgl. Hom. Il. 24,602–617, der von 12 Kindern spricht; Ov. met. 6,146–316, der von 14 Kindern spricht.
215 Vgl. Ov. met. 2,409–530. Nach Apollodor (3,100f.) hat Jupiter Kallisto verwandelt, um seine Liebe zu ihr vor Iuno geheim zu halten, und nach ihrem Tod an den Himmel versetzt.
216 Vgl. Ov. met. 6,426–674. Vgl. schon Sophokles' Tragödie *Tereus* (fragmentarisch überliefert).
217 Vgl. Ov. am. 1,10,3f.: *qualis erat Lede, quam plumis abditus albis / callidus in falsa lusit adulter ave*; met. 6,109.
218 Vgl. Anth. Pal. 12,64f. (Alkaios von Messene; Meleagros); Ov. met. 10,155–161.
219 Vgl. Apollod. 2,34; Ov. am. 2,19,27; met. 4,610f.; 6,113: [sc. *Arachne addidit*] *aureus ut* [sc. *Iuppiter fuerit, cum*] *Danaen* [sc. *cepit*].

durch die Verwandlung in einen Stier Europa angelockt und diese auf seinem Rücken aus Tyros nach Kreta getragen hat.[220]

(15) Proteus ist bekannt dafür, dass er sich in die verschiedenartigsten Gestalten verwandeln kann, z. B. in einen Löwen, eine Schlange, Wasser oder Feuer.[221] (16) Die thebanischen Samen bzw. Zähne spielen auf Kadmos, den Gründer von Kadmea, der Burg des späteren Thebens, an. Dieser erschlug den Drachen, der eine Quelle bewachte, und säte dessen Zähne in die Erde. Aus den Samen stiegen bewaffnete Männer hervor (die Spartoi, „die Gesäten"), die sich teilweise selbst töteten und von denen nur fünf übrig blieben, um an der Gründung der Stadt mitzuwirken.[222] (17) Die feuerschnaubenden Rinder sind die Stiere des Aietes, mit denen Jason in Kolchis durch Medeas Hilfe ein Feld pflügte, in dessen Furchen er anschließend Drachenzähne säte.[223]

(18) Die Aussage, dass die Schwestern des Wagenlenkers auf den Wangen Bernsteintropfen weinten, bezieht sich auf die Heliaden, die Schwestern des Phaëton. Nachdem dieser vom Himmelswagen gefallen ist, verwandeln sich die klagenden Töchter des Sonnengottes in Bäume, die Tränen in Form von Bernstein von sich geben.[224] (19) Die wundersame Verwandlung von Schiffen in Meeresgöttinnen schildert Vergil in der *Aeneis:* Da sich die Trojaner nicht zu einer offenen Feldschlacht verleiten lassen, will Turnus ihre Flotte in Brand stecken, doch durch Jupiters Eingreifen auf Wunsch von Cybele kommt es zu der Verwandlung.[225]

(20) Wenn Ovid davon spricht, dass die Dichter dargestellt haben, dass sich der Tag vom Anblick des schrecklichen Mahls des Atreus abgewandt hat, spielt er auf den Bruderzwist zwischen Atreus und Thyestes an: Nachdem Thyestes Atreus' Frau verführt und ihm einen goldenen Widder entwendet hat, verbannt Atreus seinen Bruder, ruft ihn dann aber zurück und setzt ihm als Speise seine Kinder vor. Als Reaktion hierauf hörte die Sonne auf zu scheinen.[226] (21) Die Aussage, dass hartes Gestein dem Klang der Lyra gefolgt ist, erklärt sich dadurch, dass

---

220 Vgl. Ov. am. 1,3,23 f.; met. 2,833–875; 6,103 f.: *Maeonis elusam designat imagine tauri / Europam.*
221 Vgl. Hom. Od. 4,384–485; Verg. georg. 4,440–442; Ov. met. 8,735–744.
222 Vgl. Ov. met. 3,101–137.
223 Vgl. Pind. Pyth. 4,232–237; Verg. georg. 2,140 f.; Ov. met. 7,210 f.
224 Vgl. Ov. met. 2,340–366.
225 Vgl. Verg. Aen. 9,77–122; Ov. met. 14,527–565.
226 Vgl. Apollod. epit. 2,13; Eur. Or. 1000–1004; Iph. Taur. 191–195; Ov. ars 1,327–330: *Cressa Thyesteo si se abstinuisset amore / [...] / Non medium rupisset iter, curruque retorto / Auroram versis Phoebus adisset equis;* trist. 2,391 f.: *Si non Aeropen frater sceleratus amasset, / aversos Solis non legeremus equos.*

Amphion Mauersteine durch seine Zauberleier zu Thebens Stadtmauer zusammengefügt hat.[227]

In der Forschung ist die Deutung der Elegie 3,12 höchst umstritten. Es würde zu weit führen, Lucks Interpretation des Gedichts ausführlich zu besprechen. Aber sofern Lucks Thesen, dass mit der begehrten Corinna nicht Ovids Geliebte, sondern die erste fünfbändige Auflage der *Amores* gemeint ist und dass die Elegie eine Parodie auf Properz darstellt,[228] die Frage nach der Fiktionalität der dichterischen Darstellung berühren, muss kurz darauf eingegangen werden.

Luck gelangt aus einem (vermeintlichen) Widerspruch zu der These, dass *Corinna* als Titel der ersten *Amores*-Edition erwähnt wird. Diesen Widerspruch sieht Luck darin, dass der Dichter einerseits Corinna mit anderen Männern teilen muss, wie dieser am Anfang der Elegie beklagt.[229] Der zweite Teil der Elegie, in dessen Zentrum der mythologische Katalog steht, mache aber deutlich, dass es Corinna nicht gibt.[230]

Der Ansicht, dass Ovid zu verstehen gibt, dass es Corinna nicht gibt, muss widersprochen werden.[231] Zumindest ist diese Schlussfolgerung alles andere als zwingend, und sie wird auch nicht durch andere Stellen aus Ovids Werk gestützt. In den Tristien verrät Ovid, dass „Corinna" ein Pseudonym ist:[232]

> moverat ingenium totam cantata per urbem
>   nomine non vero dicta Corinna mihi.

> Mich hatte [sc. ein Mädchen] inspiriert, das ich in der ganzen Stadt besungen und mit falschem Namen Corinna genannt habe.

Diese Stelle belegt nicht (sicher), dass Corinna eine erfundene Figur ist, sondern dass ihr Name erfunden ist.[233] Daher kann es nicht verwundern, dass es im da-

---

227 Vgl. Apoll. Rhod. 1,740f.; Hor. carm. 3,11,1f.; ars 394–396: *dictus et Amphion, Thebanae conditor urbis, / saxa movere sono testudinis et prece blanda / ducere quo vellet.*
228 Vgl. Luck (1961) 173–193.
229 Vgl. Ov. am. 3,12,1–12.
230 Vgl. Luck (1961) 174f.: „Ovid bekennt, daß es die Corinna seiner Dichtung gar nicht gibt."
231 Vgl. Stroh (1971) 165 und 157f. Fußn. 65.
232 Ov. trist. 4,10,59f.
233 Vgl. Luck (1961) 192. Luck spricht zwar davon, dass es mehrere Selbstzeugnisse Ovids gibt, die für die Erfindung der Figur Corinna sprechen: „So betrachtet, verliert die Elegie jede Beweiskraft für die biographische Wirklichkeit der Corinna. Sie gehört vielmehr zu den Selbstzeugnissen Ovids, wonach es eine ‚Corinna' nie gegeben hat." Aber die Belege, die er auswertet, wertet er (wohl zutreffend) so aus, dass an den anderen Stellen (neben der Tristienstelle: ars 3,535–538; am. 2,17,29f.) Ungewissheit über die Identität (nicht die Existenz) der Person mitgeteilt wird.

maligen Rom Zweifel über Corinnas Identität gegeben hat, wie Ovid selbst (glaubhaft) versichert; zum einen in der *Ars amatoria:*[234]

> Nos facimus placitae late praeconia formae:
>   Nomen habet Nemesis, Cynthia nomen habet,
> Vesper et Eoae novere Lycorida terrae,
>   Et multi, quae sit nostra Corinna, rogant.

> Wir verherrlichen weit und breit die Schönheit, die uns gefällt: Nemesis ist berühmt, Cynthia ist berühmt, das Abendland und die Länder des Orients kennen Lykoris, und viele fragen, wer unsere Corinna ist.

Zum anderen tut er dies an einer anderen Stelle der *Amores:*[235]

> novi aliquam, quae se circumferat esse Corinnam.
>   ut fiat, quid non illa dedisse velit?

> Ich kenne eine, die das Gerücht streut, sie sei Corinna. Was würde sie nicht dafür geben, um sie zu werden?

Diese Stellen belegen lediglich, dass Ungewissheit über die Identität, nicht aber über die Existenz von Corinna herrschte. Zumindest die Leser, von denen Ovid spricht, sind davon ausgegangen, dass Corinna eine real existierende Person ist.

Auch mit Blick auf die Elegie 3,12 ist die Ansicht nicht überzeugend, dass Ovid zu verstehen gibt, dass es Corinna nicht gibt. Zwar ist es die Aussage des Dichters, dass es die 21 bzw. 24 mythologischen Kreaturen bzw. Ereignisse, auf die er anspielt, (in dieser Form) nicht gegeben hat. Aber der Vergleich zwischen dem Wahrheitsstatus der mythologischen Kreaturen bzw. Ereignisse und Corinnas Wahrheitsstatus ist wohl nicht von der Art, dass auch Corinnas Existenz in Abrede gestellt wird. Vielmehr ist Ovids Aussage, dass es für ihn besser gewesen wäre, wenn die (männlichen) Leser der *Amores* seine Aussagen über Corinnas Schönheit nicht wörtlich genommen hätten.[236]

Der Gedankengang ist folgender: Der Dichter beklagt, dass er Corinna mit anderen Männern teilen muss. Hieran ist er selbst schuld, da er in den *Amores* ihre Schönheit gepriesen hat (V. 1–12). Seinem Wunsch, dass Corinna durch seine Gedichte nicht so berühmt geworden wäre, verleiht Ovid durch den Gedanken Ausdruck, dass es nicht der Konvention entspricht, von den Darstellungen der

---

234 Ov. ars 3,535–538.
235 Ov. am. 2,17,29 f.
236 Vgl. Ov. am. 3,12,9: *quid enim formae praeconia feci?*

Dichter dieselbe Wahrheit und Exaktheit zu erwarten wie von Gerichtszeugen (V. 19 f.). In dieser Ansicht trifft er sich mit Cicero, der im Proömium zu *De legibus* nahezu denselben Gedanken äußert.[237] Hieran schließt sich der mythologische Katalog an (V. 21–40), der offensichtlich das Ziel hat, die Aussage zu belegen, dass die Rezipienten viele Geschichten der Dichter als fiktionale Erzählungen wahrnehmen, ohne ihnen auch nur annäherungsweise Glauben zu schenken.

Den Bezug zu seiner Geliebten stellt Ovid am Ende der Elegie wieder her, wenn er den Wunsch ausspricht, dass es den Anschein hätte haben müssen, dass auch Corinna fälschlicherweise gelobt worden ist (V. 43 f.). Das Adverb *falso* („fälschlicherweise") macht hierbei deutlich, dass Ovid nicht die Figur Corinna erfunden hat, sondern entweder die Person in seiner Darstellung begehrenswerter gemacht hat, als sie ist. Möglich wäre auch, dass er nicht übertrieben hat und Corinna in der Tat so schön ist, wie er es von ihr gesagt hat, aber sich wünscht, dass seine Leser seine Darstellung für übertrieben halten. In jedem Fall wünscht er sich, keine Konkurrenten zu haben.

Ein Widerspruch, den Luck in derjenigen Interpretation des Gedichtes sieht, der zufolge mit Corinna immer die Geliebte des Dichters gemeint ist, lässt sich daher nicht entdecken. Folglich ist Lucks These, dass mit der begehrten Corinna nicht Ovids Geliebte, sondern die erste fünfbändige Auflage der *Amores* gemeint ist, wenig überzeugend.[238]

Auch Lucks These, dass die Elegie eine Parodie auf Properz darstellt, ist zumindest mit Blick auf den zweiten Teil der Elegie wenig wahrscheinlich,[239] auch wenn sich in der Tat viele Parallelen zwischen *Amores* 3,12 und Properz entdecken lassen.[240] Wichtiger als die einzelnen Entsprechungen ist aber die Frage, in wel-

---

237 Vgl. Cic. leg. 1,4: *Et mehercule ego me cupio non mendacem putari, sed tamen nonnulli isti, Tite noster, faciunt imperite, qui in isto periculo non ut a poeta sed ut a teste veritatem exigent*; s. das Kapitel 7.1.3 dieser Arbeit.
238 Auf zwei Probleme seiner Deutung macht Luck (1961) 175 f. selbst aufmerksam: Zum einen würde das Distichon (V. 7 f.) *fallimur, an nostris innotuit illa libellis? / sic erit: ingenio prostitit illa meo* eine Tautologie darstellen, wenn Corinna aus den *libelli* besteht. Zum anderen ist fraglich, welchen Schaden der Erfolg der ersten Auflage dem Dichter verursacht hat; vgl. V. 15 f.: *an prosint, dubium, nocuerunt carmina semper; / invidiae nostris illa fuere bonis*.
239 Vgl. Stroh (1971) 158 Fußn. 65 und 162 f., der zwar Luck in der Ansicht folgt, dass die Elegie eine Parodie auf Properz darstellt, aber bemerkt (S. 169 Fußn. 94), dass dies nur im ersten Teil der Elegie der Fall ist, nicht in dem mythischen Katalog.
240 Vgl. die Übersicht bei Luck (1961) 188–191. Aber zum einen gibt es von den 21 bzw. 24 mythologischen Kreaturen bzw. Ereignissen auch solche (nach Luck fünf), die Properz nicht erwähnt; nach Luck (1961) 190 f. fehlen: Jupiters Verwandlungen (Nr. 14); Proteus (Nr. 15); Kadmos und die Drachenzähne (Nr. 16); die Heliaden (Nr. 18); die Verwandlung der trojanischen Schiffe (Nr. 19). Zum anderen ist der statistische Befund, dass sich viele Motive bei beiden Dichtern

chem Sinne bzw. mit welcher Intention Ovid über die Dichter (nach Luck: über Properz) Aussagen macht. Auch in dieser Hinsicht erweist sich Lucks These als wenig überzeugend. Denn Ovids mythologischer Katalog dient ja dem Zweck, dem Gedanken Ausdruck zu verleihen, dass es legitim ist, dass Dichter nicht die Wahrheit sagen.[241] Ovid hat also keineswegs die Absicht, Kritik zu üben. Deswegen lässt sich die Ansicht kaum halten, dass eine Properzparodie vorliegt.[242]

Auch Strohs Interpretation der Elegie 3,12 kann hier nur insofern behandelt werden, inwiefern die Frage nach der Fiktionalität der dichterischen Darstellung berührt wird. Stroh zufolge handelt es sich bei dieser Elegie um ein Gedankenexperiment.[243] Die von der Elegie vorausgesetzte Situation könne nicht real sein, da es angesichts der Unsicherheit über Corinnas Identität für Konkurrenten nicht möglich sei, das Mädchen für sich zu gewinnen.[244]

Auch wenn dieses Argument auf ein Problem aufmerksam macht, handelt es sich nicht um eine notwendige Schlussfolgerung, da es möglich ist, dass einige (vielleicht nicht alle) Rivalen Corinna identifizieren konnten. Stroh macht selbst auf ein Problem seiner Interpretation aufmerksam, wenn er sagt, dass wegen des Pseudonyms nicht einmal in einem Gedankenexperiment die Situation hätte

---

finden, wenig aussagekräftig. Gerade angesichts der Tatsache, dass es sich um traditionelle Erzählungen handelt, die nicht nur von Properz geschildert werden, und dass Ovid von den Dichtern im Plural spricht, müsste genauer angegeben werden, inwiefern insbesondere bzw. ausschließlich eine Bezugnahme auf Properz vorliegt.

241 Vgl. V. 19: *nec tamen ut testes mos est audire poetas* und V. 41f.: *exit in inmensum fecunda licentia vatum, / obligat historica nec sua verba fide.*

242 Luck (1961) 191 mildert den Begriff der Parodie etwas ab, indem er von einer „gutmütigen" Parodie spricht: „Das Gedicht ist also – gleichgültig, wie man es sonst verstehen will – eine Parodie. [...] Dabei ist seine Parodie gutmütig, nicht polemisch." Das Oxymoron der gutmütigen Parodie zeigt in aller Deutlichkeit die Schwierigkeit, die Parallelen zwischen Ovid und Properz als Parodie zu deuten.

243 Vgl. Stroh (1971) 157–173, v. a. 160 and 165: Ovid wolle nicht wirklich sagen, dass Corinna durch seine Gedichte berühmt wurde und nun von vielen Männern geliebt wird. Vielmehr habe er die Situation und den Inhalt fingiert, um den Widerspruch von elegischen Topoi aufzuzeigen, da in Tibulls und Properz' Konzeption der Liebeselegie (und vgl. Ov. am. 1,3) veröffentlichte Gedichte ein Mittel sind, um ein Mädchen zu erobern. Daneben gibt es den Topos, dass der Liebende seine Liebe geheim halten soll (vgl. Tib. 3,19,7f.). Dadurch dass Ovid vor Augen führe, was passieren würde, wenn er gemäß der Lehre der Liebeselegie die Schönheit von Corinna in Gedichten gepriesen hätte (er würde sein Mädchen verlieren), sei die Elegie eine *reductio ad absurdum* dieser Vorschrift. Stroh (S. 165–168) versucht die Korrektheit seiner Interpretation dadurch zu erweisen, dass er den Zusammenhang zwischen dem ersten und dem zweiten Teil der Elegie erklärt, der ihm zufolge ein Dilemma aufdeckt: Entweder gelten die Dichter als glaubwürdige Zeugen (*testes*), die in der Lage sind, ihre Geliebten zu erobern; dann werden sie sie aufgrund der Öffentlichkeit verlieren. Oder sie gelten als Lügner; dann können sie die Geliebten nicht erobern.

244 Vgl. Stroh (1971) 160.

entstehen können, dass Ovid seine Corinna mit anderen Männern teilen muss.[245] Da es im Text keinen Hinweis darauf gibt, dass es sich um ein Gedankenexperiment handelt, ist dessen Annahme zumindest weder nötig noch gewinnbringend.

Was den Hintergrund und literarische Vorbilder des Gedichts betrifft, hat McKeown die Ansicht geäußert, dass die Verse 19–42 dieser Elegie einen Einfluss des Progymnasmas der Widerlegung (ἀνασκευή) aufweisen.[246] Diese Meinung lässt sich kaum halten, da Ovid nicht eine Geschichte (oder mehrere Geschichten) widerlegt, sondern vielmehr Erzählungen erwähnt, bei denen er voraussetzt, dass ihr fiktionaler Charakter jedem bekannt ist. Der Diskurs, in dem sich Ovid bewegt, ist daher der antike Fiktionalitätsdiskurs, wie im Folgenden noch deutlicher werden wird.

Deshalb ist auch die Annahme, dass Ovid das mythologische Material einem Rhetorikhandbuch entnommen hat,[247] wenig wahrscheinlich. Zwar lassen sich viele Entsprechungen zwischen Ovids mythischem Katalog, dem Werk Περὶ ἀπίστων des Mythographen Palaiphatos und einer Passage in Hermogenes' Werk über die Stil-Lehre (Περὶ ἰδεῶν λόγου) feststellen.[248] Aber die von Ovid erwähnten Mythen sind dermaßen traditionelle Erzählungen, dass man davon ausgehen kann, dass Ovid sie kannte, ohne auf ein spezielles Rhetorikhandbuch zurückgreifen zu müssen.[249] Außerdem sprechen einzelne Elemente des mythischen Katalogs (z. B. Nr. 19: die in der *Aeneis* geschilderte Verwandlung der trojanischen Schiffe in Nymphen) dafür, dass Ovid seine Quelle nicht nur ergänzt hat (so McKeown), sondern selbst eine Auswahl aus den unglaublichen traditionellen Geschichten getroffen hat.

---

245 Vgl. Stroh (1971) 170 f. Seine Lösung dieses Problems (S. 171–173) und sein Gebrauch des Begriffs „Fiktion" sind mir unverständlich (Überlegungen zum Verhältnis zwischen Gedankenexperiment und Fiktion fehlen).
246 Vgl. McKeown (1979) 164–166.
247 Vgl. McKeown (1979) 166–169.
248 Vgl. die Übersicht bei McKeown (1979) 167; Hermog. Περὶ ἰδεῶν λόγου 2,10,37–41 Patillon (2012) 212 f. Zu Palaiphatos s. das Kapitel 4.7.2.2.1 dieser Arbeit; zu Hermogenes s. das Kapitel 6.2 dieser Arbeit.
249 Für Parallelen vgl. auch Long. Subl. 9,14: παρεξέβην δ' εἰς ταῦθ', ὥς ἔφην, ἵνα δείξαιμι ὡς εἰς λῆρον ἐνίοτε ῥᾷστον κατὰ τὴν ἀπακμὴν τὰ μεγαλοφυῆ παρατρέπεται, οἷα τὰ περὶ τὸν ἀσκὸν καὶ τοὺς ἐν Κίρκης συοφορβουμένους, οὓς ὁ Ζωΐλος ἔφη χοιρίδια κλαίοντα, καὶ τὸν ὑπὸ τῶν πελειάδων ὡς νεοσσὸν παρατρεφόμενον Δία καὶ τὸν ἐπὶ τοῦ ναυαγίου δέχ' ἡμέρας ἄσιτον τά τε περὶ τὴν μνηστηροφονίαν ἀπίθανα; Luk. Philops. 2f. (s. das Kapitel 7.1.7 dieser Arbeit, S. 517 f.). Auch diese Parallelen sprechen dafür, dass alle genannten Autoren am antiken Fiktionalitätsdiskurs teilhaben und viele traditionelle Geschichten als Erfindungen betrachten, ohne auf ein spezielles Handbuch zurückgreifen zu müssen.

Die Fixierung auf den (kaum ernstlich vorhandenen) rhetorischen Charakter der Elegie hat zu der Aporie geführt, was das verbindende Band der 21 bzw. 24 von Ovid genannten Geschichten ist.[250] Zwar muss zugestanden werden, dass die Abfolge der Mythen untereinander assoziativ, wenn nicht sogar willkürlich anmutet, wenngleich einzelne Mythen miteinander zusammenhängen.[251] Aber dennoch lässt sich ein verbindendes Band angeben, wenn man den mythischen Katalog vor dem Hintergrund des antiken Fiktionalitätsdiskurses betrachtet.[252]

Die von Ovid erwähnten Geschichten sind nicht einfach nur Mythen.[253] Zutreffender ist Brandts Formulierung, der von den „tollsten Fabeleien" der Dichter spricht.[254] Technisch gesprochen handelt es sich bei den 21 bzw. 24 von Ovid erwähnten Erzählungen um Darstellungen von unwahrscheinlichen, wenn nicht sogar unmöglichen Dingen, Kreaturen oder Ereignissen. Diese Kategorie wurde in der Skalierung der dargestellten Geschichte als *fabula* bzw. μῦθος bezeichnet.[255] Eine kurze Übersicht bzw. Gliederung der Geschichten mag diesen Befund verdeutlichen:

(I) Die meisten Erzählungen sind physisch unmögliche Verwandlungen (Metamorphosen). Teilweise spielt Ovid nicht auf die ganze Verwandlungssage an, sondern nur auf das Ergebnis (oder einen Aspekt) der Metamorphose. Das Resultat einer Verwandlung kann eine physisch unmögliche Kreatur sein (vgl. Gruppe II):

(1) Skylla (Grenzfall zu Gruppe II); (3) Medusa (Grenzfall zu Gruppe II); (11) Niobe; (12) Kallisto; (13) Procne, Philomela, Tereus; (14) Iuppiters Verwandlungen; (15) Proteus (Grenzfall zu Gruppe II); (16) die Drachensaat des Kadmus; (18) die Heliaden; (19) die trojanischen Schiffe.

---

[250] Vgl. McKeown (1979) 169: „Ovid's catalogue resists analysis in thematic terms: in particular there is no sustained theme of metamorphosis. [...] The lack of any controlling theme is probably deliberate, and is intended to create an impression of abundance."
[251] Vgl. McKeown (1979) 169. Was die Reihenfolge der Mythen betrifft, vgl. Stroh (1971) 164 Fußn. 81, der eine Sequenz von 8 Versen (21–28) über Monster, 2 Verse (29f.) außerhalb der Reihe, 8 Verse (31–38) über Metamorphosen und 2 Verse (39f.) über physische Wunder sieht.
[252] Stroh (1971) 164f. Fußn. 82 verweist auf einige wichtige Passagen innerhalb des antiken Fiktionalitätsdiskurses, aber nicht auf die Dreiteilung zwischen *fabula*, *historia* und *argumentum*.
[253] Vgl. McKeown (1979), der entweder von „mythology" (S. 168) oder von „myths" (S. 169) spricht. Stroh (1971) 164 und 166 verwendet die Begriffe „Dichtererfindungen" und „Mythos".
[254] Vgl. Brandt (1911) 182 ad Ov. am. 3,12,19–40.
[255] Vgl. Cic. inv. 1,27: *fabula est, in qua nec verae nec veri similes res continentur* [...]; s. die Kapitel 4.7.1 und 4.7.1.1 dieser Arbeit.

(II) Die zweite Gruppe besteht aus denjenigen Kreaturen, die es nicht gibt, weil sie physisch unmöglich sind; teilweise ist eine Abgrenzung von den Dingen (Gruppe III) schwierig, da häufig Menschen so dargestellt werden, dass sie Dinge tun oder ihnen Dinge widerfahren, die unmöglich sind:

(4) Pegasus; (6) Cerberus; (7) Enkelados; (8) die Sirenen; (17) die feuerschnaubenden Stiere des Aeetes.

(III) Die dritte Gruppe setzt sich aus Dingen zusammen, die es nicht gibt oder die nicht geschehen können:

(2) Perseus' Flügelschuhe (Grenzfall zu Gruppe II); (5) Tityos' Strafe (Grenzfall zu Gruppe II); (9) der Windschlauch des Aeolus; (10) Tantalus' Strafe (Grenzfall zu Gruppe II); (20) die Sonnenfinsternis nach dem Mahl des Thyest; (21) die Steine bewegende Leier des Amphion (Grenzfall zu Gruppe II).

Daher nennt Ovid in dieser Elegie bewusst unwahrscheinliche, wenn nicht sogar unmögliche Fiktionen, ohne den Fachterminus (*fabula*) zu verwendet, um die Lizenz der Dichter deutlich vor Augen zu führen.[256] Darüber hinaus sind Ovids Aussagen über den Status und den kommunikativen Zusammenhang der von ihm erwähnten Geschichten aufschlussreich. Einleitend sagt er mit Blick auf die mythischen Geschichten (V. 19): *nec tamen ut testes mos est audire poetas*. Der Anklang an eine Stelle bei Cicero wurde bereits festgestellt.[257] Nach dem mythologischen Katalog äußert er sich in der Weise über die Wundergeschichten der Dichter, dass er bemerkt (V. 41f.): *exit in inmensum fecunda licentia vatum, / obligat historica nec sua verba fide*.[258]

Die zuletzt zitierte Äußerung ist mit denjenigen Stellen im antiken Fiktionalitätsdiskurs zu vergleichen, an denen die Dichtung und die Geschichtsschreibung hinsichtlich ihres Stoffes gegenübergestellt und der Dichtung Fiktionen zugestanden werden. Dies ist u.a. bei Isokrates und Aristoteles der Fall.[259] Ein Unterschied zu Aristoteles besteht aber dahingehend, dass Aristoteles das Mögliche als den Gegenstandsbereich des Dichters beschreibt, wohingegen Ovid in seinem mythologischen Katalog unwahrscheinliche, wenn nicht sogar unmögliche Dinge/Kreaturen/Ereignisse aufzählt. Vergleichbar ist hingegen der Theorie-

---

256 Vgl. auch den langen mythischen Katalog bei Agatharchides (GGM I 7 p. 114–117 Müller [1882]); s. das Kapitel 7.1.8.1 dieser Arbeit (S. 521).
257 S. S. 489, Fußn. 237.
258 Zum Ausdruck *fides historica* („historische Zuverlässigkeit") vgl. Cic. epist. ad Quint. fr. 1,1,23: *Cyrus ille a Xenophonte non ad historiae fidem scriptus sed ad effigiem iusti imperi*.
259 Zu Isokrates (Euag. 9f.) s. das Kapitel 7.1.2 dieser Arbeit; zu Arist. Poet. 1451a36–b5 s. das Kapitel 4.4 dieser Arbeit.

ort, an dem die literarische Fiktion beschrieben wird,[260] wenngleich die gewählten Begriffe abweichen: Aristoteles spricht von der Aufgabe (ἔργον) des Dichters, die wohl gesellschaftlich anerkannt ist. Isokrates spricht davon, dass den Dichtern viele Möglichkeiten zur Ausschmückung zugestanden sind (Τοῖς μὲν γὰρ ποιηταῖς πολλοὶ δέδονται κόσμοι). Ovid bezieht sich mit dem Substantiv *mos* (V. 19) auf eine gesellschaftliche Konvention. Explizit bezieht sich diese Konvention auf die Rezeption des Textes, wie das Verb *audire* deutlich macht. Aber da es der Autor Ovid selbst ist, der für seine früheren Gedichte einfordert, dass man sie nicht als Darstellung der unverfälschten Wahrheit rezipieren soll, bezeichnet das Substantiv eine ungeschriebene Übereinkunft zwischen dem Textproduzenten und dem Textrezipienten, auf die sich Ovid beruft.

7.1.6 Plutarch, *De audiendis poetis*

7.1.6.1 De audiendis poetis I
In Plutarchs (ca. 45–120 n.Chr.) Erörterung, wie die jungen Menschen die Dichtung rezipieren sollen, spielt die literarische Fiktion – v.a. im zweiten Kapitel – eine wichtige Rolle.[261] Nach einigen einleitenden Bemerkungen, in denen sich Plutarch u.a. für eine Dichtung ausspricht, die als Vehikel für philosophische Lehren dient, sich aber gegen eine Dichtung stellt, die dieser Aufgabe nicht gerecht wird,[262] legt Plutarch den jungen Menschen eine grundlegende Maxime ans Herz. Hierbei handelt es sich um das berühmte Diktum des Solon:[263]

> Πρῶτον μὲν οὖν εἰσάγειν εἰς τὰ ποιήματα δεῖ τὸν νέον μηδὲν οὕτω μεμελετημένον ἔχοντα καὶ πρόχειρον ὡς τὸ „πολλὰ ψεύδονται ἀοιδοί" τὰ μὲν ἑκόντες τὰ δ' ἄκοντες.
>
> Zuerst muss man nun den jungen Menschen in die Dichtung einführen, indem er sich nichts anderes eingeprägt und präsent hat als das Diktum „viel Unwahres sagen die Dichter", und zwar teils absichtlich, teils unabsichtlich.

Im Folgenden behandelt Plutarch zuerst diejenigen unwahren Dinge, die die Dichter absichtlich als solche äußern, und anschließend diejenigen unwahren Dinge, die die Dichter unabsichtlich als solche äußern. Bevor aber Plutarchs Verständnis von Solons Diktum und seine Instruktionen im Anschluss an Solon

---

260 Zu den Theorieorten s. das Kapitel 2 dieser Arbeit, v.a. die einleitenden Bemerkungen (S. 37).
261 Zur Erziehung bei Plutarch vgl. Xenophontos (2015). Zur Tragödie bei Plutarch vgl. di Gregorio (1976). Zur Dichtung bei Plutarch vgl. Valgiglio (1967).
262 Vgl. mor. 15e–16a.
263 Mor. 16a.

analysiert werden, muss der Sinn des Diktums erklärt werden, den Solon diesem Syntagma gegeben hat, soweit dies möglich ist.

7.1.6.2 Solons Diktum πολλὰ ψεύδονται ἀοιδοί

Das berühmte Diktum des Solon πολλὰ ψεύδονται ἀοιδοί, das wahrscheinlich einer seiner Elegien (um 600 v. Chr.) entstammt,[264] ist alles andere als eindeutig, da das Verb ψεύδομαι u. a. die Bedeutungen „lügen", „Falsches sagen" oder „fingieren" tragen kann. Das Diktum fungiert im Griechischen als Sprichwort, das an unterschiedlichen Stellen der griechischen Literatur überliefert ist; z. B. in der Schrift *De iusto*, die (wahrscheinlich fälschlicherweise) unter Platons Namen überliefert ist:[265]

> Ἀλλά τοι, ὦ Σώκρατες, εὖ ἡ παλαιὰ παροιμία ἔχει, ὅτι πολλὰ ψεύδονται ἀοιδοί.
>
> Aber, Sokrates, es handelt sich doch bei dem alten Sprichwort um ein gutes Sprichwort, dass die Dichter viel Unwahres sagen.

Außerdem findet sich das Sprichwort in Aristoteles' Metaphysik:[266]

> ἀλλ' οὔτε τὸ θεῖον φθονερὸν ἐνδέχεται εἶναι, ἀλλὰ κατὰ τὴν παροιμίαν πολλὰ ψεύδονται ἀοιδοί, οὔτε τῆς τοιαύτης ἄλλην χρὴ νομίζειν τιμιωτέραν.
>
> Aber weder ist es möglich, dass das Göttliche neidisch ist, sondern „die Dichter sagen viel Unwahres" gemäß dem Sprichwort, noch darf man eine andere Wissenschaft als angesehener erachten als diese [sc. die Philosophie, insbesondere die Metaphysik].

Mit Blick auf die Frage, welchen Sinn Solon dem Diktum „viel Unwahres sagen die Dichter" gegeben hat, bieten sich im Wesentlichen drei Verständnismöglichkeiten an: (1) Solon meint, dass die Dichter viele Irrtümer äußern oder sogar – trotz besseren Wissens – viel lügen (so wird das Syntagma zumeist übersetzt). (2) Das Diktum πολλὰ ψεύδονται ἀοιδοί bedeutet, dass die Dichter viel fingieren, also von nicht-wirklichen Ereignissen berichten, aber nicht die Intention haben, die Rezipienten in die Irre zu führen, sondern von der anerkannten sozialen Praxis Fiktion Gebrauch machen. (3) Schließlich ist es möglich, dass Solon zwischen diesen Möglichkeiten nicht differenziert und die Unwahrheit der Dichter aus einer Kombination aus faktualer Falschheit (1) und literarischer Fiktion (2) besteht. In

---

[264] Vgl. Solon, fr. 29 West (1992) 157; fr. 25 Gentili/Prato (1988) 118.
[265] Plat. iust. 374a.
[266] Arist. met. 983a.

dem zuletzt genannten Sinn legt Plutarch Solons Diktum aus, wie im folgenden Unterkapitel gezeigt werden wird.

Methodisch betrachtet muss zunächst einmal betont werden, dass es äußerst schwierig, wenn nicht sogar unmöglich ist, den Sinn von Solons Diktum zu eruieren, da nur die drei Worte des Fragmentes überliefert sind (πολλὰ ψεύδονται ἀοιδοί) und weder Solons übrige Fragmente noch die Kontexte derjenigen Stellen, an denen das Fragment überliefert ist, sichern bzw. überhaupt einen Aufschluss über dessen Bedeutung geben.[267]

Diejenigen Forscher, die sich in einem Überblick mit dem Wahrheitsproblem in der Antike beschäftigt haben, kommen zu unterschiedlichen Ergebnissen: Kannicht meint, dass sich vor dem Hintergrund der übrigen Solon-Fragmente als Gegenstand der Solonischen Kritik eine Poesie abzeichnet, die die geschichtlichen Ansprüche der Gesellschaft verfehlt. Der sachliche Gegensatz zu dieser Poesie sei eine Dichtung, die Nützliches, Realitätsbezogenes und in diesem Sinne Relevantes zu sagen hat.[268] Zur Bekräftigung dieser These zieht Kannicht Solons Musenelegie heran.[269] Seine Schlussfolgerung lautet, dass Solon von der Literatur die gesellschaftliche Funktion der belehrenden Aufklärung der Bürger erwartet.[270] Rösler zufolge ist unsicher, ob in Solons Diktum „Viel Unwahres verkünden die Sänger" die fahrlässige Verfehlung oder die intentionale Lüge ausgesprochen wird.[271] Nach Primavesi übernimmt Solon in seinem Diktum von Hesiod den Vorbehalt gegen das ionische Adelsepos. Die Funktion der Dichtung sehe Solon in der Belehrung und Aufklärung der Bürger über eine gerechte Ordnung der Polis.[272]

Die drei genannten Interpretationen treffen sich aber darin, dass sie in unterschiedlicher Nuancierung der Verständnismöglichkeit (1) zuzuordnen sind, dass die Dichter viele Irrtümer äußern oder sogar – trotz besseren Wissens – viel lügen.[273] Zweifellos handelt es sich bei diesen Deutungen um mögliche Interpretationen. Die Meinungen von Kannicht und Primavesi stehen aber im Verdacht, das Solon-Fragment 29 zu stark vor dem Hintergrund seiner übrigen

---

267 Daher ist es wohl kein Zufall, dass es keine Spezialuntersuchung zu diesem Diktum zu geben scheint. Für Literatur zu Solon insgesamt vgl. Gentili/Prato (1988) XXXI–XXXVII.
268 Vgl. Kannicht (1996 [zuerst 1980]) 204.
269 Vgl. Solon, fr. 13 West (1992).
270 Vgl. Kannicht (1996 [zuerst 1980]) 206.
271 Vgl. Rösler (1980) 297, der darauf hinweist, dass das Verb ψεύδομαι die Frage nach der Intention offenlässt, und Rösler (2014) 374, der von einem „isolierten Zitat" spricht; s. das Kapitel 1.2.1 dieser Arbeit.
272 Vgl. Primavesi (2009) 112f., der auf die Musenelegie verweist; s. das Kapitel 1.2.1 dieser Arbeit.
273 Vgl. auch Xenophontos (2015) 337f. und Valgiglio (1967) 320 Fußn. 4, dem zufolge sich das Sprichwort (für Plutarch) auf die Falschheit bezieht, die im Widerspruch zur Moral steht.

Fragmente bzw. der Musenelegie zu deuten. Grundsätzlich ist gegen dieses Vorgehen nichts einzuwenden – im Gegenteil: möglicherweise ist dies die einzige Methode, um den fraglichen Sinn des Fragmentes zu eruieren. Aber in dem hier vorliegenden Fall drängt sich der Verdacht der Willkür auf, da sich in der Musenelegie ebenso wenig wie in den anderen Solonischen Gedichten das Wortfeld bzw. die Vorstellung von ψεύδομαι finden lässt.

Für die Verständnismöglichkeit (1) spricht zwar eine (nicht beachtete) Stelle aus der Solon-Vita des Plutarch, an der dieser eine Anekdote über ein Gespräch zwischen Solon und Thespis, dem legendären Erfinder der Tragödie, am Rande einer Aufführung erzählt. Solon fragt in dieser Anekdote Thespis, ob er sich nicht schäme, gegenüber so vielen [sc. Zuschauern] in so einem Ausmaß die Unwahrheit zu sagen (ψευδόμενος), und ist nicht bereit, die unwahren Elemente innerhalb von Thespis' Tragödienaufführung als literarische Fiktion im Sinne eines spielerischen Scherzes (μετὰ παιδιᾶς) anzuerkennen.[274] Aber da diese Anekdote sicherlich erfunden ist, trägt sie wenig zu einem adäquaten Verständnis des fraglichen Ausdrucks bei.[275] Möglicherweise ist diese Anekdote vor dem Hintergrund von Solons Diktum πολλὰ ψεύδονται ἀοιδοί entstanden, wobei das Verb ψεύδομαι i.S.v. „Falsches sagen, lügen" aufgefasst wurde.

Angesichts dieses Befundes kann daher nicht entschieden werden, wie Solons Diktum πολλὰ ψεύδονται ἀοιδοί intendiert war. Da Plutarch Solons Diktum in dem Sinne auslegt, dass die Unwahrheit der Dichter aus einer Kombination aus faktualer Falschheit und literarischer Fiktion besteht, ist dieses Verständnis (3) ebenso möglich wie das traditionelle Textverständnis (1), das nicht sicher falsifiziert werden kann.[276] Die Tatsache, dass Plutarch zum Solon-Zitat hinzufügt τὰ μὲν ἑκόντες τὰ δ' ἄκοντες („teils absichtlich, teils unabsichtlich") ließe sich so erklären, dass Plutarch dasjenige explizit macht, was im Solon-Zitat implizit enthalten ist, und seiner folgenden Darstellung eine Gliederung verleiht.

---

274 Vgl. Plut. Sol. 29,6 f.; s. das Kapitel 7.3.1 dieser Arbeit.
275 Auf diese Stelle geht vielleicht die Erklärung von πολλὰ ψεύδονται ἀοιδοί in den Platon-Scholien zurück (p. 402 Greene: παροιμία, ὅτι πολλὰ ψεύδονται ἀοιδοί, ἐπὶ τῶν κέρδους ἕνεκα καὶ ψυχαγωγίας ψευδῆ λεγόντων. φασὶ γὰρ τοὺς ποιητὰς πάλαι λέγοντας τἀληθῆ, ἄθλων ὕστερον αὐτοῖς ἐν τοῖς ἀγῶσι τιθεμένων ψευδῆ καὶ πεπλασμένα λέγειν αἱρεῖσθαι, ἵνα διὰ τούτων ψυχαγωγοῦντες τοὺς ἀκροωμένους τῶν ἄθλων τυγχάνωσιν.), da die Praxis, Unwahres zu sagen, auf die Einführung der Dichterwettkämpfe zurückgeführt wird, von denen (ex negativo) am Anfang der Anekdote die Rede ist.
276 In einem anderen Fall, nämlich im Fall des Gorgias-Fragments 23, das er sowohl in *De gloria Atheniensium* als auch in *De audiendis poetis* zitiert, scheint Plutarch eben dieses so auszulegen, wie es von Gorgias ursprünglich intendiert war; vgl. Plut. mor. 15d und 348c (= Gorgias fr. 23 Diels/Kranz II p. 305 f.; Buchheim [1989] 92 f.); s. das Kapitel 7.1.1 dieser Arbeit.

7.1.6.3 De audiendis poetis II

Kehren wir damit zu der Frage zurück, welchen Sinn Plutarch Solons Diktum „viel Unwahres sagen die Dichter" verleiht. Offensichtlich bezieht sich Plutarch auf die gesamte Sprachhandlungssituation, in der die dichterischen Texte, die Produzenten (die Dichter) sowie die Rezipienten (in diesem Fall: die jungen Menschen) stehen. Daher lässt sich in Plutarchs Lehre eine Beschreibung der Fiktion im Sinne einer Übereinkunft (in der modernen Fiktionstheorie „Fiktionsvertrag" genannt) sehen:[277] der Rezipient soll sich der Tatsache bewusst sein, dass die Dichter viel Unwahres sagen.[278]

Wenn Plutarch die falschen Aussagen der Dichter in absichtliche und unabsichtliche unterteilt, folgt er teilweise Aristoteles. Denn Aristoteles behandelt im 25. Kapitel der Poetik Probleme und Lösungen, die mit der Dichtung zusammenhängen, und unterscheidet die folgenden zwei Arten von Fehlern:[279]

> αὐτῆς δὲ τῆς ποιητικῆς διττὴ ἁμαρτία, ἡ μὲν γὰρ καθ' αὑτήν, ἡ δὲ κατὰ συμβεβηκός. εἰ μὲν γὰρ προείλετο μιμήσασθαι ἀδυναμίαν, αὐτῆς ἡ ἁμαρτία· εἰ δὲ τὸ προελέσθαι μὴ ὀρθῶς, ἀλλὰ τὸν ἵππον (ἅμ') ἄμφω τὰ δεξιὰ προβεβληκότα, ἢ τὸ καθ' ἑκάστην τέχνην ἁμάρτημα, οἷον τὸ κατ' ἰατρικὴν ἢ ἄλλην τέχνην [ἢ ἀδύνατα πεποίηται] ὁποιανοῦν, οὐ καθ' ἑαυτήν.

> Zur Dichtung selbst gehören zwei Arten von Fehlern; der eine ist ein Fehler gemäß ihrer selbst, der andere ein zufällig hinzutretender. Wenn sie sich nämlich vorgenommen hat, etwas darzustellen, was nicht möglich ist, ist es ihr eigener Fehler. Wenn die Auswahl nicht richtig getroffen wurde, sondern sie das Pferd, das ⟨zugleich⟩ beide rechte Beine nach vorne wirft, [sc. darstellt], ist das ein Fehler gemäß der entsprechenden Disziplin wie z. B. der Medizin oder irgendeiner anderen Disziplin, nicht aber ein Fehler gemäß ihrer selbst.

Der Unterschied zwischen diesen beiden Fehlern besteht also in der Zugehörigkeit zu verschiedenen Disziplinen (Dichtung vs. andere Wissenschaften). Plutarch hingegen unterscheidet die unwahren Aussagen der Dichter anhand des Kriteriums der Intention, wie gleich deutlich werden wird. Dabei lässt sich immerhin ein Bezug zu Aristoteles insofern erkennen, als die absichtlich falschen Äußerungen

---

277 Zum Fiktionsvertrag s. das Kapitel 2.6 dieser Arbeit. Einschränkend muss allerdings darauf hingewiesen werden, dass die unwahren Äußerungen der Dichter auch Irrtümer umfassen, wie gleich gezeigt werden wird.
278 Diese Übereinkunft ist zumeist stillschweigend, Plutarch macht sie aber an dieser Stelle explizit. Sie spiegelt eine Einstellung zur Dichtung wider, die an dieser Stelle gelehrt wird und die man für weite Teile der Gesellschaft als implizites Wissen voraussetzen kann.
279 Arist. Poet. 1460b15–21. Kassel (1965) 43 nimmt zwischen μιμήσασθαι und ἀδυναμίαν mit Vahlen eine *lacuna* an. Dafür besteht aber kein Anlass; vgl. Schmitt (2011) XXVII und 37. Vahlens Ergänzung von ἅμα („zugleich") ist fragwürdig.

der Dichter (nach Plutarch) einer Art von Fehler entsprechen, der zu den dichtungsspezifischen Fehlern (nach Aristoteles) gehört:²⁸⁰

πρὸς δὲ τούτοις ἐὰν ἐπιτιμᾶται ὅτι οὐκ ἀληθῆ, ἀλλ' ἴσως ⟨ὡς⟩ δεῖ, οἷον καὶ Σοφοκλῆς ἔφη αὐτὸς μὲν οἵους δεῖ ποιεῖν, Εὐριπίδην δὲ οἷοι εἰσίν, ταύτῃ λυτέον.

Außerdem: Wenn kritisiert wird, dass etwas nicht wahr ist, muss man [sc. dieses Problem] so auflösen, dass es vielleicht so ist, wie es sein müsste, wie Sophokles über sich sagte, dass er derartige [sc. Charaktere] bilde, wie sie sein müssten, Euripides aber, wie sie sind.

Inwiefern die Dichter teils absichtlich, teils unabsichtlich viel Unwahres sagen, erläutert Plutarch im Folgenden:²⁸¹

ἑκόντες μέν, ὅτι πρὸς ἡδονὴν ἀκοῆς καὶ χάριν, ἣν οἱ πλεῖστοι διώκουσιν, αὐστηροτέραν ἡγοῦνται τὴν ἀλήθειαν τοῦ ψεύδους. ἡ μὲν γὰρ ἔργῳ γιγνομένη, κἂν ἀτερπὲς ἔχῃ τὸ τέλος, οὐκ ἐξίσταται· τὸ δὲ πλαττόμενον λόγῳ ῥᾷστα περιχωρεῖ καὶ τρέπεται πρὸς τὸ ἥδιον ἐκ τοῦ λυποῦντος.

Absichtlich [sc. sagen die Dichter viel Unwahres], weil sie glauben, dass mit Blick auf die auditive Freude und Unterhaltung, die die meisten verfolgen, die Wahrheit zu ernst ist im Vergleich zur Fiktion. Denn die tatsächlich geschehene [sc. Wahrheit] weicht nicht von ihrem Kurs ab, auch wenn das Ende unangenehm ist. Dasjenige aber, was sprachlich erfunden wird, folgt einem schnellen Rundkurs und wendet sich vom Schmerzhaften zum Angenehmeren.

Unter den absichtlich unwahren Äußerungen der Dichter versteht Plutarch also die Fiktion. Wie sich noch zeigen wird, sind die unabsichtlich unwahren Äußerungen der Dichter Irrtümer, denen diese unterliegen.²⁸² Die Aussage, dass dasjenige, was sprachlich erfunden wird, einem Rundkurs folgt und sich vom Schmerzhaften zum Angenehmeren wendet, ist wohl so zu verstehen, dass der Verfasser einer fiktionalen Erzählung (insbesondere der Komödienschriftsteller) ein ‚happy end' erfinden kann, wohingegen demjenigen, der die Wahrheit darstellt (insbesondere dem Historiker), diese Möglichkeit nicht offen steht.²⁸³

---

280 Arist. Poet. 1460b32–35.
281 Mor. 16a–b.
282 Daher muss die vorige Erkenntnis, dass in Plutarchs Forderung, dass sich der Rezipient der Tatsache bewusst sein soll, dass die Dichter viel Unwahres sagen, ein Vorläufer der modernen Theorie des Fiktionsvertrages zu sehen ist, insofern präzisiert werden, als sich Plutarchs Feststellung nicht nur auf den Bereich der Fiktion bezieht.
283 Hunter/Russell (2011) 84 ad loc. verweisen auf die *narratio in personis posita*, die u. a. Cicero (inv. 1,27) beschreibt. Diese Form der *narratio* ist aber anders aufzufassen; s. das Kapitel 5.2 dieser Arbeit und vgl. Feddern (2017).

Die Gegenüberstellung von absichtlichen und unabsichtlichen falschen Äußerungen der Dichter lässt sich schon bei Polybios erkennen, wenn dieser – allerdings in einer Dreiteilung – zwischen natürlichen Veränderungen, Unkenntnis des Dichters und dem dichterischen Gegenstandsbereich, der u. a. die Fiktion beinhaltet, unterscheidet.[284]

Die dichterische Fiktion, die die Rezipienten in ihren Bann zieht, hält Plutarch für das wesentliche Charakteristikum der Dichtung:[285]

οὔτε γὰρ μέτρον οὔτε τρόπος οὔτε λέξεως ὄγκος οὔτ' εὐκαιρία μεταφορᾶς οὔθ' ἁρμονία καὶ σύνθεσις ἔχει τοσοῦτον αἰμυλίας καὶ χάριτος ὅσον εὖ πεπλεγμένη διάθεσις μυθολογίας.

Denn weder das Metrum noch die Verwendung von Tropen noch die Erhabenheit des Ausdrucks noch die angemessene Verwendung der Metapher noch die ausgewogene Wortfügung verfügt über so große Anziehungskraft und Anmut wie die gut verwickelte Ausgestaltung einer fiktionalen Erzählung.

Die Kategorie der Ausgestaltung (διάθεσις) ist bei Polybios ein Terminus technicus für den Vorgang, ein (historisches) Geschehen anschaulich im Sinne der ἐνάργεια zu gestalten, und stellt neben der Geschichte (ἱστορία) und der Fiktion (μῦθος) eines der drei Elemente der dichterischen Erzählung dar.[286] An dieser Plutarchstelle wird das Substantiv aber eher in einem etwas allgemeineren Sinne der Ausgestaltung verwendet,[287] wie schon daraus deutlich wird, dass Plutarch die beiden Begriffe διάθεσις und μυθολογία zu einem Ausdruck zusammenfügt, wohingegen Polybios zwischen ihnen unterscheidet.[288]

Die Ansicht, dass die Fiktion das charakteristische Kriterium der Dichtung bildet, verdeutlicht Plutarch ferner durch einen Vergleich mit der Malerei:[289]

ἀλλ' ὥσπερ ἐν γραφαῖς κινητικώτερόν ἐστι χρῶμα γραμμῆς διὰ τὸ ἀνδρείκελον καὶ ἀπατηλόν, οὕτως ἐν ποιήμασι μεμιγμένον πιθανότητι ψεῦδος ἐκπλήττει καὶ ἀγαπᾶται μᾶλλον τῆς ἀμύθου καὶ ἀπλάστου περὶ μέτρον καὶ λέξιν κατασκευῆς.

Sondern wie bei den Bildern die Farbe mehr mitreißt als die Linie, weil sie [sc. die Farbe] dem Menschen ähnlich und täuschend echt ist, so versetzt in der Dichtung die Fiktion, die mit

---

284 Vgl. Polyb. 34,4,1 = Strabo 1,2,17; s. das Kapitel 4.5 dieser Arbeit (S. 262).
285 Mor. 16b.
286 Vgl. Polyb. 34,4,1–3 = Strabo 1,2,17; s. das Kapitel 4.5 dieser Arbeit (S. 262).
287 Hunter/Russell (2011) 85 ad loc. sehen hingegen eine (eindeutige) Parallele zur Polybiosstelle.
288 Für διάθεσις in der Bedeutung der anschaulichen Ausgestaltung vgl. Plut. Arat. 32,6: Τιμάνθης ὁ ζωγράφος ἐποίησεν ἐμφαντικῶς τῇ διαθέσει τὴν μάχην ἔχουσαν; mor. 347c.
289 Mor. 16b–c.

Plausibilität vermischt ist, in größeres Erstaunen und erfreut mehr als eine Ausarbeitung hinsichtlich des Metrums und des Ausdrucks, der es an μῦθος und πλάσμα fehlt.

Wenn Plutarch am Ende eine dichterische Darstellung kritisiert, der es an μῦθος und πλάσμα fehlt, ist es möglich, dass er zwischen μῦθος (fabula) im Sinne der unwahrscheinlichen Fiktion und πλάσμα (argumentum) im Sinne der möglichen Fiktion unterscheidet.[290] Eine Sichtung der relevanten Stellen in *De audiendis poetis* und in den Parallelviten macht jedoch wahrscheinlich, dass Plutarch diese beiden Begriffe mehr oder minder synonym i.S.v. „Fiktion" verwendet.[291]

Der Umstand, dass Plutarch für die dichterische Darstellung Plausibilität einfordert, ist als Gemeinsamkeit u. a. mit Aristoteles anzusehen. Denn Aristoteles begründet die Tatsache, dass sich die Tragödienschriftsteller zumeist an die Namen historischer Personen halten, mit dem Argument, dass das Mögliche (wozu das Geschehene gehört) überzeugend ist.[292] Ferner äußert er zweimal die Ansicht, dass der Dichter lieber etwas Unmögliches darstellen soll, das plausibel ist, als etwas Mögliches, das nicht plausibel ist.[293]

Eine nahezu singuläre Äußerung im antiken Fiktionalitätsdiskurs liegt darin, dass Plutarch die Dichtung mit der Malerei dahingehend vergleicht, dass der Gebrauch der Farbe analog zur Verwendung von Fiktion gesehen wird. Dabei liegt das *tertium comparationis* in der jeweiligen Wirkung, obwohl die Mittel eher in verschiedene Richtungen weisen: Die Farben verleihen dem Bild eine größere

---

290 Zur Unterscheidung dieser Erzählgattungen s. die Kapitel 4.7.1 und 4.7.1.1 dieser Arbeit.
291 Vgl. di Gregorio (1976) 171: „Da notare infine che Plutarco non fa alcuna distinzione fra *argumentum* e *fabula*." Dieses Ergebnis wird u. a. durch die folgende Stelle aus der Theseus-Vita belegt (Thes. 28): Ταῦτα μὲν οὖν ἄξια μνήμης περὶ τῶν Ἀμαζόνων. ἣν γὰρ ὁ τῆς Θησηίδος ποιητὴς Ἀμαζόνων ἐπανάστασιν γέγραφε, Θησεῖ γαμοῦντι Φαίδραν τῆς Ἀντιόπης ἐπιτιθεμένης καὶ τῶν μετ' αὐτῆς Ἀμαζόνων ἀμυνομένων καὶ κτείνοντος αὐτὰς Ἡρακλέους, περιφανῶς ἔοικε μύθῳ καὶ πλάσματι. τῆς δ' Ἀντιόπης ἀποθανούσης ἔγημε Φαίδραν, ἔχων υἱὸν Ἱππόλυτον ἐξ Ἀντιόπης, ὡς δὲ Πίνδαρός φησι, Δημοφῶντα. τὰς δὲ περὶ ταύτην καὶ τὸν υἱὸν αὐτοῦ δυστυχίας, ἐπεὶ μηδὲν ἀντιπίπτει παρὰ τῶν ἱστορικῶν τοῖς τραγικοῖς, οὕτως ἔχειν θετέον ὡς ἐκεῖνοι πεποιήκασιν ἅπαντες. („Das ist nun dasjenige, was man über die Amazonen berichtet. Denn der Aufstand der Amazonen, von dem der Dichter des Theseus-Epos geschrieben hat, dass Antiope Theseus, als er Phaidra heiratete, angegriffen hat, die Amazonen, die bei ihr waren, ihr geholfen haben und Herakles sie [sc. alle] erschlagen hat, gleicht offensichtlich einem μῦθος und einem πλάσμα. Als Antiope gestorben war, hat er Phaidra geheiratet, hatte aber von Antiope einen Sohn, Hippolytos oder, wie Pindar sagt, Demophon [vgl. Pind. fr. 176 Maehler (1989) 138]. Man muss aber davon ausgehen, dass sich das Unglück, das diese [sc. Phaidra] und seinen Sohn befiel, da nichts von Seiten der Historiker den Tragikern widerspricht, so verhält, wie alle jene es gedichtet haben.") Vgl. auch Thes. 1,1–3; Thes. 1,5; Thes. 2,2f.; Thes. 15; Rom. 8,9; Art. 6,9.
292 Vgl. Poet. 1451b15 f.; s. das Kapitel 4.4 dieser Arbeit.
293 Vgl. Poet. 1460a26 f.; 1461b11 f.; s. das Kapitel 4.7.1.1 dieser Arbeit (S. 311–313).

Ähnlichkeit zur Realität und verringern die Kluft zwischen der Darstellung und der Wirklichkeit. Die Fiktion hingegen konstituiert gerade die Diskrepanz zwischen der Darstellung und der Wirklichkeit, wenngleich diese Diskrepanz aufgrund der Forderung nach Plausibilität geringgehalten wird. Die Wirkung ist jedoch in beiden Fällen ähnlich, da der Rezipient durch die Verwendung der Farbe bzw. Fiktion bewegt wird.[294]

Aufgrund der Tatsache, dass die Fiktion das charakteristische Kriterium der Dichtung bildet, lässt sich Plutarch zufolge das Verhalten des Sokrates in den letzten Tagen seines Lebens erklären:[295]

> ὅθεν ὁ Σωκράτης ἔκ τινων ἐνυπνίων ποιητικῆς ἁψάμενος αὐτὸς μέν, ἅτε δὴ γεγονὼς ἀληθείας ἀγωνιστὴς τὸν ἅπαντα βίον, οὐ πιθανὸς ἦν οὐδ' εὐφυὴς ψευδῶν δημιουργός, τοὺς δ' Αἰσώπου μύθους ἔπεσιν ἐνήρμοζεν ὡς ποίησιν οὐκ οὖσαν ᾗ ψεῦδος μὴ πρόσεστι.
>
> Daher hat Sokrates, als er sich aufgrund von Traumvisionen der Dichtung zugewandt hat, da er sein ganzes Leben lang für die Wahrheit einstand und kein überzeugender und geeigneter Hervorbringer von falschen Dingen war, die Äsopischen Fabeln versifiziert, da es keine Dichtung gebe, der keine Fiktion innewohnt.

Wie Sokrates in Platons *Phaidon* berichtet, wurde er ein Leben lang im Traum immer wieder dazu aufgefordert, sich in den musischen Künsten zu betätigen. Nachdem er diese Aufforderung zuvor auf die Philosophie bezogen hat, hat ihn der bevorstehende Tod vorsichtig werden lassen.[296] Aus diesem Grund hat er im Gefängnis Gedichte auf Apoll verfasst und Äsopische Fabeln, die ihm einfielen, versifiziert.[297] Daher ist Plutarchs eben zitierte Aussage eine Umgestaltung der Äußerung des Sokrates in Platons *Phaidon*, wobei Plutarch die für ihn entscheidende Aussage an den Schluss stellt (es gibt nur fiktionale Dichtung).

Wenn Plutarch die Ansicht äußert, dass es nur fiktionale Dichtung gibt,[298] muss man diese Auffassung vor dem Hintergrund einer Skala verstehen, die von ‚wenig Fiktion' (z. B. Epos und Tragödie) bis zu ‚viel Fiktion' (z. B. versifizierte

---

294 Wenig Gemeinsamkeit weist diejenige Stelle aus dem Werk über die Tugend (Περὶ ἀρετῆς) des Pythagoreischen Philosophen Metopos auf, auf die Hunter/Russell (2011) 85 ad loc. verweisen; vgl. Metopos apud Stobaeum 3,1,116 (zu Metopus vgl. die Ausgabe zu den Pythagoreischen Texten aus dem Hellenismus von Thesleff [1965] 121): δεῖ ὧν τὸ πάθος οὕτω παρεμφαίνεσθαι ἐν τᾷ ἀρετᾷ, ὥσπερ καὶ τὰν σκιὰν καὶ τὰν γραμμὰν ἐπὶ τᾶς γραφᾶς· τὸ γὰρ ἔμψυχον καὶ τὸ ἀπαταλὸν καὶ τὸ μεμιμαμένον τὰν ἀλάθειαν σὺν τᾷ χρηστότητι τῶν χρωμάτων μάλιστα γίνεται διὰ τούτων.
295 Mor. 16c.
296 Vgl. Phaid. 60e–61a.
297 Vgl. Phaid. 61b; s. das Kapitel 7.2.1 dieser Arbeit (S. 528f.).
298 Vgl. auch mor. 16c: θυσίας μὲν γὰρ ἀχόρους καὶ ἀναύλους ἴσμεν, οὐκ ἴσμεν δ' ἄμυθον οὐδ' ἀψευδῆ ποίησιν.

Äsopische Fabeln) reicht, auf der es aber nicht den Nullwert ‚keine Fiktion' gibt. Dementsprechend dürfe man die Aussagen der Dichter nicht ohne weiteres als faktuale Äußerungen verstehen:[299]

> ὅταν οὖν ἄτοπόν τι καὶ δυσχερὲς ἐν τοῖς ποιήμασι λέγηται περὶ θεῶν ἢ δαιμόνων ἢ ἀρετῆς ὑπ' ἀνδρὸς ἐλλογίμου καὶ δόξαν ἔχοντος, ὁ μὲν ὡς ἀληθῆ προσδεξάμενος λόγον οἴχεται φερόμενος καὶ διέφθαρται τὴν δόξαν, ὁ δὲ μεμνημένος ἀεὶ καὶ κατέχων ἐναργῶς τῆς ποιητικῆς τὴν περὶ τὸ ψεῦδος γοητείαν καὶ δυνάμενος λέγειν ἑκάστοτε πρὸς αὐτὴν
> „ὦ μηχάνημα λυγκὸς αἰολώτερον,
> τί παίζουσα τὰς ὀφρῦς συνάγεις, τί δ' ἐξαπατῶσα προσποιῇ διδάσκειν;" οὐδὲν πείσεται δεινὸν οὐδὲ πιστεύσει φαῦλον, ἀλλ' ἐπιλήψεται μὲν αὐτοῦ φοβουμένου τὸν Ποσειδῶνα καὶ ταρβοῦντος μὴ τὴν γῆν ἀναρρήξῃ καὶ ἀπογυμνώσῃ τὸν Ἅιδην, ἐπιλήψεται δὲ τῷ Ἀπόλλωνι χαλεπαίνοντος ὑπὲρ τοῦ πρώτου τῶν Ἀχαιῶν,
> „ὃν αὐτὸς ὑμνῶν αὐτὸς ἐν δαίτῃ παρὼν
> αὐτὸς τάδ' εἰπὼν αὐτός ἐστιν ὁ κτανών."
>
> Immer wenn nun in den Gedichten etwas Absurdes und Merkwürdiges über Götter oder geringere Gottheiten oder Tugend von einem angesehenen und über Reputation verfügenden Mann gesagt wird, wird derjenige, der die Äußerung als wahr akzeptiert, davongetragen und seine Meinung fällt in sich zusammen. Derjenige aber, der sich immer daran erinnert und vor Augen führt, dass die Dichtung hinsichtlich ihrer Fiktion bezaubert, und der jedes Mal zu ihr sagen kann
> „Vorgang, der sich schneller bewegt als der Luchs,[300]
> warum ziehst du die Augenbrauen zusammen, obwohl du spielst, warum tust du so, als würdest du belehren, obwohl du Täuschung verbreitest," wird nichts Schlimmes erleiden und keiner schlechten Sache Glauben schenken; sondern er wird sich kontrollieren, wenn er große Angst davor verspürt, dass Poseidon die Erde aufbricht und den Hades offenlegt; er wird sich kontrollieren, wenn er auf Apollon wütend ist wegen des Ersten der Achäer,
> „den er, obwohl er einen feierlichen Gesang anstimmte, obwohl er selbst beim Hochzeitsfest anwesend war, obwohl er selbst diese Worte sprach, selbst getötet hat."

Plutarch entwickelt sein Konzept der richtigen Rezeption der Dichtung offensichtlich in Auseinandersetzung mit Platon. Denn Platon zitiert und bespricht dieselbe Aischylos-Stelle etwas ausführlicher in seiner Dichterkritik:[301]

> Πολλὰ ἄρα Ὁμήρου ἐπαινοῦντες ἄλλα, τοῦτο οὐκ ἐπαινεσόμεθα, τὴν τοῦ ἐνυπνίου πομπὴν ὑπὸ Διὸς τῷ Ἀγαμέμνονι· οὐδὲ Αἰσχύλου, ὅταν φῇ ἡ Θέτις τὸν Ἀπόλλω ἐν τοῖς αὐτῆς γάμοις ᾄδοντα ἐνδατεῖσθαι τὰς ἑὰς εὐπαιδίας
> „νόσων τ' ἀπείρους καὶ μακραίωνας βίους,
> ξύμπαντά τ' εἰπὼν θεοφιλεῖς ἐμὰς τύχας
> παιᾶν' ἐπηυφήμησεν, εὐθυμῶν ἐμέ.

---

299 Mor. 16d–e.
300 Vgl. TrGF adesp. fr. 349 Kannicht/Snell (1981) 110.
301 Plat. rep. 383a–c.

κἀγὼ τὸ Φοίβου θεῖον ἀψευδὲς στόμα
ἤλπιζον εἶναι, μαντικῇ βρύον τέχνῃ·
ὁ δ', αὐτὸς ὑμνῶν, αὐτὸς ἐν θοίνῃ παρών,
αὐτὸς τάδ' εἰπών, αὐτός ἐστιν ὁ κτανὼν
τὸν παῖδα τὸν ἐμόν."
ὅταν τις τοιαῦτα λέγῃ περὶ θεῶν, χαλεπανοῦμέν τε καὶ χορὸν οὐ δώσομεν, οὐδὲ τοὺς διδασκάλους ἐάσομεν ἐπὶ παιδείᾳ χρῆσθαι τῶν νέων, εἰ μέλλουσιν ἡμῖν οἱ φύλακες θεοσεβεῖς τε καὶ θεῖοι γίγνεσθαι, καθ' ὅσον ἀνθρώπῳ ἐπὶ πλεῖστον οἷόν τε.

Auch wenn wir vieles andere von Homer loben, werden wir dies nicht gutheißen, den Traum, den Zeus Agamemnon hat zukommen lassen. Ebenso wenig [sc. werden wir gutheißen] die Stelle bei Aischylos, an der Thetis sagt, dass Apoll auf ihrer Hochzeit im Gesang ihre Nachkommenschaft gefeiert habe,
„deren langes und von Krankheiten unbeeinträchtigtes Leben. Und während er dies alles sagte, ließ er einen Paian erklingen auf mein gottbegünstigtes Schicksal und sprach mir Mut zu. Und ich hoffte, dass der göttliche Ausspruch des Phoibos nicht falsch ist, der durch die Gabe der Weissagung hervorsprudelt. Er aber, der selbst den feierlichen Gesang anstimmte, der selbst beim Hochzeitsmahl anwesend war, der selbst diese Worte sprach, ist selbst der Mörder meines Kindes."
Wenn jemand Derartiges über die Götter sagt, werden wir erbost sein und ihm keinen Chor geben. Ebenso wenig werden wir zulassen, dass die Lehrer Derartiges für die Erziehung der Kinder verwenden, wenn uns die Wächter gottesfürchtig und göttlich werden sollen, soweit es dem Menschen nur irgendwie möglich ist.

Platon kritisiert also die Art und Weise, wie Aischylos an dieser Stelle die Götter darstellt,[302] nämlich in der Form, dass sich Thetis darüber beklagt, dass Apoll eine falsche Prophezeiung an sie bei ihrer Hochzeit mit Peleus gerichtet habe. Da die Götter Platon zufolge gut sind und weder täuschen noch lügen,[303] kritisiert er diese Darstellung (insbesondere Apolls unzutreffende Weissagung) als falsch.

Plutarch hingegen verschiebt den Fokus einerseits von der falschen Prophezeiung auf die Tötung des Achill,[304] die dadurch geschah, dass Paris mit Apolls Hilfe den tödlichen Pfeil auf ihn schoss.[305] Andererseits – und hierauf liegt der Schwerpunkt seiner Aussage – gibt Plutarch zu erkennen, dass Platon die von ihm kritisierte Dichtung nicht adäquat rezipiert und zu einer falschen Rezeption anweist. Die richtige Rezeption bestehe vielmehr darin, dass der Leser sich kontrolliert, wenn er auf Apollon wütend ist. Die Verwendung des gleichen Verbs (χαλεπαίνω: „erbost sein, zürnen") durch Plutarch und Platon kann die Unterschiede nicht überdecken: Während Platons empfohlene Reaktion (für die er-

---

302 Vgl. Aisch. fr. 350 Radt (1985) 416–418.
303 Vgl. Plat. rep. 382e.
304 Vgl. Hunter/Russell (2011) 90 ad loc.
305 Vgl. Verg. Aen. 6,56–58: *Phoebe, gravis Troiae semper miserate labores,* / *Dardana qui Paridis derexti tela manusque* / *corpus in Aeacidae.*

wachsenen Menschen) darin besteht, dem Dichter zu zürnen, empfiehlt Plutarch (den jungen Menschen), die instinktive Erbostheit zu kontrollieren, sich also bewusst zu machen, dass in der Dichtung nicht nur wahre Aussagen getroffen werden.

Wenn Plutarch in der Anrede an die Dichtung eben diese als janusköpfiges Wesen beschreibt („warum ziehst du die Augenbrauen zusammen, obwohl du spielst, warum tust du so, als würdest du belehren, obwohl du Täuschung verbreitest"), kann man hierin Elemente erkennen, die auch in der modernen Fiktionstheorie eine wichtige Rolle spielen: der Spielcharakter (Plutarch verwendet das Verb παίζω) der literarischen Fiktion, den auch Phaedrus mit Bezug auf seine Fabelsammlung geltend macht,[306] nimmt in Waltons Theorie „Mimesis as make-believe" eine zentrale Stellung ein, die die Fiktion auf der Seite der Textrezeption beschreibt.[307] Ferner ist das Konzept des „so tun, als ob" der Kern der von Searle entwickelten *pretence*-Theorie, die die Fiktion auf der Seite der Textproduktion beschreibt.[308] Der poetologische Begriff der Täuschung (Plutarch verwendet das Verb ἐξαπατάω) schließlich spielt zwar in der modernen Fiktionstheorie kaum eine Rolle, weist aber eine lange Tradition auf, die zumindest bis Gorgias und Simonides zurückreicht.[309]

Darüber hinaus nehmen Plutarchs Anweisungen nicht nur die moderne Erkenntnis vorweg, dass sich der Leser eines fiktionalen Textes einerseits für die Zeit der Lektüre in die fiktive Welt hineinversetzt und andererseits ihn aus einer kritischen Distanz wahrnimmt.[310] Sondern Plutarch beschreibt die Fiktion wiederum – wie schon im Fall von Solons Diktum πολλὰ ψεύδονται ἀοιδοί deutlich wurde – in demjenigen Zusammenhang, den man in der modernen Fiktionstheorie mit dem Stichwort des Fiktionsvertrages bezeichnet: der Autor eines fiktionalen Textes intendiert, dass der Rezipient die Darstellung einer nicht-wirklichen Handlung als solche wahrnimmt, und dem Rezipienten bietet sich zumindest die Möglichkeit, dementsprechend zu reagieren.[311]

Wenn Plutarch davon spricht, dass der Rezipient einer fiktionalen Erzählung große Angst davor verspürt, dass Poseidon die Erde aufbricht und den Hades offen legt, und ihn dazu anweist, seine Angst zu kontrollieren, verweist er auf eine

---

306 Vgl. Phaedr. 1 Prol. 5–7; s. das Kapitel 7.3.2 dieser Arbeit. Vgl. auch die von Plutarch referierte Thespis-Anekdote (Plut. Sol. 29,6 f.); s. das Kapitel 7.3.1 dieser Arbeit.
307 S. das Kapitel 2.5.3 dieser Arbeit.
308 S. das Kapitel 2.4 dieser Arbeit.
309 S. das Kapitel 7.1.1 dieser Arbeit. Zum ἀπάτη-Begriff bei Plutarch vgl. auch mor. 16b–c (ἀπατηλόν; s. S. 500 f.); ib. 15c–d (s. S. 438).
310 S. das Kapitel 2.5.3 dieser Arbeit.
311 S. das Kapitel 2.6 dieser Arbeit.

Stelle in der *Ilias*, an der geschildert wird, dass Poseidon die Erde so stark erschütterte, dass Hades (Pluton) befürchtete, dass die Unterwelt zum Vorschein kommt.³¹² Da diese Passage einen Teil des Kampfes der Götter konstituiert und Platon Theomachien aus seinem Idealstaat verbannt,³¹³ muss auch diese Plutarchstelle vor dem Hintergrund von Platons Dichterkritik gelesen werden.³¹⁴

Nach Behandlung von weiteren absichtlich falschen Äußerungen der Dichter, bei denen der Rezipient seine Gefühle kontrollieren soll,³¹⁵ wendet sich Plutarch der Behandlung der unabsichtlich falschen Äußerungen der Dichter zu:³¹⁶

> Τοιαῦτα γάρ ἐστιν ἃ πλάττουσιν ἑκόντες οἱ ποιηταί· πλείονα δ' ἃ μὴ πλάττοντες ἀλλ' οἰόμενοι καὶ δοξάζοντες αὐτοὶ προσαναχρώννυνται τὸ ψεῦδος ἡμῖν· οἷον ἐπὶ τοῦ Διὸς εἰρηκότος Ὁμήρου
> „ἐν δ' ἐτίθει δύο κῆρε τανηλεγέος θανάτοιο,
> τὴν μὲν Ἀχιλλῆος τὴν δ' Ἕκτορος ἱπποδάμοιο,
> ἕλκε δὲ μέσσα λαβών· ῥέπε δ' Ἕκτορος αἴσιμον ἦμαρ,
> ᾤχετο δ' εἰς Ἀίδαο, λίπεν δέ ἑ Φοῖβος Ἀπόλλων."
>
> Von solcher Art ist nämlich dasjenige, was die Dichter freiwillig fingieren. Zahlreicher ist aber dasjenige, was sie nicht fingieren, sondern selbst glauben und für richtig halten und was sie als Irrtum auf uns abfärben lassen. Zum Beispiel an einer Stelle bei Homer, an der er über Zeus spricht:
> „Hinein [sc. in die Waage] legte er zwei Schicksale des Leid bringenden Todes, das des Achill und das des Pferdebändigers Hektor, ergriff die Mitte und ließ sie ausschlagen. Es sank nieder der vorherbestimmte Tag des Todes des Hektor und ging zum Hades, und Phoibos Apollon verließ ihn."

Man sollte meinen, dass Plutarch bereits an dieser Stelle ein Beispiel für eine unabsichtlich falsche Äußerung der Dichter (und ψεῦδος folglich die falsche Vorstellung, den Irrtum bezeichnet) diskutiert. Offensichtlich ist aber dieses Beispiel, das der *Ilias* entstammt,³¹⁷ ein weiteres Beispiel für eine absichtlich falsche Äußerung (Fiktion) der Dichter,³¹⁸ wie auch aus dem Folgenden deutlich wird:³¹⁹

---

312 Vgl. Hom. Il. 20,57–65.
313 Vgl. Plat. rep. 378b–e.
314 Vgl. Hunter/Russell (2011) 90 ad loc.
315 Vgl. mor. 16e–f. Zum Hades als Gegenstand von fiktiven Geschichten vgl. Cic. Tusc. 1,10 (s. S. 510, Fußn. 339); Theon RhG II Spengel (1966) 66,16–25 (Patillon/Bolognesi [1997] 10; s. das Kapitel 4.7.3.1 dieser Arbeit, S. 361 f.); Strabo 1,2,11 (s. das Kapitel 4.6 dieser Arbeit, S. 291 f.).
316 Mor. 16 f–17a.
317 Vgl. Hom. Il. 22,210–213.
318 Daher erscheint Plutarchs Aussage zweifelhaft, dass die Irrtümer der Dichter zahlreicher als die Fiktionen sind.
319 Mor. 17a.

τραγῳδίαν ὁ Αἰσχύλος ὅλην τῷ μύθῳ περιέθηκεν, ἐπιγράψας Ψυχοστασίαν καὶ παραστήσας ταῖς πλάστιγξι τοῦ Διὸς ἔνθεν μὲν τὴν Θέτιν ἔνθεν δὲ τὴν Ἠῶ, δεομένας ὑπὲρ τῶν υἱέων μαχομένων. τοῦτο δὲ παντὶ δῆλον ὅτι μυθοποίημα καὶ πλάσμα πρὸς ἡδονὴν ἢ ἔκπληξιν ἀκροατοῦ γέγονε.

Aischylos hat eine ganze Tragödie verfasst, in deren Mittelpunkt diese fiktive Geschichte steht; er hat sie Ψυχοστασία betitelt und neben die Schalen [sc. der Waage] des Zeus auf der einen Seite Thetis und auf der anderen Eos gestellt, die sich für ihre kämpfenden Söhne einsetzen. Jedem ist aber klar, dass dies eine ‚mythische' Erfindung und Fiktion ist, die das Ziel hat, Freude und Erstaunen im Zuhörer hervorzurufen.

Das Element der Waage ist also eine Fiktion, an die weder Homer noch Aischylos geglaubt haben. Die Auffassung, dass Homer die entsprechende Passage zwar als Fiktion intendiert hat, Aischylos sie aber für real hält,[320] weil Homer sie beschrieben hat, hat zwar den Vorteil, dass Plutarch gleich auf die unabsichtlich falschen Äußerungen der Dichter zu sprechen käme. Sie muss aber als unwahrscheinlich zurückgewiesen werden,[321] da Plutarch den Fiktionscharakter der Erfindung als so stark bezeichnet, dass niemand (also auch nicht Aischylos) das Abwägen des Schicksals als reales Ereignis ansehen würde, und Plutarch in *De audiendis poetis* nicht gegen Aischylos polemisiert.[322] Ferner wird ein Gegensatz zwischen Homer und Aischylos sprachlich nicht deutlich gemacht.

Ein Beispiel für eine unabsichtlich falsche Äußerung der Dichter diskutiert Plutarch an der folgenden Stelle:[323]

τὸ δὲ
„Ζεύς, ὅς τ' ἀνθρώπων ταμίης πολέμοιο τέτυκται"
καὶ τὸ
„θεὸς μὲν αἰτίαν φύει βροτοῖς,
ὅταν κακῶσαι δῶμα παμπήδην θέλῃ,"
ταῦτα δ' ἤδη κατὰ δόξαν εἴρηται καὶ πίστιν αὐτῶν, ἣν ἔχουσιν ἀπάτην περὶ θεῶν καὶ ἄγνοιαν εἰς ἡμᾶς ἐκφερόντων καὶ μεταδιδόντων.

Die [sc. Aussage] aber
„Zeus, der der Urheber des Krieges der Menschen ist"[324]
und die [sc. Aussage]
„ein Gott lässt Schuld in den Sterblichen entstehen, immer wenn er ein Haus gänzlich zugrunde richten will",[325]

---

320 Zur Aischylosstelle vgl. Aisch. fr. 279f. Radt (1985) 374–377.
321 Vgl. Hunter/Russell (2011) 92 ad loc. und (für die zurückgewiesene Ansicht) Taplin (1977) 431.
322 Zu den Aischylos-Zitaten bei Plutarch vgl. Schläpfer (1950) 42–44.
323 Mor. 17b.
324 Vgl. Hom. Il. 4,84. Im Kontext der Stelle wird geschildert, wie Zeus Athene in die Schlachtreihen der Trojaner und Griechen schickt, damit die Trojaner den Waffenstillstand brechen.
325 Vgl. Aisch. fr. 154a,15f. Radt (1985) 271.

diese [sc. Aussagen] schließlich sind entsprechend ihrer Meinung und Überzeugung gesagt, die sie haben, wobei sie Irrtum und Unkenntnis über Götter auf uns übertragen und uns mitgeben.

Dadurch, dass Plutarch Kritik an diesen beiden Stellen übt, folgt er Platon, der in der Dichterkritik lehrt, dass die Götter weder Verträge brechen noch Urheber von unverdientem Leid sind, wie es Homer und Aischylos berichten:[326]

τὴν δὲ τῶν ὅρκων καὶ σπονδῶν σύγχυσιν, ἣν ὁ Πάνδαρος συνέχεεν, ἐάν τις φῇ δι' Ἀθηνᾶς τε καὶ Διὸς γεγονέναι, οὐκ ἐπαινεσόμεθα, [...] οὐδ' αὖ, ὡς Αἰσχύλος λέγει, ἐατέον ἀκούειν τοὺς νέους, ὅτι
„θεὸς μὲν αἰτίαν φύει βροτοῖς,
ὅταν κακῶσαι δῶμα παμπήδην θέλῃ."

Die Verletzung von Schwüren und Verträgen, die Pandaros verursacht hat, wenn jemand sagen sollte, dass sie durch Athene und Zeus geschehen ist, werden wir das nicht loben, [...] und ebenso wenig darf zugelassen werden, dass die jungen Leute hören, wie Aischylos sagt, dass
„ein Gott Schuld in den Sterblichen entstehen lässt, immer wenn er ein Haus gänzlich zugrunde richten will."

Bei Plutarchs Kategorie der unabsichtlich falschen Äußerungen der Dichter handelt es sich also um Irrtümer, wie das Substantiv ἄγνοια („Unkenntnis") deutlich macht. Warum es sich bei den konkreten Aussagen, die Plutarch zitiert, um Irrtümer der Dichter handelt, begründet Plutarch nicht. Eine mögliche Begründung könnte lauten, dass es sich um eine traditionelle und weit verbreitete Ansicht der Griechen handelt.[327]

Allerdings stellt sich das Problem, dass Plutarch zuvor gelehrt hat, dass, wenn in den Gedichten etwas Absurdes und Merkwürdiges über Götter oder geringere Gottheiten oder Tugend von einem angesehenen und über Reputation verfügenden Mann gesagt wird, derjenige, der die Äußerung als wahr akzeptiert, die falsche Rezeptionshaltung einnimmt.[328] Hieran kann man die Schwierigkeiten erkennen, die im Einzelfall mit dem Versuch verbunden sind, bei den nichtwirklichen Elementen einer Erzählung die Intention des Autors zu erkennen und zwischen falschen und fiktionalen Äußerungen zu unterscheiden. Plutarch nennt für diese schwierige Unterscheidung ein Kriterium: die Reputation des Autors. Die

---

326 Plat. rep. 379e–380a.
327 Vgl. Hunter/Russell (2011) 93 ad loc.: „As with the example of what poets do not actually believe, so Plutarch has chosen examples where it is very easy to accept that the poets did believe what they wrote, as these are standard Greek views, rejected only by those of a very philosophical bent."
328 Vgl. mor. 16d–e (s. S. 503).

Idee, die hinter diesem Kriterium steht, ist wohl, dass nicht-wirkliche Elemente bei einem unverständigen Erzähler auf Unwissenheit zurückzuführen sind. Wenn es sich aber um einen gebildeten Mann handelt, was bei einem (angesehenen) Dichter zweifellos der Fall ist, sind die nicht-wirklichen Elemente als Fiktionen anzusehen.[329]

Die Unsicherheit bei dieser Unterscheidung erklärt wohl auch die Tatsache, dass Plutarch an der vorigen Stelle, an der er anfängt (bzw. anfangen müsste), die unabsichtlich falschen Äußerungen der Dichter zu behandeln, ein weiteres Beispiel für eine absichtlich falsche Äußerung (Fiktion) der Dichter diskutiert.[330] Ferner ist nicht verwunderlich, dass Plutarch nun abermals zu den Fiktionen der Dichter springt:[331]

> πάλιν αἱ περὶ τὰς νεκυίας τερατουργίαι καὶ διαθέσεις ὀνόμασι φοβεροῖς ἐνδημιουργοῦσαι φάσματα καὶ εἴδωλα ποταμῶν φλεγομένων καὶ τόπων ἀγρίων καὶ κολασμάτων σκυθρωπῶν οὐ πάνυ πολλοὺς διαλανθάνουσιν ὅτι τὸ μυθῶδες αὐτοῖς πολὺ καὶ τὸ ψεῦδος ὥσπερ τροφαῖς τὸ φαρμακῶδες ἐγκέκραται.
>
> Die Wundergeschichten von den Besuchen der Unterwelt wiederum und die Ausgestaltungen, die mit Schrecken einflößenden Namen Phantasiegebilde von brennenden Flüssen, unwirtlichen Orten und grausamen Bestrafungen hervorbringen, täuschen wahrlich nicht viele darüber hinweg, dass viel Erfindung und Fiktion in ihnen stecken wie die Droge in Lebensmitteln.

Die Tatsache, dass Plutarch die Erzählungen von der Unterwelt und insbesondere die in diesem Zusammenhang geschilderten Schrecken als fiktive Geschichten ansieht, verweist auf den Anfang des Dialogs, wo Plutarch von Lehren über die Seelen spricht, die mit ‚mythischen' Geschichten vermischt sind.[332] Wenn Plutarch an dieser Stelle von Besuchen der Unterwelt spricht, denkt er sicherlich v. a. an Odysseus' Besuch der Unterwelt, der im 11. Buch der *Odyssee* geschildert wird und auf den Plutarch schon zuvor rekurriert hat.[333] Mit den brennenden Flüssen meint

---

329 Für eine ähnliche Ansicht vgl. den Theon-Scholiasten (Theon p. 147 Finckh [1834]; s. das Kapitel 6.3 dieser Arbeit, S. 424).
330 Vgl. mor. 16f–17a (s. S. 506).
331 Mor. 17b–c.
332 Vgl. mor. 14e. Mit den Lehren über die Seelen, die mit ‚mythischen' Geschichten vermischt sind, bezieht sich Plutarch sicherlich auf Stellen wie das Ende von Platons *Gorgias* (Gorg. 523a–524a); vgl. Babbitt (1960) 75 Fußn. a.
333 Vgl. mor. 16e–f. Odysseus' Abstieg in die Unterwelt nennt auch Strabo (1,2,11) als fiktive Geschichte; s. das Kapitel 4.6 dieser Arbeit (S. 291f.).

Plutarch insbesondere den Pyriphlegeton, den schon Homer erwähnt.[334] Die unwirtlichen Orte werden von Plutarch im Folgenden näher beleuchtet:[335]

> καὶ οὔθ' Ὅμηρος οὔτε Πίνδαρος οὔτε Σοφοκλῆς πεπεισμένοι ταῦτ' ἔχειν οὕτως ἔγραψαν·
> „ἔνθεν τὸν ἄπειρον ἐρεύγονται σκότον
> βληχροὶ δνοφερᾶς νυκτὸς ποταμοί"
> καὶ
> „πὰρ δ' ἴσαν Ὠκεανοῦ τε ῥοὰς καὶ Λευκάδα πέτρην"
> καὶ
> „στενωπὸς Ἅιδου καὶ παλιρροία βυθοῦ."

Und weder Homer noch Pindar noch Sophokles haben das Folgende in der Überzeugung niedergeschrieben, dass es sich so verhält:
„Von dort stoßen die trägen Flüsse der düsteren Nacht eine unendliche Dunkelheit aus"[336]
und
„sie [sc. die Seelen der verstorbenen Freier] gingen an den Strömen des Ozeans und am Leukadischen Felsen vorbei"[337]
und
„die Enge des Hades und der Rückfluss der Tiefe."[338]

Die grausamen Bestrafungen verweisen auf die bekannten Büßer wie Sisyphos, Tantalos oder Tityos, die an anderen Stellen des antiken Fiktionalitätsdiskurses namentlich erwähnt werden.[339]

Die Ansicht, dass es sich bei den Beschreibungen der Unterwelt um fiktive Geschichten handelt, entwickelt Plutarch wieder einmal in Auseinandersetzung mit Platon. Denn Platon schreibt den Dichtern zum einen vor, dass sie die Unterwelt nicht als einen schrecklichen Ort darstellen dürfen:[340]

---

334 Vgl. Hom. Od. 10,511–515. Vgl. auch Plat. Phaid. 113a–b; Verg. Aen. 6,265; Hunter/Russell (2011) 93f. ad loc.
335 Mor. 17c.
336 Vgl. Pind. fr. 130 Maehler (1989) 119.
337 Vgl. Hom. Od. 24,11.
338 Vgl. Soph. fr. 832 Radt (1977) 552.
339 Vgl. insbesondere Cic. Tusc. 1,10, wo auch die Unterweltsflüsse genannt sind: *Dic quaeso: num te illa terrent, triceps apud inferos Cerberus, Cocyti fremitus, travectio Acherontis, 'mento summam aquam attingens enectus siti' Tantalus? tum illud, quod 'Sisyphus versat saxum sudans nitendo neque proficit hilum?' fortasse etiam inexorabiles iudices, Minos et Rhadamanthus? apud quos nec te L. Crassus defendet nec M. Antonius nec, quoniam apud Graecos iudices res agetur, poteris adhibere Demosthenen.* Zu Tityos vgl. Ov. am. 3,12,25: *idem per spatium Tityon porreximus ingens*; s. das Kapitel 7.1.5 dieser Arbeit.
340 Plat. rep. 386b–c.

Τί δέ; τὰν Ἅιδου ἡγούμενον εἶναί τε καὶ δεινὰ εἶναι οἴει τινὰ θανάτου ἀδεῆ ἔσεσθαι καὶ ἐν ταῖς μάχαις αἱρήσεσθαι πρὸ ἥττης τε καὶ δουλείας θάνατον;
Οὐδαμῶς.
Δεῖ δή, ὡς ἔοικεν, ἡμᾶς ἐπιστατεῖν καὶ περὶ τούτων τῶν μύθων τοῖς ἐπιχειροῦσιν λέγειν, καὶ δεῖσθαι μὴ λοιδορεῖν ἁπλῶς οὕτως τὰ ἐν Ἅιδου ἀλλὰ μᾶλλον ἐπαινεῖν, ὡς οὔτε ἀληθῆ ἂν λέγοντας οὔτε ὠφέλιμα τοῖς μέλλουσιν μαχίμοις ἔσεσθαι.

Wie nun? Wenn jemand glaubt, dass es den Hades gibt und dass die Zustände dort schrecklich sind, glaubst du, dass er keine Angst vor dem Tod haben wird und dass er in den Schlachten den Tod der Niederlage und Knechtschaft vorziehen wird?
Auf keine Weise.
Wir müssen also, wie es scheint, auch diejenigen kontrollieren, die über diese Geschichten sprechen wollen, und sie bitten, die Zustände im Hades nicht einfach so zu schmähen, sondern vielmehr zu loben, da sie weder die Wahrheit sagen noch etwas, was denjenigen nützt, die für den Kampf geeignet sein sollen.

Zum anderen duldet er nicht, dass für die Unterwelt auch nur Namen verwendet werden, die Schrecken einflößen:[341]

Οὐκοῦν ἔτι καὶ τὰ περὶ ταῦτα ὀνόματα πάντα τὰ δεινά τε καὶ φοβερὰ ἀποβλητέα, Κωκυτούς τε καὶ Στύγας καὶ ἐνέρους καὶ ἀλίβαντας, καὶ ἄλλα ὅσα τούτου τοῦ τύπου ὀνομαζόμενα φρίττειν δὴ ποιεῖ †ὣς οἴεται† πάντας τοὺς ἀκούοντας. καὶ ἴσως εὖ ἔχει πρὸς ἄλλο τι· ἡμεῖς δὲ ὑπὲρ τῶν φυλάκων φοβούμεθα μὴ ἐκ τῆς τοιαύτης φρίκης θερμότεροι καὶ μαλακώτεροι τοῦ δέοντος γένωνται ἡμῖν.
Καὶ ὀρθῶς γ', ἔφη, φοβούμεθα.

Nun muss man ferner auch alle schrecklichen und Furcht einflößenden Namen hierüber [sc. über die Unterwelt] verwerfen wie Κωκυτός („der Klagende"), Στύξ („der Verhasste"), „die Unterirdischen", „die toten Körper" und alle anderen Namen dieses Typus, die alle Zuhörer erschaudern lassen, †wie er glaubt†. Und vielleicht sind sie gut zu etwas anderem. Wir aber haben Angst um die Wächter, dass sie uns aufgrund des derartigen Schauders deutlich weichlicher werden, als erlaubt ist.
Und zwar zu Recht, sagte er, haben wir die Angst.

Dabei ist Platon selbst der Ansicht, dass die traditionellen Geschichten über die Unterwelt zu einem gewissen Anteil fiktiv sind, wie auch eine Stelle aus dem *Phaidon* deutlich macht. Dort skizziert der Platonische Sokrates die verschiedenen Unterweltsströme und schildert, welches Schicksal die Menschen nach ihrem Tod in der Unterwelt erwartet. Im Anschluss an diese Erzählung bekennt Sokrates das Folgende:[342]

---

341 Plat. rep. 387b–c.
342 Plat. Phaid. 114d.

> Τὸ μὲν οὖν ταῦτα διισχυρίσασθαι οὕτως ἔχειν ὡς ἐγὼ διελήλυθα, οὐ πρέπει νοῦν ἔχοντι ἀνδρί· ὅτι μέντοι ἢ ταῦτ' ἐστὶν ἢ τοιαῦτ' ἄττα περὶ τὰς ψυχὰς ἡμῶν καὶ τὰς οἰκήσεις, ἐπείπερ ἀθάνατόν γε ἡ ψυχὴ φαίνεται οὖσα, τοῦτο καὶ πρέπειν μοι δοκεῖ καὶ ἄξιον κινδυνεῦσαι οἰομένῳ οὕτως ἔχειν – καλὸς γὰρ ὁ κίνδυνος – καὶ χρὴ τὰ τοιαῦτα ὥσπερ ἐπᾴδειν ἑαυτῷ, διὸ δὴ ἔγωγε καὶ πάλαι μηκύνω τὸν μῦθον.
>
> Fest zu behaupten, dass sich dies so verhält, wie ich es durchgegangen bin, gehört sich nicht für einen Mann, der bei Verstand ist. Aber dass dies der Fall ist oder ungefähr von dieser Art ist, was unsere Seelen und ihre Wohnungen betrifft, da ja die Seele unsterblich zu sein scheint, das scheint mir angemessen und lohnenswert zu sein, dass man das Risiko eingeht, zu glauben, dass es sich so verhält. Denn das Risiko ist schön, und man muss Derartiges gewissermaßen sich selbst einreden, weshalb ich die Geschichte schon lange weiterspinne.

Platon behauptet also nicht, dass seine Erzählung von der Topographie der Unterwelt und der Eschatologie der Seelen in allen Einzelheiten zutrifft. Er nimmt aber für sich in Anspruch, dass seine eschatologische Lehre im Kern richtig ist, der zufolge die frommen Menschen nach dem Tod belohnt und die verbrecherischen Menschen bestraft werden. Die Topographie von der Unterwelt hingegen betrachtet er selbst mehr oder minder als fiktionale Ausschmückung einer im Kern wahren Lehre.

Plutarch bündelt bei seinen Reflexionen über die Beschreibungen der Unterwelt Beobachtungen zu den Phänomenen und zu den Bezeichnungen, während Platon erst die dargestellten Dinge und dann deren Namen kritisiert. Wenn Plutarch behauptet, dass die Erzählungen von der Unterwelt nicht viele Menschen darüber hinwegtäuschen, dass viel Erfindung und Fiktion in ihnen stecken wie die Droge in Lebensmitteln, dann weist der Vergleich mit Drogen auf eine vorige Stelle zurück, an der Plutarch die Wirkung der Dichtung mit derjenigen von Drogen vergleicht, die sowohl eine gute als auch eine schlechte Wirkung entfalten können.[343] Plutarch ist sich also des Risikos bewusst, das von fiktionalen Darstellungen ausgeht, die wenig nützliche, vielleicht sogar schädliche Sachverhalte vermitteln (können). Während dieser Umstand Platon dazu verleitet, die entsprechenden Darstellungen zu kontrollieren (um nicht zu sagen: zu zensieren), bevorzugt Plutarch die Unterweisung in der Rezeption der Dichtung, wodurch das Risiko der falschen Rezeption der Dichtung zumindest verringert wird.

Warum es sich bei den Aussagen, die Plutarch zitiert, um absichtlich falsche Äußerungen der Dichter handelt, begründet Plutarch nicht. Eine mögliche Antwort auf diese Frage müsste lauten, dass die Darstellungen von der Unterwelt so unwirklich, ja – selbst für den Hades – unmöglich anmuten, dass kein vernünftiger Mensch sie als eine ernsthafte Behauptung äußern würde. Außerdem spielt

---

[343] Vgl. mor. 15c. Vgl. schon Gorg. Hel. 14; s. das Kapitel 7.1.1 dieser Arbeit (S. 439).

sicherlich auch der Umstand eine Rolle, dass niemand sicheres Wissen über die Unterwelt haben kann und dass alle entsprechenden Darstellungen Spekulationen sein müssen.

Eines der wenigen Beispiele für unabsichtlich falsche Äußerungen (Irrtümer) der Dichter bespricht Plutarch im Folgenden:[344]

ὅσοι μέντοι τὸν θάνατον ὡς οἰκτρὸν ἢ τὴν ἀταφίαν ὡς δεινὸν ὀλοφυρόμενοι καὶ δεδιότες φωνὰς ἐξενηνόχασι
„μή μ' ἄκλαυτον ἄθαπτον ἰὼν ὄπιθεν καταλείπειν"
καὶ
„ψυχὴ δ' ἐκ ῥεθέων πταμένη Ἄϊδόσδε βεβήκει,
ὃν πότμον γοόωσα, λιποῦσ' ἀδρότητα καὶ ἥβην"
καὶ
„μή μ' ἀπολέσῃς ἄωρον· ἡδὺ γὰρ τὸ φῶς
λεύσσειν· τὰ δ' ὑπὸ γῆς μή μ' ἰδεῖν ἀναγκάσῃς",
αὗται πεπονθότων εἰσὶ καὶ προεαλωκότων ὑπὸ δόξης καὶ ἀπάτης. διὸ μᾶλλον ἅπτονται καὶ διαταράττουσιν ἡμᾶς, ἀναπιμπλαμένους τοῦ πάθους καὶ τῆς ἀσθενείας ἀφ' ἧς λέγονται.

All diejenigen aber, die, da sie den Tod als etwas Bejammernswertes und die fehlende Bestattung als etwas Furchtbares beklagen und Angst hiervor haben, [sc. den folgenden Gefühlen] ihre Stimme verliehen haben:
„Geh nicht davon und lass mich unbeweint und unbestattet zurück"[345]
und
„Die Seele aber flog aus den Gliedmaßen und ging in den Hades, wobei sie ihr Schicksal beklagte und ihre Kraft sowie Jugend zurückließ"[346]
und
„Richte mich nicht verfrüht zugrunde; denn es ist angenehm, das Licht zu sehen. Zwinge mich nicht dazu, die Zustände unter der Erde zu sehen"[347]
– das sind Stimmen von Menschen, die von Affekten überwältigt und von einer Meinung und Täuschung eingenommen sind. Daher berühren und verwirren sie uns mehr, da wir vom Pathos und der Schwäche infiziert werden, womit sie geäußert werden.

Auch in diesem Fall entwickelt Plutarch seine Ansicht in Auseinandersetzung mit Platons Äußerungen in der Dichterkritik, der dieses Homerzitat in einer Reihe mit anderen Dichterzitaten als Beispiel für eine Passage anführt, die zensiert werden

---

344 Mor. 17c–d. Zu den Zitaten vgl. Hunter/Russell (2011) 94f. ad loc.
345 Vgl. Hom. Od. 11,72: In der Unterwelt spricht die Seele des toten Elpenor zu Odysseus und bittet ihn um eine Bestattung, nachdem er beim Aufenthalt bei Kirke zwar verstorben war, aber noch nicht bestattet wurde.
346 Vgl. Hom. Il. 16,856f. und 22,362f.: An der ersten Stelle ist es die Seele von Patroklos, die sich vom Körper löst, nachdem Hektor ihn getötet hat. An der anderen Stelle befällt dieses Geschick Hektor selbst.
347 Vgl. Eur. Iph. A. 1218f. (Iphigenie spricht).

muss.³⁴⁸ Platon und Plutarch treffen sich also in der Ansicht, dass die dichterischen Aussagen, denen zufolge der Tod ein Übel darstellt, falsch sind. Die Reaktionen auf diesen Befund gehen jedoch auseinander. Denn während Platon diesen Befund zum Anlass nimmt, um die entsprechenden dichterischen Darstellungen rigoros zu zensieren, sieht Plutarch die Lösung dieses Problems in der richtigen Unterweisung der jungen Menschen:³⁴⁹

> πρὸς ταῦτα δὴ πάλιν παρασκευάζωμεν εὐθὺς ἐξ ἀρχῆς ἔχειν ἔναυλον ὅτι ποιητικῇ μὲν οὐ πάνυ μέλον ἐστὶ τῆς ἀληθείας, ἡ δὲ περὶ ταῦτ' ἀλήθεια καὶ τοῖς μηδὲν ἄλλο πεποιημένοις ἔργον ἢ γνῶσιν καὶ μάθησιν τοῦ ὄντος εὖ μάλα δυσθήρατός ἐστι καὶ δύσληπτος, ὡς ὁμολογοῦσιν αὐτοί.

> Lasst uns [sc. die jungen Menschen] gleich von Anfang an darauf vorbereiten, [sc. die Maxime] im Hinterkopf zu behalten, dass die Dichtung nicht auf die Wahrheit abzielt und dass die Wahrheit über diese Dinge auch für diejenigen, die keine andere Tätigkeit verfolgt haben als die Erkenntnis und das Erlernen des Seienden, sehr schwer zu erfassen und zu begreifen ist, wie sie selbst eingestehen.

Plutarch weist also durch ein *argumentum a maiori* darauf hin, dass nicht einmal die Philosophen genau über den Tod und das Nachleben Bescheid wissen. Folglich könnten die Rezipienten der Dichtung nicht mit der Erwartungshaltung an diese herantreten, dass sie nur wahre Dinge lernen.³⁵⁰

Wahrscheinlich ist es auch in diesem Fall so,³⁵¹ dass Plutarch die zitierten Beispiele als Beispiele für unabsichtlich falsche Äußerungen der Dichter anführt und nicht als dichterische Fiktion bewertet, weil die dargestellten Dinge (die Ansicht, dass der Tod ein Übel ist) in einem so großen Ausmaß der herkömmlichen, aber eben falschen Meinung entsprechen, dass nahezu ausgeschlossen werden kann, dass der Autor es eigentlich besser weiß und absichtlich einen nicht-wirklichen (fiktionalen) Sachverhalt darstellt.

---

348 Vgl. Plat. rep. 386d–387b (s. das Kapitel 4.3.2.3 dieser Arbeit, S. 211).
349 Mor. 17d–e.
350 Während sich Plutarchs Forderung, dass sich der Rezipient der Tatsache bewusst sein soll, dass die Dichter viel Unwahres sagen (vgl. mor. 16a; s. das Kapitel 7.1.6.1 dieser Arbeit, S. 494), im Sinne einer Übereinkunft auf den Bereich der Fiktion und des Irrtums bezieht, bezieht sich die hier formulierte Lehre nur auf den Irrtum und unterscheidet sich in dieser Hinsicht vom sog. Fiktionsvertrag.
351 Vgl. mor. 17b (s. S. 507f.).

7.1.7 Lukian über die Gesetze der Dichtung und der Geschichtsschreibung

Lukian (ca. 120 – ca. 200 n. Chr.) befasst sich in seinem Werk „Wie man Geschichte schreiben soll" auch mit der dichterischen Fiktion, indem er die beiden Gattungen Geschichtsschreibung und Dichtung voneinander abgrenzt und von jeweils gattungsspezifischen Gesetzen spricht:[352]

> Ἔτι ἀγνοεῖν ἐοίκασιν οἱ τοιοῦτοι ὡς ποιητικῆς μὲν καὶ ποιημάτων ἄλλαι ὑποσχέσεις καὶ κανόνες ἴδιοι, ἱστορίας δὲ ἄλλοι. ἐκεῖ μὲν γὰρ ἀκρατὴς ἡ ἐλευθερία καὶ νόμος εἷς – τὸ δόξαν τῷ ποιητῇ. ἔνθεος γὰρ καὶ κάτοχος ἐκ Μουσῶν, κἂν ἵππων ὑποπτέρων ἅρμα ζεύξασθαι ἐθέλῃ, κἂν ἐφ' ὕδατος ἄλλους ἢ ἐπ' ἀνθερίκων ἄκρων θευσομένους ἀναβιβάσηται, φθόνος οὐδείς.

Diese [sc. viele Geschichtsschreiber] scheinen nicht zu wissen, dass für die Dichtkunst und die Gedichte die einen Ansprüche und Richtlinien gelten, für die Geschichtsschreibung die anderen. Dort herrscht nämlich die uneingeschränkte Freiheit und ein Gesetz – das, was dem Dichter gefällt. Er ist nämlich gotterfüllt und von den Musen inspiriert, und wenn er einen geflügelten Pferdewagen bespannen will und andere über das Wasser oder über die Spitzen der Kornähren dahineilen lassen will, nimmt ihm das niemand übel.

Nach Lukian bestehen also die Gesetze der Dichtung darin, dass der Dichter die Lizenz hat, von der literarischen Fiktion Gebrauch zu machen. Zum Gesetzesbegriff (νόμος) sind vor allem diejenigen Stellen bei Cicero zu vergleichen, an denen dieser von gattungsspezifischen Gesetzen (*leges*) spricht, die für die Dichtung und die für die Geschichtsschreibung gelten.[353] Die Gesetze der Geschichtsschreibung gehen zum einen *ex negativo* aus dieser Stelle hervor (der Historiker darf keine Fiktionen in sein Werk einflechten). Explizit formuliert Lukian sie an der folgenden Stelle, an der er die Wirkziele der Geschichtsschreibung diskutiert:[354]

> Ὅσοι δὲ οἴονται καλῶς διαιρεῖν εἰς δύο τὴν ἱστορίαν, εἰς τὸ τερπνὸν καὶ χρήσιμον, καὶ διὰ τοῦτο εἰσποιοῦσι καὶ τὸ ἐγκώμιον ἐς αὐτὴν ὡς τερπνὸν καὶ εὐφραῖνον τοὺς ἐντυγχάνοντας, ὁρᾷς ὅσον τἀληθοῦς ἡμαρτήκασι; πρῶτον μὲν κιβδήλῳ τῇ διαιρέσει χρώμενοι· ἓν γὰρ ἔργον ἱστορίας καὶ τέλος, τὸ χρήσιμον, ὅπερ ἐκ τοῦ ἀληθοῦς μόνου συνάγεται.

---

352 Luk. hist. conscr. 8. Im Kontext dieser Stelle behandelt Lukian das Lob, von dem der Dichter ausgiebig Gebrauch machen darf, der Historiker aber nur maßvoll. Das Lob ist teilweise mit der Fiktion verknüpft, da der Dichter übertreiben und Mittel, die dem Lob dienen, erfinden darf. Zu Lukian vgl. die Kommentare von Porod (2013) und Avenarius (1956) und die zweisprachige Ausgabe von Homeyer (1965).
353 Vgl. Cic. de orat. 2,62; fam. 5,12,3 (zu beiden Stellen s. das Kapitel 4.2.2 (S. 164–166)); leg. 1,5 (s. das Kapitel 7.1.3).
354 Luk. hist. conscr. 9.

> All diejenigen, die meinen, die Geschichtsschreibung schön zweizuteilen, nämlich in das Erfreuende und das Nützliche, und deswegen auch das Lob in sie integrieren, da es die Rezipienten erfreue und ergötze – siehst du, wie sehr sie sich an der Wahrheit vergangen haben? Erstens tun sie schlecht daran, die Unterteilung zu benutzen. Es gibt nämlich (nur) eine Aufgabe und ein Ziel der Geschichtsschreibung: das Nützliche, was nur aus der Wahrheit resultiert.

Diese Stelle erweckt den Eindruck, als würde Lukian im Widerspruch zu anderen Historikern wie Polybios das Wirkziel der Geschichtsschreibung auf den aus der Wahrheit resultierenden Nutzen reduzieren und eine unterhaltende Wirkung strikt ausschließen.[355] Seine weiteren Instruktionen zeigen aber, dass er keinen ausschließenden Gegensatz zur unterhaltenden Wirkung herstellt, sondern hierin eine optionale Wirkung sieht:[356]

> τὸ τερπνὸν δὲ ἄμεινον μὲν εἰ καὶ αὐτὸ παρακολουθήσειεν, ὥσπερ καὶ κάλλος ἀθλητῇ [...]. καὶ τοίνυν ἡ ἱστορία, εἰ μὲν ἄλλως τὸ τερπνὸν παρεμπορεύσαιτο, πολλοὺς ἂν τοὺς ἐραστὰς ἐπισπάσαιτο, ἄχρι δ' ἂν καὶ μόνον ἔχῃ τὸ ἴδιον ἐντελές – λέγω δὲ τὴν τῆς ἀληθείας δήλωσιν –, ὀλίγον τοῦ κάλλους φροντιεῖ.

> Wenn auch das Angenehme noch hinzukommt, ist es besser – wie Schönheit zum Athleten [...]. Und die Geschichtsschreibung würde, wenn sie zusätzlich auch noch Vergnügen bereiten sollte, gewiss viele Liebhaber anziehen; solange sie aber nur dasjenige vollbringt, was für sie charakteristisch ist – ich meine das Offenlegen der Wahrheit –, wird sie sich wenig um die Schönheit kümmern.

Die Ansicht, dass die Dichter die Freiheit besitzen, Fiktionen zu verwenden, äußert Lukian auch an anderen Stellen;[357] zum einen in *Pro Imaginibus*:[358]

> Καίτοι παλαιὸς οὗτος ὁ λόγος, ἀνευθύνους εἶναι ποιητὰς καὶ γραφέας [...].

> Und diese Rede ist alt, nämlich dass man den Dichtern und Malern keinen Vorwurf machen darf [...].

Mit dieser alten Redewendung bezieht sich Lukian auf eine Ansicht, die zumindest auch bei Horaz vorliegt, der den Pisones den imaginären Einwand in den

---

355 Vgl. Polyb. 15,36,3; s. das Kapitel 4.5 dieser Arbeit (S. 265).
356 Luk. hist. conscr. 9. In seiner Ansicht, dass der Nutzen das (Haupt-)Ziel der Geschichtsschreibung ist, stimmt Lukian mit Thukydides überein; vgl. Thuk. 1,21,1 und 1,22 (s. das Kapitel 4.2.1 dieser Arbeit); Luk. hist. conscr. 42, wo Lukian das Thukydideische Methodenkapitel paraphrasiert; Porod (2013) 323 ad Luk. hist. conscr. 9. Zu den beiden Wirkzielen des Nutzens und der Unterhaltung bei Lukian und anderen Historikern vgl. Avenarius (1956) 22–29.
357 Vgl. Porod (2013) 308 ad Luk. hist. conscr. 8, der auf Pr. Im. 18, Herm. 72 und Hes. 5 verweist.
358 Luk. pro imag. 18. Zu ἀνεύθυνος vgl. Schol. T Od. 10,20 (s. S. 525, Fußn. 389).

Mund legt, dass den Malern und den Dichtern immer gleichermaßen gestattet war, zu wagen, was sie wollten.[359] Zum anderen findet sich die genannte Ansicht im *Hermotimos:*[360]

> ἐπεὶ ὅ γε νῦν ἔπραττες καὶ ἐπενόεις, οὐδὲν τῶν Ἱπποκενταύρων καὶ Χιμαιρῶν καὶ Γοργόνων διαφέρει, καὶ ὅσα ἄλλα ὄνειροι καὶ ποιηταὶ καὶ γραφεῖς ἐλεύθεροι ὄντες ἀναπλάττουσιν οὔτε γενόμενα πώποτε οὔτε γενέσθαι δυνάμενα.
>
> Denn was du bis jetzt getan und beabsichtigt hast, unterscheidet sich nicht von den Kentauren, Chimären, Gorgonen und all dem anderen, was Träume, Dichter und Maler in ihrer Freiheit erfinden, obwohl es niemals geschehen ist noch geschehen kann.

Auch hier benutzt Lukian den Begriff der Freiheit,[361] um den Gedanken auszudrücken, dass der Dichter fingieren darf, soviel er will – in diesem Fall handelt es sich um phantastische Fiktionen. Ferner äußert Lukian im Hesiod-Dialog das Konzept der dichterischen Lizenz. Dort begegnet Hesiod seinem pedantischen Kritiker, der ihm vorwirft, seiner Ankündigung nicht gerecht zu werden, über die Zukunft zu sprechen, auch mit dem Argument, dass dieser der Dichtung ihren größten Vorzug nehme:[362]

> σὺ δὲ τὸ μέγιστον ὧν ἔχομεν ἀγαθῶν ἀφαιρῇ ἡμᾶς – λέγω δὲ τὴν ἐλευθερίαν καὶ τὴν ἐν τῷ ποιεῖν ἐξουσίαν [...].
>
> Du aber nimmst uns das größte Gut weg, das wir haben – ich meine die Freiheit und die Lizenz beim Dichten [...].

Der Begriff der (ποιητικὴ) ἐξουσία zur Bezeichnung der dichterischen Lizenz wird auch von Polybios, Agatharchides und griechischen Scholiasten verwendet.[363] Schließlich findet sich eine Anerkennung der dichterischen Fiktion auch in Lukians Lügenfreunde:[364]

> ἐμοὶ γοῦν πολλάκις αἰδεῖσθαι ὑπὲρ αὐτῶν ἔπεισιν, ὁπόταν Οὐρανοῦ τομὴν καὶ Προμηθέως δεσμὰ διηγῶνται καὶ Γιγάντων ἐπανάστασιν καὶ τὴν ἐν Ἅιδου πᾶσαν τραγῳδίαν, καὶ ὡς δι' ἔρωτα ὁ Ζεὺς ταῦρος ἢ κύκνος ἐγένετο καὶ ὡς ἐκ γυναικός τις εἰς ὄρνεον ἢ εἰς ἄρκτον μετέπεσεν, ἔτι δὲ Πηγάσους καὶ Χιμαίρας καὶ Γοργόνας καὶ Κύκλωπας καὶ ὅσα τοιαῦτα, πάνυ ἀλλόκοτα καὶ τεράστια μυθίδια παίδων ψυχὰς κηλεῖν δυνάμενα ἔτι τὴν Μορμὼ καὶ τὴν Λάμιαν δεδιότων. Καίτοι τὰ μὲν τῶν ποιητῶν ἴσως μέτρια [...].

---

359 Vgl. Hor. ars 9f.; s. das Kapitel 7.1.4 dieser Arbeit (S. 466).
360 Luk. Herm. 72.
361 Vgl. hist. conscr. 8; s. S. 515.
362 Luk. Hes. 5.
363 S. das Kapitel 7.1.8 dieser Arbeit.
364 Luk. Philops. 2f. Vgl. die annotierte Übersetzung von Ebner et alii (2001).

> Oft schäme ich mich für sie [sc. die Dichter], wann immer sie von der Verstümmelung des Uranos, den Fesseln des Prometheus, dem Aufstand der Giganten und der ganzen Tragödie im Hades erzählen und, wie Zeus aus Liebe ein Stier oder Schwan wurde und wie jemand aus einer Frau in einen Vogel oder eine Bärin verwandelt wurde, ferner von Flügelpferden (Pegasos), Chimären, Gorgonen, Zyklopen und all derartigen merkwürdigen und wundersamen Fiktionen, die die Seelen von Kindern betören können, die noch Angst haben vor der Mormo und der Lamia. Und doch sind die [sc. Erfindungen] der Dichter vielleicht zulässig [...].

Die von Lukian erwähnten fiktiven Geschichten werden an vielen Stellen des antiken Fiktionalitätsdiskurses als Beispiele angeführt.[365] Während Lukian nicht bereit ist, Unwahrheiten außerhalb der Dichtung zu tolerieren, konzediert er den Dichtern, dass sie fiktive Geschichten erzählen dürfen.

7.1.8 Die ποιητικὴ ἐξουσία

An einzelnen Stellen des antiken Fiktionalitätsdiskurses findet sich das Konzept der ποιητικὴ ἐξουσία. Dieser Ausdruck bezeichnet zwar – ebenso wie ähnliche Ausdrücke, die im Folgenden behandelt werden (ποιητικὴ ἄδεια; ἐξουσία; ἔξεστι) – eher etwas allgemeiner den „dichterischen Spielraum" als die „dichterische Lizenz", wie eine Stelle bei Polybios zeigt.[366] Aber an vielen Stellen bezieht sich dieser Ausdruck auf eine Weise auf die dichterische Fiktion, dass er die Bedeutung der „dichterischen Lizenz" annimmt.[367]

---

365 Zu Uranos (und Kronos; vgl. Theog. 154–182) vgl. Plat. rep. 377e6–9 (s. S. 208). Zu den Giganten vgl. Xenophanes, Fr. B 1,21 (s. das Kapitel 3.2 dieser Arbeit); Hermog. Περὶ ἰδεῶν λόγου 2,10,37–41 Patillon (2012) 212f. Zur Unterwelt s. S. 363, Fußn. 960. Zu Zeus' Verwandlung in einen Stier vgl. Palaiph. 22,10–23,21 Festa (s. das Kapitel 4.7.2.2.1 dieser Arbeit); Ov. am. 3,12,34. Zu Zeus' Verwandlung in einen Schwan vgl. Ov. am. 3,12,33. Zu Procnes und Philomelas Verwandlung in Vögel vgl. Ov. am. 3,12,32. Zu Kallistos Verwandlung in eine Bärin vgl. Ov. am. 3,12,31. Zu Pegasos, Chimaira und den Zyklopen s. S. 522, Fußn. 376. Zu den Gorgonen vgl. Strabo 1,2,8; Hermog. Περὶ ἰδεῶν λόγου 2,10,37–41 Patillon (2012) 212f.; Ov. am. 3,12,23. Zur Lamia und zur Mormo(lyke) vgl. Strabo 1,2,8. Zur Lamia vgl. auch Hor. ars 340 (s. S. 472). Zu Strabo 1,2,8 s. das Kapitel 4.6 dieser Arbeit (S. 284). Zu Hermog. Περὶ ἰδεῶν λόγου 2,10,37–41 Patillon (2012) 212f. s. das Kapitel 6.2 dieser Arbeit. Zu Ov. am. 3,12 s. das Kapitel 7.1.5 dieser Arbeit.
366 Vgl. Polyb. 34,4,1 = Strabo 1,2,17: εἰ δέ τινα μὴ συμφωνεῖ, μεταβολὰς αἰτιᾶσθαι δεῖν ἢ ἄγνοιαν ἢ καὶ ποιητικὴν ἐξουσίαν, ἢ συνέστηκεν ἐξ ἱστορίας καὶ διαθέσεως καὶ μύθου; s. das Kapitel 4.5 dieser Arbeit (S. 262f.).
367 Die Bedeutung des dichterischen Spielraumes ist zumindest an der Polybiosstelle (s. die vorige Fußn.) angemessener, da sie den Gedanken besser zum Ausdruck bringt, dass der Dichter aus einem Bereich wählt, der eine Lizenz beinhaltet (die Lizenz gehört im Sinne der Inklusion zum etwas weiteren Spielraum, der auch den wahren Bericht beinhaltet). Der Begriff „Lizenz" hin-

7.1.8.1 Die ποιητικὴ ἐξουσία in Agatharchides' Περὶ τῆς Ἐρυθρᾶς θαλάσσης

Das Konzept der ποιητικὴ ἐξουσία findet sich in dem nur fragmentarisch (vor allem durch Photius) überlieferten Werk Περὶ τῆς Ἐρυθρᾶς θαλάσσης („Über das Rote Meer") des Geographen Agatharchides (2. Jahrhundert v. Chr.). Im Kontext dieser Stelle erörtert Agatharchides die Etymologie des „Roten Meeres" und weist die Erklärung, nach der sich der Name vom eponymen Erythras herleitet, als Fiktion zurück:[368]

> Τρίτος δέ ἐστιν ὁ Ἀργολικὸς λόγος, ὅς ἐστι (φησί) τῇ μὲν τόλμῃ μέγας, τῇ δ' ἀποδείξει κενός. Οἱ γὰρ περὶ Δεινίαν ἱστορικοί φασιν, ἀπὸ τῆς ποιητικῆς ἐξουσίας καὶ αὐτοὶ ἄδειαν λαβόντες, ἐξ Ἄργους εἰς Αἰθιοπίαν (ἐκαλεῖτο δὲ τότε Κηφηνία) παραγεγονότα ἐπὶ λύσει τῆς Κηφέως θυγατρὸς τὸν Περσέα, ἐκεῖθεν δὲ εἰς Πέρσας μεταστάντα, Πέρσαις μὲν ἀπό τινος τῶν ἐγγόνων τῆς κλήσεως μεταδοῦναι, Ἐρύθραν δὲ γεννῆσαι υἱὸν, καὶ ἐξ ἐκείνου τῇ θαλάσσῃ τὴν κλῆσιν παρασχεῖν.
>
> Die dritte Erklärung ist die Argolische, die zwar, sagt er, an Wagemut groß ist, an Beweiskraft aber leer. Denn die Historiker im Anschluss an Deinias behaupten, wobei sie sich aus der dichterischen Lizenz auch selbst die Freiheit herausnehmen, dass Perseus aus Argos nach Äthiopien (damals hieß das Land Kephenia) gekommen sei, um die Tochter des Kepheus zu befreien, dass er von dort zu den Persern übergesetzt sei, die Perser von einem seiner Nachfahren her an seinem Namen habe teilhaben lassen, einen Sohn Erythras gezeugt habe und nach ihm dem Meer seinen Namen gegeben habe.

Bei der Tochter des Kepheus handelt es sich um Andromeda, die Perseus vor dem Meeresungeheuer Keto gerettet hat. Vermutlich ist v. a. dieser Aspekt der Anlass für Agatharchides' Skepsis hinsichtlich der Geschichten, die sich um Perseus ranken.

Die Bedeutung des Syntagmas ἀπὸ τῆς ποιητικῆς ἐξουσίας καὶ αὐτοὶ ἄδειαν λαβόντες (übersetzt mit „wobei sie sich aus der dichterischen Lizenz auch selbst die Freiheit herausnehmen") ist etwas unklar.[369] Wahrscheinlich ist gemeint, dass die Dichter fingiert haben und fingieren durften, dass sich der Name des Roten Meeres vom eponymen Erythras, dem Sohn des Perseus, herleitet, dass aber die

---

gegen impliziert eher eine Opposition (Exklusion), in diesem Fall die Fiktion als Lizenz des Dichters im Gegensatz zum wahren Bericht des Historikers.

368 GGM I 4 p. 112 Müller (1882). Zu Agatharchides vgl. Henrys (1974) Textausgabe zu Photius' Bibliothek (Codex 250), die Übersetzung von Burstein (1989); die Übersetzung und den Kommentar von Woelk (1966) und den Aufsatz von Verdin (1990).

369 Vgl. GGM I 4 p. 112 Müller (1882): „ex poetarum licentia etiam ipsi securitatem nacti"; Burstein (1989) 43: „those historians who [...] avail themselves of the freedom of poetic licence"; Woelk (1966) 2: „die aus ihrer dichterischen Freiheit auch selbst Sicherheit erlangten"; Henry (1974) 136: „en se prévalant eux aussi de la liberté des poètes".

Historiker im Anschluss an Deinias (überliefert ist Kleinias)[370] diese Fiktion entweder nicht als Fiktion durchschaut haben oder wider besseres Wissen dieser Überlieferung gefolgt sind, ohne sie in Frage zu stellen. In jedem Fall zeigen Agatharchides' weitere Aussagen über die literarische Fiktion in Zusammenhang mit Perseus und dessen Sohn Erythras, dass er den Dichtern die Lizenz zu fingieren zugesteht, anderen (historischen) Autoren jedoch nicht:[371]

> Ὅτι τὰ κατὰ τὸν Περσέα εἰς ψεῦδος καὶ δι' ἄλλων πολλῶν ἀπάγειν σπουδάζων, προστίθησι καὶ ταῦτα. Πλὴν εἰ μὲν τραγικῶς ὁ Περσεὺς ἐστράτευται, τὸ πρόσωπον περιθέμενος καὶ τὴν ἅρπην λαβών, καὶ περὶ τῶν ἑξῆς ἐπιτρέψαις (ἂν) ὑποκριτῇ καὶ χορῷ διαλύεσθαι [καὶ] τὰ τῆς ἀντιλογίας εἰς μῦθον, ὡς οἱ πολλοὶ συγκεχωρήκασιν.
>
> Im Bemühen, die Geschichten hinsichtlich Perseus auch durch viele andere [sc. Argumente] als Fiktion zu erweisen, fügt er auch das Folgende hinzu. Wenn nun[372] Perseus wie in der Tragödie mit bedecktem Gesicht und dem Sichelschwert in der Hand zu Felde gezogen ist, dann mag man es auch mit Blick auf das Übrige einem Schauspieler und Chor anvertrauen, die Widersprüche gegen die fiktive Geschichte aufzulösen, wie die meisten eingestanden haben.

Agatharchides drückt an dieser Stelle etwas sarkastisch den Gedanken aus, dass es sinnlos wäre, die traditionelle Geschichte, der zufolge Perseus u. a. mit Hilfe einer Tarnkappe und einem Sichelschwert der Medusa den Kopf abgeschlagen hat, woraufhin das geflügelte Pferd Pegasos aus dem Körper der Medusa hervorgesprungen ist, zu widerlegen, da es sich um eine fiktive Geschichte handelt.[373] Wenn er in diesem Zusammenhang von der Tragödie spricht, ist die dahinter stehende Vorstellung, dass in der Tragödie nicht ausschließlich historische Er-

---

370 Der Akkusativ „Deinias" (Δεινίαν) ist eine allgemein anerkannte Konjektur des Reinesius; vgl. GGM I 4 p. 112 Müller (1882); Fr Gr Hist III B, Nr. 306, fr. 7 Jacoby; Henry (1974) 136 Fußn. 1; Burstein (1989) 43 Fußn. 2; Woelk (1966) 96–98 ad loc.
371 GGM I 7 p. 113 f. Müller (1882). Ob die Athetese von καί nötig ist, ist unsicher.
372 Die Bedeutung von πλὴν εἰ ist unklar. Vermutlich liegt sie darin, zu einem neuen Argument überzuleiten; vgl. Müller (GGM I 4 [1882] p. 114): „quodsi". Woelk (1966) 4 übersetzt πλήν nicht. Burstein (1989) 45 f. übersetzt πλὴν εἰ wie Henry (1974) 138 mit „nur", ohne dass der hergestellte Kontrast einen Sinn ergibt: „Only in tragedy does Perseus campaign wearing a mask and carrying a scimitar. As for the story itself, you have to resort to an actor and chorus to resolve its contradictions and produce a coherent account, as many have conceded."
373 Diese Aussage erinnert an diejenige des Eratosthenes, dass man erst dann herausfinden könne, wo Odysseus herumgeirrt sei, wenn man den Riemer gefunden habe, der den Sack der Winde genäht habe, der Odysseus die Heimfahrt ermöglichen sollte; vgl. Eratosthenes, fr. I A 16 Berger (1880) 36 = fr. 5 Roller (2010) 43 = Polyb. 34,2,11 = Strabo 1,2,15 (s. S. 260). Für eine nichtsarkastische Formulierung dieses Gedankens vgl. Strabo 1,2,11 (s. das Kapitel 4.6 dieser Arbeit, S. 294).

eignisse präsentiert werden, sondern die Handlungen auch (im Fall des Perseus-Mythos sogar in einem extremen Ausmaß) fiktive Elemente enthalten können.

Den Vergleichssatz ὡς οἱ πολλοὶ συγκεχωρήκασιν kann man auf zwei Weisen verstehen. Entweder ist gemeint, dass die meisten Leute die Geschichte insofern akzeptiert haben, als das Grundgerüst der Geschichte kanonisch geworden ist, ohne dass sie den Mythos als wahre Geschichte auffassen. Oder es ist gemeint, dass die meisten Leute Agatharchides darin zustimmen, dass es die Aufgabe eines Schauspielers und Chores, also sinnlos wäre, die Widersprüche gegen eine fiktionale Erzählung zu lösen.[374] Etwas wahrscheinlicher ist wohl die zweite Möglichkeit, da Agatharchides einen Vergleichssatz wählt und das Verb συγχωρέω absolut verwendet.

Um den Gedanken zu untermauern, dass viele dichterische Darstellungen Fiktionen enthalten, fügt Agatharchides einen langen mythischen Katalog an, der hier nur auszugsweise wiedergegeben wird:[375]

> Κένταυρον γεγονέναι, Γηρυόνην, Κύκλωπα, Χρύσην, Κίρκην, Καλυψώ, Μινώταυρον, Σκύλλαν, Χίμαιραν, Πήγασον, Λαιστρυγόνας, Κέρβερον, Γλαῦκον θαλάττιον, Ἄτλαντα, Πρωτέα, Νηρέα, Νηρεΐδας, τοὺς παῖδας τοὺς Ἀλωέως, ἐννεοργυίους μὲν αὐξηθέντας μῆκος, ἐννεαπήχεις δ' εὖρος. [...] πάλιν ἵππους μὲν γενέσθαι περὶ τῶν μελλόντων συλλαλοῦντας Ἀχιλλεῖ, Σφίγγα δὲ τοῖς τῶν Θηβαίων παισὶν αἴνιγμα προβάλλουσαν, Σειρῆνας δ' ἐπ' ὀλέθρῳ τῶν ἀκροωμένων ἀδούσας, Νιόβην δὲ καὶ Πολυδέκτην διὰ φόβον ἀπολιθουμένους· ἐπὶ δὲ τούτους τοὺς Ὀδυσσεῖ συμπλεύσαντας ἐκ μὲν ἀνθρώπων εἰς σῦς, ἐκ συῶν δὲ εἰς ἀνθρώπων μεταβῆναι διάθεσιν. [...]

> [Sc. es heißt,] dass der Kentaure, Geryones, der Zyklop, Chryses, Kirke, Kalypso, der Minotauros, Skylla, die Chimäre, Pegasos, die Laistrygonen, Kerberos, das Meerwesen Glaukos, Atlas, Proteus, Nereus, die Nereiden und die Söhne des Aloeus existiert haben, die neun Klafter groß und neun Ellen breit waren. [...] Dass es ferner Pferde gegeben habe, die sich mit Achill über die Zukunft unterhalten haben, die Sphinx, die den Kindern der Thebaner ein Rätsel aufgegeben habe, die Sirenen, die zum Verderben der Zuhörer sangen, Niobe und Polydektes, die aus Furcht in Steine verwandelt wurden. Dass außerdem die Schiffsgefährten des Odysseus aus Menschen in Schweine und aus Schweinen in die Gestalt von Menschen verwandelt wurden. [...]

Der lange mythische Katalog enthält viele Figuren bzw. spielt auf viele mythische Geschichten an, die auch an anderen Stellen des antiken Fiktionalitätsdiskurses

---

374 Müller (GGM I 4 [1882] p. 114) übersetzt das Syntagma mit „narrationem vulgi assensu comprobatam" und erwägt die Konjektur εἰς μύθους, οὕς. Woelk (1966) 4: „eine Sage, wie sie das Volk akzeptiert hat". Henry (1974) 138 sieht hierin eine methodische Bemerkung: „selon un procédé admis de tous". Zu Bursteins (1989) 46 Übersetzung s. die vorletzte Fußn.
375 GGM I 7 p. 114 Müller (1882).

als fiktive Figuren bzw. Geschichten betrachtet werden.[376] Insbesondere sind die mythischen Kataloge in Περὶ ὕψους, in Ovids *Amores* und in Hermogenes' Stil-Lehre (Περὶ ἰδεῶν λόγου) vergleichbar,[377] und zwar deswegen, weil nicht einfach nur viele Mythen,[378] sondern viele unwahrscheinliche, wenn nicht sogar unmögliche mythische Kreaturen bzw. Geschichten aufgezählt werden.[379] Diese Art

---

[376] Vgl. insbesondere die in der folgenden Fußn. genannten Kataloge. Vgl. zusätzlich: zum Kentauren: Nikolaos RhG XI Felten (1913) 12,17–13,4 (s. das Kapitel 4.7.2.5 dieser Arbeit); Theon RhG II Spengel (1966) 95,3–8 (Patillon/Bolognesi [1997] 60; s. das Kapitel 4.7.3.1 dieser Arbeit). Zum Zyklopen vgl. Strabo 1,2,9–11 (s. das Kapitel 4.6 dieser Arbeit); Nikolaos RhG XI Felten (1913) 12,17–13,4 (s. das Kapitel 4.7.2.5 dieser Arbeit); Hor. ars 143–145 (s. das Kapitel 7.1.4 dieser Arbeit). Zu Kirke vgl. Strabo 1,2,10 und 40 (s. das Kapitel 4.6 dieser Arbeit). Zu Kalypso vgl. Strabo 1,2,11 (s. das Kapitel 4.6 dieser Arbeit). Zum Minotauros bzw. zu Pasiphae vgl. Serv. Aen. 1,235 (s. das Kapitel 4.7.3.3 dieser Arbeit). Zu Skylla vgl. Strabo 1,2,9 und 11 (s. das Kapitel 4.6 dieser Arbeit); Schol. Dionys. Thr. GG I 3, 180,4–7 Hilgard (s. das Kapitel 4.7.2.4 dieser Arbeit); Hor. ars 143–145 (s. das Kapitel 7.1.4 dieser Arbeit). Zur Chimaira vgl. Schol. Dionys. Thr. GG I 3, 180,4–7 Hilgard (s. das Kapitel 4.7.2.4 dieser Arbeit); Theon RhG II Spengel (1966) 95,3–8 (Patillon/Bolognesi [1997] 60; s. das Kapitel 4.7.3.1 dieser Arbeit). Zu Pegasos vgl. Sext. Emp. adv. math. 1,264 (s. das Kapitel 4.7.1.2.1 dieser Arbeit); Theon RhG II Spengel (1966) 95,3–8 (Patillon/Bolognesi [1997] 60; s. das Kapitel 4.7.3.1 dieser Arbeit). Zu den Laistrygonen vgl. Strabo 1,2,9 und 11 (s. das Kapitel 4.6 dieser Arbeit); Hor. ars 143–145 (s. das Kapitel 7.1.4 dieser Arbeit). Zu Kerberos vgl. Cic. Tusc. 1,10 (s. S. 510, Fußn. 339). Zu Proteus vgl. Strabo 1,2,30 (s. das Kapitel 4.6 dieser Arbeit). Zu den Sirenen vgl. Cic. fin. 5,49–52 (s. das Kapitel 4.1.1.1 dieser Arbeit). Zur Verwandlung von Odysseus' Gefährten in Schweine vgl. Strabo 1,2,11 (s. das Kapitel 4.6 dieser Arbeit).
[377] Vgl. Long. Subl. 9,14; Ov. am. 3,12 (s. das Kapitel 7.1.5 dieser Arbeit); Hermog. Περὶ ἰδεῶν λόγου 2,10,37–41 Patillon (2012) 212f. (s. das Kapitel 6.2 dieser Arbeit); Luk. Philops. 2f. (s. das Kapitel 7.1.7 dieser Arbeit, S. 517f.).
[378] Nach Woelk (1966) 99 ad loc. kritisiert Agatharchides die Götter- und Heroenmythen „in unnachsichtiger Weise, wie sonst in der griechischen Literatur nicht weiter bekannt", und beruft sich auf einen Hinweis von Albrecht Dihle; Henry (1974) 143 Fußn. 1 schließt sich Woelk an. Es ist zwar zuzugestehen, dass Agatharchides mit seiner Mythenkritik weit geht. Aber zum einen weist er nicht pauschal den Mythos in seiner Gesamtheit, sondern die phantastischen Elemente bzw. Geschichten zurück. Zum anderen steht er in der Tradition von Eratosthenes (s. S. 524f.), wie Woelk selbst bemerkt. Zutreffend Burstein (1989) 49 Fußn. 2: „[sc. Agatharchides' intention] was not to deny the historicity of the Greek heroes [...] but to insist, as Eratosthenes has done before him [...], on the illegitimacy of trying to find reliable historical or geographical information in poems that contain stories that flagrantly contradict the facts of nature or human experience."
[379] Vgl. auch die explizite Einstufung (GGM I 7 p. 116f. Müller [1882]; s. das nächste Zitat). Mit Bezug auf Περὶ ὕψους vgl. Long. Subl. 9,14: πλὴν ἐν ἅπασι τούτοις ἑξῆς τοῦ πρακτικοῦ κρατεῖ τὸ μυθικόν. Etwas später werden diese Geschichten dort (ib.) als τά [...] ἀπίθανα bezeichnet. Mit Bezug auf Ovid vgl. am. 3,12,41: *exit in inmensum fecunda licentia vatum*. Mit Bezug auf Hermogenes vgl. Περὶ ἰδεῶν λόγου 2,10,37–41 Patillon (2012) 212f.: ὅσα περὶ ἀνθρώπων ἤ τινων ἄλλων ζῴων παραδοξολογοῦσιν [...] καὶ ὅλως τὸ τὰ ἀδύνατα καὶ ἄπιστα τερατεύεσθαι.

von Erzählung wurde in der (wahrscheinlich etwas späteren) Skalierung der dargestellten Geschichte als μῦθος (*fabula*) bezeichnet.³⁸⁰

Nach Ansicht des Agatharchides ist die Geschichte von Perseus und dessen Sohn Erythras, der dem Roten Meer seinen Namen gegeben haben soll, ebenso erfunden wie die zuvor zitierten mythischen Wundergestalten bzw. –geschichten:³⁸¹

> Οἱ οὖν τὰ τοιαῦτα τερατευόμενοι, πόρρω τῆς ἀληθείας ἱστάμενοι, οὐκ ἂν ἑτέροις ταύτην εἰσηγεῖσθαι κριθεῖεν ἂν ἀξιόλογοι. Διὰ τοιούτων καὶ τοσούτων Ἀγαθαρχίδης τὰ περὶ τὸν Περσέα εἰς ὁμοίους ἀπάγων μύθους, οὐδὲ τὴν Ἐρυθρὰν ἐκ τοῦ παιδὸς αὐτοῦ κληθῆναι δίδωσιν.
>
> Diejenigen nun, die derartige Wundergeschichten erzählen, entfernen sich weit von der Wahrheit und dürften nicht für wert befunden werden, andere darin zu unterweisen. Durch derartige und dermaßen zahlreiche [sc. Beispiele] bringt Agatharchides die Geschichten über Perseus mit ähnlichen Fiktionen in Verbindung und lässt nicht zu, dass das Rote Meer nach dessen Kind bezeichnet wurde.

Dabei dienen die zuvor zitierten mythischen Wundergestalten bzw. –geschichten als extreme Beispiele für die dichterische Fiktion, der zufolge Perseus einen Sohn Erythras gezeugt habe, der dem Roten Meer seinen Namen gegeben habe, da diese Geschichte – anders als viele andere Teile des Perseus-Mythos – physisch möglich ist.

Dass Agatharchides zufolge viele dichterische Darstellungen nicht nur Fiktionen enthalten, sondern auch enthalten dürfen, wird insbesondere an der folgenden Stelle deutlich:³⁸²

> Ὅτι αὐτός, φησίν, ἑαυτῷ αἴτιος καθίστατο ἐλέγχων ὁ τὴν τῶν μυθοποιῶν ἐξουσίαν εἰς πραγματικὴν μετάγων ἐνάργειαν. [...] Ἐπεὶ διὰ τίνα αἰτίαν Ὅμηρον οὐκ εὐθύνω, Διὸς καὶ Ποσειδῶνος φράζοντα διαφοράν, ἀδύνατον ἀνθρώπῳ πίστιν παραδοῦναι· οὐδ' Ἡσιόδῳ μέμφομαι δηλοῦν τολμῶντι θεῶν γένεσιν· οὐδ' Αἰσχύλον ἐπιπλήττω πολλοῖς διεψευσμένον καὶ πολλὰ συγγράφοντα τῶν ἀσυγχωρήτων· οὐδ' Εὐριπίδου κατηγορῶ τῷ μὲν Ἀρχελάῳ περιτεθεικότος τὰς Τημένου πράξεις, τὸν δὲ Τειρεσίαν βεβιωκότα παρεισάγοντος πέντε γενεῶν πλέον· οὐδὲ τοὺς ἄλλους εἰς ἐπιτίμησιν ἄγω, διασκευαῖς ἐν τοῖς δράμασι χρωμένους ἀδυνάτοις· ὅτι πᾶς ποιητὴς ψυχαγωγίας (μᾶλλον) ἢ ἀληθείας ἐστὶ στοχαστής.
>
> Er selbst, sagt er, habe sich zu seinem eigenen Widerleger gemacht, der die Lizenz der Verfasser von fiktiven Geschichten auf eine historische Darstellung übertragen hat.³⁸³ [...]

---

380 S. das Kapitel 4.7.1 dieser Arbeit.
381 GGM I 7 p. 116 f. Müller (1882).
382 GGM I 8 p. 117 Müller (1882). Bei μᾶλλον handelt es sich um eine Supplierung von Müller.
383 So versteht auch Woelk (1966) 9 diesen Satz: „Derjenige, sagt er, werde sich selbst zum Urheber seiner Widerlegung [...]". Bursteins (1989) 49 Übersetzung ist aufgrund der Subjekts-

> Aus welchem Grund kritisiere ich nicht Homer, der von einem Streit zwischen Zeus und Poseidon berichtet, obwohl es unmöglich ist, dies einem Menschen glaubhaft zu machen? Warum kritisiere ich nicht Hesiod, der es gewagt hat, die Abstammung der Götter darzustellen? Warum erhebe ich keinen Vorwurf gegen Aischylos, der viele belogen habe und vieles niedergeschrieben habe, was nicht zugestanden ist? Warum klage ich nicht Euripides dafür an, dass er Archelaos die Handlungen des Temenes auferlegt habe und Teiresias in seiner Darstellung älter als fünf Generationen habe werden lassen? Warum unterziehe ich auch die anderen [sc. Dichter] keiner Kritik, die in ihren Dramen unmögliche Ausschmückungen verwendet haben? Weil jeder Dichter (mehr) auf die Gemütsbewegung als auf die Wahrheit abzielt.

Agatharchides zufolge hat Deinias die Gesetze der Geschichtsschreibung dadurch verletzt, dass er die dichterische Lizenz bzw. diejenige der Verfasser von fiktiven Geschichten auf seine Gattung ausgedehnt habe.[384] Wenn Agatharchides in diesem Zusammenhang den Begriff der Ausschmückung (διασκευή) auf die dichterischen Fiktionen bezieht, bereitet er auf diese Weise Strabos Verwendung dieses Begriffs vor, da Strabo zwischen dem historischen Kern einer Geschichte (ἱστορία) und deren fiktionaler Ausschmückung (διασκευή) unterscheidet.[385]

Die Ansicht, dass jeder Dichter mehr auf die Gemütsbewegung als auf die Wahrheit abzielt, findet sich auch bei Eratosthenes (3. Jahrhundert v. Chr.), woraus deutlich wird, dass Agatharchides in der Tradition des Eratosthenes steht und dass sich diese beiden Geographen ebenso wie die beiden Eratosthenes-Kritiker Polybios und Strabo in demselben Diskurs (Fiktivität vs. Faktizität insbesondere in den geographischen Darstellungen der Dichter) bewegen:[386]

> οὐδὲ γὰρ ἀληθές ἐστιν, ὅ φησιν Ἐρατοσθένης, ὅτι ποιητὴς πᾶς στοχάζεται ψυχαγωγίας, οὐ διδασκαλίας.
>
> Denn es ist auch nicht wahr, was Eratosthenes sagt, dass jeder Dichter es auf Gemütsbewegung, nicht auf Belehrung abgesehen hat.

---

gleichheit in ἐλέγχων und μετάγων nicht korrekt: „He says that he has assigned to himself the responsibility of refuting those who [...]." Wenig verständlich ist Henrys (1974) 143 Übersetzung: „L'auteur se reconnaît personnellement responsable de convaincre d'erreur le fait d'étendre à un ouvrage concernant la réalité [...]."

384 Für πραγματικός als Synonym zu ἱστορικός vgl. Theon RhG II Spengel (1966) 65,19–22; 66,16–25 und 67,4–29 (65,20–23; 66,16–25 und 67,5–30 Patillon/Bolognesi [1997] 8–11); s. das Kapitel 4.7.3.1 dieser Arbeit.

385 S. das Kapitel 4.6 dieser Arbeit.

386 Eratosthenes, fr. I A 20 Berger (1880) 37 = fr. 2 Roller (2010) 41 = Strabo 1,1,10 und 1,2,3; vgl. auch den Kommentar von Roller (2010) 112–114 ad loc. Zu Polybios' und Strabos Auseinandersetzung mit Eratosthenes s. die Kapitel 4.5 und 4.6 dieser Arbeit.

ποιητὴν γὰρ ἔφη πάντα στοχάζεσθαι ψυχαγωγίας, οὐ διδασκαλίας.
Jeder Dichter, sagte er, habe es auf Gemütsbewegung, nicht auf Belehrung abgesehen.

Agatharchides scheint Eratosthenes' Standpunkt etwas näher zu stehen als demjenigen von Polybios und Strabo, wobei eine gewisse Annäherung an seinen Zeitgenossen Polybios darin zu sehen ist, dass Agatharchides durch einen komparativischen Ausdruck davon spricht, dass jeder Dichter mehr auf die Gemütsbewegung als auf die Wahrheit abzielt. Strabo hingegen vertritt mit Blick auf Homer die Auffassung, dass dieser weitgehend die Realität dargestellt, aber auch Fiktionen hinzugefügt hat.[387]

7.1.8.2 Die ποιητικὴ ἐξουσία in den Scholien

Das Konzept der ποιητικὴ ἐξουσία findet sich u. a. in den Homerscholien,[388] wenn auch in expliziter Form nur an einer Stelle,[389] nämlich im Kommentar zu einer

---

387 Vgl. Strabo 1,2,9 (s. das Kapitel 4.6 dieser Arbeit, S. 287 f.). Was Polybios betrifft, fehlen explizite Aussagen, die deutlich machen, wie er das Verhältnis zwischen Fiktivität und Faktizität in den Homerischen Epen oder generell in der Dichtung einschätzt. Eine Stelle (Polyb. 34,2,1–3 = Strabo 1,2,9; s. das Kapitel 4.5 dieser Arbeit, S. 259 f.) spricht vielleicht dafür, dass ihm zufolge die Fiktionen überwiegen. Allerdings widerspricht Polybios an dieser Stelle Eratosthenes mit dem Argument, dass es nicht plausibel und nicht Homerisch sei, alles zu erfinden, so dass der Fokus stärker auf den Fiktionen liegt.
388 Wohl aufgrund der Tatsache, dass die Homerischen Epen in der Antike als kanonische Werke in dem Sinn angesehen wurden, dass sie selbst nicht von den traditionellen Geschichten abweichen, sondern eben diese konstituieren, wohingegen spätere Dichter häufig von den Homerischen Mythenversionen abweichen und dabei von der ποιητικὴ ἐξουσία Gebrauch machen, finden sich in den Homerscholien nur wenige Stellen, an denen die ποιητικὴ ἐξουσία mit Bezug auf literarische Fiktion thematisiert wird; vgl. Nünlist (2009) 178 Fußn. 15 und 180. Zur dichterischen Lizenz in den griechischen Scholien vgl. Nünlist (2009) 174–184; Meijering (1987) 63–67. Zur Fiktion in den Homerscholien vgl. Saïd (2013). Zur Fiktion in den Scholien zu den Tragikern vgl. Papadopoulou (1999) und (1998).
389 Zur Fiktion in den Homerscholien vgl. auch Schol. T Od. 10,20, wo der Scholiast zu dem Problem Stellung nimmt, dass sich in der *Odyssee* (vgl. Od. 10,19–22) und der *Ilias* (vgl. Il. 23,229 f.) widersprüchliche Angaben zur Heimat der Winde finden: εἴληπται μὲν τὸ πλάσμα πρὸς τὸν καιρόν, διὸ οὐ δεῖ ζητεῖν τὰ τοιαῦτα· ἀνεύθυνα τὰ τῶν μύθων. („Er [sc. Homer] hat *ad hoc* von einer Fiktion Gebrauch gemacht; daher ist es nicht nötig, Derartiges zu untersuchen. Den Bereich der Erfindungen kann man niemandem vorwerfen.") Vgl. auch Schol. BHQ Od. 11,634: ἐκ τούτου τὸ πλάσμα τὸ περὶ τὴν Γοργόνην γέγονεν Ἡσιόδου, καὶ συγγένειαν αὐτῆς γενεαλογεῖν ἐπεχείρησε, καὶ ὀνόματα περιέθηκε, καὶ ὅτι ἐκαρατομήθη („Hieraus speist sich Hesiods Fiktion über die Gorgo, und [sc. im Anschluss hieran] hat er versucht, ihre Abstammung genealogisch darzustellen, hat Namen hinzugefügt und [sc. hat dargestellt], dass sie enthauptet wurde"); Schol. T Il. 2,6c: ποιητικὸν δὲ τὸ πλάσσειν ὀνείρους („Es ist typisch für die Dichtung, Träume zu fingieren").

Stelle aus dem fünften Buch der *Ilias*. An der entsprechenden Stelle des Epos tröstet Dione ihre durch Diomedes verwundete Schwester Aphrodite, indem sie andere Götter aufzählt, denen die Menschen Schaden zugefügt haben:[390]

πολλοὶ γὰρ δὴ τλῆμεν Ὀλύμπια δώματ' ἔχοντες
ἐξ ἀνδρῶν χαλέπ' ἄλγε' ἐπ' ἀλλήλοισι τιθέντες.
τλῆ μὲν Ἄρης ὅτε μιν Ὦτος κρατερός τ' Ἐφιάλτης
παῖδες Ἀλωῆος, δῆσαν κρατερῷ ἐνὶ δεσμῷ.

Viele von uns Olympischen Göttern haben nämlich schon schlimme Schmerzen von den Menschen erlitten, wobei wir sie [sc. die Schmerzen] gegenseitig zugefügt haben. Ares hat sie erlitten, als ihn Otos und der starke Ephialtes, die Kinder des Aloeus, in einem kräftigen Band gefesselt haben.

Diese Stelle (genau genommen: den Anfang von Vers 385) kommentiert das Scholium auf die folgende Weise:[391]

Ἀρίσταρχος ἀξιοῖ τὰ φραζόμενα ὑπὸ τοῦ Ποιητοῦ μυθικώτερον ἐκδέχεσθαι, κατὰ τὴν ποιητικὴν ἐξουσίαν, μηδὲν ἔξω τῶν φραζομένων ὑπὸ τοῦ Ποιητοῦ περιεργαζομένους.

Aristarch fordert, dass man dasjenige, was vom Dichter gesagt worden ist, auf recht ‚mythische' Weise auffasst entsprechend der ποιητικὴ ἐξουσία, ohne sich um etwas zu kümmern, was außerhalb dessen liegt, was der Dichter sagt.

Aristarch (2. Jahrhundert v. Chr.) weist auf das Recht des Dichters (zumindest Homers, der hier möglicherweise als *der* Dichter bezeichnet wird) hin, zu fingieren. Ob Gelehrte Homer für die Darstellung kritisiert haben, dass Götter wie Ares von Menschen verwundet worden sind, und zur Widerlegung Parallelversionen des Mythos angeführt haben, woraufhin Aristarch die Methode der Kritiker, auf Parallelen zu verweisen, zurückweist, da der Vorwurf des Widerspruchs bzw. der falschen Darstellung ins Leere greift,[392] ist unsicher. In jedem Fall lässt sich in diesem Scholium Aristarchs Prinzip erkennen, Homer aus Homer zu verstehen (Ὅμηρον ἐξ Ὁμήρου σαφηνίζειν).[393]

Auch in anderen Scholien lässt sich das Konzept vorfinden, dass der Dichter von der Fiktion Gebrauch machen darf, wobei nicht der Ausdruck ποιητικὴ ἐξουσία, sondern ähnliche Ausdrücke verwendet werden. Dies ist z. B. in den

---

390 Il. 5,383–386.
391 Schol. D Il. 5,385.
392 Vgl. Nünlist (2009) 180 f.
393 Zu diesem Prinzip (ob die Formulierung auf Aristarch zurückgeht, ist unsicher) vgl. Porph. Quaest. Hom. Il. 297,16 Schrader; Nünlist (2009) 180; Porter (1992) 70; DNP 1 (1996) s.v. Aristarchos [4] von Samothrake, Sp. 1090–1094, hier 1092 (Franco Montanari).

Sophokles-Scholien der Fall, wo der Begriff ἐξουσία ohne das Atrribut ποιητική verwendet wird. An dieser Stelle behandelt der Scholiast das Problem, dass Agamemnon in Sophokles' *Elektra* im Bad stirbt, wohingegen er Homer zufolge bei Tisch gestorben ist:[394]

> ἤρκει γὰρ τὰ ὅλα συμφωνεῖν τῷ πράγματι· τὰ γὰρ κατὰ μέρος ἐξουσίαν ἔχει ἕκαστος ὡς βούλεται πραγματεύσασθαι εἰ μὴ τὸ πᾶν βλάπτῃ τῆς ὑποθέσεως.
>
> Es genügt, dass das Ganze mit dem Ereignis übereinstimmt. Denn jeder hat hinsichtlich eines Details die Möglichkeit, es zu behandeln, wie er will, wenn er nicht dem ganzen Handlungsgefüge Schaden zufügt.

Hier bezeichnet der Begriff ἐξουσία die Möglichkeit des Dichters, speziell des Tragikers, von einer Fiktion Gebrauch zu machen, so dass man fast von einer Ellipse des Attributes ποιητική sprechen kann. Die Vorstellung, dass der Dichter zwar nicht das Grundgerüst einer überlieferten Geschichte, aber Details ändern darf, findet sich auch bei Aristoteles.[395]

Daneben findet sich häufig die Verbalform ἔξεστι i.S.v. „es ist erlaubt" (*licet*) mit Bezug auf die dichterische Fiktion. Dies ist schon an einer bereits behandelten Stelle bei Isokrates der Fall.[396] Auch in dem folgenden Pindar-Scholium, in dem das Problem besprochen wird, dass es bei Pindar – anders als bei Apollonius aus Rhodos – heißt, dass Thoas auf Lemnos bestattet worden ist und Hypsipyle dort einen Wettkampf zu seinen Ehren einrichtet, findet sich dieser Begriff:[397]

> δοκεῖ γὰρ παρ' ἱστορίαν λέγειν· [...] ἀλλ' ἔξεστι πλάττειν τοῖς ποιηταῖς ἃ βούλονται.
>
> Er scheint der geschichtlichen Wirklichkeit zu widersprechen. [...] Aber es ist den Dichtern erlaubt, zu fingieren, was sie wollen.

In den Sophokles-Scholien findet man auch den Ausdruck ποιητικὴ ἄδεια mit Bezug auf die dichterische Fiktion. Im Kontext dieser Stelle diskutiert der Scholiast das Problem, dass Sophokles zufolge Poseidon die Reiterei in Kolonos eingeführt hat, wohingegen traditionellerweise Adrastos, einer der Sieben gegen Theben, als ihr Urheber gilt:[398]

---

394 Schol. Soph. El. 445. Vgl. Hom. Od. 4,535.
395 Vgl. Arist. Poet. 1453b22–25 (s. S. 476) und s. das Kapitel 4.4 dieser Arbeit.
396 Vgl. Isokr. Euag. 9f. (s. das Kapitel 7.1.2 dieser Arbeit).
397 Schol. Pind. Od. 4,31b. Vgl. Apoll. Rhod. 1,620–624.
398 Schol. Soph. Oed. K. 712. Der Querverweis des Scholiasten ist nicht überliefert; vgl. Nünlist (2009) 179 Fußn. 17.

αὐτόθι φασὶ Ποσειδῶνα πρῶτον ἵππους ζεῦξαι καὶ χαλινῶσαι· καὶ ταῦτα δὲ ἐπὶ θεραπείᾳ φησὶ τῆς οἰκείας ὁ Σοφοκλῆς· ὁ γὰρ Κολωνὸς Ἱππεὺς ὠνομάσθη παρ' ἃς ἐξεθέμην αἰτίας διὰ τὸν Ἄδραστον· ὁ δὲ ἐπὶ τὸ σεμνότατον ἄγει τὸ πρᾶγμα τῇ ποιητικῇ καταχρώμενος ἀδείᾳ.

> Hier, sagt man, habe Poseidon als erster die Pferde unter das Joch gespannt und ihnen Zügel angelegt. Und Sophokles sagt dies zum Vorteil seiner Heimatstadt. Denn der Kolonische Reiter wurde von Adrastos aus den Gründen, die ich angegeben habe, so genannt. Er aber gestaltet das Ereignis sehr erhaben, indem er von der dichterischen Freiheit Gebrauch macht.

Diese Fiktion erfüllt also dem Scholiasten zufolge die Funktion, der Heimatstadt zu Ruhm zu verhelfen. Ob diese Absicht dahinter steht und ob es sich dann noch um eine Fiktion handeln würde, ist aber fraglich.

7.2 Fiktion als Aufgabe des Dichters

Als Aufgabe des Dichters betrachtet Aristoteles es, nicht einfach das Geschehene, sondern das Mögliche darzustellen, das nach den Regeln der Wahrscheinlichkeit (oder sogar Notwendigkeit) motiviert ist.[399] Da das Mögliche das Geschehene und die realistische Fiktion umfasst, sieht Aristoteles zwar nicht in der Fiktion eine Aufgabe des Dichters in dem Sinne, dass er den Stoff frei erfinden muss. Aber die Anforderungen an die Motivierung der Handlung sind als Fiktionalisierungen zu verstehen.[400]

7.2.1 Der Platonische Sokrates über die Aufgabe des Dichters

An einer Stelle in Platons Dialog *Phaidon* berichtet Sokrates, dass er in seinem Leben im Traum immer wieder aufgefordert wurde, sich in den musischen Künsten zu betätigen. Nachdem er diese Aufforderung zuvor auf die Philosophie bezogen hat, hat ihn nun der bevorstehende Tod vorsichtig werden lassen.[401] Daher hat er im Gefängnis Gedichte auf Apoll verfasst und Äsopische Fabeln, die ihm einfielen, versifiziert:[402]

> οὕτω δὴ πρῶτον μὲν εἰς τὸν θεὸν [sc. ποιήματα] ἐποίησα, οὗ ἦν ἡ παροῦσα θυσία· μετὰ δὲ τὸν θεόν, ἐννοήσας ὅτι τὸν ποιητὴν δέοι, εἴπερ μέλλοι ποιητὴς εἶναι, ποιεῖν μύθους ἀλλ' οὐ

---

399 Vgl. Poet. 1451a36–b5 (s. das Kapitel 4.4 dieser Arbeit).
400 S. das Kapitel 4.4 dieser Arbeit.
401 Vgl. Phaid. 60e–61a.
402 Phaid. 61b.

λόγους, καὶ αὐτὸς οὐκ ἦ μυθολογικός, διὰ ταῦτα δὴ οὓς προχείρους εἶχον μύθους καὶ ἠπιστάμην τοὺς Αἰσώπου, τούτων ἐποίησα οἷς πρώτοις ἐνέτυχον.

So habe ich zuerst Gedichte auf den Gott verfasst, zu dessen Ehren das Opfer gerade stattfindet. Nach dem Gott habe ich, weil ich bedachte, dass ein Dichter, wenn er ein Dichter sein will, fiktionale (μῦθοι), aber nicht faktuale Literatur (λόγοι) verfassen muss, und ich selbst nicht erfinderisch bin, diejenigen fiktionalen Erzählungen, die ich zur Hand hatte und die ich kannte, nämlich die Äsopischen Fabeln – von denen habe ich die erstbesten in Verse gebracht.

Der Gegensatz zwischen μῦθοι und λόγοι ist offensichtlich derjenige zwischen fiktionaler und faktualer Literatur.[403] Dass es hier um Fiktion und nicht um Falschheit geht, wird insbesondere aus der Tatsache deutlich, dass mit den Äsopischen Fabeln einer der offensichtlichsten Fälle von literarischer Fiktion genannt wird, ohne dass eine Kritik vorliegt. Zumindest Platon, wenn nicht schon Sokrates sieht es hier als Aufgabe des Dichters an, zu fingieren.[404]

7.2.2 Servius, Laktanz und Isidor über die Aufgabe des Dichters

Servius trifft an einer Stelle des *Aeneis*-Kommentares eine Bemerkung, die das Verhältnis zwischen der historischen Wahrheit und der dichterischen Darstellung betrifft:[405]

> MATRE DEA MONSTRANTE VIAM hoc loco per transitum tangit historiam, quam per legem artis poeticae aperte non potest ponere. nam Varro in secundo divinarum dicit „ex quo de Troia est egressus Aeneas, Veneris eum per diem cotidie stellam vidisse, donec ad agrum Laurentem veniret, in quo eam non vidit ulterius: qua re terras cognovit esse fatales": unde Vergilius hoc loco „matre dea monstrante viam" et „eripe, nate, fugam", item „nusquam abero" et „descendo ac ducente deo" et „iamque iugis summae surgebat lucifer Idae". quam stellam Veneris esse ipse Vergilius ostendit „qualis ubi Oceani perfusus Lucifer unda, quem Venus ante alios astrorum diligit ignes". quod autem diximus eum poetica arte prohiberi, ne aperte ponat historiam, certum est. Lucanus namque ideo in numero poetarum esse non meruit, quia videtur historiam composuisse, non poema.

> „Wobei ihm die göttliche Mutter den Weg wies". An dieser Stelle berührt er im Vorbeigehen die geschichtliche Wirklichkeit, die er aufgrund eines Gesetzes der Dichtkunst nicht offen darlegen kann. Denn Varro sagt im zweiten Buch der Göttlichen Dinge: „Seit Aeneas aus Troja gegangen ist, habe er tagsüber täglich den Stern der Venus gesehen, bis er zum Lau-

---

403 Vgl. Janka (2014) 38: Der Gegenstand der Dichtkunst sei „Fiktion, nicht aber Realität".
404 Vgl. Plutarchs Kommentar in *De poetis audiendis* (mor. 16b–c); s. das Kapitel 7.1.6.3 dieser Arbeit (S. 500–502).
405 Serv. Aen. 1,382. Zu Servius s. auch das Kapitel 4.7.3.3 dieser Arbeit.

rentischen Feld kam, auf dem er ihn nicht weiter gesehen hat. Daher habe er erkannt, dass es das Land ist, das das Schicksal ihm wies." Deshalb sagt Vergil an dieser Stelle „wobei ihm die göttliche Mutter den Weg wies" und „entreiße, Sohn, die Flucht", ebenso „ich werde nirgends fehlen" und „ich gehe unter und unter göttlicher Führung" und „schon ging der Morgenstern auf den Bergrücken des hohen Idagebirges auf". Dass dieser Stern derjenige der Venus ist, zeigt Vergil selbst „wie wo benetzt von der Woge des Ozeans der Morgenstern, den Venus vor den anderen feurigen Sternen schätzt". Sicher ist aber, was wir gesagt haben, dass er durch die Dichtkunst daran gehindert wird, die geschichtliche Wirklichkeit offen darzulegen. Denn Lucan hat deswegen nicht verdient, zu den Dichtern zu zählen, weil er ein Geschichtswerk verfasst zu haben scheint, kein Gedicht.

Offenkundig enthält Servius' Erklärung zu dieser Aeneisstelle einen Gegensatz zwischen der Geschichtsschreibung und der Dichtung hinsichtlich des dargestellten Inhalts. Insofern steht das zugrundeliegende Theorem in der Tradition u. a. von Aristoteles, der im neunten Kapitel der Poetik die Aufgaben des Dichters und des Historikers dahingehend unterscheidet, dass der Historiker das Geschehene, der Dichter aber das Mögliche darstellt, das nach den Regeln der Wahrscheinlichkeit (oder sogar Notwendigkeit) motiviert ist.[406]

Die Aufgabe des Historikers sieht Servius in Übereinstimmung nicht nur mit Aristoteles, sondern mit der antiken Auffassung darin, dass der Historiker die wirklich geschehenen Ereignisse darstellt.[407] In Servius' Erklärung dient Varro als Beispiel für einen Historiker: Varro berichtet davon, dass der Stern bzw. Planet Venus Aeneas und sein Gefolge nach der Flucht aus Troja solange den Weg gewiesen hat, bis sie Latium erreicht haben.

Allerdings lässt sich ein Unterschied zwischen Servius' Auffassung der Aufgabe des Dichters und der traditionellen Auffassung feststellen. Denn während Aristoteles das Mögliche als den Gegenstandsbereich der Dichtung ansieht (worunter die mögliche Fiktion fällt) und während die literarische Fiktion an den meisten Stellen des antiken Fiktionalitätsdiskurses als Lizenz betrachtet wird, die bestimmten Regeln wie der Plausibilität unterliegt, sieht Servius sogar die Aufgabe des Dichters darin, das wirklich Geschehene nicht offen zu sagen.

Dieses Theorem muss man wohl so verstehen, dass die geschichtliche Wirklichkeit die Voraussetzung für die Darstellung bildet, dass der Dichter sie aber nicht ohne weiteres darstellen darf, sondern sie modifizieren muss. In diesem Fall besteht die Modifikation darin, dass Vergil auf die geschichtliche Wirklichkeit

---

406 Vgl. Poet. 1451a36–b5 (s. das Kapitel 4.4 dieser Arbeit). Vgl. schon Isokrates (Euag. 9 f.); s. das Kapitel 7.1.2 dieser Arbeit.
407 Zu Aristoteles s. die vorige Fußn. Zur Erzählgattung *historia* s. die Kapitel 4.7.1 und 4.7.1.1 dieser Arbeit.

lediglich anspielt.⁴⁰⁸ Als Gegenbeispiel wird Lucan genannt, der auch im *Commentum Bernense* als Historiker und nicht als Dichter gilt:⁴⁰⁹

> Lucanus dicitur a plerisque non esse in numero poetarum, quia omnino historiam sequitur, quod poeticae arti non convenit.
>
> Lucan gehört nach der Meinung von vielen nicht zu den Dichtern, weil er gänzlich der geschichtlichen Wirklichkeit folgt, was nicht in Übereinstimmung mit der Dichtkunst steht.

Was die Frage nach den Vorläufern dieser Lehre betrifft, so muss man differenzieren zwischen all denjenigen Äußerungen (u. a. derjenigen des Aristoteles), denen zufolge der Dichter nicht die historische Wirklichkeit darstellt bzw. darstellen muss, und der speziellen Aussage, die bei Servius vorliegt und der zufolge der Dichter die Wahrheit nicht offen sagen darf. Für die erstere Auffassung lassen sich im antiken Fiktionalitätsdiskurs zahlreiche Vertreter angeben. Zu ihnen gehört neben Aristoteles insbesondere Cicero, der im Prolog zu *De legibus* von eigenen Gesetzen (*leges*) spricht, die für die Dichtung gelten, da sich in der Historiographie das meiste auf die Wahrheit bezieht, in der Dichtung jedoch auf die Unterhaltung.⁴¹⁰

Für die letztere Auffassung lassen sich aber zumindest drei Vorläufer ausfindig machen.⁴¹¹ Zum einen äußert schon der Platonische Sokrates im *Phaidon* die Ansicht, dass Dichter fingieren müssen.⁴¹² Zum anderen gehört zu Strabos zahlreichen Reflexionen über die literarische Fiktion auch die Ansicht, dass Dichter wie Homer fingieren müssen:⁴¹³

> περὶ δὲ τῶν τοῦ ὠκεανοῦ παθῶν εἴρηται μὲν ἐν μύθου σχήματι· καὶ γὰρ τούτου στοχάζεσθαι δεῖ τὸν ποιητήν.
>
> Über die Zustände auf dem Ozean ist in Form der Fiktion gesprochen; denn auch darauf muss der Dichter abzielen.

---

408 Vgl. Cyron (2009) 48 f.
409 Comm. Bern. ad Lucan. 1,1.
410 Vgl. Cic. leg. 1,1–5 (s. das Kapitel 7.1.3 dieser Arbeit).
411 Anders Lockhart (1959) 151 f., der hierin eine Innovation des Servius sieht, die in Auseinandersetzung mit der *Aeneis* entstanden sei. Für Kritik an dieser Meinung vgl. Cyron (2009) 49, der mit Mühmelt (1965) 123 f. und Lazzarini (1984) 131 Fußn. 22 einen Einfluss des Aristoteles vermutet. Aristoteles ist aber nur als Vorläufer im weiteren Sinne anzusehen.
412 Vgl. Plat. Phaid. 61b (s. das Kapitel 7.2.1 dieser Arbeit, S. 528 f.).
413 Strabo 1,2,36. Lockhart (1959) 151 f. und Cyron (2009) 49 verweisen zwar auf Strabo (s. die vorletzte Fußn.), aber auf eine andere Stelle (1,2,9; s. S. 287), an der Strabo davon spricht, dass Homer zu der historischen Grundlage Fiktionen hinzugefügt hat. Zu Strabo s. auch die Kapitel 4.2.3 und 4.6 dieser Arbeit.

Schließlich lässt sich die von Servius vertretene Lehre bei Laktanz finden:[414]

> non ergo res ipsas gestas finxerunt poetae, quod si facerent, essent vanissimi, sed rebus gestis addiderunt quendam colorem. non enim obtrectantes illa dicebant, sed ornare cupientes. hinc homines decipiuntur, maxime quod dum haec omnia ficta esse a poetis arbitrantur, colunt quod ignorant. nesciunt enim qui sit poeticae licentiae modus, quousque progredi fingendo liceat, cum officium poetae in eo sit, ut ea quae vere gesta sunt in alias species obliquis figurationibus cum decore aliquo conversa traducat.
>
> Die Dichter haben also nicht die Ereignisse selbst fingiert (wenn sie das tun würden, wären sie nicht zurechnungsfähig), sondern sie haben den Ereignissen eine gewisse Färbung gegeben. Sie sagten jenes nämlich nicht aus Missgunst, sondern in der Absicht, es auszuschmücken. Daher werden die Menschen getäuscht, v. a. weil sie, während sie glauben, dass all dies von den Dichtern fingiert worden ist, sich mit demjenigen beschäftigen, was sie nicht kennen. Sie wissen nämlich nicht, was das Maß der dichterischen Lizenz ist, wie weit man beim Fingieren vorgehen darf, weil die Aufgabe des Dichters darin liegt, dass er dasjenige, was wirklich geschehen ist, durch oblique Figurationen in andere Formen künstlerisch-schmückend übersetzt und überführt.

Während Servius vom Gesetz der Dichtkunst spricht, spricht Laktanz von der Aufgabe (*officium*) des Dichters, das wirkliche Geschehen fiktional auszuschmücken. Wenn er den Begriff der Färbung (*color*) verwendet, erinnert diese Verwendung des Farbbegriffes an die fiktiven Argumente der Deklamatoren, die *colores* genannt wurden.[415] Vom Konzept her ist insbesondere Strabo zu vergleichen, der zwischen der historischen Grundlage einer dichterischen Darstellung (ἱστορία) und ihrer fiktionalen Ausgestaltung (διασκευή) unterscheidet.[416] Was mit den schwer verständlichen Ausdrücken *obliquae figurationes* und *cum decore aliquo* gemeint ist, erhellt aus einem Blick auf die folgende Passage bei Isidor aus Sevilla, in der er auf ähnliche Weise die Aufgabe des Dichters beschreibt:[417]

> Officium autem poetae in eo est ut ea, quae vere gesta sunt, in alias species obliquis figurationibus cum decore aliquo conversa transducant. Unde et Lucanus ideo in numero poetarum non ponitur, quia videtur historias conposuisse, non poema.
>
> Die Aufgabe des Dichters liegt aber darin, dass sie [sc. die Dichter] dasjenige, was sich wirklich zugetragen hat, durch oblique Figurationen in andere Formen künstlerisch-schmückend übersetzen und überführen. Daher wird auch Lucan deshalb nicht zu den Dichtern gezählt, weil er ein Geschichtswerk verfasst zu haben scheint, kein Gedicht.

---

414 Lakt. inst. 1,11,19–24.
415 Zu den *colores* bei den Deklamatoren vgl. Burkard (2016); Spangenberg Yanes (2015) und (2013); Zinsmaier (2009); Feddern (2013) 44–59 und die dort (S. 36 Fußn. 174) angegebene Literatur.
416 S. das Kapitel 4.6 dieser Arbeit.
417 Isid. orig. 8,7,10. Zu Isidor s. auch die Kapitel 4.7.2.8 und 6.4 dieser Arbeit.

Mit dem *decus* ist sicherlich der *ornatus*, der Redeschmuck, gemeint, der in den dargestellten Dingen und in der sprachlichen Ausdrucksweise zum Vorschein kommt. Um einen Eindruck vom *decus* an der Isidorstelle zu gewinnen, verweist Cyron auf eine Stelle in Servius' Kommentar zur *Aeneis*, an der *historia* und *ornatus* gegenübergestellt werden:[418]

> ALCANDRUMQUE HALIVMQUE NOEMONAQUE PRYTANIMQUE Homeri versus, tantum coniunctione mutata: unde apparet non ad historiam, sed ad ornatum poematis haec nomina pertinere.
>
> „Alkander, Halius, Noemon und Prytanis": Ein Homervers, wobei nur die Konjunktion geändert worden ist. Daraus wird deutlich, dass diese Namen nicht zur geschichtlichen Wirklichkeit, sondern zum Schmuck des Gedichts gehören.

Der Grund für die Einschätzung, dass die Eigennamen nicht zur geschichtlichen Wirklichkeit gehören, ist also die Tatsache, dass sie schon in einem Homervers vorkommen, nämlich innerhalb einer Aufzählung der in einer Aristie von Odysseus getöteten Feinde.[419] Vergil übernimmt die Eigennamen von Homer und bezeichnet mit ihnen Kämpfer, die Turnus in einer Aristie tötet.[420] Daher gelangt Cyron zu der Schlussfolgerung, dass mit *decus* eine Ausschmückung eines Kerngerüsts an historischen Ereignissen gemeint ist wie z. B. das Hinzufügen von für die Handlung unwesentlichen Figuren.[421] Darüber hinaus lässt sich feststellen, dass Servius' Einschätzung die Auffassung zugrunde liegt, dass die Verwendung eines literarischen Motivs ein Fiktionssignal ist.[422]

Schwieriger ist die Frage, was mit den *figurationes obliquae* gemeint sein könnte.[423] Das Substantiv *figuratio* ist zwar bei Isidor nur an dieser Stelle belegt. Es liegt aber nahe, für das Wort die Bedeutung von *imaginatio* („Einbildung, Vorstellung, Erfindung") anzunehmen,[424] die in den pseudoquintilianischen

---

418 Serv. Aen. 9,764; vgl. Cyron (2009) 49.
419 Vgl. Hom. Il. 5,678: [sc. εἷλεν] Ἀλκανδρόν θ' Ἅλιόν τε Νοήμονά τε Πρύτανίν τε.
420 Vgl. Verg. Aen. 9,767 [sic]: [sc. *Turnus addit*] *Alcandrumque Haliumque Noemonaque Prytanimque*. Vgl. auch Ov. met. 13,258 (Odysseus spricht): [sc. *fudi*] *Alcandrumque Haliumque Noemonaque Prytanimque*.
421 Vgl. Cyron (2009) 49. Allerdings ist Cyrons Aussage (S. 47) zu dieser Stelle nicht nachvollziehbar, dass sich der Kommentar nicht immer sicher sei, was zur *historia* zu zählen ist und was zur dichterischen Erfindung.
422 Für das Fiktionssignal des literarischen Motivs in der modernen Fiktionstheorie s. das Kapitel 2.5.1.1.1 dieser Arbeit.
423 Wenig aufschlussreich ist die Übersetzung von Moos (1976) 107: „Die Aufgabe des Dichters liegt nämlich darin, daß er wahres Geschehen transformiert, mit ›schiefen‹ (ambivalenten) Formen und Schönheit in andere Gestalt hinüberführt […]."
424 Vgl. Cyron (2009) 49 f.

Deklamationen belegt ist.[425] Was das Adjektiv *obliquus* betrifft, führt Cyron zwei Stellen aus der *ductus*-Lehre von Fortunatian und Martianus Capella an, um die Annahme zu erhärten, dass *obliquus* das Gegenteil von *apertus* bezeichnet.[426] Bei den *ductus* handelt es sich um die verschiedenen Grade der Offenheit bzw. Verstellung, mit der man dasjenige, was man sagen möchte, sagt.[427] Daher handelt es sich um das unter dem Namen der figurierten Redeweise (*oratio figurata*, λόγος ἐσχηματισμένος) bekannte Phänomen.[428] Zum *ductus obliquus* bemerkt Martianus Capella:[429]

> oblicus est, cum metus impedit aliquid dicere libere, et per quosdam fandi cuniculos obicienda monstramus, ut in hoc: 'tyrannus, qui sub abolitione tyrannidem posuerat, fortiter fecit. petit praemii nomine armorum arcisque custodiam. magistratus contra dicunt'.
>
> Der oblique liegt vor, wenn Angst daran hindert, etwas frei zu sagen, und wir durch gewissermaßen versteckte Gänge des Sagens Dinge aufzeigen, die vorgeworfen werden müssen, wie hierin: Ein Tyrann, der die Tyrannei unter Amnestie gestellt hatte, hat tapfer gehandelt. Im Zuge einer Belohnung verlangt er den Schutz durch Waffen und eine Burg. Die Magistrate widersprechen.

Diese Stelle muss man wohl so verstehen, dass die Magistrate in der vom Deklamationsthema vorgegebenen Situation nicht offen sprechen können, sondern aus Angst nur andeutende Aussagen machen werden.

Fortunatian definiert den *ductus obliquus* auf die folgende Weise:[430]

> Oblicus qui est? Cum periculum prohibet aperte agere.
>
> Welcher ist der oblique? Wenn eine Gefahr daran hindert, offen aufzutreten.

---

425 Vgl. Ps.Quint. decl. 6,4: *o vanae figurationes et pectora hominum alto errore confusa!* mit Zinsmaier (2009) 115 und 175 f. ad loc.
426 Vgl. Cyron (2009) 50.
427 Vgl. Mart. Cap. 5,470 Willis (1983) 165: *ductus autem est agendi per totam causam tenor sub aliqua figura servatus*. Die Nullstufe ist der *ductus simplex*; vgl. dessen Definition (ib.): *simplex est, cum non aliud est in agentis consilio, aliud in verbis, ut si bene meritum laudes ac noxium accuses*.
428 Zur figurierten Redeweise vgl. Quint. inst. 9,2,66: *eius triplex usus est: unus si dicere palam parum tutum est, alter si non decet, tertius qui venustatis modo gratia adhibetur et ipsa novitate ac varietate magis quam si relatio sit recta delectat*; Dion. Hal., Περὶ ἐσχηματισμένων α 2 Dentice di Accadia (2010) 54.
429 Mart. Cap. 5,470 Willis (1983) 165. Für *aperte* vgl. dessen Definition des *ductus figuratus* (ib.): *figuratus est, cum aperte quid dicere prohibet verecundia propter obscena, et significatione alia atque integumentis vestita monstratur*.
430 Fortunatian, RhLM p. 85,3 Halm (1863). Vgl. auch dessen Definition des *ductus* (ib. 84,24): *Quid est ductus? Quo modo tota causa agenda sit*.

Zwar handelt es sich beim *ductus obliquus* um ein etwas anderes Phänomen als dasjenige, von dem Isidor mit Blick auf die Dichter spricht, da die Dichter sicherlich keine Angst davor haben müssen, offen die Wahrheit zu sagen.[431] Aber diese Parallelen dürften zeigen, dass das Adjektiv *obliquus* als Gegenbegriff zu *apertus* das andeutende Sprechen bezeichnet. Die *figurationes obliquae*, von denen Isidor spricht, sind also die andeutenden Erfindungen der Dichter, die die Beschreibung bzw. Forderung enthalten, dass die Dichter zwar historisches Geschehen zur Voraussetzung ihrer Darstellung machen (sollen), aber darauf nur anspielen und es mit Erfindungen ausschmücken (sollen).

Aufgrund dieser Beobachtung muss allerdings die Annahme überdacht werden, dass mit *decus* bei Isidor die Ausschmückung eines Kerngerüsts an historischen Ereignissen wie z. B. das Hinzufügen von für die Handlung unwesentlichen Figuren gemeint ist. Denn wenn sowohl die *figurationes obliquae* als auch *decus* die Hinzufügung von Erfindungen bezeichnen würden, wäre Isidors Formulierung redundant. Folglich trägt *decus* an dieser Stelle die etwas allgemeinere Bedeutung des künstlerischen Schmucks, der in der Hinzufügung von Erfindungen bestehen kann.

7.3 Fiktion als spielerischer Scherz

In der Moderne wurde die literarische Fiktion insbesondere durch die Theorie des *make-believe* in eine Reihe mit anderen Fiktionen gestellt und als Spiel erklärt.[432] Ansätze zu einer derartigen Beschreibung der literarischen Fiktion lassen sich bereits in der Antike erkennen. Die Vorstellung, dass die Fiktion einen spielerischen Scherz darstellt, lässt sich außer an denjenigen Stellen, die in den folgenden Unterkapiteln analysiert werden, auch an einer Stelle in Plutarchs Essay *De audiendis poetis* antreffen, an der Plutarch die Dichtung als solche bezeichnet.[433] Darüber hinaus lässt sich die Vorstellung des spielerischen Scherzes an einer Stelle in Gorgias' *Helena* vorfinden,[434] an der der Autor mit Bezug auf sein

---

431 Vielmehr könnte man Entsprechungen zum dritten Typus der figurierten Redeweise nach Quintilian (inst. 9,2,66) sehen (s. S. 534, Fußn. 428).
432 S. das Kapitel 2.5.3 dieser Arbeit.
433 Vgl. Plut. mor. 16d–e (s. das Kapitel 7.1.6.3 dieser Arbeit, S. 503).
434 Für weitere Konzepte des spielerischen Scherzes s. insbesondere das Kapitel 7.3.2 dieser Arbeit.

Werk von einem Spiel (παίγνιον) spricht.⁴³⁵ Allerdings sind seine Aussagen über seine eigene Deklamation nicht im Sinne der literarischen Fiktion, sondern so zu verstehen, dass er den Spielcharakter auf die Gattung in dem Sinne bezieht, dass er die inszenierte Rolle des Verteidigers übernimmt, also gewissermaßen durchspielt.⁴³⁶

7.3.1 Thespis über die Tragödie

Plutarch erzählt in seiner Solon-Vita die folgende Anekdote über ein Gespräch zwischen Solon und Thespis, dem legendären Erfinder der Tragödie, am Rande einer Aufführung:⁴³⁷

> Ἀρχομένων δὲ τῶν περὶ Θέσπιν ἤδη τὴν τραγῳδίαν κινεῖν, καὶ διὰ τὴν καινότητα τοὺς πολλοὺς ἄγοντος τοῦ πράγματος, οὔπω δ' εἰς ἅμιλλαν ἐναγώνιον ἐξηγμένου, φύσει φιλήκοος ὢν καὶ φιλομαθὴς ὁ Σόλων, ἔτι μᾶλλον ἐν γήρᾳ σχολῇ καὶ παιδιᾷ καὶ νὴ Δία πότοις καὶ μουσικῇ παραπέμπων ἑαυτόν, ἐθεᾶτο τὸν Θέσπιν αὐτὸν ὑποκρινόμενον, ὥσπερ ἔθος ἦν τοῖς παλαιοῖς. μετὰ δὲ τὴν θέαν προσαγορεύσας αὐτὸν ἠρώτησεν, εἰ τοσούτων ἐναντίον οὐκ αἰσχύνεται τηλικαῦτα ψευδόμενος. φήσαντος δὲ τοῦ Θέσπιδος, μὴ δεινὸν εἶναι τὸ μετὰ παιδιᾶς λέγειν τὰ τοιαῦτα καὶ πράσσειν, σφόδρα τῇ βακτηρίᾳ τὴν γῆν ὁ Σόλων πατάξας 'ταχὺ μέντοι τὴν παιδιὰν' ἔφη 'ταύτην ἐπαινοῦντες οὕτω καὶ τιμῶντες εὑρήσομεν ἐν τοῖς σπουδαίοις.'
>
> Thespis begann schon die Tragödie zu etablieren, und durch ihre Neuheit zog die Sache viele Menschen an, ohne dass sie zu einem Wettspiel entwickelt worden war. Da Solon von Natur aus gerne zuhörte und lernte und im Alter noch aufgeschlossener für Zeitvertreib, spielerischen Scherz, ja sogar Gelage und die musische Kunst war, schaute er sich an, wie Thespis selbst [sc. eine Tragödie] aufführte, wie es bei den damaligen Menschen üblich war. Nach der

---

435 Vgl. Gorg. Hel. 21. Vgl. Sen. contr. 3 praef. 13, wo Cassius Severus mit Bezug auf seine Deklamationen davon spricht, dass es etwas anderes ist, in der Schule als auf dem Forum zu sprechen, da die Schule gewissermaßen ein Spiel (*ludus*) sei.
436 Ähnlich wie beim aufgeführten Drama übernimmt der Deklamator eine Rolle (Personifikation) und versetzt sich in eine nicht-aktuelle Situation. Hierin ist aber keine Fiktion zu sehen. Zur Unterscheidung zwischen der Inszenierung und der Fiktion s. das Kapitel 2.7 dieser Arbeit. In Aristoteles ist nur in einem weiteren Sinn ein Vorläufer des *make-believe* zu erkennen, da Aristoteles im vierten Kapitel der Poetik (1448b4–19) die Mimesis als natürliches menschliches Verhalten beschreibt, das sich schon bei Kindern zeigt. Unter der Mimesis versteht Aristoteles nicht die Fiktion, sondern die Nachahmung (bzw. Darstellung); s. das Kapitel 4.4 dieser Arbeit. Auch spricht er in diesem Zusammenhang nicht von einem Spiel, sondern u. a. von den ersten Lernschritten. Halliwells (2002) 178 f. Fußn. 5 und Bareis' (2014) 51 Anmerkung, dass Walton in *Mimesis as make-believe* auf diese Aristotelesstelle hätte Bezug nehmen müssen, ist nur teilweise begründet.
437 Plut. Sol. 29,6 f. (s. hierzu auch S. 497).

Aufführung sprach er ihn an und fragte ihn, ob er sich nicht dafür schäme, gegenüber so vielen [sc. Zuschauern] in so einem Ausmaß die Unwahrheit zu sagen. Als Thespis antwortete, dass nichts Schlimmes dabei sei, Derartiges im spielerischen Scherz zu sagen und darzustellen, erwiderte Solon, wobei er heftig mit seinem Stock auf die Erde stieß: „Wenn wir diesen spielerischen Scherz so sehr gutheißen und in Ehren halten, werden wir ihn bald auch in den ernsten Angelegenheiten finden."

Der Vorwurf, den Solon äußert, ist offensichtlich der Vorwurf der Lüge, der sich auf den Inhalt der Tragödie, also auf die dargestellte Geschichte, bezieht, wenngleich nicht ersichtlich ist, inwiefern diese Solon zufolge von der Wahrheit absticht. Thespis gesteht zwar ein, dass das dargestellte Geschehen nicht (vollumfänglich) der Wahrheit entspricht. Aber er verteidigt seine Tragödienaufführung im Kontext der gesamten Sprachhandlung durch den Hinweis darauf, dass es eine soziale Praxis ist, von der literarischen Fiktion Gebrauch zu machen. Dabei beruft er sich darauf, dass die literarische Fiktion im spielerischen Scherz (μετὰ παιδιᾶς) geschieht.

Daher lässt sich die Position des Thespis so umschreiben, dass sich dieser auf eine stillschweigende Übereinkunft zwischen dem Autor bzw. den Schauspielern und den Zuschauern beruft, die erlaubt, im spielerischen Scherz (μετὰ παιδιᾶς) der Tragödienaufführung die Unwahrheit zu sagen.[438] Allerdings ist es in dieser erfundenen Anekdote der Fall, dass die stillschweigende Übereinkunft zwischen den Produzenten (Autor und Schauspieler, ggf. in Personalunion) und den Rezipienten keineswegs über jeden Zweifel erhaben ist, sondern Unsicherheit auf Seiten der Rezipienten herrscht. Denn Solon akzeptiert nicht Thespis' Verweis auf den spielerischen Scherz, der mit der fiktionalen Tragödie verbunden ist, obwohl er im fortgeschrittenen Alter gegenüber dem spielerischen Scherz aufgeschlossen war, wie Plutarch eingangs berichtet.[439]

In dieser Anekdote bleibt das Konzept der literarischen Fiktion als spielerischer Scherz auf eine Gattung (die Tragödie) beschränkt, wohingegen in der Moderne das Konzept des *make-believe* für fiktionale Erzählungen generell gilt.[440]

---

438 Vgl. Morgan (1993) 180: „There is no intent to deceive; but there is also a tacit agreement between the two parties to act as if what they know to be untrue is true. A mutual game of make-believe."
439 Daher spricht man in der modernen Fiktionstheorie davon, dass der Autor dem Leser den Fiktionsvertrag anbietet, aber nicht zwangsläufig beide Parteien eben diesen schließen; s. das Kapitel 2.6 dieser Arbeit.
440 Zu Waltons Fiktionstheorie (*Mimesis as make-believe*) s. das Kapitel 2.5.3 dieser Arbeit.

7.3.2 Phaedrus über seine Fabeln

Im Prolog zum ersten Buch der Fabelsammlung bezieht Phaedrus Stellung zur Fiktionalität der eigenen Fabeln und bringt das Konzept des spielerischen Scherzes zum Ausdruck:[441]

> Aesopus auctor quam materiam repperit,
> hanc ego polivi versibus senariis.
> Duplex libelli dos est: quod risum movet
> et quod prudentis vitam consilio monet.
> Calumniari si quis autem voluerit, 5
> quod arbores loquantur, non tantum ferae,
> fictis iocari nos meminerit fabulis.
>
> Den Stoff, den der Autor Äsop erfunden hat, habe ich durch Verse im Senar geglättet. Die Gabe des Büchleins ist doppelt; sie besteht darin, dass es zum Lachen bewegt und einen belehrenden Ratschlag für das Leben des klugen Mannes erteilt. Sollte jemand aber kritisieren wollen, dass Bäume sprechen und nicht nur Tiere, soll er bedenken, dass wir mit fiktiven Fabeln einen Scherz treiben.

Die Tatsache, dass Phaedrus an dieser Stelle die beiden Wirkziele seiner Fabeln nennt, nämlich Unterhaltung und Belehrung, erinnert an Horaz' berühmte Unterscheidung der dichterischen Wirkziele,[442] wobei Phaedrus für sich in Anspruch nimmt, im höchsten Maße den Anforderungen des Dichters gerecht zu werden, da nach Horaz der Kombination aus Unterhaltung und Belehrung der Vorrang gebührt.[443]

Wenn Phaedrus die potentielle Kritik antizipiert, dass nicht nur Tiere, sondern auch Bäume sprechen, stellt sich das Problem, dass es keine Fabel im überlieferten Phaedrus-Corpus gibt, in der ein Baum spricht. Für diese Diskrepanz

---

[441] Phaedr. 1 prol. Das Adjektiv *prudentis* in V. 4 ist textkritisch umstritten. Bongars schlägt die Konjektur *prudenti* vor (vgl. die Textausgabe von Guaglianone [1969] 3), um das Adjektiv mit *consilio* zu verbinden. Der Genetiv scheint aber gehalten werden zu können, wobei sich die Frage stellt, ob *prudentis* Attribut zu *vitam* oder zu *consilio* ist. Etwas wahrscheinlicher ist der Bezug zu *vitam* aufgrund der Stellung und der Bescheidenheitstopik; vgl. die Diskussion bei Oberg (2000) 38 f. ad loc. und Gärtner (2015) 64 ad loc. (letztere spricht sich für beabsichtigte Ambiguität aus). Für *prudens* mit Bezug auf den Leser vgl. das ähnliche *sapiens* App. 7,17 f.: *Consulto involvit veritatem antiquitas / ut sapiens intellegeret, erraret rudis*. Zum Prolog vgl. auch Cavarzere (2001). Zur Wahrheit bei Phaedrus vgl. Jedrkiewicz (1990).
[442] Vgl. Hor. ars 333 f.: *Aut prodesse volunt aut delectare poetae / aut simul et iucunda et idonea dicere vitae*; s. das Kapitel 7.1.4 dieser Arbeit (S. 472). Zu Phaedrus und Horaz vgl. Galli (1983).
[443] Vgl. Hor. ars 343 f.: *Omne tulit punctum qui miscuit utile dulci, / lectorem delectando pariterque monendo*; s. das Kapitel 7.1.4 dieser Arbeit (S. 472).

kommen mehrere Erklärungen in Betracht.⁴⁴⁴ Eine Möglichkeit besteht darin, dass die entsprechenden Fabeln im Zuge der Überlieferung verloren gegangen sind.⁴⁴⁵ Diese Möglichkeit kann sogar als wahrscheinlich angesehen werden, weil in den griechischen Prosafabeln und in den Versfabeln des Babrios sprechende Bäume keine Seltenheit sind.⁴⁴⁶ Darüber hinaus findet sich bei Romulus, dem Lateinischen Äsop, der viele Prosafassungen des Phaedrus überliefert, eine Fabel, in der eine Eiche mit einer Esche spricht.⁴⁴⁷

> Auxilium hosti dare suam necem facere est, sicut subiecta fabula probat.
> Securi facta homo postulabat ab arboribus, ut illi manubrium darent de ligno, quod esset firmum. Omnes oleastrum iusserunt. sumpsit homo manubrium, †abhastatum securi et ramos ac robora magna omniaque, quae voluit, coepit indubitanter incidere. Tunc quercus fraxino ait, digne et bene patimur, qui roganti hosti nostro ⟨ut caeci⟩ manubrium dedimus.
>
> Dem Feind Hilfe zu geben heißt seinen eigenen Tod zu bereiten, wie die angefügte Fabel beweist.
> Ein Mensch forderte nach Herstellung einer Axt von den Bäumen, dass sie ihm einen Griff geben sollen aus einem Holz, das stark sei. Alle Bäume hießen den Ölbaum das Holz geben. Der Mensch nahm den Griff, †beschaftetet das Beil und fing an, Zweige, große Eichen und alles, was er wollte, ohne zu zögern zu fällen. Daraufhin sagte eine Eiche zu einer Esche: „Verdientermaßen und zu Recht erleiden wir das, die wir unserem Feind auf dessen Frage hin, als wären wir blind, den Griff gegeben haben."

Aufgrund der Tatsache, dass Phaedrus im Prolog zum ersten Buch davon spricht, dass in seinen Fabeln Bäume sprechen, und aufgrund des Umstandes, dass sich im Romulus-Corpus viele Prosafassungen des Phaedrus erkennen lassen, geht Thiele zu Recht davon aus, dass diese Fabel als Bearbeitung einer Phaedrus-Fabel angesehen werden muss.⁴⁴⁸

Es sind aber noch andere Erklärungen für den Befund zu berücksichtigen, dass es keine Fabel im überlieferten Phaedrus-Corpus gibt, in dem ein Baum spricht.⁴⁴⁹ Oberg hält es für möglich, dass Phaedrus seinen Kritikern scherzhaft

---

444 Vgl. Boldrer (2010).
445 Vgl. Holzberg (2001) 44.
446 Vgl. Gärtner (2015) 65 f. mit Fußn. 37 ad loc. und Oberg (2000) 39 f. ad loc.
447 Romulus, Nr. 64 Thiele (1910) 210 f. nach der Recensio Gallicana. Zu den verschiedenen Überlieferungen des Romulus-Corpus vgl. ib. XVIII–XIX.
448 Vgl. Thiele (1910) XLVII.
449 Hartmann (1890) 20 hat die Meinung vertreten, dass Phaedrus nicht sich, sondern seinen Meister Äsop verteidigt. Diese Meinung muss allerdings als unwahrscheinlich angesehen werden, da Phaedrus sich zwar explizit in die Nachfolge von Äsop stellt, aber von seinem eigenen Fabelbuch (V. 3: *libellus*) spricht, weswegen sich die potentielle Kritik zumindest auch auf Phaedrus

einen zweifach merkwürdigen Vorwurf in den Mund legt:⁴⁵⁰ Zum einen sei er angesichts gravierenderer Vorwürfe belanglos;⁴⁵¹ zum anderen sprechen bei Phaedrus keine Bäume. Zur Bekräftigung der These, dass Phaedrus nur scherzhaft die Aussage äußert, dass bei ihm Bäume sprechen, könnte man darauf verweisen, dass der Spaß ein Leitmotiv seiner Fabelsammlung ist, wie er nicht nur an dieser Stelle programmatisch erklärt.⁴⁵² Dann würde der Spaß, den Phaedrus für seine Fabeln ankündigt, bereits im Prolog zum Vorschein kommen. Allerdings scheint ein Spaß in diesem Sinne und an dieser Stelle eher wenig sinnvoll zu sein.

Schließlich kommt die Möglichkeit in Betracht, dass es sich bei der Entschuldigung für die sprechenden Bäume um einen Topos handelt. Denn auch Avian weist im Eröffnungsbrief seiner Fabelsammlung darauf hin, dass er in seinen Fabeln Bäume sprechen lässt.⁴⁵³ Wahrscheinlich handelt es sich aber auch bei Phaedrus in dem Sinne um einen Topos, dass sich diese programmatische Ankündigung auf konkrete Fabeln bezieht bzw. bezogen hat.

Aufschlussreich mit Blick auf die Fiktionalität der Fabeln ist die Tatsache, dass Phaedrus den Begriff *iocari* („Scherz treiben") mit Bezug auf seine Fabeln verwendet. Die Vorstellung vom dichterischen Spiel begegnet in der Antike an vielen Stellen, wie Wagenvoorts Untersuchung derartiger Aussagen über die römische Dichtung gezeigt hat.⁴⁵⁴ Der *ludus poeticus* bezeichnet häufig die Relation zwischen verschiedenen Formen von Dichtung, wobei die mit dem Wortfeld des Spiels bezeichnete Art als weniger bedeutsam gegenüber einer anderen Form von Dichtung angesehen wird. In der Regel sind das Epos und die Tragödie diejenigen Gattungen, von denen der *ludus poeticus* abgegrenzt wird. Zum *ludus poeticus* gehören i.W. die folgenden Gattungen (im weitesten Sinn):⁴⁵⁵

---

selbst bezieht. Wenn Phaedrus sich nur auf Äsop beziehen würde, wäre seine Antizipation und Widerlegung des Vorwurfs irrelevant.
450 Vgl. Oberg (2000) 39 ad loc.
451 Vgl. die *calumnia:* Phaedr. 3 prol. 37 (s. S. 544 f.).
452 Vgl. Oberg (2000) 39 ad loc. und die teilweise im Folgenden zitierten Phaedrusstellen: Phaedr. 3 prol. 34–37; 3,14,12 f.; 4,2,1 f.; 4,7,1 f.; app. 2.
453 Vgl. Avian. epist.: *loqui vero arbores, feras cum hominibus gemere, verbis certare volucres, animalia ridere fecimus* [...]. Als Beispiel für sprechende Bäume mag Avians Fabel XVI dienen (*De quercu et harundine*). Wie Gärtner (2015) 65 f. Fußn. 37 ad loc. bemerkt, ist das Motiv der sprechenden Bäume spätestens hier zum Topos geworden. Babrios verwendet das Motiv der sprechenden Bäume in der Form, dass er im Prolog zum ersten Buch das Goldene Zeitalter skizziert, in dem nicht nur die Lebewesen, sondern sogar Felsen und Bäume sprachen (vgl. Barbr. 1 prol. 6–11).
454 Vgl. Wagenvoort (1956), der Phaedrus in seine Untersuchung nicht einbezieht. Zum Dichtungsspiel vgl. auch Muth (1973); Lamberti (1980); Hamm (2000); Gärtner (2007).
455 Vgl. Wagenvoort (1956) 34.

(1) Improvisationen und kleinere Gedichte in verschiedenen Metren, wie u. a. eine Stelle bei Catull zeigt:[456]

> Hesterno, Licini, die otiosi
> multum lusimus in meis tabellis,
> ut convenerat esse delicatos:
> scribens versiculos uterque nostrum
> ludebat numero modo hoc modo illoc,
> reddens mutua per iocum atque vinum.

> Licinius, gestern haben wir in unserer Freizeit viel auf meinen Täfelchen gespielt, da es die richtige Situation war, um ausgelassen zu sein. Jeder von uns spielte, indem er Verschen schrieb, bald in diesem, bald in jenem Versmaß, wobei er bei Spaß und Wein Gleiches mit Gleichem erwiderte.

(2) Iambische Gedichte; z. B. Hendekasyllabi:[457]

> Nam lemma sibi sumpsit, quod ego interdum versibus ludo. [...]
> Canto carmina versibus minutis,
> his olim quibus et meus Catullus
> et Calvus veteresque. Sed quid ad me?

> Denn der Stoff hat sich genommen, womit ich bisweilen in Versen spiele. [...]
> Ich singe Gedichte in denjenigen kurzen Versen, in denen einst mein Catull und Calvus und die alten [sc. Dichter] [sc. gesungen haben]. Aber was hat das mit mir zu tun?

(3) Erotische Elegien, wie u. a. Stellen bei Ovid zeigen:[458]

> nunc primum velis, elegi, maioribus itis:
>   exiguum, memini, nuper eratis opus.
> ipse ego vos habui faciles in amore ministros,
>   cum lusit numeris prima iuventa suis.

> Ihr fahrt jetzt zum ersten Mal, Elegien, mit größeren Segeln: neulich noch, ich erinnere mich, ward ihr ein unbedeutendes Werk. Ich selbst hatte in euch in der Liebe leicht zugängliche Gehilfen, als die frühe Jugend mit ihrem Versmaß gespielt hat.

---

456 Catull. 50,1–6.
457 Plin. epist. 4,27,3 f. Vgl. auch die fescenninischen Verse bei Catull (61,231–232a).
458 Ov. fast. 2,3–6. Vgl. auch ib. 4,9 f.: *quae decuit primis sine crimine lusimus annis; / nunc teritur nostris area maior equis.*

Bezeichnend für den Bezug des *ludus poeticus* auf die Liebeselegie ist auch die Tatsache, dass sich Ovid rückblickend (in den Tristien) selbst als *tenerorum lusor amorum* bezeichnet.[459]

(4) Lyrische Gedichte, wie z. B. die folgende Horazstelle zeigt:[460]

> Poscimur. Si quid vacui sub umbra
> lusimus tecum, quod et hunc in annum
> vivat et pluris, age, dic Latinum,
>   barbite, carmen.

> Wir werden aufgefordert. Wenn wir etwas in der Freizeit im Schatten auf dir gespielt haben, was bis zum jetzigen Jahr und weiterhin Bestand hat, Lyra, dann singe ein lateinisches Lied.

(5) Hirtendichtung, wie u. a. Vergils Eklogen zeigen:[461]

> ille meas errare boves, ut cernis, et ipsum
> ludere quae vellem calamo permisit agresti.

> Jener [sc. Gott] hat erlaubt, dass meine Rinder, wie du siehst, umherirren und ich selbst auf dem Hirtenrohr spiele, was ich will.

(6) das Epyllion:[462]

> Lusimus, Octavi, gracili modulante Thalia
> atque ut araneoli tenuem formavimus orsum.
> lusimus [...] licet invidus adsit.

> Wir haben gespielt, Octavian, während die schlanke Thalia sang, und wie kleine Spinnen den zarten Anfang [sc. eines Gewebes] geformt. Wir haben gespielt [...]; mag auch ein Neider zugegen sein.

(7) Epigramme:[463]

> Celebrantur duo isti Graeci versiculi multorumque doctorum hominum memoria dignantur, quod sint lepidissimi et venustissimae brevitatis. Neque adeo pauci sunt veteres scriptores,

---

459 Vgl. Ov. trist. 3,3,73 und 4,10,1.
460 Hor. carm. 1,32,1–4.
461 Verg. ecl. 1,9f. Vgl. auch ib. 6,1f.: *Prima Syracosio dignata est ludere versu / nostra, neque erubuit silvas habitare, Thalia*; Ov. trist. 2,537f.: *Phyllidis hic idem* [sc. *Vergilius*] *teneraeque Amaryllidis ignes / bucolicis iuvenis luserat ante modis.*
462 Ps. Verg. Cul. 1–5.
463 Gell. 19,2,1f.

qui quidem eos Platonis esse philosophi adfirmant, quibus ille adulescens luserit, cum tragoediis quoque eodem tempore faciendis praeluderet.

Diese beiden griechischen Verschen werden gepflegt und durch das schriftliche Vermächtnis vieler gelehrter Menschen gewürdigt, weil sie äußerst nett und von ebenso reizender Kürze sind. Und es gibt nicht so wenige alte Schriftsteller, die die folgenden [sc. Verse] dem Philosophen Platon zuschreiben, mit denen jener in seiner Jugend gespielt habe, als er sich zu derselben Zeit auch auf das Verfassen von Tragödien vorbereitet habe.

(8) die Satire:[464]

cuius vultu ac facie, ludo ac sermonibus nostris
virginis hoc pretium atque hunc reddebamus honorem.

Aufgrund des Gesichtes und des Anblickes dieses Mädchens erwiesen wir durch unser Spiel und unsere Gespräche dieses Geschenk und diese Ehrerbietung.

(9) Schließlich bezeichnet der *ludus poeticus* auch kleinere Epen wie im folgenden Beispiel, das Statius' Silven entnommen ist und wo der Dichter den griechischen Stoff als Spiel gegenüber dem römischen Stoff abwertet:[465]

ac primum teneris adhuc in annis
ludes Hectora Thessalosque currus
et supplex Priami potentis aurum,
et sedes reserabis inferorum.
[...]
mox coepta generosior iuventa
albos ossibus Italis Philippos
et Pharsalica bella detonabis.

Und zuerst noch in jungen Jahren wirst du dein Spiel treiben mit Hektor, den thessalischen Wagen und dem unterwürfigen Lösegeldangebot des mächtigen Priamos, und du wirst den Unterweltssitz aufschließen. [...] Bald wirst du, wenn die Jugend begonnen hat, in edlerer Manier Philippi, das weiß ist durch die italischen Knochen, und den Krieg bei Pharsalos wie mit einem Donnerschlag darstellen.

---

464 Lucil. fr. 30,1039 Marx (1904) 70. Vgl. auch Hor. sat. 1,4,138f.: *ubi quid datur oti, / inludo chartis*; ib. 10,36f.: *turgidus Alpinus iugulat dum Memnona dumque / diffingit Rheni luteum caput, haec ego ludo.*
465 Stat. silv. 2,7,54–57 und 64–66.

Auch wenn das Epos und die Tragödie in der Regel diejenigen Gattungen sind, von denen der *ludus poeticus* abgegrenzt wird, gibt es auch Gegenbeispiele, wie eine Polemik zwischen Martial und Statius zeigt.[466]

Es gibt allerdings einen wesentlichen Unterschied zwischen dem traditionellen *ludus poeticus* und demjenigen Spiel, das Phaedrus im Prolog zum ersten Fabelbuch verkündet: Dieser besteht darin, dass Phaedrus den spielerischen Charakter seiner Dichtung explizit auf die extreme Fiktivität der Fabeln zurückführt (V. 5–7). Indem er dies tut, betont Phaedrus die fiktionale Seite der Fabel, die (auch) in der Antike so definiert wurde, dass es sich um eine fiktionale Erzählung handelt, die eine Wahrheit widerspiegelt (λόγος ψευδὴς εἰκονίζων ἀλήθειαν).[467] Den Umstand, dass die Fabeln auf einer anderen semantischen Ebene (*per allegoriam*) eine Wahrheit widerspiegeln, lässt Phaedrus an dieser Stelle bewusst unerwähnt.[468]

Zwar verwendet Phaedrus im Prolog zur Fabelsammlung das Verb *iocari* („Spaß treiben") und kein Wort aus der Wortfamilie des Spiels. Aber zum einen besteht generell kein großer Unterschied zwischen dem Spiel und dem Spaß, wie auch eine bereits zitierte Stelle bei Catull (1) gezeigt hat.[469] Zum anderen belegt eine Stelle aus dem Prolog des dritten Fabelbuches, dass auch für Phaedrus kein nennenswerter Unterschied zwischen diesen beiden Tätigkeiten besteht. Es handelt sich um diejenige Stelle, an der Phaedrus die Entstehung der Gattung Fabel skizziert:[470]

[...] Servitus obnoxia,
quia quae volebat non audebat dicere,

---

466 Vgl. Mart. 4,49,1–4; Wagenvoort (1956) 33 und 35. Darüber hinaus betont Wagenvoort (1956) 37f., dass im *ludus poeticus* je nach Kontext einer (oder mehrere) der vier folgenden Aspekte überwiegt (überwiegen): (1) das Spiel in dem Sinne, dass kurze Gedichte in der Freizeit verfasst werden; (2) die Tätigkeit des Spaßes, die sich kaum vom Spielen unterscheide; besonders augenfällig sei die anfangs zitierte Catullstelle (Catull. 50,1–6). (3) Ferner könne *ludere* auch *amoris deliciis frui* bedeuten, wie u. a. zwei Stellen bei Catull belegen: *ludite ut lubet* (Catull. 61,211); *multa satis lusi* (Catull. 68a,17). (4) Schließlich trage der *ludus poeticus* die Bedeutung des Sich-Ausbildens (man bedenke, dass *ludus* auch „Schule" bedeutet).
467 Vgl. Theon RhG II Spengel (1966) 72,28 (Patillon/Bolognesi [1997] 30); Aphth. Progym. 1,1 Patillon (2008) 112. Vgl. auch Nikolaos RhG XI Felten (1913) 6,9f.: Μῦθος τοίνυν ἐστὶ λόγος ψευδὴς τῷ πιθανῶς συγκεῖσθαι εἰκονίζων τὴν ἀλήθειαν; Priscian, *Praeexercitamina* p. 33 Passalacqua (1987): *fabula est oratio ficta* [...] *imaginem exhibens veritatis*.
468 Er erwähnt diesen Umstand u. a. in der Fabel 4,2 (s. S. 546f.).
469 Vgl. Catull. 50,1–6 (s. S. 541).
470 Phaedr. 3 prol. 34–37. Wie Gärtner (2007) 441 bemerkt, ist die Genese der Fabel, wie Phaedrus sie darstellt, wohl ahistorisch.

affectus proprios in fabellas transtulit,
calumniamque fictis elusit iocis.

Die unterwürfige Knechtschaft hat, da sie sich nicht traute, dasjenige zu sagen, was sie sagen wollte, die eigenen Empfindungen in die Fabeln übertragen und durch fiktive Scherze ihr Spiel mit der Verleumdung getrieben.

Auch an dieser Stelle bezieht sich der spielerische Charakter auf die Fiktivität der Fabeln. Hier ist dieser Charakter der fiktiven Fabeln mit einer bestimmten Funktion verbunden, nämlich mit der figurierten Redeweise (*oratio figurata*, λόγος ἐσχηματισμένος).[471]

Der spielerische Charakter der anderen Gattungen, die Wagenvoort aufgelistet hat, resultiert v. a. aus dem Stil dieser wenig prestigeträchtigen Gattungen, aber auch aus ihrem Versmaß und Stoff. Dass der Unterschied, was den Stoff betrifft, zumindest nicht primär derjenige zwischen Fiktion und Realität ist,[472] zeigt neben den bereits zitierten Stellen auch die folgende Stelle bei Plinius, an der er (auch) über eine von ihm verfasste Elegie spricht:[473]

> Fas est et carmine remitti, non dico continuo et longo – id enim perfici nisi in otio non potest –, sed hoc arguto et brevi, quod apte quantas libet occupationes curasque distinguit. Lusus vocantur; sed hi lusus non minorem interdum gloriam quam seria consequuntur.
>
> Es ist auch gestattet, sich bei einem Gedicht zu entspannen, ich meine nicht bei einem langen, kontinuierlichen Gedicht – das kann nämlich nur in Muße vollbracht werden –, sondern bei diesem kurzen und geistreichen, das angemessen in alle möglichen Beschwernisse und Sorgen Abwechslung bringt. Spiele werden sie genannt; aber diese Spiele erlangen bisweilen nicht weniger Ruhm als der Ernst.

Allerdings gibt es auch Stellen bei Phaedrus, an denen dieser mit der Vorstellung des Spiels primär die Vorstellung der wenig prestigeträchtigen Gattung verknüpft, wie der Anfang der Fabel 4,7 zeigt, in der der Dichter der Fabel den Charakter der Tragödie verleiht:[474]

---

471 Zur figurierten Redeweise s. das Kapitel 7.2.2 dieser Arbeit (S. 534).
472 Vgl. aber Stat. silv. 1 praef. (gehört zu Nr. 6: Epyllion): *sed et Culicem legimus et Batrachomachiam etiam agnoscimus, nec quisquam est inlustrium poetarum qui non aliquid operibus suis stilo remissiore praeluserit.* Zumindest in den Beispielen spielt die Fiktivität der Geschichte eine wichtige Rolle.
473 Plin. epist. 7,9,9 f. In der Elegie ermuntert Plinius zum Dichten; vgl. ib. 11: *ut laus est cerae, mollis cedensque sequatur / si doctos digitos iussaque fiat opus / et nunc informet Martem castamve Minervam, / nunc Venerem effingat, nunc Veneris puerum; / utque sacri fontes non sola incendia sistunt, / saepe etiam flores vernaque prata iuvant, / sic hominum ingenium flecti ducique per artes / non rigidas docta mobilitate decet.*
474 Phaedr. 4,7,1–5. Zu dieser Fabel vgl. Dunsch (2010).

> Tu qui nasute scripta destringis mea,
> et hoc iocorum legere fastidis genus,
> parva libellum sustine patientia,
> severitatem frontis dum placo tuae
> et in coturnis prodit Aesopus novis.
>
> Du, der du die Nase rümpfst, wenn du meine Schriften oberflächlich zur Kenntnis nimmst, und mit Widerwillen diese Art von Scherzen liest, ertrage das Büchlein mit etwas Geduld, während ich den strengen Ausdruck auf deiner Stirn besänftige und Äsop in neuen Kothurnen auftritt.

An dieser Stelle verwendet Phaedrus die Vorstellung des Scherzes, um den Gegensatz zwischen der relativ unbedeutenden Gattung der Fabel und der angesehenen Gattung der Tragödie zum Ausdruck zu bringen. Auch den Anfang der Fabel 4,2 wird man so verstehen, dass der Dichter konzediert, dass er in einer weniger angesehenen Gattung dichtet:[475]

> Ioculare tibi videtur: et sane levi,
> dum nil habemus maius, calamo ludimus.
> Sed diligenter intuere has nenias;
> quantum sub titulis utilitatem reperies!
> Non semper ea sunt quae videntur: decipit   5
> frons prima multos, rara mens intellegit
> quod interiore condidit cura angulo.
> Hoc ne locutus sine mercede existimer,
> fabellam adiciam de mustela et muribus.
>
> Er [sc. der Dichter] scheint dir zu scherzen – und in der Tat spielen wir, solange wir nichts Größeres haben, auf einem leichten Rohr. Aber betrachte genau diese Possen: wieviel Nutzen wirst du unter den Titeln finden! Es ist nicht immer das, was es scheint: die erste Seite täuscht viele, seltene Einsicht versteht, was die Sorgfalt in einer inneren Ecke verborgen hat. Damit

---

[475] Phaedr. 4,2,1–9. Lamberti (1980) 102–104 bemerkt zu dieser Stelle, an der die Junktur *calamo ludere* (V. 2) auf Vergil verweise (vgl. Verg. ecl. 1,9 f. [s. S. 542]), dass *ioculare* eine despektierliche Bedeutung trage. Folglich unterscheide Phaedrus zwischen *ludere* und *iocari* auf der einen Seite und *ioculare* auf der anderen Seite, wobei er sich zwar mit dem *lusus* identifiziere, aber vom alexandrinischen Konzept des παίγνιον, des Zeitvertreibes, im Unterschied zu seinen Vorgängern wie Ovid distanziere, der es als *levitas* aufgefasst habe (vgl. Ov. am. 3,1,40 f.). Die *levitas* weise Phaedrus polemisch zurück und gebe dem dichterischen Spiel einen ernsthaften Anstrich. Diese These lässt sich kaum halten. Vielmehr bestätigt Phaedrus den Einwand, dass er Scherze treibt, durch die Aussage, dass er mit einem leichten Rohr spielt, wobei zwischen Scherz und Spiel kein nennenswerter Unterschied besteht. Ein Unterschied liegt vielmehr in der Bewertung des spielerischen Scherzes, da er in dem Einwand, mit dem sich Phaedrus auseinandersetzt, offensichtlich einen Vorwurf darstellt, wohingegen Phaedrus selbst ihn, wie Gärtner (2007) 454 mit Fußn. 124 gesehen hat, als Element seines dichterischen Programmes zumindest neutral auffasst, wenn nicht sogar positiv gewertet wissen will.

ich nicht so eingeschätzt werde, dass ich dies gesagt habe, ohne dass es sich lohnt, werde ich die Fabel über das Wiesel und die Mäuse anfügen.

Daher ist bei Phaedrus auch die Vorstellung anzutreffen, dass er eine prestigelosere Gattung vertritt, wenngleich die Frage, wie Phaedrus' spieltheoretische Äußerungen zu verstehen sind, in der Forschung umstritten ist, wie die unterschiedlichen Deutungen v. a. von Lamberti,[476] Hamm[477] und Gärtner[478] vor Augen führen.[479]

Mit Blick auf Phaedrus' Aussage, dass er in einer fiktionalen Gattung spielt, und zwar auf eine Art und Weise, die in extremer Weise von der literarischen Fiktion Gebrauch macht (Phaedr. 3 prol. 34–37 und v. a. 1 prol. 5–7), erscheint die Schlussfolgerung berechtigt, dass in Phaedrus ein Vorläufer von Waltons berühmter Fiktionstheorie („Mimesis as make-believe") zu erblicken ist, die die Fiktion als eine Form des Spiels beschreibt.[480] So betrachtet, stellt Phaedrus eher einen Sonderfall dar. Denn es kann nicht generell vom Konzept des *ludus poeticus* (und auch nicht von allen spieltheoretischen Äußerungen des Phaedrus) behauptet werden, dass es ein Vorläufer der Theorie des *make-believe* ist, da die

---

476 Lamberti (1980) 96f. zufolge reiht sich Phaedrus in eine Tradition ein, die sich bis zu Kallimachos' Μοῦσα λεπταλέη (ait. 1,1,24 Asper [2004] = Pfeiffer) zurückverfolgen lässt, wenn der Fabeldichter in einem Gedicht aus der *Appendix Perottina* (app. 2) Aussagen über den Spielcharakter seiner Fabeln trifft. Zu Lamberti (1980) s. auch die vorige Fußn.
477 Für Hamm (2000) 279, der insbesondere den Pro- und Epilog zum vierten Fabelbuch analysiert hat, beinhaltet der *lusus poeticus* bei Phaedrus zwei Aspekte: Zum einen sei er „ein spielerischer, augenzwinkernder Umgang des Dichters mit sich selbst (bzw. den eigenen Aussagen) und seinem Gönner (bzw. dem Leser), der aus einer Haltung ruhiger, leicht ironischer Selbstsicherheit resultiert". Zum anderen stecke hinter dem *lusus* „ein vergleichsweise hoher Anspruch an die eigenen poetischen Erzeugnisse bzw. an deren künstlerische Vollendung, der vor dem Hintergrund der von Neoterikern und Augusteern in Rom etablierten hellenistischen Vorstellungen von Dichtung zu sehen ist".
478 Gärtner (2007), v. a. 433–435 und 453–455 hat die These aufgestellt, dass der Anspruch des Spiels nicht ernst gemeint sei, sondern Phaedrus auf einer zweiten Ebene mit dem *ludus poeticus* selbst sein Spiel treibe. Ihrer Meinung nach „kennt Phaedrus die Ansprüche der römisch-kallimacheischen Dichtung genau, übernimmt sie, übersteigert sie gezielt und macht sie anhand eines ‚unangemessenen Gegenstands' lächerlich" (S. 433). Um ihre These zu bekräftigen, unterzieht Gärtner die dichtungstheoretischen Stellen in Phaedrus' Werk einer Analyse, v. a. den Prolog und den Epilog zum dritten Fabelbuch.
479 Da diese Kontroverse nicht die Fiktionalität der Fabeln betrifft, sondern die Frage, wie ernst seine programmatischen Äußerungen zu nehmen sind, kann diese Kontroverse hier unberücksichtigt bleiben. Mit Blick auf die Fiktionalität der Fabeln gibt es keinen Grund, die spieltheoretischen Äußerungen anzuzweifeln.
480 S. das Kapitel 2.5.3 dieser Arbeit.

Kernidee des traditionellen *ludus poeticus* darin liegt, dass in einer minder prestigeträchtigen Gattung gedichtet wird, ohne dass mit dieser Vorstellung automatisch die Fiktivität der Geschichte verknüpft ist.

Allerdings muss zumindest ein wichtiger Unterschied zwischen Phaedrus' Konzept des *ludus poeticus* und Waltons Fiktionstheorie beachtet werden: Die Theorie des *make-believe* stellt eine dezidiert rezeptionsorientierte Fiktionstheorie dar. Bei Phaedrus findet der spielerische Scherz im Zusammenhang der gesamten Sprachhandlungssituation statt, da sich Phaedrus' Replik auf die (möglichen) Einwände gegen die Fiktionalität seiner Fabeln sowohl auf die Einforderung der richtigen Rezeptionshaltung (V. 7: *meminerit*) als auch auf sein eigenes Spiel bezieht.[481]

---

[481] Außerdem ist Waltons *make-believe*-Theorie so konzipiert, dass sie sowohl für textuelle als auch für visuelle Repräsentationen gilt. Phaedrus hingegen beschränkt seine Aussagen zum spielerischen Scherz auf eine literarische Gattung, nämlich auf die Fabel.

8 Zusammenfassung

Die Untersuchung des antiken Fiktionalitätsdiskurses hat gezeigt, dass in der Antike eine Vielzahl von Konzepten entwickelt worden ist, um das Phänomen der literarischen Fiktion zu beschreiben. Darüber hinaus lassen sich auf allen Ebenen des literarischen Textes (1. Textstruktur: 1.a Geschichte; 1.b Darstellung; 2. Textproduktion; 3. Textrezeption; 4. gesamte Sprachhandlungssituation) Ansätze zur Beschreibung der Fiktion finden, so dass die modernen Fiktionstheorien – wahrscheinlich eher unbewusst als bewusst – vieles von dem wiederentdecken, was in der Antike beschrieben worden ist.[1] Im Folgenden sollen die wichtigsten Einzelergebnisse dieser Untersuchung zusammengefasst werden.

8.1 Literatur- und sprachtheoretische Grundlagen

Eine Überprüfung, inwiefern die literatur- und sprachtheoretischen Grundlagen der modernen Fiktionstheorie bereits in der Antike vorbereitet wurden, stand nicht im Zentrum dieser Untersuchung. Dennoch muss ein Ergebnis zu den Ebenen des Erzähltextes festgehalten werden.

8.1.1 Die Ebenen des Erzähltextes: Geschichte und Darstellung

Eine erste Unterscheidung der Ebenen des Erzähltextes lässt sich bei Platon finden. Denn Platon unterscheidet in der Dichterkritik (rep. 392c7–9) zwischen dem Inhalt der Dichtung (was wird erzählt?) und der Darstellungsweise (wie wird es dargestellt?). Insofern muss Platon als Vorläufer der modernen Unterscheidung zwischen „histoire" und „discours" zumindest in dem allgemeinen Sinn gelten, dass er zwischen dem Was und dem Wie der Darstellung differenziert.[2]

---

[1] Vgl. Rösler (2014) 363: „In der Antike wurde eine Konzeption von Fiktionalität begründet und zur Geltung gebracht, die Wesentliches von dem vorwegnimmt, was heute darunter verstanden wird. Allerdings ist es nicht so, dass neuere Theoriebildung, einer vertrauten Traditionslinie folgend, bewusst auf ein Modell aus der Antike zurückgegriffen hätte."
[2] S. die Kapitel 4.3.2.2 und 2.1.2 dieser Arbeit.

8.2 Fiktion auf der Ebene der Geschichte

Zur Fiktion auf der Ebene der Geschichte lassen sich im antiken Fiktionalitätsdiskurs so viele Konzepte und Aussagen vorfinden, dass es wenig sinnvoll wäre, sie allesamt oder auch nur häufig wiederkehrende Aussagen zu bündeln. Als Resultat der Untersuchung ist aber festzuhalten, dass sich wohl schon bei Hesiod Aussagen zum Fiktionscharakter zumindest der eigenen Dichtung in der Form finden, dass (zumindest seine eigene) Dichtung sowohl aus wahren als auch aus fiktiven Elementen besteht, die fiktionale Darstellung aber plausibel gestaltet ist.[3] Thukydides gibt im Methodenkapitel zu erkennen, dass seine Figurenreden realistische Fiktionen sind.[4] Platons Äußerungen zur Literatur, insbesondere zur Dichtung, basieren auf einem Konzept der Fiktionalität. Wenn Platon in der Dichterkritik das Hauptaugenmerk auf die Falschheit legt, tut er dies, weil er im Zusammenhang mit der Kindererziehung von den fiktionalen Götterdarstellungen fordert, dass sie u. a. der Tatsache Rechnung tragen sollen, dass die Götter immer gut sind und handeln.[5]

Daher lassen sich nicht erst bei Aristoteles grundlegende Einsichten in die literarische (v. a. die dichterische) Fiktion erkennen, wenn er im neunten Kapitel der Poetik das Mögliche als Gegenstandsbereich des Dichters beschreibt, wobei das Mögliche sowohl dasjenige umfasst, was geschehen ist (mit anderen Worten: ἱστορία/*historia*), als auch dasjenige, was zwar nicht geschehen ist, aber grundsätzlich als realisierbar eingeschätzt wird: die realistische Fiktion (in der späteren Terminologie der Skalierung der dargestellten Geschichte: πλάσμα/*argumentum*). Die Wahrscheinlichkeit (oder sogar Notwendigkeit) ist bei Aristoteles nicht so zu verstehen, dass der Grad der Entsprechung bzw. Abweichung von der Realität bewertet wird, sondern die Verknüpfung der Ereignisse im Sinne der Motivierung eingefordert wird.[6]

Die Geschichtsschreibung gilt im antiken Fiktionalitätsdiskurs grundsätzlich als Darstellung von wahren Sachverhalten, also als faktuale Erzählgattung (*historia*/ἱστορία). Die These, dass die Wahrheit in Ciceros Theorie der Geschichtsschreibung keinen fundamentalen Stellenwert einnimmt, was bedeuten würde, dass die Geschichtsschreibung in seinen Augen eine fiktionale Erzählgattung

---

3 S. das Kapitel 4.1 dieser Arbeit. Dieses und die folgenden Ergebnisse sind Antworten auf die von Rösler (1980) aufgeworfene und von der Forschung verfolgte Frage nach der Entdeckung der Fiktionalität; s. das Kapitel 1.2 dieser Arbeit.
4 S. das Kapitel 4.2.1 dieser Arbeit.
5 S. das Kapitel 4.3.2.3 dieser Arbeit.
6 S. das Kapitel 4.4 dieser Arbeit.

darstellt, konnte widerlegt werden.[7] Wenn der Geschichtsschreibung konzediert wird, dass in ihr nicht nur wahre Sachverhalte dargestellt werden (dürfen), bezieht sich dieser Umstand entweder auf die fiktionalen Reden[8] oder es sind einzelne Passagen bei bzw. einzelne Autoren wie Herodot und Theopomp oder einzelne Formen der Geschichtsschreibung wie die Genealogie und die Mirabilien gemeint.[9]

8.2.1 Skalierungen der dargestellten Geschichte

Zur Skalierung der dargestellten Geschichte hat es viele Ansätze gegeben, wie das entsprechende Kapitel zur Unterteilung der Erzählung gezeigt hat.[10] Dabei ist die am häufigsten wiederkehrende Unterteilung die Dreiteilung in *fabula* (μῦθος), *historia* (ἱστορία) und *argumentum* (πλάσμα).[11] Bei dieser ebenso wie bei anderen Unterteilungen der Erzählung stellt sich aber das Problem, dass die fiktionalen Erzählgattungen nicht grundlegend von der faktualen Erzählung (*historia*/ἱστορία) unterschieden werden. Zumindest sticht ins Auge, dass kein kategorialer Unterschied zwischen diesen Erzählformen gemacht wird, sondern alle drei Gattungen den gesamten Bereich der dargestellten Geschichte skalieren. Hierin ist insofern ein Problem zu sehen, als eine falsche faktuale Geschichte nicht auf der Ebene der Geschichte von der möglichen Fiktion (*argumentum*/πλάσμα) oder der unwahrscheinlichen, wenn nicht sogar unmöglichen Fiktion (*fabula*/μῦθος) unterschieden werden kann. Insofern stellen die antiken Skalierungen streng genommen keine Skalierungen der Fiktivität dar, sondern Skalierungen des gesamten Spektrums der dargestellten Geschichte.

Eine Unterscheidung zwischen falschen faktualen Geschichten und der literarischen Fiktion lässt sich auf der Ebene der Geschichte nicht treffen. Vielmehr kann diese Unterscheidung nur im Zusammenhang mit der Sprachhandlungssituation, die neben dem Erzähltext die Textproduktion und -rezeption umfasst, erfolgen. Zwar hat es in der Antike Ansätze gegeben, die literarische Fiktion an diesen Theorieorten zu beschreiben. Diese Ansätze lassen sich aber nicht im

---

7 S. das Kapitel 4.2.2 dieser Arbeit.
8 S. das Kapitel 4.2.1 dieser Arbeit.
9 Zu Herodot und Theopomp vgl. z.B. Cic. leg. 1,5 (s. das Kapitel 7.1.3 dieser Arbeit); die Unterteilung der Erzählung bei Theon (Kapitel 4.7.3.1 dieser Arbeit); Strabo 1,2,35 (s. das Kapitel 4.2.3 dieser Arbeit). Zu den historischen Subgattungen wie die Genealogie s. das Kapitel 4.7.1.2 dieser Arbeit. Zu den Mirabilien s. das Kapitel 4.2.3 dieser Arbeit.
10 S. das Kapitel 4.7 dieser Arbeit.
11 S. die Kapitel 4.7.1 und 4.7.2 dieser Arbeit.

unmittelbaren Kontext derjenigen Stellen finden, an denen Skalierungen der dargestellten Geschichte vorgenommen wurden.

Im Zusammenhang mit der Skalierung der dargestellten Geschichte konnte auch die Ansicht zurückgewiesen werden, dass derjenige Komplex aus Erzählungen, den wir „Mythos" nennen und als Fiktion betrachten, in der Antike ebenso angesehen worden ist. Vielmehr wurde das Grundgerüst der Mythen als historisches Ereignis angesehen, das fiktional ausgeschmückt wurde.[12]

8.3 Fiktion auf der Ebene der Darstellung

Konzepte, die die Fiktion auf der Ebene der Darstellung beschreiben, lassen sich in der Antike nicht finden. An zumindest drei prominenten Stellen hat die Forschung versucht, die (moderne) Dissoziierung zwischen dem historischen Autor und dem fiktiven Erzähler und somit die narratologische Verdoppelung der Sprachhandlungssituation zu sehen: Zum einen in Platons Dichterkritik innerhalb der Beschreibung der Ebene der Darstellung (rep. 392c7–398b).[13] Zum zweiten im dritten Kapitel der Aristotelischen Poetik.[14] An diesen beiden Stellen besteht jedoch die näherliegende Deutung darin, dass anhand des sog. Platonischen Redekriteriums zwischen der Rede des Autors und der Rede einer Figur unterschieden wird. Eine derartige Unterscheidung lässt sich auch bei anderen Autoren erkennen.[15]

Auch in Catulls *carmen* 16 hat die Forschung versucht, die (moderne) Dissoziierung zwischen dem historischen Autor und dem fiktiven Erzähler – in diesem Fall: dem lyrischen Ich – zu entdecken. Eine Textanalyse hat jedoch zu dem Ergebnis geführt, dass Catull dort über die stimulierende Wirkung seiner Dichtuung spricht, ohne auf eine Fiktivität des Inhalts oder eine Fiktionalität der Darstellung Bezug zu nehmen.[16]

Daher kann dieses Ergebnis für die moderne Kontroverse, ob die narratologische Verdoppelung der Sprachhandlungssituation ein adäquates Modell zur Beschreibung von fiktionalen Erzählungen ist, fruchtbar gemacht werden:[17] Abgesehen davon, dass dieses Modell eine von mehreren Lösungen ist, um das Problem der fiktionalen Behauptungssätze zu lösen, lässt sich feststellen, dass

---

12 S. die Kapitel 4.7.1.1 und 4.7.2.2.1 dieser Arbeit.
13 S. das Kapitel 5.1.1 dieser Arbeit.
14 S. das Kapitel 5.1.2 dieser Arbeit.
15 S. das Kapitel 5.1.3 dieser Arbeit.
16 S. das Kapitel 5.3 dieser Arbeit.
17 S. das Kapitel 2.3.1 dieser Arbeit.

dieses Problem in der Antike gelöst worden ist, ohne die Dissoziierung von Autor und Erzähler vorzunehmen.

8.4 Fiktion auf der Ebene der Textproduktion

Die beiden Progymnasmatiker Theon und Nikolaos formulieren eine Theorie der literarischen Fiktion als Eingeständnis des Autors. Allerdings beziehen sie sich ausschließlich auf die Fabel, auf einen offensichtlichen Fall der literarischen Fiktion, den sie von anderen fiktionalen Erzählungen abzugrenzen versuchen.[18]

Wenn Donat (und in ähnlicher Weise Isidor aus Sevilla) die Sprachhandlung, Fiktives zu sagen, als diejenige eines gescheiten Menschen betrachtet und von den Sprachhandlungen eines Lügners sowie eines dummen Menschen abgrenzt, erinnert diese fiktionstheoretische Beschreibung auf der Ebene der Textproduktion an diejenige von Sir Philip Sidney, dem zufolge ein Dichter niemals die Unwahrheit sagt.[19] Allerdings muss berücksichtigt werden, dass Sidney die Tätigkeit des Dichters darin sieht, allegorisch dasjenige darzustellen, was sein sollte, während Donat und Isidor aus Sevilla unter dem Fiktiven die realistische Fiktion verstehen.[20]

Auch bei Plutarch lässt sich eine Beschreibung der literarischen Fiktion auf der Ebene der Textproduktion erkennen, wenn er diese als absichtliche Falschaussage der Dichter betrachtet. Allerdings ist dieses Theorem bei Plutarch in den Beschreibungszusammenhang der gesamten Sprachhandlungssituation integriert.[21]

Die Ansicht, dass die literarische Fiktion eine absichtliche Falschaussage darstellt, lässt sich auch bei Strabo vorfinden. Dieser äußert diese Einsicht im Zusammenhang mit der Geschichtsschreibung (v.a. mit Bezug auf Herodot und Theopomp), allerdings als *argumentum a minori*, so dass sich dieses Theorem auch auf die Dichtung bezieht. Auch bei ihm lässt sich eine Einordnung des Theorems in den Beschreibungszusammenhang der gesamten Sprachhandlungssituation erkennen.[22]

---

18 S. das Kapitel 6.3 dieser Arbeit.
19 S. das Kapitel 2.4 dieser Arbeit.
20 S. das Kapitel 6.4 dieser Arbeit.
21 S. das Kapitel 7.1.6 dieser Arbeit.
22 S. das Kapitel 4.2.3 dieser Arbeit.

8.4.1 Die *pretence*-Theorie

Ein Vorläufer der von Searle entwickelten *pretence*-Theorie lässt sich in der allgemeinen Definition der Erzählung erkennen.[23] Denn diese wird in der rhetorischen Tradition allgemein so definiert, dass sie die Darstellung von geschehenen oder quasi geschehenen Ereignissen ist; man vergleiche z. B. Ciceros Definition: *Narratio est rerum gestarum aut ut gestarum expositio*.[24] Allerdings kann nur unter zwei Vorbehalten gesagt werden, dass die allgemeine Definition der Erzählung die *pretence*-Theorie vorbereitet hat.

Zum einen geht aus der allgemeinen Definition der Erzählung eher implizit als explizit hervor, dass der Autor, also die Produktionsinstanz, derjenige ist, der nur so tut, als ob (*as if*) dasjenige stattgefunden hätte, was er erzählt. Aufgrund des nominalen Charakters („eine Erzählung ist die Darstellung von geschehenen oder quasi geschehenen Ereignissen") ist der allgemeinen Definition der Erzählung nicht explizit zu entnehmen, dass es sich um eine produktionsorientierte Definition handelt und somit die Sprachhandlung des Autors beschrieben wird. Aber das Substantiv „Darstellung" verweist auf diesen.

Zum anderen wird die Ähnlichkeit zwischen der allgemeinen Definition der Erzählung und der von Searle entwickelten *pretence*-Theorie durch den unterschiedlichen Geltungsbereich eingeschränkt. An dieser Stelle muss ein Ergebnis in Erinnerung gerufen werden, das im Zusammenhang mit der Skalierung der dargestellten Geschichte festgehalten worden ist: In der Antike wurde bei der Definition und Unterteilung der Erzählung kein kategorialer Unterschied zwischen den (zumeist zwei) fiktionalen Erzählformen und der faktualen Erzählform gemacht, sondern alle (zumeist drei) Gattungen skalieren den gesamten Bereich der dargestellten Geschichte. Daher ist auch die allgemeine Definition der Erzählung eine Definition aller Diskursformen, wohingegen sich die von Searle entwickelte *pretence*-Theorie dezidiert auf den Autor eines fiktionalen Textes bezieht: dieser gibt nur vor (*pretends*), Behauptungen zu äußern, d. h. er tut so, als ob (*as if*) das zutreffen würde, was er behauptet.

Ein Vorläufer der *pretence*-Theorie lässt sich auch in Hermogenes erblicken, der an einer Stelle den Gedanken äußert, dass „auch dasjenige ‚mythisch' und poetisch ist, was zwar die menschliche Physis übersteigt, aber von jenen [sc. den Dichtern] in Wundergeschichten so erzählt wird, als wäre es geschehen und würde Glauben verdienen; z. B. dass Achill so und so weit gesprungen ist [...]."[25]

---

23 Zur *pretence*-Theorie s. das Kapitel 2.4 dieser Arbeit.
24 S. das Kapitel 6.1 dieser Arbeit.
25 S. das Kapitel 6.2 dieser Arbeit.

Wenn Plutarch die Dichtung mit den Worten anspricht „warum tust du so, als würdest du belehren, obwohl du Täuschung verbreitest?", dann lässt sich hierin ebenfalls *in nuce* die *pretence*-Theorie erkennen.[26]

8.5 Fiktion auf der Ebene der Textrezeption

Die Fiktion auf der Ebene der Textrezeption wurde nicht in einem eigenen Kapitel ausgewertet, da die Fiktion an denjenigen Stellen, an denen sie auch auf der Ebene der Textrezeption beschrieben wird, in den Zusammenhang der gesamten Sprachhandlungssituation integriert ist. Dennoch muss festgehalten werden, dass sich das Verhalten des Rezipienten eines fiktionalen Textes, das mit Coleridge als „the willing suspension of disbelief" bezeichnet werden kann,[27] auch mit Plutarch (und Solon) so formulieren lässt, dass sich der Rezipient der Tatsache bewusst sein soll, dass die Dichter viel Unwahres sagen.[28]

8.5.1 Fiktionssignale

Strabos Aussage, dass Theopomp die partielle Fiktionalität der Geschichtsschreibung ausdrücklich eingesteht, wenn er sagt, er werde in seinem Geschichtswerk auch fiktive Geschichten erzählen, und dass er es damit besser macht als Herodot und andere Historiker,[29] ist so zu verstehen, dass er – modern gesprochen: in Form einer Selbstreflexion – auf die partielle Fiktionalität seiner Darstellung aufmerksam macht.[30]

Macrobius äußert die Ansicht, dass der Name *fabula* anzeigt, dass Falsches verkündet wird. Diese Aussage muss man wohl so verstehen, dass dem Rezipienten einer fiktiven Geschichte von vornherein klar ist, dass das dargestellte Geschehen eine Fiktion darstellt. Daher lässt sich feststellen, dass Macrobius den Begriff *fabula* als paratextuelles Fiktionssignal ansieht.[31] In diesem Fall liegt sogar ein spezieller Grund für die Identifizierung von *fabula* als Fiktionssignal vor. Denn offenbar leitet Macrobius den Begriff *fabula* etymologisch von *falsum* ab.[32]

---

26 S. das Kapitel 7.1.6.3 dieser Arbeit.
27 Zu Coleridge (1983 [zuerst 1817]) 6 s. das Kapitel 2.5.3 dieser Arbeit.
28 S. das Kapitel 7.1.6 dieser Arbeit.
29 S. das Kapitel 4.2.3 dieser Arbeit.
30 Zur Selbstreflexion als direktes Fiktionalitätssignal s. das Kapitel 2.5.1.1.1 dieser Arbeit.
31 Zu den paratextuellen Fiktionssignalen s. das Kapitel 2.5.1.1.2 dieser Arbeit.
32 S. das Kapitel 4.8 dieser Arbeit.

Das Konzept des Fiktionssignales lässt sich auch bei Servius erkennen. Denn dieser stuft einen Vers der *Aeneis*, in dem vier Krieger genannt werden, als fiktionale Ausgestaltung ein, da dieselben Krieger bereits bei Homer in einem Vers genannt werden. Folglich liegt die Auffassung zugrunde, dass die Verwendung dieses literarischen Motivs ein Fiktionssignal ist, da es realistisch nicht zu begründen ist, dass dieselben Krieger erst von Odysseus und dann von Turnus getötet werden.[33]

8.5.2 Rezeption und Funktion fiktionaler Texte

Diejenige Funktion, die im antiken Fiktionalitätsdiskurs am häufigsten mit der literarischen Fiktion in Verbindung gebracht wird, ist die Funktion der Unterhaltung in Opposition zur Belehrung, die von faktualen Texten (der Geschichtsschreibung) ausgeht. So spricht z. B. Thukydides davon, dass seine Darstellung der Kriegsgeschehnisse für einen öffentlichen Vortrag wahrscheinlich zu wenig unterhaltsam ist, da ihr sagenhafte Erzählungen fehlen.[34] Allerdings verweisen die sagenhaften Erzählungen wohl nicht auf fiktionale, sondern auf falsche historische Erzählungen. Nach Aristoteles wirkt die Dichtung auch in der Weise, dass sie die Rezipienten erfreut.[35] Wenn Polybios den Gegenstandsbereich des Dichters in Geschichte (ἱστορία), Darstellung (διάθεσις) und Fiktion (μῦθος) unterteilt, verbindet er mit der Geschichte die Mitteilung der Wahrheit und mit der Fiktion Vergnügen und Erstaunen.[36] Diese Beispiele ließen sich beliebig vermehren.

Allerdings lässt sich im antiken Fiktionalitätsdiskurs auch die Einsicht erkennen, dass die Opposition zwischen der Unterhaltung durch fiktionale Erzählungen und der Belehrung durch faktuale Erzählungen keinen vollständigen Gegensatz bildet. Bei Homer wird die Funktion des Dichters dadurch beschrieben, dass er erfreut, ohne dass deutlich wird, dass der Inhalt erfunden ist.[37] Aristoteles bezieht die erfreuende Wirkung der Tragödie nicht nur auf den eindeutigen (zuvor zitierten) Fall, dass die Handlung erfunden ist, sondern auf die Tragödie insgesamt und unabhängig von ihrer Fiktionalität.[38] Polybios bezeichnet an einer an-

---

33 S. das Kapitel 7.2.2 dieser Arbeit.
34 Vgl. Thuk. 1,22,4 (s. das Kapitel 4.2.1 dieser Arbeit).
35 Vgl. Arist. Poet. 1451b21–23 (mit Bezug auf eine eindeutig fiktionale Tragödie); s. das Kapitel 4.4 dieser Arbeit.
36 Vgl. Polyb. 34,3,12–4,4 (= Strabo 1,2,17); vgl. auch Polyb. 2,56,10–12; s. das Kapitel 4.5 dieser Arbeit.
37 S. das Kapitel 3.1 dieser Arbeit.
38 Vgl. Arist. Poet. 1451b25 f.; s. das Kapitel 4.4 dieser Arbeit.

deren Stelle neben dem Nutzen (ὠφέλεια) auch das Vergnügen (τέρψις) als Wirkziel der Geschichtsschreibung bzw. überhaupt der Literatur.[39]

In Ciceros Prolog zu *De legibus* stehen – ähnlich wie bei Agatharchides – die Wirkabsichten der dichterischen Fiktion (Unterhaltung) bzw. der Historiographie (Mitteilung der Wahrheit) nicht in dem vollkommen ausschließenden Gegensatz, dass das Ziel der dichterischen Fiktion ausschließlich in der Unterhaltung liegt und dasjenige der Historiographie ausschließlich in der Vermittlung der Wahrheit.[40] Antonius gibt im zweiten Buch von *De oratore* zu, dass von Herodot eine unterhaltende Wirkung ausgeht.[41] Auch im Lucceius-Brief wird das Vergnügen als eine Wirkung der Geschichtsschreibung bezeichnet.[42] In ähnlicher Weise wird im fünften Buch von *De finibus* gesagt, dass von der Geschichtsschreibung sowohl eine nützliche als auch eine unterhaltende Wirkung ausgeht, und zwar in der Form, dass der Fokus auf dem Vergnügen liegt und nachgetragen wird, dass die Historiographie auch nützlich ist.[43]

Insgesamt gesehen liegt also die Anschauung vor, dass fiktionale Erzählungen eher erfreuen und faktuale Erzählungen eher belehren. Daher ist das Ergebnis des antiken Fiktionalitätsdiskurses dasselbe wie dasjenige des modernen Fiktionalitätsdiskurses, nämlich dass es keine spezifische Funktion gibt, die fiktionale Erzählungen im Gegensatz zu faktualen Erzählungen erfüllen.[44]

8.6 Fiktion im Zusammenhang der Sprachhandlungssituation

Gorgias äußert im Zusammenhang mit der Tragödie das Theorem der Täuschung, worin der sog. Fiktionsvertrag zu sehen ist.[45] Eine ähnliche Vorstellung findet sich in den *Dissoi Logoi* und vielleicht schon bei Simonides.[46] Als Zugeständnis beschreibt Isokrates die literarische Fiktion, wenn er davon spricht, dass den Dichtern viele Möglichkeiten der Ausschmückung zugestanden sind, und sich dabei (auch) auf den dargestellten Inhalt bezieht.[47]

---

39 Vgl. Polyb. 15,36,1–3; s. das Kapitel 4.5 dieser Arbeit.
40 Vgl. Cic. leg. 1,5 (s. das Kapitel 7.1.3 dieser Arbeit); Agatharchides, GGM I 8 p. 117 Müller (1882) (s. das Kapitel 7.1.8.1 dieser Arbeit).
41 Vgl. Cic. de orat. 2,55; vgl. auch ib. 59; s. das Kapitel 7.1.3 dieser Arbeit.
42 Vgl. Cic. fam. 5,12,4f.; s. das Kapitel 7.1.3 dieser Arbeit.
43 Vgl. Cic. fin. 5,51; s. das Kapitel 4.1.1.1 dieser Arbeit.
44 S. das Kapitel 2.5.4 dieser Arbeit.
45 S. das Kapitel 7.1.1 dieser Arbeit. Zum sog. Fiktionsvertrag s. das Kapitel 2.6 dieser Arbeit.
46 S. das Kapitel 7.1.1 dieser Arbeit.
47 S. das Kapitel 7.1.2 dieser Arbeit.

Ein Ansatz zur Beschreibung der literarischen Fiktion im Zusammenhang der gesamten Sprachhandlungssituation liegt auch darin, dass Aristoteles über den Dichter sagt, dass es nicht seine Aufgabe (ἔργον) ist, das Geschehene, sondern das Mögliche darzustellen.[48] Denn der Begriff der Aufgabe macht deutlich, dass es sich bei der Option, eine Handlung zu fingieren, um eine anerkannte soziale Praxis handelt.

Als Aufgabe des Dichters bzw. Schriftstellers wird die literarische Fiktion (auch) an anderen Stellen beschrieben. Schon Sokrates äußert in Platons *Phaidon* die Ansicht, „dass ein Dichter, wenn er ein Dichter sein will, fiktionale (μῦθοι), aber nicht faktuale Literatur (λόγοι) verfassen muss".[49] Insbesondere in Äußerungen über Lucan wird dieses Theorem wiederholt. So vertritt u. a. Servius die Position, dass „Lucan deswegen nicht verdient hat, zu den Dichtern zu zählen, weil er ein Geschichtswerk verfasst zu haben scheint, kein Gedicht."[50] An anderen, ähnlichen Stellen wird noch deutlicher davon gesprochen, dass es die Aufgabe des Dichters (Lucans) ist, eine fiktionale Erzählung zu verfassen.[51]

Strabo beschreibt die literarische Fiktion im Zusammenhang der gesamten Sprachhandlungssituation, wenn er einerseits die literarische Fiktion als absichtliche Falschaussage des Autors betrachtet und andererseits darauf hinweist, dass den Rezipienten von vornherein klar ist, dass Schriftsteller fiktive Geschichten in ihre Erzählungen einflechten (Strabo bezieht sich in einem *argumentum a minori* auf einzelne Historiker, so dass sich dieses Theorem auch auf die Dichtung erstreckt).[52]

Cicero beschreibt die literarische Fiktion als Übereinkunft, indem er im Prolog zu *De legibus* von eigenen Gesetzen spricht, die für die Dichtung in Opposition zur Geschichtsschreibung gelten, da sich die Gesetze – neben der Textstruktur – sowohl auf die Textproduktion (der Dichter hat das Recht, zu fingieren) als auch auf die Textrezeption (die Rezipienten müssen dem Dichter das Recht zugestehen, zu fingieren) beziehen.[53]

Wenn Horaz in der *Ars poetica* die Pisones den Standpunkt äußern lässt, dass den Malern und den Dichtern immer gleichermaßen gestattet war, zu wagen, was sie wollten, liegt auch bei ihm ein Theorem zur Beschreibung der Fiktion im Zu-

---

48 Vgl. Arist. Poet. 1451a36–38; s. das Kapitel 4.4 dieser Arbeit.
49 Vgl. Plat. Phaid. 61b; s. das Kapitel 7.2.1 dieser Arbeit.
50 Vgl. Serv. Aen. 1,382; s. das Kapitel 7.2.2 dieser Arbeit.
51 Vgl. Comm. Bern. ad Lucan. 1,1; Lakt. inst. 1,11,19–24; Isid. orig. 8,7,10; s. das Kapitel 7.2.2 dieser Arbeit.
52 Vgl. Strabo 1,2,35; s. das Kapitel 4.2.3 dieser Arbeit.
53 S. das Kapitel 7.1.3 dieser Arbeit.

sammenhang der gesamten Sprachhandlungssituation vor, das sich in diesem Fall nicht nur auf die Literatur bezieht.[54]

Ovid bezieht sich in einer Elegie auf die gesellschaftliche Konvention, dass die Dichter – anders als Zeugen vor Gericht – nicht an die Wahrheit gebunden sind, und spricht in diesem Zusammenhang von der dichterischen Lizenz, die ins Unermessliche geht.[55]

Plutarch benutzt Solons Diktum, dass die Dichter viel Unwahres verkünden (πολλὰ ψεύδονται ἀοιδοί), um den jungen Menschen die richtige Einstellung zur Dichtung zu lehren, und macht somit die stillschweigende Übereinkunft zwischen den Dichtern und den Rezipienten von Dichtung explizit. Dabei beziehen sich die unwahren Behauptungen der Dichter allerdings sowohl auf deren Irrtümer (unabsichtlich falsche Aussagen) als auch auf deren Fiktionen (absichtlich falsche Aussagen).[56]

Bei Lukian finden sich mehrere Stellen, an denen er mit unterschiedlichen Begrifflichkeiten den Gedanken ausdrückt, dass es den Dichtern erlaubt ist, von der Fiktion Gebrauch zu machen, wohingegen der Historiker die Wahrheit mitteilen muss.[57]

Auch in dem Konzept der ποιητικὴ ἐξουσία, das sich in griechischen Scholien und beim Geographen Agatharchides findet, wird die dichterische Fiktion im Zusammenhang der gesamten Sprachhandlungssituation legitimiert.[58]

In Plutarchs Traktat *De audiendis poetis* lässt sich auch die Theorie entdecken, dass die dichterische Fiktion ein Spiel konstituiert, in das sowohl die Dichter als auch deren Rezipienten involviert sind.[59]

Die Spieltheorie lässt sich auch an einer anderen Stelle bei Plutarch erkennen, nämlich in einer Anekdote über Thespis, den legendären Erfinder der Tragödie, der die in einer Tragödie dargestellte Geschichte gegenüber Solon als Spiel bezeichnet haben soll. Allerdings ist der Rezipient (Solon) in diesem Fall nicht bereit, das Spiel mitzuspielen.[60]

Als die gesamte Sprachhandlungssituation umfassendes Spiel wird die literarische Fiktion schließlich auch von Phaedrus beschrieben, und zwar mit Bezug auf seine Fabeln. Hierin unterscheidet er sich von anderen Autoren, die sich zum

---

54 S. das Kapitel 7.1.4 dieser Arbeit.
55 S. das Kapitel 7.1.5 dieser Arbeit.
56 S. das Kapitel 7.1.6 dieser Arbeit.
57 S. das Kapitel 7.1.7 dieser Arbeit.
58 S. das Kapitel 7.1.8 dieser Arbeit.
59 Vgl. Plut. mor. 16d–e; s. das Kapitel 7.1.6 dieser Arbeit.
60 S. das Kapitel 7.3.1 dieser Arbeit.

ludus poeticus äußern, da dieses Konzept i.d.R. die prestigelosere Gattung, aber nicht die Fiktionalität einer Gattung bezeichnet.[61]

---

61 S. das Kapitel 7.3.2 dieser Arbeit.

Bibliographie

Fragment-, Textausgaben, Kommentare und Übersetzungen

Adam, James: *The republic of Plato. Vol. 1: Books I–V*, Cambridge 1902.
Alexiou, Evangelos: *Der Euagoras des Isokrates. Ein Kommentar*, Berlin [u. a.] 2010.
Armisen-Marchetti, Mireille: *Macrobe. Commentaire au songe de Scipion. Livre I*, Paris 2003.
Arnim, Johannes von: *Stoicorum veterum fragmenta III: Chrysippi fragmenta moralia. Fragmenta successorum Chrysippi*, Leipzig 1903.
Asper, Markus: *Kallimachos Werke. Griechisch und deutsch*, Darmstadt 2004.
Avenarius, Gert: *Lukians Schrift zur Geschichtsschreibung*, Meisenheim a.G. 1956.
Babbitt, Frank C.: *Plutarch's Moralia in sixteen volumes. Bd. 1: 1 A – 86 A*, Cambridge, Mass. [u. a.] 1960.
Becker, Alexander / Scholz, Peter: *Dissoi Logoi. Zweierlei Ansichten. Ein sophistischer Traktat*, Berlin 2004.
Berger, Ernst Hugo: *Die geographischen Fragmente des Eratosthenes*, Leipzig 1880.
Bernabé Pajares, Alberto: *Poetarum epicorum Graecorum testimonia et fragmenta*, Bd. 1, Leipzig 1987.
Blank, David L.: *Sextus Empiricus. Against the Grammarians (Adversus mathematicos)*, Oxford 2007.
Blänsdorf, Jürgen: *Fragmenta poetarum Latinorum epicorum et lyricorum praeter Enni Annales et Ciceronis Germanicique Aratea*, Berlin [u. a.] ^{4}2011.
Blass, Friedrich: *Hyperidis orationes sex cum ceterarum fragmentis*, Leipzig ^{3}1894.
Brandt, Paul: *P. Ovidi Nasonis amorum libri tres. Erste Abteilung: Text und Kommentar*, Leipzig 1911.
Brink, Charles O: *Horace on Poetry. Prolegomena to the literary epistles*, Cambridge 1963.
Brink, Charles O.: *Horace on Poetry. The Ars poetica*, Cambridge [u. a.] 1971.
Buchheim, Thomas: *Gorgias von Leontinoi. Reden, Fragmente und Testimonien*, Hamburg 1989.
Burstein, Stanley M.: *Agatharchides of Cnidus. On the Erythraean Sea*, London 1989.
Butts, James R.: *The Progymnasmata of Theon. A new text with translation and commentary*, Ann Arbor 1990.
Bywater, Ingram: Ἀριστοτέλους περὶ ποιητικῆς. *Aristotle on the art of poetry*, Oxford 1909.
Calboli, Gualtiero: *Cornifici Rhetorica ad Herennium. Introduzione, testo critico, commento*, Bologna 1969.
Carey, Christopher: *A commentary on five Odes of Pindar. Pythian 2, Pythian 9, Nemean 1, Nemean 7, Isthmian 8*, Salem [u. a.] 1981.
Classen, Johannes / Steup, Julius: *Thukydides. Bd. 1: Einleitung. Erstes Buch*, Berlin ^{5}1919.
Courtney, Edward: *The Fragmentary Latin Poets*, Oxford 2003.
Dalfen, Joachim: *Platon. Gorgias. Übersetzung und Kommentar*, Göttingen 2004.
Davies, Malcolm: *Poetarum melicorum Graecorum fragmenta. Vol. 1: Alcman, Stesichorus, Ibycus*, Oxford 1991.
Dentice di Accadia, Stefano: *Pseudo-Dionigi di Alicarnasso: I discorsi figurati I e II (ars rhet. VIII e IX Us.-Rad.). Introduzione, traduzione e commento*, Pisa [u. a.] 2010.
Dilts, Mervin R. / Kennedy, George A.: *Two Greek rhetorical treatises from the Roman Empire. Introduction, text, and translation of the arts of rhetoric attributed to Anonymous Seguerianus and to Apsines of Gadara*, Leiden [u. a.] 1997.

https://doi.org/10.1515/9783110550559-010

Dover, Kenneth: *Aristophanes Frogs. Edited with Introduction and Commentary*, Oxford 1993.
Dyck, Andrew R.: *A Commentary on Cicero, De Legibus*, Ann Arbor 2004.
Ebner, Martin et alii: *Lukian. Die Lügenfreunde oder: der Ungläubige*, Darmstadt 2001.
Else, Gerald F.: *Aristotle's Poetics: The Argument*, Leiden 1957.
Feddern, Stefan: *Die Suasorien des älteren Seneca. Einleitung, Text und Kommentar*, Berlin [u. a.] 2013.
Fedeli, Paolo: *Q. Orazio Flacco. Le opere. Tomo quarto: Le epistole, l'arte poetica*, Rom 1997.
Felten, Joseph: *Rhetores Graeci XI. Nicolai progymnasmata*, Leipzig 1913.
Festa, Nicolaus: *Palaephati Περὶ ἀπίστων*, Leipzig 1902.
Finckh, Christoph Eberhard: *Theonis Sophistae Progymnasmata*, Stuttgart 1834.
Flores, Enrico: *Quinto Ennio. Annali. Vol. 1: libri I–VIII; Vol. 2: libri I–VIII commentari*, Neapel 2000/2002.
Gärtner, Ursula: *Phaedrus. Ein Interpretationskommentar zum ersten Buch der Fabeln*, München 2015.
Gastaldi, Silvia: „Paideia/mythologia", in: Vegetti, Mario (Hg.): *Platone. La Repubblica. Traduzione e commento. Vol. II: Libri II e III*, Neapel 1998, 333–392.
Gauger, Barbara / Gauger, Jörg-Dieter: *Fragmente der Historiker: Theopomp von Chios (FGrHist 115/116)*, Stuttgart 2010.
Gemelli Marciano, Millj L.: *Die Vorsokratiker. Bd. 1: Thales, Anaximander, Anaximenes, Pythagoras und die Pythagoreer, Xenophanes, Heraklit*, Düsseldorf 2007.
Gentili, Bruno / Prato, Carolus: *Poetarum elegiacorum testimonia et fragmenta*, Leipzig ²1988.
Gomme, Arnold W.: *A Historical Commentary on Thucydides. Vol. 1: Introduction and Commentary on Book 1*, Oxford 1945.
Guaglianone, Antonio: *Phaedri Augusti liberti liber fabularum*, Turin 1969.
Halliwell, Stephen: *The Poetics of Aristotle. Translation and Commentary*, London 1987.
Halm, Karl: *Rhetores Latini minores*, Leipzig 1863.
Henry, René: *Photius. Bibliothèque. Tome VII (Codices 246–256)*, Paris 1974.
Holder, Alfred: *Pomponi Porfyrionis commentum in Horatium Flaccum*, Innsbruck 1894.
Homeyer, Helene: *Lukian. Wie man Geschichte schreiben soll*, München 1965.
Hornblower, Simon: *A commentary on Thucydides. Vol. 1: Books I – III*, Oxford 1991.
Hunter, Richard / Russell, Donald: *Plutarch. How to study poetry (De audiendis poetis)*, Cambridge 2011.
Ioli, Roberta: *Gorgia. Testimonianze e frammenti*, Rom 2013.
Kannicht, Richard / Snell, Bruno: *Tragicorum Graecorum fragmenta II. Fragmenta adespota, testimonia voluminis 1 addenda, indices ad volumina 1 et 2*, Göttingen 1981.
Kannicht, Richard: *Tragicorum Graecorum fragmenta V. Euripides*, Band 1, Göttingen 2004.
Kassel, Rudolf: *Aristotelis de arte poetica liber*, Oxford 1965.
Kassel, Rudolf / Austin, Colin: *Poetae comici Graeci (PCG). Vol. 2: Agathenor – Aristonymus*, Berlin [u. a.] 1991.
Kennedy, George A.: *Progymnasmata. Greek textbooks of prose composition and rhetoric*, Leiden [u. a.] 2003.
Kiessling, Adolf / Heinze, Richard: *Q. Horatius Flaccus. Briefe*, Berlin ⁶1959.
Kroll, Wilhelm: *C. Valerius Catullus*, Stuttgart ³1959.
Lanata, Giuliana: *Poetica pre-Platonica. Testimonianze e frammenti*, Florenz 1963.
Lempp, Ulrich: *Hermogenes. Stil-Lehre*, Stuttgart 2012.
Lucas, Donald W.: *Aristotle. Poetics*, Oxford 1968.

Maddalena, Antonio: *Thucydidis Historiarum liber 1,1. Introduzione, testo critico e commento con traduzione e indici*, Florenz 1951.
Maehler, Herwig: *Pindari carmina cum fragmentis, Bd. 2: Fragmenta, Indices*, Leipzig 1989.
Marg, Walter: *Hesiod. Sämtliche Gedichte*, Darmstadt ²1984.
Marx, Friedrich: *C. Lucilii Carminum reliquiae. Vol. 1: Testimonia, Fasti Luciliani, Carminum reliquiae, Indices. Vol. 2: Commentarius*, Leipzig 1904/1905.
Merkelbach, Reinhold / West, Martin L.: *Fragmenta Hesiodea*, Oxford 1967.
Müller, Karl: *Geographi Graeci Minores. Vol. 1*, Paris 1882.
Murray, Penelope: *Plato on Poetry. Ion; Republic 376e–398b9; Republic 595–608b10*, Cambridge 1996.
Némethy, Geyza: *P. Ovidii Nasonis amores*, Budapest 1907.
Oberg, Eberhard: *Phaedrus-Kommentar*, Stuttgart 2000.
Page, Denys L.: *Supplementum lyricis Graecis. Poetarum lyricorum Graecorum fragmenta quae recens innotuerunt*, Oxford 1974.
Passalacqua, Marina: *Prisciani Caesariensis opuscula I*, Rom 1987.
Patillon, Michel / Bolognesi, Giancarlo: *Aelius Théon. Progymnasmata*, Paris 1997.
Patillon, Michel: *Anonyme, Préambule à la rhétorique. Aphthonios, Progymnasmata. En annexe: Pseudo-Hermogène, Progymnasmata*, Paris 2008.
Patillon, Michel: *Prolégomènes au De Ideis. Hermogène, Les catégories stylistiques du discours (De Ideis). Synopses des exposés sur les Ideai*, Paris 2012.
Pease, Arthur S.: *M. Tulli Ciceronis De divinatione libri duo*, Darmstadt 1963.
Perry, Ben E.: *Aesopica. A series of texts relating to Aesop or ascribed to him or closely connected with the literary tradition that bears his name*, Urbana 1952.
Poltera, Orlando: *Simonides Lyricus. Testimonia und Fragmente. Einleitung, kritische Ausgabe, Übersetzung und Kommentar*, Basel 2008.
Poppo, Ernst F. / Stahl, Johann M.: *Thucydidis De bello Peloponnesiaco libri octo. Vol. 1, Sect. 1*, hrsg. von Gottfried Böhme, Leipzig ³1886.
Porod, Robert: *Lukians Schrift „Wie man Geschichte schreiben soll". Kommentar und Interpretation*, Wien 2013.
Pritchett, William K.: *Dionysius of Halicarnassus: On Thucydides*, Berkeley [u. a.] 1975.
Pucci, Pietro: *Inno alle Muse (Esiodo, Teogonia, 1–115). Testo, introduzione, traduzione e commento*, Pisa [u. a.] 2007.
Radt, Stefan: *Tragicorum Graecorum fragmenta IV. Sophocles*, Göttingen 1977.
Radt, Stefan: *Tragicorum Graecorum fragmenta III. Aeschylus*, Göttingen 1985.
Radt, Stefan: *Strabons Geographika. Bd. 1: Prolegomena, Buch I–IV: Text und Übersetzung*, Göttingen 2002.
Radt, Stefan: *Strabons Geographika. Bd. 5: Abgekürzt zitierte Literatur, Buch I–IV: Kommentar*, Göttingen 2006.
Ramírez de Verger, Antonio: *Ovidio. Amores*, Madrid 2001.
Regali, Mario: *Macrobio. Commento al Somnium Scipionis. Libro I*, Pisa 1983.
Reibaud, Laetitia: *Xénophanes de Colophon. Œuvre poétique*, Paris 2012.
Reinhardt, Tobias / Winterbottom, Michael: *Quintilian. Institutio Oratoria, Book 2*, Oxford 2006.
Riesenweber, Thomas: *C. Marius Victorinus. Commenta in Ciceronis rhetorica*, Berlin [u. a.] 2013.

Riesenweber, Thomas: *C. Marius Victorinus. Commenta in Ciceronis rhetorica*, 2 Bdd., Berlin [u. a.] 2015.
Roller, Duane W.: *Eratosthenes' Geography*, Princeton [u. a.] 2010.
Roth, Peter: *Der Panathenaikos des Isokrates. Übersetzung und Kommentar*, München [u. a.] 2003.
Rusten, Jeffrey S.: *Thucydides. The Peloponnesian war. Book 2*, Cambridge 1989.
Scarpa, Luigi: *Macrobii Ambrosii Theodosii Commentariorum in Somnium Scipionis libri duo*, Padua 1981.
Schierl, Petra: *Die Tragödien des Pacuvius. Ein Kommentar zu den Fragmenten mit Einleitung, Text und Übersetzung*, Berlin [u. a.] 2006.
Schlee, Friedrich: *Scholia Terentiana*, Leipzig 1893.
Schmitt, Arbogast: *Aristoteles. Poetik*, Berlin ²2011.
Shackleton Bailey, David R.: *Cicero, Epistulae ad familiares. Vol. 1: 62–47 BC*, Cambridge 1977.
Skutsch, Otto: *The annals of Q. Ennius*, Oxford 1985.
Spengel, Leonhard: *Rhetores Graeci II*, Leipzig 1854 (Ndr. Frankfurt a.M. 1966).
Tarán, Leonardo / Gutas, Dimitri: *Aristotle. Poetics. Editio maior of the Greek text with historical introductions and philological commentaries*, Leiden [u. a.] 2012.
Thesleff, Holger: *The Pythagorean texts of the Hellenistic period*, Abo 1965.
Thiele, Georg: *Der Lateinische Äsop des Romulus und die Prosa-Fassungen des Phädrus. Kritischer Text mit Kommentar und einleitenden Untersuchungen*, Heidelberg 1910.
Thilo, Georg / Hagen, Hermann: *Servii Grammatici qui feruntur in Vergilii carmina commentarii. Vol. I: Aeneidos librorum I – V commentarii*, Leipzig 1881.
Thomson, Douglas F.S.: *Catullus*, Toronto 1997.
Too, Yun Lee: *A Commentary on Isocrates' Antidosis*, Oxford 2008.
Untersteiner, Mario: *Sofisti. Testimonianze e frammenti. Fasc. 2: Gorgia, Licofrone e Prodico*, Florenz ²1961.
Untersteiner, Mario: *Senofane. Testimonianze e frammenti*, Florenz 1956.
Vahlen, Johannes: *Ennianae poesis reliquiae*, Leipzig 1903.
Walbank, Frank W.: *A historical commentary on Polybius. Vol. 1: commentary on books I – VI*, Oxford 1957. *Vol. 3: commentary on books XIX – XL*, Oxford 1979.
Wessner, Paul: *Aeli Donati Commentum Terenti*, 2 Bdd., Stuttgart 1902 /1905.
West, Martin L.: *Hesiodus. Theogony*, Oxford 1966.
West, Martin L.: *Iambi et elegi Graeci. Vol. 2: Callinus, Mimnermus, Semonides, Solon, Tyrtaeus, minora Adespota*, Oxford ²1992.
Willis, James: *Martianus Capella*, Leipzig 1983.
Woelk, Dieter: *Agatharchides von Knidos. Über das Rote Meer. Übersetzung und Kommentar*, Bamberg 1966.
Zetzel, James E.G.: *Cicero. De re publica. Selections*, Cambridge 1995.
Zinsmaier, Thomas: *[Quintilian] Die Hände der blinden Mutter (Größere Deklamationen, 6)*, Cassino 2009.

Literarische und philosophische Texte

Coleridge, Samuel T.: *Biographia Literaria or Biographical Sketches of My Literary Life and Opinions II. Edited by James Engell and W. Jackson Bate*, London [u. a.] 1983.

Defoe, Daniel: *Robinson Crusoe. An authoritative text, contexts, criticism. Edited by Michael Shinagel*, New York [u. a.] ²1994.
Eco, Umberto: *Der Name der Rose. Aus dem Italienischen von Burkhart Kroeber*, München [u. a.] 1982.
Grass, Günther: *Werkausgabe. Band 3: Die Blechtrommel, herausgegeben von Volker Neuhaus*, Göttingen 1997.
Kant, Immanuel: *Kritik der Urteilskraft und Schriften zur Naturphilosophie. Herausgegeben von Wilhelm Weischedel*, Darmstadt 1998.
Sidney, Sir Philip: *An Apology for Poetry or The Defence of Poesy. Edited by Geoffrey Shepherd. Revised and expanded for this third edition by R. W. Maslen*, Manchester [u. a.] ³2002.

Sekundärliteratur

Accame, Silvio: „L'invocazione alla Musa e la ‚verità' in Omero e in Esiodo", *RFC* 41, 1963, 257–281; 385–415.
Adamietz, Joachim: *Ciceros de inventione und die Rhetorik ad Herennium*, Marburg 1960.
Adcock, Frank E.: *Thucydides and his history*, Cambridge 1963.
Anderegg, Johannes: *Fiktion und Kommunikation. Ein Beitrag zur Theorie der Prosa*, Göttingen 1973.
Armstrong, John M.: „Aristotle on the Philosophical Nature of Poetry", *CQ* 48, 1998, 447–455.
Arrighetti, Graziano: „Esiodo e le Muse: il dono della verità e la conquista della parola", *Athenaeum* 80, 1992, 45–63.
Arrighetti, Graziano: „Hésiode et les Muses : Le don de la vérité et la conquête de la parole", in: Blaise, Fabienne / Judet de La Combe, Pierre / Rousseau, Philippe (Hgg.): *Le métier du mythe. Lectures d'Hésiode*, Lille 1996, 53–70.
Arrighetti, Graziano: *Poesia, poetiche e storia nella riflessione dei Greci. Studi*, Pisa 2006.
Arthur, Marylin B.: „The Dream of a World Without Women. Poetics and the Circles of Order in the *Theogony* Prooemium", *Arethusa* 16, 1983, 97–116.
Asmis, Elizabeth: „Cicero *mythologus*: The myth of the founders in *De republica*", *CJ* 110, 2014, 23–42.
Assmann, Aleida: „Fiktion als Differenz", *Poetica* 21, 1989, 239–260.
Baasner, Rainer: *Methoden und Modelle der Literaturwissenschaft. Eine Einführung*, Berlin 1996.
Badian, Ernst: „Thucydides on Rendering Speeches", *Athenaeum* 80, 1992, 187–190.
Baier, Thomas: „Douris et l'historiographie romaine", in: Naas, Valérie / Simon, Mathilde (Hgg.): *De Samos à Rome: personnalité et influence de Douris*, Nanterre 2016, 259–271.
Baima, Nicholas R.: „Republic 382 A–D: On the Dangers and Benefits of Falsehood", *CPh* 112, 2017, 1–19.
Bal, Mieke: *Narratology. Introduction to the Theory of Narrative*, Toronto [u. a.] ³2009.
Baldry, Harold C.: „The Interpretation of Poetics IX", *Phronesis* 2, 1957, 41–45.
Bareis, J. Alexander: *Fiktionales Erzählen. Zur Theorie der literarischen Fiktion als Make-Believe*, Göteborg 2008.
Bareis, J. Alexander: „Fiktionen als *Make-Believe*", in: Klauk, Tobias / Köppe, Tilmann (Hgg.): *Fiktionalität. Ein interdisziplinäres Handbuch*, Berlin 2014, 50–67.
Barmeyer, Eike: *Die Musen. Ein Beitrag zur Inspirationstheorie*, München 1968.

Barthes, Roland: „Le discours de l'histoire", in: Marty, Éric (Hg.): *Roland Barthes. Oeuvres complètes. Tome II: 1962–1967*, Paris 2002, 1250–1262.

Barwick, Karl: „Die Gliederung der narratio in der rhetorischen Theorie und ihre Bedeutung für die Geschichte des antiken Romans", *Hermes* 63, 1928, 261–287.

Bauer, Ludwig: *Authentizität, Mimesis, Fiktion. Fernsehunterhaltung und Integration von Realität am Beispiel des Kriminalsujets*, München 1992.

Belfiore, Elizabeth: „'Lies unlike the Truth'. Plato on Hesiod, Theogony 27", *TAPhA* 115, 1985, 47–57.

Bergren, Ann L.T.: „Language and the Female in Early Greek Thought", *Arethusa* 16, 1983, 69–95.

Bicknell, Peter: „Thucydides, 1.22: A provocation", *AC* 59, 1990, 172–178.

Bindschedler, Maria: *Nietzsche und die poetische Lüge*, Berlin 1966.

Biraschi, Anna M.: „Strabone e la difesa di Omero nei Prolegomena", in: Prontera, Francesco (Hg.): *Strabone. Contributi allo studio della personalità e dell'opera*. Vol. 1, Perugia 1984, 127–153.

Biraschi, Anna M.: „Teopompo e l'uso del mito. A proposito di FGrHist 115 F 381", *Hermes* 124, 1996, 160–169.

Biraschi, Anna M.: „Strabo and Homer. A chapter in cultural history", in: Dueck, Daniela / Lindsay, Hugh / Pothecary, Sarah (Hgg.): *Strabo's Cultural Geography. The Making of a Kollossurgia*, Cambridge 2005, 73–85.

Bleumer, Hartmut: Rezension zu Zipfel (2001), *Beiträge zur Geschichte der deutschen Sprache und Literatur* 126, 2004, 105–108.

Bogdal, Klaus-Michael: *Historische Diskursanalyse der Literatur*, Heidelberg ²2007.

Bonelli, Guido: „Tucidide 1, 22, 1", in: Benedetti, Francesco (Hg.): *Studi di filologia e tradizione greca in memoria di Aristide Colonna*, Neapel [u. a.] 2003, 155–164.

Boldrer, Francesca: „Fedro, la favola esopica e gli alberi parlanti (I prologo e fab. nov. 16 Z.)", in: Leonardelli, F. (Hg.): *Officina humanitatis. Studi in onore di Lia de Finis*, Trient 2010, 45–54.

Borzsák, Stefan: „Cicero und Caesar. Ihre Beziehungen im Spiegel des Romulus-Mythos", in: Michel, Alain / Verdière, Raoul (Hgg.): *Ciceroniana. Hommages à Kazimierz Kumaniecki*, Leiden 1975, 22–35.

Boys-Stones, George R. / Haubold, Johannes H. (Hgg.): *Plato and Hesiod*, Oxford [u. a.] 2010.

Bowie, Ewen L.: „Lies, Fiction and Slander in Early Greek Poetry", in: Gill, Christopher / Wiseman, Timothy P. (Hgg.): *Lies and fiction in the ancient world*, Exeter 1993, 1–37.

Bradley, Edward M.: „The relevance of the Prooemium to the design and meaning of Hesiod's Theogony", *SO* 41, 1966, 29–47.

Bréchet, Christophe : „L'*Iliade* et l'*Odyssée* relèvent-elles de la 'fiction' ? *Mimèsis, muthos* et *plasma* dans l'exégèse homérique", in: Auger, Danièle / Delattre, Charles (Hgg.): *Mythe et fiction*, Paris 2010, 35–67.

Bréchet, Christophe : „La place de la fiction dans l'exégèse homérique, de Platon à Eustathe de Thessalonique", in: idem / Videau, Anne / Webb, Ruth (Hgg.): *Théories et pratiques de la fiction à l'epoque impériale*, Paris, 2013, 19–35.

Breuer, Johannes: *Der Mythos in den Oden des Horaz. Praetexte, Formen, Funktionen*, Göttingen 2008.

Brillante, Carlo: *Il cantore e la Musa. Poesia e modelli culturali nella Grecia arcaica*, Pisa 2009.

Brunt, Peter A.: „Cicero and Historiography", in: Marincola, John (Hg.): *Greek and Roman Historiography*, Oxford 2011, 207–240.
Bryan, Jenny: *Likeness and likelihood in the Presocratics and Plato*, Cambridge [u. a.] 2012.
Büchner, Karl: „Das Proömium der Theogonie des Hesiod", in: idem: *Studien zur römischen Literatur VII. Griechisches und Griechisch-Römisches*, Wiesbaden 1968, 9–42.
Bugno, Maurizio (Hg.): *Senofane ed Elea tra Ionia e Magna Grecia*, Neapel 2005.
Buongiovanni, Angelo M.: „La verità e il suo doppio (Hes., Theog., 27–28)", in: *Interpretazioni antiche e moderne di testi greci*, Pisa 1987, 9–24.
Bureau, Bruno / Nicolas, Christian: „*Argumentum* et fiction dramatique dans le commentaire de Donat à Térence", in: Bréchet, Christophe / Videau, Anne / Webb, Ruth (Hgg.): *Théories et pratiques de la fiction à l'epoque impériale*, Paris, 2013, 99–122.
Burkard, Thorsten: „La novellistica antica. La novella di Erodoto e la novella Milesia", in: Dallapiazza, Michael / Darconza, Giovanni (Hgg.): *La novella europea. Origine, sviluppo, teoria. Atti del convegno internazionale Urbino 2007*, Rom 2009, 25–44.
Burkard, Thorsten: „Vulgärlatein und Klassisches Latein", in: Elmentaler, Michael / Hoinkes, Ulrich (Hgg.): *Gute Sprache, schlechte Sprache. Sprachnormen und regionale Vielfalt im Wandel*, Frankfurt a.M. [u. a.] 2011, 21–46.
Burkard, Thorsten: „Zu den Begriffen *divisio* und *color* bei Seneca maior", in: Poignault, Rémy / Schneider, Catherine (Hgg.): *Fabrique de la déclamation antique (controverses et suasoires)*, Lyon 2016, 87–134.
Burkard, Thorsten / Schauer, Markus: *Lehrbuch der lateinischen Syntax und Semantik. Begründet von Hermann Menge*, Darmstadt [5]2012.
Burkert, Walter: „Antiker Mythos – Begriff und Funktion", in: Hofmann, Heinz (Hg.): *Antike Mythen in der europäischen Tradition*, Tübingen 1999, 11–26.
Burns, Timothy: „Marcellinus' *Life of Thucydides*, translated, with an introductory essay", *Interpretation* 38, 2010, 3–25.
Büttner, Stefan: *Die Literaturtheorie bei Platon und ihre anthropologische Begründung*, Tübingen [u. a.] 2000.
Büttner, Stefan: „Literatur und Mimesis bei Platon", in: Schönert, Jörg / Zeuch, Ulrike (Hgg.): *Mimesis, Repräsentation, Imagination. Literaturtheoretische Positionen von Aristoteles bis zum Ende des 18. Jahrhunderts*, Berlin [u. a.] 2004, 31–63.
Calboli, Gualtiero: *Studi grammaticali*, Bologna 1962.
Calboli Montefusco, Lucia: *Exordium, narratio, epilogus. Studi sulla teoria greca e romana delle parti del discorso*, Bologna 1988.
Calboli Montefusco, Lucia: „Cic. Inv. 1.27 and Rhet. Her. 1.12 f.: the question of the *tertium genus narrationis*", in: eadem (Hg.): *Papers on Rhetoric VII*, Bologna 2006, 17–29.
Cancik, Hubert: „Mythos/Mythologie. II 3 Römische Religion", in: *RGG* 5, [4]2008, 1695–1697.
Canobbio, Alberto: „Pittori, poeti e serpenti alati: Pacuvio, Lucilio e Hor. *ars* 13", *BStudLat* 42, 2012, 546–561.
Canobbio, Alberto: „Pacuvio, l'*ars* Oraziana e i *monstra* fra pittura e poesia", in: Linant de Bellefonds, Pascale / Prioux, Évelyne / Rouveret, Agnès (Hgg.): *D'Alexandre à Auguste. Dynamiques de la création dans les arts visuels et la poésie*, Rennes 2015, 167–175.
Carbonara, Mirella Naddei: „L'inganno della poesia. Gorgia e Leopardi", *Atti dell' Accademia di Scienze Morali e Politiche della Società Nazionale di Scienze, Lettere e Arti in Napoli* 93, 1982, 201–218.
Carroll, Noël: „Interpretation, History and Narrative", *The Monist* 73, 1990, 134–166.

Casertano, Giovanni: „Il ,veramente falso' in Platone", *Atti dell' Accademia di Scienze Morali e Politiche della Società Nazionale di Scienze, Lettere e Arti in Napoli* 110, 1999, 33–47.
Cavarzere, Alberto: „Ego polivi versibus senariis: Phaedrus and iambic poetry", in: idem [u. a.] (Hg.): *Iambic Ideas. Essays on a poetic tradition from Archaic Greek to the Late Roman Empire*, Lanham [u. a.] 2001, 205–218.
Chiron, Pierre: „Imiter, modeler, trouver, créer… : métaphores et conceptions de la fiction dans les *Progymnasmata* d'Aelius Théon", in: Bréchet, Christophe / Videau, Anne / Webb, Ruth (Hgg.): *Théories et pratiques de la fiction à l'epoque impériale*, Paris, 2013, 37–47.
Citroni, Mario: „The Ars Poetica and the Marvellous", in: Hardie, Philip R. (Hg.): *Paradox and the marvellous in Augustan literature and culture*, Oxford 2009, 19–40.
Clay, Jenny Strauss: „What the Muses Sang: Theogony 1–115", *GRBS* 29, 1988, 323–333.
Clay, Jenny Strauss: *Hesiod's Cosmos*, Cambridge 2003.
Cogan, Marc: *The human thing. The speeches and principles of Thucydides' history*, Chicago [u. a.] 1981.
Cohn, Dorrit: „Signposts of Fictionality. A Narratological Perspective", *Poetics Today* 11, 1990, 775–804.
Compernolle, René van: „L'emploi de μάλιστα, de ἐγγύς et de ἐγγύτατα avec des noms de nombre, chez Thucydide", *AC* 27, 1958, 5–12.
Connor, Walter R.: *Theopompus and fifth-century Athens*, Cambridge 1968.
Crittenden, Charles: *Unreality. The Metaphysics of Fictional Objects*, Ithaca [u. a.] 1991.
Croix, Geoffrey E.M. de Sainte: *The Origins of the Peloponnesian War*, London 1972.
Croix, Geoffrey E.M. de Sainte: „Aristotle on History and Poetry (Poetics 9, 1451a36–b11)", in: Levick, Barbara (Hg.): *The Ancient Historian and His Materials. Essays in honour of C. E. Stevens on his seventieth birthday*, London 1975, 45–58.
Croix, Geoffrey E.M. de Sainte: „Aristotle on History and Poetry (Poetics 9, 1451a36–b11)", in: Oksenberg Rorty, Amélie (Hg.): *Essays on Aristotle's Poetics*, Princeton 1992, 23–32.
Currie, Gregory: *The nature of fiction*, Cambridge [u. a.] 1990.
Cyron, Alexander: *Die Poetologie der spätantiken Vergilkommentare*, Diss. Kiel 2009.
Dahlmann, Hellfried: „Varros Schrift ‚de poematis' und die hellenistisch-römische Poetik", in: *Akademie der Wissenschaften und der Literatur. Abhandlungen der geistes- und sozialwissenschaftlichen Klasse*, Wiesbaden 1953, 87–158.
Dalfen, Joachim: *Polis und Poiesis. Die Auseinandersetzung mit der Dichtung bei Platon und seinen Zeitgenossen*, München 1974.
Davis, Lennard J.: *Factual Fictions. The origins of the English novel*, New York [u. a.] 1983.
Derrida, Jacques: *De la grammatologie*, Paris 1967.
Derrida, Jacques: *Positions. Entretiens avec Henri Ronse, Julia Kristeva, Jean-Luis Houdebine, Guy Scarpetta*, Paris 1972.
Derrida, Jacques: „Signature Event Context", *Glyph* 1, 1977, 172–197.
Derrida, Jacques: „Limited Inc a b c …", *Glyph* 2, 1977, 162–254.
Desideri, Paolo: „Strabone e la verità storica in Omero", in: *Storiografia e poesia nella cultura medievale*, Rom 1999, 127–136.
Detienne, Marcel: *Les maîtres de vérité dans la Grèce archaïque*, Paris 1967.
Develin, Robert: „Thucydides on Speeches", *AHB* 4, 1990, 58–60.
Dietz, David B.: „*Historia* in the Commentary of Servius", *TAPhA* 125, 1995, 61–97.
Di Gregorio, Lamberto: „Plutarco e la tragedia greca", *Prometheus* 2, 1976, 151–174.
Doležel, Lubomír: *Heterocosmica. Fiction and Possible Worlds*, Baltimore [u. a.] 1998.

Dosi, Antonietta: „La definizione gorgiana della tragedia", *Rendiconti dell'Istituto Lombardo. Classe di Lettere e Scienze Morali e Storiche* 102, 1968, 35–90.
Dueck, Daniela: „Strabo's use of poetry", in: eadem / Lindsay, Hugh / Pothecary, Sarah (Hgg.): *Strabo's Cultural Geography. The Making of a Kollossurgia*, Cambridge 2005, 86–107.
Dunsch, Boris: „*In cothurnis prodit Aesopus:* Phaedrus' literarische Selbstverteidigung (Fab. 4,7)", *Millennium* 7, 2010, 37–50.
Eckstein, Arthur M.: „Polybius, Phylarchus, and Historiographical Criticism", *CPh* 108, 2013, 314–338.
Eco, Umberto: *Semiotik. Entwurf einer Theorie der Zeichen. Übersetzt von Günter Memmert*, München ²1991.
Eco, Umberto: *Die Grenzen der Interpretation. Aus dem Italienischen von Günter Memmert*, München [u. a.] 1992.
Eco, Umberto: *Im Wald der Fiktionen. Sechs Streifzüge durch die Literatur. Harvard-Vorlesungen (Norton lectures 1992–93). Aus dem Italienischen von Burkhart Kroeber*, München [u. a.] 1994.
Eden, Kathy: *Poetic and legal fiction in the Aristotelian tradition*, Princeton [u. a.] 1986.
Edzard, Lutz / Köhnken, Adolf: „A new look at the Greek, Syriac, and Arabic versions of Aristotle's *Poetics*", in: Edzard, Lutz / Watson, Janet (Hgg.): *Grammar as a window onto Arabic Humanism. A collection of articles in honour of Michael G. Carter*, Wiesbaden 2006, 222–264.
Egermann, Franz: „Zum historiographischen Ziel des Thukydides", *Historia* 10, 1961, 435–447.
Egermann, Franz: „Thukydides über die Art seiner Reden und über seine Darstellung der Kriegsgeschehnisse", *Historia* 21, 1972, 575–602.
Egermann, Franz: „Zu den Grundbegriffen der thukydideischen Geschichtsschreibung", in: Heinen, Heinz (Hg.): *Althistorische Studien. Hermann Bengtson zum 70. Geburtstag dargebracht von Kollegen und Schülern*, Wiesbaden 1983, 44–55.
Eigler, Ulrich: „Von der Platane im *Phaidros* zur Eiche des Marius. Vergangene Zukunft in Ciceros *De Legibus*", in: Flashar, Martin / Gehrke, Hans-Joachim / Heinrich, Ernst (Hgg.): *Retrospektive. Konzepte von Vergangenheit in der griechisch-römischen Antike*, München 1996, 137–146.
Else, Gerald F.: *Plato and Aristotle on Poetry*, Chapel Hill [u. a.] 1986.
Engels, Johannes: „Mythos", in: *HWR* 6, Tübingen 2003, 80–97.
Erbse, Hartmut: „Über eine Eigenheit der thukydideischen Geschichtsbetrachtung", *RhM* 96, 1953, 38–62.
Erbse, Hartmut: „Über eine Eigenheit der thukydideischen Geschichtsbetrachtung", in: Herter, Hans (Hg.): *Thukydides*, Darmstadt 1968, 317–343.
Erbse, Hartmut: „Aristoteles über Tragödie und Geschichtsschreibung (zum 9. Kapitel der ‚Poetik')", in: Lippold, Adolf (Hg.): *Bonner Festgabe Johannes Straub*, Bonn 1977, 127–136.
Erbse, Hartmut: *Thukydides-Interpretationen*, Berlin [u. a.] 1989.
Erler, Michael: „*Plasma* und Historie: Platon über die Poetizität seiner Dialoge", in: idem / Heßler, Jan E. / Blumenfelder, Benedikt (Hgg.): *Argument und literarische Form in antiker Philosophie*, Berlin [u. a.] 2013, 59–83.
Ernesti, Johann Ch. G.: *Lexicon Technologiae Graecorum Rhetoricae*, Leipzig 1795.
Fantham, Elaine: „*Nymphas e navibus esse:* Decorum and Poetic Fiction in *Aeneid* 9. 77–122 and 10. 215–59", *CPh* 85, 1990, 102–119.

Farrington, Scott: „The Tragic Phylarchus", in: idem / Liotsakis, Vasileios (Hgg.): *The Art of History. Literary Perspectives on Greek and Roman Historiography*, Berlin [u. a.] 2016, 159–168.
Feddern, Stefan: „Thucydides' Methodenkapitel in the light of the ancient evidence", in: Farrington, Scott / Liotsakis, Vasileios (Hgg.): *The Art of History. Literary Perspectives on Greek and Roman Historiography*, Berlin [u. a.] 2016, 119–144.
Feddern, Stefan: „Zur Erzähltheorie in *De inventione* (inv. 1,27), in der Herennius-Rhetorik (rhet. Her. 1,12 f.) und beim Anonymus Seguerianus (53–55)", *Gymnasium* 124, 2017, 247–275.
Ferenczi, Attila / Hardie, Philip (Hgg.): *New Approaches to Horace's Ars poetica*, Pisa [u. a.] 2014 (= *MD* 72, 2014).
Ferrari, Giovanni R.F.: „Hesiod's mimetic Muses and the strategies of deconstruction", in: Benjamin, Andrew E. (Hg.): *Post-structuralist classics*, London [u. a.] 1988, 45–78.
Ferrari, Giovanni R.F.: „Plato and poetry", in: Kennedy, George A. (Hg.): *The Cambridge History of Literary Criticism. Vol. 1: Classical Criticism*, Cambridge 1989, 92–148.
Finkelberg, Margalit: *The Birth of Literary Fiction in Ancient Greece*, Oxford 1998.
Flashar, Hellmut: „Die medizinischen Grundlagen der Lehre von der Wirkung der Dichtung in der griechischen Poetik", *Hermes* 84, 1956, 12–48.
Fleck, Martin: *Cicero als Historiker*, Stuttgart 1993.
Flory, Stewart: „The Meaning of τὸ μὴ μυθῶδες (1.22.4) and the Usefulness of Thucydides' History", *CJ* 85, 1990, 193–208.
Fögen, Thorsten: „Zur Kritik des Polybios an Timaios von Tauromenion", *Listy filologické* 122, 1999, 1–31.
Ford, Andrew: *The Origins of Criticism. Literary Culture and Poetic Theory in Classical Greece*, Princeton [u. a.] 2002.
Foulon, Eric: „Histoire et tragédie chez Polybe", in: Augère, Daniele / Peigney, Jocelyne (Hgg.): *Phileuripidès. Mélanges offerts à François Jouan*, Nanterre 2008, 687–702.
Fox, Matthew: *Cicero's Philosophy of History*, Oxford 2007.
Fränkel, Hermann: *Dichtung und Philosophie des frühen Griechentums. Eine Geschichte der griechischen Epik, Lyrik und Prosa bis zur Mitte des 5. Jahrhunderts*, München ²1962.
Franz, Michael: „Fiktionalität und Wahrheit in der Sicht des Gorgias und des Aristoteles", *Philologus* 135, 1991, 240–248.
Frazier, Françoise: „L'homme face à l'action. Quelques emplois de γνώμη chez Thucydide", *CCG* 12, 2001, 33–67.
Frede, Dorothea: „Necessity, Chance, and ‚what happens for the most part' in Aristotle's *Poetics*", in: Oksenberg Rorty, Amélie (Hg.): *Essays on Aristotle's Poetics*, Princeton 1992, 197–219.
Frede, Dorothea: „Die Einheit der Handlung (Kap. 7–9)", in: Höffe, Otfried (Hg.): *Aristoteles. Poetik*, Berlin 2009, 105–121.
Fricke, Harald: *Norm und Abweichung. Eine Philosophie der Literatur*, München 1981.
Frischer, Bernard: *Shifting Paradigms. New Approaches to Horace's Ars Poetica*, Atlanta 1991.
Fritz, Kurt von: „Die Bedeutung des Aristoteles für die Geschichtsschreibung", in: *Histoire et historiens dans l'antiquité*, Genf 1956, 83–145.
Fritz, Kurt von: „Entstehung und Inhalt des neunten Kapitels von Aristoteles' Poetik", in: Diller, Hans (Hg.): *Festschrift Ernst Kapp zum 70. Geburtstag*, Hamburg 1958, 67–91.

Fritz, Kurt von: „Entstehung und Inhalt des neunten Kapitels von Aristoteles' Poetik", in: idem: *Antike und moderne Tragödie. Neun Abhandlungen*, Berlin 1962, 430–457.
Fromentin, Valérie: „L'histoire tragique a-t-elle existé?", in: Billault, Alain / Mauduit, Christine (Hgg.): *Lectures antiques de la tragédie classique*, Paris 2001, 77–92.
Frye, Northrop: *Anatomy of Criticism. Four Essays*, Princeton, NJ 1957.
Frye, Northrop: *Collected Works 22: Anatomy of Criticism. Four Essays, edited by Robert D. Denham*, Toronto [u. a.] 2006.
Fuchs, Elfriede: *Pseudologia. Formen und Funktionen fiktionaler Trugrede in der griechischen Literatur der Antike*, Heidelberg 1993.
Fuhrmann, Manfred: *Die Dichtungstheorie der Antike: Aristoteles – Horaz – „Longin". Eine Einführung*, Darmstadt ²1992.
Gabriel, Gottfried: *Fiktion und Wahrheit. Eine semantische Theorie der Literatur*, Stuttgart-Bad Cannstatt 1975.
Gabriel, Gottfried: „Fact, Fiction and Fictionalism. Erich Auerbach's *Mimesis* in Perspective", in: Scholz, Bernhard F. (Hg.): *Mimesis. Studien zur literarischen Repräsentation. Studies on literary representation*, Tübingen [u. a.] 1998, 33–43.
Galli, Roberta: „Fedro e Orazio", *Paideia*, 38, 1983, 195–199.
Gangloff, Anne: „Mythes, fables et rhétorique à l'époque impériale", *Rhetorica* 20, 2002, 25–56.
Gantar, Kajetan: „Die Anfangsverse und die Komposition der Horazischen Epistel über die Dichtkunst", *SO* 39, 1964, 89–98.
Garrity, Thomas F.: „Thucydides 1.22.1: Content and Form in the Speeches", *AJPh* 119, 1998, 361–384.
Gärtner, Ursula: „*levi calamo ludimus*. Zum poetologischen Spiel bei Phaedrus", *Hermes* 135, 2007, 429–459.
Garzya, Antonio: „Gorgia e l'ΑΠΑΤΗ della tragedia", in: Boldrini, Sandro (Hg.): *Filologia e forme letterarie. Studi offerti a Francesco della Corte 1*, Urbino 1987, 245–260.
Gasser, Franziska: *Germana Patria. Die Geburtsheimat in den Werken römischer Autoren der späten Republik und der frühen Kaiserzeit*, Stuttgart 1999.
Gastaldi, Silvia: „Poesia e Historia nella Poetica Aristotelica", *Rendiconti dell'Istituto Lombardo. Classe di Lettere e Scienze Morali e Storiche* 107, 1973, 202–242.
Gebauer, Gunter / Wulf, Christoph: *Mimesis. Kultur – Kunst – Gesellschaft*, Reinbek bei Hamburg 1992.
Gelzer, Matthias: „Die pragmatische Geschichtsschreibung des Polybios", in: Stiewe, Klaus / Holzberg, Niklas (Hgg.): *Polybios*, Darmstadt 1982, 273–280.
Genette, Gérard: „Discours du récit. Essai de méthode", in: idem: *Figures III*, Paris 1972, 67–267.
Genette, Gérard: *Nouveau discours du récit*, Paris 1983.
Genette, Gérard: *Fiction et diction*, Paris 1991.
Genette, Gérard: *Die Erzählung. Übersetzt von Andreas Knop, mit einem Nachwort von Jochen Vogt, überprüft und berichtigt von Isabel Kranz*, Paderborn ³2010.
Gentili, Bruno: *Poesia e pubblico nella Grecia antica. Da Omero al V secolo*, Rom-Bari 1995.
Gertken, Jan / Köppe, Tilmann: „Fiktionalität", in: Winko, Simone / Jannidis, Fotis / Lauer, Gerhard (Hgg.): *Grenzen der Literatur. Zu Begriff und Phänomen des Literarischen*, Berlin [u. a.] 2009, 228–266.

Gibson, Craig A.: „True or false? Greek myth and mythography in the Progymnasmata", in: Trzaskoma, Stephen M. / Smith, R. Scott (Hgg.): *Writing myth. Mythography in the ancient world*, Leuven [u.a.] 2013, 289–308.

Gill, Christopher: „Plato on Falsehood – not Fiction", in: Gill, Christopher / Wiseman, Timothy P. (Hgg.): *Lies and fiction in the ancient world*, Exeter 1993, 38–87.

Giovannini, Giovanni: „The connection between Tragedy and History in ancient criticism", *PhQ* 22, 1943, 308–314.

Glauch, Sonja: „Fiktionalität im Mittelalter", in: Klauk, Tobias / Köppe, Tilmann (Hgg.): *Fiktionalität. Ein interdisziplinäres Handbuch*, Berlin 2014, 385–418.

Glinatsis, Robin: „L'Épitre aux Pisons dans le corpus des œuvres d'Horace: données pratiques et enjeux interprétatifs", *REA* 115, 2013, 81–100.

Glucker, John: „A misinterpretation of a passage in Thucydides", *Eranos* 62, 1964, 1–6.

Gomme, Arnold W.: „The Speeches in Thucydides", in: idem: *Essays in Greek History and Literature*, Oxford 1937, 156–189.

Goodman, Nelson: *Ways of Worldmaking*, Indianapolis 1978.

Goodman, Nelson: *Vom Denken und anderen Dingen. Übersetzt von Bernd Philippi*, Frankfurt a.M. 1987.

Granger, Herbert: „Poetry and Prose: Xenophanes of Colophon", *TAPhA* 137, 2007, 403–433.

Gray, Vivienne: „*Mimesis* in Greek Historical Theory", *AJPh* 108, 1987, 467–486.

Grayeff, Felix: „The Problem of the Genesis of Aristotle's Text", *Phronesis* 1, 1956, 105–122.

Gresens, Nicholas: *Genres of History. ΜΥΘΟΣ, ΙΣΤΟΡΙΑ, Legend, and ΠΛΑΣΜΑ in Strabo's Geography*, Diss. Indiana University 2009.

Grethlein, Jonas: „Logográphos und Thuc. 1.21.1", *Prometheus* 30, 2004, 209–216.

Grimal, Pierre: „Les 23 premiers vers de l'Art poétique d'Horace", *VL* 104, 1986, 2–8.

Groeben, Norbert / Christmann, Ursula: „Empirische Rezeptionspsychologie der Fiktionalität", in: Klauk, Tobias / Köppe, Tilmann (Hgg.): *Fiktionalität. Ein interdisziplinäres Handbuch*, Berlin 2014, 338–360.

Grossardt, Peter: „Der moderne und der antike Fiktionsbegriff", in: idem: *Einführung, Übersetzung und Kommentar zum Heroikos von Flavius Philostrat. 1. Teilband: Einführung und Übersetzung*, Basel 2006, 83–96.

Grossi, Vera M.: „Thucydides and Poetry. Ancient Remarks on the Vocabulary and Structure of Thucydides' *History*", in: Farrington, Scott / Liotsakis, Vasileios (Hgg.): *The Art of History. Literary Perspectives on Greek and Roman Historiography*, Berlin [u.a.] 2016, 99–118.

Grosskinsky, August: *Das Programm des Thukydides*, Berlin 1936.

Gualandri, Isabella: „*Sit Medea ferox invictaque, flebilis Ino*. Spunti di teorizzazione sul personaggio nella letteratura latina", *Acme* 62, 2009, 7–19.

Haas, Stefan: „Fiktionalität in den Geschichtswissenschaften", in: Klauk, Tobias / Köppe, Tilmann (Hgg.): *Fiktionalität. Ein interdisziplinäres Handbuch*, Berlin 2014, 516–532.

Haller, Rudolf: „Wirkliche und fiktive Gegenstände", in: idem: *Facta und Ficta. Studien zu ästhetischen Grundlagenfragen*, Stuttgart 1986, 57–93.

Halliwell, Stephen: *Aristotle's poetics*, London 1986.

Halliwell, Stephen: „Plato and the Psychology of Drama", in: Zimmermann, Bernhard (Hg.): *Antike Dramentheorien und ihre Rezeption*, Stuttgart 1992, 55–73.

Halliwell, Stephen: „The Republic's Two Critiques of Poetry", in: Höffe, Otfried (Hg.): *Plato. Politeia*, Berlin 1997, 313–332.

Halliwell, Stephen: *The Aesthetics of Mimesis. Ancient texts and modern problems*, Princeton [u. a.] 2002.
Halliwell, Stephen: *Between Ecstasy and Truth. Interpretations of Greek Poetics from Homer to Longinus*, Oxford [u. a.] 2011.
Halliwell, Stephen: „Diegesis – Mimesis", in: Hühn, Peter [u. a.] (Hgg.): *Handbook of Narratology*, Berlin ²2014, Bd. 1, 129–137.
Hamburger, Käte: *Die Logik der Dichtung*, Stuttgart ²1968.
Hamm, Ulrich: „*Illiteratum plausum nec desidero*. Phaedrus über sich als Dichter", *Classica Cracoviensia* 5, 2000, 275–296.
Harari, Maurizio: „Orazio e Scilla (AP, V. 1–5)", in: Linant de Bellefonds, Pascale / Prioux, Évelyne / Rouveret, Agnès (Hgg.): *D'Alexandre à Auguste. Dynamiques de la création dans les arts visuels et la poésie*, Rennes 2015, 177–180.
Harriott, Rosemary: *Poetry and Criticism before Plato*, London 1969.
Harth, Helene: *Dichtung und Arete. Untersuchungen zur Bedeutung der musischen Erziehung bei Plato*, Diss. Frankfurt a.M. 1965.
Hartmann, Jakob J.: *De Phaedri fabulis commentatio*, Leipzig 1890.
Haug, Walter: „Die Entdeckung der Fiktionalität", in: idem: *Die Wahrheit der Fiktion. Studien zur weltlichen und geistlichen Literatur des Mittelalters und der frühen Neuzeit*, Tübingen 2003, 128–144.
Häußler, Reinhard: „Antike Spuren und Spiegelungen von Aristoteles, Poetik 9, 1451 b 1–7", in: Oliva, Pavel (Hg.): *Concilium Eirene XVI. Bd. 1: The interrelations of Greek and Roman civilisations*, Prag 1983, 194–199.
Havelock, Eric A.: *Preface to Plato*, Oxford 1963.
Hawes, Greta: *Rationalizing Myth in Antiquity*, Oxford 2014.
Heath, Malcolm: „Hesiod's Didactic Poetry", *CQ* 35, 1985, 245–263.
Heath, Malcolm: *The poetics of Greek Tragedy*, London 1987.
Heath, Malcolm: „The Universality of Poetry in Aristotle's *Poetics*", *CQ* 41, 1991, 389–402.
Heath, Malcolm: „Theon and the History of the Progymnasmata", *GRBS* 43, 2002/2003, 129–160.
Heiden, Bruce: „The Muses' Uncanny Lies: Hesiod, *Theogony* 27 and Its Translators", *AJPh* 128, 2007, 153–175.
Heitsch, Ernst: „Das Wissen des Xenophanes", *RhM* 109, 1966, 193–235.
Heldmann, Georg: *Märchen und Mythos in der Antike? Versuch einer Standortbestimmung*, München [u. a.] 2000.
Hempfer, Klaus W.: *Poststrukturale Texttheorie und narrative Praxis. Tel quel und die Konstitution eines Nouveau Nouveau Roman*, München 1976.
Hempfer, Klaus W.: „Die potentielle Autoreflexivität des narrativen Diskurses und Ariosts *Orlando Furioso*", in: Lämmert, Eberhard (Hg.): *Erzählforschung. Ein Symposion*, Stuttgart 1982, 130–156.
Hempfer, Klaus W.: „Zu einigen Problemen einer Fiktionstheorie", *Zeitschrift für französische Sprache und Literatur* 100, 1990, 109–137.
Hempfer, Klaus W.: „Diskursmaximen des Poststrukturalismus", *Zeitschrift für Semiotik* 15, 1993, 319–331.
Holzberg, Niklas: *Die antike Fabel. Eine Einführung*, Darmstadt ²2001.
Horn, Hans-Jürgen: „Zum neunten Kapitel der Aristotelischen Poetik", *RhM* 131, 1988, 113–136.

Horn, Hans-Jürgen: „'Denn die Dichtung ist philosophischer als die Geschichtsschreibung' (zu Aristot. Poetik 9. 1451b5/7)", *GB* 23, 2000, 75–82.
Hornblower, Simon: *Thucydides*, London 1987.
Hose, Martin: „Fiktionalität und Lüge. Über einen Unterschied zwischen römischer und griechischer Terminologie", *Poetica* 28, 1996, 257–274.
Huart, Pierre: γνώμη *chez Thucydide et ses contemporains (Sophocle – Euripide – Antiphon – Andocide – Aristophane). Contribution à l'histoire des idées à Athènes dans la seconde moitié du Ve siècle av. J.-C.*, Paris 1973.
Iglesias Zoido, Juan C.: „Acercamiento a la polémica sobre Tucídides I, 22, 1", *Anuario de estudios filológicos* 12, 1989, 125–132.
Iser, Wolfgang: „Akte des Fingierens oder Was ist das Fiktive im fiktionalen Text?", in: Henrich, Dieter / idem (Hgg.): *Funktionen des Fiktiven*, München 1983, 121–151.
Iser, Wolfgang: *Das Fiktive und das Imaginäre. Perspektiven literarischer Anthropologie*, Frankfurt a.M. 1991.
Jacquenod, Claudine: *Contribution à une étude du concept de fiction*, Bern [u. a.] 1988.
James, Henry: „The Art of Fiction", in: Shapira, Morris (Hg.): *Henry James. Selected Literary Criticism. Prefaced with a note on „James as Critic" by F.R. Leavis*, Cambridge [u. a.] 1981, 49–67.
Janka, Markus: „Semantik und Kontext. *Mythos* und Verwandtes im *Corpus Platonicum*", in: idem / Schäfer, Christian (Hgg.): *Platon als Mythologe. Interpretationen zu den Mythen in Platons Dialogen*, Darmstadt ²2014, 23–46.
Jedrkiewicz, Stefano: „Fedro e la verità", *Quaderni urbinati di cultura classica* 63, 1990, 121–128.
Johstono, Paul: „Rumor, Rage, and Reversal: Tragic Patterns in Polybius' Account of Agathocles at Alexandria", *AHB* 31, 2017, 1–20.
Jolivet, Jean-Christophe: „Fiction, merveilleux et allégorie: Homère, Strabon, Virgile", in: Bréchet, Christophe / Videau, Anne / Webb, Ruth (Hgg.): *Théories et pratiques de la fiction à l'epoque impériale*, Paris, 2013, 81–97.
Jong, Irene J.F. de: *Narrators and Focalizers. The Presentation of the Story in the Iliad*, London ²2004.
Jong, Irene J.F. de: „Aristotle on the Homeric narrator", *CQ* 55, 2005, 616–621.
Kablitz, Andreas: „Erzählung und Beschreibung. Überlegungen zu einem Merkmal fiktionaler erzählender Texte", *Romanistisches Jahrbuch* 33, 1982, 67–84.
Kablitz, Andreas: „Dichtung und Wahrheit – Zur Legitimität der Fiktion in der Poetologie des Cinquecento", in: Hempfer, Klaus W. (Hg.): *Ritterepik der Renaissance. Akten des deutsch-italienischen Kolloquiums, Berlin 30. 3. – 2. 4. 1987*, Stuttgart 1989, 77–122.
Kablitz, Andreas: „Literatur, Fiktion und Erzählung – nebst einem Nachruf auf den Erzähler", in: Rajewsky, Irina O. / Schneider, Ulrike (Hgg.): *Im Zeichen der Fiktion. Aspekte fiktionaler Rede aus historischer und systematischer Sicht*, Stuttgart 2008, 13–44.
Kagan, Donald: „The speeches in Thucydides and the Mytilene debate", *YClS* 24, 1975, 71–94.
Kaibel, Georg: *Die Prolegomena περὶ κωμῳδίας*, Berlin 1898.
Kambylis, Athanasios: *Die Dichterweihe und ihre Symbolik. Untersuchungen zu Hesiodos, Kallimachos, Properz und Ennius*, Heidelberg 1965.
Kammler, Clemens: „Historische Diskursanalyse", in: Brackert, Helmut / Stückrath, Jörn (Hgg.): *Literaturwissenschaft. Ein Grundkurs*, Reinbek bei Hamburg 1992, 630–639.

Kannicht, Richard: „Handlung als Grundbegriff der Aristotelischen Theorie des Dramas",
   Poetica 8, 1976, 326–336.
Kannicht, Richard: „'Der alte Streit zwischen Philosophie und Dichtung'. Grundzüge der
   griechischen Literaturauffassung", *AU* 23.6, 1980, 6–36.
Kannicht, Richard: „'Der alte Streit zwischen Philosophie und Dichtung'. Grundzüge der
   griechischen Literaturauffassung", in: Kannicht, Richard / Käppel, Lutz / Schmidt, Ernst
   A. (Hgg): *Paradeigmata. Aufsätze zur griechischen Poesie*, Heidelberg 1996, 183–223.
Kapp, Ernst: „Besprechung: Wolfgang Schadewaldt, Die Geschichtsschreibung des
   Thukydides", *Gnomon* 6, 1930, 76–100.
Kapp, Ernst: „Besprechung: Wolfgang Schadewaldt, Die Geschichtsschreibung des
   Thukydides", in: Diller, Hans und Inez (Hgg.): *Ernst Kapp. Ausgewählte Schriften*, Berlin
   1968, 7–29.
Katz, Joshua T. / Volk, Katharina: „'Mere bellies'? A New Look at *Theogony* 26–8", *JHS* 120,
   2000, 122–131.
Kim, Lawrence: „The Portrait of Homer in Strabo's Geography", *CPh* 102, 2007, 363–388.
Kim, Lawrence: *Homer between History and Fiction in Imperial Greek Literature*, Cambridge
   [u. a.] 2010.
Klauk, Tobias: „Fiktion und Modallogik", in: Klauk, Tobias / Köppe, Tilmann (Hg.):
   Fiktionalität. Ein interdisziplinäres Handbuch, Berlin 2014, 255–273.
Klauk, Tobias / Köppe, Tilmann: „Bausteine einer Theorie der Fiktionalität", in: idem (Hgg.):
   Fiktionalität. Ein interdisziplinäres Handbuch, Berlin 2014, 3–31.
Klauk, Tobias / Köppe, Tilmann: „Telling vs. Showing", in: Hühn, Peter [u. a.] (Hgg.): *Handbook
   of Narratology*, Berlin ²2014, Bd. 2, 846–853.
Klemm, Imma: *Fiktionale Rede als Problem der sprachanalytischen Philosophie*,
   Königstein/Ts. 1984.
Kloss, Gerrit: „Möglichkeit und Wahrscheinlichkeit im 9. Kapitel der Aristotelischen Poetik",
   RhM 146, 2003, 160–183.
Knape, Joachim: „Narratio", in: *HWR* 6, Tübingen 2003, 98–106.
Knapp, Fritz P.: *Historie und Fiktion in der mittelalterlichen Gattungspoetik. Sieben Studien und
   ein Nachwort*, Heidelberg 1997.
Knoche, Ulrich: „Erlebnis und dichterischer Ausdruck in der lateinischen Poesie", *Gymnasium*
   65, 1958, 146–165.
Köhnken, Adolf: *Die Funktion des Mythos bei Pindar. Interpretationen zu sechs
   Pindargedichten*, Berlin [u. a.] 1971.
Köhnken, Adolf: „Antike und moderne Thukydideskritik. Der Redensatz Thuk. 1,22,1 in seinem
   Kontext", in: *Offenheit und Interesse. Studien zum 65. Geburtstag von Gerhard Wirth*,
   Amsterdam 1993, 5–30.
Köhnken, Adolf: „Antike und moderne Thukydideskritik. Der Redensatz Thuk. 1,22,1 in seinem
   Kontext", in: Bettenworth, Anja (Hg.): *Adolf Köhnken. Darstellungsziele und
   Erzählstrategien in antiken Texten*, Berlin [u. a.] 2006, 471–489.
Koller, Hermann: „Das kitharodische Prooimion. Eine formgeschichtliche Untersuchung",
   Philologus 100, 1956, 159–206.
Koller, Hermann: *Musik und Dichtung im alten Griechenland*, Bern [u. a.] 1963.
Konrad, Eva-Maria: „Panfiktionalismus", in: Klauk, Tobias / Köppe, Tilmann (Hgg.):
   Fiktionalität. Ein interdisziplinäres Handbuch, Berlin 2014, 235–254.

Konstan, David: „The invention of Fiction", in: Hock, Ronald F. / Chance, J. Bradley / Perkins, Judith (Hgg.): *Ancient fiction and early Christian narrative*, Atlanta 1998, 3–17.

Köppe, Tilmann: „Die Institution Fiktionalität", in: Klauk, Tobias / Köppe, Tilmann (Hgg.): *Fiktionalität. Ein interdisziplinäres Handbuch*, Berlin 2014(a), 35–49.

Köppe, Tilmann: „Fiktive Tatsachen", in: Klauk, Tobias / Köppe, Tilmann (Hgg.): *Fiktionalität. Ein interdisziplinäres Handbuch*, Berlin 2014(b), 190–208.

Köppe, Tilmann / Winko, Simone: *Neuere Literaturtheorien. Eine Einführung*, Stuttgart ²2013.

Kozák, Dániel: „*Si forte reponis Achillem*: Achilles in the *Ars poetica*, the *Metamorphoses*, and the *Achilleid*", *MD* 72, 2014, 207–221.

Kraus, Manfred: „Exercitatio", in: *HWR* 3, Tübingen 1996, 71–123.

Kraus, Manfred: „Progymnasmata, Gymnasmata", in: *HWR* 7, Tübingen 2005, 159–191.

Krebs, Christopher B.: „A seemingly artless conversation: Cicero's *De Legibus* (1.1-5)", *CPh* 104, 2009, 90–106.

Krischer, Tilman: „ΕΘΥΜΟΣ und ΑΛΗΘΗΣ", *Philologus* 109, 1965, 161–174.

Kristeva, Julia: *Σημειωτική. Recherches pour une sémanalyse*, Paris 1969.

Kroll, Wilhelm: *Studien zum Verständnis der römischen Literatur*, Stuttgart 1924.

Krumrey, Birgitta: *Der Autor in seinem Text. Autofiktion in der deutschsprachigen Gegenwartsliteratur als (post-)postmodernes Phänomen*, Göttingen 2015.

Kurz, Dietrich: *AKPIBEIA. Das Ideal der Exaktheit bei den Griechen bis Aristoteles*, Göppingen 1970.

Laird, Andrew: „The *Ars Poetica*", in: Harrison, Stephan J. (Hg.): *The Cambridge Companion to Horace*, Cambridge [u. a.] 2007, 132–143.

Lamarque, Peter / Olsen, Stein H.: *Truth, Fiction, and Literature. A Philosophical Perspective*, Oxford 1994.

Lamberti, Gabriella: „La poetica del lusus in Fedro", *RIL* 114, 1980, 95–115.

Landwehr, Jürgen: „Von der Repräsentation zur Selbstbezüglichkeit und die Rückkehr des/zum Imaginären. Konzepte von Literatur und literarischem (Struktur-)Wandel und ein ‚verkehrtes' Mimesis-Modell", in: Titzmann, Michael (Hg.): *Modelle des literarischen Strukturwandels*, Tübingen 1991, 275–295.

Latte, Kurt: „Hesiods Dichterweihe", *A&A* 2, 1946, 152–163.

Lattmann, Claas: „Die Dichtungsklassifikation des Aristoteles. Eine neue Interpretation von Aristot. poet. 1448a19-24", *Philologus* 149, 2005, 28–51.

Lattmann, Claas: „Vom Nutzen der ὄψις: Aristoteles, Poetik 1450a12-14", *Philologus* 159, 2015, 251–271.

Lazzarini, Caterina: „Historia/fabula: forme della costruzione poetica virgiliana nel commento di Servio all'Eneide", *MD* 12, 1984, 117–144.

Leclerc, Marie-Christine: *La parole chez Hésiode. À la recherche de l'harmonie perdue*, Paris 1993.

Ledbetter, Grace M.: *Poetics before Plato. Interpretation and Authority in Early Greek Theories of Poetry*, Princeton [u. a.] 2003.

Lenz, Alexandra N.: „Zum Salienzbegriff und zum Nachweis salienter Merkmale", in: Anders, Christina A. / Hundt, Markus / Lasch, Alexander (Hgg.): *Perceptual dialectology. Neue Wege der Dialektologie*, Berlin [u. a.] 2010, 89–110.

Levi, Mario A.: „Die Kritik des Polybios an Timaios", in: Stiewe, Klaus / Holzberg, Niklas (Hgg.): *Polybios*, Darmstadt 1982, 405–414.

Lewis, David: „Truth in Fiction", *American Philosophical Quarterly* 15, 1978, 37–46.

Linsmayer, Anton: *Variae lectiones ad Ciceronis librum primum de inventione ex quattuor codicibus exscriptae*, München 1853.
Lockhart, Philip N.: *The Literary Criticism of Servius*, Diss. New Haven 1959.
Lorenz, Kurt: *Untersuchungen zum Geschichtswerk des Polybios*, Stuttgart 1931.
Loriaux, Robert: „Les discours de Thucydide (I, 22)", *LEC* 50, 1982, 289–292.
Luck, Georg: *Die römische Liebeselegie*, Heidelberg 1961.
Luschnat, Otto: Art. „Thukydides", *RE Suppl.* 12, 1970, Sp. 1085–1354.
Luschnat, Otto: Art. „Thukydides. Nachträge", *RE Suppl.* 14, 1974, Sp. 760–786.
Luther, Wilhelm: *„Wahrheit" und „Lüge" im ältesten Griechentum*, Borna-Leipzig 1935.
Luther, Wilhelm: „Der frühgriechische Wahrheitsgedanke im Lichte der Sprache", *Gymnasium* 65, 1958, 75–107.
Macleod, Colin: „Form and Meaning in the Melian Dialogue", *Historia* 23, 1974, 385–400.
Macleod, Colin: „Rhetoric and history (Thucydides, VI,16–18)", *QS* 1, 1975, 39–65.
Macleod, Colin: „Form and Meaning in the Melian Dialogue", in: idem: *Collected Essays*, Oxford 1984, 52–67.
Maehler, Herwig: *Die Auffassung des Dichterberufs im frühen Griechentum bis zur Zeit Pindars*, Göttingen 1963.
Manuwald, Gesine: „'Fact' and 'Fiction' in Roman Historical Epic", *G&R* 61, 2014, 204–221.
Margolin, Uri: „The Nature and Functioning of Fiction. Some Recent Views", *Canadian Review of Comparative Literature* 19, 1992, 101–117.
Margolin, Uri: „Narrator", in: Hühn, Peter [u. a.] (Hgg.): *Handbook of Narratology*, Berlin ²2014, Bd. 2, 646–666.
Marincola, John M.: „Thucydides 1. 22. 2", *CPh* 84, 1989, 216–223.
Marincola, John: „Polybius, Phylarchus, and 'Tragic History': A Reconsideration", in: Gibson, Bruce J. / Harrison, Thomas (Hgg.): *Polybius and his world. Essays in memory of F. W. Walbank*, Oxford 2013, 73–90.
Martínez, Matías / Scheffel, Michael: *Einführung in die Erzähltheorie*, München ¹⁰2016.
Matthes, Dieter: „Hermagoras von Temnos 1904-1955", *Lustrum* 3, 1958, 58–214; 262–278.
Mayor, John E.B.: „On licentia poetica", *The Journal of Philology* 16, 1879, 260–262.
McCaslin, Dan E.: „Polybius, Phylarchus, and the Mantineian Tragedy of 223 B.C.", *Archaiognosia* 4, 1985, 77–102.
McKeown, James C.: „Ovid Amores 3,12", in: Cairns, Francis (Hg.): *Papers of the Liverpool Latin Seminar 2. Vergil and Roman Elegy, Medieval Latin Poetry and Prose, Greek Lyric and Drama*, Liverpool 1979, 163–177.
Mehmel, Friedrich: „Homer und die Griechen", *A&A* 4, 1954, 16–41.
Meijering, Roos: *Literary and Rhetorical Theories in Greek Scholia*, Groningen 1987.
Meissner, Burkhard: „ΠΡΑΓΜΑΤΙΚΗ ΙΣΤΟΡΙΑ. Polybios über den Zweck pragmatischer Geschichtsschreibung", *Saeculum* 37, 1986, 313–351.
Mette, Hans J.: *Sphairopoiia. Untersuchungen zur Kosmologie des Krates von Pergamon. Mit einem Anhang: Texte*, München 1936.
Meyer, Eduard: *Forschungen zur alten Geschichte. Band 2: Zur Geschichte des Fünften Jahrhunderts v. Chr.*, Halle 1899.
Miller, John F.: „Callimachus and the Ars amatoria", *CPh* 78, 1983, 26–34.
Momigliano, Arnaldo: „The Rhetoric of History and the History of Rhetoric. On Hayden White's Tropes", in: idem: *Contributo alla storia degli studi classici e del mondo antico 7*, Rom 1984, 49–59.

Mooij, Jan J.A.: *Fictional Realities. The Uses of Literary Imagination*, Amsterdam [u. a.] 1993.
Moos, Peter von: „Poeta und Historicus im Mittelalter. Zum Mimesis-Problem am Beispiel einiger Urteile über Lucan", *Beiträge zur Geschichte der deutschen Sprache und Literatur* 98, 1976, 93–130.
Morgan, John R.: „Make-believe and Make Believe. The Fictionality of the Greek Novels", in: Gill, Christopher / Wiseman, Timothy P. (Hgg.): *Lies and fiction in the ancient world*, Exeter 1993, 175–229.
Mühmelt, Martin: *Griechische Grammatik in der Vergilerklärung*, München 1965.
Müller, Jan-Dirk: „Literarische und andere Spiele. Zum Fiktionalitätsproblem in vormoderner Literatur", *Poetica* 36, 2004, 281–311.
Müller, Roman: *Antike Dichtungslehre. Themen und Theorien*, Tübingen 2012.
Murray, Penelope: „Poetic Inspiration in Early Greece", *JHS* 101, 1981, 87–100.
Muth, Robert: „Poeta ludens. Considerazioni sulla poesia alessandrino-ellenistica e romano-neoterica", *A&R* 18, 1973, 1–20.
Nagy, Gregory: „Hesiod", in: Luce, T. James (Hg.): *Ancient Writers I: Homer to Caesar*, New York 1982, 43–73.
Nagy, Gregory: „Early Greek views of poets and poetry", in: Kennedy, George A. (Hg.) *The Cambridge History of Literary Criticism. Vol. 1: Classical Criticism*, Cambridge 1989, 1–77.
Nagy, Gregory: *Greek mythology and poetics*, Ithaca [u. a.] 1990.
Nagy, Gregory: „Autorité et auteur dans la *Théogonie* hésiodique", in: Blaise, Fabienne / Judet de La Combe, Pierre / Rousseau, Philippe (Hgg.): *Le métier du mythe. Lectures d'Hésiode*, Lille 1996, 41–52.
Nagy, Gregory: „The Meaning of *homoios* (ὁμοῖος) in *Theogony* 27 and Elsewhere", in: Mitsis, Phillip / Tsagalis, Christos (Hgg.): *Allusion, Authority, and Truth. Critical Perspectives on Greek Poetic and Rhetorical Praxis*, Berlin [u. a.] 2010, 153–167.
Naschert, Guido: Rezension zu Zipfel (2001), *Arbitrium* 21, 2003, 15 f.
Neitzel, Heinz: „Hesiod und die lügenden Musen. Zur Interpretation von Theogonie 27 f.", *Hermes* 108, 1980, 387–401.
Nicolai, Roberto: „L'emozione che insegna. Parola persuasiva e paradigmi mitici in tragedia", *Sandalion* 26–28, 2003, 61–103.
Nilsson, Martin P.: *Geschichte der griechischen Religion. Bd. 1: Die Religion Griechenlands bis auf die griechische Weltherrschaft*, München ³1967.
Northwood, Simon J.: „Cicero *de oratore* 2.51–64 and Rhetoric in Historiography", *Mnemosyne* 61, 2008, 228–244.
Nünlist, René: *The ancient critic at work. Terms and concepts of literary criticism in Greek scholia*, Cambridge 2009.
Nünning, Ansgar: „'Verbal Fictions?'. Kritische Überlegungen und narratologische Alternativen zu Hayden Whites Einebnung des Gegensatzes zwischen Historiographie und Literatur", *Literaturwissenschaftliches Jahrbuch* 40, 1999, 351–380.
Ogden, Charles K. / Richards, Ivor A.: *The Meaning of Meaning. A Study of The Influence of Language upon Thought and of the Science of Symbolism*. Edited by John Constable, London [u. a.] 2001.
Onea, Edgar: „Fiktionalität und Sprechakte", in: Klauk, Tobias / Köppe, Tilmann (Hgg.): *Fiktionalität. Ein interdisziplinäres Handbuch*, Berlin 2014, 68–96.
Ostwald, Martin: „Tragedians and Historians", *SCI* 21, 2002, 9–25.
O'Sullivan, Neil: „Aristotle on Dramatic Probability", *CJ* 91, 1995, 47–63.

Otto, Walter F.: „Hesiodea", in: Fritz, Kurt von (Hg.): *Das Wort der Antike*, Darmstadt 1962, 129–139.
Palumbo, Lidia: μίμησις. *Rappresentazione, teatro e mondo nei dialoghi di Platone e nella Poetica di Aristotele*, Neapel 2008.
Papadopoulou, Thalia: „Tradition and Invention in the Greek Tragic Scholia: Some Examples of Terminology", *SIFC* 16, 1998, 202–232.
Papadopoulou, Thalia: „Literary Theory and Terminology in the Greek Tragic Scholia: the Case of ΠΛΑΣΜΑ", *BICS* 43, 1999, 203–210.
Parsons, Terence: *Nonexistent Objects*, New Haven [u. a.] 1980.
Patterson, Lee E.: „Geographers as Mythographers. The Case of Strabo", in: Trzaskoma, Stephen M. / Smith, R. Scott (Hgg.): *Writing myth. Mythography in the ancient world*, Leuven [u. a.] 2013, 201–221.
Patzer, Harald: *Das Problem der Geschichtsschreibung des Thukydides und die thukydideische Frage*, Berlin 1937.
Pavel, Thomas G.: *Fictional Worlds*, Cambridge [u. a.] 1986.
Pearson, Lionel: „The Speeches in Timaeus' History", *AJPh* 107, 1986, 350–368.
Pédech, Paul: *La méthode historique de Polybe*, Paris 1964.
Peirce, Charles S.: *Collected papers. Vol. 1 and 2: Principles of philosophy and Elements of logic. Ed. by Charles Hartshorne and Paul Weiss*, Cambridge, Mass. ²1960.
Peirce, Charles S.: *Collected papers. Vol. 3 and 4: Exact Logic and The simplest Mathematics. Ed. by Charles Hartshorne and Paul Weiss*, Cambridge, Mass. ²1960.
Pelttari, Aaron: „Sidonius Apollinaris and Horace, *Ars poetica* 14–23", *Philologus* 160, 2016, 322–336.
Penella, Robert J.: „The *Progymnasmata* and Progymnasmatic Theory in Imperial Greek Education", in: Bloomer, W. Martin (Hg.): *A Companion to Ancient Education*, Chichester [u. a.] 2015, 160–171.
Pfister, Friedrich: „Isokrates und die spätere Gliederung der *narratio*", *Hermes* 68, 1933, 457–460.
Plant, Ian: „A note on Thucydides I 22,1: ἡ ξύμπασα γνώμη = General sense?", *Athenaeum* 66, 1988, 201 f.
Plebe, Armando: *La teoria del comico da Aristotele a Plutarco*, Turin 1952.
Pohlenz, Max: „Thukydidesstudien I", *Nachrichten von der Königlichen Gesellschaft der Wissenschaften zu Göttingen. Philologisch-historische Klasse*, 1919, 95–138.
Pohlenz, Max: „Die thukydideische Frage im Lichte der neueren Forschung", *Göttingische Gelehrte Anzeigen* 198, 1936, 281–300.
Pohlenz, Max: „Der Eingang von Ciceros Gesetzen", *Philologus* 93, 1938, 102–127.
Pohlenz, Max: „Die Anfänge der griechischen Poetik", in: Doerrie, Heinrich (Hg.): *Max Pohlenz. Kleine Schriften*, Bd. 2, Hildesheim 1965, 436–472.
Pöhlmann, Egert: „Dichterweihe und Gattungswahl", in: Radke, Anna E. (Hg.): *Candide iudex. Beiträge zur augusteischen Dichtung. Festschrift für Walter Wimmel zum 75. Geburtstag*, Stuttgart 1998, 247–260.
Porciani, Leone: „Come si scrivono i discorsi. Su Tucidide I 22, 1 ἄν … μάλιστ' εἰπεῖν", *QS* 49, 1999, 103–135.
Porter, James I.: „Hermeneutic Lines and Circles: Aristarchus und Crates on the Exegesis of Homer", in: Lamberton, Robert / Keaney, John J. (Hgg.): *Homer's Ancient Readers. The Hermeneutics of Greek Epic's Earliest Exegetes*, Princeton 1992, 67–114.

Porter, James I.: „The Seductions of Gorgias", *ClAnt* 12, 1993, 267–299.
Porter, James I.: „Making and Unmaking: The Achaean Wall and the Limits of Fictionality in Homeric Criticism", *TAPhA* 141, 2011, 1–36.
Porter, Stanley E.: „Thucydides 1.22.1 and Speeches in Acts: Is there a Thucydidean View?", *NT* 32, 1990, 121–142.
Pozdnev, M. M.: „*Honoratus Achilles:* The hero of two *Poetics*", *Philologia classica* 10, 2015, 186–202.
Pratt, Louise H.: *Lying and Poetry from Homer to Pindar. Falsehood and Deception in Archaic Greek Poetics*, Ann Arbor 1993.
Preisinger, Alexander / Delormas, Pascale / Standke, Jan: „Diskursforschung in der Literaturwissenschaft", in: Angermüller, Johannes / Nonhoff, Martin (Hgg.): *Diskursforschung. Ein interdisziplinäres Handbuch*. Bd. 1: *Theorien, Methodologien und Kontroversen*, Bielefeld 2014, 130–144.
Prendergast, Christopher: *The Order of Mimesis. Balzac, Stendhal, Nerval, Flaubert*, Cambridge [u. a.] 1986.
Pretagostini, Roberto: „L'incontro con le Muse sull'Elicona in Esiodo e in Callimaco: modificazioni di un modello", *Lexis* 13, 1995, 157–172.
Primavesi, Oliver: „Zum Problem der epischen Fiktion in der vorplatonischen Poetik", in: Peters, Ursula / Warning, Rainer (Hgg.): *Fiktion und Fiktionalität in den Literaturen des Mittelalters. Jan-Dirk Müller zum 65. Geburtstag*, Paderborn 2009, 105–120.
Pucci, Pietro: *Hesiod and the Language of Poetry*, Baltimore [u. a.] 1977.
Pucci, Pietro: „The Language of The Muses", in: Aycock, Wendell M. / Klein, Theodore M. (Hgg.): *Classical Mythology in Twentieth-Century Thought and Literature*, Lubbock 1980, 163–186.
Puelma, Mario: „Der Dichter und die Wahrheit in der griechischen Poetik von Homer bis Aristoteles", *MH* 46, 1989, 65–100.
Puglisi, Gianni: „πλάσμα: num ψεῦδος an ἀπάτη?", *Philologus* 129, 1985, 39–53.
Putnam, Hilary: *Realism and Reason*, Cambridge [u. a.] 1983.
Radt, Stefan L.: „Aristoteles und die Tragödie", *Mnemosyne* 24, 1971, 189–205.
Rausch, Sven: *Bilder des Nordens. Vorstellungen vom Norden in der griechischen Literatur von Homer bis zum Ende des Hellenismus*, Mainz 2013.
Rawson, Elizabeth: „The Life and Death of Asclepiades of Bithynia", *CQ* 32, 1982, 358–370.
Rehbein, Irmela: „Todorov, Tzvetan: Les catégories du récit littéraire", in: Blumensath, Heinz (Hg.): *Strukturalismus in der Literaturwissenschaft*, Köln 1972, 263–294.
Reichel, Georg: *Quaestiones progymnasmaticae*, Leipzig 1909.
Reichel, Michael: „Xenophon's *Cyropaedia* and the Hellenistic Novel", in: Hofmann, Heinz (Hg.): *Groningen Colloquia on the Novel VI*, Groningen 1995, 1–20.
Reichel, Michael: „Eine übersehene Reaktion auf Platons Dichterkritik: Xenophon, *Kyrupädie* 2,2", in: Günther, Hans-Christian (Hg.): *Beiträge zur antiken Philosophie. Festschrift für Wolfgang Kullmann*, Stuttgart 1997, 103–112.
Reicher, Maria E.: „Ontologie fiktiver Gegenstände", in: Klauk, Tobias / Köppe, Tilmann (Hgg.): *Fiktionalität. Ein interdisziplinäres Handbuch*, Berlin 2014, 159–189.
Reinhardt, Tobias: „The *Ars Poetica*", in: Günther, Hans-Christian (Hg.): *Brill's Companion to Horace*, Leiden [u. a.] 2013, 499–526.
Reiser, Peter: *Wirklichkeit und Fiktion. Erzählstrategien im Grenzbereich*, Diss. München 1989.
Reitzenstein, Richard: *Hellenistische Wundererzählungen*, Leipzig 1906.

Reuvekamp-Felber, Timo: „Diskussion. Zur gegenwärtigen Situation mediävistischer Fiktionalitätsforschung. Eine kritische Bestandsaufnahme", *Zeitschrift für deutsche Philologie* 132, 2013, 417–444.
Richter, Lukas: „Antike ästhetische Theorien zur gesellschaftlichen Funktion der griechischen Tragödie", in: Kuch, Heinrich (Hg.): *Die griechische Tragödie in ihrer gesellschaftlichen Funktion*, Berlin 1983, 173–192.
Ricoeur, Paul: *Temps et récit I*, Paris 1983.
Ricoeur, Paul: *Temps et récit III: Le temps raconté*, Paris 1985.
Rieger, Stefan: „Exkurs: Diskursanalyse", in: Pechlivanos, Miltos / Rieger, Stefan / Struck, Wolfgang / Weitz, Michael (Hgg.): *Einführung in die Literaturwissenschaft*, Stuttgart [u. a.] 1995, 164–169.
Riffaterre, Michael: *Fictional Truth*, Baltimore [u. a.] 1990.
Riginos, Alice S.: *Platonica. The Anecdotes Concerning the Life and Writings of Plato*, Leiden 1976.
Rispoli, Gioia: *Lo spazio del verisimile. Il racconto, la storia e il mito*, Neapel 1988.
Rohrer, Karl: „Über die Authentizität der Reden bei Thukydides", *WS* 72, 1959, 36–53.
Rokeah, D.: „A Note on Thucydides I:22:1", *Eranos* 60, 1962, 104–107.
Rokeah, D.: „τὰ δέοντα περὶ τῶν αἰεὶ παρόντων. Speeches in Thucydides: Factual Reporting or Creative Writing?", *Athenaeum* 60, 1982, 386–401.
Romilly, Jacqueline de: „Gorgias et le pouvoir de la poésie", *JHS* 93, 1973, 155–162.
Romm, James S.: *The Edges of the Earth in Ancient Thought. Geography, Exploration, and Fiction*, Princeton 1992.
Rood, Tim: „Objectivity and authority: Thucydides' historical method", in: Rengakos, Antonios / Tsakmakis, Antonios (Hgg.): *Brill's companion to Thucydides*, Leiden [u. a.] 2006, 225–249.
Rosati, Gianpiero: „Sangue sulla scena. Un precetto oraziano (*Ars poet.* 185) e la *Medea* di Seneca", in: Delfino, Antonio (Hg.): *Varietà d'harmonia et d'affetto. Studi in onore di Giovanni Marzi per il suo LXX compleanno*, Lucca 1995, 3–10.
Rosenmeyer, Thomas G.: „Gorgias, Aeschylus, and Apate", *AJPh* 76, 1955, 225–260.
Rösler, Wolfgang: „Die Entdeckung der Fiktionalität in der Antike", *Poetica* 12, 1980, 283–319.
Rösler, Wolfgang: „Fiktionalität in der Antike", in: Klauk, Tobias / Köppe, Tilmann (Hgg.): *Fiktionalität. Ein interdisziplinäres Handbuch*, Berlin 2014, 363–384.
Rostagni, Augusto: *Scritti minori 1: Aesthetica*, Turin 1955.
Rudd, Niall: „Stratagems of Vanity. Cicero, *Ad familiares* 5.12 and Pliny's letters", in: Woodman, Tony / Powell, Jonathan (Hg.): *Author and audience in Latin literature*, Cambridge 1992, 18–32.
Rudhardt, Jean: „La préambule de la *Théogonie*. La vocation du poète. Le langage des Muses", in: Blaise, Fabienne / Judet de La Combe, Pierre / Rousseau, Philippe (Hgg.): *Le métier du mythe. Lectures d'Hésiode*, Lille 1996, 25–39.
Rühling, Lutz: „Fiktionalität und Poetizität", in: Arnold, Heinz L. / Detering, Heinrich (Hgg.): *Grundzüge der Literaturwissenschaft*, München [7]2005, 25–51.
Russell, Donald A.: „Ars Poetica", in: Laird, Andrew (Hg.): *Oxford Readings in Ancient Literary Criticism*, Oxford [u. a.] 2006, 325–345.
Rutherford, Ian: *Canons of style in the Antonine age. Idea-theory and its literary context*, Oxford 1998.

Rutherford, Richard: „Tragedy and history", in: Marincola, John (Hg.): *A companion to Greek and Roman Historiography*, Malden [u. a.] 2011, 504–514.
Ryan, Marie-Laure: „Fiction, Non-Factuals, and the Principle of Minimal Departure", *Poetica* 9, 1980, 403–422.
Ryan, Marie-Laure: „Possible Worlds", in: Hühn, Peter [u. a.] (Hgg.): *Handbook of Narratology*, Berlin ²2014, Bd. 2, 726–742.
Sacks, Kenneth: *Polybius on the writing of history*, Berkeley, Cal. [u. a.] 1981.
Saïd, Suzanne: „Du mensonge à la fiction chez Homère et dans les scholies", in: Bréchet, Christophe / Videau, Anne / Webb, Ruth (Hgg.): *Théories et pratiques de la fiction à l'epoque impériale*, Paris, 2013, 63–79.
Santoni, Anna: „Sulla prefazione del Περὶ ἀπίστων di Palefato", *Kléos* 2/3, 1998/1999, 9–18.
Saussure, Ferdinand de: *Cours de linguistique générale. Publié par Charles Bally et Albert Sechehaye avec la collaboration de Albert Riedlinger. Édition critique préparée par Tullio de Mauro*, Paris 1979.
Scardino, Carlo: *Gestaltung und Funktion der Reden bei Herodot und Thukydides*, Berlin [u. a.] 2007.
Schadewaldt, Wolfgang: *Die Geschichtschreibung des Thukydides. Ein Versuch*, Berlin 1929.
Scheffel, Michael: *Formen selbstreflexiven Erzählens. Eine Typologie und sechs exemplarische Analysen*, Tübingen 1997.
Schenkeveld, Dirk M.: „Strabo on Homer", *Mnemosyne* 29, 1976, 52–64.
Schepens, Guido: „ἔμφασις und ἐνάργεια in Polybios' Geschichtstheorie", *RSA* 5, 1975, 185–200.
Schepens, Guido: *L' ,autopsie' dans la méthode des historiens grecs du Ve siècle avant J.-C.*, Brüssel 1980.
Schepens, Guido: „Polybius' criticism of Phylarchus", in: idem / Bollansée, Jan (Hgg.): *The shadow of Polybius. Intertextuality as a research tool in Greek historiography*, Leuven [u. a.] 2005, 141–164.
Schlaffer, Heinz: *Poesie und Wissen. Die Entstehung des ästhetischen Bewußtseins und der philologischen Erkenntnis*, Frankfurt a.M. 1990.
Schläpfer, Hans: *Plutarch und die klassischen Dichter. Ein Beitrag zum klassischen Bildungsgut Plutarchs*, Zürich 1950.
Schmid, Walter: „Zu Thukydides I 22,1 und 2", *Philologus* 99, 1954/1955, 220–233.
Schmid, Wilhelm: „Zur antiken Stillehre aus Anlass von Proklos' Chrestomathie", *RhM* 49, 1894, 133–161.
Schmid, Wolf: *Elemente der Narratologie*, Berlin ³2014.
Schmidt, Leopold: *Die Ethik der alten Griechen*, Bd. 2, Berlin 1882.
Schmitt, Arbogast: „Was macht Dichtung zur Dichtung? Zur Interpretation des neunten Kapitels der Aristotelischen *Poetik* (1451 a36–b11)", in: Schönert, Jörg / Zeuch, Ulrike (Hgg.): *Mimesis, Repräsentation, Imagination. Literaturtheoretische Positionen von Aristoteles bis zum Ende des 18. Jahrhunderts*, Berlin [u. a.] 2004, 65–95.
Schneider, Christoph: *Information und Absicht bei Thukydides. Untersuchung zur Motivation des Handelns*, Göttingen 1974.
Scholz, Oliver R.: „Fiktionen, Wissen und andere kognitive Güter", in: Klauk, Tobias / Köppe, Tilmann (Hgg.): *Fiktionalität. Ein interdisziplinäres Handbuch*, Berlin 2014, 209–234.
Scholz Williams, Gerhild: „Geschichte und die literarische Dimension. Narrativik und Historiographie in der anglo-amerikanischen Forschung der letzten Jahrzehnte. Ein

Bericht", *Deutsche Vierteljahresschrift für Literaturwissenschaft und Geistesgeschichte* 63, 1989, 315-392.
Schultheiß, Jochen: „Die Komödie des Terenz als Abbild von Lebenswirklichkeit und Quelle für Sentenzen: Bemerkungen zur Rezeption der *Adelphoe* bei Cicero und Augustinus", in: Baier, Thomas (Hg.): *Generationenkonflikte auf der Bühne. Perspektiven im antiken und mittelalterlichen Drama*, Tübingen 2007, 161-181.
Schütrumpf, Eckart: „'As I thought that the speakers most likely might have spoken...'. Thucydides *Hist* 1.22.1 on composing speeches", *Philologus* 155, 2011, 229-256.
Schwartz, Eduard: *Das Geschichtswerk des Thukydides*, Bonn 1919.
Schwartz, Eduard: Rezension zu Taeger (1925), *Gnomon* 2, 1926, 65-82.
Schwinge, Ernst-Richard: „Aristoteles und die Gattungsdifferenz von Epos und Drama", *Poetica* 22, 1990, 1-20.
Schwinge, Ernst-Richard: „Aristoteles über Struktur und Sujet der Tragödie. Zum 9. Kapitel der Poetik", *RhM* 139, 1996, 111-126.
Schwinge, Ernst-Richard: *Griechische Tragödie und zeitgenössische Rezeption: Aristophanes und Gorgias. Zur Frage einer angemessenen Tragödiendeutung*, Göttingen 1997.
Schwinge, Ernst-Richard: *Komplexität und Transparenz. Thukydides: Eine Leseanleitung*, Heidelberg 2008.
Schwinge, Ernst-Richard: „Kunst und Wirklichkeit in Aristoteles' *Poetik*", *RhM* 155, 2012, 41-64.
Scobie, Alex: „Storytellers, Storytelling, and the Novel in Graeco-Roman Antiquity", *RhM* 122, 1979, 229-259.
Scodel, Ruth: „Poetic Authority and Oral Tradition in Hesiod and Pindar", in: Watson, Janet C.E. (Hg.): *Speaking volumes. Orality and Literacy in the Greek and Roman World*, Leiden [u.a.] 2001, 109-137.
Searle, John R.: *Speech acts. An essay in the philosophy of language*, Cambridge 1969.
Searle, John R.: „The Logical Status of Fictional Discourse", *New Literary History* 6.2, 1975, 319-332.
Searle, John R.: „Reiterating the Differences: A Reply to Derrida", *Glyph* 1, 1977, 198-208.
Sedley, David: „Horace's *Socraticae chartae* (Ars poetica 295-322)", *MD* 72, 2014, 97-120.
Segal, Charles P.: „Gorgias and the Psychology of the Logos", *HSCP* 66, 1962, 99-155.
Setaioli, Aldo: „L'esegesi omerica nel commento di Macrobio al *Somnium Scipionis*", *SIFC* 38, 1966, 154-198.
Shrimpton, Gordon S.: „Accuracy in Thucydides", *AHB* 12, 1998, 71-82.
Sier, Kurt: „Gorgias über die Fiktionalität der Tragödie", in: Stärk, Ekkehard / Vogt-Spira, Gregor (Hgg.): *Dramatische Wäldchen. Festschrift für Eckard Lefèvre zum 65. Geburtstag*, Hildesheim [u.a.] 2000, 575-618.
Slater, William J.: „Asklepiades and Historia", *GRBS* 13, 1972, 317-333.
Smith, Janet E.: „Plato's myths as 'likely accounts', worthy of belief", *Apeiron* 19, 1985, 24-42.
Söffing, Werner: *Deskriptive und normative Bestimmungen in der Poetik des Aristoteles*, Amsterdam 1981.
Soler, Joëlle: „Strabon et les voyageurs : l'émergence d'une analyse pragmatique de la fiction en prose", in: Auger, Danièle / Delattre, Charles (Hgg.): *Mythe et fiction*, Paris 2010, 97-114.
Spangenberg Yanes, Elena: „Il χρῶμα e la dottrina degli *status* negli scolii tardoantichi a Hermogene", *RPL* 36, 2013, 5-36.

Spangenberg Yanes, Elena: „Sulla nozione di color e χρῶμα nella retorica della prima età imperiale", *MD* 75, 2015, 79–104.
Stanzel, Franz K.: *Theorie des Erzählens*, Göttingen ⁶1995.
Steidle, Wolf: *Studien zur Ars poetica des Horaz. Interpretation des auf Dichtkunst und Gedicht bezüglichen Hauptteils (Verse 1–294)*, Würzburg-Aumühle 1939.
Stein, Elisabeth: *Autorbewußtsein in der frühen griechischen Literatur*, Tübingen 1990.
Stierle, Karlheinz: „Was heißt Rezeption bei fiktionalen Texten?", *Poetica* 7, 1975, 345–387.
Stierle, Karlheinz: „Erfahrung und narrative Form. Bemerkungen zu ihrem Zusammenhang in Fiktion und Historiographie", in: Kocka, Jürgen / Nipperdey, Thomas (Hgg.): *Theorie und Erzählung in der Geschichte*, München 1979, 85–118.
Stierle, Karlheinz: „Die Fiktion als Vorstellung, als Werk und als Schema – eine Problemskizze", in: Henrich, Dieter / Iser, Wolfgang (Hgg.): *Funktionen des Fiktiven*, München 1983, 173–182.
Stoddard, Kathryn: *The Narrative Voice in the Theogony of Hesiod*, Leiden [u. a.] 2004.
Stohn, Günther: „Ein Beitrag zum 3. Kapitel der Poetik des Aristoteles (1448 A 20–24)", *Hermes* 129, 2001, 344–352.
Strasburger, Hermann: *Die Wesensbestimmung der Geschichte durch die antike Geschichtsschreibung*, Wiesbaden 1966.
Stroh, Wilfried: *Die römische Liebeselegie als werbende Dichtung*, Amsterdam 1971.
Stroh, Wilfried: „Hesiods lügende Musen", in: Görgemanns, Herwig / Schmidt, Ernst A. (Hgg.): *Studien zum antiken Epos*, Meisenheim am Glan 1976, 85–112.
Stroh, Wilfried: „Sexualität und Obszönität in römischer Lyrik", in: Stemmler, Theo (Hg.): *Sexualität im Gedicht. Vorträge eines interdisziplinären Kolloquiums*, Tübingen 2000, 11–49.
Susman, Margarete: *Das Wesen der modernen deutschen Lyrik*, Stuttgart 1910.
Svenbro, Jesper: *La parole et le marbre. Aux origines de la poétique grecque*, Lund 1976.
Swain, Simon: „Thucydides 1.22.1 and 3.82.4", *Mnemosyne* 46, 1993, 33–45.
Sznajder, Lyliane: „Quelques pistes dans le champ lexical de la fiction en latin", in: Bréchet, Christophe / Videau, Anne / Webb, Ruth (Hgg.): *Théories et pratiques de la fiction à l'epoque impériale*, Paris, 2013, 49–62.
Taeger, Fritz: *Thukydides*, Stuttgart 1925.
Taplin, Oliver: *Greek tragedy in action*, London 1978.
Thalmann, William G.: *Conventions of Form and Thought in Early Greek Epic Poetry*, Baltimore [u. a.] 1984.
Theraios, Demetrios K.: „Logos bei Hesiod (Theog. 1–35)", *Hermes* 102, 1974, 136–142.
Thomas, Rosalind: „Genealogy and the Genealogists", in: Marincola, John (Hg.): *Greek and Roman Historiography*, Oxford 2011, 72–99.
Titzmann, Michael: „Kulturelles Wissen – Diskurs – Denksystem. Zu einigen Grundbegriffen der Literaturgeschichtsschreibung", *Zeitschrift für französische Sprache und Literatur* 99, 1989, 47–61.
Todorov, Tzvetan: „Les catégories du récit littéraire", *Communications* 8, 1966, 125–151.
Tomaševskij, Boris: *Theorie der Literatur. Poetik. Nach dem Text der 6. Auflage (Moskau – Leningrad 1931) herausgegeben und eingeleitet von Klaus-Dieter Seemann. Aus dem Russischen übersetzt von Ulrich Werner*, Wiesbaden 1985.
Trédé, Monique: „ἀκρίβεια chez Thucydide", in: *Mélanges Edouard Delebecque*, Aix-en-Provence 1983, 405–415.

Tsagalis, Christos C.: „Poetry and Poetics in the Hesiodic Corpus", in: Montanari, Franco / Rengakos, Antonios / idem (Hgg.): *Brill's Companion to Hesiod*, Leiden [u.a.] 2009, 131–177.
Tsakmakis, Antonis: „Von der Rhetorik zur Geschichtsschreibung: Das ‚Methodenkapitel' des Thukydides (1,22,1–3)", *RhM* 141, 1998, 239–255.
Ullman, Berthold L.: „History and tragedy", *TAPhA* 73, 1942, 25–53.
Valgiglio, Ernesto: „Il tema della poesia nel pensiero di Plutarco", *Maia* 19, 1967, 319–355.
Vanella, Giovanni: „Questioni di retorica sofistica: ἀπάτη e πειθώ in Gorgia", *Annali della Facoltà di Magistero di Bari* 10, 1971, 457–471.
Van den Berg, Robbert M.: „Palaephatus on ὀνόματα, λόγοι, and ἔργα", *Mnemosyne* 70, 2017, 308–316.
Vanhaegendoren, Koen: „Outils de dramatization chez Phylarque", in: *Dialogues d'histoire ancienne* 4.2, 2010, 421–438.
Vassallo, Christian: „Tripartizione e bipartizione dei generi poetici in Platone e nella tradizione antica a partire da Aristotele", *Hermes* 139, 2011, 399–412.
Vercruysse, Marc: „Polybe et les Épopées Homériques", *AncSoc* 21, 1990, 293–309.
Verdenius, Willem J.: „Notes on the Proem of Hesiod's *Theogony*", *Mnemosyne* 25, 1972, 225–260.
Verdenius, Willem J.: „Gorgias' Doctrine of Deception", in: Kerferd, George B. (Hg.): *The Sophists and their Legacy*, Wiesbaden 1981, 116–128.
Verdin, Herman: „Agatharchide de Cnide et les Fictions des Poètes", in: idem / Schepens, Guido (Hgg.): *Purposes of History. Studies in Greek Historiography from the 4th to the 2nd centuries b.c.*, Leuven 1990, 1–15.
Veyne, Paul: *Glaubten die Griechen an ihre Mythen? Ein Versuch über die konstitutive Einbildungskraft. Aus dem Französischen von Markus May*, Frankfurt a.M. 1987.
Vicaire, Paul: *Platon. Critique littéraire*, Paris 1960.
Videau, Anne: „La fiction dans les *Métamorphoses* d'Ovide: philosophie de la nature, art et pensée du langage", in: Bréchet, Christophe / eadem / Webb, Ruth (Hgg.): *Théories et pratiques de la fiction à l'epoque impériale*, Paris, 2013, 169–177.
Vössing, Konrad: „Objektivität oder Subjektivität, Sinn oder Überlegung? Zu Thukydides' γνώμη im ‚Methodenkapitel' (1,22,1)", *Historia* 54, 2005, 210–215.
Wade-Gery, Henry Th.: „Hesiod", *Phoenix* 3, 1949, 81–93.
Wagenvoort, Hendrik: „Ludus poeticus", in: idem: *Studies in Roman literature, culture and religion*, Leiden 1956, 30–42.
Walbank, Frank W.: „History and Tragedy", *Historia* 9, 1960, 216–234.
Walbank, Frank W.: „Polemik bei Polybios", in: Stiewe, Klaus / Holzberg, Niklas (Hgg.): *Polybios*, Darmstadt 1982, 377–404.
Walbank, Frank W.: „Speeches in Greek Historians", in: idem: *Selected Papers. Studies in Greek and Roman History and Historiography*, Cambridge [u.a.] 1985, 242–261.
Walbank, Frank W.: „History and Tragedy", in: Marincola, John (Hg.): *Greek and Roman Historiography*, Oxford 2011, 389–412.
Walcot, Peter: „Allusion in Hesiod", *REG* 73, 1960, 36–39.
Walker, Andrew D.: „Enargeia and the Spectator in Greek Historiography", *TAPhA* 123, 1993, 353–377.
Walsh, George B.: *The Varieties of Enchantment. Early Greek Views of the Nature and Function of Poetry*, Chapel Hill [u.a.] 1984.

Walton, Kendall L.: „Pictures and Make-Believe", *The Philosophical Review* 82, 1973, 283–319.
Walton, Kendall L.: „Fearing Fictions", *The Journal of Philosophy* 75, 1978a, 5–27.
Walton, Kendall L.: „How Remote are Fictional Worlds from the Real World?", *The Journal of Aesthetics and Art Criticism* 37, 1978b, 11–23.
Walton, Kendall L.: *Mimesis as make-believe. On the Foundations of the Representational Arts*, Cambridge [u. a.] 1990.
Wardy, Robert: *The birth of rhetoric. Gorgias, Plato, and their successors*, London 1996.
Waszink, Jan H.: „Bemerkungen zu den Literaturbriefen des Horaz", *Mnemosyne* 21, 1968, 394–407.
Webb, Ruth: *Ekphrasis, Imagination, and Persuasion in Ancient Rhetorical Theory and Practice*, Farnham [u. a.] 2010.
Weber, Dietrich: *Der Geschichtenerzählspieler. Ein Begreifbuch von höheren und niederen Erzähl-Sachen*, Wuppertal 1989.
Weimar, Klaus: „On Traps for Theory and How to Circumvent Them", *Stanford Literature Review* 3, 1986, 13–30.
Wein, Hermann: *Sprachphilosophie der Gegenwart. Eine Einführung in die europäische und amerikanische Sprachphilosophie des 20. Jahrhunderts*, Den Haag 1963.
Weinrich, Harald: „Fiktionssignale", in: idem (Hg.): *Positionen der Negativität*, München 1975, 525 f.
Weinstock, Stefan: „Die platonische Homerkritik und ihre Nachwirkung", *Philologus* 82, 1927, 121–153.
Werner, Jan C.: „Fiktion, Wahrheit, Referenz", in: Klauk, Tobias / Köppe, Tilmann (Hgg.): *Fiktionalität. Ein interdisziplinäres Handbuch*, Berlin 2014, 125–158.
West, William C.: „A Bibliography of Scholarship on the Speeches in Thucydides, 1873–1970", in: Stadter, Philip A. (Hg.): *The Speeches in Thucydides. A collection of original studies with a bibliography*, Chapel Hill 1973, 124–165.
Wheeldon, M.J.: „'True stories': the reception of historiography in antiquity", in: Cameron, Averil (Hg.): *History as text. The writing of ancient history*, London 1989, 33–63.
White, Hayden: *Metahistory. The historical imagination in nineteenth-Century Europe*, Baltimore [u. a.] 1973.
White, Hayden: *Tropics of Discourse. Essays in Cultural Criticism*, Baltimore [u. a.] 1978.
White, Hayden: *Auch Klio dichtet oder Die Fiktion des Faktischen. Studien zur Tropologie des historischen Diskurses. Aus dem Amerikanischen von Brigitte Brinkmann-Siepmann und Thomas Siepmann*, Stuttgart 1986.
White, Hayden: *Metahistory. Die historische Einbildungskraft im 19. Jahrhundert in Europa. Aus dem Amerikanischen von Peter Kohlhaas*, Frankfurt a.M. 1991.
White, Heather: „Notes on Horace's *Ars poetica*", *Myrtia* 23, 2008, 457–459.
Wilamowitz-Moellendorff, Ulrich von: *Sappho und Simonides. Untersuchungen über griechische Lyriker*, Berlin 1913.
Wilamowitz-Moellendorff, Ulrich von: „Das Proömium der Theogonie des Hesiodos", in: idem: *Die Ilias und Homer*, Berlin ²1920, 463–479.
Wildekamp, Ada / Montfoort, Ineke van / Ruiswijk, Willem van: „Fictionality and Convention", *Poetics* 9, 1980, 547–567.
Wille, Günther: „Zu Stil und Methode des Thukydides", in: Flashar, Hellmut / Gaiser, Konrad (Hgg.): *Synusia. Festgabe für Wolfgang Schadewaldt zum 15. März 1965*, Pfullingen 1965, 53–77.

Wille, Günther: „Zu Stil und Methode des Thukydides", in: Herter, Hans (Hg.): *Thukydides*, Darmstadt 1968, 683–716.
Williams, Gordon: Rezension zu Brink (1963), *JRS* 54, 1964, 186–196.
Wilson, John: „What does Thucydides claim for his Speeches?", *Phoenix* 36, 1982, 95–103.
Wimmer, Heinrich: *Die thukydideischen Reden in der Beleuchtung durch den λόγοι-Satz*, Diss. München 1966.
Winko, Simone: „Diskursanalyse, Diskursgeschichte", in: Arnold, Heinz L. / Detering, Heinrich (Hgg.): *Grundzüge der Literaturwissenschaft*, München ⁷2005, 463–478.
Winton, Richard I.: „Thucydides, I. 22. 1", *Athenaeum* 87, 1999, 527–533.
Wittgenstein, Ludwig: *Werkausgabe. Band 1: Tractatus logico-philosophicus. Tagebücher 1914–1916. Philosophische Untersuchungen*, Frankfurt a.M. 1984.
Woodman, Anthony J.: *Rhetoric in Classical Historiography. Four Studies*, London 1988.
Woodman, Anthony J.: „Cicero on Historiography: De oratore 2.51–64", *CJ* 104, 2008, 23–31.
Woodman, Anthony J.: „Cicero and the Writing of History", in: Marincola, John (Hg.): *Greek and Roman Historiography*, Oxford 2011, 241–290.
Woodman, Anthony J.: „Poetry and History. Cicero, *De Legibus* 1.1–5", in: idem: *From poetry to history. Selected papers*, Oxford 2012, 1–16.
Xenophontos, Sophia: „Plutarch", in: Bloomer, W. Martin (Hg.): *A Companion to Ancient Education*, Chichester [u. a.] 2015, 335–346.
Zegers, Norbert: *Wesen und Ursprung der tragischen Geschichtsschreibung*, Diss. Köln 1959.
Zimbrich, Ulrike: *Mimesis bei Platon. Untersuchungen zu Wortgebrauch, Theorie der dichterischen Darstellung und zur dialogischen Gestaltung bis zur Politeia*, Frankfurt a.M. 1984.
Zinsmaier, Thomas: „Zwischen Erzählung und Argumentation: *colores* in den pseudoquintilianischen Declamationes maiores", *Rhetorica* 27, 2009, 256–273.
Zipfel, Frank: *Fiktion, Fiktivität, Fiktionalität. Analysen zur Fiktion in der Literatur und zum Fiktionsbegriff in der Literaturwissenschaft*, Berlin 2001.
Zipfel, Frank: „Fiktionssignale", in: Klauk, Tobias / Köppe, Tilmann (Hgg.): *Fiktionalität. Ein interdisziplinäres Handbuch*, Berlin 2014, 97–124.

Register

Fiktive und/oder mythische Figuren, Dinge, Völker, Orte

Achill 9; 10; 211; 221, Fußn. 408; 275; 279; 291, Fußn. 661; 312f.; 368, Fußn. 977; 409; 410f.; 433; 477; 481; 503f.; 506; 521; 554
Aeneas 370, Fußn. 986; 375, Fußn. 1003; 529f.
Aeolus (Aiolos) 260; 289; 293; 482–484; 493
Amphion 486f.; 493
Andromeda 172; 174, Fußn. 218; 519
Atreus, Thyestes 230; 247; 470; 482f.; 486; 493
Cadmus (Kadmos) 410f.; 470; 486; 492
Cerberus (Kerberos) 124; 484; 493; 510, Fußn. 339; 521
Charybdis 261; 289f.; 292, Fußn. 665; 293; 471f.; 483, Fußn. 201
Chimaira (Chimäre) 352; 360; 421; 517f.; 521
Giganten 9; 22; 101; 125; 131; 410f.; 484; 517f.
Gorgo(nen) 124f.; 174f.; 284; 305; 316; 373; 410f.; 483f.; 517f.; 525, Fußn. 389
Hades 176; 289; 291f.; 361–363; 503; 505f.; 510–513; 517f.
Hektor 158, Fußn. 163; 275; 279; 312f.; 410f.; 433, Fußn. 15; 506; 513, Fußn. 346; 543
Heliaden 486; 492
Herakles (Hercules) 166; 177; 285f.; 421f.; 501, Fußn. 291
Hesperiden 174f.
Hyperboreer 175; 364, Fußn. 966
Jupiter 375, Fußn. 1003; 377; 401, Fußn. 72; 447f.; 450; 482f.; 485f.; 492
Kallisto 482f.; 485; 492; 517f.
Kalypso 291–293; 521
Kentauren 9; 22; 101; 352f.; 360; 410f.; 421; 466, Fußn. 125; 517; 521
Kimmerier 174; 176; 289f.
Kirke 290; 291, Fußn. 661; 292f.; 295, Fußn. 687; 296f.; 472; 483; 513, Fußn. 345; 521
Kronos 124; 131; 208; 410f.; 517f.
Laistrygonen 289; 291–293; 410f.; 471; 521
Lotophagen 262
Lamia 284; 472f.; 517f.
Medea 290; 290f., Fußn. 661; 292; 296f.; 301; 305; 308; 470; 477; 486
Medusa 124; 175; 284; 370; 372–374; 482–484; 492; 520
Meropisches Land 174–176; 361f.; 365
Minotauros 377, Fußn. 1009; 521
Musen 4; 7; 10–12; 15–17; 19–21; 24; 27; 31, Fußn. 161; 32; 98; 119–136; 177; 287f.; 496f.; 515
Niobe 432f.; 482f.; 485; 492; 521
Ödipus 230; 239; 247f.; 252; 431
Odysseus 1; 4; 12; 20f.; 27, Fußn. 141f.; 33f.; 81; 98–100; 105–107; 125f.; 133; 135; 137–139; 177; 211; 223; 259–263; 281; 283; 286, Fußn. 637; 288f.; 291–294; 297, Fußn. 694; 312f.; 316; 340; 447f.; 471; 481; 484; 509; 513, Fußn. 345; 521; 533; 556
Pegasos 45; 124f.; 305; 316; 360; 410f.; 421; 482; 484; 493; 517f.; 520f.
Perseus 124f.; 284; 304, Fußn. 717; 410f.; 482–485; 493; 519–521; 523
Phaedra 369; 376; 501, Fußn. 291
Procne, Philomela, Tereus 470; 482f.; 485; 492; 517f.
Proteus 296; 482f.; 486; 492; 521
Pygmäen 124; 171f.; 180; 184f.; 296f.
Rhipäisches Gebirge 174f.
Sirenen 135; 137–140; 410f.; 482–484; 493; 521
Skylla 261; 289–293; 352; 482f.; 492; 521
Sphinx 248, Fußn. 503; 521
Stiere des Aeetes 290; 297, Fußn. 694; 482f.; 486

Theseus 177; 285; 501, Fußn. 291
Tiresias 410 f.; 523 f.
Titanen 9; 22; 101; 131; 305; 316; 410 f.
Trojanische Schiffe 135; 377; 482 f.; 486; 491 f.

Unterwelt s. Hades
Unterweltsbüßer 5; 363, Fußn. 960; 482– 485; 493; 510
Zyklop(en) 124 f.; 289; 291–293; 352 f.; 410 f.; 418; 471; 472, Fußn. 149; 517 f.; 521

Antike Gattungen

Hier werden diejenigen antiken Gattungen verzeichnet, über deren Fiktionalität bzw. Faktizität reflektiert wird, nicht diejenigen Gattungen, in denen über die Fiktion reflektiert wird.

Epos, insbesondere die Homerischen Epen und die *Aeneis* 1; 5; 9–13; 15–21; 24–27; 29 f.; 31, Fußn. 161; 32 f.; 81; 98–107; 114, Fußn. 75; 115; 120; 122; 125 f.; 127, Fußn. 44; 131, Fußn. 64; 133–135; 137–140; 144, Fußn. 13; 171–174; 176 f.; 180; 183; 193; 206; 211; 213; 223; 242; 259–297; 299–301; 311–313; 319, Fußn. 781; 340; 349; 361, Fußn. 946; 368, Fußn. 977; 369–379; 379 f., Fußn. 1018 f.; 384–401; 409; 427; 437; 439; 444–465; 470–472; 479–481; 484; 486; 491; 496; 501, Fußn. 291; 502–504; 506–510; 513; 523–527; 529–535; 540; 543 f.; 556

Fabel 21, Fußn. 102; 34; 56; 75, Fußn. 188; 80, Fußn. 212; 135; 140–143; 177; 180, Fußn. 251; 190, Fußn. 283; 201–204; 216, Fußn. 387; 280, Fußn. 612; 284; 301, Fußn. 704; 307, Fußn. 728; 329; 334–336; 341; 345–347; 353–355; 366; 367, Fußn. 976; 380–382; 412–425; 473; 502 f.; 505; 528 f.; 538–548; 553; 559

Genealogie 122 f.; 316 f.; 324–331; 525, Fußn. 389; 551

Geschichtsschreibung/*historia*/ἱστορία 1; 8 f.; 12–14; 17 f.; 22; 31, Fußn. 161; 67; 107–118; 123; 139 f.; 143–189; 191; 215–221; 226–228; 235–243; 253–255; 258; 264, Fußn. 563; 265–280; 288 f.; 297–302; 306–309; 311; 314–379; 400; 402; 409 f.; 421–423; 435, Fußn. 21; 445–465; 473, Fußn. 156; 478; 482 f.; 493; 499; 501, Fußn. 291; 515–520; 523 f.; 529–532; 550 f.; 553; 555–559

Komödie 15; 22; 205, Fußn. 350; 213; 215 f.; 228; 236; 238, Fußn. 472; 241 f.; 244; 250 f.; 286; 299–304; 307; 309; 311; 315 f.; 317, Fußn. 775; 321, Fußn. 789; 323; 332–359; 380 f.; 386; 400–402; 419; 426–428; 499

Liebeselegie 212 f., Fußn. 375; 482–494; 541 f.; 545; 559

Lyrik 25; 393; 395, Fußn. 47; 396, Fußn. 55; 400; 403–405; 475, Fußn. 164; 542; 552

Mimos 316; 317, Fußn. 775; 321, Fußn. 789

Philosophie 8 f.; 13–15; 17 f.; 25; 30 f.; 105, Fußn. 33; 113; 182 f.; 190–192; 212–258; 262; 287 f.; 310; 328–330; 379–383; 464; 494 f.; 502; 508, Fußn. 327; 514; 528 f.; 542 f.

Rede, öffentliche/rhetorische 143–165; 168–170; 196; 268; 274; 297–302; 327–335; 345 f.; 349; 352; 354; 355 f.; 367 f.; 406–410; 419; 534

Theogonie(n) 4; 8 f.; 15; 16, Fußn. 71; 17; 23 f.; 32; 105, Fußn. 33; 119–136; 177; 208; 380–383; 418

Tragödie 14 f.; 18, Fußn. 85; 22; 25–31; 52, Fußn. 77; 115; 212–258; 264–270; 277–279; 282; 299–301; 305; 307 f.; 311 f.; 332–338; 340–347; 349 f.; 354; 368; 384–401; 426 f.; 429–445; 470 f.; 476–478; 497; 501 f.; 507; 517 f.; 520; 527; 536 f.; 540; 542–546; 556 f.; 559

Antike fiktionstheoretische Fachbegriffe

Hier werden diejenigen Seiten angegeben, auf denen die antiken fiktionstheoretischen – zumindest literaturtheoretischen – Fachbegriffe zitiert werden. In Klammern gesetzte Seitenzahlen zeigen an, dass ein Begriff nicht in seiner fiktionstheoretischen bzw. literaturtheoretischen Bedeutung verwendet wird.

ἄμυθος   500; 502, Fußn. 298
ἀπάτη, ἀπατηλόν, ἀπάτημα, (ἐξ-)ἀπατάω   (102); 268; 429; 430, Fußn. 5; 432–435; 437f.; 500; 502, Fußn. 294; 503; (507); (513)
ἄπλαστος   500
ἀψευδής   502, Fußn. 298; 504
argumentum   298, Fußn. 700; 299; 332; 355–358; 369; (373); 380; 382, Fußn. 1029
compositum   375, Fußn. 1003; 380
διασκευάζω, διασκευή   265, Fußn. 567; 283; 291; 292, Fußn. 665; 295; 523
δραματικός   334; 349; 368; 400
fabula   138f.; 187, Fußn. 272; 203; 298, Fußn. 700; 299; 332; 342–344; 354–358; 369; 373; 380; 381, Fußn. 1022 und 1025; 398f.; 448; 472; 473, Fußn. 155; 538f.
fabularis   354
fabulosus   185; 188; 380; 382, Fußn. 1029; 383, Fußn. 1030
fictilis   354
fictio   380
figmentum   377; 379, Fußn. 1018; 382, Fußn. 1029
fingere, fictum   137; 139; 298, Fußn. 700; 299; 342–344; 354; 357f.; 375, Fußn. 1003; 380; 426; 428; 447; 472; 483, Fußn. 201; 532; 538; 545
iocari, ioculari(e), iocus   538; 541; 545f.
(prae-)ludere, ludus, lusus   428; 536, Fußn. 435; 541–543; 545f.
mendacium, mendax   132; 303; 304, Fußn. 717; 380; 426; 447; 460
mentiri   123, Fußn. 19; 479
μυθεύω, μυθευόμενον, προσμυθεύω, προσμυθευόμενον   171; 177; 260; 286, Fußn. 637; 290; 292, Fußn. 665; 319, Fußn. 782; 421
μυθίδιον   517

μυθικός   177, Fußn. 239; 316; 319, Fußn. 781f.; 334; 346; 352; 360f.; 366; 410; 413, Fußn. 34; 416; 421; 424; 526
μυθογραφία   171
μυθογράφος   416, Fußn. 45
μυθολογέω   192, Fußn. 293; 283
μυθολόγημα   455, Fußn. 84
μυθολογία   173, Fußn. 217; 210; 386, Fußn. 14; 500
μυθολογικός   529
μυθολόγος   365, Fußn. 968; 385, Fußn. 6
μυθοποιεῖν   175
μυθοποίημα   507
μυθοποιία   286; 288f.; 296
μυθοποιός   177; 205; 414; 523
μῦθος   105; 140, Fußn. 102; 142; 171f.; 177; 184, Fußn. 262; 190; 192; 200; 202–206; 215; 224; 225, Fußn. 424f.; 230f.; 232, Fußn. 445; 260; 262; 283–288; 292, Fußn. 665; 316; 318; 325; 346, Fußn. 886; 348; 350f.; 353; 367, Fußn. 976; 413; 414, Fußn. 36; 415, Fußn. 44; 416; 420; 422, Fußn. 60; 429; 437, Fußn. 30; 476; 501, Fußn. 291; 502; 507; 511f.; 520; 523; 525, Fußn. 389; 528f.; 531
μυθώδης   144; 146; 175, Fußn. 222; 182; 285; 287; 296; 327; 509
παιδιά   536
παίζω   503
παράδοξα, παραδοξολογέω   182; 410
πλάσις   142; 171
πλάσμα   101; (285); 292, Fußn. 665; 316; 318; 348; 350f.; 501, Fußn. 291; 507; 525, Fußn. 389
πλασματικός   334; 352f.
πλάττειν, πεπλασμένον, πλασθείς   133; 192; 202; 204; 290; 319, Fußn. 782; 345; 353; 367, Fußn. 967; 368; 416; 497, Fußn. 275; 525, Fußn. 389

προσποιεῖν (223), 503
τεράστιος 517
τερατεία 171; 265, Fußn. 567; 278; 286; 327
τερατεύομαι, τερατευόμενον 268; 283; 411; 523
τερατογραφέω 291
τερατολογεῖν, τερατολογούμενον 173; 177; 410
τερατολογία 125; 177, Fußn. 239; 182; 259
τερατουργία 509
τερατώδης 181; 183; 283f.; 437, Fußn. 30

ψευδής 133, Fußn. 72; 141f.; 206; 316; 318; 414; 416; 420; 424; 480; 497, Fußn. 275
ψευδολογία 327
ψευδολόγος 180
ψεύδομαι 109; 125; 207f.; 259; 494f.; 497, Fußn. 275; 536
ψεῦδος 105; 119; 125; 133; 135; 142; 199f.; 208; 210; 259; 268; 278; 287; 352; 437; 499f.; 502f.; 506; 509
ψεῦσμα 176, Fußn. 234

Zitierte Stellen

Hier werden sowohl diejenigen Stellen verzeichnet, an denen über die literarische Fiktion – zumindest über literarische Darstellungen – reflektiert wird, als auch diejenigen zitierten Stellen, über die reflektiert wird.

Agatharchides
  GGM I 4–8 p. 112–117 Müller   519–525

Aischylos
  fr. 154a,15f. Radt   507f.
  fr. 279f. Radt   507
  fr. 350 Radt   503f.
  fr. 431; 441; 434a Radt   171–173

Alkman
  PMGF 148 Davies   171–173

Anonymus Seguerianus
  53–55   345f.
  89   133, Fußn. 71
  99   346, Fußn. 886
  133   347, Fußn. 890

Aphthonios
  Progym.
  2,1   367f., Fußn. 977; 406
  2,2   368

Apollodor
  fr. 157 Jacoby   173

Aristophanes
  ran.
  908–921   432f.
  1008–1010   441, Fußn. 42
  1019–1022   441
  1026f.   441, Fußn. 42

Aristoteles
  anal.
  73b26–28; 87b37–39; 88b30–32   236, Fußn. 462
  hist. anim.
  597a   184, Fußn. 262
  met.
  983a   495
  1003a13–15   236, Fußn. 462
  1017b35–18a2   236, Fußn. 462
  1025a14–21   237, Fußn. 464
  1027a19–21   237
  meteor.
  350b   175, Fußn. 222
  Poet.
  1447a13–18   213
  1447a21–23   213, Fußn. 378
  1447b13–20   212f., Fußn. 375
  1448a1   214; 282

1448a1–5	213, Fußn. 379	rhet.	
1448a19–24	214, Fußn. 380; 389–398	1357a22–27	240, Fußn. 477
1448a24f.	213, Fußn. 377	1357a34	237, Fußn. 466
1448b30–1449a6	228, Fußn. 435	1358a36–b8	63, Fußn. 130
1449b5–9	228, Fußn. 435	1359a30–37	419
1449b24–28	243, Fußn. 488; 398, Fußn. 61	1363a21–23	219
		1393a28–31	216, Fußn. 387
1449b31–33	395	1407a39	464, Fußn. 120
1450a4f.	225, Fußn. 424f.	1416b26–29	252, Fußn. 519
1450a15	225, Fußn. 424f.	top.	
1450a16f.	214, Fußn. 382; 221, Fußn. 407; 282	102b4–26	236, Fußn. 462
1450a22f.	225, Fußn. 424f.	Asklepiades s. Sextus Empiricus	
1450a33–35	230, Fußn. 440; 270, Fußn. 579; 347, Fußn. 889	Auctor ad Herennium	
		rhet. Her.	
1450a38f.	225, Fußn. 424f.	1,4	298, Fußn. 700; 406
1450b26f.	481, Fußn. 195	1,12	170f., Fußn. 206; 407
1451a11–15	223	1,12f.	298f., Fußn. 700
1451a24–30	223; 478f., Fußn. 179	1,14	407, Fußn. 12
1451a36–1451b32	215–258	Catull	
1451b34f.	224	carm.	
1452a1–7	443f.	5,7–13	404, Fußn. 84
1452a18–21	224	16	403–405
1452a22–26	347, Fußn. 889	50,1–6	541
1453a17–22	230	Cicero	
1453b22–26	476	de orat.	
1454a9–13	230f.	2,36	461
1454a16–26	478	2,51	168; 460
1454a22	154	2,55	461
1454a33–36	154; 224	2,62–64	164f.
1454b30–35	232, Fußn. 445	div.	
1455a4–8	233, Fußn. 447	1,106	450
1455a16–21	233, Fußn. 449	2,115	464, Fußn. 121
1455a34–b12	231f.; 477	2,115f.	463
1460a5–11	393f.	epist. ad Quint. fr. 1,1,23	493, Fußn. 258
1460a11–14	444; 471	fam.	
1460a14–17	312, Fußn. 748	5,12,3	166
1460a18–20	312, Fußn. 751; 480; 481, Fußn. 196	5,12,4f.	461f.
1460a26f.	246, Fußn. 497; 311, Fußn. 746	fin.	
		2,79	343, Fußn. 873
1460a34–b2	471, Fußn. 145	5,49–52	137–139; 140, Fußn. 101
1460b15–21	498	5,63f.	343
1460b23–29	313, Fußn. 755	inv.	
1460b32–35	499	1,9	168, Fußn. 197; 407, Fußn. 12
1461b9–12	246, Fußn. 497; 311, Fußn. 746; 313, Fußn. 757		

1,27	299 f.; 406
1,28 f.	137, Fußn. 91; 349, Fußn. 897; 407, Fußn. 12
1,29	132
1,33	301, Fußn. 709
1,46	168, Fußn. 198
Lael. 24	342
leg. 1,1–5	447–449
Mar. fr. 17 Courtney	450
Mil. 8	344 f.
off. 2,51	169, Fußn. 200; 407, Fußn. 11
Tusc. 1,10	510, Fußn. 339
Verr. II 4,124	373

Diomedes
GL I 482,14–25 Keil	399

Dionysios aus Halikarnass
Lys.
7	275
14	315
18	133

Thuk.
36	152
41	152
45	159

Dissoi logoi
3,10	435 f.

Donat
Ter. Eun. 1,2,24	426

Dositheus
GL VII 428,6–14 Keil	398 f.

Ennius
ann. fr. 167 Skutsch	463
ann. fr. 216 Skutsch	299

Epiktet
1,4,26 f.	437

Eratosthenes
fr. 2 Roller	281; 524 f.
fr. 5 Roller	260
fr. 8 Roller	173

Euripides
Iph. A.
1218 f.	513

Iph. Taur.
769–771	233
800–802	231 f.

Gellius
Gell. 9,4	187 f.
Gell. 14,3,3 f.	114 f.
Gell. 19,2,1 f.	542 f.

Gorgias
fr. 11 (Hel.) 8–10	433 f.
fr. 11 (Hel.) 14	439
fr. 11 (Hel.) 21	536
fr. 23	429 f.
fr. 24	440 f.

Hekataios
fr. 1 Jacoby	160

Hermogenes, (Pseudo-)Hermogenes
Περὶ ἰδεῶν λόγου
2,10,37–41	410 f.

Progym.
1,1	203
1,4	141
2,1	406
2,2	410, Fußn. 20
2,3	334 f.

Herodot
1,31	361 f.
1,53; 71; 75; 86; 91	464, Fußn. 120
2,45	421 f.
2,49–58	27; 104, Fußn. 29; 131, Fußn. 64
2,116–120	12 f.; 144, Fußn. 113; 158, Fußn. 163
4,42 und 45	421 f.
5,71	361 f.
8,55	447 f.

Hesiod
fr. 153 Merkelbach	171 f.

Theog.
26–28	119

154–182	208	11,13–22	289
453–506	208	11,72	513
		11,489–491	211
Homer		12,39–54	137 f.; 482 f.
Il.		12,73–100	289
1,1	10	12,101–107	261; 289; 471
1,12–42	385 f.	12,127–141	291 f.
2,484–487	11	12,158–200	137 f.
3,1–7	296	12,235–260	289; 471
4,84	507	12,260–453	291 f.
5,383–386	526	13,1–196	294
5,749	410 f.	13,153–169	291 f.
7,264 und 268	410 f.	13,250–286	99
12,200–207	452	14,191–359	99
12,445	410 f.	17,485 f.	103 f.; 446
14,214–221	438	19	312
14,347	410 f.	19,165–202	99
14,410	410 f.	19,203	125; 133; 259 f.
16,856 f.	513	22	294
20,57–65	503	24,11	510
21,251; 269; 302	410 f.	24,412–547	294
22,205–208	312		
22,210–213	506	Horaz	
22,362 f.	513	ars	
23,229 f.	525, Fußn. 389	1–23	465–467
Od.		119 f.	475
1,1	10	120–127	477
1,13–15	291 f.	143–145	471
1,325–359	98	151 f.	479
4,227–230	438	180–182	471, Fußn. 146
4,354–357	295	185–188	470
4,384–485	296; 482 f.	312–318	282; 477, Fußn. 174
4,535	527	333–344	472
6,162 f.	448	carm.	
6,229–235	288	1,32,1–4	542
8,43–45	19		
8,63 f.	20	Isidor aus Sevilla	
8,488–491	20	diff.	
8,496–498	20	1,221	428
9,80–104	262	orig.	
9,106–542	289; 291 f.; 471	1,44,5	356
10,1–76	260; 289; 291 f.; 482 f.	8,7,10	532
10,19–22	525, Fußn. 389	8,7,11	401
10,80–134	289; 291 f.; 471		
10,135–139	290 f., Fußn. 661; 291 f.	Isokrates	
10,230–243	291 f.; 296	Bus. 38	130
10,511–515	509	Euag. 9 f.	445

Isokr.	
12,1 f.	327
15,45 f.	328
Kallimachos	
ait. 1,1,24	547, Fußn. 476
fr. 2 und 112,5 f.	119, Fußn. 1
Laktanz	
inst. 1,11,19–24	532
Lucilius	
fr. 15,484 f.	284, Fußn. 627; 473, Fußn. 157
fr. 26,587	301, Fußn. 705
fr. 30,1039	543
Lukian	
Herm. 72	517
Hes. 5	517
hist. conscr.	
8 f.	515 f.
51	274
58	157
Philops. 2 f.	517 f.
pro imag. 18	516
Macrobius	
somn.	
1,2,7–10	380 f.
1,2,10 f.	382, Fußn. 1029
1,2,13	383, Fußn. 1030
Martianus Capella	
5,470	534
5,550	355 f.
Nikolaos	
RhG XI 4,11–17 Felten	171, Fußn. 206; 408
RhG XI 6,9–15 Felten	142
RhG XI 6,15–18 Felten	415, Fußn. 44
RhG XI 7,14–8,6 Felten	142
RhG XI 11,14 f. Felten	406
RhG XI 11,16–12,6 Felten	409
RhG XI 12,7–17 Felten	400
RhG XI 12,17–13,4 Felten	352
RhG XI 13,4–9 Felten	416 f.
RhG XI 13,9–13 Felten	353

Ovid	
am.	
2,17,29 f.	488
3,6,17	304, Fußn. 717
3,12,19–44	482 f.
ars	
3,535–538	488
fast.	
2,3–6	541
6,253	304, Fußn. 717
trist.	
3,3,73 und 4,10,1	542, Fußn. 459
4,10,59 f.	487
Pacuvius	
Chryses fr. 69 Schierl	343
Chryses fr. 70 Schierl	343, Fußn. 872
Chryses T 51 Schierl	343, Fußn. 873
Chryses T 52 Schierl	342
Medus fr. 171 Schierl	299
Palaiphatos	
Palaiph. 1,3–5 Festa	338
Palaiph. 1,5–9 Festa	339, Fußn. 857
Palaiph. 1,9–2,3 Festa	339, Fußn. 858
Palaiph. 2,4–6 Festa	339, Fußn. 859
Phaedrus	
1 prol.	538
1 prol. 3 f.	473
3 prol. 34–37	544 f.
4,2,1–9	546 f.
4,7,1–5	546
Pindar	
fr. 130 Maehler	510
Nem. 7,20–23	105
Platon	
Gorg.	
523a1–3	190; 361 f.
527a5	190
iust. 374a	495
leg. 694c5 f.	114 f.
Phaid.	
61b	528 f.
107c–108c	361 f.

114d	512	Plutarch	
Phaidr. 229c	455, Fußn. 84	mor.	
rep.		15c–d	438
359b–360b	361f.	15d	430, Fußn. 5
376e10	199	15e–f	287
377a3–6	200	16a	494
377b4–378a3	204–208	16a–e	499–503
378c8–d1	201	16f–17c	506–510
379e–380a	508	17c–e	513f.
380b5–c2	192, Fußn. 293	25b–c	134
381d1–3	104, Fußn. 28	347a	273
382d	210	347e	437
383a–c	503f.	348c	429f.
386b–c	511	715d–e	440f.
386c3–387b	211	1040b	202
387b–c	511	Sol. 29,6f.	536f.
387d1	116, Fußn. 84	Thes. 28	501, Fußn. 291
388e4–389a1	113, Fußn. 71		
392a12–b1	192f., Fußn. 293	Polybios	
392c7–9	198	2,56,6–8	267
392d5–6	385	2,56,10–12	268
393d7	193, Fußn. 293	2,56,13	270
472d4–7	191	2,58,11–13	278
606e1–3	102, Fußn. 24	2,61,1–3	265f.
614a–621b	361f.	4,20,5	435, Fußn. 21
Symp.		9,1f.	325
189d–191d	361f.	12,25a4f.	155
203b–c	361f.	12,25b1	155, Fußn. 149
Tim. 26e	192	12,25 g–i	271f.
		12,25i2–5	156
Plautus		15,34,3	276
Pseud. 401–405	132; 303	15,36,1–3	265
		15,36,4–6	276
Plinius d.Ä.		15,36,7	265
nat.		34,2,1–3	259f.
7,6–8	185f.	34,2,9–11	260
7,23–26	184f.	34,3,9–11	261
7,32	187	34,3,12–4,4	262
7,34 und 36	185f.		
		Priscian	
Plinius d.J.		Praeexercitamina	
epist.		p. 33 Passalacqua	141
4,27,3f.	541	p. 33f. Passalacqua	354
7,9,9f.	545	p. 34 Passalacqua	406; 473, Fußn. 155
		(Pseudo-)Longinus	
		Subl. 9,14	491, Fußn. 249; 522, Fußn. 379

Subl. 15,2	274	Sextus Empiricus	
		adv. math.	
Quintilian		1,252f.	316f.
inst.		1,263f.	316
1,9,2	203	1,265	318
2,4,2	332f.	Pyrrh. 147,1–4	319, Fußn. 782
8,3,59f.	466f.		
8,3,66–69	273f.	Simonides	
		T 92 Poltera	438
Scholien			
Dionys. Thr. GG I 3		Solon	
166,16f. Hilgard	351	fr. 29 West	494f.; 497, Fußn. 275
168,8–10 Hilgard	351		
180,4–7 Hilgard	352	Sophokles	
300,34–36 Hilgard	351	fr. 832 Radt	510
449,4–6 Hilgard	350		
449,10–14 Hilgard	348	Strabo	
475,23–25 Hilgard	350	1,1,10	281
Hom. Il.		1,2,3	281
T 2,6c	380, Fußn. 1018; 525, Fußn. 389	1,2,5	282
D 5,385	526	1,2,7f.	283–286
Hom. Od.		1,2,9	125; 259f.; 287–289
T 10,20	525, Fußn. 389	1,2,10	290f.
BHQ 11,634	525, Fußn. 389	1,2,11	291f.; 294
Pind. Od. 4,31b	527	1,2,15–17	260–262
Soph. El. 445	527	1,2,19	177f.
Soph. Oed. K. 712	528	1,2,23	295
Ter. 167,29–168,1 Schlee	357f.	1,2,30	296
Theon p. 147 Finckh	424	1,2,35	171f.
		1,2,36	292, Fußn. 665; 531
Servius		1,2,40	290, Fußn. 661
Aen.		2,1,9	180
praef.	375, Fußn. 1003; 400, Fußn. 70	7,3,1	175
1,235	369	7,3,6	173f.
1,382	529f.	15,1,2	183
3,46	375; 379	15,1,28	182
3,90	378	15,1,37	181
4,455	378	15,1,57	182f.
4,697	401, Fußn. 72		
7,678	375f.	Terenz	
7,791	373	Adel. 60–64	299f.
9,81	377	Andr. 1–4	358
9,764(7)	533	Andr. 51	299
10,467	401, Fußn. 72	Eun. 104	426
ecl. 3,1	401		

Theon		7,71	273 f.
65,19–22	366		
66,16–25	361 f.	Varro	
67,4–29	421–423	ant. fr. App. IIk Cardauns	529 f.
72,28–31	413		
76,5–9	414	Vergil	
78,15 f.	406	s. Servius	
93,5–8	420	Aen.	
95,3–8	360; 421	7,789–792	372 f.
		9,77–122	482 f.
Theopomp		11,751–756	452
fr. 75c Jacoby	174; 361 f.	ecl.	
fr. 154 Jacoby	422 f.	1,9 f.	542
fr. 381 Jacoby	171 f.	9,1	399
T 26a Jacoby	448 f.		
		Vita Aeschyli	
Thukydides		7	437 f., Fußn. 30
1,20	421–423		
1,21,1	144	Xenophanes	
1,22	145–147	fr. 1,19–23	22; 101
1,24–30	352	fr. 10–12	102
1,126	361 f.	fr. 14 f.	103
2,60–64	159	fr. 23 und 26	103
2,68	361 f.		
2,71 f.	152	Xenophon	
5,85–111	152	Cyr. 2,2	108 f.

www.ingramcontent.com/pod-product-compliance
Lightning Source LLC
Chambersburg PA
CBHW051155300426
44116CB00006B/321